Peter Stein / Hartmut Stein

Chronik der deutschen Literatur

Daten, Texte, Kontexte

Sonderausgabe der 1. Auflage 2008

ALFRED KRÖNER VERLAG STUTTGART

Peter Stein, Hartmut Stein
Chronik der deutschen Literatur
Daten, Texte, Kontexte
Sonderausgabe der 1. Auflage 2008
Stuttgart: Kröner 2013
ISBN 978-3-520-84701-0

Gesamtherstellung: Friedrich Pustet, Regensburg

Inhaltsverzeichnis

Vorwort VII
Benutzungshinweise X
Abkürzungsverzeichnis XI

Chronologischer Teil 1

Register der Kastentexte 967
Autoren- und Werkregister 971

Ehrlich ist nur die Chronologie. (Alfred Döblin)

B: Man kann nicht *Alles* kennen. A (kühl): ›Alles‹?: davon hab' ich kein Wort gesagt. Aber so die rund-tausend guten Bücher des eigenen Volkes, *die* dürfte man getrost kennen. (Arno Schmidt)

Vorwort

Die *Chronik der deutschen Literatur* bietet einen nach *Daten* (Erstpublikation, Uraufführung) geordneten Überblick über rund 1000 Werke der deutschsprachigen Literatur vom 8. Jh. bis zur Gegenwart. In dieser Zahl dürften die wichtigsten, d. h. für ihre Epoche repräsentativen, bis heute lebendig gebliebenen oder heute wiederentdeckten lyrischen, dramatischen und epischen *Texte* der deutschen Literaturgeschichte vom germanischen Heldenlied bis zur Gegenwartsliteratur enthalten sein. Zwar gibt es keinen fest umrissenen Kanon, auf den dafür zurückgegriffen werden konnte, und es ist auch nicht die Absicht dieses Handbuchs, einen derartigen Kanon zu etablieren, doch zeigt schon ein kurzer Blick auf die einschlägigen Werklexika, Abrisse, Annalen und Leselisten, dass es für weite Bereiche der deutschsprachigen Literatur Übereinstimmung darüber gibt, welche Werke als wichtig einzustufen sind. Der größte Teil der hier dargebotenen Texte entspricht diesem (im Übrigen statistisch nachweisbaren) Konsens. Das schließt freilich nicht aus, dass Aufstellungen dieser Art nicht nur, wie es sich gehört, dem jeweiligen Stand der Fachwissenschaft verpflichtet sind, sondern durchaus auch dem Zeitgeist Tribut zollen, womit sie zwangsläufig veralten.

Die Verfasser der vorliegenden Chronik haben den Vorteil, aus den vorangegangenen Unternehmungen dieser Art gelernt zu haben, was man verbessern kann. Gestützt auf eine langjährige Lehrpraxis in Schule und Hochschule, vertraut mit den literarischen Orientierungsbedürfnissen von Schülern, Studierenden und Literaturinteressierten, erfahren in der Darstellung literarhistorischer Inhalte und nicht zuletzt aufbauend auf den Ergebnissen der neueren literaturwissenschaftlichen Forschung legen wir ein Buch vor, das dem inzwischen gestiegenen Informationsbedarf gegenüber literarischen Einzeltexten Rechnung tragen soll: Die einzelnen Werkartikel positionieren das Werk in seiner Zeit, referieren den Inhalt und liefern eine Kurzinterpretation, die häufig mit Textzitaten bzw. Zitaten aus der Sekundärliteratur belegt ist. Die Information beschränkt sich jedoch nicht nur auf den Text der Werke, sondern es werden auch ihre jeweiligen *Kontexte* berücksichtigt. So enthalten die Artikel zusätzlich Kurzinformationen zur BIOGRAPHIE (Lebensdaten, Gedenkstätten) und zum WEITEREN WERK des

Autors, Hinweise zur GATTUNGSFORM und zur ENTSTEHUNG (Vorabdrucke, Titeländerungen, Datum und Ort der Uraufführung, Überarbeitungen) sowie zur REZEPTION des Textes. Gerade mit den Rezeptionshinweisen (Auflagen, Literaturpreise, Publikumserfolg, Kritik, Übersetzungen, Vertonungen, Hörspielfassungen, Dramatisierungen, Verfilmungen sowie Lesungen durch den Autor auf Tonträgern) wird ein in dieser Ausführlichkeit neuartiger Schritt gemacht, der über die reine Werkbezogenheit, wie sie in den gängigen Nachschlagewerken üblich ist, hinausgeht.
Eine weitere wichtige Erweiterung der reinen Chronologie ist die Aufnahme von ›*Kastentexten*‹, die gleichsam das Markenzeichen dieses Handbuchs sind. In diesen grau unterlegten 131 Extrakapiteln wird der größere Kontext der Werke näher beschrieben: EPOCHEN (z. B. Aufklärung, Romantik, Naturalismus), GATTUNGEN (z. B. Legende, Fabel, Bürgerliches Trauerspiel, Roman, Kurzgeschichte), FORMEN (z. B. Spielmannsdichtung, Narrenliteratur, Kinder- und Jugendliteratur, Frauenliteratur, Sprachexperimentelles Schreiben), MEDIEN (z. B. Geistliche Spiele, Zeitschriften, Theater, Hörspiel, Autorenfilm, Digitale Literatur), ERSCHEINUNGEN DER LITERARISCHEN KULTUR (z. B. Literarische Geselligkeit und Salons, Dichterdenkmäler, Mythos Goethe, Popliteratur) oder ZUSAMMENHÄNGE VON LITERATUR UND GESCHICHTE (z. B. Reformation, Dreißigjähriger Krieg, Französische Revolution, Nationalsozialismus, Holocaust, ›1968‹, deutsche Einheit). In diesen ›Kastentexten‹ wird auch auf jene vielen Werke verwiesen, die keinen eigenen Artikel haben, die aber wichtig für den größeren Zusammenhang sind.
Wie immer, wenn eine Auswahl zu treffen ist, setzt der Umfang dem Bemühen um Vollständigkeit schmerzliche Grenzen. Literaturliebhaber und Experten werden bestimmte Werke vermissen bzw. sich darüber wundern, warum andere Titel aufgenommen wurden. In dem kleinen Bereich der Wahlmöglichkeiten, die der ›Kanon‹ des Unstrittigen übrig ließ, haben die Verfasser sich erlaubt, Akzente zu verstärken, die in der Forschung der letzten 40 Jahre gesetzt worden sind: die Berücksichtigung weiblicher Autorschaft, das Zeugnis der deutsch-jüdischen Literatur, die gesellschaftliche Einbettung von Literatur, die Grenzüberschreitungen über den ›Höhenkamm‹ hinaus zur Unterhaltungsliteratur, zu Jugendliteratur, modernen Medien und zu Verkanntem. Dass der Umkreis des Aufgenommenen gleichwohl immer noch begrenzt bleiben musste, ist bitter. Immerhin: Auch nicht-fiktionale Werke wie z. B. Autobiographien wurden bei der Auswahl berücksichtigt, wenn sie aufgrund sprachlicher Gestaltung oder direkten Bezugs zur Dichtung über literarischen Rang bzw. literarische Bedeutung verfügen. Schließlich noch ein Wort zu den Daten (Jahreszahlen, Titel, Untertitel, Quantifizierungen usw.): Soweit es sich ermöglichen ließ, wurden sie an den Quellen geprüft, wobei es durchaus zu Differenzen mit

gängigen Überlieferungen kam. Dennoch musste auch immer wieder auf Angaben Dritter zurückgegriffen werden. Fehler, so hart das für eine Chronik ist, sind dabei leider nicht vollständig auszuschließen.
Die Chronik soll den literarisch Interessierten helfen bei der Suche nach Informationen, nach Orientierung, bei dem Wunsch nach Erweiterung und Vertiefung ihrer Kenntnisse. Nicht zuletzt wendet sich das Buch an Liebhaber der Literatur, die nach Neuentdeckungen suchen, Bekanntes überprüfen oder fast Vergessenes wieder ins Gedächtnis rufen möchten und über die Anregung durch den Text zum Vergnügen an der Lektüre der Werke ermuntert werden wollen.

Wir haben vielen Menschen, die uns direkt oder indirekt unterstützt haben, sehr zu danken. Einige, die wir nicht ausdrücklich nennen, wissen es. Die vielen Autoren und Autorinnen der Sekundärliteratur, die wir namentlich zitiert haben, sollen es hiermit wissen (die ungenannten auch). Das Buch ist mit seinem heutzutage leider nicht mehr selbstverständlichen Plädoyer für die literaturgeschichtliche Einheit der älteren und neueren deutschsprachigen Dichtung auch eine Reverenz gegenüber unseren gemeinsamen Universitätslehrern Josef Kunz (Marburg) und Ulrich Pretzel (Hamburg). Ausdrücklich bedanken wir uns ganz herzlich beim Alfred Kröner Verlag (insbesondere bei Dr. Imma Klemm, Dr. Julia Aparicio Vogl und Dr. Bernhard Gersbach) für die engagierte und fachkundige Unterstützung. Die Zusammenstellung der Tondokumente (Autorenlesungen) wurde von Herrn Wilhelm Klemm vorgenommen.

Peter Stein (Lüneburg), Hartmut Stein (Hamburg)
im Januar 2008.

Benutzungshinweise

Die *Chronologie der Werke* richtet sich in der Regel nach dem Jahr der Erstpublikation bzw. Uraufführung; Vordatierungen sind vermerkt. Nur wenn zwischen Entstehung und Publikation ein sehr großer Abstand lag, wurde von dieser Regel abgewichen; eine solche Abweichung ist bei gedruckten Werken durch einen Stern (*) kenntlich gemacht. Wenn nach der Nennung des Autornamens keine Biographie folgt, verweist ein Pfeil auf das Jahr, unter dem die Biographie zu finden ist. Bei Dramatisierungen, Vertonungen, Verfilmungen, Hörspielfassungen und Autorenlesungen wurde jeweils dann auf die Nennung des Titels verzichtet, wenn dieser identisch mit dem Werktitel ist. Die Auflistung der Autorenlesungen ist auf neuere Editionen konzentriert.

Das *Werkregister* erschließt alle mit einem Artikel behandelten Werke sowie in der Regel solche Werke, die in einem Artikel mit einem weiterführenden Hinweis erwähnt wurden. Die in der Rubrik ›Weitere Werke‹ sowie in den ›Kastentexten‹ genannten Werke werden, sofern es sich nur um Auflistungen handelt, im Werkregister nicht berücksichtigt. Vor dem Werkregister sind die Themen der Überblicksartikel (einschließlich der Verweise auf sie) gesondert aufgelistet. Im Übrigen wird auf das Abkürzungsverzeichnis verwiesen.

Abkürzungsverzeichnis

Der Plural wird jeweils durch Anhängen der entsprechenden Endung gekennzeichnet; Flexionsendungen werden nicht gekennzeichnet (mit Ausnahme des Genitivs bei Namen).

amerik. = amerikanisch
Bd. = Band
Biogr. = Biographie
brit. = britisch
ca. = circa
Cod. = Codex
D = Denkmal
d. Gr. = der Große
d. h. = das heißt
d. i. = das ist/das heißt
d. J. = der Jüngere
dän. = dänisch
dt. = deutsch
ED = Erstdruck
engl. = englisch
entst. = entstanden
europ. = europäisch
finn. = finnisch
frz. = französisch
G = Grab
gen. = genannt
hebr. = hebräisch
Hg. = Herausgeber
Hs. = Handschrift
Jh. = Jahrhundert
Jt. = Jahrtausend
jüd. = jüdisch
KA = Kritische Ausgabe
lat. = lateinisch
M = Museum
n. Chr. = nach Christus
o.J. = ohne Jahr
österr. = österreichisch
OT = Originaltitel
poln. = polnisch
R = Regie
rum. = rumänisch
russ. = russisch
S. = Seite
s. u. = siehe unten
satir. = satirisch
schwed. = schwedisch
Slg. = Sammlung
sog. = sogenannt(e)
sowjet. = sowjetisch
span. = spanisch
T = Gedenktafel
TV = Fernsehfilm
u. a. = und andere / unter anderem
u.d.T. = unter dem Titel
u. ö. = und öfter
UA = Uraufführung
Übers. = Übersetzung
ukrain. = ukrainisch
UT = Untertitel
v.a. = vor allem
v. Chr. = vor Christus
vgl. = vergleiche
vollst. = vollständig
z. B. = zum Beispiel
z.T. = zum Teil

Legende der Symbole:

 Dramatisierung(en)
 Hörspielfassung(en)
 Verfilmung(en)
 Vertonung(en)
 Tondokument(e): Autorenlesung(en) auf Tonträger

Anfänge der deutschen Literatur

Die Anfänge der geschriebenen deutschen Literatur sind dadurch bestimmt, dass die DOMINANZ DES MÜNDLICHEN kaum Raum für volkssprachliche poetische Texte zuließ. Sie waren eher Nebenprodukte, da im Schriftverkehr der Kirche und der staatlichen Verwaltung sowie im Rechtswesen das Latein vorherrschte (→ *Lateinische Literatur I und II*). Aufgrund des Fehlens einer (althochdeutschen) Hochsprache mussten die Texte in der jeweiligen Mundart verschriftlicht werden, wobei die Lage der Schreiborte und die mundartliche Herkunft der dort wirkenden Kleriker den Ausschlag gaben. Auch die VERSCHRIFTLICHUNG mithilfe des lateinischen Alphabets war nicht einfach; zudem engte der auf die Zwecke der christlichen Unterweisung beschränkte germanisch-deutsche Wortschatz die Ausdrucksmöglichkeiten ein. Daher steht am Anfang der (althoch)deutschen Literatur eine Vielfalt von eingedeutschten Texten (→ *Übersetzungen ins Althochdeutsche I*). Für diese Zeit gilt folglich ein weiter Literaturbegriff, der von Rechtstexten und Urkunden über religiöse und wissenschaftliche Texte bis zu (Nach-)Dichtungen reicht.
WICHTIGE SCHREIBORTE: St. Gallen, Fulda, Freising, Würzburg (8. Jh.); Reichenau, Murbach, Wessobrunn, Werden, Tegernsee, Mondsee, Weißenburg, Lorsch, Prüm, Regensburg, Straßburg, Mainz, Trier, Köln, Hersfeld (9. Jh.).

um 750*/833
Hildebrandslied

Heldenlied. Entst. vermutlich um 750 in Oberitalien; um 833 im Kloster Fulda auf Vorder- und Rückseite einer theologischen Hs. unvollst. niedergeschrieben. ED: 1729/1812. Das Original ging 1945 verloren, wurde aber 1955/72 wiederaufgefunden.

Die erhaltenen 68 Stabreimverse eines unbekannten Verfassers sind das einzige deutsche Heldenlied aus germanischer Zeit. Heldenlieder thematisieren kriegerische Taten und Konflikte der Völkerwanderungszeit (ab ca. 450); sie wurden mündlich überliefert. Spätere schriftliche Fassungen finden sich z. B. in dem altenglischen *Finnsburgkampf* (entst. im 8. Jh.) und in der altnordischen *Thidrekssaga* (entst. Mitte 13. Jh.).

Die sprachliche Gestalt des *Hildebrandsliedes* stellt eine Mischung aus germanischem, (alt)hochdeutschem und niederdeutschem Sprachstand dar. Der Text schildert vor dem Hintergrund kriegerischer Auseinandersetzungen des Ostgotenkönigs Theoderich (→ *Dietrich-Epik*), wie Vater und Sohn, Hildebrand und Hadubrand, in einen Zweikampf geraten. Hildebrand muss seine Sippentreue der Gefolgschaftstreue unterordnen, da er Hadubrand nicht davon überzeugen kann, ihn als Vater anzuerkennen. Das Ende ist nicht überliefert, doch wird wohl der ungestüme Hadubrand gegen den kriegserfahrenen Hildebrand unterliegen und sein Leben verlieren. Das entspräche dem germanischen Heldenethos, das sich zwar nicht ungebrochen durchsetzt, aber trotz Gottesanrufung (»welaga nu, waltant got«) noch lange nicht christlich umgeprägt ist.

Rezeption: Zur Hildebrand-Figur: → *Nibelungenlied* (um 1200); das *Jüngere Hildebrandslied* (entst. im 13. Jh., Hs. aus dem 15./16. Jh.) endet untragisch.

um 750*/950
Merseburger Zaubersprüche

Entst. etwa zu Beginn des 8. Jh.; aufgeschrieben vor 950. ED: 1721.

Die zwei Zaubersprüche gehören vermutlich zu den ältesten althochdeutschen Texten und werden überwiegend als poetische Zeugnisse betrachtet, obwohl sie für konkrete Alltagssituationen (Schutz bei Krankheit und Gefahr) eingesetzt und mündlich verwendet wurden. Sie überliefern magischen Glauben (Analogiezauber) aus alter germanischer Zeit, der sich vor und auch nach der christlichen Missionierung noch lange hielt.

Jeder Spruch ist gegliedert in Bericht und Zauberformel. Der erste Spruch soll Fesseln lösen, der zweite ein verrenktes Pferdebein heilen helfen mit der Formel: »ben zi bena, bluot zi bluoda/ lid zi geliden, sose gelimida sin«. Neben den in Merseburg aufgefundenen Zaubersprüchen gibt es noch weitere, die durch das Christentum zu Segenssprüchen umgeformt wurden: *Wurmsegen* (9. Jh.), *Wiener Hundesegen*, *Lorscher Bienensegen* (10. Jh.), *Straßburger Blutsegen*, *Bamberger Blutsegen* (12. Jh.) u. a.

um 790/814
Wessobrunner Gebet

Entst. vor 800; aufgeschrieben um 814 in einer Hs. der Diözese Augsburg. ED: 1721.

Der in bairischer Mundart verfasste Text gehört zum ältesten Bestand christlicher Stabreimdichtung. Er besteht aus dem Fragment einer Schöpfungsgeschichte in 9 Versen und einem Gebet in Prosa. Die Erzählung von der Erschaffung der Erde aus dem Nichts enthält inhaltlich (vgl. das altnordische *Völuspá-Lied* (um 1000) und formal (Stabreim) germanische Elemente; das Gebet ist jedoch mit seiner Bitte um den rechten Glauben und die Kraft, dem Teufel zu widerstehen, christlichen Geistes. Benannt wurde das Gebet nach seinem ersten Aufbewahrungsort im Kloster Wessobrunn.

Rezeption: Vgl. als Gegenstück die Mahnung an den Weltuntergang in → *Muspilli* (nach 850).

um 830
Tatians Evangelienharmonie (Tatian)

Bibeldichtung. Entst. vermutlich um 830. ED: 1706.

Grundlage ist die von dem Syrer Tatian verfasste, später verloren gegangene Zusammenfassung der 4 Evangelien (um 170 n.Chr.), auch *Diatesseron* genannt. Sie wurde auf Veranlassung von Hrabanus Maurus, dem Abt des einflussreichen Klosters Fulda, aus dem Lateinischen ins Althochdeutsche übersetzt (→ *Übersetzungen ins Althochdeutsche I*); lateinische Vorlage und althochdeutsche Übersetzung stehen nebeneinander. Die Namen der Übersetzer sind nicht erhalten.

Die althochdeutsche Evangelienharmonie stellt erstmalig umfassend das Leben Jesu in deutscher Sprache dar. Sie war verbreitet und hatte unmittelbaren Einfluss auf den → *Heliand* (um 830/850) und Otfrid von Weißenburgs → *Evangelienharmonie* (863–867). Bis zum Beginn des Drucks deutscher Übersetzungen der gesamten Bibel ab 1466 (→ *Mentelin-Bibel*) eröffneten nur die zusammenfassenden Bibel-Harmonien den direkten Zugang in deutscher Sprache zum *Alten* oder *Neuen Testament.*

Weitere mittelalterliche Jesus-Darstellungen: → *Heliand* (um 830/50), Otfrid von Weißenburg: → *Evangelienharmonie* (863–67), Frau Ava: *Leben Jesu* (→ *Heilsgeschichtliche Dichtungen*, 1120–25), Konrad von Fußesbrunnen: *Kindheit Jesu* (12. Jh.).

um 830/850
Heliand

Bibeldichtung. Entst. vor 840 im Auftrag von Kaiser Ludwig dem Frommen († 840) oder nach 840 unter Ludwig dem Deutschen († 876), wahrscheinlich im Kloster Fulda; erhalten sind 2 Hs.n und 3 Fragmente. ED: 1561; 1830.

Auf der Grundlage des → *Tatians* (um 830) dichtete ein unbekannt gebliebener Verfasser (Mönch oder Sänger) eine Evangelienharmonie mit 5983 Stabreim-Langzeilen in altsächsischer Mundart. Der Titel wurde erst im 19. Jh. hinzugefügt und bedeutet ›Heiland‹. Charakteristisch für das Epos ist ein lebendiger Erzählstil, der die theologische Erörterung eher meidet und stattdessen an die Erfahrungswelt des altsächsischen Adelspublikums anknüpft: Christus ist adlig, ein König und Held, der mit seinen Jüngern/Gefolgsleuten nicht in Palästina, sondern im deutschen Norden wirkt. Aber der Verfasser germanisiert nicht einfach das *Neue Testament*, sondern betont ausdrücklich die christliche Botschaft, nicht zuletzt im Dienste der aktuellen Missionierung des Sachsenlandes. Eine weitere altsächsisch-karolingische Bibeldichtung ist das Versepos *Altsächsische Genesis* (um 830), das in fragmentarischer Form das *Alte Testament* von der Schöpfungsgeschichte und dem Paradies bis zum Auftreten von Jesus schildert.

Weitere mittelalterliche Jesusdarstellungen: vgl. → *Tatians Evangelienharmonie* (um 830).

Übersetzungen ins Althochdeutsche I (8.–9. Jh.)

»Althochdeutsche Literatur ist überwiegend Übersetzungsliteratur« (D. Kartschoke) und übersetzt wurde v. a. aus dem Lateinischen. Noch vorliterarisch sind Wörterbücher wie z. B. das lateinisch-althochdeutsche Synonym-Wörterbuch *Abrogans* (um 750, Titel nach dem ersten Wort) und der sog. *Vocabularius St. Galli* (um 775, Sachwörterbuch). Den Wort-zu-Wort-Übertragungen (Glossen) folgten Textübertragungen, die zwischen die Zeilen geschrieben wurden (Interlinearversionen) und sich zunächst eng an den lateinischen Wortlaut hielten, wie z. B. die *Malbergischen Glossen* (8. Jh.) zur *Lex Salica*, die Ordensregel *Regula St. Benedicti* (um 800), das *Vaterunser* und *Glaubensbekenntnis St. Galler Katechismus* (um 800) sowie liturgische Texte. Freiere und z.T. wortschöpferische Übertragungen sind z. B. der theologische Fachtext *Althochdeutscher Isidor* (um 800) und Predigten aus den *Monseer Wiener Fragmenten* (um 800), die 26 ambrosianischen *Murbacher Hymnen* (800–825) aus dem Stundengebet und das Reimgebet *Carmen ad deum* (nach 850). Mit dem → *Tatian* (um 830) liegt die umfangreichste althochdeutsche Interlinearversion vor. Erst Otfrid von Weißenburgs → *Evangelienharmonie* (863–867) geht über die reine Übersetzung hinaus. Fortsetzung → *Übersetzungen ins Althochdeutsche II.*

nach 850
Muspilli

Stabreimdichtung. Entst. etwa Mitte des 9. Jh.; Datierung der Niederschrift strittig (zwischen 821/827 bzw. nach 850). ED: 1832 u.d.T. *Muspilli.*

Der Text ist ein fragmentarisches Gedicht (103 Langzeilen) eines unbekannten Verfassers über Weltuntergang und Jüngstes Gericht, bestehend aus unterschiedlichen Textteilen (Predigt, Erzählung), überwiegend in Stabreimen. Die Vision des Unterganges mündet in Ermahnung zur inneren Umkehr und Buße. Der Titel bezieht sich auf das auch in der *Edda* (9.–12. Jh.) und im → *Heliand* (um 830/850) vorkommende Textwort ›muspilli‹, dessen sprachliche Herkunft ungeklärt ist und das den ›Weltbrand‹ bzw. das ›Weltende‹ (Mischung aus germanischen und christlichen Vorstellungen) bezeichnet.

863–867
Otfrid von Weißenburg

* um 800; benediktinischer Priester in Weißenburg. Ab etwa 830 Studium in Fulda bei Hrabanus Maurus; lebte spätestens ab 847 wieder in Weißenburg. † um 870 in Weißenburg.

Evangelienharmonie

Bibeldichtung. Erhalten in mehreren Hs.n aus dem 9. Jh., darunter die von Otfrid selbst korrigierte *Wiener Handschrift V*. ED: 1571; 1831.

O. ist der erste mit Namen überlieferte deutschsprachige Dichter. Aus den vier Widmungen wird sein Stolz deutlich, sich ebenbürtig gegenüber dem Latein in deutscher Volkssprache (»in frénkisga zungun«) ausdrücken zu können. Seine Evangelienharmonie ist eine Nachdichtung des Lebens Jesu in 5 Büchern, gestützt auf die 4 lateinischen Evangelien. Sie übertrifft die vorausgegangenen Evangelienharmonien (→ *Tatian*, um 830; → *Heliand*, um 830/850) an Umfang (7104 Langzeilen) und poetischer Sprachkraft. Nach lateinischem Vorbild (ambrosianische Hymne) führt sie den Endreim (binnengereimte Langzeilen) in die deutsche Dichtung ein und löst damit den germanischen Stabreim ab.

In die Erzählung flicht O. kommentierende Belehrungen (*mystice, moraliter, spiritaliter*) und allegorische Interpretationen nach der Methode des mehrfachen Schriftsinns (Allegorese) ein, in denen er die maßgeblichen Bibelkommentare (u. a. von Alkuin, Hrabanus Maurus und Beda) verarbeitet. Der Text hat 4 Illustrationen.

881/882
Ludwigslied

Preislied. Entst. anlässlich des Sieges Ludwigs III. über die Normannen bei Saucourt (881). ED: 1619; 1825.

Erstes weltliches Fürstenpreislied in althochdeutscher Sprache, bestehend aus 59 binnengereimten Langzeilen, von einem unbekannten (geistlichen?) Verfasser. Die Lobpreisung des westfränkischen Königs Ludwig wird zum christlichen Gotteslob überhöht, indem der weltliche Herrscher als Vollstrecker göttlichen Willens gefeiert wird.

Rezeption: Das Preislied blieb isoliert und wurde erst durch Übers.n seit dem 18. Jh. bekannter.

Heiligenlieder

Die Verehrung von Heiligen und Märtyrern des Glaubens hatte in der christlichen Volksfrömmigkeit (Nothelfer, Fürbitter) und in der Liturgie (kultisches Gedenken) große Bedeutung. Neben den MIRAKELERZÄHLUNGEN und LEGENDEN (→ *Mittelalterliche Heiligenlegenden und Legendare*) spielte hier die LIEDFORM eine wichtige Rolle. Die ältesten althochdeutschen geistlichen Lieder (›Heiligenlieder‹) sind das *Galluslied*, das *Georgslied* und das *Petruslied*. Diese Lieder entstanden nach lateinischem Vorbild, besaßen z.T. Neumen (Notenzeichen) und wurden auch außerhalb des Gottesdienstes gesungen.

Das im 9. Jh. vom Mönch Ratpert († um 900) verfasste *Galluslied* ist nur in der lateinischen Rückübersetzung von Ekkehard IV. aus St. Gallen erhalten. Das *Georgslied* (57 Verse, entst. vor 900, von unbekanntem Verfasser) knüpft an die lateinische Märtyrer-Legende um den Heiligen Georg an, der trotz dreimaliger Hinrichtung auferstanden sei und damit die unzerstörbare Macht des Glaubens bewiesen habe. Das dreistrophige *Petruslied* entstand etwa zur selben Zeit (um 900); der Wechselgesang von Priester und Gemeinde wird als ältestes deutsches Kirchen- und Prozessionslied bezeichnet.

Lateinische Literatur I (9.–11. Jh.)

Latein war die Amtssprache der Kirche und des karolingisch-sächsischen Reiches sowie die Schriftsprache von Bildung, Wissenschaft und Literatur. Im Unterschied zum »leeren Zeitraum« (H. de Boor) der frühen deutschsprachigen Dichtung zwischen etwa 900 und 1060 gibt es daher eine ununterbrochene Kontinuität (mittel-)lateinischer Schriftkultur. Ausgangspunkte waren der Hof Karls d. Gr. (768–814) und die Klöster Fulda, Reichenau und St. Gallen sowie die bildungsfördernden Aktivitäten der Kaiser Otto d. Gr. (936–973), Otto III. (983–1002) und Heinrich III. (1039–50).
Neben der DOMINIERENDEN THEOLOGISCH-EXEGETISCHEN LITERATUR (Hrabanus Maurus u. a.) und den frühen HEILIGENVITEN entwickelten sich als Zeugnisse von literarischem Rang die HISTORISCHE BIOGRAPHIE (Einhard: *Vita Karoli Magni*, um 835), die LANDESGESCHICHTE (Widukind von Corvey: *Rerum gestarum Saxonicarum*, 967–73), die WELTCHRONIK (Hermann von Reichenau: *Chronicon*, 1054), das pflanzenkundliche LEHRGEDICHT (Walahfrid Strabo: *Liber de cultura hortorum*, um 845) sowie die GEISTLICHE DICHTUNG (Hymnik, Sequenzen von Notker I., Legenden, Dramen von Hrotsvith). An WELTLICHER DICHTUNG sind zu nennen: Die lateinische Fassung eines germanischen Heldenliedes (Ekkehard I.: *Waltharius*, um 900), das erste Tierepos (*Ecbasis captivi*, 1043/46), Lyrik fahrender Sänger (z. B. *Cambridger Liederhandschrift*, um 1000) sowie der Versroman → *Ruodlieb* (1050–70). Die lateinische Literatur wirkte daneben auch durch ihre ÜBERSETZUNGEN BZW. ZWEISPRACHIGEN AUSGABEN (→ *Übersetzungen ins Althochdeutsche I und II*).

962–973
Hrotsvith von Gandersheim

* um 935, adlige Nonne im Stift Gandersheim; † nach 973. Gedenkstätte: Bad Gandersheim (Gedenkstein).

Werke

Die in etwa 15 Jahren vor 973 entst., mittellat. Werke sind in 3 Bänden zusammengefasst: 8 Verslegenden, 6 Dramen und 2 historische Epen. ED: 1501; 1902.

H. (auch: Roswitha) von Gandersheim gilt als erste deutsche Dichterin, obwohl sie ausschließlich in Latein schrieb (→ *Lateinische Literatur I*) und im Mittelalter unbekannt blieb. Sie begann mit gereimten Verslegenden, in denen sie auf überlieferte Heiligen- und Märtyrergeschichten (z. B. *Theophilus*, *Passio Gongolfi*) oder Berichte (z. B. *Pelagius*) zurückgreift. Ihr immer wieder abgewandeltes Thema ist die Darstellung von weltlicher Sünde, Reue und christlicher Bekehrung; so auch in ihren Dramen (*Gallicanus*, *Dulcitius*, *Callimachus*, *Abraham*, *Pafnutius*, *Sapientia*; alle 960–70), die durchaus den sündigen Lebenswandel – vorzugsweise als männliche und weibliche Sinnenlust – zeigen, ehe er moralisch überwunden wird.
H.s Dramen sollten eine christliche Antwort auf die drastischen Komödien des Terenz († 159/158 v. Chr.) sein. Zwar sind sie als Lesedramen noch nicht für eine Bühne geschrieben, haben aber in ihrer Wiederanknüpfung an antike Dramentechnik und Komödie theaterhistorischen Wert (→ *Geistliche Spiele 11.–15. Jh.*). Das historische Epos *Gesta Oddonis* (vor 968) ist ein Herrscherlob auf Kaiser Otto I.

Rezeption: H. wurde erst von den dt. Humanisten gewürdigt, ab dem 18. Jh. auch übersetzt (J. Chr. Gottsched); seit dem 20 Jh. werden ihre Dramen auch aufgeführt.

980–1020
Notker III. von St. Gallen

* um 950, auch N. Labeo oder N. Teutonicus gen. Bibliotheksleiter und Lehrer an der Klosterschule St. Gallen. † 29.6.1022 in St. Gallen.

Werke

Das Gesamtwerk ist in 14 Hs.n überliefert. ED: 1844–49.

N. gehört zu den bedeutendsten Autoren der spätalthochdeutschen Zeit. Er trat als Übersetzer, Wissenschaftler und (Nach-)Dichter (lateinisch und deutsch) hervor. Mit seinen Übersetzungen ausgewählter Werke von Boethius, Martianus Capella und Aristoteles förderte er nicht nur die Rezeption antiken Geistes, sondern erweiterte auch sprachschöpferisch das Ausdrucksvermögen der deutschen Sprache. Seine kommentierende Übertragung des lateinischen *Psalters* sowie weitere Verdeutschungen aus *Altem* und *Neuem Testament* haben den Charakter einer Nachdichtung, die die beschränkte Interlinearversion weit hinter sich lässt (→ *Übersetzungen ins Althochdeutsche I*).
Mit seinem Anlautgesetz regelte N. für den Wechsel von p, t, k und b, d, g sogar die orthographische Schreibweise. Als Wissenschaftler verfasste er lateinische Lehrschriften über Grammatik, Rhetorik und Dialektik (sog. *Trivium*) sowie über Arithmetik, Musik, Astronomie (zusammen mit Geometrie das sog. *Quadrivium*).

Rezeption: N.s *Psalter*-Übertragung war bis ins späte Mittelalter verbreitet. Sein Einfluss auf Williram von Ebersbergs → *Hohes Lied* (um 1065) ist umstritten.

1050–1070
Ruodlieb

Versroman. Genaue Entstehungszeit unklar; nur in 18 Bruchstücken als Autograph aus der 2. Hälfte des 11. Jh. überliefert. ED: 1838.

Ruodlieb ist der erste im deutschsprachigen Raum entstandene Roman in ca. 2300 lateinischen Hexametern (→ *Lateinische Literatur I*), von einem unbekannten Verfasser, der vermutlich Mönch in Tegernsee war. Der Titel bezieht sich auf den Namen des Helden: Der junge Edelmann zieht aus, um am fremden Hof sein Glück zu machen, Abenteuer zu bestehen und nach seiner Rückkehr eine Ehefrau zu suchen. Der Text bricht mit der Prophezeiung künftigen Königtums ab. Ungewöhnlich an diesem Roman ist: Es handelt sich um fiktionale Literatur, da ohne direkte Vorlage; zugleich ist er sehr realistisch in der Schilderung der bäuerlich-ritterlichen Lebenswelt. Wegen seiner weltlichen Thematik passt er kaum in die lateinische Literatur seiner Zeit und ist gleichzeitig dem höfischen Versepos weit voraus. Trotz vieler Vorklänge an die → *Artus-Epik* (z. B. christliches Ritterideal) fehlen jedoch die entscheidenden Züge: Bewährung im Kampf und in der Liebe (Minne). Als erster deutschsprachiger Prosaroman erschien erst 200 Jahre später – seinerseits noch solitär – der → *Lancelot* (um 1250).

um 1060
Ezzolied

Hymnus. ED: 1849/79.

Hymnisches Gedicht, das sich an ein adliges Publikum wendet und in 7 Strophen (76 4-hebige Reimpaarverse) die Heilsgeschichte von der Schöpfung bis zur Auferstehung Jesu feiert. Der Text des Bamberger Domherren Ezzo war vertont und diente wohl auch als Pilger- und Prozessionslied, doch ist die Melodie nicht erhalten. Mit dem *Ezzolied* endet die seit den → *Heiligenliedern* (um 900) datierende Unterbrechung deutschsprachiger Dichtung und beginnt die frühmittelhochdeutsche Literatur.

Rezeption: Erweiterte Bearbeitung (34 Strophen, 420 Verse) in der *Vorauer Handschrift* (um 1120).

1060–1080
Altdeutsche Genesis (Wiener Genesis)

Bibeldichtung. ED: 1837.

Nachdichtung des *1. Buch Mose*, in 6062 Versen verfasst von einem Kärntener Geistlichen. Mit seiner lebendigen Ausschmückung der Schöpfungsgeschichte, verbunden mit heilsgeschichtlichen Ausblicken auf das Wirken Jesu sowie des Antichristen, steht der Text am Anfang mittelhochdeutscher Bibelerzählungen, in denen erbauliche Betrachtungen in die Sprache und adlige Lebenswelt des Hochmittelalters ›übersetzt‹ werden.

Weitere Bearbeitungen des *Genesis*-Stoffes und der Geschichten aus dem *Alten Testament*: *Milstätter Genesis* (1120/30), *Wiener Exodus* (um 1120), *Vorauer Bücher Mose* (1130/40).

Übersetzungen ins Althochdeutsche II (10.–11. Jh.)

»Die deutsche Sprache hat an den Krücken des Latein das Gehen gelernt« (G. Baesecke). Die Zeit der ersten Gehversuche (→ *Übersetzungen ins Althochdeutsche I*) war indes spätestens mit → Otfrid von Weißenburg (863–867) beendet. Mit dem 10. Jh. begann eine rege Übertragungstätigkeit, die eng mit der Entfaltung der Klosterschulen zusammenhing. Den Höhepunkt bildete hier die vielfältige Übersetzungsarbeit Notkers III. von St. Gallen (980ff.). An ihr zeigte sich, dass die deutsche Sprache lateinische Theologie, Wissenschaft und Poesie adäquat wiedergeben konnte. Unverkennbar ist aber auch, dass sie v. a. in ihrer dienenden Funktion für Lehre und religiöse Unterweisung Beachtung fand. Infolgedessen waren nach wie vor lateinisch-deutsche Mischtexte wie z. B. das Preislied *De Heinrico* (um 1000), Parallelversionen wie z. B. das Prosagebet *Otlohs Gebet* (um 1062) und Predigtübersetzungen wie z. B. die *Wessobrunner Predigt* (11. Jh.) die Regel. Die Übersetzungen des → *Hohen Liedes* von Williram von Ebersberg (um 1065) und des Tierbuches *Physiologus* (um 1070) bezeichnen bereits den Anfang der frühmittelhochdeutschen Epoche.

um 1065
Williram von Ebersberg

* um 1000/10. Adliger Mönch in Fulda, ab 1048 Abt des bayrischen Klosters Ebersberg. † 5.1.1085 in Ebersberg.

Hohes Lied

Bibeldichtung. ED: 1528/98; 1878.

Der Text ist eine lateinische Paraphrase (in Hexametern) mit deutscher Prosa-Übersetzung und Kommentierung des *Hohen Liedes* (*Cantica Canticorum*) aus dem *Alten Testament* in dreispaltiger Darbietung. W. übernimmt dabei die tradierte allegorische Deutung, der zufolge die Kirche die Braut und Jesus der Bräutigam ist. Seine Auslegung festigt die amtskirchliche Hierarchie, indem die Liebe spiritualisiert wird und vorrangig Gehorsam ist, den die Priester als gelehrte Diener der Kirche von den Gläubigen verlangen. Rund 100 Jahre später wurde im *St. Trudperter Hohen Lied*, das für ein benediktinisches Nonnenkloster geschrieben wurde, aus der Braut die menschliche Seele bzw. Maria: Liebe ist hier mystische Ergriffenheit der Seele (→ *Mariendichtung 11.–15. Jh.*, → *Mystik*).

Rezeption: Der Text war im Mittelalter sehr bekannt und ist in mehr als 40 Hs.n überliefert.

1070–1090
No[t]ker

Abt des 1089 gegründeten Klosters Zwiefalten. † 1095.

Memento mori

Bußpredigt. Als Verfasser wird N. vermutet. ED: 1879.

Die Predigt ist ein herausragendes Zeugnis aus einer Reihe von lateinischen und mittelhochdeutschen Bußpredigten; ihren Titel erhielt sie erst im 19. Jh. In 142 Reimpaaren wird an die Vergänglichkeit alles Irdischen gemahnt, alsbald aber auch die Ungleichheit und Ungerechtigkeit angeklagt (»tes rehten bedarf ter armo man«). Das eine kann als Verstärkung einer durch das cluniazensische Askesegebot verschärften Sündenklage betrachtet, das andere auch als Aufforderung (an die Mächtigen) zur Herstellung einer sozialen, Gott wohlgefälligen Ordnung gedeutet werden.

Weitere Bußpredigten der frühmittelhochdt. Zeit: *Rheinauer Paulus* (um 1060), *Milstätter Sündenklage* (1130/40), *Vorauer Klage* (um 1150), *Von des todes gehugde* (→ *Erinnerung an den Tod*, 2. Hälfte 12. Jh.).

um 1080/1185
Annolied

Preislied. ED: 1639; 1745.

Das Preislied (878 Verse) gilt dem Erzbischof Anno von Köln († 1075), der 1083 heiliggesprochen wurde, sowie der Stadt Köln. Das in 49 unterschiedlich lange Abschnitte gegliederte Lied (439 Reimpaare) ist wohl Auftragsarbeit eines unbekannten Geistlichen aus dem Kloster Siegburg. Es bettet die (kirchen)politische Biographie in eine weit ausholende Heils- und Weltgeschichte ein, so dass das vorbildliche Wirken des Heiligen als deren krönendes Ziel erscheint. Ob die explizite Heraushebung der Linie der Kirchenherrschaft von Petrus über die Kölner Bischöfe bis zu Anno als

Führungsanspruch im aktuellen Investiturstreit (ab 1075) gegenüber dem Kaisertum interpretiert werden kann, ist nicht eindeutig.

Rezeption: Die Hs. ist verloren gegangen. Die → *Kaiserchronik* (um 1140/57) greift Teile des *Annoliedes* (z. B. Cäsar, Germanen) auf.

1120–1125
Frau Ava

† 1127 als vermutlich adlige Klausnerin (*inclusa*) des Klosters Melk.

Heilsgeschichtliche Dichtungen

ED: 1878.

Frau A. gilt mit ihren heilsgeschichtlichen Dichtungen als erste mit Namen überlieferte Frau, die in deutscher Sprache dichtete. Ihr Werk umfasst 5 Teile, die eng miteinander zusammenhängen: *Leben Johannes' des Täufers*, *Leben Jesu*, *Die sieben Gaben des heiligen Geistes*, *Antichrist* und *Das Jüngste Gericht*. Die Texte thematisieren den Kern der neutestamentlichen Heilsgeschichte mit dem Leben Jesu als Schwerpunkt. Als Laiin betont A. dabei nicht so sehr das Lehrhafte der biblischen Erzählung, sondern hebt – wie im Oster- bzw. Weihnachtsspiel (→ *Geistliche Spiele 11.–15. Jh.*) – das Handlungsgeschehen anschaulich hervor.

Rezeption: Die Dichtungen der A. sind in 2 Hs.n überliefert.

um 1140/1157
Kaiserchronik

Reimchronik. ED: 1848/49.

Verfasser sind einer oder mehrere Geistliche am Regensburger Welfenhof. Es handelt sich hier um die erste ausführliche dichterische Darstellung der Geschichte des Römischen Reiches von der Gründung Roms bis zu Konrad III. im Jahr 1146. Die Reimchronik verarbeitet in ihren 17 283 Versen, gestützt auf eine Vielzahl unterschiedlicher Quellen (Chroniken, Sagen, Legenden u. a.), historisch Verbürgtes und Erfundenes zu einer heilsgeschichtlichen Erzählung, die beispielhaft gute und böse Herrschaft schildert. Im Idealfall sollen kaiserliche und päpstliche Herrschaft harmonisch zusammenwirken. Diese Botschaft wird durch eingeschobene Beispielgeschichten und Legenden (→ *Mittelalterliche Heiligenlegenden und Legendare*) veranschaulicht, die schon vorhandene Erzähltexte aufgreifen bzw. bearbeiten (z. B. *Faustinian*, *Crescentia*, *Silvester*, *Gregorius*, *Veronica* u. a.).

Rezeption: Starke Verbreitung im 12. Jh., mit Wirkung auf das → *Rolandslied* (1170/72).

1141–1151
Hildegard von Bingen

* 1098 in Bermersheim bei Alzey; ab 1150 Äbtissin des Klosters Rupertsberg bei Bingen und Predigerin. † 17.9.1179 in Rupertsberg (G in Eibingen bei Rüdesheim).

Scivias – Wisse die Wege

Visionsdichtung. ED: 1513; 1855 (Werkausgabe).

Das Werk ist eine lateinische Visionstrilogie (→ *Lateinische Literatur II*) mit anschließenden Meditationen: *Scivias* war 1151, *Liber vitae meritorum* 1163 und *Liber divinorum operum* 1170 abgeschlossen. In diesen Texten, die mit ihren 26 Visionen den Anfang der mittelalterlichen Frauenmystik bezeichnen (→ *Mystik*), geht es um Glaubens- und Tugendlehre sowie um die Heilsgeschichte bis zum Jüngsten Gericht. Ausdrücklich betont die Benediktinerin H., die sich als »Posaune Gottes« verstand, dass sie ihre Visionen »bei klarem Verstand, durch die Augen und Ohren des inneren Menschen« von Gott empfangen habe. Das ist noch nicht die *unio mystica* der späteren Mystik, wohl aber eine neuartige Frömmigkeitshaltung, die zum persönlichen Erleben der Einswerdung von Seele und Gott führt.

Rezeption: H.s Werk war bis ins 14. Jh. hinein sehr verbreitet.

Weitere Werke: *Symphonia* (Gedichte, 1158), *Ordo virtutem* (Mysterienspiel) sowie etwa 300 Briefe.

Frühmittelhochdeutsche Sammelhandschriften

Als ›frühmittelhochdeutsche Literatur‹ bezeichnet man jene literarischen Texte, deren ENTSTEHUNGSZEITRAUM – in einem recht fließenden Übergang – vom Wiedereinsetzen deutschsprachiger Schriftlichkeit (um 1060) bis zum Beginn der höfischen Literatur (um 1200) reicht. Die Literatur dieser Epoche wurde fast durchweg von GEISTLICHEN VERFASSERN geschrieben, die sich ab etwa 1150 allmählich auch weltlichen Stoffen zuwandten. Überliefert wurde sie zu einem kleineren Teil in Fragmenten, zu einem größeren Teil in Sammelhandschriften, die Werke verschiedener Autoren oder literarischer Gattungen vereinigten. Solche Sammelhandschriften dokumentieren ein neues Bewusstsein vom Wert deutschsprachiger geistlicher Literatur. Diese Überlieferungsform zeigt aber auch an, dass die frühmittelhochdeutsche Literatur schon ab dem 13. Jh., als die Sammeltätigkeit bereits wieder endete, nicht mehr breit rezipiert wurde. Ihre Überlieferung ist deswegen auch durch spätere Überarbeitungen geprägt.

Die 3 BEDEUTENDSTEN SAMMELHANDSCHRIFTEN, benannt nach ihrem Entstehungs-, Fund- oder (heutigen) Aufbewahrungsort, sind: die *Wiener Handschrift* (Cod. 2721, nach 1150), enthält u. a. *Wiener Genesis*, *Phy-*

siologus, Exodus-Gedicht; die *Milstätter Handschrift* (nach 1150), enthält neben Varianten zur *Wiener Handschrift Die Hochzeit, Vom Recht, Himmlisches Jerusalem* und *Milstätter Sündenklage*, sowie die wichtige *Vorauer Handschrift* (Cod. 276, nach 1175), enthält u. a. *Genesis, Exodus, Judith*, Werke der Frau Ava, → *Ezzolied* (um 1060), *Sündenklage*, → *Kaiserchronik* (um 1140/57), → *Alexanderlied* (um 1150). Weitere frühmittelhochdeutsche Sammelhandschriften stammen aus Straßburg, Stams, Seckau und Wien (Cod. 2743, 2696).

um 1150
Pfaffe Lamprecht
Lebensdaten unbekannt.

Alexanderlied
Versepos. Entst. um 1150; erhalten in 3 Fassungen: *Vorauer Hs.* (um 1160, unvollst.), *Straßburger Hs.* (um 1170), *Basler Hs.* (15. Jh.). ED: 1849.

Mit dem *Alexanderlied* beginnt eine neue Entwicklung der (früh)mittelhochdeutschen Literatur: Erstmals wird eine französische Quelle zugrunde gelegt und erstmals tritt mit Alexander d. Gr. ein heidnischer Herrscher als alleiniger Held einer deutschsprachigen Erzählung (1533 Verse) auf, der im Mittelalter sehr häufig thematisiert wurde. Dem geistlichen Verfasser L. gelingt es, der farbig geschilderten Welt des Orients und der an stolzen Siegen reichen Lebensgeschichte Alexanders einen heilsgeschichtlichen Rahmen zu geben: Der antike Held bleibt in seiner Größe ein Glied des göttlichen Heilsplanes und muss an der Pforte zum Paradies Demut und Einsicht in die Vergänglichkeit der Welt lernen. Die Bearbeitungen der *Basler* und der *Straßburger Alexander-Handschrift* (7000 Verse) betonen schon stärker weltliche Aspekte der Geschichte.

Weitere dt. Bearbeitung des auf den antiken *Alexanderroman* (3. Jh. v. Chr.) und seine mittellat. Bearbeitungen (10. Jh.) zurückgehenden Stoffes: Rudolf von Ems: → *Alexander* (1230–50).

Weiteres Werk: *Tobias* (geistliches Gedicht, vor 1150).

1150–1160
Der von Kürenberg
Lebensdaten unbekannt.

Lieder
ED: 1758/59.

Mit den in der → *Manessischen Handschrift* (1300–40) überlieferten Liebesliedern des niederösterreichischen Ritters von K. beginnt die weltliche Lyrik des vorhöfischen → *Minnesangs*, noch vor der Rezeption der provenzalischen Troubadourlyrik. Die fast durchweg aus 4 Langzeilen bestehenden einstrophigen Lieder – mit der markanten Ausnahme des *Falkenliedes* – skizzieren in männlicher oder weiblicher Rollenrede typische Liebessituationen (Sehnsucht, Werbung, Klage über Trennung und Verlust des Liebhabers). Der knappe Raum führt zu einer äußersten Verdichtung der lyrischen Rede: »Leit machet sorge / vil liebe wünne.« K.s Lyrik steht in ihrer Liebeskonzeption etwa in der Mitte zwischen der direkten Erotik der lateinischen Vagantenlyrik und dem spiritualisierten Minneideal des hohen Minnesangs.

um 1160
König Rother

Verserzählung. ED: 1808.
Das von einem unbekannten geistlichen Verfasser stammende Versepos, das auch dem neuen Genre der → *Spielmannsdichtung* zugerechnet wird, gilt mit seinem weltlichen Stoff und seiner unterhaltenden Absicht als vorhöfisch. Es geht um doppelte Brautwerbung und -entführung auf dem Schauplatz Byzanz, zugleich aber auch um die Figur des vorbildlichen Königs im Kreis seiner treuen Vasallen. Indem der Verfasser aus der Ehe König Rothers den Sohn Pippin, den Vater Karls d. Gr., hervorgehen lässt, schließt er den auf verschiedenen Heldensagen beruhenden Text an die reale Reichsgeschichte an. Die Geschichte ist spannend erzählt und an ein adliges Laienpublikum gerichtet.

Rezeption: Das Epos ist in einer vollst. Fassung vom Ende des 12. Jh. und 4 Fragmenten aus dem 13./14. Jh. überliefert.

1160–1180
Dietmar von Aist

Lebensdaten unbekannt.

Lieder

ED: 1758/59.
Überliefert sind 16 Lieder in 42 Strophen, von denen strittig ist, ob sie allein von D. stammen: »Es ist leichter, sie ihm abzusprechen, als den zu finden, dem man sie zuschreiben soll« (L. P. Johnson). Die Lieder stehen in ihrer Minnekonzeption (direktes Umwerben) zum einen noch der des *Kürenbergers* (→ *Lieder*, 1150–60) nahe, zum anderen weisen sie bereits auf die Hohe Minne (Frauendienst) voraus (→ *Minnesang*). Allerdings tritt die Frau bei D. fast durchweg sehr selbständig auf. In formaler Hinsicht vielgestaltiger, zeigt

das Werk aber dennoch erstmals einige charakteristische Elemente der neuen Liedgattung: Ausgangspunkt von einer Naturszene (›Natureingang‹), Wechsel von Männer- und Frauenstrophe (Dialog), Situation des Abschieds am Morgen (Tagelied), Anfänge des Refrains.

um 1170
Herzog Ernst

Versroman. ED: 1869.

Der Versroman eines unbekannten geistlichen Verfassers verknüpft in lockerer Form historische Ereignisse der deutschen Reichsgeschichte (Konflikte zwischen Territorial- und Zentralgewalt) mit antiken und orientalischen Erzählstoffen: Der Landesfürst Ernst empört sich gegen Kaiser Otto I., wird geächtet, nimmt das Kreuz und gerät auf dem Weg bis nach Jerusalem in z.T. phantastische Abenteuer mit Riesen, Zwergen, Zyklopen, dem Vogel Greif und anderen Wunderwesen. Am Ende kehrt er mit seinem getreuen Freund zurück und unterwirft sich dem Kaiser – ein Schluss, der auch als ein Votum für die Reichsidee anzusehen ist.

Der Text des fabulierfreudigen Epos' liegt in mehreren fragmentarischen Handschriften vor; erst eine Bearbeitung vom Anfang des 13. Jh. (ca. 6000 Verse) bietet die ganze Geschichte.

Weitere Bearbeitungen des Stoffes: mehrere ab dem 13. Jh., auch in lat. Sprache wie z. B. eine Prosafassung aus dem 15. Jh. Diese wurde zur Grundlage des Volksbuches *Herzog Ernst* (ED: 1480), das bis zum 19. Jh. immer wieder aufgelegt wurde. Vgl. auch L. Uhlands Drama *Ernst, Herzog von Schwaben* (1818), Felix Dahn: *Herzog Ernst von Schwaben* (1902), Peter Hacks: *Das Volksbuch vom Herzog Ernst* (1957) sowie den Zeichentrickfilm: *Herzog Ernst* (R: L. Dammbeck, 1993).

Spielmannsdichtung

Der erst im 19. Jh. geprägte Begriff soll eine heterogene Gruppe frühmittelhochdeutscher Texte, die weder als geistliche, noch als höfische Literatur anzusprechen und von ihrer Darbietung her FÜR DEN MÜNDLICHEN VORTRAG KONZIPIERT sind, zu einem Formtypus zusammenfassen. SPIELLEUTE waren im mittelalterlichen Unterhaltungsbetrieb eine vielgestaltige Berufsgruppe (Akrobaten, Sänger, Schauspieler, Musiker, Gaukler usw.), deren soziale Identität nicht eindeutig ist. Sie dürften daher als im Volk verwurzelte ›Dichter‹ ihrer ›Werke‹, die zwischen literarischer Kleinkunst (unterhaltende Gelegenheitsdichtung) und Helden- bzw. höfischem Epos angesiedelt sind, kaum in Betracht kommen. Im engeren Sinne, da THEMATISCH (Brautwerbung, listiger Held, Orientfahrt, Heidenkampf) und STILISTISCH (Legende, mündlicher Gestus, Formelhaftigkeit) verwandt, zählen die folgenden Versepen zur ›Spielmannsepik‹: → *König Rother* (um 1160),

→ *Herzog Ernst* (um 1170), *Salman und Morolf* (entst. um 1180/90), *Oswald* (entst. vor 1200), *Graf Rudolf* (entst. vor 1173), *Orendel* (vor 1200) sowie z.T. *Ortnit und Wolfdietrich* (1230/50) und *Dukus Horant* (um 1300). Vgl. auch Heinrich von Neustadt: → *Apollonius von Tyrland* (um 1300).

um 1170
Eilhart von Oberg

Lebensdaten unbekannt.

Tristrant und Isalde

Versroman. Entstehungszeit könnte auch um 1185–95 sein. ED: 1877.

Der Versroman (9750 Verse) von einem nur namentlich bekannten Verfasser gilt als erste vollständig erhaltene deutsche Bearbeitung des Tristan-Stoffes, der keltisch-französische Ursprünge hat. Die Liebe zwischen Tristrant und Isalde ereignet sich als Folge eines versehentlich eingenommenen Liebestranks, was dann zu äußeren Verwicklungen führt (Ehebruch, Verfolgung, Flucht, Trennung usw.). Der Trank symbolisiert aber auch die magische Kraft der Liebe, die jegliche Ordnung brechen kann. Nach dem Erlöschen der Zauberwirkung bleiben die beiden ein (tragisches) Liebespaar, obwohl sie jeweils eine(n) andere(n) heiraten. Am Ende vereint sie der Tod.

Die nicht immer ganz stimmige Erzählung mischt Elemente der → *Spielmannsdichtung* (Brautwerbung), der → *Artus-Epik* und der frühhöfischen Minne-Konzeption (→ *Minnesang*).

Rezeption: Erhalten sind Bruchstücke aus dem frühen 13. Jh.; den vollst. Text überliefern Hs.n des 15. Jh. sowie eine anonyme Prosafassung von 1484.

Weitere Bearbeitungen des Tristan-Stoffes: Gottfried von Straßburg (um 1210), Ulrich von Türheim (um 1240).

2. Hälfte 12. Jh.
Heinrich [von Melk?]

Die früher angenommene Verfasserschaft des benediktinischen Mönches H. wird heute bezweifelt.

Erinnerung an den Tod

OT: *Von des todes gehugde*

Bußpredigt. ED: 1837.

Die zweiteilige Reimdichtung in 1042 Reimpaarversen steht als Bußpredigt in der Tradition der → *Memento-mori*-Literatur (1070–90). Der 1. Teil schildert in drastischer Deutlichkeit die Sündhaftigkeit und Vergänglichkeit des irdischen Lebens, hier insbesondere an höfisches Rittertum und Geistlichkeit gerichtet. Der 2. Teil gemahnt an den Tod und ruft zu Askese und Umkehr auf. Der Text fasst gegen Ende der cluniazensischen Reformbewegung noch einmal deren Geist zusammen.

Weiteres Werk: *Vom Priesterleben* (748 Verse, Ende 12. Jh.), die Verfasserschaft ist aber ebenfalls umstritten.

um 1170/1172
Pfaffe Konrad

Lebensdaten unbekannt.

Rolandslied

Versepos. ED: 1838.

Übertragung des französischen *Chanson de Roland* (um 1100) durch einen nur namentlich bekannten Geistlichen am welfischen Hof Heinrichs des Löwen in Regensburg. Die auf 9094 Reimpaarverse erweiterte Erzählung vom Abwehrkampf der von Roland geführten Nachhut des Heeres Karls d. Gr. gegen die Heiden betont, anders als ihre Vorlage, nicht den heldischen Gefolgsmann, sondern den *miles christianus* und Märtyrer im Glaubenskrieg. Die Nähe zur Kreuzzugsthematik ist unverkennbar. Kaiser Karl ist nicht als nationaler, sondern als sakraler Herrscher gezeichnet, seine Ritter sind erhöht als Gotteskrieger.

Weitere Bearbeitungen des Roland-Stoffes: Wolfram von Eschenbach: → *Willehalm* (um 1215); Der Stricker: *Karl* (um 1220); → *Karlmeinet* (um 1320); Gedichte von L. Uhland, F. Freiligrath; K. Immermann: *Das Tal von Ronceval* (Drama, 1819).

Weiteres Werk: möglicherweise Mitverfasser der → *Kaiserchronik* (um 1140/57).

1170–1190
Friedrich von Hausen

* um 1150; elsässischer Adliger, Ministeriale am Hofe Kaiser Barbarossas. † 6.5.1190 (während des 3. Kreuzzuges) in Anatolien.

Lieder

ED: 1758/59.

H. ist erster und einflussreicher Dichter des sog. rheinischen → *Minnesangs*, der sich am Vorbild der provenzalischen Troubadourdichtung orientiert und diese am staufischen Kaiserhof zur Geltung bringt. Die äußerst formbewusst aufgebauten Lieder, von denen 55 Strophen erhalten sind, offenbaren die Gefühle der Hohen Minne und reflektieren sie zugleich: Liebe, die auf Hingabe drängt, ist *wân*, Ziel ist vielmehr die *mâze*, *zuht* und *stæte*, die der liebende Mann im Aushalten der Unerfüllbarkeit seiner Wünsche an die *frouwe* erlangt. Neu ist der häufige Gebrauch der Ich-Form (»mîn lîp«). In den sog. Kreuzliedern stellt H. die Gottesliebe, d. h. den Dienst an »dem, der lônen kan,« über die asketische Minne: »Mîn herze und mîn lîp diu wellent scheiden«.

Rezeption: H. wirkte schulbildend auf die Minnesänger Bernger von Horheim, Bligger von Steinach und Ulrich von Gutenburg sowie auf den späteren Kaiser Heinrich VI. und Rudolf von Fenis.

1170–1190
Heinrich von Veldeke

* ca. 1140/50 in der Nähe von Maastricht; Ministeriale, zeitweise am Hof Hermanns I. von Thüringen. † vor 1210.

Eneit

Versepos. ED: 1783.

Die Bearbeitung des anonymen französischen *Roman d'Enéas* (um 1160) formt den antiken Stoff (Vergil) zu einem zeitgemäßen Epos (13 528 Verse) um, in dem das höfische Ritter- und Minneideal in den Mittelpunkt rückt. Erzählt wird Äneas' Helden- und Liebesgeschichte, wobei V. über Vergils Handlungsgerüst (der Weg von Troja über Karthago bis zur Gründung Roms) hinausgeht und sich in der breit angelegten Schilderung der unglücklichen Liebe Didos zu Äneas (Venusminne) und der glücklichen Liebe von Lavinia und Äneas auf Ovid bezieht. Auf diese Weise wird aus dem antiken Heroen der vorbildliche höfische Ritter.

V.s herausragende Sprach- und Reimkunst wurde schon von Gottfried von Straßburg und Wolfram von Eschenbach gelobt.

Rezeption: Der Text ist in 7 vollst. und 5 fragmentarischen Hs.n aus dem 12./13.Jh. gut überliefert.

Weitere Bearbeitungen des Troja-Stoffes: Herbort von Fritzlar: → *Das Lied von Troja* (1190–1210); Konrad von Würzburg: → *Trojanerkrieg* (1280–87).

Weitere Werke: *Servatius* (Verslegende, um 1160), → *Lieder* (1170–90).

1170–1190
Heinrich von Veldeke Biogr.: → 1170–90

Lieder

ED: 1758/59.

Die aus der limburgischen Frühzeit und aus der Zeit am Thüringer Hof stammenden 61 überlieferten Strophen sind durchweg Minnelyrik. Dem zeitlichen Unterschied entspricht eine inhaltliche Differenz: Die frühen Lieder, die bereits romanischen Einfluss verraten, sind in ihrem Liebesverlangen recht sinnenfroh und voller anschaulich-konkreter Naturbilder – die späteren nähern sich den Anforderungen der Hohen Minne an (→ *Minnesang*) bzw. kritisieren nicht ohne Ironie deren Rigidität. Insgesamt bietet H.s lyrisches Werk »eine Vielfalt an Strophenformen, Stilebenen, Stimmungen und Inhalten« (L. P. Johnson), die einzigartig ist und auf die Blüte des Minnesangs um und nach 1200 vorausdeutet.

Mariendichtung (11.–15. Jh.)

Die CHRISTLICHE MARIENVEREHRUNG konnte sich auf das *Neue Testament*, die *Apokryphen* und eine wachsende Zahl von Marien-Legenden stützen. Seit dem 6./7. Jh. gab es Marienfeste und -hymnen sowie das *Ave Maria*-Gebet, das ab dem Ende des 11. Jh. ebenso volkstümlich wurde wie die Verehrung der Gottesmutter als Schutzheilige und Gegenfigur (reine Magd) zu Eva. LATEINISCHE MARIENVEREHRUNG findet sich bei Notker I. (um 885) und Hrotsvith (962–73). ERSTE DEUTSCHSPRACHIGE MARIENLIEDER (um 1150) stammen aus den Klöstern Arnstein, Melk, St. Lambert, St. Trudpert, Muri und Vorau. Als erste Marienleben-Darstellung gilt das *Driu liet von der maget* (→ *Drei Bücher von der Jungfrau*, 1172) des Priesters Wernher.
Im 13. Jh. schlossen sich neben zahlreichen lateinischen Mariendichtungen Konrad von Heimesfurts *Unser vrouwen hinvart* (um 1220/50), ein *Grazer Marienleben* (um 1250), Konrad von Würzburgs Marienpreisgedicht *Die goldene Schmiede* (um 1275), Walther von Rheinaus *Marienleben* (Ende des 13. Jh.) sowie ein *Rheinisches Marienlob* (um 1300) an. Daneben kam es vermehrt zu MARIENLYRIK, MARIENGRÜẞEN (im Anschluss an das *Ave Maria*), MARIENKLAGEN (vgl. auch → *Geistliche Spiele 11.–15. Jh.*), MARIENMIRAKELN sowie MARIENLEGENDEN, die Maria als Fürsprecherin und Helfende zeigen (z. B. die Sammlung *Der maget crône*, 14. Jh.). Aus der verbreiteten Mariendichtung des 15. Jh. sind der *Trierer Theophilus* (um 1450) und eine mittelniederdeutsche dramatisierte *Bordesholmer Marienklage* (um 1475) hervorzuheben. Auch der → *Minnesang* und v. a. der → *Meistersang* thematisieren Maria.

1172
Priester Wernher
Lebensdaten unbekannt.

Drei Bücher von der Jungfrau
OT: *Driu liet von der maget*

Mariendichtung. Erhalten sind zwei vollst. Hs.n aus dem 13. Jh. ED: 1802; 1837.
Das Werk gilt als Beginn der epischen → *Mariendichtung* in deutscher Sprache, auch wenn Maria schon früher literarische Beachtung fand (Marienlieder) und ihr Leben noch nicht vollständig dargestellt wird. In rund 6000

4-hebigen Versen, aufgeteilt in 3 Bücher, erzählt der nur namentlich bekannte Verfasser, der wohl in Augsburg gewirkt hat, die wichtigsten Lebensstationen Marias: Kindheit, Jungfrauenschaft und Vermählung, Verkündigung, Geburt Jesu, Flucht, Heimkehr und heilsgeschichtlicher Ausblick. Hymnischer Marienpreis und fromme Erbauung überwiegen gegenüber exegetischer Auslegung.

1180–1185
Hartmann von Aue

* um 1160/68; Ministeriale, Schaffensphase zwischen 1180 und 1200 aus Texthinweisen erschließbar. † um 1210.

Erec

Versepos. ED: 1839.

Mit *Erec* lieferte H. eine Nachdichtung des französischen Versromans *Erec et Enide* (um 1170) von Chrétien de Troyes, der die auf keltisch-normannischen Quellen beruhende Romantradition des Artusromans (→ *Artus-Epik*) begründet hatte. *Erec* ist damit der erste deutsche Artusroman. Erzählt wird in 10 135 Paarreimversen die zunächst aus Pflichtvergessenheit fehlgehende, nach dem Bestehen mehrerer Abenteuer dann aber gelingende Entwicklung des jungen Königssohns Erec zum vorbildhaften Artusritter und Herrscher. Auf dem durch Wiederholung gesteigerten Weg zu dieser Bewährung helfen ihm die Liebe und der Rat seiner treuen Ehefrau Enite sich zu läutern und seine Ehre als Ritter durch soziale Anerkennung wiederzugewinnen. Der sittlichen Vertiefung der ehelichen Liebesbeziehung zur *minne* entspricht die ethische Erhöhung der kriegerischen Kampfbereitschaft zur ritterlichen *êre*. Erst ihre ausgewogene Verbindung führt zum idealen Artus-Rittertum, in das auch Kernelemente des *miles christianus* integriert sind.

Weitere Werke: *Die Klage* (um 1180); → *Lieder* (1180–1200).

um 1180/1195
Heinrich [der Glichesere]

Lebensdaten unbekannt.

Reinhart Fuchs

Versepos. Entst. in der Zeit zwischen 1170/80 und 1195. Die Hs. des 12. Jh. ist nur als Fragment (rund 700 Verse) erhalten; vollst. erhalten ist eine Bearbeitung in 2 Hs.n des 14. Jh. (2268 Verse). ED: 1498; 1817.

Das Epos ist die Bearbeitung eines französischen Tierschwanks aus dem Umkreis des *Roman de Renart* (1174–1205) durch einen nur dem Vornamen nach bekannten Verfasser, der vermutlich aus dem Elsass stammt. Der skrupellose und hinterlistige Fuchs bahnt sich seinen Weg nach oben: Er betrügt alle Weggefährten, gelangt bis zum Löwen, dem König, bereichert sich schamlos an ihm und bringt ihn am Ende straflos um. Das Epos (2266 Verse) zeigt – anders als die späteren Bearbeitungen in Frankreich und Flandern – keinen moralischen Ausweg. Es wirkt in seiner schonungslos-satirischen Entlarvung der höfischen Werte (Ehre, Minne, Treue) als warnendes »Zerrbild der hochmittelalterlichen Gesellschafts- und Rechtsordnung« (V. Mertens).

Rezeption: H.s Versepos hatte wohl nur eine begrenzte Wirkung. Zur weiteren Rezeption des Reineke-Fuchs-Stoffes: *Reynke de Vos* (→ *Reineke Fuchs*, 1498).

1180–1200
Hartmann von Aue

Biogr.: → 1180–85

Lieder

ED: 1758/59.

Es gibt etwa 60 namentlich H. zugeschriebene Minnelieder, die vollständig nur in der → *Manessischen Handschrift* (1300–40) überliefert, in ihrer Verfasserschaft jedoch nicht alle gesichert sind. Ihre Datierung ist kaum möglich und ihr biographischer Bezug unklar. Im Zentrum stehen verschiedene Reflexionen über die Hohe Minne: Liebesklage, Liebeshoffnung, Erörterung des einseitigen Minnedienstes und sogar Minne-Kritik wie z. B. im sog. *Unmutslied*. Letztere äußert sich in der angedeuteten Möglichkeit, das Ideal der Hohen Minne (*stæte*) zugunsten der Niederen Minne (»mit armen wîben […] dâ finde ich die, diu mich dâ wil«, vgl. Walther von der Vogelweide) aufzugeben, sowie auch in den drei Kreuzliedern, in denen dem *wân* der Minne die Gottesliebe gegenüber gestellt wird. Nicht zuletzt im Blick auf H.s Minnelehre, die er in dem im → *Ambraser Heldenbuch* (1517) überlieferten Lehrgedicht *Die Klage* (1914 Verse) formuliert hat, erscheint die Gesamtdeutung von H.s Minnelyrik, deren »krístallînin wortelîn« Gottfried v. Straßburg lobte, als »fast nur Anti-Minnesang« (H. Kuhn) indes überzogen.

Weiteres Werk: → *Gregorius* (Verslegende, um 1190).

1180–1200
Heinrich von Morungen

Thüringischer Ministeriale, zuletzt beim Markgrafen von Meißen. † um 1221/22 in Leipzig.

Lieder

ED: 1758/59.

Die in 35 ›Tönen‹ (Melodien) überlieferten Lieder (115 Strophen), stark geprägt von der provenzalischen und antiken Liebeslyrik, handeln ausschließlich von der Hohen Minne (→ *Minnesang*). Die Liebe äußert sich dabei weniger als spiritueller Dienst, sondern als durchaus (über)sinnlich erfahrenes Schönheitserlebnis (Liebesheil), zugleich aber auch als magischer Bann (Venusmotiv). Zur ästhetischen Überhöhung gehört eine sensible Formkunst (daktylische Musikalität, Licht- und Natur-Metaphorik, strophische Variation, Binnenreime), die H. als einen »der eigenwilligsten Minnesänger seiner Zeit und als einen der bedeutendsten Lyriker des deutschen Mittelalters überhaupt« (C. Händl) zeigen. Einige Lieder wirken modern wegen ihrer (scheinbaren) Nähe zur Erlebnislyrik (»Liederblut aus Herzensgrund«, H. Heine), andere wegen ihrer dichterischen Selbstreflexion (»wan ich dur sanc bin ze der welte geborn«) bzw. wegen ihrer Expressivität (»Vil süeziu senftiu tôterinne«).

Rezeption: H. war im Mittelalter bekannt, wie Erwähnungen bei anderen Minnesängern zeigen. Er wirkte fort als typische Gestalt des Minnesängers (Sage und Volksbuch *Vom edlen Möringer*, seit dem 15. Jh.).

1185–1210
Reinmar [der Alte]

* um 1160/70, Ministeriale. † vor 1210 in Wien.

Lieder

ED: 1758/59.

Obwohl nach Walther von der Vogelweide der bekannteste und am besten überlieferte Minnesänger, ist über R.s Leben nur wenig bekannt; den Beinamen ›der Alte‹ erhielt er zur Unterscheidung vom jüngeren Reinmar von Zweter. Auch seine Verfasserschaft ist in vielen Liedern unklar: Nach großzügiger Zuschreibung wären es 86 Töne (Melodien) mit 340 Strophen, nach sehr engen Kriterien (C. v. Kraus) nur 35, während nach neuerer Interpretation etwa 60 Lieder mit sicherer und weitere 8 mit unsicherer Verfasserschaft anzunehmen wären.

Geht man von der weiter gefassten Autorschaft aus, so erscheint R. als ein vielgestaltiger Formkünstler, der das gesamte lyrische Spektrum von der hohen Minne-Dogmatik (Frauenpreis, Klage) über erzählende Lieder bis hin zu weniger stilisierten Rollengedichten abdeckt: »keiner sprach sô wol von wîben«. Nicht zuletzt durch Walthers parodierende Angriffe auf R.s asketischen Ästhetizismus ist jedoch das unzutreffende Bild des »Scholastikers der unglücklichen Liebe« (L. Uhland) festgeschrieben. Dabei hatte Walther in seinem Nachruf, R.s strahlenden Frauenpreis (»Sô wol dir, wîp, wie reine ein nam!«) zitierend, selbst den Weg für eine angemessenere Rezeption gewiesen.

Rezeption: R. galt schon seinen Zeitgenossen als Meister und »Nachtigall« (Gottfried v. Straßburg); sein künstlerischer Einfluss auf Walther von der Vogelweide, der durchaus auch mit ihm rivalisierte, und den → *Minnesang* ist unbestritten.

Minnesang (12.–13. Jh.)

Der deutsche Minnesang ist ein literarisches Phänomen der ritterlich-höfischen Gesellschaft im hohen Mittelalter (ca. 1150/70 bis um 1300) mit gattungsgeschichtlichen Wurzeln in der provenzalisch-französischen Troubadourlyrik (ab 12. Jh.) sowie der arabischen und lateinischen Liebeslyrik (vor dem 12. Jh.). In der Gestalt des öffentlich am Hofe vorgetragenen Minneliedes ist er abgehoben von den anderen lyrischen Genres wie z. B. Vaganten-, Kreuz-, Tanzlied und Sangspruch, wobei es neben Mischformen auch zu speziellen Ausprägungen, wie z. B. dem ›Tagelied‹, der ›Pastourelle‹ oder dem ›Minneleich‹, kam. Gegenüber der älteren Meinung, wonach der Minnesang »die erste wirkliche volkssprachige Ich-Dichtung in Deutschland« (H. de Boor) sei, hat sich inzwischen die Deutung als stilistisch und inhaltlich hochgradig konventionalisierte Kunstform und »Gesellschaftsspiel des Hofes« (Th. Cramer) durchgesetzt. Dies legt auch der Begriff ›Minne‹ nahe, der in der Regel eben nicht die geschlechtliche Liebe zwischen Mann und Frau, sondern ein höfisch sublimiertes, erotisches Werbe- und Dienstverhältnis bezeichnet: zumeist zwischen einem Lehnsmann und einer Dame, der *frouwe* (Herrin), die nicht selten verheiratet und damit per se unerreichbar ist. ›Minnen‹ heißt: durch Treue (*triuwe*), Beständigkeit (*staete*), Beherrschung (*mâze, hôhen muot*) ohne Lohn zu dienen und sittlich zu reifen. Minnedienst ist also eine ritterliche Verhaltensleistung, die im Rang der Fähigkeit gleichwertig ist, kriegerische Prüfungen (*aventiure*) zu bestehen. Diese Grundsituation schließt fast von Anfang an Variationen ein, die mit den konventionellen Grenzen spielen bzw. sie durch Überschreiten erweitern oder gar in Frage stellen (sog. Gegengesang). Insofern gehört die Problematisierung des Minneideals bereits zum Formtypus – sei es als Kritik an der ständisch-ritualisierten Exklusivität, sei es als Propagierung anderer Liebesformen (Ehe, niedere Minne), sei es als Travestie.

Dem frühen Minnesang werden zugerechnet: Der von Kürenberg, Dietmar von Aist, Meinloh von Sevelingen, Kaiser Heinrich IV. Für das 13. Jh. sind von etwa 90 überlieferten Minnesängern herauszuheben: Heinrich von Rugge, Friedrich von Hausen, Heinrich von Veldeke, Heinrich von Morungen, Albrecht von Johannsdorf, Hartmann von Aue, Reinmar, Wolfram, Walther, Neidhart. Zum späten Minnesang gehören: Burkart von Hohenfels, Gottfried von Neifen, Ulrich von Singenberg, Ulrich von Liechten-

stein, Ulrich von Winterstetten, Tannhäuser, Steinmar, Hadlaub, Frauenlob, Mönch von Salzburg.
Überliefert wurde der Minnesang durch → *Mittelhochdeutsche Liederhandschriften*, v. a. durch die → *Manessische Handschrift* (1300–40). Der Druck dieser Handschriften ab dem 18. Jh. und die philologische Textkritik ab dem 19. Jh. vertieften die Rezeption dieser neben dem höfischen Epos klassischen mittelalterlichen Dichtung. Der Minnesang fand seinen Ausklang mit der zunehmenden Ersetzung des Minneliedes durch erörternde Minnereden.

um 1190
Albrecht von Johansdorf

* um 1160/65 in Jahrsdorf an der Vils. Von 1185 bis 1209 kirchlicher Ministeriale in Passau. † nach 1209.

Lieder

ED: 1758/59.
Das schmale lyrische Werk (42 Strophen in 8 Minne- und 5 Kreuzliedern) verbindet, versöhnlicher und damit anders als bei Friedrich von Hausen und Hartmann von Aue, Liebeswunsch (Minne) und religiöse Pflicht (Kreuzzug): Die Erfordernisse der Hohen Minne (sittliche Erhöhung trotz ungelohnten Dienstes) schließen weder die Gegenseitigkeit und Gleichrangigkeit der Minne-Beziehung aus, noch leidet diese durch kreuzzugsbedingte Ferne. Ihr formaler Ausdruck ist der von A. eingeleitete dialogische Aufbau (Wechsel) in der Strophe (z. B. »Ich vant âne huote«, »Lât mich noch geniezen«); im Natureingang gibt es Berührungen mit dem donauländischen Minnesang (Dietmar von Aist).

um 1190
Hartmann von Aue

Biogr.: → 1180–85

Gregorius

Verslegende. Entst. zwischen 1187 und 1197. ED: 1471 (Prosafassung); 1868.
Nach der Vorlage einer nicht mehr erhaltenen französischen Legende erzählt H. die Geschichte des *guoten sündaere* Gregorius, der den elterlichen und eigenen Inzest (Verheiratung mit der Mutter) mit 17-jährigem Einsiedlertum auf einem Felsen im Meer büßt, bis er von Gott zum Papst berufen wird und als gerechter Kirchenherrscher vorbildhaft Gutes bewirkt. Die wundersam-fromme Büßerlegende (4006 4-hebige Verse) kann aber auch als »verkappter höfischer Roman« (K. Bertau) gelesen werden, wenn der

Weg in die irrige Buße und ihre Überwindung in der Erkenntnis göttlicher Gnade als Parallele zum Weg in die ritterliche Bewährung über das Bestehen von *aventiuren* verstanden wird: Gregorius als ein die Abenteuer der Buße überwindender »geistlicher Parzival« (H. Kuhn). In Prolog und Epilog kann, je nach Lesart, entweder die Bekräftigung der grundsätzlichen Sündhaftigkeit der Welt oder die Anerkennung betont werden, die der gute Sünder dennoch in ihr finden kann. Vgl. auch → *Mittelalterliche Heiligenlegenden und Legendare.*

Rezeption: Die Legende war im Mittelalter stark verbreitet. Als erster dt.sprachiger Erzähltext wurde sie ins Lat. übersetzt (1210/13). Eine Prosafassung *Von sant Gregorio auf dem stain* (um 1390) wurde in über 100 Hs.n sowie im Druck überliefert. Unter vielen späteren Bearbeitungen ragt heraus: Th. Mann: → *Der Erwählte* (Roman, 1951).
Weitere Verslegende: → *Der arme Heinrich* (um 1195).

1190–1210
Herbort von Fritzlar

Gelehrter hessischer Kleriker, genaue Lebensdaten unbekannt.

Das Lied von Troja

OT: *Das Liet von Troye*

Versepos; genaue Datierung nicht möglich. ED: 1837.

Das Epos (18 458 Verse) ist eine gekürzte Übertragung des französischen *Roman de Troie* (1160/65) des Benoît de Sainte-Maure, auf Veranlassung des thüringischen Landgrafen Hermann I. (1190–1217), der ein großer Literaturmäzen war und schon Heinrich von Veldekes Äneas-Roman → *Eneit* (1170–90) gefördert hatte. Es ist die erste deutsche Behandlung des homerischen Troja-Stoffes aus *Ilias* und *Odyssee* (beide entst. 8. Jh. v. Chr.), wobei die realistische Schilderung der blutigen Schlachten und in ihnen die ritterliche Erhöhung von Achilles im Vordergrund steht. Umstritten ist, ob das Werk eher als spielmännisch-vorhöfisch oder als Überwindung des höfischen Ritterideals einzuordnen ist.

Rezeption: Das Epos ist nur in einer vollst. Hs. überliefert.
Weitere Bearbeitung: Konrad von Würzburg: → *Trojanerkrieg* (1280–87).

1190–1230
Walther von der Vogelweide

* um 1168; als fahrender und möglicherweise nichtadeliger Dichter (Sänger) an verschiedenen Fürstenhöfen tätig (Wien, staufischer Hof, Meißen u. a.). † um 1230 vermutlich in Würzburg. Gedenkstätten: Bozen (D), Würzburg (D, G).

Lieder

ED: 1601/11 (Teile); 1758/59.

Von W. ist mit etwa 90 Liedern (und weiteren mit strittiger Verfasserschaft) das umfangreichste lyrische Werk des → *Minnesangs* überliefert, womit er zugleich zum bekanntesten Minnesänger deutscher Sprache wurde. Die zeitliche Gruppierung in frühe Lieder, Lieder gegen Reinmar, Mädchenlieder, Lieder der neuen Hohen Minne und Alterslieder (C. v. Kraus) basiert auf angenommenen, aber historisch nicht belegbaren biographischen Umständen und ›Erlebnissen‹, die das dichterische Werk ausgelöst haben sollen. W.s ›natürlicher‹ Ton, besonders in den der Niederen Minne zugerechneten Mädchenliedern (z. B. *Unter der linden*; *Nemt, frouwe, disen kranz*), steht der erotisch freieren lateinischen Vagantenlyrik nahe. Diese noch heute unmittelbar ansprechenden Lieder (Pastourellen) können in ihrer »Balance zwischen Bewußtheit und Naivität, Spiel und Natürlichkeit« (P. Wapnewski) sowohl als kunstvolle Überbietung des von Reinmar in den 1190er Jahren entfalteten Minnekonzepts (und darin immer noch daran gebunden) wie als Bruch und Aufkündigung verstanden werden, wenn sie sich denn datieren ließen. Zur reinmarischen Spiritualität des Frauenpreises hält W. kritische Distanz. Für ihn ist die *frouwe* durchaus auch das *wîp*, das den Liebesdienst zu erwidern vermag (»minne ist zweier herzen wunne«). In den dem Alterswerk zugeschriebenen Liedern geht es um Kritik am höfischen Gesellschaftsleben, religiöse Ermahnung und elegische Rückschau (z. B. *Owê war sint verswunden alliu mîniu jâr; Ir reiniu wîp, ir werden man*).

Rezeption: W.s Werk, in mehr als 500 Strophen und 25 Hs.n überliefert, ist seit dem 13. Jh. stets bekannt gewesen und vielfältig rezipiert worden. Die Meistersinger zählten ihn zu den ›Zwölf Alten Meistern‹.

Weiteres Werk: → *Spruchdichtung* (1198–1230).

um 1195
Hartmann von Aue

Biogr.: → 1180–85

Der arme Heinrich

Verserzählung. ED: 1784; 1868.

Aus dem hohen Herrn Heinrich, Inbegriff des idealen Ritters, wird plötzlich der »arme Heinrich«, weil er vom Aussatz befallen wird. Anders als Hiob ergibt er sich trotz seines völligen Rückzuges aus der Welt jedoch nicht in Gottes Willen, sondern sucht Heilung. Als eine junge Bauerntochter nicht ganz uneigennützig um des ewigen Heils willen ihr irdisches Leben für ihn hinzugeben bereit ist, will er den Tausch zunächst annehmen; doch dann verzichtet er, bewegt durch den Anblick ihrer nackten Schönheit, auf ihr Opfer und akzeptiert in einem inneren Monolog seine Krankheit als von Gott verhängte Strafe. Mit dieser demütigen Einsicht kommt eine märchenhafte Wendung zum Guten: Genesung, Heirat mit dem Mädchen, langes Leben und Gewissheit, danach ins Himmelreich zu gelangen. Mit diesem Schluss erfüllt H. nicht einfach das Muster einer religiösen Bekehrungsgeschichte, sondern beschreibt einen mittleren Weg zwischen übertriebener Askese und uneinsichtiger Weltzugewandtheit.

Rezeption: Der Text wurde seit dem Mittelalter immer wieder bearbeitet. Auswahl ab dem 19. Jh.: G. Schwab (Volksbuch, 1836), A. v. Chamisso (Gedicht, 1839), R. Huch (Erzählung, 1899), G. Hauptmann (Drama, 1902), H. Mostar (Singfabel, 1928), M. Beheim-Schwarzbach (Hörspiel, 1962).

Weiteres Werk: → *Iwein* (Versepos, um 1200).

1198–1230

Walther von der Vogelweide

Biogr.: → 1190–1230

Spruchdichtung

ED: 1758/59.

Als ›Spruchdichtung‹ lässt sich in weit gefasster Form jene gesprochen vorgetragene, lehrhafte Dichtung benennen, die nicht (Minne-)Lied oder Leich (»Groß- und Prunkform des einstimmigen Sololiedes«, H. Kuhn) ist. Enger gefasst wird der ›Sangspruch‹, der nur lyrische Texte umfasst, in wiederkehrenden Melodien (›Tönen‹) gesungen und verfolgt didaktisch-politische Tendenzen (›Weisheit‹).

W. ist – nach Anfängen bei Herger (28 Sprüche) und Spervogel (beide im 12. Jh.) – der erste mittelhochdeutsche Dichter, der mit seinen rund 150 Sangsprüchen (in etwa 30 Spruchtönen) dieser Gattungsform hohe Bedeutung verschafft hat. Seine Texte artikulieren dabei erstmalig ein direktes politisches Engagement, wobei die Parteinahme durchaus zwischen den staufischen (Philipp von Schwaben, Friedrich II.) und welfischen Kontrahenten (Otto IV.) wechselt. Weithin bekannt sind die in der → *Manessischen Handschrift* (1300–40) noch durch das Bild des sinnenden Dichters verstärkten Sprüche: *Ich saz ûf eime steine*, *Ich hôrte ein wazzer diezen*, *Ich sah mit mînen ougen*, *Ir sult sprechen willekomen*. W. tritt für das Kaisertum als universale Ordnungsmacht ein, weist das Papsttum mit seinen weltlichen Machtinteressen in die Schranken und mahnt in Preis- und Scheltsprüchen, am Ende seines Lebens nicht ohne Resignation, die Einhaltung der Ideale eines richtigen Lebens in einer aus den Fugen geratenen Welt an.

Rezeption: W.s Spruchdichtung wirkte im 13. Jh. auf Bruder Wernher, Freidank, Reinmar von Zweter, den Marner, Frauenlob sowie den → *Meistersang*.

um 1200
Moriz von Craûn

Verserzählung. Datierungen schwanken zwischen 1150 und 1230. ED: 1850.

Die Bearbeitung einer französischen Vorlage stammt von einem unbekannten Verfasser (1784 Verse). Behandelt wird ein Problem der Minnedoktrin, das – nach einem Prolog über die Geschichte des Ritterwesens seit der Antike – in einer Fallgeschichte dargestellt und anschließend erörtert wird: Der Ritter Moriz (Mauricius) verschläft auf dem Bett, in dem er den Lohn seines erfolgreichen Minnewerbens um die verheiratete Gräfin von Beaumont genießen will, seine Verabredung mit der Dame, die ihn nicht weckt. Der aufgebrachte Ritter holt sich daraufhin das Versäumte mit Gewalt und zieht höhnisch von dannen. Blamiert ist indes nicht er, sondern die »wortbrüchige« Frau.

Es ist strittig – nicht zuletzt wegen der unsicheren Datierung –, ob hier ein vertrackter Kasus für die höfische Minnetheorie oder ein Minne-Schwank vorliegt, der diese Theorie und damit auch das Ideal des Artusrittertums bereits karikiert.

Rezeption: Ohne bezeugte Rezeption im Mittelalter, überliefert allein durch das → *Ambraser Heldenbuch* (1517).

um 1200
Nibelungenlied

Heldenepos. ED: 1757/82–85; KA: 1826.

Das um 1200 verschriftlichte Heldenepos beruht auf einer aus dem 5./6. Jh. stammenden, einen größeren Stoffkreis umfassenden mündlichen Überlieferung, deren verschiedene Fassungen sich in der altnordischen *Lieder-Edda* (*Sigurdlied*, *Atlilied*, entst. 9.–12. Jh.), der *Thidrekssaga* (entst. Mitte 13. Jh.) bzw. der → *Dietrich-Epik* niedergeschlagen haben. Das *Nibelungenlied* ist allerdings die früheste schriftliche Fassung, wobei sich seine drei ältesten Handschriften trotz heftiger philologischer Bemühungen auf kein ursprüngliches Original zurückführen lassen. Nach einer Formulierung des Schlussverses wird der Text auch *Der Nibelungen nôt* genannt. Die 2370 Strophen bestehen aus 4 Langzeilen, die jeweils durch eine Zäsur in 2 Halbverse geteilt sind (›Nibelungenstrophe‹): »uns ist in alten maeren wunders vil geseit«.

In einem 1. Teil wird die Brunhild-Geschichte und der »höfische Minneroman zwischen Siegfried und Kriemhild« (U. Pretzel) bis zu Siegfrieds Ermordung durch Hagen erzählt. Der 2. Teil schildert den Zug der Burgunder von Worms an den Hof König Etzels und Kriemhilds, deren blutige Rache und den Untergang. Der unbekannte (klerikale?) Verfasser übersetzt zwar das Heldentum des germanischen Stoffes in ein höfisches Rittertum, doch bleibt das ganz unhöfisch-düstere Bild einer auf Gewalt, Rache und Machtgier gegründeten Gesellschaft bestimmend. Auch die positiv dargestellten Figuren der getreuen Vasallen Rüdiger von Bechlarn und Dietrich von Bern vermögen dem Handlungszwang einer germanisch-archaischen Heldenwelt nicht zu entkommen. Noch im 13. Jh. folgte eine Fortsetzung des Heldenepos' (*Klage*, 4360 Verse) mit der Totenklage, einer Rechtfertigung Kriemhilds und einem versöhnlichen Neuanfang in Worms.

Rezeption: Überliefert in 35 Hs.n, darunter 11 vollst., von denen 4 aus dem 13. Jh. stammen. Einfluss auf spätere Heldenepen, z. B. → *Kudrun* (1230–50), → *Dietrich-Epik, Lied vom hürnen Seyfrid* (16. Jh.). H. Sachs: *Der hüernen Sewfrid* (1557), Fr. de la Motte Fouqué: *Der Held des Nordens* (1808/10), Fr. Hebbel: → *Die Nibelungen* (1861), M. Mell: *Der Nibelunge Not* (1951), V. Braun: *Siegfried* (1986), M. Rinke: *Die Nibelungen* (2002). ♬ R. Wagners Musikdrama: *Der Ring des Nibelungen* (1853), Weena: *Nibelungenlied* (Rockoper, 2005). 🎬 *Die Nibelungen* (R: Fr. Lang, 1922/24; R: H. Reinl, 1966/67).

um 1200
Wolfram von Eschenbach

* um 1170 in Wolframs-Eschenbach bei Ansbach; adliger Hofdichter an verschiedenen Fürstenhöfen in Franken und Thüringen. † um 1220. Gedenkstätte: Wolframs-Eschenbach (Gedenktafel, M).

Lieder

ED: 1758/59.

Von den 9 in der → *Manessischen Handschrift* (1300–40) überlieferten Liedern sind allein die 5 Tagelieder zweifelsfrei von W. Sie genügten, um ihn zum Begründer einer fortan florierenden Variante des Minneliedes, dem aus der provenzalischen Lyrik stammenden Tagelied (*alba*), werden zu lassen. Im Tagelied geht es nicht mehr um Werbung, sondern um den Abschied der Liebenden bei Anbruch des Tages nach gemeinsam verbrachter Nacht (»Sîne klâwen/ durch die wolken sint geslagen,/ er stîget ûf mit grôzer kraft«). W.s Erweiterung des Liedtyps, für den es auch bei Dietmar v. Aist und Heinrich v. Morungen schon Beispiele gibt, ist die Erfindung einer dritten Person: der Wächter, der wacht, weckt, warnt und mahnt (Wächtertagelied). Bei gleich bleibender Grundsituation variiert jedes Lied die Figurenkonstellation: Auch der Wächter kann ermahnt werden, nicht nur der Mann ist der Aktive und die Frau kann auch eine Ehefrau sein – so wird die Minne bei W. realitätsnäher. Bemerkenswert ist die kaum verhüllte Darstellung körperlicher Liebe: »ez enwart sô nâhen nie gelegen, des noch diu minne hât den prîs«.

Rezeption: Belegt sind etwa 70 dt. Tagelieder aus dem 13. und 14. Jh.
Weiteres Werk: → *Parzival* (Versepos, 1200–10).

Artus-Epik

BEGRIFF: Als ›Artus-Epik‹ werden jene Verserzählungen und Prosaromane bezeichnet, die – gestützt auf seit dem 7. Jh. verbreitete keltisch-normannische Heldensagen und -legenden – Geschichten (*aventiuren*) aus dem Umkreis des Königs Arthur (Artus) und seiner ritterlichen Tafelrunde erzählen. Die erste Ausgestaltung geschah in England (Geoffrey of Monmouth), die wirkungsmächtige ENTFALTUNG SEIT DER 2. HÄLFTE DES 12. JH. von Frankreich aus (Chrétien de Troyes, Robert de Boron u. a.). Über die Rezeption bei Eilhart von Oberg und v. a. bei Hartmann von Aue (→ *Erec*, 1180–85; → *Iwein*, um 1200) entwickelte sich ab 1170 der deutsche höfische ›Artusroman‹, dessen klassische Gestalt in den Versepen von Wolfram von Eschenbach (→ *Parzival*, 1200–10, *Titurel*, 1210–20) und Gottfried von Straßburg (→ *Tristan und Isolde*, um 1210) erreicht und zugleich kritisch reflektiert ist.

In der FIGUR DES KÖNIGS ARTUS und seiner Tafelrunde verdichtet sich die »Idealität des übervölkischen, höfischen Rittertums« (H. de Boor), deren Ordnung zunächst gestört und dann durch einen typischen Handlungsverlauf (Doppelung von Verfehlung und Bewährung, Einheit von Vasallität und Minne) wiederhergestellt wird. Die Thematik von vorbildlicher Herrschaft und Liebe/Ehe wurde variiert, problematisiert und bis zum 15. Jh. auch durch ausmalende Fortsetzungen erweitert. Zu nennen sind hier: Ulrich von Zatzighoven, Wirnt von Grafenberg, Heinrich von dem Türlin, Der Stricker, Der Pleier, Albrecht sowie Ulrich Fuetrers Nachdichtung (→ *Buch der Abenteuer*, 1473–81). Die epische Darstellung des ritterlichen Ethos weicht jedoch zunehmend dem Interesse an Abenteuer und erotischer Eroberung, wobei das Artus-Motiv verblasst (vgl. → *Anfänge des Prosaromans*).

um 1200
Hartmann von Aue — Biogr.: → 1180–85

Iwein

Versepos. ED: 1827.

H.s Bearbeitung (8166 Verse) der französischen Vorlage *Yvain* (um 1170/80) von Chrétien de Troyes gilt als klassisches Beispiel der → *Artus-Epik* wie auch ihrer Grenzen. Klassisch sind Aufbau und Verlauf der Handlung: Der glänzende, stets siegreiche Artusritter Iwein verliert aufgrund von egoistischen Pflichtversäumnissen die Liebe seiner wie eine Minneherrin auftretenden Ehefrau Laudine und deswegen sein Ansehen bei Hofe. In einer Serie von Abenteuern, in denen er sich als Beschützer von Bedrängten und Verfolgten sozial bewährt, reift er zum anerkannten Herrscher und gewinnt – nicht ohne List – auch die Liebe von Laudine zurück. Dennoch läuft die

Erzählung nicht auf ein uneingeschränktes Lob des Artusrittertums mit seinem Streben nach »sælde unde êre« hinaus: Sie hinterlässt durchaus einen »merkwürdig zwiespältigen Eindruck« (J. Bumke), weil das Ritter- und Minneideal – wie um es historisch zu verabschieden – nicht ohne seine Kehrseiten dargestellt ist.

Rezeption: H. gehört neben Wolfram von Eschenbach zu den im Mittelalter anerkanntesten Epikern. Der *Iwein* war in 32 Hs.n (davon 15 vollst.) stark verbreitet. Bearbeitungen: U. Fuetrer: → *Buch der Abenteuer* (gekürzte Fassung, 1473/81), → *Ambraser Heldenbuch* (1517).

1200–1210
Wolfram von Eschenbach

Biogr.: → um 1200

Parzival

Versepos. Entst. zwischen 1200–1210. ED: 1477; 1833.

Das Epos in 16 Büchern (24 840 Verse) ist eine Nach- und Weitererzählung des *Le Conte del Graal/Perceval* (1181–89) von Chrétien de Troyes. Das Werk ist, trotz seines Titels, ein Doppelroman (Grals- und Artusroman), in dem die unterschiedliche Entwicklung zweier Helden – Gawain und Parzival – zu ritterlicher Reife dargestellt wird. Die Gawain-Handlung entspricht weitgehend dem Schema des Artusromans (→ *Artus-Epik*): Bewährung in Kampf- und Liebesabenteuern bis zum Finale am Artushof. Die Parzival-Handlung beginnt zunächst ähnlich, indem sie Parzivals Aufstieg vom *tumben tor* zum (unverdient) anerkannten Ritter der Artusrunde schildert; doch dann wird dieses Schema überwunden, weil Parzival in einem weiteren, konfliktreichen Reifeprozess über den Artushof hinaus die Anerkennung als Gralsritter erstrebt und am Ende auch erhält: Er stellt dem kranken Gralskönig Anfortas die entscheidende Mitleidsfrage, heilt ihn, erlöst sich dadurch und wird neuer Priesterkönig, mit der geliebten Ehefrau Condwiramur an seiner Seite.

W. formuliert mit dem Ideal des Gralsrittertums keine Antithese zur Artuswelt, sondern verweist deren Vervollkommnung – freilich nicht ohne deutliche Kritik an ihr – auf eine höhere Ebene.

Rezeption: Bekanntestes mittelhochdt. Versepos, in mehr als 80 Hs.n überliefert (davon 16 vollst.) und als einer der wenigen Epen schon im 15. Jh. gedruckt. Erweiternde Bearbeitung: Cl. Wisse und Ph. Colin: *Nüwer Parzival* (1331/36), gekürzte Fassung: U. Fuetrer (→ *Buch der Abenteuer*, 1473/81). Bearbeitungen ab dem 18. Jh.: J. J. Bodmer (1753), Fr. de la Motte Fouqué (1832), G. Hauptmann (1939), D. Kühn (→ *Trilogie des Mittelalters*, 1977–88), Tankred Dorst (1986), A. Muschg (→ *Der Rote Ritter*, 1993). Vgl. auch R. Wagners Oper *Parsifal* (1877) sowie die 🎬 *Parsifal* (R: H.-J. Syberberg, 1982).

Weitere Versepen: *Titurel* (1210–20), → *Willehalm* (um 1215).

um 1210
Gottfried von Straßburg

Lebensdaten unbekannt.

Tristan und Isolde

Versroman. Die Datierung ergibt sich aus Texthinweisen. ED: 1785; 1869.

Der auf französischen Vorlagen beruhende Tristan-Stoff wird von G. – anders als von seinem Vorgänger Eilhart von Oberg (→ *Tristrant und Isalde*, 1170) – als ironisch gewendeter (Anti-)Artusroman erzählt (→ *Artus-Epik*). Kommt schon die überlieferte Geschichte der heimlichen und tragisch endenden Liebe zwischen dem vielversprechenden Ritter Tristan und der verlobten bzw. verheirateten Isolde dem ethischen Ziel des höfischen Artusromans kaum entgegen, so steigert G. auch den kritischen Ansatz: Tristan ist für einen Ritter viel zu intellektuell, seine vom Erzähler mit viel Ironie beschriebene Distanz zur Angepasstheit an höfische Konventionen wächst und auch die dem Minneideal widersprechende Liebe (vgl. die Minnegrotten-Episode) wird nicht eindeutig verurteilt. Dem Ideal wird »die außerpoetische Wirklichkeit des Unberechenbaren entgegengestellt« (Fr. H. Bäuml), wobei deutlich wird, »daß die Liebenden auch ohne den Trank das getan hätten, wozu der Trank führte« (L. P. Johnson). In einem Prolog, in dem G. sich an ein kunstverständiges Publikum (»edelen herzen«) wendet, appelliert er an die durch Dichtung beförderte Bereitschaft, die Ambivalenz von Liebesfreude und -leid (»ir liebez leben, ir leiden tot/ ir leben tot, ir leidez leben«) anzuerkennen.

Schon die Zeitgenossen bewunderten G.s Sprachkunst, die in ihrer artistischen Rhetorik und verstechnischen Musikalität dennoch klar ist und sich bewusst vom eher dunklen Sprachstil eines Wolfram von Eschenbach absetzt. Das Werk blieb allerdings mit seinen 19 548 Versen unvollendet. Seine Fortsetzer schildern – nicht ohne den ironischen Gestus des Werks moralisierend aufzuheben – den Fortgang der Handlung bis zum Tod der ehebrecherischen Liebenden.

Rezeption: Der Roman ist insgesamt in 27 Hs.n überliefert, darunter 11 vollst. Fortsetzungen und Bearbeitungen: Ulrich von Türheim: → *Tristan* (um 1240).

um 1210
Wirnt von Grafenberg

Lebensdaten unbekannt.

Wigalois

Versroman. ED: 1819.

Der nach einer unbekannten französischen Quelle geschriebene Artusroman (→ *Artus-Epik*) mit 11 708 Versen schildert die Geschichte des Gawan-

Sohnes Wigalois (→ *Parzival*, 1200–10). Die stets siegreich bestandenen Abenteuer – Kämpfe gegen Drachen, Riesen, Zwerge und Kentauren – sowie der Lohn in Gestalt der schönen Larie gebühren Wigalois, weil er bereits von Beginn an der vorbildliche Artusritter ist. Insofern stellt der Roman weniger eine lehrreiche Entwicklung zum höfischen Rittertum, sondern einen mit unterhaltsamen Elementen ausgeschmückten Idealzustand dar, mit dem die weniger ideale zeitgenössische Realität in kritischen Vergleichen kontrastiert wird.

Rezeption: Das in 13 vollst. Hs.n überlieferte Werk erschien 1472 als Prosafassung u.d.T. *Wigoleis vom Rade*, die ab 1493 mehrfach gedruckt wurde; vgl. auch U. Fuetrer (→ *Buch der Abenteuer*, 1473/81).

1210–1240
Neidhart

Lebensdaten unbekannt; Berufsdichter, Schaffensdaten etwa 1210/15–1240/45, davon einige Jahre am Wiener Hof. Der seit dem 19. Jh. übliche Namenszusatz »von Riuwental« (Reuenthal) ist allegorisch. Gedenkstätte: Wiener Stephansdom (G).

Lieder

ED: 15./16. Jh.; 1858

Für N.s Verfasserschaft kommen zwischen 56 und 132 Lieder in Frage, wobei sich ein Großteil dieses Werks, je nach charakteristischem Natureingang, in ›Sommer-‹ und ›Winterlieder‹ einteilen lässt. Daneben gibt es einige wenige Kreuzlieder, die entgegen der Gattungstradition die Kreuzzüge nicht mehr religiös legitimieren, sondern kritisieren. Die Sommerlieder thematisieren das Vergnügen an Natur und an der Liebe (wobei oft die Frauen die Aktiven sind). Die Winterlieder sind bestimmt durch Klagen und Liebessorgen. Neu ist bei N., dass seine Lieder in dörflicher Szenerie unter Bauern (*dörpern*) stattfinden, die sogar sprechend auftreten. Obwohl diese Figuren in ihrer sinnlichen Direktheit lebensecht erscheinen, sind sie als »aus höfischer Perspektive konstruierte und in satirischer Absicht überzeichnete Kunstfiguren« (J. Bumke) zu werten, denn Adressat dieser Lyrik ist ein adliges Publikum von Kennern.

Offen bleiben muss, ob N. mit der Verlegung des hohen Minnesangs in die niedere Bauernwelt (»Verbauerung des Höfischen«, J. Heinzle) auf parodistische Unterhaltung zielte oder das Minneideal durch den Kontrast kritisch beleuchten wollte.

Rezeption: N.s Lieder sind in 27 Hs.n und 3 Frühdrucken überliefert. Sie waren ab dem 13. Jh. sehr bekannt. N. selbst wurde zur literarischen Figur in Schwankliedern (*Neidhart Fuchs*, 1491/1500) und in Spielen (bis zu Hans Sachs' Fastnachtsspiel *Der Neidhart mit dem Feihel*, 1557).

um 1212/1215
Ulrich von Zatzikhoven

Lebensdaten unbekannt.

Lanzelet

Versepos; möglich ist auch eine frühere Entstehungszeit um 1195. ED: 1845.

Das Epos ist eine Nachdichtung einer nicht erhaltenen französischen Quelle. Der nur namentlich bekannte schweizerische Verfasser war möglicherweise Leutpriester bzw. Kaplan; er kannte den → *Erec* (1180–85) und vielleicht auch den → *Parzival* (1200–10). Das Epos (9144 Verse) erfüllt mit seiner Folge von kämpferischen Abenteuern und Begegnungen mit schönen Frauen vom Aufbau her das Schema der → *Artus-Epik*. Es wird jedoch eher dem niederen Artusroman zugerechnet, weil der Held Lanzelet weder eine krisenhafte Entwicklung zum vorbildlichen Ritter durchmacht noch sein Tun reflektiert. Im Vordergrund steht das Interesse an abwechslungsreicher Unterhaltung mit aneinander gereihten Episoden aus den Stoffkreisen der Feenmärchen und der Artussage.

Rezeption: Das Epos ist in 2 Hs.n überliefert.
Weitere Bearbeitung des Lanzelot-Stoffes: → *Lancelot* (um 1250).

1215
Thomasin von Zerklaere

* um 1185/86 im Friaul. Geistlicher und Domherr am Hofe Wolfger von Erlas, des Patriarchen von Aquileja. † vor 1238 in Aquileja.

Der welsche Gast

Lehrgedicht. ED: 1852.

Erstes größeres Lehrgedicht in deutscher Sprache (14 742 Verse), verfasst von einem Geistlichen mit italienischer Muttersprache, worauf auch der Titel hinweist. In 10 »Büchern« bietet T. eine Verhaltens-, Tugend- und Wissenschaftslehre für den weltlichen Adel, die es in dieser umfassenden Form zuvor noch nicht gegeben hatte. Die vielen praktischen Ratschläge sind eingebunden in ein christlich-konservativ fundiertes, ritterliches Wertsystem, an dessen Spitze höfisches Benehmen (*hüffscheit*), Beständigkeit (*staete*), Angemessenheit (*mâze*), Gerechtigkeit (*reht*), Wohlerzogenheit (*zuht*) und Freigebigkeit (*milte*) stehen. Dabei macht T. keinen Hehl daraus, dass er im aktuellen Machtkampf zwischen geistlicher und weltlicher Herrschaft auf der Seite des Papstes steht (8. Buch). Die moralphilosophischen Ausführungen sind mit beispielgebenden Geschichten (Exempel, Fabeln, Allegorien) angereichert und mit über 100 Textillustrationen versehen.

Rezeption: Das Werk war sehr erfolgreich und ist in 24 Hs.n (davon 14 vollst.) überliefert.

um 1215
Wolfram von Eschenbach Biogr.: → um 1200

Willehalm

Versepos. ED: 1833.
Die unvollendete Bearbeitung (13 988 Verse) der französischen *chanson de geste La bataille d'Aliscans* (um 1180) behandelt die Glaubens- und Machtkämpfe zwischen den Christen unter Führung Guillaumes d' Orange (Willehalm) und den Muslimen (Sarazenen). Gyburg, durch die Heirat mit Willehalm zur Christin gewordene Tochter eines sarazenischen Fürsten, verteidigt die Stadt Orange erfolgreich gegen ein überlegenes heidnisches Heer, derweil Willehalm Hilfe holt. In zwei Religionsgesprächen mit ihrem Vater tritt sie für Toleranz ein. Offen bleibt, ob es am Ende zu einer allgemeinen Versöhnung zwischen Christen und Sarazenen kommt oder die blutigen Kämpfe weitergehen (vgl. → *Rennewart*, um 1250).
Anders als die französische Vorlage betont W. weniger die christlich-nationale Kreuzzugsmission, sondern die menschliche Ebenbürtigkeit (Gotteskindschaft) der Heiden und ihre Anerkennung als ritterliche Kämpfer (vgl. Gyburgs Bitte um Schonung und die Überführung der getöteten Heidenkönige: »hoeret eines tumben wîbes rât schônet der gotes hantgetât«). Unverkennbar ist W.s kritisch-skeptische Sicht auf die Kriegsgräuel, auch wenn die Notwendigkeit des Kampfes für den christlichen Glauben nicht bestritten wird.

Rezeption: Das im Mittelalter viel beachtete Werk ist in mehr als 70 Hs.n überliefert. Fortsetzungen schrieben: Ulrich von Türheim: → *Rennewart* (um 1250), Ulrich von dem Türlin: *Arabel* (um 1267).

Mittelhochdeutsche Fachprosa

Texte in den wichtigen mittelalterlichen Fachgebieten, d. h. in Theologie, Naturwissenschaft, Medizin, Rechtswesen und Geschichtsschreibung, wurden in der Regel in lateinischer Sprache geschrieben (→ *Lateinische Literatur II*). Eine deutschsprachige Fachliteratur entstand – beginnend mit → *Übersetzungen ins Althochdeutsche* – nur allmählich und häufig zunächst noch in gereimter Form. Dabei spielte ab dem 13. Jh. neben dem mitteldeutschen Raum das NIEDERDEUTSCHE SPRACHGEBIET DER HANSE eine bedeutende Rolle. Für die Entwicklung der volkssprachlichen Literatur im Mittelalter ist diese Fachprosa wichtig, weil sie Wortschatz und Stil der deutschen Literatursprache erweiterte. Ohnehin haben Fach- und Literatursprache, verbunden durch ihre lehrhafte Tendenz, fließende Übergänge.

Herausragende FACHLITERARISCHE WERKE IM 12. JH. sind die Prosa-Übertragung des lateinischen Zoologiebuches *Physiologus* (um 1120) sowie der *Lucidiarius* (um 1190), eine wirkungsreiche geistlich-naturwissenschaftliche Enzyklopädie, der im 14. Jh. das stark erweiterte *Buch der Natur* von Konrad von Megenberg (um 1350) folgte. Des Weiteren sind die heilkundlichen Fachbücher *Bartholomäus* und *Macer* (beide um 1200) zu nennen. Ab dem 13. Jh. wurden im Zuge der VERSCHRIFTLICHUNG DES RECHTSWESENS volkssprachliche juristische Fachtexte (Urkunden, Rechtsbücher, Landfrieden, Stadtrechte) wichtig: Eike von Repgow: *Sachsenspiegel* (1220/35), *Deutschenspiegel* und *Schwabenspiegel* (beide um 1275, Augsburg), *Mainzer Landfrieden* (1235) sowie die Stadtrechtsammlungen von Magdeburg, Lübeck, Straßburg, Freiburg, Augsburg u. a.
Enger mit dem literarischen Bereich verwandt war ab dem 13. Jh. die HISTORIOGRAPHISCHE FACHLITERATUR im Übergang von Geschichtsdichtung zur Geschichtsschreibung. Zunächst dominierte hier die Gattung der Reimchroniken wie z. B. die *Gandersheimer Reimchronik* (1216), Rudolf von Ems' → *Weltchronik* (um 1250), die *Christherre-Chronik* (nach 1250), Jens Enikels *Weltchronik* und *Fürstenbuch* (beide um 1280) und die *Braunschweigische Reimchronik* (nach 1279). Die erste Prosa-Chronik ist die niederdeutsche *Sächsische Weltchronik* (1230/50).

1215–1230

Heinrich von dem Türlin

Lebensdaten unbekannt. H. war vermutlich Kleriker oder Ministeriale am Hof des Herzogs von Kärnten.

Die Krone

OT: *Der âventiure crône*

Versroman. Datierung, Verfasserangabe und Titel beruhen auf Textangaben. ED: 1852.

Das Werk ist ein phantasiereicher Artusroman über die Abenteuer des Artusritters Gawein, die dieser in schier unaufhörlicher Folge unbesiegt besteht. Der gekonnt erzählte Roman (30 041 Verse) verknüpft verschiedenste Motive und Episoden der → *Artus-Epik*, darunter die von Wolfram von Eschenbach behandelte Parzival- und Gralsgeschichte, bedient sich aber auch sehr kundig aus vielen anderen deutschen und französischen Quellen. Das Ergebnis ist eine Art Supertext des *âventiure*-Romans, dessen Ernsthaftigkeit umstritten bleibt: Was irgend in dieser Gattung vorkam, wird hier verarbeitet. Diese Steigerung betrifft die Anzahl der Abenteuer, ihre Stofflichkeit (Exotik, Drastik usw.) und die Bezugnahme auf literarische Vorgänger. Gawein selbst entwickelt sich nicht, sondern ist der sieghafte Held schlechthin, für den Fortuna sogar das Glücksrad anhält.

um 1220
Konrad Fleck

Lebensdaten unbekannt.

Flore und Blanscheflur

Versepos. Datierung aus Hinweisen bei Rudolf von Ems erschlossen. ED: 1784.

Das Epos ist eine freie Übertragung einer der französischen Quellen zum *Floire et Blancheflor*-Stoff, der wohl aus antik-orientalischer Literatur stammt und zuvor schon im *Trierer Floyris* (um 1170) behandelt worden war. Die auf 8006 Verse erweiterte Erzählung schildert die Kinderliebe zwischen dem heidnischen Königssohn Floris und der Christin Blanscheflur, ihre gewaltsame Trennung und glückliche Wiedervereinigung, wobei viele Gefahren im fernen Babylon zu bestehen sind, bis sie nach Spanien zurückkehren können. Der Text ist in seiner ausmalenden Detailfreudigkeit und lehrhaften Tendenz von Hartmann von Aue beeinflusst. Über das höfische Vorbild hinaus geht die ungewöhnliche Betonung der *triuwe* (gegenseitiges Vertrauen) sowie empfindsamer Gefühle bei den Liebenden und denen, die von deren Liebe beeindruckt sind.

Rezeption: Der Stoff ist in vielen anderen europ. Literaturen in verschiedenen Versionen behandelt worden, auch in Prosa, wie z. B. in G. Boccaccios Roman *Il filocolo* (1340/50), auf den sich ein dt. Volksbuch (ab 1499, → *›Volksbücher‹*) sowie H. Sachs' Spiel *Florio des kunigs son auss Hispania mit der schönen Bianceflora* (1551) bezieht. Weitere Bearbeitungen: A. v. Platen (1828), T. Dorst (1964).

um 1220
Der Stricker

Lebensdaten unbekannt; Berufsdichter mit Schaffensphase zwischen 1220 und 1250. Der Name ist eine Selbstbezeichnung.

Daniel von dem blühenden Tal

Versroman. ED: 1894.

In diesem Ritterroman (8483 Verse) kämpft der Artusritter Daniel (→ *Artus-Epik*) allein gegen den Herausforderer des Königs Artus und besiegt im Laufe vieler Abenteuer diesen und seine vielen Helfer, darunter v. a. Riesen, um am Ende die Witwe zu heiraten und das Reich des Gegners zu übernehmen. Daniel tritt weniger als der mit seinen Waffen körperlich starke Kämpfer, sondern mehr als der listige, kluge Ritter auf: Nicht dass, sondern wie er mit *wîsheit* und *guot list* die Gefahren meistert, weist ihn als überlegenen Helden aus, dem gegenüber die übrigen Artusritter fast schon anachronistisch wirken. Für ein kundiges Publikum hatte diese Sicht durchaus auch parodistische Nebentöne.

Rezeption: Ein unbekannter, nur mit dem Namen ›Der Pleier‹ überlieferter Verfasser schrieb um 1260/70 eine umgearbeitete Fassung u.d.T. *Garel von dem blühenden Tal* (21 310 Verse), die sich als Korrektur des Stricker-Textes und Wiederherstellung des klassischen Artusromans versteht.
Weitere Werke: → *Der Pfaffe Amîs* (um 1240) und weitere Verserzählungen (alle zwischen 1220 und 1250).

1220–1225
Rudolf von Ems

Vorarlbergischer Reichsministeriale aus der Nähe von Bregenz, Schaffenszeit zwischen etwa 1220 und 1250/54. † zwischen 1250 und 1254.

Der gute Gerhard

OT: *Der guote Gêrhart*
Verserzählung. ED: 1840.
Die Verserzählung ist das Erstlingswerk (6920 Verse) R.s, der mit seiner späteren → *Weltchronik* (um 1250) »Repräsentant eines professionellen Großerzählertums« (V. Mertens) im 13. Jh. werden sollte. Im Zentrum steht das fromme Beispiel eines Kölner Kaufmanns, der als »guoter Gêrhard« durch seine Taten zeigt, wie man als Reicher in Demut leben soll: Er setzt sein Handelsgut ein, um eine Prinzessin aus der Gefangenschaft loszukaufen und gibt sie später frei, damit sie ihren Bräutigam heiraten kann. Schließlich verzichtet er zu dessen Gunsten auf die angebotene englische Königskrone.
Die Exempelgeschichte, in der erstmalig ein bürgerlicher Kaufmann als Held und Vorbild – wenn auch mit höfischen Verhaltensformen – auftritt, ist eingefasst von einer bedeutsamen Rahmenhandlung, die die eigentliche Botschaft enthält: Kaiser Otto I. rühmt sich allzu stolz seiner frommen Leistungen und wird durch die wahre Frömmigkeit eines Rangniederen belehrt. Insofern ist nicht die in die Zukunft weisende Titelfigur, sondern der Repräsentant der alten feudalen Ordnung die Hauptfigur.
Weitere Verserzählungen: *Barlaam und Josaphat* (um 1225), → *Alexander* (1230/50).

1220–1230
Freidank

Genaue Lebensdaten unbekannt. Fahrender Dichter (Sänger), Kreuzzugsteilnahme 1228/29. Möglicherweise † 1233 in Kaisheim bei Donauwörth.

Bescheidenheit

Spruchdichtung. ED: 1508; 1834.
Die Überschrift dieser Sammlung von lehrhaften Reimpaarsprüchen (etwa 4700 Verse) bedeutet im Mittelhochdeutschen »Bescheid wissen« und »un-

terscheiden können« (lateinisch *discretio*). Es geht v. a. um Religion, Moral und richtiges Verhalten im Leben. Gestützt auf geistliche und profane Morallehren seit der Antike sowie auf Volksweisheiten, versammelt F. ein breites Spektrum von Sinnsprüchen, in denen von der Kritik an menschlichen Lastern bis zu der an Politik von Kaiser und Landesfürsten, Kirche und Kreuzzug nichts ausgelassen wird. Trotz des dominierenden religiösen Grundtons (»Swer got minnet, als er sol,/ des herze ist aller tugende vol«) zeigt F. dabei Verständnis für die irdisch bedingten Hindernisse auf dem Weg zum Guten. Der Anspruch auf Allgemeingültigkeit führte dazu, dass der Name bzw. Künstlername des Verfassers in der Folgezeit zum Namen der ganzen Gattung wurde.

Rezeption: Das Werk ist in mehr als 130 Textzeugen in sehr unterschiedlicher Gestalt überliefert worden und war sehr bekannt durch Bearbeitungen, zuletzt durch S. Brants *Der Freidanck* (1508ff.).

Weitere bedeutende (Sang-)Spruch- und Lehrgedicht-Dichter ab dem 13. Jh.: Walther von der Vogelweide, Thomasin von Zerklaere, Bruder Wernher, Reinmar von Zweter, Der Marner und Hugo von Trimberg.

1225–1250
Reinmar von Zweter

Lebensdaten unbekannt. Fahrender Dichter (Sänger), an verschiedenen Fürstenhöfen in Böhmen, Österreich und am Rhein tätig; Schaffensphase etwa zwischen 1225 und 1250.

Sangsprüche

Spruchdichtung. ED: 1758/59, KA: 1887.

Spruchdichtung bezeichnet Lob- und Tadeltexte aller Art, die seit dem 13. Jh. – als Domäne fahrender Spruchdichter – immer häufiger wurden. R. ist in dieser Gattung mit seinen etwa 230 Sprüchen einer der bedeutendsten nach Walther von der Vogelweide und vor Frauenlob. Sein Themenspektrum reicht von der Religion (Marienlob) über die höfische Tugendlehre (Minne, ritterliche Ethik) bis zur Reichs- und Landespolitik. Die mit nur wenigen Melodien (Tönen) ausgestatteten Sprüche sind überwiegend lehrhaft, in der Minnelehre der konventionellen Spiritualisierung durchaus entgegengesetzt und mit der politischen Stellungnahme in den Streitfragen kaiserlicher, päpstlicher und landesfürstlicher Politik je nach Auftragslage zwischen Pro und Kontra wechselnd.

Rezeption: R.s Sprüche sind in rund 30 Hs.n überliefert, darunter auch in der → *Manessischen Handschrift* (1300–40). Die Meistersinger zählten R. zu den ›Zwölf Alten Meistern‹.

Weiterer Spruchdichter des 13. Jh.: Der Marner (→ *Sangsprüche*, 1230–65).

1230–1250
Rudolf von Ems Biogr.: → 1220–25

Alexander

Versepos. Entst. ab 1230 mit Unterbrechungen. ED: 1928/29.

Das Epos ist die zweite bedeutende mittelhochdeutsche, auf lateinische und französische Quellen gestützte Bearbeitung des Alexander-Stoffes (nach dem → *Alexanderlied* des Pfaffen Lamprecht, um 1150). Sie blieb trotz einer Länge von 21 643 Versen Fragment. In R.s Version erscheint Alexander als Beispiel eines vorbildlichen Herrschers – von göttlicher Abstammung, mit allen ritterlichen Tugenden ausgestattet und siegreich im Krieg – auf dem Weg zum Höhepunkt seiner Macht. Alexanders exemplarische Vollkommenheit als Fürst ist dabei derart überragend, dass die historische Tatsache seines Heidentums, die moralische Problematik von weltlicher Größe (*superbia, vanitas*) und – anders als in der späteren Bearbeitung von Ulrich von Etzenbach (→ *Alexander*, 1271–86) – auch der Aspekt des Minnedienstes ausgespart bleiben dürfen. Wie bei seinem Vorbild Gottfried von Straßburg gibt es auch in R.s Epos einen Exkurs zur zeitgenössischen Literatur und ihren Autoren.

Weitere Werke: *Willehalm von Orlens* (um 1235/40), → *Weltchronik* (1250/54).

1230–1250

Kudrun

Heldenepos. Datierung geschätzt. ED: 1820; 1865.

Nach dem → *Nibelungenlied* (um 1200) ist *Kudrun* die bedeutendste mittelhochdeutsche Heldendichtung, verschriftlicht von einem unbekannten, bairisch-österreichischen Verfasser. Das Epos (1705 vierzeilige Strophen) ist eine weit ausholende, gestufte Geschichte von Brautwerbungen, Entführungen und Kämpfen um Rückholung, die im 3. Teil vom Schicksal der dänischen Königstochter Kudrun handelt. Auch sie, die treu Ausharrende, wird umworben, entführt, befreit und endlich glücklich vermählt. Auffällig ist die aktive Rolle der Frauen, so dass Th. Nolte das Epos als »Frauenroman« erörtert. Das versöhnliche Ende dieser Drei-Generationengeschichte unterscheidet sich vom tragischen Schluss des *Nibelungenliedes* und zeigt, dass sich der *Kudrun*-Dichter insgesamt eher der → *Spielmannsdichtung* annähert, in der das (vor)höfische Prinzip der Liebe (Kudrun) den germanischen Rachegedanken (Kriemhild) verdrängt.

Rezeption: Das Epos ist nur in einer Fassung aus dem → *Ambraser Heldenbuch* (1517) überliefert und erzielte kaum Resonanz.

1230–1265
Der Marner

Lebensdaten unbekannt. Schwäbischer fahrender Dichter (Sänger), Schaffensphase etwa 1230 bis 1265.

Sangsprüche

Spruchdichtung. ED: 1758/59; KA: 1876.

Der M. zählt zu den Spruchdichtern des 13. Jh., deren charakteristische Kennzeichen sind: fahrender Berufsdichter mit starker Konkurrenz untereinander (Rivalenschelte), sprechender Name, viele Orts- und Gönnerwechsel im gesamten deutschen Sprachgebiet, d.h. unter Einschluss des Nordens und Ostens, der z. B. im → *Minnesang* eher unterrepräsentiert ist. Ihre Themen berühren – wörtlich und im übertragenen Sinne – Gott und die Welt; christlich-fromme Ausrichtung ist immer, politische Parteinahme nicht immer eindeutig gegeben.

Der M., dessen Name möglicherweise als ›der Seefahrer‹ zu deuten ist, war wie viele seiner Berufskollegen lateinisch gebildet und gelehrt (*meister*); sein Werk umfasst mehr als 50 meist einstrophige Sprüche und wenige Lieder in uneinheitlicher Überlieferung.

Rezeption: Für die Resonanz des M.s spricht, dass seine Melodien (Töne) von anderen Spruchdichtern gern übernommen wurden und er später vom → *Meistersang* zu den ›Zwölf Alten Meistern‹ gezählt wurde.

Weitere wichtige Spruchdichter des 13. Jh.: Der Meißner, Rumslant, Sigeher, Regenbogen, Friedrich von Suonenburg, Hermann Damen.

1230–1265
Tannhäuser

Lebensdaten unbekannt. Berufsdichter, zeitweise am Wiener Hof; Schaffensphase zwischen 1230/45 und 1265/70.

Lieder und Leichs

ED: 1758/59; 1838.

T. ist mit seinem nur in wenigen Texten überlieferten Werk (9 Lieder, 6 Leichs, 1 Spruch) und seiner Person in zweierlei Hinsicht bedeutsam geworden: Zum einen sind es seine längeren, mit Tanzformen verbundenen Strophen (Tanzleichs), die mit ihrer prunkreich-kunstvollen Darbietung von Lebens- und Liebessituationen – nicht zuletzt auch wegen ihres frivolanspielungsreichen und teilweise parodistischen Charakters – zur Unterhaltung einer lockeren Hofgesellschaft beigetragen haben dürften: »Von amûre seit ich ir,/ daz vergalt si dulze mir«. Hier wie in den Minneliedern, die denen von Neidhart und Gottfried von Neifen verwandt sind, zeigt sich T. als ein Überwinder des hohen Minneideals, der mit der Einbeziehung außerliterarischer Elemente (Autobiographie, Sexualität) bereits auf das späte Mittelalter vorausweist. Zum anderen wurde der Verfasser T. selbst zu einer literarischen Figur, die als Venusritter zur Entstehung der Tannhäusersage und des Tannhäuserlieds (ab 14./15. Jh.) sowie zu ihrer Ausweitung in Verbindung mit der Venusbergsage beitrug.

Moderne Bearbeitungen der Tannhäusersage: L. Tieck (1800), H. Heine (1836), R. Wagner (1845, Musikdrama).

1235–1250
Gottfried von Neifen

Lebensdaten unbekannt. Schwäbischer Adliger mit Nähe zum staufischen Königshof, Schaffenszeit um 1235/55.

Lieder

ED: 1758/59; 1838.

N. ist trotz seines eher schmalen Werks von 51 Liedern (190 Strophen) einer der am stärksten beachteten und nachgeahmten Minnesänger des 13. Jh. Sein Repertoire umfasst hauptsächlich Lieder der Hohen Minne, die zumeist nach festem Schema (Natureingang, Liebesklage und -bitte um Lohn), mit stehenden Epitheta (*sælic wîp, süeze minne, rôter munt*), zugleich aber auch in einer virtuos-gefälligen sprachlichen Form und Reimkunst dargeboten werden. Die starke Beachtung gründet v. a. auf dieser Eleganz des »Modeautors des Stauferkreises« (V. Mertens), weniger auf der inhaltlichen Originalität seiner Texte. Neben den Liedern der Hohen Minne existieren noch einige Lieder der Niederen Minne, bei denen wegen ihrer unhöfischen Derbheit indes nicht sicher ist, ob sie echt sind.

Dietrich-Epik

Anders als die auf Verschriftlichung germanisch-deutscher Heldensagen beruhenden mittelhochdeutschen Heldenepen, wie z. B. das → *Nibelungenlied* (um 1200), der *Ortnit und Wolfdietrich* (um 1220) oder die → *Kudrun* (1230–50), entstanden die Epen um den Sagenheld Dietrich von Bern (Verona) eigenständig und erst in der Zeit um 1240 bis 1300, wenn auch unter Verarbeitung von Motiven aus der → *Spielmannsdichtung* und → *Artus-Epik*. Das historische Vorbild für Dietrich ist der Ostgotenkönig Theoderich der Gr. († 526), der in der Sage freilich vom Sieger zum Vertriebenen wird und mit seinen Getreuen aus dem Exil am Hunnenhof um sein Reich kämpfen muss. Von unbekannter Hand verfasst, besitzen die Texte oft uneinheitliche Fassungen. Von wenigen Ausnahmen abgesehen sind sie in Langzeilen-Strophen mit mittiger Zäsur gedichtet und damit der Nibelungenstrophe verpflichtet.

Inhaltlich unterscheidet man zwei Gruppen: die historische und die märchenhafte Dietrich-Epik. Zur HISTORISCHEN DIETRICH-EPIK gehören: *Dietrichs Flucht* (10 152 Reimpaarverse, um 1280), *Die Rabenschlacht* (1140 Strophen, um 1270), *Alpharts Tod* (469 Strophen, um 1250) und das Fragment *Dietrich und Wenezlau* (499 Reimpaarverse, vor 1250). In der MÄRCHENHAFTEN DIETRICH-EPIK geht es um abenteuerreiche Kämpfe mit Riesen, Drachen (*Eckenlied*, um 1250; *Sigenot*, um 1250/1350) und Zwergen (*Goldemar*, vor 1230; *Virginal*, um 1260; *Laurin*, um 1250). Inhaltliche Nähe zum *Nibelungenlied* weisen der *Rosengarten von Worms* (364 bzw. 633 Strophen, entst. um 1250) und *Biterolf und Dietleib* (13 510 Reimpaarverse, Mitte 13. Jh.) auf, in denen Dietrich gegen Siegfried kämpft. Die märchenhafte Dietrich-Epik war im späten Mittelalter sehr populär und in den Heldenbüchern des 15./16. Jh. (→ *Ambraser Heldenbuch*, 1517) zusammengefasst.

um 1240
Der Stricker

Biogr.: → um 1220

Der Pfaffe Amîs

Schwankdichtung. ED: um 1483; 1817.

Die Sammlung von 12 Schwankerzählungen (2510 Verse), die auch als Parodien der höfischen → *Artus-Epik* zu verstehen sind, handelt von dem englischen Geistlichen Amîs, der als ein in seinem Amt Verfolgter in die Welt reist und sehr gut davon leben kann, die leichtgläubigen und törichten Menschen vom Fürsten bis zum Bauern listig zu betrügen und sich dabei zu bereichern. Am Ende seiner Ausfahrt kehrt er nach England zurück, genießt sein Leben, tritt danach in ein Kloster ein, wird Abt und stirbt als frommer Mann. Nicht der Schädiger, sondern die Geschädigten sind indes diejenigen, die an den Pranger gestellt werden. Diese Unmoral der Geschichte ist jedoch nicht zynisch, sondern ein Stachel, der die weithin herrschende Dummheit und Geldgier entlarven soll.

Vom selben Verfasser stammen noch weitere Schwankerzählungen (›mären‹), in denen menschliche Schwächen drastisch verlacht, aber auch als Verletzung gottgewollter Ordnung kritisiert werden. Sie machten in Gestalt von Fabeln und Beispielgeschichten (*bîspeln*), Sprüchen und Lehrgedichten ab dem 13. Jh. bei weiteren Autoren Schule.

Rezeption: Dieser ersten Schwank-Slg. mit einer Hauptfigur (Zyklus) folgten im späten Mittelalter Ph. Frankfurter: → *Geschichten des Pfarrers vom Kalenberg* (1473) und *Neidhart Fuchs* (um 1490) sowie H. Botes → *Till Eulenspiegel* (1510/11).

um 1240
Ulrich von Türheim

Lebensdaten unbekannt; urkundliche Erwähnung zwischen 1236 und 1244 in Augsburg.

Tristan

Versroman. ED: 1821.

Es handelt sich um eine Fortsetzung der Handlung von Gottfried von Straßburgs → *Tristan und Isolde* (um 1210) in 3731 Versen; beide Texte waren deswegen in den Handschriften oft zusammengebunden, obwohl U. v. a. auf Eilhart von Obergs → *Tristrant und Isalde* (um 1170) zurückgriff. Tristan heiratet zum Schein Isolde Weißhand, zieht wieder an den Artushof, wo er die heimliche Liebe mit der blonden Isolde, König Markes Frau, fortsetzt. Er wird von Marke im Kampf schwer verwundet und stirbt am Ende. Die trauernde Isolde folgt ihm.

U. bietet mit seiner Erzählung einen Komplex von »Kontinuation und Alternative, Neukonzeption und Gegenentwurf« (P. Strohschneider); anders als bei Gottfried läuft das Liebesdrama jedoch auf eine moralische Verurteilung hinaus. Diese Lesart übernahmen auch die späteren Tristan-Bearbeitungen, bis R. Wagner mit der Idee des Liebestodes einen neuen Akzent setzte.

Weitere Tristan-Bearbeitungen: Heinrich von Freiberg (um 1290), Prosafassung (2. Hälfte 15. Jh.), H. Sachs (1553), K. Immermann (1832), R. Wagner (1859, Oper).
Weitere Versepen: *Cligès* (vor 1243), → *Rennewart* (um 1250).

um 1250
Ulrich von Türheim

Biogr.: → um 1240

Rennewart

Versepos. KA: 1838.

Das Epos ist eine Fortsetzung von Wolfram von Eschenbachs → *Willehalm* (um 1215) in 36 518 Versen, vermutlich für den staufischen Hof verfasst. Rennewart, Sohn des Sarazenenkönigs Terramer, lebt unerkannt am französischen Königshof und hilft Willehalm, die entscheidende Schlacht von Alischanz gegen die Mauren zu gewinnen. Nach dem Sieg wird er getauft, zum Ritter geschlagen und Landesherrscher, verliert alsbald seine Frau, geht ins Kloster und bricht von da aus noch zweimal auf, um Willehalm zu helfen. Sein zu den Heiden verschleppter Sohn tritt, als seine wahre Identität offenbar wird, zum Christentum über, beerbt Rennewart und zieht wie ein zweiter Alexander bis nach Asien, um den christlichen Erfolg zu sichern. Willehalm siegt endgültig über Terramers anderen Sohn und baut zum Dank ein Kloster, in dem er bis zu seinem Tod bleibt.

Anders als bei Wolfram gibt es keine Anerkennung des sarazenischen Rittertums oder Schonung der Heiden – Versöhnung scheitert, es dominiert die kriegerische Unterwerfung.

Rezeption: In 42 Hs.n überliefert, zumeist in Verbindung mit Wolfram von Eschenbachs → *Willehalm* (um 1215).

um 1250
Lancelot

Prosaroman. Entst. etwa zwischen 1250–1300; ED: 1948–74.

Die Übersetzung des französischen Prosaromans *Lancelot* (um 1225) wurde von einem unbekannten Verfasser um 1300 durch weitere Teile erheblich erweitert. Der Roman bietet eine mit »höchstem Problembewußtsein durchdrungene Summe der vorausliegenden Artus-Literatur« (C. Huber) und baut den Lanzelot-Stoff (→ *Artus-Epik*) zu einer »Gesamtgeschichte des höfischen Rittertums« (J. Bumke) aus. Er endet mit der Perspektive, dass mit Lancelots Sohn Galaat das weltliche Artusritter-Ideal durch ein geistlich bestimmtes abgelöst wird.

Das umfängliche Werk ist recht solitär, weil es als erster deutscher Prosaroman weit vor dem Beginn der deutschen Romanproduktion im 15. Jh. rangiert (→ *Anfänge des Prosaromans*) und erst im 20. Jh. gedruckt wurde (2258 Druckseiten).

Weitere Bearbeitungen des Lanzelot-Stoffes: U. Fuetrer: *Lantzilet* (1484/87), das sich aber direkt auf den frz. *Lancelot* (um 1225) stützt. Als Frauenheld erscheint Lanzelot bei Chr. M. Wieland: *Geron der Adeliche* (1777); vgl. auch H. Müller/P. Dessau: *Lanzelot* (1969, Oper), Chr. Hein: *Der Ritter der Tafelrunde* (Roman, 1989). 🎬 *Lancelot and Guinevere* (R: C. Wilde, 1962); *Lancelot du Lac* (R: R. Bresson, 1973).

um 1250
Rudolf von Ems

Biogr.: → 1220–25

Weltchronik

Reimchronik. Auftragsarbeit für den staufischen König Konrad IV. (1250–54). KA: 1915.

Trotz ihrer 33 478 Verse ist die Chronik R.s eine unvollendete Darstellung der Weltgeschichte als Heilsgeschichte, die von der Schöpfung bis zu Salomos Tod reicht. R.s Werk geht über die bisherigen großen Darstellungen (z. B. Otto von Freisings *Chronica sive Historia de duabus civitatibus*, 1146) in zweifacher Hinsicht hinaus: Es ist auf Deutsch geschrieben und die Profangeschichte gewinnt – wenn auch als *biweg* (Nebenweg) klar der Heilsgeschichte nachgeordnet – mit ihrer Faktizität an Bedeutung. Mit der Abfolge der sechs Weltalter bleibt es dabei in der von Augustin geprägten Tradition der Weltalterlehre, der zufolge sich ein geschlossener Heilsplan von Adam bis zu den christlichen Herrschern der Gegenwart erfüllt (z. B. die *Sächsische Weltchronik*, 1230/70; Heinrich von Münchens *Weltchronik*, 14. Jh.; Heinrich Steinhöwels *Tütsche Cronica*, 1473; Hartmann Schedels *Liber cronicarum*, 1493).

Die ab dem 14. Jh. einsetzenden Landes- und Städtechroniken beschränken die weltgeschichtliche Herleitung und konzentrieren sich auf die historische Legitimierung des herrschenden Geschlechts bzw. Patriziats: Gotfrid Hagen: *Kölner Chronik* (1270), Ottokar von Steiermark: *Österreichische Reimchronik* (nach 1309), Nikolaus von Jeroschin: *Kronike von Pruzinlant* (1331–41), Fritsche Klosener: *Straßburger Chronik* (1362), Tilemann Elhen: *Limburger Chronik* (1377 bis um 1400), Johannes Rothe: *Düringische Chronik* (1421), Andreas von Regensburg: *Chronica de principus terrae Bavarorum* (1428–38), B. Zink: *Augsburger Chronik* (um 1470), H. Deichsler: *Nürnberger Chronik* (1506).

Rezeption: R.s *Weltchronik* ist in mehr als 80 (teilweise illustrierten) Hs.n und Fragmenten erhalten, allerdings zumeist in bearbeiteter Form und mit anderen Reimchroniken wie z. B. der *Christherre-Chronik* (nach 1250), Jans Enikels *Weltchronik* (um 1280) oder Heinrich von Münchens *Weltchronik* (14. Jh.) verbunden bzw. in ihnen abgeschrieben. Sie ist in dieser von regem Gebrauch gekennzeichneten Gestalt einer der am meisten rezipierten mittelalterlichen Texte. In Prosa übertragen, wurde die Chronik zur Grundlage spätmittelalterlicher Historienbibeln.

Mittelalterliche Heiligenlegenden und Legendare

›LEGENDE‹ bedeutete ursprünglich die liturgische Lesung ausgewählter Abschnitte aus Heiligenviten (›etwas zu Lesendes bzw. zum Vorlesen‹), bezeichnete später aber auch den Text selbst. Legenden handeln vom Leben und Leiden jener Bekenner(innen) (*confessores*) des christlichen Glaubens, die in ihrer Vorbildlichkeit und Nothelferfunktion als wichtige Vermittler zwischen den Gläubigen und Gott den religiösen Alltag und die Liturgie prägten. Dass sie dabei nicht nur belehrten und erbauten, sondern zugleich eine »Einübung in Passion und Passivität« (Th. Cramer) darstellten, liegt nahe. Zunächst nur in Latein geschrieben (z. B. Walahfrid Strabo, Hrotsvith), entstanden nach liedhaften Anfängen (→ *Heiligenlieder*) ab dem 12. Jh. deutschsprachige Verslegenden, deren Anzahl ab dem 13. Jh. rasch zunahm und bis zum 16. Jh. auf über 3000 verschiedene Texte anwuchs. Aus den vielen Einzellegenden ragen heraus: Albertus: *Das Leben des heiligen Ulrich* (1605 Verse, um 1200), Ebernant von Erfurt: *Heinrich und Kunigunde* (4752 Verse, um 1210/20), Reinbot von Durne: *Der heilige Georg* (6134 Verse, um 1231/53), der *Oberdeutsche Servatius* (3548 Verse, 1. Hälfte 13. Jh.), *Christophorus* (2002 Verse, 13. Jh.), Hugo von Langenstein: *Martina* (32 588 Verse, 1293) sowie un-

zählige MARIENLEGENDEN (→ *Mariendichtung 11.–15.Jh.*). Aus der höfischen Literatur sind zu nennen: Heinrich von Veldeke: *Servatius* (vor 1170), Hartmann von Aue: → *Gregorius* (um 1190), Rudolf von Ems: *Barlaam und Josaphat* (um 1225), Konrad von Würzburg: *Legenden* (vor 1275).
Für den kirchlichen Gebrauch wurden die Legenden in kalendarisch geordneten LEGENDAREN gesammelt, um für die einzelnen Gedenktage in der Liturgie zur Verfügung zu stehen. Die wichtigsten lateinischen Legendare waren das *Speculum historiale* von Vinzenz von Beauvais († um 1264) und die *Legenda aurea* von Jacobus a Voragine (1263/73). Aus ihnen schöpften die drei bedeutendsten deutschsprachigen Legendare: *Passional* (110 000 Verse, 1280–1300), das *Väterbuch* (41 542 Verse) und das *Märterbuch* (28 450 Verse; beide Ende 13. Jh.).
Die in Versform verfassten Legenden wurden in Hermann von Fritzlars *Der Heiligen Leben* (1343/49, ED: 1471) in Prosa übertragen und erlebten bis 1521 rund 75 Druckauflagen. Die ab dem 14. Jh. zunehmend in Prosa verfassten Legenden gerieten ab dem 16. Jh. aus protestantischer Sicht als »lügenden« (Luther) in die Kritik, die Gegenreformation verteidigte sie (vgl. L. Surius' Legendar: *De probatis Sanctorum historiis*, 1570–75).

um 1250
Der Wartburgkrieg

Spruchdichtung. ED: 1858.

Sammlung von Spruchstrophen verschiedener unbekannter Verfasser aus Thüringen, die ab Mitte des 13. Jh. in mehreren Teilen entstand und in späteren Handschriften erweitert wurde. Im Text genannte Verfasserschaften von Klingsor, Heinrich von Ofterdingen und Wolfram von Eschenbach sind unzutreffend, ebenso die frühere Annahme, der *Wartburgkrieg* sei historisch verbürgt.

Der erst im 15. Jh. geprägte Titel stammt aus dem 1. Teil (*Fürstenlob*), in dem verschiedene Sänger auf der Wartburg in einem Wettstreit darum kämpfen, wer den besten Fürsten am besten lobpreisen kann. Hier siegt Walther von der Vogelweide. Im 2. Teil überwindet Wolfram den gelehrten Klingsor im Erraten religiöser Rätsel: Dieser Erfolg ist auch als frühes Zeichen einer verehrenden Wolfram-Rezeption zu betrachten.

Rezeption: Der *Wartburgkrieg* wirkte v. a. durch das Motiv des Sängerwettstreits sowie durch die Figur des Heinrich von Ofterdingen fort; vom → *Meistersang* zu den ›Zwölf Alten Meistern‹ gezählt, wurde Letzterer mit Beginn der Romantik oft thematisiert: Novalis (1802), E.T.A. Hoffmann (1819), F. de la Motte Fouqué (1828) und L. Bechstein (1855). Vgl. auch R. Wagners Oper *Tannhäuser und der Sängerkrieg auf der Wartburg* (1845).

1250–1282
Mechthild von Magdeburg

* um 1207 bei Zerbst. Aus adliger Familie in Sachsen stammend, ab etwa 1230 zunächst als Begine in Magdeburg, ab ca. 1270 im Zisterzienser-Kloster Helfta (bei Eisleben). † um 1282 in Helfta.

Das fließende Licht der Gottheit

Sammelwerk. ED: 1869.

Die im Original in Niederdeutsch verfasste Sammlung von möglicherweise »tagebuchartigen Aufzeichnungen« (J. Bumke) hat M. im Laufe ihres Nonnenlebens niedergeschrieben. Sie wurden dann später von ihrem Beichtvater Heinrich von Halle in 7 Büchern zusammengefasst. Diese Visionsberichte – eine Mischung aus Prosa, Hymnik, Sprüchen und lehrhaften Texten – sind nach Hildegard von Bingen und vor Meister Eckhart die bedeutendsten Dokumente deutscher Mystik. Sie bezeugen, dass ab dem 13. Jh. weibliche Laienfrömmigkeit sich nicht mehr mit der Rezeption lateinischer Erbauungstexte begnügte, sondern nach selbständigem volkssprachlichen Ausdruck drängte.

Das ›fließende Licht‹ ist eine Metapher für den sich in der mystisch schauenden Seele offenbarenden Gott und steht auch für ein spirituelles Liebesspiel, »das zugleich alle Aspekte sinnlicher Freude zeigt« (M. Prill). Das war ungewöhnlich und nicht ganz ungefährlich, wenigstens auf Deutsch. Wenn es nicht einzig und allein um Gott ginge (*unio mystica*), ließen sich diese autobiographisch gefärbten, gefühls- und ausdrucksstarken Texte auch als weibliche erotische Literatur begreifen bzw. als ein dem Schema der → *Artus-Epik* folgender, mystischer *aventiure*-Roman: Die liebende Seele zieht aus und muss (in sich) feindliche Widerstände überwinden, bis sie schließlich den ›Hof‹ vor Gott erreicht, wo sie aufgenommen wird.

Rezeption: Erhalten sind nur eine lat. Übers. (um 1285/90, später wieder rückübersetzt) und eine Übertragung ins Mittelhochdt. aus Basel (um 1330). Nachdem der Text über Jh.e verschollen war, wurde er 1861 in der Stiftsbibliothek Einsiedeln wiederentdeckt.

um 1255
Ulrich von Lichtenstein

* um 1200/10 in Liechtenstein; steirischer Ministeriale und Marschall, ab 1272 Landrichter. † 26.1.1275 (G im Chorherrenstift Seckau).

Frauendienst

Verserzählung. ED: 1841.

Das immer wieder als »fiktive Autobiographie« bezeichnete Werk ist eine epische Einkleidung (14 800 Verse) von 58 Minneliedern, einem Leich und

weiteren kleineren Texteinschüben, die das »Idealkonzept der höfischen Liebe und das Zeremoniell des vorbildlichen Minneverhaltens abbilden« (J. Bumke). Schon in dieser Mischform bietet U. etwas Neues. Ungewöhnlich ist auch der epische Bericht in Ich-Form, in der er (s)einen lebenslang-unermüdlichen Minnedienst fingiert, der sich als eine Serie von unglücklich verlaufenden, komisch-misslichen Liebesmühen darstellt.
Ob die grotesken Liebessituationen in ihrem derben Kontrast zum Minneideal und als Spiel des selbstironischen Erzählers bloß unterhaltsam wirken sollten oder als »gespielter Minnesang« (V. Mertens) eine (politische) Kritik formulieren, ist offen. Die wahre Lebensgeschichte eines ritterlichen Minnesängers aus dem 13. Jh. stellt das Werk auf jeden Fall nicht dar.

Rezeption: Die wenig beachtete Verserzählung wurde von L. Tieck in Prosa nacherzählt: *Frauendienst* (1812) und von G. Hauptmann dramatisiert: *Ulrich von Lichtenstein* (1939).

Weiteres Werk: *Frauenbuch* (Minnerede, um 1255).

um 1260
Konrad von Würzburg

* um 1235 in Würzburg; nicht-adeliger Berufsdichter, lebte ab etwa 1270 in Basel.
† 31.8.(?)1287 in Basel.

Verserzählungen

ED: 1784; 1809; 1816; 1838.
In K.s dichterischem Werk, das zu den umfangreichsten des Mittelalters gehört, stellen neben den 23 Minneliedern, 51 Sangspruchstrophen, je 3 Romanen und Legenden die 4 Verserzählungen wegen ihrer stilistischen und metrischen Formkunst einen bedeutenden Beitrag zur späthöfischen Kleinepik dar. In *Herzmaere* (600 Verse) siegt die entsagende Minne zwischen einem Ritter und seiner Dame, beide bereits verheiratet, über alle Widerstände: Der Ritter lässt sein an der Sehnsucht gebrochenes Herz an die Geliebte schicken. Nachdem deren rachsüchtiger Mann der ahnungslosen Gattin das Herz als Speise vorgesetzt hat und ihr danach die Wahrheit offenbart, stirbt auch sie den Liebestod, indem sie von da ab jegliche Nahrung verweigert.
Eine noch strengere Askese-Moral vertritt die kleine Versnovelle *Der Welt Lohn* (274 Verse): Ein Minneritter wird durch die Erscheinung der schönen Frau Welt verlockt, bis ihn der Anblick ihres von Würmern und Verwesung entstellten Rückens darüber belehrt, wie vergänglich weltliche Schönheit ist. Bußfertig verlässt er Weib und Kind und geht auf Kreuzfahrt ins Heilige Land.

Die beiden anderen Verserzählungen behandeln den Lohengrin-Stoff (*Der Schwanritter*) und eine Anekdote über die zweimalige Lebensrettung Kaiser Ottos (*Heinrich von Kempten*).

Rezeption: K. gehört zu den bekanntesten und erfolgreichsten Dichtern des dt. Mittelalters. Die Meistersinger des 15./16. Jh. rechneten K. zu den ›Zwölf Alten Meistern‹.

Weitere Werke: Verslegenden: *Silvester* (1258/74), *Alexius* (vor 1275), *Pantaleon* (um 1277); Versromane: *Engelhard* (um 1270), *Partonopier und Meliur* (um 1275), → *Trojanerkrieg* (1280–87).

1260–1275
Albrecht

Lebensdaten unbekannt. A. wurde bis zum 19. Jh. mit Wolfram von Eschenbach, danach noch lange Zeit mit Albrecht von Scharfenberg gleichgesetzt.

Jüngerer Titurel

Versepos. ED: 1477; 1842.

Das Epos stützt sich auf Wolfram von Eschenbachs Verserzählungs-Fragment *Titurel* (170 Strophen, 1210/20), das mit seiner für das höfische Epos neuartigen, der Nibelungenstrophe verwandten Strophenform (sog. Titurelstrophe: 4 Verszeilen mit Binnen-Zäsur) stilprägend wurde. Der Titel bezieht sich auf den Stammvater des Gralskönigsgeschlechts, mit dessen Genealogie das Epos beginnt. Die bei Wolfram nur umrisshaft erzählte Geschichte der Gralskönigskinder Sigune und Schionatulander und ihrer unglücklichen Liebe wird bei A. in 6207 sangbaren Strophen zu einem vollständigen Gralsroman ausgeweitet. Das schon in Wolframs → *Parzival* (1200–10) erwähnte weitere Schicksal der Kinderminne sowie zusätzliche Nebenhandlungen werden in schmuckvoll-prunkendem Sprachstil (sog. geblümter Stil) ausgestaltet. Höhepunkt ist die detaillierte Darstellung des Gralstempels, die als »bedeutendste Architekturbeschreibung des dt. MA« (H. Fromm) gilt. Der für ein höfisches Epos ungewöhnliche tragische Ausgang – Schionatulander fällt im Kampf für seine Minne – kann auch als Kritik am Ideal des Minne-Rittertums interpretiert werden.

Rezeption: Das Werk war im Mittelalter mit rund 60 Hs.n sowie dem frühen ED stark verbreitet und stand, begünstigt durch die angebliche Verfasserschaft Wolframs, in hohem Ansehen. Vgl. auch U. Fuetrer: → *Buch der Abenteuer* (1473/81).

2. Hälfte 13. Jh.
Wernher der Gärtner (Gartenaere)

Lebensdaten unbekannt. Der Verfasser, ein Berufsdichter aus Bayern oder Österreich, nennt seinen (Künstler-)Namen am Ende des Textes.

Helmbrecht

Verserzählung. ED: 1839.

Die moralische Beispielerzählung vom verlorenen Bauernsohn, der hoch hinaus will und tief fällt, scheint eine eindeutige Botschaft zu haben und gibt doch einige Fragen auf. Nicht zuletzt deswegen gilt sie als eine der Meistererzählungen des deutschen Mittelalters (→ *Kleinepik 13.–15. Jh.*). Die Geschichte (1934 Verse) verläuft wie eine Travestie des typischen Artusromans (→ *Artus-Epik*): Helmbrecht zieht – die eindringlichen Warnungen des Vaters in den Wind schlagend – aus, um Ritter zu werden und Abenteuer zu bestehen. Er kehrt als prahlender Raubritter heim, zieht erneut los und wird bei seiner Rückkehr verhaftet, mit Verstümmelung bestraft, vom Vater verstoßen und am Ende von Bauern in Selbstjustiz gehängt. Seine von Mutter und Schwester gefertigte seidene Haube, Sinnbild von Hoffart und Anmaßung, wird zerrissen. Damit liefert die Erzählung, die vermutlich eine Arbeit für einen feudalen Auftraggeber war, eine Macht und Ständeordnung befestigende Lehre ab: Schuster, bleib bei deinen Leisten! Andere Lesarten heben dagegen auf den impliziten zeitkritischen Gehalt ab: Dass überhaupt eine solche Geschichte sich ereignen könne, zeige, wie sehr die Zeit aus den Fugen der höfischen Ordnung geraten sei, wobei W. »nicht die höfische und bäuerliche Welt gegeneinander stellt, sondern ihre gottgewollte Einheit verteidigt« (U. Pretzel).

Rezeption: Nur in 2 Sammelhs.n überliefert. 🎭 Fr. Hochwälder: *Meier Helmbrecht* (1946).

1271–1286
Ulrich von Etzenbach

Lebensdaten unbekannt. Lat. gebildeter Berufsdichter, der v. a. am Prager Hof lebte. Schaffenszeit im letzten Drittel des 13. Jh.

Alexander

Versepos. ED: 1888.

Das Epos ist eine weitere große Bearbeitung des Alexander-Stoffes, die Rudolf von Ems' → *Alexander* (1230–50) wiederholt und mit rund 28 000 Versen noch überbietet: Nach seinem Sieg über Darius dringt der als höfischer Ritter (*êre, minne*) dargestellte Alexander bis an die Pforte des Paradieses vor und wird Römischer Kaiser. Am Ende stirbt er durch Gift, weil er auch noch die Hölle besiegen will.

Einerseits preist U. in seinem Helden den mit allen höfischen Tugenden ausgestatteten Ritter und vorbildlichen Herrscher – ein Lob, das sich auch auf den Förderer des Werkes, den böhmischen König Wenzel II. übertragen soll. Dem entspricht eine detailreiche Ausschmückung der vielen Szenen höfischer Repräsentation (Feste, Zweikämpfe, Minnedienst). Auf der anderen Seite wird mit Alexanders Tod auf die Maßlosigkeit des Weltherrschers und die Vergänglichkeit irdischer Größe hingewiesen. In Seifrits Epos *Alexander* (ca. 9000 Verse, 1352) tritt der Aspekt der *superbia* dagegen ganz in den Hintergrund.

Weitere Bearbeitungen des Alexander-Stoffes: *Der Große Alexander* (um 1390); J. Hartlieb: → *Alexander* (Prosaroman, um 1447/50).
Weiteres Versepos: *Wilhelm von Wenden* (um 1290).

Lateinische Literatur II (12.–14. Jh.)

Trotz des Vordringens der deutschsprachigen Schriftlichkeit in immer weitere Bereiche der schriftlichen Kommunikation blieb die (mittel-)lateinische Schriftkultur bis zum Ende des Mittelalters dominant. Das zeigt sich darin, dass weiterhin entweder nur auf Latein geschrieben wurde oder bei zweisprachiger Publikationspraxis die PRIORITÄT DES LATEIN bestehen blieb. Unverkennbar ist jedoch, dass ab dem 13./14. Jh. die Übersetzungen ins Deutsche immer mehr zunahmen (→ *Mittelhochdeutsche Fachprosa*, → *Übersetzungen ins Frühneuhochdeutsche*) und es nun auch umgekehrt zu Übersetzungen ins Lateinische kam. Insofern näherten sich beide Schriftkulturen in Produktion und Rezeption mehr und mehr an. Erst mit dem AUFTRETEN DER HUMANISTEN ab dem Ende des 15. Jh., die sich mit ihrem an den antiken Quellen gereinigten Neulatein entschieden vom mittellateinischen Schrifttum des ›finsteren Mittelalters‹ distanzierten, endete diese symbiotische Beziehung (→ *Lateinische Literatur III*).
Genuin lateinische Literatur sind die ab dem 11. Jh. aufkommenden PASSIONS-, OSTER-, WEIHNACHTS- UND MARIENSPIELE, aus denen sich ab der 2. Hälfte des 13. Jh. deutschsprachige szenische Spiele entwickelten (→ *Geistliche Spiele*). In der Lyrik verbreitete sich ab Beginn des 12. Jh. die lateinische VAGANTENDICHTUNG, d. h. von fahrenden Scholaren und stellungslosen Klerikern anonym verfasste Liebes-, Trink-, Bettel- und Spottlieder weltlichen Inhalts. Namentlich sind 10 lateinische Gedichte eines Autors unter dem Namen Archipoeta (um 1160–67) überliefert. Spiele und Vagantenlieder (318 Texte) liegen gesammelt in den *Carmina Burana* (um 1225–30) vor. Weitere BEDEUTENDE LATEINISCHE WERKE sind die *Weltchronik* Otto von Freisings (1146), Hildegard von Bingens Visionsberichte (→ *Scivias – Wisse die Wege*, 1141–51), das Tierepos *Ysengrimus* (1146/49), Herrad von Hohenburgs Enzyklopädie *Hortus deliciarum* (um 1180), Caesarius von Heisterbachs Exempelsammlung *Libri miraculorum* (1225/26), die anonyme Exempelsammlung *Gesta Romanorum* (vor 1280) und Gertrud von Helftas mystische Offenbarungen (1289–1302). Parallel lateinisch und deutsch schrieben u. a. Eckhart von Hochheim, Heinrich Seuse, Hugo von Trimberg und Heinrich von Mügeln.

1275–1295
Steinmar

Lebensdaten unbekannt. St. ist möglicherweise identisch mit dem Schweizer Bürger Berthold Steinmar von Klingenau (Aargau), der zwischen 1253 und 1293 urkundlich bezeugt ist.

Lieder

ED: 1838.

In St.s schmalem Werk (14 Lieder) variiert die eine Hälfte den klassischen → *Minnesang*, die andere konterkariert ihn durch Spott, Parodie und Bruch mit den poetischen Konventionen. Die letzteren Lieder sind amüsant, indem sie der Spiritualität der Hohen Minne das »bettespil« von Knecht und Magd im Schober, das »gekôse« mit einer Häuslerin, den Herbst anstelle des Frühlings und nicht zuletzt das große Fressen (»inz luoder treten«) entgegen setzen. St. knüpft hier an Neidhart und den Tannhäuser an und wirkte weiter auf Hadlaub. Die Desillusionierung des Minnesangs ist dabei wohl weniger als Erkenntnisprozess, sondern eher als Variation zu interpretieren, d. h. dass diese Lieder »sich nicht *gegen* die Konventionen des Minnesangs stellten, sondern *neben* sie« (J. Heinzle).

1275–1300
Der Wilde Alexander

Lebensdaten unbekannt. Bürgerlicher fahrender Sänger aus dem oberdt. Raum, der auch den Namen ›Meister Alexander‹ trug. Schaffenszeit aus Texthinweisen erschließbar.

Lieder und Sangsprüche

ED: 1758/59; 1838.

Der Autor gilt als »der bedeutendste religiöse Liederdichter des 13. Jahrhunderts« (J. Bumke). So wie sein Künstlername mit dem Verweis auf die Alexander-Figur seine Dichtertätigkeit überhöht, beziehen sich viele Texte seines eher schmalen Werks (5 Lieder, 24 Sprüche, 1 Leich) auf eine höhere, fast durchweg religiös geprägte Ebene: Die konkret geschilderten Szenen von Minneleid und -preis (»leit ist liebes nâchgebûr«) oder kindlicher Unschuld (sog. *Kindheitslied*) meinen nie die dargestellte Situation, sondern sind im allegorischen Sinn eingekleidete Warnungen davor, sich ins Weltliche zu verlieren. Die wiederkehrende Mahnung, an das Ende aller Zeiten zu denken, verstärkt die Sprüche in expliziter Weise. Die Neigung zur Allegorie (*wilde rede*) weist bereits auf eine der Haupttendenzen der Literatur im 14. Jh. voraus (→ *Allegorisches Dichten im 14./15. Jh.*).

vor 1280
Ulrich von Winterstetten

Lebensdaten unbekannt. Urkundlich in Schwaben bezeugt zwischen 1241 und 1280.

Lieder und Leichs

ED: 1810; 1864.

Wenn mit Walther von der Vogelweide der Höhepunkt des → *Minnesangs* bezeichnet ist, wie literaturgeschichtliche Darstellungen immer wieder hervorheben, beginnt danach eine ›Spätzeit‹, die allerdings recht eigentümlich ist: Sie dauert nämlich wesentlich länger und besitzt mehr Sänger und Texte als des »Minnesangs Frühling« (C. v. Kraus), d. h. der Minnesang war noch um 1300 »eine lebendige und vielfach praktizierte Kunst« (J. Bumke). Neben Neidhart und dem Tannhäuser ist in diesem Kontext der sog. schwäbische Dichterkreis zu nennen, dem Burkart von Hohenfels, Gottfried von Neifen und U. angehören.

Wie bei diesen setzt auch U.s virtuose Kunst als Variation des klassischen Formtypus die Kenntnis der Vorbilder voraus. Seine in der → *Manessischen Handschrift* (1300–40) überlieferten 40 Lieder und 5 Leichs lassen keine Zweifel daran, dass sie höchst reflexive Kunstprodukte mit dichten intertextuellen Bezügen sind. Sie suchen formale Überbietung, ohne die Grenzen der Gattung zu überschreiten, wie es durch drastischen Realismus oder Parodie (z. B. bei Steinmar und noch bei Oswald von Wolkenstein) möglich wurde. Neu bei U. ist der ständige Gebrauch des Refrains.

1280–1287
Konrad von Würzburg

Biogr.: → um 1260

Trojanerkrieg

Versroman. ED: 1858.

Der Troja-Stoff war in der deutschsprachigen Literatur zuerst von Herbort von Fritzlar (→ *Das Lied von Troja*, 1190–1210) behandelt worden. Dessen französische Quelle (B. de Sainte-Maure) benutzte auch K. und formte daraus – in Verbindung mit weiteren lateinischen Quellen – ein umfangreicheres Werk (40 424 Verse), das allerdings unvollendet blieb. Ein unbekannter Verfasser fügte später 9346 Verse als Schluss hinzu.

Geschildert wird die gesamte Troja-Handlung von der Geburt des Paris bis zum Kampf um Troja, an den der Fortsetzer den Fall der Stadt, die Heimkehr der Griechen, die Fahrten Odysseus' und die Inthronisation von Orest anschloss. Wie sein Vorgänger inszenierte auch K. den antiken Stoff als zeitgenössisch-höfisches Geschehen, in dem die Zweikämpfe um ritterliche

Ehre und Minne dominieren. Keine der Kampfparteien wird vom Erzähler begünstigt. K. zeigt sich in seinem letzten Werk auf der Höhe seiner artistischen Formkunst, die in ihrem rhetorischen Prunk und verstechnischen Können einen hohen Unterhaltungswert besaß.

Rezeption: K.s Roman ist gut überliefert (6 vollst. Hs.n) und – im Gegensatz zur 3. mittelhochdt. Troja-Dichtung, dem *Göttweiger Trojanerkrieg* (um 1300) – stark rezipiert worden. Nachdem 1488 die erste griechische Neuausgabe der Werke Homers erschienen war, schwand das Interesse an den mittelalterlichen, vorwiegend auf lat. Quellen beruhenden Bearbeitungen. H. Sachs dramatisierte den Stoff (1554).

Neuere Auseinandersetzungen: W. Hildesheimer: *Das Opfer Helena* (Hörspiel, 1958); R. Hagelstange: *Spielball der Götter* (Roman, 1959).

1283–1305
Seifried Helbling

Gedichtslg. Anderer Titel: *Kleiner Lucidarius*, Datierung aufgrund von Texthinweisen. ED: 1844.

Der Titel ist kein Verfassername, wie früher angenommen wurde, sondern die Bezeichnung für eine Gruppe von 15 satirischen Gedichten, die von einem unbekannten österreichischen Autor stammen. Als zu vermutende Auftragsarbeit österreichischer Landherren, die sich gegen die neue Oberherrschaft des Hauses Habsburg (ab 1283) wehren wollten, formulieren die Gedichte im Namen von Landessitte (*lantsit*) und -recht (*des landes reht*) eine überaus scharfe Kritik an den seitdem herrschenden Verhältnissen in Staat und Gesellschaft. Was die Verserzählung → *Helmbrecht* (2. Hälfte 13. Jh.) nur implizit andeutet, wird hier – nicht zuletzt in genauer Kenntnis der einschlägigen zeitkritischen Spruchdichtung des 13. Jh. – unverblümt beim Namen genannt: Verfall von höfischer Sitte und Anstand, Modesucht, Zuchtlosigkeit, Anmaßung, Lüge und Habgier (*hochvart, lüge, gitigkeit*). Diese direkte, durch ihre Dialogform sehr lebendig wirkende Kritik steht im späten Mittelalter einzigartig da.

Rezeption: Nur in einer Hs. des 16. Jh. vollst. überliefert; war vermutlich wenig bekannt.

1290–1318
Heinrich von Meißen [Frauenlob]

* nach 1250. Als bürgerlicher Berufsdichter an verschiedenen Fürstenhöfen (Wien, Prag) tätig, ab etwa 1312 in Mainz. Unter dem Künstlernamen ›Frauenlob‹ wurde er allgemein bekannt. † 29.11.1318 in Mainz (D).

Sangsprüche und Lieder

ED: 1838/43.

H. steht mit seinem umfangreichen Werk (316 Sangsprüche in 10 Tönen, 7 Lieder, 3 Leichs) im Übergang vom → *Minnesang* zum → *Meistersang*: Gegenüber den klassischen Vertretern des Minnesangs behauptet er ein nichtepigonales Selbstbewusstsein als Meister einer geradezu wissenschaftlich fundierten Dichtkunst: vom späteren Meistersang unterscheidet er sich durch sein Festhalten an der höfischen Wertewelt von ritterlicher Ehre, Minne und gottgewollter gesellschaftlicher Ordnung (*ordo*). Dabei ist sein Künstlername Programm: Allein in 18 Spruchstrophen besingt er die Frau ausdrücklich als *vrouwe* (Herrin und Dame) und nicht als *wîp* (weibliches Wesen), mit Maria an der Spitze. Damit steht er auf der Seite Reinmars und gegen Walther von der Vogelweide. H.s Sprachkunst ist artifiziell-hermetisch und geht damit über die Konventionen des ›geblümten Stils‹ (z. B. bei Burkart von Hohenfels, Konrad von Würzburg u. a.) hinaus.

Rezeption: H. war umstritten und hatte doch viele Nachahmer. Der → *Meistersang* zählte ihn zu den ›Zwölf Alten Meistern‹. Seine Grabplatte im Kreuzgang des Mainzer Domes war bis 1774 erhalten.

Mystik

BEGRIFF: ›Mystik‹ (abgeleitet aus griechisch *myein* ›die Augen verschließen, eingeweiht werden‹) ist die Bezeichnung für eine Frömmigkeitshaltung, die in verstärktem Maße im 13./14. Jh. aufkam und im Denken und Fühlen auf das EINSWERDEN MIT DEM GÖTTLICHEN (*cognitio Dei experimentalis*) zielt. Diese Glaubenshaltung ist sehr daran interessiert, das Persönliche durch sprachliche Mitteilung öffentlich zu machen, wobei die entsprechenden Texte nicht ›literarisch‹, sondern pragmatisch gebraucht werden wollen (Vorbild, Ermunterung zur Nachahmung usw.). Insofern stellt sich zu Recht die Frage: Gehören Texte der Mystik zur Literatur? Da die deutsche Literatur des Mittelalters wahrlich nicht reich an eigenschöpferischen Werken ist, waren der Literarwissenschaft jedoch auch originale Beiträge aus dem geistlichen und wissenschaftlichen Bereich sehr willkommen. An der Mystik war dabei Mehreres interessant: Sie war – trotz wichtiger Anstöße von außen – eine deutsche und zugleich auch eine DEUTSCHSPRACHIGE DOMÄNE. Sie war in ihrer auf das persönliche Gefühlsleben gerichteten Gotteserkenntnis (*unio mystica*) für die deutsche Sprache sehr innovativ, indem sie die Grenzen des Sagbaren ausdehnte. Schließlich bot sie in nicht unwesentlichem Maße Frauen und nicht lateinisch Gebildeten Gelegenheit, sich schriftlich zu artikulieren.

Wichtige Vorläufer und Träger dieser religiösen Bewegung: Hildegard von Bingen (1141ff.), Mechthild von Magdeburg (1250ff.), Meister Eckhart (1294ff.). Neben Mechthild von Magdeburg waren bedeutende

FRAUENMYSTIKERINNEN: Mechthild von Hackeborn († 1298/99), Gertrud die Große († 1302/03), Margaretha Ebner († 1351), Christine Ebner († 1356), Elsbeth Stagel († um 1360). Zusammen mit Meister Eckhart sind außerdem seine beiden Schüler Johannes Tauler († 1361) mit seinen der praktischen Seelsorge gewidmeten Predigten und Heinrich Seuse († 1366) mit seiner → *Vita* (um 1362) zu nennen. Beide verlagern den Schwerpunkt ihrer Lehre von der mystischen Spekulation auf die mystische Erfahrung und öffnen damit einer LAIENFRÖMMIGKEIT den Weg, die immer stärker ihrer persönlichen Gotteserfahrung Ausdruck zu geben wünscht. Dass hierbei auch Mystifikation ins Spiel kommen kann, zeigen die fingierten Bekehrungstraktate eines »Gottesfreundes aus dem Oberland«, als deren Urheber der Straßburger Kaufmann Rulman Merswin († 1382) gilt. Vom Ende des 14. Jh. datiert ein mystischer Traktat, mit *Der Franckforter* betitelt nach seinem unbekannten Verfasser, der von M. Luther 1518 u.d.T. *Theologia Deutsch* herausgegeben wurde und im lutherischen Protestantismus bis heute weithin verbreitet ist.

1294–1327

Eckhart von Hochheim (Meister Eckhart)

* vor 1260 in Hochheim bei Gotha. Studium und Lehre in Köln und Paris (bis 1313), danach u. a. Prediger des Dominikaner-Ordens in Straßburg und Köln. 1326–29 Inquisitionsverfahren gegen ihn, das mit der Verurteilung seiner Lehren endete. † um 1328 in Avignon.

Predigten und mystische Traktate

ED: 1521/22; KA: 1936ff.

E.s Werk umfasst eine größere Sammlung lateinischer Schriften zur Theologie sowie etwa 100 Predigten und die 3 Traktate *Reden der Unterscheidung* (1294–98), *Buch der göttlichen Tröstung* (vor 1318) und *Von Abgeschiedenheit* (ED: 1670) in deutscher Sprache. Die Verurteilung durch die Inquisition (1329) behinderte zwar eine den Echtheitskriterien genügende Rezeption, nicht aber eine wirksame Verbreitung seiner mystischen Gedanken. Das hängt mit der Originalität seines Denkens und seiner Sprache zusammen, weshalb diesem Hauptmeister der deutschen → *Mystik* auch stets ein hoher Rang in der mittelalterlichen Literaturgeschichte zugewiesen war.

E. verstand unter der *unio mystica*, trotz seiner zentralen Forderung nach ›Abgeschiedenheit‹ (Selbstverzicht, Einkehr in sich selbst), weder Kontemplation noch Askese, sondern ein Tätigwerden aus Gotterfülltheit. Diese eher praktisch-philosophische Auffassung unterscheidet ihn von den stärker gefühlsbetonten Ansätzen der Frauenmystik (z. B. Mechthild von Magdeburg) oder bei seinem Schüler Heinrich Seuse. Für die Einswerdung mit dem Göttlichen spielen Sprache und Sprachgebung eine wichtige Rolle, gilt es doch der prinzipiellen Unsagbarkeit mystischer Erfahrung (»daz ewige Wort […] daz ist unwortlich«) durch rhetorische und metaphorische Anstrengung dennoch begrifflich Ausdruck zu verschaffen.

Rezeption: E.s Predigten sind durch Nach- und Abschriften in mehr als 200 Hs.n erhalten, zugleich durch seine Schüler J. Tauler und H. Seuse popularisiert worden. Eine E.-Renaissance begann im 19. Jh., u. a. mit dem im Dritten Reich aufgegriffenen Versuch, E. als ›dt.‹ Theologen (gegen den Vatikan) herauszustellen.

um 1300
Lohengrin

Versepos. Entst. im letzten Viertel des 13. Jh.; ED: 1813; 1858.

Lohengrin ist eine Bearbeitung der aus der französisch-spanischen Literatur stammenden Schwanritter-Sage, die in verschiedenen mittelhochdeutschen Texten (u. a. Wolfram von Eschenbachs → *Parzival*, 1200–10; Albrechts → *Jüngerer Titurel*, 1260–75; Konrad von Würzburgs *Der Schwanritter*, Mitte 13. Jh.; → *Der Wartburgkrieg*, um 1250) vorkommt und dem unbekannten bairischen Verfasser von dort geläufig war. Das Epos (767 Strophen) schildert, wie Lohengrin, Parzivals Sohn und Gralsritter, im Auftrag des Kaisers durch einen als Gottesurteil geltenden Zweikampf der Herzogin von Brabant ihre Herrschaft erhält. Nach der Heirat mit ihm bricht diese das Versprechen, ihren Mann niemals nach seinem Namen zu fragen. Lohengrin, dessen Heldentaten im Kampf für Kaiser und christliches Reich zuvor breit berichtet worden sind, verlässt sie daraufhin und kehrt mit dem Schwan, der ihn nach Brabant gebracht hatte, zur Gralsburg zurück. Das für die Schwanritter-Sage zentrale Motiv des Frageverbots, das mit dem Mysterium des Grals bzw. der Gottgesandtheit Lohengrins zusammenhängt, bleibt jedoch deutlich hinter dem Bestreben des Verfassers zurück, die nach dem Interregnum (1256–73) wieder errichtete kaiserliche Zentralgewalt zu verherrlichen.

Weitere Bearbeitungen des Lohengrin-Stoffes: *Lorengel* (15. Jh.), U. Fuetrer: → *Buch der Abenteuer* (1473/81), R. Wagners Oper *Lohengrin* (1850), G. Hauptmann: *Lohengrin* (Erzählung, 1913).

um 1300
Johannes Hadlaub

* um 1270; Bürger in Zürich. H. dürfte an der Zusammenstellung der *Manessischen Handschrift* beteiligt gewesen sein. † vor 1340.

Lieder

ED: 1758/59; 1886.

H.s Werk – die → *Manessische Handschrift* (1300–40) überliefert 51 Lieder und 3 Leichs – zitiert vor einem patrizischen Publikum noch einmal das ganze Repertoire des → *Minnesangs* (Natureingang, Frauenpreis, Minneklage, Tagelied, Herbstlied), ohne freilich die Formkunst eines Gottfried von Neifen oder Ulrich von Winterstetten überbieten zu können. Originell sind seine 6 Erzähllieder, in denen exemplarische Minnesituationen (Verehrung von ferne, Begegnung, Abschied) mit scheinbar biographisch-konkreten Lebensdaten verbunden werden. Zwei solcher Szenen überliefert die *Manessische Handschrift* zugleich im Bild und hebt sie so als charakteristisch für den Verfasser heraus. Auf dem oberen Bild reicht die Dame dem Liebenden die Hand, er vergeht vor Wonne und ein Hündchen deutet einen Biss an, den der Liebende von ihr empfängt, weil er zu fest gedrückt hat. Das zweite Bild zeigt den als Pilger verkleideten Dichter, der der Dame – wieder mit Hündchen – einen Liebesbrief ans Gewand steckt. Die Kunst – so ließe sich verallgemeinern – will ins Leben treten und bleibt doch künstlich.

Rezeption: H. ist die Hauptfigur in G. Kellers gleichnamiger Novelle (1878).

um 1300
Heinrich von Neustadt

Lebensdaten unbekannt bis auf eine urkundliche Erwähnung von 1312. Schaffensphase zwischen 1297 und 1318 indirekt bezeugt. Arzt in Wien.

Apollonius von Tyrland

Versroman. ED: 1875; 1906.

Die freie Bearbeitung (20 644 Verse) eines in lateinischer Fassung überlieferten griechischen Unterhaltungsromans hat das verbreitete Handlungsschema: Aufbruch, Brautwerbung, Hochzeit, unglückliche Trennung und glückliche Vereinigung der Familie sowie, nachdem der Held Apollonius eine Vielzahl von Abenteuern bestanden hat, anschließender Aufstieg zum Kaiser in Rom. Anders als in der → *Artus-Epik* steht indes nicht die durch Minne und ritterlichen Kampf sich bewährende Reifung des Helden im Mittelpunkt, sondern die nicht abreißende Folge der Abenteuer im Orient. Dieses stoffliche Interesse rückt den Roman eher in die Nähe der → *Spielmannsdichtung* und ›übersetzt‹ dabei ritterliches Ethos in stadtbürgerliche Moral: Apollonius erlebt zwar Liebesabenteuer, aber stets nur als (zu diesem Zweck dreimal verheirateter) Ehemann.

Man kann das Werk als »zusammengestoppelte Episodenverkettung« (F. H. Bäuml) bzw. »mittelmäßigen Roman« (J. Janota) verdammen, sollte aber auch den frühen Versuch anerkennen, exotische Wunderwelt stofflich-empirisch »in einen Horizont städtischen Verstehens zu integrieren« (Th. Cramer).

Rezeption: Der Apollonius-Stoff fand in Deutschland erst durch H. Steinhöwels 1471 gedruckte Prosafassung *Hijstori des küniges appolonij* Eingang in die → *›Volksbücher‹*.
Weiteres Werk: *Von Gottes Zukunft* (geistliches Gedicht, um 1300).

1300–1313
Hugo von Trimberg

* um 1230 in Franken. Ab 1260 Lehrer an der Stiftsschule St. Gangolf in Bamberg; † nach 1313.

Der Renner

Lehrgedicht. Entst. ab 1290. ED: 1549; 1833/34.

Religiöse, moralische und gesellschaftliche Tugendlehren und Lebensregeln in dichterischer Form (Lehrdichtung) darzubieten hat eine lange Tradition mit vielen lateinischen Vorbildern (z. B. *Disticha Catonis*, 3./4. Jh. n. Chr.). In der deutschsprachigen Literatur des 13. Jh. ragen heraus: die Ständelehre *Der Winsbeke* (um 1200), Thomasins von Zerklaeres ritterliche Verhaltenslehre → *Der welsche Gast* (1215) und Freidanks → *Bescheidenheit* (1220–30).
H. übertrifft mit seinem Werk (24 611 Verse) diese Vorgänger an Länge und stofflichem Umfang. Im Mittelpunkt steht die kritische Abhandlung der 7 Todsünden Hoffart, Habgier, Wollust, Völlerei, Zorn, Neid und Trägheit. In den anschließenden Anleitungen zum richtigen Leben veranschaulicht H. die Lehre durch eingeschobene Exempel, Fabeln und Anekdoten. Zugleich breitet er sein gesammeltes Wissen zu allen erdenklichen Fachgebieten aus. Was jedoch aussieht wie eine realistische »Enzyklopädie zeitgenössischen Wissens« (Th. Cramer), ist und bleibt ein christliches Erbauungsbuch, das die gesamte weltliche Wirklichkeit als eine Allegorie göttlichen Wirkens betrachtet (→ *Allegorisches Dichten im 14./15. Jh.*). Der Titel stammt aus dem späten 14. Jh. und bezieht sich sowohl auf die Darstellungsweise (von Thema zu Thema ›rennen‹) wie auf die Wirkungsabsicht (»rennen durch die lant«).
Rezeption: Das Werk ist die am weitesten verbreitete mittelhochdt. Lehrdichtung (72 Hs.n), war vom 16. Jh. an als Druck vorhanden und wirkte bis ins 18. Jh. hinein.

1300–1340
Manessische Handschrift

Liederslg. Als Auftraggeber wird die Züricher Patrizierfamilie Manesse vermutet. ED: 1758/59.

Die *Manessische Handschrift*, auch *Cod. Manesse* bzw. *Große Heidelberger Liederhandschrift* genannt, ist wegen ihres herausragenden Buchschmucks und

Inhalts die bedeutendste Sammelhandschrift des deutschen Mittelalters (→ *Mittelhochdeutsche Liederhandschriften*). Sie dokumentiert auf 425 Großfolioseiten in rund 6000 Strophen von 140 verschiedenen Autoren (in der Reihenfolge ihres sozialen Ranges) die mittelhochdeutsche Lyrik (Lieder und Sprüche) von etwa 1160/70 bis gegen 1330 und ist damit die umfassendste Sammlung des → *Minnesangs*. Geschmückt mit 137 ganzseitigen Miniaturen, die – einzigartig für ihre Zeit – stilisierte und mit Namen gekennzeichnete Autorenporträts zeigen, ist der Kodex zugleich ein Prunkstück gotischer Buchmalerei (erstmals gedruckt 1748 bzw. 1758/59, als Faksimiledruck 1925/27 und 1974/80).

Rezeption: Die wertvolle Hs. war bis 1571 verschollen, hatte dann verschiedene fürstliche Besitzer in Europa, bis sie 1888 – als reichsdt. Kulturzeugnis – für die Heidelberger Universitätsbibliothek zurückgekauft wurde.

Mittelhochdeutsche Liederhandschriften

Lieder wurden die längste Zeit oral tradiert und dabei oft weiter bearbeitet. Erste Sammlungen (und Fixierungen) des weltlichen Liedgutes finden sich ab dem 12. Jh. in den → *Frühmittelhochdeutschen Sammelschriften* sowie in mittellateinischen Sammlungen (z. B. *Cambridger Liederbuch*, um 1000; *Carmina Burana*, um 1225–30). Ab dem späten 13. Jh. setzte die Sammlung der mittelhochdeutschen Liedlyrik und Spruchdichtung (→ *Minnesang*) ein, deren Hauptwerk die → *Manessische Handschrift* (1300–40) ist. Wenige Jahre zuvor entstanden der *Cod. Buranus* (vor 1250), die *Kleine Heidelberger Liederhandschrift* (nach 1275) mit 34 Autoren und die mit Miniaturen versehene *Weingartner Liederhandschrift* (um 1310) mit 857 Strophen von 31 verschiedenen Verfassern. Im 14. Jh. kamen die *Würzburger Liederhandschrift* (um 1350, wichtig für Reinmar und Walther von der Vogelweide) sowie die *Jenaer Liederhandschrift* und die *Wiener Handschrift* (jeweils um 1350, mit Melodien) sowie eine weitere *Heidelberger Handschrift* (um 1350, Spruchdichtung) hinzu. Insgesamt sind 40 mittelalterliche Liederhandschriften (z.T. fragmentarisch) erhalten.

Die repräsentativen Sammlungen manifestieren das gestiegene ästhetische Selbstbewusstsein einer weltlichen Adelskultur gegenüber geistlicher Buchkunst, zugleich zeigen sie aber auch an, dass die Epoche des Liedvortrags zu Ende ging und man begann, diesen durch Leseliteratur bzw. durch Literaturpräsentation als Schauobjekt zu ersetzen. Die Sammlungstradition setzte sich im 15./16. Jh. mit dem → *Meistersang* (*Kolmarer Liederhandschrift*, um 1460) und den → *Liederbüchern des 16. Jh.* fort (Klara Hätzlerin: → *Liederbuch*, 1471).

vor 1314
Johann von Würzburg

Lebensdaten unbekannt.

Wilhelm von Österreich

Versroman. ED: 1481 (Prosafassung); 1906.
Geschichte einer Kinderminne (rund 19 600 Verse) zwischen dem Sohn des (fiktiven) Herzogs von Österreich, Wilhelm, und der heidnischen Königstochter Aglye, die – ähnlich wie in Konrad Flecks → *Flore und Blanscheflur* (um 1220) – nach einem abenteuerreichen Einandersuchen zur glücklichen Verheiratung und der Geburt eines Stammhalters führt. Das Ende ist tragisch und hoffnungsvoll zugleich: Wilhelm wird heimtückisch ermordet, Aglye stirbt vor Liebesschmerz bei seiner Leiche, aber die Zukunft gehört dem Sohn. Als Auftragsarbeit für den Wiener Herzogshof will der Roman nicht nur eine empfindsame Liebesgeschichte erzählen, sondern – als »romanhafte Mythologisierung einer Dynastie« (Th. Cramer) – die Legitimierung der österreichischen Herzöge für die vakante deutsche Königskrone hervorheben. Dieser allegorische Doppelsinn ist charakteristisch für die Literatur im 14. Jh. (→ *Allegorisches Dichten im 14./15. Jh.*).

Rezeption: Der Roman ist in Hs.n vielfach überliefert; die Umsetzung in Prosa und der frühe Druck dokumentieren, dass er breit rezipiert wurde.

um 1320
Karlmeinet

Sagenslg. ED: 1858.
Die von Karl d. Gr. handelnde Karls-Epik ist im wesentlichen französisch geprägt (*geste du Roi* und *chanson de geste*), während in der deutschen Literatur der Roland-Stoff mehr Beachtung fand (Pfaffe Konrad: → *Rolandslied*, um 1170/72; Der Stricker: *Karl*, um 1220). Die von einem unbekannten Kompilator geschaffene Sammlung von Karls-Sagen (ca. 36 000 Verse), die sich teilweise auf französische und niederländische Vorlagen stützen, steht somit recht einzigartig da. Erst ab der 2. Hälfte des 15. Jh. kam es zu weiteren Kompilationen der höfischen Heldenepik (U. Fuetrer: → *Buch der Abenteuer*, 1473–81; → *Ambraser Heldenbuch*, 1517).
In seinem Kunstanspruch bescheiden, bezeichnet der *Karlmeinet* wohl »die untere Grenze des literarischen Geschmacks der Zeit« (Fr. Ranke). Der Titel – aus *Carolus magnitus* gebildet und den jugendlichen Karl meinend – trifft nicht ganz den Inhalt, weil die 6 Teilstücke nichts weniger als die gesamte Vita des großen Kaisers schildern.

Rezeption: Der Text ist nur in einer Hs. des 15. Jh. überliefert.

Allegorisches Dichten im 14./15. Jahrhundert

Begriff: Unter ›Allegorie‹ versteht man seit der antiken Rhetorik die Veranschaulichung eines Begriffs oder einer abstrakten Vorstellung durch Personifikation bzw. Figuration (z. B. der Tod als Sensenmann) oder auch durch ein konkretes Bild (z. B. Erringung von Liebe als Eroberung einer Burg). Das Verfahren, mit einer wörtlich-bildlichen Bedeutung auf einen höheren Sinn zu zielen (Allegorese), blühte in der christlichen Schriftauslegung (Exegese) auf und blieb bis zum Ende des Mittelalters ein gängiges Interpretationsprinzip. Dabei gab es schon frühzeitig fließende Übergänge zur geistlich geprägten Dichtung und Fachwissenschaft. Das zeigen beispielhaft die Bearbeitungen des → *Hohen Liedes* (Williram von Ebersberg, um 1065), mystische Erbauungstexte wie die Blumenallegorie *Die Lilie* (Ende 13. Jh.), aber auch allegorische Tierbücher (Bestiarien) wie der *Jüngere Physiologus* (12. Jh.) und heilkundliche Steinkunden (Lapidarien) wie Volmars *Steinbuch* (Mitte des 13. Jh.) sowie noch die allegorischen Passagen in Konrad von Megenburgs *Buch der Natur* (um 1350).
Ab dem 14. Jh. verstärkte sich mit der wachsenden Vorliebe für lehrhafte Literatur die Tendenz zum allegorischen Dichten. In der Minnedichtung wurde die erörternde Minnerede erweitert zur Minneallegorie, die schon in der Minnegrotten-Episode in Gottfried von Straßburgs → *Tristan und Isolde* (um 1210) vorgebildet ist. Als ein ganzes Werk prägende Allegorien der Liebe treten auf: Hadamar von Laber: *Die Jagd* (um 1330/50: männliche Liebe als Pirsch), *Die Minneburg* (um 1340: die Frau als zu erobernde Burg) und *Das Kloster der Minne* (1340/50: Gottesdienst als Minnedienst) sowie Hermann von Sachsenheims *Die Mörin* (1453: Prozess vor Frau Venus). Eine allegorische Autobiographie ist Maximilian I.: → *Theuerdank* (1517).
Als allegorische Lehrdichtung verstehen sich z. B. Schachallegorien, die im Schachspiel die Ordnung der Ständegesellschaft abbilden: Heinrich von Beringen: *Schachgedicht* (um 1330), Konrad von Ammenhausen: *Schachzabelbuch* (1337) sowie Übertragungen des Schachtraktats *Ludus scacorum* (um 1300) von Jacobus de Cessolis durch den Pfarrer zu dem Hechte (1335) und Meister Stephan (vor 1375). In diesem Zusammenhang ist auch das allegorische Preisgedicht *Der Meide Kranz* (um 1360) von Heinrich von Mügeln zu nennen, in dem es um die Rangfolge der mittelalterlichen 12 Wissenschaften und den Wettstreit der Tugenden mit der Natur geht; eine weitere Tugendallegorie schrieb Hans Vintler: *Die Blumen der Tugend* (1411).
Allegorisches Schreiben bestimmt auch die aufkommende Kleinepik, hier besonders die Fabeldichtung (Ulrich Boner: → *Der Edelstein*, um 1349) und die moralischen *bîspel*-Geschichten, die eine breit vorgetragene Lehre mit einem knappen *bîspel*, d. h. einer ›Bei-Erzählung‹ illustrieren. Schließlich ist hier, neben den → *Geistlichen Spielen (11.–15. Jh.)*, in denen durch Spieler (und Zuschauer) die Heilsgeschichte figuriert wurde, die ab

dem 15. Jh. aufkommende Gattung der lehrhaften dramatischen Spiele (Moralitäten) zu erwähnen (→ *Vom Fastnachtsspiel zum Reformationsdrama*).

um 1349
Ulrich Boner

Lebensdaten unbekannt. Dominikaner, zwischen 1324 und 1350 urkundlich in Bern bezeugt.

Der Edelstein

Fabel-Slg. ED: 1461; 1757. KA: 1816.

Nachdem einzelne Fabeln (nach lateinischen Vorlagen bzw. selbständig) schon früher von Autoren wie z. B. Der Stricker, Hugo von Trimberg und Heinrich von Mügeln verfasst worden waren, legte B. mit seinem Werk die erste geschlossene Fabelsammlung des deutschen Mittelalters vor. Es handelt sich um eine didaktisch aufgebaute, in Reimpaare gefasste und mit Pro- und Epilog versehene Komposition von 100 Fabeln (einschließlich einiger Bispeln und Exempel), die aus verschiedenen lateinischen Äsop-Sammlungen (v. a. aus dem sog. *Anonymus Neveleti*, entst. 2. Hälfte 12. Jh., und dem *Avianus*, um 400 n. Chr.) übersetzt sind. Der Titel bezieht sich sowohl auf die erste Fabel vom Hahn, der auf der Suche nach einem Korn einen Edelstein verschmäht, wie auf die Gesamtintention des Werkes, das in seiner lehrhaften Tendenz dazu ermahnen will, den Edelstein der moralischen Weisheit nicht zu verachten.

B. unterstützt, ohne zu moralisieren, mit seinem Vertrauen auf die Wirkungskraft der anschaulichen Erzählung den Zug der Zeit zum → *allegorischen Dichten im 14./15. Jh.* Nach ihm (möglicherweise aber auch schon früher) verfasste Heinrich von Minden eine niederdeutsche Äsop-Übersetzung, überliefert im sog. *Wolfenbütteler Äsop* (125 Fabeln); ihm folgte um 1400 noch ein *Magdeburger Äsop* (101 Fabeln) von einem unbekannten Bearbeiter. Weitere Fabelsammlungen entstanden im 16. Jh. (→ *Sammlungen von Sprichwörtern und Fabeln*).

Rezeption: Das Werk ist vor und neben H. Steinhöwels → *Äsop* (um 1476) die bedeutendste Fabelslg. des Mittelalters, die in 28 Hs.n und Fragmenten überliefert ist, zu den am frühesten gedruckten dt.sprachigen Texten gehört und noch auf Lessings Studien über die Fabel wirkte (→ *Fabeln*, 1759).

1350–1365
Heinrich der Teichner

* um 1300/10; nichtadliger oberösterr. Berufsdichter. Schaffensphase zwischen 1350 und 1365 aus Texthinweisen erschließbar. † um 1377 (in Wien?).

Reimreden

Spruchdichtung. KA: 1953/56.

Im 14. Jh. trat an die Stelle des strophischen Spruches die Reimrede, d. h. gereimte Verspaare in unterschiedlicher Länge zwischen 40 und 600 Versen, die ohne Gesang oder musikalische Begleitung vorgetragen wurden. H. war einer der produktivsten Verfasser von Reimreden (über 700 Gedichte mit rund 69 000 Versen); sein Themenspektrum lässt kein Verhaltensproblem des religiösen und weltlichen Lebens aus. In seinen formalen Mitteln eher »spröde und eintönig«, redet er dabei – und das unterscheidet ihn von anderen Reimrednern – »keinem nach dem Munde oder zu Gefallen« (I. Glier). Sein aufrechtes Predigen in Versen kam dem zeitgenössischen Wunsch nach didaktischer Dichtung sehr entgegen. Fast immer ›signierte‹ H. seine durch ihre lebenspraktische Ausrichtung eingängigen Reimreden mit der – manchmal leicht variierten – Schlusszeile: »Also sprach der Teychnaer«.

Rezeption: T. ist in 15 Hs.n mit einer größeren Anzahl und in 29 Hs.n mit einer oder mehreren Reimreden überliefert, so dass von einer breiten Rezeption im Spätmittelalter gesprochen werden kann.

um 1362
Heinrich Seuse

* 21.3.1295 in Überlingen oder Konstanz. Dominikaner, ab 1327 Lektor, später Prior am Konvent in Konstanz (mit Unterbrechungen) und Wanderprediger im südrheinischen Gebiet; ab 1348 in Ulm. † 25.1.1366 in Ulm.

Vita

Autobiogr. KA: 1907.

Die *Vita* ist der 1. Teil der von S. zusammengestellten Gesamtausgabe seiner Schriften (*Exemplum*), ihm folgen das *Büchlein der ewigen Weisheit* (entst. um 1328), das *Büchlein der Wahrheit* (entst. um 1326) und das *Briefbüchlein* als weitere Teile. An der Autobiographie hat S.s geistliche Freundin Elsbeth Stagel, Nonne im Kloster Töss bei Winterthur, mitgeschrieben – wenn sie diese nicht sogar angeregt hat.

Das Genre von autobiographisch geprägten Offenbarungstexten (sog. Nonnenleben) hatte sich in der 1. Hälfte des 14 Jh. breit entfaltet; für das ganze 14. Jh. sind über 200 Prosa-Viten belegt. Während diese jedoch ins Legendenhafte übergehende Berichte mystisch erlebter göttlicher Gnadenerweise sind, breitet S. sein ganzes Leben als eine große augustinische ›Konfession‹ aus. Auch das läuft indes nicht ohne literarische Stilisierung ab; so finden sich im exemplarischen Lebensweg eines Christen sowohl Anklänge an die Ausfahrt in die zu bestehenden *âventiuren* (→ *Artus-Epik*) als auch an die Leidensgeschichte Christi (der Er-Erzähler trägt das Monogramm IHS unterm Herzen). Dennoch ist S.s Werk innerhalb der Gattungsform der christlich-religiösen Autobiographie eine »literarische Neueroberung« (A. M. Haas), weil es in der deutschsprachigen Literatur weder zuvor noch lange danach gelang, einen detailliert dargestellten Lebensweg (Klosterleben, innere Kämpfe, Visionen, asketische Übungen, seelsorgerischer Alltag des Wanderpredigers, geistlicher Rat u. a.) derart eindrucksvoll als Darstellung eines inneren Glaubensweges darzustellen.

Rezeption: Als erste dt.sprachige (geistliche) Autobiogr. stand S.s Werk bis zum 16. Jh. einzigartig da; als weltliche Autobiogr. folgte erst 1572 Th. Platters *Lebensbeschreibung* (vgl. auch → *Autobiographien I, 15./16. Jahrhundert*).

1365–1395
Mönch von Salzburg

Hinter dem Pseudonym M. verbirgt sich vermutlich der Erzbischof Pilgrim II. von Salzburg (1365–96), der zuvor in Prag, Venedig und Avignon gewirkt hatte.

Lieder

ED: 1864–77.

Dem M. werden 57 weltliche und 49 geistliche Lieder zugeschrieben, wobei die geistlichen Lieder überwiegend Übersetzungen und Bearbeitungen lateinischer Vorlagen (Hymnen, Sequenzen) sowie Marien- und Heiligenlieder – mit dem bekannten Weihnachtslied *Joseph lieber nefe mein, hilff mir wiegen mein kindelein* – sind. Innerhalb der weltlichen Lyrik dominieren die Liebeslieder, die wie in einem großen Abgesang noch einmal das gesamte Themen- und Formenspektrum des höfischen → *Minnesangs* in durchaus artistischer Weise aufbieten und daraus zitieren. Vielleicht ist dieser Charakter der lyrischen ›Ernte‹ auch der Grund für die große Beliebtheit des Autors, der als der »bedeutendste Repräsentant der nichtmeisterlichen Lieddichtung vor 1400« (G. Kornrumpf) gelten dürfte. Der andere Grund könnte darin liegen, dass M. das in Frankreich schon länger praktizierte Prinzip der Mehrstimmigkeit in der begleitenden Musik übernahm.

Rezeption: Die Lieder des M.s sind die im dt. Mittelalter am häufigsten überlieferten Gedichte und haben noch bis zum 17. Jh. Einfluss ausgeübt.

1390–1415
Hugo von Montfort

* 1357; österr. Adliger in habsburgischen Diensten, 1413–15 Landeshauptmann der Steiermark. † 5.4.1423 in Bruck (G).

Reimreden und Gedichte

ED: 1879.

Für H. und sein Werk gilt: kein Minnesänger und doch noch Minnesang (wenn auch für die Ehefrau), keine Auftragsdichtung mehr und doch noch kein individuelles Schreiben (wenn auch aus Anlass »als mir do was zu muot«), keine Einheit von Dichten und Komponieren, kein öffentlicher Vortrag, so gut wie keine Überlieferung durch Liederhandschriften (→ *Mittelhochdeutsche Liederhandschriften*). Stattdessen: unvertontes, lehrhaftes Dichten für den privaten Gebrauch, gekonnter Dilettantismus statt Meistertum, namentlich gekennzeichnete und selbst veranlasste Sammlung des eigenen Werks (17 Reimreden, 10 Gedichte/Lieder) noch zu Lebzeiten. Diese Mischung aus Anachronismus und Neuerertum sicherten dem ansonsten nicht sehr herausragenden H. einen Platz als Vorläufer Oswald von Wolkensteins in der mittelalterlichen Lyrik.

Totentanz

BEGRIFF: ›Totentanz‹ (französisch *danse macabre*) ist ursprünglich die Bezeichnung für bildliche Darstellungen im sakralen Bereich, die – meist in Form von Fresken – ab dem 14./15. Jh. in Frankreich, England und Deutschland entstanden. Die berühmtesten TOTENTANZ-BILDER sind: der (zerstörte) *Pariser Totentanz* (Säulenhalle des Friedhofs der Innocents, 1424), der (zerstörte) *Basler Totentanz* (um 1440), der (zerstörte) *Lübecker Totentanz* (um 1460), der *Berliner Totentanz* (um 1484, Marienkirche), H. Holbein d. J.n Holzstich *Totentanz* (1538) sowie die Totentanz-Darstellungen seit dem 19. Jh. von A. Rethel (1848), A. Kubin (1918), L. Corinth (1921), O. Dix (1924), A. Hrdlicka (1972) und H. Janssen (1984). Die Bilder, oft mit Versunterschriften versehen, zeigen den zum Tanz aufspielenden Tod (zumeist als Gerippe) im schaurigen Reigen mit Menschen aller Stände, womit sinnbildlich veranschaulicht wird, dass der Tod unverhofft kommt und vor ihm alle gleich sind: »Der Totentanz war nicht nur eine fromme Ermahnung, sondern auch eine soziale Satire« (H. Huizinga). HISTORISCHER HINTERGRUND ist zum einen die Erfahrung der Pest von 1347–53, die in Europa etwa ein Drittel der Gesamtbevölkerung hinraffte. Zum anderen gibt es eine ältere LITERARISCHE TRADITION der (geistlichen) Mahnung an den Tod: Bußpredigten und Memento-Mori-Dichtungen (z. B. → *Memento mori*, 1070–90; *Von des todes gehugde*, → *Erinnerung an den Tod*, 2. Hälfte 12. Jh.), lateinische Bilderbögen des 14. Jh. sowie geistliche Spiele (z.B. *Augsburger Totentanz,* 15. Jh.). Als älteste literarische Totentanz-Gestaltung gilt der lateinische Dialog *Oberdeutscher Totentanz* (um 1350), der mit deutscher Übersetzung in der Heidelberger Handschrift CPG 314 erhalten ist. Auch nach dem späten Mittelalter blieb die Gattung/das Motiv des Totentanzes für viele Schriftsteller –

bis heute – ein Thema: z. B. Abraham a Sancta Clara: → *Merks Wienn* (Moralsatire, 1680), J. W. v. Goethe: *Totentanz* (Ballade, 1815), R. M. Rilke: *Toten-Tanz* (1907), H. H. Jahnn: *Neuer Lübecker Totentanz* (Drama, 1931), Ö. v. Horváth: *Glaube Liebe Hoffnung* (Drama, 1936). Besonders in Kriegs- und Krisenzeiten wird der Totentanz (vorwiegend als literarisches wie bildliches Motiv) immer wieder gestaltet; so auch im Umkreis beider Weltkriege.

1400–1401

Johannes von Tepl

* um 1350 in Schüttwa (Westböhmen); Schulmeister, Notar und Stadtschreiber in Tepl, Saaz und ab 1411 in Prag. † 1414 in Prag.

Der Ackermann [aus Böhmen]

Prosadialog. ED: 1460/61: 1824. Verfasserschaft durch einen 1933 gefundenen Brief J. T.s belegt.

Das Werk ist ein Streitgespräch in 16 Wechselreden zwischen Mensch und Tod über Lebenwollen und Sterbenmüssen: Der Mensch, der seine im Kindbett gestorbene Frau betrauert, klagt den Tod des Mordes an. Seine Anklage entwickelt sich zu einem leidenschaftlichen Plädoyer für das Leben und die Liebe, das aber dem Tod nicht standhalten kann, denn dieser betont in überlegener Weise die Vergänglichkeit und Nichtigkeit allen menschlichen Strebens. Im 33. Kapitel spricht Gott das Urteil: Beide können nicht selbstherrlich unter Berufung auf den Schöpfer über Lebensrecht bzw. Lebensende bestimmen, obwohl jeder für seinen Anspruch »wol gefochten« habe – über allem steht letztlich Gottes unerforschlicher Wille.

Formensprache (Prosa, Dialog, rhetorisches Prozessritual), Motivik (Auseinandersetzung mit dem Tod) und frommes Schlussgebet (Ergebung in den Glauben) sind dem Mittelalter verbunden; die – wenn auch noch eingeschränkte – Anerkennung (*êre*) von Lebensbejahung und menschlichem Glücksstreben verweisen jedoch auf den Frühhumanismus, der sich gerade in Prag am Hof Karls IV. († 1378) entwickelt hatte.

Rezeption: Überliefert sind 17 Drucke zwischen 1461 und 1520, die eine rege Rezeption anzeigen. 🎭 R. Frank: *Der Ackermann aus Böhmen* (1921).

um 1400–1410

Heinrich Wittenwiler

Lebensdaten unbekannt. Jurist am Bischofshof in Konstanz, urkundlich bezeugt zwischen 1387 und 1395.

Der Ring

Satir. Lehrdichtung. ED: 1851; KA: 1931. Werkdatierung aus Texthinweisen erschließbar.

Erzählt wird, wie der tölpelhafte Bauernbursche Bertschi um die hässliche Dirne Mätzli wirbt, sie trotz vieler Missgeschicke zur Ehe erhält, aber sie während der Hochzeitsfeier in einer mörderischen Massenschlägerei verliert und als Einsiedler in den Schwarzwald geht. Der Titel ›Ring‹ verweist hier, weit über den Ehering hinaus, auf den ganzen Weltkreis (*orbis*) und seine Probleme. W. liefert keine Ständesatire (auf Kosten der Bauern), sondern fast schon einen grobianischen Abgesang auf das falsche Leben (→ *Narrenliteratur und Grobianismus*).

Gattungsmäßig ist die Versdichtung (9699 Verse) schwer einzuordnen: als Lehrgedicht viel zu burlesk und breit erzählt, als reiner Schwank zu allegorisch, als Satire zu parodistisch, als Narrenliteratur zu grotesk. Entsprechend vieldeutig sind die Interpretationen: eine »Art Fastnacht-Narren-Spiel« (U. Schulze), ein »Schwankroman« bzw. »Hausbuch, das in eine Verkehrte Welt verpackt ist« (I. Glier), eine »Synthese der Möglichkeiten spätmittelalterlicher Dichtung« (H. Rupprich), eine »Bestandsaufnahme der spätmittelalterlichen Welt« (Th. Cramer).

W.s Werk vergleichbar ist die anonyme Ständesatire *Des Teufels Netz* (Anfang 15. Jh.), die einen Katalog aller Sünden von Arm bis Reich aufbietet, um am Ende damit zu drohen, dass Tod und Teufel vor niemandem Halt machen.

Rezeption: Nur in einer Hs. überliefert, ohne nachweisbare Rezeption.

1424–1432
Oswald von Wolkenstein

* um 1376/78 auf Burg Schöneck (Pustertal). Ritter aus einem südtiroler Adelsgeschlecht. Nach unstetem Wanderleben durch ganz Europa und bis nach Persien ab 1415 in diplomatischen Diensten bei König Sigismund (Konstanzer Konzil, Italien). † 2.8.1445 in Meran. Gedenkstätte: Kloster Neustift bei Brixen (G).

Lieder

ED: 1847.

Der spätmittelalterliche Dichter O. ist aus mehreren Gründen singulär, wodurch er geradezu ›modern‹ erscheint: Er schrieb überwiegend aus selbstbestimmtem Anlass und trat nur selten vor höfischem Publikum auf (ähnlich wie kurz zuvor Hugo von Montfort). Er schöpfte, wie vor ihm noch kein anderer Liederdichter, aus eigener Biographie und persönlichem Erleben und er überlieferte sich und sein Werk erstmals mit zwei lebensechten Porträts. Schließlich kam er wie kein anderer deutscher Autor dieser Zeit in der Welt herum und hat dabei als Reisender und Künstler vielfältige kulturelle und stilistische Anregungen verarbeitet, insbesondere aus der mehrstimmigen französischen und italienischen Liedkunst. Insofern ist es nicht übertrieben, ihn als »einzigen deutschen Autor des späten Mittelalters von internationalem Format« (H. D. Schlosser) zu bezeichnen.

O.s Schaffen umfasst rund 130 Lieder (mit Melodien), die im frühen Werk (bis etwa 1414) die formale und thematische Beherrschung des klassischen Minnesang-Repertoires und seiner Varianten bis zum Mönch von Salzburg (→ *Lieder*, 1365–95) zeigen (Minnelieder, geistliche und didaktische Dichtung, Fürstenpreis, Trink- und Tanzlieder). Im späteren Werk verstärkt sich O.s Kunst der anspielungsreichen Variation, die das literarische Muster einerseits autobiographisch aufbricht und doch zugleich in veränderter Stilisierung fortschreibt: »Das subjektive Erleben des *ich, wolkenstein* (Str. 7, v. 11) wird auf diese Weise exemplarisch, wird aufgehoben in überpersönlichen Ordnungen« (Th. Cramer). Verbunden mit einer experimentierfreudigen Sprachgebung (Metaphernreichtum, Lautmalerei, schöpferischer Wortschatz) erweisen sich seine Texte damit als spätzeitliche Kunstprodukte, die ebenso virtuos wie schwierig sind.

Rezeption: O.s Werk ist nur in 2 von ihm selbst veranlassten Hs.n (sowie einer Abschrift) und wenigen Einzeltexten in Liederbüchern des 15. Jh. überliefert. Die Rezeption war gering. Erst seit der KA (1962) und D. Kühns → *Trilogie des Mittelalters* (1977–88) wird O. stärker beachtet.

um 1447/1450
Johannes Hartlieb

* um 1400; ab 1440 in München Leibarzt und Diplomat im Dienst der bayrischen Herzöge Albrecht III. und Siegmund. † 18.5.1468 in München.

Alexander

Prosaroman. ED: 1473; KA: 1980.

Das Werk ist der letzte mittelalterliche Alexanderroman (vgl. Pfaffe Lamprecht, Rudolf von Ems, Ulrich von Etzenbach) und zugleich der erste Roman dieser Gattung in Prosa. Gestützt auf lateinische Vorlagen, bleibt H. jedoch nicht nur in der Erzähltradition, in Alexander den vorbildlichen Herrscher und ritterlichen Helden darzustellen; er verwandelt die antike Figur in einen zeitgenössisch-mittelalterlichen Fürsten und zeigt ihn in einer auf die Neuzeit vorausdeutenden Weise als einen »Grenzüberschreiter« (P. J. Brenner), der von Neugierde und Erfahrungshunger angetrieben wird. Der Roman soll mit Blick auf die fürstlichen Auftraggeber ein Fürstenspiegel sein, wurde aber wegen seiner gut lesbaren Prosaform und unterhaltsamen Sachinformationen nebst Lehren auch von bürgerlichen Lesern sehr geschätzt, v. a. in der populären Fassung als gedrucktes Volksbuch (→ ›*Volksbücher*‹).

Rezeption: Der Roman ist in 18 Hs.n und 18 Drucken (1473–1670) überliefert. Weitere Bearbeitungen: Zwischen 1735 und 1935 entst. ca. 50 Alexander-Romane und -Dramen, darunter die Romane von J. Wassermann: *Alexander in Babylon* (1905) und Kl. Mann: *Alexander* (1929).
Weitere Werke: *Mondwahrsagebuch* (um 1434), *Buch aller verbotenen Kunst* (1455/56).

Kleinepik (Märendichtung, Schwänke, Bispel-Erzählungen; 13.–15. Jh.)

Begriff: Unter ›Kleinepik‹ werden die vielfältigen Formen kurzer Versepik (bis etwa 2000 Verszeilen) verstanden, die als »in sich abgeschlossene Kleinerzählungen novellistischen oder legendären Charakters« (J. Janota) ab der Mitte des 13. Jh. vermehrt auftraten. Andere und speziellere Begriffe für diese Gattung, die weder Epos noch Roman ist, sind: ›Märe‹, ›Schwänke‹ und ›Bispel‹- bzw. ›Exempel-Erzählungen‹. Die meisten Texte dieses Genres sind komisch: Es darf gelacht werden, weil das Verlachte zur inneren Umkehr beitragen soll. Allerdings kommt es zunehmend auch zu Texten, in denen der zuletzt lacht, der sich in der gegebenen Welt am schlauesten bewegt: »Die Geschichte des Lachens im Mittelalter ist deshalb auch eine Geschichte der Öffnung zur Welt, wie sie ist, und nicht nur, wie sie sein soll« (W. Röcke).
Auswahl bekannter Kleinerzählungen (ohne Legenden und Fabeln; mit hochdeutschen Titeln): Der Stricker: *Der kluge Knecht*, *Ehescheidungsgespräch*, *Der wahre Freund*, *Die Gäuhühner*, *Der begrabene Ehemann* u. a. (alle 1. Hälfte 13. Jh.); Konrad von Würzburg: *Herzmaere*, *Der Schwanritter* (beide um 1260); Herrand von Wildonie: *Die treue Gattin*, *Der nackte Kaiser*, *Die Katze* (alle um 1260); *Rittertreue*, *Der Weinschwelg*, *Die böse Frau* (alle nach 1250); Sibote: *Frauenzucht* (13. Jh.); Wernher der Gärtner: → *Helmbrecht* (2. Hälfte 13. Jh.); Rüdiger der Hinkhofer: *Der Schlegel* (Ende 13. Jh.); *Die halbe Decke*, *Die halbe Birne*, *Die Heidin*, *Des Mönches Not* (alle Ende 13. Jh.); Ruprecht von Würzburg: *Von zwei Kaufleuten* (um 1300); *Die Wiener Meerfahrt*, *Das Häslein*, *Der Dieb von Brügge*, *Die gezähmte Widerspenstige* (alle 14. Jh.); H. Kaufringer: *Der feige Ehemann*, *Der Wirt*, *Die unschuldige Mörderin* (alle um 1400); H. Rosenplüt: *Der Bildschnitzer von Würzburg*, *Der fünfmal getötete Pfarrer* (beide 1. Hälfte 15. Jh.); H. Fressant: *Hellerwert Witz* (um 1450); H. Folz: *Die drei listigen Frauen* (2. Hälfte 15. Jh.).

Übersetzungen ins Frühneuhochdeutsche (14./15. Jh.)

Als Folge des zunehmenden Prestiges der deutschen Schriftsprachlichkeit kam es ab dem 13. Jh. zu einer Vermehrung von Übersetzungen aus dem Lateinischen und ab dem 14. Jh. auch aus dem Französischen und Italienischen (→ *Anfänge des Prosaromans*) sowie aus dem Niederländischen

(z. B. Johannes von Soest: *Die Kinder von Limburg*, 1479; → *Reineke Fuchs*, 1498). Die Übersetzungen aus dem Lateinischen wurden angeregt vom italienischen Frühhumanismus, dessen bedeutender Vermittler der Italiener Enea Silvio Piccolomini (1405–64) war, der lange Zeit in Deutschland lebte und 1458 zum Papst Pius II. gewählt wurde. Sie waren zunehmend geprägt von dem Willen, die volkssprachliche Kunstprosa stilistisch aufzubessern und dadurch den humanistischen Geist zu vermitteln. Das gilt bereits für den Kanzler am Prager Hof, Johann von Neumarkt († 1380), und dessen Pseudo-Augustin-Übertragung *Buch der Liebkosung* (1357–63), noch mehr jedoch für DIE VIER WICHTIGSTEN (FRÜH-)HUMANISTISCHEN ÜBERSETZER DES 15. JH. und ihre Hauptwerke: Albrecht von Eyb († 1475): *Margarita poetica* (1459, Anthologie von Cicero bis Petrarca) sowie *Spiegel der Sitten* (1474, darin u. a. Prosafassungen lateinischer Komödien); N. von Wyle († 1479): *Translationen/Translatzen* (1461–78, Anthologie humanistischer Autoren); H. Steinhöwel († 1482/83): *Griseldis* (ED: 1471, Petrarca-Übersetzung), *Von den synnrychen erlüchten wyben* (ED: 1473, Biographien-Sammlung nach Boccaccio), → *Äsop* (um 1476, Fabelsammlung) und H. Schlüsselfelder unter dem Pseudonym Arigo: *Decameron* (1472/73, 1. vollständige Übersetzung von Boccaccios *Il Decamerone*). Neben diesen Übersetzern wirkten noch weitere, so dass um 1500 ein Großteil der klassischen antiken Autoren (einschließlich der Komödiendichter) – wenigstens in Auswahl – ins Deutsche übertragen war. Hinzu kamen die sich verstärkenden Bemühungen, geistliche Texte (Kirchenväter, Legenden) und v. a. die Bibel (→ *Mentelin-Bibel*, 1466) in deutscher Sprache darzubieten.

1466
Mentelin-Bibel

Der erste deutsche Bibeldruck – er stützt sich auf eine Übersetzung der lateinischen *Vulgata* aus dem 14. Jh. – stammt von dem Straßburger Drucker und Gutenberg-Schüler Johann Mentelin. Vor der *Mentelin-Bibel* gab es etwa 4000 deutschsprachige Bibelhandschriften, von denen noch 817 erhalten sind – darunter bebilderte Fassungen wie die ab der 2. Hälfte des 13. Jh. erschienenen Armenbibeln (*biblia pauperum*), illustrierte Prachthandschriften wie die *Wenzelsbibel* (um 1400) sowie 43 Vollbibeln. Der erste lateinische Bibeldruck – und das erste gedruckte Buch überhaupt – ist die von dem Mainzer Drucker J. Gutenberg gedruckte Bibel (1456). Bis 1500 folgten noch 93 weitere lateinische *Vulgata*-Drucke; niederdeutsche Bibeldrucke erschienen ab 1477. Auf der *Mentelin-Bibel* basierten bis zu M. Luthers → *Bibelübersetzung* (1534) noch 13 weitere deutsche Bibeldrucke wie z. B. die leicht verbesserten Ausgaben der Drucker G. Zainer (1476) und A. Koberger (1483).

1471
Clara Hätzlerin

* um 1430. Berufsmäßige Kopistin, zwischen 1452 und 1476 urkundlich in Augsburg belegt. † nach 1476.

Liederbuch

Liederslg. ED: 1840.

Das Buch ist die Abschrift einer älteren, zweiteiligen Sammlung von Reimpaargedichten und 134 Liedern (ohne Melodien) für einen Augsburger Patrizier durch H., die deswegen nicht als selbständige Herausgeberin gelten kann. Gleichwohl ist es durch diese seltene weibliche ›Verfasserschaft‹ markant und unterscheidet sich zudem von den älteren Liederhandschriften (→ *Mittelhochdeutsche Liederhandschriften*). Die Lieder stammen vorwiegend aus der 1. Hälfte des 14. Jh., reichen mit ihren jüngsten Texten jedoch bis zu Muskatplüt, Oswald von Wolkenstein und Rosenplüt. In ihrer Mischung aus Minne-, Frühlings-, Winter- und Tischliedern, die aber noch nicht das Volkslied umfassen (→ *Liederbücher des 16. Jh.*), spiegelt sich der stadtbürgerliche Geschmack am weltlichen Gesellschaftslied wieder, der sich auch in vielen anderen Liederbüchern findet, von denen allein für das 15. Jh. mehr als 20 handschriftliche Sammlungen belegt sind, wie z. B.: *Liederbuch des Jakob Kebicz d. J.* (nach 1421), *Lochamer Liederbuch* (1452/60), *Augsburger Liederbuch* (1454), *Kolmarer Liederhandschrift* (um 1460), *Wienhäuser Liederbuch* (um 1460/80), *Königsteiner Liederbuch* (um 1471/72), *Glogauer Liederbuch* (nach 1470), *Rostocker Liederbuch, Ebstorfer Liederbuch, Werdener Liederbuch, Liederbuch der Anna von Köln* (alle um 1500).

1473
Philipp Frankfurter

* um 1445/60. † vor 1511.

Geschichten des Pfarrers vom Kalenberg

OT: *Des pfaffen geschicht und histori vom Kalenberg*

Schwankzyklus. ED: 1473. Möglicherweise ist dieses Buch das erste größere dt. Originalwerk, das gedruckt wurde – eine Hs. ist nicht erhalten.

Die Sammlung von Schwänken, die mündlich und schriftlich überliefert waren, wurde von F. zusammengestellt und in Reimpaare gebracht. Wiederkehrender Held des Zyklus' (2180 Verse) ist die Figur des Pfarrers vom Wiener Vorort Kalenberg, die ein historisches Vorbild hat. Die Abfolge der teils listigen, teils recht derben Streiche formt eine Lebensgeschichte, die vom Theologiestudium bis zum Tod des Pfarrers reicht. Opfer der Späße sind in erster Linie die Bauern, sodann der Klerus bis hinauf zum Weihbischof und schließlich auch der herzogliche Hof. Die Botschaft lautet: Narrheit ist überall und dumm ist, wer sich narren lässt. Mit dieser Moral knüpft die Sammlung an den Schwankzyklus → *Der Pfaffe Amîs* (um 1240) an, zollt aber mit ihrer Freude am Unflätig-Drastischen auch unverkennbaren Tribut an Unterhaltungsbedürfnisse jenseits höfischer Bildung und religiöser Belehrung. Das verbindet sie mit den deftigen Neidhart-Schwänken, die sich bis zum 15. Jh. in sehr freier Form um diesen Dichter und seine Bauernkritik gebildet hatten: *St. Pauler Neidhartspiel* (um 1350), H. Wittenwiler: → *Der Ring* (um 1400/10), Anonymus: *Neidhart Fuchs* (1482, Schwankzyklus), *Großes Neidhartspiel* (1492/93). Der Höhepunkt der Schwankzyklus-Dichtung wird mit H. Botes → *Till Eulenspiegel* (um 1510/11) erreicht. Vgl. auch → *Narrenliteratur und Grobianismus* im 16. Jh.

Rezeption: Die Slg. erlebte viele Druckauflagen, wurde um 1510 in eine niederländische und um 1520 in eine engl. Prosafassung übersetzt. Nachahmungen lieferte G. Widmann: *History Peter Lew des andern Kalenberger* (um 1557).
Weitere Bearbeitung: A. Grün: *Der Pfaff vom Kalenberg* (1850).

ab 1473
Hans Folz

⋆ um 1435/40 in Worms. Barbier und Wundarzt, ab 1459 Nürnberger Bürger; betrieb 1479–88 eine Presse zum Druck seiner Werke. † im Januar 1513 in Nürnberg.

Fastnachtsspiele

KA: 1853.

Fastnachtsspiele sind kurze szenische Darbietungen weltlichen Inhalts (100–600 Verse), die von etwa 1430 bis 1600 zur Fastnachtszeit aufgeführt wurden. Dem Kontext entsprechend sind sie in ihrer karnevalesken Freude an sexuellen und fäkalischen Eindeutigkeiten recht derb und fast durchweg ohne moralisierende Tendenz. Zum Figurenrepertoire gehören der dumme Bauer, der geldgierige Jude, der gehörnte Ehemann und immer wieder die buhlerische (Ehe-)Frau. Die Spiele waren v. a. im oberdeutschen Raum (Nürnberg, Sterzing, Basel) sowie in Lübeck stark verbreitet und stammten in der Regel von anonymen Verfassern. Herausragendes Zentrum war mit über 100 überlieferten Spielen Nürnberg, und hier sind zwei Namen belegt: Hans Rosenplüt (um 1400–1460), der neben Liedern und Mären mehr als ein Dutzend Fastnachtsspiele geschrieben hat (z. B. *Des künig von Engellant hochzeit*, 1441), sowie Hans Folz.

F. bereicherte die neue Gattung, die als sog. Reihenspiel (eine Folge szenischer Einzelvorträge) begann, durch die Erweiterung zum »Handlungsspiel« (E. Catholy), in dem eine zusammenhängende Geschichte aus dem Stoffvorrat der Schwank- und Heldenepik dramatisiert und mit mehreren

Darstellern sowie Requisiten gespielt wurde. F.s Spiele (12 sind sicher belegt, aber schwer zu datieren) zollen dem zotenreichen Fastnachtstreiben reichen Tribut (z. B. *Ein recht von Rumpolt und Marecht*), handeln aber auch von Religion (z. B. *Die alt und neu ee*, 1475/80) oder verspotten – geradezu typisch für dieses städtische Genre – die Bauern (z. B. *Ein spil, ein hochzeit zu machen, Ain vast spotisch paurnspil*) und Juden (z. B. *Spil von dem herzogen von Burgund*). Zur Weiterentwicklung der Form im 16. Jh. vgl. → *Vom Fastnachtsspiel zum Reformationsdrama*.

Rezeption: Die Nürnberger, von Rosenplüt und F. geprägte Tradition des Fastnachtsspiels wurde im 16. Jh. von H. Sachs fortgesetzt.
Weitere Werke: F. hat neben seinen Fastnachtsspielen ein umfangreiches Werk an Meisterliedern, Mären und Spruchtexten verfasst.

1473–1481
Ulrich Fuetrer

* um 1420 in Landshut; Maler und Hg., v. a. in München tätig. † vor 1496 in München. Nachname auch: Fürtrer, Füetrer.

Buch der Abenteuer

Romanslg.

Quer zu den zeitgenössischen Tendenzen, die höfischen Versepen durch Prosafassungen neu zu beleben (→ *Anfänge des Prosaromans*), fertigte F. im Auftrag des bayrischen Herzogs Albrecht IV. eine kompilierende Bearbeitung (rund 41 500 Verse) von 13 klassischen Artusromanen (→ *Artus-Epik*) für eine Prachthandschrift an. Dabei montierte er in Albrechts als Rahmenhandlung fungierenden → *Jüngeren Titurel* (1260–75) gekürzte Fassungen u. a. von Wolframs → *Parzival* (1200–10), Hartmanns → *Iwein* (um 1200), des Pleiers *Meleranz* (vor 1270), Konrad von Würzburgs → *Trojanerkrieg* (1280–87), Heinrich von dem Türlins → *Die Krone* (1215–30) sowie der anonym überlieferten Texte → *Lohengrin* (um 1300) und → *Lancelot* (um 1250) ein. Weitere Werke, wie z. B. Albrecht von Scharfenbergs *Merlin* (um 1280), sind nur durch F.s Sammlung erhalten.

Die Nachdichtung – ein »Universalgemälde ritterlichen Heldentums« (N. Ott) – ist ein Dokument für die verklärende Erinnerung an die Ritterzeit, die sich im 16. Jh. mit den sog. Heldenbüchern fortsetzte (→ *Ambraser Heldenbuch*, 1517).

Weitere Werke: *Geschichte des Lanzelot vom See* (Prosaroman, um 1467), *Lantzilet* (Verserzählung, 1484/87).

Geistliche Spiele (11.–15. Jh.)

BEGRIFF: ›Geistliche Spiele‹ sind auf handschriftlichen Text- bzw. Regiebüchern (Dirigierrollen) aufbauende szenische Darbietungen innerhalb des kirchlichen Lebens, zunächst im Kontext der Liturgie und dann immer mehr mit der Feier hoher christlicher Festtage (Ostern, Weihnachten, Fronleichnam, Heilige Drei Könige u. a.) verbunden. Dementsprechend gibt es Weihnachts-, Oster-, Passions-, Marien-, Heiligen- und – ab dem 16. Jh. – Weltgerichtsspiele. Die geistlichen Spiele stehen nicht in gattungsgeschichtlichem Zusammenhang mit dem antiken Drama; ebenso führt von ihnen kein Weg zum neuzeitlichen Schauspiel (→ *Formen des Theaters im 16./17. Jh.*). Früheste lateinische Spielsequenzen datieren vom 10. Jh., deutschsprachige Elemente (Lieder, Gebete) treten ab Beginn des 13. Jh. auf. Als erstes rein deutschsprachiges Spiel gilt das *Osterspiel von Muri* (um 1250/60). Die Gesamtzahl der erhaltenen geistlichen Spiele, die noch bis zum Anfang des 17. Jh. aufgeführt wurden, beträgt 160. Den ursprünglichen SPIELRAUM im Kircheninneren dehnte man im Laufe der Zeit auf den öffentlichen Raum und die Aufführungszeit volksfestartig auf (manchmal) mehrere Tage aus, wobei mehr als 100 Akteure beteiligt sein konnten. Der geistliche Grundcharakter der Spiele schloss in den Nebenrollen weder Derb-Burleskes noch insgesamt antijüdische Tendenzen aus.
Die BEDEUTENDSTEN MITTELALTERLICHEN GEISTLICHEN SPIELE sind: *Ludus de Antichristo* (um 1160, lateinisches eschatologisches Spiel), *Benediktbeurener Weihnachtsspiel* (um 1200), *Benediktbeurener Passionsspiel* (Anfang 13. Jh.), *Osterspiel von Muri* (um 1250/60), *St. Galler Weihnachtsspiel* (14. Jh.), *Thüringisches Zehnjungfrauenspiel* (1321), *Frankfurter Passionsspiel* (1350/1493), *Innsbrucker Fronleichnamsspiel* (1391), *Hessisches Weihnachtsspiel* (um 1450), *Luzerner Osterspiel* (ab 1453), *Redentiner Osterspiel* (1464), *Bordesholmer Marienklage* (1479), *Spiel von Frau Jutten* (um 1480).

um 1476
Heinrich Steinhöwel

* 1412 in Weil bei Stuttgart. Studium der Medizin in Wien, Padua und Heidelberg; von 1450 bis 1478 Stadtarzt in Ulm; Frühhumanist und Übersetzer. † 1478 in Ulm.

Äsop

OT: *Esopus*

Fabel-Slg. Neben der lat.-dt. Ausgabe wurden 1476/77 noch eine dt. Fassung und 1501 eine erweiterte lat. Ausgabe, herausgegeben von S. Brant, angefertigt.

Fabeln waren im Mittelalter und noch bis zum 18. Jh. üblicherweise gereimt, obwohl es auch lateinische Prosafassungen (z. B. *Romulus*-Korpus, entst. 5. Jh.) gab. Nach Ulrich von Pottensteins Übersetzung der sog. *Cyril-*

lus-Fabeln (um 1410) legte St. eine weitere, weitaus wirkungsmächtigere Sammlung von Prosa-Fabeln vor, womit zum einen die ab dem 15. Jh. wachsende Tendenz zur Prosa befördert (→ *Anfänge des Prosaromans*), zum anderen aber auch die bis dahin vorherrschende Sammlung gereimter Fabeln von U. Boner (→ *Der Edelstein*, um 1349) verdrängt wurde. Der Titel meint nicht ›Fabeln von Äsop‹, sondern ist – dem damaligen Sprachgebrauch folgend – ein Synonym für ›Fabeln‹ überhaupt, das auch witzige Kurzerzählungen (›Facetien‹, H. Bebel: → *Facetiae / Libri Facetiarum*, 1508–14) einschließt. Indem St. – allerdings nur in der 1. Auflage – die Texte mit ihren lateinischen Vorlagen herausgab, demonstrierte er zugleich seine humanistisch inspirierte Übersetzungskunst, als deren Hauptprinzip er anführte: »nit wort uß wort, sunder sin uß sin.«

Das gut ausgewählte, sehr lebendig verdeutschte und mit über 200 Holzschnitten illustrierte Werk wurde zu einer »unerschöpflichen Quelle für die volkstümliche Verbreitung der äsopischen Fabeln seit der Erfindung der Buchdruckkunst« (H. L. Markschies).

Rezeption: Die Slg. wurde in der dt. Fassung bis zum 18. Jh. sehr oft aufgelegt. Vgl. zur weiteren Tradition der Fabel-Slg. und -Dichtung → *Sammlungen von Sprichwörtern und Fabeln* (16. Jh.).

Weitere Werke: *Griseldis* (ED: 1471, Übers. einer lat. Petrarca-Novelle), *Von den sinnrychen erluchten wyben* (ED: 1473, Übers. von Boccaccios lat. Biogr.n-Slg., 1439).

1494
Sebastian Brant

* 1457 in Straßburg. Promovierter Jurist, ab 1483 Dozent und zugleich Lektor für alle Basler Drucke, ab 1496 Professor in Basel, ab 1503 Stadtschreiber in Straßburg. B.s Werk umfasst lat. und dt. Schriften (Recht, Religion, Moral). † 10.5.1521 in Straßburg.

Das Narrenschiff

OT: *Das Narren Schyff*

Satir. Lehrgedicht.

Die Figur des einfältigen Toren war schon immer ein beliebter Gegenstand unterhaltender und belehrender Literatur. In Letzterer und hier besonders in der christlichen Moralliteratur des (späten) Mittelalters wurde daraus der ›Narr‹ als Verkörperung der Sündhaftigkeit des Menschen, die in den 7 Todsünden zusammengefasst war (vgl. Hugo von Trimberg: → *Der Renner*, 1300–13). B. thematisiert diese höhere Narrheit und erweitert sie zugleich um den großen Katalog der alltäglichen Laster der Menschen, sei es nun die Modesucht oder das falsche Benehmen bei Tisch oder in der Kirche. Diese Narrheit ist universal und die Welt eine verkehrte Welt, aber eben nicht gottgegeben oder als Sünde verhängt, sondern selbst verschuldet: »Das er nit syn will/ das er ist«, macht den Narren zum verstockten Sünder. Gleichwohl setzt B.s moraldidaktische Satire auf Einsicht beim Leser, wenn er diesem in 112 Kapiteln das personifizierte Universum der Narrheit vom Büchernarren bis zum Grobian, die auf einer Schiffsreise nach Narragonien unterwegs sind, vorstellt. Die Reise ist eine Fahrt durchs Leben, das Schiff eine Metapher sowohl für die christliche Kirche (als Rahmen und Wertmaßstab bis hin zur Ankunft des Antichrist) als auch für die Unsicherheit einer Welt, »die gerade die sicheren Häfen verlassen hat und sich anschickt, in offene, noch unbekannte Meere zu segeln« (Fr. Gaede).

Das klar strukturierte Werk mit seinem wiederkehrenden Schema (Motto, Abbildung, Text) kann auch als Serie von flugblattähnlichen Einzeltexten betrachtet werden, das »die spezifischen medialen Bedingungen des Buchdrucks konsequent zur Aussage« (Th. Cramer) nutzt und B. damit zum »Prototyp des neuen Schriftstellers und Publizisten« (J. Knape) werden lässt. Die illustrierenden 105 Holzschnitte, überwiegend vom jungen A. Dürer beigesteuert, erhöhen den Gebrauchswert dieses Buches in einer Gesellschaft, die – noch ungeübt im Lesen – die enge Verbindung von Typographie und Bild als Unterstützung empfand.

Rezeption: Das Buch – das erfolgreichste Buch vor Goethes *Werther* – erreichte bis 1600 69 Auflagen sowie mehrere Raubdrucke. Auch die lat. Übers. von Jacob Locher: *Stultifera navis* (1497) erlebte ebenso wie die Übers.n in andere europ. Volkssprachen viele Nachdrucke. Auf B.s Werk bezogen sich der Straßburger Prediger Geiler von Kaysersberg, Th. Murner, Hans Sachs, J. Fischart, Phamphilus Gengenbach, Abraham a Sancta Clara, J. M. Moscherosch und H. J. Chr. v. Grimmelshausen.

Weitere Werke: Flugblätter; *Varia carmina* (lat. Gedichte, 1498), *Tugent spyl* (Schauspiel, 1518).

1498
Reineke Fuchs

OT: *Reynke de Vos*

Niederdt. Tierepos.

Der Reineke-Fuchs-Stoff, im Kern aus Indien stammend und in der Antike durch Äsop (um 550 v.Chr.) überliefert, hat eine lange mittelalterliche Tradition, die in Frankreich und v. a. im flandrisch-niederländischen Raum gepflegt wurde. Während sich eine erste Rezeptionswelle in Deutschland auf französische Fassungen stützte (Heinrich: → *Reinhart Fuchs*, um 1180/95), legte ein namentlich nicht bekannter Lübecker Geistlicher für sein mittelniederdeutsches Epos (6844 Verse) die niederländische Tradierung durch die um 1480 gedruckte Bearbeitung des Hinrek van Alkmaar zugrunde. Er blieb damit auch auf der Linie, aus der allgemeinen Satire auf menschliche Mängel (Habgier und Heuchelei) eine sozialkritische Ständesatire zu formen, in der besonders das Hofleben von Adel und Geistlichkeit aufs Korn genommen wird: Im tierischen Machtkampf spiegelt sich die Unmoral der Herrschaft von Menschen über Menschen. Der listige Fuchs, dessen Beiname Reineke von ›Reginhart – Ratskundiger‹ abgeleitet ist, benutzt diese auf Lug und Trug aufgebaute politische Welt für seinen Vorteil, steigt trotz schwerster Beschuldigungen zum Kanzler am Hofe König Nobels auf und wird dabei nicht moralisch verurteilt. Der Skandal seines Erfolgs ist der Skandal dieser Welt.

Rezeption: Das niederdt. Epos ist nur in einem Druckexemplar erhalten; die vielen späteren Drucke, in katholischen und protestantischen Versionen, gehen auf diese Fassung zurück. Eine hochdt. Übertragung erschien 1544 und als Prosabearbeitung von J. Chr. Gottsched: *Reineke Fuchs* erneut 1752. Weitere Bearbeitung: Goethe: → *Reineke Fuchs* (1794).

Anfänge des Prosaromans

Die erzählende geistliche und weltliche Literatur des Mittelalters bestand fast durchweg aus VERSEPIK, d. h. aus rhythmisch gebundener Reimdichtung (→ *Spielmannsdichtung*, → *Artus-Epik*, → *Dietrich-Epik*, → *Kleinepik*); höfische Versromane entstanden noch im 15. Jh. und danach: z. B. Johannes von Soest: *Die Kinder von Limburg* (1480), Maximilian I.: → *Theuerdank* (1517). Die wenigen Ausnahmen in Prosa waren u. a. der Ritterroman → *Lancelot* (um 1250), Hermann von Fritzlars Sammlung von Heiligenviten *Der Heiligen Leben* (1343/49), H. Seuses Autobiographie → *Vita* (1362), J. v. Tepls → *Der Ackermann* (1400–01) und J. Hartliebs Alexanderroman-Übersetzung → *Alexander* (1447/50). Ab der Mitte des 15. Jh. kam es in zwei Schüben zu einer Vermehrung der Romanprosa, die jedoch weder Originalwerke zeitigte noch die zeitgenössische Gegenwart thematisierte.

Der erste Schub rekrutierte sich aus (freien) ÜBERSETZUNGEN FRANZÖSISCHER HELDENEPEN UND ITALIENISCHER PROSAROMANE UND -NOVELLEN. Zu nennen sind hier: Elisabeth von Nassau-Saarbrücken († 1456): *Huge Scheppel* (1437, ED: 1500) sowie 3 weitere Roman-Übertragungen von französischen *chansons de geste*: Thüring von Ringoltingen († 1483): *Melusine* (1456, ED: 1474); Eleonore von Österreich († 1480): *Pontus und Sidonia* (um 1460, ED: 1483) und die Boccaccio-Übersetzungen von Heinrich Schlüsselfelder und Heinrich Steinhöwel (→ *Übersetzungen ins Frühneuhochdeutsche, 14./15. Jh.*). Der zweite Schub entstand aus zumeist anonymen PROSABEARBEITUNGEN HOCHMITTELALTERLICHER HÖFISCHER VERSEPEN, für die früher auch häufig der Begriff → ›*Volksbücher*‹ (1587) verwandt wurde. Es handelt sich dabei um vielfach variierte Textbearbeitungen für unterschiedliche Leserkreise, deren Entstehung und Verbreitung stark mit dem neuen Druckmedium zusammenhingen. Zu nennen sind in diesem Kontext die Bearbeitungen von Wirnt von Grafenbergs → *Wigalois* (um 1210, ED: 1472), Johann von Würzburgs → *Wilhelm von Österreich* (vor 1314, ED: 1481), Eilhart von Obergs → *Tristrant und Isalde* (um 1170, ED: 1484), *Sigenot* (13. Jh., ED: 1490), Rudolf von Ems' *Willehalm von Orlens* (um 1238, ED: 1491); *Herzog Ernst* (um 1180, ED: 1493); vgl. auch die Sammlung *Das Buch der Liebe* (1587). ERSTER DEUTSCHER PROSAROMAN, der sich mit Gegenwartsproblemen befasst, ist der anonyme → *Fortunatus* (1509). Die zeitgenössischen Autoren verwendeten den Begriff ›Roman‹ noch nicht; das Volksbuch wurde häufig ›historia‹ genannt.

Lateinische Literatur III (15./16. Jh.)

Deutsche Literatur in lateinischer Sprache im 15./16. Jh. war v. a. vom italienischen Frühhumanismus geprägte BILDUNGSDICHTUNG, die sich in den → *Literarischen und politischen Auseinandersetzungen um die Reformation* zunehmend politisierte. Die Wiederentdeckung der antiken Autoren und deren neue Hochschätzung lösten Bildungsimpulse aus, deren Auswirkungen von der sprachlichen Gestalt (Neulatein) bis zu den Werkformen reichten. Die (neu)lateinische Sprache war nach Auffassung der Humanisten kein beliebiges Kommunikationsmittel, sondern als kultureller Ausdruck humanistischen Geistes die einzig adäquate Mitteilungsform für Wissenschaft und Poesie. Sie behauptete damit einen höheren Rang gegenüber der frühneuhochdeutschen Sprache, die in ihrer dialektalen Gebundenheit und trotz beachtlicher literarischer Werke – anders als in Italien, Frankreich oder England – noch weit entfernt von einer verbindlichen Literatursprache war. Die Folgen: Zum einen wurde das anfängliche Ziel, den humanistischen Geist durch Übersetzungen verfügbar zu machen (→ *Übersetzungen ins Frühneuhochdeutsche*), schon bald aufgegeben und damit die sich im späten Mittelalter anbahnende Symbiose von lateinischer und deutscher Literatur zurückgedrängt – auch wenn zweisprachiges Dichten bzw. rasche Übersetzung ins Deutsche etwa ab der Mitte des 16. Jh. wieder zunahmen (z. B. bei Th. Naogeorg, Fr. Dedekind). Zum anderen stand die neulateinische Dichtung, ohnehin eng verschwistert mit Rhetorik und Wissenschaft und dabei eher nachrangig, immer mehr im Dienst einer auf den akademischen Bereich beschränkten Bildungsbewegung, wobei strittig ist, ob sie damit kaum mehr als ein »gelehrtes Spiel« mit geringer Wirkung für die deutsche Literatur war (U. Schulze) oder ob sie doch »entscheidenden Einfluß« (Th. Cramer) auf Letztere ausgeübt hat. Konsens dürfte sein, dass die neulateinische Dichtung jenseits der sprachlich-sozialen Exklusivität ÄSTHETISCHE QUALITÄTEN gewann, die der zeitgenössischen deutschen Literatur (noch) überwiegend fehlten: hohes Autoren-Selbstbewusstsein, Interesse am Diesseitigen, personaler Stilwille, Erweiterung der überlieferten Gattungsformen und Wendung zum Nationalen. Im Streit um die Reformation ergriff ein Teil der deutschen Humanisten – allerdings ohne die überragende Leitgestalt Erasmus von Rotterdam (1466–1536) – dann die Partei der Protestanten und wechselte zur deutschen Sprache (z. B. U. von Hutten, z.T. Ph. Melanchthon).

Innerhalb der NEULATEINISCHEN PROSALITERATUR sind hervorzuheben: Paul Schneevogel-Niavis' (ca. 1460–ca. 1514) Gesprächsnovellen, H. Bebels Facetiensammlung → *Facetiae / Libri facetiarum* (1508–14) sowie seine Bearbeitung deutscher Sprichwörter (1508) und die politische Publizistik U. von Huttens (1488–1523). Hinzu kommen das Briefwerk und die Essays *Adagia* (1500) von Erasmus von Rotterdam sowie die Satiren von Th. Naogeorg (1508–1563) und Fr. Dedekind (1524–1598). Als herausragende NEULATEINISCHE LYRIKER gelten Conrad Celtis (1459–1508), der 1487 von Kaiser Friedrich III. zum ersten deutschen ›poeta laureatus‹ gekrönt wurde, mit seinen *Quattuor libri Amorum* (1502), Eobanus Hessus (1488–1540) mit seinen Hirtengedichten *Bucolicon* (1509), Petrus Lotichius Secundus (1528–1560) mit seinem *Elegiarium liber* (1551) und Paulus Melissus Schede (1539–1602) mit seinen Gelegenheitsgedichten *Schediasmata poetica* (1574–86). Ein NEULATEINISCHES DRAMA – auch ›Humanistendrama‹ genannt – entwickelte sich aus der Rezeption antiker Stücke (von Terenz, Plautus, Seneca, Sophokles, Euripides) und wurde maßgeblich von den folgenden Autoren geformt: Jakob Wimpheling (1450–1528): *Stylpho* (1486), Johannes Reuchlin (1455–1522): *Henno* (1497), Conrad Celtis mit allegorischen Festspielen, Jacob Locher (1471–1528) mit Komödien und politischen Dramen sowie N. Frischlin mit → *Julius Redivivus* (1582/85). Zur weiteren Entwicklung des Dramas vgl. → *Formen des Theaters im 16./17. Jh.*

1508/1514
Heinrich Bebel

* um 1472 in Justingen. Studium in Krakau, Basel und Tübingen; ab 1496 Professor für Rhetorik und Dichtkunst in Tübingen. 1501 Krönung zum ›poeta laureatus‹. † 31.3.1518 in Tübingen.

Facetiae/Libri facetiarum

Neulat. Schwank-Slg., dt. Übers. von Michael Lindener: *Die Geschwenck Henrici Bebelij* (1558).

›Facetien‹ (aus lateinisch *facete dictum*) sind knappe, pointiert zugespitzte Prosatexte (Anekdoten, Schwänke, Witze) mit heiter-ironischem, nicht selten deftig-anzüglichem Inhalt, der durch lateinische Sprache und Sprachkunst (Wortspiel) veredelt und frei von moralischer Belehrung ist. Ihr Ursprung liegt im frühhumanistischen Italien, wo der Florentiner Graf Bracciolini, gen. Poggio († 1459), Facetien verfasste, die postum 1470 im Druck erschienen. Erste deutsche Übersetzungen legten Heinrich Stein-

höwel (als Auswahl in → *Äsop*, um 1476) und der Konstanzer Bischof Augustin Tünger (mit eigenen Erweiterungen in *Facetiae latinae et germanicae*, 1486) vor. Den Durchbruch für diese weltfrohe Prosagattung schaffte jedoch erst B. mit seiner mehrmals ergänzten Sammlung von 450 Facetien in 3 Büchern. Er übernahm Bewährtes aus Italien und der deutschen Schwankliteratur, erfand aber auch viele eigene Geschichten, wobei er Anekdotisches und Volkstümliches aus dem schwäbischen Raum verarbeitete. Im Mittelpunkt seiner Texte stehen Bauern und Bürger, die sich mit ihrer derben Schläue der Übergriffe von Adel, Geistlichkeit und Fahrenden zu erwehren wissen.
Weitere Facetien-Sammlungen legten Nicodemus Frischlin (*Facetiae selectiores*, 1600) und Julius Wilhelm Zincgref (*Facetiae Pennalium*, 1618) vor. Vgl. auch J. Pauli: → *Schimpf und Ernst*, 1522, sowie → *Narrenliteratur und Grobianismus*.

Rezeption: Die Slg. war ein großer Erfolg, wie die vielen Auflagen bis ins 18. Jh. sowie die Übernahmen in andere dt. und nichtdt. Schwank-Slgn. belegen.
Weitere Werke: *De optimo studio iuvenum* (Komödie, 1504); *Proverbia Germanica collecta* (Sprichwortslg., 1508); *Triumphus Veneris* (Ständesatire, 1509).

1509
Fortunatus

Roman, entst. wohl schon vor 1500.

Das als sog. Volksbuch (→ ›*Volksbücher*‹, 1587) äußerst populär gewordene Werk eines unbekannten Verfassers, der vermutlich aus der Fugger-Stadt Augsburg stammte, gilt als der erste bürgerliche Prosaroman in Deutschland (→ *Anfänge des Prosaromans*) und als »Schwellentext der frühen Neuzeit« (C. Kiening). Es handelt sich um eine originale Erfindung ohne ausländisches Vorbild. Der Roman hat einen nicht-adligen Helden, handelt in der Gegenwart und hat ein aktuelles Thema: den kaufmännischen Umgang mit Geld: Der Held Fortunatus, d. h. der vom Glück Begünstigte, erlangt nicht durch Arbeit (hier scheitert er), sondern auf wundersame Weise Reichtum – durch ein nie versiegendes Geldsäckel, das er aus Fortunas Glücksangeboten (u. a. Weisheit, Macht, Gesundheit) auswählt. Im 1. Teil steigt er durch klugen Umgang mit seinem Geld zum vermögenden Kaufmann mit gräflicher Ehefrau und hoffnungsvollen Söhnen auf, im 2. Teil zerrinnt das Glück durch Krankheit, Tod und sträflichen Leichtsinn der Söhne. Die ›Moral‹ ist nicht ganz eindeutig: Hat Fortunatus nur falsch gewählt (Reichtum statt Weisheit) oder hat die mangelnde Klugheit der Söhne das Scheitern verursacht? Im ersten Fall würde der Roman als spätmittelalterliches Exempel bzw. als skeptische Reaktion auf den frühbürgerlichen Kapitalismus gedeutet, im zweiten Fall läge eine realistische oder ironische »Verhaltensanweisung für das reiche Bürgertum« (S. Rick) vor, dessen märchenhafte Profite im Fernhandel zur Entstehungszeit des Romans ganz im Zeichen der Fortuna standen.

Rezeption: Der Roman erschien bis zum Ende des 18. Jh. in 40 Auflagen und wurde in viele europ. Sprachen übersetzt, darunter auch ins Niederdt. und Jiddische (1699). Bearbeitungen: H. Sachs: *Fortunatus mit dem wunschseckel* (1553); A. v. Chamisso: *Fortunati Glückseckel und Wunschhütlein* (1806); L. Tieck: *Fortunat* (1816); F. Raimund: *Der Barometermacher auf der Zauberinsel* (1823).

um 1510/1511
Hermann Bote

* vor 1451 oder vor 1467 in Braunschweig, wo er als Zollschreiber tätig war. † 1520 in Braunschweig. Gedenkstätte: Schöppenstedt (M).

Till Eulenspiegel

OT: *Ein kurtzweilig lesen von Dyl Ulenspiegel*

Schwankdichtung (›Volksbuch‹). Mögliche niederdt. Urfassung nicht überliefert; frühester Druck von 1510/11 fragmentarisch. Vollst. Fassung: Straßburg 1515 (ohne Verfasserangabe).

B., dessen Verfasserschaft seit 1973 als erwiesen gelten kann, verarbeitete verschiedene Schwankquellen und gruppierte sie in 95 (96) mit 87 Holzschnitten illustrierten ›Historien‹ (Kapitel) und lockerer Folge um die erfundene Mittelpunktsfigur Eulenspiegel, dessen Name vieldeutig bleibt (›Eulenschleier‹, ›Wisch den Hintern‹). Damit steht das Werk in der Tradition mittelalterlicher Schwankzyklen wie z. B.: Der Stricker: → *Der Pfaffe Amîs* (um 1240), Philipp Frankfurter: → *Geschichten des Pfarrers vom Kalenberg* (1473), *Neidhart Fuchs* (um 1491). Hinzu kommen Anregungen aus der Narrenliteratur (→ *Narrenliteratur und Grobianismus*), wodurch die Titelfigur und ihre Handlungsweise eine spezifisch ›moderne‹ Prägung erhalten: Eulenspiegel ist – im Umbruch vom Mittelalter zur Neuzeit – der jenseits aller geistlichen und weltlichen Ordnungen stehende Außenseiter, der es ohne Rücksicht auf Stand und Verfassung mit allen aufnimmt. Er ist weder einfach ein Narr in einer närrischen Welt, noch ein teuflischer ›Schalk‹, sondern ein vieldeutiger ›Schalksnarr‹, d. h. ein provozierender, anarchischer Herausforderer jeglicher Herrschaft. Seine Streiche sind listig, witzig, obszön und hin und wieder auch unsozial und gemein. Er kennt kein Mitleid, keine Solidarität, keinen Respekt und keinen Pardon. Indem er bei fast jedem zweiten Streich seinen Vorteil durch das Prinzip des Wortgehorsams gewinnt, demonstriert er, dass selbst die sprachliche Ordnung keine Sicherheit bietet, so dass er »dem befehlenden Herrn [zeigt], daß seine Macht auch in der Sprache nur so weit reicht, wie Knecht Eulenspiegel ihm zugesteht« (H. Hildebrandt).

B. liefert keine ›Moral‹, sein Held kommt ohne Strafe durch – sein Buch freilich landete auf dem Index. Es entkam in der Folge zwar wieder der Zensur, doch nur zum Preis einer stilistischen und gehaltlichen Verharmlosung zur Figur des jugendfreien Spaßmachers in späteren Bearbeitungen. Gattungsgeschichtlich steht das Werk zwischen spätmittelalterlicher Narrenliteratur und frühneuzeitlichem Schelmenroman.

Rezeption: Das ›Volksbuch‹ erschien bis 1600 schon in ca. 60, bis heute in etwa 350 dt. und 280 fremdsprachigen Ausgaben. Bartholomäus Krüger veröffentlichte 1587 einen ›märkischen Eulenspiegel‹: *Hans Clawerts Werckliche Historien*. Aus der Vielzahl von Bearbeitungen: J. Fischart: *Eulenspiegel Reimensweiß* (1572); J. Ayrer: *Von dem Eulenspiegel mit dem Kaufmann und Pfeifenmacher* (Singspiel, 1618); R. Strauss: *Till Eulenspiegels lustige Streiche* (sinfonische Dichtung, 1895); E. Kästner: *Till Eulenspiegel* (Kinderbuch, 1938); B. Brecht: *Eulenspiegel-Geschichten* (1948); Chr. und G. Wolf: *Till Eulenspiegel* (Filmerzählung, 1973); P. Rosei: *Ulenspiegel Amerika* (1976). 🎬 R: M. Ophüls (1971, TV).

Weitere Werke: *Dat boek van veleme rade – Radbuch* (Ständekritik, ca. 1493); *Dat schichtboek* (Geschichtsbericht, ca. 1514); *De Koker* (Sprichwortslg., ED: 1711).

1512
Thomas Murner

* 24.12.1475 in Oberehnheim (Elsass); 1497 zum franziskanischen Priester geweiht, Studium an 7 europ. Universitäten. 1505 Krönung zum ›poeta laureatus‹, Doktor der Theologie (1506) und beider Rechte (1518), Prediger in Straßburg, Speyer, Frankfurt und Luzern. † 1537 in Oberehnheim.

Narrenbeschwörung / Die Schelmenzunft

OT: *Doctor Murners Narrenbschwerung / Der Schelmen Zunfft*

Narrendichtung. Die *Narrenbeschwörung* entstand 1509–12.

Beide Narrendichtungen (→ *Narrenliteratur und Grobianismus*) stützen sich formal und inhaltlich auf S. Brants populäres → *Das Narrenschiff* (1494), sind gereimt und mit Holzschnitten illustriert. Für den Prediger M. sind Narren jedoch Menschen, die sich auf schuldhafte Weise an Gott versündigen (›Schelme‹) und deren Narrheiten wie etwas vom Teufel Besessenes ›beschworen‹, angeklagt, gebannt und ausgetrieben werden müssen. Im Dienste dieser Aufgabe, nämlich zu warnen und zu bessern, steht sein gesamtes Werk. Närrisch ist dabei alles, was im streng christlichen Sinne sündig ist: So entwirft M. in der *Narrenbeschwörung* in 97 Kapiteln einen Sündenkatalog, der die weltlichen und geistlichen Laster und Lässlichkeiten in zupackendem Predigerton geißelt. Die *Schelmenzunft* steigert diese Anklage zu einer gesellschaftskritischen Strafpredigt, die Brants Satire an Schärfe noch übertrifft. M.s Dilemma bleibt: Er erkannte die Missstände und hatte auch den Mut und die Sprachgewalt, sie satirisch anzuprangern, aber als ein »Hutten der Katholiken« (Fr. Gaede) lehnt er, anders als der von ihm bekämpfte Luther, es ab, den Weg der kirchlichen Reformation einzuschlagen.

Rezeption: Während die *Narrenbeschwörung* weniger erfolgreich war, wurde die *Schelmenzunft* bis 1516 fünfmal gedruckt.

Weitere Werke: *Die Gäuchmatt* (Minnehof-Parodie, 1519); → *Von dem großen Lutherischen Narren* (Satire, 1522).

Narrenliteratur und Grobianismus

In vielen (spät-)mittelalterlichen Schwänken (→ *Kleinepik 13.–15. Jh.*) werden die Bloßstellung von menschlicher Torheit und die Unterhaltung durch Schadenfreude gerechtfertigt durch den erhofften moralischen Besserungszweck (Bispel, Exempel). Wenn jedoch aus Torheit Dummheit oder unverbesserliche Narretei wird, sind solche Hoffnungen aussichtslos: Die glaubensstarke »Entübelung der Übel« (O. Marquard) funktioniert nicht mehr, die Welt wird verkehrt und gerät damit aus den Fugen – oder wird als närrische verlacht. Dies ist der Hintergrund jener Literatur des 16. Jh., die – wie in keiner Epoche zuvor – die NARRHEIT IN IHREN VERSCHIEDENEN SPIELARTEN von sträflicher Dummheit bis zu sündiger Verstocktheit zum Thema machte. Nach Vorläufern wie z. B. H. Wittenwilers satirischem Lehrgedicht → *Der Ring* (1400–10), der Ständesatire *Des Teufels Netz* (1414/18), Hans Rosenplüts Verserzählung *Der kluge Narr* (vor 1460), Ph. Frankfurters Schwankzyklus → *Geschichten des Pfarrers vom Kalenberg* (1473) und dem Tierepos → *Reineke Fuchs* (1498) erschien mit S. Brants → *Das Narrenschiff* (1494) das Werk, das die Figur des Narren literarisch fest etablierte: Neben und nach der von Brant universalisierten Narrheit in jeglichem menschlichen Tun traten alsbald besondere NARRENTYPEN hervor wie z. B. der Schalksnarr Eulenspiegel, der religiöse Teufelsnarr, der bäurische Narr und Grobian, die Narrengemeinschaft der Schildbürger, der Clown und Hanswurst im Theater, der Hofnarr, der weise Narr, der Simplex u. a.

Die wichtigsten WERKE DER NARRENLITERATUR nach S. Brant sind: Th. Murner: → *Narrenbeschwörung; Die Schelmenzunft* (1509–12), → *Von dem großen lutherischen Narren* (1522); P. Gengenbach: *Die Narrenwiese* (1516/21), H. Sachs: *Das Narrenschneiden* (1536), J. Wickram: *Das Narrengießen* (1538), W. Büttner: *Sechs hundert sieben und zwantzig Historien von Claus Narren* (1572); → *Die Schildbürger* (1597/98), J. M. Moscherosch: → *Gesichte Philanders von Sittewald* (1640/50). Die frühaufklärerische Narrensatire begann mit Chr. Weises Roman → *Die drei ärgsten Erz-Narren in der ganzen Welt* (1672).

Eine besondere Spielart der Narrenliteratur stellt die GROBIANISCHE LITERATUR DES 16. JH. dar. Benannt nach dem Narren St. Grobian aus S. Brants *Das Narrenschiff*, dem Schutzpatron aller anstandslosen Schlemmer und

Säufer, behandelt diese Textart das gesittete Verhalten durch die ironische Feier des Grob-Verkehrten. Im engeren Sinne ist sie daher satirisch gewendete Anstands- und Lebensregel-Literatur, die den »Prozeß der Zivilisation« (N. Elias) befördern wollte, indem sie die Verfeinerung der Sitten an der Verhunzung durch das Grobe demonstriert. Exemplarisch dafür steht Fr. Dedekinds → *Grobianus* (1549). Im weiteren Sinne ist grobianische Dichtung jedoch auch Ausdruck einer »Karnevalisierung« von Literatur (M. Bachtin), d. h. einer sich den moralisch-religiösen Zwängen auf grob-anarchische bis groteske Weise widersetzenden Haltung. Sie findet sich z. B. im derben Fastnachtsspiel, im Schwank oder Sprichwort ebenso wie im erzählerischen Werk J. Fischarts und G. Rollenhagens.

1515
Pamphilus Gengenbach

* um 1480 in Basel; Buchdrucker und Schriftsteller, ab 1511 mit Basler Bürgerrecht.
† 1524/25 in Basel.

Die zehn Alter dieser Welt

OT: *Die X alter dyser welt*

Fastnachtsspiel. UA und ED: 1515 in Basel.

In dem allegorischen Spiel (Moralität) treten die 10 Lebensalter vor einem Einsiedler nach dem Motto: »Zehen jar ein kind; zwaintzig jar ain jüngling; dreyssig jar ain man; viertzig jar stillstan; fünfftzig jar wolgethan; sechtzig jar abgan; sibentzig jar, dein seel bewar; achtzig jar der welt narr; neüntzig jar der kinder spot; hundert jar nun gnad dir got« als Personen auf. Ihre Befragung durch den Einsiedler offenbart sodann die närrische Lebensweise und Uneinsichtigkeit der Menschen, denen am Ende das Jüngste Gericht droht.

Der szenische Reihencharakter knüpft formal an das ältere Fastnachtsspiel an (ab 1573), inhaltlich an spätmittelalterliche Weltgerichtsspiele und den → *Jedermann*-Stoff. Zugleich weist der ernste, mahnende Inhalt auf das Reformationsdrama (→ *Vom Fastnachtsspiel zum Reformationsdrama*) voraus, das wenige Jahre später der Berner N. Manuel als Zeitstück zur Aufführung brachte. G. ist vor Sebastian Franck der bedeutendste Buchdrucker-Schriftsteller.

Rezeption: Das Spiel wurde oft aufgeführt und nachgedruckt. J. Wickram legte 1531 eine Bearbeitung vor.

Weitere Fastnachtsspiele: *Die gouchmat – Die Narrenwiese* (1516 oder 1521); *Der Nollhart* (1517); *Die Totenfresser* (Flugschrift, um 1521).

1515/1517
Dunkelmänner-Briefe

OT: *Epistolae obscurorum virorum*

Briefslg.

Diese in lateinischer Sprache verfassten Briefe sind ein hervorragendes, wenn auch seltenes Zeugnis der Humanistensatire in Deutschland: Hervorragend, weil sie einen kämpferischen Humanismus zeigen, der sich offensiv gegen eine christlich-orthodoxe Scholastik zu Wehr setzt. Seltenes Zeugnis sind sie, weil die geistige Auseinandersetzung der Humanisten in der Regel weniger die satirisch erweiterte Öffentlichkeit suchte, sondern im Rahmen einer in sich geschlossenen Gelehrtenkultur verblieb: Wo ein Erasmus von Rotterdam mit seinem *Lob der Torheit* (1511) ganz allgemein gelehrte Unwissenheit anprangert, nehmen die *Dunkelmänner-Briefe* die ganze orthodoxe Richtung, nicht zuletzt wegen ihrer Judenfeindlichkeit, direkt aufs Korn.

Nachdem der getaufte Jude Johannes Pfefferkorn 1507 dem Kaiser rigide Zwangsmaßnahmen gegen die Juden empfohlen und der Humanist und Hebräist Johannes Reuchlin († 1522) diese in einem Gutachten sowie erneut in seiner Schrift *Augenspiegel* (1511) scharf zurückgewiesen hatte, entwickelte sich eine heftige Debatte mit insgesamt 43 Streitschriften, in die sich zusätzlich die Zensur einschaltete. Reuchlin publizierte die ihn unterstützenden Briefe vieler anderer Humanisten in einer Auswahl als *Clarorum virorum epistolae* (1514). Dem folgte die anonyme Sammlung der *Dunkelmänner-Briefe* unter ihrem lateinischen Titel. Sie tritt mit ihren fingierten Briefen als vermeintliche Antwort der von Reuchlin und anderen Humanisten angegriffenen Orthodoxen um den Kölner Theologen Ortwin Gratius auf. In glänzender satirischer Manier, die auch die volkstümliche Derbheit der → *Narrenliteratur* nicht scheut, entlarven sich diese Kritiker als wahre Finsterlinge, die weder korrekt argumentieren noch richtiges Latein können. Der 1. Teil (1515, 41 Briefe) wurde von dem Erfurter Humanisten Johannes Crotus Rubeanus († um 1540) verfasst, der 2. Teil (1517, 62 Briefe) überwiegend von Ulrich von Hutten.

Rezeption: Das Werk hatte, obwohl ab 1517 auf dem Index, großen Erfolg und wurde vielfach nachgeahmt. Reuchlins literarischer Sieg endete allerdings mit einer kirchenrechtlichen Niederlage: Sein *Augenspiegel* wurde 1520 verboten.

1517
Ambraser Heldenbuch

Entst. ab 1504. Faksimiledruck: 1973.

Ab der 2. Hälfte des 15. Jh. kam es zu einer verstärkten Sammlung der mittelhochdeutschen Heldenepik (→ *Artus-Epik*, → *Dietrich-Epik*). Den An-

fang machte hier das illustrierte *Dresdner Heldenbuch* (1472) des Kaspar von der Rhön, das 11 Texte (v. a. gekürzte Dietrich-Epen) enthält. Zwischen 1480 und 1490 wurde Linhard Scheubels *Heldenbuch* für einen Nürnberger Bürger angefertigt (6 Texte, darunter das → *Nibelungenlied*, um 1200). Um 1480 entstand das *Straßburger Heldenbuch* von Diebold von Hanowe, das inhaltlich zum ersten gedruckten Heldenbuch (Straßburg 1483 und öfter, 4 Texte) passt. Dem gegenüber konzentriert sich U. Fuetrers Sammlung → *Buch der Abenteuer* (1473/81) ganz auf die höfische Artus-Epik.
Das von Kaiser Maximilian I., dem großen Förderer der Ritterdichtung, in Auftrag gegebene und von Hans Ried aufgeschriebene *Ambraser Heldenbuch* (benannt nach dem Fundort Schloss Ambras bei Innsbruck) versammelt auf 234 dreispaltigen Seiten 25 (z.T. fragmentarische) Texte der Artus- *und* Dietrich-Epik (12./13. Jh.), von denen 3/5 einzig durch diese illustrierte Prachthandschrift überliefert sind, darunter Hartmann von Aues *Die Klage* (um 1180), → *Moriz von Craûn* (um 1200); → *Kudrun* (1230–50), *Biterolf und Dietleib* (Mitte 13. Jh.), *Wolfdietrich* (vor 1250). Mit dieser außerordentlichen Sammlung »endet die Tradition der heroisch-historischen Epik« (H. Rupprich).

Literarische und publizistische Auseinandersetzungen um die Reformation

Die Reformation (1517–55) war die zentrale geistige Bewegung des 16. Jh.; mit ihren tiefgreifenden Folgen wirkte sie weit über den Bereich der Religion hinaus. Sie war eingebunden in einen historischen Kontext von Renaissance, Kirchenreform, Expansion des Städtewesens, Bauernkriegen und der Herausbildung moderner Landesherrschaft, in deren Machtkalkül die Religion eine bedeutende Rolle spielte. Im Kampf um Für und Wider kam es zu politisch-sozialen, ökonomischen und kulturellen ›Reformationen‹, an denen die schriftliche Kommunikation und – hier erstmalig in herausgehobener Weise – das neue Medium des gedruckten Wortes hervorragenden Anteil hatten. So darf die Affinität von Protestantismus, Schrift und Typographie, in besonderer Weise ausgedrückt im Wirken Martin Luthers, zwar nicht auf die Formel »Ohne Buchdruck keine Reformation« (B. Moeller) reduziert werden, doch ist die spezifische protestantische Medienmacht, zumal in ihrer Bevorzugung der deutschen Sprache, nicht zu unterschätzen. Unter diesen Voraussetzungen gestaltete sich (fast) das ganze Ensemble der literarischen Produktion im Zeichen zweckgerichteter Wirksamkeit um, so dass es später zu kontroversen Beurteilungen darüber kam, ob diese Texte überhaupt noch zur ›schönen Literatur‹ gerechnet werden können.
An der Spitze standen die in Martin Luthers Flugschriften verbreiteten protestantischen Manifeste: *Sermon von Ablaß und Gnade*, 1518; *An den*

christlichen Adel deutscher Nation, *Von der Freiheit eines Christenmenschen*, *Von der babylonischen Gefangenschaft der Kirche*, (alle 1520/21); seine → *Geistlichen Lieder* (1543) und v. a. seine → *Bibelübersetzung* (1522–34). Luthers Dominanz in der Reformationspublizistik via Flugschrift (zeitweilig ein Viertel der deutschen Jahresproduktion) darf jedoch nicht die wichtigen anderen Beiträger bzw. Kritiker verdecken. Diese erweiterten die Form der Flugschrift durch Einbeziehung der GENRES Predigt, Sendbrief, Dialog, Traktat, Satire, Parodie, Lied und Versdichtung beträchtlich. Aber auch die übrigen Gattungen, insbesondere der → *Meistersang*, die Schwank- und → *Narrenliteratur* und das Drama (→ *Vom Fastnachtsspiel zum Reformationsdrama*) erfuhren eine markante operative Zuspitzung, während Volksbuch, Prosaroman und z.T. auch die unterhaltende Kleinepik davon eher unberührt blieben.

Exemplarisch für die REFORMATORISCHE KAMPFLITERATUR von der Kirchenreform bis zur sozialen Befreiung der Bauern sind zu nennen: *Karsthans* (1521, anonym), Johann Eberlin von Günzburg: *Die XV Bundtsgenossen* (1521, Sammlung von Flugschriften), Ulrich von Hutten: → *Gesprächbüchlein* (1521, Dialoge), Hans Sachs: → *Die Wittenbergische Nachtigall* (Spruchgedicht, 1523) und *Disputation zwischen einem Chorherrn und Schuchmacher* (Dialog, 1524), Thomas Müntzer: *Fürstenpredigt* (1524), *Zwölf Artikel* (1525, anonym).

GEGEN LUTHER UND DIE REFORMATION stritten so unterschiedliche Autoren wie Erasmus von Rotterdam (*De libero arbitrio Diatribe sive collatio*, 1524), Thomas Murner (→ *Von dem großen lutherischen Narren*, 1522), Hieronymus Emser (*Wyder den falschgenannten Ecclesiasten*, 1523), Johannes Cochlaeus (*Sieben Köpffe Martini Luthers*, 1529) oder Daniel von Soest (*Ein gemeyne Bicht*, 1539).

1517
Kaiser Maximilian I.

* 22.3.1459 in Wiener Neustadt; Sohn Kaiser Friedrichs III. und ab 1493 Dt. Kaiser. † 12.1.1519 in Wels (G in der St. Georgskirche, Wiener Neustadt).

Theuerdank

OT: *Die geverlichten und einsteils der Geschichten des loblichen streitparen und hoch berümbten Helds und Ritters Herr Tewrdannckhs*

Versroman, entst. ab 1505.

An diesem Werk scheint vieles ungewöhnlich: ein Kaiser als Verfasser, ein höfischer Ritterroman zu Beginn des 16. Jh., noch dazu in Versen. Zur Verfasserschaft: M. hat den Text – als Teil eines umfangreichen Selbstdarstellungs-Projekts (s. weitere Werke) – geplant, bei einer Vielzahl von gelehrten Mitarbeitern am Hofe in Auftrag gegeben und an der langwierigen Fertigstellung mitgewirkt. Zum Werk: Es handelt sich um einen ritterlichen Liebes- und Abenteuerroman in 118 Kapiteln, dessen Held Theuerdank (d. i. ›der Hochgesinnte‹) auf Brautwerbung geht, dabei erfolgreich viele Abenteuer besteht, die Hand der Braut Ehrenreich erhält und am Ende zum Kampf gegen die Türken aufbricht. Der wie eine anachronistische Kopie eines spielmännisch-höfischen Versepos' (→ *Spielmannsdichtung*, → *Artus-Epik*) wirkende Text ist jedoch eine moderne Allegorie, hinter der sich ein direkt auf M.s Leben und Herrschertum bezogener Fürstenpreis verbirgt, wie ein in Prosa beigefügter *Clavis* (Erläuterung der Verschlüsselungen) verrät. Insofern geht es letztlich nicht um eine nostalgische Verherrlichung des Rittertums, sondern ganz zeitgemäß um das neue »Leitbild eines ›charismatisierten‹ fürstlichen Heros« (J.-D. Müller).

Rezeption: In 40 Pergament- und 300 Papierexemplaren erschienen. Weitere Drucke: 1519, 1537, 1553 (bearbeitet von B. Waldis), 1679 (bearbeitet von M. Schultes), 1693.

Weiteres Werk: *Weißkunig* (Autobiogr., nach 1500; ED: 1775).

1521
Ulrich von Hutten

* 21.4.1488 auf Burg Steckelberg bei Schlüchtern, Reichsritter. Nach Flucht aus dem Kloster Fulda und Studium (bis 1515) Berufsdichter und humanistischer Gelehrter, 1517 Krönung zum ›poeta laureatus‹. † 29.8.1523 auf Ufenau bei Zürich. Gedenkstätten: Bad Münster (D), Schlüchtern (D), Ufenau (G).

Gesprächbüchlein

OT: *Gespräch büchlin*

Prosadialoge.

H. war neben Erasmus von Rotterdam († 1536) und Johannes Reuchlin († 1522) der bedeutendste Humanist im deutschsprachigen Raum, der – anders als diese – ab 1519 als aktiver Mitstreiter Luthers auftrat, nachdem er schon zuvor die reformunwillige katholische Orthodoxie (→ *Dunkelmännerbriefe*, 1515–17) kritisiert hatte. Dokumente dieses Übertritts und zugleich Ausdruck seines kämpferischen Temperaments sind die bereits 1517 geprägte Lebensdevise »jacta est alea« (»Ich hab's gewagt«, 1521 erneut in dem Gedicht *Ain new lied*) sowie das *Gespräch büchlin*. Letzteres besteht aus 4 Dialogen, die zuerst 1519/20 auf Latein erschienen waren. Die rasche Übertragung in ein zugkräftiges, das Derbe nicht scheuendes Deutsch war ihrerseits ein Zeichen dafür, dass der humanistische Gelehrte – angeregt durch Luthers Vorbild – energisch die öffentliche Wirksamkeit suchte.

Die Dialoge, die H. nach antikem Muster (Lukian) als Form der Streitschrift zu neuem Leben erweckte, rechnen – besonders im 3. Dialog *Wadiscus* – äußerst scharf mit Klerus und römischer Kurie als Unterdrücker der deutschen Nation ab. Der militante Appell an ein reichsdeutsches Nationalbewusstsein, der erstmalig auch auf germanische Ursprünge (Arminius) rekurriert, sicherte H. ab dem 18./19. Jh. (J. G. Herder, D. Fr. Strauss, C. F. Meyer u. a.) ein vielfältig auslegbares Gedenken an einen »der frühen Vertreter des deutschen Nationalgefühls« (H. Scheuer).

Rezeption: H.s Streitschriften hatten zu seinen Lebzeiten ähnlich großen Erfolg wie die von Luther. Als Prototyp des engagierten Schriftstellers wurde er besonders seit dem Vormärz rezipiert (L. Uhland, G. Herwegh, F. Freiligrath, F. Lassalle).

Weitere Werke: *Epigrammata* (lat. Gedichte, 1519); *Clag und vormanung gegen dem übermaessigen unchristlichen gewalt des Babpsts zu Rom* (gereimte Flugschrift, 1520), *Arminius* (Dialog, 1529).

1522
Thomas Murner

Biogr.: → 1512

Von dem großen lutherischen Narren

OT: *Von dem grossen Lutherischen Narren wie in Doctor Murner beschworen hat*

Satir. Versdichtung.

M. war zu Lebzeiten Luthers der einzige herausragende Verteidiger der katholischen Kirche, der der reformatorischen Bewegung mit gleichen Mitteln (Sprachkraft, Flugschrift, Satire) entgegenzutreten versuchte. Sein Epos antwortete unmittelbar auf den Durchbruch des Protestantismus seit Luthers großen Manifesten und war zugleich ein äußerst derber Angriff auf den Kopf der Bewegung.

M.s neuerliche, nun antilutherische ›Narrenbeschwörung‹ sieht im lutherischen Narren (d. i. die Reformation) die bedrohlichste Inkarnation des Bösen und den Zerstörer jeglicher religiösen und moralischen Ordnung. Durch einen grotesken exorzistischen Akt in Gang gesetzt, entlarven sich die verschiedenen protestantischen Narren durch ihr anarchisches Tun, bis sie vom Erzähler selbst erledigt werden. Luther stirbt und wird im *scheißhus* wie ein Aas verscharrt.

Ob das mit 52 Holzschnitten illustrierte Werk trotz seiner bösartigen Übertreibung eine »hellsichtige Analyse der gefährl. Kräfte darstellt, die Luther gegen die bestehende kirchl. u. weltl. Ordnung entfesselt hatte« (B. Könneker), erschließt sich wohl nur einem gegenreformatorischen Blickwinkel.

Rezeption: Das Epos wurde gleich nach Erscheinen verboten und hatte daher kaum Wirkung. Ein Wiederabdruck erfolgte 1848.

1522
Johannes Pauli

* um 1450/54, als Lesemeister und franziskanischer Prediger in Basel, Straßburg, Schlettstadt und Thann tätig. † nach 1520.

Schimpf und Ernst

OT: *Schimpf vn Ernst*

Exempelslg.

Der Titel dieses Buches darf nicht falsch verstanden werden: Es handelt sich nicht um unterhaltsame Kurzprosa in der Tradition weltlicher Schwank- und Facetiensammlungen (z. B. H. Bebel: → *Facetiae*, 1508/14), sondern um Erbauungsliteratur für geistliche Zwecke (Predigt, Klosterlektüre). Vor P. hatten Antonius Pforr (*Buch der weißhait der alten Weisen*, um 1480) und Marquart von Stein (*Ritter vom Turn*, 1493) ähnliche Sammlungen vorgelegt. P. selbst hatte sich von den Predigten des Straßburger Dominikaners Johannes Geiler von Kaysersberg (1445–1510), die die einzelnen Kapitel von Sebastian Brants → *Das Narrenschiff* (1494) exegetisch variierten und die P. 1520 auf deutsch herausgegeben hatte, anregen lassen.

Die aus verschiedenen älteren Quellen zusammengestellten 693 Geschichten (Predigtmären, Exempel und Bispels) sind – sei es als ›Schimpf‹ (d. h. zur scherzhaften Belehrung), sei es als ›Ernst‹ (d. h. zur ernsten Erbauung) – am Ende stets mit einer moralischen Lehre verbunden und dienen dem Ziel, »nützlich vnd gut zuo besserung der Menschen« zu sein, wie es in dem längeren Untertitel heißt. Wie schon in Kaysersbergs Predigten verselbständigten sich die anschaulich erzählten moralischen Exempelgeschichten in der Rezeption zu populären weltlichen Schwänken (J. Wickram: → *Das Rollwagenbüchlein*, 1555).

Rezeption: Die Slg. hatte großen Erfolg (über 60 Drucke bis 1700), wohl auch deshalb, weil häufig der moralisierende Zusatz weggelassen wurde.

1523
Hans Sachs

* 5.11.1494 in Nürnberg; lebte nach seiner Wanderzeit ab 1516 als Schuhmacher und Meistersinger in Nürnberg. 1555–61 im Amt des *merkers* zuständig für die Regeleinhaltung der Singschule. † 19.1.1576 in Nürnberg (D, G).

Die Wittenbergische Nachtigall

OT: *Die Wittenbergisch Nachtigall Die man yetz höret vberall*

Spruchgedicht. Erstfassung als Meisterlied *Das Walt got* (1523).

Das für die Druckveröffentlichung aus einem Meisterlied umgeformte Spruchgedicht ist – neben den vier Flugschrift-Dialogen (*Disputation zwi-*

schen einem Chorherrn und Schuchmacher u. a., 1524) – das eindrucksvollste Zeugnis für S.' Bekenntnis zu Luther und der Reformation. Das allegorische Gedicht besteht aus 3 Strophen, in denen Luther in der Gestalt der Nachtigall den neuen Tag (d. i. die Reformation) begrüßt, dessen Sonnenlicht (d. i. Christus) die lichtscheuen und als Tiere verbildlichten katholischen Gegner daran hindert, sich an der Schafherde der Gläubigen zu vergreifen. S. agitiert in scharfer Abrechnung mit Papst (Mond), Bischöfen (Wölfe) und den Doktoren der alten Kirche (Schwein, Bock, Katze) für die Sache der Reformation, »das es ein bawer mercken mecht,/ das Luthers lehr sey gut und recht.«

Rezeption: Noch 1523 erschienen 5 Nachdrucke, die S. weithin bekannt machten. Die Nachtigall-Allegorie blieb ein höchst eingängiges Epitheton für Luther und verband ihren Urheber S. eng mit dem Reformator.
Weitere Werke: → *Werke* (1567).

Liederbücher des 16. Jahrhunderts

Der Begriff ›Lied‹ bezeichnete bis zum Ende des Mittelalters den weiten Bereich erzählender und lyrischer Dichtung (Heldendichtung, Preislied, Minnelied, Leich, Sangspruch, geistliches Lied, Vagantenlyrik, Volks- und Gesellschaftslied, → *Meistersang* u. a.), der durch Reimstrophe und Sangform gekennzeichnet war. Mittelalterliche Liedersammlungen (→ *Mittelhochdeutsche Liederhandschriften*) konnten nur einen Ausschnitt aus dem ganzen Spektrum bieten und daher andererseits auch durchaus einen gemischten Inhalt von weltlichen und geistlichen Liedern haben. Mit dem anwachsenden Liedgut entstanden ab dem 15. Jh. Liederbücher, die Gesellschafts- und volkstümliche Lieder zum Thema Liebe, Geselligkeit, Muße, Freud und Leid beinhalteten: → *Liederbuch* der Klara Hätzlerin (1471), *Bergreyhen* (1531), *Graßliedlin* (1535), *Gassenhawerlin und Reutterliedlein* (1535), *Gute alte und neue teutsche Liedlein* (1539–56), Wolfgang Schmeltzl: *Guter seltzamer un künstreicher teutscher Gesang* (1544), *Ambraser Liederbuch* (1582), *Raaber Liederbuch* (um 1600). Meisterlieder durften – mit wenigen Ausnahmen – nicht gedruckt werden und sind daher nur in handschriftlichen Sammlungen überliefert (→ *Meistersang*).
Die Reformation und das Liedschaffen Luthers riefen auf protestantischer Seite das neue Liedgenre des deutschsprachigen Kirchenliedes hervor, das eng an den Gottesdienst gebunden war und in einer Vielzahl von evangelischen Kirchengesangbüchern gesammelt wurde: Johann Walther: *Geystliches gesangk Buchleyn* (1524), Josef Klug: *Wittenberger Gesangbuch* (1529), *Ein New Geseng buchlen* (1531/44), Valentin Babst: *Geistliche Lieder* (1545), *Lübecker Gesangbuch* (1557), *Zürcher Gesangbuch* (1599) u. a. Die katholische Seite reagierte bald mit eigenen Gesangbü-

chern: Michael Vehe: *New Gesangbuchlin Geystlicher Lieder* (1537), Johann Leisentritt: *Geistliche Lieder und Psalmen* (1567), *Vlämisches Gesangbuch* (1609). Im 17. Jh. löste sich die Kirchenlieddichtung in beiden Konfessionen von der liturgischen Bindung und entwickelte sich zu einem eigenständigen Zweig der (geistlichen) Lyrik: P. Gerhardt, Fr. Spee sowie die katholischen Sammlungen *Seraphisch Lustgart* (1635) und *Kölner Jesuitenpsalter* (1638).
Noch im 16. Jh. kam es zu einer weiteren Neuerung im Liedschaffen, die – angeregt durch italienisches Vorbild – im musikalischen Bereich den Weg zum komponierten Sololied, auf der Textebene zum eigenständigen Kunstlied eröffnete. Wichtige Sammlungen waren hier: Jacob Regnart: *Kurtzweilige Teutsche Lieder* (1576, vermehrt 1580), Hans Leo Haßler: *Neue Teutsche Gesang nach art der welschen Madrigalien und Canzonetten* (1596).

1524–1543
Martin Luther

* 10.11.1483 in Eisleben. 1501–05 Theologiestudium in Erfurt, 1507 Priesterweihe (Augustiner), ab 1513 Professor für Bibel-Exegese in Wittenberg. 1521 Kirchenbann und Reichsacht, 1521/22 Exil in der Wartburg; 1522 Rückkehr nach Wittenberg. † 18.2.1546 in Eisleben. Gedenkstätten (Auswahl): Eisenach (D, M), Eisleben (D, M), Erfurt (D), Magdeburg (D), Wittenberg (D, G, M), Worms (D).

Geistliche Lieder

1523/24 als Einblattdrucke veröffentlicht. BA: 1524, die bis 1543 mehrmals ergänzt wurde.
Zur lutherischen Umgestaltung des evangelischen Glaubenslebens gehörte neben der → *Bibelübersetzung* (1534) und dem Wirken durch Predigten die Reform der Liturgie, die nicht nur auf die deutsche Sprache umzustellen war, sondern auch die Teilhabe der Gemeinde an der Messe vermehren sollte. Dabei erhielt das Kirchenlied eine zentrale Stellung. L. ist sein erster und bedeutendster Schöpfer, weil er das bis dahin nur additiv verwendete deutschsprachige geistliche Lied (Ausnahme: die hussitische Liturgie ab 1465) zum Hauptträger der Glaubensausübung machte: »Wer singt, der betet doppelt«. Durch Übersetzung und einprägsame Umgestaltung lateinischer Hymnen, Psalmen, Gebete und auch weltlicher Lieder schuf er die Grundlage für das evangelische Gesangbuch (→ *Liederbücher des 16. Jh.*). Unter den vielen, bis heute gesungenen Lieder ragen hervor: *Nun komm der Heiden Heiland*, *Vom Himmel hoch, da komm ich her*, *Nun freut euch, lieben Christen gmein*, *Aus tiefer Not schrei ich zu dir.* Das bekannteste Lied war und ist jedoch *Ein feste Burg ist unser Gott*, von Fr. Engels die »Marseillaise des 16. Jahrhunderts« genannt – eine nicht ganz nachvollziehbare Wertung angesichts L.s schroffer Zurückweisung des Bauernaufstandes und seines Pre-

digers Thomas Müntzer (vgl. seinen Sermon *Wider die räuberischen und mörderischen Rotten der Bauern*, 1525).

L.s gesamtes Liedwerk umfasst 36 Lieder, von denen bis 1524 bereits 24 vorlagen. Es bildet etwa ein Drittel des Kernbestandes protestantischer Kirchenlieder, der zwischen dem sog. *Achtliederbuch* (1524) bzw. Johann Walters *Geistlichem gesangk Buchleyn* (1524, mit L.s Vorrede) und dem letzten, von L. bevorworteten Gesangbuch (*Geistliche Lieder*, 1545) entstanden.

Rezeption: L.s Lieder konstituierten die neue, eng an die Liturgie gebundene Gattung des evangelischen Gesangbuchs, das neben der Bibel den protestantischen Glauben verbreitete.

Weitere evangelische Kirchenlieddichter: Neben und nach L. sind zu nennen: Ambrosius Lobwasser (1515–85), Nikolaus Selnecker (1530–92), Philipp Nicolai (1556–1608), Cornelius Becker (1561–1604), Martin Rinckart (1586–1649, z. B. *Nun danket alle Gott*), Paul Gerhardt (1607–76), Georg Neumark (1621–81, z. B. *Wer nur den lieben Gott läßt walten*). Die spätere Kirchendichtung verstärkte den Anteil von Bekenntnis- und Andachtslyrik.

Weiteres Werk: → *Bibelübersetzung* (1534).

1525
Niklas Manuel

* um 1484 in Bern. Maler, Architekt bis 1522, danach Schriftsteller; ab 1510 Mitglied im Berner Rat mit weiteren politischen Funktionen. † 28.4.1530 in Bern.

Der Ablaßkrämer

OT: *Der aplaß Kremer*

Fastnachtsspiel. ED: 1878.

M.s Fastnachtsspiele *Vom papst und siner priesterschafft*, *Underscheid zwischen dem Papst und Christum Jesum* (beide 1524) sowie *Der aplaß Kremer* eröffneten die literarische Propagierung der Reformation auf der Bühne und trugen sehr erfolgreich zu deren Verbreitung bei. Mit dem Ablasshandel griff das bis zum 19. Jh. nur handschriftlich überlieferte Spiel ein brisantes Zeitthema auf. So zeigt es, wie Bäuerinnen und Bauern eines schweizerischen Dorfes gleichermaßen mit protestantischer Argumentation und brachialer Gewalt einen Ablasskrämer zum Geständnis seiner Täuschungen und zur Herausgabe des eingesammelten Geldes zwingen.

Das satirische Stück ist volkstümlich-deftig und zeichnet sich gegenüber dem Spiel *Vom papst und siner priesterschafft*, das noch stärker dem älteren Typus des Reihenspiels verpflichtet ist, durch seine größere Handlungseinheit aus, die allerdings noch ohne Akt- und Szeneneinteilung auskommt. M.s Fastnachtsspiel gehört zur »schmalen Reihe realistischer Revolutionsstücke deutscher Sprache, die über Weise und Büchner zu Brecht führt« (Fr. Gaede).

Rezeption: Thema und Spieltyp wurden von dem Baseler Hans von Rüte in seinem *Faßtnachtspil den ursprung haltung und das End beyder Heydnischer vnd Bäpstlicher Abgöttereyen verglychende* (1532) wieder aufgenommen. Für G. Keller gehörte M. zu den »besten Schriftstellern der alten und neuern Zeiten«.
Weiteres Werk: *Dialoge* (1528ff.).

1527
Burkard Waldis

* um 1490/1495 in Allendorf (Werra). Bis 1524 franziskanischer Mönch in Riga, Übertritt zum Protestantismus, ab 1544 Pfarrer in Abterode bei Eschwege. † um 1556 in Abterode.

De Parabell vam vorlorn Szohn

Niederdt. Parabelstück. UA: 17.2.1527 in Riga, hochdt. Fassung: 1881 (?). ED: 1527.

W.' Stück behandelt in zwei gegengleich aufgebauten Akten das biblische Gleichnis vom verlorenen Sohn (Lukas 15, 11–32) und ist damit – neben H. Sachs' Komödie *Lucretia* (1527) – das älteste deutsche Drama mit Akteinteilung. Im 1. Akt, der mit seinen rahmenden Kommentaren und seiner drastischen Darstellung des Unzüchtigen dem Fastnachtsspiel nahe steht, wird die sündige Abkehr des jüngeren Sohnes von der väterlichen Autorität geschildert. Im 2. Akt erfolgt die reuige Umkehr und gnädige Wiederaufnahme, wogegen der bis dahin folgsame ältere Sohn protestiert, sich vom Vater abkehrt und Mönch wird.

Die Allegorien sind, gelenkt durch die eingeflochtenen Deutungen, unschwer zu verstehen: Der himmlische Vater nimmt die sich bekehrenden Gläubigen (Protestanten) wegen ihrer glaubensstarken Einsicht in Gnaden auf, während die Altgläubigen (Katholiken) mit ihrem Pochen auf gerechten Lohn für gute Werke als Pharisäer verdammt werden. Indem der Einzug des jüngeren Sohnes ins väterliche Haus fast wie ein Gottesdienst inszeniert wird (Bibellesung, Gesang, Predigt), interpretiert das Stück außerdem die lutherische Rechtfertigungslehre und verteidigt damit den reformatorischen Protest als wahre Erhaltung des christlichen Glaubens.

Rezeption: W.' Behandlung des Verlorenen-Sohn-Stoffes folgten noch im 16. Jh. etwa 20 weitere Bearbeitungen.
Weitere Werke: *Esopus* (gereimte Fabel-Slg., 1548 und 1555), *Der Psalter* (Nachdichtung, 1553), *Thewerdanck* (Bearbeitung, 1553), Kirchenlieder (z. B. *Wenn ich in Angst und Nöten bin*).

1534
Martin Luther

Biogr.: → 1524–43

Bibelübersetzung

OT: *Biblia das ist die gantze Heilige Schrifft Deudsch*

Das *Neue Testament* erschien schon 1522 u.d.T.: *Das Newe Testament Deutzsch.*

L.s deutsche Bibelübersetzung ist nicht die erste Neuübersetzung der *Heiligen Schrift* in gedruckter Form (→ *Mentelin-Bibel*, 1466), wohl aber die schöpferischste und grundlegendste, an der sich sowohl die späteren protestantischen als auch (sogar) katholische Übertragungen orientierten. Das Werk war die Konsequenz des lutherischen Glaubensansatzes, wonach die Botschaft des Evangeliums (*solus Christus*) als Grundlage des Glaubens (*sola fide*) allein durch die *Heilige Schrift* (*sola scriptura*) verbürgt sei; daher wurde dem von der Kirche allein autorisierten lateinischen Bibeltext eine volkssprachliche Bibel, gereinigt von den Fehlern der *Vulgata*, entgegengestellt.

L. übersetzte 1522 in knapp 11 Wochen das *Neue Testament* (Holzschnitte von Lucas Cranach) und in der Folgezeit in mehreren Teilen das *Alte Testament*, so dass 1534 der gesamte Text in 2 Bänden mit 124 Holzschnitten erscheinen konnte. Bis zur Ausgabe letzter Hand (1546) wurden von Auflage zu Auflage ständig Korrekturen vorgenommen, wobei neben Melanchthon noch weitere Fachleute herangezogen wurden. Seine Übersetzungsprinzipien legte L. im *Sendbrief vom Dolmetschen* (1530) und in den *Summarien über die Psalmen und Ursachen des Dolmetschens* (1532) nieder: Sie gipfelten in der Maxime, zwar textgetreu, aber nicht buchstäblich zu übersetzen und dabei den volkssprachlichen Sprachgebrauch zu berücksichtigen.

Neben der theologischen Bedeutung ist die literarische Leistung hervorzuheben, durch die L.s Bibelübersetzung zu einem Text der Weltliteratur und zugleich folgenreich für die deutsche Literatur wurde: L.s Sprachgenie und Geschick des sprachlichen Ausgleichs, die Autorität des Bibeltextes und die Macht des Druckmediums bewirkten, dass sein Werk zum Fundament einer immer einheitlicher werdenden neuhochdeutschen Schriftsprache wurde.

Rezeption: L.s Bibelübers. war ein unvergleichlicher Erfolg: Allein bis 1569 wurden 800 000 Exemplare abgesetzt und noch zu seinen Lebzeiten kam es zu Übers.n in viele andere europ. Sprachen.

Weitere Werke: L. hat neben einem umfangreichen Predigt- und Briefwerk insgesamt 467 Einzelschriften publiziert, unter denen nach der Bibelübers. seine Flugschriften (→ *Literarische und publizistische Auseinandersetzungen um die Reformation*) und seine → *Geistlichen Lieder* (1524–43) herausragen.

Vom Fastnachtsspiel zum Reformationsdrama

Fastnachtsspiele hatten sich bis zum Ende des 15. Jh. vom Reihenspiel zum Handlungsspiel entwickelt und damit bereits eine szenische Vielfalt erreicht (H. Folz: → *Fastnachtsspiele*, ab 1473), ohne dass sich jedoch bereits von ›Theater‹ sprechen lässt. Hatten die älteren Spiele zumeist auf eine moralisierende Tendenz verzichtet, kam es im Laufe der 1. Hälfte des 16. Jh., nicht zuletzt im Zeichen der christlichen Glaubensspaltung, zudem zu einer Verstärkung des Lehrhaften. Damit einher ging eine Zuwendung zu politisch-religiösen Gegenwartsthemen. Exemplarisch zeigt diese Entwicklung das Werk des Baseler Pamphilus Gengenbach († um 1525), dessen Repertoire vom Reihenspiel → *Die zehn Alter dieser Welt* (1515) über die Zeitrevue *Nollhart* (1517) und die Narrenrevue *Die Gouchmat* (1516 oder 1521) bis zu dem für die Reformation eintretenden Dialog *Die Totenfresser* (um 1521) reicht; Letzterer wurde von Niklas Manuel in seinem Spiel *Vom pabst und siner priesterschafft* (1524) dramatisiert. Weitere pro-reformatorische Spiele sind: N. Manuels → *Der Ablaßkrämer* (1525), B. Waldis' niederdeutsches → *De Parabell vam vorlorn Szohn* (1527), Hans von Rütes *Heydnische und päpstliche Abgöttereyen* (1532), Th. Naogeorg: → *Pammachius* (1538).

Mit der sich festigenden Reformation wurde das protestantische Drama dann zum Bibeldrama: Joachim Greff: *Lieblich und nützbarlich spil von dem Patriarchen Jacob und seinen zwelff Sönen* (1534), P. Rebhuhn: → *Susanna* (1535), Sixt Birck: *Judith* (lateinisch, 1534), *Joseph* (lateinisch, 1535), Th. Gart: → *Joseph* (1540), Hans Sachs: *Die Judith* (1551). Daneben ging freilich die schwankhafte Tradition des Fastnachtsspiels nicht verloren, wie die Spiele von J. Wickram (*Das Narrengießen*, 1538; *Weiberlist*, 1543) sowie v. a. das umfangreiche Werk von H. Sachs (85 Spiele) und J. Ayrer (36 Spiele) zeigen. Mit Ayrer ist jedoch das Ende des Fastnachtsspiels sowie der Übergang zu neuen dramatischen Genres bezeichnet (→ *Formen des Theaters im 16./17. Jahrhundert*).

1535
Paul Rebhuhn (Rebhun)

* um 1500 in Waidhofen. Ab 1526 Kantor und Lehrer in Zwickau, Kahla und Plauen, ab 1542 Pfarrer in Oelsnitz (Sachsen). † 1546 in Oelsnitz.

Susanna

OT: *Ein geystlich Spiel von der Gotfürchtigen und keuschen Frawen Susannen*
Protestantisches Schuldrama. UA: 1535 in Kahla. ED: 1536.
Formal an antikem Komödienvorbild orientiert (5 Akte, Einteilung in Szenen, Chor u. a.) gestaltete R. ein – auch verstechnisch – richtungweisendes Schul- und Reformationsdrama: Die biblische Geschichte der zu Unrecht des Ehebruchs beschuldigten Susanna (*Daniel* 13, 1–6), deren auf Gott ver-

trauende Standhaftigkeit am Ende mit der vom Himmel veranlassten Errettung vor dem Tode belohnt wird, entwickelt sich zu einem Lehrstück protestantischer Frömmigkeit. Diese Lehre schließt zugleich gehörige Kritik am Amtsmissbrauch des weltlichen Gerichtes und die exemplarische Darstellung eines tugendhaften und Gott allzeit gehorsamen Ehe- und Familienlebens ein.

Rezeption: Das Stück wurde im 16. Jh. oft aufgeführt bzw. nachgedruckt und wirkte mit seinen neuen dramatischen Formelementen über das Reformationsdrama hinaus.

Weiteres Drama: *Hochzeit Spiel auff die Hochzeit zu Cana Galileae* (1538).

1538
Thomas Naogeorg

* 21.12.1508 in Straubing als Th. Kirchmair. 1526 Übertritt zum lutherischen Glauben, unstetes Pfarrerleben in Sachsen und Süddeutschland, zuletzt Pfarrer in Wiesloch. † 29.12.1563 in Wiesloch.

Pammachius

OT: *Tragoedia nova Pammachius*

Neulat. Reformationsdrama. Dt. Übers.: 1539 und danach noch öfter.

N. gilt als der »rabiateste Gegner des Papsttums« (M. Wehrli). Von den 6 Dramen des – ungewöhnlich genug für einen kämpferischen Protestanten – nur in Latein schreibenden N. ist der *Pammachius* das bedeutendste. Dramaturgisch äußerst gekonnt, fingiert der Autor hier eine Art rückschauende Weltende-Situation: Der Teufel soll auf Geheiß Christi die weltliche und geistliche Herrschaft in ihrer Glaubensfestigkeit auf die Probe stellen. Dabei kommt heraus, dass das Kaisertum schwach ist und das Papsttum in Gestalt des Bischofs Pammachius ein gottloses Bündnis mit dem Teufel (Antichrist) geschlossen hat. Das päpstliche Teufelsreich ist ein einziger Hohn auf die göttliche Schöpfung. Auf dem Höhepunkt wird auf Luther als Anwalt der vertriebenen Wahrheit hingewiesen, gegen den der Teufel ein Konzil mobilisieren will, um auch ihn zu verderben. Der 5. Akt ist ein kurzer Epilog, in dem das offene Ende als Aufforderung an das Publikum erklärt wird, sich für die richtige Partei zu entscheiden. Das Drama, das »Heilsgeschichte, Weltgeschichte u. aktuelle anticuriale Polemik« (H.-G. Roloff) in agitatorischer Weise verbindet, kam umgehend auf den Index.

Rezeption: Das Stück war eines der erfolgreichsten Reformationsdramen.

Weiteres Drama: *Incendia seu Pyrgopolinices Tragoedia* (1541).

Jedermann

›Jedermann‹ ist die Geschichte des Menschen, der im Angesicht des Todes und vor Gott erkennen muss, dass alles irdische Vermögen (Reichtum, Freunde als Helfer, gute Taten) NICHTIG ist. Der Stoff eignete sich damit sowohl für die Demonstration des altkirchlichen (katholischen) Glaubens, indem tätige Buße und Werkgerechtigkeit betont wurden, wie auch für den Protestantismus, der an ihm die Gnadenlehre herausstellte. Als sog. Moralität bzw. als DRAMA erscheint der ›JEDERMANN‹-STOFF am Ende des 15. Jh. in Flandern (Peter van Diest: *Elckerlijc*, 1495) und England (*The somonynge of Everyman*, 1509).
In Deutschland gab es zunächst NEULATEINISCHE FASSUNGEN, von denen Chr. Ischyrius' *Homulus* (1536) und Georgius Macropedius' *Hecastus* (1539/50) mit stark antilutherischer bzw. katholischer Tendenz herausragen. Im Umkreis des ›Jedermann‹-Themas bewegen sich P. Gengenbachs → *Die zehn Alter dieser Welt* (1515), besonders in der Bearbeitung durch J. Wickram (1531), sowie ein anonymes Züricher Bürgerspiel *Von dem rychen Mann und dem armen Lazaro* (1529). Wirksamer waren die deutsche Bearbeitung des *Homulus* durch Jaspar von Gennep: *Der sünden loin ist der Toid* (1540, katholisch) und Hans Sachs' Bearbeitung des *Hecastus*: *Ein Comedi Von dem Reichen sterbenden Menschen Der Hecastus genannt* (1549, lutherisch). Als explizit ANTIKATHOLISCHE TENDENZSTÜCKE treten Th. Naogeorgs *Mercator* (1540) und das niederdeutsche ›Jedermann‹-Drama → *De düdesche Schlömer* (1584) von J. Stricker auf. Von wenigen Ausnahmen wie z. B. Ambrosius Papes *Vom Glück und Zustand eines rechten Christen* (1612) abgesehen, verschwindet das Thema am Ende des 16. Jh., um jedoch im 20. Jh. wieder aufzuleben (vgl. H. v. Hofmannsthal: → *Jedermann*, 1911).

Sammlungen von Sprichwörtern und Fabeln

Sprichwort und Fabel haben als Textgattungen Traditionen, die jeweils über das Mittelalter bis zur Antike zurückreichen. An der Wende zur Neuzeit erfuhren beide jedoch eine verstärkte Beachtung, die sich in einer zunehmenden Zahl von Bearbeitungen und Sammlungen, zugleich aber auch – im Zeichen der Glaubensauseinandersetzungen – in ihrer Mobilisierung für religiös-moralische Didaktik ausdrückte.
SPRICHWÖRTER sind volkstümliche Lebensweisheiten mit lehrhafter Tendenz. Das ANTIKE SPRUCHGUT sammelte am Ende des 15. Jh. Erasmus von Rotterdam: *Adagia* (1500/08, 3260 Sprüche); Heinrich Bebel legte 1508 in Latein die *Proverbia Germanica collecta* vor, Anton Tunnicius brachte 1513 erstmalig eine Sammlung von 1362 NIEDERDEUTSCHEN SPRICHWÖRTERN mit lateinischer Übersetzung heraus: *Monosticha*, und Johannes Agricola edierte als erster DEUTSCHE SPRICHWÖRTER mit moraldidaktischem Kommentar: *Drey hundert Gemeyner Sprichwörter* (1529, erweitert auf 750 Sprü-

che 1534/48). Diesen Umfang steigerten Eberhard Tappe mit seiner deutsch-lateinischen Sammlung *Germanicorum adagiorum cum latinis ac graecis collatorum* (1539, 1300 Sprüche) und Sebastian Franck mit der kommentierten Sammlung → *Sprichwörter* (1541, 7000 Sprüche). Bis über das 16. Jh. hinaus erschienen noch viele weitere Sammlungen.
FABEL: Nachdem mit U. Boners → *Der Edelstein* (um 1349, ED: 1461) und H. Steinhöwels → *Äsop* (um 1476, 140 Fabeln) erste gedruckte Fabelsammlungen erschienen waren, kam es im 16. Jh. zu einer bedeutenden Erweiterung. Theoretische Grundlagen dafür lieferten Philipp Melanchthon mit seinem Aufsatz *De utilitate fabularum* (1526) und Martin Luther in der erst 1557 gedruckten Vorrede zu seiner Äsop-Bearbeitung. Die wichtigsten FABEL-SAMMLUNGEN sind: Erasmus Alberus: *Etliche fabel Esopi verteutscht* (1534/57), Burkhard Waldis: *Esopus* (1548, 400 Fabeln und Schwänke), Nathanael Chyträus: *Hundert Fabeln aus Esopo* (1571, mit Luthers Fabeln), Georg Rollenhagen (zugeschrieben): *Alte Newe Zeitung von der Welt Lauff* (1592). 1596 wurde erstmalig das gesamte Fabelwerk des Phaedrus gedruckt. Nächster Höhepunkt der deutschen Fabeldichtung war das 18. Jh. (→ *Fabeln im 18. Jh.*).
Vgl. des Weiteren die seit dem 16. Jh. verstärkte Sammlung von Facetien (z. B. H. Bebel: → *Facetiae*, 1508/14) und Schwänken (J. Pauli, 1522; J. Wickram, 1555). Fortsetzung → *Fabeln im 18. Jh.*

1540
Thiebolt Gart

1546–54 Ratsmitglied in Schlettstadt (Elsass). † nach 1554.

Joseph

UT: *Eine schöne und fruchtbare Comedia*

Geistliches Drama. UA: 4.4.1540 in Schlettstadt. ED: 1540.

Das Drama ist das einzige überlieferte Werk G.s und die selbständige Bearbeitung eines lateinischen Joseph-Dramas von Cornelius Crocus (1535). Der biblische Stoff, in dem es um Bruderzwist, Familientreue, Verführung und Bewährung von Tugend geht, wurde allein im 16. Jh. in mehr als 25 Stücken behandelt, davon zu Lebzeiten G.s z. B. von G. Major und J. Greff (1534), Sixt Birck (1535) und G. Macropedius (1544).

G.s reformatorischer Frömmigkeit verpflichteter Fünfakter stellt die gesamte Joseph-Geschichte dar und weist auf das Theater des 17./18. Jh. voraus. In dieser Hinsicht, d. h. »durch den ökonomischen Einsatz charakterisierender Details, die Vorwegnahme von Elementen des psycholog. Dramas u. den Verzicht auf konfessionelle Polemik, [gilt es] als eines der besten dt. Dramen des 16. Jh.« (H. Wittenbrink).

Rezeption: G.s Stück ist in 6 Drucken des 16. Jh. erhalten und wurde zum Vorbild vieler späterer Joseph-Dramen (vgl. Ph. von Zesen: → *Assenat*, 1670).

1541
Sebastian Franck

⋆ um 1500 in Donauwörth. Nach lutherischen Anfängen viele religiöse Streitigkeiten, Orts- und Berufswechsel; ab 1834 Drucker und Schriftsteller in Ulm und Basel. † Okt. 1542 in Basel.

Sprichwörter

OT: *Sprichwörter, Schöne, Weise, Herrliche Clugreden unnd Hoffsprüch*

Sprichwörter-Slg., der 1532 eine von F. anonym publizierte erste Slg. (*Sibenthalbhundert Sprichwörter*) vorausgegangen war.

F. – ein zu Unrecht wenig beachteter »franc-tireur« (J. Lindeboom) der Reformationszeit – war ein unorthodoxer, streitbarer und vielseitig gebildeter Schriftsteller, der einen Standpunkt jenseits der starren konfessionellen Auseinandersetzungen suchte (vgl. den bemerkenswerten Traktat über Toleranz: *Kriegbüchlin des frides*, 1539). Seine Sprichwörtersammlung nimmt wegen ihres Umfangs von rund 7000 Sprüchen einen herausragenden Platz in der Reihe der → *Sammlungen von Sprichwörtern und Fabeln* im 16 Jh. ein. Sie definiert das Sprichwort als »kurtze, weise klugred, die summa eines gantzen handels« und stützt ihre breite Auswahl auf das gesamte Spruchgut seit der Antike, übersetzt und kommentiert es und fügt deutsche Entsprechungen hinzu. Ausgewählte Sprüche werden moraldidaktisch, nicht selten auch sozialkritisch ausgelegt. Beispiel: Das Sprichwort »Es kommt selten das Best' hernach« erläutert F. durch die Geschichte einer Frau, die einem Tyrannen mitteilt, sie bete dafür, dass er lange lebe, weil sie erkannt hat, dass es nach ihm nur noch schlimmer kommen wird.

Rezeption: F.s Werk hatte indirekten Erfolg, weil erst eine kompilierende Auswahl des Frankfurter Verlegers Christian Egenolff aus Agricolas und F.s Slgn. (und u.d.T. von F.s Slg.) von 1548 bis 1691 14 Auflagen erreichte.

Weitere Werke: *Das verbüthschiert mit siben Siegeln verschlossen Buch* (Slg. kontroverser Bibelzitate, 1539), *Kriegbüchlin des frides* (1539).

1549
Friedrich Dedekind

⋆ 1524 in Neustadt am Rübenberge. Ab 1551 Pfarrer in Neustadt, ab 1576 in Lüneburg. † 21.2.1598 in Lüneburg.

Grobianus

OT: *Grobianus. De morum simplicitate libri duo*

Neulat. Verssatire in 2 Büchern. In der 2. Ausgabe von 1552 ergänzt um ein 3. Buch. Hochdt. erweiterte Übertragung von Kaspar Scheidt: *Grobianus. Von groben sitten und unhöflichen geberden* (1551).

Getreu dem vorangestellten Motto (»Liß wol diß büchlin offt und vil/ Und thu allzeit das widerspil«) zeigt D. am Verhalten der Hauptfigur Grobianus

ex negativo, wie man sich bei Tisch, allein und mit Gästen, benehmen soll. Das 3. Buch gibt jungen Mädchen entsprechende Ratschläge für den Umgang mit Liebhabern. Die Titelfigur entlehnte D. dem 72. Kapitel des satirischen Lehrgedichts von S. Brant: → *Das Narrenschiff* (1494) sowie einer 1538 anonym erschienenen Schrift *Grobianus Tischzucht*.
Die komische Drastik des geschilderten Fehlverhaltens (Unflätigkeiten, Selbstsucht, Frechheit) bediente die im 16. Jh. verbreitete Freude am ›Grobianischen‹ (→ *Narrenliteratur und Grobianismus*), versteht sich aber immer auch als eine Kritik daran. Die lateinische Zweizeiler-Form (Distichon) bezieht sich auf die antike Gattung des Preisliedes (Enkomion), das in Gestalt der ironischen Umkehrung, d. h. als Lob des Verkehrten, zuletzt bei den Humanisten ein beliebtes satirisches Genre war: Erasmus von Rotterdam: *Encomium moriae/ Lob der Torheit* (1511); → *Dunkelmänner-Briefe* (1515/17) u. a.

Rezeption: Der *Grobianus* war sowohl in der lat. Fassung als auch in der kongenialen Übers. von Scheidt (1551) und weiteren dt. Übers.n ein äußerst erfolgreiches Buch, das es bis ins 18. Jh. auf mehr als 20 Auflagen brachte.
Weitere Werke (Dramen): *Miles christianus* (1576), *Papista conversus* (1596).

1554; 1556; 1557
Jörg Wickram

* um 1505 in Colmar. Goldschmied, Maler und Buchhändler, ab 1555 Stadtschreiber in Burkheim (Kaiserstuhl). † um 1560/62 in Burkheim.

Der jungen Knaben Spiegel; Der Goldfaden; Von guten und bösen Nachbarn

UT: (1) *Ein schön Kurtzwyligs Büchlein*; (2) *Eine schöne liebliche und kurtzweilige Histori von eines armen hirten son*

Prosaromane.

Deutschsprachige fiktionale Erzähltexte (›historien‹), die keine Übersetzung oder Prosafassung eines Versepos' oder von Kleinepik sind, hatte es bis zum 16. Jh. so gut wie gar nicht gegeben (→ *Anfänge des Prosaromans*). Nach dem → *Fortunatus* (1509) war es dann W., der innerhalb weniger Jahre gleich 5 Prosaromane schrieb: *Ritter Galmy* (1539), *Gabriotto vnd Reinhart* (1551), *Der jungen Knaben Spiegel*, *Von Guten und Bösen Nachbaurn* und *Der Goldtfaden* (entst. 1554, ED: 1557).
Während die ersten beiden Romane im adlig-höfischen Milieu spielen, begab sich W. mit den darauf folgenden Romanen immer ausschließlicher in die bürgerliche Welt: In seinem letzten Roman von 1556 entfaltet er die Erfolgsgeschichte einer Handwerkerfamilie in 3 Generationen, im *Knabenspiegel* schildert er den Aufstieg eines adoptierten Bauernjungen zum Kanz-

ler (während umgekehrt ein mit ihm erzogener Rittersohn sozial absteigt) und im *Goldfaden* bringt es der Hirtensohn Lewfrid bis zum Ritterschlag und zur Heirat mit der Grafentochter Angliana. Die Botschaft dieser Romane lautet: Bürgerliche Personen können mit ihren Tugenden (Fleiß, Freundschaft, Solidarität, Liebe, Frömmigkeit), wenn auch nicht ganz aus eigener Kraft, zu einem Adel aufsteigen, der den Geburtsadel in den Schatten zu stellen vermag. Bildlicher Ausdruck dieser ›Begabung‹ ist der Goldfaden, ein Liebespfand Anglianas, mit dem Lewfrid sich eine Wunde über dem Herzen vernäht. Ob W. mit diesen Ansätzen bereits die Grundlagen für den bürgerlichen Prosaroman legte, dessen eigentlicher Aufstieg erst im 18. Jh. erfolgte (→ *Roman in der Aufklärung*), ist strittig.

Rezeption: Der *Knabenspiegel* wurde mehrfach dramatisiert; der *Goldfaden* erfuhr bis zum 17. Jh. mehrere Nachdrucke und wurde 1809 von Cl. Brentano neu herausgegeben.

Weitere Werke: *Der trew Eckart* (Fastnachtsspiel, 1532), *Das narren Giessen* (Fastnachtsspiel, 1537), → *Das Rollwagenbüchlein* (Schwank-Slg., 1555).

1555
Jörg Wickram

Biogr.: → 1554; 1556; 1557

Das Rollwagenbüchlein

OT: *Das Rollwagen büchlin*

Slg. von Prosaschwänken.

Was sich in der Rezeption von J. Paulis Exempel-Sammlung → *Schimpf und Ernst* (1522) schon abzeichnete, wird in W.s Schwank-Sammlung vollzogen: Die direkte moraldidaktische Zielsetzung tritt hinter der unterhaltenden Absicht (*kurtzweil*) zurück, denn das Buch soll im ›Rollwagen‹, d. h. auf Reisen und unterwegs an geselligem Ort gelesen werden. Damit rückt zugleich die Lebenswelt des kleinen Stadtbürgertums in den satirischen Blick. Diese neue Offenheit belebt das überlieferte Genre und formt es zur »weltlichen Anekdote« (I. Spriewald) bzw. zielt bereits auf die unerhörte Neuigkeit, die zur Domäne des Druckmediums wurde.

Die bis zur Ausgabe von 1565 auf 111 Prosaschwänke angewachsene Sammlung enthält vorwiegend pointiert erzählte Geschichten von listigderber Übertölpelung, wobei nicht selten Sprachwitz und sprachliches (Un-)Vermögen eine Rolle spielen. Wie in H. Sachs' Fastnachtsspielen wird Unflätiges eher vermieden, in der Kritik am römischen Klerus jedoch gut reformatorisch hingelangt. Dass in 3 Schwänken die Pointe sogar auf Mord hinausläuft, mag ein letzter Tribut an das Genre ›Exempel‹, kann aber auch schon Reaktion auf das Erscheinen der ›Neuen Zeitung‹ sein, die gedruckte Nachrichten über sensationelle Ereignisse anbot.

Rezeption: W.s Werk erfuhr bis 1613 17 Auflagen und regte weitere Schwank-Slgn. an: J. Frey: *Die Garten Gesellschaft* (1557), M. Montanus: *Der Wegkürtzer* (1557), M. Lindener: *Rastbüchlein* (1558), V. Schumann: *Nachtbüchlein* (1559), H. W. Kirchhof: *Wendunmuth* (1565–1603).

Weitere Werke: *Von guten und bösen Nachbarn* (Roman, 1557; → 1554; 1556; 1557).

Meistersang

Begriff: ›Meistersang‹ (oder ›Meistergesang‹) ist die Bezeichnung für eine literarische Kommunikationsform, die sich ab der 1. Hälfte des 15. Jh. vornehmlich in süddeutschen Städten ausbreitete, ihre Blütezeit um die Mitte des 16. Jh. hatte und in wenigen Restformen sogar bis zum 19. Jh. andauerte. Träger waren Angehörige der städtischen Mittelschicht, zumeist Handwerker, die in der Regel nebenberuflich das Verfassen und Vortragen von Meisterliedern wie ein zünftiges Handwerk betrieben. Das Verfassen war durch strenge Kunstregeln (Tabulaturen) festgelegt, die in Singbruderschaften bzw. -schulen zu erlernen waren und deren Ergebnis beim Vortrag und im Wettbewerb durch ›Merker‹ anhand von ›Schulordnungen‹ überwacht und bewertet wurde. Als ›Meisterlied‹ galt die Gesamtkomposition von Textstrophe in ungerader Anzahl (›Bar‹) und ›Ton‹ (Ensemble von Strophenbau, Reimschema und Melodie). Daraus ergab sich auch die Rangordnung: ›Meister‹ war derjenige, der über Bildung (Magister = Meister) verfügte und neue Töne erschuf, ›Dichter‹: wer nach überliefertem Ton neue Strophen dichtete. ›Singer‹ war dagegen, wer die Lieder anderer korrekt vortragen konnte und ›Schulfreund‹ derjenige, der die Regeln nicht mehr wie ein ›Schüler‹ üben musste.

Die Inhalte der Meisterlieder waren traditionell geistlich-lehrhaft und knüpften an die mittelhochdeutsche Sangspruchdichtung an, deren Hauptvertreter als die ›Zwölf Alten Meister‹ verehrt wurden (z. B. Walther von der Vogelweide, Wolfram von Eschenbach, Reinmar von Zweter, Der Marner, Konrad von Würzburg, Heinrich von Meißen, Heinrich von Mügeln). Das starre, Originalität geradezu verpönende ästhetische Schema ließ den Meistersang indes weder an diese Vorbilder herankommen, noch mochten die sich an M. Opitz' Dichtungstheorie (→ *Buch von der deutschen Poeterey*, 1624) orientierenden Schriftsteller des 17. Jh. Vorbildhaftes im Meistersang erkennen. Als literarisch-oral gestützte städtische Bildungsbewegung, die im 15. Jh. mit der sich verbreitenden Laienfrömmigkeit, im 16. Jh. v. a. mit der Reformation konform ging, hatte der Meistersang jedoch eine wichtige Funktion.

Bedeutendster Meistersinger neben Hans Folz († 1513) und Ambrosius Metzger († 1632) war Hans Sachs († 1576). Der Meistersang ist in rund 120 Handschriften und nur wenigen Drucken mit insgesamt etwa 16 000 Liedern überliefert. Wichtige Quellen sind die *Kolmarer Liederhandschrift* (um 1460), H. Sachs' *Summa all meiner gedicht* (→ *Werke*, 1567), A. Puschmanns *Gründtlicher Bericht des Deudschen Meistergesangs*

(1571) und J. Chr. Wagenseils *Buch von der Meister-Singer holdseligen Kunst* (1697). Eine Parodie der Theaterspielaktivitäten der Meistersinger lieferte A. Gryphius mit seiner Komödie → *Herr Peter Squentz* (1658). R. Wagners Oper *Die Meistersinger von Nürnberg* (1868) idealisierte dagegen den Meistersang.

1567
Hans Sachs Biogr.: → 1523

Werke

OT: *Summa all meiner gedicht*
Werkausgabe.
Kaum ein anderer deutscher Dichter hat der Nachwelt ein derart umfangreiches Gesamtwerk hinterlassen wie S. Er selbst lieferte gegen Ende seines Lebens eine akribische Auflistung und Abschrift, die er *Summa all meiner gedicht* (1567) nannte und die 34 Bde. umfasst. In rund 60 Jahren schrieb er ab 1514 mehr als 6100 Einzeltexte, davon 4275 Meisterlieder, etwa 130 Tragödien und Komödien, 85 Fastnachtsspiele, 7 Prosadialoge und eine Vielzahl weltlicher und geistlicher Gedichte (Fabeln, Schwänke, Streitgedichte, Sprüche usw.). S. führte die schon aus dem 15. Jh. überlieferte Tradition des → *Meistersangs* zu einem Höhepunkt, indem er ihn für weltliche Themen öffnete. Im Fastnachtsspiel vollendete er die Form des Handlungsspiels (→ *Vom Fastnachtsspiel zum Reformationsdrama*) und stärkte dabei das moralisch-didaktische Element gegenüber dem Derb-Obszönen. Exemplarisch dafür stehen: *Das Narren Schneyden* (1536), *Der schwanger Pawer* (1544), *Der farendt Schueler im Paradeis* (1550), *Das Kelberbrüten* (1551), *Die alt verschlagen Kuplerin mit dem Thumbherrn* (1553).
Insgesamt war S. mit seinem Eintreten für die Reformation (→ *Die Wittenbergische Nachtigall*, 1523), seinen volkstümlichen Stücken, propagandistischen Prosadialogen, Streitgedichten (›Kampfgespräche‹) und »lutherisierten« Meisterliedern (C. Stoll) ein engagierter Autor auf der Höhe seiner Zeit. Diese Leistung des Handwerker-Dichters, der durchaus stolz von sich selbst »als einem ungelehrten mann,/ der weder latein noch griechisch kan«, sprach, ist nicht hoch genug zu würdigen. Die Tatsache, daß S. – außer in seinen Meisterliedern und Prosadialogen – kein anderes Versmaß als den schlichten Knittelvers (4-hebiges Reimpaar mit regelmäßigem Wechsel von betonter und unbetonter Silbe) kannte, sollte dem nicht entgegenstehen.

Rezeption: S. besaß im 16. Jh. hohe Anerkennung, so dass er in Nürnberg als einziger Autor des 15./16. Jh. den vom Meistersang verehrten ›Zwölf Alten Meistern‹ des Mittelalters hinzugefügt wurde. In der Barock- und Aufklärungszeit krass abgewertet, wuchs – beginnend mit Goethes Zuspruch *Hans Sachsens poetische Sendung*

(1776) und v. a. nach R. Wagners Oper *Die Meistersinger von Nürnberg* (1868) – sein literarisches Ansehen als Autor heute noch spielbarer Fastnachtsspiele jedoch ab Ende des 18. Jh. wieder. 🎬 *Fastnachtsspiele* (R: H. Küpper, 1953, TV).

1575
Johann Fischart

* 1546 in Straßburg. Nach ausgedehnten Studien an europ. Universitäten ab 1580 Jurist am Reichskammergericht in Speyer; ab 1583 Amtmann in Forbach. † um 1590 in Forbach. Gedenkstätte: Straßburg (D).

Geschichtklitterung

OT ab 1590: *Affentheurlich Naupengeheurliche Geschichtklitterung Von Thaten vnd Rhaten der […] Helden vnd Herren Grandgoschier Gorgellantua vnd deß Eiteldurstlichen Durchdurstlechtigen Fürsten Pantagruel von Durstwelten / Königen inn Vtopien […]*

Prosaroman. 1582 und 1590 erschienen erweiterte Ausgaben mit jeweils leicht verändertem Titel.

F. ist einer der originellsten Schriftsteller des 16. Jh., obwohl der größte Teil seines umfangreichen Werkes aus Bearbeitungen fremder Vorlagen besteht. So ist auch seine *Geschichtklitterung* eine um das Dreifache erweiterte Bearbeitung des 1. Buches von Fr. Rabelais' Roman: *Gargantua und Pantagruel* (1532/34). Originell ist dabei nicht, um welche Handlungsstränge F. die Geschichte des Riesen Gargantua – von seiner Geburt bis zu Universitätsstudium und ersten Kriegstaten – (eher wenig) ausdehnt, sondern wie er die humanistisch inspirierte Satire auf Scholastik, Katholizismus und Ritterroman paraphrasiert: Dass sich diese überkommene Welt in einer, wie F. in seiner Vorrede ausführt, »verwirrten ungestalt und ungestalter verwirrung« befindet, demonstriert er durch eine assoziativ wuchernde Sprache, die sich analog zur riesenhaften Maßlosigkeit von Gargantuas grobianischem Verhalten ins Monströse ausweitet (→ *Narrenliteratur und Grobianismus*). Viel zitiert ist das Kabinettstückchen der »Truncken Litanei« (8. Kapitel), das auf mehr als 10 Seiten absatz- und kommentarlos das deutsch-lateinische Stimmengewirr eines wüsten Saufgelages protokolliert, doch gibt es Passagen, in denen der sprachliche Ausdruck den Bezug zur Realität gänzlich verliert und in eine »schwer entwirrbare Chaotik der Laute, Wörter und Vorstellungen« (M. Wehrli) übergeht, die literarischen Sprachexperimenten des 20. Jh. ähnelt (→ *Dadaismus*).

Rezeption: Bis 1631 folgten noch 6 weitere Ausgaben. Nach der Barockzeit geriet das Werk jedoch in Vergessenheit, bis es durch J. G. Herder und Jean Paul zu neuer Anerkennung gelangte.

Weitere Werke: *Eulenspiegel Reimensweiß* (Versdichtung, 1572), *Das Glückhafft Schiff von Zürich* (Versdichtung, 1576/77), → *Flöh Hatz; Weiber Tratz* (Verssatire, 1577).

1577
Johann Fischart

Biogr.: → 1575

Flöh Hatz / Weiber Tratz

OT/UT: *Floeh Haz / Weiber Traz Der wunder vnrichtige und spotwichtige Rechtshandel der Flöh mit den Weibern*

Verssatire. Der 1. Teil erschien bereits 1573, verfasst von Mathias Holtzwart. Die Ausgabe von 1577 ist eine stark erweiterte Bearbeitung von F., vermehrt um die Bearbeitung einer anonymen frz. Vorlage.

Dem zweigeteilten Titel entsprechen 2 Werkteile, die insgesamt 4190 Verse umfassen. *Flöh Hatz* ist ein Tierepos in Dialogform, in dem ein Floh einer Fliege (*muck*) sein Leid mit den Frauen klagt. Diese erscheinen aus der Flohperspektive als gewalttätige Bestien und werden zugleich durch groteske Vergrößerung auf ihre Körperlichkeit reduziert. Das geschieht nicht ohne anzügliche Frauenkritik, ganz in der Tradition der seit dem Mittelalter vorhandenen und bis ins 19. Jh. fortgesetzten ›Flohliteratur‹, in der es immer wieder um das Eindringen des Flohes in den weiblichen Intimbereich geht. Dementsprechend heißen bei F. die Flöhe Bortief, Fechtimbusch usw. Im 2. Teil kommt es dann zu einer komischen Gerichtsverhandlung, in der der Autor als ›Flöhkanzler‹ die Klage der Flöhe zurückweist und ihnen untersagt, künftig die Frauen zu plagen.

Trotz mancherlei Groteskem ist eine moraldidaktische Tendenz unverkennbar, die sich noch deutlicher in F.s Hausbuch *Philosophisch Ehzuchtbüchlein* (1878) und mit dem Lob frühbürgerlicher Arbeitsmoral in der Verserzählung *Das Glückhafft Schiff von Zürich* (1576/77) ausdrückt. Als Jurist hatte F. keine Bedenken, den spätmittelalterlichen *Hexenhammer* (1487, Handbuch zur Hexenverfolgung) neu zu edieren und an Hexenprozessen mitzuwirken.

Weitere Verssatire: *Das Jesuiterhütlein* (1580).

Autobiographien I (15./16. Jh.)

FORMEN: Bis zum Beginn der Neuzeit diente die Beschreibung des eigenen Lebens (in seiner Gesamtheit oder in wichtigen Abschnitten) v. a. dazu, die exemplarische »Übereinstimmung mit vorgegebenen Verhaltens- und Lebensmustern« (Th. Cramer) zu demonstrieren. Das, was am Ende des 18. Jh. dann als ›Selbstbiographie‹ bezeichnet wurde (→ *Autobiographien II, 17./18. Jh.*), war daher über lange Zeit nicht ohne Weiteres von anderen autobiographischen Formen wie z. B. Memoiren, Denkwürdigkeiten, Chroniken, Tagebüchern, Apologien zu trennen, wobei Erzählweisen in der Ich- und in der Er-Form vorkommen. Der Zugang zur Besonderheit des eigenen Ichs eröffnete sich dabei, in der Nachfolge der beispielgebenden *Confessiones* von Augustinus (397), am ehesten über die

Darstellung des religiösen Erlebens (vgl. → *Mystik*, H. Seuse: → *Vita*, um 1362), vereinzelt auch schon ab dem späten Minnesang durch die autobiographisch gefärbte Darstellung von Liebeserleben (Ulrich von Liechtenstein, Oswald von Wolkenstein). Daneben wurden ab dem 16. Jh. mehr und mehr die säkularen Bereiche (Politik, Wissenschaft, Kunst, Reise u. a.) Gegenstand autobiographischer Beschreibung. Bemerkenswert ist hier, dass sich nicht nur Selbstdarstellungen der ›großen Männer‹, sondern auch Lebensbeschreibungen einfacher Männer *und* Frauen erhalten haben.

Aus der Vielzahl der FRÜHEN AUTOBIOGRAPHIEN, die oft erst später gedruckt wurden, sind hervorzuheben: Ulman Stromer: *Puechel von meim geslecht und von abentewr* (1400, ED: 1862; Nürnberger Familienchronik), Helene Kottanner: *Denkwürdigkeiten* (1440, ED: 1971; ungarische Kammerfrau), B. Zink: *Chronik des Burkhard Zink* (1468, ED: 1866; Teil der Augsburger Stadtchronik), Kaiser Maximilian I.: *Weißkunig* (nach 1500, ED: 1775, allegorische Kaiserbiographie), Johannes von Soest: *Lebensbeschreibung* (1505, ED: 1811; gereimte Adelsbiographie), Johannes Butzbach: *Hodoeporicon* (1506, ED: 1869; lateinische Vagantenbiographie), Charitas Pirckheimer: *Denkwürdigkeiten* (1. Drittel 16. Jh., ED: 1962, religiöse Rechenschaft einer Äbtissin), Konrad Pellikan: *Chronicon* (1544, ED: 1877; lateinische Gelehrtenbiographie), Götz von Berlichingen: *Mein Fehd und Handlungen* (Mitte 16. Jh., ED: 1981; politische Rechtfertigung), Thomas Platter: *Lebensbeschreibung* (1572, ED: 1944; Lebenslauf vom Hirtenjungen zum Gelehrten), Hans von Schweinichen: *Memorial* (1568–1602, ED: 1911; Tagebuch eines schlesischen Landadligen), Stephan Isaak: *Wahre und einfältige Historia Stephani Isaaci* (1586; Lebenslauf eines mehrfachen Konvertiten), Bartholomäus Sastrow: *Geburt und Lauff seines gantzen Lebens* (um 1600, ED: 1823/24; lutherische Bürgermeister-Autobiographie).

1582/1585
Nicodemus Frischlin

22.9.1547 in Balingen/Württemberg. Absolvent des Tübinger Stifts, ab 1568 dort Professor für Poetik und Geschichte; 1576 Krönung zum ›poeta laureatus‹, 1577 geadelt. Wegen Kritik am Adel 1582 des Landes verwiesen, danach unstetes Wanderleben. † 29.11.1590 in Hohenurach.

Julius redivivus

Neulat. Komödie. Entst. 1572–84; UA: 1582/85 in Tübingen, dt. Übers. (*Der auferstandene Julius*) von Jacob Frischlin 1585 und Jacob Ayrer 1592.

Von F.s sechs neulateinischen Komödien und zwei Tragödien, neben der einzigen deutschsprachigen Komödie *Fraw Wendelgard* (1580), ist der *Julius redivivus* nicht zuletzt wegen seiner kulturpatriotischen Botschaft das bekannteste Werk geblieben: Cäsar und Cicero kommen aus dem Totenreich ins zeitgenössische Deutschland und erfahren im Gespräch mit Arminius und dem neulateinischen Dichter Eobanus Hessus, dass Deutschland – und nicht Italien oder Frankreich – der einzig würdige Erbe der römischen Antike ist. Die deutsche Überlegenheit, so wird deutlich, beruht auf der Verbindung von technischem Können (Schießpulver, Buchdruck) und humanistischer Kultur, ist aber auch gefährdet durch nationale Schwächen (Aberglauben, Trunksucht).

Mit der Begründung deutscher Größe sowie mit der Karikierung der italienischen und französischen Sprache (als verhunztes Latein) enthält das patriotische Selbstlob Elemente, auf die im Zweiten Kaiserreich zurückgegriffen wurde. So lobte z. B. Bismarck an F.s Stück die Weckung von Vaterlandsliebe.

Werkausgabe: *Opera poeticorum* (ab 1585 mehrfach aufgelegt).

1584
Johannes Stricker

* um 1540 in Grube (Ostholstein). Evangelischer Pfarrer ab 1560 in Cismar, ab 1575 in Grube. † Jan. 1599 in Lübeck.

De düdesche Schlömer/Der deutsche Schlemmer

OT: *De düdesche Schlömer*

Drama. Hochdt. Fassung: 1588; neuniederdt. Fassung: 1984.

St.s Stück (rund 5000 Verse) steht als eines der letzten in der langen Reihe der → *Jedermann*-Dramen des 16. Jh. und ist zugleich ein bedeutendes Zeugnis der mittelniederdeutschen Literatur. Es hebt sich von den konkurrierenden Bearbeitungen nicht nur durch die Sprachform ab, sondern auch durch die Zuspitzung des allegorischen Glaubensdramas zur aktuellen Zeitkritik: Nicht die reformatorische Polemik gegen den (katholischen) Glaubensgegner befeuert das 5-aktige Spiel, sondern die unverblümte Sozialkritik am Lotterleben des holsteinischen Landadels. Sie enthüllt sich im dargestellten Spiel der handelnden Personen, artikuliert sich aber auch in der Figur des Pfarrers, der dem ›Schlömer‹ beispielhaft vorlebt, wie und woran er glauben soll. Erst diese Glaubwürdigkeit, so die Botschaft, kann die Hoffnung auf göttliche Gnade begründen.

Wie schon in Th. Garts → *Joseph* (1540) weist die psychologische Motivierung des reuigen Sinneswandels der Hauptfigur auf das Drama der folgenden Jh.e voraus.

Rezeption: Das Stück, das St. seine Pfarrei kostete und ihn zur Flucht nach Lübeck zwang, wurde bis ins 20. Jh. hinein aufgeführt.

1587
Historia von D. Johann Fausten

OT: *Historia Von D. Johann Fausten, dem weitbeschreyten Zauberer und Schwartzkünstler*
Prosaerzählung.

Unter den → *›Volksbücher‹* genannten Prosaerzählungen des 16. Jh. ragt das Faustbuch insofern hervor, als es eine originale Verschriftlichung eines mündlichen Erzähltextes ist, der sich um die historisch nur schwach belegte Scharlatan-Gestalt eines Georg Faust rankte. Der von einem unbekannten lutherischen Verfasser stammende Text (68 Kapitel) formt daraus die Geschichte des Zauberers und Schwarzkünstlers Johann Faust, der wegen seines als gottlos kritisierten, naturwissenschaftlichen Wissensdranges (*curiositas*) einen Pakt mit dem Teufel schließt. Er bereist daraufhin Hölle, Himmel und Erde, unterhält mit seinen Zaubereien Hof und Universität und zeugt mit Helena einen Sohn. Als nach 24 Jahren der Teufel ihn holen kommt, retten ihn weder Wehklage noch öffentliche Reue vor einem grässlichen Tod.

Die zentrale Botschaft, bereits im Untertitel (»allen hochtragenden, fürwitzigen vnd Gottlosen Menschen zum schrecklichen Beyspiel, abscheuwlichen Exempel, vnd treuwhertziger Warnung zusammen gezogen«) benannt und am Ende mit dem Hinweis auf den *1. Petrus-Brief* 5, 9 (»widerstehet fest im Glauben«) unterstrichen, ist unverkennbar; doch hinter dem Rücken der religiösen Warnung behauptet sich das Faktum menschlichen Erkenntnisstrebens, das Faust besonders in den ersten 8 Jahren auch positiv auszeichnet und das die wissenschaftliche Neugierde »als ein nicht wieder rückgängig zu machendes Konstituens des neuzeitlichen Menschen erscheinen« (P. J. Brenner) lässt.

Rezeption: Noch im 16. Jh. erschienen 22 Auflagen und erweiterte Bearbeitungen von anderen Verfassern. Mehr als 30 Auflagen erlebte die Volksbuch-Bearbeitung des sog. Christlich Meynenden (ab 1725). In England schrieb Chr. Marlowe *The Tragicall History of the Life and Death of Doctor Faustus* (UA: 1594, ED: 1605); das Stück kam in platter Form über die engl. Wandertheater ab 1608 nach Deutschland zurück (→ *Faust-Dichtungen bis 1808*). Gedenkstätte: Knittlingen (Faust-Museum).

›Volksbücher‹

Der Begriff ›Volksbuch‹ ist irreführend und heute nicht mehr gebräuchlich: Geprägt im 19. Jh. (J. Görres, → *Die teutschen Volksbücher*, 1807) sollte er – analog zum Volkslied – ein episches Volksvermögen bezeichnen, das sich ab dem 15./16. Jh. durch Verschriftlichung von mündlich tradiertem Erzählgut Ausdruck verschafft habe. Tatsächlich trifft diese Annahme nur für einen ganz kleinen Teil des tatsächlichen Korpus' zu (z. B. Schwänke; → *Historia von D. Johann Fausten*, 1587). Das Gros bilden indes Texte, die nichts anderes als populär aufgemachte PROSAFASSUNGEN ÜBERLIEFERTER HELDEN- UND VERSEPEN bzw. Bearbeitungen früher Prosaromane (→ *Anfänge des Prosaromans*) sind, deren endgültige Fassung z.T. erst nach dem 16. Jh. zustande kam. Ihre ›Schöpfer‹ waren in der Regel Buchdrucker oder von ihnen beauftragte Verfasser, die die Vorlagen in einer Art Zweitverwertung ausbeuteten und damit eine Nachfrage in neuen Käufer-/Leserschichten erzeugten bzw. befriedigten, die im 16. Jh. aber durchaus noch zu Adel und städtischem Bürgertum gehörten. Als die immer billigeren Heftchen ab dem 17. Jh. auch in die unteren Volksschichten eindrangen, ging die Kirche scharf gegen sie vor und verdammte sie als Pestbücher (*pestiferi libri*).

Der ›KANON‹ dieser Literatur umfasst stoffgeschichtlich etwa folgende Gruppen: 1. ANTIKE VORLAGEN (z. B. *Die sieben weisen Meister*, entst. 15. Jh., ED: 1470; *Apollonius*, 1471; *Alexander*, 1472; *Das Buch von Troja*, 1472); 2. MITTELHOCHDEUTSCHE VERSEPEN UND LEGENDEN (z. B. → *Tristrant und Isalde*, um 1170; → *Wigalois*, um 1210; → *Herzog Ernst*, um 1170; → *Wilhelm von Österreich*, vor 1314; *Der gehörnte Siegfried*, ED: 1726; *Genoveva*, 1640; → *Gregorius*, um 1190); 3. ÜBERSETZUNGEN FRANZÖSISCHER EPEN (z. B. *Melusine*, entst. 1456, ED: 1474; *Huge Scheppel*, 1500; *Die schöne Magelone*, entst. 1527, ED: 1535; *Die Haimonskinder*, entst. 1531; *Kaiser Octavianus*, 1535; → *Flore und Blancheflor*, um 1120; → *Lancelot*, um 1250); 4. FRÜHHUMANISTISCHE ERZÄHLPROSA (z. B. *Griseldis*, 1471); 5. TIERSATIREN, SCHWÄNKE UND SAGEN (z. B. → *Reineke Fuchs*, 1498; → *Till Eulenspiegel*, um 1510/11; → *Die Schildbürger*, 1597/98; *Der Ewige Jude*, 1602). Nicht einzuordnen, aber mitzuzählen ist der → *Fortunatus* (1509).

Im 16. Jh. war das Corpus von ›Volksbüchern‹ dieser Art noch recht weit gefasst, wie z. B. der Sammelband *Das Buch der Liebe* (1587) des Frankfurter Verlegers Siegmund Feyerabend zeigt. Insgesamt sind mehr als 70 Titel in über 700 Ausgaben nachweisbar. Erst als sich Prosaroman, Schwankerzählung und Legende schärfer trennten, kam es zu einer Reduzierung, deren Ausbeute im 19. Jh. durch die VOLKSBUCHSAMMLUNGEN von J. Görres (1807), G. Schwab (1836) und K. Simrock (1839ff.) festgeschrieben wurde.

Formen des Theaters im 16./17. Jahrhundert

Das Mittelalter hatte an szenischen Darbietungen – sieht man einmal vom Lesedrama ab – das Geistliche Spiel (→ *Geistliche Spiele 11.–15. Jh.*) und das Fastnachtsspiel entwickelt, die beide im 16. Jh. ausklangen bzw. von neuen Theaterformen beeinflusst wurden (→ *Vom Fastnachtsspiel zum Reformationsdrama*). Neue Impulse vermittelten die Humanisten durch die Rezeption des antiken Dramas (Terenz, Plautus, Seneca, Sophokles, Euripides) mit dem ›HUMANISTENDRAMA‹, wobei anfangs der Prosadialog, alsbald aber auch die Akt- und Szeneneinteilung, der Prolog und Epilog, die Trennung von Bühne und Zuschauerraum sowie die Unterschei-

dung von Komödie, Tragödie und Tragikomödie übernommen wurden. Bedeutende Autoren waren hier: J. Wimpheling, J. Reuchlin, C. Celtis, J. Locher, N. Frischlin (→ *Lateinische Literatur III*). Dieses neulateinische Humanistendrama erweiterte sich in der Reformationszeit zum protestantischen SCHULDRAMA, dessen Hauptziele die Befestigung im Glauben sowie die Pflege der lateinischen Sprache waren. Erfolgreiche Stücke wurden auch ins Deutsche übersetzt bzw. gleich auf Deutsch geschrieben und erreichten in Gestalt der Bibeldramen und Moralitäten (→ *Jedermann*) auch ein Publikum jenseits der Lateinschulen. Bedeutende Autoren waren hier: B. Waldis, S. Birck, P. Rebhuhn, J. Greff, J. Agricola, Th. Naogeorg, G. Rollenhagen, J. Stricker, Chr. Weise. Als katholisches Gegenstück trat ab dem Ende des 16. Jh. das ›JESUITENDRAMA‹ hervor, das in seinem propagandistischen Streben nach Publikumswirkung mehr und mehr auf alle verfügbaren theatralischen Mittel zurückgriff und damit formal das Theaterwesen vorantrieb. Auch das Jesuitendrama strebte über die Grenzen der Jesuitenkollegien (gegründet ab 1554) hinaus, allerdings weniger in Richtung städtischer Öffentlichkeit, sondern zu Aufführungen am Hofe katholischer Fürsten. Bedeutende Autoren waren hier: J. Pontanus (*Poeticarum Institutionum libri III*, Dramentheorie, 1594), J. Gretser (*Udo*, 1598), J. Bidermann (→ *Cenodoxus*, 1602), J. Masen (*Rusticus imperans*, 1657), N. Avancini (*Pietas victrix*, 1659).
Weitere wichtige Bereicherungen des Theaterwesens geschahen durch die Rezeption der italienischen *commedia dell'arte* (ab 1568) sowie v. a. durch die sog. ENGLISCHEN KOMÖDIANTEN, d. h. Wandertruppen englischer Schauspieler, die von etwa 1590 bis 1660 in Deutschland auftraten. Sie brachten folgende Neuerungen mit sich: Berufsschauspielertum, Dominanz der Bühnenaktion gegenüber dem Wort, unterhaltsame Einschübe durch Kunststücke, Stegreif und Gesang, Prosa als Bühnensprache, Einführung des Clowns als stehende Figur. Ihre Stücke sind gesammelt in: *Engelische Comedien und Tragedien* (1620, 2. Teil: 1630). Ein erstes stehendes Theater für die Wandertruppen gab es ab 1604/05 mit dem ›Ottoneum‹ in Kassel. DEUTSCHE THEATERTRUPPEN entstanden in der 1. Hälfte des 17. Jh. An der Entwicklung zur deutschsprachigen weltlichen Komödie hatten auch N. Frischlin und Herzog Heinrich Julius von Braunschweig Anteil. Schließlich bildeten sich im 17. Jh. das schlesische Kunstdrama und das Trauerspiel heraus (→ *Barocktheater und -drama*).

1592–1602
Jacob Ayrer

* 1544 oder 1543 in Nürnberg. Lebte von 1570–93 in Bamberg, danach als Notar mit Bürgerrecht in Nürnberg. † 26.3.1605 in Nürnberg.

Dramatische Werke

A.s Gesamtwerk besteht aus mehr als 100 Schwänken, Fastnachts- und Singspielen, von denen sich 69 erhalten haben. Es ist neben dem von

H. Folz und H. Sachs im 16. Jh. das umfangreichste und beschließt die Spieltradition des (protestantischen) Fastnachtsspiels, das gerade in Nürnberg eines seiner Zentren besaß.

Unter dem Eindruck der Englischen Komödianten (→ *Formen des Theaters im 16./17. Jh.*) führte A. Neuerungen wie Bühnenanweisungen und Kulissen sowie das Singspiel als unterhaltende Einlage zwischen den Akten ein und etablierte die Narrenrolle in der Funktion des Spaßmachers wie des moraldidaktischen Kommentators (vgl. z. B. die Komödie *Spiegel weiblicher Zucht und Ehr*). Andererseits behielt er den charakteristischen Knittelvers bei. Den Fundus an schwankhaft-burlesken Vorlagen beutete er hemmungslos und im Ergebnis nicht unbedingt vorteilhaft aus, was ihm den Vorwurf des oberflächlichen Vielschreibers eintrug. Unstrittig ist jedoch, dass A.s Spiele auf die direkte moralisch-religiöse Besserung der Zuschauer zielen: Das Unterhaltende dient der Demonstration des Verworfenen, über das am Ende stets das Gute siegt.

Rezeption: Eine nachhaltige Wirkung erzielte A.s Werk wohl kaum; immerhin war er jedoch noch L. Tieck bekannt, der Spiele von ihm in der Slg. *Deutsches Theater* (1817) nachdruckte.

Weitere Werke: Die Gesamtausgabe der Werke (*Opus theatricum*, 1618) enthält 30 Komödien und Tragödien sowie 36 Fastnachtsspiele.

1594
Heinrich Julius von Braunschweig

* 16.10.1564 in Wolfenbüttel. Ab 1589 regierender Herzog von Braunschweig-Lüneburg, ab 1607 in Prag am Hofe Kaiser Karls IV. † 20.7.1613 in Prag. Gedenkstätte: Wolfenbüttel (G).

Vincentius Ladislaus

OT: *Comoedia Hidbelepihal von Vincentio Ladislao*

Komödie. ›Hidbelepihal‹ war H.s Pseudonym, gebildet aus den Initialen des herzoglichen Namens: H(enricus) I(ulius) d(ux) B(runsvicensis) e(t) L(uneburgensis), epi(scopus) Hal(berstadensis). ED: 1594; belegte UA: 1603.

So wie N. Frischlin sich mit seinem Schauspiel *Fraw Wendelgard* (ED: 1580) vom protestantischen Schuldrama zur deutschsprachigen Komödie wendete, die bereits eine realistische Figurenzeichnung und Ansätze einer psychologischen Motivierung besitzt, begann sich auch H. von den Traditionen des Fastnachtsspiels und des Schuldramas zu lösen: Form und Inhalt weisen auf das Barockdrama voraus (→ *Barocktheater und -drama*).

Die Komödie handelt von einem arbeitslosen Fechtmeister, der bei Hofe eine Anstellung sucht, aber durch seine prahlerischen Reden entlarvt und lächerlich gemacht wird. Das Stück ist mit seiner prosanahen Sprache (unter Einschluss der niederdeutschen Mundart), den burlesken Einlagen und lebendig gezeichneten Charakteren sehr unterhaltsam und damit auch eines der ersten, das vom Einfluss der Englischen Komödianten (→ *Formen des Theaters im 16./17. Jh.*) geprägt ist. Und doch fehlt ihm nicht der gehörige Ernst: Der grobianische Scherz zielt auf die Einübung zivilisierter Hofzucht und befestigt nebenbei die durch die Kunst des richtigen Verhaltens ausgedrückte Ständeordnung.

Weitere Bearbeitungen: Den Maulhelden-Stoff des *miles gloriosus* (nach dem Muster von Plautus) behandeln auch: A. Gryphius: → *Horribilicribrifax* (1663) und J. M. R. Lenz: *Der großprahlerische Offizier* (Lustspiel, 1772).
Weitere Schauspiele: *Von der Susanna* (1593), *Von einem Buhler und einer Buhlerin* (1593).

1595
Georg Rollenhagen

* 22.4.1542 in Bernau bei Berlin. Ab 1567 Leiter des Magdeburger Gymnasiums, der damals berühmtesten Gelehrtenschule Deutschlands. † 13. oder 20.5.1609 in Magdeburg.

Froschmeuseler

OT/UT: *Froschmeuseler. Der Frösch und Meuse wunderbare Hoffhaltunge*
Tierepos, entst. ab 1569.

Was als ein satirisch-didaktisches Tierepos in der Nachfolge des → *Reineke Fuchs* (1498) daherkommt, entpuppt sich rasch als eine monumentale Lehrdichtung (rund 20 000 Verse, 119 Kapitel), die am Beispiel des Krieges zwischen Mäusen und Fröschen einen ganzen Kosmos an zeitgenössischem Wissen darbietet: Es geht um Lehren für das richtige Zusammenleben der bürgerlichen Individuen (1. Buch), die Erörterung der besten Staatsform und die Trennung von Staat und Kirche (2. Buch) sowie um eine Diskussion über Krieg und Friedenspolitik. Das kunstvoll erzählte Werk enthält vor jedem Kapitel eine deutende Inhaltsangabe und hat darüber hinaus noch ein Register. R.s Ziel ist es, »Lehr und lust« so zu verbinden, dass der »rechte ernst/ im schertz vnd mit lachendem munde/ ausgesprochen« wird. So soll sich aus dem tragisch-komischen Krieg der kleinen Tiere, die sich am Ende gegenseitig umbringen und von den großen Tieren gefressen werden, die vernünftige Einsicht bilden, dass menschliches Trachten nichtig ist, wenn es nicht von frommem Gottvertrauen getragen wird. Reizvoll ist ein Vergleich mit Hugo von Trimbergs enzyklopädischem Lehrgedicht → *Der Renner* (1300–13).

Rezeption: Das Epos erfuhr bis 1637 etwa 10 und bis 1730 weitere 2 Nachdrucke. J. H. Campe veröffentlichte 1796 mit dem *Neuen Froschmeuseler* eine Bearbeitung.
Weitere Werke (Schuldramen): *Spiel von Tobias* (1576), *Spiel vom reichen Manne und armen Lazarus* (1590).

1597/1598
Die Schildbürger

OT (1): *Das lustige und recht lächerliche Lalen-Buch* – OT/UT (2): *Die Schiltbürger. Wunderselszame Abentheurliche vnerhörte vnd bißher vnbeschriebene Geschichten vnd Thaten der obgemelten Schiltbürger [...]*

Schwankzyklus.

Das *Lalebuch* ist die (erhaltene) Erstfassung eines Schwankzyklus', der u.d.T. *Die Schiltbürger* 1598 in einer leicht veränderten Bearbeitung (Namensänderung, Vorrede) erschien und bis heute in dieser Form bekannt geblieben ist. Das wegen seiner geschlossenen Handlung auch schon als Roman zu betrachtende Buch gehört in die Tradition von → *Narrenliteratur und Grobianismus*: Die Lalen bzw. Schildbürger haben beschlossen, ihre Weisheit – die sie auswärts zu begehrten Ratgebern gemacht, ihnen daheim aber auch viel Ärger eingebracht hat – mit absichtlicher Dummheit zu verbergen, um in Ruhe in ihrer Stadt leben zu können. Leider wird ihnen die angenommene Narrheit jedoch zur zweiten Natur, wie eine stattliche Anzahl von Eseleien bezeugt (Versenken der Glocke, Rathaus ohne Fenster, Aussaat von Salz usw.). Am Ende brennen sie ihre Stadt nieder und verschwinden in alle Welt, nur »jhr Thorheit und Narrey« ist geblieben und lebt in allen Menschen fort. Der Spott über die Verdummten ist dabei durchaus hintergründig: Ist er die Strafe für diejenigen, die die Vernunft verraten haben, oder bringt er eine gegen die neuzeitlichen Vernunft-Utopien (Thomas Morus) gerichtete mittelalterliche *ordo*-Welt wieder ins Lot, wenn die Narrheit als zwangsläufiges Ergebnis von vernünftigem Handeln dargestellt wird?

Rezeption: Die Rezeption verstärkte eher einseitig den Aspekt der Spießbürger-Satire. Zunächst erschienen weitere Bearbeitungen wie der *Grillenvertreiber* (1603) und der *Hummelvertreiber* (1605); Neufassungen des Stoffs: J. G. Schulz: *Die neuen Schildbürger* (1791), A. G. Fr. Rebmann: *Empfindsame Reise nach Schilda* (1793), L. Tieck: *Denkwürdige Geschichtschronik der Schildbürger* (1797), J. v. Voss (1823), Fr. Lienhard (1900ff.), E. Kästner (1954). ■ R: G. Friedrich (1977, TV).

1602
Jakob Bidermann

* 1578 in Ehingen. 1597 Eintritt in den Jesuitenorden, Theologiestudium in Ingolstadt, 1606–14 Professor für Rhetorik in München, 1614–25 in Dillingen; ab 1626 Ordenszensor in Rom. † 20.8.1639 in Rom.

Cenodoxus

Lat. Jesuitendrama. Aufführungen ab 1602; ED: 1666. Dt. Fassung: *Cenodoxus der Doctor von Pariß* (1635) von Joachim Meichel.

Im Zentrum dieses Jesuitendramas (→ *Formen des Theaters im 16./17. Jh.*) steht der Pariser Medizinprofessor Cenodoxus, dessen Name – abgeleitet von griechisch *cenodoxia* (›Überheblichkeit‹) – für sein sündiges Leben steht, über das im Stück am Ende Gericht gehalten wird. Da nämlich kommt heraus, dass der nach außen hin als wissenschaftliche Kapazität und Muster an frommer Tugend Gerühmte in Wirklichkeit eitel ist und, obwohl von Schutzengel und Gewissen oft genug gewarnt, noch in seiner Todesstunde Gott abweist. Die Strafe ist unerbittlich und wird auf der Bühne dramatisch in Szene gesetzt: Es gibt kein Erbarmen mit dem zuletzt Reuigen, die Leiche wird fortgeworfen, die auf ewig verdammte Seele muss in die Hölle. Dem Zuschauer zeigt die letzte Szene, was zu tun ist: Die Teilnehmer am schreckensvollen Begräbnis gehen in sich und entsagen der Welt. Mit dieser unmittelbaren Läuterung demonstrieren sie die jesuitisch-katholische Heilslehre, wonach der Mensch sein Seelenheil selbst erringen kann, wenn er nur will. Wer das versäumt, wird bestraft. Das Stück richtet sich sowohl gegen humanistische Emanzipationstheorien wie auch gegen die protestantische Gnadenwahl und stellt sich damit in den Dienst der Gegenreformation.

Rezeption: Das Stück wurde in seiner dt. Fassung oft gespielt. Eine moderne Bearbeitung lieferte D. Forte am 28.7.1972 für die Salzburger Festspiele.
Weiteres Werk: *Ludi theatrales sacri* (Gesamtwerk, 1666).

1618; 1648
Georg Rudolf Weckherlin

* 14.9.1584 in Stuttgart. Ab 1606 im württembergischen Staatsdienst mit längeren Auslandsaufenthalten (Frankreich, England), ab 1619 Diplomat in England, ab 1630 engl. Staatsbürger und von 1644–48 Sekretär für auswärtige Angelegenheiten. † 13.2.1653 in London.

Oden und Gesänge / Geistliche und weltliche Gedichte

Die *Oden und Gesänge* (1618/19) wurden in der neuen Slg. *Geistliche und weltliche Gedichte* (1641/48) nach den Regeln von M. Opitz' Verslehre überarbeitet und erweitert.

W.s für einen deutschen Dichter ungewöhnliche Biographie (europäischer Horizont, politischer Beruf, Nationalität), aber auch sein hohes formales Können ließen ein lyrisches Werk entstehen, das in seiner Zeit zu Unrecht verkannt war; typisch dafür ist Ph. von Zesens Kritik: »Der Wäkkerlin süngt mit, so vihl als ihm vergönnt.« Noch vor M. Opitz und dessen richtungsweisender Versreform (→ *Buch von der Deutschen Poeterey*, 1624) orientierte W. seine Lyrik an französischen Vorbildern und gab ihr mit der Verwendung von Ode, Sonett und Alexandriner eine höfisch-repräsentative Gestalt. Neben panegyrischen Zeremonialgedichten verfasste er auch Liebes-, Hirten- und Trinklieder (z. B. *Die Lieb ist Leben vnd Tod, Drunckenheit*) sowie – als lebhaft mit der Sache des Protestantismus verbundener Beobachter des

Dreißigjährigen Krieges und Patriot aus der Ferne – politische Gedichte (z. B. *An das Teutschland*, *Frisch auf, ihr dapfern soldaten*). Mit Letzteren stand W. für mehr als 100 Jahre als deutlich Partei ergreifender politischer Lyriker geradezu einzigartig da (M. Opitz: *Acht Bücher Teutscher Poematum*, → *Gedichte*, 1625).

Rezeption: W.s lyrisches Werk fand erst ab dem Ende des 18. Jh. gebührende Beachtung (J. G. Herder).

Barocke Dichtungstheorie und Sprachgesellschaften

Sieht man einmal vom Sonderfall des → *Meistersangs* ab, so gab es bis zum 17. Jh. keine eigene, von der Rhetorik unterschiedene Lehre für die deutschsprachige Dichtung (POETIK). Die Umsetzung der antiken Regelwerke (Aristoteles, Cicero, Horaz, Quintilian u. a.) für die neulateinische Literatur geschah ab dem 15./16. Jh. im Zeichen der Renaissance; die bedeutendste Poetik verfasste der italienische Humanist J. C. Scaliger: *Poetices libri septem* (1561). Die Umsetzung für die aufstrebende volkssprachliche Literatur entwickelte sich in Italien bereits ab 1529, in Frankreich ab 1548, in England ab 1589, in Spanien ab 1596 und in den Niederlanden ab 1611. Erst M. Opitz' → *Buch von der Deutschen Poeterey* (1624) leitete in Deutschland eine Serie von poetologischen Regelwerken ein, die bis zum Ende des 17. Jh. reicht: Ph. v. Zesen: *Deutscher Helicon* (1641), J. Klaj: *Lobrede der Teutschen Poeterey* (1645), J. G. Schottelius: *Teutsche Vers- oder ReimKunst* (1645), G. Ph. Harsdörffer: *Poetischer Trichter* (1647–53), A. Buchner: *Kurzer Weg-Weiser zur Teutschen Tichtkunst* (1663), S. von Birken: *Teutsche Rede-bind- und Dicht-Kunst* (1679), D. G. Morhof: *Unterricht von der deutschen Sprache und Poesie* (1682), Chr. Weise: *Curiöse Gedancken Von Deutschen Versen* (1692).

Die übereinstimmende, wenn auch in Einzelheiten differierende Botschaft dieser Poetiken lautet: Dichtkunst ist – nach dem Vorbild der Redekunst (Rhetorik) – nach festen Gattungs- und Stilregeln strukturiert und daher lehr- und lernbar: Nicht persönliches Können, sondern die KUNSTGERECHTE REGELERFÜLLUNG führe zur Wahrheit der Dichter, die eine hohe Gelehrsamkeit erfordere und sich in den Dienst von christlicher Glaubenswahrheit und damit übereinstimmender politischer Herrschaft zu stellen habe. So betrachtet, sind die barocken Dichtungslehren immer auch Arbeit an der sozialen Aufwertung des Deutsch schreibenden Dichter-Gelehrten (*poeta doctus*), der von nun an auf ein gebildetes Publikum und feierliches Zeremoniell ausgerichtet war. Damit einher geht eine krasse Abwertung der vorherigen deutschsprachigen Dichtung – jedoch nicht wegen ihrer Sprache, sondern wegen ihrer mangelhaften Kunstgerechtigkeit.

Die andere Seite der barocken Dichtungstheorie ist die NEUBEWERTUNG DER DEUTSCHEN (LITERATUR-)SPRACHE: In einer Reihe sprachpatriotischer Abhand-

lungen wird der Nachweis zu führen versucht, dass die deutsche Sprache als eine der ältesten Sprachen dem Griechischen und dem Latein gleichwertig und den romanischen Tochtersprachen sogar überlegen und insofern im besonderen Maße literaturfähig sei. Die wichtigsten Abhandlungen stammen hier von J. G. Schottelius: *Teutsche Sprachkunst* (1640), *Ausführliche Arbeit Von der Teutschen HauptSprache* (1663).
In diesem Kontext sind auch die SPRACHGESELLSCHAFTEN zu nennen, deren Hauptziel es war, durch Sprachpflege und -vorbild zu einer einheitlichen deutschen Hoch- und Literatursprache jenseits der Dialekte und der Sprachvermischung mit Latein und Französisch beizutragen. Die bedeutendsten Sprachgesellschaften, zu deren Mitgliedern Fürsten, Adlige und Dichter gehörten, waren: *Fruchtbringende Gesellschaft* (Weimar, 1617), *Aufrichtige Tannengesellschaft* (Straßburg, 1633ff.), *Teutschgesinnte Genossenschaft* (Hamburg, 1643), *Löblicher Hirten- und Blumenorden an der Pegnitz* (Nürnberg, 1644), *Elbschwanorden* (Lübeck, 1666), *Poetische Gesellschaft* (Leipzig, 1677). Vgl. auch → *Petrarkismus und Manierismus*.

1624
Martin Opitz

* 23.12.1597 in Bunzlau (Schlesien). Abgebrochenes Studium in Heidelberg 1619, Aufenthalte in Holland und Dänemark. 1626–32 Sekretär der kaiserlichen Kanzlei in Breslau, ab 1633 im diplomatischen Dienst der schlesischen Herzöge in Breslau und Thorn, ab 1637 Hofhistoriograph des poln. Königs in Danzig. 1625 Krönung zum ›poeta laureatus‹, 1627 geadelt (O. von Boberfeld). † 20.8.1639 in Danzig.

Buch von der Deutschen Poeterey

UT: *In welchem alle ihre eigenschafft vnd zuegehör gründtlich erzehlet vnd mit exempeln außgeführet wird*

Poetik.

In keiner Darstellung der deutschen Literaturgeschichte fehlt die ausführliche Würdigung dieser theoretischen Hauptschrift, die O. bereits als junger Mann verfasst hat. Sie beansprucht nichts weniger als – nach dem Vorbild der Dichtungslehre (Poetik), die der Humanist J. C. Scaliger 1561 für die neulateinische Dichtung vorgelegt hatte – *die* erste und gültige Regelpoetik für die deutschsprachige Dichtung zu sein (→ *Barocke Dichtungstheorie und Sprachgesellschaften*) – und sie wurde es auch tatsächlich.
O. wiederholt im Kern das Regelsystem der europäischen Renaissance-Poetik: Dichtung als Nachahmung literarischer Vorbilder (Mimesis), ihr moralischer Zweck als Einheit von Belehrung, Unterhaltung und Rührung, die Lehre von den drei Redestilen, das Gebot der rhetorischen Angemessenheit im sprachlichen Ausdruck, die Gattungslehre für Epos, Schauspiel und Lyrik. Der Roman wird wegen seiner Prosaform nicht behandelt.

Herausragend sind indes O.' Forderung nach einem reinen und grammatisch korrekten Deutsch sowie seine Vorschläge für eine deutsche Versreform: Danach ersetzt er die aus der Antike stammende metrische Vorschrift der Silbenzählung (lang oder kurz) durch die des (regelmäßigen) Wechsels von betonter und unbetonter Silbe, womit er »dem germanischen Sprachton sein Recht wiedergibt« (W. Kohlschmidt). Zugleich legt er fest, dass die Metrik die natürliche Wortbetonung einhalten müsse. Letztere Vorschrift war der Todesstoß für den Knittelvers und die Dichtung des → *Meistersangs*, zugleich aber auch der Anstoß für eine neue, geschmeidige und formbewusste Kunstlyrik in Deutschland.

O. fügte schon in seiner Poetik den Regeln verdeutlichende Beispiele hinzu und baute seine lyrische Programmatik in seinen *Acht Büchern Teutscher Poematum* (→ *Gedichte*, 1625) aus. Die tatsächliche Entwicklung der Barocklyrik entsprach seinem klassizistischen Kunstprogramm jedoch nur in Grenzen (→ *Petrarkismus und Manierismus*).

Rezeption: Das Werk errang von Anbeginn höchste Autorität, auch wenn sich nicht alle Vorschriften – v. a. im katholischen Süden – durchsetzen konnten. Es wurde vielfach nachgedruckt und rezipiert. Zugleich leitete es einen Wandel im schriftstellerischen Selbstverständnis ein: Poet war fortan nicht mehr der theologisch gebildete Moralist, sondern der Berufsdichter, den es zum Hofe zieht.

Weiteres Werk: → *Gedichte* (1625).

1625

Martin Opitz Biogr.: → 1624

Gedichte

OT: *Acht Bücher Teutscher Poematum*

Gedichtslg.

Nachdem O. in der Einleitung noch einmal die Grundprinzipien seiner Versreform (→ *Buch von der Deutschen Poeterey*, 1624) bekräftigt hat, legt er seine älteren und nun überarbeiteten Gedichte (*Teutsche Poemata*, 1624) sowie neue Gedichte in einer systematisch nach lyrischen Gattungen und Formen geordneten Sammlung vor. Dass nur ein Teil dieser Lehr- und Gelegenheitsgedichte, Hochzeits- und Liebesgedichte, Oden, Sonette und Epigramme eigene Schöpfungen und der andere Teil Übersetzungen aus der lateinischen, italienischen und französischen Literatur sind, wurde keineswegs als Mangel empfunden: O.' Leistung bestand hier darin, dass er mit seinen Gedichten eine Mustersammlung kunstgerechter deutschsprachiger Lyrik als »Derivate der europäischen Renaissancedichtung« (P. Nusser) vorgelegt hatte, die als vorbildlich anerkannt wurde. So war er es, der den Literaturformen des → *Petrarkismus* und der → *Schäferdichtung* den Boden bereitete.

Als politischer Lyriker trat O. mit dem bereits 1621 verfassten, aber aus Zensurgründen erst 1633 publizierten Alexandrinergedicht *Trost Gedichte In Widerwertigkeit Deß Krieges* (2312 Verse) hervor: Nach der Verurteilung der sehr genau geschilderten kriegerischen Untaten der katholischen Liga in der Pfalz ruft der Dichter die Protestanten zu innerer Beständigkeit (*constantia*) vor Gottes Prüfung auf, mahnt aber auch zu überkonfessioneller Geschlossenheit gegenüber den Interessen fremder Mächte (Spanien) auf deutschem Boden.

Rezeption: O.' Kriegsgedicht ist in einer Reihe zu sehen mit der Thematisierung des Dreißigjährigen Krieges bei R. Weckherlin, A. Gryphius, J. M. Moscherosch, H. J. Chr. v. Grimmelshausen (→ *Der Dreißigjährige Krieg in der Literatur*).
Werkausgabe: *Opera Poetica* (1645/46).

1637–1650
Andreas Gryphius

* 2.10.1616 in Glogau (Schlesien) als A. Greif bzw. Greiff. 1638–43 Studium in Leiden, 1644–47 Bildungsreise durch Frankreich und Italien, ab 1650 Syndikus in Glogau. 1637 geadelt und zum ›poeta laureatus‹ gekrönt. † 16.7.1664 in Glogau (D).

Sonette

OT: *Sonnete / Son- und Feyrtags-Sonnete*
Mehrere Gedichtslgn.

G. hat von seiner ersten Gedichtsammlung (*Sonnete*, Lissau 1637) bis zur letzten Ausgabe 1663 seine Sonette, Oden und Epigramme immer wieder überarbeitet, neu publiziert und zugleich vermehrt. Sie bilden ein in sich geschlossenes Werk in G.' Gesamtschaffen, das ab 1650 dann v. a. von seinen Dramen geprägt war. Schon die Lissauer Sonette enthalten einige der Gedichte, die G. bis heute berühmt gemacht haben, wie z. B. *Es ist alles eitel* (»Dv sihst/ wohin du sihst nur eitelkeit auff erden./ Was dieser heute bawt/ reist jener morgen ein«), *Trawrklage des verwüsteten Deutschlandes* (»Wir sind doch nunmehr gantz/ ja mehr alß gantz vertorben«); die *Son- und Feyrtags-Sonnete* (1639), die der ersten Sammlung 71 Sonette hinzufügen, die Sammlung *Sonnete* (1643) und die *Teutschen Reim-Gedichte* (1650) mit weiteren Ergänzungen, wie z. B. *Abend* (»Der schnelle Tag ist hin/ die Nacht schwingt jhre fahn«), *Einsamkeit*, *Die Hölle*, zeigen G. als einen der bedeutendsten geistlichen Lyriker der Barockzeit. Dieses ist er indes weniger als ein volkstümlicher Kirchenlieddichter wie etwa Paul Gerhardt oder Friedrich Spee, sondern durch den grundlegenden religiösen Bezug seiner Gedichte auch dort, wo sie Krieg, Natur, Liebe und Leid als scheinbar weltliche Themen behandeln: Durch die kompositorische Anordnung in einen heilsgeschichtlichen Zusammenhang gerückt, verfällt alles Irdische zu vergänglichem »rauch vndt dunst« und menschliches Tun zu Eitelkeit (*vanitas*), wenn es nicht auf das ewige Leben bezogen wird. G. – der »Philosoph und Poet unter dem Kreuz« (W. Mauser) – entwickelte seine Lyrik aus der ständigen Variation dieses Themas. Dem entspricht auf der formalen Ebene die wiederkehrende Verwendung rhetorischer Stilmittel wie z. B. von Wortreihungen, Antithesen, Parallelismen, Metaphern und Klimax, die nicht als ästhetischer Schmuck, sondern zum Zweck der ›Rührung‹ eingesetzt werden.

Rezeption: Nach der Werkausgabe letzter Hand (1663) erschien 1698 die von G.' Sohn Chr. Gryphius herausgegebene und mit über 100 Texten vermehrte Gedichtausgabe *Teutsche Gedichte.*

Weiteres Werk: → *Leo Armenius* (Trauerspiel, 1650).

1638–1650

Simon Dach

* 29.7.1605 in Memel. Abgebrochenes Theologiestudium, ab 1636 Lehrer, ab 1639 Professor für Poesie in Königsberg. † 15.4.1659 in Königsberg.

Gedichte

D.s mehr als 1250 dt. und lat. Gedichte wurden zu seinen Lebzeiten nur sporadisch, in der postumen Slg. *Chur-Brandenburgische Rose, Adler, Löw und Scepter* (1680) nur z.T. und vollst. erst 1936–38 gedruckt.

D. wurde der ›preußische Opitz‹ genannt, weil er als einer der ersten Lyriker ganz nach den Vorschriften der Opitz'schen Versreform (M. Opitz: → *Buch von der Deutschen Poeterey*, 1624) dichtete. Er gilt als das Haupt des Königsberger Dichterkreises. Der größte Teil seines lyrischen Werks ist Gelegenheitsdichtung (Leichen-, Hochzeits-, Glückwunschgedichte u. a.), die zwar recht charakteristisch für die Barocklyrik ist und ihm zu seiner Zeit viel Ruhm und ein wenig Geld einbrachte, heute jedoch kaum noch Interesse findet. Anders ist es mit jenen geistlichen und weltlichen Liedern, die sich wegen ihrer schlichten Form und ihres innigen Gehalts zur Vertonung anboten: Die ersten musikalischen Umsetzungen stammten vom Königsberger Domorganisten Heinrich Albert (*Arien*, 1638–50); es folgten bis zum 20. Jh. viele weitere (Fr. Silcher, J. Brahms und R. Strauss u. a.). Herausragend darunter ist das von J. G. Herder ins Hochdeutsche übertragene und von Fr. Silcher vertonte, fast schon zum Volkslied gewordene *Ännchen von Tharau*, das D. zugeschrieben wird.

Rezeption: D.s Gedichte sind v. a. durch die Vertonungen lebendig geblieben. G. Grass setzte ihm in seiner Novelle → *Das Treffen in Telgte* (1979) ein ehrendes Denkmal.

1640–1650
Johann Michael Moscherosch

* 7.1.1601 in Willstätt bei Kehl; Pseudonym: Philander von Sittewald. 1624 Magister in Straßburg, 1624–26 Studienreise nach Frankreich, danach in verschiedenen Dienststellungen als Hofmeister und Amtmann tätig. 1645–55 Frevelvogt in Straßburg, 1656–60 Kanzleirat in Hanau, ab 1663 erneut Amtmann. † 4.4.1669 in Worms. Gedenkstätte: Willstätt (D).

Gesichte Philanders von Sittewald

OT von 1640: *Les Visiones de Don Francesco de Qvevedo Villegas Oder Wunderbahre Satyrische Gesichte.* OT von 1650: *Wunderliche und warhafftige Gesichte Philanders von Sittewald*

Prosasatiren. Der 1. Teil (7 Textstücke) erschien 1640; vermehrte Auflagen mit leicht veränderten Titeln bis 1650.

›Gesichte‹ nennt M. die 14 Traum- und Schreckensvisionen einer närrisch-lasterhaften Welt, die seine Hauptfigur Philander auf ihrer Reise durch Frankreich und Deutschland erlebt. Er stützte sich im 1. Teil (u. a. *Schergen-Teuffel*, *Welt-Wesen*, *Venus-Narren*, *Letztes Gericht*, *Hoff-Schule*) auf ein ähnliches Werk von Fr. de Quevedo (*Los Sueños*, 1627), fügte aber im 2. Teil selbständige Ergänzungen hinzu (u. a. *Ala mode-Kehrauß*, *Weiber-Lob*, *Thurnier*, *Soldaten-Leben*, *Reformation*).

Das Werk steht in der Tradition der → *Narrenliteratur*, thematisiert jedoch das Närrische nicht mehr vorrangig aus religiöser, sondern aus moral-didaktisch-nationalpolitischer Perspektive. Dabei gehen Ständesatire (Klerus, Adel, Gelehrte, bürgerliche Berufe, Soldaten) und Nationalsatire (Frankreich- und Deutschlandkritik) ineinander über, wobei Letztere nicht frei von jener Deutschtümelei ist, die die nationalen Tugenden aus der Abwehr des ›Fremden‹ erschafft. Ein herausragendes zeitkritisches Dokument ist das *Soldaten-Leben* (7. Gesicht), das die Gräuel der Soldateska im Dreißigjährigen Krieg schildert und damit auf H. J. Chr. v. Grimmelshausens → *Simplicissimus* (1668/69) vorausweist (→ *Der Dreißigjährige Krieg in der Literatur*).

Nach dem satirischen Tadel schrieb M. 1643 eine ebenso erfolgreiche Hausväter-Belehrung *Insomnis Cura Parentum* (Sorgen, die Eltern um den Schlaf bringen).

Rezeption: Die rasche Auflagenfolge spiegelt den großen zeitgenössischen Erfolg. M.s Satiren wirkten bis zu Herder und den Romantikern. In der Gestalt der Verssatire, die in der Barockliteratur eher selten war, griff Johann Lauremberg mit seinen in mittelniederdt. Sprache verfassten *Veer Schertz Gedichten* (1652) das Thema des Sittenverfalls und des Lobs der alten Tugenden auf.

Weiteres Werk: *Centuria Prima Epigrammatum* (Epigramme, 1643/65).

1641–1649
Georg Philipp Harsdörffer

* 1.11.1607 in Fischbach bei Nürnberg. Bis 1627 Jurastudium in Altdorf und Straßburg, 1627–31 Bildungsreisen u. a. nach Italien. Ab 1637 Gerichtsassessor, ab 1655 Ratsmitglied der Stadt Nürnberg. † 17.9.1658 in Nürnberg (G).

Gesprächsspiele

OT bis 1644: *Frawen-Zimmer Gespräch-Spiel*; ab 1644: *Gesprechspiele*

Lehrdichtung in 8 Teilen.

›Gesprächspiele‹ nennt H. die 300 unterhaltsam-belehrenden Konversationsspiele, die er nach dem Vorbild von Dialogen, Verhaltenslehrbüchern und Tugend-Traktaten aus der italienisch-spanischen Renaissancedichtung zusammengestellt hat: Fünf adlige und drei bürgerliche Personen (Männer und Frauen) erörtern in spielerischer Form ernsthafte Fragen des gesitteten Verhaltens und Sprechens, der nötigen Kenntnisse aus allen Wissensgebieten sowie Probleme der (deutschen) Sprache und Dichtung. Ein Anhang bietet illustrierende poetische Beispiele, Quellenbelege aus 444 benutzten Büchern sowie ein Register für jeden Band.

Indem H. ab dem 3. Teil (1644) die spezielle Adressierung an Frauen im Titel wegließ, wollte er darlegen – wie schon die paritätische Personen-Aufteilung in drei Männer und drei Frauen verdeutlicht – dass zwischen weiblicher und männlicher Bildung kein Unterschied bestehen soll. Insofern war die Tradierung des nur kurze Zeit existierenden Buchtitels *Frauenzimmer Gesprächspiele* irreführend.

Rezeption: H.s mit Kupferstichen aufwändig illustrierte Lehrdichtung war sehr gefragt und wurde zum Vorbild ähnlicher Werke (J. Rist, S. v. Birken, E. Francisci, J. Lassenius). Die Adressierung an Frauen (›Frauenzimmer‹-Journale, -Bibliotheken, -Lexika, -Taschenbücher, -Almanache u. a.) gab es bis zum Anfang des 19. Jh.

Weitere Werke: *Pegnesisches Schäfergedicht* (zusammen mit J. Klaj und S. von Birken, 1644/45), *Poetischer Trichter* (Poetik, 1647–53), *Der Grosse Schauplatz Jämerlicher Mord-Geschichte* (Anthologie, 1649/50).

Petrarkismus und Manierismus

Mit den Stilformen des Petrarkismus und Manierismus (auch: ›Marinismus‹), die sich in der neueren Literatur Italiens (P. Bembo, G. Marino), Spaniens (L. de Gongora) sowie danach auch Frankreichs (P. Ronsard) und der Niederlande (D. Heinsius) entwickelten, wurde das für die deutsche Barockdichtung wegweisende klassizistische Kunstprogramm von M. Opitz (→ *Buch von der Deutschen Poeterey*, 1624) bedeutend erweitert. Mit dem Begriff PETRARKISMUS wird eine bestimmte Art der Liebeslyrik

bezeichnet, die nach dem Vorbild von Fr. Petrarca (1304–1374) und dem französischen Dichterkreis der Pléiade (2. Hälfte 16. Jh.) eine moderne Art von Minnesang (H. Pyritz) pflegte: Aus männlicher Perspektive geht es um die Schönheit des weiblichen Körpers, den Preis der tugendhaften Frau, um Liebessehnsucht und -klage. Zugrunde liegen dieser Rollenlyrik in der Regel nie wirkliche Liebeserlebnisse und es geht auch nicht um Erfüllung. Ziel der Kunstübung ist vielmehr die melancholisch-stoische Liebesreflexion in stark stilisierter sprachlicher Form: Dabei steigert die preziöse Kunstgestalt die Aussagekraft des schönen Leidens. In Deutschland kommt der Petrarkismus – nach neulateinischen Anfängen bei Paulus Melissus Schede – in Ansätzen bei R. Weckherlin und M. Opitz, v. a. jedoch in der Liebeslyrik P. Flemings zur vollen Entfaltung. Er dringt – mit entsprechender spiritueller Wendung zur Gottesminne – bei Fr. Spee und Angelus Silesius sogar in die geistliche Lyrik ein.
Der Überbietungsgestus ist auch ein wichtiges Kennzeichen des Manierismus: Höchstes Stilideal war nicht mehr die – an der antik-humanistischen Rhetorik orientierte – Angemessenheit von sprachlichem Ausdruck und bezeichneter Sache, die damit auch Klarheit und Deutlichkeit garantiert hatte, wenn alle Regeln eingehalten worden waren; jetzt galt als Ideal der Kunstvollkommenheit die Steigerung der poetischen Erfindung gegenüber der rhetorischen Regel, d. h. die artistische Ausschmückung der sprachlichen Gestalt durch ungewöhnliche Wörter, Metaphern, Reime, Wortspiele und scharfsinnige Pointen, auch wenn das auf Kosten der Verständlichkeit ging: Das Dunkle, Mehrdeutige war kein Mangel, sondern Zeichen von Könnerschaft. Manieristische Poesie überbot also die Wirklichkeit der Sachen, um – wie Ph. Harsdörffer es 1653 formulierte – »das zu erfinden/ was nirgendwo befindlich ist.« Ein Schritt in die absolute Poesie war das noch nicht, wohl aber ein erster Emanzipationsakt von der Begrenzung auf Zweckdichtung. Das verkannte die Kritik an der manieristischen Barockdichtung von der frühen Aufklärung (Gottsched) bis zum 20. Jh., wenn sie ihr ›Schwulst‹ vorwarf. In Deutschland standen Ph. von Zesen, D. C. von Lohenstein und v. a. Chr. Hoffmann von Hoffmannswaldau als lyrische Formkünstler dem Manierismus nahe. Zeitgenössische Kritiker des überladenen Stils waren G. W. Sacer (1635–99) mit seiner Satire *Reime dich/ oder ich fresse dich* (1673) sowie Chr. Weise mit seinen *Curioesen Gedancken Von deutschen Versen* (1692).

1642
Paul Fleming

* 5.10.1609 in Hartenstein (Vogtland). Medizinstudium in Leipzig bis 1633 und in Leiden 1639/40. 1633–39 als Mitglied einer holsteinischen Gesandtschaft auf Reisen nach Reval, Russland und Persien. † 2.4.1640 in Hamburg. Gedenkstätte: Burg Stein/Hartenstein (D, M).

Gedichte

OT: *Teutsche Poemata*

Gedichtslg. Entst. 1630–40; nach mehreren Teildrucken (bis 1639); BA: 1642.

F., allzu früh verstorben und ohne besondere Bindung an Fürstenhof, Familie und festen Wohnsitz, eröffnete der Barocklyrik neue Wege: Nicht nur gehört er mit zu den ersten Lyrikern, die die Opitz'sche Versreform sofort umsetzten, er trug ab seinem ersten lateinischen Gedichtband *Rubella* (1631) (neben M. Opitz und R. Weckherlin) auch ganz wesentlich dazu bei, den → *Petrarkismus* als lyrische Stilform in Deutschland zu etablieren. In einigen Gedichten (z. B. *Auf ihr Abwesen*) wird die Geliebte sogar angeredet wie in der mystischen Dichtung der Seelenbräutigam Jesus. F. beherrscht die petrarkistische Form meisterlich, geht aber zuweilen an bzw. über ihre Grenzen, wenn er von wirklicher Liebe, Treue und Vertrauen spricht: »Vertraute Liebe weichet nicht«, »Mir ist wol bey höchstem Schmertze/ denn ich weiß ein treues Hertze«.

Überliefert sind 238 Gelegenheitsgedichte und 198 geistliche und weltliche Gedichte wie z. B. *Gedancken über der Zeitt, Germania an ihre Söhne, Neujahrsode 1633, An die jetzigen Deutschen* sowie das Kirchenlied *Nach des VI. Psalms Weise* (»In allen meinen Thaten,/ laß ich den Höchsten rathen«).

Rezeption: F.s Selbsteinschätzung (»Kein Landsmann sang mir gleich«) entsprach der hohen zeitgenössischen Anerkennung. Seine Liebeslyrik weist voraus auf Chr. Hoffmann v. Hoffmannswaldau und J. Chr. Günther.

Weiteres Werk: *Nova Epigrammata* (neulat. Gedichtslg., 1649).

1643
Jacob Balde

* 4.1.1604 in Ensisheim (Elsass). Jesuit und Priester, ab 1637 Professor für Rhetorik in Ingolstadt, 1638/40–50 Hofprediger und -historiograph in München. † 9.8.1668 Neuburg (Donau). Gedenkstätten: München (B), Neuburg (T).

Gedichte

OT: *Lyricorum libri IV. Epodon liber Iunus*

Neulat. Gedichtslg. Dt. Gesamtausgabe: 1831.

Während der Protestant D. Czepko (1605–1660) mit seinen in den *Sexcenta Monodisticha Sapientum* (1640–47, ED: 1930) gesammelten geistlichen Epigrammen (gereimte Zweizeiler in 6-hebigen Jamben) von der → *Mystik* und J. Böhme beeinflusste Wege zur religiösen Erleuchtung jenseits der Glaubensspaltung suchte, ging B. andere Wege: Er beugte sich nicht dem Diktat der Opitz'schen Versreform, sondern hielt sich mit seinem Pochen auf künstlerische Originalität gegenüber dem nachzuahmenden Regelvor-

bild unmittelbar an antike Vorbilder. S. von Birken verlieh ihm deshalb den Ehrentitel ›deutscher Horaz‹.
B. war, trotz seiner christlich-jesuitischen Orientierung, keineswegs auf geistliche Lyrik festgelegt, wiewohl seine Marien-Oden herausragend sind, weil sie heidnisches Liebeslied und christliche Spiritualität formvollendet verschmelzen. Seine lyrischen Kommentare zur Lebensführung, zum Dreißigjährigen Krieg und zur Politik, seine *Epoden* (Scheltgedichte) und *Silvae* (Gelegenheitsgedichte, 1643–46) zeigen einen Autor, der selbstbewusst, unabhängig und in z.T. kritischer Distanz zu Hof und Jesuitenorden steht.

Rezeption: B. galt in seiner Zeit als der bedeutendste neulat. Lyriker, geriet aber schon bald in Vergessenheit. J. G. Herder übersetzte seine Marien-Oden, wobei er der spirituellen Liebe recht weltlich-erotische Qualitäten abgewann.
Weiteres Werk: *Jephtias* (Drama, 1637/54).

1645
Philipp von Zesen

* 8.10.1619 in Priorau bei Dessau. Studium in Wittenberg bis 1641, 1642–64 mit größeren Unterbrechungen in den Niederlanden, v. a. in Amsterdam, wo er als Übersetzer arbeitete. Ab 1683 in Hamburg lebend, immer auf der Suche nach einer Anstellung am Hofe, die er nie erhielt. 1553 geadelt. † 13.11.1689 in Hamburg.

Adriatische Rosemund

OT: *Ritterholds von Blauen Adriatische Rosemund*

Roman. Veröffentlicht unter dem Pseudonym: Ritterhold von Blauen.

Nach → *Fortunatus* (1509) und neben den bereits in den 1640er Jahren entstandenen *Hercules* (1659/60) und *Herkuliskus* (1665) von Andreas Heinrich Bucholtz (1607–71) ist die *Adriatische Rosemund* der erste deutschsprachige Originalroman in einer eigenständigen Mischform (höfisch-historischer und autobiographischer Roman, Schäfer- und Liebesroman, → *Romanliteratur im 17. Jh.*). Erzählt wird die Geschichte der Liebe zwischen dem protestantischen Adligen Markhold und der venezianischen Kaufmannstochter Rosemund, die katholisch ist. Ihre Liebe übersteht zwar zunächst die räumliche Getrenntheit, als Markhold nach Paris reist und Rosemund sich in eine Schäferhütte zurückzieht, muss aber unglücklich enden: Eine Heirat könnte nur durch ein von Markhold abgelehntes Versprechen zustande kommen, Rosemund und ihre Nachkommen katholisch bleiben zu lassen. Aber eigentlich geht es weniger um Handlung und Ziel, sondern um die Bildung und Entwicklung der empfindsamen Gefühle, die bei Markhold in stoisch ertragender Beständigkeit und bei Rosemund in schmerzlicher Entsagung enden. Das Aushalten(-können bzw. -müssen) des »ungestümen verhängnüs« der Liebe entspricht dem höfischen Kodex der Zeit, das individuelle Leiden am Gefühl enthält jedoch Elemente, die auf den empfindsamen Roman des 18. Jh. (→ *Empfindsamkeit*, → *Roman in der Aufklärung*) vorausweisen.

Rezeption: Eine unmittelbare Wirkung auf die ab etwa 1660 einsetzende dt.sprachige Romanproduktion gab es nicht.

Weitere Werke: *Deutscher Helicon* (Poetik, 1641), *Lustinne* (Gedichtslg., 1645), *Dichterische Jugend-Flammen* (Gedichtslg., 1651), → *Assenat* (Roman, 1670).

1645–1679
Sigmund von Birken

* 5.5.1626 in Wildstein bei Eger (Böhmen). 1643/44 Theologie- und Jurastudium in Jena (abgebrochen); 1646 Krönung zum ›poeta laureatus‹. Ab 1646 Prinzenerzieher in Wolfenbüttel, 1648–55 Hauslehrer, 1655 geadelt. Ab 1662 Präsident des Pegnitzer Blumenordens in Nürnberg. † 12.6.1681 in Nürnberg (G).

Prosa-Eklogen

OT: *Fortsetzung der Pegnitz-Schäferey* (1645); *Pegnesis oder der Pegnitz Blumgenoß-Schäfere FeldGedichte in Neun Tagzeiten* (1673–79).

Schäferdichtungen, entst. ab 1645.

»B. ist *der* pastorale Dichter des 17. Jh.« (Kl. Garber); ›pastoral‹ bedeutet nichts Geistliches, sondern schlicht ›schäferlich‹ und meint eine bestimmte Form von Literatur, die unter Schafhirten in einem fiktiven Land spielt (→ *Schäferdichtung*). Die Prosa-Ekloge, d. h. eine Prosaerzählung mit Verseinlagen, stellt hier eine durch M. Opitz (*Schäfferey Von der Nimfen Hercinie*, 1630) und G. Ph. Harsdörffer/J. Klaj (*Pegnesisches Schäfergedicht*, 1644) ausgebildete Sonderform dar, die in schäferlicher Einkleidung erörternde und erheiternde Unterhaltungen über alle möglichen Gegenstände und Personen bietet. B. war ein Meister dieser geselligen Form, die sich auch hervorragend für die barocke Gelegenheitsdichtung eignete. Mit seinen rund 50 Pastoral-Werken stieg er neben und nach G. Ph. Harsdörffer zum Haupt der Nürnberger Sprachgesellschaft *Pegnitzer Blumenorden* auf und wurde zugleich ein gesuchter Auftragsdichter für deutsche Herrscherhäuser (Festspiele, Huldigungen, Fürstenspiegel).

Außer mit Schäferdichtung und Übersetzungen trat B. mit mehreren Friedensschriften hervor – überzeugt, dass »der Friedens-Stand durch nichts bässer/ als durch das ruhige Schäfer- und Feldleben/ gebildet werden« könne. Er förderte die Dichterin C. R. von Greiffenberg und ermöglichte anderen Frauen den Beitritt in den *Blumenorden*, schrieb die Autobiographie *Prosapia/Biographia* (ab 1660) und trat als erster Barock-Poetiker (*Teutsche Rede-bind- und Dicht-Kunst*, 1679) für den Roman ein (Vorwort zu Anton Ulrich von Braunschweigs → *Aramena*, 1669–73).

Rezeption: B.s Tätigkeit als Auftragsdichter hatte für ihn die Folge, dass er zwar bis ins 18. Jh. hinein berühmt blieb, aber mehr und mehr als willfähriger Hofdichter abgelehnt und trotz seines umfangreichen Gesamtwerks nie vollst. gedruckt wurde. Sein Nachlass enthält Tagebücher, Briefe und Konzepte in großer Fülle.

Weitere Werke: *Krieges- und Friedensbildung* (Friedensschrift, 1649), *Die Fried-erfreuete Tevtonie* (Friedensschrift, 1652), *Schäfer Floridans Poetischer Liebes-Blumen 1. Sträußlein* (Gedichte, 1653), *Pegnesische Gesprächspiel-Gesellschaft* (Schäferdichtung, 1665), *Margenis* (Schauspiel, 1679).

Der Dreißigjährige Krieg in der Literatur

Das 17. Jh. war eine Epoche fortwährender Kriege, begründet in den Konflikten territorialer, nationaler und übernationaler Mächte um Souveränität, Hegemonie und Religion in Europa. Der DREIẞIGJÄHRIGE KRIEG (1618–48) war ein Teil dieses Geschehens, sein Hauptschauplatz war Deutschland. In der Barockliteratur, die in ihrer christlich-allegorischen Grundtendenz und höfisch-gelehrten Orientierung (→ *Barocke Dichtungstheorie und Sprachgesellschaften*) eigentlich nicht auf realistische Abbildung gerichtet ist, kam es gleichwohl in wachsendem Maße zu einer DIREKTEN AUSEINANDERSETZUNG mit dem Krieg und seinen Auswirkungen. An der Spitze stehen dabei religiöse Betrachtungen, die den Krieg als gerechte Strafe Gottes, als Anlass für Buße, als Mahnung zur inneren Einkehr sowie als Trostzuspruch in der Hoffnung auf Erlösung interpretieren; exemplarisch hierfür sind M. Opitz' *Trost Gedichte In Widerwertigkeit Deß Krieges* (1633) und A. Gryphius' Sonett *Threnen des Vatterlandes* (1636). Diese Haltung schließt oft moraldidaktische Erwägungen ein, die sich auf stoizistisches Gedankengut berufen und im Aushalten des Elends die eigentliche Bewährung sehen (z. B. P. Fleming: *An sich*, 1641). Weiter gehen Diederich von dem Werder (1584–1657) in seiner *Friedens-Rede* (1639) sowie der protestantische Pfarrer J. Rist, wenn sie – ganz im pazifistischen Geiste von Erasmus' *Querela Pacis* (1517) und abweichend von Luthers Rechtfertigung – keinen gerechten Krieg anerkennen: Rist verurteilt den Krieg schlechthin als »Mörderey« (*Kriegs- vnd Friedens Spiegel*, 1640). Damit rücken die Gräueltaten der Soldateska sowie die schrecklichen Leiden der Opfer ins Zentrum. Den Blick dafür eröffnen auch so eindringliche Texte wie J. M. Moscheroschs *Soldaten-Leben* aus → *Gesichte Philanders von Sittewald* (1640–50) und v. a. H. J. Chr. v. Grimmelshausens Roman → *Simplicissimus* (1668/69). Lapidar hat es Fr. v. Logau in dem Epigramm *Deß Krieges Buchstaben* (1654) formuliert: »*K*ummer/ der das Marck verzehret/ *R*aub/ der Hab vnd Gut verheret/ *J*ammer/ der den Sinn verkehret/ *E*lend/ das den Leib beschweret Grausamkeit/ die unrecht kehret/ Sind die Frucht die *Krieg* gewehret.«

Ungleich schwerer abzuschätzen ist die INDIREKTE AUSEINANDERSETZUNG mit dem Thema um Krieg, Gewalt und gestörte Ordnung, wie sie sich allgemein in der barocken »Dramaturgie der Greuel« (P. J. Brenner) sowie besonders im politischen Trauerspiel eines A. Gryphius und D. C. von Lohenstein zeigt. Als literarisches Gegenbild zum Krieg erscheint die in dieser Zeit florierende Literaturform der → *Schäferdichtung*, weil ihre beherrschenden Themen Frieden und Liebe sind. Ursachen und Folgen des Krieges werden hier aber ebenso wenig erörtert wie in der expliziten Friedensdichtung, die ab den 1640er Jahren auftritt. In ihnen dominieren religiöse und auch patriotische Hoffnungen (Gottesfrieden, starke Obrigkeit, deutsche Größe usw.). Zu nennen sind hier die FRIEDENSSPIELE: J. Rist: *Das Friede wünschende Teütschland*, → *Das Friede wünschende Deutschland* (1647), und *Das Friedejauchtzende Teutschland* (1653), J. G. Schottel: *Neu erfundenes Freuden Spiel genandt Friedens Sieg* (1648), J. Klaj: *Irene* (1650), J. H. Hadewig: *Friede Erlangtes Teutschland* (1651) oder S. von Birken: *Die Fried-erfreuete Tevtonie* (1652).

1647
Johann Rist

* 8.3.1607 in Ottensen (heute Hamburg). Theologiestudium in Rostock und Rinteln, ab 1635 Pastor in Wedel bei Hamburg. 1646 Krönung zum ›poeta laureatus‹, 1647 geadelt. † 31.8.1667 in Wedel (D).

Das Friede wünschende Deutschland

OT: *Das Friede wünschende Teütschland*

Allegorisches Spiel. ED: 1647, UA: 1647 in Hamburg oder 1649 in Memmingen.

R. war einer der produktivsten Schriftsteller der Barockzeit. Er schrieb um die 650 geistliche Lieder, daneben auch weltliche Gelegenheitsdichtung, Schäferlyrik, Prosadialoge sowie etwa 30 Schauspiele. Als protestantischer Pastor setzt er sich darin nicht nur auf allgemeine Weise mit dem Krieg auseinander, sondern verurteilt das Kriegshandwerk, die Ansicht vom gerechten Krieg und die unchristlichen Taten der Soldaten, so z. B. in der Tragikomödie *Irenaromachia* (1630) und in dem Alexandrinergedicht *Kriegs- vnd Friedens Spiegel* (1640).

Das Schauspiel *Das Friede wünschende Teütschland* (→ *Der Dreißigjährige Krieg in der Literatur*) ist ein allegorisches Spiel in 3 Akten um die Dame Teutonia, die als Verkörperung Deutschlands im 17. Jh. für ihren Verrat an den guten alten deutschen Tugenden mit Krieg, Hunger und Pest bestraft wird. Heruntergekommen bis zum Bettelweib, bittet sie am Ende Gott reumütig um Frieden – und erhält ihn. Patriotische und geistliche Ermahnung, den Krieg als göttliche Strafe und sittliche Bewährung zu begreifen, gehen bei R. Hand in Hand. In der theatralischen Technik verbindet er Formelemente des Schuldramas und der Wanderbühnen (→ *Formen des Theaters im 16./17. Jh.*) mit dem neueren Barockdrama (→ *Barocktheater und -drama*).

Rezeption: R. verfasste 1653 als Fortsetzung das Singspiel *Das Friedejauchtzende Teutschland*. Die Friedensspiele fanden starke Zustimmung und führten zu zahlreichen ähnlichen Stücken (z. B. bei S. von Birken, J. Klaj, J. H. Hadewig, J. G. Schottel).
Weitere Werke: *Musa Teutonica* (Gedichte, 1634), *Himlische Lieder* (geistliche Lyrik, 1641/42 u. ö.), *Des Daphnis aus Cimbrien Galathee* (Schäferlyrik, 1642), *Monatsgespräche* (Sammeltitel für Erörterungen in Gesprächsform, 1663–68).

1649
Friedrich Spee [von Langenfeld]

* 25.2.1591 in Kaiserswerth bei Düsseldorf. 1610 Eintritt in den Jesuitenorden, ab 1623 Professor für Philosophie, ab 1629 für Moraltheologie in Paderborn, ab 1631 in Köln, ab 1634 in Trier. † 7.8.1635 in Trier. Gedenkstätten: Düsseldorf (D), Trier (D, G).

Trutznachtigall

OT: *Trvtz Nachtigal Oder Geistlichs-Poetisch Lvst-Waldlein*

Gedichtzyklus. Entst. vor 1634; ED: 1649.

Sp. war neben dem Neulateiner J. Balde (1643) und Angelus Silesius (1657) im 17. Jh. der bedeutendste katholische Autor geistlicher Lyrik. Wie M. Opitz (aber ohne dessen Versreform anzuerkennen) wollte er mit seiner Dichtung zeigen, dass die deutsche Sprache literaturfähig ist. Daher wählte er den Titel *Trvtz Nachtigal*, weil sein Buch »trutz allen [ausländischen] Nachtigalen süß, unnd lieblich singet«. Zugleich setzte er dem deutschsprachigen protestantischen Kirchenlied ein katholisches Pendant entgegen: Die 52 Lieder sollen dazu anleiten, den Weg der wahren Gottesliebe zu finden. Dieser Weg könne über die Naturanschauung, über die mystische Versenkung oder über die Kraft der Liebe führen, müsse aber immer das Ziel haben, in allem das Werk Gottes zu erkennen. So eingebunden, kann Sp. die Stilelemente des → *Petrarkismus* sowie der weltlichen → *Schäferdichtung* verwenden und ins Geistliche übertragen – wie nach ihm auch Angelus Silesius. Damit wurde er zum »Schöpfer des neuen deutschen geistlichen Liebesliedes« (G. Müller).

Rezeption: Der Zyklus wurde bis 1709 sechsmal neu aufgelegt, 5 Lieder fanden Aufnahme in → *Des Knaben Wunderhorn* (1805–08). Cl. Brentano gab 1817 eine Werkausgabe heraus. Ein bleibendes Denkmal setzte sich Sp. mit seiner Denkschrift *Cautio Criminalis* (1631, dt. 1647), in der er die Hexenprozesse schonungslos verurteilt und die Fürsten auffordert, sie abzuschaffen.
Weitere dt.sprachige katholische Lieddichter des 17. Jh.: Johannes Khuen (1606–75) und Laurentius von Schnüffis (1633–1702).

1650
Andreas Gryphius

Biogr.: → 1637–50

Leo Armenius

OT: *Ein Fürsten-Mörderisches Trawer-Spiel/ genant. Leo Armenius*; ab 1657: *Leo Armenius Oder Jämerlichen Fürsten-Mords Trauer-Spiel*

Trauerspiel. Entst. 1646/47; ED: 1650 unautorisiert. BA: 1657 und 1663 überarbeitete Fassung.

G. eröffnete mit diesem Drama die Reihe seiner politischen Trauerspiele (→ *Catharina von Georgien*, 1651; → *Carolus Stuardus*, 1657; → *Papinianus*, 1657), in denen er seine an M. Opitz angelehnte Tragödien-Konzeption in Stücken gestaltete, die die Begründung und Gefährdung staatlicher Ordnung zum Thema haben. Ihre formalen Kennzeichen sind: 5 Akte (»Abhandelungen«) in alexandrinischem Versmaß, unterteilt in »Eingänge« (Szenen) und abgeschlossen durch »Reyen« (Chöre). Eine Vorrede an den »großgünstigen Leser« (!) erklärt die dramaturgische Absicht: »menschliche Gemütter von allerhand vnartigen vnd schädlichen Neigungen zu säubern«. Das geschieht durch drastische Darstellung »so vielen Creutzes und Vbels das andern begegnet ist/ das vnserige […] weniger fürchten vnd besser erdulden.«

Zum Stück: Der auf unrechtmäßige Art an die Macht gekommene byzantinische Kaiser Leo wird durch eine ebenso unrechtmäßige Verschwörung gestürzt, erfährt aber im Tod die göttliche Gnade, weil er aller irdischen Macht und der Welt als »Schawplatz der Eitelkeit« entsagt. Das bedeutet: Sogar der Tyrann bleibt unantastbarer Fürst und kann Märtyrer werden. Der märtyrerhafte Tod überlagert dabei vordergründig den Aspekt des Tyrannenmordes, den G. gut lutherisch durch Kaiserwitwe und Klerus verurteilen lässt; doch die rechtfertigenden Argumente der Verschwörer (»man strafft die schuld mit recht«) und ihr Erfolg zeigen die immer wieder nachwachsende Gefährdung absolutistischer Herrschaft.

Rezeption: Das Stück wurde im 17. Jh. mehrfach aufgeführt.
Weiteres Trauerspiel: → *Catharina von Georgien* (1651).

1650; 1673
Daniel Casper von Lohenstein

* 25.1.1635 in Nimptsch (Schlesien) als Daniel Casper. Jurastudium in Leipzig und Tübingen bis 1655, ab 1657 Anwalt in Breslau, ab 1668 Regierungsrat im Fürstentum Oels. 1670 geadelt und Syndikus in Breslau, 1675 Obersyndikus und zum Kaiserlichen Rat ernannt. † 28.4.1683 in Breslau.

Ibrahim Bassa; Ibrahim Sultan

OT (1): *Ibrahim*, ab 1698: Ibrahim Bassa

Trauerspiele. *Ibrahim Bassa* wurde um 1650/51erstmalig aufgeführt, ED: 1653. *Ibrahim Sultan* wurde Kaiser Leopold I. 1673 zu seiner Hochzeit gewidmet.

Beide Stücke sind politische Tendenzstücke in Reaktion auf das militärische Vorrücken des Osmanischen Reiches an der Ostflanke des christlichen Abendlandes (Kreta, Ungarn). Sie zeigen auf der einen Seite moralisch verkommene türkische Herrscher, die sich an ihnen untergebenen Tugendgestalten vergehen: Das ist in *Ibrahim Bassa* der christliche Fürst Ibrahim, der hingerichtet wird, weil der Sultan lüstern auf dessen Frau ist. In *Ibrahim Sultan* ist es die junge Ambra, die wegen ihrer Schönheit vom Sultan vergewaltigt wird und daraufhin Selbstmord verübt. Die Botschaft beider Trauerspiele L.s ist – im Vergleich zu seinen übrigen Stücken – recht eindeutig: Christentum und Kaiserreich werden moralisch ins Recht gesetzt, den Antichrist – die osmanisch-asiatische Despotie – ohne Wenn und Aber zu bekämpfen. Formal knüpfte L. bereits in seinem ersten Trauerspiel an A. Gryphius' Tragödien an (Prolog, 5 Akte mit Zwischenchören, Alexandriner) und behielt diese Form bis zu seinem letzten Stück bei.

Rezeption: Beide Stücke wurden oft in Gymnasien und von Wanderbühnen gespielt. L. Tieck nahm den *Ibrahim Bassa* in die Slg. *Deutsches Theater* (1817) auf; H. Fichte bearbeitete das Stück in dem Hörspiel *Ibrahim Bassa* (1979).

Weitere Trauerspiele: → *Cleopatra*; *Sophonisbe* (1661; 1669).

1651
Andreas Gryphius

Biogr.: → 1637–50

Catharina von Georgien

OT: *Catharina von Georgien. Oder Bewehrete Bestaendikeit*

Trauerspiel. Entst. 1647–50; UA: 1651 in Köln. ED: 1657.

Das Drama handelt von der standhaften Treue, die die georgische Königin Catharina ihrem verstorbenen Ehemann und der christlichen Religion beweist: Auf Leben und Tod bedrängt vom muslimischen Schah Abas von Persien, der ihr Land besiegt hat, verweigert sie diesem die angetragene Ehe nebst Krone sowie Glaubenswechsel und geht dafür – unter grausamster Folterung – in den Tod. Einerseits wächst sie damit über sich selbst hinaus, da sie als frühere Herrscherin durchaus gewalttätig regiert hatte und dem Wohlleben zugewandt war; andererseits kostet es sie letztlich doch keine Anstrengung, Märtyrerin zu werden: Wie in G.' Trauerspielen → *Leo Armenius* (1650) und → *Carolus Stuardus* (1657) wird der Tod auch hier als Befreiung zum wahren Leben geradezu freudig angenommen.

Ein Märtyrerdrama? G.' Vorrede zum Stück, in der Catharinas Schicksal als »Beyspill unaußsprechlicher Bestaendikeit« (›constantia‹) bezeichnet wird, weist stark in diese Richtung; doch zugleich hat das Stück, wie auch G.' andere Trauerspiele, einen nicht zu übersehenden politischen Gehalt: Die Beständigkeit der georgischen Königin steht für christlich legitimierte Herrschaft, ihr Tod für deren Bedrohtheit durch Gegengewalt. Insofern gilt: »Nicht der Dualismus von Diesseits und Jenseits wird hier verhandelt, sondern der Dualismus von Ordnung und Unordnung« (P. J. Brenner).

Weiteres Trauerspiel: → *Carolus Stuardus* (1657).

1654
Friedrich von Logau

* 24.2.1605 in Brockuth (Schlesien), Ps. Salomon von Golaw. Ab 1625 Jurastudium in Altdorf bei Nürnberg; ab 1633 Gutsherr in Brockuth, ab 1644 Hofrat des schlesischen Herzogs in Brieg und ab 1654 in Liegnitz. † 25.8.1655 in Liegnitz.

Sinngedichte

OT: *Salomons von Golaw Deutscher Sinn-Getichte Drey Tausend*

Slg. von Epigrammen. Entst. ab den 1630er Jahren; ED: 1654.

M. Opitz (→ *Buch von der Deutschen Poeterey*, 1624) hatte das Epigramm (deutsch: ›Sinngedicht‹) als ein satirisches Gedicht bezeichnet, das sich durch Kürze und Schlusspointe auszeichne. L. folgt in seiner Sammlung im wesentlichen dieser Definition, schließt aber längere Textformen (Gelegenheitsgedichte, Rätsel, Verssatiren, Gebete u. a.) nicht aus. Mit seinen 3260 Epigrammen erfasst er die gesamte Bandbreite des zeitgenössischen Lebens (Alltagsleben, höfische Welt, Krieg, Politik, Religion) und bietet damit ein markantes kulturgeschichtliches Zeugnis für die Epoche des Dreißigjährigen Krieges. Sein kritisches Urteil zielt weniger auf einzelne Personen, sondern auf Stände und Missstände im Allgemeinen, was ihm jedoch keinesfalls die Schärfe nimmt. Viel zitiert ist das Epigramm *Glauben*: »Luthrisch, Päbstisch vnd Calvinisch,/ diese Glauben alle drey,/ Sind verhanden; doch ist Zweiffel,/ wo das Christenthum dann sey.« Ein anderes lautet: »Wer wird, nun Friede wird,/ bey solcherley verwüsten/ Zum ersten kummen auff? Die Hencker und Juristen.«

L. war ein konservativer Skeptiker, im Kern altlutherisch und altständisch denkend, aber angesichts des kriegsbedingten Niedergangs deutscher Sitten, Mode und Sprache auch ein Patriot. Diese Haltung verbindet ihn mit J. M. Moscheroschs ungleich erfolgreicheren Prosa-Satiren (→ *Gesichte Philanders von Sittewald*, 1640–50).

Rezeption: L.s Epigramme wurden erst 1759 von Lessing für die dt. Literatur wiederentdeckt. G. Keller verwendet in seinem Novellenzyklus → *Das Sinngedicht*

(1881) ein Epigramm L.s als Hauptmotiv: »Wie wilstu weisse Lilien zu rothen Rosen machen?/ Küß eine weisse Galathe, sie wird erröthet lachen.« Vgl. auch G. Grass' Erzählung → *Das Treffen in Telgte* (1979).
Weitere Epigramme: *Zwey Hundert Teutscher Reimen-Sprüche* (1638).

1657
Angelus Silesius (Johannes Scheffler)

* ca. 25.12.1624 (Taufe) als J. Scheffler in Breslau. Medizinstudium in Straßburg, Leiden und Padua bis 1648, 1649–52 Arzt in Oels (Schlesien), ab 1652 in Breslau. 1653 Konversion zum Katholizismus und Namenswechsel zu A. 1661 Priesterweihe, 1664–66 Hofmarschall des Breslauer Fürstbischofs. † 9.7.1677 in Breslau.

Cherubinischer Wandersmann

OT: *Geist-Reiche Sinn- und Schluß-Reime zur Göttlichen beschauligkeit anleitende*; ab 1675 als UT.

Slg. von geistlichen Epigrammen. Erweiterte Ausgabe: 1675.

Anders als die → *Sinngedichte* (1654) Fr. Logaus und ähnlich den Epigrammen D. v. Czepkos sind A.s Sprüche fast durchweg kurze, d. h. aphoristisch zugespitzte, zwei- bis vierzeilige Epigramme, zumeist in alexandrinischem Versmaß (6-hebiger Reimvers mit Mittelzäsur wie z. B.: »Ich weiß nicht, was ich bin, ich bin nicht, was ich weiß«). Diese antithetische Versstruktur kommt A.s geistlichem Ansatz sehr entgegen, der der Tradition der → *Mystik* von Meister Eckart bis zu Jacob Böhme (1575–1624) stark verpflichtet ist: Die dem Menschen grundsätzlich mögliche ›unio mystica‹ mit Gott muss sich ihren Weg zur Erleuchtung durch Gegensätze, Widersprüche und Paradoxien bahnen. Der knappe, nicht selten auch metaphorische Spruch, der im Aussprechen verschweigt und im Verschweigen spricht, löst das Problem des Unsagbaren am besten: »Mein Geist ist wie ein seyn: er ahnt dem wesen nach/ Von dem er urgestand/ und Anfangs aufgebrach«, »Die Welt ist meine See/ der Schifmann Gottes Geist/ Das Schif mein Leib/ die Seel ists die nach Hause reist.«

Insgesamt handelt es sich um mehr als 1665 Sprüche (und 10 Sonette), die ein wahres Kompendium mystischer Glaubenslehre bieten. Der Titel spielt auf die engelgleichen Wesen (Cherubim) an, die Gott nahe sind und den Weg zu ihm zeigen.

Rezeption: Vom gegenreformatorisch eifernden Konvertiten A. blieb kaum etwas, sein epigrammatisches Werk übte jedoch Wirkung auf den Pietismus (G. Arnold, G. Tersteegen), die Romantiker (der ›Weg nach Innen‹) und die religiöse Dichtung des 19. Jh. (A. v. Droste-Hülshoff) aus.
Weitere von der Mystik geprägte Dichter des 17. Jh.: D. von Czepko (1605–60), Catharina Regina von Greiffenberg (1633–94), Q. Kuhlmann (1651–89).
Weiteres Werk: *Heilige Seelen-Lust* (Slg. geistlicher Lieder, 1657).

Barocktheater und -drama

»Kein Zeitalter hat sich mit dem Theater tiefer eingelassen als das Barock, keines hat es tiefer verstanden« (R. Alewyn) – aber dieses Verständnis ist seit dem Entstehen des modernen Illusionstheaters sowie der visuellen Medien immer schwerer nachzuvollziehen. Die Folge waren krasse Abwertungen als »Bühnenschwulst« (W. Kohlschmidt), Theater der Grausamkeit und der ermüdenden Rhetorik. Lässt man sich jedoch auf das Selbstverständnis des von M. Opitz, A. Gryphius und D. C. v. Lohenstein geprägten Barocktheaters ein, so öffnen sich andere Perspektiven. Zur Schau gebracht werden sollte nämlich nichts weniger als DAS GROSSE WELT-THEATER, d. h. die theatralische Repräsentation der göttlichen Ordnung der Welt. In ihr seien »die Menschen die Spielenden/ ihr Leben das Spiel«, wobei »der Himmel den urtheilenden Zuschauer fürstellet« (D. C. v. Lohenstein). Dieses Theater ist also dem Wesen nach exemplarisch. Es geht in ihm nicht um psychologische Richtigkeit oder Handlungslogik, sondern um bildhaft verdeutlichte (emblematische) Wahrheit: Was in den Szenen der durchweg 5 Akte (›Abhandelungen‹) gezeigt wird, deutet und verallgemeinert der ›Reyen‹, eine Art Chor, der jeden Akt beschließt. Die irdisch-geschichtliche Welt erscheint hier zumeist als eine durch Eitelkeit, Laster, Ehrgeiz und Wollust gestörte Ordnung mit tragischem Ende im Trauerspiel und glücklichem Ende in der Komödie (Wiederherstellung der Ordnung). Christliche Heilsordnung und fürstlich-absolutistische Staats- und Ständeordnung werden dabei umstandslos gleichgesetzt und geben dem Barocktheater ein legitimistisches Gepräge. Verstärkt wurde dieser Aspekt durch die sog. STÄNDEKLAUSEL, die festlegte, dass die Helden im TRAUERSPIEL (Märtyrer, Tyrannen) hohe Standespersonen sein mussten, während das Personal der vom Alltag handelnden KOMÖDIE von niederer Herkunft sein sollte. Die Mittel der theatralischen Demonstration konnten bei alldem durchaus drastisch sein: Wo Geschichte als Katastrophe imaginiert war, musste die Tragödie von »Todtschlägen/ verzweiffelungen/ Kinder- vnd Vätermörden/ brande/ blutschanden/ kriege vnd auffruhr/ klagen/ heulen/ seuffzen vnd dergleichen« (M. Opitz) handeln. Diese wurden auf der Bühne in grausamer Deutlichkeit (*atrocitas*) gezeigt, damit die Zuschauer lernten, die »Mißhelligkeit deß Menschlichen Lebens« (ebenda) weniger zu fürchten und durch Beständigkeit (*constantia*) bzw. Klugheit (*prudentia*) besser zu ertragen. Dasselbe gilt grundsätzlich auch für die KOMÖDIE, auch wenn hier statt Folter und Tod Lachen und Spott über die kommen, die sich anmaßen, ihren Platz in der vorgegebenen Ordnung zu verlassen. Nicht übersehen werden darf aber auch, dass es eine Vielzahl von historisch-politischen Schauspielen gab, für die weder die Versform, noch der Aufbau in 5 Akten, noch die Ständeklausel verbindlich war und die sich unmittelbar mit Fragen der Staatsordnung und des Regierungshandelns auseinandersetzten.

In technischer Hinsicht wurde das Barocktheater gegenüber den Wanderbühnen und dem Schuldrama (→ *Formen des Theaters im 16./17. Jh.*)

perfektioniert: Es gab eine aufwändige BÜHNENMASCHINERIE, die ein Bespielen unterhalb und oberhalb der Bühnenplattform erlaubte, bewegliche Kulissen, die den Raum in die Tiefe erweiterten und raschen Szenenwechsel ermöglichten, und nicht zuletzt ein ausgefeiltes Ensemble von Licht-, Geräusch- und Illusionseffekten. Das Barocktheater war damit ein Theater für alle Sinne, stand dem Fest und damit dem Konzept eines GESAMTKUNSTWERKS nahe, das Festspiel, Oper, Sing- und Schauspiel zu vereinigen suchte. Ohne diesen Kontext und ohne die zugehörige Aufführung war und ist das Barocktheater in seiner Bühnenwirksamkeit erheblich eingeschränkt.

Die bedeutendsten DRAMATIKER des 17. Jh. stammten aus Schlesien und formten das ›schlesische Kunstdrama‹: Den Anfang machte M. Opitz mit seiner Übersetzung von Senecas *Trojanerinnen* (1625) und Sophokles' *Antigone* (1636). Es folgten die Trauerspiele und Komödien von A. Gryphius (entst. ab 1647), D. C. v. Lohenstein (entst. ab 1650), J. Chr. Hallmann (entst. ab 1662) und A. A. von Haugwitz (*Maria Stuart*, 1683). Nachzügler waren die Lustspiele von Chr. Weise (entst. ab 1678) und Chr. Reuter (entst. ab 1695). Verfasser von HISTORISCH-POLITISCHEN (PROSA-)SCHAUSPIELEN waren: J. Rist, B. Knobloch, D. E. Heidenreich, D. Richter und J. Riemer. (Fortsetzung: → *Theaterwesen im 18. Jh.*).

1657
Andreas Gryphius

Biogr.: → 1637–50

Carolus Stuardus

OT: *Ermordete Majestät oder Carolus Stuardus König von Groß Brittanien*
Trauerspiel, entst. 1649/50.

Das dritte politische Drama von G. behandelt nicht nur die aktuelle Gegenwart (Hinrichtung des englischen Königs Karl I. am 30.1.1649), sondern ruft in der Widmung an den preußischen Kurfürsten sogar zum politischen Handeln (Rachefeldzug) auf. Damit ergreift es die Partei der absolutistischen Legitimisten und stellt sich gegen naturrechtliche Begründungen von Volkssouveränität. Es geht hier – anders als in G.' Drama → *Leo Armenius* (1650) – nicht um Tyrannenmord, sondern, weil Karl als guter und rechtmäßiger Herrscher geschildert wird, um die Bedrohung göttlicher Ordnung durch irdisches Machtstreben. Das Für und Wider des Königsmordes wird ausführlich debattiert. Karl erweist sich als wahre Majestät, da er im Angesicht des Todes seine innere Ruhe nicht verliert und trotz seines Sturzes überlegen bleibt (»der feste Carl wird stehn/ wenn nun sein Cörper fällt«). Die auf der Bühne vollzogene Enthauptung gehört zur barocken Wirkungsästhetik: Die drastische Vorführung von Grausamkeit (*atrocitas*) und Affekten sollte entlasten und dabei helfen, dem Übel besser standzuhalten.

Als 1660 die englische Monarchie wiederhergestellt worden war, akzentuierte G. – nun in der Gewissheit legitimistischer Stabilität – das Stück als Märtyrerdrama: Er verstärkte in der Fassung von 1663 die »Ebenbildlichkeit« (A. Schöne) von Karls und Christi Leidensgeschichte, auch durch die Einbeziehung von Nebenfiguren und durch Vorausdeutungen auf die Strafe für die Königsmörder, und unterstrich damit seine königstreue Botschaft.

Weitere Bearbeitungen des Stuart-Stoffes: Th. Fontane: *Carl Stuart* (Dramen-Fragment, um 1848), H. Heine: *Karl I.* (Gedicht, 1851), M. Fleisser: *Karl Stuart* (Drama, 1946) sowie in Behandlungen des Cromwell-Stoffes.

Weiteres Werk: → *Cardenio und Celinde* (1657).

1657
Andreas Gryphius Biogr.: → 1637–50

Cardenio und Celinde

OT: *Cardenio und Celinde Oder Unglücklich Verliebete*

Trauerspiel. Entst. ab 1647. ED: 1657; UA: 1661 in Breslau.

Das fünfaktige Schauspiel in alexandrinischer Versform hat eine Vorrede von 1654, in der G. einräumt, dass sein Stück die klassischen Bedingungen eines Trauerspiels nicht erfüllt, d. h.: Weder handelt es vom dramatischen Schicksal hoher, historisch belegter Standespersonen (sog. ›Ständeklausel‹), noch hält es den dafür nötigen hohen Stil mit tragischem Ende ein (→ *Barocktheater und -drama*). Vorgeführt und erörtert werden zwei Liebesgeschichten von Personen des niederen Adels: eine leidenschaftlich-schuldhafte und eine sittsam-keusche. Die leidenschaftliche Liebe, für die Cardenio und Celinde (jeder auf seine Weise) stehen, kommt erst am Ende und durch das erschütternde Eingreifen von Gespenstern zur Einsicht der Vergänglichkeit: »Wer hir recht leben wil vnd jene Kron ererben/ Die vns das Leben gibt; denck jede Stund ans Sterben.« Die sittsame Liebe, für die Olympia und Lysander stehen, erlangt diese Einsicht vorbildhaft aus eigener Kraft und führt zu »keuscher Eh«. Nicht Charakterzeichnung bzw. eine erst ab dem 18. Jh. interessierende Psychologie der Liebesleidenschaft (*amour fou*) stehen im Zentrum, sondern es geht um gelingende Bekehrung, Umkehr und Läuterung im Angesicht des Todes. Gleichwohl ist die Figur Celindes als inbrünstig Liebende ungewöhnlich gezeichnet.

Rezeption: Das zu G.' Lebzeiten wohl wenig gespielte Stück wurde nach 1800 mehrfach bearbeitet: A. v. Arnim: *Halle und Jerusalem* (Drama, 1811), K. Immermann: *Cardenio und Celinde* (Drama, 1826).

Weiteres Werk: → *Herr Peter Squentz* (1658).

1658
Andreas Gryphius

Biogr.: → 1637–50

Herr Peter Squentz

OT/UT: *Absurda Comica. Oder Herr Peter Squentz. Ein Schimpff-Spil*

Komödie. ED: 1658; UA: 1668 in Breslau.

G.' Verfasserschaft ist hier nicht gesichert, da das Stück anonym bzw. mit einer pseudonym unterschriebenen Vorrede erschien. Es handelt sich um ein Theater auf dem Theater: Man sieht, wie dörfliche Handwerker unter Anleitung des Schulmeisters Peter Squentz die aus Ovids *Metamorphosen* (entst. 2–8 n. Chr.) bekannte, tragische Liebesgeschichte von Pyramus und Thisbe vorbereiten und dann vor höfischem Publikum zur Aufführung bringen. Die dilettantischen Schauspieler blamieren sich nach Kräften, der Hofstaat ergötzt sich über die ländlichen Tölpel und den unfähigen und großsprecherischen Regisseur. Der Spott zielt in diesem Fall auf die Lehre: Schuster, bleib bei deinen Leisten – womit der gekrönte Dichter G. satirisch den → *Meistersang* in Gestalt von Hans Sachs aufs Korn nimmt. Zugleich wird die Standeswelt aus der Perspektive von oben befestigt, wenn die Spieler für ihr unstatthaftes Spiel mit dem Gegenwert einer Sau ›belohnt‹ werden. Eine bewusste Anlehnung an W. Shakespeares *Sommernachtstraum* (UA: 1595) ist nicht nachweisbar, möglicherweise aber über englische Komödianten vermittelt. Die Figur des Peter Squentz war schon vor G.' Stück bekannt.

Rezeption: Häufige Aufführungen des Stückes sind belegt. 🎬 R: F. Abgottspon (1978, TV).

Weiteres Drama: → *Papinianus* (1659).

1659
Andreas Gryphius

Biogr.: → 1637–50

Papinianus

OT: *Großmüttiger Rechts-Gelehrter Oder Sterbender Aemilius Paulus Papinianus*

Trauerspiel. Entst. 1657–59, ED: 1659; UA: 9.2.1660 in Breslau.

G.' letztes Trauerspiel ist auch sein schwierigstes: Der hochangesehene Rechtsgelehrte Papinianus soll am Hof des römischen Kaisers Caracalla mit juristischen Argumenten rechtfertigen, dass Letzterer seinen Bruder Geta im Kampf um die alleinige Macht im Reich ermordet hat. Papinianus lässt sich jedoch durch keine Verlockung (selbst Kaiser zu werden) und keine Drohung (sein Sohn wird als Geisel getötet) von seinem Standpunkt abbringen, dass Unrecht nicht Recht werden kann – auch nicht aus Gründen der Staatsräson. Dafür wird er umgebracht. Ihn deshalb als einen Märtyrer

zu interpretieren, trifft den Sachverhalt indes nicht, weil er Heide ist und keine religiösen Motive hat.
G. stellt in diesem Stück – anders als in den vorangegangenen Trauerspielen – nicht einen Herrscher und das Problem seiner (Un-)Antastbarkeit in den Mittelpunkt, sondern »die Weigerung eines primär moralischen Subjekts, sich zum Herrschaftssubjekt machen zu lassen« (L. Bornscheuer). Man kann diese im Namen des Rechts vollzogene Weigerung als eine Kritik am Machiavellismus absolutistischer Politik interpretieren, auch wenn G. weder naturrechtliche noch auf das 18. Jh. vorausweisende subjektbezogene Begründungen für Papinianus' Verhalten liefert.

Rezeption: Im 17. Jh. viel gespieltes Theaterstück in Gymnasien und von Wanderbühnen. Der Jesuit Franz Neumayr legte 1733 eine Bearbeitung des *Papinianus* vor.
Weitere Werke: → *Verliebtes Gespenst; Die geliebte Dornrose* (1660; 1661).

Schäferdichtung (Bukolik)

Begriff: ›Schäfer- oder Hirtendichtung‹ (›Bukolik‹, nach griechisch *boukolos*: ›Hirte‹) ist eine Literaturgattung, in der dargestellt wird, wie eine festgelegte Figurengruppe (Schäfer, Schäferinnen, Nymphen) in einer idyllischen Landschaft (Arkadien) miteinander geselligen Austausch pflegt. Es geht vorrangig um Freundschaft und Liebe, aber auch um Naturverbundenheit und Lob des einfachen Lebens auf dem Lande in einem idealen Zeitalter. Die poetische Wunschvorstellung lässt nicht nur elegisch-weltflüchtige Tendenzen, sondern auch indirekte Zeit- und Gesellschaftskritik zu. Letztere wird v. a. dadurch ermöglicht, dass das Schäferszenario – mehr oder weniger leicht entschlüsselbar – als Verkleidung für das (Liebes-)Handeln und Sprechen zeitgenössischer Personen dient. Dabei korrespondieren Fiktivität von Schäferwelt und Poesie.
Formen: Aus den literarischen Ursprüngen in der griechischen und römischen Antike bei Theokrit (um 310–250 v. Chr.; *Idyllen*) und Vergil (*Eklogen*, d. h. Hirtengedichte, entst. 42–38 v. Chr.) entwickelten sich im Mittelalter die ›pastourelle‹ (lyrisch-erotischer Dialog zwischen Schäfer/Ritter und Schäferin/Landmädchen) sowie ab der Renaissance weitere spezifische Gattungsformen: ›Madrigal‹ (Schäfergedicht, Singspiel), ›Schäferei‹ (Prosa-Ekloge, d. h. Mischform aus Prosaerzählung und Gedicht), ›Schäferdrama‹ und -›oper‹ sowie der ›Schäferroman‹. Letzterer begann mit I. Sannazaros *Arcadia* (1504) und reichte bis zu H. d'Urfés *Astrée* (1607ff., dt. 1619–35). In Deutschland erlangte die Schäferdichtung, verspätet gegenüber dem übrigen Europa, erst im 17. Jh. ihren Höhepunkt und klang in → *Rokoko* und *Anakreontik* des 18. Jh. (S. Geßner, Fr. v. Hagedorn, Chr. F. Gellert u. a.) aus. Im 19. Jh. entstand mit der → *Dorf- und Heimatliteratur* ein neues Genre, das die heile Welt des ländlichen Lebens in den Mittelpunkt stellte.

Am Beginn der barocken DEUTSCHSPRACHIGEN SCHÄFERDICHTUNG steht M. Opitz mit seiner Prosa-Ekloge *Schäfferey Von der Nimfen Hercinie* (1630), die zum Vorbild für an die 100 deutsche ›Schäfereien‹ wurde; zuvor hatte er mit der aus dem Italienischen übersetzten Bearbeitung *Dafne* (1627, vertont von Heinrich Schütz) der SCHÄFEROPER ein gültiges Muster geliefert (z. B. für Augustus Buchners Ballettoper *Von dem Orpheo und der Eurydice*, 1638). Ähnliches versuchte Opitz mit seiner Übersetzung von Ph. Sidneys *Arcadia* (1638) beim SCHÄFERROMAN, ohne dass es jedoch zu herausragenden deutschen Werken in dieser Gattung kam. Zu nennen sind hier lediglich die anonym erschienenen Romane *Jüngst-erbawete Schäfferey* (1632) und die *Verwüstete und verödete Schäfferey* (1642) sowie Johann Thomas' *Damon und Lisille* (1663). SCHÄFERLYRIK gibt es bei J. Rist, P. Fleming, G. Neumark und im Umkreis des Nürnberger *Blumenordens* (Sprachgesellschaft). Im Bereich der DRAMATIK besitzen Ph. von Zesens → *Adriatische Rosemund* (1645) und A. Gryphius' *Geliebte Dornrose* (→ 1660/61) eine schäferliche Thematik. Die deutsche Schäferdichtung der Barockzeit ist insgesamt v. a. pastorale Gelegenheitsdichtung. An ihr beteiligen sich so gut wie alle Autoren, zumal die bukolische Form auch Einzug in die geistliche Dichtung hielt (Fr. v. Spee, Angelus Silesius, L. v. Schnüffis). Eine PROGRAMMSCHRIFT der Schäferdichtung ist das *Pegnesische Schäfergedicht* (1644/45) von G. Ph. Harsdörffer, J. Klaj und S. v. Birken, das zur Gründung der Nürnberger Sprachgesellschaft *Löblicher Hirten- und Blumenorden an der Pegnitz* führte, die das Schäfertum sogar zur geselligen Praxis erhob.

1660
Kaspar Stieler

* 25.3.1632 in Erfurt. Nach wechselvoller Studienzeit (Medizin, Theologie und Jura) sowie Militärdienst (1654–57) Bildungsreisen bis 1662; bis 1685 in verschiedenen fürstlichen Beraterstellen (Rudolstadt, Eisenach, Weimar) tätig, ab 1690 freier Schriftsteller. † 24.6.1707 in Erfurt.

Die Geharnischte Venus

OT: *Die Geharnschte Venus oder Liebes-Lieder im Kriege gedichtet*

Gedichtslg; veröffentlicht unter dem Pseudonym: Filidor der Dorfferer.

St.s Verfasserschaft für diese Sammlung (70 Liebeslieder, 50 Sinnsprüche, 18 Madrigale) wurde erst 1897 entdeckt. Der Titel des »originellsten Liebesliederbuchs des 17. Jh.« (F. v. Ingen) sollte sowohl die Liebe in kriegerischen Zeiten als auch die Liebe als eine kriegerische Macht bezeichnen, die von keiner »Heer-Trompete« verjagt werden könne. Das Pseudonym weist auf das Personal der → *Schäferdichtung* hin, doch enthält die Sammlung mehr als nur schäferliche Liebeslyrik.

St. brilliert mit den Stilmitteln der großen Liebesdichtung von der Antike über die mittelalterliche Vagantenlyrik bis zum → *Petrarkismus* (hier an P. Fleming und Ph. v. Zesen anschließend). Der Ton ist lebendig und unkonventionell, ohne Scheu davor, der Venus' »süsses Liebeshandwerk« zu beschreiben. Entstanden und beeinflusst sind die Liebes- und Soldatenlieder durch St.s Teilnahme am schwedisch-brandenburgischen Krieg (1655–57).

Rezeption: St. verwarf das Werk später als jugendlichen Fehltritt.

Weitere Werke: *Filidors Traur, Lust und Mischspiele* (Schauspiele, 1665), *Teutsche Sekretariat-Kunst* (Briefsteller-Buch, 1673), *Zeitungs Lust und Nutz* (Abhandlung, 1695).

1660; 1661

Andreas Gryphius

Biogr.: → 1637–50

Verliebtes Gespenst; Die geliebte Dornrose

OT/UT: *Verlibtes Gespenste / Gesang-Spil; Die gelibte Dornrose / Schertz-Spill*

Doppel-Lustspiel. UA: 10.10.1660 in Glogau. ED: *Verlibtes Gespenste* (1660), *Die gelibte Dornrose* (1661).

Die zwei vieraktigen Spiele stellen – aktweise miteinander verschränkt – komplizierte Liebesverwicklungen auf höfischer und bäurischer Ebene dar. Im *Verliebten Gespenst*, einer in Alexandrinern abgefassten und mit Gesangseinlagen versehenen höfischen Liebeskomödie, lieben Mutter und Tochter denselben Mann. Die Tochter erhält ihn aber erst, als die Mutter – getäuscht durch eine Gespenstererscheinung, die ihr die Schuld am vermeintlichen Tod des geliebten Mannes gibt – reuig entsagt. In der *Geliebten Dornrose*, einer in Prosa und schlesischem Dialekt geschriebenen Bauernkomödie, wird das Mädchen Lise Dornrose von zwei Dörflern begehrt. Auch hier löst höhere Gewalt in Gestalt eines guten Richters den Konflikt, so dass Dornrose den tapferen und bescheidenen Gregor Kornblume zum Mann erhält.

Die Spiegelbildlichkeit der Handlung, das glückliche Ende und der gemeinsame Schlussauftritt sollen zeigen, dass die Liebe keinen Unterschied zwischen den Ständen macht. Die damit verbundene positive Zeichnung der bäuerlichen Welt, die sich weder sonst bei G. noch allgemein im Barocktheater findet, stellt deswegen noch keinen Wendepunkt dar, sondern dürfte der besonderen Gelegenheit geschuldet sein: Die Doppelkomödie war eine Huldigung zur Hochzeit des schlesischen Herzogs Georg III. und sollte zeigen, wie wohl geordnet die Ständewelt im Zeichen der Liebe sei.

Rezeption: Beide Spiele wurden oft nachgedruckt und sind bis zum 20. Jh. öfter gespielt worden.

Weiteres Werk: → *Horribilicribrifax* (1663).

1661; 1669
Daniel Casper von Lohenstein

Biogr.: → 1650; 1673

Cleopatra; Sophonisbe

Trauerspiele. *Cleopatra*: UA: 28.2.1661 in Breslau; ED (erweiterte Fassung): 1680. *Sophonisbe*: Entst. 1666, UA: 1669 in Breslau; ED: 1680.

Beide Stücke werden wegen ihrer Schauplätze Ägypten bzw. Numidien als L.s ›afrikanische Trauerspiele‹ bezeichnet. Gemeinsam ist ihnen darüber hinaus, dass in ihrem Mittelpunkt jeweils eine machtbewusste Frau steht, die in einen Konflikt zwischen Liebe und Staatsräson gerät. Auch die Lösungen sind sehr ähnlich: Cleopatra zögert nicht, ihren Mann Antonius – der sich gegen den siegreich vordringenden Octavian und für sie entschieden hat – zu opfern, um mit Octavians Unterstützung das Ägyptische Reich zu erhalten. Als dieser Plan scheitert, geht sie in den Tod: »Ein Fürst stirbt muttig/ der sein Reich nicht überlebt.« Auch Sophonisbe, die Frau des numidischen Königs, ist angesichts des drohenden römischen Sieges über Numidien bereit, ihren Mann aufzugeben und den Sieger Massinissa in der Hoffnung zu heiraten, ihn zum Abfall zu bewegen und mit ihm ihr Reich gegen Rom zu verteidigen. Als das scheitert, geht auch sie in den Tod.

Beide Herrscherinnen verhalten sich politisch im Sinne machiavellistischer Klugheit (*prudentia*), ohne deswegen gleich ›Machtweiber‹ zu sein. Doch ihr bewährtes Kalkül, dass sich ihre Gegenspieler letztlich von ihren Affekten (hier: von der Leidenschaft für die schöne Frau) bestimmen lassen, schlägt fehl: Sowohl Oktavian – der spätere Kaiser Augustus – als auch der hinter Massinissa stehende römische Oberbefehlshaber Scipio verhalten sich im Interesse des Römischen Reiches ebenso klug-politisch und sind dabei stärker; Letzteres nicht nur aufgrund ihrer Männlichkeit und Waffenstärke, sondern weil sie von L. als Vollstrecker eines geschichtlichen Heilsplans gezeichnet werden, der nach dem Aufstieg (und Fall) des Römischen Reiches die Vollendung im Heiligen Römischen Reich Deutscher Nation in Gestalt der Habsburger Monarchie vorsieht. Beide Stücke sind geprägt von Gewalt, sowohl sprachlicher (Expressivität, stilistische Übersteigerungen, Pathos) wie körperlicher (Folter, Mord), in der sich die Affekte theatralisch entladen (→ *Barocktheater und -drama*).

Rezeption: Von *Cleopatra* gab es bis 1753 5 Auflagen. Ab dem 18. Jh. stand die Kritik L.s Dramen immer verständnisloser gegenüber.

Weitere Dramen: → *Agrippina*; *Epicharis* (1665).

1662
Catharina Regina von Greiffenberg

* 7.9.1633 auf Schloss Seyssenegg bei Amstetten (Niederösterreich). Protestantische Landadlige, Schlossherrin auf Seyssenegg bis 1680, danach als Glaubensflüchtling in Nürnberg lebend. † 8.4.1694 in Nürnberg.

Geistliche Sonette, Lieder und Gedichte

OT/UT: *Geistliche Sonnette / Lieder und Gedichte, zu Gottseeligem Zeitvertreib*

Slg. geistlicher Gedichte.

Noch weit über das 17. Jh. hinaus konnten Frauen als Autorinnen nur hervortreten, wenn sie (z. B. als Adlige oder Gelehrtentöchter) über eine herausragende Bildung und prominente männliche Fürsprache verfügten. Unter den insgesamt wenig bekannten Schriftstellerinnen der Barockzeit, z. B. Maria Katharina Stockfleth (1633–92), Sophie Elisabeth (1613–76) und Sibylle Ursula von Braunschweig-Lüneburg (1629–71), wird G. am häufigsten genannt, weil solche Bedingungen auf sie zutrafen: Ihre Sammlung geistlicher Gedichte (250 Sonette, 52 Lieder) fand die lebhafte Unterstützung S. von Birkens (»Diese Dame, ist wohl ein Wunder unserer Zeit«), durch ihn wurde auch die Drucklegung veranlasst.

G.s protestantisch-unorthodoxe mystische Neigung sowie ihr großes form- und sprachschöpferisches Können brachten einen unverwechselbaren lyrischen Ton hervor, durch den nicht nur das fromme Gottes-Lob (›Deoglori‹), sondern zugleich auch das Ineins-Werden mit dem Göttlichen zum Ausdruck kommt (»Du ungeseh'ner Blitz/ du dunkel-helles Liecht/ du Herzerfüllte Krafft/ doch unbegreifflichs Wesen/ Es ist was Göttliches in meinem Geist gewesen/ daß mich bewegt und regt: Ich spür ein seltnes Liecht«). G. blieb jedoch eine Außenseiterin – sowohl gegenüber der protestantischen Theologie als auch in der Literatur ihrer Zeit: »Wie bei anderen Barock-Mystikern (Spee, Czepko, Angelus Silesius, Kuhlmann) funktioniert die Dichtung G.s das priesterliche Amt der Heilszuwendung zum poetischen Akt der Selbsterlösung des Subjekts um. Damit weist sie auf dichterische Intentionen des 18. Jh. voraus.« (H.-G. Kemper)

Rezeption: G. drang mit ihren geistlichen Liedern nicht bis ins protestantische Gesangbuch vor und blieb auch mit ihrem Gesamtwerk ohne größeren Einfluss.

1663
Andreas Gryphius

Biogr.: → 1637–50

Horribilicribrifax

OT/UT: *Horribilicribrifax. Teutsch. Wehlende Liebhaber*

Lustspiel; entst. 1647–50.

Eigentlich zeigt der Untertitel *Wehlende Liebhaber* genauer an, worum es in dieser Komödie geht: um die richtige Wahl des Ehepartners. Dementsprechend treten verschiedene Paarmodelle in Erscheinung, werden variiert und schließlich zur passenden Lösung geführt. Da es sich um eine Komödie handelt, spielt die Verspottung des Unpassenden bei der Gattenwahl eine große Rolle: Leichtsinn, Geldgier und Dünkel eignen sich nicht zur Vermählung mit Tugend, Verdienst und Bescheidenheit. Der ärgste Fehler ist jedoch die Geltungssucht von Niederen, die sich wie Höhere aufführen. Diesen Typus stellen die beiden Hauptfiguren Horribilicribrifax und Daradiridatumtarides dar, die als entlassene Hauptleute aus dem Dreißigjährigen Krieg mit haltlosen Aufschneidereien ein neues Auskommen suchen. Sie und die anderen falsch wählenden Liebhaber und Liebhaberinnen werden v. a. durch ihr grobianisches Verhalten und Sprechen (Dialekt, unverstandene Fremdwörter, Bildungsbrocken usw.) lächerlich gemacht. Damit knüpft G. an Heinrich Julius von Braunschweigs Komödie → *Vincentius Ladislaus* (1594) an, wobei er den Maulhelden-Effekt durch die Verdoppelung der Hauptfigur noch steigert. Die vorbildliche Liebe wird dagegen in der Hochzeit von Cleander und Sophia sowie Palladius und Coelestina dargestellt. Am Ende gesellt sich Gleich zu Gleich, wobei die Tugendreichen sozial auf- und die Haltlosen sozial absteigen. G. befestigt damit die Ständehierarchie, die immer auch eine Ordnung der großen Unterschiede in Haltung und Sprechweise ist.

Rezeption: Der sozialdisziplinierende Effekt der Komödien G.' setzt sich in Chr. Reuters → *Die ehrliche Frau zu Plißine* (1695) fort.

1665
Daniel Casper von Lohenstein

Biogr.: → 1650; 1673

Agrippina; Epicharis

Trauerspiele. *Agrippina*: entst. nach 1657; ED: 1665; UA: 1666 in Breslau. *Epicharis*: ED: 1665, UA: 1666. Beide Dramen haben einen umfangreichen Anmerkungsapparat.

Beide Stücke spielen in Rom und haben, wie in L.s afrikanischen Trauerspielen *Cleopatra* und *Sophonisbe* (→ 1661; 1669), eine Frau als Hauptfigur, wenngleich in beiden Dramen der eigentliche (negative) Held der römische Kaiser Nero ist. In *Agrippina* wird Neros Mutter auf Veranlassung ihres

Sohnes ermordet – Verbrechen eines von herrscherlicher Vernunft verlassenen Tyrannen, zugleich aber auch Rache für deren rücksichtsloses Machtstreben, das in einem Inzestversuch gipfelte. Auch wenn ein Seneca aus Gründen des Machterhalts den Muttermord gutheißt: Die Protagonisten dieser römischen Welt sind alle verworfen, da haltlos ihren Affekten ausgeliefert und daher offen für sexuelle Perversion, Mordsucht und Sadismus. Dass sie für ihr Tun verantwortlich sind und künftig von ihrem Gewissen gefoltert werden, kündigt der Chor (*reyen*) an: »Lern't Sterblichen: Daß ein verlätzt Gewissen So wird gekwäl't/ gehenckert und zerrisen«.

In *Epicharis* gibt es dagegen eine positive Gegenfigur, auch wenn diese in einem qualvollen Tod untergeht: Epicharis ist der Kopf der Verschwörergruppe um Piso, die den Tyrannen Nero stürzen und eine Republik errichten will. Das Für und Wider der Revolution wird ausführlich erörtert, doch lässt sich weder aus dieser Tatsache noch aus dem Scheitern des Umsturzes L.s politische Position ablesen. Gezeigt wird eher, wie die Maßlosigkeit der Tyrannei eine fast ebenso maßlose, nicht minder grausame Tugendmacht heraufbeschwört. *Epicharis* ist daher wohl das gewalttätigste Barockdrama überhaupt. Der bis zum Äußersten zugespitzte Konflikt zwischen extremem Laster und höchster Tugend, der im schrecklichen Folter- und Selbstmordtod von Epicharis seinen Höhepunkt hat, besitzt dabei nicht mehr wie bei A. Gryphius eine primär religiöse, sondern eine politische Dimension. Hieraus jedoch bereits eine »Geburt der individuellen Freiheit aus dem Geist der Folter« (P.J. Brenner) zu lesen, geht sicherlich über den Horizont barocker Staatstheorie (→ *Barocktheater und -drama*) hinaus.

Rezeption: L.s *Agrippina* bearbeitete H. Fichte in einer Hörspiel-/Bühnenfassung (1978).

Weitere Werke: *Blumen* (Gedicht-Slg., 1680), → *Großmütiger Feldherr Arminius* (Roman, 1689–90).

1667
Paul Gerhardt

* 12.3.1607 in Gräfenhainichen bei Dessau. Ab 1627 Theologiestudium in Wittenberg, ab 1643 Hauslehrer, ab 1651 Pfarrer, ab 1657 Diakon in Berlin. Nach konfessionellem Streit mit dem preußischen Kurfürsten 1667 Amtsenthebung, ab 1669 als Archidiakon in Lübben (Spreewald). † 27.5.1676 in Lübben. Gedenkstätten: Gräfenhainichen (D), Lübben (D).

Geistliche Andachten

OT: *Pauli Gerhardi Geistliche Andachten Bestehend in hundert und zwantzig Liedern*

Gesamtausgabe der geistlichen Lieder G.s, herausgegeben und mit Noten versehen von J. G. Ebeling. Entst. seit den 1640er Jahren und ab 1647 in verschiedenen Andachtsbüchern publiziert.

G. ist nach M. Luther (→ *Geistliche Lieder*, 1524–43) der bekannteste Kirchenlieddichter des deutschen Protestantismus und noch heute im Evangelischen Kirchengesangbuch mit rund 30 Liedern vertreten. Sein Gesamtwerk umfasst 120–139 Lieder. Von ihm stammen – teils als Eigenschöpfung, teils als Übersetzung bzw. Nachdichtung – so berühmte Texte bzw. Textanfänge wie z. B. *Geh aus mein Herz, O Haupt voll Blut und Wunden, Befiehl du deine Wege, Nun ruhen alle Wälder, Ich steh an Deiner Krippen hier, Ich singe dir mit Herz und Mund.* Sie zeichnen sich durch ihre Naturfrömmigkeit und Gottesandacht aus und spenden Lob und Trost.
Das Liedgut wurde durch die Rezeption von Ausfällen gegen den Calvinismus gereinigt und auch bei Längen in der Strophenzahl gängiger gemacht, ohne dadurch etwas von seiner charakteristischen, fast volksliedhaften Schlichtheit einzubüßen, so dass es in Teilen sogar für Katholiken akzeptabel wurde. G.s deutliche Bevorzugung der Ich-Form im Lied (gegenüber der lutherischen Wir-Form) trägt dem Wandel des Frömmigkeitsverhaltens hin zur privaten Andacht Rechnung, löst sich aber keinesfalls aus der Einbindung der Gemeinde in die Liturgie.

Rezeption: G.s Lieder wurden – in Kombination mit den Melodien der Berliner Komponisten J. Crüger und J. G. Ebeling – v. a. durch die Kirchengesangbücher bis heute verbreitet. Da die sächsischen und thüringischen Gesangbücher sie jedoch erst später aufnahmen, vertonte Bach nur wenige Lieder (Kantaten).
Weitere protestantische Kirchenlieddichter des 17. Jh.: J. Heermann (1585–1647, z. B. *O Gott, du frommer Gott*), M. Rinckart (1586–1649, z. B. *Nun danket alle Gott*), J. Rist (1607–67, z. B. *O Ewigkeit du Donner Wort*), J. Franck (1618–77, z. B. *Jesu meine Freude*), G. Neumark (1621–81, z. B. *Wer nur den lieben Gott läßt walten*), Chr. Knorr von Rosenroth (1636–89, z. B. *Morgen-Andacht*) und J. Neander (1650–80, z. B. *Lobe den Herren, den mächtigen König der Ehren*).

Romanliteratur im 17. Jahrhundert

Die Gattung des Prosaromans hat sich in Deutschland seit dem 15./16. Jh. insgesamt nur langsam entwickelt (→ *Anfänge des Prosaromans*); von wenigen Ausnahmen abgesehen (→ *Fortunatus*, 1509; J. Wickrams Romane, → 1554–57) dominierten hier zwischen 1550 und 1650 Übersetzungen aus dem Ausland. An der Spitze standen zunächst die sog. *Amadis*-Romane, eine Serie von spanischen Ritterromanen (ab 1508), die von 1569–90 in 26 Bänden in deutscher Übersetzung erschienen und wegen ihrer Freizügigkeit und Phantastik sowohl beliebt als auch verrufen waren.
Diesem Romantyp folgte, ausgehend von den ebenfalls spanischen Vorbildern des anonymen *Lazarillo de Tormes* (1554) und M. Alemáns *Guzman de Alfarache* (1599–1604), der sog. Picaro- oder Schelmenroman, der sich in Deutschland ab 1615 durch die Übersetzungen von Aegidius Al-

bertinus (1560–1620) u. a. rasch verbreitete. ›Pikaroromane‹ sind meist in Ich-Form und Episoden-Technik erzählte abenteuerliche Lebensgeschichten »durchtriebener Meister der Schliche und Ränke« (R. Alewyn), die damals ›Schelme‹ bzw. ›Landstörzer‹ genannt wurden. Die Perspektive von unten ermöglicht einen subversiv-kritischen Blick auf die Gesellschaft, die nicht nur von Fortuna, sondern ebenso von Gewalt und listiger Gegengewalt beherrscht ist und der am Ende nicht selten durch bußfertige Einsicht entsagt wird. Dieser auch als ›niederer Roman‹ bezeichnete Formtyp gewann in Deutschland, v. a. durch H. J. Chr. v. Grimmelshausens → *Simplicissimus* (1668/69) und die weiteren ›Simpliziaden‹ sowie durch J. Beer und Chr. Reuter, eine eigenständige Bedeutung.
Ein weiterer aus dem Ausland importierter Romantyp war der SCHÄFERROMAN, der sich jedoch in Deutschland mehr zu einer prosaisch-lyrischen Mischform mittlerer Stilhöhe (›Prosa-Ekloge‹) und weniger als schäferlicher Liebesroman entwickelte (→ *Schäferdichtung*). Als einschlägige Verfasser traten hervor: M. Opitz, G. Ph. Harsdörffer/J. Klaj, S. v. Birken, J. Thomas, Maria Katharina und Arnold Stockfleth.
Ebenfalls nach ausländischem Vorbild (J. Barclay: *Argenis*, 1621; dt. 1626) entstand der bedeutendste Romantyp der Barockzeit: der HÖFISCH-HISTORISCHE ROMAN, der – anders als die *Amadis*-Romane – nicht als Unterhaltungsliteratur, sondern als exklusive fürstliche Lehrdichtung auftrat. Es geht dabei um Politik und Liebe auf höchster Ebene, um die Bewährung von Tugend und die Einsicht in die »prästabilisierte Harmonie« (G. W. Leibniz) der Welt. Kennzeichen dieser Romane sind: direkter Einstieg in die Mitte der Handlung, Rückblick auf die Vorgeschichte, Spannungssteigerung durch Seitenhandlungen und Einschübe, Auflösung der komplizierten Liebesgeschichten in eindeutige Paarbeziehungen (Ehen), Verknüpfung von Liebesheirat und Staatsräson, Sieg des Guten und Lob der Beständigkeit, gelehrte Exkurse und ausführliche Anmerkungen (»tollgewordene Realenzyklopädien«, so J. v. Eichendorff), Gesamtumfänge von über 1000 Seiten. Die Verfasser der bedeutendsten höfisch-historischen Romane sind: A. U. v. Braunschweig, A. H. Buchholtz, D. C. v. Lohenstein, Ph. v. Zesen und H. A. v. Zigler und Kliphausen.
Schließlich sind an dieser Stelle zwei Übergangsformen zum Roman des 18. Jh. zu erwähnen: der ›politische‹ und der ›galante Roman‹, die sich beide ebenfalls an spanisch-französische Vorbilder anlehnten (z. B. Mme de Lafayette: *La Princesse de Clèves*, 1678): Orientiert am Bauschema des höfisch-historischen Romans, aber lesbar gemacht durch Verminderung von Umfang und Komplexität, verfolgen sie stark veränderte Ziele, die mit den Bildungs- und Unterhaltungsbedürfnissen eines mehr und mehr bürgerlichen Lesepublikums zusammenhängen. Der POLITISCHE ROMAN zielt auf Erziehung zu praktisch-privater Weltklugheit (Verhaltenspolitik), damit man »sein Glücke nicht verschertzen, sondern vielmehr alle Wohlfahrt bey der besten Gelegenheit ergreifen wolte« (Chr. Weise), während

der GALANTE ROMAN sich ganz auf das gewandte höfliche Benehmen – die galante »conduite« – konzentriert und hier immer mehr auf den erotischen Umgang, wobei es nicht mehr um das Lob der Tugend, sondern um die Kunst ihrer erfolgreichen Verführung geht. Politische Romane schrieben: Chr. Weise, J. Riemer, E. W. Happel, Chr. Reuter. Verfasser galanter Romane waren: A. Bohse, Chr. Fr. Hunold, G. S. Corvinus, J. Meier. (Fortsetzung: → *Roman in der Aufklärung*).

1668/1669
Hans Jacob Christoph von Grimmelshausen

* 1621 oder 1622 in Gelnhausen. Seit seiner Jugend im Kriegsdienst, ab 1644 Regimentsschreiber. 1649–65 Verwalter in Gaisbach bzw. auf der Ullenburg in Baden, ab 1767 Schultheiß in Renchen. † 17.8.1676 in Renchen (Baden). Gedenkstätten: Gelnhausen (M), Oberkirch (M), Renchen (D).

Simplicissimus

OT: *Der Abentheurliche Simplicissimus Teutsch/ Das ist: Die Beschreibung deß Lebens eines seltzamen Vaganten/ genant Melchior Sternfels von Fuchshaim/ wo und welcher gestalt Er nemlich in diese Welt kommen/ was er darinn gesehen/ gelernet/ erfahren und aufgestanden/ auch warumb er solche wieder freywillig quittirt*

Roman. 1668 unter dem Pseudonym German Schleifheim von Sulsfort erschienen, vordatiert auf 1669. Eine 2. Ausgabe, vermehrt um die *Continuatio des abentheurlichen Simplicissimi Oder Der Schluß desselben*, erschien 1669.

G., der unter seinem Geburtsnamen nur wenige Texte veröffentlichte und zurückgezogen lebte, wurde erst 1837 von H. Kurz als Verfasser des *Simplicissimus* entdeckt. Man weiß daher nur wenig darüber, wie er – ohne die für einen Barockdichter unabdingbare akademische Ausbildung – sein schriftstellerisches Können und Wissen erwarb. Fest steht, dass der Roman in gründlicher Kenntnis der europäischen Romangeschichte geschrieben ist, wobei v. a. der spanische Schelmenroman, der französische *roman comique* sowie die Schwankliteratur von Bedeutung waren (→ *Romanliteratur im 17. Jh.*). Erzählt wird in 5 Büchern eine fiktive Lebensgeschichte aus der Zeit des Dreißigjährigen Krieges: Ein tumber Bauernjunge flieht vor den Kriegsgräueln zu einem Einsiedler, wird von diesem christlich erzogen, zieht nach dessen Tod in die Welt, erlebt in ihr zunächst als Page, Narr und Diener, sodann als Soldat, Reisebegleiter, Sänger, Liebhaber, Kurpfuscher sowie als Wallfahrer, Hauptmann und Weltreisender viele Abenteuer und endet schließlich als reuiger Einsiedler. In der *Continuatio* bricht er als Pilger nach Ägypten auf, fällt unter Räuber, befreit sich, erleidet Schiffbruch, rettet sich auf eine Insel und bleibt dort als Eremit (und erster deutscher Robinson); seine auf Palmblätter geschriebene Lebensgeschichte gelangt von dort nach Europa: In der Ich-Form und im Rückblick verfasst, ist sie der vorliegende Roman.

Das vielschichtige Werk ist weder eine Autobiographie (obwohl autobiographisch Erlebtes enthalten ist), noch ein Entwicklungsroman – obwohl ein Veränderungsprozess von naiv-unschuldiger Übereinstimmung mit christlicher Moral über den sündigen Bruch mit ihr bis zur bußfertigen Wiederannäherung vorhanden ist. G. selbst legte mit seinem Hinweis im 1. Kapitel der *Continuatio*, mehr auf den Kern als auf die Hülle zu achten, eine Interpretation als Exempelgeschichte nahe, doch dazu ist der Roman viel zu weltzugewandt und interessiert am richtigen, friedvollen Zusammenleben der Menschen. Die hier einschlägigen Erzählpartien mit der Kritik an Ständeordnung, Feudalherrschaft und Kirche, der Verurteilung des Krieges und Konfessionsstreites sowie die Utopie einer im Glauben befriedeten Menschheit reichen aber wiederum nicht aus, das Werk v. a. als satirischen bzw. volkstümlich-realistischen Zeitroman zu lesen: So betrachtet würden die vielschichtigen allegorischen Bezüge missachtet werden, die in der Gestaltung von Leben und Welt auf eine höhere, moralisch-theologische Wahrheit hindeuten. Man wird einmal mehr akzeptieren müssen, dass die großen literarischen Werke in kein festes Schema passen und es gerade ihre strukturelle Offenheit ist, die die andauernde Wirkung ausmacht.

Rezeption: Bis 1670 erschienen 6 Auflagen, darunter auch nicht-autorisierte Nachdrucke. Der Name ›Simplicissimus‹ wurde zum erfolgversprechenden Kürzel für weitere romanhafte Lebensgeschichten (›Simpliziaden‹): J. Beer: *Der Symplicianische Welt-Kucker* (1677–79), J. G. Schielen: *Deß Frantzösischen Kriegs-Simplicissimi Hoch-verwunderlicher Lebens-Lauff* (1682), G. D. Speer: *Ungarischer Oder Dacianischer Simplicissimus* (1683). Oper: K. A. Hartmann: *Des Simplicius Simplicissimus Jugend* (1936/48). 🎬 *Des Christoffel von Grimmelshausen abenteuerlicher Simplizissimus* (R: Fr. Umgelter, 1975, TV).

Weiterer Roman: → *Die Landstörtzerin Courage* (1670).

1669–1673
Anton Ulrich von Braunschweig

* 4.10.1633 in Hitzacker. Nach Privaterziehung 1655/56 Bildungsreise nach Paris, ab 1685 Mitregent, ab 1704 alleiniger Regent des Herzogtums Braunschweig-Wolfenbüttel. † 27.3.1714 in Salzdahlum bei Wolfenbüttel. Gedenkstätten: Braunschweig (M), Wolfenbüttel (G).

Aramena

OT: *Die Durchleuchtige Syrerinn Aramena*

Roman. 1669–73 anonym erschienen in 5 Bänden.

Dieses als ›Staatsroman‹ (→ *Romanliteratur im 17. Jh.*) verfasste Werk richtete sich an ein gebildetes adliges Publikum, dem die Lektüre von fast 3900 Oktavseiten mit einer äußerst verschlungenen Handlung keine Schwierigkeit bereitete und das bereit war, in der ästhetischen Ordnung des Romans ein

Spiegelbild der göttlichen Ordnung wahrzunehmen. Zu diesem Zweck werden – neben der vieler anderer Personen – die Lebens- und Liebesgeschichten von mehr als 30 zumeist fürstlichen Personen – zentriert um die im 2. Jt. v. Chr. lebende Prinzessin Aramena – entfaltet, durch Doppelgängertum und Verwechslung verwirrend miteinander verknüpft und am Ende glücklich wieder entwirrt. Was die Menschen (und der Leser) zunächst nicht zu durchschauen vermögen, was sie erst allmählich in ihren Fähigkeiten (Standhaftigkeit, Gottvertrauen, Haltung) wachsen lässt, erweist sich am Ende als Offenbarung einer göttlichen Vorsehung bzw. als »Demonstration der Sinnhaftigkeit der Geschichte« (G. Spellerberg). Deren irdischer Ausdruck ist die Massenhochzeit von 17 Paaren.
In einem Brief an den herzoglichen Verfasser kommentierte G. W. Leibniz: »niemand ahmet unsern Herrn beßer nach als ein Erfinder von einem schöhnen Roman.« S. von Birken, der den Text redigiert hat, steuerte eine Vorrede bei, in der die Romanform erstmalig poetologisch gerechtfertigt wird.

Rezeption: Bereits 1678–80 erschien eine 2. Auflage; Sophie Albrecht (1757–1840) legte 1783–87 eine Bearbeitung des Romans vor.
Weitere Werke: *Christ-Fürstliches Davids-Harpfen-Spiel* (Liederslg., 1667), → *Die römische Octavia* (Roman, 1677–1707).

1670
Hans Jacob Christoph von Grimmelshausen Biogr.: → 1668/69

Die Landstörtzerin Courage; Der seltzame Springinsfeld

OT (1): *Trutz Simplex: Oder Ausführliche und wunderseltzame Lebensbeschreibung Der Ertzbetrügerin und Landstörtzerin Courasche*; späterer Titel: *Die Landstörtzerin Courage* (1683/84). UT (2): *Das ist Kurtzweilige lusterweckende und recht lächerliche Lebens-Beschreibung*

Romane. Beide Romane wurden unter dem Pseudonym Philarchus Grossus von Trommenheim veröffentlicht.
Nach der *Continuatio des abentheurlichen Simplicissimi* (1669) legte G. mit dem *Trutz Simplex* und dem weiteren Roman *Der seltzame Springinsfeld* (1670) in kurzer Folge neue Versionen einer simplizianischen Lebensbeschreibung vor. Im *Trutz Simplex* steigt mit der ›Courasche‹ genannten Ich-Erzählerin Lebuschka erstmalig in der deutschen Literatur eine Frau zur alleinigen Hauptfigur auf: Anders als Simplicissimus ist sie jedoch eine diskriminierend gezeichnete Heldin, die in ihrem Zustand der trotzig auftrumpfenden Uneinsichtigkeit bleibt, ob sie nun als mehrfache Offiziersfrau gesellschaftlich ganz oben oder als Marketenderin und Zigeunerin ganz unten auftritt. Im *Springinsfeld* erzählt die gleichnamige Hauptfigur ihr

wechselvolles Soldatenleben, das – wenn auch in bei gesteigerter Rohheit der Abenteuer – Parallelen mit dem des Simplicissimus besitzt; doch wo Letzterer zu bußfertiger Einsicht und tätiger Wiedergutmachung gelangt, gibt es für den zum »ausgemergelten/ abgelebten/ doch dabey recht verschlagnen Landstörtzer und Bettler« herab gesunkenen Springinsfeld allenfalls eine schwache Hoffnung auf Reue.
Offen bleiben muss, ob G. mit seinen simplizianischen Schriften, zu denen u. a. auch der Roman *Das wunderbarliche Vogel-Nest* (1672/75) gehört, einen allegorisch zu deutenden Zyklus mit Variationen zum Grundthema (der Weg von einem gottvergessenen zu einem christlich-gottgefälligen Leben) schreiben wollte oder ob er ein gewachsenes Unterhaltungsbedürfnis bedient hat, für das der volkstümlich-satirische (›niedere‹) Roman die neue Ausdrucksform war.

Rezeption: B. Brecht griff in seinem Stück → *Mutter Courage und ihre Kinder* (1941/49) auf G.s Titelfigur zurück.

1670
Philipp von Zesen

Biogr.: → 1645

Assenat

OT/UT: *Assenat; Das ist Derselben und des Josefs Heilige Stahts- Lieb- und Lebens-geschicht*

Roman.

In diesem Roman geht es weniger um die Titelheldin Assenat, die Tochter des ägyptischen Pharaos Potiphar, sondern um die »heilige Stahts- Lieb- und Lebensgeschicht« des biblischen Tugendhelden Joseph. Dieser widersteht standhaft dem Liebeswerben von Potiphars Frau, überlebt die Kerkerhaft, steigt zum Vizekönig auf und heiratet Assenat. Er bewährt sich daraufhin sowohl als Staatsdiener wie als Eheherr, so dass er in vorbildlicher Weise die für die Barockzeit charakteristische Einheit von staatsmännischer Politik und standhafter Liebe verkörpert.
Z. selbst hebt seinen Roman, nicht ohne Polemik gegen H. J. Chr. v. Grimmelshausens Roman *Histori vom Keuschen Joseph in Egypten* (1666/67), als ein streng an den biblischen Quellen orientiertes Werk hervor, das nicht durch Fiktion unterhalten, sondern belehren wolle. Deshalb fügte er dem schmalen Romantext (344 S.n) auch einen mit Register versehenen Anmerkungsteil (knapp 200 S.n) hinzu, in dem über Religion, Geschichte und Kultur des alten Ägypten informiert wird.

Rezeption: Der Roman fand starken Anklang (4 Auflagen bis 1679).
Weitere Joseph-Dramen ab dem 16. Jh.: Th. Gart: → *Joseph* (1540), Chr. Weise: *Die triumphierende Keuschheit* (1668).

1672
Christian Weise

* 30.4.1642 in Zittau. 1660–63 Theologiestudium in Leipzig, ab 1670 Lehrer in Weißenfels, ab 1678 Rektor des Gymnasiums in Zittau. † 21.10.1708 in Zittau (D, G).

Die drei ärgsten Erz-Narren in der ganzen Welt

Roman. Veröffentlicht unter dem Pseudonym: Catharinus Civilis.

Mit diesem satirischen Werk (455 S.n) begründete W. den Gattungstyp des politischen Romans in Deutschland (→ *Romanliteratur im 17. Jh.*). ›Politisch‹ meint dabei ein weltkluges, auch weltmännisches Verhalten, um unter Anerkennung der gegebenen politisch-sozialen Schranken erfolgreich aufzutreten, ohne gegen ethische Normen zu verstoßen. Dieses ›Verständig-Werden‹, dessen Gegenteil die unverständige Narrheit ist, könne auch von bürgerlichen Personen erlernt werden, und zwar sowohl durch Erfahrung als auch durch nützliche literarische Anleitung. Letzteres soll der (politische) Roman durch die Anprangerung des Unklugen leisten.

W. knüpft daher nur äußerlich an die Narrenliteratur des 16. Jh. (→ *Narrenliteratur und Grobianismus*) an, wenn er das Schema der Narrenrevue übernimmt: Der Romanheld Florindo darf sein Erbe erst antreten, nachdem er auf einer Reise durch viele Länder herausgefunden hat, wer die drei ärgsten Narren sind. Wenn dabei ein Kosmos voller Narren aus allen Ständen, Geschlechtern und Berufen erscheint, so wird bei W. nicht mehr eine sündige verkehrte Welt verlacht, sondern in selbstkritischer Beurteilung Narrheit als Unterlassung des Vernünftigen erörtert: So wie Florindo letztlich lernt, dass die drei ärgsten Narren sind, wer »umb zeitliches Kothes willen den Himmel verschertzt« bzw. »umb lüderlicher Ursachen willen entweder die Gesundheit und das Leben, oder Ehre und guten Namen in Gefahr setzt«, lernt der Leser, neben dem himmlischen Nutzen durchaus auch den irdischen zu beachten. Denn: Narrheit ist weniger eine Sünde, sondern v. a. ein individuelles Laster, das nur Nachteile bringt.

Rezeption: Der Roman hatte mit 9 weiteren Auflagen bis 1710 großen Erfolg, den W. für weitere Romanvarianten ausnutzte.

Weitere Werke: *Die Drey Klügsten Leute in der gantzen Welt* (Roman, 1675), *Der politische Näscher* (Roman, 1678), *Baurischer Machiavellus* (Drama, 1679), → *Masaniello* (Drama, 1682).

1677–1707
Anton Ulrich von Braunschweig

Biogr.: → 1669–73

Die römische Octavia

OT: *Octavia / Römische Geschichte*

Roman. Eine 1., unvollst. Ausgabe erschien 1677–79 (3 Bde.); 1703–07 (3 Bde.) wurde sie fortgesetzt. Eine 2. überarbeitete Ausgabe erschien 1712 (6 Bde.) u.d.T. *Die Römische Octavia*, mit einem 7. Bd. (1762) sowie einem halben 8. Bd. aus dem Nachlass.

Dieser heute wohl nur noch für Spezialisten lesbare höfisch-historische Roman überbietet an Umfang (7237 S.n), komplizierter Handlungsarchitektur (mehr als 100 Personen) und Erzähltechnik (mehrere Ebenen, Rückblenden und Einschübe) A.s ersten Roman → *Aramena* (1669–73), der schon verwickelt genug war. Die Zielsetzung bleibt jedoch unverändert: Das breit entfaltete Romangeschehen entwirrt sich zu einem großen Tableau geordneter Liebes- und Staatsbeziehungen mit hoher symbolischer Bedeutung. Doch geht es jetzt nicht mehr um Geschichten aus biblischer Vorzeit, sondern es wird eine im antiken Rom spielende Staatsaktion erzählt: der Kampf um die Vorherrschaft innerhalb der Führungselite Roms, der zugleich ein Kampf um die Hegemonie des Römischen Reiches in der Welt ist. Wenn am Ende Octavia, die Tochter des Kaisers Claudius und Gattin Neros, den Partherkönig Tyridates heiratet und ihre Geschwister Antonia und Britannicus durch ihre Ehe die Großreiche der Cherusker bzw. des Fernen Ostens an das Imperium binden, leuchtet am Horizont die harmonische Verbindung von Abendland und Orient, Antike und Christentum, Römischem und Deutschem Kaiserreich auf. In der 2. Fassung verstärkte A. die Gegenwartsbezüge durch verschlüsselte Anspielungen auf zeitgenössische Dynastien und Politik, womit er sich auf eine Bahn begab, die schon über den Barockroman (→ *Romanliteratur im 17. Jh.*) hinaus weist.

Rezeption: Das Werk gilt als Inbegriff des höfisch-historischen Romans, aber auch als »Kristallisation barocker Geistigkeit und manirierter Künstlichkeit« (A. Haslinger); weitere Auflagen im 18. Jh. bezeugen seine damalige Attraktivität.

1679
Christian Hoffmann von Hoffmannswaldau

* 25.12.1616 in Breslau; Name auch: C. Hofmann von Hofmannswaldau. Ab 1636 Jurastudium in Danzig und Leiden, 1639–41 Bildungsreise nach England, Frankreich und Italien. Ab 1647 Ratsmitglied, ab 1657 Senator, ab 1677 geadelt und Bürgermeister in Breslau. † 18.4.1679 in Breslau (G).

Gedichte

OT: *Deutsche Übersetzungen und Getichte*

Entst. zwischen 1640 und 1660, handschriftlich und durch Raubdrucke verbreitet. ED: 1679/80 und 1695.

H.s lyrisches Werk umfasst neben der üblichen Gelegenheitsdichtung geistliche Lieder und vermischte Gedichte, die Betrachtungen über Weltlauf, Lebensführung und Lebensgenuss enthalten. Hier dominiert nicht immer der Vanitas-Gedanke, wie er in *Die Welt*, einem der bekanntesten Gedichte H.s, geradezu klassisch formuliert wird: »Was ist die Welt/ und ihr berühmtes gläntzen?/ Was ist die Welt und ihre gantze Pracht?/ Ein schnöder Schein in kurtzgefasten Gräntzen/ Ein schneller Blitz bey schwartzgewölckter Nacht.«; es gibt vielmehr ebenso das *Lob der Vergnügung* und *Die Wollust* (»Die Lust/ als Lust/ wird niemahls Sünde heissen«). V. a. aber wurde H. durch seine *Lust-Getichte* berühmt, die freilich erst 1695 postum in gedruckter Form erschienen. Mit diesen Gedichten gelang es ihm, die dem Vorbild des → *Petrarkismus und Manierismus* verpflichtete Liebesdichtung zu einer Lyrik des sinnlichen Begehrens zu verdichten, wie es sie in Deutschland zuvor nicht gegeben hatte. Die besondere Raffinesse dieser galanten Rollenlyrik besteht darin, das Nichterlaubte der sexuellen Lust in einer sprachlich-metaphorischen Vieldeutigkeit so kunstvoll zu verschlüsseln, dass auch Lesarten einer spirituellen Liebe möglich sind. Daneben gibt es Lieder der Klage, dass »alle Lust vergänglich sey«. H. – auch der ›deutsche Ovid‹ genannt – begründete zudem die Gattung der sog. Helden-Briefe, d. h. leidenschaftliche und die Liebesleidenschaft erörternde, fiktive Dialoge historischer Liebespaare in Briefform.

Rezeption: Als repräsentativer Autor barocker Liebeslyrik wurde H. erst durch die von B. Neukirch besorgte Gedichtausgabe (*Herrn von Hoffmannswaldau und andrer Deutschen auserlesener und bißher ungedruckter Gedichte erster theil*, 1695–1727) weithin bekannt, zugleich aber auch oft als frivoler Dichter verurteilt.

1680

Abraham a Sancta Clara

* 2.7.1644 in Kreenheinstetten bei Meßkirch (Baden) als Johann Ulrich Megerle. 1662 Eintritt in den Augustinerorden, nach Studienjahren in Prag und Ferrara 1668 Priesterweihe. Ab 1677 Prediger in Wien; wiederholt in Rom tätig. † 1.12.1709 in Wien. Gedenkstätte: Kreenheinstetten (D, M).

Merks Wienn

UT: *Das ist: Deß wütenden Todts ein umbständige Beschreibung In der berühmten Haubt und Kayserl. Residentz Statt in Oesterreich*

Pestchronik und Moralsatire.

A. ist als Prediger wegen seiner erzählerischen Sprachgewalt zu einem Volksschriftsteller geworden, doch blieb er stets pastoraler Theologe, der nicht unterhalten, sondern seinen Schäfchen ins Gewissen reden und sie bessern wollte. Dazu war ihm jedes drastisch-satirische Mittel recht: In *Merks Wienn* (d. i. »Merk es, Wien« bzw. freier: »Ihr Wiener, merkt euch das«) nutzt er das Ereignis der Wiener Pestepidemie von 1679, um angesichts des plötzlichen und niemanden verschonenden Todes davor zu warnen, in Sünde weiter zu leben. Damit knüpft er ebenso an das mittelalterliche → *Totentanz*-Motiv an, wie er das sündhafte Leben durch das überlieferte Narrenmotiv darstellt (→ *Narrenliteratur und Grobianismus*). Das Ergebnis, ein mit vielen anschaulichen Beispielen angereicherter Lasterkatalog, lässt keine Unart aus, erfasst und verurteilt alle Stände und wird zu einer derben Sittenschilderung seiner Zeit. Die fabulierfreudige, mit der Sprache spielende und barock überbordende Erzählweise erfreut trotz ihrer strengen Moral, zugleich schützte der unbezweifelbare moraldidaktische Antrieb den Prediger vor unerwünschten Folgen seiner Kritik.

Rezeption: Schon im ersten Jahr vielfach aufgelegt, machte das Buch A. weithin berühmt. Schiller benutzte für die Kapuzinerpredigt in seinem Drama → *Wallenstein* (1798/99) A.s Aufruf zum Türkenkrieg als rhetorische Vorlage.

Weitere Werke: *Lösch Wienn* (Pestschrift, 1680), *Auff, auff, Ihr Christen!* (Aufruf zum Türkenkrieg, 1683), *Judas Der Ertz-Schelm* (Legendenroman, 1686–95).

1681

Johann Beer

* 28.2.1655 in St. Georgen (Oberösterreich). Nach abgebrochenem Theologiestudium in Leipzig ab 1676 Hofmusiker in Halle, ab 1680 in Weißenfels/Saale (ab 1685 als Konzertmeister, ab 1697 zusätzlich als Hofbibliothekar). † 6.8.1700 in Weißenfels.

Das Narrenspital

OT: *Der Berühmte Narrenspital*

Roman. Veröffentlicht unter dem Pseudonym: Hanß guck in die Welt.

B. hat sein umfangreiches erzählerisches Werk (etwa 20 Romane zwischen 1677 und 1685) im Nebenberuf verfasst und durch Pseudonyme so gut versteckt, dass seine Autorschaft erst 1932 durch R. Alewyn nachgewiesen werden konnte. Das *Narrenspital* war bereits sein zehnter Roman – leicht dahin geschrieben, nicht sehr lang und geprägt von einer unterhaltsamen Fabulierfreude, die sich von der bedeutsam kalkulierten Architektonik des hohen Barockromans abhebt. Dabei handelt es sich um eine durchaus eigenwillige Mischform von volkstümlich-satirischer Literatur (→ *Narrenliteratur und Grobianismus*) und ›niederem‹ Barockroman (→ *Romanliteratur im 17. Jh.*): Das grobianische Narrenthema dominiert die Haupthandlung, in deren Mittelpunkt der wüst-unflätige Landjunker Lorentz steht, der lieber ein unbelehrbarer Grobian bleiben will, als sich an die feinen und überfeinen Sitten der galanten Gesellschaft anzupassen. Die satirische Didaktik verurteilt zwar diese Verstocktheit und gibt mit der an Grimmelshausens → *Simplicissimus* (1668/69) angelehnten inneren Einkehr des Ich-Erzählers ein Beispiel vor, wie man leben soll, doch so ganz verlässlich ist das nicht. Der Narr Lorentz entlarvt in der Wirklichkeit von Kleinadel und Landbevölkerung so viel Narretei, dass die angedeutete moralische Belehrung vom parodistischen Vergnügen am »Narrenspital« der Welt glatt überdeckt wird. So ist es nur konsequent, dass B. auf eine allegorische Überhöhung verzichtet und sich stattdessen mit einem von mündlicher Erzählkunst geprägten Realismus der lebendigen Welt zuwendet: »etwas Einzigartiges in diesem durch und durch papierenen Zeitalter« (R. Alewyn).

Rezeption: B. wurde namentlich bis zum 19. Jh. lediglich als Verfasser musikalischer Schriften rezipiert. Das *Narrenspital* hatte als anonymes Werk seinen Platz in der derben Narren- und Schwankliteratur.

Weitere Romane: *Der Symplicianische Welt-Kucker* (1677–79), → *Teutsche Winternächte* (1682).

Lateinische Literatur IV (17./18. Jh.)

Latein blieb bis zum 18. Jh. in der katholischen Kirche verbindlich, verlor jedoch in Wissenschaft und Literatur an Bedeutung und wurde in Politik und Diplomatie europaweit durch das Französische verdrängt. Ab 1681 überstieg die Zahl der deutschen Drucke erstmals (und ab 1692 dauerhaft) die der lateinischen. Von da an setzten an den ersten Universitäten deutschsprachige Vorlesungen ein, aber die bedeutendste deutsche Gelehrtenzeitschrift, die *Acta Eruditorum* (1682ff.), erschien noch bis weit über 1750 hinaus auf Latein. Die neulateinische Literatur, die im Zeichen des Humanismus ihren großen Aufschwung genommen hatte (→ *Lateinische Literatur III, 15./16. Jh.*), klang in der 2. Hälfte des 17. Jh. allmählich aus. Am längsten behauptete sich das jesuitische Schuldrama (J. Masen, N. Avancini, → *Formen des Theaters im 16./17. Jh.*); erst mit der (vorübergehenden) Aufhebung des Jesuitenordens durch Papst Klemens XIV. (1773) endete diese Tradition. Die geistliche Lyrik (D. Czepko von Reigersfeld, J. Balde) konnte v. a. im Zeichen des erstarkenden Katholizismus noch einmal große Bedeutung entfalten, wenn auch kaum noch in der Breitenwirkung, sondern lediglich im formenden Einfluss auf Deutsch schreibende Schriftsteller. Im Übrigen publizierten viele Autoren des

17. Jh., wie es sich für einen gelehrten Dichter (*poeta doctus*) gehörte, auf Deutsch *und* Latein (z. B. M. Opitz, A. Gryphius, P. Fleming, J. G. Schottelius, G. Ph. Harsdörffer, J. M. Moscherosch).
Den größten Teil der neulateinischen Dichtung bildet die – zumeist auf Aufträgen beruhende – GELEGENHEITSDICHTUNG zu den verschiedenen höfischen und privaten Anlässen, die wegen ihrer kunstvollen Entfaltung rhetorischer Stilmittel gerade im 17. Jh. hohe Wertschätzung erfuhr. Zum lateinisch geprägten Literaturbetrieb gehörte auch die DICHTERKRÖNUNG zum ›poeta laureatus‹, die in Deutschland ab 1501 institutionalisiert und mit dem Recht verbunden war, an den Universitäten Vorlesungen über Rhetorik und Poetik halten zu dürfen. Erst ab dem 17. Jh. erhielten auch deutschsprachig schreibende Autoren diesen Ehrentitel (M. Opitz 1625, J. Rist 1646, S. v. Birken 1646, Q. Kuhlmann 1671). Schon im 18. Jh. war die Dichterkrönung – wie das neulateinische Dichten insgesamt – anachronistisch geworden, wurde aber trotzdem noch praktiziert.

1682
Johann Beer

Biogr.: → 1681

Teutsche Winternächte

OT: *Zendorii à Zendoriis Teutsche Winternächte Oder Die ausführliche und denckwürdige Beschreibung seiner Lebens-Geschicht*

Roman.

Das Werk bildet zusammen mit B.s *Die kurtzweiligen Sommer-Täge* (1683) einen Doppelroman, der – allerdings nur vordergründig – »mit tauglichen Sitten-Lehren hin und wieder ausgespicket« ist, wie der Verfasser im ausführlicheren Untertitel ankündigt. Tatsächlich geht es – zunächst ganz im Stil des pikarischen Romans (→ *Romanliteratur im 17. Jh.*) – um die bewegte Lebens- und Liebesgeschichte des Ich-Erzählers Zendorio, der im Laufe der Erzählung seine (adlige) Herkunft erfährt und deswegen seine geliebte Gräfin heiraten kann. Weitere Lebensgeschichten seiner Freunde, die allesamt zu glücklichen Hochzeiten oder zu anderen Festgelagen führen, erweitern die Haupthandlung beträchtlich. Am Ende kommt es zu einer überraschenden Bekehrung, als ein Eremit die ganze gesellige Gruppe zu einem einsiedlerischen Leben im Wald veranlasst. Die *Sommer-Täge* setzen hier ein und zeigen die Rückkehr zum erneuten ausgelassenen Müßiggang, in den nun noch ein weiterer Kreis pikaresker Personen (Gaukler, Musiker, Studenten, Soldaten, Mönche usw.) einbezogen wird. Auch hier zieht sich schließlich der Ich-Erzähler Wolffgang von Willenhag aus der lauten Welt zurück – und wiederum bleibt offen, ob für immer.

B. kopiert und vereinigt als Erzähler Formzüge des höfisch-historischen und des pikarisch-satirischen Romans, ohne freilich deren allegorisches

Wirklichkeitsverständnis und politisch-didaktische Absicht zu teilen. Dafür entschädigt er seine Leserschaft mit einer ungemein detailrealistischen Darstellung der landadeligen oberösterreichischen Welt des 17. Jh., die in ihrer Diesseitigkeit – nicht ohne parodistischen Effekt – ein Gegenbild zur hochadeligen Welt des barocken Staatsromans darstellt.

1682
Christian Weise

Biogr.: → 1672

Masaniello

OT: *Trauer-Spiel Von dem Neapolitanischen Haupt-Rebellen Masaniello*

Trauerspiel. UA: 11.2.1682 in Zittau. ED: 1683.

Das Werk ist das bekannteste der etwa 60 Dramen (davon 30 gedruckt), die W. in den Jahren 1678–1708 für das Zittauer Schultheater verfasst hat. Diese Stücke widersetzen sich mit ihrer Anlehnung an die älteren Formen des Wander- und Schultheaters (Prosa, keine Ständeklausel, Lebensnähe, komische Einlagen, Lehrhaftigkeit) dem klassischen → *Barocktheater und -drama* und dessen religiös bestimmter Weltsicht. Im *Masaniello* geht es dementsprechend um ein Gegenwartsthema mit politischem Gehalt, wobei das Politische sowohl die Staatsaktion als auch das lebenskluge Verhalten meint: Der neapolitanische Fischer Masaniello stürzt an der Spitze eines Volksaufstands den unterdrückerischen spanischen Vizekönig, kann aber als neuer Machthaber seine idealen Ziele nicht verwirklichen. Er wird darüber wahnsinnig und am Ende von seinen gestürzten Feinden ermordet. Damit kehrt die alte, ungerechte Ordnung zurück, die in ihrem Sieg entsprechend moralisch diskreditiert wird.

Bemerkenswert ist, dass das rebellierende Volk nicht negativ gezeichnet wird; trotzdem lässt W. den Rebell scheitern, weil er politisch nicht klug genug ist um sich an der Macht zu halten, und das Volk wohl auch nicht siegen darf.

Rezeption: Ironie des Schicksals: Der Masaniello-Stoff ging in das Libretto für D. Fr. E. Aubers Oper *La muette di Portici* ein, die 1830 die Revolution in Belgien auslöste.

1684–1686
Quirinus Kuhlmann

* 25.2.1651 in Breslau. Jurastudium ab 1670 in Jena, ab 1673 in Leiden. 1671 Krönung zum »poeta laureatus«. 1677/79 Aktivitäten als freigeistiger Missionar u. a. in England und der Schweiz, danach Schriftsteller mit wechselnden Wohnorten. † 4.10.1689 in Moskau (hingerichtet wegen politischen Aufruhrs).

Der Kühlpsalter

OT: *Der Kühlpsalter Oder di funffzehn Gesaenge*

Gedichtzyklus. Entst. ab 1670; die ersten 4 Bücher erschienen 1684, das 5. Buch 1685, das 6.–8. Buch 1686.

K. war ein religiöser Schwärmer (in der Nachfolge J. Böhmes), der von der Idee besessen war, als Prophet dazu berufen zu sein, die Christenheit in einem neuen Gottesreich zu einen und den Antichrist zu bekämpfen. Seine Botschaft fasste er in dem Psalmenzyklus *Der Kühlpsalter* zusammen, das als drittes *Heiliges Buch* neben das *Alte* und das *Neue Testament* treten sollte. Der Titel ist ein Wortspiel mit dem eigenen Namen (Kuhlmann – Kühlmann) und der Botschaft, der vom Streit erhitzten Welt wahre ›Kühlung‹ zu bringen; die Urteile über den religiösen Eiferer bewegen sich zwischen den Polen »armer Irrer« und »tragische Figur« (R. Newald). K.s literarische Bedeutung bei der Erweiterung des lyrischen Ausdrucks der geistlichen Barocklyrik ist indes – bei aller Ambivalenz in den 117 Psalmen – unstrittig, das bedeutet: Neben nicht wenigen phonetisch-mystischen Überspanntheiten (von der Namenssymbolik bis zu den exzentrischen Neologismen) als »Spät- und Krampfform geistlicher Lyrik« (W. Kohlschmidt) stehen sprachschöpferische Verse wie diese: »Recht dunkelt mich das dunkel,/ Weil Wesenheit so heimlichst anbeginnt!/ O seltner Glükkskarfunkel! Es stroemt, was euserlich verrint,/ Und wird ein Meer, was kaum ein baechlein gründt.«

Rezeption: Das Werk hatte keine nennenswerte Wirkung.

1689

Heinrich Anselm von Ziegler und Kliphausen

* 6.1.1663 in Radmeritz bei Görlitz. Nach Abbruch des Jurastudiums in Frankfurt /O. (1684) bewirtschaftete Z. die ererbten Landgüter. † 8.9.1697 in Liebertwolkwitz bei Leipzig.

Die asiatische Banise

OT: *Die asiatische Banise/ Oder Das blutig- doch muthige Pegu*

Roman.

Schauplatz des Romans ist Ostindien: Banise, die Tochter des Kaisers von Pegu, wird von ihrem Verlobten Prinz Balacin getrennt, wehrt sich standhaft gegen die Bedrängungen des grausamen Eroberers von Pegu, Chaumigrem, und seines Oberpriesters, bis sie schließlich von Balacin in letzter Minute vor dem Tod gerettet wird und die Hochzeit gefeiert werden kann. Neben dem typischen Grundschema der Handlung – ein glückliches Paar wird getrennt und erreicht am Ende die Wiedervereinigung – finden sich alle charakteristischen Merkmale des barocken Romans (→ *Romanliteratur im 17. Jh.*), allerdings in gemäßigter Form: Der vergleichsweise geringe Umfang (696 S.n), eine mittlere Stilhöhe und ein Eingehen auf das Interesse an exotischen Schauplätzen befördern die Lesefreundlichkeit. Begünstigt durch seine unabhängige Stellung fern von Fürstenhöfen, akzentuiert Z. zudem gegenüber dem undurchschaubaren Walten der Fortuna das politisch-verantwortliche Moment, indem er die tyrannischen Formen von Herrschaft untergehen und den neuen Kaiser von Pegu Regeln der guten (d. h. nicht-machiavellistischen) Herrschaft beschwören lässt.

Rezeption: Erfolgreichster Barockroman mit 10 Auflagen bis 1766 sowie Fortsetzungen (z. B. J. G. Hamann d. Ä.: *Fortsetzung Der Asiatischen Banise*, 1724 u. ö.), Nachahmungen (z. B. Chr. E. Fidelinus: *Die Engeländische Banise*, 1754) und Dramatisierungen für Wanderbühnen (z. B. Fr. M. Grimm: *Banise, ein Trauerspiel*, 1743). Gottsched, Lessing, K. Ph. Moritz, H. Jung-Stilling und Goethe äußerten sich lobend über das Werk.

Weiteres Werk: *Helden-Liebe Der Schrifft Alten Testaments* (Versepisteln, 1690).

1689–1690
Daniel Casper von Lohenstein

Biogr.: → 1650; 1673

Großmütiger Feldherr Arminius

OT: *Großmüthiger Feldherr Arminius oder Herrmann/ Als Ein tapfferer Beschirmer der deutschen Freyheit*

Roman. 2 Bde. mit 18 Büchern, deren letztes nebst umfangreichen Anmerkungen nach L.s Tod von dem Leipziger Prediger Chr. Wagner verfasst wurde.

Mit seinen 2868 Seiten gehört der *Arminius* zu den umfangreichsten höfisch-historischen Romanen der Barockzeit. Es handelt sich dabei, wie im weiteren Verlauf des Gesamttitels formuliert, um eine »sinnreiche Staats- Liebes- und Helden-Geschichte«, in deren Mittelpunkt der Cheruskerfürst Herrmann (Arminius) und sein Kampf um die Einigung der Germanen gegen das Römische Imperium steht; doch diese historische Auseinandersetzung ist nur die Folie für einen politischen Schlüsselroman des 17. Jh., in dem es um die Selbstbehauptung eines idealisierten deutschen Reichspatriotismus gegenüber der Machtpolitik des absolutistischen Frankreichs Ludwigs XIV. geht. Schon diese – durch Einbeziehung des dazwischen liegenden Geschichtsverlaufs zusätzlich ins Universalhistorische ausgreifende – Verschränkung von Vergangenheit und Gegenwart ist eine beachtliche Kunstleistung. Sie wird aber noch gesteigert, indem L. Politik (Eintracht) signifikant mit Liebe (Vereinigung) verknüpft, so dass es heißen kann: »Deutschland genaaß nunmehr sowohl der edlen Siegs-Frucht/ nemlich der Freyheit/ als der grosse Feldherr Herrmann der süssesten Liebe.« Erzähltechnisch benutzt L. dieses Verfahren zugleich dazu, um – wie er im Vorbericht erklärt – »unter dem Zucker solcher Liebesbeschreibungen auch eine Würtze nützlicher Künste und ernsthaffter Staatssachen / […] mit einmischen« zu können. Dabei beschränkt sich – noch in der Folgezeit neu und durchaus ungewöhnlich – der Erzähler zumeist auf das »Herstellen eines gleichwertigen Nebeneinanders der Meinungen ohne abschließende Entscheidung« (D. Kafitz). Indem ansatzweise Vernunft und Moral gegenüber Verhängnis und Vanitas, patriotische Politik und autonome Liebe gegenüber Machtpolitik und Affektbeherrschung zur Geltung gebracht werden, zeichnen sich zudem bereits (vor-)aufklärerische Züge ab.

Rezeption: Der Roman erfuhr 1708 durch J. Chr. Männling eine gekürzte Bearbeitung und 1731 eine weitere Auflage, ohne jedoch im 18. und 19. Jh. an Wertschätzung zu gewinnen. Der Arminius-Stoff wurde indes – nach Anfängen bei U. von Huttens Dialog (*Arminius*, 1529) und N. Frischlins Drama (→ *Julius redivivus*, 1582/85) – durch L. zum Hauptstoff patriotischer Dichtung in Deutschland (→ *Patriotismus und Nationalismus in der Literatur*).

1690
Eberhard Werner Happel

* 12.8.1647 in Kirchhain/Hessen. 1663–67 Studium in Gießen und Marburg (abgebrochen); Wanderleben in Norddeutschland, ab 1669 Hauslehrer, später Berufsschriftsteller in Hamburg (Bürgerrecht ab 1685). † 15.5.1690 in Hamburg.

Der Academische Roman

OT/UT: *Der Academische Roman. Worinnen das Studenten-Leben fürgebildet wird*

Roman.

Dieser Roman lebt einzig und allein von seinem Thema, dem Studentenleben im ausgehenden 17. Jh., denn er ist ein hervorragendes kulturgeschichtliches Dokument, dessen literarische Form (Anlehnung an Schwanksatire, Narrenliteratur und Schelmenroman) nicht weiter von Bedeutung ist: Eine vergnügungsfrohe Reisegruppe um den Studenten Klingenfeld reist von Florenz über Padua nach Heidelberg und Tübingen, wendet sich dann nach Venedig und gelangt von dort bis nach Syrien. Der Reisebericht gibt auf mehr als 1000 Seiten nicht nur reichhaltig Gelegenheit zur Darstellung von schwankhaften Sauf-, Rauf- und Liebesabenteuern, sondern bietet auch unterhaltsame Informationen zu allen Fragen, die das antik-europäische Universitätswesen betreffen (Studium, Lehre, Gelehrte, Universitätsverwaltung, akademische Feiern und Unterhaltung usw.). Ein längeres Register erschließt den »curiösen« und gelehrten Stoff.

Im Spektrum der → *Romanliteratur im 17. Jh.* steht das Werk H.s – wie das seiner Berufskollegen E. Francisci (1627–94), A. Bohse (1661–1742) und Chr. Fr. Hunold (1681–1721) – für eine Literaturform, in der das Bildungsinteresse eines sich ins Bürgertum verbreiternden Lesepublikums eine flie-

ßende Verbindung mit Unterhaltungsbedürfnissen eingeht, so dass hier ein Markt bedient wurde, der mit der Journalliteratur des 18. Jh. weiter wuchs.
Weitere Romane: *Der Asiatische Onogambo* (1673), *Der Teutsche Carl* (1690).

1691–1719*/1896
Glückel [Glikl] von Hameln

⋆ 1645 in Hamburg. Autodidaktin, Frau des jüd. Juweliers Chaim Segal aus Hameln; ab 1689 Geschäftsfrau in Hamburg und Metz, ab 1700 erneut verheiratet, im Alter verarmt. † 19.9.1724 in Metz.

Memoiren

OT: *Zichronot marat Glikl Hameln msihnat tay-zayin ad tar-ayin-tet*

Autobiogr. Entst. 1691–1719, erhalten in 2 späteren Abschriften. ED: 1896 (jiddisch u.d.T. *Memoiren der Glueckl von Hameln*), 1910 (dt. Übers. von Bertha Pappenheim).

Die in 7 Büchern niedergeschriebenen autobiographischen Aufzeichnungen sind ein äußerst seltenes Dokument weiblichen jüdischen Schreibens. Die zur wohlhabenden Schicht des Hamburger Judentums gehörende, gläubige Verfasserin berichtet vom Alltag einer Mutter von 12 bzw. 14 Kindern, die ab 1689 auch Geschäftsfrau ist, von den Schicksalen ihrer verzweigten Familie und dem Leben der Juden in Hamburg sowie von ihren Reisen. Weibliche Sicht, jüdische Wahrnehmung und westjiddische Sprache, die in Westeuropa ab dem 18. Jh. unterging, vereinen sich dabei zu einem einzigartigen Text: Neben dem Faktenbericht stehen strenggläubige Reflexionen, verbunden mit 17 exemplarischen Geschichten, durch die die Adressaten – die Kinder und Enkel der Autorin – zur religiösen Gesetzestreue und Ergebenheit in den göttlichen Willen angehalten werden sollen: »An unserer lieben Thora können wir uns festhalten.« G. zeigt sich hier als orthodoxe Jüdin, die ihrer »Sorge um die jüdische Identität« (C. Wiedemann) Ausdruck verleiht.

1695
Christian Reuter

⋆ 9.10.1665 (Taufe) in Kütten (bei Halle). Nach Relegation vom Jurastudium in Leipzig (1688–99) ohne dauerhaften Beruf und Wohnsitz, Gelegenheitsdichter in Dresden und Berlin. † nach 1712.

Die ehrliche Frau zu Plißine

OT: *L'Honnête Femme Oder die Ehrliche Frau zu Plißine*

Komödie. Veröffentlicht unter dem Pseudonym: Hilario.

Anknüpfend an Molières Lustspiel *Die lächerlichen Preziösen* (1659) verarbeitete R. Selbsterlebtes seiner Leipziger Studentenzeit zu einer Komödie, für die er letztlich vom Studium ausgeschlossen wurde, weil sich Betroffene im Stück wiedererkannten und ihn verklagten. Die biographischen Hintergründe, die R. in einer Fortsetzung des Lustspiels sowie in dem Roman → *Schelmuffsky* (1696) erneut und nicht ohne Rachemotive aufgriff, sind heute nur noch interessant, weil aus dem als Schmähung realer Personen konzipierten Werk »eine Charakterkomödie [entstand], wie sie in dieser Vollendung in der deutschen Literatur unbekannt war« (G. Jäckel). R. setzte damit die Ablösung von der bis dahin vorherrschenden Typenkomödie in Gang.

Das Stück zeigt, wie die Wirtin Frau Schlampampe und ihre beiden dünkelhaften Töchter in ihrem Streben nach sozialem Aufstieg durch Einheirat in den Adel von zwei als Edelleute verkleideten Brezeljungen kräftig blamiert werden. Die Studenten, obwohl Anstifter dieses Streichs, sind in ihrer gebildeten Gelassenheit sehr positiv gezeichnete Gegenbilder zum ungebildeten Hochmut der neureichen Wirtsfamilie, die mit ihren detailrealistisch erfassten Charakterzügen sehr lebensecht dargestellt ist. Die Verlachung der sozialen Aufstiegssucht erfolgt hier nicht mehr ›von oben‹, wie in den Komödien der barocken Hofdichter, sondern von einem neuartigen Ideal bürgerlicher Bildung, das sich im 18. Jh. zu entfalten begann.

Rezeption: Das Stück war mit 400 Exemplaren rasch verkauft, wurde aber erst 1937 in Halle uraufgeführt.

Weiteres Werk: → *Schelmuffsky* (Roman, 1696).

1696
Christian Reuter

Biogr.: → 1695

Schelmuffsky

OT: *Schelmuffsky Curiose und Sehr gefährliche Reißebeschreibung zu Wasser vnd Land*

Roman, ohne Verfasserangabe. Eine 2. überarbeitete Fassung erschien 1796/97 unter leicht verändertem Titel und dem Pseudonym-Kürzel E. S.

Grobianischer Schwankroman, Reise- und Abenteuerroman, Schelmenroman (Pikaroroman), galanter und politischer Roman, Lügengeschichte und zugleich vehemente Parodie dieser Erzählformen des 16./17. Jh. (→ *Narrenliteratur und Grobianismus*, → *Romanliteratur im 17. Jh.*) – alle diese Benennungen treffen etwas Richtiges an dieser Zeitsatire, die zugleich ein Abgesang auf diese Formen ist. Es handelt sich um die in Ich-Form erzählte und sich selbst entlarvende Lebensgeschichte eines Gastwirtssohnes mit dem sprechenden Namen Schelmuffsky. Dieser will mit seinen haarsträubenden Aufschneidereien glauben machen, er sei ein gebildeter Weltmann, Liebling der Frauen und Freund der Großen dieser Welt gewesen, doch seine ungehobelte Sprech-, Denk- und Verhaltensweise beweisen das Gegenteil.

Zweimal zieht dieser kleinbürgerliche Großsprecher aus in die Ferne, die gleich hinter Schelmerode beginnt und bis Hamburg, Schweden, Holland, Indien, Spanien und Italien reicht; zweimal kehrt er von seinen glorreichen Siegen und Erfolgen heim: zerlumpt und verarmt – und um keinen Deut klüger geworden.
Der lügnerische Eigenbericht entblößt einen Tölpel, der zu hoch hinaus will, und eine Welt, die ihm seine Lügen glaubt. Anders als in den Maulhelden-Stücken von H. J. v. Braunschweig (→ *Vincentius Ladislaus*, 1594) und A. Gryphius (→ *Horribilicribrifax*, 1663) wird jedoch mit dem Verlachen keine Ständeordnung mehr befestigt. Der Roman zeigt nämlich auch – wie zuvor schon andeutungsweise bei Chr. Weise (→ *Die drei ärgsten Erz-Narren in der ganzen Welt*, 1672) und J. Beer (→ *Das Narrenspital*, 1681) erkennbar –, dass die höfisch-gelehrte Geisteskultur der Barockzeit kein wirkliches Vorbild für eine recht verstandene bürgerliche Bildungswelt sein kann bzw. sein sollte.

Rezeption: Im 18. Jh. kaum beachtet, wurde das Werk von den Romantikern (A. v. Arnim, Cl. Brentano) sehr geschätzt. Reuters Autorschaft wurde erst 1855 erkannt.

1702
Christian Friedrich Hunold

* 19.9.1681 in Wandersleben (Thüringen). Nach abgebrochenem Jurastudium in Jena (1698–1700) lebte H. als Berufsschriftsteller in Hamburg, ab 1708 als Übersetzer in Halle (Saale); Promotion 1714. † 6.8.1721 in Halle.

Die liebenswürdige Adalie

OT: *Die Liebens-Würdige Adalie, in einer annehmlichen und wahrhafftigen Liebes-Geschichte Der Galanten Welt zu vergönnter Gemühts-Ergetzung*

Roman. Veröffentlicht unter dem Pseudonym: Menantes.

Adalie, Tochter eines bürgerlichen Bankiers, lernt den Prinzen Rosantes kennen und lieben. Die Liebenden werden getrennt, verfehlen sich, es ereignen sich noch einige weitere Liebesgeschichten mit Verwechslungen, Täuschungen und Irrtümern, bis sich die verschiedenen Hauptpersonen auf drei Hochzeiten glücklich wieder vereinigen.
Mit dem höfisch-historischen Roman eines Ph. v. Zesen oder Anton Ulrich v. Braunschweig teilt die *Adalie* lediglich noch das Bauschema, ansonsten tritt an die Stelle von Politik und Tugendpathos das galante Wechselspiel von Liebe, Leichtsinn und Glück und an die Stelle »der providentia dei [...] die providentia amoris« (W. Voßkamp). Das gepriesene Verhaltensideal ist die galante ›Conduite‹ des Kavaliers gegenüber Liebesabenteuern nicht abgeneigten Damen. Dieser Typ des ›galanten Romans‹ kam nach französi-

schen Vorbildern über A. Bohse (*Der Liebe Irrgarten*, 1684; *Liebes-Cabinet der Damen*, 1685) in die deutsche Literatur und setzte sich über H. bis ins 18. Jh. fort: G. S. Corvinus: *Das Carneval der Liebe*, 1712; M. E. Franck: *Die Galante und Liebenswürdige Salinde*, 1718; J. G. Schnabel: → *Der im Irrgarten der Liebe herumtaumelnde Kavalier*, 1738. Ihr besonderer Reiz lag nicht zuletzt darin, dass einige dieser Romane tatsächliche Skandalgeschichten aus dem adlig-höfischen Milieu zur Grundlage hatten. Mit dem Aufkommen des Pietismus und des aufklärerischen Rationalismus ging die Reputation dieses Genres stark zurück.

Weitere Werke: *Die Verliebte und Galante Welt* (Roman, 1700/07), *Galante, Verliebte Und Satyrische Gedichte* (1704), *Satyrischer Roman* (1706).

Aufklärung

Begriff: ›Aufklärung‹ ist die deutsche Bezeichnung für eine das 18. Jh., besonders zwischen 1720 und 1785, beherrschende Geistesbewegung in Europa (englisch ›age of enlightenment‹, französisch ›siècle des lumières‹). Aufklärerische Grundüberzeugung ist, dass der Mensch primär ein vernunftbegabtes Wesen ist und die Aufgabe hat, sein Wissen in Freiheit und Würde zu vermehren, d. h. sich und die Welt ›aufzuklären‹. Diese Aufgabe schließt als wesentliche Tätigkeit Erziehung und als Vorbedingung die Möglichkeit der freien Selbstentfaltung (Meinungs-, Presse-, Religionsfreiheit) und des öffentlichen Gebrauchs der Vernunft ein. Die Grenzen des Aufklärungsprozesses waren zwar letztlich durch Standes- und Geschlechtsschranken (Bauern, Dienstboten, Frauen u. a.) bezeichnet, sollten aber überwunden werden (Volksaufklärung).

Die Anfänge der Aufklärung reichen bis in die Renaissance und Reformation zurück, ihre Ausprägung (national durchaus unterschiedlich) fand sie in Frankreich besonders im Rationalismus (R. Descartes, Voltaire, Enzyklopädisten) und in England im Empirismus (J. Locke, D. Hume, G. Berkeley). In Deutschland begann die Aufklärung im späten 17. Jh. mit den Philosophen G. W. Leibniz (1646–1716), Chr. Thomasius (1655–1728) und Chr. Wolff (1669–1754). Dem entspricht eine an der Ideengeschichte orientierte Phaseneinteilung in frühe Aufklärung (Rationalismus, 1680–1740), Empirismus (1740–80) und Kritizismus (1780–95). Ihren Höhepunkt fand die Aufklärung im Werk von I. Kant (1724–1806), von dem auch die bekannte Definition stammt: »Aufklärung ist der Ausgang des Menschen aus seiner selbst verschuldeten Unmündigkeit. […] Sapere aude! Habe Mut, dich deines eigenen Verstandes zu bedienen! ist also der Wahlspruch der Aufklärung.« Diese Definition ist ein Programm, und die Aufklärung ein Projekt, das von Fortschritten und Rückschlägen gekennzeichnet blieb. In einer vom Feudalismus und von der Orthodoxie der Kirchen beherrschten Welt, in einer von traditionellen Verhaltensmustern, von Vorurteilen und Aberglauben geprägten Gesellschaft

mussten die Ideen der Aufklärung indes zu folgenreichen Veränderungen führen, die sich langsam – getragen v. a. von der bürgerlichen Schicht – in Gesellschaft und Staat, im Rechts- und Erziehungswesen, in Philosophie und Religion durchsetzten. Dabei leistete das gedruckte Wort in der gelehrten und öffentlichen Kommunikation (→ *Moralische Wochenschriften*, → *Literarische Zeitschriften I, 1730–70*) sowie in der Literatur einen wesentlichen Beitrag. Zum Epochenbegriff wurde ›Aufklärung‹ erst am Beginn des 19. Jh. (Hegel).
Für die Dichtung in Deutschland ergaben sich durch die Aufklärung neue Aufgaben, die mit veränderten Formen und Inhalten gelöst werden mussten: Der Glaube an die Erziehbarkeit des Menschen führte zu einer neuen Poetik der didaktischen Ausrichtung aller Literaturformen, deren theoretische Grundlagen J. Chr. Gottsched in seinem → *Versuch einer kritischen Dichtkunst* (1730) legte. Belehrung (und danach erst Unterhaltung) sollte oberstes Ziel der Dichtkunst sein, und dafür wurden besonders Drama, Fabel, Satire und Lehrgedicht als geeignet angesehen, während der Roman zunächst noch außer Betracht blieb (→ *Fabeln im 18. Jh.*, → *Roman in der Aufklärung*). Über die Frage der Grenzen bzw. Begrenztheit der von Gottsched postulierten Bestimmung der Dichtung als ›Nachahmung der Natur‹ (Mimesis) kam es ab 1740 zu einem tiefgreifenden poetologischen Streit: Indem die Züricher J. J. Breitinger und J. J. Bodmer mit dem Begriff des ›Wunderbaren‹ für eine Erweiterung der poetischen Imagination eintraten, öffneten sie der Dichtung einen neuen und einzigartigen Wirkungsraum, der die Welt der Gefühle und die Kräfte der Gemütserregung einschloss. Es ist wichtig, diese Erweiterung des zunächst nur auf moralische Wirksamkeit ausgerichteten Dichtungsverständnisses, die ab der Mitte des 18. Jh. mit der Konstituierung einer ›schönen Literatur‹ in Erscheinung trat (→ *Empfindsamkeit*, → *Sturm und Drang*), nicht als Gegenbewegung zur Aufklärung zu verstehen, wie in der älteren Literaturwissenschaft (bis etwa 1965) geschehen, sondern deren Neues als »stürmische Erfüllung und Verwandlung des Alten« (G. Kaiser) anzuerkennen.
Weitaus schwieriger als der Beginn ist der Ausklang der Aufklärung zu bestimmen, was an der Problematik von Abgrenzung und Überschneidung mit der Literaturentwicklung ab etwa 1770/90 (→ *Französische Revolution und deutsche Literatur*, → *Weimarer Klassik und Klassisches Weimar*, → *Romantik*) liegt.

Moralische Wochenschriften

In Deutschland entwickelte sich eine periodische Presse als Wochenblatt ab 1605, als Tageszeitung ab 1650. Am Ende des 17. Jh. gab es etwa 60 Zeitungen mit einer Auflage von 350–400 Exemplaren, am Ende des 18. Jh. etwa 200 Zeitungen mit einer Auflage von durchschnittlich 4000 Exemplaren. Ab 1682 erschien in Deutschland die erste Zeitschrift, die lateini-

sche Gelehrten-Zeitschrift *Acta Eruditorum*. Das erste deutschsprachige Journal, das zugleich über den gelehrten Adressatenkreis hinausging, gab der Jurist Chr. Thomasius von 1688 bis 1690 unter dem (Kurz-)Titel *Monatsgespräche* heraus. Um 1700 existierten etwa 70 überwiegend lateinsprachige Zeitschriften, um 1780 gab es bereits über 1000 Titel, die nun überwiegend deutschsprachig waren.
Im 1. Drittel des 18. Jh. entstanden in Deutschland nach dem Vorbild belehrend-unterhaltender Zeitschriften aus England (z. B. *The Tatler*, 1707/09–11; *The Spectator*, 1711–14; *The Guardian*, 1713) die sog. MORALISCHEN WOCHENSCHRIFTEN wie z. B. *Der Vernünfftler* (1713/14), *Die Discourse der Mahlern* (1721–23), *Der Patriot* (1724–26), *Die vernünftigen Tadlerinnen* (1725/26), *Der Biedermann* (1727–29), *Der Menschenfreund* (1737–39), *Der Freygeist* (1745), *Der Mensch* (1751–56), *Der nordische Aufseher* (1758–61), *Die Meinungen der Babet* (ab 1774). Ihre Anzahl stieg von 15 Titeln (bis 1730) auf etwa 100 (1770), doch war ihre Erscheinungsdauer – bei einer Auflagenhöhe von weniger als 500 Stück – in der Regel kurz. Sie hatten vorwiegend erzieherischen Charakter (angewandte Aufklärung), indem sie Fragen des Alltags behandelten, Ratschläge für ein vernünftiges, moralisch vorbildliches Leben enthielten und Leseempfehlungen gaben. Die Moralischen Wochenschriften erreichten breite, auch bis dahin literaturferne Schichten, bemühten sich auch um die direkte Einbeziehung der Leserinnen (z. B. mit Beiträgen zur Erziehung und Bildung der Frauen) und waren an der Schaffung NEUER LESEGEWOHNHEITEN beteiligt (extensives Lesen, allmähliche Verdrängung der Andachts- und Erbauungslektüre). Dadurch trugen sie wesentlich zur Bildung eines bürgerlichen Selbstbewusstseins bei, das sich auf Vernunft, Natürlichkeit und Tugend (verstanden v. a. als Tüchtigkeit und Aufrichtigkeit, noch nicht die Sexualmoral betreffend) gründete und sich von höfischen Normen ebenso abzuheben trachtete wie von der Bevormundung durch die religiösen Autoritäten. Die → *Aufklärung* und die wachsende gesellschaftliche Bedeutung der schönen Literatur sind ohne sie und das sich rasch verbreiternde Zeitschriftenwesen nicht denkbar (→ *Literarische Zeitschriften I, 1730–1770*).

1721–1748
Barthold Heinrich Brockes

* 22.9.1680 in Hamburg. 1700–04 Jurastudium in Halle und Leiden; danach lebte B. von seinem Vermögen in Hamburg, ab 1720 Mitglied des Senats. 1735–41 Amtmann in Ritzebüttel bei Cuxhaven. † 16.1.1747 in Hamburg.

Irdisches Vergnügen in Gott

OT: *Irdisches Vergnügen in GOTT bestehend in verschiedenen aus der Natur und Sittenlehre hergenommenen Gedichten*. 1740 geändert in: ...*bestehend in Physicalisch- und Moralischen Gedichten*

Gedichtslg. (9 Bde.), die neben Übers.n einen Prosatext und Aphorismen enthält.

B.' Lyrik ist Preis der Schöpfung, in deren Mittelpunkt der vernunftbegabte Mensch steht: Der Dichter bewundert in der Natur ihren Schöpfer und rühmt ihn, indem er deren Vollkommenheit, Schönheit und Zweckmäßigkeit lobt (Physikotheologie). Dies zu erkennen, sei »irdisches Vergnügen«. So heißt es z. B. in *Frühlings-Seufzer*: »Grosser GOtt, in dieser Pracht/ Seh' ich Deine Wunder-Macht/ Aus vergnüg'ter Selen an./ Es gereichet Dir zu Ehren,/ Daß ich sehen, daß ich hören,/ Fülen, schmecken, riechen kann!« Die Gedichte gleichen sich in ihrem Aufbau: eine Pflanze (z. B. *Die Rose*), ein Tier (z. B. *Die Ameise*), eine Landschaft (z. B. *Betrachtung einer sonderbar schönen Winterlandschaft*), aber auch Wetter, Tages- und Jahreszeiten werden in ihrer sinnlichen Erscheinung wahrgenommen und mit großer Liebe zum Detail beschrieben. Nicht ohne eine gewisse Pedanterie wird dabei ihr jeweiliger Nutzen für den Menschen dargestellt und daraus das Gotteslob abgeleitet. Mit G. W. Leibniz überzeugt davon, dass der Mensch in der »besten aller Welten« lebe und in ihr alles zum Nutzen des Menschen eingerichtet sei, ist B. also ganz dem Utilitarismus der frühen Aufklärung verpflichtet; doch zugleich tritt in der sinnlich-sensiblen Wahrnehmung der Natur eine neue Einstellung hervor: Natur ist nicht nur Stellvertreterin Gottes, sondern wird auch als eigenwertiger Gegenstand künstlerischer Gestaltung wahrgenommen. Dies zeigt sich in Naturschilderungen, die – mit bis dahin unbekannter Leichtigkeit und Anmut liebevoll ausgestaltet – oft wie hingetuschte Bilder wirken. Damit wurde B. der »erste wirkliche Realist und Kirchenvater deutscher Naturbeschreibung« (A. Schmidt).

Rezeption: B.' Gedichte waren zunächst sehr gefragt (7 Auflagen), wurden aber bald durch die Lyrik Fr. Hagedorns, A. v. Hallers und Fr. G. Klopstocks verdrängt. Weitere Gedichte: *Harmonische Himmels-Lust im Irdischen* (1741).

1724–1735
Johann Christian Günther

* 8.4.1695 in Striegau (Schlesien). Nach abgebrochenem Medizinstudium in Wittenberg und Leipzig (1715–19) und Krönung zum »poeta laureatus« (1716) führte G. ein unstetes Wanderleben auf der vergeblichen Suche nach einer Anstellung. † 15.3.1723 in Jena.

Gesammelte Gedichte

Entst. ab 1712 und z.T. in Einzeldrucken erschienen. 4 Teilausgaben wurden ab 1724, eine Gesamtausgabe 1735 veröffentlicht.

G.s unglückliches, kurzes Leben, in dem er dennoch mehr als 600 Gedichte geschrieben hat, und der als Erlebnislyrik lesbare Stil seiner Texte sicherten ihm eine Aufmerksamkeit, die seiner besonderen Stellung zwischen Barock und früher Aufklärung nicht immer gerecht wurde: Auf die Lyrik des 17. Jh. weisen die Formzüge der Gelegenheitsdichtung, des → *Petrarkismus und Manierismus* sowie der galanten Poesie hin. Hier wurde G. mit Recht als ›deutscher Ovid‹ gerühmt. Die Nähe zur schmucklosen lyrischen Rede auf mittlerer Stilhöhe, die Steigerung der Geliebten vom Anredeobjekt zur gleichwertigen Person (»Wir schencken uns an uns und nähmen, könnt es seyn Als Seelen wahrer Treu nur einen Cörper ein«), die Integration des Biographischen in die Kunst, die »Vehemenz der Anklage der religiös-moralischen Weltordnung und die Entschiedenheit der Absage an christliche-stoische Ideale« (E. Fischer) gehören jedoch schon der frühaufklärerischen Zeit an. Gleichsam zeitlos sind die *Studentenlieder* (»Brüder, last uns lustig seyn, Weil der Frühling währet«) sowie der locker-laszive *Hochzeitsscherz*.

Rezeption: Im Gegensatz zu vielen Lyrikern des 17. und frühen 18. Jh. ist G. – trotz der viel zitierten kritischen Beurteilung durch Goethe (»Er wußte sich nicht zu zähmen, und so zerrann ihm sein Leben wie sein Dichten«) – bis ins 20. Jh. hinein ein beachteter Dichter geblieben.

1729–1769
Gerhard Tersteegen

* 25.11.1697 in Moers. Kaufmannsausbildung, danach Leineweber, ab 1724 Wanderprediger und pietistischer Schriftsteller. † 3.4.1769 in Mülheim (Ruhr) (M, G).

Geistliches Blumen-Gärtlein Inniger Seelen

OT: *Geistliches Blumen-Gärtlein Inniger Seelen; Oder, Kurtze Schluszreimen, Betrachtungen und Lieder, ueber allerhand Wahrheiten des inwendigen Christenthums*

Slg. geistlicher Sprüche (›Schlußreime‹) und Lieder, ab 1738 bis 1769 mehrfach erweitert.

Das Werk besteht aus 3 Teilen: Das 1. Buch enthält 584 Epigramme, das 2. Buch Betrachtungen und das 3. Buch 111 geistliche Lieder. T. hatte keinen literarischen Anspruch, sondern verstand sich als Prediger, der im Kontext der pietistischen Frömmigkeitsbewegung (→ *Pietismus*) zu einem ›inwendigen‹ Christentum erwecken wollte: In seinem Werk geht es um Erbauung der Seele, Herzensfrömmigkeit, den Weg zu Gott über das Gefühl, die Sehnsucht der Seele nach der Begegnung mit Gott in der Abgeschiedenheit von der Welt (»Herr, rede du allein/ beim tiefsten Stillesein/ Zu mir im Dunkeln«). Damit blieb T. in der Tradition geistlicher Dichtung, die an die Lyrik des 17. Jh. (Angelus Silesius, P. Gerhardt, C. R. v. Greiffenberg) anknüpfte und im religiösen Liedschaffen des Herrnhuters N. L. Graf v. Zinzendorf (1700–60) mit seinen rund 2000 Liedern (*Teutsche Gedichte*, 1735, u. a.) kulminierte.

Obwohl T. als Pietist der Amtskirche eher fern stand, gelangten 11 seiner Gemeindelieder in das evangelische Kirchengesangbuch bzw. sind noch heute bekannt (z. B. *Ich bete an die Macht der Liebe*, *Gott ist gegenwärtig*, *Jesu, den ich meine*). T.s literarhistorische Bedeutung zehrt dabei von der Wirkung, die der Pietismus als religiös-kulturelle Gesamterscheinung auf die »Entfaltung einer empfindsamen Affektkultur« (P.-A. Alt) hatte, die den religiösen Bezug jedoch säkularisierte.

Rezeption: Das Werk erschien bis 1769 in 7. Auflage, bis 1855 in 15. Auflage und bis heute noch mehrfach.

1730
Johann Christoph Gottsched

* 2.2.1700 in Juditten bei Königsberg. Ab 1714 Studium in Königsberg (Theologie, Sprachen, Philosophie), 1724 Flucht (vor Militärdienst) nach Leipzig. Privatdozent, ab 1734 Professor für Logik, Metaphysik. 1727–41 Zusammenarbeit mit der Theatergruppe von Fr. C. Neuber. † 12.12.1766 in Leipzig (D).

Versuch einer kritischen Dichtkunst

OT: *Versuch einer critischen Dichtkunst vor die Deutschen*

Poetik.

So wie M. Opitz mit seiner Poetik von 1624 (→ *Buch von der Deutschen Poeterey*) für das 17. Jh. hat G. das wegweisende Regelwerk einer »critischen Dichtkunst« für das 2. Drittel des 18. Jh. formuliert. An diesem mit wissenschaftlichem Anspruch und gegen Doktrinen des → *Barocktheaters und -dramas* auftretenden Werk bildeten und schieden sich alsbald die bedeutenden Autoren der → *Aufklärung*. G.s grundlegende Überzeugung war, dass der Mensch durch vernünftiges Verhalten und Beherrschung der Affekte in der prinzipiell gut eingerichteten Welt glücklich werden könne. Da für ihn »das innere Wesen der Poesie in einer Nachahmung der Natur« besteht, könne Dichtung diese Bestimmung fördern, wenn sie sich an bestimmte Regeln halte. Durch Vorschriften, wie gute Dichtung auszusehen habe, entstand eine normative Poetik, deren unveränderbare Regeln und Forderungen strikt einzuhalten waren: Erfindung eines dichterischen Grundplans (›Fabel‹, ›Handlung‹), der eine »nützliche moralische Wahrheit« enthält; »Ähnlichkeit des Erdichteten mit dem was wirklich geschieht«; strenge Beachtung der Einheit von Ort, Zeit und Handlung; Einhaltung der sog. Ständeklausel (Fürsten und Adlige in der Tragödie, Bürger und einfaches Volk in der Komödie); ausschließlicher Gebrauch der Versform des Alexandriners; Adressierung an den »großen Haufen der Menschen«.

Gerade das Theater ist nach G. geeignet, durch die Darstellung von vorbildlichen bzw. unmoralischen Handlungsweisen Verhalten zu prägen. Seine Theaterreform (Bühnenpraxis, Repertoire, → *Theaterwesen im 18. Jh.*) begann mit Übersetzungen (Corneille, Racine, Holberg u. a.), an denen G.s Ehefrau Luise Adelgunde Victorie Gottsched mitwirkte, mit seinem eigenen Drama → *Sterbender Cato* (1731) und den Komödien seiner Frau (z. B.

→ *Die Pietisterei im Fischbein-Rock*, 1736). Sie gipfelte in seiner Sammlung von musterhaften Dramen (*Die Deutsche Schaubühne*, 1741–45), der G. ab 1757 ein kommentiertes Verzeichnis von etwa 1200 deutschsprachigen Dramen seit dem Mittelalter anfügte.

G.s Leistung als Reiniger, Gesetzgeber und Organisator der deutschen Literatur ist v. a. wegen der fruchtbaren Wirkungen zu würdigen, weniger wegen der schulmeisterlichen Vorschriften. Das starre Festhalten an einem Regelsystem verhinderte nämlich eine Entwicklung zu mehr Natürlichkeit und Individualität und so war ein produktiver Streit mit der jüngeren Generation von Dichtern und Literaturkritikern, besonders mit den Schweizern J. J. Bodmer und J. J. Breitinger, später auch mit Lessing, vorprogrammiert.

Rezeption: Die Poetik erschien 1751 in 4. Auflage, präzisiert um ergänzende Ausführungen zur Fabel. Bedeutende, G.s Werk erweiternde bzw. kritisierende poetologische Abhandlungen sind: J. J. Bodmer: *Critische Abhandlung von dem Wunderbaren in der Poesie* (1740), J. J. Breitinger: *Critische Dichtkunst* (1740), A. G. Baumgarten: *Aesthetica* (lat., 1750–58), G. E. Lessing u. a.: *Briefe, die Neueste Literatur betreffend* (1759–65), G. E. Lessing: → *Hamburgische Dramaturgie* (1767–69).

Weiteres Werk: → *Sterbender Cato* (Drama, 1731).

1731

Johann Christoph Gottsched Biogr.: → 1730

Sterbender Cato

UT: *Ein Trauerspiel nebst einer Critischen Vorrede*

Trauerspiel. UA: Januar 1731 in Leipzig. ED: 1732.

Mit seinem ersten Trauerspiel wollte G. eine Mustertragödie auf die Bühne bringen, die beweisen sollte, dass seine Poetik (→ *Versuch einer kritischen Dichtkunst*, 1730) für die Praxis umsetzbar war. Das Stück war demnach dazu bestimmt, das noch von komischen Einlagen und deftigen Zoten bestimmte Theater zum Zwecke einer »literarischen Moralerziehung« (P. Nusser) grundlegend zu verändern.

Handlung und Nebenpersonen des Dramas sind frei erfunden. Das zentrale Ereignis des ansonsten ereignisarmen, nur durch Nebenhandlungen auf 5 Akte gestreckten Stückes ist der Selbstmord des römischen Republikaners Cato von Utica (95–46 v. Chr.) nach Cäsars Machtantritt. Cato erfährt, dass Arsene, angebliche Tochter eines Parther-Königs, in Wirklichkeit seine Tochter Portia ist. Die aber liebt Cäsar. Cato bewegt sie zum Verzicht auf diese Liebe und lehnt Versöhnungsversuche mit Cäsar, der die republikanische Freiheit bedroht, ab. Als Cäsars Sieg feststeht, wählt Cato anstelle der Unterwerfung den Freitod.

G. verurteilt das Verhalten Catos, da dieser den Tod aus Stolz und Ruhmsucht wähle und damit eine zu verurteilende Charakterschwäche beweise, anstatt sich mit stoischer Gelassenheit in sein auferlegtes Schicksal zu fügen und durch seinen Rat Cäsar auf einen besseren Weg zu führen. Durch die Darstellung seiner übersteigerten Unbedingtheit und seines Todes soll »das Mitleiden seiner Zuhörer erwecket, ja Schrecken und Erstaunen zuwege« gebracht werden (Vorwort zur 1. Auflage).

Rezeption: Trotz seiner Konstruiertheit und des schwerfälligen Alexandriners war das Stück (mit 10 Auflagen bis 1757) eines der meist gespielten Dramen seiner Zeit.

Weitere Werke: *Die deutsche Schaubühne* (Dramen-Slg., 1741–45), *Grundlegung einer Deutschen Sprachkunst* (1748–75).

1731–1743
Johann Gottfried Schnabel

* 7.11.1692 in Sandersdorf bei Bitterfeld. Ausbildung als Barbier und Feldscher, Teilnahme am Spanischen Erbfolgekrieg (1708–10), ab 1724 im Dienst des Grafen Stolberg. † nach 1750 in Stolberg (Harz) (M).

Die Insel Felsenburg

OT: *Wunderliche Fata einiger See-Fahrer, absonderlich Alberti Julii, eines gebohrnen Sachsens.* Ab 1828 verkürzter Titel: *Die Insel Felsenburg*, bearbeitet und herausgegeben von L. Tieck.

Roman. Veröffentlicht in 4 Bdn. (1731, 1732, 1736, 1743) unter dem Pseudonym Gisander, das erst 1812 aufgedeckt wurde.

Angelehnt an D. Defoes *Robinson Crusoe* (1719) verbindet Sch. das Robinson-Motiv mit der Gründung eines idealen Staates auf einer Südseeinsel. Der Ich-Erzähler des Romans (2271 S.), Eberhard Julius, ein entfernter Verwandter des Gründers und Lenkers (des »Alt-Vaters«) der Inselgemeinschaft, schildert dessen Lebensgeschichte sowie die Entstehung und Entwicklung seiner Kolonie: Der »Alt-Vater« hat die frommen, selbstlosen Bewohner der Insel wie eine Familie geführt; ohne Zwang und Gewalt, denn Egoismus, Machtgier, Laster und Verbrechen gibt es in der Gemeinschaft nicht, da man kein Geld braucht und Eigentum nicht kennt: Die paradiesische Insel ist ein patriarchalisch geleitetes »irdisches Himmelreich« und »Asyl der Redlichen«, in dem der Mensch leben kann, wie er von Natur aus ist – unverdorben und gut. Sch.s moralische Utopie ist eine Gegenwelt zum zeitgenössischen feudal-absolutistischen Europa, das in 22 eingestreuten Lebensberichten (»wunderliche Fata«) von Schiffsbrüchigen und Zugewanderten in seiner politischen, sozialen und moralischen Verderbtheit erscheint. Aus der Gegenüberstellung dieser beiden Welten bezieht der Roman – ein »Kompendium aller möglichen Abenteuermotive« (R. Grimminger) – Abwechslung und Spannung. Die wirklichkeitsnahe Schilderung

des Insellebens wird aber immer wieder unterbrochen durch die Darstellung phantastisch-absonderlicher Begebenheiten (v.a. im 4. Teil).
Im Sprachstil weist der Roman noch zurück in das späte Barock: komplizierter Satzbau, Vorliebe für lateinische und französische Wendungen, Langatmigkeit sowie Neigung zur Einbeziehung abenteuerlicher Geschehnisse zur Steigerung des Unterhaltungswerts. Sch.s in der Vorrede formuliertes Recht des Romans auf Fiktionalität (»eine geschickte Fiction«) begründete den Aufstieg der Gattung in der 2. Hälfte des 18. Jh. (→ *Roman in der Aufklärung*).

Rezeption: Mit 8 Auflagen bis 1768 (fast durchweg gekürzt) einer der meistgelesenen Romane des 18. Jh.; Lessings Verdikt (»elendes Produkt«) schadete ihm nicht. Weiterer Roman: → *Der im Irrgarten der Liebe herumtaumelnde Kavalier* (1738).

1732
Albrecht von Haller

* 16.10.1708 in Bern. Ab 1723 Studium der Medizin in Tübingen und Leiden, 1727 Doktor der Medizin, ab 1729 Arzt in Bern. 1736–53 Professor (Medizin und Botanik) in Göttingen, 1749 geadelt. Rückkehr in die Schweiz 1753, dort u. a. Direktor eines Salzwerks; als Universalgelehrter in ganz Europa berühmt. † 12.12.1777 in Bern. Gedenkstätten: Bern (D), Göttingen (D).

Versuch Schweizerischer Gedichten

Gedichtslg., die später mehrmals in erweiterten Auflagen, die 11. und letzte 1777, erschien.

Dass H. der Lieblingsdichter I. Kants war, lässt sich zurückführen auf den philosophischen Aspekt seiner Lehrgedichte, in denen es um das Abwägen der Möglichkeiten von Wissen und Glauben geht (z. B. *Gedanken über Vernunft, Aberglauben und Unglauben*), um das Problem der Theodizee (*Vom Ursprung des Übels*) und um die Stellung des Menschen in der Welt (*Unvollkommenes Gedicht über die Ewigkeit*). Mit seinen satirischen Gedichten setzte sich H. für die Verwirklichung demokratischer Grundsätze in Bern ein – Gedanken, von denen er im Alter Abstand nahm. Von tiefem Empfinden nach dem Tode seiner Frau (1736) zeugt die *Trauer-Ode, beim Absterben seiner geliebten Mariane*, die, trotz der Neigung zur Reflexion, auch heute noch berührt. Berühmt wurde H. aber durch seine Naturlyrik, v. a. durch sein Lehrgedicht *Die Alpen* (entst. 1728/29, 49 zehnzeilige Strophen): Um die Erhabenheit der Erscheinung und den überwältigenden Eindruck der Gebirgswelt (damals eher gefürchtet und gemieden) sprachlich angemessen zu erfassen, entwickelte er eine für die zeitgenössische Dichtung noch unbekannte, kunstvolle Sprache von großer Klarheit, Bildhaftigkeit und Lebendigkeit. Der Sittenlosigkeit des Lebens im Tal und in den Städten stellt er dabei – ganz in der Spur von Horaz und Vergil – die natürliche Unverdor-

benheit der Menschen im Gebirge gegenüber. Damit nahm H. die Zivilisationskritik J. J. Rousseaus vorweg, allerdings ohne dessen politischen Aspekt.
H.s vielgestaltiges Werk gilt sowohl als Vorbereitung der → *Empfindsamkeit* (ein Begriff, den er selbst zur Charakterisierung seiner Lyrik verwendete), als auch der lehrhaften Gedankenlyrik (B. H. Brockes, Fr. v. Hagedorn, Fr. Schiller).

Rezeption: Für G. E. Lessing (→ *Laokoon*, 1766) war H.s Naturlyrik das Musterbeispiel einer von ihm verurteilten »malenden« Poesie.

Weitere Werke: H. verfasste ein riesiges Werk (600 Bücher, Editionen, ca. 9000 Rezensionen, Korrespondenz mit 1200 Personen), darunter auch die Staatsromane: *Usong* (1771), *Alfred, König der Angelsachsen* (1773) und *Fabius und Cato* (1774).

Roman in der Aufklärung

Obwohl als literarische Gattung von der Poetik noch kaum anerkannt, hatte der Roman seit dem 17. Jh. (→ *Romanliteratur im 17. Jh.*) immer mehr an Bedeutung gewonnen: Waren im Zeitraum von 1615–69 etwa 90 Romane (davon 60 Übersetzungen) herausgekommen, so waren es von 1670 bis 1724 bereits 450 (davon 150 Übersetzungen); allein im Jahr 1750 erschienen dann 28 neue Romane, 1800 waren es schon 375. Der Aufstieg des romanhaften Erzählens war gleichbedeutend mit der wachsenden poetologischen Anerkennung der dichterischen Imagination, durch die die Fesselung an Erbauung, moralische Belehrung und ›Nachahmung der Natur‹ im Sinne von J. Chr. Gottscheds → *Versuch einer kritischen Dichtkunst* (1730) allmählich gelöst wurde. Eine erste ausführliche Theorie des Romans ist Fr. v. Blanckenburgs *Versuch über den Roman* (1774); ihm folgt J. C. Wezel im Vorwort zu seinem Roman → *Herrmann und Ulrike* (1780), wobei er mit der Formel »wahre bürgerliche Epopöe« die Quintessenz der damaligen Anschauung wiedergibt: Der Prosa-Roman thematisiere allgemein menschliche Probleme, sei auf die individuelle Erfahrungswelt bezogen und wirke durch seine subtile Menschenkenntnis. Zum Jh.ende öffnete der Roman sich dann immer mehr den Unterhaltungsbedürfnissen eines stetig wachsenden Lesepublikums (→ *Unterhaltungsromane um 1800*).
Für die Zeit zwischen 1740 und 1775 treten in Deutschland, durchweg angeregt durch ausländische Vorbilder, 5 Typen von Aufklärungsromanen hervor: Der 1. Typ ist die Robinsonade, nach dem Muster von D. Defoes *Robinson Crusoe* (1719) und beispielhaft in J. G. Schnabels → *Die Insel Felsenburg* (1731–43) verwirklicht. Zwischen 1720 und 1750 erschienen etwa 45 weitere, zumeist anonyme Robinsonaden wie z. B.: *Holländischer Robinson* (1721), Chr. Stieff: *Schlesischer Robinson* (1723/24), *Americanischer Freybeuter* (1742–45), Chr. E. Fidelinus: *Die böhmische Robinsonin* (1753), J. M. Fleischer: *Der isländische Robinson* (1755), J. H.

Campe: → *Robinson der Jüngere* (1779/80). Der 2. Typ ist der EMPFINDSAME (FAMILIEN-)ROMAN, für den S. Richardsons Briefroman *Pamela* (1740) das Vorbild lieferte und in dessen Mittelpunkt gefühlsbetonte Szenen und Erörterungen von Liebe, Freundschaft, Moral und Erziehung stehen. Zu nennen sind hier: Chr. F. Gellert: → *Das Leben der schwedischen Gräfin von G**** (1747–48), J. T. Hermes: → *Sophiens Reise von Memel nach Sachsen* (1769–73), S. v. La Roche: → *Geschichte des Fräuleins von Sternheim* (1771), J. W. v. Goethe: → *Die Leiden des jungen Werthers* (1774) und J. M. Miller: → *Siegwart* (1776). Der 3. Typ ist der AUFKLÄRERISCHE STAATS- UND ERZIEHUNGSROMAN, der indes nicht mehr wie in der Barockzeit den Souverän als idealen Herrscher verklärt, sondern zum aufgeklärten Fürsten bilden will, wobei utopische Elemente nicht ausgeschlossen sind. In die Reihe dieser Staatsromane gehören: J. M. v. Loen: → *Der redliche Mann am Hofe* (1740), A. v. Haller: *Usong* (1771), Chr. M. Wieland: → *Geschichte des Agathon* (1766/94) und → *Der goldene Spiegel* (1772). Der 4. Typ ist der SATIRISCHE ROMAN, der in der Nachfolge von M. de Cervantes' *Don Quijote* (1605/15) zum einen überkommene Romanformen karikiert (z. B. J. G. Schnabel: → *Der im Irrgarten der Liebe herumtaumelnde Kavalier*, 1738; W. E. Neugebauer: *Der teutsche Don Quichotte*, 1753), zum anderen Phänomene der Unvernunft (Schwärmerei, Torheit usw.) aufs Korn nimmt, wie z. B. J. K. A. Musäus: *Grandison der Zweite* (1760–62), Chr. M. Wieland: → *Don Sylvio von Rosalva* (1764), Fr. Nicolai: → *Das Leben und die Meinungen des Herrn Magisters Sebaldus Nothanker* (1773–76), Chr. M. Wieland: → *Die Abderiten* (1774–81), J. C. Wezel: → *Belphegor* (1776), J. G. Schummel: *Spitzbart* (1779). Ein 5. Typ ist der SCHAUERROMAN, der mit seiner Betonung von Angst, Gespenstertum und Magie dem aufklärerischen Vernunftoptimismus widersprach. Die Muster kamen mit H. Walpoles *The Castle of Ortranto* (1764) und M. G. Lewis' *The Monk* (1796) aus England und lösten in Deutschland ab dem Ende des 18. Jh. ganze Serien von Geister- und Gespensterromanen aus, z. B. Fr. Schiller: *Der Geisterseher* (1787) oder Chr. H. Spieß: *Das Petermännchen* (1791/92). Fortsetzung: → *Unterhaltungsromane um 1800*, → *Bildungsroman*.

Pietismus

BEGRIFF: Der ›Pietismus‹ – abgeleitet von lateinisch *pietas*: ›Frömmigkeit‹ – war eine religiöse Erneuerungsbewegung im deutschen Protestantismus, die vom Ende des 17. bis zur Mitte des 18. Jh. reichte. Seine grundlegenden Gedanken hat Ph. J. Spener in seiner Schrift *Pia desideria* (1675) niedergelegt. ZENTREN der pietistischen Frömmigkeitsbewegung waren Straßburg und Frankfurt/Main (Ph. J. Spener), Quedlinburg (G. Arnold), Halle (A. H. Francke) und Herrnhut/Schlesien (N. L. v. Zinzendorf). Der Pietismus war ursprünglich eine Reaktion auf die dogmatische Erstarrung der evangelischen Amtskirche, die den Weg zum wahren Glau-

ben durch Streitereien, übertriebenes Disputieren und spitzfindige Auslegungen der Bibel mehr und mehr verstellte.
PROGRAMM: Der direkte Zugang zu Gott, so die Pietisten, sei nicht durch die Lehre, sondern nur über die Versenkung der Seele in sich selbst, fern vom Getriebe der Welt, möglich; d. h. er war dem Einzelnen oder einer kleinen Gruppe von Gleichgesinnten (Konventikel) vorbehalten. Die Hinwendung zur frommen, sich selbst beobachtenden Herzensempfindung führte zur Ablehnung der allein von der Vernunft bestimmten Welt- und Menschensicht v. a. der frühen → *Aufklärung* und legte damit die Grundlage für einen Individualismus religiöser Prägung. Diese Haltung barg einerseits die Gefahr eines Abgleitens in reine Sentimentalität und in die Schwärmerei religiöser Eiferer in sich, die alles Weltliche verachteten. So galten z. B. Kartenspiel, Theater und Geselligkeit als sündhaft und die Teilnahme an der politischen und sozialen Gestaltung der Gesellschaft als problematisch. Auf der anderen Seite verlangten die Pietisten die Rückkehr zum Wort der Bibel und die unmittelbare Anwendung ihrer Ideale (Nächstenliebe, Toleranz, Disziplin, Gehorsam und die gewissenhafte Erfüllung der Aufgaben des Alltags).
Der Pietismus durchdrang alle sozialen Schichten und Lebensbereiche, zumal nur die deutsche Sprache verwendet wurde. Ein direkter LITERARISCHER NIEDERSCHLAG dieser Bewegung findet sich in der Erbauungsliteratur der Zeit und in den geistlichen Liedern (J. H. Reitz, N. L. v. Zinzendorf, G. Arnold, G. Tersteegen). In säkularisierter Form prägte der Pietismus mit seiner Betonung des Gefühls die schöpferische Sprachbildung der → *Empfindsamkeit* und beeinflusste dabei Autoren wie Chr. F. Gellert, Fr. G. Klopstock, J. G. Hamann, H. Jung-Stilling, K. Ph. Moritz und den jungen Goethe sowie den Dichterkreis → *Göttinger Hain*.

1736
Luise Adelgunde Gottsched

* 11.4.1713 in Danzig. Tochter eines Arztes, 1735 Hochzeit mit J. Chr. Gottsched. Arbeitete als ›Gehülfin‹ ihres Mannes sowie als Übersetzerin, Rezensentin und Dramatikerin. † 26.6.1762 in Leipzig.

Die Pietisterei im Fischbein-Rock

OT: *Die Pietisterey im Fischbein-Rocke; Oder die Doctormäßige Frau*

Lustspiel, anonym erschienen.

In ihrem ersten Lustspiel, das noch die Abhängigkeit von einem französischen Vorbild (G.-H. Bougeants *La femme docteur*, 1730) verrät, kritisiert G. Fehlentwicklungen der pietistischen Bewegung, v. a. falsche Frömmigkeit: Der Pietist Herr Scheinfromm will die Tochter der Frau Glaubeleichtin mit einem Verwandten verheiraten, um auf diese Weise in den Besitz des Familienvermögens zu gelangen. Der Schwager verhindert die Hochzeit und öffnet der Mutter und den Zuschauern die Augen für die Verlogenheit solcher Schwärmer, die ihre wahren Absichten hinter der Fassade angeblicher Frömmigkeit verbergen.

Erst nach G.s Tod wurde ihre Autorschaft für das Lustspiel bekannt, das vom preußischen Hof, an dem Pietisten den Ton angaben, sogleich scharf verurteilt wurde. Das Stück entspricht J. Chr. Gottscheds Komödientheorie aus → *Versuch einer kritischen Dichtkunst* (1730), wo es heißt: »Die Komödie ist nichts anderes als die Nachahmung einer lasterhaften Handlung, die durch ihr lächerliches Wesen den Zuschauer belustigen, aber auch zugleich erbauen kann.« Dieses belehrende Verlachen ist auch das Prinzip der ›sächsischen Typenkomödie‹, die die ›Gottschedin‹ mit diesem Stück und weiteren Lustspielen begründete und die von J. E. Schlegel, J. Chr. Krüger und noch vom jungen Lessing (→ *Der junge Gelehrte*; *Die Juden*, 1748/49) fortgesetzt wurde. Eine entgegengesetzte frühaufklärerische Komödienkonzeption, die auf die Verstärkung des Positiven setzt, vertrat Chr. F. Gellert mit dem ›Rührenden Lustspiel‹ → *Die zärtlichen Schwestern* (1747).

Rezeption: J. Chr. Gottsched nahm das Werk aus Rücksicht auf die Empörung am preußischen Hofe nicht in seine Musterslg. *Deutsche Schaubühne* (1741–45) auf.

Weitere Lustspiele: *Die ungleiche Heirat* (1743), *Die Hausfranzösin* (1744), *Der Witzling* (1745), *Das Testament* (1745).

1738
Friedrich von Hagedorn

* 23.4.1708 in Hamburg. Nach im Jahre 1727 abgebrochenem Jurastudium (Jena) Aufenthalt in London (1729–31). Ab 1733 Sekretär einer engl. Handelsgesellschaft in Hamburg mit viel Zeit für »poetische Nebenstunden«. † 28.10.1754 in Hamburg (D).

Fabeln und Erzählungen

OT: *Versuch in Poetischen Fabeln und Erzehlungen*

Slg. von Fabeln, Verserzählungen und Gedichten.

Neben seinen → *Oden und Liedern* (1747) im Stil von → *Rokoko und Anakreontik* pflegte H. eine literarische Form, die ebenfalls an ein breites Publikum gerichtet war und deren Erfolg dem der Gedichte gleichkam: Wie bei J. de La Fontaine soll die Fabel (→ *Fabeln im 18. Jh.*) v. a. unterhalten und erfreuen, während die Belehrung nebensächlichen Charakter hat und auf das Alltagsleben des Bürgers gerichtet ist (Aufforderung zur Mäßigung, Bescheidenheit, Genügsamkeit – wie z. B. in seiner bis heute bekannten Verserzählung *Johann, der Seifensieder*). Es ist v.a. die erzählerische Form der Fabeln, der sie ihren Erfolg verdanken: H.s Fabeln sind vielgestaltig und zeichnen sich durch eine für die damalige Zeit ungewohnte sprachliche und formale Eleganz und Leichtigkeit aus. H. verzichtete früh auf den Alexandriner und verwendete Jamben mit unterschiedlicher Zahl der Hebungen. Die Reime sind z.T. willkürlich angeordnet, mit einer dem Inhalt angepassten, häufig unregelmäßigen Strophenbildung. Fazit: »So amüsant hatte niemand in Deutschland zu erzählen vermocht« (A. Anger). Dass die Belehrung oft scherzhaft, fast spielerisch erfolgte, beklagte Lessing, dem das Unterhaltsame des breit angelegten Erzählens damit ein zu großes Gewicht erhielt.

Rezeption: H. leitete in Deutschland eine neue Stilepoche (Weiterentwicklung der Sprache zu mehr Lebendigkeit, Flexibilität, Anmut, Musikalität) ein und wurde damit zu einem Vorläufer von Chr. M. Wieland.

Weiteres Werk: → *Oden und Lieder* (1747).

1738

Johann Gottfried Schnabel

Biogr.: → 1731–43

Der im Irrgarten der Liebe herumtaumelnde Kavalier

OT: *Der im Irr-Garten der Liebe herum taumelnde Cavalier Oder Reise- und Liebes-Geschichte eines vornehmen Deutschen von Adel, Herrn von St.*

Roman. Veröffentlicht unter dem Pseudonym: Gisander.

Der Roman schließt an die Gattung des ›galanten Romans‹ an, die am Ende des 17. Jh. von A. Bohse und Chr. Fr. Hunold (→ *Die liebenswürdige Adalie*, 1702) nach französischem Vorbild eingeführt worden war (→ *Romanliteratur im 17. Jh.*). Stets geht es um freudig genossene Liebe und mitunter am Schluss auch um reuige Umkehr. Das steht auch dem Helden dieses Romans im Alter als Preis für seine vielen Liebesexzesse bevor – doch von einer Läuterung kann keine Rede sein. Im 1. Teil des Romans wird von den Liebesabenteuern des Kavaliers von Elbenstein in Italien berichtet, wo er den Nachstellungen liebeshungriger Damen ausgeliefert ist, Abenteuerliches erlebt und zurück nach Deutschland flieht. Hier (im 2. Teil) widmet er sich Aufgaben im diplomatischen Dienst verschiedener Fürsten, genießt wiederum zahllose erotische Abenteuer, deren Schilderung unterbrochen wird durch Episoden v. a. aus der derben Schwankliteratur. Die vom Helden wiederholt geäußerte Einsicht in die Unmoral seines Verhaltens und die Bereitschaft zur Reue bleiben folgenlos und wurden vom Dichter wahrscheinlich nur als Rechtfertigung für die Freizügigkeit der dargestellten Liebesabenteuer (»galanter Pornoroman«, R. Grimminger) eingefügt.

Rezeption: Ein in seiner Zeit erfolgreicher Roman, der bis ins 20. Jh. hinein immer wieder Neuauflagen erlebte.

1739
Christian Ludwig Liscow

* 26.4.1701 in Wittenburg (Mecklenburg). Ab 1718 Studium (Jura und Theologie) in Rostock, Jena und Halle. 1728/29 Hofmeister in Lübeck, danach in verschiedenen Stellungen als Privat- und Legationssekretär, ab 1741 beim sächsischen Minister Brühl. 1749 verhaftet, 1750 wegen Kritik an der Regierung entlassen. † 30.10.1760 auf Gut Burg bei Eilenburg (Sachsen).

Satirische Schriften

OT: *Sammlung Satyrischer und Ernsthafter Schriften*

Slg. von Satiren, ab 1732 einzeln veröffentlicht.

L. war ein bedeutender Vermittler der philosophischen Anschauungen der → *Aufklärung*, ein konsequenter und engagierter Rationalist. Er bekämpfte zunächst den kirchlichen Dogmatismus, weil dieser sich vom wahren Christentum entfernt habe, Kriege dulde und Waffen segnen lasse; später rückte die Gelehrtenwelt ins Zentrum seiner Angriffe. Seine Kritik, kämpferisch mit der Waffe der Satire geführt, richtete sich darüber hinaus gegen alle Gegner der Aufklärung. Sein Vorgehen ist dabei fast immer gleich: Ironisierend billigt er etwas, das er tatsächlich ablehnt. Dabei übertreibt er stark und gelangt zu derart absurden Folgerungen, dass der Leser zur Verurteilung des zunächst Akzeptierten veranlasst wird. L.s berühmteste Satire (in Aufsatzform) *Die Vortrefflichkeit und Nohtwendigkeit der elenden Scribenten* stammt aus dem Jahr 1734. L. beweist hier auf ironische Weise die abträgliche Wirkung des rationalen Denkens, weil man – wohin man auch blicke – feststellen müsse, dass Unvernunft die Welt regiert. Auf diese Weise verhöhnt L. geistige Unfreiheit und fordert den Gebrauch der Vernunft zum selbstbestimmten Handeln.

Am schärfsten wirkte L. mit der Personalsatire, die sich im Gegensatz zur allgemeinen Satire (wie sie später von G. W. Rabener ausschließlich benutzt wurde) direkt auf eine namentlich genannte Person bezieht und nicht auf einen bestimmten Typus. L.s oft aggressive Polemiken folgen seinem Motto: »Ein stumpfer Prügel muß dasjenige möglich machen, woran bißhero soviele spitze Federn umsonst gearbeitet haben.« Sie treffen den Einzelfall mit Wucht, jedoch nicht immer das Typische im Einzelfall – im Gegensatz zu den Aphorismen des größten deutschen Satirikers im 18. Jh., G. Chr. Lichtenberg (1800).

Rezeption: L.s Wirkung war begrenzt. Nur Jean Paul sah in ihm den dt. Satiriker, der dem engl. Vorbild J. Swift am nächsten gekommen sei.

1740
Johann Michael von Loen

* 11.12.1694 in Frankfurt/Main 1711–15 Jurastudium in Marburg und Halle. Bis 1724 auf ausgedehnten Reisen in Deutschland und Europa, danach in Frankfurt lebend. 1752–65 preußischer Regierungspräsident in Lingen. † 24.7.1776 in Lingen (G).

Der redliche Mann am Hofe

OT: *Der Redliche Mann am Hofe; Oder die Begebenheiten des Grafens von Rivera*

Staatsroman.

»Man bemerkte an ihm keinen Hochmuth, keinen Eigennutz, keine Mißgunst und keine Falschheit [...]. Er betrachtete sein Glück, als ein Mittel andere glücklich zu machen.« Der Held des Romans, der Graf von Rivera, wird von L. als vollkommene Verkörperung bürgerlicher Tugenden (insbesondere der Redlichkeit) geschildert. Im Kampf gegen Intrigen, Unmoral, Neid und Falschheit gelingt es ihm, den König von Aquitanien für sich und seine Ideen von einem besseren Staat zu gewinnen und die schlimmsten Missstände abzustellen. Er wird Erster Minister und kann, nachdem im Handlungsverlauf – äußerlich noch ganz in der Tradition des Barockromans (→ *Romanliteratur im 17. Jh.*) – viele Hürden überwunden werden, die Gräfin von Monteras heiraten. Wie in J. G. Schnabels → *Die Insel Felsenburg* (1731–43) sind in die Romanhandlung episodische Lebensgeschichten eingeflochten, in denen moralisch vorbildliches wie zu verurteilendes Verhalten dargestellt wird.

Die Loslösung vom barocken Roman zeigt sich sprachlich z. B. im Verzicht auf den übermäßigen Gebrauch französischer und lateinischer Wendungen, inhaltlich im ausdrücklich angestrebten Gegenwartsbezug sowie in der Anlehnung an empfindsame Themen (Altruismus, Lob des Ländlichen, Mitleid). Dem Roman (576 S.n), der zu den ersten deutschen Aufklärungsromanen (→ *Roman in der Aufklärung*) zählt, schließen sich am Ende die Utopie einer pietistischen Mustersiedlung (Christianopolis) sowie *Freye Gedancken Von der Verbesserung des Staats* des Grafen Rivera an: In Letzteren wird die Misswirtschaft der Fürstenhöfe angeprangert sowie u. a. die Abschaffung des Söldnertums und eine Verbesserung der Lage der Bauern gefordert – Reformen des aufgeklärt-absolutistischen Staates, aber keineswegs dessen Infragestellung.

Rezeption: Der Roman erreichte zu L.s Lebzeiten mindestens 5 Auflagen. Eine anonyme Parodie, *Die redliche Frau am Hofe*, erschien 1760.

Weiteres Werk: *Moralische Gedichte* (1751).

Rokoko und Anakreontik

›Literarisches Rokoko‹ und ›Anakreontik‹ sind literaturgeschichtlich nicht leicht voneinander abzugrenzende Begriffe und werden teilweise sogar synonym bzw. als einander ausschließende Bezeichnungen gebraucht.

›Rokoko‹ ist die von französisch *rocaille* (›Muschel‹, häufig verwendetes Ornament in der Kunst) abgeleitete Bezeichnung für eine Stilrichtung der Spätphase bzw. Nachfolge des Barock in (höfischer) Lebensform, Kunst, Musik, Architektur sowie in der Literatur, hier jedoch nicht unumstritten. Der Höhepunkt liegt in Deutschland zwischen 1730–1750. Rokoko bezeichnet eine elegante Form der Dichtung, v. a. der Lyrik (Lieder, Singspiele, Versepen), in der die reale Wirklichkeit aufgelöst und ersetzt wird durch eine stilisierte, arkadische Welt. Charakteristika: das Auftreten antiker Grazien als Verkörperung des Schönen und der (auch seelischen) Anmut (sog. Graziendichtung), die Einbettung in eine – ebenfalls stilisierte – ländlich-idyllische Schäfer- und Hirtenwelt (Wiederaufnahme der → *Schäferdichtung*). Rokokoliteratur meidet die sprachliche Überladenheit des Barock wie die rationale Nüchternheit der Aufklärung und entwickelt eine bis dahin unbekannte stilistische Geschmeidigkeit. L. Chr. H. Hölty und besonders Chr. M. Wieland, aber auch Klopstock, Lessing und Goethe fühlten sich dem Rokoko – Letztere besonders in ihren frühen Werken – verbunden.

Die Anakreontik ist eine spielerische Fortentwicklung barocker Gelegenheitsdichtung und zugleich die »Rokokovariante der Aufklärung« (Cl. Albert). Sie ist benannt nach dem griechischen Lyriker Anakreon (6. Jh. v. Chr.), der (nur bruchstückhaft erhaltene) Liebes- und Trinklieder verfasst hat (1746 von J. P. Uz und J. N. Götz übersetzt: *Die Oden Anakreons in reimlosen Versen*). Neben der philosophischen Lehrdichtung und der didaktischen Naturpoesie (A. v. Haller, B. H. Brockes) bildet die anakreontische (›scherzhafte‹) Lyrik eine dritte Säule.

Rückgriffe auf Horaz und Catull sowie Einflüsse des französischen Rokoko (›poésie fugitive‹) führten ab 1740 zur Entstehung einer anakreontischen Dichtung in Deutschland. Die dichterische Welt der Anakreontiker befindet sich jenseits der politischen und sozialen Wirklichkeit in der Unverbindlichkeit und Abgeschiedenheit einer schöneren Phantasiewelt. Diese entsteht aus dem gleichsam spielerischen Umgang mit vorgegebenen Elementen – mit Schäfern, Rosen, Wein, immerwährendem Frühling, Lauben, Grotten, Preis der Liebe und Geselligkeit. Die Anakreontiker bevorzugen dabei die kleine, reimlose Form. Ihre Wirkung und (zeitgenössische) Bewertung beruhten auf der Heiterkeit der Darstellung, auf ungewöhnlichen Pointen, geistvollem Witz und galanten Anspielungen ohne Frivolität. In Deutschland setzte die Anakreontik mit Fr. v. Hagedorn (→ *Oden und Lieder*, 1747, entst. ab 1742) ein; es folgten: J. W. L. Gleim (→ *Versuch in scherzhaften Liedern*, 1744–45), J. P. Uz (*Lyrische Gedichte*, 1749), Chr. F. Weiße (*Scherzhafte Lieder*, 1758) u. a. Auch

Klopstock, der → *Göttinger Hain* und Goethe sind in ihren frühen Werken von der Anakreontik (und der → *Empfindsamkeit*) beeinflusst, späte Anklänge finden sich noch bei E. Mörike, W. Müller, E. Geibel.

1744/1745
Johann Wilhelm Ludwig Gleim

* 2.4.1719 in Ermsleben bei Halberstadt. 1738–40 Jurastudium in Halle, Sekretär bei Adligen, ab 1747 Domsekretär in Halberstadt. † 18.2.1803 in Halberstadt (G, M).

Versuch in scherzhaften Liedern

Slg. von Gedichten und Versepen, anonym in 2 Teilen veröffentlicht.

»Soll ich trinken oder küssen, Hier winkt Bacchus, dort Zythere«: G. spricht hier aus, was das Lebensgefühl in seinen anakreontischen Gedichten (→ *Rokoko und Anakreontik*) bestimmt: Wein und Liebe, Genuss des Daseins in einer heiteren Phantasiewelt, in der ewiger Frühling herrscht und rosenbekränzte, schöne Menschen in ländlicher Idylle ein friedliches Leben führen. In seinem Gedicht *Anakreon* zeichnet G. das Bild des Dichters, der in einer solchen seligen Welt der Freundschaft und Liebe gern auf Besitz und Macht verzichtet. Dieses ›Tändeln‹, das gleichwohl niemals unmoralisch sein will und das Positive im menschlichen Leben ästhetisch feiert, versteht sich als ein »Bekenntnis zum säkularisierten Weltgenuß« (P.-A. Alt) und glaubt dabei ernsthaft: »Drum, o Deutschland, Willst du Frieden? Wein und Liebe kann ihn stiften.«

G. distanziert sich mit seinem Werk ebenso vom Höfisch-Galanten (→ *Schäferdichtung*) wie von den Ekstasen religiöser Spiritualität (→ *Pietismus*); doch dieser eigene Ton verkam, abgetrennt von der realen Erlebniswelt, rasch zu einer modischen Pose von unverbindlicher poetischer Spielerei, die mitunter sogar der (Selbst-)Ironie nicht entbehrte: »Wir, die wir von Wein und Liebe gesungen, aber wenig getrunken und wenig geliebt haben« (so G. an E. v. Kleist).

Rezeption: G. gilt als ›deutscher Anakreon‹ und war ein Förderer vieler junger Dichter (›Vater Gleim‹). Das Vorbild seiner Lyrik wirkte über die Mode der Anakreontik hinaus auf die Lyrik in der 2. Hälfte des 18. Jh.

Weitere Werke: *Lieder* (1745), *Romanzen* (1756); → *Preußische Kriegslieder* (1758).

1746
Johann Elias Schlegel

* 17.1.1719 in Meißen. 1739–42 Jurastudium in Leipzig, ab 1743 Sekretär des sächsischen Gesandten, später Gesandschaftssekretär in Kopenhagen. Ab 1748 Professor für Geschichte und Staatsrecht an der Ritterakademie in Sorø/Dänemark). † 13.8.1749 in Sorø.

Canut

Trauerspiel.

Wie Sch., ein Schüler Gottscheds, für sein in Deutschland erstaufgeführtes Trauerspiel *Hermann* (1743) einen Stoff aus der deutschen Geschichte wählte (das erste deutsche Trauerspiel, das nicht in der Antike spielte), gestaltete er in *Canut* für das dänische Publikum einen Stoff aus der nordischen Geschichte: Canut (d. i. Knut d. Gr., dänischer König von 1018–35) wird von Sch. als ein aufgeklärter und empfindsamer, den Tugenden und dem Ideal der Menschenliebe verpflichteter Herrscher dargestellt, der sich der umstürzlerischen Bestrebungen seines lasterhaften, ruhmsüchtigen Schwagers Ulfo erwehren muss. Canut ist als vorbildlicher »Held voll Gütigkeit, Der nur aus Zwange zürnt, aus Neigung stets verzeiht« (Schlegel) allerdings eine wesentlich blassere Erscheinung als sein Gegenspieler, die Inkarnation des absolutistischen Machiavellisten. In dieser Figurenzeichnung zeigt sich der Einfluss Shakespeares (*Richard III.*, 1592), dessen Bedeutung für die Entwicklung der dramatischen Dichtkunst in Deutschland Sch. früh erkannte (*Vergleichung Shakespears und Andreas Gryphius*, 1741, sowie *Gedanken zur Aufnahme des dänischen Theaters*, 1747). Der starke, individuell ausgeprägte Charakter Ulfos und sein unbedingter Anspruch auf Selbstverwirklichung deuten – obwohl negativ strukturiert – gleichzeitig voraus auf das Lebensgefühl des → *Sturm und Drang*.

Rezeption: Das Stück war bis in die Zeit der Klassik erfolgreich. Fr. Nicolai und Lessing kritisierten, dass die Figur Canuts zu untragisch und daher nicht mitleiderregend sei.

Weitere Werke: *Die Trojanerinnen* (Trauerspiel, 1742), *Hermann* (Trauerspiel, 1743), *Die stumme Schönheit* (Lustspiel, 1747), *Der Triumph der guten Frauen* (Lustspiel, 1748).

1746/1748

Christian Fürchtegott Gellert

* 4.7.1715 in Hainichen (Erzgebirge). Ab 1734 Theologiestudium in Leipzig, ab 1744 Privatdozent, ab 1751 bis zu seinem Tod Professor für Philosophie in Leipzig. † 13.12.1769 in Leipzig. Gedenkstätten: Hainichen (D, M), Leipzig (D, G), Neubrandenburg (D).

Fabeln und Erzählungen

Slg. von Fabeln und Verserzählungen, einzeln veröffentlicht ab 1741. Teil I: 1746, Teil II: 1748; weitere Fabeln sind in *Lehrgedichte und Erzählungen* (1754) enthalten.

Nach Fr. v. Hagedorn (1738) und vor G. E. Lessing (1759) war G. der bedeutendste Fabelerzähler im 18. Jh. (→ *Fabeln im 18. Jh.*). Er sah seine Aufgabe als Dichter darin, »den Vernünftigen [zu] dienen« und auch dem »niedrigsten Mann […] edle Empfindungen in seiner Seele rege zu machen.« Dazu eigneten sich besonders Fabeln, Lehrgedichte und Verserzählungen, in denen er ›vers libres‹ (freie Verse) verwendete. Dabei handelt es sich in der Regel um Jamben ohne festgelegte Anzahl von Hebungen und ohne Gliederung durch ein starres Strophenschema. Diese Form ermöglicht eine elegante und anpassungsfähige Darstellung, deren Lebendigkeit durch direkte Ansprache des Lesers und durch – zuweilen ironisch-kommentierende – Zusätze erhöht und zum plaudernden Erzählstil wird.

In seinen Fabeln richtet sich G. – z.T. in satirischer Form – gegen Geiz, Prahlerei und Lüge (*Der Bauer und sein Sohn*), Habsucht, religiöse Heuchelei, den Hochmut der Müßiggänger (*Das Kutschpferd*), die Willkür des Adels und rät zu vernünftigem Umgang mit den Mitmenschen (*Das Pferd und die Bremse*). Fast immer folgt der Fabelerzählung die abgeleitete, leicht verständliche Moral, manchmal überlässt G. die Ableitung dem Leser. Die sozialen Verhältnisse werden nicht grundlegend in Frage gestellt, aber durchaus zeitkritisch behandelt (*Der Informator, Der Held und der Reitknecht*).

Rezeption: Die Slg. gehört zu den erfolgreichsten Büchern des 18. Jh. und wurde in fast alle europ. Sprachen übersetzt. Sie machte G. zum viel gelesenen Volksschriftsteller seiner Zeit.

Weitere Werke: *Die Betschwester* (Lustspiel, 1745), → *Die zärtlichen Schwestern* (Lustspiel, 1747).

Fabeln im 18. Jahrhundert

Begriff: Die ›Fabel‹ ist eine epische Kurzform in Vers oder Prosa und besteht aus einer Erzählung, in der Tiere (seltener: Blumen, Bäume, Bäche oder mythologische Gestalten) Sprache und Verhaltensweisen der Menschen zeigen. Diese Fabelsituation ermöglicht gleichnishaft eine Schilderung dessen, was in der menschlichen Gesellschaft angestrebt bzw. verurteilt werden soll: Es lassen sich Wahrheiten aussprechen, die z. B. aus politischen Gründen sonst nicht vermittelbar wären. Der Fabelerzählung folgt in der Regel die direkte Belehrung, indem aus dem Vorgetragenen eine Moral abgeleitet wird. Formales Vorbild ist die griechische Fabeldichtung des Äsop (um 550 v. Chr.), dessen mündlich tradierte Fabeln allerdings erst im 1. Jh. n. Chr. in Latein aufgeschrieben wurden (Phädrus).

Die deutsche Fabeldichtung setzte im späten Mittelalter ein und erreichte im 16. Jh. einen ersten Höhepunkt (→ *Sammlungen von Sprichwörtern und Fabeln*). Angeregt von J. de La Fontaines *Fables* (1668–94) wurde sie zwischen 1730 und 1770 mit über 50 Fabeldichtungen zu einer bevorzugten Dichtungsart, weil mit ihr auf eingängige (ernsthafte, immer häufiger aber auch heitere und manchmal satirische) Art ein breites Publikum angesprochen und moralisch unterwiesen werden konnte: »Eine gute Fabel nutzt, indem sie vergnügt« (Chr. F. Gellert, 1744). Die wich-

tigsten FABEL-THEORETIKER des 18. Jh. waren: J. J. Breitinger (*Critische Dichtkunst*, 1740), J. Chr. Gottsched (→ *Versuch einer kritischen Dichtkunst*, 1730, 4. Auflage 1751), G. E. Lessing (→ *Fabeln*, 1759) sowie Chr. F. Gellert (*Abhandlungen von den Fabeln und deren Verfassern*, deutsch 1773, lateinisch 1744). Galt es dabei zunächst den Anspruch der Fabel zu rechtfertigen, ein übernatürliches Geschehen (z. B. sprechende Tiere) darzustellen, so begründete Lessing die Gebote der stilistischen Kürze, der Prosaform und der »anschauenden Erkenntnis«. Die Entwicklung der dichterischen Sprache zu mehr Leichtigkeit, Eleganz, Virtuosität und pointierter Zuspitzung sowie die poetische Ausgestaltung des erzählenden Teils förderten die große Beliebtheit dieser Gattung.
Die bedeutendsten FABEL-AUTOREN des 18. Jh. sind: Fr. v. Hagedorn (→ *Fabeln und Erzählungen*, 1738), D. Stoppe (*Neue Fabeln oder Moralische Gedichte*, 1738/40), D. W. Triller (*Neue Aesopische Fabeln*, 1740), M. G. Lichtwer (*Vier Bücher Aesopischer Fabeln*, 1748), Chr. F. Gellert (→ *Fabeln und Erzählungen*, 1746/48), J. W. L. Gleim (*Fabeln*, 1758), G. E. Lessing (*Fabeln*, 1759), J. A. Schlegel (*Fabeln und Erzählungen*, 1769), G. K. Pfeffel (→ *Fabeln*, 1783/90), Fr. C. v. Moser (*Neue Fabeln*, 1790), Chr. A. Fischer (*Politische Fabeln*, 1796). Gegen Ende des 18. Jh. wurde die Fabel politischer, zugleich lief ihr die → *Ballade* den Rang ab. Im 19. und 20. Jh. wurde die Fabel als Dichtungsart nur noch selten verwendet (W. Busch, M. v. Ebner-Eschenbach).

1747
Christian Fürchtegott Gellert

Biogr.: → 1746–48

Die zärtlichen Schwestern

Lustspiel in Prosa. Erschienen in der Slg. *Lustspiele* (1747).
Der in Frankreich begründete neue Komödientyp, die ›comédie larmoyante‹ (das ›Rührende Lustspiel‹, → *Empfindsamkeit*), wurde von G. in seiner Schrift *Pro comoedia commovente* (1751) erklärt und in eigenen Lustspielen praktisch erprobt: Zurückdrängung des nur Komischen, Einbeziehung ernster, auch tragischer Elemente, Betonung des Gefühlvoll-Rührseligen, ›Anfeuern‹ zur Tugend. Heiterkeit und Erschütterung sollten so den Zuschauer auf dem Weg zum Ende bewegen, das nur ein Ergebnis kennt: den Sieg des Guten über das Laster.
Die beiden empfindsamen (»zärtlichen«) Schwestern, Lottchen und Julchen, werden von dem armen Siegmund und dem reichen Demis geliebt. Als Julchen angeblich eine Erbschaft zu erwarten hat, wendet sich Siegmund von Lottchen ab und ihr zu. Sie aber bekennt sich zu Demis, während Lottchen als tatsächliche Erbin Siegmund verstößt. Letztere ist die vorbildliche Verkörperung nachahmenswerter Tugenden, sie leidet (»Bedauern Sie mich«) – und rührt damit die Zuschauer.

Das ›Rührende Lustspiel‹ wird so zur ernsten Komödie und damit zu einer Vorstufe des → *Bürgerlichen Trauerspiels*. Bei G. erscheinen noch keine ›gemischten Charaktere‹ (der Böse mit der Anlage zum Guten, der Gute mit der Fähigkeit zum Bösen), dennoch gibt es Ansätze, die einseitige Typisierung zu überwinden und den handelnden Personen individuelle Züge zu verleihen. Damit lösen sich G.s Lustspiele vom bis dahin vorherrschenden Muster der Typenkomödie, die durch Verlachen belehren will, und werden zum Vorläufer der ersten großen Komödie in Deutschland (G. E. Lessing: → *Minna von Barnhelm*, 1767), zugleich aber auch für das bürgerliche Rührstück (Fr. L. Schröder, A. W. Iffland, A. v. Kotzebue).

Rezeption: G. hatte mit seinen Lustspielen großen Erfolg. Ihm verpflichtet war besonders Chr. F. Weiße (1726–1804), und neben Lessing hat sich auch Goethe auf G. bezogen.
Weiteres Werk: → *Das Leben der schwedischen Gräfin von G**** (Roman, 1747/48).

1747
Friedrich von Hagedorn Biogr.: → 1738

Oden und Lieder

Die Einzeltitel von H.s Oden und Liedern lauten: *Versuch einiger Gedichte oder Erlesene Proben Poetischer Nebenstunden* (1729), *Sammlung neuer Oden und Lieder* (3 Bde.,1742–52), *Oden und Lieder in fünf Büchern* (1747).

Eine gesicherte Existenz, eine bürgerlich-private Lebensführung, beschaulich und sorgenfrei in einer reichen Stadt, fern vom Getriebe und den Moden feudal-absolutistischer Höfe, spät erst beeinträchtigt durch Krankheit – das ist der Kontext, in dem H. zum literarischen Haupt von → *Rokoko und Anakreontik* in Deutschland wurde. Was die französische Rokokodichtung bereits gestaltet hatte, führte er in Deutschland ein: die Darstellung einer friedlichen arkadischen Welt jenseits der politischen und sozialen Wirklichkeit, belebt von flötespielenden Schäfern und blumenbekränzten Schäferinnen. Im Mittelpunkt stehen die Liebe und der Wein, Chiffren für den heiteren, doch stets maßvollen Lebensgenuss (z. B. *Der Tag der Freude*, *An die Freude*). Dort, wo H. die künstlich-kunstvolle poetische Welt der Anakreontik verlässt, gelingen ihm Aussagen von großer Echtheit (z. B. in *Der Morgen, Zemes und Zulima*). In den *Moralischen Gedichten* (1750) preist H. Gott und seine Schöpfung sowie die Ideale der christlichen Nächstenliebe, Bescheidenheit und Genügsamkeit (z.B. *Die Glückseligkeit*, *Horaz*).

Mit seinen Gedichten wie auch mit seinen → *Fabeln und Erzählungen* (1738) leistete H. einen wesentlichen Beitrag zur Entwicklung der deutschen Sprache: weg von der Überladenheit der Barocksprache, weg aber auch von der sprachlichen Nüchternheit der Aufklärung und der zu gefühlsverhafteten Ausdrucksweise der religiösen Dichtung (→ *Pietismus*), hin zur eleganten Leichtigkeit der gehobenen Konversation.

Rezeption: H. genoss in seiner Zeit hohe Anerkennung. Bekannt geblieben ist in Hamburg v. a. sein Gedicht *Die Alster* (1747).

1747/1748

Christian Fürchtegott Gellert Biogr.: → 1746–48

*Das Leben der schwedischen Gräfin von G****

Roman; anonym in 2 Teilen 1747 und 1748 erschienen.

G.s erster und einziger Roman begründete den empfindsamen Familienroman in Deutschland (→ *Roman in der Aufklärung*), wobei erstmalig in der deutschen Romanliteratur eine Frau als Ich-Erzählerin auftritt: Die alte Gräfin von G*** erzählt rückblickend ihr Leben: Verfolgt von den Zudringlichkeiten eines Prinzen glaubt sie, ihren gräflichen Ehemann verloren zu haben, flieht und heiratet dessen bürgerlichen Freund. Als der Totgeglaubte zurückkehrt, verzichtet der Freund und es kommt zur Wiederherstellung der ersten Ehe, die wieder in die zweite übergeht, als der erste Gatte stirbt. Was kompliziert erscheint, verläuft im Roman ohne Probleme, obwohl – teilweise in Nebenhandlungen thematisiert – Heikles wie Liebes- und Vernunftehe, Doppelehe, Geschwisterehe, Giftmord usw. dargestellt wird. Der Roman soll exemplarisch zeigen, wie der Mensch durch von der Vernunft kontrollierte Gefühle, Gelassenheit und Selbstbeherrschung glücklich werden kann: Aufgeklärte Ehe-Partnerschaft entsteht auf der Grundlage gegenseitiger moralischer Wertschätzung; Basis dieses Glückes ist die Familie, die zum ruhenden Gegenpol zur lasterhaften höfischen Welt wird.

Es ist heute schwer nachvollziehbar, warum Tugendhaftigkeit, Entsagungskraft und gelassene Ergebenheit der Hauptpersonen in die Fügungen des Schicksals die zeitgenössischen Leser so ›rühren‹ konnten. So unrealistisch die dargestellten Verhaltensweisen sind, so erstaunlich lebensnah sind indes die Schilderungen, die sich auf die Gefangenschaft des Grafen in Sibirien beziehen. G.s ›Modernität‹ zeigt sich in der knappen Darstellung (119 S.n), im sparsamen Umgang mit der Form des Briefromans und im Heranwagen an die Darstellung von (natürlich zu verurteilender) Leidenschaft und subjektivem Anspruch auf Glück.

Rezeption: Der Roman wurde zu G.s Lebzeiten fünfmal aufgelegt und ins Engl. und Frz. übersetzt.

Weitere Werke: *Lehrgedichte und Erzählungen* (1754), → *Geistliche Oden und Lieder* (1757).

1748/1749
Gotthold Ephraim Lessing

* 22.1.1729 in Kamenz (Oberlausitz). 1746–48 abgebrochenes Theologiestudium in Leipzig, ab 1748 (mit Unterbrechungen) als freier Schriftsteller in Berlin. 1760–65 Sekretär des Generals von Tauentzien in Breslau, 1767–70 Dramaturg in Hamburg, 1770–81 Bibliothekar an der Herzog-August-Bibliothek in Wolfenbüttel. † 15.2.1781 in Braunschweig. Gedenkstätten: Berlin (D), Braunschweig (D, G), Hamburg (D), Kamenz (D, M), Wolfenbüttel (D, M).

Der junge Gelehrte; Die Juden

Lustspiele (Prosa). UA (1): Januar 1748 in Leipzig; (2) 1749 in Leipzig, 13.9.1775 in Frankfurt/Main. ED: 1754.

Von den frühen Komödien des jungen Lessing (z. B. *Der Freygeist*, 1749; *Der Misogyn*, 1755/67) ist *Der junge Gelehrte* die bekannteste, *Die Juden* die bedeutendste. Das Gelehrtenstück folgt dem von J. Chr. Gottsched für die Komödie vorgegebenen Modell (→ *Versuch einer kritischen Dichtkunst*, 1730): Es stellt moralisches Fehlverhalten und Charakterschwäche in komischer Form dar und zeigt dem Zuschauer so deren Unvernünftigkeit. Der junge Damis, mit 20 Jahren bereits dreifacher Doktor (Theologie, Medizin, Jura), beschäftigt sich intensiv mit wissenschaftlichen Spitzfindigkeiten. Ihn interessiert sein Ruhm mehr als die Frauen, und als er einen erhofften Preis nicht erhält, verlässt er verbittert das Land. Dieser weltfremde und eitle Narr ist eine typische Gelehrten-Karikatur, bei der es noch nicht um die Darstellung eines individuellen Charakters geht. Im Gegensatz zu anderen Komödien der Gottsched-Zeit, die mehr der Unterhaltung als der Belehrung dienten, verfolgt L. (wie in den → *Fabeln*, 1759) hier vorrangig eine Erziehungsabsicht.

In *Die Juden* variiert er – hier eher dem Theaterkonzept Chr. F. Gellerts folgend – das Schema der Verlachkomödie, indem er vorbildliches Verhalten in der Gestalt des edlen Juden herausstellt und zugleich – als erster deutscher Schriftsteller – religiöse Intoleranz und antisemitische Vorurteile in ihrer sozialen Dimension anprangert.

Rezeption: L. äußerte sich später reserviert gegenüber seinem dramatischen Jugendwerk.

Weiteres Werk: → *Miss Sara Sampson* (Trauerspiel, 1755).

1748–1773
Friedrich Gottlieb Klopstock

* 2.7.1724 in Quedlinburg. Ab 1739 Fürstenschule Schulpforta, 1745–48 Studium (Theologie) in Jena und Leipzig. Nach Hauslehrertätigkeit ab 1751 in Kopenhagen lebend, materiell unabhängig durch eine jährliche Pension des Dän. Königs. Ab 1770 Wohnsitz in Hamburg, 1792 Ehrenbürger der Französischen Republik. † 14.3.1803 in Hamburg. Gedenkstätten: Hamburg (G, M), Quedlinburg (D, M).

Der Messias

OT: *Der Meßias ein Heldengedicht* [im Innentitel: *Der Messias*]

Versepos in Hexametern. Entst. ab 1745; die ersten 3 Gesänge erschienen 1748 in den *Bremer Beiträgen,* BA: 1749. Die weiteren 17 Gesänge erschienen sukzessive 1751, 1755, 1768 und 1773; Gesamtausgabe: 1780.

Ein Nationalepos wollte der junge K. für die Deutschen schaffen, doch in Ermangelung eines repräsentativen deutschen Helden wandte er sich dem »Vaterland des Menschengeschlechts« und dessen Erlöser zu: dem Messias. Der 1. Teil des Versepos', das bis 1773 auf rund 20 000 reimlose Hexameter-Verse anwuchs, schildert die Ereignisse um Jesus vom Einzug in Jerusalem bis zu seinem Tod am Kreuz, der 2. Teil die Auferstehung bis zur Himmelfahrt sowie die Vorwegnahme des Jüngsten Gerichts. K.s Jesus entspricht dabei der biblischen Gestalt nur bedingt, da er als Werkzeug Gottes kaum handelnd auftritt. Stattdessen stehen die Darstellung von Empfindungen sowie die poetische Betrachtung von Vorgängen aus unterschiedlichen Perspektiven im Vordergrund. Dargestellt wird, wie der Messias durch sein Leiden zwischen zornigem Gott und sündiger Menschheit vermittelt. So beginnt das Gedicht wie folgt: »Sing, unsterbliche Seele, der sündigen Menschheit Erlösung,/ Die der Messias auf Erden in seiner Menschheit vollendet.« Das Heilsgeschehen durchwaltet die gesamte Schöpfung, deren unendliche Größe und göttliche Unbegreiflichkeit sich dem Dichter über das Gefühl erschließt (→ *Pietismus*). Die seelische Hochgestimmtheit und hymnische Begeisterung soll sich auf den Leser/Zuhörer übertragen, um die »Seele in eine Bewegung« zu setzen und »das Herz ganz zu rühren« (→ *Empfindsamkeit*). Kennzeichen dieses lyrischen Stils sind: freie Rhythmen, neue Wortschöpfungen, häufiger Gebrauch von Komparativen und Genitivmetaphern, Lockerung bzw. Aufhebung der üblichen Wort- und Satzteilfolge, Anhäufung von Wiederholungen und Klimax, schlichtester Satzbau im Wechsel mit komplizierten Satzfolgen, Ausrufe und Fragen usw.

K.s Sprache war etwas ganz Neues gegenüber der auf Klarheit und Eindeutigkeit ausgerichteten Sprache der → *Aufklärung*. Ebenso neu war, dass diese Dichtung weniger in erbaulicher Lektüre, sondern besonders im deklamatorischen Vortrag rezipiert und in K.-›Gemeinden‹ gepflegt wurde. K.s ekstatischer sprachlicher Ausdruck, der seine Leser (und v. a. Leserinnen) begeisterte, wirkt heute jedoch künstlich. Er hat aber der deutschen Literatursprache Möglichkeiten eröffnet, die erst die folgenden Generationen (so z. B. Goethe, Hölderlin, St. George, Rilke) ganz ausschöpfen konnten.

Rezeption: Dem schlagartigen Ruhm aufgrund der ersten 3 Gesänge, den die weiteren Gesänge nicht erreichten, folgten hohe Anerkennung als sendungsbewusster ›Dichterfürst‹ bis zu seinem Tod und danach ungebrochene Würdigung als »großes Genie« (Goethe) und »ältester und erster unserer Klassiker« (Fr. Mehring) bis heute:

»Wer wird nicht einen Klopstock loben?/ Doch wird ihn jeder lesen? – Nein.« (Lessing). An seinem Begräbnis nahmen mehr als 5000 Menschen teil.
Weitere Werke: *Geistliche Lieder* (1758–69), *Hermanns Schlacht* (Schauspiel, 1769), → *Oden* (1771).

Empfindsamkeit

BEGRIFF: ›Empfindsamkeit‹ ist die Bezeichnung für eine literarische Strömung in Europa, die in Deutschland zwischen 1740 und 1785 nicht nur in allen literarischen Gattungen, sondern auch als sozialer Ausdruck einer neuen, von intensivem Literaturgenuss geprägten Gefühlskultur auftrat; das Wort ›empfindsam‹ wurde von Lessing als Übersetzung für englisch ›sentimental‹ vorgeschlagen. Es sollte zum einen für ein verfeinertes und gebildetes Fühlen, zum anderen für eine moralische Haltung stehen, die von G. K. Pfeffel als »Genie zur Tugend« umschrieben wurde. Die Betonung von Gefühl und Intuition sollte (im Gegensatz zur Vernunftgläubigkeit des Rationalismus) ein tieferes Wesen der menschlichen Natur zum Ausdruck bringen, blieb aber mit der Tendenz zur moralischen Erziehung in Übereinstimmung mit der → *Aufklärung*. Damit entwickelte sich eine KULTUR DES GEFÜHLS, zu der die Betonung des Gemüthaften, die sensible Wahrnehmung seelischer Regungen, aber auch rührselige Schwärmerei, das häufig geübte (und nicht verpönte) Vergießen von Tränen sowie im Extrem selbstquälerische Hypochondrie gehörten. In der Darstellung der Liebe wurde alles Körperliche, alles Galante oder gar Frivole abgelehnt, denn es ging allein um die Begegnung ›schöner Seelen‹ im Einklang fühlender Herzen.
Beeinflusst wurde die Empfindsamkeit in Deutschland durch den → *Pietismus*, ihre charakteristische Ausprägung erhielt sie aber durch VORBILDER AUS ENGLAND: Neben den → *Moralischen Wochenschriften* waren es die Romane (übersetzt bzw. nachgeahmt) von S. Richardson (*Pamela*, 1740, und *Clarissa Harlowe*, 1749) sowie insbesondere von L. Sterne (*A Sentimental Journey through France and Italy*, 1768) und O. Goldsmith (*The Vicar of Wakefield*, 1766), die den empfindsamen Familienroman in Deutschland (→ *Roman in der Aufklärung*) prägten, wie z. B. die Romane von Chr. F. Gellert, S. v. La Roche und J. T. Hermes sowie die → *Idyllen* (1756) S. Geßners. Die Empfindsamkeit zeigte sich als dramatische Dichtung in Form des ›Rührenden Lustspiels‹ (Chr. F. Gellert). Vorbild für die empfindsame Lyrik waren die Gedichte J. Thomsons in *The Seasons* (1726–30), an die zuerst E. v. Kleist (→ *Der Frühling*, 1749) anknüpfte. Als HÖHEPUNKT der empfindsamen Dichtung in Deutschland gilt Fr. G. Klopstocks Großepos → *Der Messias* (1748–73).

1749
Ewald Christian von Kleist

⋆ 7.3.1715 in Zeblin (Pommern). Nach dem Jurastudium (1731–35) 1736 in Königsberg Eintritt in die dän., 1740 in die preußische Armee. † 24.8.1759 an den Folgen einer Kriegsverletzung in Frankfurt/Oder (D, G).

Der Frühling

Lyrische Naturdichtung, entst. ab 1746, erschienen 1749. 1. Teil einer geplanten *Landlust*, von der aber nur *Der Frühling* erschien. 1756 in leicht veränderter Form in *Gedichte* aufgenommen.

K.s etwa 400 Verse umfassendes Gedicht ist in Hexametern (mit Auftakt), d. h. in 6-hebigen Langzeilen geschrieben: »Empfangt mich heilige Schatten! ihr Wohnungen süsser Entzückung«. Angeregt von J. Thomsons Lehrdichtung *The Seasons* (1728–30, deutsch 1745) knüpft es an die frühaufklärerische Naturlyrik von B. H. Brockes und A. v. Haller an, fügt ihr aber ein neuartiges empfindsames (›sentimentalisches‹) Element hinzu. Geschildert wird der Einzug des Frühlings ins Land, aus dem sich der Winter zurückgezogen hat. Der Dichter beobachtet den »ackernden Landmann«, preist die Schönheit und Harmonie der Natur, die ländliche Abgeschiedenheit und das einfache bäuerliche Leben in ihr. Das ›Naturgemälde‹ ist poetisch und zugleich detailgenau, einfühlsam und anschaulich in einer rhythmisch bewegten Sprache, aber nie belehrend. Der Schönheit der Natur stellt es Schrecken und Elend des Krieges gegenüber und ermahnt die Fürsten, den Frieden zu bewahren.

Im Gegensatz zu den Naturschilderungen der Anakreontiker (→ *Rokoko und Anakreontik*) spricht aus diesem Gedicht wirkliches Erleben und Empfinden, das auch den Leser berührt. K. – ein (wenn auch nicht typischer) preußischer Offizier – wurde damit zu einem frühen Vertreter der → *Empfindsamkeit* und Idyllendichtung (S. Geßner, Fr. Müller, J. H. Voß).

Rezeption: K.s literarische Fortwirkung war begrenzt, da bedeutendere Schriftsteller (Klopstock, Lessing) ihn rasch überholten. Er blieb allerdings – noch vor Th. Körner – wegen seines Heldentods als Dichter im Gedächtnis.

Weitere Werke: *Gedichte* (1756), *Neue Gedichte* (1758), *Cissides und Paches* (Versepos, 1759).

1751–1755
Gottlieb Wilhelm Rabener

⋆ 17.9.1714 in Wachau bei Leipzig. Ab 1734 Jurastudium in Leipzig, 1741–53 Steuerrevisor in Leipzig, ab 1753 Obersteuerrat in Dresden. † 22.3.1771 in Dresden.

Satiren

OT: *Sammlung satyrischer Schriften*; ab 1755: *Satiren*

Slg. von Prosasatiren (4 Bde.), die ab 1740 verstreut veröffentlicht wurden. ED: 1751 (Bd. 1–2), 1752 (Bd. 3), 1755 (Bd. 4).

Für R. war die Satire »ein nötiges Stück der Sittenlehre«. Sie sollte die Menschen bessern, indem sie ihnen auf spöttische Weise ihre Untugenden vorhielt: »Die Satire soll die Laster tadeln, nicht aber die Personen.« Da er letztere keinesfalls kränken wollte, lehnte R. Schärfe und Sarkasmus ab und bevorzugte die Form milder Ironie, um menschliche Schwächen anschaulich zu »bescherzen« (Goethe) und Frömmelei, Geldgier, Hochmut, Eitelkeit und Ehrsucht der Zeitgenossen zu entlarven. Ausdrücklich ausgenommen von der Kritik blieben der Adel und die Amtsträger von Staat und Kirche, was Lessing empörte. R. wollte sich jedoch das Schicksal Chr. L. Liscows (→ *Satirische Schriften*, 1739) ersparen, der wegen seiner Personalsatiren sein Amt verloren hatte; die Folge: »Höher als Rabener erkühnte sich damals der ganze deutsche Mittelstand nicht« (H. Hettner).

R.s Satiren sind von einer gewissen Gleichförmigkeit, weil er den Bezug zu konkreten Personen vermied. Dies führte zu einer Typisierung und damit verbunden zu Wiederholungen, die er durch die Vielfalt kleiner Prosaformen (z. B. Briefe, Träume, Kurzporträts, Wörterbuchartikel, Kommentare zu Sprichwörtern) auszugleichen versuchte, in die er die Satire einkleidete.

Rezeption: Bis 1711 erlebte das Werk 11 Auflagen. R. war ein von Klopstock, Lessing und Goethe hochgeschätzter Dichter.

Weitere aufklärerische Satire-Slgn.: A. G. Kästners Epigramme (1758ff.), J. H. G. von Justi: *Scherzhafte und satyrische Schriften* (1760–65), Fr. J. Riedel: *Sieben Satyren* (1765), G. Chr. Lichtenberg: → *Sudelbücher* (1800–06).

Weitere Werke: *Vorbericht vom Mißbrauche der Satire* (1751), *Satirische Briefe* (1752).

1752
Christian Felix Weiße

* 28.1.1726 in Annaberg. 1746–50 Studium (Theologie, Philosophie) in Leipzig, danach Hofmeister in Paris; ab 1761 Steuereinnehmer in Leipzig, daneben Redakteur, Bühnen- und Kinderbuchautor. † 16.12.1804 in Leipzig (G).

Die verwandelten Weiber

OT: *Die verwandelten Weiber, oder Der Teufel ist los*

Singspiel, Musik von Johann Georg Standfuß. UA: 6.10.1752 in Leipzig. ED: 1768, Neubearbeitung mit der Musik von Johann Adam Hiller.

»Es ist ein klein Paris und bildet seine Leute.« Wenn Goethes Charakterisierung von Leipzig – der Stadt mit der größten Schriftstellerdichte in dieser Zeit (z. B. Gottsched, Gellert, Lessing, Rabener, Thümmel u. a.) – zutrifft, dann ist W. einer der Autoren, die dem kulturellen Leben dieses Ortes eine französische Prägung gaben: Form- und sprachgewandt, leicht und gefällig bediente er mit seinen komischen Lustspielen die heimische Bühne und hatte damit großen Erfolg. Indem er in seinen Stücken die von Gottsched verpönten Musikeinlagen, Lieder (Couplets) und derbes Possenspiel wieder auf die Bühne brachte, legte er die Grundlagen für das deutsche Singspiel, das der komischen Oper und der Operette des 19. Jh. vorausging (z. B. *Der Dorfbarbier*, 1759; *Lottchen am Hofe*, 1767; *Die Liebe auf dem Lande*, 1767).

Das Singspiel *Die verwandelten Weiber* beruht allerdings auf einer englischen Vorlage im Stil der ›ballad opera‹ und ist eine Ehe-Farce: Ein durch Zauberei bewirkter Frauentausch, der die zänkische Ehefrau des Edelmannes mit einem tyrannischen Schuster und dessen sanfte Ehefrau mit dem liebreichen Edelmann zusammenführt, bewirkt mindestens eine Heilung der adligen Eheprobleme. Das ist nicht sehr tiefschürfend, aber unterhaltsam und trug dazu bei, »daß sich das musikalische Unterhaltungsstück in den siebziger Jahren des 18. Jh. auf den deutschen Bühnen als beherrschende Gattung durchsetzte.« (J. Jacobs)

Weitere Werke: *Die Poeten nach der Mode* (Komödie, 1756), *Amazonenlieder* (Gedichte, 1760), *Kleine Lieder für Kinder* (1767), *Der Kinderfreund* (Zeitschrift, 1775–82), *Der Fanatismus oder Jean Calas* (Trauerspiel, 1785).

1755
Gotthold Ephraim Lessing

Biogr.: → 1748/49

Miss Sara Sampson

OT/UT: *Miß Sara Sampson/Ein bürgerliches Trauerspiel in fünf Aufzügen*
Bürgerliches Trauerspiel in 5 Akten. UA: 10.7.1755 in Frankfurt/Oder, ED: 1755.

Es wird berichtet, dass die Zuschauer während der Aufführung »wie Statüen gesessen« und »in Thränen zerflossen« seien. Diese Rührung und Anteilnahme wurde von L. angestrebt, um durch Identifizierung mit dem Helden v. a. Mitleid zu erzeugen, das Leidenschaften in Tugenden verwandeln sollte (→ *Hamburgische Dramaturgie*, 1767–69). Dazu sollte besonders die Tatsache beitragen, dass die handelnden Personen dem bürgerlichen Milieu angehörten (→ *Bürgerliches Trauerspiel*). Die Handlung spielt in England, Mitte des 18. Jh.: Sara Sampson ist von ihrem Geliebten Mellefont verführt worden und mit ihm in ein ländliches Gasthaus geflohen. Hierher kommen auch Saras Vater, der den beiden vergibt und in eine Heirat einwilligt. Ebenso erscheint Marwood, die eifersüchtige frühere Geliebte Mellefonts und Mutter eines gemeinsamen Kindes. Nach einer Auseinandersetzung mit Sara vergiftet Marwood diese heimtückisch und flieht. Sterbend verzeiht Sara allen. Neben ihrer Leiche ersticht sich Mellefont, doch ihr Vater wird beide zusammen beerdigen und für das Kind sorgen.

Auffällig ist insbesondere, dass die Personen – abgesehen von Marwood – nicht mehr stereotyp (z. B. nur edel, nur lasterhaft) angelegt sind: Sara hat einen Fehltritt begangen und zeigt sich hochmütig, ist aber danach überaus edelmütig und selbstlos (und rührte dadurch die Zuschauer), während Mellefort weder gut noch böse, sondern ein ›gemischter Charakter‹ ist. Diese Differenzierung war ein wesentlicher Schritt zur Individualisierung der handelnden Personen. Das Drama selbst, eines der ersten deutschen Bürgerlichen Trauerspiele, besitzt zwar noch nicht den stilistischen Glanz und die für die Gattung typische Konfliktsituation; es bereitet jedoch im Rollenpaar Sara/Marwood (unschuldiges, naives Mädchen versus liebeserfahrene, intrigante Frau) bereits die klassische Figurenkonstellation von Emilia und Gräfin Orsina (→ *Emilia Galotti*, 1772), Maria und Adelheid (Goethe: → *Götz von Berlichingen*, 1773) sowie Luise und Lady Milford (Schiller: → *Kabale und Liebe*, 1784) vor.

Rezeption: Die Wirkung des Trauerspiels (»Wucht einer sozialen Offenbarung«, Fr. Mehring) führte zu vielen Nachahmungen. Später verdrängte → *Emilia Galotti* (1772) das Stück von der Bühne.

Weitere Werke: *Philotas* (Trauerspiel, 1759), → *Fabeln* (1759).

Bürgerliches Trauerspiel

Der Begriff ›Bürgerliches Trauerspiel‹ entwickelte sich ab der Mitte des 18. Jh. zur Bezeichnung für einen neuen Tragödientyp, der sich erstmalig in *The London Merchant* (1731, deutsch 1752) von G. Lillo und sodann in D. Diderots Dramen *Le Fils naturel* und *Le père de famille* (1757/58) ausgeformt hatte: Diese Stücke spielen in der Welt des Bürgertums bzw. niederen Adels und verzichten auf die Forderung des Barocktheaters und der französischen Klassizisten, dass nur das Schicksal hoher Standespersonen im Mittelpunkt einer Tragödie stehen dürfe (sog. ›Ständeklausel‹, → *Formen des Theaters im 16./17. Jahrhundert*). Auch wenn es mit A. Gryphius' → *Cardenio und Celinde* (1657) und Chr. Weises → *Masaniello* (1682) auch schon vorher Ausnahmen von dieser Regel gegeben hatte, galt sie als unabdingbar, weil nur hochgestellte Persönlichkeiten die erforderliche ›Fallhöhe‹ besäßen, d. h. – im Gegensatz zu nichtadligen Personen – über so starke Leidenschaften und große Gedanken verfügten, so dass nur ihr tiefer Fall Furcht und Erschütterung beim Zuschauer auszulösen vermöge.

In Deutschland war Lessing einer der ersten, der den neuen Formtyp begrüßte und begründete. Mit der Entheroisierung des Personals in der Tragödie erfolgte zugleich die Ablösung der alexandrinischen Versform durch schlichte Prosa und der Verzicht auf mythologische und historische Stoffe. Im Zentrum des Bürgerlichen Trauerspiels stehen deshalb bürgerliche Personen mit ihren gegenwartsnahen Schicksalen, wobei

›bürgerlich‹ im 18. Jh. nicht so sehr den sozialen Stand, sondern die Charaktereigenschaft ›menschlich sein‹ und damit Zugehörigkeit zu einer aufgeklärten Wertewelt bedeutete. Das Streben nach Menschlichkeit, Gerechtigkeit und Toleranz galt daher als vorbildlich und versprach eine intensive Anteilnahme. Lessing war es auch, der mit → *Miss Sara Sampson* (1755) und → *Emilia Galotti* (1772) die ersten bedeutenden MUSTER des Bürgerlichen Trauerspiels schuf. Sie drücken ein Bewusstsein von moralischer Überlegenheit aus und damit ein wachsendes Selbstbewusstsein gegenüber dem Adel, das fortan immer kritischer wurde.
Im → *Sturm und Drang* steigerte sich die Darstellung von Konflikten, die sich durch Ein- und Übergriffe des Adels für einzelne Bürger (und deren Familie) ergaben, zur KRITIK AN ADLIGER UNMORAL UND WILLKÜR (J. M. R. Lenz: → *Der Hofmeister*, 1774, → *Die Soldaten*, 1776; H. L. Wagner: → *Die Kindermörderin*, 1776; Fr. Schiller: → *Kabale und Liebe*, 1784). Um 1800 verflachte das Bürgerliche Trauerspiel zum Familien- oder Rührstück (A. W. Iffland, A. v. Kotzbue, → *Theaterwesen im 18. Jh.*); erst Fr. Hebbel wandte sich wieder dieser Form zu (→ *Maria Magdalene*, 1844) und demonstrierte damit den Zwang fragwürdig gewordener moralischer Grundsätze im Kleinbürgertum. Weitere sozialkritische Adaptionen des Bürgerlichen Trauerspiels gab es im Drama des → *Naturalismus* und → *Expressionismus*.

1756
Salomon Geßner

* 1.4.1730 in Zürich. 1749/50 Buchhändlerlehre in Berlin, ab 1750 Buchhändler und Verleger in Zürich, ab 1765 im Dienst der Stadt. † 2.3.1788 in Zürich (D, G).

Idyllen

Slg. kleiner Prosastücke, anonym erschienen.
Die ›Idylle‹ (von griechisch *eidyllion* ›Bildchen‹) zeigt »ein goldnes Welt-Alter, das gewiß einmal dagewesen ist« – so G. in der Vorrede. In der Tradition der antiken Lyriker Theokrit († um 250 v. Chr.) und Vergil († 19 v. Chr.), der barocken → *Schäferdichtung* und der → *Anakreontik* schildert der »deutsche Theokrit« G. eine harmonische Welt, in der Schäfer und Schäferinnen, Nymphen und Faunen in arkadischer Landschaft und friedvoller Geselligkeit empfindsame Freundschaft und heitere Liebe pflegen.
G., der zugleich auch Maler war, entsprach mit diesem Werk einem Bedürfnis seiner Zeit: dem Verlangen nach Befreiung von den Zwängen der Zivilisation und nach Gefühlsfreiheit (von Klopstock und dem jungen Goethe begeistert begrüßt). G.s Angebot einer poetisch-empfindsamen Weltflucht, das dem Leser den Weg zum »sanften ungestörten Glück« in einer »unverdorbenen Natur« weist, war nicht naiv, sondern ein »gegenstädtisches Idyll

für Städter« (W. Kohlschmidt), d. h. eine indirekte Zeitkritik an den »sclavischen Verhältnissen« (Vorrede), wenn auch noch ohne die scharfen Töne der sozialkritischen Idyllen eines Maler Müller oder J. H. Voß.

Rezeption: Die *Idyllen* waren vor und neben Goethes → *Werther* (1774) das meistgelesene Buch der Epoche, das besonders in Frankreich (Diderot, Rousseau) wirkte; Übers.n in 21 Sprachen. G. Keller porträtierte G. in der Novelle *Der Landvogt von Greifensee* (1876), W. Raabe konfrontierte in seinem Roman *Hastenbeck* (1899) G.s Idyllik mit dem Siebenjährigen Krieg.

Weitere Werke: *Die Nacht* (Prosaidylle, 1735), *Daphnis* (Schäferroman, 1754), *Der Tod Abels* (Prosa-Epos, 1758), *Gedichte* (1762), *Neue Idyllen* (1772).

1757
Christian Fürchtegott Gellert

Biogr.: → 1746–48

Geistliche Oden und Lieder

Neben den → *Fabeln und Erzählungen* (1746–48) waren es v. a. die 54 geistlichen Lieder, denen G. seine Popularität im damaligen Deutschland verdankte. Er schrieb sie für christliche Feiertage, »um die Herzen in fromme Empfindungen zu setzen«: Es geht um die Geburt und Leidensgeschichte Christi, seinen Opfertod und seine Auferstehung, um die Schöpfung und die Stellung des Menschen in ihr sowie um christliche Lebensführung. Dabei folgt G. einerseits den traditionellen Glaubensvorstellungen (z. B. in den Liedern *Jesus lebt, mit ihm auch ich* und *Dies ist der Tag, den Gott gemacht*), andererseits vertritt er eine Glaubensauffassung, die, frei von jeder dogmatischen Festlegung, allein im vernünftigen Tun und Handeln des Menschen das wesentliche Kriterium echten Christentums sieht (z. B. in *Der Christ*). Die Spannung zwischen der gefühlsmäßigen Gewissheit, in der Geborgenheit Gottes zu leben, und der Erkenntnis, dass trotz der Vollkommenheit der Schöpfung der Mensch Entbehrungen, Leid und Schmerz zu ertragen hat, löst G. durch den Verweis auf die Vernunft. Diese leite den Menschen im Sinne des Tugendideals der Aufklärung dazu, das Gute zu tun, das Angenehme zu genießen und das Unabwendbare gelassen zu ertragen. Nur so werde er Gott gerecht: »Der Mensch, der Schöpfung Ruhm und Preis,/ Ist sich ein täglicher Beweis/ Von deiner Güt und Größe.«

Rezeption: In der Vertonung von Chr. Ph. E. Bach haben zahlreiche Lieder G.s Aufnahme in die Gesangbücher der evangelischen Kirche gefunden. 6 Gedichte wurden von L. v. Beethoven vertont, darunter *Die Himmel rühmen des Ewigen Ehre*.

1758
Johann Wilhelm Ludwig Gleim

Biogr.: → 1744/45

Preußische Kriegslieder

OT: *Preußische Kriegslieder in den Feldzügen 1756 und 1757 von einem Grenadier*

Ab 1756 als anonyme Einzeldrucke (11 Lieder) erschienen, 1758 anonym herausgegeben und mit einem Vorwort versehen von G. E. Lessing.

G. spricht in der Rolle eines Grenadiers und Teilnehmers an den genannten Feldzügen – und wechselt damit von den anakreontischen Idyllen seiner Lieder (→ *Versuch in scherzhaften Liedern*, 1744/45) in die raue Wirklichkeit der politischen und militärischen Ereignisse seiner Zeit. Der Dichter-Grenadier preist den preußischen König Friedrich II. als einen übermächtigen Vater, dessen Menschlichkeit so groß sei wie sein kriegerischer Mut. Selbstverständlich steht ihm Gott zur Seite, und für ihn den Heldentod zu sterben bedeutet höchste Ehre. Der Gegner wird dagegen auf geschmack- und gefühllose Weise (›patriotisch‹) herabgewürdigt.

Neben dem erklärten Patriotismus, der mehr ein Chauvinismus ist, trug die einfache, einem Grenadier z.T. umgangssprachlich und mundartlich angepasste Sprache zur großen Volkstümlichkeit der Lieder bei. Als Form wählte G. die (von Klopstock eingeführte) sog. Chevy-Chase-Strophe der gleichnamigen englischen Ballade, die in der späteren Balladendichtung noch häufig Verwendung finden sollte.

Rezeption: Die Lieder waren – bekannt auch als *Kriegslieder eines preußischen Grenadiers* – sehr verbreitet. In der Nachfolge von G.s patriotischer Kriegslyrik stehen: Chr. F. Weiße: *Amazonenlieder* (1760), H. W. v. Gerstenberg: *Kriegslieder eines Königlich Dänischen Grenadiers* (1762), K. W. Ramler: *Oden* (1767), J. K. Lavater: *Schweizerlieder* (1767).

Weitere Werke: *Lieder, Fabeln und Romanzen* (1758), *Lieder nach dem Anakreon* (1766), *Lieder für das Volk* (1772), *Preußische Volkslieder* (1800).

1759
Gotthold Ephraim Lessing

Biogr.: → 1748/49

Fabeln

OT/UT: *Gotthold Ephraim Lessings Fabeln. Drey Bücher. Nebst Abhandlungen mit dieser Dichtungsart verwandten Inhalts*

Slg. von Fabeln in Prosa. Entst. ab 1757, ED: 1759; die vor 1757 erschienenen *Fabeln und Erzählungen* hat L. verworfen bzw. nur nach gründlicher Umarbeitung übernommen.

Die Fabel war – schon lange vor Lessing (→ *Fabeln im 18. Jahrhundert*) – wegen ihres erzieherischen Werts eine bevorzugte Dichtungsart. L. hebt ihre pädagogische Bedeutung im 5. Teil der enthaltenen Abhandlungen in der

Nachfolge von Äsop und Luther und zugleich im Gegensatz zu Fr. v. Hagedorn und Chr. F. Gellert ausdrücklich hervor. Deshalb habe er auf Vers und Reim, auf die Ausmalung des Fabelgeschehens sowie auf eine zusätzliche Auslegung der Lehre verzichtet. Sein Kernsatz lautet: »In der Fabel wird [...] ein moralischer Satz [...] auf einen einzelnen Fall [...] so zurückgeführt, daß ich [...] diesen ganz anschauend darin erkenne.« Er konzentriert sich folglich auf die wichtigste Aussage, die Lehre, und auf höchste Präzision und stilistische Kürze. Aus diesem Grund lässt er auch fast nur Tiere auftreten, weil deren Wesen (die fleißige Ameise, der schlaue Fuchs usw.) traditionell festgelegt ist und sich eine umständliche Charakterisierung der handelnden Personen deshalb erübrigt. Die von der → *Anakreontik* in ihren Fabeln angestrebte ›Scherzhaftigkeit‹ verurteilte L., da sie ablenke von dem, was er – z. T. satirisch – vermitteln wolle: Ratschläge und Empfehlungen für vorbildliches Verhalten, Kritik an Habsucht, Eitelkeit (z. B. *Die Gans*), Prahlerei, Schmeichlertum (z. B. *Der Rabe und der Fuchs*), aber auch Kritik am literarischen (*Der Affe und der Fuchs*), gesellschaftlichen und politischen (*Der Rangstreit der Tiere*) Leben der Zeit.

Weitere Werke (Abhandlungen): *Briefe, die Neueste Litteratur betreffend* (1759–65), → *Laokoon* (1766).

1763
Anna Louisa Karschin

* 1.12.1722 in Hammer bei Züllichau (Niederschlesien), geborene Dürbach. Gastwirtstochter, trotz unglücklicher Ehen mit 4 Kindern als erfolgreiche Gelegenheitsschriftstellerin tätig; ab 1762 verarmt in Berlin lebend, in regem Kontakt mit vielen Schriftstellern. † 12.10.1791 in Berlin. Gedenkstätten: Berlin (G), Halberstadt (M).

Auserlesene Gedichte

Gedichtslg., entst. 1760–63, ED: 1763 (vordatiert auf 1764).

Leben und literarischer Erfolg der ›Karschin‹, die von ganz unten kommend und ohne schulische Ausbildung zur Attraktion in den Schriftstellerzirkeln und Berliner Salons aufstieg, bilden eine seltene Ausnahme der Regel, die weibliche Autorschaft nur in Verbindung mit Bildung und gesellschaftlichem Rang zuließ. K. galt einer empfindsamen Zeit als ›Naturtalent‹, d. h. als eine Dichterin, die »ohne Vorsatz und ohne Kunst die Sprache der Musen« (Vorrede) spricht – und das bei einem Aussehen, das so verspottet wurde: »Lieber keine Verse machen, als so aussehen!« (was der berühmte Physiognom J. C. Lavater jedoch mit dem Satz beantwortete: »Lieber so aussehen, und Verse machen«). J. W. L. Gleim, den die K. unerwidert schwärmerisch verehrte, nannte sie die »deutsche Sappho«, was allerdings eher den Mangel an besseren Vergleichsmöglichkeiten aufdeckt als dass es wirklich zutreffend ist.

K.s Können glänzt in der Leichtigkeit ihrer Stegreif- und Gelegenheitsdichtung: Hier spricht sie die Bedichteten nicht nur formell, sondern auch persönlich an und drückt sich dabei auch selbst persönlich aus, was auf die kommende Erlebnislyrik vorausweist. Goethe schätzte ihr Werk als etwas, »was treu u. stark aus dem Herzen kommt« – auch wenn diese spontane Produktion stets vom Misslingen bedroht gewesen sei. Persönlich und mutig war K.s Antwort auf die spöttische Anerkennung, die ihr Friedrich d. Gr. 1773 in Gestalt von 2 Talern hatte zukommen lassen: »Zwei Thaler gibt kein großer König;/ Ein solch Geschenk vergrößert nicht mein Glück –/ Nein, es erniedrigt mich ein wenig,/ Drum geb' ich es zurück.«

Rezeption: Die Publikation der *Auserlesenen Gedichte* erbrachte einen Gewinn von 2000 Talern; die späteren Slgn. hatten weniger Erfolg.
Weitere Werke: *Neue Gedichte* (1772), *Gedichte* (1792).

1764
Moritz August von Thümmel

* 27.5.1738 in Schönefeld bei Leipzig. Ab 1756 Jurastudium in Leipzig, 1761–67 Kammerherr am Coburger Hof, danach Mitglied des Geheimen Ratskollegiums. 1772 und 1774–77 Reisen nach Frankreich und Italien, ab 1783 Privatmann auf Gut Sonneborn. † 26.10.1817 in Coburg (G).

Wilhelmine

OT/UT: *Wilhelmine oder der vermählte Pedant. Ein prosaisch-comisches Gedicht*
Komisches Prosa-Epos in 6 ›Gesängen‹, anonym erschienen.

Der Formtyp des griechischen ›Epyllion‹ (Kleinepos), ursprünglich gegen das große Heldengedicht (Versepos) gerichtet, erlebte im 18. Jh. als komische Kleinform einen bemerkenswerten Aufschwung. Das Grundmodell für diesen beliebten Typus neckisch-galanter Gesellschaftsdichtung lieferte A. Popes *The rape of the lock* (1712/14), womit die charakteristischen Formzüge festgeschrieben waren: das »kleine Format, die spielerische Auffassung der schönen Dinge, die scherzhafte Entlarvung menschlicher Schwächen und die Abwendung von der rigoristischen Moral des heroischen Epos'« (A. Maler).

Th.s Werk (nur 96 S.n) geht formal über Popes Modellform hinaus, indem es eine (rhythmisierte) Prosa verwendet, ohne Mythologie auskommt, in durchaus kritischer Weise der höfischen Welt die dörfliche Idylle entgegenstellt und diese nicht lächerlich macht. Die Handlung: Der schlichte, etwas pedantische Dorfpfarrer Sebaldus sticht mit seiner Werbung um das Kammermädchen Wilhelmine einen mächtigen Hofmarschall in der Residenz aus; das Paar feiert nach mancherlei Hin und Her, glücklich und im Einvernehmen mit allen, die Hochzeit im Pfarrhaus.

Rezeption: Die *Wilhelmine* erhielt lebhaften Zuspruch. Fr. Nicolai griff in seinem Roman → *Das Leben und die Meinungen des Herrn Magisters Sebaldus Nothanker* (1773–76) die Hauptfiguren wieder auf.
Weitere komische Kleinepen des Formtyps ›Epyllion‹: J. J. Dusch: *Das Toppé* (1751); Chr. O. Frh. v. Schönaich: *Der Baron* (1753); J. P. Uz: *Der Sieg des Liebesgottes* (1753); J. Fr. W. Zachariae: *Der Renommiste* (1744/54), *Das Schnupftuch* (1754); J. J. Eberle: *Das Strumpfband* (1765).
Weitere Werke: *Die Inoculation der Liebe* (Verserzählung, 1771), → *Reise in die mittäglichen Provinzen von Frankreich im Jahr 1785 bis 1786* (Roman, 1791–1805).

1764
Christoph Martin Wieland

* 5.9.1733 in Oberholzheim bei Biberach. 1750–52 Jurastudium in Tübingen, 1752–54 auf Einladung Bodmers in Zürich, 1754–59 Hauslehrer in Zürich und Bern. Ab 1760 Senator und Kanzleidirektor in Biberach, 1769–72 Professor für Philosophie in Erfurt. 1772–75 Prinzenerzieher in Weimar mit lebenslanger Pension; ab 1775 freier Schriftsteller in Weimar, 1797–1803 Gutsherr in Oßmannstedt, danach wieder in Weimar. † 20.1.1813 in Weimar. Gedenkstätten: Biberach (D, M); Marbach (M); Oberholzheim (M); Oßmannstedt (G, M); Weimar (D, M).

Don Sylvio von Rosalva

OT/UT: *Der Sieg der Natur über die Schwärmerey, oder die Abentheuer des Don Sylvio von Rosalva. Eine Geschichte worinn alles Wunderbare natürlich zugeht*

Roman.

W.s erster Roman (anonym erschienen) schwimmt zwar auf der Welle der im 18. Jh. modischen Feenmärchen, ist aber eine Satire auf die verbreitete Schwärmerei, d. h. auf die Begeisterung für eine durch übermäßige Lektüre phantastischer Geschichten erzeugte wahnhafte Wahrnehmung der Realität. Das Roman-Vorbild, M. de Cervantes' *Don Quijote* (1605/15), ist dabei unverkennbar: Don Sylvio, aufgewachsen auf einem spanischen Schloss in ländlicher Einsamkeit, durch die ausschließliche Lektüre von Ritterromanen und Feenmärchen in eine Traumwelt entrückt, begibt sich mit seinem Diener auf die Suche nach einer schönen Frau, deren Medaillon er im Wald gefunden hat und von der er annimmt, sie sei verzaubert. Er findet sie auf dem benachbarten Landgut. Die Liebe zur (wie er feststellt) nicht verzauberten Felicia sowie die Erzählung des grotesk übertriebenen Feenmärchens *Die Geschichte des Prinzen Biribinker* heilen Don Sylvio von seinem abwegigen Feenglauben: Die ›Natur‹ (d. i. die Vernunft) siegt über die Schwärmerei und führt ihn zurück in die Wirklichkeit und zur Heirat mit Felicia.
W. ging es um mehr als nur um die Verurteilung von Aber- und Irrglauben und schwärmerischer Weltflucht, die im Zentrum der aufklärerischen Kritik standen, weil sie der Herrschaft der Vernunft entgegenstanden; mit der Einführung eines persönlichen Erzählers (nach englischem Vorbild) über-

nahm er gleichzeitig das »Wechselspiel von Wahn und Wirklichkeit [...] als Formprinzip des Erzählens« (G. Kaiser), was (wie schon im *Don Quijote*) die (oft ironische) Kommentierung der Handlung und des Verhaltens der Personen sowie die direkte Ansprache und Einbeziehung des Lesers ermöglicht. Durch Zwischenbemerkungen, Anspielungen, Erläuterungen wird deutlich, dass W. sich v. a. gegen jede spekulative, rein metaphysisch ausgerichtete Philosophie richtet. Diese völlig neue Rolle des Erzählers ist ein Markstein in der Geschichte der deutschen Erzählliteratur (W. Kayser).

Rezeption: W.s Erzählstil beeinflusste die Romane von J. C. Wezel (→ *Belphegor*, 1776) und Th. G. v. Hippel (→ *Lebensläufe nach aufsteigender Linie*, 1778–81). ♫ M. Ullrich: *Der blaue Schmetterling* (Oper, 1782); A. J. Emmert: *Don Silvio von Rosalva* (Oper, 1801).

Weitere Werke: *Poetische Schriften* (1762), *Comische Erzählungen* (Verserzählungen, 1765), → *Geschichte des Agathon* (Roman, 1766–94).

Literarische Zeitschriften I (1730–1770)

Zeitschriften waren das wichtigste Medium der → *Aufklärung*. Sie erschienen im 1. Drittel des 18. Jh. in Deutschland in Form der → *Moralischen Wochenschriften*, differenzierten sich jedoch rasch nach Spezialgebieten aus, unter denen die Literatur immer stärker vertreten war. Hier konzentrierte man sich auf Fragen der Dichtung, Philosophie und Religion, rezensierte Neuerscheinungen und brachte Erstveröffentlichungen. Im ganzen 18. Jh. erschienen etwa 300 literarische Zeitschriften. Als ÄLTESTE DEUTSCHE LITERATURZEITSCHRIFT gilt das von Chr. Thomasius herausgegebene Journal *Monatsgespräche* (1688–90), das aber zunächst eine Einzelerscheinung blieb. Eine kontinuierliche Folge stellte sich erst ab 1732 ein.

Die ersten LITERARISCH-LITERATURKRITISCHEN ZEITSCHRIFTEN DER AUFKLÄRUNG gab der Leipziger ›Literaturpapst‹ J. Chr. Gottsched heraus: *Beyträge zur Critischen Historie der Deutschen Sprache, Poesie und Beredsamkeit* (1732–44), *Der Neue Büchersaal der schönen Wissenschaften und der freyen Künste* (1745–50) und *Das Neueste aus der Anmuthigen Gelehrsamkeit* (1751–62). Die *Belustigungen des Verstandes und des Witzes* (1741–45) und die Bremer *Neuen Beyträge zum Vergnügen des Verstandes und Witzes* (1744–57, Kurzform: *Bremer Beiträge*), deren Herausgeber und Mitarbeiter u. a. J. A. und J. E. Schlegel, G. W. Rabener, Chr. F. Gellert und Fr. G. Klopstock waren, lösten sich von Gottsched. Ab 1757 erschien die *(Neue) Bibliothek der schönen Wissenschaften und (der) freyen Künste* (herausgegeben von Fr. Nicolai, Chr. F. Weiße u. a.), 1759–65 *Briefe, die Neueste Literatur betreffend* (Mitarbeiter: G. E. Lessing, Fr. Nicolai, M. Mendelssohn u. a.), ab 1765 die maßgebliche Rezensionszeitschrift *Allgemeine Deutsche Bibliothek* (herausgegeben von Fr. Nicolai). Vgl. auch → *Literarische Zeitschriften II (1770–1815)*.

1766
Gotthold Ephraim Lessing

Biogr.: → 1748/49

Laokoon

OT: *Laokoon: oder über die Grenzen der Mahlerey und Poesie*

Kunsttheoretische Abhandlung. Entst. 1762–65; Fragment, da ein angekündigter 2. Teil nicht erschien.

Der *Laokoon* ist neben dem 17. Literaturbrief (in: *Briefe, die Neueste Litteratur betreffend*, 1759–65) und der → *Hamburgischen Dramaturgie* (1767–69) L.s wichtigste kunsttheoretische Schrift und zugleich ein Meilenstein in der Entwicklung der aufklärerischen Literaturtheorie. Der Titel bezieht sich auf eine antike Figurengruppe, die den trojanischen Priester Laokoon mit seinen beiden Söhnen im Augenblick des Todes (von Schlangen erwürgt) zeigt. Die Plastik war 1506 in Rom wiederentdeckt worden und galt seitdem als eines der klassischen Werke griechischer Bildhauerkunst; zuletzt hatte J. J. Winckelmann in seiner kunsttheoretischen Schrift *Gedancken über die Nachahmung der griechischen Wercke in der Mahlerey und Bildhauer-Kunst* (1755) am Beispiel dieser Plastik das Wesen antiker Meisterwerke darin gesehen, »edle Einfalt« und »stille Größe« auszudrücken. Dabei hatte Winckelmann den auf Horaz zurückgehenden und als unantastbar geltenden Lehrsatz bekräftigt, dass Kunst und Dichtung in der Nachahmung der Natur zwar prinzipiell gleichwertig seien, die Poesie aber nur dann wirklich ›schön‹ sei, wenn sie wie ein Gemälde sei (›ut pictura poesis‹).

Gegen dieses Postulat wendet sich L., indem er die strukturellen Unterschiede beider Kunstarten herausarbeitet, womit er eine folgenreiche Emanzipation der Dichtkunst von der Bildenden Kunst (die er allerdings stillschweigend mit der Malerei gleichsetzt) einleitete. Das Spezifische der Dichtung liegt nach L. nämlich in ihrem Appell an die Einbildungskraft: Sie ›male‹ nicht Natur ab, sondern erzeuge mit den ihr eigentümlichen Techniken eine ästhetische Illusion (»Täuschung«). L. bindet dieses Vermögen, ohne dabei feste Regeln zu liefern, an das Gebot, beim Aufbau einer dichterischen Handlung die Gesetze der Kausalität, der plausiblen Motivierung und logischen Konsequenz zu beachten. Dichtung dieser Art sei gerade als Fiktion in besonderer Weise dazu befähigt, das Gemüt zu erregen und moralische Wirkung zu erzeugen, wobei dem Theoretiker wie dem Dichter L. das Drama sehr nahe, Lyrik und Roman jedoch eher fern standen.

Rezeption: L.s Abhandlung, die – wie schon im *17. Literaturbrief* (1759) begonnen – der Regelpoetik J. Chr. Gottscheds eine Absage erteilte, wurde stark beachtet (Chr. M. Wieland, J. G. Herder: → *Literaturkritische Schriften*, 1766–69, Goethe: *Über Laokoon*, 1789) und führte zu einer Literaturfehde, aus der L.s *Briefe antiquarischen Inhalts* (1768/69) hervorgingen. Eine 2. Auflage erschien 1788.

Weiteres Werk: → *Minna von Barnhelm* (Komödie, 1667).

1766–1769
Johann Gottfried Herder

* 25.8.1744 in Mohrungen (Ostpreußen). Ab 1762 Theologiestudium in Königsberg, ab 1764/65 Lehrer und Prediger in Riga, 1769/70 Aufenthalt in Kopenhagen, Frankreich und verschiedenen dt. Residenzen. Ab 1771 Konsistorialrat in Bückeburg, ab 1776 Generalsuperintendent in Weimar. 1802 geadelt. † 18.12.1803 Weimar. Gedenkstätten: Bückeburg (D), Weimar (D, G, M).

Literaturkritische Schriften

OT: (1) *Ueber die neuere Deutsche Litteratur. Erste Sammlung von Fragmenten* (1766/67); (2) *Kritische Wälder. Oder Betrachtungen, die Wissenschaft und Kunst des Schönen betreffend, nach Maasgabe neuerer Schriften* (1769)

Beide Abhandlungen erschienen anonym.

Mit den *Fragmenten* und den *Kritischen Wäldern* knüpfte H. unmittelbar an die aktuelle Kunstdiskussion an, die durch Lessings *Briefe, die Neueste Litteratur betreffend* (1759–65) sowie durch dessen → *Laokoon* (1766) geprägt war: Mit Lessing ist H. der Auffassung, dass die Dichtkunst weder in ein aus der Antike abgeleitetes Regelkorsett gezwängt, noch darauf beschränkt werden könne, im Stile des französischen Klassizismus das antike Vorbild nachzuahmen. Anders als Lessing geht er jedoch bei der Bestimmung der Eigenart von Dichtung weiter, indem er das Vermögen zur Erzeugung der ästhetischen Einbildung v. a. der ›Kraft‹ der poetischen Sprache und des dichterischen Genies zuschreibt. Darüber hinaus weist er auf die formende Bedeutung der »durch nationale Eigenart und Geschichte gegebenen Bildungsverhältnisse« (R.-R. Wuthenow) als Bedingungen hin, die den Gang der Literatur historisch prägten.

Mit dieser – wenn auch erst im Ansatz angedeuteten – historisch-genetischen Literaturauffassung wurde der Blick für die nicht-antike Poesie der Vergangenheit (Mittelalter, Orient, Shakespeare, Volksdichtung) geöffnet, zugleich aber auch das Abhängigkeitsverhältnis der modernen von der klassischen Dichtkunst umgewertet: Nicht kopierende Nachahmung, sondern konkurrierender Wetteifer von den je eigenen Grundlagen her (»Nachahmung unsrer selbst«) sollte die Maxime der zeitgenössischen Literatur werden. H. steht mit diesen programmatischen Forderungen am Beginn der Literaturströmung des → *Sturm und Drang*.

Weitere Werke: *Journal meiner Reise im Jahre 1769* (1769/1846), *Abhandlung über den Ursprung der Sprache* (1772), Hg.: *Von Deutscher Art und Kunst* (Aufsatzslg., 1773), → *Stimmen der Völker in Liedern* (1778–79).

1766–1794
Christoph Martin Wieland Biogr.: → 1764

Geschichte des Agathon

Roman. ED: 1766/67; erweiterte Ausgabe 1773, mit der Einführung *Über das Historische im Agathon und der Geheimen Geschichte der Danae.* Abgeschlossene Ausgabe: 1794 (mit weiteren Ergänzungen).

Die Schwierigkeit, das Ideal der Tugendhaftigkeit mit dem Anspruch auf Sinnlichkeit in Einklang zu bringen, war ein Hauptproblem der Aufklärung. Die romanhafte Lösung (die W. fast 30 Jahre lang beschäftigte) verlegt der Dichter nach Griechenland, in das 4. Jh. v. Chr.; das Geschehen lässt er – wenn auch ironisch relativierend – durch einen Erzähler als Herausgeber aufgefundener Manuskripte verbürgen. Dieser greift immer wieder kommentierend und mit dem Leser kommunizierend in die Handlung ein, beurteilt das Verhalten der Personen, blickt in der Handlung zurück oder deutet voraus: Agathon (griechisch ›der Gute, Edle‹), zur Tugendhaftigkeit, und d. h. hier zur Verachtung der Sinnlichkeit erzogen, wird von Piraten gefangen genommen und kommt als Sklave zum hedonistischen Philosophen Hippias (›genieße so viel Vergnügen als du kannst‹). Dem gelingt es aber nicht, Agathon von seinem strengen Ideal abzubringen. Erst die Liebe zur schönen, sehr gebildeten Danae führt zum Sinneswandel; doch als Agathon erfährt, dass sie eine Hetäre ist, verlässt er sie. Bei der Verwirklichung seiner politischen Ideale scheitert er, hält aber trotz aller Enttäuschungen an der Überzeugung fest, dass es ein verpflichtendes Sittengesetz gibt. Dessen Einhaltung ist nach W. aber nur in der utopischen Republik Tarent möglich, wo Agathon am Ende bei dem Philosophen Archytas seinen Frieden findet: Er erfährt, dass die animalisch-sinnliche Natur im Menschen nicht unterdrückt werden dürfe. Sie müsse sich aber der Herrschaft seiner geistigen Natur (d. h. der Vernunft) unterordnen, so dass sich beide zu einer sittlichen Sinnlichkeit verbinden. Der ins Utopische verlegte, im Ganzen recht theoretische Schluss der 3. Fassung hat W. selbst offenbar nicht ganz überzeugt.

Insgesamt zeigt der Autor, wie der Charakter des jungen Agathon durch Erziehung, Erfahrungen und die Einflüsse der Umwelt geprägt wird. Damit steht der Roman als innere Biographie am Anfang der für die deutsche Literatur so bedeutungsvollen Gattung des → *Bildungsromans*, enthält aber auch in bemerkenswerter Weise autobiographische Elemente.

Rezeption: Die 1. Fassung wurde in Zürich und Wien verboten. Für Lessing gehörte der Roman wegen seiner Erzählkunst »unstreitig unter die vortrefflichsten dieses Jahrhunderts«. Fr. A. Wentzel verfasste 1804/05 den Roman *Angelika oder der weibliche Agathon.*

Weiteres Werk: → *Musarion* (Verserzählung, 1768).

1767

Gotthold Ephraim Lessing

Biogr.: → 1748/49

Minna von Barnhelm

OT/UT: *Minna von Barnhelm oder Das Soldatenglück. Lustspiel in fünf Aufzügen*

Komödie. UA: 30.9.1767 in Hamburg; ED: 1767 mit dem Zusatz: »Verfertiget im Jahre 1763«; damit wollte L. einen direkten Bezug zu dem in diesem Jahr beendeten Siebenjährigen Krieg suggerieren, denn tatsächlich schloss er das Stück erst unmittelbar vor dem Druck ab.

»Ich bin eine große Liebhaberin der Vernunft« (II, 9), sagt das sächsische Edelfräulein Minna von Barnhelm. Sie ist die Verlobte des Majors von Tellheim, zu dem sie kriegsbedingt den Kontakt verloren hatte und den sie nun in einem Berliner Gasthaus wiederfindet. Mittellos, körperlich, aber v. a. in seiner Ehre verletzt, ist dieser aus der preußischen Armee verabschiedet worden, weil er durch seine Hilfsbereitschaft Vermögen und Ruf aufs Spiel gesetzt hatte. In dieser Situation glaubt Tellheim, die durch Erbschaft reich gewordene Minna nicht mehr an sich binden zu dürfen, obwohl er sie liebt. Minna gelingt es aber, durch Einfühlsamkeit, Klugheit und List den Verbitterten von seinem Starrsinn zu befreien: Sie täuscht ihm, der inzwischen – dank des generösen Königs – Geld und Reputation zurückgewonnen hat, ihre eigene Enterbung vor, die sie nun ihrerseits auf ihr Glück zu verzichten zwinge. An diesem Punkt droht die Komödie zur Tragödie zu werden; doch Minnas List wirkt und Tellheim begreift die erteilte Lektion, dass nämlich sein Ehrbegriff übertrieben und weit entfernt von jeder moralischen Selbstbestimmung ist.

Minna handelt im Sinne L.s vorbildlich, weil sie in ihrem Denken und Handeln voller Liebe und zugleich vernünftig ist, auch wenn die Grenzen individueller Selbstbestimmung (der rettende König) erkennbar werden. Damit hebt L. sowohl das Verlachprinzip der Typenkomödie wie auch den Gefühlsappell des Rührstücks auf eine neue Stufe. Der konkrete Zeitbezug beeindruckte die zeitgenössischen Zuschauer, denn der Krieg und seine Folgen sind im Stück stets gegenwärtig und bestimmen Haltung und Verhalten aller Personen. Dabei spielt das Geld – und auch das ist neu – stets eine beherrschende Rolle. Diese Konkretheit und die daraus abgeleiteten komischen Situationen sowie die individuell charakterisierten, fast wie Hauptfiguren agierenden Nebenfiguren ließen das Stück zu einer musterhaften Komödie mit anhaltender Wirkung werden.

Rezeption: Die Komödie wurde »das meistgespielte deutschsprachige Stück […], vor allen Klassikern, aber auch vor Brecht und Hochhuth« (D. Hildebrandt). R: U. Erfurth (1957, TV), R: M. Hellberg (1962), R: L. Cremer (1964, TV), R: Fr. P. Wirth (1966, TV), R: P. Drescher (1979, TV); *Das Fräulein von Barnhelm* (R: H. Schweikart, 1940); *Heldinnen* (R: D. Haugk, 1960).

Weiteres Werk: → *Hamburgische Dramaturgie* (Schriften zum Theater, 1767–69).

1767–1769
Gotthold Ephraim Lessing

Biogr.: → 1748/49

Hamburgische Dramaturgie

Slg. theaterkritischer Schriften, die L. 1767 in 104 (recte: 101) Einzellieferungen (»Stücken«) als Zeitschrift publizierte. BA: 1767/69 (2 Bde.).

Die Sammlung entstand während L.s Tätigkeit als Dramaturg am Hamburgischen Nationaltheater, das vom 22.4.1767–3.3.1769 existierte. Sie umfasst Rezensionen von 52 dort aufgeführten Theaterstücken (davon 18 deutsche Werke), v. a. aber dramentheoretische Erörterungen, die sich – als Fortsetzung der Überlegungen in L.s → *Laokoon* (1766) – zu einem Gesamtkonzept eines zeitgemäßen und nationalen Theaters formen. Kernstück ist die produktive Auseinandersetzung mit Aristoteles' (384–322 v. Chr.) *Poetik*, die L. zu einer kritischen Abgrenzung von der durch J. Chr. Gottsched befestigten klassizistischen Theatertheorie führt: L. interpretiert die von der Tragödie geforderte, als Reinigung der Seele (›Katharsis‹) betrachtete Erregung von Affekten als einen humanisierenden Prozess, in dem nicht der Schrecken (Abschreckung, Furcht), sondern das Mitleid zur treibenden moralischen Kraft wird. Wichtige Bedingungen dafür seien: Die Handlung müsse nicht historisch wahr, aber wahrscheinlich sein, die handelnden Personen sollten weder eindeutig gut noch böse sein (gemischte Charaktere), die Einheit von Handlung, Zeit und Ort dürfe nicht starr sein, sondern Zeit und Ort sollten sich dem unterordnen, was die Handlung erfordere. Verbunden mit dem Ruf nach psychologischer Motivierung und lebendiger Sprache votiert L. zudem für eine poetische Natürlichkeit, wobei er dem Genie mehr zutraut als den Kunstregeln (ohne dem Genie alles durchgehen zu lassen) und zugleich dem Theater, den Schauspielern und dem Publikum als Vermittler und Rezipienten mehr Bedeutung einräumt, als dem zum Vorbild erstarrten Kunstwerk. Damit steht L. nahe bei Shakespeare und Diderot, was deren Rezeption in Deutschland (→ *Sturm und Drang*) verstärkte. Allerdings musste L. persönlich in Hamburg und zugleich allgemein für die deutschen Verhältnisse einsehen, dass es noch ein weiter Weg bis zur Verwirklichung seiner Vorstellungen war (→ *Theaterwesen im 18. Jh.*).

Rezeption: L. begründete mit diesem Werk die dt. Theaterkritik. Neben und nach ihm sind die folgenden theaterkritischen Schriften bedeutsam: H. W. v. Gerstenberg: *Briefe über Merkwürdigkeiten der Litteratur* (1766–70), J. W. v. Goethe: *Zum Schäkespears Tag* (1771), J. M. R. Lenz: *Anmerkungen übers Theater* (1774), Fr. Schiller: *Was kann eine gute stehende Schaubühne eigentlich wirken?* (1784).

Weiteres Werk: → *Emilia Galotti* (Drama, 1772).

1768
Heinrich Wilhelm von Gerstenberg

* 3.1.1737 in Tondern (Dänemark). Ab 1757 Jurastudium in Jena, ab 1760 in dän. Militärdienst (ab 1763 in Kopenhagen). 1775–83 dän. Konsul in Lübeck, 1789–1812 Lotteriedirektor in Altona. † 1.11.1823 in Altona (G).

Ugolino

UT: *Eine Tragödie in fünf Aufzügen*

Trauerspiel. 1768 anonym erschienen, UA: 22.6.1769 in Berlin.

Das handlungsarme Stück stützt sich auf einen Bericht in Dantes *Divina Commedia* (um 1307–21; Inferno, 32./33. Kapitel): Graf Ugolino ist nach einem gescheiterten Putschversuch um die Macht in Pisa zusammen mit seinen drei minderjährigen Söhnen in den Hungerturm geworfen worden. Gezeigt wird lediglich die letzte Nacht, in der die vier Personen auf schreckliche Weise sterben. In Wechselreden und längeren Monologen offenbart Ugolino seine Reflexionen und Gefühle angesichts der Vergeblichkeit seines Tuns und muss dabei miterleben, wie seine Familie ausgelöscht wird: Doch weder Giftmord, Hungerfolter noch (versuchter) Kannibalismus können Ugolinos heroischen Stoizismus brechen (erst in der umgearbeiteten Fassung von 1815 begeht er am Ende Selbstmord).

G.s Verzicht auf dramatische Handlung und die Konzentration auf die Darstellung starker Affekte (Vater- und Sohnesliebe, kindliche Verzweiflung, kreatürliches Leiden), theoretisch fundiert durch sein Shakespeare-Lob in den *Briefen über Merkwürdigkeiten der Litteratur* (1766ff.), sind neu und bereiteten den Boden für das Drama des → *Sturm und Drang*.

Rezeption: Das Stück war wegen seiner krassen Gefühlsdarstellung umstritten. Es trat alsbald gegenüber den Dramen von Goethe, J. M. R. Lenz und Fr. M. Klinger in den Hintergrund.

Weitere Werke: *Kriegslieder eines Königlich Dänischen Grenadiers* (1762), *Gedicht eines Skalden* (1766).

1768
Christoph Martin Wieland

Biogr.: → 1764

Musarion

OT: *Musarion oder die Philosophie der Grazien*

Verserzählung.

Nach den erotisch akzentuierten *Comischen Erzählungen* (1765) nimmt W. in *Musarion* den spielerisch leichten Ton wieder auf, vermittelt aber in diesem Werk, das als eines der vollkommensten der Rokokodichtung gilt (→ *Rokoko und Anakreontik*), zugleich die Quintessenz seiner philosophischen Anschauung. Wie in vielen seiner Texte lässt er die Handlung in der

Kunstwelt einer geschichtslosen Antike spielen, um seine Vorstellung von der möglichen Harmonie von Sinnlichkeit und Sittlichkeit darzustellen: Der junge Phanias, enttäuscht von Musarion, die seine Liebe zunächst verschmäht hatte, zieht sich in Begleitung von zwei Philosophen gleicher Gesinnung auf sein Landgut zurück, um welt- und frauenverachtend als Asket zu leben. Musarion, um Aussöhnung bemüht, widerlegt durch die Wirkung ihrer Schönheit und die Kunst ihrer Verführung die beiden Philosophen und kann Phanias aus seiner Verbohrtheit für sich und die Gesellschaft zurückgewinnen. Musarion ist aber nicht nur verführerisch schön, sondern auch weltoffen und klug. So gelingt es ihr, Phanias davon zu überzeugen in Maßen zu genießen, was dem Menschen in dieser Welt geboten wird, sowie menschliche Schwächen zu tolerieren und ideales Streben (nicht Schwärmerei) dafür einzusetzen, die ›Tugend zu nähren‹: Das ist die aufgeklärte ›Philosophie der Grazien‹. Entscheidend sei, dass man nicht »stets von Tugend spricht, noch, von ihr sprechend, glüht,/ Doch, ohne Sold und aus Geschmack, sie übet.«

W.s lebensnahe Philosophie der Synthese von Sittlichkeit und Sinnlichkeit sowie die sprachlich und formal elegante Gestaltung (jambische Verse mit 4 bis 7 Hebungen, eingestreute Alexandriner, Wechsel des Reimschemas) begründeten den großen Erfolg dieses Werks, den die folgenden Verserzählungen wie z. B. *Idris und Zenide* (1768) und *Der neue Amadis* (1771) – zu Unrecht – nicht erreichten. Nur der → *Oberon* (1780) übertraf alle.

Rezeption: Eine 2. Auflage erschien bereits 1769. Die Dichter des → *Göttinger Hain* kritisierten W. scharf.

Weiteres Werk: → *Der goldene Spiegel* (Roman, 1772).

1769–1773
Johann Timotheus Hermes

* 31.5.1738 in Petznick (Pommern). Theologiestudium ab 1756 in Königsberg, 1766–72 Feldprediger, danach Prediger in Breslau, ab 1808 Superintendent und Professor der Theologie. † 24.7.1821 in Breslau.

Sophiens Reise von Memel nach Sachsen

Briefroman, anonym erschienen. Erweiterte Ausgabe: 1774–76.

Nach langer Zeit erschien mit diesem Werk (4000 S.n), das vor dem Hintergrund des Siebenjährigen Krieges spielt, wieder ein Gegenwartsroman in Deutschland. Damit löste sich H. von seinen englischen Vorbildern S. Richardson und H. Fielding, denen er in seinem ersten Roman *Geschichte der Miß Fanny Wilkes* (1766) noch gefolgt war. Die 20-jährige verarmte Adlige Sophie soll mitten im Krieg von Memel nach Sachsen reisen, um wichtige Dokumente abzuholen. Sie kommt aber nur bis Königsberg. Hier

muss sie sich – die in Briefen geschilderte Handlung ist sehr verwickelt – zwischen zwei Männern, die sie beide lieben, entscheiden. Da ihr das nicht gelingt, verliert sie beide und bleibt unverheiratet (in der 2. Auflage heiratet sie einen Schulmeister).
Verglichen mit den Frauenfiguren der frühen Aufklärung ist Sophie emanzipierter, d. h. sie kann nach Gefühl frei entscheiden und fühlt sich nicht mehr verpflichtet, den alten Tugendvorstellungen bedingungslos zu folgen. Aber noch steht die Vernunft der subjektiven Empfindung gegenüber, was bei ihr zu unlösbaren Konflikten führt. Beide Männer empfinden ihr Zögern, ihre Unentschiedenheit als ›Sprödigkeit‹ und sogar als Unehrlichkeit, da sie selbst noch einem Wertesystem verpflichtet sind, das sich auf die beherrschende Rolle der Vernunft gründet. Sophie kann zwar bereits den Anspruch auf individuelles Glück erheben, für dessen Verwirklichung ist die Zeit aber noch nicht gekommen. Die Frauenfigur ist in ihrer Gefühlsverwirrung für die damalige Zeit (noch vor Goethes → *Werther*, 1774) modern und als ›gemischter Charakter‹ nicht negativ gezeichnet.

Rezeption: Das Werk war ein im späten 18. Jh. vielgelesener Roman, der erfolgreichste von insgesamt 9 Romanen H.'. Seine Beliebtheit ermöglichte 3 Auflagen.

1771
Friedrich Gottlieb Klopstock

Biogr.: → 1749–73

Oden

Die Slg. enthält in 3 Büchern die seit 1747 verstreut veröffentlichten (z.T. überarbeiteten) Oden; ohne Verfasserangabe erschienen.

Eine Sammelausgabe der Oden war von K.s Lesern seit langem gewünscht worden. Das dichterische Neuland, in das sie der → *Messias* (1748–73) geführt hatte, fanden sie hier bei veränderter Thematik in Ton und Haltung wieder. Die Größe des Gefühls, die K. auch in den Oden vermitteln möchte, steht dabei stets in Beziehung zur Größe und Erhabenheit des gewählten Gegenstandes: So preist er im 1. Buch Gott und seine Schöpfung, die Unendlichkeit der Welt, die Natur (z. B. *Die Gestirne*, *Dem Allgegenwärtigen*), während im 2. Buch Liebe und Freundschaft (z. B. *Auf meine Freunde*, *An Ebert*, *An Sie*, *Das Rosenband*) den thematischen Mittelpunkt bilden; das Vorbild für die freien Rhythmen fand K. bei dem antiken Lyriker Pindar (5. Jh. v. Chr.). Die Oden des 3. Buches befassen sich mit den Themen Kunst und Vaterlandsliebe.
Bei alldem geht es K. nicht um distanziertes Beobachten und gelassenes Urteilen, sondern um enthusiastisches Erleben, das »frei aus der schaffenden Seel enttaumeln soll«: Der Leser soll die Begeisterung teilen, angeregt – wie im *Messias* – durch eine überhöhte, vom Alltag weit entfernte, die Regeln

der Grammatik und Syntax häufig bewusst missachtende, von Wortneuschöpfungen geprägte Sprache. Am bekanntesten wurde die Ode *Der Zürchersee* (1750), ein Preisgesang auf die Natur, in der sich für den Dichter der Vorgang der Schöpfung wiederholt, den er in Ehrfurcht und Glückseligkeit erlebt, noch gesteigert durch die Erfahrung der Freundschaft. Ebenso bekannt ist die Ode *Die Frühlingsfeyer* (1759), in der K. das Landleben und die Größe Gottes preist, die sich in Natur und Landschaft überwältigend offenbart.

Rezeption: Die Lyrik von Sturm und Drang, Klassik und Romantik erhielt durch K. entscheidende Impulse. Sein Einfluss reicht über Fr. Hölderlin bis zu St. George und R. M. Rilke. Vertonungen u. a. durch W. Gluck, C. Fr. Zelter, Fr. Schubert, R. Strauss.

Weitere Werke (Schauspiel-Trilogie): *Hermanns Schlacht* (1769), *Hermann und die Fürsten* (1784), *Hermanns Tod* (1787).

1771

Sophie von La Roche

* 6.12.1731 in Kaufbeuren, geborene Gutermann. 1750 Verlobung mit Chr. M. Wieland (gelöst 1753), 1754 Hochzeit mit dem Hofrat La Roche, 1762–68 auf Schloss Warthausen bei Biberach, 1771–80 in Ehrenbreitstein, 1780–86 in Speyer; lebte danach in Offenbach. Sie war die Großmutter von Cl. Brentano und B. v. Arnim. † 18.2.1807 in Offenbach (G. in Kirche). Gedenkstätten: Bönnigheim (M), Speyer (M).

Geschichte des Fräuleins von Sternheim

UT: *Von einer Freundin derselben aus Original-Papieren und anderen zuverlässigen Quellen gezogen*

Roman. Entst. ab 1766, anonym erschienen, herausgegeben und mit Anmerkungen versehen von Chr. M. Wieland.

Der Roman – das »Psychogramm einer Seele« (P. U. Hohendahl) – steht in der Tradition des empfindsamen (Familien-)Romans (→ *Roman in der Aufklärung*). Die Hauptfigur, Sophie von Sternheim, kommt elternlos aus einer ländlichen Idylle in die Residenzstadt, wo die auf Vorteile hoffende Tante sie – vergeblich – zur Mätresse des Fürsten machen will. Sophie erwidert die Zuneigung des untadeligen Lord Seymour, der sich aber aufgrund eines Missverständnisses von ihr trennt. Dem Verführer Lord Derby gelingt es daraufhin, Sophie zur Flucht mit ihm zu bewegen, auf der sie aber trotz einer Scheinheirat ihrer Tugend treu bleiben kann; später – von Derby verlassen – arbeitet sie vorbildlich in einer Gesindeschule. Schließlich errettet sie der zur Einsicht gekommene Seymour, an dessen Seite sie ihr Glück findet.

Der Einfluss von S. Richardson (*Pamela*, 1740, und *Clarissa*, 1747) wird an der überwiegend aus Briefen bestehenden Darstellung, dem Motiv der verfolgten Unschuld und der Figurenzeichnung deutlich: Sophie ist eine willensstarke Frau, die ihr Schicksal tätig gestaltet. Ihrem Einsatz für die Armen sind durch die sozialen Bedingungen Grenzen gesetzt, die im Roman allerdings nicht in Frage gestellt werden. Es bleibt bei der Anklage höfischer Sittenverderbnis sowie bei der Feststellung, dass der wahre Adel bei denen ist, die ›übende Tugend‹ beweisen, indem sie helfend das Elend mindern. Mit der weiblichen Hauptfigur hat La R. »einen aktiven, handlungsfähigen Frauentyp geschaffen, der selbständig und mündig werden kann« (B. Becker-Cantarino) – ihr Werk gilt daher als erster deutscher Frauenroman.

Rezeption: Der außerordentlich beliebte Roman – nicht ganz zutreffend als ›weiblicher Werther‹ bezeichnet – erfuhr bis 1787 7 Auflagen und machte La R., deren Autorschaft rasch bekannt wurde, zur berühmtesten dt. Schriftstellerin in der 2. Hälfte des 18. Jh.

Weitere Werke: Hg. der Frauenzeitschrift *Pomona* (1783/84), *Erscheinungen am See Oneida* (Roman, 1798).

1772
Gotthold Ephraim Lessing

Biogr.: → 1748/49

Emilia Galotti

UT: *Ein Trauerspiel in fünf Aufzügen*

Bürgerliches Trauerspiel. UA: 13.3.1772 in Braunschweig; ED: 1772.

Der tragische Konflikt entwickelt sich in diesem Stück aus der Spannung zwischen dem unmoralischen Anspruch des allmächtigen Prinzen eines italienischen Kleinstaates und den rigiden Moralvorstellungen der Familie Galotti: Der Prinz, entflammt für Emilia, lässt durch seinen skrupellosen Kammerherrn Marinelli den Grafen Appiani, dessen Heirat mit Emilia noch am selben Tag erfolgen soll, ermorden und Emilia auf ein Lustschloss entführen. Emilias Vater, von der ehemaligen Mätresse des Prinzen unterrichtet, verhindert den Selbstmord seiner Tochter. Dann aber tötet er sie auf ihre eigene Bitte hin, weil sie – im Wissen um ihre Verführbarkeit (»Auch meine Sinne sind Sinne«) – keine andere Möglichkeit sieht, ihre Unschuld zu bewahren. Das Trauerspiel wurde sofort – obwohl das Geschehen in Italien spielt – als heftiger Angriff gegen die Willkür absolutistischer Fürsten in Deutschland verstanden. Dabei hatte L. seine Vorlage, einen Bericht des antiken Schriftstellers Livius († 17 n. Chr.), sogar entschärft, indem er den Protest des Volkes und die Möglichkeit eines revolutionären Umsturzes unberücksichtigt gelassen hatte.

Die Tragik des Geschehens besteht v. a. darin, dass das Bürgertum hier den Weg der Selbstzerstörung geht, um sich selbst (die ›Tugend‹) zu bewahren, statt den Dolch gegen den Despoten zu richten. So betrachtet, begegnet L. dem Fortschrittsglauben der Aufklärung mit großer Skepsis: Menschliche

Unzulänglichkeiten, die Hinfälligkeit der Planungen aller handelnden Personen (es wird stets das Gegenteil des Beabsichtigten erreicht) und die das Geschehen entscheidend mitbestimmende Rolle des Zufalls lassen die Begrenztheit unkritischen Vertrauens auf eine vernunftgeleitete Lebensgestaltung deutlich werden. Gleichzeitig führt die Tatsache, dass der der Aufklärung verpflichtete L. selbst deren Dialektik problematisiert, letztlich dazu, dass das Stück »mehr Fragen stellt als beantwortet« (K. S. Guthke). Dramentechnik (Szenenwechsel, Zeitökonomie, Dialogführung), Sprache und psychologisch überzeugende Gestaltung der Personen begründeten L.s Ruf als ›deutscher Shakespeare‹.

Rezeption: Das Werk zählt zu den bedeutendsten Dramen des 18. Jh. und beeinflusste maßgeblich den → *Sturm und Drang* und den jungen Schiller. 🎬 R: M. Hellberg (1957), R: E. Ginsberg (1960, TV), R: L. Cremer (1970, TV), R: K. D. Kirst (1981, TV), R: Th. Langhoff (1984, TV).

Weitere Werke: *Ernst und Falk* (Dialoge, 1778–80), → *Nathan der Weise* (Drama, 1779).

1772
Christoph Martin Wieland

Biogr.: → 1764

Der goldene Spiegel

OT/UT: *Der Goldne Spiegel, oder die Könige von Scheschian, eine wahre Geschichte. Aus dem Scheschianischen übersetzt*

Staatsroman, mit Widmung an den österr. Kaiser Joseph II; eine überarbeitete Fassung erschien 1794.

Der Roman ist eine Darstellung von Ratschlägen für die beste Regierungsweise, d. h. eine Erziehungslehre für absolutistische Herrscher (ein sog. Fürstenspiegel). Geschildert werden Episoden aus der Geschichte des orientalischen Königreichs Scheschian mit den Merkmalen guter und schlechter Regierung. Der Philosoph Danischmend berichtet sie dem indischen Sultan Schach-Gebal; er gibt ihm, dessen Reich am Rande des Ruins steht, auf diese Weise Empfehlungen, die aber den Ärger des Sultans erregen und den Philosophen schließlich ins Gefängnis bringen.

Die Botschaft des Romans ist deswegen aber keineswegs skeptisch. In Abgrenzung zu den Beispielen von Misswirtschaft, Verschwendungssucht und religiösem Fanatismus, die das Volk verelenden lassen, entwirft W. in der Figur des Fürsten Tifan vielmehr das Idealbild des aufgeklärten Herrschers, der vernünftige Gesetze erlässt, deren Einhaltung überwacht und uneigennützig Wohlstand und Glück der Bevölkerung fördert. Damit plädiert W. für die Reformierung der herrschenden Verhältnisse, wobei er seine Kritik an den deutschen Zuständen versteckt äußert, indem er eine Übersetzung aus dem Chinesischen über das Lateinische ins Deutsche fingiert. Die von

W. geistreich und unterhaltsam vorgetragenen politischen Ansichten führten 1772 zu seiner Berufung zum Prinzenerzieher nach Weimar. Geprägt durch die enttäuschenden Erfahrungen dort, schrieb er 1775 die *Geschichte des weisen Danischmend*, in der die Hoffnung auf die Staatsreform durch aufgeklärten Absolutismus zunächst relativiert, während sie in der überarbeiteten Fassung des → *Goldenen Spiegels* (1794) sogar zurückgenommen wird.
Rezeption: W. verwandelte den barocken Fürstenspiegel (Fénelon, S. v. Birken u. a.) in den aufgeklärten Staatsroman (Diderot, Mercier u. a.) und stieß damit auf große Aufmerksamkeit, sowohl bei den zeitgenössischen Lesern wie bei der Zensur.
Weitere Werke: *Alceste* (Libretto, 1773), → *Die Abderiten* (Roman, 1774–81).

Sturm und Drang

Die literarische Bewegung des Sturm und Drang, benannt nach dem gleichnamigen Drama von Fr. M. Klinger (1777), entfaltete sich in dem kurzen Zeitraum zwischen 1770 und 1780 und klang im Verlauf der 1780er Jahre aus. Es handelte sich dabei um eine rein literarische und – trotz einiger Ausnahmen – von sehr jungen Autoren geprägte AUFBRUCHSBEWEGUNG, die es nur in Deutschland gab. Sie vereinte sich in lockeren Gruppenbildungen (z. B. in Straßburg, Göttingen, Frankfurt/Main), wobei der starke Anteil von Autoren aus der Unterschicht (z. B. J. H. Voß, Maler Müller, Fr. M. Klinger, Fr. Schiller) auffällig ist. Die Bewegung hatte sowohl literaturrevolutionäre wie auch oppositionell-reformerische Intentionen. Politisch verschärfte der Sturm und Drang den aufklärerischen Emanzipationsgedanken durch Kritik an Absolutismus (›Tyrannen‹) und gesellschaftlichen Missständen. Die LITERARISCHE PROGRAMMATIK wurde durch J. G. Hamann (*Sokratische Denkwürdigkeiten*, 1759; *Aesthetica in nuce*, 1762), J. G. Herders → *Literaturkritische Schriften* (1766–69), H. W. v. Gerstenberg (*Briefe über Merkwürdigkeiten der Litteratur*, 1766–70) sowie v. a. in der von Herder edierten Sammlung *Von Deutscher Art und Kunst* (1773) ausgearbeitet. Im Mittelpunkt sollte danach – angelehnt an die neuen Vorbilder Homer, Shakespeare und Rousseau – das natürliche, starke Individuum stehen, ausgestattet mit dem kritischen Verstand der → *Aufklärung* und der Sensibilität der → *Empfindsamkeit*, zugleich aber auch ausgezeichnet durch die Kraft der Leidenschaft (Figur des ›Selbsthelfers‹).
Die Dichter des Sturm und Drang kritisierten die klassizistische Regelpoetik und setzten ihr die Geschichtlichkeit und Naturhaftigkeit der Dichtung (›VOLKSPOESIE‹) und des künstlerischen GENIES entgegen. Das neue Lebensgefühl (›Gefühlsrevolution‹) erforderte eine Sprache, die das leidenschaftlich Empfundene unmittelbar auszudrücken vermochte. Seinen stärksten Ausdruck fand der Sturm und Drang in der Dramatik (Goethe, J. M. R. Lenz, Fr. M. Klinger, H. L. Wagner und Fr. Schiller). In der Lyrik erweiterten der junge Goethe, der Dichterkreis → *Göttinger Hain*, J. H. Voß

und G. A. Bürger das Spektrum, im Roman war Goethes → *Die Leiden des jungen Werthers* (1774) epochemachend. Insgesamt blieb der Sturm und Drang ein Durchgangsphänomen, zu dem sich nach den 1780er Jahren kein Autor mehr bekannt hat.

1773
Johann Wolfgang von Goethe

* 28.8.1749 in Frankfurt/Main. Jurastudium in Leipzig (1765–68) und Straßburg (bis 1771), 1772 Referendar am Reichskammergericht in Wetzlar, 1772–75 in Frankfurt, unterbrochen von einer Rhein- (1774) und einer Schweizreise (1775). Ab 7.11.1775 in Weimar lebend: zunächst Prinzenerzieher und Legationsrat, ab 1779 Minister. 1782 geadelt, Kammerpräsident; Einzug in das Haus am Frauenplan. 3.9.1786 – 18.6.1788 Italienreise. Fortsetzung → 1787.

Götz von Berlichingen

OT/UT: *Götz von Berlichingen mit der eisernen Hand. Ein Schauspiel*

Drama, 1773 anonym im Selbstverlag erschienen. UA: 12.4.1774 in Berlin, weitere Bühnenbearbeitungen in Weimar 1804 und 1819. 1. Fassung (1771 geschrieben, ED: 1833) ›*Ur-Götz*‹.

Das Stück, das als das erste deutsche Geschichtsdrama gilt und die Dramatik des → *Sturm und Drang* eröffnet, bricht alle Regeln, die die dramatische Kunst bis dahin bestimmt hatten: Statt der Einheit des Ortes gibt es 56 Szenenwechsel, statt der zeitlichen Einheit eines Tages eine Handlungszeit von etwa 15 Jahren, statt einer Haupthandlung ein vielsträngiges Geschehen. Von den Knechten und Soldaten bis hin zum Bischof und Kaiser treten alle Stände auf, entsprechend groß ist das sprachliche Spektrum: vom umgangssprachlichen Kraftausdruck (sog. Götz-Zitat) bis zur höfischen Rede. Mit der Hauptfigur Götz von Berlichingen wird die »Gestalt eines Selbsthelfers in wilder anarchischer Zeit« (so G. selbst in *Dichtung und Wahrheit*, → *Aus meinem Leben*, 1811–33) dargestellt, dessen individuelles Freiheitsgefühl im Kampf gegen das Kaiser- und Territorialfürstentum des 16. Jh. scheitern muss. Dieser redliche Kraftkerl ist aber nicht nur Repräsentant einer untergehenden Welt, sondern zugleich Ausdruck einer ›Natur‹, deren Einengung wie eine Parallele zum zeitgenössischen bürgerlichen Lebensgefühl anmutet: »Ahmt Götzen erst nach, lernt erst wieder denken, empfinden, handeln«, schrieb der begeisterte J. M. R. Lenz über das Stück. Dieser Figur gilt des Autors volle Sympathie, während die heraufziehende ›moderne‹ Welt – verkörpert in dem Hofschranzen Weislingen und seiner Frau Adelheid – als kalt, zweckrational und charakterlos kritisiert wird. Götz' anachronistischer Widerstand gegen die neuen Obergewalten ist die Verteidigung eines älteren Rechts, das auch Faustrecht war: Wenn er die Freiheit, Gewalt zu gebrauchen, für sich in Anspruch nimmt, rechtfertigt er damit –

anders als im ›*Ur-Götz*‹ von 1771 – noch lange nicht das Selbsthelfertum der aufständischen Bauern, auch wenn er diese anfänglich unterstützt; das Drama ist insgesamt weder eine restaurative Utopie, noch ein progressives Votum für die Befreiung aus politisch-gesellschaftlichen Fesseln. Dementsprechend ist auch der Schluss vieldeutig: Auf des sterbenden Götz' resignierten Wunsch nach Freiheit antwortet seine Frau: »Nur droben, droben bei dir. Die Welt ist ein Gefängnis.«

Rezeption: Das Stück war ein »nationales Theaterereignis« (B. Jeßing) und begründete G.s Ruhm. Lessing und Friedrich II. verurteilten das Stück als regellos, Wieland und die jungen Dramatiker des → *Sturm und Drang* waren begeistert. 🎬 R: A. Stöger (1955), R: W. Liebeneiner (1978, TV).

Weiteres Werk: → *Die Leiden des jungen Werthers* (Roman, 1774).

1773–1776
Friedrich Nicolai

* 18.3.1733 in Berlin. Buchhändlerlehre in Frankfurt/Oder und autodidaktische Studien. 1752 Eintritt in die väterliche Buchhandlung in Berlin, die er 1758 übernahm. † 8.1.1811 in Berlin (D, M).

Das Leben und die Meinungen des Herrn Magister Sebaldus Nothanker

Satir. Roman. 3 Bde., anonym erschienen 1773, 1775 und 1776.

Der Roman (689 S.n) ist eine Art Fortsetzung der Lebensgeschichte des Helden aus M. A. v. Thümmels Kurzroman → *Wilhelmine* (1764): Der Landpfarrer Sebaldus wird wegen seiner aufklärerischen Ideen und Predigten entlassen und muss sich mühselig sein Auskommen verdienen. Nach dem Tod seiner Frau und der jüngsten Tochter besteht auch der weitere Lebensweg dieses aufrechten und etwas schrulligen Aufklärers nur aus Misserfolgen und Fehlschlägen. Im zweiten Erzählstrang wird geschildert, wie die älteste Tochter Mariane Hausdame wird und sich in den schwärmerischen Dichter Säugling verliebt, den sie – da ohne Mitgift – jedoch nicht heiraten kann. Sie ist deswegen vielfältigen Angriffen sittenloser Männer ausgesetzt, die sie aber alle abwehrt. Ein Lottogewinn ermöglicht schließlich den Sieg der Vernunft und des Glücks: Sebaldus gelangt zu einem ruhigen Leben und Mariane zur Heirat mit dem vom Schwärmertum geheilten Säugling, der sich nun schriftstellerisch mit dem Anbau von Kartoffeln befasst.

N. greift in seiner amüsanten Satire die protestantische Orthodoxie an. Deren Hauptvertreter, der auch von Lessing bekämpfte Hamburger Pastor Goeze, stellt er in der Figur des Stauzius dar (Religionssatire). Er richtet sich aber auch gegen allzu gefühlvolle Vertreter der → *Empfindsamkeit* (Literatursatire) sowie gegen heuchlerische Pietisten und soziale Missstände (Gesellschaftssatire). N. tritt mit seinem Roman für geistige Freiheit, Toleranz und Nächstenliebe ein und meint (im Sinne Lessings), »der Wille Gottes müsse auch notwendig durch Vernunft eingesehen werden können.«

Rezeption: Trotz der voraussehbaren Kritik von kirchlich-orthodoxer Seite fand das Werk große Resonanz (4. Auflage 1799) und die Zustimmung führender Vertreter der Aufklärung. N.s Bedeutung gründet sich dabei v. a. auf seine Literaturkritik, deren Plattform die von ihm (mit)herausgegebenen Zeitschriften *Briefe, die Neueste Literatur betreffend* (1759–65) und *Allgemeine Deutsche Bibliothek* (ab 1765) waren.

Weitere Werke: *Freuden des jungen Werthers* (Romanparodie, 1775), *Geschichte eines dicken Mannes* (Roman, 1794).

1774

Johann Wolfgang von Goethe

Biogr.: → 1773, 1787, 1811–33

Die Leiden des jungen Werthers

Roman, ohne Verfasserangabe. 1775 erschien ein Raubdruck, den G. für die überarbeitete Fassung u. d. T. *Die Leiden des jungen Werther* (1787) zugrunde legte. In der 2. Auflage (1775) erschien auf dem Titelblatt des 2. Bd. u. a. der Vers: »Sey ein Mann, und folge mir nicht nach«.

Der labil-empfindsame junge Werther berichtet in Briefen an seinen Freund Wilhelm, wie er sich in die mit Albert verlobte Amtmannstochter Lotte verliebt, vergeblich gegen sein Gefühl anzugehen versucht und sich schließlich, nachdem er Lotte mit einem leidenschaftlichen Liebesgeständnis überrascht hat, mit Alberts Pistole erschießt. Das Geschehen ist eingebettet in emphatische Natur- und Lektüreschilderungen, die in ihrer Entgrenztheit zur Folie für Werthers hoffende und verzweifelnde Gefühle werden. Das ist eigentlich alles. Aber der schmale Roman (215 S.n) wurde ein europäischer Bestseller und machte G. weltberühmt.

Während die große Leserschaft den Text verschlang und Napoleon ihn siebenmal gelesen haben will, las sein Autor ihn wahrscheinlich nur zweimal noch in seinem Leben ganz: 1780 (als die Umarbeitung begann) und 1824 (anlässlich des Neudrucks nach 50 Jahren). Nach eigenen Aussagen ärgerte es ihn – nicht zuletzt wegen des gewaltigen ›Werther-Fiebers‹ (Werther-Accessoires, Wertherroman-Nachahmungen, Selbstmorde à la Werther usw.) –, immer nur als Dichter des *Werther*-Romans angesprochen zu werden und es störte ihn, dass der Roman durch diese Vereinnahmung ins Lebenspraktische etwas verlor, was als ästhetisches Ereignis verstanden werden sollte (dichterische Fiktion versus autobiographische Wahrheit); denn nicht zuletzt durch seinen Kunstcharakter hatte der Roman jene jugendlich-unbedingten Gefühle – die Leiden des jungen G. in Wetzlar und Frankfurt/Main – gebannt, die G. noch im Alter als »lauter Brandraketen« bezeichnete.

Vielleicht war es ausgerechnet diese rigorose Abnabelung, die dem Werk seinen bis heute authentischen Charakter erhielt; auch wenn die Umarbeitung von 1787 – die die Grundlage der meisten *Werther*-Ausgaben bildet – den Sprengstoff etwas entschärfte (Werther wird negativer gezeichnet): Es bleibt die Geschichte des leidenschaftlich gegen gesellschaftliche Eingrenzung aufbegehrenden Ich (→ *Sturm und Drang*), das letztlich von keiner bindenden Instanz (Freundschaft, Familie, Sitte, Religion) daran gehindert werden kann, nach dem Scheitern aller Wünsche freiwillig in den Tod zu gehen. Die Form des monologischen Briefromans (es werden nur Briefe von Werther mitgeteilt) unterstützt die Artikulation der radikalen Ich-Perspektive und fördert zugleich eine identifikatorische Lektüre, wie sie so noch kein Roman in Deutschland angeboten hatte. Der abschließende Herausgeber-Bericht über das Ende Werthers enthält keine ausdrückliche Verurteilung des Gescheiterten und seiner Tat: »Handwerker trugen ihn. Kein Geistlicher hat ihn begleitet.«

Rezeption: Bis 1779 waren rund 10 000 Exemplare, bis 1790 etwa 30 Auflagen abgesetzt. Literarische Reaktionen auf den Roman waren u. a.: Fr. Nicolai: *Freuden des jungen Werthers* (Parodie, 1775), A. C. Stockmann: *Die Leiden der jungen Wertherin* (Roman aus Lottes Perspektive, 1775), J. M. R. Lenz: *Der Waldbruder* (Prosafragment, 1776), J. W. v. Goethe: *An Werther* (Gedicht, 1824); zuletzt: U. Plenzdorf: → *Die neuen Leiden des jungen W.* (Roman, 1972; Drama, 1973). ■ R: E. Günther (1977); *Werther* (R: A. Calmettes, 1910; R: M. Ophüls, 1938); *Begegnung mit Werther* (R: K. H. Stroux, 1949); *Die Leidenschaftlichen* (R: Th. Koerfer, 1981); *Werthers unglückliche Liebe* (R: P. Miró, 1986/91).

Weitere Werke: → *Clavigo*; *Stella* (Dramen, 1774; 1776).

1774
Jakob Michael Reinhold Lenz

* 12.1.1751 in Seßwegen (Livland). 1768–71 abgebrochenes Theologiestudium in Königsberg. 1771–74 in Straßburg (Bekanntschaft mit Goethe) und Landau, 1776 aus Weimar ausgewiesen. Unstetes Wanderleben, 1778–79 nach psychischem Zusammenbruch in Pflege bei dem Pfarrer Oberlin in den Vogesen, ab 1781 Lehrtätigkeit in Moskau. † 24.5.1792 in Moskau. Gedenkstätte: Emmendingen (T).

Der Hofmeister

OT/UT: *:Der Hofmeister oder Vortheile der Privaterziehung. Eine Komödie*

Drama. Entst. 1772. ED: 1774 (anonym in überarbeiteter Fassung). UA: 22.4.1778 in Hamburg.

Die von L. gewählte Bezeichnung *Komödie* ist zunächst irritierend, erklärt sich aber aus seinen *Anmerkungen übers Theater* (1774), die mit der Dramaturgie des Aristoteles abrechnen: Negierung der drei Einheiten (Ort, Zeit, Handlung), Bevorzugung vieler Szenen und Schauplätze, Auflösung der Unterscheidung von Komödie und Tragödie. »Das Schauspiel«, so L., »ist

nur eine Reihe von Handlungen, die wie Donnerschläge aufeinander folgen«, und: »Komödie ist Gemälde der menschlichen Gesellschaft, und wenn die ernsthaft wird, kann das Gemälde nicht lachend werden.« Mit diesem Konzept radikalisierte L. den Ansatz des → *Bürgerlichen Trauerspiels*.
Der Theologiestudent Läuffer ist Hofmeister (Privatlehrer) bei einem Major. Dessen Tochter Gustchen, obwohl einem Vetter versprochen, bekommt ein Kind von Läuffer, der vor dem Major flieht, entdeckt wird und sich zur Selbstbestrafung entmannt. Gustchen wird verziehen, sie heiratet den Vetter und Läuffer eine Bauernmagd, die keine Kinder will – ein glückliches Ende zwar, aber keine Lösung.
Ironie und Sarkasmus bestimmen den Grundton des Stückes, das sich scharf gegen das Elend der ›Hofmeisterei‹ in ihrer entwürdigenden Abhängigkeit von einer Standesgesellschaft richtet, wobei der Hofmeister hier exemplarisch das Schicksal des bürgerlichen Intellektuellen der Zeit verkörpert. Allerdings lässt das Stück keinen Zweifel daran, dass Läuffers Schicksal wesentlich mitbestimmt ist von der Labilität seines Charakters sowie von den konkreten Ereignissen. Eine Verbesserung der Verhältnisse soll nach L. durch Veränderungen im Erziehungswesen ermöglicht werden. Wegen dieser Reformhaltung gilt L. als »Klassiker des bürgerlichen Trauerspiels unter den Stürmern und Drängern« (K. S. Guthke).

Rezeption: Das Stück wurde bis 1950 kaum gespielt. G. Hauptmann und A. Holz sahen in L. den Wegbereiter der modernen Sozialkomödie. Brechts Adaption (*Der Hofmeister*, 1950) wurde am 15.4.1950 mit dem Berliner Ensemble in Berlin ein großer Erfolg. Zum Autor vgl. auch G. Büchner (→ *Lenz*, 1839) und P. Schneider (→ *Lenz*, 1973). ♫ M. Reverdy: *Le précepteur* (Oper, 1990).
Weitere Werke: *Der neue Menoza* (Komödie, 1774), → *Die Soldaten* (Komödie, 1776).

1774; 1776
Johann Wolfgang von Goethe

Biogr.: → 1773, 1787, 1811–33

Clavigo; Stella

UT (1): *Ein Trauerspiel*; (2): *Ein Schauspiel für Liebende*

Schauspiele in 5 Akten. UA (1): 23.8.1774 in Hamburg, ED: 1774. UA (2): 8.2.1776 in Hamburg, ED: 1776; umgearbeitete Fassung: UA: 15.1.1806, ED: 1816.

»Daß man so veränderlich ist« gesteht der untreue Clavigo im einen und: »Daß man euch so lieb haben kann« antwortet im anderen Stück Stella dem nicht minder untreuen Fernando. Damit ist die gemeinsame Problematik auf den entscheidenden Punkt gebracht: Es geht jeweils um Liebhaber, die – gefangen in ihrer narzistischen Persönlichkeitsstruktur – zu keiner festen Liebesbindung fähig sind, ohne dass sie deswegen als unliebenswert verurteilt werden. G. greift damit den von Lessing geforderten (und in → *Miss Sara Sampson*, 1755, dargestellten) ›gemischten Charakter‹ auf und verwickelt ihn in ein »intimes Seelendrama« (G. Kaiser): In *Clavigo* scheitert der Versuch, politische Karriere und Liebe zu verbinden, im zweifachen Treuebruch und endet in der tödlichen Katastrophe. In *Stella* steht der Ehemann und Liebhaber Fernando – rat- und hilflos gegenüber seinen Treuebrüchen an beiden Frauen – am Ende ebenfalls vor dem (Selbst-)Tod; doch hier fügt die vernünftige »Gattin, die, aus Liebe, selbst ihre Liebe hinzugeben vermag« (V, 2), alles zum Guten, indem sie eine Ehe zu dritt akzeptiert. Dieser Schluss (»Und ihr Glück und ihre Liebe faßte selig Eine Wohnung, Ein Bett, und Ein Grab«) erregte damals das Publikum – und tut es noch heute. G. half dem ab, indem er in der Fassung von 1805/16 die Liebenden sterben ließ.

Clavigo war das erste Schauspiel, das unter G.s Namen erschien. Voraus gegangen waren u. a. das Knittelversdrama *Jahrmarktsfest zu Plundersweilern* (1774/78), die Wieland-Parodie *Götter, Helden und Wieland* (1774). Es folgten bis 1785: das Schauspiel *Die Geschwister* (1776) und das Schäferspiel *Die Laune des Verliebten* (1779).

Rezeption: Beide Stücke sind nach den geltenden Kunstregeln bühnengerecht gebaut und erlebten bis heute viele Aufführungen, wobei die 1. Fassung von *Stella* bevorzugt wird. 🎬 *Clavigo* (R: W. Völger, 1959, TV; R: M. Ophüls, 1970; R: G. Keil, 1978, TV); *Stella* (R: F. J. Wild, 1954, TV; R: H. Schalla, 1954, TV; R: H. Käutner, 1967, TV; R: Th. Langhoff, 1982, TV; R: F. J. Wild, 1982, TV).

Weiteres Werk: → *Gedichte bis 1789* (1775/89).

1774–1781

Christoph Martin Wieland Biogr.: → 1764

Die Abderiten

UT: *Eine sehr wahrscheinliche Geschichte*; ab 1781 auch u.d.T. *Geschichte der Abderiten*

Satir. Roman. ED: *Der Teutsche Merkur* (1774–80). BA: ab 1774; 1781 umgearbeitet und ergänzt durch den *Schlüssel zur Abderitengeschichte*.

Der Roman ist eine Satire auf borniertes Spieß- und Schildbürgertum (→ *Die Schildbürger*, 1597/98), wie es W. in Biberach und Erfurt erlebt hatte. Er verlegte das Geschehen in die Stadt Abdera im antiken Griechenland und schildert, wie deren engstirnige Bewohner (die Abderiten) den weisen, welterfahrenen und deswegen zum Außenseiter gestempelten Philosophen Demokrit für geistesgestört erklären (1.Buch), den berühmten Arzt Hippokrates als Betrüger hinstellen wollen (2. Buch) und wie der Dichter Euripides sie aufgrund ihrer dümmlichen Theaterbegeisterung vergeblich zu beschämen versucht (3. Buch). Im 4. Buch geht es um den ›Prozess um des Esels Schatten‹ (ist bei der Miete eines Esels auch die Benutzung seines Schattens enthalten?), der fast zum Zusammenbruch der staatlichen Ordnung führt, und im 5. Buch um die von den Priestern heiliggesprochenen

und mit einem Tötungsverbot belegten Frösche, die durch stete Vermehrung die Abderiten zum Verlassen ihrer Stadt zwingen.
W.s satirische Angriffe richten sich v. a. gegen Selbstgerechtigkeit und Selbstüberschätzung, nicht nur der Abderiten. Er karikiert das absurde Festhalten an überholten Traditionen, die sture Ablehnung jeden Fortschritts, d. h. den Verzicht auf Vernunft. W.s Feststellung: »Abdera ist allenthalben und – wir sind gewissermaßen alle da zu Hause« zeigt einerseits die allgemeine und zeitlose Gültigkeit seiner Kritik; andererseits stellt der Roman durch die Konkretheit der Darstellung eine größere Nähe zur antiken Lebenswirklichkeit her und korrigierte damit ein idealisiertes Griechenlandbild, das insbesondere durch J. J. Winckelmanns *Gedancken über die Nachahmung der griechischen Wercke in der Mahlerey und Bildhauer-Kunst* (1755) entstanden war.

Rezeption: *Der Streit um des Esels Schatten* (R: W. Beck, 1989, TV).
Weiteres Werk: → *Oberon* (Verserzählung, 1780).

1775–1776
Friedrich Heinrich Jacobi

* 25.1.1743 in Düsseldorf. 1759–63 kaufmännische Lehre in Frankfurt/Main und Genf, 1764–72 Übernahme des väterlichen Handelshauses. 1772 Hofkammerrat, ab 1794 Aufenthalt in Norddeutschland, ab 1805 Professor für Philosophie in München, 1807–12 Präsident der Bayerischen Akademie der Wissenschaften. † 10.3.1819 in München (G).

Eduard Allwills Papiere

Briefroman (Fragment). ED: Teilabdrucke in den Zeitschriften *Iris* (1775) und *Der Teutsche Merkur* (1776) mit wechselnden Titeln. BA (überarbeitete Fassung): 1781. Erweiterte und überarbeitete Fassung 1792 u.d.T. *Eduard Allwills Briefsammlung*.

Ein kleiner Freundeskreis, vornehmlich Frauen, erörtert brieflich Wesen und Erscheinung Eduard Allwills, von dem man annimmt, dass er die junge Clara verführen möchte. Aus den verschiedenen Briefen ergibt sich allmählich ein Bild des Titelhelden, der mit seinem sprechenden Namen dem vom → *Sturm und Drang* propagierten Genie-Ideal nahekommt: Allwill ist eine kraftvolle Persönlichkeit mit starken Leidenschaften und gewillt, seine geistigen und sinnlichen Kräfte bedingungslos nach Maßstäben der eigenen Moral auszuleben (J.s Vorbild waren der junge Goethe bzw. seine Hauptfigur in → *Die Leiden des jungen Werthers*, 1774). Allwills Lebensstil und seine moralische Ungebundenheit werden von den Frauen, bei aller Faszination, die von ihm ausgeht, verurteilt. Sie betrachten ihn als Sklaven seiner Leidenschaft, der eine Gefahr für sich selbst und alle Menschen, die ihm nahekommen, darstellt.

J. behandelt hier ein Hauptproblem des Sturm und Drang: Wenn der genialische Mensch nach radikaler Aufgabe aller traditionellen Werte und Bindungen sich zu seiner ›Natur‹ (die nach Rousseau gut ist) bekennt, dann hat er eine Moral gefunden, die nur für ihn gilt (»Glaube an mein Herz«). Diese »radikal individualisierte Gefühlsethik« (H. Nicolai) kollidiert jedoch mit grundlegenden Prinzipien sozialen Zusammenlebens und enthüllt damit ein Dilemma der jungen Sturm und Drang-Dichter. In der Fassung von 1792 gelingt es Allwill, sich durch den Einfluss der jungen Clara aus seiner Selbstbezogenheit zu lösen und zu übergeordneten Werten zu bekennen.

Weiterer Roman: → *Woldemar* (1779/94).

1775/1789

Johann Wolfgang von Goethe Biogr.: → 1773, 1787, 1811–33

Gedichte bis 1789

Handschriftliche Slgn.: *Annette* (1767, 19 Gedichte), *Oden an meinen Freund* (1767, 3 Gedichte), *Lieder mit Melodien* (1768, 10 Gedichte), Slg. für Fr. Brion (1770/71, Abschrift von 1835, 10 Gedichte), Slg. für Ch. v. Stein (1777, 28 Gedichte); Drucke bzw. Wiederabdrucke: *Neue Lieder* (1769, 20 Gedichte) sowie 31 einzeln veröffentlichte Gedichte (1773–76) in verschiedenen Zeitschriften. Erste von G. autorisierte Gesamtauswahl: 1789 (im 8. Bd. seiner Schriften).

»G. ist in der deutschen Literatur der Lyriker schlechthin« (T. J. Reed), sein Gesamtwerk umfasst rund 3000 Gedichte, doch sein Jugendwerk blieb lange Zeit eine »terra incognita« (Chr. Perels); sieht man einmal von der frühen Leipziger Lyrik ab, so ließ G. bis zu seinem 40. Lebensjahr insgesamt nur 36 Gedichte, noch dazu verspätet und fast durchweg anonym, publizieren. Hinzu kommt: In der ersten Gesamtauswahl von 1789 sind viele Texte der Straßburger und Frankfurter Zeit (1770–76) überarbeitet (z. B. sehr stark: *Willkommen und Abschied*) bzw. durch ihre Anordnung aus dem Zusammenhang gebracht; zudem fehlen gewichtige Gedichte (z. B. *Wanderers Sturmlied*, *Ilmenau*). G. wollte mit dieser nachträglichen Publikationssituation keine Entwicklung dokumentieren (wie sie später die Goethe-Philologie rekonstruierte), sondern gereifte Ergebnisse im Aufstieg zur Klassik. Dem fiel manch jugendliches Sturm-und-Dranghafte zum Opfer.

Die anakreontische Lyrik der *Neuen Lieder* (1769) war so gekonnt wie verzichtbar in ihrem Einklang mit dem zeitgenössischen Niveau. Dagegen schlug das einzigartige Ensemble von Liebes- und Naturlyrik (*Es schlug mein Hertz*, *Mayfest*, *Im Herbst 1775*), Hymnik (*Mahomets Gesang*, *Wanderers Sturmlied*, *Prometheus*, *Ganymed*, *Seefahrt*, *An Schwager Kronos*), Künstlergedichten (*Künstlers Morgenlied*, *Ein Gleichnis*), Volkslied (*Heidenröslein*) und Ballade (*Der König in Thule*) ab 1771 einen von Grund auf neuen lyrischen Ton an, der ein bisher noch »nicht gehörter Ausdruck des Jung-Seins«

(P. Nusser) war. In diesen Ich-Gedichten herrscht eine einfache Unmittelbarkeit im Aussprechen der Gefühle, die zugleich so sprachschöpferisch und formbewusst ist, dass das Etikett ›Erlebnisdichtung‹ eher verdeckend als erhellend wirkt, denn die ästhetische Modellierbarkeit des zugrunde liegenden Erlebnisses ist wichtiger als die biographische Wahrheit: So konnte G. etwa die Aussage der Erstfassung von *Willkommen und Abschied* (1775) »Du gingst, ich stund und sah zur Erden/ Und sah dir nach mit nassem Blick« in der Fassung von 1789 abändern in »Ich ging, du standst und sahst zur Erden/ Und sahst mir nach mit nassem Blick.« Ebenso reicht der Begriff ›Gedankenlyrik‹ nicht für die großen Hymnen aus, die im Rollengedicht in freien Rhythmen die schöpferische »Selbsterzeugung« (D. Wellbery) und prometheische Selbstbefreiung von den Göttern feiern. Zu den bedeutendsten Gedichten der ersten Weimarer Jahre gehören die kritischen Bilanzen *Harzreise im Winter* (1777) und *Ilmenau* (1783), die Balladen *Der Fischer* (1778) und *Der Erlkönig* (1782), die Oden *Grenzen der Menschheit* (1779/81) und *Das Göttliche* (1783) sowie das 1780 entstandene *Ein Gleiches* (»Über allen Gipfeln/ Ist Ruh«). *An den Mond* entstand vor 1786.

Weitere Werke (Schauspiele): *Die Geschwister* (1787), → *Iphigenie auf Tauris* (1787).

1775–1812
Matthias Claudius

* 15.8.1740 in Reinfeld (Holstein). 1759–63 Theologie-, dann Jurastudium in Jena, 1764/65 als Sekretär des Grafen v. Holstein in Kopenhagen. Ab 1768 Redakteur in Hamburg, 1771–75 Hg. und Hauptbeiträger des *Wandsbecker Bothen*, 1776/77 Oberlandeskommissar in Darmstadt, danach in Hamburg lebend. † 21.1.1815 in Hamburg. Gedenkstätten: Reinfeld (M), Hamburg (D, G).

Sämtliche Werke

OT: *ASMUS omnia sua SECUM portans, oder Sämmtliche Werke des Wandsbecker Bothen*

Prosa und Lyrik, darunter fast alle Beiträge für den *Wandsbecker Bothen* (1771–75). 8 Teile, erschienen 1775 (2 Teile), 1778, 1783, 1790, 1798, 1803, 1812. »Asmus« war C.' Pseudonym.

C.' Werke sind unter dem Namen der Zeitschrift berühmt geworden, die er zu einem der weithin beachteten literarischen Blätter seiner Zeit machte (→ *Literarische Zeitschriften II, 1770–1815*); für den *Wandsbecker Bothen* konnte C. so gut wie jeden bedeutenden Autor als Beiträger gewinnen. »Das größte Genie und ein Knabe der Unschuld«, so charakterisierte ihn Herder, dagegen hielt W. v. Humboldt ihn für eine »völlige Null«, während H. Hesse lobte: »Fromm in tiefster Seele [...] voll Bedürfnis nach beständigem Umgang mit Büchern, mit Kunst, mit geistigen Menschen, blieb er doch ein Kind und ein Stück Volk«. Sein unerschütterliches Gottvertrauen, seine Aufrichtigkeit, seine (manchmal vorgetäuschte) ›Einfalt‹ sowie sein Einfühlungsvermögen erleichterten ihm den Zugang zu einfachen Menschen und ließen ihn den ungekünstelten, in seiner Schlichtheit kunstvollen Volksliedton seiner Gedichte finden, so z. B. in: *Kriegslied* (»'s ist Krieg! 's ist Krieg!«), *Ein Lied, hinter dem Ofen zu singen* (»Der Winter ist ein rechter Mann«), *Der Mensch, Die Sternseherin Lise.* Sein bekanntestes Gedicht, das 1779 entstandene *Abendlied* (»Der Mond ist aufgegangen«), nahm Herder in die Volkspoesie-Sammlung → *Stimmen der Völker in Liedern* (1778/79) auf.

Den Ideen der Aufklärung stand C., soweit sie mit seinem Glauben vereinbar waren, zunächst aufgeschlossen gegenüber (z. B. *Der Schwarze in der Zuckerplantage*, *Schreiben eines parforcegejagten Hirschen*), wurde aber im Alter immer konservativer und trat »seit 1789 weniger als Bote des Herrn, denn als Bote der Herren« (Chr. Schultz-Gerstein) auf. Gewidmet ist das Werk »Freund Hain«, wie C. euphemistisch den Tod bezeichnete, dessen Unabwendbarkeit er als etwas natürlich Gegebenes akzeptierte (z. B. *Der Tod und das Mädchen*, *Christiane*, *Der Tod*).

Rezeption: C. blieb mit vielen seiner Texte populär, nicht zuletzt durch die Vertonungen von J. A. P. Schulz (*Abendlied*), Beethoven, Schubert (*Der Tod und das Mädchen*) oder M. Reger.

Göttinger Hain

Der ›Göttinger Hain‹ (auch: ›Hainbund‹) war ein LITERARISCHER FREUNDSCHAFTSBUND von jungen, zumeist studentischen Dichtern und Literaturliebhabern, der von 1772 bis 1775 in Göttingen existierte. Vorausgegangen war ab 1770 ein Dichter-Zirkel um den Lyriker H. Chr. Boie, der zusammen mit Fr. W. Gotter die weithin wirkende Literaturzeitschrift *Göttinger Musenalmanach* (1770–1804) herausgab. Dem Göttinger Hain gehörten außerdem an: L. Chr. H. Hölty, J. M. Miller, J. H. Voß, J. A. Leisewitz, die Brüder Chr. und Fr. L. Stolberg sowie kurzzeitig auch Fr. G. Klopstock; ihm eng verbunden waren: G. A. Bürger, Chr. Fr. D. Schubart und M. Claudius.

Der NAME des Bundes knüpft an Klopstocks Ode *Der Hügel und der Hain* an und soll zum Ausdruck bringen, dass nicht der griechische Berg und Musensitz Helikon (Parnass), sondern der germanische Wald (Hain) der echte Ort der Barden (Sänger) ist. Die Klopstock-Verehrung, die Feier brüderlicher Freundschaft und ein ausgeprägter Patriotismus (→ *Patriotismus und Nationalismus in der Literatur*) bildeten das geistige Band dieses Bundes, der sich zugleich auch als Werkstatt und Forum für die gemeinsame Produktion verstand. Als Antipoden galten Voltaire und Wieland.

Obwohl der Göttinger Hain nur kurze Zeit bestand, gingen von ihm beachtliche Wirkungen aus: In der Lyrik, dem hauptsächlichen Feld seiner Aktivitäten, bildet er mit L. Chr. Hölty eine Brücke von der → *Anakreontik* und → *Empfindsamkeit* über Klopstock zum Volksliedton, an den Goethe und noch E. Mörike anknüpften. Zugleich entwickelte sich eine zeitkritische Lyrik, die vom bardischen Teutonismus über die grimmige Anti-Tyrannenlyrik der Brüder Stolberg (z. B. *Freiheitsgesang aus dem zwanzigsten Jahrhundert*) bis zur scharfen Sozialkritik (bei J. H. Voß, Chr. Fr. D. Schubart und G. A. Bürger) reicht. Einziger Dramatiker des Göttinger Hain ist A. v. Leisewitz mit seinem Schauspiel → *Julius von Tarent* (1776), einziger Romancier J. M. Miller mit dem empfindsamen Roman → *Siegwart* (1776). Neben dem Göttinger Hain sind noch die literarischen Gruppierungen in Straßburg (um Herder, Goethe, J. M. R. Lenz, J. H. Jung-Stilling u. a.), der Emkendorfer Kreis in Holstein (um J. H. Voß, die Brüder Stolberg, M. Claudius u. a.) und der Darmstädter Kreis (um J. H. Merck, Goethe u.a.) zu nennen.

1776
Friedrich Maximilian Klinger

* 17.2.1752 in Frankfurt/Main. Abgebrochenes Jurastudium in Gießen (1774–76), danach Theaterdichter, 1778/79 als Offizier Teilnahme am Bayrischen Erbfolgekrieg. Ab 1780 Offizier, ab 1801 General in Petersburg; 1803–16 Kurator der Universität Dorpat. † 25.2.1831 in Dorpat. Gedenkstätte: St. Petersburg (G).

Die Zwillinge

UT: *Ein Trauerspiel in fünf Aufzügen*

Drama (Prosa). UA: 23.2.1776 in Hamburg. ED: 1776.

Der kraftstrotzende und tatendurstige Guelfo hasst seinen klugen, aber schwächlichen Zwillingsbruder Ferdinando, der das Erbe seines Vaters, eines Edelmannes der italienischen Renaissancezeit, antreten wird, während ihm, dem Erstgeborenen, Macht und Besitz vorenthalten bleiben. Skrupellos versucht er daher, den Bruder zu verdrängen, und als ihm dies nicht gelingt, ermordet er ihn und wird deswegen vom Vater gerichtet. Guelfo, maßlos in seinen Ansprüchen, ungezügelt in seiner Ich-Bezogenheit, blindwütig handelnd aus dem Gefühl ungerechter Zurücksetzung heraus, hat jede vernunftmäßige Kontrolle verloren, was zum Untergang der Familie und seiner selbst führt. Seine Leidenschaft verdeutlicht K. auch sprachlich durch einen ekstatischen Stil (Flüche, Ausrufe, abgebrochene Sätze, Kraftausdrücke usw.).

Die Leidenschaft ist zwar, wie es im Drama heißt, »die größte Triebfeder unseres Wesens«, eine Kraft, die nach Überzeugung der Dichter des → *Sturm und Drang* den Menschen zur höchsten Entfaltung seiner Anlagen und Kräfte führen kann; sie erscheint hier aber als Dämon, d. h. als eine (selbst)zerstörerische Kraft. Damit wird im Jahr 1776, dem Höhepunkt der Sturm- und Drang-Bewegung, die Verherrlichung der Kraftnatur und ihrer schrankenlosen Leidenschaft einer deutlichen Kritik unterzogen.

Rezeption: Auf der Bühne wie als Buch hatte das Stück überwältigenden Erfolg.

Weitere Dramen: *Otto* (1775), *Das leidende Weib* (1775), → *Sturm und Drang* (1776).

1776

Friedrich Maximilian Klinger Biogr.: → 1776

Sturm und Drang

UT: *Ein Schauspiel*

ED: 1776. UA: 1.4.1777 in Leipzig.

Nach vielen Jahren der Suche findet Carl Bushy in Nordamerika seine Jugendliebe Caroline Berkley wieder; zwischen beiden Adelsfamilien war in England eine Todfeindschaft entstanden, die die Berkleys dazu veranlasst hatte, auszuwandern. In einem Zeitraum von etwas mehr als 24 Stunden treffen Mitglieder der Familien erneut zusammen: Es gibt aufs Neue Verwicklungen, ein Duell soll stattfinden und eine Katastrophe droht, aber am Ende reichen sich die verfeindeten Familienväter die Hand und Caroline und Carl finden endgültig zueinander.

Die Tatsache, dass das Geschehen vor dem Hintergrund des Unabhängigkeitskrieges in Nordamerika spielt, ist für die Aussageabsicht K.s ohne Bedeutung, weil es ihm nicht um einen Protest gegen soziale Ungerechtigkeiten in Europa und eine politische Neuorientierung nach amerikanischem Vorbild ging; K. wollte vielmehr, wie bereits in → *Die Zwillinge* (1776), die Kraft eines Menschen demonstrieren, der sich berechtigt fühlt, gegen alle Widerstände Anspruch auf ein besseres Schicksal zu erheben und diesen auch durchzusetzen, d. h. die Erfüllung seiner Liebe zu finden. Diese Kraft, dieses absolute Vertrauen auf das Gefühl (wie in Goethes Roman → *Die Leiden des jungen Werthers*, 1774), auf das sich der → *Sturm und Drang* immer wieder berief, ist hier jedoch nicht mehr ungebrochen: »Unser Unglück«, so Carl, »kommt aus unserer eigenen Stimmung des Herzens, die Welt hat dabei getan, aber weniger als wir« (I, 1).

Rezeption: Der Titel des Stückes, das ursprünglich »Wirrwarr« heißen sollte, wurde zur Bezeichnung der auch als ›Geniezeit‹ charakterisierten literarischen Epoche des → *Sturm und Drang*.

Weitere Werke: *Stilpo und seine Kinder* (Trauerspiel, 1777), → *Fausts Leben, Taten und Höllenfahrt* (Roman, 1791).

1776
Johann Anton Leisewitz

* 9.5.1752 in Hannover. 1770–74 Jurastudium in Göttingen, 1774 Advokat in Hannover, ab 1778 im braunschweigischen Staatsdienst. 1786 Erzieher des Erbprinzen Karl Georg August, 1790 Hofrat, 1801 Geheimer Justizrat und 1805 Präsident des Sanitätskollegiums. † 10.9.1806 in Braunschweig (G).

Julius von Tarent

UT: *Ein Trauerspiel*

Drama. Entst. 1772–74; UA: 19.6.1776 in Berlin. ED: 1776, anonym erschienen.

Der Tragödie liegt der Streit zweier Brüder, Söhne des Fürsten von Tarent, zugrunde, die beide dieselbe Frau, Bianca, lieben; Julius, der Thronfolger, liebt sie wirklich, Guido verlangt sie mehr aus Eifersucht und Ehrgeiz für sich. Der Fürst schickt Bianca ins Kloster, woraus Julius sie, unter Verzicht auf die Fürstenwürde, entführen will. Bei diesem Versuch ersticht ihn Guido, ohne ihn zu erkennen. Bianca wird darüber wahnsinnig, Guido verlangt für sich den Tod und wird vom Fürsten hingerichtet.

L. behandelt in diesem Drama ein zentrales Thema des → *Sturm und Drang*: den ›Hunger nach Empfindungen‹ als Anspruch des Individuums auf uneingeschränkte Verwirklichung seiner Gefühle: Aus der Ablehnung jeder Art von begrenzender Norm folgt bei Julius die Auflehnung gegen den Vater und die Lossagung von Staat und Staatsräson (Aufgabe der Fürstenwürde, Mesalliance, Flucht aus der Gesellschaft in ein ›fernes‹ Land), um die individuelle Leidenschaft ausleben zu können. Eine solch unbedingte Zielsetzung, in der das Ich nur sein eigenes Recht anerkennt, schlägt bei Guido aus entgegengesetzten Motiven in ein mörderisches Kraftmenschentum um, das sich allerdings nach der bösen Tat willig der väterlich-fürstlichen Autorität ergibt. So steht Guidos Unterordnung zwar Julius' Absage an den Staat gegenüber, zugleich aber verfällt die gute Regentschaft, weil der Patriarch abdankt und einer harten Regierung Platz macht. Am Ende hat niemand gewonnen.

Rezeption: Bis zum Ende des 18. Jh. oft gespieltes Stück und auch als Buch erfolgreich. Lieblingslektüre des jungen Schiller, der die Thematik in → *Fiesco* (1783) sowie in → *Die Braut von Messina* (1803) wieder aufnahm.

Weitere Werke: *Tagebücher* (postum 1916–20).

1776
Jakob Michael Reinhold Lenz
Biogr.: → 1774

Die Soldaten
UT: *Eine Komödie*

Drama. ED: 1776 (anonym). UA: 26.12.1863 in Wien, bearbeitete Fassung u.d.T. *Das Soldatenliebchen.* UA (Originalfassung): 13.10.1916 in Berlin.

Baron Desportes, ein junger französischer Offizier, nutzt sein Verhältnis mit Marie Wesener, Tochter eines Händlers in Lille, um sich seiner Schulden zu entledigen. Verblendet durch das adlige Milieu und auf eine soziale Aufstiegsmöglichkeit hoffend (darin unterstützt vom Vater), bricht Marie ihr Heiratsversprechen mit dem Tuchhändler Stolzius. Desportes verlässt sie jedoch, nachdem ihr Vater eine Bürgschaft übernommen hat. Marie verkehrt mit anderen Offizieren, wird gewarnt und sucht Desportes, der sie vergewaltigen lässt. Stolzius vergiftet ihn und sich selbst. Marie, zur Bettlerin herabgesunken, wird von ihrem durch Desportes ruinierten Vater am Straßenrand aufgelesen.

L. verurteilt die Unfreiheit und Ungleichheit der Menschen, tritt aber nicht für eine revolutionäre Veränderung der Gesellschaft ein. Ihm geht es vielmehr um die Anklage von Sittenlosigkeit und Machtmissbrauch adliger Offiziere sowie um die konkrete Verbesserung bestehender Missstände innerhalb der Gesellschaft (z. B. Aufhebung der erzwungenen Ehelosigkeit der Soldaten). So verdorben hier der Adel auftritt, Schuld an der Zerstörung der Familie und dem eigenen Elend haben Marie und ihr Vater auch selbst: aufgrund ihrer eitlen Unbelehrbarkeit und Großmannssucht. Das Drama zeigt in der Bezeichnung als ›Komödie‹ sowie im formalen Aufbau, im gestischen Sprechstil und in der zur Karikatur neigenden Charakterzeichnung Parallelen zu → *Der Hofmeister* (1774). Beide Stücke sind als Auftakt der ab 1776 einsetzenden Dramatik des → *Sturm und Drang* eher gemäßigt.

Rezeption: Das Werk fand zu L.' Lebzeiten kaum Beachtung, übte aber große Wirkung auf G. Büchner (→ *Woyzeck*, 1837), den Naturalismus und den Expressionismus aus. Bearbeitung von H. Kipphardt (*Die Soldaten*, 1968). ♫ B. A. Zimmermann (Oper, UA: 1965). 🎬 R: H. Buckwitz (1962, TV).

Weitere Werke: *Pandaemonium Germanicum* (satir. Drama, entst. 1775, ED: 1819), *Der Waldbruder* (Prosafragment, 1793).

1776
Johann Martin Miller

* 3.12.1750 in Ulm. 1770–75 Theologiestudium in Göttingen, Mitglied des → *Göttinger Hain*. Gymnasiallehrer, ab 1780 Pfarrer, ab 1804 Konsistorialrat und Dekan in Ulm. † 21.6.1814 in Ulm (G).

Siegwart

UT: *Eine Klostergeschichte*

Roman, anonym erschienen.

M. hat eigentlich nur empfindsamen Schund geschrieben, darunter das noch heute bekannte Gedicht *Die Zufriedenheit* (»Was frag' ich viel nach Geld und Gut/ Wenn ich zufrieden bin!«, 1776). Was ihn mit seinem *Siegwart* in jede Darstellung der deutschen Literaturgeschichte brachte, war der ungeheure Erfolg dieses rührseligen Romans: Erzählt werden die Schicksale zweier Freunde, die mit den Vätern der Geliebten um ihre Liebe zu kämpfen haben. Während Kronhelm nach Überwindung vieler Widerstände die geliebte Therese heiraten kann, scheitert Siegwart und geht verzweifelt ins Kloster, um nach Jahren in einer sterbenden Nonne seine totgeglaubte Marianne erkennen zu müssen. Er stirbt auf ihrem Grabhügel.

Auf den 1179 Buchseiten wird 555mal geweint, weswegen J. H. Voß ironisch von einem »Wasserroman« sprach; geweint wird aus sentimentaler Gewohnheit, den »Kettenweinern« fließen »literarische Tränen, in denen die Kraft der Innerlichkeit nicht gesammelt, sondern gerade hinweggeschwemmt wird« (M. Greiner). Damit trivialisiert der Roman die Tradition der → *Empfindsamkeit* und geht den Weg einer banalen *Werther*-Nachahmung (→ *Die Leiden des jungen Werthers*, 1774), die mit dem ›Siegwart-Fieber‹ bis in die Rezeption hinein das Original imitierte.

Rezeption: Der Roman war ein internationaler Bestseller. Eine Parodie lieferte B. Bernritter: *Siegwart oder Der auf dem Grab seiner Geliebten jämmerlich erfrohrene Kapuciner* (Roman, 1777).

1776
Heinrich Leopold Wagner

* 19.2.1747 in Straßburg. Jurastudium in Straßburg bis 1776, 1773/74 Hofmeister in Saarbrücken, ab 1776 Advokat in Frankfurt/Main. † 4.3.1779 in Frankfurt.

Die Kindermörderin

OT: *Die Kindermörderinn ein Trauerspiel*

ED: 1776 (anonym), UA: Juli 1777 in Preßburg. 1777 Bearbeitung des Stückes (u. a. Streichung des 1. Akts, positiver Schluss, neuer Titel: *Evchen Humbrecht oder Ihr Mütter, merkts Euch!*), UA: 4.9.1778 (1779?) in Frankfurt/Main, ED: 1779.

Das Motiv des verführten Mädchens und der Kindstötung war eines der zentralen Themen des → *Sturm und Drang* (z. B. J. M. R. Lenz' Erzählung *Zerbin, oder Die neue Philosophie*, 1776; G. A. Bürgers Ballade *Des Pfarrers Tochter zu Taubenhain*, 1776; Goethes Gedicht *Vor Gericht*, 1776; Schillers Gedicht *Die Kindsmörderin*, 1782): Evchen, Tochter eines Handwerkers, wird von dem adligen Leutnant Gröningseck verführt, der der Verzweifelten aber die Ehe verspricht. Während seiner Abwesenheit wird Evchen böswillig getäuscht und muss annehmen, dass Gröningseck sie verlassen hat. Um der öffentlichen Schande zu entgehen, tötet sie das Kind nach der Geburt. Ihr droht die Todesstrafe.

W. prangert hier – ganz im Sinne der → *Aufklärung* – eine überholte Strafgesetzgebung an und plädiert für eine Milderung der barbarischen Strafen für Kindsmord. Er klagt aber auch eine Gesellschaft an, die Mütter unehelicher Kinder und diese selbst mit so großer Grausamkeit behandelt, dass sie ins Elend getrieben werden. W. verstößt bewusst gegen die traditionellen Regeln des Dramas: Die Handlung (ohne Exposition) beginnt in einem Bordell, das Stück umfasst 6 statt der üblichen 5 Akte, die Sprache ist dem jeweiligen sozialen Stand der Personen angepasst, häufig dialektgeprägt, die Kindstötung wird auf der Bühne dargestellt. Damit weist W. auf den → *Naturalismus* voraus, während seine Bearbeitung von 1777, in der der Kindsmord verhindert wird und Evchen ihren Leutnant heiratet, dem gängigen bürgerlichen Rührstück entsprach.

Rezeption: Das Stück erregte großes Aufsehen, fand aber wenig Anklang und wurde von W. durch die Bearbeitung abgemildert. Die Originalfassung wurde erst 1904 in Berlin wieder inszeniert. Adaption durch P. Hacks: *Die Kindermörderin* (1957/59).

Weitere Werke: *Die Reue nach der That* (Drama, 1775), *Leben und Tod Sebastian Silligs* (Romanfragment, 1776).

1776
Johann Carl Wezel

* 31.10.1747 in Sondershausen (Harz). 1764–69 Theologie-, später Philosophiestudium in Leipzig; 1769–74 Hofmeister in Bautzen und Berlin, Reisen in Europa. Ab 1777 als Mitarbeiter an Zeitschriften in Leipzig, 1782–84 Theaterdichter in Wien, um 1785 Rückzug in die Isolation. † 28.1.1819 in Sondershausen.

Belphegor

OT: *Belphegor, oder die wahrscheinlichste Geschichte unter der Sonne*

Satir. Roman.

W. erzählt – im Gewand eines Reiseromans – die Geschichte des idealistisch gesonnenen Belphegor, der zuweilen allein, häufig mit seinen Freunden Medardus und Fromal und manchmal mit seiner Freundin Akante durch die ganze Welt zieht. Er erlebt unentwegt strapaziöse Abenteuer, gerät dabei von einem Debakel ins andere und wird darüber zum Krüppel. Dennoch wird sein Glaube an das Gute im Menschen und in der Welt nicht erschüttert; er bleibt, wie es im Roman heißt, ein »Märtyrer seines guten Herzens«. Genau diese Zuversicht stellt der Roman jedoch infrage, indem er das zentrale Problem der Aufklärung verhandelt, ob nämlich »die Rechtsidee der Aufklärung widerlegt sei, wenn die Erfahrung des moralischen Übels überall zu machen ist« (V. U. Müller). W. wendet sich damit gegen die Aussage Leibniz', der Mensch lebe in der besten aller Welten. Stattdessen beruft er sich – inspiriert durch Voltaires *Candide* (1759) und J. Swifts *Gullivers Reisen* (1726) – im Motto auf Th. Hobbes (1588–1679), der den Naturzustand als Krieg aller gegen alle gekennzeichnet hatte: Menardus scheitert mit seinem Glauben an die dem Menschen unzugängliche göttliche Vorsehung ebenso wie Fromal mit seiner pessimistisch-skrupellosen Maxime, stets mit den Wölfen zu heulen. Aber v. a. am Schicksal Belphegors und der ironischen Distanz des Erzählers zu ihm verdeutlicht sich W.s skeptischer Standpunkt: Die Annahme einer grundsätzlichen Vernunftbestimmtheit des Menschen ist irrig. Obwohl die satirisch dargestellte Handlung immer wieder durch philosophische Reflexionen, Streitgespräche, Berichte über grausame Geschehnisse der Vergangenheit sowie durch Kritik an Staat und Kirche unterbrochen wird, gelang W. ein lebendiger, realistischer Roman.

Rezeption: W.s Anti-Idealismus beeinträchtigte die Resonanz des Romans, dessen Wiederentdeckung im 20. Jh. Arno Schmidt (1959/61) zu verdanken ist.
Weitere Romane: *Lebensgeschichte Tobias Knauts des Weisen* (1773–76), *Satirische Erzählungen* (1777/78), → *Herrmann und Ulrike* (1780).

Übersetzungen im 18. Jahrhundert

Übersetzungen gehören zu den bedeutendsten FORMEN DES KULTURKONTAKTS. Sie spielen in Deutschland aufgrund der zentraleuropäischen Lage, aber auch im historischen Kontext einer europäisch-abendländischen Identität bis heute eine große Rolle. Am Anfang steht die übersetzerische Adaption der christlich-lateinischen Kultur (→ *Übersetzungen ins Althochdeutsche I und II*), gefolgt von den (übersetzenden) Nachdichtungen aus der altfranzösisch-provenzalischen Literatur im hohen Mittelalter (→ *Minnesang*, → *Artus-Epik*); die → *Anfänge des deutschen Prosaromans* ab dem 15. Jh. verdanken sich ebenso den durch Übersetzungen nahe gebrachten italienisch-französischen Vorbildern wie die barocke Lyrik (→ *Petrarkismus und Manierismus*) und die → *Schäferdichtung*. Bis zum 18. Jh. hatten dabei weder Autoren- noch Verlagsrechte größere Bedeutung. Die Übersetzung selbst versteht sich entweder als dem WORTLAUT (ex verbo) eng verpflichtet, wofür M. Luther in seinem *Sendbrief vom Dolmetschen* (1530) eintrat, oder stärker als SINNGEMÄSSE ÜBERTRAGUNG (ex sensu) bzw. Nachdichtung, die M. Opitz in seinem → *Buch von der Deutschen Poeterey* (1624) forderte. Beide Prinzipien nehmen für sich in kaum entscheidbarer Weise in Anspruch, das Original besser zu bewahren. Die jeweiligen Zweifel daran formuliert Goethes Magister Faust in der Studierzimmer-Szene (→ *Faust I*, 1808), als er die Übersetzung des griechischen Begriffs ›logos‹ (›Wort‹, ›Sinn‹, ›Kraft‹, ›Tat‹) erwägt.

Im 18. Jh. veränderte sich die Situation: Auf der einen Seite trat das Vorbild-Prinzip als Motor für Übersetzungsaktivitäten allmählich in den Hintergrund: Es galt noch ungebrochen für J. Chr. Gottscheds (teilweise übersetzte) Mustersammlung *Die Deutsche Schaubühne* (1741–45), nur noch eingeschränkt für J. J. Bodmers Übersetzung von J. Miltons *Paradise Lost* (1732) sowie im übertragenen Sinne für J. J. Winckelmanns *Gedancken über die Nachahmung der griechischen Wercke* (1755). Dagegen betraten die ehrgeizigen Übersetzer ab der Jh.mitte, die sich die großen ›Naturdichter‹ Shakespeare und Homer sowie die europäische Volkspoesie vornahmen, Neuland, indem sie sich als »Treuhänder des Originalgenies« (W. Kohlschmidt) verstanden. An erster Stelle sind hier die Homer-Übersetzungen zu nennen: Fr. L. Stolberg: *Ilias* (1778/79), J. J. Bodmer: *Homers Werke* (1778), G. A. Bürger: *Ilias* (1771, in Jamben; 1784 in Hexametern) sowie v. a. J. H. Voß: *Homers Odüßee* (1781) und *Homers Werke* (1793). Voß setzte mit seiner bis heute lebendigen Eindeutschung, die philologisch genau und sprachschöpferisch zugleich war, gültige Maßstäbe, die in der Shakespeare-Übersetzung – nach Anfängen in Prosa bei Wieland (1762–64) und J. J. Eschenburg (1775–82) – in Versen durch A. W. Schlegel (ab 1797) kulminierten. Weitere wichtige Übersetzungen lieferte J. G. Herder mit seiner Anthologie europäischer *Volkslieder* (→ *Stimmen der Völker in Liedern*, 1778/79). Neben diesen sehr ambitionierten, nicht immer erfolgreichen dichterischen Übersetzungsleistungen des 18. Jh. bildeten die von Buchmarkt und kommerziellen Interessen diktierten Übersetzungen ausländischer (Roman-)Literatur das Hauptkontingent. Der Anteil der Übersetzungen aus lebenden Sprachen am Gesamtkontingent lag 1775 aber erst bei rund 9 %.

1777–1806/17
Johann Heinrich Jung(-Stilling)

* 12.9.1740 in Grund (bei Siegen). Autodidakt, 1770–72 Medizinstudium in Straßburg, 1772–78 Augenarzt in Elberfeld, 1778–1804 Professor für Kameralwissenschaft in Kaiserslautern, Heidelberg und Marburg, danach Hofrat in Heidelberg. † 2.4.1817 in Karlsruhe. Gedenkstätten: Grund (D, M), Karlsruhe (G).

Heinrich Stillings Leben

Autobiogr. in 5 Teilen: *Henrich Stillings Jugend* (1777), *Henrich Stillings Jünglings-Jahre* (1778), *Henrich Stillings Wanderschaft* (1778), *Henrich Stillings häusliches Leben* (1789), *Henrich Stillings Lehr-Jahre* (1804); 6. Teil: *Henrich Stillings Alter* (1817, Fragment).

Die von 1777 bis 1804 erschienenen 5 Teile von J.s Autobiographie, 1806 unter dem Obertitel *Heinrich Stillings Leben* zusammengefasst, haben jeweils den Untertitel: *Eine wahrhafte Geschichte*. Obwohl in der Er-Form und wie ein Roman erzählt, verbürgt diese Berufung auf die Wahrhaftigkeit die Authentizität einer Lebensgeschichte, deren innere und äußere Entwicklung vom Enkel eines Köhlers bis zum Arzt und Professor geschildert wird. Den größten Eindruck machte dabei der von Goethe redigierte und herausgegebene 1. Teil, der die Kindheit und Jugend auf dem Dorfe behandelt: In schlichtem Erzählgestus, von Dialogen, Liedern und einem Märchen (*Jorinde und Joringel*) aufgelockert, entsteht das Bild eines einfachen, naturverbundenen Lebens auf dem Lande, das sowohl für die → *Empfindsamkeit* als auch für den → *Sturm und Drang* von großem Interesse war. Die späteren Teile der Autobiographie fallen dagegen ab, nicht zuletzt deswegen, weil J.s pietistischer Eifer, seinen Lebensgang vollständig als Plan einer göttlichen Vorsehung zu interpretieren, den Ansatz zur kritischen Selbstanalyse verdrängt (vgl. dagegen K. Ph. Moritz: → *Anton Reiser*, 1785–90, und U. Bräker: → *Der Arme Mann im Tockenburg*, 1789): »Alles verfällt dem retrospektiven Deutungszwang« (R.-R. Wuthenow). Den Beinamen ›Stilling‹ hatte J. sich nach seinem Straßburger Aufenthalt, wo er zur Tischgesellschaft Goethes und Herders gehörte, zugelegt, um seine Zugehörigkeit zu den Pietisten, den ›Stillen im Lande‹, auszudrücken.

Rezeption: F. Freiligrath nannte den 1. Teil die »erste deutsche Dorfgeschichte« und Fr. Nietzsche hielt ihn für eines der vier besten Bücher in dt. Sprache.

1778–1779

Johann Gottfried Herder

Biogr.: → 1766–69

Stimmen der Völker in Liedern

OT/UT: *Volkslieder. Nebst untermischten andern Stücken*, ab 1807: *Stimmen der Völker in Liedern*

Liederslg.

In der für den → *Sturm und Drang* wegweisenden Programmschrift *Von Deutscher Art und Kunst* (1773) hatte der Herausgeber H. in dem Aufsatz »Auszug aus einem Briefwechsel über Oßian und die Lieder alter Völker« zum ersten Mal sein Konzept einer ›Volkspoesie‹ vorgestellt. Er hatte dabei auch den Begriff ›Volkslied‹ geprägt und es als »Stimme des Volks der zerstreueten Menschheit« definiert. Neu daran war nicht nur der Wagemut gewesen, dem antik-klassizistischen Kunstideal eine ›Originalpoesie‹ gegenüberzustellen, die ungekünstelt, »aus unmittelbarer Gegenwart, aus unmittelbarer Begeisterung der Sinne und der Einbildung« entstanden sei; neu war auch, dass diese ›Volkspoesie‹ nicht auf eine bestimmte Nation beschränkt und zugleich als eine fortdauernde Kraft begriffen wurde, die auch für die Kunstdichtung der Gegenwart ein praktisches Vorbild sein könne. Daher hatte H. ausdrücklich volkstümliche Lieder seiner Zeit in das Konzept mit eingeschlossen.

Diesem Konzept folgt die Anthologie: Nach einem ersten, wieder zurückgezogenen Versuch (*Alte Volkslieder*, 1773/75) erschien das zweibändige

Sammelwerk 1778/79 (im 1. Band noch zweisprachig, im 2. Band nur in Übersetzung). Das Spektrum der nicht-anonymen Lieder reicht von Sappho, Catull, Gongora, Shakespeare, Ossian (d. i. J. Macpershon) über M. Opitz, J. Rist und S. Dach bis zu M. Claudius und Goethe (*Der Fischer*, entst. 1778). Weitere Volkspoesie veröffentlichte H. in seiner Sammlung *Zerstreute Blätter* (1785–97).

Rezeption: Programm und Auswahl übten auf die Lyriker des → *Göttinger Hain* und des → *Sturm und Drang*, v. a. auf den jungen Goethe (→ *Gedichte bis 1789*, 1775/89) und G. A. Bürger (→ *Gedichte*, 1778–98), großen Einfluss aus. Die erneute Ausgabe von 1807 stand bereits in Kontrast zum romantischen Konzept des ›Volksliedes‹, das A. v. Arnim und Cl. Brentano in ihrer Slg. → *Des Knaben Wunderhorn* (1805/08) realisierten.

Weitere Werke (Abhandlungen): *Ideen zur Philosophie der Geschichte der Menschheit* (1784–91), *Briefe zur Beförderung der Humanität* (1793–97).

1778–1781
Theodor Gottlieb von Hippel

* 31.1.1741 in Gerdauen (Ostpreußen). Ab 1756 zunächst Theologie-, ab 1762 Jurastudium in Königsberg, dort ab 1765 Advokat. Ab 1772 preußischer Beamter, 1780 Ernennung zum Bürgermeister von Königsberg. † 23.4.1796 in Königsberg.

Lebensläufe nach aufsteigender Linie

OT: *Lebensläufe nach Aufsteigender Linie nebst Beylagen A, B, C*

Roman, anonym erschienen.

»Ein Roman! fern sey er von mir«, erklärt der Ich-Erzähler des Romans und will damit sagen, dass es nicht seine Absicht sei, die Welt in einer ästhetisch gestalteten Ordnung darzustellen. Vielmehr will er sie so wiedergeben, wie er sie erfahren hat: als eine ungeordnete, chaotisch-leidvolle Realität, aus der nur selbstvergessene Liebe oder der Tod Erlösung versprechen. Diesem Zustand der Welt entspricht die Formlosigkeit des sehr umfangreichen, autobiographisch geprägten Romans (1838 S.n), in dem die zeitlich ungeordneten, verschachtelten Lebensläufe immer wieder durch Reflexionen, Erörterungen, Aphorismen, Briefe, Predigten usw. unterbrochen werden. Der Erzähler berichtet über seine Kindheit als baltischer Pastorensohn, seine Studienzeit in Königsberg und seine Beteiligung am Türkenkrieg als Offizier in russischen Diensten. Es folgen unglückliche Jugendliebe, glückliche Heirat und der Tod seines Kindes, der ihn zu einer Religiosität führt, die – ganz pietistisch – auf das Leben im Jenseits gerichtet ist. Hier bricht der Roman ab.

H.s Auffassung, dass der Mensch sich in der Welt nicht vernünftig einrichten könne, verweist auf die spätaufklärerischen Zweifel am geschichtsphilosophischen Optimismus (J. C. Wezel: → *Belphegor*, 1776). Beeindruckend sind die realistischen Beschreibungen von Land und Leuten des Kurlands (heute Teil Lettlands) und die differenzierte, oft humorvoll-witzige Darstellung von Sonderlingen (ganz in der Manier von L. Sternes Roman *Tristram Shandy*, 1759–67), die mehr ihren Gefühlen als den Normen einer vom Verstand festgelegten Moral folgen.

Rezeption: Der Roman war im 18. Jh. sehr beliebt. A. v. Öttingen gab mit *Hippels Lebensläufe* (1878) eine geordnete Bearbeitung heraus, die dem Werk seinen knorrigen Charme raubte.

Weiteres Werk: *Kreuz- und Querzüge des Ritters A bis Z* (satir. Roman, 1793/94).

1778–1789

Gottfried August Bürger

* 31.12.1747 in Molmerswende bei Quedlinburg. Ab 1764 Theologiestudium in Halle, ab 1768 Jurastudium in Göttingen; 1772–84 Amtmann in Altengleichen. Kontakte zum → Göttinger Hain; ab 1784 Privatdozent, ab 1789 Professor an der Universität Göttingen. † 8.6.1794 in Göttingen. Gedenkstätten: Göttingen (D, G), Molmerswende (D).

Gedichte

Entst. ab 1771. ED: *Göttinger Musenalmanach*. BA: 1778, vermehrte und überarbeitete BA: 1789.

B. war neben Goethe der bedeutendste Lyriker der 1770er Jahre und nach der Veröffentlichung der Ballade *Lenore* (1774) zugleich der bekannteste. Sein lyrisches Schaffen umfasst im Wesentlichen drei Gruppen: Balladen, Liebes- und zeitkritische Gedichte. Unter den Balladen ragen hervor: *Der Raubgraf*, *Der wilde Jäger*, *Der Kaiser und der Abt*, *Das Lied vom braven Manne* (»Hoch klingt das Lied vom braven Mann«, 1777), *Die Weiber von Weinsberg*. Die im Stil einer Volksballade (Lautmalerei, szenischer Dialog, prägnante Naturbilder) geschriebene *Lenore* atmet den Geist des → *Sturm und Drang*: Das einfache Mädchen rebelliert aus Verzweiflung über den im Krieg gefallenen Geliebten gegen Gott und den dynastischen Staat. Die Ballade sollte, wie B. bemerkte, das Seitenstück zu Goethes → *Götz von Berlichingen* (1773) sein. B.s Liebesgedichte sind, abgesehen von der anakreontisch gestimmten frühen Lyrik (*Schön Suschen*), in ihrer autobiographischen Prägung eher Liebesleid-Lyrik (*Sonette an Molly*, *Das Hohe Lied von der Einzigen*, *Der Entfernten*). Die politischen Gedichte und sozialkritischen Balladen (z. B. *Des Pfarrers Tochter von Taubenhain*) gehören neben den Gedichten von J. H. Voß und Chr. Fr. D. Schubart zu den schärfsten Abrechnungen mit der absolutistischen Fürstenherrschaft: *Der Bauer an seinen durchlauchtigen Tyrannen*, 1776; *Auf einen Zeitschriftsteller*; *Für wen, du gutes deutsches Volk*; *Freiheit*; *Die Tode*.

B. strebte mit seiner Lyrik, wie er in den Vorreden zu seinen beiden Gedichtbänden ausführt, eine Volkstümlichkeit (»Popularität«) an, mit der der Schriftsteller als ein Dichter der ganzen Nation von dieser auch in ihrer Gesamtheit (und nicht nur vom gebildeten Publikum) verstanden werden kann. Eben diesen an J. G. Herder orientierten, demokratischen Anspruch verwarf Schiller 1791 in einer höchst ungerechten, für B. vernichtenden Rezension, mit der er seinen Weg zum exklusiven Konzept einer idealistischen Ästhetik begann (*Ästhetische Schriften* I und II, → 1792–93 und 1795–96): »Schiller tadelte genau das, was B.s Stärke ausmachte« (G. Häntzschel), wobei er die Balladen und die politische Lyrik sogar noch unterschlug.

Rezeption: B.s Bedeutung als Lyriker und Schöpfer der dt. Kunstballade wurde dort anerkannt, wo eine idealistische Kunstgesinnung nicht angestrebt bzw. kritisch betrachtet wurde. Fürsprecher waren daher z. B. J. G. Herder, der junge Goethe, Chr. M. Wieland, H. Heine, G. Büchner.

Weitere Werke: *Von der Popularität der Poesie* (Aufsatz, 1784), → *Münchhausen* (Lügengeschichten, 1786).

Humanität

Das Ideal der Humanität (lateinisch *humanitas*, ›Menschlichkeit‹) wurde in der deutschen → *Aufklärung* von G. E. Lessing entwickelt und über J. G. Herder an die ›Weimarer Klassiker‹ Goethe und Schiller vermittelt. Grundlage waren antike Humanitätslehren (Cicero), die mit der Renaissance im europäischen Humanismus des 15./16. Jh. (Petrarca, Erasmus, U. v. Hutten, J. Reuchlin, Ph. Melanchthon) neue Geltung erlangten. Gemeinsam war diesen Bestrebungen die Auffassung, dass der Mensch in seinem sittlichen Verhalten vervollkommnungsfähig ist und seine wahre Menschenwürde erst dann erreicht, wenn er die Anlage zu einer selbstbestimmten Persönlichkeit entfaltet. Voraussetzungen für diese Autonomie waren innere und äußere Bedingungen, die eine solche Entwicklung garantierten (z. B. Bildung, Freiheit, Frieden). Damit gerieten die Humanitätskonzepte in ein kritisches Verhältnis zu tradierten Menschenbildern und Soziallehren der Kirchen und des Staates, was zu unterschiedlichen Ausgestaltungen des Humanitätsideals führte.

In Lessings Humanitätskonzept ist das Verhältnis von geoffenbarter Religion und Vernunftwahrheit zentral (→ *Nathan der Weise*, 1779; *Die Erziehung des Menschengeschlechts*, 1780). Er interpretierte die historische Entwicklung von der göttlichen Offenbarung bis zum künftigen Zustand ›völliger Aufklärung‹ als gottgewollten Emanzipationsprozess, in dem der Mensch am Ende selbstbestimmt »das Gute tun wird, weil es das Gute ist.« In der Figur des weisen Nathan demonstriert Lessing sein Ideal des human-aufgeklärten Menschen.

Auch Herder ging vom Fortschritt zur Humanität durch Erziehung aus (*Ideen zur Philosophie der Geschichte der Menschheit*, 1784–91; *Briefe zur Beförderung der Humanität*, 1793–97). In den *Ideen* leitet er diese Bestimmung des Menschen aus dem Gang der natur- und weltgeschichtlichen Entwicklung ab, wobei er nur bis zum 16. Jh. kommt. In den *Briefen* vertieft er diese Gedanken durch praktische Anwendung auf die Erfordernisse der Gegenwart, um den »Zweck der Menschennatur«, die Humanität, zu verwirklichen. Seine sieben Forderungen lauten daher: »Abscheu gegen den Krieg«, »verminderte Achtung gegen Heldenruhm«, »Abscheu der falschen Staatskunst«, »geläuterter Patriotismus«, »Gefühl der Billigkeit gegen andre Nationen«, Empörung über »freche Handelsanmaßungen« und Lob der produktiven »Tätigkeit«.

Wo Herder einerseits politisch (z. B. in den Erwartungen an die republikanische Verfassung), andererseits religiös dachte (z. B. wenn er das Christentum als »reinste Humanität« verstand), betrachtete Goethe Humanität (»unser aller Ziel«) v. a. als inneren Läuterungsprozess, wie er ihn beispielhaft in → *Iphigenie auf Tauris* (1787) dargestellt hat: Nicht die Erwartung einer zu erreichenden Perfektibilität des Menschen könne leitend sein, sondern die Anerkennung der »menschlichen Gebrechen«, deren Sühnung am Ende wohl nur in der Kunst gelingen könne. Damit eröffnete Goethe allerdings veränderte Perspektiven eines Humanitätsideals, die zu Konzepten der ›schönen Seele‹, der Entsagung, der ›auserlesenen Zirkel‹ ästhetisch gebildeter Menschen bzw. zum romantischen ›Weg nach innen‹ führten (→ *Weimarer Klassik und Klassisches Weimar*, Goethe: → *Wilhelm Meisters Lehrjahre*, 1795–96; Fr. Schiller: → *Ästhetische Schriften* I und II, 1792—93 und 1795–96; → *Frühromantik*).

1779

Gotthold Ephraim Lessing Biogr.: → 1748/49

Nathan der Weise

UT: *Dramatisches Gedicht in fünf Aufzügen*

Schauspiel. ED: 1779; UA: 14.4.1783 in Berlin.

Vom Braunschweiger Hof daran gehindert, seine Auseinandersetzung mit dem Hamburger Pastor Goeze fortzusetzen, verbreitete L. seine Vorstellungen auf seiner ›alten Kanzel‹, dem Theater, weiter. So erklärt sich auf der einen Seite die Handlungsarmut des Dramas, auf der anderen Seite die beherrschende Rolle des argumentierenden Dialogs. Die Handlung spielt im 12. Jh. in Jerusalem, der Stadt der drei Offenbarungsreligionen: Der Jude Nathan reagiert, nachdem Christen während eines Pogroms seine Frau und seine sieben Söhne getötet haben, nicht blind im Affekt, sondern lässt Vernunft walten, indem er das Christenmädchen Recha adoptiert. Er erzieht sie nach vernünftigen Grundsätzen, verschweigt ihr aber ihre Herkunft. Ein vom muslimischen Sultan begnadigter Tempelherr (Kreuzritter) rettet sie bei einem Brand im Hause Nathans und verliebt sich in sie. Als er erfährt, dass Recha Christin ist, informiert er den fanatischen Patriarchen, der daraufhin Nathan mit dem Tod bedroht. Da ergeben Nathans Nachforschungen, dass Recha und der Tempelherr Kinder des verschollenen Bruders des Sultans und seiner christlichen Frau sind. So finden alle in Frieden zusammen: »Unter stummer Wiederholung allseitiger Umarmungen fällt der Vorhang.« Es ist ein wunderbares, märchenhaftes Ende, utopisch in eine Zukunft verweisend, die durch Toleranz und Nächstenliebe geprägt ist und dazu noch von einem Juden verkündet wird. Dass dies möglich werden könne, zeigt L. durch das Kernstück des Dramas, die *Ringparabel* (III, 7): Der Besitzer eines Rings, der die wahre Religion erkennbar macht, lässt zusätzlich zwei identische Ringe anfertigen, um jedem seiner Söhne einen Ring zu vererben, ohne dass sie wissen, welcher der richtige ist. Sie haben aber die Möglichkeit, durch vorbildliches Denken und Verhalten aus ihrem Ring den echten zu machen. Das bedeutet: Nicht die Zugehörigkeit zu einer Glaubensform, wobei hier keine Vorrang hat, ist entscheidend, sondern allein die ethische Qualität des menschlichen Tuns. Erst das Streben danach führt zu einem Miteinander, in dem Vorurteile verschwinden und Toleranz durch Anerkennung anderer Überzeugungen zu erringen ist. In der Gestalt des edlen Juden Nathan verkörpern sich L.s ideale Vorstellungen von einem zur → *Humanität* zu erziehenden Menschengeschlecht.

Rezeption: Das Stück hatte zunächst nur geringen, erst durch Schillers Bearbeitung (1801 für die Weimarer Bühne) wachsenden Erfolg. Der von L. verwendete Blankvers (5-hebiger, reimloser Jambus) wurde zur Versform der dt. Klassik. Aufführungsverbot nach 1933, nach 1945 als »Wiedergutmachungsstück« (W. Barner) von fast allen Bühnen wiederholt gespielt, so dass es 1975 mit 3915 Aufführungen an 8. Stelle der meistgespielten Stücke stand. Aufnahme des Stoffes durch G. Tabori: *Nathans Tod* (UA: 1991). 🎬 R: Fr. P. Wirth (1967, TV), R: K. D. Kirst (1979, TV), R: O. Döpke (1979, TV).

Weitere Werke: *Die Erziehung des Menschengeschlechts* (Streitschrift, 1780), *Doctor Faust* (Schauspiel, 1780).

1779–1780
Joachim Heinrich Campe

* 29.6.1746 in Deensen bei Holzminden. 1765–69 Theologie- und Philosophiestudium in Helmstedt und Halle, 1769–76 (mit Unterbrechung) Hauslehrer bei den Humboldts in Tegel, danach Verwalter und Gründer aufklärerischer Erziehungsanstalten (Dresden, Hamburg). Ab 1786 Schulrat in Braunschweig. † 22.10.1818 in Braunschweig (G).

Robinson der Jüngere

UT: *Zur angenehmen und nüzlichen Unterhaltung für Kinder*

Kinderbuch in 2 Teilen.

Nur ein Jahr nach Defoes *Robinson Crusoe* (1719) erschienen gleich 5 Übersetzungen; eine Vielzahl von Nachdichtungen, sog. Robinsonaden, folgte bis zum Ende des Jh. (→ *Roman in der Aufklärung*). C., mehr Erzieher als Dichter, wollte mit seiner Bearbeitung die Spannung und Abenteuerlichkeit des populären ›Bestsellers‹ für ein Kinder- und Jugendbuch mit pädagogischer Zielsetzung nutzbar machen – er wollte Wissen und moralische Werte vermitteln und dabei die Bedeutung bürgerlicher Tugenden wie Fleiß, Frömmigkeit, Genügsamkeit und Leistungsbereitschaft verdeutlichen. Dazu führte er eine Rahmenhandlung ein, in der ein Vater im Kreise seiner großen Familie an 30 Abenden Robinsons Geschichte erzählt und durch Anmerkungen und Erklärungen ergänzt. C. kürzte die Vorgeschichte, konzentrierte sich auf den Inselaufenthalt Robinsons, der hier noch ein Knabe ist, und fügte sogar praktische Unterweisungen hinzu (z. B. für die Bestellung der Felder, den Hausbau, die Anfertigung von Werkzeugen usw.). Seine Absicht bestand darin, »dem Verstande und dem Herzen der Kinder angemessene Anmerkungen und [...] Anlässe zu gottesfürchtigen Empfindungen« zu vermitteln. Mit dieser Einstellung erreichte er sein Ziel, spannende Unterhaltung mit kindgemäßer Unterrichtung zu verbinden, und fand dabei einen Ton, der nicht nur die Kinder seiner Zeit faszinierte. Eine Variation des Stoffes bot J. D. Wyss mit der Jugendbuch-Robinsonade *Der Schweitzerische Robinson* (1812–27), in der das Schicksal einer Familie auf einer abgelegenen Insel geschildert wird.

Rezeption: Der Roman erlebte in 100 Jahren über 100 Auflagen und wurde sofort in alle europ. Sprachen übersetzt. In immer wieder neuen Überarbeitungen ist er bis heute ein Klassiker der Kinder- und Jugendliteratur geblieben.
Weiteres Werk: → *Briefe aus Paris zur Zeit der Revolution geschrieben* (1790).

1779/1794
Friedrich Heinrich Jacobi

Biogr.: → 1775/76

Woldemar

UT: *Eine Seltenheit aus der Naturgeschichte*

Romanfragment. ED (Teilabdrucke): *Der Teutsche Merkur* (1777 u.d.T. *Liebe und Freundschaft*) und *Deutsches Museum* (1779); BA: 1779 (ohne Verfasserangabe), erweiterte Ausgaben: 1794 und 1796.

J. war von seiner (durch die Freundschaft mit Goethe inspirierten) Neigung her eher Dichter, von seinem Lebenswerk her eher Philosoph, der die Kraft von Gefühl und Intuition gegen systematische Vernunft und Wissen geltend machte. *Woldemar* behandelt ein philosophisches Problem in Romanform: Kann die Vernunft Liebe und Freundschaft ohne Störung des Gefühls regieren? Der Titelheld Woldemar, ein stark von seinen Gefühlen bestimmter junger Mann, ersehnt seine innere Beruhigung durch eine platonische Freundschaft zu Henriette. Diese hat für sich selbst jedoch längst auf eine Ehe verzichtet und bewegt Woldemar stattdessen zur Heirat mit ihrer unversorgten Schwester. Geplant ist eine harmonische Seelenliebe zu dritt, also das vernünftige Miteinander von Ehemann/Freund, Ehefrau und Freundin/Schwester, wie zuvor schon in J. J. Rousseaus *Nouvelle Héloïse* (1761) und Goethes Schauspiel *Stella* (→ 1774; 1776) thematisiert; doch die gesellschaftlichen Konventionen und die Unbeständigkeit der Gefühle lassen das hochgesinnte Vorhaben scheitern und fördern damit den grundsätzlichen Zweifel daran, dass die Menschen sich durch die Kraft der Vernunft zu einem sittlichen Naturzustand jenseits unbeherrschter Gefühle entwickeln können.

Rezeption: Fr. Schlegel verriss 1796 die erweiterte Ausgabe in einer Rezension und bot mit seinem Roman → *Lucinde* (1799) eine Alternative. J.s Verteidigung des intuitiven Gefühls als höhere Vernunft wurde jedoch von der → *Romantik* insgesamt positiv aufgenommen.

1780

Johann Carl Wezel

Biogr.: → 1776

Herrmann und Ulrike

UT: *Ein komischer Roman in vier Bänden*

Roman.

Herrmann und Ulrike werden getrennt, als ihre beginnende Liebe vom Grafen, bei dem sie gemeinsam aufwachsen, entdeckt wird, denn Herrmann ist bürgerlicher, Ulrike aber adliger Herkunft. Für beide beginnt ein langer Weg voller Hindernisse und Gefahren: Ulrike droht das Schicksal einer Mätresse, Herrmann das eines Spielers. Sie treffen sich wieder, ihr uneheliches Kind stirbt und der Versuch, ein idyllisches Leben auf dem Lande zu führen, scheitert. Schließlich gelingt es ihnen, an einem kleinen Fürstenhof unterzukommen, und nach Jahren fleißiger Arbeit, gereift und innerlich gefestigt, erfüllt sich ihr angestrebtes Glück in der Ehe.

W. zeigt hier, besonders am Beispiel Herrmanns, wie Stärke der Empfindung umschlagen kann in Entscheidungsschwäche, wenn eine Kontrolle durch die Vernunft nicht gelingt, d. h. wenn reine → *Empfindsamkeit* zu schwärmerischer Weltfremdheit führt. In dieser Empfindsamkeits-Kritik folgt er ganz dem Vorbild von H. Fieldings Roman *Tom Jones* (1749), der ebenfalls vermitteln will, dass erst angemessener Gebrauch der Vernunft, Beständigkeit und Arbeit im Dienste der Gesellschaft zu einer harmonischen Lebensgestaltung führen. Die variantenreiche, realistische, oft satirische Erzähl- und Darstellungsweise, die lebendige Charakterisierung und Differenzierung der Personen einschließlich der manchmal grotesk überzeichneten Nebenfiguren prägen diesen Roman, der für die Entwicklung des → *Bildungsromans* bedeutsam war.

Rezeption: Nach großem zeitgenössischen Erfolg und Nachdruck noch im Erscheinungsjahr sowie Übers. ins Frz. (1792) blieb der Roman bis zum 20. Jh. vergessen.

Weiterer Roman: *Wilhelmine Arend oder die Gefahren der Empfindsamkeit* (1782).

1780
Christoph Martin Wieland

Biogr.: → 1764

Oberon

UT: *Ein romantisches Heldengedicht*

Verserzählung in 8-zeiligen Stanzen. 1780 in 14 Gesängen erschienen, 1784 um 2 gekürzt (insgesamt 913 Strophen).

Der Elfenkönig Oberon ist nur bereit, sich mit seiner Frau Titania (die einer Ehebrecherin geholfen hat) zu versöhnen, wenn ein Menschenpaar beweist, dass wahre Liebe möglich ist. Dazu auserwählt sind der Ritter Hüon, der für Karl d. Gr. schwierigste Aufgaben am Hof des Kalifen zu Bagdad lösen muss, und Rezia, die Tochter des Kalifen. Da sie sich in Träumen begegnet sind, kennen und lieben sie sich bereits. Oberon hilft Hüon, die gestellten Aufgaben zu bewältigen und beiden bei der Flucht. Da sie auf der Rückreise das Gebot der Keuschheit brechen, müssen sie auf einer Insel bei jahrelangem Aufenthalt verschiedene Prüfungen und Versuchungen bestehen. Sie beweisen dabei stets aufs Neue ihre Liebe und Menschlichkeit. Schließlich werden sie – so gereift – ein legitimes Paar, und zwischen Oberon und Titania ist der Frieden wiederhergestellt.

Trotz W.s heiterer, häufig ironischer, manchmal zur Parodie übergehenden, flüssig-eleganten Erzählweise geht es hier um die ernste Frage, wie der Mensch die Prinzipien der → *Humanität* verwirklichen kann. Hüon und Rezia (getauft: Amanda) zeigen dabei, dass nicht Regeln und philosophische Prinzipien den Menschen formen, sondern die Liebe mit der verantwortungsvollen Einbindung der Sinnlichkeit in die Sittlichkeit. Das Thema der u. a. an Shakespeares *Sommernachtstraum* (um 1595) anknüpfenden Verserzählung, die Schilderung der Märchenwelt Oberons, die Exotik des orientalischen Reiches, die parodistisch dargestellte Ritterwelt des Mittelalters sowie die psychologisch überzeugende Liebesgeschichte mögen der Grund für Goethes Bewunderung gewesen sein: »So lang' Poesie Poesie, Gold Gold und Kristall Kristall bleiben wird, solang' wird Wielands ›Oberon‹ als ein Meisterstück poetischer Kunst geliebt und bewundert werden.«

Rezeption: Das Versepos war W.s erfolgreichstes Werk zu Lebzeiten, mit Übers.n in alle großen europ. Sprachen und zahlreichen Nachdichtungen. ♬ C. M. v. Weber (Oper, 1826).

Weitere Werke: *Clelia und Sinibald* (Verserzählung, 1784), *Geheime Geschichte des Philosophen Peregrinus Proteus* (Roman, 1791), → *Aristipp und einige seiner Zeitgenossen* (Roman, 1800–01).

1781
Friedrich Schiller

* 10.11.1759 in Marbach. 1773–77 Karlsschule, 1777–79 Medizinstudium, danach Regimentsarzt in Stuttgart. 1781 Verbot jeglicher literarischen Tätigkeit, 1782 Flucht nach Mannheim, dort 1783/84 Theaterdichter. 1785 Übersiedlung nach Leipzig, kurz danach nach Dresden; 1787 Umzug nach Weimar. Ab 1789 Professor für Geschichte in Jena. 1791 Ausbruch einer schweren Krankheit (Pneumonie): Es folgten »vierzehn Jahre Sterben« (N. Oellers). 1791–93 Stipendium des dän. Prinzen Chr. Fr. v. Augustenburg; 1794 Beginn der Freundschaft mit Goethe. Fortsetzung → 1798–99.

Die Räuber

UT: *Ein Schauspiel*; ab 2. Aufl. (1782): *Ein Schauspiel von fünf Akten*; ab 3. Aufl. (1782): *Ein Trauerspiel*

Prosa-Drama. ED: 1781 (anonym und auf Kosten Sch.s); 2., veränderte Auflage, abgemildert durch zusätzliches, von Sch. nicht autorisiertes Motto »in Tirannos«: 1782. 3. Auflage mit erneuten Änderungen: 1782. UA (stark verändert gegenüber dem ED): 13.1.1782 in Mannheim.

Das Motiv der verfeindeten Brüder gehört zu den bevorzugten Themen des → *Sturm und Drang*. Es erlaubt die Zerstörung einer patriarchalisch (absolutistisch) geordneten Familie von innen zu zeigen und Zweifel an einer von der Aufklärung optimistisch erhofften, vernunftbestimmten Welt auszudrücken. Außerdem erlaubt es im Menschen angelegte polare Möglichkeiten in getrennten Figuren anschaulich darzustellen: Franz Moor fühlt sich gegenüber dem älteren Bruder Karl benachteiligt (keine Erbfolge, hässliches Aussehen), aber berechtigt, sich über Recht und Moral hinwegzusetzen: Er verleumdet Karl, der daraufhin vom Vater, einem regierenden Grafen, verstoßen wird. Karl nimmt das erlittene Unrecht zum Anlass, um als rebellierender Räuberhauptmann für die Armen und Unterdrückten, für Gerechtigkeit und Freiheit zu kämpfen. Als er schließlich die Versöhnung mit dem Vater sucht, muss er feststellen, dass Franz ihn getäuscht und sogar den Vater zu töten versucht hat, um dessen Herrschaft zu übernehmen. In die Enge getrieben, bringt sich Franz um; Karl tötet seine Geliebte Amalia, um sie nicht zum Opfer der marodierenden Bande werden zu lassen, und liefert sich selbst der Justiz aus.

Mit Franz stellt Sch., ganz im Sinne des Sturm und Drang, das Streben nach Selbstverwirklichung ohne Rücksicht auf soziale und moralische Bindungen dar. Er ist ein ›Genie‹ in der Ausführung des Bösen, das eine despotische Gewaltherrschaft anstrebt. Auch Karl fordert für sich Freiheit und fühlt sich nicht mehr an Gesetze gebunden, doch nutzt er dies nicht zur Durchsetzung egoistischer Bestrebungen, sondern um eine bessere, gerechtere (d. h. auch: republikanisch ausgerichtete) Welt zu schaffen. Diese idealische Zielsetzung (›Gefühlsrepublikanismus‹) rechtfertigt für Sch. jedoch keine selbstherrliche Weltverbesserung mit verbrecherischen Mitteln. Insofern missbrauchen beide Brüder ihre Freiheit. Dass Karl sich am Ende freiwillig dem Gericht stellen will, zeigt seine Einsicht in sein schuldhaftes Handeln (das zur Anarchie führt) und seine Anerkennung übergeordneter sittlicher Ordnungen, womit seine Rebellion endet. Die Wirksamkeit des Stückes ist v. a. auf den antithetischen Aufbau der zwei Handlungsstränge, das Tempo der – anders als im Sturm und Drang – nach dem 5-Akt-Schema gebauten Szenenfolge, den schnellen Wechsel der Schauplätze und handelnden Personen sowie auf die außerordentlich kraftvolle Sprache zurückzuführen.

Rezeption: Großer Bühnenerfolg und viele Nachdrucke machten Sch. schlagartig berühmt – obwohl das Stück nicht in der schärferen Erstfassung gespielt bzw. gedruckt wurde. ♫ G. Verdi: *I Masnadieri* (Oper, UA: 1847), G. Klebe: *Die Räuber* (Oper, UA: 1957). 🎬 R: Fr. Umgelter (1959, TV), R: G. Keil (1967, TV), R: C. Bleiweiß (1982, TV); *Tod oder Freiheit* (R: W. Gremm, 1978).
Weiteres Drama: → *Fiesco* (1783).

Kinder- und Jugendliteratur im 18. Jahrhundert

GESCHICHTE: Literatur, die sich direkt an Kinder und Jugendliche richtet, gab es bis zum 18. Jh. nur in mündlicher Form (Wiegenlieder, Kinderlieder, Puppenspiele, noch nicht: Märchen). Wenn Kinder lesen lernten (ABC-Lehren, Zuchtbücher, Katechismus) und diese an Gedrucktes herankamen, waren es in der Regel Texte für Erwachsene (Einblattdrucke, Volksbücher usw.). Im Zeichen der → *Aufklärung* und der damit verbundenen Ausweitung von Buchmarkt, Lesefähigkeit und Bildung (beginnende Schulpflicht, ›PÄDAGOGISCHES JH.‹) rückten das Kind (als künftiger Erwachsener) und die für seine Erziehung nötigen Bücher (Fibeln, Lehr- und Lesebücher) dann in den Mittelpunkt erzieherischer und bald auch verlegerischer Aufmerksamkeit. Das pädagogische Interesse ging dabei nicht ›vom Kinde aus‹, sondern eher gegen das Kindliche vor: Wissensvermittlung, Kritik kindlichen Fehlverhaltens, Lob der Tugenden (Frömmigkeit, Fleiß, Gehorsam) dominierten. Es gab außerdem keine Kinderbuchautorinnen und bei den Kindern ging es immer nur um Jungen. Solchermaßen belehrend-unterhaltende Kinder- und Jugendliteratur (›angenehm und nützlich‹) wurde mit der Zeit zu einem wichtiger werdenden Markt-

segment, zumal ihre Adressaten immer auch die Eltern waren. In den Rezensionszeitschriften existierte sogar eine Kinderbuch-Kritik.
Die BEDEUTENDSTEN PUBLIKATIONEN (Lehrbuch, Zeitschrift, Roman, Theaterstück, Sachbuch) waren: Chr. F. Weiße: *Kleine Lieder für Kinder* (Liederbuch, 1766–67), *Neues ABC-Buch* (1772), *Der Kinderfreund* (Wochenblatt, 24 Bde., 1775–82); G. K. Pfeffel: *Dramatische Kinderspiele* (Stücke, 1769); J. Chr. Adelung: *Leipziger Wochenblatt für Kinder* (1772–74); Fr. E. v. Rochow: *Der Kinderfreund* (Lesebuch, 1776–80); J. G. Schummel: *Kinderspiele und Gespräche* (1777–78); J. H. Campe: → *Robinson der Jüngere* (Roman, 1779–80), *Kleine Kinderbibliothek* (12 Bde., 1779–84), *Die Entdeckung von Amerika* (Lese-Sachbuch, 1780–81); K. A. Seidel: *Sammlung von Kinderschauspielen mit Gesängen* (1780); Chr. G. Salzmann: *Moralisches Elementarbuch* (Lesebuch, 1782); J. Bertuch: *Bilderbuch für Kinder* (Sachbuch, 24 Bde., 1790ff.). Fortsetzung → *Kinder- und Jugendliteratur im 19. Jh.*

1782–86
Johann Karl August Musäus

* 29.3.1735 in Jena. 1754–58 Theologiestudium in Jena; ab 1763 Hofmeister, ab 1769 Gymnasialprofessor in Weimar. † 28.10.1787 in Weimar (D, G).

Volksmährchen der Deutschen

Märchen- und Sagenslg., anonym erschienen.
M. legte seiner Sammlung einen sehr weiten Begriff von ›Volksmärchen‹ zugrunde, der außer Anekdoten, Legenden, Fabeln, Schwänke und Sagen auch Zaubergeschichten und Märchen (im engeren Sinne) einschließt (vgl. auch L. Tieck: → *Volksmärchen*, 1797). Anders als später die Brüder Grimm (→ *Kinder- und Hausmärchen*, 1812/15) stützte er sich dabei weniger auf mündlich verbreitetes Erzählgut, sondern eher auf schriftliche Quellen und machte keinen Unterschied zwischen ›Volks-‹ und ›Kunstmärchen‹ (→ *Volks- und Kunstmärchen*). M. folgte damit Herders Konzept von ›Volkspoesie‹ (→ *Stimmen der Völker in Liedern*, 1778–79), wobei er das Poetische der epischen Texte mit dem Hinweis auf die besondere Bedeutung des Phantastischen und Wunderbaren betont.
Unter den 14 Erzählungen ragen neben den wenigen eigentlichen ›Volksmärchen‹ (z. B. *Richilde/Schneewittchen*, *Rolands Knappen/Fortunatus*) die Sagen *Melechsala* und *Libussa* sowie die 5 *Legenden vom Rübezahl* hervor; selbst erfunden sind *Die Nymphe des Brunnens* und *Liebestreue*. M.' Erzählstil ist humoristisch-unterhaltsam, gegen den zeitgenössischen Empfindsamkeitsstil gerichtet, ohne jedoch derb zu sein, und zugleich nicht ohne zeitkritische ironische Spitzen, d. h. ohne den Grimm'schen Märchenton und nicht für Kinder geeignet.

Rezeption: Die Slg. hatte großen Erfolg und wurde von B. Naubert mit den *Neuen Volksmährchen der Deutschen* (1789–92) sogleich nachgeahmt. Sehr populär war die von L. Richter illustrierte Ausgabe von M.' *Volksmärchen* (1842).
Weiteres Werk: *Grandison der Zweite, oder Geschichte des Herrn von N. **** (satir. Roman, 1760–62).

1783
Ludwig Christoph Heinrich Hölty

* 21.12.1748 in Mariensee bei Hannover. 1769–72 Theologiestudium in Göttingen, 1772 –74 Privatlehrer und Übersetzer in Göttingen, 1775 Erkrankung an Tuberkulose. † 1.9.1776 in Hannover. Gedenkstätten: Hannover (D, G), Mariensee (D).

Gedichte

Postum herausgegeben und bearbeitet von Fr. L. Graf zu Stolberg und J. H. Voß, erweiterte Ausgabe: 1804. KA: 1869, 1914–18.

Die Schaffenszeit des früh verstorbenen H. ist fast deckungsgleich mit der Existenz des Dichterbundes → *Göttinger Hain* (1772–76), als dessen bedeutendster Lyriker er gilt. Obwohl er nur ein schmales Werk (138 Gedichte) vorgelegt hat, präsentiert er eine Formenvielfalt, in der sich das gesamte zu seiner Zeit vorhandene lyrische Repertoire von Brockes über die → *Anakreontik* bis zur → *Empfindsamkeit* wiederfindet. Zusammen mit J. W. L. Gleim und G. A. Bürger (→ *Gedichte* 1778–89), gehört er außerdem zu den Dichtern, die – nach englischem Vorbild (Th. Percy) – die deutsche Kunst- und Schauerballade begründeten (*Adelstan und Röschen, Die Nonne*). H.s Eigenart liegt jedoch in der »süßen melancholischen Schwärmerey« (an Voß, 1774), die er v. a. in seinen Natur- und Liebesgedichten pflegte. Hier gelingt es ihm, das anakreontische Grundmuster heiterer Ländlichkeit kunstvoll zu schlichter, inniger Volkstümlichkeit zu verdichten, wie z. B. besonders in den verschiedenen *Mailiedern* (»Der Anger steht so grün, so grün«). Der unverwechselbare elegisch-wehmütige Grundton (z. B. *An den Mond, Elegie auf ein Landmädchen*) ist dabei stilgerecht »inszeniert« (W. Promies) und kann noch nicht mit einer weltschmerzlichen Erlebnislyrik angesichts einer etwaigen Erahnung des frühen Todes gleichgesetzt werden. Noch heute bekannt sind die beiden moralfesten Gedichte *Der alte Landmann an seinen Sohn* (»Üb immer Treu und Redlichkeit«, ED: 1779) und *Lebenspflichten* (»Rosen auf den Weg gestreut«, ED: 1778) sowie die *Aufmunterung zur Freude* (ED: 1777).

Rezeption: Obwohl lange Zeit nur unvollkommen ediert, war H. als »wahres Dichtergenie« (Lichtenberg) sogleich anerkannt Sein Werk lebte in den Vertonungen durch Mozart, Schubert u. a. fort; lyrische Anklänge finden sich beim jungen Fr. Hölderlin sowie bei E. Mörike und N. Lenau.

1783
Friedrich Schiller

Biogr.: → 1781, 1798–99

Fiesco

OT/UT: *Die Verschwörung des Fiesko zu Genua. Ein republikanisches Trauerspiel*

Schauspiel (Prosa) in 5 Akten. UA: 20.7.1783 in Bonn. ED: 1783 (in veränderter Fassung).

Einige Genueser Adlige, darunter Verrina, ein republikanischer Revolutionär, planen eine Verschwörung gegen den Dogen Andreas (sic!) Doria und dessen Neffen, der ein despotisches Regime errichten will. Sie versuchen, den im Volk beliebten Grafen Fiesco für sich zu gewinnen, doch dieser verhält sich zurückhaltend, um zu vertuschen, dass er selbst im Begriff ist, einen Putsch zu organisieren. Nach Abschluss der Vorbereitungen und Beginn des Kampfes verbündet Fiesco sich jedoch mit den Republikanern und übernimmt deren Führung. Als sich aber herausstellt, dass er den Aufstand nicht für die republikanische Sache und damit für Humanität und Freiheit, sondern zum eigenen Nutzen (despotische Nachfolge Dorias) unternommen hat, wird er von Verrina umgebracht.

Sch. zeichnet Fiesco als eine strahlende Erscheinung, hochbegabt, tatkräftig und geeignet, ein vorbildlicher Herrscher zu werden, doch Ruhmsucht und Machtgier verleiten ihn zur Despotie und einem Handeln, das durch keine moralischen Normen eingeschränkt sein will. In der Fassung für die Mannheimer Bühne (1784) steht ein (1785 wieder zurückgenommener) Schluss, in dem sich Fiesco zum Republikaner wandelt, auf die Macht verzichtet und weiterlebt. Das Schauspiel ist trotz seines Stoffes weder ein Geschichtsdrama noch politisch, sondern eine dramatische Studie über einen verbrecherischen Charakter, für den die Politik nur Mittel zum Zweck ist. In diesem Interesse, »die Seele gleichsam bei ihren geheimsten Operationen zu ertappen« (→ *Die Räuber*, 1781, Vorrede zur 1. Auflage), sind Sch.s zwei Erstlingsdramen Dramen eng verbunden.

Rezeption: Das Stück fand insgesamt wenig Resonanz, woran auch spätere Bühnenbearbeitungen wenig ändern konnten. 🎬 *Die Verschwörung des Fiesco zu Genua* (R: P. Leni, 1921; R: W.-D. Panse, 1966, TV; R: Fr. P. Wirth, 1986, TV).

Weiteres Schauspiel: → *Kabale und Liebe* (1784).

1783–1784
Johann Heinrich Voß

* 20.2.1751 in Sommersdorf bei Waren (Mecklenburg). 1769–72 Hofmeister in Ankershagen, ab 1772 Philologiestudium in Göttingen, Mitglied im → *Göttinger Hain*. Ab 1778 Rektor in Otterndorf (Hadeln), 1782–1802 in Eutin, danach in Jena lebend. 1805 Professor in Heidelberg. † 29.3.1826 in Heidelberg. Gedenkstätten: Eutin (D, M), Heidelberg (G), Otterndorf (M), Penzlin (D).

Luise

UT: *Ein ländliches Gedicht in drei Idyllen*

Versepos. Die 3 Idyllen erschienen einzeln als: *Der Bräutigam* (1783), *Luise* (1784) und *Luise. An Schultz* (1784). BA: 1795 (mit veränderten Idyllen-Titeln); weitere Veränderungen in den Ausgaben von 1807 und 1823.

V.' Idyllen-Werk vollzieht die Wandlung von der arkadischen Idylle der Jh.mitte (S. Geßner: → *Idyllen*, 1756) zur bürgerlichen Idylle: Ab 1776 veröffentlichte V. lyrische Bilder des Landlebens, die sehr wirklichkeitsnah waren; in einigen Gedichten wird scharfe Kritik an der Ausbeutung der Bauern geübt (*Die Pferdeknechte*, ED: 1775, später u.d.T. *Die Leibeigenen*; *Der zufriedene Sklave*), in anderen der friedliche Interessenausgleich zwischen Adel und Bauern gelobt (*Der Ährenkranz*, später u.d.T. *Die Freigelassenen*, *Die Erleichterten* u. a.). In den *Idyllen* (1801) mäßigte V. die sozialkritische Tendenz und verstärkte das Lob des Bürgerlichen.

In *Luise* (zusammengesetzt aus drei Einzelidyllen) verwendet V. den Hexameter, das Versmaß der antiken Epen, wie er es meisterhaft in seinen Homer-Übersetzungen (→ *Übersetzungen im 18. Jh.*) vorgeführt hatte. Hier wählt er es zur Darstellung einer ländlichen Welt und als Ausdruck für das gewachsene Selbstbewusstsein und den Stolz des Bürgertums auf seine Lebensweise sowie als Bewahrer der Werte der klassischen Antike. V. schildert ein Essen am See zur Feier des 18. Geburtstags der Pfarrerstochter Luise, den Besuch des Bräutigams im Pfarrhaus zu Grünau und die überraschende Trauung durch den alten Pfarrer am Abend vor der Hochzeit. Vermittelt wird ein anschauliches Bild bürgerlichen Lebens und Denkens, wobei der Pfarrer ausspricht, was der Dichter denkt: Es sind die Vorstellungen der → *Aufklärung* von Toleranz und Freiheit, vom ›natürlichen Menschen‹ und vom Aufbruch in Amerika (»im tagenden Lichte der Menschlichkeit«). Der Dichter schildert durchaus realistisch Alltägliches, z. B. das holsteinische Pfarrhausmilieu, neigt aber auch zu stilisierender Überhöhung, wenn er immer wieder homerische Epitheta wie »der würdige Pfarrer«, »die gute verständige Hausfrau« und Ähnliches verwendet.

Rezeption: V.' *Luise* prägte die Gattungsform des idyllischen Epos', vgl. auch Goethe: → *Hermann und Dorothea* (1797), E. Mörike: *Idylle vom Bodensee* (1846), Fr. Hebbel: *Mutter und Kind* (1859).

Weitere Werke: *Homers Odüßee* (Übers., 1781), *Gedichte* (1785/95), *Homers Ilias* (Übers., 1793).

1783/1790
Gottlieb Konrad Pfeffel

* 28.6.1736 in Colmar (Elsass). 1751–53 Jurastudium in Halle, wegen Erblindung abgebrochen, danach bis zum Tod in Colmar lebend. 1773–93 Leiter einer philanthropischen Kadettenschule, ab 1803 Präsident des evangelischen Konsistoriums. † 1.5.1809 in Colmar.

Fabeln

OT: *Fabeln der Helvetischen Gesellschaft gewidmet* (1783); *Poetische Versuche* (1789–90)

P. hatte seine ersten Fabeln fast zeitgleich mit Lessings → *Fabeln* (1759) veröffentlicht, wobei er der bei Lessing gestalteten Forderung nach pointierter Kürze gefolgt war, aber wie die ältere Fabeldichtung (→ *Fabeln im 18. Jh.*) die Versform beibehalten hatte. In den folgenden zwei Jahrzehnten steigerte er, gestützt auf französische Vorbilder, den Umfang und die Schärfe seiner Fabel-Produktion derart, dass er mit der 1783 erfolgten Publikation als bedeutender Fabel-Dichter anerkannt wurde. In den Werkausgaben von 1789–90 und 1802–10 kamen weitere Fabeln hinzu, die den Fortgang der Französischen Revolution und ihre von P. begrüßten bzw. kritisierten Folgen (konstitutionelle Monarchie bzw. Jakobinerherrschaft) thematisierten. Es ist schon sehr erstaunlich, wie der elsässische und ab 1789/93 französische Autor, ohne Behelligung durch die Zensur, seine antiabsolutistischen und antiklerikalen Ansichten (z. B. *Der Igel*, *Der Esel*) äußern und sogar mit dem drohenden Hinweis auf die revolutionären Folgen verbinden konnte. So heißt es in der 1789 verfassten Fabel *Der Tanzbär*: »Ihr Zwingherrn bebt! Es kömmt der Tag/ An dem der Sklave seine Ketten/ Zerbrechen wird, und dann vermag/ Euch nichts vor seiner Wuth zu retten.« P. benötigt grundsätzlich keine erklärende ›Moral‹: Seine Fabeln liefern die Botschaft durch die dargestellte Situation (z. B. *Der Kornett und sein Pferd*) oder durch das pointierende Schlusswort als Ausruf einer Fabel-Figur (z. B. *Der Lohn des Helden*).

Weitere Werke: Neben den etwa 1100 Texten in gebundener Form (*Poetische Versuche*, 1802–10) schrieb P. rund 50 Unterhaltungsromane (*Prosaische Versuche*, 1810–12).

1784

Karl Arnold Kortum

* 5.7.1745 in Mülheim (Ruhr). 1763–66 Medizinstudium in Duisburg, danach Arzt in Mülheim, 1792–1807 in Bochum. 1816 Ernennung zum Hofrat. † 15.8.1824 in Bochum. Gedenkstätten: Mülheim (D, M), Bochum (G).

Die Jobsiade

OT: *Leben, Meynungen und Thaten von Hieronimus Jobs dem Kandidaten, und wie Er sich weiland viel Ruhm erwarb, auch endlich als Nachtswächter zu Sulzburg starb.* OT/UT der erweiterte Fassung 1799: *Die Jobsiade. Ein komisches Heldengedicht in drei Theilen.* UT ab 1823: *Ein grotesk-komisches Heldengedicht*

Komisches Epos, anonym erschienen.

Hieronimus Jobs, Sohn eines Weinhändlers, wird aufgrund einer Wahrsagung von Geburt an als Genie betrachtet, scheitert aber bereits als Schüler und verbummelter Student der Theologie. Er schlägt sich als Hauslehrer,

Sekretär und Schauspieler durch, bis er die Witwe eines Nachtwächters heiratet, dessen Amt übernimmt und mit 40 Jahren stirbt. In der 2. Fassung erweist sich dieser Tod als Scheintod. Da aber seine Frau bei seiner Beerdigung gestorben ist, studiert Jobs noch einmal, wird Pfarrer, macht eine Erbschaft und wird Gutsbesitzer.
Ein parodistisches Element des Romans wird bereits im Titel deutlich, der auf den Brauch der Zeit anspielt, große Epen wie z. B. Klopstocks → *Messias* (1749–73) als ›Messiade‹ und die *Ilias* (8. Jh. v. Chr.) als ›Iliade‹ zu bezeichnen. Die Verwendung von Knittelversen im Stil von Hans Sachs, durch Regelverstöße oft bewusst holprig gestaltet im Stil der Bänkelsänger, parodiert zudem den heroischen Tonfall der großen Epen. K. karikiert damit Begrenztheit und Misere des bürgerlichen Lebens in einer Kleinstadt (Schildburg), parodiert ebenso die übertriebene → *Empfindsamkeit* sowie mit der Schilderung von Jobs' Lebensweg den in der Entstehung begriffenen → *Bildungsroman*. V. a. aber lieferte er ein eindrucksvolles, in der Milieuschilderung realistisches Zeugnis seiner Zeit.

Rezeption: Das Werk erfuhr bis 1824 13 Auflagen und war bis ins 20. Jh. erfolgreich. Es war Vorlage für W. Buschs Bildergeschichte *Bilder zur Jobsiade* (1872) und für Kupferstiche von J. P. Hasenclever.
Weitere komische Epen: *Der Märtyrer der Mode* (1778), *Adams Hochzeitsfeier* (1788).

1784
Friedrich Schiller

Biogr.: → 1781, 1798–99

Kabale und Liebe

UT: *Ein bürgerliches Trauerspiel in fünf Aufzügen*

Entst. ab 1782. UA: 13.4.1784 in Frankfurt/Main (gekürzt, z. T. geändert); 15.4.1784 in Mannheim. ED: 1784.

Luise, Tochter des Musikers Miller, und Ferdinand von Walter, Sohn des allmächtigen Präsidenten eines deutschen Kleinstaats im 18. Jh., lieben sich, doch beide Väter sind gegen diese Beziehung: Miller, weil er glaubt, Ferdinand suche nur ein Abenteuer – der Präsident, weil er zwecks Machterhalt die Heirat Ferdinands mit einer Mätresse des Herzogs wünscht. Schließlich benutzt von Walter eine Intrige (Kabale): Er lässt das Ehepaar Miller verhaften und zwingt Luise, in einem Brief, der Ferdinand zugespielt wird, ihre (angebliche) Untreue zu bekennen, sowie zu einem Schweigegelöbnis. Ferdinand vergiftet sie in seiner Eifersucht und begeht, als er von der sterbenden Luise die Wahrheit erfährt, neben ihr Selbstmord.
Das Werk hat den stärksten Zeitbezug aller Bürgerlichen Trauerspiele und bildet zugleich den Abschluss der Entwicklung dieser Gattung (→ *Bürgerliches Trauerspiel*). Der viel zitierte, dem Stück unterstellte »Dolchstoß in das Herz des Absolutismus« (E. Auerbach) ritzte indes allenfalls die Haut des

Machtsystems, obwohl Sch. dessen Korruptheit, Unmenschlichkeit und Willkür – v. a. in der berühmten Kammerdiener-Szene (II, 2) und im Zusammenstoß von Miller und dem Präsidenten (II, 6) – so eindringlich wie zuvor noch nirgendwo dargestellt hat. Das Stück verbindet die scharfe Sozialkritik mit dem Problem der Unvereinbarkeit unterschiedlicher Auffassungen der Liebe: Ferdinand glaubt – hierin ganz eine Figur des → *Sturm und Drang* – dass er sich mit der Unbedingtheit seiner Liebe (als Recht der ›Natur‹) über alle Ordnungen hinwegsetzen dürfe. Für Luise sind dagegen die Gesetze der Familie und des Staates unumstößlich: Weil sie von Gott gewollt sind, darf auch die Liebe sie nicht aufheben. Damit ist ein tragisches Ende unausweichlich, denn der Absolutheitsanspruch einerseits und die Abhängigkeit von den Bedingungen der ›wirklichen Welt‹ andererseits lassen eine Selbstbestimmung nicht zu.

Rezeption: Das Stück war von Anfang an ein großer Bühnenerfolg und ist es bis heute geblieben. ♫ G. Verdi: *Luisa Miller* (Oper, 1849). 🎬 R: C. Götz-Pflug (1955, TV), R: M. Hellberg (1959), R: H. Braun (1959, TV), R: E. Neuberg (1965, TV), G. Klingenberg (1967, TV), R: H. Schirk (1980, TV), R: P. Drescher (1982, TV), R: L. Haußmann (2005); *Aschermittwoch* (R: O. Rippert, 1920); *Luise Millerin* (R: C. Froelich, 1922).

Weitere Werke: *Verbrecher aus Infamie* (Kriminalgeschichte, 1786), → *Don Karlos* (Drama, 1787).

1785–1786
Christian Friedrich Daniel Schubart

* 24.3.1739 in Obersontheim (Württemberg). 1758–60 abgebrochenes Theologiestudium in Erlangen; ab 1763 Lehrer in Geislingen, 1769–73 Organist und Musikdirektor in Ludwigsburg, wegen Kirchenkritik 1773 des Landes verwiesen. Bis 1777 Journalist in Augsburg (Hg. der *Deutschen Chronik*), 1777–87 Kerkerhaft auf dem Hohenasperg, ab 1787 Theaterdirektor in Stuttgart. † 10.10.1791 in Stuttgart. Gedenkstätten: Aalen (D, M), Marbach (M), Stuttgart (G).

Sämtliche Gedichte

Mit Sch.s Namen ist das Unrecht verbunden, das der württembergische Herzog Carl Eugen an dem weithin bekannten Autor begangen hat, als er ihn für 10 Jahre in den Kerker werfen ließ, weil ihm dessen politische Lyrik und Zeitungsberichte missfielen. Dieser Gewaltakt demonstrierte, wie weit aufklärerische Satire an Geistlichkeit und Kritik an Fürstenherrschaft gehen durfte (nämlich gar nicht weit) – und bewies dennoch zugleich, dass die Kraft der öffentliche Meinung und publizistisch-literarisches Engagement durchaus nicht folgenlos waren. Dabei war Sch. kein Revolutionär und seine politische Lyrik bei einer Gesamtzahl von mehr als 200 Gedichten ohnehin nur der kleinere Teil seines Werkes, das auch anakreontisch-scherzhafte Oden, geistliche Lyrik, persönlich gefärbte Liebesgedichte,

volkstümliche Lieder, Versfabeln und Balladen (z. B. *Der Schneider auf Reisen, Der gnädige Löwe, Fluch des Vatermörders*) sowie Spottlieder (z. B. *Märchen*) enthält.
Ein einziges politisches Gedicht machte Sch. aus der Haft heraus schlagartig berühmt: *Die Fürstengruft* (ED: 1781): In einem rhetorisch vorweggenommenen himmlischen Strafgericht werden den in ihren Särgen modernden schlechten Fürsten (»durchlauchtige Gerippe«, »Menschengeißeln«, »Quäler«) bessere Herrscher entgegengestellt: »Ihr Brüder, nehmt auf ewig hin die Krone,/ Ihr seid zu herrschen wert.« Sch. trat für eine aufgeklärte Monarchie und Religion ein, begrüßte den amerikanischen Unabhängigkeitskrieg (*Freiheitslied eines Kolonisten*) und die girondistische Phase der Französischen Revolution (*O Freiheit, Freiheit*), war aber nach seiner ›gnädigen‹ Befreiung aus dem Kerker als »Staatsfeind im Staatsdienst« (W. F. Schoeller) innerlich gebrochen und in seinem politischen Engagement eingeschränkt.

Rezeption: Die auf Veranlassung Herzog Carl Eugens gedruckte Gedichtausgabe hatte rund 3000 Subskribenten, darunter 10 dt. Regenten, und erbrachte dem Herzog Einnahmen in Höhe von 2000 Gulden, von denen Sch. lediglich die Hälfte bekam. Sch.s politische Lyrik blieb beachtet, besonders im Vormärz und nach ›1968‹. Berühmt wurde sein Gedicht *Die Forelle* (entst. 1782) durch die Vertonung von Fr. Schubert.
Weiteres Werk: *Schubart's Leben und Gesinnungen* (Autobiogr., 1791–93).

1785–1790
Karl Philipp Moritz

* 15.9.1756 in Hameln. Abgebrochenes Theologiestudium in Erfurt (1776/77), ab 1778 Lehrer, ab 1784 Gymnasialprofessor in Berlin; 1786–88 Italienaufenthalt, Bekanntschaft mit Goethe. Ab 1789 Professor in Berlin. † 26.6.1793 in Berlin (G).

Anton Reiser

UT: *Ein psychologischer Roman*

Autobiographischer Roman (4 Bde.): Teil I–III: 1785/86, Teil IV: 1790.

Schon der Untertitel dieses Textes war für seine Zeit ungewöhnlich: Diese Autobiographie in Romanform beschreibt nicht »Leben und Meinungen« bzw. eine »wahre Geschichte« wie viele der → *Autobiographien im 17./ 18. Jh.*, sondern will »die innere Geschichte des Menschen schildern« (Vorwort). Gemeint ist die Biographie des Ichs (›Mensch‹ gegenüber der öffentlichen Figur des ›Bürgers‹), dies aber weder als religiöses Bekenntnis (wie in den pietistischen Autobiographien) noch als Kunstroman (wie z. B. in Wielands → *Geschichte des Agathon*, 1766–94). M. erzählt vielmehr in der Er-Form die Geschichte seiner Kindheit: von der brutalen Frömmigkeitserziehung durch den Vater und den Tuchmacher-Lehrherrn über die quälenden Schulerlebnisse bis zu den scheiternden Befreiungsversuchen im Theater-

spiel. Dieser detailliert und anschaulich beschriebene Lebenslauf erscheint als ein höchst widersprüchlicher Erfahrungsprozess: Die mangelhaften Bedingungen der sozialen Herkunft (zerrüttete Familie, Armut, Demütigungen durch Standesdünkel) erzeugen psychische Beschädigungen (fehlendes Selbstvertrauen, melancholische ›Seelenlähmung‹, Flucht in Lektüre und dilettantische Schauspielerei, selbstzerstörerische Neigungen); sie führen zu Abstürzen in der Bildungskarriere Reisers, aus denen er sich durch wachsende Selbstbeobachtung mühsam befreit – bis zum nächsten Absturz.
Als Fazit dieses »negativen Bildungsromans« (H. J. Schrimpf) steht die unausgesprochene paradoxe Erkenntnis, dass Selbstidentität nur in der andauernden Erfahrung von Identitätsverlust erlangt werden kann, wobei kein religiöser Trost zu Hilfe kommt (wie z. B. noch in H. Jung-Stillings → *Heinrich Stillings Leben*, 1777–1806/17). M. selbst wollte zwar in der Vorrede zum 3. Teil den ›Fall‹ der Hauptfigur als ein Lehrstück für Pädagogen verstanden wissen, doch überzeugend ist diese Nutzanwendung nicht. Der Schluss – Bankrott der Schauspieltruppe und Bankrott der Theaterillusion – bleibt offen.

Rezeption: Der Roman gehört zu den berühmtesten Autobiogr.n in dt. Sprache. Eine direkte Fortsetzung schrieb M.' Freund K. Fr. Klischnig: *Mein Freund Anton Reiser* (1794); vgl. auch D. Kühns Novelle: *Das Heu, die Frau, das Messer* (1993).
Weitere Werke: *Andreas Hartknopf* (Roman, 1786), *Über die bildende Nachahmung des Schönen* (Ästhetik, 1788), *Andreas Hartknopfs Predigerjahre* (Roman, 1790).

Theaterwesen im 18. Jahrhundert

Das Theaterwesen des 18. Jh. war über weite Strecken eine Fortsetzung der Verhältnisse des 17. Jh. (→ *Barocktheater und -drama*), d. h. geprägt von den starken Diskrepanzen zwischen Hof-, Wander- und Laientheater. In den Residenzstädten dominierte nach wie vor ein exklusives und aufwändiges Musiktheater (italienische Oper, Ballett, Oratorium). Die höfischen Unterhaltungsbedürfnisse nach Sprechtheater wurden bis weit ins 18. Jh. durch ausgewählte Wanderbühnen (zunächst aus Frankreich) befriedigt, die erst nach 1750 in einzelnen Residenzen zu (nicht immer dauerhaft) bestehenden Hoftheatern umgewandelt wurden: Schwerin 1751, München 1765/78, Weimar 1771/91, Gotha 1774, Münster 1775, Wien 1776, Mannheim 1779, Berlin 1786, Mainz 1788.
Der Versuch, von städtischer Seite aus für das bürgerliche Publikum ein dauerhaftes Sprechtheater (›Nationaltheater‹) zu etablieren, gestaltete sich schwierig: Auf der einen Seite blockierten das sehr niedrige soziale Ansehen und spielerische Niveau der Wanderbühnen die Bereitschaft, ihre Anwesenheit vor Ort zu einer ständigen Einrichtung werden zu lassen. Man war mit der gelegentlichen Vorführung (beherrscht von Stegreif, Hanswurst und Harlekinaden) zufrieden und befriedigte das übrige

theatralische Interesse durch LAIENTHEATER, die von Kirche, Schule, Handwerksinnungen und literarischen Liebhabern praktiziert wurden. Auf der anderen Seite gab es noch kein zahlungskräftiges Publikum, das eine stehende städtische Bühne hätte tragen können. Das zeigte sich etwa am Beispiel gescheiterter Versuche eines bürgerlichen Nationaltheaters in Königsberg (1755/56) und Hamburg (1767–69). Lessing, der in Hamburg aktiv beteiligt war (→ *Hamburgische Dramaturgie*, 1767–69) resümierte: »Wir haben kein Theater. Wir haben keine Schauspieler. Wir haben keine Zuhörer.« Gleichwohl ist im Laufe des 18. Jh. eine stete Verbesserung des Theaterwesens zu erkennen. Die von J. Chr. Gottsched begonnene THEATERREFORM, die in Zusammenarbeit mit der Leipziger Theatertruppe der Friederike Caroline Neuber für Bühnenpraxis und Repertoire neue Impulse setzte (→ *Versuch einer kritischen Dichtkunst*, 1730), die Erweiterung des Spielplans durch das Rührende Lustspiel (Chr. F. Gellert: → *Die zärtlichen Schwestern*, 1747) und das → *Bürgerliche Trauerspiel* sowie die Etablierung einer Aufführungskritik durch Theaterjournale förderten die gesellschaftliche Bedeutung des Theaters erheblich.
BEDEUTENDE PRINZIPALE (Intendanten) und SCHAUSPIELER waren J. Fr. Schönemann, A. W. Iffland, C. Ekhof, Fr. L. Schröder. Daneben hatten auch die zunehmenden theoretischen Bemühungen großen Anteil daran, das Theater als nationales Erziehungsmittel in den Mittelpunkt zu rücken. Sie reichen von Gottsched, über Lessing bis zu Schillers Abhandlung *Die Schaubühne als eine moralische Anstalt betrachtet* (1785). Am Ende des 18. Jh. öffnete sich dann das HOFTHEATER ALS STEHENDE BÜHNE dem bürgerlichen Schauspiel und auch dem Publikum, damit freilich auch dem breiten Unterhaltungsbedürfnis, das durch Autoren wie A. v. Kotzebue (→ *Die deutschen Kleinstädter*, 1802), A. W. Iffland u. a. höchst erfolgreich bedient wurde. Fortsetzung: → *Theaterwesen im 19. Jahrhundert*.

1786
Gottfried August Bürger

Biogr.: → 1778–89

Münchhausen

OT: *Wunderbare Reisen zu Wasser und Lande, Feldzüge und lustige Abentheuer des Freyherrn von Münchhausen*

Lügengeschichten. Anonym erschienen, 2. vermehrte Auflage: 1788.

Die im privaten Kreis des historisch belegten Freiherrn von Münchhausen erzählten Lügengeschichten wurden zuerst 1781 von einem unbekannten Verfasser – und ohne Einwilligung ihres Urhebers – publiziert. 1786 übertrug sie R. E. Raspe, erweitert um die See-Abenteuer, ins Englische, dessen 2. Auflage dann von B. in recht freier und ergänzender Form rückübersetzt wurde.

Die literarische Figur des ›Lügenbarons‹ knüpft motivgeschichtlich an den Typus des Maulhelden und Aufschneiders an, wie er in der deutschen Literatur bereits bei H. J. v. Braunschweig (→ *Vincentius Ladislaus*, 1594), A. Gryphius (→ *Horribilicribrifax*, 1663) und Chr. Reuter (→ *Schelmuffsky*, 1696) vorgekommen war. B.s Held ist ein charmanter Lügner, der mit seinen wie nebenbei erlebten und stets souverän bestandenen Taten den adligen Kavalier satirisch hochnimmt. Wie H. Botes → *Till Eulenspiegel*-Schwänke (1510/11) oder die närrischen Streiche aus → *Die Schildbürger* (1597/98) sind auch die einzelnen Münchhausiaden, wie z. B. der Ritt auf der Kanonenkugel, das Herausziehen aus dem Sumpf am eigenen Zopf, das an der Kirchturmspitze angebundene Pferd, der Flug mit den Enten, das Kirschbäumchen zwischen dem Hirschgeweih und andere Abenteuer, inzwischen zum Volksgut geworden. Das ist nicht zuletzt B.s Erfindungsgabe und lebendigem Erzählstil zu verdanken, durch den die Lügengeschichten eine »Popularität« (B.) erlangten, wie sie ihr Verfasser zum Ziel aller großen Dichtung erklärt hatte (→ *Gedichte*, 1778–89). Leider erntete B. wegen der verheimlichten Verfasserschaft weder den gebührenden Ruhm noch das Honorar, weil er das Copyright seinem Verleger geschenkt hatte.

Rezeption: Das Buch war sehr erfolgreich. Aus der Vielzahl von weiteren Bearbeitungen seien hervorgehoben: A. G. Fr. Rebmann: *Leben und Thaten des jüngeren Herrn von Münchhausen* (1795), H. Th. L. Schnorr: *Wunderbare Reisen zu Wasser und Lande, Feldzüge und lustige Abentheuer des Fräuleins Emilie von Bornau* (1801), K. L. Immermann: → *Münchhausen* (1838/39), P. Scheerbart: *Münchhausen und Clarisse* (1906). Einen ähnlichen Typus schuf J. Winckler in seinem Roman *Der tolle Bomberg* (1922). 🎬 R: J. v. Baky (1942/43), R: T. Gilliam (1988).

1787
Johann Wolfgang von Goethe

Biogr.: (Fortsetzung von → 1773) Nach Rückkehr aus Italien (1788) Entlastung von regierungsamtlichen Pflichten; 1790 2. Italienreise (Venedig). 1791–1817 Leitung des Weimarer Hoftheaters, 1792/93 Begleiter im Feldzug gegen Frankreich. 1794–1806 enge Zusammenarbeit mit Schiller. 1808 Begegnung mit Napoleon auf dem Erfurter Fürstentag. Fortsetzung: → 1811–33.

Iphigenie auf Tauris

Drama. Entst. als Prosafassung 1779 mit UA: 6.4.1779 in Ettersburg; Umarbeitung zur jambischen Versfassung ab 1780 in mehreren Stufen, Abschluss 1786. ED: 1787, UA: 7.1.1800 in Wien.

G.s Weiterdichtung des seit Euripides' Drama *Iphigenie bei den Taurern* (um 412 v. Chr.) mehrfach bearbeiteten Tragödienstoffes gilt als »das ›klassischste‹ seiner Dramen« (B. Jeßing). Es ist nicht nur die geringe Bühnentauglichkeit und stark stilisierte, jambische Sprache des Stückes, sondern insgesamt die »Abgehobenheit des Kunstwerks von der Lebenspraxis« (Chr. Bürger), die dem Drama in seiner »geschlossenen Form« (V. Klotz) eine abstrakte Strenge verleihen. Die Handlung ist dementsprechend knapp:

Iphigenie, die Tochter des griechischen Königs Agamemnon aus dem Geschlecht der von den Göttern verfluchten Tantaliden, wird durch die Göttin Diana davor bewahrt, zur Erlangung des Sieges über Troja als Menschenopfer getötet zu werden. In das Exil zu den (barbarischen) Taurern gebracht, wirkt sie dort als Priesterin humanisierend (Verhindern der Menschenopferung) und wird vom taurischen König Thoas zur Frau begehrt. Sie aber möchte zurück nach Griechenland. Als ihr Bruder Orest eintrifft, um sich durch den Raub der Diana-Statue vom Fluch des Muttermörders zu befreien, steht sie vor der Entscheidung, Thoas zu täuschen und mit Bruder und Götterbild zu fliehen oder ihm die Wahrheit zu offenbaren, nämlich: dass sie ihn als Priesterin nicht lieben kann und als Schwester Orest bei der Entsühnung von der Verfolgung durch die Erinnyen helfen muss. Iphigenie wählt, trotz des hohen Risikos, den Weg des Vertrauens, weil sie in ihrer Unbedingtheit, human zu handeln, keine betrügerischen Mittel einsetzen darf (→ *Humanität*). Das ganz Unwahrscheinliche tritt ein: Thoas verzichtet und lässt Iphigenie mit Bruder und Bild ziehen, ohne dass die Götter zürnen. Die Befreiung von der Fremdbestimmtheit durch die Götter verdankt sich demnach der humanen Haltung eines Nicht-Griechen, der dadurch Macht und Ansehen bei seinem Volk verlieren wird. Die Botschaft, dass alle Menschen mündig werden können, bleibt also eine zweischneidige: Nichts ist am Ende gesichert, weder Thoas' Humanität, noch die Erlösung des Tantalidengeschlechts, noch Iphigeniens Status als mündige Frau in einer patriarchalischen Welt.

G.s Botschaft gilt im Rahmen von Kunst und ihrer Autonomie, also in einem übertragenen Sinne – und nur so (und nicht direkt für das Leben) ist sein viel zitierter Kommentar zu verstehen: »Alle menschlichen Gebrechen/ Sühnet reine Menschlichkeit.«

Rezeption: Das Werk passte kaum zur zeitgenössischen Bühnenwirklichkeit und wurde nur einmal nachgedruckt. Mit dem Aufstieg Goethes zum klassischen Schriftsteller jedoch »war es notwendig dazu verurteilt, Statue zu werden« (T. J. Reed), d. h. ein Denkmal des Humanitätsideals der → *Weimarer Klassik*. Den bildhaften Ausdruck lieferte A. Feuerbachs Gemälde *Iphigenie* (1871). Den Iphigenie-Stoff behandelte erneut G. Hauptmann: *Die Atriden-Tetralogie* (1941–47). R: H. Hartleb (1968, TV).

Weiteres Drama: → *Egmont* (1788)

1787
Wilhelm Heinse

* 15.2.1746 in Langewiesen (Thüringen). 1766–1771 abgebrochenes Jurastudium in Jena und Erfurt, 1772 Hauslehrer in Halberstadt, 1774–80 Redakteur und Schriftsteller in Düsseldorf; 1780–83 Italienreise (Rom). Ab 1786 Vorleser, ab 1788 Bibliothekar des Erzbischofs in Mainz, ab 1794 in Aschaffenburg. † 22.6.1803 in Aschaffenburg. Gedenkstätten: Aschaffenburg (G), Ilmenau (M).

Ardinghello und die glückseligen Inseln

OT/UT: *Ardinghello und Die glückseeligen Inseln. Eine Italiänische Geschichte aus dem sechszehnten Jahrhundert*

Roman. Entst. ab 1780, ED (Teile): *Deutsches Museum* (1785/86); BA: 1787, anonym erschienen. Eine veränderte 2. Ausgabe erschien 1794.

H. knüpfte mit diesem Künstlerroman an das Persönlichkeitsideal des kraftvollen Genies an, das vom → *Sturm und Drang* proklamiert worden war. Mit der Hauptfigur des venezianischen Malers und Universalgenies Ardinghello verfeinerte er jedoch den Typus des heldischen bzw. schwärmerischen ›Kraftkerls‹ zu einem renaissancehaften Lebens- und Kunstgenießer (Libertin). Der Ich- und Briefroman schildert die Abenteuer und Liebeshändel Ardinghellos in Venedig, Genua, Pisa, Rom, Florenz und Neapel sowie seine Begegnungen mit Männern und Frauen, die unterschiedliche Verbindungen von sittlicher Vernunft und starker sinnlicher Leidenschaft verkörpern. Das Geschehen endet mit der Gründung eines elitären republikanischen Inselstaates, in dem Naturreligion, Gütergemeinschaft und freie Liebe herrschen. Die in viele Episoden aufgesplitterte Handlung wird ergänzt durch eine Vielzahl kunsttheoretischer Reflexionen, Werk- und Architekturbeschreibungen, in denen eine Synthese von griechisch-römischer Antike und Renaissance phantasiert wird. Diese Kunstbetrachtungen, die dem Klassizismus J. J. Winckelmanns widersprachen (vgl. Lessing: → *Laookon*, 1766), das idealisierte Italien-Bild und v. a. der unbürgerliche »ästhetische Immoralismus« (W. Brecht) der im Roman vertretenen vitalistischen Lebens- und Lieheskonzeption waren neu und für viele schockierend.

Rezeption: Der Roman machte H. schlagartig berühmt und auch berüchtigt. Die Weimarer Klassiker lehnten ihn wegen seiner Freizügigkeit ab – die Frühromantik, Heine und die jungdt. Autoren priesen ihn. Erst 1975 wurde die anstößige Erstausgabe von 1787 wieder zugänglich gemacht.

Weitere Romane: *Laidion oder Die Eleusinischen Geheimnisse* (1774), *Hildegard von Hohenthal* (1803).

1787
Friedrich Schiller

Biogr.: → 1781, 1798–99

Don Karlos

OT: *Dom Karlos Infant von Spanien*; ab 1801: *Don Karlos*; UT: *Ein dramatisches Gedicht* (ab 1805). In späteren Auflagen: *Don Carlos*

Drama in Versen (Jamben), 5 Akte. Entst. ab 1783. UA: 29.8.1787 in Hamburg. Nach Teil-Vorabdrucken in der Zeitschrift *Thalia* (1785–87, sog. *Thalia*-Fragment) ED: 1787, bis 1805 auf 5370 Verse gekürzt.

Im Mittelpunkt der Handlung, bei deren Gestaltung Sch. sehr frei mit den historischen Ereignissen und Personen umging, steht das Schicksal von

Don Karlos, dem Sohn Philipps II. von Spanien. Karlos liebt seine ehemalige Braut, die aus politischen Gründen seinen Vater heiraten musste, noch immer, doch diese lenkt sein Interesse auf die Befreiung Flanderns von spanischer Unterdrückung. Marquis von Posa, sein enger Freund und ein glühender Verfechter der Freiheit, will – mit Karlos an der Spitze – Flandern befreien und seine republikanischen Ideen dort verwirklichen. Intrigen, Verrat und Missverständnisse lassen den Plan scheitern. Als Karlos aufgrund der Machenschaften des Hofes und des Misstrauens Philipps in Gefahr gerät, opfert sich Posa für ihn, damit er den Kampf für die Freiheit fortsetzen kann. Da die Pläne der beiden aber aufgedeckt werden, wird Karlos von seinem Vater der Inquisition übergeben. Philipp selbst zieht sich resigniert in ein Kloster zurück.

Das ursprünglich als Liebes- und Familiendrama entworfene Stück wurde während der Ausarbeitung immer mehr zu einem historisch-politischen Drama, in dem es um die Gegenüberstellung von Despotie und Freiheit geht: Philipp II. will zusammen mit der Kirche mittels despotischer Herrschaft Ruhe und Frieden der Bürger sichern, Posa vertritt die Idee der Freiheit und der Autonomie des Individuums durch garantierte Menschenrechte. Posa scheitert aber nicht nur an den Gegenkräften seiner Zeit, er weiß: »Das Jahrhundert/ Ist meinem Ideal nicht reif« (III, 10). Während in der Rezeption lange Zeit Posas Idealismus in den Vordergrund gestellt wurde, neigte man gegen Ende des 20. Jh. eher zu einer kritischeren Sicht: Kann das Erreichen eines idealen Ziels den Einsatz von Gewalt rechtfertigen? Die »Problematik, die in der Befreiung zur Freiheit durch Gewalt von außen besteht« (D. Jörns) wird in der Figur Posas verdeutlicht, von Schiller aber nicht grundsätzlich erörtert. Dass alle handelnden Personen scheitern und allein die Inquisition als Siegerin hervorgeht, wird als ein warnender Hinweis auf Wesen und Gefahr moderner Machtapparate interpretiert (P.-A. Alt).

Rezeption: Auf die heftige Kritik am Stück (Länge, Handlungsstränge, Figuren) reagierte Sch. in den *Briefen über Don Karlos* (1788) und verteidigte besonders die Figur des Posa. ♫ G. Verdi (Oper, 1867); 🎬 R: A. Stöger (1957), R: Fr. Umgelter (1957, TV), R: Fr. P. Wirth (1963/84, TV); *Carlos* (R: H. W. Geissendörfer, 1971, Italo-Western).

Weiteres Werk: → *Der Geisterseher* (Romanfragment, 1787–89).

1787–1789
Wilhelm Friedrich von Meyern

* 26.1.1762 in Freudenbach. 1783–86 Dienst in der österr. Armee (als Meyer), nach Reisen durch Europa Rückkehr in die Armee (1809–12, nun als von Meyern). Nach 1815 Beamter der österr. Gesandtschaft beim Dt. Bund in Frankfurt/Main. † 13.5.1829 in Frankfurt.

Dya-Na-Sore oder Die Wanderer

OT/UT: *Dya-Na-Sore, oder Die Wanderer. Eine Geschichte aus dem Sam-skritt übersezt.* OT ab 1800: *Dya-Na-Sore oder Die Wanderer*

Roman, anonym erschienen. 1. Auflage (3 Bde., 1556 S.n), 2. Auflage 1800 (5 Bde., 2399 S.n).

Der Erzähler gibt sich als Herausgeber ihm überlassener fernöstlicher Papiere aus. Gemessen am riesigen Umfang des Romans ist die Handlung recht knapp, verwirrt aber durch eine Vielzahl von sporadisch auftauchenden Nebenfiguren und fragmentarischen Episoden: In einem asiatischen Hochgebirge entlässt ein Priester seine vier Söhne in die Welt. Zwei von ihnen gelangen nach langen Wanderungen zu einem Geheimbund (Nähe zum Freimaurertum). Nach ihrer Aufnahme gelingt es ihnen mit dem dritten Bruder namens Dya den herrschenden Tyrannen (zu dem sich der vierte Bruder bekannt hat) zu vertreiben. Die Befreier bauen einen ›Neuen Staat‹ auf, der von einer militärischen Elite geführt wird. In ihm werden nationale Größe und soldatische Tugenden verherrlicht, die Schwachen verachtet, die Künstler missachtet und die Feinde gnadenlos verfolgt. Doch das ›undankbare‹ Volk verjagt die neuen Herrscher, weil es »in ekler Ruhe« leben will, wie es heißt.

In der 2. Auflage tilgte M. alle Hinweise auf republikanische Ideen und Kritik am Christentum. Damit brachte er diesen Geheimbundroman, der am Ende des 18. Jh. als Genre beliebt war (→ *Unterhaltungsromane um 1800*), um die wenigen aufklärerischen Elemente, die – in brisanter Mischung mit totalitären Ideen – in den eingestreuten Reflexionen enthalten waren.

Rezeption: Das Werk war bei den Zeitgenossen umstritten; nach der 3. Auflage 1840/41 (identisch mit der 2.) geriet der Roman in Vergessenheit, bis Arno Schmidt ihn 1957 wiederentdeckte (*Dya Na Sore – blondeste der Bestien*) und ihn als »ideales SS-Handbuch« kritisierte. Dagegen bezeichnete W. Rasch (1952/71) das darin enthaltene Staatsmodell als »Staatsideal wahrer Humanität«.

Weitere Geheimbundromane der Zeit: Der bekannteste war K. Grosses *Der Genius* (1791–94); vgl. auch Goethe: → *Wilhelm Meisters Lehrjahre* (1795–96) und Jean Paul: → *Titan* (1800–03).

Weiteres Werk: *Die Regentschaft* (Trauerspiel, 1795).

1787–1789
Friedrich Schiller

Biogr.: → 1781, 1798–99

Der Geisterseher

UT: *Eine Geschichte aus den Memoires des Grafen von O*** (ab 1789)

Romanfragment. ED: *Thalia* (1787–89). BA: 1789, verbesserte Auflagen 1792 und 1798.

Sch. war bereits 1786, nachdem er 1784 als Theaterdichter in Mannheim gescheitert war, mit der ersten deutschen Kriminalgeschichte, *Verbrecher aus*

Infamie (ab 1792 u.d.T. *Der Verbrecher aus verlorener Ehre*), als Erzähler hervorgetreten, wobei hier nicht die böse Tat des auf die schiefe Bahn Geratenen im Mittelpunkt steht, sondern die im (selbst-)kritischen Rückblick gegebene Darstellung, wie ein Mensch durch die gesellschaftlichen Umstände zum Verbrecher wird. Das war schon ein Thema in Sch.s Dramenerstling → *Die Räuber* (1781) gewesen, und wie dort überantwortet sich der Schuldige auch in diesem Text am Ende freiwillig der Justiz.

Beim *Geisterseher* lieferte freilich auch Sch.s Geldnot einen wichtigen Grund, um einen publikumswirksamen Unterhaltungsroman zu liefern (→ *Unterhaltungsromane um 1800*). Der Roman schildert, wie ein deutscher Prinz in Venedig Opfer einer raffinierten Verschwörung wird, die ihn erst psychisch zerstört und dann als Werkzeug eines jesuitischen Geheimbundes auf den heimischen Thron bringen soll. Diese Übermächtigung wird erzählerisch mit allen Mitteln des Schauerromans inszeniert (Intrigen, Geisterbeschwörung, Verkleidung, Betrug) und noch dadurch gesteigert, dass der Prinz, nachdem er mit Scharfsinn alle Rätsel aufgeklärt hat, zum zynischen Freigeist wird, der in dieser Verfassung nicht mehr Opfer, sondern tätiger Ausführender eines (künftigen) Verbrechens wird. Ob der Geisterseher wirklich »als negatives Gegenstück zum Bildungsroman« (G. Storz) bezeichnet werden kann, bleibt fraglich, wohl aber ist er »ein lehrreiches Beispiel für den Grenzverkehr zwischen niederer und hoher Literatur« (M. Greiner).

Rezeption: Den Verbrecher-Stoff griff H. Kurz in seinem Roman → *Der Sonnenwirt* (1854) erneut auf. Der *Geisterseher* hatte einen geradezu sensationellen Erfolg – doch gab Sch. dem Drängen von Verleger Göschen und dem Publikum nicht nach, das Fragment zu vollenden. R: P. A. Horn (1956, TV), R: R. Bär (1987).
Weiteres Werk: → *Gedichte bis 1789* (1789).

1788
Johann Wolfgang von Goethe Biogr.: → 1773, 1787, 1811–33

Egmont

Trauerspiel (Prosa). Entst. ab 1775, mehrfach unterbrochen bis 1787. ED: 1788; UA: 9.1.1789 in Mainz.

Das Stück stammt im Kern noch aus G.s vorweimarischer → *Sturm- und Drang*-Zeit und doch ist es zugleich geprägt von den Erfahrungen, die dieses jugendliche Lebensgefühl in den Jahren danach in Frage stellten. Diese Zwischenstellung drückt sich sowohl in der Form (Wechsel von Prosa und jambischer Rhythmisierung, rascher Szenenwechsel, Verzicht auf die Einheit von Ort und Zeit) als auch in der Figurenzeichnung (Volk, Egmont) aus. Wie im → *Götz von Berlichingen* (1773) steht eine Figur im Mittelpunkt, die eine ›große Natur‹ besitzt, d. h. nach einem nicht veränderbaren inneren

Gesetz (›dämonische‹ Bestimmtheit) handelt und dabei im Konflikt mit geschichtlichen Mächten untergeht: Graf Egmont, Liebling des Volkes und Verteidiger der ›alten Rechte‹ der niederländischen Unabhängigkeitsbewegung, weigert sich vor dem Strafgericht des Spanischen Königs, vertreten durch den Herzog Alba, zu fliehen. Er ruft aber weder zum aktiven Widerstand auf noch rät er zum taktischen Abwarten: Er handelt überhaupt nicht, geht zu seiner Geliebten, dem Bürgermädchen Klärchen, und ›lebt‹ seinen Protest – teils aus selbstsicherer Sorglosigkeit, teils aus der wachsenden Einsicht, dass er den Wagen seines Schicksals nur wenig »vom Steine hier, vom Sturze da« (II, 2) weglenken kann. Alba lässt ihn verhaften und zum Tode verurteilen. Da eine Befreiung aussichtslos ist, ergibt sich Egmont in das Urteil. In einer geträumten Schlussapotheose sieht er sich als Vorkämpfer einer künftigen Befreiung: »Braves Volk! […] reißt den Wall der Tyrannei zusammen […] ich sterbe für die Freiheit, für die ich lebte und focht« (V, 4); es ist der Traum eines politischen Egmont, der er jedoch nicht war. Insofern geht eine Interpretation als politisches Freiheitsdrama fehl. Der Schluss missfiel Schiller aus dramaturgischen (»Salto mortale in eine Opernwelt«), der → *Presse- und Literaturzensur* von 1819 aus politischen Gründen.

Rezeption: Das Stück hatte nur mäßigen Erfolg, auch nicht nach Schillers Bearbeitung (UA: 25.4.1796 in Weimar). L. v. Beethoven komponierte 1810 eine Bühnenmusik zum Drama. 🎬 R: R. Spörri (1962, TV), R: F. P. Wirth (1982, TV).

Weitere Werke: *Das Römische Carneval* (Aufsatz, 1789), *Faust. Ein Fragment* (Drama, 1790), → *Torquato Tasso* (Drama, 1790).

1789
Ulrich Bräker

* 22.12.1735 in Wattwil (St. Gallen). Sohn eines Tagelöhners, Hütejunge, Soldat, Kleinbauer, Händler und Autodidakt mit kleineren Publikationen ab 1780. † 11.9.1798 in Wattwil.

Der Arme Mann im Tockenburg

OT: *Lebensgeschichte und Natürliche Abentheuer des Armen Mannes im Tockenburg*

Autobiogr. Entst. 1781–85, herausgegeben von H. H. Füßli.

Grundlage dieser außergewöhnlichen Autobiographie (→ *Autobiographien 17./18. Jh.*) waren B.s Tagebuchaufzeichnungen, die er zwischen 1770 und 1798 auf rund 4000 Seiten angefertigt hatte und von denen nur ein kleinerer Teil gedruckt vorliegt. Geschildert wird das entbehrungsreiche Leben, das B. in seiner ärmlichen Kindheit, dem harten Soldatenleben bis zur Desertion 1756 sowie dem mühevollen Ehe- und Erwerbsleben in Wattwil geführt hatte. Erstaunlich ist in diesem Kontext nicht nur, dass dieser Autodidakt im Schreiben Erfüllung fand, sondern auch, auf welch ausdrucksvol-

le Weise es ihm gelang, die ländliche Welt der Schweiz im Blick von ganz unten lebendig werden zu lassen.
Den Zeitgenossen galt B. – wie zuvor die Gastwirtstochter A. L. Karsch (→ *Auserlesene Gedichte*, 1763) – als ›Naturtalent‹, heute bezeichnet man ihn als »ersten plebejischen Schriftsteller der neueren deutschen Literatur« (R.-R. Wuthenow). Sein ganz seltenes autobiographisches Dokument gewinnt seinen literarischen Wert trotz stilistischer und kompositorischer Unbeholfenheit aus der Authentizität der mitgeteilten Erfahrung und der kulturhistorisch interessanten Detailfülle des dargestellten Alltags. Anders als H. Jung-Stilling in → *Heinrich Stillings Lebens* (1777–1817) gibt B. keine nachträgliche Deutung seines Lebens, verfügt aber auch nicht wie K. Ph. Moritz in seinem autobiographischen Roman → *Anton Reiser* (1785–90) über kritischen Abstand zum eigenen Lebensgang. Sein Fazit: »Es ist ein Wirrwarr – aber eben meine Geschichte.«

Rezeption: B. wurde zu seiner Zeit sehr beachtet, geriet aber nach seinem Tod in Vergessenheit, bis ihn die Literaturwissenschaft (H. Mayer) ab 1959 wieder entdeckte. P. Hacks greift in seinem Antikriegsstück *Die Schlacht bei Lobowitz* (1956) auf B.s Schilderung des Siebenjährigen Krieges zurück.

1789
Friedrich Schiller

Biogr.: → 1781, 1798–99

Gedichte bis 1789

Sch.s Gedichte erschienen zu seinen Lebzeiten, abgesehen von Abdrucken in Zeitschriften, nur in 3 Auswahlsammlungen (1782, 1800/03, 1804/05). Die frühe Lyrik (rund 50 Gedichte) veröffentlichte er in der von ihm anonym herausgegebenen *Anthologie auf das Jahr 1782* (1782), wobei er später nur 19 von ihnen – in bearbeiteter Form – gelten ließ (z. B. *Rousseau*, *Die Kindsmörderin*, nicht aber: *Die schlimmen Monarchen*). Von den folgenden bis 1789 entstandenen Gedichten gelangten nur 7 zum Druck. Da Sch. für die Lyriksammlungen ab 1800 die bis 1789 entstandenen Gedichte durch formale und inhaltliche Überarbeitung ›klassisch‹ zähmte, geben die von der Schiller-Philologie erst ab 1901 (Fr. Strich) dargebotenen Erstfassungen den besseren Aufschluss über den jungen, aufbegehrenden Autor.
Sch.s bedeutendste Gedichte aus dieser Zeit sind: *Resignation* (»Auch ich war in Arkadien geboren«), *An die Freude* (ED: 1786; 6 Strophen daraus vertonte Beethoven 1823 in seiner 9. Symphonie), *Die Götter Griechenlands* (1788, überarbeitet 1793), *Die Künstler* (1789); hieß es in *Resignation* (1786) noch düster: »Die Weltgeschichte ist das Weltgericht«, entwickelt Sch. in *Die Götter Griechenlands* die Grundzüge seines Konzepts einer klassischen Kunst (→ *Ästhetische Schriften* I und II, 1792–93 und 1795–96): Die verlorene Einheit von Leben und Kunst im idealisierten antiken Griechenland

kehre in der Kunst wieder und werde dort unsterblich. Diese Kunst-Religion steht für Sch. über dem Christentum, was ihm scharfe Kritik eintrug. In *Die Künstler* preist er im langen Gang durch die Menschheitsgeschichte die führende Rolle von Kunst und Künstlern: »Nur durch das Morgentor des Schönen/ Drangst du in der Erkenntnis Land.«

Rezeption: Als Lyriker trat Sch. erst wieder ab 1795 hervor (→ *Gedichte ab 1795*, 1795–1801).

Weitere Werke: *Geschichte des Dreyssigjährigen Kriegs* (Geschichtsdarstellung, 1791–93), → *Ästhetische Schriften* I (1792–93).

Französische Revolution und deutsche Literatur

Ereignis: Die Französische Revolution war das politische Hauptereignis im Europa des 18. Jh. und hatte politisch-soziale und kulturelle Folgewirkungen, die bis weit ins 19. Jh. reichten. Ihr Beginn ist mit der Erstürmung der Pariser Bastille (14.7.1789), der Zwingburg des Ancien Régimes, genau bezeichnet, ihr Ende nicht: Sie leitete einen von Rückschlägen unterbrochenen, langen revolutionären Prozess ein, der in Europa zu unterschiedlichen Lösungen führte, durch die das Bürgertum die politische Macht erlangte. Die Sensation des historischen Ereignisses bestand in der Erfahrung, dass der Gedanke der → *Aufklärung* zur politischen Tat geworden war. Sie galt den Befürwortern als eine starke Ermunterung für die Macht des Denkens und Schreibens, für die Gegner jedoch war sie ein Schreckbild. Die Spaltung der intellektuellen Öffentlichkeit in ihrer Reaktion auf die Revolution war – wenn auch ein charakteristisches Phänomen in ganz Europa – in Deutschland besonders markant, weil das französische Vorbild ebenso wie die geistig-politische Konkurrenz mit Frankreich für die Herausbildung eines eigenen kulturellen Profils hier immer bedeutsamer geworden war. Dabei gilt allerdings: So wie der Fortgang der Französischen Revolution ein langer, wechselvoller Prozess war, so unterlagen auch die deutschen Reaktionen Veränderungen, die es verbieten, einfache Unterscheidungen in Pro und Contra vorzunehmen. Die Vielzahl der Stellungnahmen sind vielmehr als ein Zeichen dafür aufzufassen, dass die Verarbeitung des Gesamtereignisses der politischen Revolution »einen substantiellen Teil der geistigen Produktion Deutschlands« (G. Schulz) nach 1789 ausmachte.

Bis 1792 dominierte weithin eine freundliche bis begeisterte Zustimmung, repräsentativ verkörpert in Fr. G. Klopstock, der mit rund einem Viertel seines lyrischen Gesamtwerks den Fortgang begleitete (z. B. *Die Etats généraux*; *Sie, und nicht wir*; *Kennet euch selbst*), und J. H. Campe (→ *Briefe aus Paris zur Zeit der Revolution geschrieben*, 1790). Ähnlich reagierten Chr. Fr. D. Schubart, G. A. Bürger, J. H. Voß, Fr. M. Klinger, Jean Paul, G. Forster, Fr. Hölderlin, I. Kant, G. W. Fr. Hegel, Fr. W. J. Schelling, J. Görres und J. G. Fichte. In Weimar gab es gemäßigte Zustimmung bei Chr. M.

Wieland (*Betrachtungen über die gegenwärtige Lage des Vaterlandes*, 1793) und bei J. G. Herder. Goethe und Schiller waren, aus unterschiedlichen Gründen, sowohl GEGEN DEN WEG DER REVOLUTION wie auch gegen den Revolutionsenthusiasmus. Goethe reagierte seinen Unmut direkt in Komödien wie z. B. *Der Bürgergeneral* und *Die Aufgeregten* (beide 1793) ab und versuchte über die Hinwendung zu naturwissenschaftlichen Studien (*Versuch die Metamorphose der Pflanzen zu erklären*, 1790) Gesetzmäßigkeiten zu finden, die auch im sittlichen Leben einen Gegenpol begründen sollten. Eine indirekte Auseinandersetzung führte er in → *Unterhaltungen deutscher Ausgewanderten* (1795), → *Hermann und Dorothea* (1797) und in → *Die natürliche Tochter* (1803). Schiller, obwohl 1792 vom französischen Nationalkonvent zusammen mit Klopstock und J. H. Campe zum Ehrenbürger ernannt, schwieg bis 1792/93 gänzlich und verarbeitete danach seine antirevolutionäre Kritik in den → *Ästhetischen Schriften* I und II (1792–93 und 1795–96), den Dramen und noch einmal massiv in *Das Lied von der Glocke* (1800). Von Anfang an GEGEN DIE REVOLUTION UND IHRE FOLGEN waren – mit Ausnahme von H. D. Zschokke – Unterhaltungsschriftsteller wie A. v. Kotzebue, A. W. Iffland und A. Lafontaine sowie J. W. L. Gleim, M. Claudius und H. Jung-Stilling.
Nach der Ausrufung der Republik und dem Beginn der Jakobinerherrschaft (1793/94) widerriefen viele Schriftsteller ihre Zustimmung (z. B. Klopstock in *Mein Irrtum*), enttäuscht vom Scheitern der Verwirklichung der aufklärerischen Utopien von Staat und Gesellschaft. Andere enthielten sich öffentlicher Stellungnahmen (z. B. Herder), differenzierten ihr Urteil (z. B. Wieland in *Gespräche unter vier Augen*, 1799), zogen die ästhetische Verarbeitung im Werk vor (z. B. Hölderlin, Jean Paul, Seume) oder traten gar zu den konservativen Gegnern über (z. B. Görres, Fr. Schlegel). Die LETZTEN VERTEIDIGER auch der jakobinischen Phase der Französischen Revolution waren politisch-publizistische Aktivisten aus den revolutionären Zentren (Elsass, Mainz, Württemberg, Hamburg, Rheinland), unter denen besonders herausragen: G. Forster (1754–94) mit *Parisische Umrisse* (1794), G. Chr. G. Wedekind (1761–1831), Fr. W. Schütz (1756–1834) sowie A. Freiherr v. Knigge (1752–96), Fr. Chr. Laukhard (1757–1822) und J. A. G. Fr. Rebmann (1768–1824), Letzterer v. a. mit seinen politischen Journalen *Das neue graue Ungeheuer* (1795–97) und *Die Geissel* (1797–99).

1790
Joachim Heinrich Campe

Biogr.: → 1779–80

Briefe aus Paris zur Zeit der Revolution geschrieben

Reisebericht. ED: *Braunschweigisches Journal* (1789/90); BA: 1790; 2 weitere Auflagen im selben Jahr.

Die historische Tatsache »einer so großen, nie erhörten, nie für möglich gehaltenen Revolution« (Chr. M. Wieland, 1790), wie sie sich ab 1789 in Paris ereignete, zog viele Zuschauer aus Europa an, darunter auch deutsche Schriftsteller. Das Medium, in dem sie ihre Erfahrungen mitteilten, war in der privaten Kommunikation der Brief, in der öffentlichen der Augenzeugenbericht (für ein Journal) bzw. der Reisebericht (als Buchpublikation). C. lieferte mit seinen *Briefen* beides im selben Jahr. Der Bericht, fußend auf seinem Parisaufenthalt vom 3.–27.8.1789 (zusammen mit seinem ehemaligen Zögling W. v. Humboldt), ist ein Dokument des aufklärerischen Geschichtsoptimismus. Indem der Berichtende z. B. im Gang von der Bastille zum Palais Royal den Weg der Befreiung vom absolutistischen Despotismus nachschreitet und die freie Öffentlichkeit des geselligen Platzes als Fest beschreibt, legt er emphatisch dar, wie Aufklärung, politische Freiheit und Handelsfreiheit sich, wie er schreibt, »auf den Flügeln der freigewordenen Vernunft zu einer bewunderungswürdigen Höhe von Vollkommenheit und Sittlichkeit« erheben. Das war eine Botschaft nach Deutschland. Dieser Gedanke wurde, nach den Erfahrungen mit dem Sturz der französischen Monarchie und der Jakobinerherrschaft von konservativer Seite uminterpretiert zu der These, die Aufklärung führe letztlich in die blutigste Despotie, der nur noch wenige deutsche Schriftsteller (→ *Französische Revolution und deutsche Literatur*) widersprachen. C., der wegen seiner *Briefe* in Braunschweig erhebliche politische Schwierigkeiten bekam, gehört nicht mehr dazu. Die Tradition der Briefe und Reiseberichte aus Paris setzte sich jedoch bis weit ins 19. Jh. hinein fort (L. Börne: → *Briefe aus Paris*, 1832–34).

Rezeption: Neben C.s stark beachteten *Briefen* erschienen weitere Reiseberichte aus Paris: Fr. Schulz: *Geschichte der großen Revolution in Frankreich* (1790), G. A. v. Halem: *Blicke auf einen Theil Deutschlands, der Schweiz und Frankreichs* (1792), J. Fr. Reichardt: *Vertraute Briefe über Frankreich* (1792–93), G. Forster: *Parisische Umriße* (1793/94).

Weiteres Werk: *Sämtliche Kinder- und Jugendschriften* (1806–09, 30 Bde.).

1790
Johann Wolfgang von Goethe

Biogr.: → 1773, 1787, 1811–33

Torquato Tasso

UT: *Ein Schauspiel*

Entst. ab 1780, zunächst in 2 Prosa-Akten; ab 1786 Umarbeitung in die Versform (Blankvers). ED: 1790, UA: 16.2.1807 in Weimar.

Tasso ist das erste deutsche Künstlerdrama – nach G.s ausdrücklichem Willen ein »Schauspiel« und damit keine Tragödie: Im Ferrara des 16. Jh. lebt Tasso als hochgepriesener Dichter am Hofe des Kunstmäzens Alfons II., dem er zu Anfang des Stückes sein eben fertiggestelltes Hauptwerk *Das befreite Jerusalem* überreicht. Glanz, Glück und Eintracht geraten jedoch bald in schwere Krisen: Der bürgerliche Dichter fühlt sich gegenüber dem Diplomaten Antonio zurückgesetzt, als Künstler nicht in seinem Anspruch auf Autonomie anerkannt und schließlich auch noch in seiner Liebe zur Prinzessin Leonore zurückgewiesen. Durch die Hofetikette belehrt (»Erlaubt ist, was sich ziemt«) und zur unabhängigen Schriftstellerexistenz nicht fähig (der Herzog hat sein Werk, aber erlaubt nicht den Weggang), sieht Tasso sich zu einem problematischen Auskommen mit Antonio verpflichtet, das er mit den Metaphern von Welle und Fels bzw. Schiffer und Fels umschreibt: Während das Kräfteverhältnis von Welle (Tasso) und Fels (Antonio) von Natur aus gleich ist, liegt im anderen Bild keine Gleichwertigkeit vor, wenn der Schiffer (Tasso) sich rettend am Felsen (Antonio) festklammert, »an dem er scheitern sollte« (V, 5).

Tasso, der melancholische und nervöse moderne Künstler, der mit G.s Zustimmung als »gesteigerter Werther« charakterisiert wurde, braucht demnach als Dichter den höfisch-mäzenatischen Schutz, obwohl die künstlerische Autonomie an sich keine zwecksetzende Eingrenzung dulden darf. In der ausgefeilten Formgestalt ist das Drama ganz klassizistisches Werk (Jambus, drei Einheiten, Ständeklausel, Sentenzen), in der Aussage jedoch offen. Diese Differenz spiegelt die ›Disproportion‹ von Kunst und Leben und bestimmt auch Tassos künstlerisches Credo: »Und wenn der Mensch in seiner Qual verstummt,/ Gab mir ein Gott, zu sagen, wie ich leide« (V, 5).

Rezeption: Von den drei ›italienischen‹ Dramen G.s (→ *Iphigenie auf Tauris*, 1787; → *Egmont*, 1788) das noch am häufigsten gespielte Stück, v. a. nach ›1968‹ (Inszenierungen von P. Stein, Cl. Peymann und D. Dorn). ▬ R: A. Ambrosio (1909), R: I. Moszkowicz (1968, TV).

Weitere Werke: *Der Groß-Cophta* (Lustspiel, 1792), *Der Bürgergeneral* (Lustspiel, 1793), → *Reineke Fuchs* (Versepos, 1794).

1791
Friedrich Maximilian Klinger

Biogr.: → 1776

Fausts Leben, Taten und Höllenfahrt

Roman. ED: 1791 (anonym), 2. erweiterte Ausgabe 1794, in der 3. Fassung (1799) Epilog gestrichen und Schluss geändert. 9 weitere Bde. waren geplant.

Dieser *Faust* sei, so K., »sein eigenes Werk, es sei wie es wolle«, womit der Abstand zu Goethes *Faust*-Fragment (1790) klargestellt ist. K. s Faust ist der Mainzer Buchdrucker Fust (1400–60), der vergeblich gehofft hatte, durch seine Erfindung der Menschheit einen Dienst erwiesen und sich selbst aus seiner Armut befreit zu haben. Tief enttäuscht wendet sich Faust an den Teufel, um zu erfahren, »warum der Gerechte leidet und der Lasterhafte glücklich ist«. Leviathan, vom Satan geschickt, zeigt ihm daraufhin die Welt, die sich als Inbegriff des Bösen und der Verderbtheit erweist, gegen die auch Faust nicht gefeit ist. Schuldig geworden, unerfüllt in seinem Wunsch

nach Glück, Licht und Freiheit, dem Teufel ausgeliefert, verfällt er der ewigen Verdammnis.
Die schonungslose Kritik am Zustand der Gesellschaft (K. bezieht sich auf den Feudalismus, auch wenn sein Faust im 15./16.Jh. lebt), ist einerseits auf das Verhalten der Herrschenden zurückzuführen, die sich nicht verantworten müssen für Unmoral, Ausbeutung und Verbrechen; selbst die Religion ist ihnen ein »Werkzeug der Unterdrückung« (so schildert K. sehr realistisch das Elend der leibeigenen Bauern). Andererseits wird auf Rousseaus Vorstellung, dass der Mensch als natürliches Wesen gut sei, Bezug genommen: Bei den Armen, so erfährt Faust am Ende seiner Reise, sei der bessere, weil unverdorbene Mensch zu finden. Diese hat ihm Leviathan aber nicht gezeigt. Nach den *Faust*-Fragmenten von Lessing, Goethe, J. M. R. Lenz und Maler Müller (→ *Faustdichtungen bis 1808*) ist K.s Roman die erste große Faustdichtung der deutschen Literatur.
Rezeption: Drei Nachdrucke, viele Raubdrucke sowie viele Übers.n zeigten das Interesse der zeitgenössischen Leserschaft.

1791–1805
Moritz August von Thümmel

Biogr.: → 1764

Reise in die mittäglichen Provinzen von Frankreich

OT: *Reise in die mittäglichen Provinzen von Frankreich im Jahr 1785 bis 1786*
Roman in 10 Bdn., anonym erschienen.
Der Berliner Jurist Wilhelm leidet mit seinen 38 Jahren an Hypochondrie und ist großstadtmüde. Er begibt sich auf eine Reise, die durch Deutschland nach Südfrankreich und über Holland wieder zurück nach Berlin führen wird. Diese Reise ist nicht nur ein Weg in die Ferne, sondern zugleich ein Weg zur Selbsterkenntnis und Genesung von der Hypochondrie. Als hilfreiche Medizin wirken dabei die Begegnungen mit einfachen Menschen in einer ländlichen Idylle (kontrastiert mit dem lasterhaften Leben des Klerus in Avignon) sowie weitere Abenteuer in Gesellschaft eines genusssüchtigen Marquis'. Das Ganze ist als Reisetagebuch abgefasst, dessen Tagesberichte in Briefen an einen Berliner Freund geschickt werden, so dass der Leser nicht mehr von den berichteten Situationen erfährt, als dem Schreiber selbst bekannt ist. Eingestreut sind eine Vielzahl von Gedichten, die das Geschehen poetisch-melancholisch beleuchten.
Th. hat von den Vorbildern L. Sterne (*A Sentimental Journey*, 1768), Voltaire, Rousseau und Chr. M. Wieland Einiges abgeschaut: »Das ergibt dann einen leichten, wohl durchgebildeten und gepflegten Konversationston« (M. Greiner), mit dem von einem milden (spät)aufklärerischen Standpunkt aus

– nach der Erfahrung der Französischen Revolution – das Frankreich des Ancien Régimes kritisch betrachtet wird.

Rezeption: Der Roman gehörte bis ins 19. Jh. hinein zu den vielgelesenen Büchern.

1792–1793
Friedrich Schiller Biogr.: → 1781, 1798–99

Ästhetische Schriften I

Sammelbezeichnung für die folgenden Abhandlungen: *Über den Grund des Vergnügens an tragischen Gegenständen* (1792), *Über die tragische Kunst* (1792), *Vom Erhabenen* (1793), *Über das Pathetische* (1793), *Über Anmut und Würde* (1793).

Sch.s kunsttheoretische Schriften sind ein bedeutender Teil seines Werkes. Sie gelten als Ausdruck der Überwindung der dem → *Sturm und Drang* nahe stehenden Positionen sowie als Schlüssel zur dichterischen Produktion des Klassikers, aber auch als darüber hinausgehende Antwort auf die zwei großen Herausforderungen, denen Sch. in den 1790er Jahren begegnete: die Französische Revolution als politisches und das Phänomen Goethe als künstlerisches Ereignis. Die Schriften, zu denen auch die Rezensionen über G. A. Bürger (1791) und Fr. v. Matthisson (1794), die *Kallias-Briefe* (1793) und die Briefwechsel mit G. Körner, W. v. Humboldt und Goethe gerechnet werden müssen, entfalten – in der lockeren, sich mehr und mehr differenzierenden Folge eines ›work in progress‹ – das Konzept einer ästhetisch-politischen Kulturentwicklung von der Antike bis zur Moderne. Sch. – »ein eminent philosophischer Denker und philosophierender Künstler« (H. Mayer) – erhielt maßgebliche Anregung durch Kants *Kritik der Urteilskraft* (1790): Ausgehend von einer Doppelnatur des Menschen (Natur/Geist, Sinnlichkeit/Sittlichkeit, Trieb/Vernunft, Herz/Kopf), deren wachsendes Auseinanderfallen das Hauptproblem der modernen Zeit sei (mit impliziter Kritik am Absolutismus wie an einer naturrechtlichen Revolutionstheorie), bescheinigt Sch. – hier in Ansätzen A. G. Baumgartens *Aesthetica* (1751–58) folgend – der Kunst das Vermögen, den »ganzen Menschen« wiederherzustellen. Für die Tragödie als die zentrale Kunstform seit der Antike bedeutet das: Die pathetische Darstellung des Leidens dürfe nicht (mehr) auf die Verwirklichung moralischer Zwecke (Anklage, Besserung, Vorbild usw.) zielen, sondern habe zu zeigen, dass der Mensch sich im »Bewußtsein unsrer inneren moralischen Freiheit« über das Leiden erheben könne, auch wenn er physisch untergehe. Doch Sch. wollte mehr als nur die aufklärerische Tragödientheorie (G. E. Lessing: → *Hamburgische Dramaturgie*, 1767–69) überwinden. Es ging ihm insgesamt um den Nachweis, dass die Kunst (›das Schöne‹) – und nur sie bzw. sie als Medium – die Vermittlung von sinnlicher Natur und moralischer Freiheit (Vernunft) leisten kann. Deren Ausdruck seien ›Anmut‹ in Gestalt der ›schönen Seele‹ sowie ›Würde‹ in Gestalt der »erhabenen Seele«, die sich beide allerdings nur im Ideal vereinen könnten.

Rezeption: Mit diesem Tragödien-Konzept trennte sich Sch. von seinen Anschauungen der 1780er Jahre (vgl. *Was kann eine gute stehende Schaubühne eigentlich wirken?*, 1784); seine praktische Umsetzung und Modifizierung begann mit → *Wallenstein* (1798–99).

Weiteres Werk: → *Ästhetische Schriften II* (1795–96).

1792–1802
Friedrich Christian Laukhard

* 7.6.1757 in Wendelsheim (Pfalz). 1775–78 Theologiestudium in Gießen und Göttingen. 1783 Promotion, 1783–93 Soldat in der preußischen Armee, 1793–95 in Paris lebend. Ab 1795 Lehrer und Schriftsteller in Halle, 1804–11 Pfarrhelfer in Veitsrod/Nahe, danach Privatlehrer in Kreuznach. † 29.4.1822 in Kreuznach.

Leben und Schicksale

OT: *F. C. Laukhards […] Leben und Schicksale von ihm selbst beschrieben und zur Warnung für Eltern und studierende Jünglinge herausgegeben*

Autobiogr. in 5 Bdn. (Teil 1–2: 1792, Teil 3: 1796, Teil 4: 1797, Teil 5: 1802).

Unter den → *Autobiographien des 17./18. Jh.* ragt die von L. als »Geschichte einer sozialen Deklassierung« (H.-W. Engels) hervor, wobei nicht die innere Geschichte (wie in K. Ph. Moritz' autobiographischem Roman → *Anton Reiser*, 1785–90) erzählt wird, sondern die Kette der erlebten Ereignisse; anders als im dafür charakteristischen Genre der Memoiren geschieht das nicht von der Warte eines hochrangigen und mithandelnden Beteiligten aus, sondern aus der Sicht eines ewigen Studenten, arbeitslosen Magisters und einfachen Soldaten, d. h. als »Memoiren von unten« (S. Fischer). L. als Figur des Textes hat im moralischen Sinne wenig zu bieten: Er ist ein talentierter und wohlmeinender Mensch, aber auch ein – wie er einräumt – »kreuzliederlicher Kerl«, dem die gesellschaftliche Anpassung nicht gelingt. Was ihm misslingt, soll jedoch anderen eine Lehre sein. Dabei reportiert er mit einer noch heute interessanten Anschaulichkeit das wenig vorbildhafte Leben an den Universitäten (fortgesetzt in dem satirischen Roman *Annalen der Universität zu Schilda*, 1798/99) sowie das brutale Soldatenleben (fortgesetzt in *Briefe eines preußischen Augenzeugen über den Feldzug des Herzogs von Braunschweig gegen die Neufranken*, 1793). L. wird schließlich zum jakobinischen Verteidiger der Französischen Revolution, zum Kritiker »des Despotismus, der Pfafferei und der Tyrannei des Adels.« Er steht damit an der Seite der kleinen Gruppe ähnlich gesinnter Schriftsteller in Deutschland (→ *Französische Revolution und deutsche Literatur*), deren Wirken ein oft übersehenes Korrektiv zur politischen Haltung der Weimarer Klassik → *Weimarer Klassik und Klassisches Weimar*) darstellt.

Rezeption: Das umfangreiche Werk fand zu L.s Lebzeiten große Aufmerksamkeit – später jedoch, wenn überhaupt, mehr kulturgeschichtliches als literarisches Interesse.

Weiteres Werk: *Erzählungen und Novellen* (1800).

1793
Jean Paul

* 21.3.1763 in Wunsiedel (Fichtelgebirge) als Johann Paul Friedrich Richter (ab 1792: Jean Paul). Nach abgebrochenem Theologiestudium (1781) in Leipzig freier Schriftsteller, ab 1787 Hauslehrer in Töpen (bei Hof). 1790–94 Lehrer in Schwarzenbach, dann wieder freier Schriftsteller u. a. in Hof, Leipzig, Weimar, Berlin, Meiningen, Coburg, ab 1804 in Bayreuth lebend. † 14.11.1825 in Bayreuth. Gedenkstätten: Bayreuth (D, G, M), Hof (M), Meiningen (M), Wunsiedel (D, M).

Die unsichtbare Loge / Leben des vergnügten Schulmeisterlein Maria Wutz in Auenthal

UT: *Eine Biographie* (1); *Eine Art Idylle* (2)

Fragmentarischer Roman; daran angehängt die Erzählung: *Leben des vergnügten Schulmeisterlein Maria Wutz in Auenthal.* Entst. ab 1791. 2. Auflage: 1821/22.

Erzählt wird die Lebensgeschichte Gustav von Falkenbergs, der bis zu seinem 10. Lebensjahr unter der Erde nach pietistischen Prinzipien erzogen wird, dann eine militärische Ausbildung erhält, an den fürstlichen Hof gerät und von der Regentin verführt wird. Er liebt jedoch Beata, die er nach vielen Verwicklungen im arkadischen Lilienbad wiedertrifft. Parallel dazu wird die Geschichte des Fürstensohnes Ottomar erzählt, der als politischer Rebell zwar zunächst scheitert, doch am Schluss gerettet wird. Der Titel verweist auf einen im Hintergrund agierenden Geheimbund, dessen (politische?) Intentionen allerdings nicht klar werden. Mit der Verhaftung Gustavs als angeblichen Verschwörer bricht der satirisch geprägte Roman, der Elemente des Initiations- und Staatsromans mit denen des Schauerromans verbindet, ab. Der Roman gilt als Vorstufe zu J. P.s nächstem Roman → *Hesperus* (1795).

Die im Anhang beigefügte Erzählung von Kindheit, Jugend, Heirat und Tod des »Schulmeisterlein« Wutz, deren Zusammenhang mit der *Unsichtbaren Loge* strittig ist, legte den Grundstein zu J. P.s literarischem Erfolg in den 1790er Jahren. Was als harmlos-heitere Idylle oft missverstanden wurde, ist – wie bereits der Untertitel einschränkt – nur »eine Art Idylle«: Der bitterarme Wutz findet zwar das »Vollglück in der Beschränkung«, weil er über ein stets heiteres Gemüt, die Gabe der Phantasie und eine kindliche Naivität verfügt. Aber die humorvolle (nicht satirische) Darstellung des Sonderlings und der Welt in ihrer Unvollkommenheit ist keine »kleinbürgerliche Versöhnung mit der elenden deutschen Wirklichkeit« (G. Lukács). Sie steht vielmehr stellvertretend für das Verlangen nach Glück, Freiheit und Menschlichkeit, das in der politisch-sozialen Wirklichkeit nicht erfüllt wird und dessen Verwirklichung J. P. vergeblich durch die Französische Revolution erhoffte.

Beide Werke weisen durch Abschweifungen, Anreden an den Leser, Fußnoten, die Neigung zu langen Satzperioden sowie durch die unerschöpfliche Fülle von Bildern und epischen Einfällen auf die für J. P. so charakteristische, labyrinthisch zu nennende Erzählweise seiner späteren Romane voraus.

Rezeption: Nach 10 Jahren Misserfolg kam mit diesem Doppelroman der Durchbruch für J. P.

Weitere Werke: *Grönländische Prozesse* (Satiren, 1783), *Auswahl aus des Teufels Papieren* (Satiren, 1789), → *Hesperus* (Roman, 1795).

1794
Johann Wolfgang von Goethe

Biogr.: → 1773, 1787, 1811–33

Reineke Fuchs

UT: *In zwölf Gesängen*

Versepos, entst. 1792/93.

»Pfingsten, das liebliche Fest, war gekommen; es grünten und blühten/ Feld und Wald; auf Hügeln und Höhn, in Büschen und Hecken/ Übten ein fröhliches Lied die neuermunterten Vögel«. Mit diesen heiteren Hexameter-Versen beginnt G. seine 4312 Verse umfassende Bearbeitung des 1752 von J. Chr. Gottsched übersetzten niederdeutschen *Reynke de Vos* (→ *Reineke Fuchs*, 1498). In der Form antikisierend (Hexameter-Epos, Einteilung in ›Gesänge‹), veredelt G. die bitterböse mittelalterliche Ständesatire zu einem überzeitlichen »Hof- und Regentenspiegel«, den er an anderer Stelle auch als »unheilige Weltbibel« bezeichnete. Wenn am Ende dieser Geschichte der listenreiche Fuchs, der am Hofe König Nobels seinen Kopf aus allen Schlingen ziehen kann und hochgeehrt obsiegt, über den Lauf der Welt bemerkt: »so ist es beschaffen, so wird es bleiben«, dann spiegeln sich darin auch G.s verdrießliche Gegenwartserfahrungen, die er in den antirevolutionären Lustspielen *Der Groß-Cophta* (1792) und *Der Bürgergeneral* (1793) wenig glücklich auch direkt thematisiert hatte. Dem weimarischen Geheimen Rat missfiel die politische Aufregung im Zuge der Französischen Revolution, besonders der »Dünkel des irrigen Wahnes« (VIII, 152) bei den Revolutionären , aber auch die Machtpolitik der Reaktion, kurz: jegliche Politik. Der Fuchs hat die Heuchelei von Herrschaft, Politik und Recht durchschaut, er verhält sich wie alle in dieser wölfischen Welt – nur ohne (Doppel-)Moral und Hemmung: »Er handelt mit Bewußtsein und Selbstbewußtsein, und daraus gewinnt des Fuchses Bosheit ihr mephistophelisches Licht« (H.-W. Jäger).

Rezeption: Das zeitgenössische Echo auf das Versepos war geteilt. 1846 illustrierte W. Kaulbach eine Neuausgabe. G.s Bearbeitung wurde zum Ausgangspunkt weiterer Nach- und Umdichtungen, z. B. A. Glaßbrenner: *Neuer Reineke Fuchs* (1846). R: M. Durniok (1987–89, Zeichentrickfilm).

Weiteres Werk: → *Unterhaltungen deutscher Ausgewanderten* (Novellenslg., 1795).

Weimarer Klassik und Klassisches Weimar

Über das, was Klassik in Literatur und Kunst bedeutet, gibt es sehr unterschiedliche Ansichten, die von normativen Werturteilen über stilistische Qualifizierungen bis zu historisch-anthropologischen Idealisierungen reichen. Wiederkehrende Kategorien sind: Vollkommenheit, Mustergültigkeit, Vorbild, Humanität, Harmonie, menschliche Selbstvollendung und Seelengröße, höchster ästhetischer Rang. Diese Vorgaben sind philosophisches Ideal und literarisches Programm zugleich, dringen aus dem geschichtlichen Raum ins Universale und gewinnen dabei »Meilenumfang, Zentnerschwere und Äonendauer«, wie Fr. Schlegel kritisch bemerkte. Aus dieser geistig-sittlichen Größe folgerten die einen nationale Größe (›Volk der Dichter und Denker‹, deutscher Kulturberuf), die anderen beklagten »Einschüchterung durch Klassizität« (B. Brecht) bzw. übten Kritik am »Bildungsklischee« humaner Klassik (E. Schmalzriedt).

In der literarhistorischen Betrachtung verdichtet sich das Phänomen deutsche Klassik mehr und mehr auf den Zeitraum des Baseler Friedens (1795–1806), den literarischen Ort Weimar und einige (nicht alle!) Werke dieser Epoche. Dabei ist der Begriff ›Weimarer Klassik‹ aus mehreren Gründen durchaus problematisch: Die Bezeichnung ›Klassik‹ für diese Phase um 1800 war zur damaligen Zeit nicht gebräuchlich und es war Goethe selbst, der in dem Aufsatz *Literarischer Sansculottismus* (1795) davor warnte, den ›Klassik‹-Begriff ohne Weiteres auf die deutsche Literatur anzuwenden. Der Name hat sich – zudem nur in Deutschland – erst ab dem 19. Jh. eingebürgert.

Unumstritten ist, dass Goethe geistiger Mittelpunkt des Phänomens und Weimar sein Zentrum war. Da zu Goethes Zeit und in mehr oder weniger engem Kontakt mit ihm auch Wieland, Herder, Schiller, kurzzeitig auch Jean Paul und Hölderlin, in Weimar wohnten, spricht man auch vom ›Klassischen Weimar‹, dessen zeitlicher Rahmen dann auf die Zeit von Goethes Rückkehr aus Italien (1788) bis zu seinem Tod (1832) ausgeweitet wurde. Der Begriff erweiterte sich im 19. Jh. einerseits zum Mythos der Musenstadt (Wohn- und Wirkungsort vieler Schriftsteller und Künstler wie z. B. Fr. Liszt, R. Steiner, A. Böcklin, R. Strauss, Fr. Nietzsche), andererseits machte die Stadt durch die Vielzahl authentisch erhaltener Gedenkstätten (Dichterhäuser), die Anna-Amalia-Bibliothek, die Museen und das Archiv die deutsche Klassik so sinnfällig wie es kein anderer Ort vermochte. Und dennoch kann ›Weimar‹ nicht das Kürzel für eine literarische Klassik abgeben, ebenso wenig wie ›Wien‹ etwa zur gleichen Zeit für eine musikalische Klassik (Haydn, Mozart, Beethoven) stehen kann, denn es gab nicht nur beachtliche Differenzen zwischen Wieland, Goethe, Herder und Schiller in Weimar, sondern daneben auch andere wichtige Dichterorte (z. B. Jena, Berlin, Dresden) und v. a. wichtige Autoren, die zwar mit Weimar in Verbindung gebracht werden können (z. B. Jean Paul, Fr. Hölderlin, W. v. Humboldt, Fr. Schlegel), aber nicht zu Weimar gehören. In einer bestimmten Hinsicht fügen sich dann Ort und Epoche allerdings doch wieder fest zusammen: in der ZUSAMMENARBEIT VON GOETHE UND SCHILLER. Das in der deutschen Literaturgeschichte ganz einmalige enge Arbeitsverhältnis zweier bedeutender Schriftsteller, die sich durch Herkunft, Position, künstlerische Eigenart und Temperament durchaus unterschieden, war nicht nur ein »glückliches Ereignis« (wie Goethe später notierte), sondern geschah auch in einem historisch günstigen Moment: Nachdem beide seit 1788 – in fast schon beleidigender Distanz – in Weimar und Jena nebeneinander gelebt hatten, konnten sie im Juli 1794 eine Partnerschaft verabreden, weil bei aller Verschiedenheit und nicht zu übersehender antipodischer Rivalität (besonders von Seiten Schillers) die gemeinsamen kulturpolitischen und künstlerischen Interessen überwogen: Beide hatten ab 1789 ihre dichterischen Aktivitäten nahezu eingestellt – Goethe trieb naturwissenschaftliche, Schiller kunsttheoretische Studien – beide lehnten die Französische Revolution und ihre Folgen ab, standen aber unter hohem Erwartungsdruck und fühlten sich berufen, ein neues Kunstkonzept zu propagieren, das durch seine Autonomie und Neutralität die überlegene (humane) Antwort auf die durch Politik zerstrittene Gegenwart sein sollte. Zu diesem Zweck gab Schiller die Zeitschrift *Die Horen* (1795–97) heraus, deren Ankündigung als das »GEMEINSAME KLASSIK-PROGRAMM von Goethe und Schiller« (W. Segebrecht) bezeichnet werden kann. Hier publizierte Schiller erstmalig nach 1789 wieder Gedichte, hier erschienen Goethes → *Unterhaltungen deutscher Ausgewanderten* (1795) sowie → *Hermann und Dorothea* (1797). Ab 1796 edierte Schiller den *Musen-Almanach*, in dem er und Goethe erstmals als gemeinsame Autoren auftraten (→ *Xenien*). 1797 war das Jahr der gemeinsamen Balladendichtung (→ *Balladen*, 1797), daneben kooperierten die beiden bei Goethes Weimarer Theaterarbeit und tauschten sich bei ihren laufenden dichterischen Arbeiten (→ *Wilhelm Meisters Lehrjahre*, 1795–96, → *Wallenstein*, 1798–99) intensiv aus. Die Kehrseite dieser ›Zweier-Klassik‹, die in Rietschels Weimarer Goethe-Schiller-Denkmal (1857) ihren idealisierten Ausdruck gefunden hat, waren jedoch heftige Spannungen mit Herder und Wieland, die z.T. schroffe Abschottung gegen die jüngere Dichtergeneration (Hölderlin, Jean Paul, Fr. und A. W.

Schlegel, Novalis u. a.), die Inkaufnahme des Elitären und die Wirkungslosigkeit. Schließlich ist nicht zu übersehen, dass es nach 1800 sogar zu Spannungen im Verhältnis der beiden Autoren zueinander kam: Goethe fühlte sich von Schiller herausgefordert, Schiller strebte über den engen Weimarer Rahmen hinaus. Dementsprechend schwanken die Beurteilungen von Motiv und Bedeutung des Bundes: »Waffenstillstand mit Goethe« (W. Benjamin), »Zweckbündnis« (H. Mayer), »Kunstprodukt im Sinne des gemeinsamen Erziehungsideals« (G. Ueding), »Bündnis der Antipoden« (P. Matussek).

1795

Johann Wolfgang von Goethe

Biogr.: → 1773, 1787, 1811–33

Unterhaltungen deutscher Ausgewanderten

Novellen-Slg. ED: *Die Horen* (1795), BA: 1808.

Eine Gruppe von vornehmen Flüchtlingen, die sich 1793 vor den französischen Revolutionstruppen auf rechtsrheinisches Gebiet in Sicherheit gebracht haben, wartet auf einem Landgut die Kriegshandlungen ab. Dabei kommt es unter den ›Ausgewanderten‹ zu einem heftigen Konflikt zwischen Gegnern und Befürwortern der Revolution. Um die Situation zu befrieden, wird vereinbart, den Streit durch Erzählungen beizulegen, die das Ziel haben, »lehrreich, nützlich und besonders gesellig zu sein.« Das ist der eröffnende Rahmen für eine Folge von Novellen, die in wohl kalkulierter Steigerung vom zeitgemäß Unterhaltenden (Geister- und Liebesgeschichten des Abbés) über moralisch Belehrendes (die Prokurator-Novelle, Ferdinands Geschichte) zur symbolischen Verrätselung der abschließenden Geschichte, des *Märchens*, führen. Ihren inneren Zusammenhang bildet die Botschaft der Entsagung, d. h. die Menschen müssen lernen, ihre Selbstsucht durch Liebe im »gegenseitigen Hülfeleisten der Kräfte« zu bezwingen.

Man kann dieses Programm der ›geselligen Bildung‹ durch Sozialität mithilfe erzählter Literatur, die im *Märchen* ihre symbolische Überhöhung erfährt und – wie G. an Schiller schreibt – als »ein Produkt der Einbildungskraft gleichsam ins Unendliche« ausläuft, durchaus als ein Pendant zu Schillers Konzept einer ästhetischen Erziehung (→ *Ästhetische Schriften II*, 1795–96) verstehen. Indem G. jedoch am Ende den Anfangsrahmen nicht wieder aufgreift, lässt er offen, ob diese Lehren den Streit wirklich überwinden konnten. Formgeschichtlich begründen die Erzählungen der *Unterhaltungen*, in enger Anknüpfung an die italienische und französische Novellistik des 15.–17. Jh., die Tradition der deutschen Novelle im 19. Jh.

Rezeption: Die Rezeption der Novellenslg. war zunächst negativ bestimmt durch den Ort ihrer Publikation (*Die Horen*) und ihr exklusives, dezidiert antipolitisches Bildungsprogramm (→ *Weimarer Klassik und Klassisches Weimar*). Sofortigen Anklang fand lediglich das *Märchen*. Die Form der Rahmengeschichte wirkte als Vorbild auf A. v. Arnim und L. Tieck (→ *Phantasus*, 1812/16).
Weiteres Werk: → *Wilhelm Meisters Lehrjahre* (Roman, 1795–96).

1795
Jean Paul

Biogr.: → 1793

Hesperus

OT: *Hesperus oder 45 Hundsposttage*. UT: *Eine Lebensbeschreibung*, ab 1798: *Eine Biographie*

Roman. ED: 1795; erweiterte Auflage 1798, 3. Auflage 1819.
Der Erzähler Jean Paul befindet sich auf einer künstlichen Insel des fiktiven Kleinstaates Scheerau (Handlungsort bereits in → *Die unsichtbare Loge*, 1793). Ein schwimmender Hund bringt ihm kapitelweise (an den 45 ›Hundsposttagen‹) das Material einer Biographie eines Unbekannten, die der Erzähler in 45 Kapiteln darstellt, ergänzt durch ›Schalttage‹ mit zusätzlichen Bemerkungen des Erzählers. Im Mittelpunkt des Geschehens stehen Viktor, der adlig erzogene Bürgersohn und Arzt, sowie sein Freund Flamin, republikanisch erzogener Sohn des Fürsten von Scheerau. Im Verlauf der sehr verwickelten Handlung, die durch Intrigen, Verwechslungen und Vertauschungen geprägt ist, erfährt der Leser die wahre Identität Flamins, Viktors und der zunächst von beiden geliebten Klotilde, die sich dann aber als Flamins Schwester entpuppt. Am Ende darf Viktor, da gereift, trotz Standesunterschieds Klotilde heiraten, Flamin wird Nachfolger seines Vaters und es zeigt sich, dass der Erzähler Jean Paul einer der langgesuchten Brüder Flamins ist.
Die gefühlvolle Schilderung von Freundschaft, Eifersucht, Hass und einer Liebe, die Standesschranken überwindet, verdeutlicht zugleich J. P.s aufklärerische Kritik an der feudalen Ordnung und dem Verhalten des Adels. Deutlich wird aber auch, dass er nicht an eine revolutionäre Umgestaltung der Gesellschaft, sondern eher an eine durch Erziehung bewirkte moralische Wandlung der künftig Herrschenden glaubt. Im 6. Schalttag wird das utopische Bild einer besseren Gesellschaft entworfen, in der »das Volk am Denken und der Denker am Arbeiten Anteil nimmt.« Doch wie der Romantitel andeutet, geht es J. P. um Grundsätzlicheres: Hesperus, der Abend- und Morgenstern, soll, so das Vorwort, am Abend die am Leben Leidenden trösten, am Morgen aber die ins Leben Aufbrechenden mäßigen. Die Menschen mit ihrem »Bisgen Leben« (vgl. Tagebuch vom 15.11.1790) bedürfen nach J. P. v. a. des Abendsterns.

Rezeption: *Hesperus* war einer der größten Romanerfolge der Epoche; v. a. jugendliche und weibliche Leser begeisterten sich für ihn, er wurde zum »Trostbuch der leidenden und verkannten Seelen« (Fr. Martini).
Weiterer Roman: → *Leben des Quintus Fixlein* (1795).

1795
Jean Paul Biogr.: → 1793

Leben des Quintus Fixlein

OT/UT: *Leben des Quintus Fixlein, aus funfzehn Zettelkästen gezogen; nebst einem Mustheil und einigen Jus de tablette*

Verschiedene Prosatexte. ED: 1795 (vordatiert auf 1796); 2. Auflage 1800 (vordatiert auf 1801).

Mit dem *Quintus Fixlein* setzte J. P. die Reihe seiner kleinen ›Idyllen‹ fort (→ *Leben des vergnügten Schulmeisterlein Maria Wutz*, 1793). Fixlein ist ein bescheidener Lehrer in einer kleinen Residenzstadt. Er wird Konrektor, weil man annimmt, dass er wie seine Vorgänger mit 32 Jahren stirbt. Sein größter Wunsch, Pfarrer in seinem Geburtsort zu werden, erfüllt sich erst nach einer Namensverwechslung, ein Missverständnis führt zu seiner Heirat. Von seiner fixen Idee, er müsse mit 32 Jahren sterben, heilt ihn der Erzähler Jean Paul, der ihm glaubhaft machen kann, dass er sich noch im Kindesalter befinde.

Wie Wutz ist auch Fixlein ein Sonderling in einer eng begrenzten Welt, in der es für ihn nur die Rückwendung in seine Kindheit gibt. Dieser Rückzug ist die Rettung aus einer obrigkeitsstaatlichen Gesellschaft, die entwürdigende Unterwürfigkeit und kriecherische Untertanengesinnung erzeugt. Galt dem Sonderling Wutz noch die ungeteilte Zuneigung des Erzählers, so distanziert er sich immer wieder durch Ironie von Fixlein und erreicht damit die Grenzen der Idylle. Dennoch gilt auch hier: Noch im Wahn der dargestellten Narren und ihrer Versuche einer »imaginären Selbstverwirklichung« (B. Lindner) artikuliert sich ein aufklärerischer Ansatz. In diesem Sinne ist auch die Vorrede zur 2. Auflage des *Fixlein* zu verstehen, in der J. P. sich sehr kritisch mit der zeitenthobenen Ästhetik der → *Weimarer Klassik* auseinandersetzt.

In der als *Jus de tablette* (d. i. ›Fleischwürfel‹) angehängten, bereits 1791 entstandenen *Fälbel*-Erzählung zeigt J. P satirisch – als Gegensatz zu Wutz – ein Beispiel für Borniertheit, Selbstgerechtigkeit und Intoleranz des antirevolutionären Spießbürgers. In *Ueber die natürliche Magie der Einbildungskraft* wird die große Bedeutung von Phantasie und Traum für die Dichtung hervorgehoben.

Rezeption: Das gegenüber J. P.s umfangreichen Hauptromanen schmale Werk wurde von der zeitgenössischen Kritik freundlich aufgenommen, wobei der ›Mustheil‹ mehr Anklang fand als die *Fixlein*-Idylle.
Weitere Werke: *Biographische Belustigungen unter der Gehirnschale einer Riesin* (Erzählung, 1796). → *Siebenkäs* (Roman, 1796–97).

1795–1796
Johann Wolfgang von Goethe

Biogr.: → 1773, 1787, 1811–33

Wilhelm Meisters Lehrjahre

UT: *Ein Roman. Herausgegeben von Goethe*

Früheste Fassungen (1777–86) blieben Fragment (1910 entdeckt und u.d.T. *Wilhelm Meisters theatralische Sendung* 1911 veröffentlicht). Erneute Arbeit ab 1794. Ab 1796 Plan der Fortsetzung → *Wilhelm Meisters Wanderjahre* (1821/29).

»Mich selbst, ganz wie ich da bin, auszubilden, das war dunkel von Jugend auf mein Wunsch und meine Absicht« (V, 3). G. legt diesen zentralen Satz der Hauptfigur Wilhelm Meister in den Mund, als dieser noch mitten in der Entwicklung steht – aber keine Interpretation versäumt es, ihn als Schlüssel für die Deutung des ganzen Werkes zu benutzen. Doch geht es hier wirklich nur um eine individuelle Bildungsgeschichte? Von Anfang an schildert der Roman zwar einen Stufenprozess, in dem der junge Wilhelm vom unbedarften Kaufmannssohn zu einem kunstsinnigen und weltverständigen Menschen heranreift; einmal mehr wird also die vor-weimarische Position überwunden: »Die klassische Lebenskunst löst den Gestus des Sturm und Drang ab.« (M. Fick). Wilhelm bildet sich, indem er sich Menschen öffnet, die die bedeutendsten Bildungsmächte des 18. Jh. verkörpern: Theater (Puppenspiel, Seiltänzer, Liebhabertheater, Wanderbühne, Hoftheater u. a.), Kunst, Pietismus, Aufklärung, Freimaurertum; es sind aber auch Menschen, die bestimmte bürgerliche und adlige Lebensformen (Politik, Ökonomie, Religion, Liebe u. a.) repräsentieren, wobei Frauen (von Philine über Therese bis Natalie) eine herausragende Rolle spielen. Zudem ist sein Entwicklungsgang nicht nur von positiv dargestellten ›Überwindungen‹ geprägt, sondern auch von Desillusionierungen und problematischen Verlusten, wofür eine Reihe von Todesfällen ihm nahestehender Personen zeugt (Mariane, Aurelie, Mignon, der Harfner). Die Deutung dieser dunklen und z.T. rätselhaften Seite des Romans ist – gerade am Beispiel Mignons – sehr kontrovers: Sehen die einen im Sehnsuchtstod des Harfnermädchens den notwendigen Preis für Wilhelms Reifung (und damit den → *Bildungsroman* bestätigt), ist er für andere ein Widerspruch zum klassischen Humanitätskonzept (→ *Humanität*). Deshalb wird der Roman geradezu als »Zerstörungsroman« (H. Schlaffer) bewertet.

Rezeption: Überwiegend begeisterter Anerkennung stand bei den Zeitgenossen nur vereinzelte Kritik gegenüber (z. B. Novalis: »Wallfahrt nach dem Adelsdiplom«), obwohl das Gesamtkonzept erst mit Abschluss der *Wanderjahre* (→ 1821/29) deutlich werden konnte. Der Roman gilt als erster dt. → *Bildungsroman* und wurde in der → *Romantik* zum ›Muster des romantischen Romans‹ erhoben. 🎬 *Falsche Bewegung* (R: W. Wenders, 1975), *Wilhelm Meisters theatralische Sendung* (R: C. Bleiweiß, 1982, TV).
Weitere Werke: → *Römische Elegien; Venezianische Epigramme* (Gedichte, 1795; 1796).

1795–1796
Friedrich Schiller Biogr.: → 1781, 1798–99

Ästhetische Schriften II

Oberbegriff für die beiden Aufsätze: *Über die ästhetische Erziehung des Menschen in einer Reihe von Briefen* (entst. 1793, ED: *Die Horen*, 1795; BA: 1801), *Über naive und sentimentalische Dichtung* (entst. ab 1793, ED: *Die Horen*, 1795–96; BA: 1800).

Ab 1791 gefördert durch ein Stipendium des Prinzen von Augustenburg konnte sich Sch. an die weitere Ausarbeitung seiner kunsttheoretischen Reflexionen begeben, die er ab 1788 mit den Gedichten *Die Götter Griechenlands* und *Die Künstler* (→ *Gedichte bis 1789*, 1789) begonnen hatte und nun ab 1792 fortsetzte (→ *Ästhetische Schriften* I, 1792–93).

Kernstück des ersten Aufsatzes ist der kulturtheoretische Entwurf einer Ästhetischen Erziehung, den Sch. 1795 zwar als sein »politisches Glaubensbekenntnis« in Bezug auf die Französische Revolution bezeichnet hat, dies aber »bloß um in alle Ewigkeit nichts mehr davon zu sagen« (an Goethe, 1794). Er zielt hier darauf ab nachzuweisen, dass nur die ästhetisch-ethische Veredelung des einzelnen Menschen den modernen Zustand der Selbstentfremdung überwinden kann, »weil es die Schönheit ist, durch welche man zu der Freiheit wandert« (2. Brief). Erst damit sei die Voraussetzung geschaffen, das Reich der Freiheit im ästhetischen Staat zu verwirklichen – und zwar ohne Revolution. Dieser ästhetische Staat sei allerdings kaum als ein konkreter zu denken, sondern als ein ideales Gemeinwesen in Gestalt einer adligen Republik des ›schönen Scheins‹, der als Bedürfnis »in jeder feingestimmten Seele«, tatsächlich aber nur »in einigen wenigen auserlesenen Zirkeln« (27. Brief) existiere, wie Sch. einräumt. In den Dramen ab dem → *Wallenstein* (1798–99) hat er diesen Freiheitsbegriff veranschaulicht.

Anders dagegen der Traktat *Über naive und sentimentalische Dichtung*, der sich mit den Möglichkeiten nachklassischer, moderner Dichtung befasst. Sch. sieht deren zwei: Die eine verkörpere der ›naive‹ Dichter, der Natur ›sei‹ und als ›Realist‹ auftrete, die andere der ›sentimentalische‹ Dichter, der Natur ›suche‹ und als ›Idealist‹ auftrete. Doch bilden diese Kennzeichnungen für Sch. keinen Kontrast, weil das Naive nur aus einer sentimentalischen Haltung heraus zu erreichen und damit kein Zurück zur Natur und das Ideal nur als eine zukünftige Vereinigung von naiver und sentimentalischer Position denkbar sei. Die auf dieses Ziel weisenden Dichtungsarten sind für Sch. in aufsteigender Folge jene Formen, die in der Konfrontation mit dem Ideal den Mangel der Wirklichkeit bloßstellen (Satire), den Verlust der Natur betrauern (Elegie) und die Freude über die utopische Harmonie von Vernunft und Natur ausdrücken (Idylle).

Rezeption: Sch. hatte mit diesen Schriften »den äußersten Punkt [...] der idealistischen, nicht-realistischen Kunstphilosophie erreicht«, die er von da aus »Schritt für Schritt demontiert« (N. Oellers). Sein Konzept einer ästhetischen Erziehung blieb bis ins 20. Jh. bekannt und aktuell.

Weiteres Werk: → *Gedichte ab 1795* (1795–1801).

1795; 1796

Johann Wolfgang von Goethe Biogr.: → 1773, 1787, 1811–33

Römische Elegien; Venezianische Epigramme

OT (1): *Elegien*; (2) *Epigramme. Venedig 1790*

Gedichtslg. (1): entst. 1788–90; ED: *Die Horen* (ohne die 4 erotischen Elegien, die erst 1914 vollst. gedruckt wurden); BA: 1806. (2): entst. 1790; ED: *Musen-Almanach für das Jahr 1796*; BA: 1800.

Die beiden Gedichtsammlungen sind die einzigen Zeugnisse von G.s lyrischer Produktivität zwischen 1786 und 1795. Beide erschienen verspätet sowie relativ versteckt in Weimarer Zeitschriften und erst 1800 bzw. 1806 in Werkausgaben, vereint mit der übrigen Lyrik, beide sind zyklische Kompositionen in antiker Versgestalt (Distichen), beide haben einen biographischen Hintergrund, den G. jedoch durch Form und Ausdeutung verallgemeinerte.

Die *Römischen Elegien*, insgesamt 24, verbinden zwei grundlegende Erfahrungen: die Begegnung mit der Kunst der Antike, die G. in Rom dazu verhalf, sich als Künstler wiederzufinden, und der Genuss sinnlicher Liebe in der Begegnung mit der römischen Geliebten. Im Wortspiel Roma/Amor ist diese »vorbehaltlose Integration von Sinnlichkeit und Sexualität in das klassisch-humanistische Menschenbild« (R. Wild) ausgedrückt, auch wenn der erotische Teil dann doch nicht gedruckt werden konnte. So enthalten diese Elegien, verglichen mit der später verfassten → *Italienischen Reise* (1816/17), trotz ihrer ästhetisch stilisierten Gestalt eine viel authentischere Italien-Erfahrung, auch wenn diese (hier wie dort) v. a. Chiffre für ein durch Kunst befreites Leben ist.

Genau diese Funktion gibt es in den 103 *Venezianischen Epigrammen* nicht mehr. In ihnen geht es kaum noch um Italien und wenn, dann höchst kritisch. Insgesamt dominieren polemische Betrachtungen zur politischen Situation nach 1789, zum Klerikalismus und anderen Misshelligkeiten, es gibt aber auch Freizügiges zu Liebe und Erotik, von dem indes nicht wenige Texte im handschriftlichen Nachlass verblieben.

Rezeption: Beide Werke konnten von den Zeitgenossen in ihrer Gesamtkomposition nicht wahrgenommen werden und fanden daher wenig Verständnis.

Weiteres Werk: → *Xenien* (1796, zusammen mit Schiller); → *Hermann und Dorothea* (1797).

1795/1796
Ludwig Tieck

* 31.5.1773 in Berlin. 1792–94 Theologiestudium in Halle, Göttingen und Erlangen (ohne Abschluss), ab 1794 freier Schriftsteller in Berlin, ab 1799 in Jena, ab 1800 mit wechselnden Wohnorten in Deutschland (u. a. Dresden, München). 1819–42 in Dresden lebend, ab 1825 Hofrat und Dramaturg am Hoftheater; ab 1842 Geheimer Rat in Berlin. † 28.4.1853 in Berlin. Gedenkstätten: Jena (M), Berlin (G).

William Lovell

OT: *Geschichte des Herrn William Lovell*

Briefroman. Entst. ab 1793, 1795/96 anonym erschienen. Veränderte Ausgabe: 1813–14 und 1828.

T. begann seine schriftstellerische Laufbahn schon als Schüler, als er bei einer Serienproduktion von Ritter- und Schauerliteratur mitwirkte, in deren Stil er bis 1795 eigene Werke (Erzählungen, Drama, Roman) verfasste. Mit dem *William Lovell* emanzipierte er sich erstmals von diesen Anfängen. Der Titelheld, ein junger Engländer mit einer äußerst labilen seelischen Verfassung, geht nach enttäuschenden Liebes- und Freundschaftserlebnissen auf eine Bildungsreise nach Paris und Rom, wo er in weitere Liebesabenteuer und Händel verstrickt wird. Es zeigt sich, dass William Opfer eines mithilfe eines geheimen Bundes vorbereiteten Anschlages ist, der ihn um das väterliche Erbe, die Geliebte und den Freund bringen und letztlich selbst vernichten soll. Da er hoch hinaus will, aber nirgends Halt findet, sinkt er immer tiefer in ein egoistisches Genussleben und einen schwermütigen Nihilismus, der ihn schließlich zum Mörder werden lässt. Sein Tod im Duell kann auch als Selbstmord gedeutet werden.

T. gelang es, aus dem Muster des Geheimbundromans (Fr. Schiller: → *Der Geisterseher*, 1787–89, → *Unterhaltungsromane um 1800*) ein Erzählgeflecht aufzubauen, das durch die wechselnde Perspektive der mehr als 20 Briefschreiber nicht nur die äußere Wirklichkeit in ihrer hintergründigen Vielschichtigkeit darstellt, sondern zugleich das Psychogramm eines jungen Schwärmers. In dieser Disposition knüpft der Roman an Fr. H. Jacobis → *Eduard Allwills Papiere* (1775–76) an und weist zugleich auf Helden romantischer Romane wie z. B. Jean Pauls → *Titan* (1800–03) oder Cl. Brentanos → *Godwi* (1801) voraus.

Rezeption: So zutreffend die Kennzeichnung des Romans als »Werther der Romantik« (M. Thalmann) ist, den Erfolg von Goethes Erstlingsroman erreichte er ganz und gar nicht.

Weitere Werke: *Peter Lebrecht* (Roman, 1795–96), → *Volksmärchen* (1797).

1795–1801
Friedrich Schiller Biogr.: → 1781, 1798–99

Gedichte ab 1795

Nach 6-jähriger Pause, nicht zuletzt angeregt durch das Bündnis mit Goethe sowie durch die Verpflichtungen als Herausgeber der Zeitschriften *Die Horen* (1795–97) und *Musen-Almanach* (1796–1800), veröffentlichte Sch. bis 1800 – neben den → *Balladen* (1797) – etwa 40 weitere Gedichte, davon 33 vorab in diesen beiden Zeitschriften. Die gängigen Bezeichnungen für sie (z. B. ›Gedankenlyrik‹, ›philosophische Gedichte‹, ›Lehrdichtung‹, ›Thesengedichte‹) spiegeln die Schwierigkeit wieder, diese dem Typus ›Erlebnislyrik‹ nicht vergleichbare Lyrik angemessen zu erfassen. Nicht zutreffend ist es, sie insgesamt als lyrisch-rhetorische Umsetzung kunsttheoretischer Reflexionen Sch.s (→ *Ästhetische Schriften* I und II, 1792—93 und 1795–96) zu interpretieren, auch wenn einige Gedichte wie z. B. *Das Ideal und das Leben, Der Spaziergang, Die Macht des Gesanges* dies nahe legen. So entfaltet Sch. hier zwar einmal mehr seinen Kerngedanken von der bildenden Macht der Kunst und steigert ihn sogar, indem er ihn mit der an antiken Mustern geprägten metrischen und strophischen Kunst der lyrischen Rede (Elegie, Idylle) als etwas Wirkliches gleichsam plastisch macht: »Und die Sonne Homers, siehe! sie lächelt auch uns« (*Der Spaziergang*, 1795); auch sucht er mit geradezu didaktischem Eifer diese ästhetische ›Besserung‹ des Menschen in emphatischen Bildern des bürgerlichen Lebens (z. B. *Würde der Frauen*, *Das Lied von der Glocke*, 1800) und Denkens (z. B. *Worte des Glaubens*, *Worte des Wahns*) darzustellen, was nicht selten zu einem Widerspruch zwischen hohem Ton des ernsten Anspruchs und platter Realität führt. Aber unverkennbar ist auch, dass Sch. die Befreiung durch die Schönheit zu Freiheit und Glück immer mehr ins Innere verlagert: »In des Herzens heilig stille Räume/ Mußt du fliehen aus des Lebens Drang,/ Freiheit ist nur in dem Reich der Träume,/ Und das Schöne blüht nur im Gesang.« Mit diesen Versen beendet Sch. den *Antritt des neuen Jahrhunderts* (1801), obwohl er in der Elegie *Nänie* (»Auch das Schöne muß sterben«, 1800) geradezu illusionslos konstatiert hatte, dass das Schöne nur noch als Klage um dessen Verlust existiert.

Rezeption: Sch.s lyrische Rhetorik, durch das Bildungsbürgertum des 19. Jh. zum zitierfähigen Gebrauchsgut herabgewürdigt, ist heute – nicht zuletzt deswegen – kaum noch rezipierbar, wenigstens nicht durch stumme Lektüre. Sie hat aber durchaus Chancen, wenn sie durch moderne Rezitationskunst zum Leben erweckt wird.
Weitere Werke: → *Xenien* (1796, zusammen mit Goethe), → *Wallenstein* (Dramen-Trilogie, 1798–99).

Literarische Zeitschriften II (1770–1815)

ENTWICKLUNG: Schon im 2. Drittel des 18. Jh. waren Zeitschriften, die sich KRITISCH MIT DER WACHSENDEN ZAHL BELLETRISTISCHER WERKE AUSEINANDERSETZTEN, immer wichtiger geworden (→ *Literarische Zeitschriften I, 1730–1770*); ab etwa 1770 verstärkte sich dieser Trend noch durch Vermehrung der Anzahl, größere Reichweite und längere Erscheinungsdauer, da sich bis 1800 das literarische Publikum in Deutschland auf etwa 300 000 Personen vergrößerte. Zugleich kam es zu NEUEN ERSCHEINUNGSFORMEN und SPEZIALISIERUNGEN innerhalb der Gattungsform. Neu war auch der mit dem *Göttinger Musenalmanach* zuerst verwirklichte Typus des ›Almanachs‹ bzw. des ›Taschenbuchs‹: ein kleinformatiges, jährlich erscheinendes Buch, das Originalliteratur vom Gedicht über Popularwissenschaft bis zur Satire bot (etwa 2000 Titel bis 1800, danach noch bis 1848 weitere Titel-Vermehrungen); neu waren Kreuzformen mit Zeitungen (z. B. *Der Wandsbecker Bote*, *Morgenblatt für die gebildeten Stände*), neu waren weiterhin Theaterzeitschriften (z. B. *Theater-Journal für Deutschland*) sowie literarische Zeitschriften von bzw. für Frauen (z. B. *Pomona*). Aus der Fülle der JOURNALE sind hervorzuheben:

- *Göttinger Musenalmanach* (1769–1805, Hg.: H. Chr. Boie u. a.)
- *Der Wandsbecker Bote* (1771–72, 1773–75, Hg.: M. Claudius)
- *Frankfurter gelehrte Anzeigen* (1772, Hg.: J. H. Merck u. a.)
- *Der Teutsche Merkur/Der Neue Teutsche Merkur* (1773–1810, Hg.: Chr. M. Wieland)
- *Iris* (1774–76/78, Hg.: J. G. Jacobi)
- *Deutsche Chronik* (1774–1791, Hg.: Chr. Fr. D. Schubart)
- *Deutsches Museum* (1776–88, 1789–1791 *Neues Deutsches Museum*, Hg.: H. Chr. Boie u. a.)
- *Theater-Journal für Deutschland* (1777–84, Hg.: H. A. O. Reichard)
- *Göttingisches Magazin der Wissenschaft und Literatur* (1780–83/85, Hg.: G. Chr. Lichtenberg u. a.)
- *Pomona* (1783–84, Hg.: S. v. La Roche)
- *Berlinische Monatsschrift* (1783–96, Hg.: Fr. Gedicke u. a.)
- *Das graue Ungeheuer* (1784–87, Hg.: W. L. Wekhrlin)
- *Thalia/Neue Thalia* (1785–93, Hg.: Fr. Schiller)
- *Allgemeine Literaturzeitung* (1785–1849, Hg.: Chr. G. Schütz u. a.)
- *Journal des Luxus und der Moden* (1786–1827, Hg.: Fr. J. Bertuch u. a.)
- *Flora* (1793–1803, Hg.: Chr. J. Zahn u. a.)

- *Die Horen* (1795–97, Hg.: Fr. Schiller)
- *Athenaeum* (1798–1800, Hg.: A. W. und Fr. Schlegel)
- *Zeitung für die elegante Welt* (1801–59, Hg.: K. Spazier u. a.)
- *Der Freimüthige* (1803–40, Hg.: A. v. Kotzebue)
- *Jenaische Allgemeine Literatur-Zeitung* (1804–41, Hg.: H. K. A. Eichstädt u. a.)
- *Morgenblatt für die gebildeten Stände* (1807–65, Hg.: Fr. Haug u. a.)
- *Zeitung für Einsiedler* (1808, Hg.: A. v. Arnim)
- *Heidelbergische Jahrbücher der Literatur* (1808–72 , Hg.: Fr. Creuzer u. a.)
- *Berliner Abendblätter* (1810–11, Hg.: H. v. Kleist)

Neben den Zeitschriften gewannen die jährlich erscheinenden (MUSEN-) ALMANACHE, KALENDER UND LITERARISCHEN TASCHENBÜCHER immer mehr an Bedeutung, die bis 1848 anhielt. Noch vor 1815 gegründete Periodika:

- *Leipziger Kalender für Frauenzimmer* (1784–1820)
- *Taschenbuch für Damen* (1799–1831)
- *Urania* (1810–48)
- *Rheinisches Taschenbuch* (1810–58)
- *Penelope* (1811–48)
- *Alpenrosen* (1811–54)
- *Frauentaschenbuch* (1815–31)
- *Aglaja* (1815–32).

1796
Friedrich Hölderlin

* 20.3.1770 in Lauffen. 1788–93 Tübinger Stift, 1793/94 Hofmeister, 1795 Beginn eines Studiums in Jena, jäher Abbruch und noch 1795 Hauslehrer bei dem Bankier Gontard und dessen Frau Susette (»Diotima«) in Frankfurt/Main. 1798–90 lebte H. in Bad Homburg, ab 1801 in Bordeaux. Fortsetzung → 1798–1800.

Hymnen und Gedichte bis 1796

Einzelpublikationen ab 1791, u. a. in Schillers Zeitschriften *Neue Thalia*, *Die Horen* und *Musen-Almanach*. BA: 1826.

H.s Lyrik der Jahre vor 1796 ist geprägt durch die von ihm als bedrückend empfundene Enge der Gegenwart und die Hoffnung auf Wiederkehr einer Zeit der Harmonie von Kunst und Gesellschaft. Letztere beflügelte seine Begeisterung für die Französische Revolution, wie er sie den Hymnen *An die Menschheit*, *An die Freiheit* und *An die Schönheit* ausgedrückt hat, wobei er sich formal stark an Schiller (→ *Gedichte bis 1789*, 1789) anlehnte (Reimstrophik, Pathos, Enthusiasmus). Von der Französischen Revolution versprach er sich v. a. eine »Revolution der Gesinnungen und Vorstellungsarten« für eine künftige Gesellschaft, die sich am Vorbild der griechischen Antike orientieren sollte. Aufgabe des Dichters sei es, diese den Zeitgenossen als anzustrebendes Ideal zu vermitteln (*An den Genius Griechenlands, Griechenland, An Herkules*). Dabei knüpfte H. formal an die griechische Versdichtung an, besonders an die Ode und Elegie mit alkäischer und asklepiadeischer Strophe.

Auf der anderen Seite stellt H. der von Vereinzelung und Isoliertheit geprägten Gegenwart – auch im Rückblick auf Heimat und Kindheit – die Natur als Ausdruck idealer Harmonie gegenüber (z. B. *An die Natur, An den Aether*). Ab 1796, im Zeichen der tiefen Zuneigung zu Susette Gontard, entstanden dann Gedichte, die im Gedanken der Harmonie die Bedeutung der Liebe hervorheben (*Diotima, Abbitte, Die Liebe, Der Abschied*). Fortsetzung → *Gedichte 1797–1803*.

Rezeption: Zum lyrischen Gesamtwerk: Der verstreute Einzeldruck der Gedichte, von denen bis 1806 immerhin 70 in Zeitschriften und Almanachen erschienen, verhinderte eine angemessene Würdigung. Eine 1. und nicht vollst. Slg. u.d.T. *Gedichte* gaben 1826 L. Uhland und G. Schwab heraus. Die 1. KA wurde 1913–23 durch N. v. Hellingrath besorgt, die bislang letzte erschien ab 1976 (herausgegeben von D. E. Sattler). Vertonungen ausgewählter Gedichte durch J. Brahms, B. Britten, H. Eisler, H. W. Henze, J. M. Hauer, L. Nono u. a.

Weiteres Werk: → *Hyperion* (Briefroman, 1797/99).

1796

Johann Wolfgang von Goethe/Friedrich Schiller

Biogr.n: → 1773, 1787, 1811–33 (Goethe); → 1781, 1798–99 (Schiller)

Xenien

Slg. von 414 Epigrammen. ED: *Musen-Almanach auf das Jahr 1797* (1796), dem sog. Xenien-Almanach. BA: 1893.

In der Mitte der 1790er Jahre hatten G. (durch sein Werk und seine Stellung) und Sch. (durch sein Werk und seine Herausgeberschaft bedeutender Literaturzeitschriften) ein hohes Ansehen im literarischen Deutschland erreicht; mit ihrer Wendung zur Klassizität (→ *Weimarer Klassik und Klassisches Weimar*) beanspruchten sie nichts weniger als die geistige Führerschaft. Um sich in dieser Situation gegen störende Angriffe von Kritikern (besonders an Sch.s Zeitschrift *Die Horen*) zu wehren, aber auch um selbst offensive Kritik am Zustand des Literaturbetriebs zu üben, verfassten sie gemeinsam literatursatirische ›Xenien‹, d. h. zweizeilige Epigramme in Form von Distichen, jeweils bestehend aus einem Hexameter und einem Pentameter. Den Begriff ›Xenien‹ (*xenia*, griechisch ›Gastgeschenk nach einem Festmahl‹) übernahm G. von dem römischen Dichter Martial († 104 n. Chr.), der ironisch eine Sammlung seiner Epigramme so betitelt hatte.

Mit ihren antithetisch aufgebauten Sprüchen, oft provozierend polemisch formuliert, wandten sich beide Dichter gegen allzu schwärmerisches

Christentum (von Fr. L. zu Stolberg bis M. Claudius), gegen die Berliner Aufklärer um Fr. Nicolai, gegen die Verteidiger der Französischen Revolution (z. B. G. Forster, J. Fr. Reichardt), gegen den Romantiker-Kreis um A. W. und Fr. Schlegel sowie gegen die Trivialliteratur (z. B. A. v. Kotzebue). Die Zusammenarbeit G.s und Sch.s bei diesem ›Strafgericht‹ war so eng, dass eine persönliche Zuschreibung oft nicht möglich ist und auch gar nicht gewollt war, denn die Koproduktion war Ausdruck des Strebens, eine Literaturpartei jenseits persönlicher Autorschaft zu sein. Sie blieb allerdings singulär, wie der ganz anders geartete Wettstreit bei den → *Balladen* (1797) zeigte.

Rezeption: Die *Xenien* trugen erheblich zum Absatz des *Musen-Almanachs* bei (2 Nachauflagen noch 1796). Sie riefen heftige Erwiderungen der Angegriffenen, zumeist in Form von Gegen-Xenien, hervor. Schiller nahm zahlreiche Distichen u.d.T. *Die Philosophen* in die Slg. seiner Gedichte auf, Goethe nur 6. Unter dem Namen *Zahme Xenien* versammelte Goethe ab 1820 Sprüche, die in der Zeitschrift *Ueber Kunst und Alterthum* erschienen waren.

Weiteres Werk: → *Balladen* (1797).

1796
Wilhelm Heinrich Wackenroder

* 13.7.1773 in Berlin. Ab 1793 Jurastudium in Erlangen und Göttingen, ab 1794 Referendar am Kammergericht in Berlin. † 13.2.1798 in Berlin (G).

Herzensergießungen eines kunstliebenden Klosterbruders

Essayslg. in Romanform. In Zusammenarbeit mit L. Tieck überwiegend von W. verfasst; anonym 1796 erschienen, vordatiert auf 1797.

Schon die Form des Werkes ist eine Botschaft, die der Interpretation bis heute zu schaffen macht, zumal der Anteil Tiecks schwer zu bestimmen ist: Der Text »mischt Prosa und Vers, Poesie und Theorie, Brief und Essay, Betrachtung und Erzählung, Anschauung und Reflexion« und enthält im Schlussteil »den ersten romantischen Künstlerroman« (L. Pikulik). Die 17 ›Aufsätze‹ sind durch die erzählerische Fiktion verbunden, sie seien Gedanken eines Kunstliebenden, der sich in ein Kloster zurückgezogen hat. Aus dieser kontemplativen Position heraus werden Szenen und Bilder aus dem Kunstleben des deutschen und italienischen 15./16. Jh. geschildert (Raffael, Leonardo, Dürer, Michelangelo u. a.), die zum Ausdruck einer neuartigen Kunstfrömmigkeit werden: Kunst soll nicht nur frei sein von moraldidaktisch-politischen Zwecksetzungen, sondern auch für Unterhaltungsbedürfnisse nicht missbraucht werden. Sie sei ein Höchstes (wie ein Sakrament), müsse in dienender Verehrung angeschaut werden (wie im sonntäglichen Gebet); der Künstler werde durch Begeisterung von ihr ergriffen, der Betrachter durch sie erweckt.

W. wendet sich mit dieser enthusiastischen Heiligung von Kunst gegen vernunftbestimmte Kunstkonzepte, aber auch gegen das Programm einer ästhetischen Erziehung (→ *Weimarer Klassik und Klassisches Weimar*). Mit dem Lob des Mittelalters stellt er sich zudem gegen das Vorbild der Antike, mit der Betonung der deutschen Kunst (Dürer) gegen den weltbürgerlichen Universalismus von → *Aufklärung* und Klassik, berührt sich mit Letzterer dann aber wieder in der exklusiven Beschränkung. Dieser kunstfrommen (›nazarenischen‹) Erhöhung der Kunst wird in dem abschließenden *Leben des Tonkünstlers Joseph Berglinger* eine auf die Gegenwart bezogene Auffassung entgegengesetzt, in der die Kunst (Musik) nicht mehr dienender Kultus ist, sondern als eigensüchtiger und selbstzerstörerischer Rausch angezweifelt wird. An diese Nachtseite knüpften später E.T.A. Hoffmann und Cl. Brentano mit ihren Künstlernovellen an.

Rezeption: W.s Werk, zu dem die von Tieck herausgegebene Essay-Fortsetzung *Phantasien über die Kunst für Freunde der Kunst* (1799) gehört, wurde als »Manifest einer neuen Kunstauffassung« (R. Alewyn) bezeichnet, die sich als eine nicht-klassische (d. h. ›romantische‹) begriff. In diesem Sinne hat W. der → *Romantik* sowie auch den ab 1810 in Rom wirkenden dt. Malern um Fr. Overbeck (›Nazarener‹) wichtige Impulse gegeben.

1796–1797
Caroline von Wolzogen

* 3.2.1763 in Rudolstadt als C. v. Lengefeld. Schwägerin Schillers ab 1790, lebte von 1797–1825 in Weimar. † 11.1.1847 in Jena (G).

Agnes von Lilien

Roman. Anonym in 2 Teilen erschienen. ED: *Die Horen* (1796–97); BA: 1798.

Der zu seiner Zeit durchaus beachtete Roman – er erschien in der anspruchsvollsten, von Schiller herausgegebenen Literaturzeitschrift dieser Jahre – ist mehr als nur ein »weiblicher Erziehungsroman zur Ehetauglichkeit« (G. Ueding). Geschildert wird der Reifungsprozess eines ›Landmädchens‹, das von (ihr zunächst unbekannter) adliger Abstammung ist und durch einen väterlichen Pfarrer eine sorgsame Erziehung genossen hat. Liebe auf den ersten Blick, Trennung, Intrigen und Prüfungen des Liebesgefühls sind Proben der inneren Stärke und wachsenden Reife einer Frau, die sich – angesichts eines sehr kritisch betrachteten Hoflebens – nach »einer unabhängigen Existenz« sehnt und diese dann doch nicht anders als an der Seite des geliebten Mannes finden wird. Damit ragt das Werk über die nicht wenigen anderen Frauenromane der Epoche hinaus, die allesamt starke Anregung durch S. von La Roches → *Geschichte des Fräuleins von Sternheim* (1771) erhalten haben: Friederike Helene Unger: *Julchen Grünthal* (1784/88), Sophie Mereau: *Das Blüthenalter der Empfindung* (1794) und *Amanda und Eduard* (1803), Wilhelmine Caroline von Wobeser: *Elisa oder das Weib wie es seyn sollte* (1795), Therese Huber: *Die Familie Seldorf* (1798), Charlotte von Ahlefeldt: *Marie Müller* (1798), Marianne Ehrmann: *Antonie von Warnstein* (1798), Johanna Schopenhauer: *Gabriele* (1819–20).

Rezeption: Den Roman schrieb Fr. Schlegel Goethe zu; er geriet im Laufe des 19. Jh. in Vergessenheit.

Weitere Werke: *Schillers Leben* (Biogr., 1830), *Cordelia* (Roman, 1840).

1796–1797
Jean Paul Biogr.: → 1793

Siebenkäs

OT: *Blumen-, Frucht- und Dornenstükke oder Ehestand, Tod und Hochzeit des Armenadvokaten F. St. Siebenkäs im Reichsmarktflecken Kuhschnappel*

Roman. ED: 1796–97 (3 Bde.), erweiterte Ausgabe: 1818 (4 Bde.).

Im Zentrum des Romans stehen Erfüllung, Enttäuschung und Scheitern der Ehe des mittellosen Advokaten Siebenkäs und seiner Frau Lenette, die in dem Provinznest Kuhschnappel leben. Sie entfremden sich immer mehr, da Lenette ihren Mann – den sich satirisch über den Alltag erhebenden Intellektuellen – durch ihr unentwegtes hausfrauliches Tun bei seiner (erfolglosen) schriftstellerischen Tätigkeit stört. Als der Dauerstreit für Siebenkäs unerträglich wird, folgt er dem Rat seines ihm zwillingshaft ähnlichen Freundes Leibgeber, mit dem er einst im Überschwang der Freundschaft den Namen tauschte (so dass Siebenkäs eigentlich Leibgeber ist): Er täuscht seinen Tod vor und entkommt sich selbst. Somit kann sich Lenette gutbürgerlich wiederverheiraten, während der nun echte Siebenkäs mit der ihm seelenverwandten Natalie ein neues, glücklicheres Leben beginnen will. Hier bricht der Roman ab.

Die Problematik des Künstlertums in einem durch die politisch-sozialen Verhältnisse und materielle Not beengten bürgerlichen Alltag erweitert sich zum Wunsch nach Überwindung irdischer Unvollkommenheit. Im Unterschied zu Wutz und Fixlein (→ *Leben des vergnügten Schulmeisterlein Maria Wutz*, 1793, → *Leben des Quintus Fixlein*, 1795) leidet Siebenkäs an der Armut und an der Enge seines Daseins. Deswegen heißt es am Ende auch: »Denn der Traum des Lebens wird ja auf einem zu harten Bette geträumt.« Erträglich wird ihm sein Leben nur durch den Humor, die Natur und die Freundschaft zu Leibgeber, die aber zugleich Ausdruck seiner Gespaltenheit ist. In der *Rede des todten Christus* spitzt sich, wenn auch nur in der Gestalt eines Traums, dieser Identitätsverlust als Erfahrung des Nihilismus zu. Die »Vielstimmigkeit« und »Vieldimensionalität« (H. Hesse) des Romans wird durch den Realitätsbezug der Darstellung, die Lebendigkeit der Charakterzeichnung sowie den Wechsel von humoristischen, sentimentalen und satirischen Szenen bewirkt. Die Geradlinigkeit der Handlung, auch wenn sie – wie bei J. P. typisch – immer wieder durch Be- und Anmerkungen sowie Exkurse unterbrochen wird, trug wesentlich zur positiven Wirkung des Romans bei.

Rezeption: Der Roman, der als erster Eheroman in Deutschland gilt (mehr als 10 Jahre vor Goethes → *Die Wahlverwandtschaften*, 1809), zählt bis heute zu den erfolgreichsten Werken J. P.s und wurde in viele Sprachen übersetzt.

Weitere Werke: *Der Jubelsenior* (Idylle, 1797), *Das Kampaner Thal* (Abhandlung, 1797), → *Titan* (Roman, 1800–03).

1797

Johann Wolfgang von Goethe

Biogr.: → 1773, 1787, 1811–33

Hermann und Dorothea

Versepos. ED: *Taschenbuch für 1798* (1797); BA: 1798 und (leicht verändert) 1808.

Hermann, braver Gastwirtssohn, lernt die tüchtige Dorothea kennen, die sich 1795 mit einem Flüchtlingstreck vor den kriegerischen Franzosen ins rechtsrheinische Gebiet gerettet hat, und will sie vom Fleck weg heiraten. Gegen den anfänglichen Widerstand des Vaters, unterstützt von Mutter, Pfarrer und Apotheker, bringt er sie als künftige Magd ins Haus, weil er aus Schüchternheit nicht um sie zu werben wagt. Am Schluss lösen sich alle Probleme und es kommt zur Verlobung. Ordnung, Besitz und Dauer sind hier die entscheidenden Kategorien, die ihre Bestätigung finden vor dem düster gezeichneten Hintergrund der Französischen Revolution als »Chaos und Nacht«. Es sind dabei weniger die Figurenreden, die in dieser untragischen Geschichte die bürgerlich gefestigte Macht des Friedens behaupten, sondern v. a. der Ton und die Form: Die gehobene Würde des Hexameters, die die (klein- bis spieß)bürgerliche Lebenswelt homerisch adelt und schon von J. H. Voß (→ *Luise*, 1783–84) her bekannt war, ist hier mit sanfter Komik (nicht: Ironie!) abgetönt (»Da versetzte der Vater und tat bedeutend den Mund auf«). Die Harmonie des deutschen Hermann mit der ›Amazone‹ Dorothea, deren erster Bräutigam als Jakobiner in Paris den Tod fand, drückt sich v. a. in der Form aus: 9 Gesänge im Stile Herodots, mit den 9 griechischen Musen im Titel und vorausdeutender Funktion für den Gang der Handlung, klassischer Musenanruf im 9. Gesang auf der einen Seite, heiter belächelte, typisierte deutsche bürgerliche Lebenswelt auf der anderen Seite – eine idealisierte Gegenwelt zu einer nach G.s Ansicht fundamental erschütterten Gegenwart. Zu diesem Einklang gehört, dass die Heirat über Dorotheas Kopf hinweg von den Männern beschlossen wird (V, 120ff.) und sie sich willig als Dienerin des Mannes in die patriarchalische Ordnung einfügt (VII, 114f.). Diese Symbiose erscheint den einen als »brüchiger Kitt« (B. Jeßing), den anderen als »spannungsreiche Konfiguration« (K. O. Conrady) bzw. als gelungene »Synthese von besitzbürgerlich-nationalkonservativer Praxis und weltbürgerlich-revolutionärer Zielsetzung« (P. M. Lützeler).

Rezeption: Das Epos war G.s Lieblingsgedicht, wurde von den Zeitgenossen überschwänglich gefeiert, sofort in viele Sprachen (auch ins klassische Latein und Griechische!) übersetzt und gehört neben dem *Werther* (→ 1774) und *Faust* (→ 1808) zum Kernbestand von G.s Werk. Dabei wurde es auf verschiedene Weise vereinnahmt (Verklärung von Bürgerlichkeit, dt. Nationalepos, Lob der Geschlechterharmonie (!) und Humanität usw.). Moderne Interpreten sind da wesentlich kritischer.

Weiteres Werk: → *Die natürliche Tochter* (1803).

1797

Johann Wolfgang von Goethe/Friedrich Schiller

Biogr.n: → 1773, 1787, 1811–33 (Goethe); → 1781, 1798–99 (Schiller)

Balladen

ED: *Musen-Almanach auf das Jahr 1798* (1797).

Insgesamt 11 Balladen entstanden in der Fortsetzung der erfolgreichen Zusammenarbeit beider Dichter im Jahr 1797, dem »Balladenjahr«, wie Schiller es nannte. Beide wollten den negativen *Xenien*-Kampf von → 1796 beenden und sich dem ›Edlen und Guten‹ zuwenden. Außerdem war es ihr Ziel, in der lyrischen Form der Ballade dramatische und epische Kunst beispielgebend zu verbinden: Der Dichter, so G., könne sich »aller drei Grundarten der Poesie bedienen und, nach Belieben die Form wechselnd, fortfahren.« Damit sollte eine Form geschaffen werden, mit der auch ein literarisch nur bedingt gebildetes Publikum direkt (durch Rezitation) angesprochen und belehrt werden konnte.

G., der schon vor 1797 Balladen verfasst hatte (*Der König in Thule*, 1774; *Der Fischer*, 1774; *Der Erlkönig*, 1782), nahm das Thema der Naturmagie nicht wieder auf, suchte auch nicht mehr die Nähe der Volksballade, blieb aber bei der Thematik von Liebe und Treue, Eros und Tod (*Die Braut von Corinth*, *Der Gott und die Bajadere*). Wie in der Wahl der Form, so bewies er auch in der Stoffauswahl große Vielfalt: der Weg zum wahren Glück (*Der Schatzgräber* u. a.), Meisterschaft und Dilettantismus (*Der Zauberlehrling*). Tendierte G. in seinen Balladen zum Epischen, so bevorzugte Sch. das Dramatische in Handlung und Darstellung (Extremsituationen, spannender Handlungsgang, Dialoge), um menschliches Scheitern aufgrund von Selbstüberschätzung und Habsucht (*Der Taucher* und *Der Ring des Polykrates*), Hochmut (*Der Handschuh*) oder Überheblichkeit (*Die Kraniche des Ibykus*) zu zeigen, in späteren Balladen aber auch den Sieg über Ruhmsucht

(*Der Kampf mit dem Drachen*, 1798) oder auch Treue als unbedingte sittliche Verpflichtung (*Die Bürgschaft*, 1798). Sch.s Balladen neigen zum Lehrgedicht, sie wollen moralisch wirken, so dass man sie »dramatisch gebaute moralische Erzählungen in Strophen« (N. Mecklenburg) genannt hat.

Rezeption: G.s und Sch.s Balladen gehörten im ganzen 19. Jh. und bis weit ins 20.Jh. hinein zum literarischen Kanon der Schule.

Ballade

Von italienisch *ballata* (›Tanzlied‹) abgeleiteter ›Begriff‹, der im 18. Jh. in England auf die alten erzählenden Volkslieder übertragen wurde (Sammlung des Bischofs Th. Percy: *Reliques of Ancient English Poetry*, 1765). Von England gelangte der Begriff dann nach Deutschland, wo er für anonyme Erzählgedichte des späten Mittelalters und des 16. Jh. verwendet wurde. Zunächst beschränkt auf die Ausgestaltung von Heldenliedern, Mythen- und Märchenstoffen, griff die Ballade im Laufe der Zeit auch Alltagsthemen auf (Liebe, Treue, Verbrechen usw.) und verstärkte dabei zunehmend die dramatischen Elemente; diese Volksballaden wurden zum ›Bänkelsang‹ (v. a. auf Jahrmärkten vorgetragen) oder zur ›Moritat‹, wenn sie nur noch der schauererregenden Unterhaltung dienten.

Percys Sammlung und J. Macphersons gefälschte Werke Ossians (1765/73) regten Sammlungen deutscher (A. v. Arnim/Cl. Brentano: → *Des Knaben Wunderhorn*, 1805/08) und europäischer Volkslieder und Volksballaden (J. G. Herder: → *Stimmen der Völker in Liedern*, 1778/79) an. Fast gleichzeitig, 1774, wurde mit einer neuartigen Ballade, *Lenore* von G. A. Bürger, die Gattung der Kunstballade begründet, die zunächst von Goethe allein aufgenommen (*Erlkönig,* 1782), dann im sog. Balladenjahr 1797 zusammen mit Schiller, bei starker Betonung des Ideenhaften, zu einem Höhepunkt geführt wurde (Goethe/Schiller: → *Balladen*, 1797). Einen weiteren Höhepunkt erreichte die Kunstballade im 19. Jh. Nachdem die Romantik eine Wiederannäherung an die Volksballade gesucht hatte, lag danach der Schwerpunkt auf der Darstellung historischer Ereignisse (Uhland, Heine, C. F. Meyer, Fontane), doch wurden daneben immer auch andere Themen aufgegriffen, wie z. B. die Macht des Schicksals oder die Gewalt der Natur (Chamisso, Goethe, Droste-Hülshoff) und in geringerem Umfang auch soziale Probleme (Chamisso, Heine). Im 20. Jh. trat das Dramatische zurück, die Ballade wurde satirisch, parodistisch, politisch engagiert, kabarettistisch auch an die Moritat angelehnt (z. B. Wedekind, Tucholsky, Brecht sowie – als moderne Balladensänger – Liedermacher wie W. Biermann, Fr. J. Degenhardt u. a.).

Unterhaltungsromane um 1800

GESCHICHTE: Bis zum 18. Jh. war der Roman als Gattung wenig angesehen. Noch Schiller hielt ihn für einen »Halbbruder der Poesie« und vielen galt Romanlektüre als Ausdruck einer nutzlosen, vergnügungssüchtigen Haltung. Dennoch gelang dem Roman bis 1800 der Aufstieg zu einer ernst zu nehmenden Literaturgattung, die die namhaftesten Schriftsteller verwendeten, weil sie als »bürgerliche Epopöe« (J. G. Wezel) zugleich die modernste Ausdrucksform darstellte (→ *Roman in der Aufklärung*). Das Unterhaltende daran war solange kein Übel, wie aufklärerische Belehrung, klassisches Interesse an Bildung und romantische Phantasierlust befördert wurden. Doch der Aufstieg der Gattung führte nicht nur in die Höhe, sondern auch in die Breite: Zwischen 1790 und 1800 erschienen in Deutschland etwa 2500 Romane – so viele, wie in den 4 Jahrzehnten zuvor insgesamt zum Druck kamen. Es waren Prosawerke, die auf den kommerziellen Erfolg zielten, sich der Stoffe, Themen und Erzählmuster anspruchsvollerer Romane bedienten und dabei die Lektürebedürfnisse eines breiten Lesepublikums befriedigten, das spannungsvolle Unterhaltung, sentimentales Glücksverlangen und »Gratifikationen für das Unzulängliche seiner Wirklichkeit« (G. Schulz) verlangte. Dasselbe gilt im Übrigen auch für die parallel reüssierende Unterhaltungsdramatik (→ *Theaterwesen im 18. Jahrhundert*). Bis 1800 hatten sich gleichzeitig – nicht ohne Verbindung zu den wenigen Bestsellern der hohen Literatur – der Räuber-, Ritter-, Geister-, Geheimbund- und Schauerroman, der Reise- und Abenteuerroman sowie der Familien- und Liebesroman als TYPISCHE GENRES herausgebildet. Hinter diesen Unterhaltungsromanen, die zumeist anonym erschienen, stand eine literarische Industrie (Lohnschreiber, Verleger, Zeitschriften), die für Nachschub, Gleichförmigkeit und Vertrieb der Ware Roman sorgten.

Gleichwohl gab es einige Autoren, die in besonderer Weise erfolgreich waren und es mit (wenigstens einem oder zwei) ihrer Romane zu einem gewissen literarischen Rang brachten, der sie zeitweilig neben oder sogar über die ›großen‹ Autoren stellte und in die Literaturgeschichte eingehen ließ. So kam es, dass »Goethe und Vulpius, Faust und Rinaldo zu gleicher Zeit Lieblinge der Nation waren« (G. Roethe). Die wichtigsten AUTOR(INNEN) UND WERKE sind hier: Chr. B. Naubert: *Walter von Montbarry* (1786, Ritterroman), G. Ph. L. Wächter: *Männerschwur und Weibertreue* (1787, Ritterroman), Fr. Schiller: → *Der Geisterseher* (1787–89, Geheimbundroman), C. Tschink: *Geschichte eines Geistersehers* (1790–93, Schauerroman), K. Grosse: *Der Genius* (1791, Geheimbundroman), K. G. Cramer: *Der deutsche Alcibiades* (1791, Ritterroman), Chr. H. Spieß: *Das Petermännchen* (1791–92, Schauerroman), H. Zschokke: *Abaellino, der große Bandit* (1793, Räuberroman), A. Lafontaine: *Klara du Plessis und Klairant* (1794, dazu über 100 weitere Familienromane), Chr. A. Vulpius: *Rinaldo Rinaldini* (1799, dazu etwa 60 weitere Räuber- und Ritterromane), *Die Prinzessin von Wolfenbüttel* (historischer Roman, 1804), A. von

Kotzebue: *Philibert oder die Verhältnisse* (1809, Familienroman), H. Clauren: *Das Raubschloß* (1812, Schauerroman).
Eine Sonderform bildet der philanthropische Roman, der – wie später der soziale Roman im Vormärz und der Roman im → *Naturalismus* – Themen der Volksaufklärung mit romanhafter Unterhaltung verknüpft. Die wichtigsten Romane sind hier: J. H. Pestalozzi: *Lienhard und Gertrud* (1781/87), Chr. G. Salzmann: *Carl von Carlsberg* (1784). Fortsetzung: → *Unterhaltungsliteratur 1815–1918.*

1797
Ludwig Tieck

Biogr.: → 1795/96

Volksmärchen

OT: *Volksmährchen herausgegeben von Peter Leberecht*

Slg. und Bearbeitung von verschiedenartigen Erzähltexten (3 Bde.), anonym erschienen.

Wie J. K. A. Musäus (→ *Volksmährchen der Deutschen*, 1782–86) vereinte auch T. unter dem Titel seiner Sammlung die ganze Vielfalt volkstümlicher Erzählstoffe (›Volksbuch‹-Geschichten, Märchen, Fabeln, Heldensagen, Legenden usw.), die seit dem Mittelalter immer wieder bearbeitet und gedruckt worden waren (→ *›Volksbücher‹*, 1587). Dabei scheute er sich nicht, auch eigene Erzählungen und sogar sein Ritterdrama (*Karl von Berneck*, 1793) einzufügen. Zugleich ging er bei der Bearbeitung in Form und Inhalt durchaus frei mit den Vorlagen um, da ihm die Herausarbeitung von Gegenwartsbezügen wichtig war (z. B. *Die Schildbürger*). Die innere Einheit erhält die Sammlung durch den von T. als ›Poesie‹ empfundenen Stoffreiz des deutschen Mittelalters (»altfränkische Bilder«) sowie durch eine besondere, novellistisch inspirierte Erzählweise. Damit gelangen T. mit den nachgestalteten Volksbuch-Geschichten (*Die Geschichte von den Heymons Kindern*, *Die schöne Magelone*) und dem Ch. Perrault entlehnten *Ritter Blaubart* Adaptionen, durch die die alten Stoffe ›romantisiert‹ wurden: Es geht nicht mehr um Belehrung und Verlachen, sondern es handelt sich um eine auf die → *Romantik* verweisende »Poesie, die auf Verformen und Verfremden der Welt aus ist« (M. Thalmann). Dies gilt besonders für T.s eigene Texte: die auswegslose Märchennovelle *Der blonde Eckbert* und die Märchenkomödie → *Der gestiefelte Kater* (1797). Im *Eckbert* gerät eine von Verhängnis und Wahn bestimmte Welt ins »Zwielicht« (E. Bloch), verstört Eckbert und bringt ihn um den Verstand.

Rezeption: T. nahm *Die schöne Magelone*, *Ritter Blaubart*, *Der blonde Eckbert* und *Der gestiefelte Kater* in den Zyklus → *Phantasus* (1812/16) auf. *Der blonde Eckbert* wurde in viele Sprachen übersetzt und ist noch heute ein Schulklassiker. 🎬 *Die Romantic Sisters* (R: K. Ickert, o.J., TV).

Weiteres Werk: → *Der gestiefelte Kater* (Märchenkomödie, 1797).

1797
Ludwig Tieck Biogr.: → 1795/96

Der gestiefelte Kater

UT: *Ein Kindermährchen in drey Akten*

Märchenkomödie. ED: 1797 in T.s *Volksmährchen*. BA: 1797, erweiterte Fassung in: → *Phantasus* (1812–16); UA: 20.4.1844 in Berlin.

Dem Stück liegt eine Fassung aus der Märchensammlung von Ch. Perrault (1697) zugrunde, deren Stoff auch in der 1. Auflage von Grimms → *Kinder- und Hausmärchen* (1812/15, 1819 getilgt) enthalten war. T. zeigt dem Zuschauer kein dramatisiertes Märchen, sondern ein Stück im Stück, in dem versucht wird, das Märchen vom gestiefelten Kater auf der Bühne vor einem mitagierenden (Bühnen-)Publikum und dem Dichter des Stückes aufzuführen. Das vorgespielte Stück missrät, weil das bornierte Publikum unfähig ist, den Kunst- und Phantasiecharakter des »Kindermährchens« so zu erfassen, wie Kinder es noch können. Damit entwickelt das Werk sich einerseits vom Märchen weg und hin zum neuen Genre der Literaturkomödie, das sich auf Ansätze bei dem dänischen Dramatiker L. Holberg stützt. So nutzt T. in der Darstellung des ›Durchfalls‹ alle Möglichkeiten der satirischen Kritik an zeitgenössischem Theaterbetrieb, Publikumsgeschmack und Autorberuf. Zugleich aber löst die dramatische Konstruktion den Unterschied zwischen märchenhafter und real gegebener Wirklichkeit auf und bringt damit die Bedeutung von Spiel und Phantasie gegenüber rationalistischem Denken zur Geltung. Diese Auflösung der von der Aufklärung befestigten Grenzen war – wenigstens im Theater – neu und ließ das Stück zu einem (wenn auch mehr vergnüglich gemeinten) Vorspiel romantischer Kunstreflexion werden.

Rezeption: Die Literaturkomödie war als Lesedrama sehr bekannt und beeinflusste Werke wie E.T.A. Hoffmanns → *Kater Murr* (1819–21) und Chr. D. Grabbes → *Scherz, Satire, Ironie und tiefere Bedeutung* (1827). Als Theaterinszenierung blieb das Stück im 19. Jh. so gut wie unbekannt. Episches und absurdes Theater (L. Pirandello, B. Brecht, E. Ionesco) übernahmen Elemente. 🎭 T. Dorst (1963).

Weiteres Werk: → *Franz Sternbalds Wanderungen* (Roman, 1798).

1797/1799
Friedrich Hölderlin Biogr.: → 1796, 1798–1800

Hyperion

OT: *Hyperion oder der Eremit in Griechenland*

Briefroman in 2 Bdn. 1. Fassung u.d.T. *Fragment von Hyperion* 1794 in Schillers Zeitschrift *Neue Thalia* erschienen, 1796 abgeschlossen. BA: 1797 (Bd. 1), 1799 (Bd. 2); 2. Auflage: 1822.

Der Roman gehört zu den schwierigsten Texten der deutschen Literatur, denn seine komplizierte Erzählstruktur verbindet sich mit einem nicht leicht zu verstehenden Gehalt: Im Rückblick auf die mehr als 20 Jahre zurückliegende, ereignisreichste Zeit seines Lebens um 1770 (Studium der Antike, Liebe, Teilnahme am griechischen Freiheitskampf, Verlust des Freundes und der Geliebten) erzählt der (Neu-)Grieche Hyperion seinem deutschen Freund Bellarmin in Briefen, was ihm damals geschehen ist. Eingeschoben ist außerdem ein Briefwechsel zwischen Hyperion und seiner Geliebten Diotima (Vorbild: S. Gontard), der seinerzeit auf dem Höhepunkt der Ereignisse (vermeintlicher Tod Hyperions, ›Nachsterben‹ Diotimas) stattfand und die Dramatik von Selbsttäuschung, Irrtum und beginnender Erkenntnis des richtigen Weges steigert. Die Briefform bündelt nicht nur die Handlung in einzelne Episoden, sondern ermöglicht eine sich Schritt für Schritt vertiefende Reflexion des inneren Geschehens. Dabei beginnt Hyperion zu verstehen, was die sterbende Diotima ihm als Vermächtnis aufgab: Seine Bestimmung ist weder das zunächst angestrebte Heldentum des Freiheitskämpfers (»Lorbeer«) noch das tief empfundene Glück der Liebe (»Myrtenkranz«), sondern er ist zum Dichter (»Olymp«) berufen. Doch erst nach einem 20-jährigen Eremitenleben des in seinen Idealen Enttäuschten reift in ihm durch die Erinnerungsarbeit (»Selbstergreifung durch Erinnerung«, U. Gaier) diese Erkenntnis – und der vorgelegte Briefroman ist der Beweis dafür. Der Roman endet mit dem Versprechen: »So dacht ich. Nächstens mehr.«

In Hyperions Berufung zum Dichter stellt H. die für ihn selbst wichtigen Aufgaben einer Kunst, die auf die Kennzeichen der modernen Zeit reagiert, heraus: Überwindung der Isolierung des Einzelnen (Zerrissenheit) und Wiederherstellung der Einheit mit der Natur. Harmonie und Schönheit als Inbegriffe des Einklangs von Gesellschaft und Natur seien, so Hyperion (und damit H.), einst im antiken Griechenland verwirklicht gewesen (→ *Gedichte 1797–1803*), aber im zeitgenössischen Deutschland völlig untergegangen (vgl. die Scheltrede »So kam ich unter die Deutschen«, II, 2). Die Absage an das politische Handeln ist H.s Antwort auf die jakobinische Phase der Französischen Revolution: Statt für den Umsturz zu kämpfen, begibt sich Hyperion als ›Erzieher des Volkes‹ auf den Weg, »Priester [...] der göttlichen Natur« zu werden, d. h. Verkünder von Schönheit und Liebe, Vollkommenheit und Vollendung, die – obwohl sie (wie Diotima) immer wieder untergehen (müssen) – anzustreben, wenn auch (noch) nicht erreichbar seien.

Rezeption: Der Roman fand nur geringe Resonanz. Erst gegen Ende des 19. und zu Beginn des 20. Jh.s wurde das dichterische Werk H.s wieder entdeckt. 🎬 *Winterreise im Olympiastadion* (R: K. M. Grüber, 1969).
Weiteres Werk: → *Gedichte 1797–1803*.

1797–1803
Friedrich Hölderlin

Biogr.: → 1796, 1798–1800

Gedichte 1797–1803

Die späten Gedichte H.s wie z. B. *An die Parzen, Heidelberg, Stimme des Volkes, Menons Klage um Diotima, Der Wanderer, Brot und Wein*, hymnische Gedichte in freien Rhythmen wie z. B. *Der Rhein, Der Einzige, Patmos, Mnemosyne* sowie v. a. die sog. *Nachtgesänge* (→ *Gedichte nach 1803*, 1804) gelten als schwer zugänglich. Bereits ihr formaler Ausdruck ist eine Herausforderung: Hochgradige sprachliche Verdichtung, Verschlüsselungen, Verwendung von Chiffren (Strom, Alpen, Schatten), Symbolen (Pferd, Schlange, Schwan) sowie der Gebrauch von komplizierten antiken Gedicht- und Versformen (Oden, Elegien) bedingen ungewöhnliche Wortstellungen. Erschwerend für den heutigen Leser ist zudem der durchgängig enge Bezug zur antiken Mythologie. Schließlich ist umstritten, was Fragment und was endgültige Textgestalt ist bzw. ob das Spätwerk insgesamt ein »kumulativer Text« (D. E. Sattler) ist. Inhaltlich sind die Gedichte geprägt durch ein mythisches Weltverständnis: H. ging davon aus, dass es Zeiten der Götternähe und Zeiten der Götterferne gibt (dafür stehen bildlich Sommer und Winter, Tag und Nacht, Licht und Finsternis). Im antiken Griechenland, so H., hätten Götter, Menschen und Natur eine mythische Einheit gebildet, es sei ein Zeitalter der Harmonie, der Freiheit, der Schönheit gewesen. Die Gegenwart aber sei ein Zeitalter der Götterferne und damit der Disharmonie und Isoliertheit des Einzelnen (z. B. *Brot und Wein*), das aber von einer unstillbaren Sehnsucht nach Wiederherstellung der verlorenen Einheit geprägt sei. Dieses Bestreben gelte nicht nur für Menschen (und Halbgötter): Auch die Natur (Flüsse, Landschaften und Städte) seien in diese Spannung einbezogen. Der Aufschwung zu den Göttern, zum Licht, und der Wunsch, die Grenzen des Endlichen zu überschreiten, seien dabei verlockend (»Und immer/ ins Ungebundene gehet eine Sehnsucht«), aber auch gefährlich, wie das Scheitern der Halbgötter Ajax, Achill und Patrokles (*Mnemosyne*) zeigt. Zugleich aber gelte die Hoffnung: »Wo aber Gefahr ist, wächst das Rettende auch« (*Patmos*). In den sog. ›vaterländischen‹ (besser: ›hesperischen‹, d. h. abendländischen) Gesängen (z. B. *Gesang des Deutschen, An die Deutschen, Der Rhein, Patmos*) wird diese Hoffnung als Erwartung an das eigene Volk und die Gegenwart ausgedrückt: Die Aufgabe bestehe darin, die Gegenwart in ihrem Mangel zu akzeptieren, im endlich Begrenzten zu wirken (wie Herakles, wie Chiron, aber auch wie Rousseau) und nicht voreilig die Rückkehr der Götter zu erwarten; Aufgabe des Dichters sei es deshalb, die Erinnerung an die Zeit der »mythischen Einheit von Göttlichem und Menschlichem« (L. Ryan) wachzuhalten, den Menschen die Gewissheit der Wiederkehr der Götter zu vermitteln (z. B. *Frie-*

densfeier), aber sie auch im Annehmen der Gegenwart zu bestärken. Das ist für H. ›höhere Aufklärung‹. Fortsetzung: → *Gedichte nach 1803*, 1804.

Weiteres Werk: → *Empedokles-Fragmente* (Drama, 1798–1800).

1798
Ludwig Tieck

Biogr.: → 1795/96

Franz Sternbalds Wanderungen

UT: *Eine altdeutsche Geschichte*

Künstlerroman. Entst. ab 1796/97, ED: 1798, geplant als Gemeinschaftsarbeit von W. H. Wackenroder und Tieck; Fragment. Stark veränderte Fassung: 1843.

Der (unvollendete) Künstlerroman schildert, wie der Maler Franz Sternbald um 1520, beraten von seinem Lehrer Albrecht Dürer, von Nürnberg aus auf eine Bildungsreise geschickt wird. Diese Reise ist nicht nur eine atmosphärisch dichte Wanderung durch Natur und Kultur des ›altdeutschen‹ Südens, die Niederlande und Italien, sondern auch ein Weg zu sich selbst: Sternbald erhält Andeutungen über seine wahre Herkunft, er findet zu seiner Jugendliebe zurück und er vergewissert sich seiner Bestimmung als Maler, dessen Kunst niemals nach dem Brot gehen wird. Wenn er in diesem Zusammenhang ausruft: »Die Welt und die Kunst ist viel reicher, als ich vorher glaubte« (IV,3), so drückt das grammatisch inkorrekte »ist« die untrennbare Einheit beider Bereiche aus, wie er sie sich wünscht: die Welt als eine Allegorie der Kunst. In den Nebenfiguren (die Lehrmeister Dürer und Lukas von Leyden, sein Freund Sebastian, der Maler-Eremit, der hedonistische Poet Florestan) stellt T. Varianten des (Lebens-)Künstlers dar, die Franz helfen, zu sich selbst zu finden; doch noch stärker wirken die in Leyden, Straßburg, Florenz und Rom betrachteten Kunstwerke (niederländische Malerei, Raffael, Michelangelo) auf ihn, die er in längeren Kunstgesprächen mit den Freunden verarbeitet. Auf diese Weise wird der Künstlerroman, in dem Franz eigentlich schon von Anfang an weiß, wer er sein will, mehr und mehr zu einem Kunst-Roman, der die Sehnsucht (unterstützt durch eingestreute Gedichte wie z. B. das *Mondscheinlied*) nach der großen (Lebens-)Kunst thematisiert. Sein Fragment-Charakter ist dabei (ungewollt) der genaue Ausdruck einer die Wunscherfüllung aufschiebenden, romantischen Kunstreligion, die in T.s Roman – neben W. H. Wackenroders → *Herzensergießungen eines kunstliebenden Klosterbruders* (1796) – eine ihrer ersten Manifestationen fand.

Rezeption: T. widersprach mit dieser Kunstauffassung dem Kunstideal von → *Aufklärung* und Klassik (→ *Weimarer Klassik und Klassisches Weimar*), das vom Vorrang der Antike ausging, was ihm die ablehnende Haltung z. B. Goethes eintrug (»Sternbaldisieren« bzw. »es ist unglaublich, wie leer das artige Gefäß ist«). Dagegen lobten

ihn die Romantiker (Fr. Schlegel, E.T.A. Hoffmann) und Maler (Ph. O. Runge). Hebbel bezeichnete T. als »König der Romantik«.
Weitere Werke: *Die verkehrte Welt* (Komödie, 1799), *Prinz Zerbino* (Komödie, 1799), *Leben und Tod der heiligen Genoveva* (Trauerspiel, 1800), → *Phantasus* (Novellenzyklus, 1812/16).

1798–1799
Friedrich Schiller

Biogr.: (Fortsetzung von → 1781) 1799 Übersiedlung nach Weimar. 1802 Umzug ins eigene Haus (heute: Schiller-Haus), Erhebung in den Adelsstand. † 9.5.1805 in Weimar, 16.12.1827 Überführung in die Fürstengruft. Gedenkstätten (Auswahl): Bauerbach (M), Berlin (D), Dresden (M), Hamburg (D), Hannover (D), Jena (M), Leipzig (D, M), Ludwigsburg (D), Mannheim (D, M), Marbach (D, M), New York (D), Stuttgart (D), Weimar (M, D, G), Wien (D).

Wallenstein

UT: *Ein dramatisches Gedicht*

Dramen-Reihe, bestehend aus: *Wallensteins Lager* (Prolog, Knittelverse), UA: 12.10.1798 in Weimar; *Die Piccolomini* (Schauspiel, Jamben), UA: 30.1.1799 in Weimar; *Wallensteins Tod* (Tragödie, Jamben), UA: 20.4.1799 in Weimar. ED: 1800. Entst. ab 1796 (Prosafassung), ab 1797 Umarbeitung in Verse.

In *Wallensteins Lager* wird deutlich, dass es zwischen dem übermächtig gewordenen, bei seinen Soldaten beliebten Feldherrn Wallenstein und dem Kaiser in Wien zu einem Machtkampf kommen wird. Im Heer zeichnen sich zwei Gruppierungen ab – die Kaisertreuen und die Gefolgsleute Wallensteins. In *Die Piccolomini* zeigt sich, dass Octavio, engster Vertrauter Wallensteins, die Interessen des Kaisers (auch zum eigenen Vorteil) verfolgt, während Wallenstein gegen den Hof taktiert (Bündnis mit den Schweden), um durch Frieden das Reich zu einen – und Herzog von Böhmen zu werden. Da die Sterne nicht günstig stehen, zögert er den Pakt hinaus. Max, Sohn des Octavio und Bewunderer Wallensteins, muss erfahren, dass dieser den Kaiser und sein Vater den Feldherrn verraten will. Zu Beginn von *Wallensteins Tod* haben sich die Parteien formiert. Als Wallensteins Pläne bekannt werden und er gezwungen wird, mit den Schweden zu paktieren, folgen ihm seine besten Truppen nicht mehr. Max und Thekla (Wallensteins Tochter), zwei über ihre Väter enttäuschte Liebende, finden den Tod. Nach dem Sieg der Schweden lässt Octavio Wallenstein ermorden und wird vom Kaiser in den Fürstenstand erhoben.

Die Gestalt Wallensteins, sein Charakter und seine Politik sind immer wieder und sehr unterschiedlich gedeutet worden. Während es für Sch. der Charakter und die Zwänge seiner Zeit waren, die das Scheitern des charismatischen Machtmenschen Wallenstein verursachen, sah das 19. Jh. in ihm den glücklosen Friedensstifter und möglichen Einiger des Reiches. Als Ursache seines Scheiterns betrachteten andere seine Anmaßung, die Geschichte allein nach seinen Vorstellungen formen zu wollen. Weitere Gründe: der unrealisierbare »Wunsch nach absoluter Berechenbarkeit des geschichtlichen Geschehens« (G. Sautermeister), wobei diese »Berechenbarkeit« nach O. Seidlin erst dann einsetzt, als Wallensteins hybride Vorstellung, dass er losgelöst von allen realen Bedingungen in einem Bereich idealer Freiheit (wie ihn nur die Kunst ermöglicht) handeln kann, gescheitert ist. Dagegen deutet R. Safranski Wallenstein in seiner Machtbesessenheit als »Geißel für die übrige Menschheit«, während P.-A. Alt in der Tragödie »eine moderne Anatomie der Macht« erkennt. Auf ähnliche Weise divergieren die Beurteilungen in Bezug auf Max, dessen reiner Idealismus ebenso zerbricht, wie Wallensteins ›Realismus‹ scheitert, sowie auf den Gegenspieler Octavio, dessen Sieg als Realpolitiker mit dem Weiterleben-Müssen bestraft wird.

Rezeption: Aus den verschiedenen Fassungen des *Wallenstein*-Stoffes ragt A. Döblins *Wallenstein* (Roman, 1920) heraus. Th. Mann gestaltete Sch.s Ringen um das Werk in der Erzählung *Schwere Stunde* (1905). R: W.-D. Panse/P. Deutsch (1971); *Wallenstein I & II* (R: Fr. P. Wirth, 1962/87, TV).
Weiteres Werk: → *Maria Stuart* (Trauerspiel, 1800).

1798–1800
Friedrich Hölderlin

Biogr.: (Fortsetzung von → 1796) 1802 von Bordeaux zu Fuß zurück nach Deutschland, beginnende geistige Zerrüttung. Ab 1804 Bibliothekar in Bad Homburg, 1806/07 Nervenklinik in Tübingen. 1807–43 lebte H. in geistiger Umnachtung bei einer Tischlerfamilie in Tübingen. † 7.6.1843 in Tübingen. Gedenkstätten: Bad Homburg (D, M), Lauffen (M), Marbach (M), Nürtingen (M), Tübingen (D, G, M).

Empedokles-Fragmente

OT: *Empedokles* (1. Entwurf); *Der Tod des Empedokles* (2. Entwurf); *Empedokles auf dem Ätna* (3. Entwurf)

Fragmente einer Tragödie. Erhalten sind 3 Entwürfe (ca. 1798/99: 2050 Verse; 1799: 732 Verse; ca. 1799/1800: 500 Verse). Von 1799 stammt die Studie *Grund zum Empedokles*. ED: 1826/46; KA: 1961 bzw. 1985.

In drei fragmentarischen Entwürfen nimmt H. sein Hauptthema auf: der Dichter als Vermittler der Gewissheit, dass die Unvollkommenheit der Wirklichkeit überwindbar ist und dass – in H.s Sprache – die Nähe der ›Götter‹ wiedergefunden wird. Zugleich sind die Fragmente Versuche, im Gewand eines historischen Dramas Antworten auf die politische Problematik um 1800 (d. h. Fortgang der Französischen Revolution) zu geben. Im 1. Entwurf lehnt Empedokles, anerkannter Philosoph und ›Sänger‹ im antiken Agrigent, die ihm vom Volk angetragene politische Macht ab und ruft das Volk stattdessen dazu auf, sich frei von Herrschaft selbst zu helfen, das Überkommene zu verändern und »auf richtgen Ordnungen das neue Leben« zu befestigen. Das war eine revolutionäre Botschaft wie sie bis dahin kein deutscher Autor geschrieben hatte. Vom Volk unverstanden, stürzt sich Empedokles in den Ätna. Der 2. Entwurf nimmt die Aussicht auf eine Selbstbefreiung noch mehr zurück, kritisiert den großen Mann, der das unreife Volk zu seinem Glück zwingen will, und plädiert für den behutsamen Wandel. Der 3. Entwurf rückt das Ziel der Veränderung weiter in die Ferne: Empedokles ist jetzt der politisch Gescheiterte, der vom weisen Priester die Lehre erfährt, was seine eigentliche Aufgabe zu sein hat. Als das positive ›Resultat seiner Periode‹ ist er zugleich ›Opfer seiner Zeit‹, die den raschen Wandel des Überkommenen nicht zulässt. Nur durch das Selbstopfer im Ätna, das ihn »auflösen muß, um mehr zu werden« (*Grund zum Empedokles*), ist die Idee der Revolution – bei H. immer verbunden mit der philosophisch begründeten Idee der Wiedergewinnung einer ursprünglichen Einheit – zu bewahren.

Die Annahme liegt nahe, daß H. in Empedokles Napoleon imaginierte. Als dieser sich am 8./9.11.1799 zum Diktator (Erster Konsul, ab 1802 auf Lebenszeit) und 1804 zum Kaiser machte, beendete die politische Wirklichkeit das poetische Projekt.

Rezeption: Eine Bearbeitung des Stückes schrieb W. v. Scholz (1910, UA: 1916); vgl. auch P. Weiss: *Hölderlin* (1971, II. Akt, 6. Szene). 🎬 *Der Tod des Empedokles* (R: J.-M. Straub, 1987); *Die schwarze Sünde* (R: D. Huillet/J. M. Straub, 1990, TV).

Weiteres Werk: → *Gedichte nach 1803* (1804).

1798; 1800
Friedrich Schlegel

* 10.3.1772 in Hannover, jüngerer Bruder von A. W. Schlegel. Jura- und Philologiestudium in Göttingen (1790–91) und Leipzig (1791–93), 1794–99 in Dresden, Jena und Berlin als Kritiker und freier Schriftsteller lebend; 1799–1801 Privatdozent in Jena und Wortführer des frühromantischen Kreises (A. W. Schlegel, Novalis, Tieck). Fortsetzung → 1799.

Fragmente; Gespräch über die Poesie

(1) Aphorismen, veröffentlicht in A. W. und Fr. Sch.s Zeitschrift *Athenaeum* (1798), Bd. I, 2; (2) Abhandlung, veröffentlicht in *Athenaeum* (1800), Bd. III, 1.

Sch.s Weg zum Theoretiker der jungen und antiklassischen Literatur, die später ›Romantik‹ genannt wurde, ist durch die folgenden Schriften bezeichnet: *Über das Studium der Griechischen Poesie* (entst. 1795, ED: 1797), *Kritische Fragmente* (1797), *Über Goethes Meister* (1798), *Athenäums-Fragmente* (1798–1800), *Gespräch über die Poesie* (1800). Es handelt sich dabei um lite-

raturtheoretische Essays und ›Fragmente‹ (Aphorismen), die in ihrer gewollten Bruchstückform die folgenden Grundgedanken entwickeln: ›Poesie‹ ist die höchste aller Künste, jedoch nicht auf das Buchstäbliche der Sprachkunst beschränkt, sondern poetischer ›Geist‹, der in allen Einzelkünsten wirkt. Diese Poesie ist nicht bloß als künstlerisches Produkt eines Genies, sondern zugleich als ständige Reflexion des schöpferischen Produktionsvorganges zu verstehen, d. h. sie stellt immer »das Produzierende mit dem Produkt« dar, ist also »zugleich Poesie und Poesie der Poesie« (238. *Athenäums-Fragment*). In dieser Doppeltheit ist sie »Transzendentalpoesie« und ihre Interpretation eine Kritik, die nicht nach Regeln abschließend urteilt, sondern deutend mitschafft und damit selbst zu einer »kritischen Poesie« wird.
Sch. löst mit diesem Ansatz alle festen Grenzen und Bestimmungen von (klassischer) Kunst auf und stellt der modernen Dichtung neue Aufgaben, wobei er Vollkommenheit nur als ein Vergangenes (antike Kunst) oder nie zu erreichendes Künftiges (romantische »progressive Universalpoesie«, 116. *Athenäums-Fragment*) anerkennen kann. Für eine solche Poesie werden folgende Merkmale vorgeschlagen: fragmentarische Form als »punktuelles Aufblitzen der Einheit von Einheit und Unendlichkeit im Endlichen« (M. Frank); Ironie als Ausdruck der dialektischen Vereinigung des Gegensätzlichen; Zusammenführen von Gattungsformen (Prosa, Vers, Lied, Dialog, gesteigert im romantischen Roman), Vermischung von Stil- und Verhaltensformen (Tragisches und Komisches, Erhabenes und Groteskes, Menschliches und Tierisches bzw. Automaten, Organisches und Anorganisches usw.). Als Vorbilder für diesen besonderen Typus des ›romantischen Romans‹ werden v. a. M. de Cervantes' *Don Quijote* (1605/15) und Goethes → *Wilhelm Meister* (→ 1795/96) genannt.

Rezeption: Sch.s theoretische Fundierung der → *Romantik* ist neben der von Novalis (*Fragmente*, → 1798; 1802) nicht hoch genug einzuschätzen. Er selbst distanzierte sich jedoch ab 1804 immer stärker davon, was indes die Fortwirkung insbesondere auf den romantischen Roman (Cl. Brentano, A. v. Arnim, E.T.A. Hoffmann, Eichendorff) nicht ausschloss.
Weiteres Werk: → *Lucinde* (Roman, 1799).

1798; 1802
Novalis (Hardenberg, Friedrich von)

* 2.5.1772 in Oberwiederstedt (Harz). 1790–94 Jurastudium in Jena, Leipzig und Wittenberg; danach Aktuarius in Tennstedt. Ab 1796 in der Salinenverwaltung in Weißenfels tätig, ab 1799 als Assessor. 1799–1800 häufige Besuche bei Fr. Schlegel in Jena. † 25.3.1801 (an Tuberkulose) in Weißenfels. Gedenkstätten: Jena (M), Weißenfels (D, G, M).

Fragmente; Die Christenheit oder Europa

(1) Slg. von Aphorismen und Prosatexten. ED (u.d.T. *Blüthenstaub*): *Athenaeum* (1798); weitere Fragmente erschienen u.d.T. *Glauben und Liebe* in *Jahrbücher der Preußischen Monarchie* (1798). (2) ED: 1802 in den von Fr. Schlegel und L. Tieck postum herausgegebenen *Schriften* von Novalis (1802, stark verkürzt; vollst. in der 4. Auflage 1826, mit dem UT: *Ein Fragment*).

Unter dem Pseudonym ›Novalis‹ (mit Betonung auf der 2. Silbe, d. h. ›der Neuland Gewinnende‹) veröffentlichte Fr. v. Hardenberg nur einen Bruchteil seiner über 1000 ›Fragmente‹, so dass sich die Zeitgenossen – ähnlich wie bei Hölderlin – kaum ein Bild von diesem neben Fr. Schlegel (→ *Fragmente*, → 1798; 1800) herausragendsten romantischen Dichter-Philosophen machen konnten. Anders als Schlegel fasst N. das ›Fragment‹ nicht als das Ganze im Teil, sondern als Teil eines gedachten Ganzen auf, auf das es in seiner Vielfalt verweise (»Systemlosigkeit, in ein System gebracht«). Mit Schlegel sieht er die Aufgabe der romantischen Poesie darin, die lebensweltlich verlorene Identität von Natur (Sein, Nicht-Ich) und Mensch (Bewusstsein, Ich) wiederherzustellen, was allerdings nur durch die Kraft der Einbildung im »Gemüt« und als »Gemütserregungskunst« bzw. über den »Blick nach innen« möglich sei. Dabei verlangt N. eine doppelte Bewegung, um den ursprünglichen Sinn zu finden. So gelte einerseits: »Die Welt muß romantisiert werden«, d. h. die gegebene Realität müsse ins Wunderbare überhöht (potenziert) werden, andererseits müsse das »Höhere, Unbekannte, Mystische, Unendliche [...] logarithmisiert«, d. h. erkennbar gemacht werden. Romantische Poesie verwirkliche sich daher in einer Sprache, die ihre Gedanken im Schreiben verfertige, ein Prozess, der vom Leser fortgeführt werden müsse: »Der wahre Leser muß der erweiterte Autor seyn« (Nachlass-Fragment). Das sind avantgardistische Ansätze, die auf das Konzept des offenen Kunstwerks im 20. Jh. vorausweisen.

Es gibt indes auch einen N., der sich für konservative Strategien der Antimoderne in Anspruch nehmen ließ: Das ›Fragment‹ *Die Christenheit oder Europa*, das ein geschichtsphilosophisches Pendant zu den kunsttheoretischen Fragmenten ist, verurteilt den Weg der abendländischen Säkularisierung bis hin zu → *Aufklärung* und Französischer Revolution als Irrweg und stellt ihm, über die »poetische Phantasie von einem Mittelalter, wie es nicht war« (G. Schulz), ein erneuertes Christentum als künftige Versöhnerin entgegen. Die Spur dieser regressiven Utopie, die sich als Antwort auf Kants Schrift *Zum ewigen Frieden* (1795) verstand und für die es immer wieder Rettungsversuche gegeben hat, reicht bis tief ins 20. Jh. hinein.

Rezeption: N. wurde als romantischer Kunsttheoretiker bis zur 1. KA seiner Schriften (1929) nur unvollst. rezipiert. Den systematischen Zusammenhang von Fragmenten-Theorie und Poesie eröffneten erst die vervollst. 2. (ab 1960) und 3. Auflage (ab 1977).

Weiteres Werk: → *Hymnen an die Nacht* (Gedichte, 1800).

Romantik

BEGRIFF: Das Wort ›Romantik‹ leitet sich von altfranzösisch: *romanz/ romance* für provenzalische Vers- und Prosaerzählungen (Ritter- und Abenteuergeschichten) her, aus dem später die Gattungsbezeichnung ›Roman‹ entstand. Das Adjektiv ›romantisch‹ (von englisch: *romantic*) bezeichnete dementsprechend Romanhaftes, im weiteren Sinne auch Unwahres, Märchenhaftes, Wunderbares, Malerisch-Wildes (in der Natur) sowie Schauerlich-Gespenstisches. Um 1800 war das Substantiv ›Romantik‹ neu und begrifflich noch unfest. Es kam als Bezeichnung für die christlich-mittelalterliche, nicht am Vorbild der klassischen Antike orientierte bzw. für die gesamte neuzeitliche Literatur vor, wie z. B. bei A. W. Schlegel in seinen berühmten *Vorlesungen über schöne Litteratur und Kunst* (1803/04). Es gab aber auch die viel engere Fassung als Programm einer avancierten romantischen Poesie um 1800, die Fr. Schlegel als »progressive Universalpoesie« und Novalis als Forderung nach »Romantisierung« der Welt beschrieben hatte (*Fragmente*, → 1798; 1800 bzw. → 1798; 1802). Im Laufe des 19. Jh. entwickelte sich ›Romantik‹ in Deutschland dann zu einem eher unpräzisen, aber gängigen EPOCHENBEGRIFF neben und nach → *Aufklärung* und → *Weimarer Klassik und Klassisches Weimar* sowie neben bzw. vor ›Biedermeier/Vormärz‹ (→ *Literaturverhältnisse 1815–1848*). Parallel dazu existiert ›Romantik‹ auch als (sehr viel weiter gefasster) Epochenbegriff für Malerei und Musik des 19. Jh. sowie in anderen europäischen Nationalliteraturen. Zugleich steht der Name in einem zeitlosen und eher allgemeinsprachlichen Sinne für eine das Gemüt ansprechende ästhetische Stilform bzw. für eine gefühlsbetonte, poetische Haltung und Gestimmtheit gegenüber plattem Alltag und Zweckrationalismus.

Unterschieden werden drei Phasen der Romantik:

1. FRÜHROMANTIK (ca. 1793–1801) mit den Zentren Berlin, Jena und Dresden und der von A. W. und Fr. Schlegel herausgegebenen Zeitschrift *Athenaeum* (1798–1800). Ihre wichtigsten Autoren waren: L. Tieck, W. H. Wackenroder, A. W. und Fr. Schlegel, Novalis sowie die Philosophen J. G. Fichte und Fr. W. J. Schelling und der Theologe Fr. D. Schleiermacher. Merkmale waren die Ausarbeitung einer romantischen Kunsttheorie (›Transzendentalpoesie‹, ›Weg nach innen‹), die Hinwendung zum deutschen (christlichen) Mittelalter und zum experimentellen Roman (Auflösung der Gattungsgrenzen).

2. MITTLERE ODER HOCHROMANTIK (ca. 1805–1815) mit dem Zentrum Heidelberg und der von A. v. Arnim herausgegebenen Zeitschrift *Zeitung für Einsiedler* (1808). Ihre wichtigsten Autoren waren: A. v. Arnim, Cl. Brentano, J. v. Eichendorff sowie der Publizist J. Görres und die Professoren G. Fr. Creuzer, J. und W. Grimm. Weitere Zentren waren Dresden (L. Tieck, H. v. Kleist, Fr. G. Wetzel, A. Müller) und Berlin. Merkmale waren die Aufwertung von Volk und Nation (›Volksgeist‹, → *Patriotismus und Nationalismus in der Literatur*), das Interesse für Volksdichtung (Volkslied, Mär-

chen, Sage) sowie für Naturphilosophie, Mythologie und Sprache (auch: Übersetzungen).
3. SPÄTROMANTIK (ab 1815/20) mit dem Zentrum Berlin und der von H. v. Kleist herausgegebenen Zeitschrift *Berliner Abendblätter* (1810/11). Ihre wichtigsten Autoren waren: A. v. Arnim, Cl. Brentano, H. v. Kleist, A. v. Chamisso, Fr. de la Motte Fouqué, J. v. Eichendorff, E.T.A. Hoffmann, Z. Werner. Merkmale waren das Interesse an der Psychologie des Unbewussten (»Nachtseite«), am Widerspruch von Kunst und Leben sowie die Hinwendung zu Staatsautorität und Religion (politische bzw. katholische Romantik).
Nach 1810 formierte sich zudem die sog. SCHWÄBISCHE ROMANTIK in Tübingen um L. Uhland, J. Kerner, G. Schwab, W. Hauff und noch E. Mörike. Als NEUROMANTIK wird eine literarische Strömung ab 1890 bezeichnet, die sich gegen den → *Naturalismus* wandte (z. B. Frühwerk von R. Huch, H. v. Hofmannsthal, H. Mann, H. Hesse). Im Umkreis der Romantik ist auch der ehemalige Schlegel-Schüler H. Heine zu nennen, der sich selbst als »romantique defroqué« bezeichnete (*Geständnisse*, 1854) – als Romantiker ohne Kutte.

1799
Friedrich Schlegel

Biogr.: (Fortsetzung von → 1798; 1800) Ab 1802 wegen wissenschaftlicher Studien in Paris, ab 1804 Dozent in Köln. 1808 Übertritt zum Katholizismus und Hofsekretär in Wien; 1815 geadelt. 1815–18 österr. Legationsrat beim Dt. Bund in Frankfurt/Main, 1828 Umzug nach Dresden. † 12.1.1829 in Dresden. Gedenkstätten: Jena (M), Dresden (G).

Lucinde

UT: *Ein Roman*; UT des 1. Teils: *Bekenntnisse eines Ungeschickten*

Romanfragment. Eine geplante Fortsetzung erschien nicht.

Die Frage ist nicht, ob *Lucinde* ein Roman, sondern inwiefern das Werk ein romantischer Roman ist. Tatsächlich ist er, wie Sch. in seinen theoretischen Schriften ausgeführt hat, der Inbegriff romantischer ›Poesie‹, weil er die traditionellen Gattungs- und Stilgrenzen überschreitet, die Reflexion über die Poesie (»Poesie der Poesie«) einbezieht und in der Gestalt von Fragment (»Arabeske«), Ironie (»Witz«) und Allegorie den unabschließbaren Versuch unternimmt, »progressive Universalpoesie« zu werden (Fr. Schlegel: → *Fragmente; Gespräch über die Poesie*, 1798; 1800). Der handlungsarme Text gruppiert je 6 Kapitel mit verschiedenartigen Reflexionen über die Liebe um das Mittelkapitel *Lehrjahre der Männlichkeit*, in dem mit der Darstellung eines männlichen Reifeprozesses das Erzählerische dominiert. Gleichwohl zielt Sch. nicht auf eine Liebesgeschichte zwischen Julius und Lucinde, sondern auf die Erörterung der Liebe als universales Prinzip

(»Religion«) der Versöhnung: ›Lucinde‹ – die Lichtbringende – erleuchtet den Mann durch die Liebe und löst damit die männliche Metapher vom Licht der Vernunft ab. Die Liebenden sind also keine Personen, sondern Figurationen eines Geschlechterverhältnisses, das – eher konventionell – als Polarität (Natur/Geist, Poesie/Philosophie, Leben/Kunst) sowie – hierin ganz unkonventionell – als Ebenbürtigkeit (bis hin zum Rollentausch) gezeigt wird. Eine unmittelbare Übersetzung dieses »romantischen Erzählexperiments« (G. Schulz) in Lehren zur Lebenskunst verbietet sich aber, auch wenn (auto-)biographische Details und das gesellig-ungebundene Leben des frühromantischen Jenaer Kreises um Sch. und seine Geliebte D. Veit(-Schlegel) verarbeitet wurden.

Rezeption: Der Roman stieß weitgehend auf Ablehnung und moralische Entrüstung, nur Fr. Schleiermacher verteidigte ihn in *Vertraute Briefe über Friedrich Schlegels Lucinde* (1800, 1835 neu herausgegeben von K. Gutzkow). Eine Parodie auf Sch.s Kunst- und Liebesideal lieferte A. v. Kotzebue mit dem Stück *Der hyperboreeische Esel* (1799). Die moderne feministische Beurteilung ist gespalten.

Weitere Werke: *Alarcos* (Trauerspiel, 1802), *Geschichte der alten und neuen Litteratur* (Literaturgeschichte, 1815).

1800
Novalis

Biogr.: → 1798; 1802

Hymnen an die Nacht

Gedichtzyklus. ED: *Athenaeum* (1800), BA: 1802; daneben existiert eine abweichende handschriftliche Fassung (entst. ab 1797).

Die 6 in rhythmischer Prosa verfassten, z.T. in Verse übergehenden ›Hymnen‹ folgen dem Kunstprinzip, das N. in seinen → *Fragmenten* (1798; 1802) skizziert und als Wechsel von ›Romantisierung‹ und ›Logarithmisierung‹ beschrieben hat. Es geht darin um die poetische Darstellung eines Zeitbewusstseins, das sich von vordergründiger Aktualität (der Tod der Geliebten) zur Ewigkeit aufschwingen und Religion (im Glauben an die Wiederkehr Christi) werden will. In einem dialektischen Metaphernspiel löst N. ›Licht‹ und ›Nacht‹, ›Leben‹ und ›Tod‹ in neuartige Analogien und Gegensätze auf, indem jede Chiffre in einem höheren Sinne auch für ihr Gegenteil stehen kann: Nacht ist Licht, Tod ist Leben, Trennung ist Wiedervereinigung usw. Dem Preis des Lichts (1. Hymne) folgt die Würdigung der Nacht (2. Hymne), die 3. Hymne vereint die persönliche Verzweiflung beim Tod der Geliebten mit der Gewissheit ihrer Wiedergeburt. Die 4. und die lange 5. Hymne verallgemeinern diese Erfahrung durch den Ausblick auf Christi Tod und Auferstehung sowie auf den Gang der Menschheitsgeschichte vom antiken Griechenland über das christliche Mittelalter bis zur nahen Zukunft, die ebenso mit der Wiederauferstehung einer Tag und Nacht ver-

söhnenden Welt enden wird. Die 6. Hymne (»Sehnsucht nach dem Tod«) kehrt in die noch unerlöste Gegenwart zurück und ruft dazu auf, den Weg nach innen zu beschreiten.
Mit den gleichzeitig verfassten *Geistlichen Liedern* (ED: 1802) ging N. sogar dazu über, den Grundstock für ein neues christliches Gesangbuch zu legen – und tatsächlich gelangten einige seiner Lieder wenig später in protestantische Kirchengesangbücher (z. B. »Wenn ich ihn nur habe«, »Wenn alle untreu werden«).

Rezeption: N.' poetische Religion der Hymnen hat mit dem klerikalen Christentum nur die Begriffe gemein, was aber kein Grund war, sie nicht für Zwecke einer christlichen Restauration zu verwenden.

Weiteres Werk: → *Heinrich von Ofterdingen* (Romanfragment, 1802).

1800
Friedrich Schiller Biogr.: → 1781, 1798–99

Maria Stuart

UT: *Ein Trauerspiel in fünf Aufzügen*

Drama (Jamben). Erste Pläne 1783, entst. ab 1799. UA: 14.6.1800 in Weimar; ED: 1801.

Maria Stuart, katholische Königin von Schottland, hofft nach Vertreibung aus ihrem Land auf Exil in England. Die englische Königin Elisabeth setzt sie jedoch gefangen, da sie Ansprüche Marias auf ihren Thron befürchtet. Wegen angeblicher Anstiftung zu ihrer eigenen Ermordung lässt Elisabeth Maria zum Tode verurteilen, zögert aber die Hinrichtung hinaus. Nach einem Treffen mit Maria, bei dem eine jede die andere zutiefst demütigt, und einem gescheiterten Rettungsversuch wird das Todesurteil vollstreckt. Elisabeth – von allen Freunden verlassen – braucht nun »nichts mehr zu fürchten« und »nichts mehr zu achten.«
Durch die Einbeziehung der Vorgeschichte in die Handlung (nur wenige Tage) konzentriert sich der Konflikt (Staatsräson versus Legitimität) des symmetrisch aufgebauten Stückes auf die Begegnung der beiden äußerlich und im Wesen so unterschiedlichen Königinnen: Maria akzeptiert im Wissen um die Unausweichlichkeit des Todes die Unrechtmäßigkeit des Urteils. Sie bekennt sich zu ihrer früheren Schuld, überwindet alle Rachegefühle, verzeiht Elisabeth und wächst damit über sich hinaus. So gesellt sich zur äußeren Schönheit die ›schöne Seele‹, wie Sch. sie in den → *Ästhetischen Schriften* (1792–96 und 1795–96) dargestellt hatte. Elisabeth jedoch lebt in einer Welt der Macht, in der sie stets um deren Erhalt kämpfen muss und von Liebe und Vertrauen ausgeschlossen ist. Sie ist der Typus des modernen Menschen, der »anstatt die Menschheit in seiner Natur auszuprägen [...]

bloß zu einem Abdruck seines Geschäfts« (Sch.) wird: Wenn die Tragik Marias darin liegt, dass sie erst unmittelbar vor dem Tod den Zustand der Würde erreicht, so besteht das Schicksal Elisabeths darin, in einer Welt der Verstellung und der Heuchelei weiterleben zu müssen. Der Dramenschluss ist damit »ein moralisches Todesurteil über die Siegreiche« (K. S. Guthke).

Rezeption: Wegen der Beicht- u. Kommunionsszene zunächst nur verhaltene Aufnahme, dann aber neben → *Wilhelm Tell* (1804) bis heute Sch.s meistgespieltes Stück. ♫ D. M. G. Donizetti: *Buondelmonte (Maria Stuarda)* (Oper, 1834). 🎬 R: A. Stöger (1956), R: H. Lietzau (1963, TV), R: H. Schirk (1986, TV).
Weiteres Werk: → *Die Jungfrau von Orleans* (Tragödie, 1801).

1800–1801
Christoph Martin Wieland

Biogr.: → 1764

Aristipp und einige seiner Zeitgenossen

Briefroman (Fragment) in 4 Büchern (von 5 geplanten), entst. ab 1798.
W. nannte den *Aristipp* »die schönste Blüte meines Alters [...] er ist mein Liebling.« Es ist der letzte Roman des fast 70-jährigen, der seine immensen Kenntnisse der Antike in die Figur des Philosophen Aristipp (435 bis etwa 366 v. Chr.) und die Darstellung seiner Zeit einfließen ließ; sowohl der Philosoph wie auch seine Freundin, die schöne, sehr kluge, emanzipierte Hetäre Lais, sind historischen Persönlichkeiten nachgebildet. W. wählte die Form des Briefromans, weil sie es ihm ermöglichte, Themen der Politik (z. B. Regierungsformen), der Philosophie (z. B. kritische Erörterung der *Politeia* von Platon), aber auch die Erörterung von richtiger Lebensführung zu integrieren sowie die Liebe von verschiedenen Persönlichkeiten aus unterschiedlichen Perspektiven darzustellen. Der Briefwechsel, der mit seinen 144 Briefen einen Zeitraum von über 30 Jahren umfasst, erlaubt zudem ausführliche Einblicke in die (Kultur-)Geschichte der Zeit und das Denken Aristipps. Dieser ist für W. ein Vorbild, weil er sich nicht von Leidenschaften beherrschen lässt und stets vernunftgemäß handelt, so dass es ihm gelingt, frei und glücklich zu sein und dem Leben, wo immer dies vor dem Horizont bedrohlicher politischer Konflikte möglich ist, Genuss abzugewinnen.

Rezeption: Der Roman fand nur geringe Resonanz bei den Zeitgenossen. Es ist das Verdienst von A. Schmidt und J. Ph. Reemtsma, seine Bedeutung wiederentdeckt und gewürdigt zu haben.

1800–1803
Jean Paul

Biogr.: → 1793

Titan

Roman, 4 Bde. Entst. ab 1797, nach Anfängen ab 1792; ED: 1800–03. Der dazugehörige *Komische Anhang zum Titan* (1800–01) enthält u. a. die Erzählung *Des Luftschiffers Giannozzo Seebuch* sowie die *Clavis Fichtiana*, eine Kritik der Philosophie J. G. Fichtes.

Mit dem *Titan* wandte sich J. P. von der kleinbürgerlichen Idylle wieder der höfischen Welt (wenn auch nur der eines deutschen Kleinstaates) und den großen Fragen des Zeitalters zu, wobei er den Handlungsraum bis nach Italien ausweitete. Im Mittelpunkt steht die Entwicklung des Fürstensohnes Albano, der aufgrund dynastischer Verwicklungen, ohne von seiner Herkunft zu wissen, fern vom Hof bürgerlich erzogen wurde. Er ist ein Titan (Betonung auf der 1. Silbe ›Sonnengott‹), der durch Erziehung und Erfahrungen zu einer harmonischen Persönlichkeit reift und am Ende seine früh gehegten republikanisch-revolutionären Ideen als Fürst reformerisch von oben umsetzen wird. Ihm gegenüber gestellt sind die Titanen (Betonung auf der 2. Silbe ›Himmelsstürmer‹), d. h. Menschen, die als »Kind und Opfer des Jahrhunderts« (J. P.) einseitig bleiben und scheitern müssen. Unter ihnen ragt Roquairol (erst Freund, dann Feind Albanos) hervor, der – ein dekadenter und zerrissener Ästhet – zu ursprünglichem Erleben nicht mehr fähig ist und Gefühle nur noch berechnend für seine Zwecke einsetzt. Daneben tritt Schoppe auf, ein Erzieher und intellektuelles Genie, für den nur das Ich gilt und der die Wirklichkeit an einer absolut gesetzten Idealität misst. Er endet im Wahnsinn. Liane und Linda, von Albano geliebte Frauen, sind Titaniden, die in ihrer extremen Empfindsamkeit bzw. ihrem Anspruch auf Unabhängigkeit ebenfalls keine Grenze akzeptieren. Alle diese Kraftnaturen sind in ihrem Absolutheitsanspruch nicht ohne Sympathie gezeichnet – und verfallen mit ihrem Nicht-Leben-Können letztlich doch der Kritik. Ihr bedingungsloser Anspruch auf Individualität verweist dabei auf einen modernen Menschentyp, den J. P. im *Komischen Anhang* in der Gestalt des Luftschiffers zuspitzt: Giannozzo erhebt sich satirisch über die kleinstaatlichen und kleinbürgerlichen Verhältnisse in Deutschland, stürzt aber mit seinem Ballon ab. Der Roman endet mit einer diese Widersprüche verklärenden ›großen Umarmung‹ der Liebenden Albano und Idoine (Liane).

Rezeption: Der Roman, für J. P. sein »Kardinal- und Kapitalroman«, hatte nur begrenzten Erfolg. Die wissenschaftlichen Interpretationen differieren beträchtlich: Erziehungs- oder Staatsroman, kritische Annäherung an das Kunstkonzept der → *Weimarer Klassik und Klassisches Weimar* oder politisch argumentierende »Kontraposition« (W. Harich), Roman des Títan oder Anti-Titán?

Weitere Werke: *Vorschule der Aesthetik* (Abhandlung, 1804), → *Flegeljahre* (Roman, 1804–05).

1800–1806
Georg Christoph Lichtenberg

* 1.7.1742 in Ober-Ramstadt bei Darmstadt. 1763–67 Studium (Physik und Mathematik) in Göttingen; 1767–70 Hofmeister in Göttingen. 1770 und 1774/75 Aufenthalt in England. Ab 1770 Professor (Philosophie, Mathematik, Astronomie, Experimentalphysik) in Göttingen, daneben Tätigkeit als Hg. und Mitarbeiter von Zeitschriften; ab 1789 zunehmend krank (Kyphoskoliose). † 24.2.1799 in Göttingen. Gedenkstätten: Göttingen (D, G), Ober-Ramstadt (M).

Sudelbücher

Entst. zwischen 1765 und 1799, postum in Auswahl ediert u.d.T. *Bemerkungen vermischten Inhalts* in Bd. 1 und 2 der *Vermischten Schriften* (1800–06); vermehrte Auswahl: 1902–08 (u.d.T. *Aphorismen*), vollst. Edition: 1968–71 (u.d.T. *Sudelbücher*).

L. hat zeit seines Lebens sehr viel geschrieben, doch trotz sorgfältiger Bewahrung haben sich von seiner Korrespondenz nur 1/4 (ca. 1600 Briefe), von seinen *Sudelbücher*-Kladden nur 3/5 (ca. 5550 Einträge) erhalten, und von seinen anderen Aufzeichnungen ist nur der kleinere Teil bis 1799 im Druck erschienen. Gleichwohl hat er sein Leben nicht ›verschrieben‹ (etwa: weil er als kränklicher Buckliger sonst nichts hatte), vielmehr machte er durch das Schreiben sein Denken derart produktiv, dass eine »ganze Milchstraße von Einfällen« (L.) das Ergebnis war. Bei diesen Notaten handelt es sich um eine Mischung verschiedener Kurztexte (Aphorismen, Assoziationen, Wortspiele, Beobachtungen und Notizen), von L. nach dem ›Waste Book‹ der Kaufleute u. a. als ›Sudelbuch‹ bezeichnet, dessen Prinzip der unsystematischen Aufzeichnung von Geschäftsvorgängen ihm für seine täglichen Einfälle genau passend erschien. Die Notate (oft fragmentarisch, manchmal Sätze oder kurze Texte) sind die Folge einer genauen (Selbst-)Beobachtung, aber auch das Ergebnis unvoreingenommener Erkenntnissuche auf den Gebieten der Naturwissenschaft, der Philosophie, Psychologie, Politik und des Alltags. Die zumeist pointierten, durch eine ungewohnte Sichtweise überraschenden Formulierungen (»Wir fressen einander nicht, wir schlachten uns bloß«, »Dann gnade Gott denen von Gottes Gnaden«) streben weniger die geschliffene Endgültigkeit des → *Aphorismus' im 19. Jh.* an, sondern haben etwas Experimentelles, »das den Leser gleichsam spielend zur Selbstaufklärung ermuntert« (G. Sautermeister).

L. war, sowohl in seiner »Zweieinigkeit des Naturwissenschaftlers und Schriftstellers« (A. Schöne) als auch in seinem Interesse an praktischer Vernunft, ein Repräsentant der → *Aufklärung* (»Zweifle an allem wenigstens einmal, und wäre es auch der Satz: zweimal 2 ist 4«). Seine Unabhängigkeit im Denken und seine Vorurteilslosigkeit verbinden ihn mit Lessing, seine Aufgeschlossenheit gegenüber dem Bereich des Unbewussten (z. B. Traum, Sexualität) verweisen auf das 20. Jh. (z. B. E. Canetti).

Rezeption: Die *Ausführliche Erklärung der Hogarthischen Kupferstiche* (Essays, 1794–99) begründete L.s Ruf im 19. Jh., ehe die Aphorismen der *Sudelbücher* (ab 1902) als das Hauptwerk erkannt und zum Vorbild dt. Aphoristik (→ *Aphorismus im 19. Jh.*) wurden.
Weiteres Werk: *Briefe aus England* (Reisebericht, 1776/78).

1801
Clemens Brentano

* 9 9.1778 in Ehrenbreitstein (Koblenz). Nach kurzer kaufmännischer Tätigkeit Studium (Bergwissenschaft, Jura u. a.) in Halle, ab 1798 in Jena, ab 1801 in Göttingen, ohne Abschluss. 1804–09 freier Schriftsteller in Heidelberg, von 1809–18 überwiegend in Berlin, von 1819–24 bei der Nonne A. K. Emmerich in Dülmen; danach wechselnde Wohnorte (Bonn, Frankfurt/Main u. a.), ab 1833 in München. † 28.7.1842 in Aschaffenburg. Gedenkstätten: Aschaffenburg (G), Jena (M).

Godwi

OT/UT: *Godwi oder Das steinerne Bild der Mutter. Ein verwilderter Roman von Maria*
Roman in 2 Teilen. Entst. 1798–99, pseudonym erschienen.

Der 1. Teil des Romans besteht aus 28 Briefen (mehrere Verfasser, darunter auch die Titelfigur Karl Godwi), vorläufig zusammengestellt und redigiert von dem Dichter Maria. Darin geht es um verwickelte Beziehungs- und Liebesgeschichten zwischen dem Kaufmannssohn Godwi und einer Reihe unterschiedlicher Frauen (Geliebte, Schwester, Mutter, Heilige, Hure). Im 2. Teil berichtet zunächst der Ich-Erzähler Maria, wie er mithilfe Godwis dessen weitere Lebensgeschichte aufschreibt, wobei sowohl kritische Korrekturen am 1. Teil angebracht werden als auch aufgeklärt wird, wer mit wem auf welche Weise verwandt ist. Da Maria vor Fertigstellung seines Berichts stirbt, muss der Romanheld Godwi (ab Kapitel 34) selbst den Roman beenden, den dann Freunde des Dichters Maria herausgeben. Man kann demnach von einem Roman im Roman sprechen: dem Roman über Godwi im Roman über Maria – eine Figurenspaltung, in der sich die gespaltene Identität des jungen B. (Kaufmannssohn und Poet) spiegelt.
In Jena nannte man B. den ›Tieck des Tieck‹. Zugleich handelt es sich bei *Godwi* um einen romantischen Roman im Sinne Fr. Schlegels (→ *Fragmente*, 1798; 1800), der über Poesie und Liebe reflektiert und in eingestreuten Erzählungen und Liedern poetisiert. Unter den Liedern befinden sich einige der bekanntesten Gedichte B.s (*Zu Bacharach am Rheine/Die Lore Lay*, *Ein Fischer saß im Kahne*; beide 1802). Der Untertitel spielt auf eine Szene im 1. Teil an, als sich das Marmorbild der ersehnten Mutter im Wasser spiegelt und lebendig zu werden scheint.

Rezeption: Der Roman fand keine Zustimmung; erst das literarhistorische Interesse im 20. Jh. an der (frühen) Romantik erzeugte neue Aufmerksamkeit.
Weiteres Werk: → *Ponce de Leon* (Lustspiel, 1803).

1801
Dorothea Schlegel

* 24.10.1764 in Berlin als Brendel Mendelssohn, Tochter von M. Mendelssohn, dem Freund Lessings. 1783 Heirat, ab 1799 (mit dem neuen Vornamen Dorothea) in Jena mit Fr. Schlegel befreundet (Heirat 1804) und ab da Übersetzerin. 1804 Übertritt zum Protestantismus, 1808 zum Katholizismus; nach Schlegels Tod (1829) ab 1831 in Frankfurt/Main lebend. † 3.8.1839 in Frankfurt (G).

Florentin

UT: *Ein Roman*

Romanfragment, ohne Verfasserangabe herausgegeben von Fr. Schlegel; ein 2. Bd. erschien nicht mehr.

Florentin, ein adliger Müßiggänger und dilettierender Künstler, will im amerikanischen Unabhängigkeitskrieg für sein Freiheitsideal kämpfen, doch kommt er dort – fragmentbedingt – nicht an. Stattdessen lässt er sich auf ein »Reiseleben« ein, das gleichzeitig eine »Lebensreise« ist (1. Kapitel). Während eines Aufenthaltes auf einem gräflichen Landgut erzählt er sein abenteuerreiches Leben (Kindheit in einem italienischen Kloster, Libertin in Venedig, Maler und Ehemann in Rom, Reisen durch Frankreich und England), das trotz Leichtsinn und Irrwegen eine Suche nach dem Rätsel seiner Identität (Herkunft und Ziel) ist; solange er ›Amerika‹ aber nicht in sich selbst findet, gelingt es ihm weder, zu den befreundeten Menschen in tiefere Beziehungen zu treten, noch produktiv an ihren reformerischen Projekten (Freundschaft, Ehe, Ökonomie, Wohlfahrt) teilzunehmen. Am Ende verschwindet er nach einem Duell.

Der offene Schluss war von Sch. gewollt: Ihr Roman sollte – wie sie in einer unterdrückten Vorrede schrieb – weder »moralische Vervollkommnung« wie der Aufklärungsroman, noch »Rührung« wie der empfindsame Roman, noch psychologische »Menschenkunde« und erst recht nicht die »schmeichelnde Täuschung« des Unterhaltungsromans (→ *Unterhaltungsromane um 1800*) bieten, obwohl Elemente von allen vorhanden sind. Engere Verbindungen finden sich zu L. Tiecks → *Franz Sternbalds Wanderungen* (1798), während die häufig anzutreffende Behauptung einer Nähe zu Goethes → *Wilhelm Meisters Lehrjahre* (1795–96) überzogen ist. Von Fr. Schlegels → *Lucinde* (1799) trennt Sch.s Roman der Verzicht auf poetische Selbstreflexion und Emphatisierung romantischer Liebe, gemeinsam ist beiden jedoch die Tendenz, die Erzählung als Andeutung (›Ahnung‹) einer höheren Ordnung hinter der vorgefundenen Realität einzusetzen.

Rezeption: Der Roman wurde bei seinem Erscheinen stark beachtet, zustimmend bei den jungen Romantikern, kritisiert von Schiller und Goethe. Eichendorff lehnte sich mit → *Ahnung und Gegenwart* (1815) an ihn an und ließ sein Werk von Sch. gegenlesen.

1801
Friedrich Schiller Biogr.: → 1781, 1798–99

Die Jungfrau von Orleans

UT: *Eine romantische Tragödie*

Drama (Blankverse). UA: 11.9.1801 in Leipzig. ED: 1801 (in: *Kalender auf das Jahr 1802*); BA: 1802.

Handlungszeit: Beginn des 15. Jh. Im Prolog wird geschildert, wie Johanna durch Maria den göttlichen Auftrag erhält, unter Verzicht auf irdische Liebe das von England besetzte Frankreich zu befreien. Unter ihrer Führung werden die Engländer geschlagen und Karl VII. wird in Reims zum König gekrönt. Johanna verletzt aber ihren Auftrag, als sie den englischen Heerführer Lionel zwar besiegt, ihn aus Liebe jedoch nicht zu töten vermag. Von ihrem Vater als Zauberin angeklagt, wird sie verbannt, gerät in englische Gefangenschaft, aus der sie sich, als eine französische Niederlage droht, befreien kann, indem sie durch ein Gebet die Kraft erhält, ihre Fesseln zu lösen. Sie erringt den Sieg, wird jedoch tödlich verwundet und erblickt, sterbend auf der Fahne Frankreichs, die für sie geöffneten ›goldenen Tore‹ des Himmels.

»Dieses Stück floß aus dem Herzen, und zu dem Herzen sollte es auch sprechen« (Sch.). Sch. ging es dabei nicht um geschichtliche Wahrheit, er poetisierte vielmehr das Historische und die Protagonistin durch Hinzufügung ›romantischer‹, d. h. in diesem Fall legendenhafter, religiöser Elemente, die das reale Leben verklären, um bühnengemäß die utopische Verkörperung der humanen Autonomie (im Sinne von Sch.s → *Ästhetische Schriften II*, 1795–96) zu ermöglichen, die das Drama zugleich als »Tragödie eines Sendungsbewußtseins« (K. S. Guthke) erscheinen lässt.

Rezeption: Ab der UA sehr erfolgreiches und in der Schule viel gelesenes Stück, das in der Gegenwart jedoch seltener aufgeführt wird.

Weitere Bearbeitungen des Stoffes: Voltaire (1755), G. B. Shaw (1923), B. Brecht (1932/52) und J. Anouilh (1953). ♬ G. Verdi: *Giovanna d'Arco* (Oper, 1845), P. Tschaikowsky: *Orleanskaj Djeva* (Oper, 1881). 🎬 R: W.-D. Panse (1976).

Weiteres Drama: → *Die Braut von Messina* (1803).

Literarische Geselligkeit und Salons

GESCHICHTE: Die tradierte Darbietungsform des lauten (Vor-)Lesens verband Literatur schon immer mit Geselligkeit (Antike, Renaissance). Der Vortrag von Literatur und das Gespräch über sie dienten dabei nicht nur der Unterhaltung, sondern ganz wesentlich auch der höfisch-sittlichen Verhaltensbildung. Ab der 2. Hälfte des 16. Jh. entstand – beginnend in Frankreich – dann eine besondere Form literarischer Zusammenkünfte in

Gestalt regelmäßiger Empfänge, die zu einem Forum nationaler Geisteskultur wurden und als deren Gastgeberinnen adlige Hofdamen bzw. gebildete Frauen auftraten (z. B. Marquise de Rambouillet, Mme de Scudéry, Mme de Lambert). In Deutschland kam es erst von etwa 1780 bis 1806 – und dann noch einmal zwischen 1815 und 1830 – zu ähnlichen Geselligkeiten. ORTE: Ein bedeutender Mittelpunkt war hier Berlin: Als Residenzstadt der Großmacht Preußen, als aufstrebendes wirtschaftliches und intellektuelles Zentrum sowie als Zufluchtsort von Hugenotten und Juden bot die Stadt günstige Voraussetzungen. Andere Orte mit salonähnlicher literarischer Geselligkeit waren Weimar (›Musenhof‹ der Herzogin Anna Amalia, Johanna Schopenhauer), Jena (Kreis um Fr. Schlegel, Tieck und Novalis), Heidelberg, Wien (Fanny von Arnstein, Cäcilie von Eskeles) und Tübingen.

Der NAME ›SALON‹, ursprünglich die Bezeichnung für einen zweigeschossigen Empfangsraum in Schlössern, bürgerte sich erst zur Mitte des 19. Jh. ein; die Bezeichnungen um 1800 lauteten ›offenes Haus‹, ›gute Stube‹, ›ästhetischer Tee‹ oder ›Kränzchen‹. Charakteristisch für die Salongeselligkeit waren die folgenden MERKMALE, mit denen sie sich zugleich von anderen Geselligkeitsformen der Zeit (Klubs, Vereine, Gesellschaften) unterschied: Gemischtgeschlechtlichkeit (bis hin zur Dominanz von Frauen), SOZIALE HETEROGENITÄT (Stand, Beruf, Alter) und Halböffentlichkeit (Räsonnement über literarisch-moralische Fragen von öffentlichem Belang in privaten Räumen mit geregeltem Zugang). Zu den ständigen Mitgliedern gehörte, wer Rang und Namen in der betreffenden Stadt besaß.

Die bedeutendsten SALONS IN BERLIN UM 1800 waren die von Henriette Herz, Rahel Levin-Varnhagen, Sophie Sander, Amalie Beer, Sara Grotthuis, Sara Levy, Luise Fürstin Radziwill. Nur wenige dieser Salons überlebten die Krise des preußischen Staates ab 1806; der fortan sich verstärkende Nationalismus (→ *Patriotismus und Nationalismus in der Literatur*) war dem bis dahin die Salonkultur prägenden Einfluss von Frauen und Juden sehr abträglich. 1811 entstand mit der *Christlich-Deutschen Tischgesellschaft* (Teilnehmer: A. v. Arnim, Cl. Brentano, H. v. Kleist, J. G. Fichte u. a.) ein Salon, der diese beiden Gruppen sogar ausdrücklich ausschloss.

1802
Novalis

Biogr.: → 1798; 1802

Heinrich von Ofterdingen

Romanfragment in 2 Teilen. Entst. ab 1799; Teil 1 (*Die Erwartung*) ist vollst., Teil 2 (*Die Erfüllung*) nur als Anfang vorhanden. ED: 1802.

N.' Roman ist kein → *Bildungsroman* wie sein ursprüngliches Vorbild, Goethes → *Wilhelm Meisters Lehrjahre* (1795–96), sondern der romantische Gegen-»Entwurf einer universalen Erlösungsutopie« (H. Uerlings), exemplarisch dargestellt am inneren Werdegang eines jungen Mannes, der »von Natur zum Dichter geboren« ist. Er ist aber auch kein Künstlerroman, weil das Dichtertum – ganz im Sinne der von N. in seinen → *Fragmenten* (1798; 1802) entwickelten Poetologie – hier lediglich Chiffre für eine höhere Bildung des menschlichen Bewusstseins ist, in der die Entfremdung von Ich und Natur überwunden wird: Der Titelheld begibt sich auf eine Reise von Eisenach nach Augsburg, auf der ihm durch die Begegnung mit besonderen Menschen (reisende Kaufleute, Kreuzritter, Mädchen aus dem Morgenland, Bergmann, Einsiedler, Großvater, der Dichter Klingsor und seine Tochter Mathilde) seine Berufung zum Minnesänger bewusst wird. Diese äußere Realität, zu der auch das verklärte mittelalterliche Zeitkolorit um 1200 gehört, wird jedoch zunehmend zur Allegorie einer inneren Wirklichkeit, so dass sich die dargestellte Welt zu den verschiedenen Dimensionen einer poetischen Welt erweitert: Fernhandel, Kreuzfahrt, Morgenland, Erdinneres, Bibliothek, Meistertum, Liebe. Alles steht miteinander in Verbindung, was durch die eingestreuten Träume, Lieder, Märchen, Sagen und Erzählungen noch verstärkt wird und sich schließlich in Klingsohrs auf das Goldene Zeitalter vorausdeutendem *Märchen* potenziert. Heinrich erfährt die erlösende Kraft des Poetischen immer intensiver. Sie ist in der Gestalt bzw. Metapher der ›blauen Blume‹ verdichtet, in deren Kelch er zu Beginn des Romans jenes »zarte Gesicht« erblickt, das er alsbald sehnsüchtig zu suchen beginnt und in der geliebten Mathilde – Verkörperung der Poesie – am Ende wiedererkennt. So schließt sich die Reise zu einem Kreis, der Ausgangspunkt wird zum Ziel, so dass Heinrich auf seine Frage »Wo gehn wir denn hin?« von Mathilde die Antwort erhält: »Immer nach Hause.« Das Romanfragment scheint in sich vollendet, auch wenn Pläne einer umfangreichen Fortsetzung von N. überliefert sind.

Rezeption: Der Roman fand wenig Beachtung; die ›blaue Blume‹ aber wurde zum Symbol für die → *Romantik* an sich. 🎬 *Novalis – Die blaue Blume* (R: H. Kipping, 1995).

Weiteres Werk: *Die Lehrlinge zu Sais* (Romanfragment, 1802).

1802
August von Kotzebue

* 3 5.1761 in Weimar. 1777–81 Jurastudium in Düsseldorf; ab1781 Sekretär in Petersburg, 1785–95 geadelt und Präsident der Provinz Estland. 1798–99 Bühnendichter in Wien, ab 1802 Theaterdirektor in Petersburg und in verschiedenen diplomatischen Ämtern, mit Aufenthalten in Deutschland (Weimar, Berlin, Königsberg u.a.). † 23.3.1819 in Mannheim (ermordet von dem Studenten K. L. Sand; G).

Die deutschen Kleinstädter

Lustspiel in 4 Aufzügen. UA: 22.3.1802 in Wien; ED: 1803.

K.s Schauspiele überboten in Menge, Anzahl der Aufführungen und Popularität die Dramen von Goethe und Schiller um ein Vielfaches: Zwischen 1795 und 1825 bestand ein Viertel des deutschen Bühnenrepertoires aus seinen Stücken; im Weimarer Theater stammten von den 601 unter Goethes Leitung gespielten Dramen allein 87 von K. Er, den Goethe als »eine gewisse Nullität«, aber auch als »ein höchst bedeutendes Meteor« charakterisierte, traf mit bühnenwandlerischer Sicherheit jene unterhaltsamerbauliche Zone oberhalb des tragischen Tiefgangs, in der das Publikum seine kleinen alltäglichen Schwächen und Lüste ohne weitere Folgen belächeln und beweinen konnte.

Mit dem Rührstück *Menschenhaß und Reue* (1789), einem in gefühlsseliger Versöhnung endenden Ehebruchsdrama, hatte K. seinen europaweiten Bühnenruhm begründet. In *Die deutschen Kleinstädter* genügt ein Tag in Krähwinkel, dem kleinstädtischen Ort der Handlung, um eine von den Eltern zunächst nicht gewollte Verlobung der Bürgermeistertochter mit einem aus der Residenzstadt kommenden Weltmann dennoch zuwege zu bringen. Dabei werden Titelsucht, Unterwürfigkeit, Heuchelei und Tratsch – nicht ohne Bosheit gegenüber der Kleinstadt Weimar, in der K. damals für kurze Zeit wohnte – gebührend vorgeführt. Die gekonnte Komik der Situation dominiert über die Logik der Handlung, die »lachende Duldung« (Fr. Nietzsche) über die Betroffenheit, die glückliche Lösung über das Problem. Was man dem italienischen Komponisten A. Vivaldi nachsagte, trifft für K. ebenso zu: Er schrieb eigentlich nur ein Stück, das allerdings immer wieder.

Rezeption: Das Stück ist von allen Schauspielen K.s das wohl eingängigste. J. N. Nestroy griff mit seiner Komödie → *Freiheit in Krähwinkel* (1848) auf Namen und Physiognomie des Handlungsortes zurück, H. Heine mit seinem Gedicht *Aus Krähwinkels Schreckenstagen* (1854). ♫ K. Stierlin (Oper, 1927).

Weitere Werke: *Der weibliche Jacobiner-Clubb* (Posse, 1791), *Der hyperboreeische Esel* (Literaturkomödie, 1799), *Die beiden Klingsberg* (Lustspiel, 1799, verfilmt 1964) und über 200 weitere Stücke.

1803

Clemens Brentano Biogr.: → 1801

Ponce de Leon

UT: *Ein Lustspiel*

Komödie. Entst. 1801; ED: 1803 (vordatiert auf 1804). UA in einer bearbeiteten Fassung u.d.T. *Valeria oder Vaterlist*: 18.2.1814 in Wien.

Um die Liebe seiner beiden Töchter zu ihren Liebhabern auf die Probe zu stellen, arrangiert Don Sarmiento ein Verwechslungsspiel mit insgesamt vier Liebespaaren, die trotz Verkleidung und Maskierung und auch gegen anfängliche Wünsche am Ende alle Missverständnisse überwinden und glücklich zueinander finden. Im Mittelpunkt steht Ponce de Leon, ein melancholischer Held mit romantischen Gefühlen, der sich lieber an das Ideal einer vollkommenen Frau hält als an wirkliche weibliche Wesen. Seine Frustration drückt sich in einer wortspielreichen, witzig-ironischen Sprache aus, die gleichsam eine Maske seines eigenen Fühlens ist. In dieser Verfassung ist er »einer der frühesten Helden des europäischen Ennui« (G. Schulz), dessen Spur weiter zu G. Büchner und H. von Hofmannsthal führt. Aber: Ponce belehrt sich im Laufe des Stückes eines Besseren, indem er zum real Liebenden wird, der in Isidora auch eine reale Geliebte findet. Dieser inneren Entwicklung entspricht der sprachliche Ausdruck, der nun auf das Spiel mit Worten verzichtet und ernst wird.

B. schrieb ein eigenwilliges Lustspiel, angesiedelt im Niemandsland zwischen aufklärerischem Verlachtheater, romantischer Literatur- und volkstümlicher Typenkomödie.

Weitere Werke: → *Des Knaben Wunderhorn* (Anthologie, zusammen mit A. v. Arnim, 1805/08), *Die Gründung Prags* (Drama, 1815), → *Geschichte vom braven Kasperl und dem schönen Annerl* (Erzählung, 1817).

1803
Johann Wolfgang von Goethe

Biogr.: → 1773, 1787, 1811–33

Die natürliche Tochter

UT: *Trauerspiel von Goethe*

Drama. Entst. ab 1799, ursprünglich geplant als 1. Teil einer Trilogie. UA: 2.4.1803 in Weimar. ED: *Taschenbuch auf das Jahr 1804* (1803), BA: 1808.

Eugenie, die ›natürliche‹ (uneheliche) und geliebte Tochter eines Herzogs, soll auf dessen Wunsch vom König als eheliche Tochter legitimiert werden. Der Sohn des Herzogs, zugleich Anführer einer Adelsverschwörung gegen den König, fürchtet deshalb um sein Erbe und lässt sie entführen, dem Vater ihren Tod vorspiegelnd. Vergeblich sucht Eugenie daraufhin Beistand bei Repräsentanten von Kirche, Politik und Justiz: Sie bleibt das Opfer einer politisch niedergehenden, selbstsüchtigen Adelswelt. Um überleben zu können, muss sie schließlich in eine Ehe mit einem bürgerlichen Gerichtsrat einwilligen und dem ersehnten Glanz höfischen Lebens entsagen. Sie tut es in der Gewissheit, sich als »reinen Talisman« (Vers 2853) zu bewahren und dereinst in eine bessere Gesellschaft zurückgerufen zu werden. Das – immer auch allegorisch zu verstehende – Geschehen spielt, in stark stilisierter Form und Sprache, in der Zeit des Ancien Régimes und vor dem Hintergrund der heraufziehenden Französischen Revolution, ohne dass diese selbst und ihre Träger bereits in Erscheinung treten.

Das Stück sollte – nach eigener Aussage »mit geziemendem Ernste« – G.s abschließendes Wort zum historischen Ereignis der Revolution werden (→ *Reineke Fuchs*, 1794), blieb aber als Werk ebenso unfertig wie in seiner Deutung umstritten, die die folgenden Fragen offen lässt: War der moralische Verfall der Herrschenden die Ursache für die Revolution? Ist entsagender Seelenadel die Antwort? Löst die »heilsgeschichtliche Deutung der Zeit« (G. Ueding) durch das allegorische Drama den Konflikt von Politik und Kunst? In dieser Zwiespältigkeit ist das Stück auch Ausdruck einer Schaffenskrise G.s um 1800.

Rezeption: Das Drama wurde schon von den Zeitgenossen zwiespältig aufgenommen und im 19. und 20. Jh. nur selten aufgeführt.
Weiteres Drama: → *Faust I* (1808).

1803
Friedrich Schiller Biogr.: → 1781, 1798–99

Die Braut von Messina

OT/UT: *Die Braut von Messina oder die feindlichen Brüder. Ein Trauerspiel mit Chören*
Drama. UA: 19.3.1803 in Weimar. ED: 1803 (mit der Vorrede *Ueber den Gebrauch des Chors in der Tragödie*).

Die Handlung des Stückes ist frei erfunden: Im mittelalterlichen Messina gelingt es der Fürstin Isabella, den langen, blutigen Streit ihrer Söhne Manuel und Cesar beizulegen. Deswegen sollen die beiden Brüder nun ihre Schwester Beatrice kennenlernen, von deren Existenz sie bis dahin nichts wussten; der verstorbene Fürst hatte nach der Geburt ihre Tötung angeordnet, weil sie – so ein Orakel – den Untergang des Fürstengeschlechts verursachen würde. Versteckt in einem Kloster hat sie jedoch überlebt. Beide Brüder verlieben sich in Beatrice und wollen sie heiraten, unabhängig voneinander und ohne Wissen über ihre Herkunft. Im Streit um sie ersticht Cesar schließlich den Bruder und nimmt sich, als er erfährt, dass Beatrice seine Schwester ist, das Leben. Die Funktion des antiken Chors (eigentlich sind es zwei, denn die Gefolgsleute der Brüder bilden jeweils einen Chor) besteht – so Sch. in der Vorrede – einmal darin, das auszusprechen, was sinnlich nicht darstellbar ist, d. h. »Reflexion von der Handlung« zu trennen und sie in Form der chorischen Aussage mit »poetischer Kraft« auszustatten. Zum anderen soll er die durch die Dramatik des Geschehens ausgelöste Leidenschaft beruhigen und dem Zuschauer die »Freiheit […], die im Sturm der Affekte verlorengehen würde«, zurückgeben.

Schicksals- oder Charaktertragödie oder gar misslungenes Drama, da weder das eine noch das andere? Sch. zeigt eine Welt ohne Götter und ohne Handlungsalternativen: Und doch soll Cesars Selbstmord ein Akt idealer

Freiheit sein, obwohl er keineswegs »den unbeherrschbaren Charakter des historischen Prozesses, dessen reißenden Kräften das Individuum hilflos unterworfen ist« (P.-Alt), überwindet.

Rezeption: Das Stück hatte zunächst großen Erfolg, führte aber weder zur Neubelebung der griechischen Tragödie noch zur Aufnahme ins Bühnenrepertoire. 🎬 *Chamsin* (R: V. Relin, 1970).

Weiteres Drama: → *Wilhelm Tell* (1804).

1803
Heinrich von Kleist

* 18.10.1777 in Frankfurt/Oder. 1792 Kadett in Potsdam; 1793–95 Teilnahme am Feldzug gegen Frankreich. 1799 Abschied vom Militär, 1800 Abbruch des Studiums (u. a. Mathematik, Physik) in Frankfurt/Oder; ab 1800 Reisen (Deutschland, Schweiz, Frankreich). 1804–06 Arbeit in der Kriegs- und Domänenkammer in Königsberg. 1807–09 freier Schriftsteller in Dresden, 1808–09 Hg. der Zeitschrift *Phöbus*, ab 1810 der Zeitschrift *Berliner Abendblätter* in Berlin. † 21.11.1811 in Berlin (Selbstmord). Gedenkstätten: Berlin-Wannsee (D, G), Dresden (M), Frankfurt/Oder (D, M).

Die Familie Schroffenstein

UT: *Ein Trauerspiel in fünf Aufzügen*

ED: 1803 (anonym). UA: 9.1.1804 in Graz.

Zwischen den wegen eines Erbvertrags verfeindeten Zweigen der Familie Schroffenstein (Haus Warword/Graf Sylvester und Haus Rossitz/Graf Rupert) kommt es nach dem Tod eines Kindes zum Schwur der Blutrache am Haus Warword, weil man dort den Mörder vermutet. Trotz alledem lieben sich Agnes, die Tochter Sylvesters, und Ottokar, der Sohn Ruperts. Sie fliehen, tauschen ihre Kleider und werden von ihren Vätern im Glauben, jeweils den Todfeind zu treffen, irrtümlich getötet. Am Ende zeigt sich, dass das am Anfang verstorbene Kind Opfer eines Unfalls war. Beide Familien versöhnen sich.

K.s erstes Drama steht in Handlungsführung und Abschluss der romantischen Schicksalstragödie nahe: Es herrscht von Beginn an eine Atmosphäre düsterer Unausweichlichkeit, der sich niemand entziehen kann. Thematisch weist das Stück auf die späteren Werke voraus. So sind nach K.s Kant-Verständnis die Erkenntniskräfte des Menschen begrenzt und das Erreichen absoluter Gewissheit ausgeschlossen: Daher sei der sich täuschende Verstand die Ursache allen Unglücks. Doch obwohl Irrtum und Zufall den Handlungsverlauf bestimmen, herrscht – ebenso wie später in Z. Werners Schicksalsdrama → *Der vierundzwanzigste Februar* (1809) – kein Fatalismus: In der aufrichtigen Beziehung zwischen Agnes und Ottokar wird vielmehr die Möglichkeit wahrer, nicht täuschbarer Erkenntnis und damit eine Sicherheit jenseits von Verstand und Sinneserfahrung angedeutet, die in der Unmittelbarkeit des Gefühls, der »Gewißheit des Herzens« (B. v. Wiese), liegt.

Rezeption: Das Stück fand bei den Zeitgenossen wenig Zustimmung; erfolgreich war dagegen eine Aufführung der Urfassung u.d.T. *Die Familie Ghonorez* 1962 in Darmstadt.

Weiteres Werk: → *Amphitryon* (Komödie, 1807).

Autobiographien II (17./18. Jh.)

Das Interesse an der Darstellung des eigenen Lebens (äußerer Verlauf, bedeutende Begegnungen und Erfahrungen, geistiger Werdegang) hatte bereits mit der Renaissance stark zugenommen (→ *Autobiographien I, 15./16. Jh.*): Ab dem 17. Jh. überlagerten sich die religiösen, politischen und in wachsendem Maße psychologischen Motive für die Niederschrift, der Adressatenkreis für die Rechenschaftsablegung und Mitteilung von Selbsterfahrungen erweiterte sich, so dass die Autobiographie gleichsam ›öffentlich‹ wurde, wobei gleichzeitig die Hemmung schwand, auch Privates preiszugeben: Das moderne Subjekt entdeckte sich als Objekt und konstituierte sich im Akt der literarischen Selbsterfahrung als ein geschichtliches ›Ich‹. Dabei formten sich die verschiedenen autobiographischen Darstellungsformen weiter aus: Memoiren hatten nicht mehr nur hochgestellte Verfasser und die ›Denkwürdigkeiten‹ der beruflichen Lebenstätigkeit zum Thema, sondern wurden auch von Menschen bürgerlichen Standes geschrieben und berührten die problematische Verflechtung von Politischem und Privatem. Als Gelehrtenautobiographie verlieh die Autobiographie einem intellektuellen, nicht mehr höfisch geprägten Standes- und Selbstbewusstsein Ausdruck, als abenteuerliche Lebensgeschichte (›Lebensroman‹) entfaltete sie ein Bild des äußeren Lebens, das vom Hausiererschicksal einer Jüdin bis zu den Abenteuern eines adligen Hasardeurs reichen konnte. Die auf Augustinus' *Confessiones* (um 400) und die → *Mystik* zurückgehenden religiösen Autobiographien – »Lebensgeschichten am Leitfaden religiöser Erfahrung« (S. Groppe) – erfuhren durch den → *Pietismus* einen erheblichen Aufschwung, emanzipierten sich jedoch im Verlauf des 18. Jh. zunehmend von der Dominanz der Religion. Eine spezifische Form des autobiographischen Schreibens war im 18. Jh. die Selbstbiographie, die am eigenen Leben weniger das äußere Geschehen, sondern die innere Entwicklung als Prozess der Selbstaufklärung bzw. als »subjektive Entwicklungsgeschichte« (R.-R. Wuthenow) thematisierte und damit die Autobiographie zu einer literarischen Gattung erhob (vgl. auch → *Bildungsroman*). Schließlich gehört das Tagebuch als Kurzform autobiographischer Literatur mit seinen Varianten (Chronik, Reisejournal, Notiz- und Merkbuch) hierher.

BEDEUTENDE AUTOBIOGRAPHIEN innerhalb dieses Formenspektrums waren: S. von Birken: *Prosapia/Biographia* (ab 1660), Anna Maria von Schurmann: *Eukleria oder Erwähnung des besten Theils* (1673/79), A. H. Francke: *Lebenslauf* (1690/91), Glückel von Hameln: → *Memoiren* (1691–1719, ED: 1896), J. Beer: *Sein Leben, von ihm selbst erzählt* (vor 1700, ED: 1965), Ph. J. Spener: [*Lebensgeschichte*] (1707), J. Dietz: *Meister Johann Dietz erzählt sein Leben* (1735, ED: 1915), A. Bernd: *Eigene Lebens-Beschreibung* (1738), Fr. Frh. von der Trenck: *Merkwürdige Lebensgeschichte* (1747–87), J. Chr. Edelmann: *Selbstbiographie* (1749–52), J. G. Hamann: *Gedanken über meinen Lebenslauf* (1758), J. H. Jung-Stilling: → *Heinrich Stillings Leben* (1777–1817), U. Bräker: → *Der Arme Mann im Tockenburg* (1789), K. Fr. Bahrdt: *Geschichte seines Lebens, seiner Meinungen und Schicksale* (1790/91), Chr. Fr. D. Schubart: *Schubart's Leben und Gesinnungen* (1791–93), Fr. Chr. Laukhard: → *Leben und Schicksale* (1792–1802), *Salomon Maimon's Lebensgeschichte*, herausgegeben von K. Ph. Moritz (1792), J. G. Herder: *Journal meiner Reise im Jahr 1769* (ED: 1846). Vgl. auch: → *Autobiographien III (19. Jh.)*.

1803
Johann Gottfried Seume

* 29.1.1763 in Poserna (Sachsen). Bauernsohn, 1780/81 Theologiestudium (abgebrochen) in Leipzig. 1781–87 Soldat (zwangsrekrutiert); 1787–92 Jurastudium in Leipzig, danach Hauslehrer. 1797–1801 Korrektor im Verlag G.J. Göschen, Leipzig; 1801–02 Fußwanderung nach Italien. Ab 1802 Hauslehrer und freier Schriftsteller. † 13.6.1810 in Teplitz (Böhmen). Gedenkstätten: Grimma (M), Lützen (M), Teplitz (D, G).

Spaziergang nach Syrakus im Jahre 1802

Reisebericht. ED: *Neuer Teutscher Merkur* (1802, Teilabdruck); BA: 1803 (3. vermehrte Auflage: 1811).

Vom 6.12.1801 bis Ende August 1802 wanderte S. von Grimma (Sachsen) über Prag, Wien, Venedig und Rom nach Neapel; per Schiff ging es weiter nach Palermo, zu Fuß durch das unwegsame Sizilien bis nach Syrakus und von da durch Italien, die Schweiz und über Paris zurück nach Leipzig, wobei seine Reise – in völligem Gegensatz zu Goethes → *Italienischer Reise* (1816–17) – keine Kutsch- und Bildungsreise in die Antike war, sondern eine beschwerliche Wanderung durch das zeitgenössische Italien. Zwar folgt S.s Weg der klassischen Route, aber trotz profunder Bildung und Interessen gilt seine Aufmerksamkeit, die stets durch den republikanischen Blick von unten geprägt ist, der sozialen und politischen Realität. Neben den vielen Details aus dem gesellschaftlichen Alltag beeindruckt die kritische Beobachtung des von Fremdmächten (Frankreich, Österreich), dem Vatikan und den Kriegen gebeutelten Landes und seiner Menschen. Hellsichtig ist die Kritik an Napoleon, den er am 14. Juli in Paris sah: Seit 1800 habe er »durchaus nichts mehr für die Republik gethan, sondern Alles für sich selbst.«

S. betont – im Interesse von Bildung und Aufklärung – den höheren Wert dokumentarischer Prosa (»Charakteristik und Wahrheit«) gegenüber romanhafter Fiktion, zugleich auch den Vorrang aktuellen Wissens gegenüber antiker Kultur. Gleichwohl lebt sein Bericht von ästhetischen Qualitäten, denn die Briefform erzeugt in ihrer Vorläufigkeit eine lebendige Unmittelbarkeit und Wahrhaftigkeit, die für S. eine unabdingbare Grundlage aufklärerischen Schreibens waren.

Rezeption: Das Buch machte S. als Schriftsteller berühmt und wurde »neben Goethes *Italienischer Reise* das zählebigste deutsche Italienbuch« (J. Drews). Einen kuriosen Nachklang lieferte F. C. Delius mit seiner Erzählung *Der Spaziergang von Rostock nach Syrakus* (1995).

Weitere Werke: *Gedichte* (1801), *Mein Sommer 1805* (Reisebericht, 1806), *Miltiades* (Drama, 1808), *Mein Leben* (Autobiogr., 1813).

1804
Karoline von Günderrode

* 11.2.1780 in Karlsruhe. Ab 1797 Stiftsfräulein in Frankfurt/Main; Freundschaft mit Cl. und B. Brentano, Fr. v. Savigny und Fr. Creuzer. † 26.7.1806 (Selbstmord) in Winkel am Rhein (G).

Gedichte und Phantasien

Entst. ab 1799, veröffentlicht unter dem Pseudonym: Tian.

Liebes- und Todeskult, eng miteinander verbunden in der (früh)romantischen Bewegung, vereinen sich in Biographie und Werk der aus unglücklicher Liebe freiwillig in den Tod gegangenen G., wobei schwer zu entscheiden ist, ob die Tat oder das Werk ihr Andenken verewigte. Als vermögenslose, kluge Frau gefangen in der Aufbewahrungsanstalt des Stifts, als anspruchsvoll schreibende Frau ohne Zugang zum Autorenberuf, blieb ihr im Leben wie im Schreiben – wie sie notierte – nur der »Schatten eines Traumes«.

Ihr Werk umfasst alle Gattungen, doch dominiert in Drama (Dramolett, Dialogszenen) und Prosa (Meditation, Briefform) das Lyrische, dessen Bezugsfeld von der antiken Mythologie über den Orient (Persien, Indien) bis zur nordischen Mythologie reicht. In den Liebesgedichten wird oft die Todesbereitschaft als Ausdruck höchster Hingabe betont (z. B. *Die Malabarischen Witwen*), ebenso findet sich die Liebe zu Toten (z. B. *Die Bande der Liebe*). Dabei sind die Berührungen mit der Jenaer Frühromantik eng und von G. bewusst gesucht, wie sie dem von ihren Dichtungen wenig erbauten Cl. Brentano erklärte: Sie messe sich an der Gemeinschaft der Vortrefflichsten und »dies ist die Kirche nach der mein Geist stets walfartet auf Erden.«

Rezeption: Bedingt durch die späte Veröffentlichung des Gesamtwerks (1857/1920–22) erlangte G. nur wenig Beachtung, woran auch B. v. Arnims Gedenkbuch *Die Günderode* (1840) kaum etwas änderte; vgl. auch Chr. Wolf: *Kein Ort. Nirgends* (1979).
Weiteres Werk: *Poetische Fragmente* (Dramen, Lyrik, 1805).

1804
Ernst August Friedrich Klingemann (Bonaventura)

* 31.8.1777 in Braunschweig. 1797–1800 Jurastudium in Jena (abgebrochen). 1801–12 Schriftsteller und Registrator in Braunschweig. 1813–29 Leitung einer Theatergesellschaft in Braunschweig, die 1818 eine städtische Institution und ab 1826 Hoftheater wurde. † 25.1.1831 in Braunschweig (G).

Nachtwachen

Satir. Roman. ED (unter dem Pseudonym Bonaventura): *Journal von neuen deutschen Original Romanen* (1804, vordatiert auf 1805). BA: 1877.

Zwischen 1795 und 1804 erschienen ca. 3000 Romane, nicht wenige von ihnen anonym, darunter die *Nachtwachen* des Bonaventura, dessen wahrer Name lange Zeit unbekannt blieb. Seit 1973 (J. Schillemeit) neigt man dazu, den dem Jenaer Kreis der Frühromantiker (→ *Romantik*) angehörenden E. A. Fr. Klingemann und nicht Fr. W. Schelling, E.T.A. Hoffmann, Jean Paul, Fr. G. Wetzel oder Cl. Brentano für den Verfasser zu halten. Die Verfasser-Suche ist auch Ausdruck der Schwierigkeiten, die das Werk als (parodistische?) Negation des romantischen Romans bereitet, wozu nicht nur Form und Gehalt, sondern auch die kollektive »Pseudonymität« (D. Arendt) gehört, hinter der sich starke geistige Anleihen bei den vermuteten Verfassern verbergen. Der Ich-Erzähler, ein gescheiterter Poet namens Kreuzgang, der lieber als Nachtwächter sein Auskommen sucht, zeichnet in einer Folge von 16 Kapiteln (›Nachtwachen‹) ein satirisches Zeitbild vom »allgemeinen Irrhause« des Lebens, das er zugleich mit dem rückwärts erzählten eigenen Lebenslauf verknüpft. Der Blick des Außenseiters (Findelkind, Poet, Hanswurst, Bänkelsänger, Tollhäusler, Nachtwächter) ist vernichtend: Er sieht und erlebt nicht nur eine ›verkehrte Welt‹, wie sie die Narrenliteratur schon immer zeigte, sondern es ist eine »kalte, prosaische Zeit«, in der Menschen wie Marionetten und hinter Masken leben und jeglicher Sinn (Poesie, Religion, Liebe) vernichtet ist.
Die Nacht ist hier Ausdruck der Vernunftlosigkeit, der Nachtwächter einer, der nicht mehr bewacht, sondern als ›Schelm‹ mit seinem satirischen Licht wach ist und aufklärt. Ob auch diese Position letztlich nichtig ist, bleibt offen. Entsprechend differieren die Gesamtdeutungen des Romans: »negative Romantik« (R. Brinkmann), »eminent gesellschaftskritisches Werk« (G. Hoffmeister), »Belegstück für die Geschichte des deutschen Nihilismus« (G. Schulz), Literaturparodie oder romantisches Stilexperiment.

Rezeption: Von den Zeitgenossen wenig beachtet, wurde der Roman erst durch die Romantikforschung seit dem Ende des 19. Jh. bekannt.
Weitere Werke: *Romano* (Künstlerroman, 1800), *Faust* (Drama, 1815).

1804
Friedrich Hölderlin

Biogr.: → 1796, 1798–1800

Gedichte nach 1803

BA: 1826 (herausgegeben von L. Uhland und G. Schwab, unvollst.).

H.s letzte Gedichte (*Nachtgesänge*), die er 1804 zum Druck gab, sind: *Chiron, Tränen, An die Hoffnung, Vulkan, Blödigkeit, Ganymed, Hälfte des Lebens, Lebensalter, Der Winkel von Hardt*. Daneben entstanden u. a. noch *Mnemosyne* (ED: 1916) und *Patmos* (3. Fassung, ED: 1807/1916). Inhaltlich handelt es sich hier um Variationen seiner Hauptthemen: die Beschwörung der ›Wunderwelt‹ der Griechen (z. B. *Tränen*), Aufruf des Dichters, die götternahe Vergangenheit nicht zu vergessen (z. B. *Tränen, Blödigkeit*), Sehnsucht nach einer erneuerten Welt (*An die Hoffnung*), Würdigung derer, die sich nicht vom ›Ungebundenen‹ (vgl. *Mnemosyne*) verführen ließen (dafür stehen etwa die Chiffren ›Nüchternheit‹ und ›Treue‹), sondern in einer Zeit des Leidens tatkräftig für die Ordnung der endlichen Welt eingetreten sind (*Chiron*). Eines der vollkommensten (und bekanntesten) Gedichte der Spätzeit ist *Hälfte des Lebens*: Zwei Strophen, in denen Bilder des Sommers (Chiffre für die erfüllte Zeit der Götternähe) und des Winters (Chiffre für die ›dürftige‹ Zeit der herrschenden Götterferne) gegenübergestellt werden. Sie bilden einen »kontrast von inniger reminiszenz und tragischer prognose« (D. E. Sattler), der mehr ist als die häufig gegebene Deutung vom Gegensatz zwischen Jugend und Alter, Erfülltsein und Leere des individuellen Lebens; neben dieser Konfrontation steht auch die Polarität von Schönheit (nach H. das Vollkommene, die »unendliche Vereinigung«) und der Erfahrung ihrer Abwesenheit, die das Begehren nach ihr hervorruft. Dieses Begehren, Zeichen der Endlichkeit, gelte es auszuhalten.

1804
Friedrich Schiller

Biogr.: → 1781, 1798–99

Wilhelm Tell

UT: *Schauspiel. Zum Neujahrsgeschenk auf 1805*

Schauspiel (Jamben). UA: 17.3.1804 in Weimar; ED: 1804.

Anfang des 14. Jh. wurden die Schweizer Urkantone Uri, Schwyz und Unterwalden durch Vögte des Hauses Habsburg mit dem Ziel unterdrückt, sie dem habsburgischen Stammland anzugliedern. Das Stück stellt dar, wie einige Bürger die Befreiung des Landes (Schwur auf dem Rütli) planen. Als Tell, der an dem Schwur nicht teilgenommen hat, den vorgeschriebenen Gruß des herrschaftlichen Huts auf der Stange unterlässt, wird er vom Landvogt Geßler gezwungen, einen Apfel auf dem Kopf seines Sohnes zu treffen. Seine Aussage, dass ein zweiter Pfeil im Falle eines Unglücks Geßler gegolten hätte, führt zu seiner Festnahme. Unterwegs kann er jedoch fliehen. Wenig später ermordet er den Landvogt und gibt damit das Fanal für den Aufstand der Eidgenossen, der mit dem Sieg der Freiheit endet.

So glatt wie sich der Hergang erzählen lässt, ist das Stück – auch wenn es oft als untragisches Festspiel der Freiheit gefeiert worden ist – indes nicht. Sch. trennte den Handlungsstrang der politischen Verschwörung (Eidgenossen) zunächst scharf von dem des Herrschermordes (Tell) und war dabei bemüht, beider Aktivitäten nicht als primär politisch-revolutionäre Taten darzustellen: Die Männer auf dem Rütli wollen die Freiheit durch einen geordneten Aufstand erreichen, keine Rache üben und Gewalt nur als Mittel der Notwehr einsetzen, wobei ihr Ziel die Wiederherstellung der alten, vor den Habsburgern existierenden Freiheit ist. Tell ist ein unpolitischer Einzelgänger, vorbildlicher Familienvater und Helfer der Bedrängten. Die Ermordung Geßlers ist eine Einzeltat, ausgelöst durch die erlittene Brutalität in der Apfel-Szene, und – so Sch. – gerechtfertigt durch Notwehr. Aber Tells Tat gibt das Zeichen für die (so nicht geplante) Erhebung, in deren Verlauf privat-moralischer und öffentlich-politischer Impuls sich vereinigen. Ob und wie diese Synthese zustande kommt, ist der Angel- und Differenzpunkt der *Tell*-Interpretationen: Zeigen die Eidgenossen (mithilfe Tells), wie eine nicht-jakobinische ›Revolution‹ im (ästhetischen) Staat abzulaufen hätte? Ist der ›Freiheitskämpfer‹ Tell, wie Sch. ihn darstellt, die Idealgestalt politischen Handelns? Wird der Tyrannenmord wirklich gerechtfertigt? Was sich dabei für die einen »auf eine höhere Weise […] zu einer Harmonie von Empfindung und Reflexion, Natur und Vernunft« (W. Hinderer) erhebt, bleibt für andere ein Dilemma: Kein Idealismus wäscht das Blut weg. Oder anders ausgedrückt: »In der Feier der guten Tat wird allzu leicht übersehen, daß einer ihren Fluch zu tragen hat.« (K. S. Guthke).

Rezeption: Das Stück blieb bis heute eines der meistgespielten Dramen Sch.s. Ab 1941 war die Aufführung des *Tell* im NS-Staat allerdings verboten. Kritisch zum Tell-Mythos der Kommentar von M. Frisch: *Wilhelm Tell für die Schule* (1971). ♫ G. Rossini: *Guillaume Tell* (Oper, 1829). 🎬 R: H. Paul (1923/34), R: A. Stöger (1955); *Flammende Berge* (R: M. Dickhoff, K. Hartl, 1960).

Weiteres Werk: *Demetrius* (Dramenfragment, 1804–05).

1804–1805
Jean Paul

Biogr.: → 1793

Flegeljahre

UT: *Eine Biographie*

Roman (Fragment). Entst. ab: 1797; ED: 1804 (3 ›Bändchen‹), 1805 (das 4. ›Bändchen‹).

Als »Poesie und Liebe im Kampf mit der Wirklichkeit« bezeichnete J. P. in den Vorstudien das Thema des Romans, in dem der Erzähler J. P. von einem reichen Erblasser beauftragt wird, die Geschichte des Universalerben Gottwalt (Walt), einem jungen Rechtsanwalt, darzustellen. Ehe dieser die unverhoffte Erbschaft antreten kann, hat er 9 Aufgaben zu erledigen, die ihn aus seiner Weltfremdheit heraus und zur Übernahme eines Pfarramtes führen sollen. Sein Zwillingsbruder Vult, ein umherreisender, lebenserfahrener Flötist und (wie Walt) Dichter, hilft ihm bei der Lösung der Aufgaben, weil er das berechnende und geldgierige Wesen der Menschen durchschaut. So bilden der naive Poet Walt und der skeptische Realist Vult eine »Kontrastharmonie« (H. Meyer), deren Nicht-Vereinbarkeit zur Chiffre für »den Widerspruch im Bewußtsein der deutschen Intelligenz um 1800« (M.-L. Gansberg) wird. Beide schreiben zusammen einen Roman, beide verlieben sich gleichzeitig in Wina, die sich für Walt entscheidet, woraufhin Vult wieder in die Welt hinauszieht. Damit (erst 3 Aufgaben sind gelöst) bricht J. P. den Roman ab, wohl im Bewusstsein der Schwierigkeit der Fortsetzung.

Walt erscheint als ein weltfremder Träumer, gutgläubig und gutherzig (wie einst Parzival), der die Subjektivität seiner Weltsicht nicht in Frage stellt. Um die Unbedingtheit seiner Gesinnung und seiner Dichtung zu bewahren, könnte er nicht (Spieß)Bürger werden, zugleich ist ihm aber aufgrund seines Wesens Vults Weg verstellt. So bleibt ihm nur die Rolle des Wina liebenden Pfarrers und Sonderlings in der Abgeschiedenheit einer ländlichen Idylle. In Walt und Vult, ursprünglich als eine Figur geplant, sah J. P. Spiegelungen seines eigenen Wesens, dessen Polarität erst im Prozess des Dichtens aufgehoben werden konnte. Der Titel bezieht sich auf Walt und dessen Reifung zum Dichter.

Der Roman war verlegerisch ein Misserfolg, wirkte aber z. B. auf J. v. Eichendorff und W. Raabe sowie auf viele Dichter des 20. Jh.; er gilt heute als das bekannteste Werk J. P.s.

Weitere Romane: *Doktor Katzenbergers Badereise* (1809), *Des Feldpredigers Schmelzle Reise nach Flätz* (Erzählung, 1809), *Leben Fibels* (1812), → *Der Komet* (1820–22).

1805/1808
Achim von Arnim / Clemens Brentano Biogr.n: → 1810; 1801

Des Knaben Wunderhorn

UT: *Alte deutsche Lieder*

Anthologie in 3 Teilen. Entst. ab 1804; ED: 1805 (Teil 1, vordatiert auf 1806), 1808 (Teil 2 und 3); vermehrte (Teil-)Auflagen: 1819, 1845–54. Teil 1 ist Goethe gewidmet, im Anhang: A. v. Arnims Aufsatz *Von Volksliedern*.

Angeregt durch J. G. Herders → *Stimmen der Völker in Liedern* (1778–79) und weitere Anthologien legten A. und B. ab 1805 eine Sammlung volkstümlicher Lieder vor, die auf etwa 700 Texte (Liebes-, Wander-, Trink-, Soldaten-, Arbeits- und Kinderlieder u. a.) anwuchs. Sie konnten sich auf eine breit gestreute Mitarbeit von Zulieferern stützen, deren Material aus anderen Sammlungen, Zeitschriften, Fliegenden Blättern sowie aus mündlicher Überlieferung stammte. Die Anthologie unterscheidet sich von Herders ›Volkspoesie‹-Konzept ebenso wie vom Editionsprinzip der → *Kinder- und Hausmärchen* (1812/15) der Brüder Grimm: Die beiden Herausgeber beschränkten sich auf deutschsprachiges Liedgut – nicht zuletzt aus patriotischen Gründen sowie ganz im Sinne eines romantischen Kunstverständnisses, das im Volkslied Poesie entdeckte, an die die Kunstdichtung anknüpfen sollte (→ *Patriotismus und Nationalismus in der Literatur*). Deswegen hatten A. und B. weder Bedenken, volkstümliche Gedichte von bekannten Autoren aus den letzten 3 Jh.n aufzunehmen, noch anonyme Texte zu bearbeiten und sie mit Eigenem (›Ipsefacten‹) zu vermischen bzw. umzudichten. Dies widersprach dem Grundsatz der an der Sammlung mitarbeitenden Brüder Grimm, das Original nicht bzw. nur restaurierend anzutasten. Ein Kompositionsprinzip ist nicht zu erkennen: Die Mischung sollte die bunte Vielfalt der »Volksthätigkeit« (A. v. Arnim) spiegeln.

Das *Wunderhorn* überlieferte so bekannte Lieder wie *Maykäfer flieg*; *Schlaf, Kindlein schlaf*; *Lirum larum Löffelstiel*; *Das buckliche Männlein*; *Guten Abend, gute Nacht*; *Es ritten drei Reiter zum Thor hinaus*; *Zu Strasburg auf der Schanz*; *Es ist ein Schnitter der heißt Tod*. Der Titel der Sammlung (mit Titelvignette) bezieht sich auf das erste Gedicht, in dem ein reitender Knabe der Kaiserin ein Füllhorn wunderbarer Eigenschaften überbringt.

Rezeption: Die Slg. erreichte eine hohe Wirksamkeit, sowohl durch ihren Einfluss auf die volksliednahe Lyrik im 19. Jh. (J. v. Eichendorff, L. Uhland, W. Müller, H. Heine, E. Mörike u. a.) als auch durch die vielfache Auswahl in Lesebüchern sowie v. a. durch Vertonungen (Beethoven, C. M. v. Weber, G. Mahler, R. Strauss u. a.).

Patriotismus und Nationalismus in der Literatur

›Volk‹, ›Nation‹ und ›Vaterland‹ gehörten seit jeher zu den wichtigen Themen der Literatur. Im territorial zersplitterten Deutschland gab es einen wirklichen Reichspatriotismus – trotz vereinzelter Ansätze (z. B. im staufischen Kaiserreich des 12. Jh., zur Zeit der Türkenkriege im 16. Jh.) – nie. Stattdessen entwickelte sich vom Ende des Dreißigjährigen Krieges an (1648) bis zum 19. Jh. ein Vaterlandsgefühl, das sich jeweils auf die einzelnen (großen) Territorialstaaten (z. B. Preußen, Bayern, Hannover) bezog und für das auch der Begriff ›Patriotismus‹ verwendet wurde. In der Folge der Französischen Revolution verengte sich Letzterer jedoch auf die Sympathie mit dem Republikanismus und dem Jakobinertum bzw. zu einem übernationalen Wert, gegen den dann ein (antifranzösischer) Nationalismus Front machte. ›Nation‹ war vor 1800 dagegen noch ein Fremdwort und bedeutete ›Volk‹, ohne damit eine ethnische bzw. staatliche Einheit zu verbinden. In dieser Situation lebte der schon von den Humanisten des 16. Jh. erörterte Gedanke einer deutschen Kulturnation auf, deren Eigenart in einen geistigen Raum verlegt wurde, wobei Sprache und Literatur eine hohe Bedeutung gewannen (»Volk der Dichter und Denker«, Mme de Staël). Dieser Gedanke hatte einen friedlich-humanen Aspekt (Goethe/Schiller: »Zur Nation euch zu bilden, ihr hoffet es, Deutsche, vergebens,/ Bildet, ihr könnt es, dafür freyer zu Menschen euch aus«); er erfuhr jedoch auch eine aggressiv-chauvinistische Wendung, als diese besondere Kulturberufung der Deutschen als »Deutsche Größe« (so in einem Gedichtfragment von Fr. Schiller, 1800), als »deutsches Wesen« (J. G. Fichte, 1808) und politische Sendung für »Europas Herz« (E. Geibel, 1861) ausgelegt wurde. Als Wendepunkt, an dem sich »Vaterlandsliebe und Deutschlandsliebe durch einerlei Leiden mehr zu Einer Liebe eingeschmolzen« (Jean Paul) hatten, gilt die Zeit der napoleonischen Fremdherrschaft (1806–13); eine Vorstufe dazu war die ab der Mitte des 18. Jh. zunehmende Propagierung von deutschem ›Volk‹, deutschem ›Vaterland‹ und nationaler Freiheit/Einheit (gegenüber Fürsten- bzw. Fremdherrschaft): Auch hier unterschied sich eine schwärmerische Vaterlandsliebe (→ *Göttinger Hain*) bzw. ein »geläuterter Patriotismus« (Herder), der im Volk v. a. eine kulturelle Kraft sah, von einem neuartigen Nationalgedanken, der sich von seiner ursprünglichen Rückbindung an den aufklärerischen Humanismus löste und in deutschem ›Volk‹ und ›Vaterland‹ den höchsten moralisch-politischen Wert erblickte. Letzteres drückte sich beispielhaft in den Arminius-Dramen aus: J. E. Schlegel: *Hermann* (1743), J. Möser: *Hermann* (1749), Fr. G. Klopstock: *Hermanns Schlacht* (1769). Schon hier wurde die Eigenart des deutschen Nationalismus, wie er sich in Kleists: *Die Hermannsschlacht* (1808/21) radikalisiert und in weiteren Hermanns-Dramen des 19. Jh. ausweitet, vorgeprägt: Das Eigene identifiziert sich jeweils über das abgelehnte Fremde (Römer, Franzosen, Juden), die Liebe über den Hass, die vaterländische Tugend über die blutige Tat. In ihrer aggressiven Unbedingtheit sind diese Gedanken in den Schriften von E. M.

Arndt (*Geist der Zeit*, 1806–18) und Fr. L. Jahn (*Deutsches Volksthum*, 1810) ausformuliert.
Ab 1806 war dann zum einen das moralische Gebot für den Schriftsteller neu, sich mit seinem Werk öffentlich zu engagieren, sowie zum anderen die ästhetische Lizenz für eine aktivistische Dichtung. Das moralische Gebot stellte der Philosoph J. G. Fichte in seinen vielbeachteten *Reden an die deutsche Nation* (1808) auf, die ästhetische Rechtfertigung erstrebte die patriotische Lyrik der Befreiungskriege, an deren Spitze die folgenden Gedichtsammlungen standen: Th. Körner: → *Leier und Schwert* (1814), Fr. Rückert: *Deutsche Gedichte* (1814), E. M. Arndt: *Teutsche Wehrlieder* (1814), M. v. Schenkendorf: *Gedichte* (1815), wobei die zumeist auch vertonten Texte politische Massenlieder wurden, wie es sie in Deutschland seit der Reformation nicht mehr gegeben hatte.

1807
Joseph Görres

* 25.1.1776 in Koblenz. 1798/99 Hg. jakobinischer Zeitschriften; ab 1800 Lehrer in Koblenz. 1806–08 Privatdozent in Heidelberg, danach wieder Lehrer in Koblenz. 1814–16 Hg. der antinapoleonischen Zeitschrift *Rheinischer Merkur*, ab 1819 als verfolgter ›Demagoge‹ in Aarau lebend. Ab 1827 Professor für Geschichte in München, 1839 geadelt. † 29.1.1848 in München (G).

Die teutschen Volksbücher

UT: *Nähere Würdigung der schönen Historien-, Wetter- und Arzneybüchlein, welche theils innerer Werth, theils Zufall Jahrhunderte hindurch bis auf unsere Zeit erhalten hat*
Slg. volkstümlicher Prosaschriften, mit einer Widmung an Cl. Brentano.
G., der Nicht-Akademiker und Nicht-Poet, ließ sich von Cl. Brentano und dessen ausgezeichneter Bibliothek anregen, der Anthologie → *Des Knaben Wunderhorn* (1805/08) eine Sammlung alter deutscher Prosatexte an die Seite zu stellen. Er prägte dafür den heute für problematisch gehaltenen Begriff ›Volksbuch‹ (→ *›Volksbücher‹*, 1587), im Gegensatz zur späteren Verengung des Volksbuch-Begriffs auf die erzählende Prosaliteratur des 15./16. Jh. handelt es sich bei G. um ein weites Text-Korpus, d. h. um eine »Gattung von Büchern, nicht um eine Textgattung« (H. J. Kreutzer). Von den 49 ausgewählten Texten sind nur knapp die Hälfte erzählend (z. B. *Fortunatus*, *Herzog Ernst*, *Gehörnter Siegfried*, *Magelone*, *Lalebuch*, *Eulenspiegel*, *Faust* u. a.), die übrigen sind Sachbücher, Chroniken, Traumbuch, Legende, Ratgeber usw. Für G. war demnach ein Text dann ein ›Volksbuch‹, wenn er etwa seit der Mitte des 15. Jh. populär und in stetem (auch: verändertem) Gebrauch geblieben war. Infolgedessen stützte er sich auch nicht auf die ältesten, sondern auf die jüngsten Drucke. Er dichtete nichts hinzu (wie Arnim/Brentano im *Wunderhorn*), sondern fügte gelehrte Kommentare an. Er wollte aber auch nicht (wie die Brüder Grimm in ihren → *Kinder- und Hausmärchen*,

1812/15) älteste Originale rekonstruieren, sondern sah das Vorbildhafte der ›Volkspoesie‹ in der andauernden schöpferischen Rezeption. Insofern sollte die Sammlung der *teutschen Volksbücher* ein Beitrag zur patriotisch-kulturellen Erneuerung des deutschen Volkes sein (→ *Patriotismus und Nationalismus in der Literatur*), wobei offen blieb, ob der Begriff ›Volk‹ die ganze Nation oder nur die unteren Schichten umfasste.

Rezeption: G.' Slg. war in ihrer trockenen Darbietung kein großer Erfolg beschieden. Erst durch die Verengung auf die erzählende Literatur sowie durch zeitgemäße Nacherzählungen wurden die nachfolgenden Slgn. des 19. Jh. populär: L. Aurbacher (1829/35), G. Schwab (1836/47), G. O. Marbach (1838–49) und K. Simrock (1839ff.).

1807
Heinrich von Kleist Biogr.: → 1803

Amphitryon

UT: *Ein Lustspiel nach Molière*

Entst. 1806. ED: 1807; UA: 8.4.1899 in Berlin.

Um Alkmene, die Frau des Thebaner-Feldherrn Amphitryon, in dessen Abwesenheit zu verführen, verwandelt sich Jupiter in die Gestalt des Feldherrn (und der ihn begleitende Merkur, der sich mit Charis, der Frau des Dieners Sosias, vergnügen will, in Letzteren). Als der echte Amphitryon bei seiner Heimkunft erfährt, dass er bereits die Nacht mit Alkmene verbracht habe, kommt es zum Streit. Jupiter besucht Alkmene noch einmal, und nun erst weiß sie, wer bei ihr ist und nach Liebe verlangt. Da bekennt sie: Für den Gott empfindet sie Ehrfurcht, für den Gatten aber Liebe. Als Jupiter und Amphitryon daraufhin zusammentreffen und Alkmene glaubt, Jupiter sei der echte Amphitryon (was keinen Verrat an diesem bedeutet, denn sie entscheidet sich ja für Amphitryon), zeigt sich der Gott und verspricht Amphitryon den Halbgott Herkules als Sohn. In der Nebenhandlung spiegelt sich das Geschehen auf einer drastisch-komischen Ebene in der Beziehung Merkur-Sosias-Charis.

»Das ist das witzig-anmutvollste, das geistreichste, das tiefste und schönste Theaterspielwerk der Welt.« In diesem überschwänglichen Lob würdigt Th. Mann (1928) die folgenden Aspekte: die spielerische Variation und Kontrastierung des Verführungsmotivs, die verborgene, aber spürbar tragische Seite, die Eleganz in der Verwendung der Blankverse. In der Gestaltung Alkmenes erscheint eine der anmutigsten Frauengestalten des deutschen Theaters, die sich in der Verwirrung ihrer Gefühle zwar täuschen, aber nicht durch einen Jupiter verführen lässt: Als Sein und Schein nicht mehr zu unterscheiden sind, gibt ihr die unbeirrbare Liebe zu Amphitryon moralische Sicherheit; auch in Jupiter hat sie allein einen idealen Amphitryon geliebt. Gleichwohl dürfte im vieldeutigen, vielgedeuteten »Ach« Alkmenes am Ende des Stückes, »gewiß eine der köstlichsten und reinsten Stellen aller Literatur« (R. M. Rilke), auch ein Unterton des Bedauerns mitschwingen darüber, dass das Göttlich-Vollkommene immer nur ein Schein sein kann.

Weitere Behandlungen des Stoffes: Der Amphitryon-Stoff wurde vor und nach K. etwa 20mal behandelt und variiert: Plautus: *Amphitruo* (vor 200 v. Chr.), Molière: *Amphitryon* (1668), J. Giraudoux: *Amphitryon 38* (1929), G. Kaiser: *Zweimal Amphitryon* (1944), P. Hacks: *Amphitryon* (1968). ♬ G. Klebe: *Alkmene* (Oper, 1961), I. Zimmermann/R. Kunrad: *Amphitryon* (Oper, 1984). 🎬 R: R. Schünzel (1935), R: N.-P. Rudolph (1975, TV), R: M. de Groot (1981).

Weitere Werke: *Robert Guiscard* (Tragödien-Fragment, 1808), → *Die Marquise von O…* (Novelle, 1808).

1808
Heinrich von Kleist

Biogr.: → 1803

Die Marquise von O…

Novelle. ED: 1808: *Phoebus*. BA: (überarbeitete Fassung des ED): 1810.

Wie »…ein Engel des Himmels« erschien der Marquise von O… der russische Offizier Graf F., als er sie vor dem Zugriff marodierender Soldaten in einer Zitadelle rettete, wo sie, verwitwete Mutter von zwei Kindern, bei ihrem Vater, dem Kommandanten, Zuflucht vor den Kriegswirren gesucht hat. Danach fällt sie in Ohnmacht. Wochen später erscheint Graf F. erneut und bittet überstürzt und gegen alle Konvention um die Hand der Marquise, die, vom Grafen erotisch durchaus angesprochen, verwirrt um Bedenkzeit bittet. Kurz danach stellt sie fest, dass sie schwanger ist, ohne sich erklären zu können, wer der Vater des Kindes ist. Von den Eltern verstoßen, allein gelassen mit dem Rätsel der Schwangerschaft, besinnt sie sich auf ihre eigenen Kräfte und fordert per Zeitungsannonce den Vater des Kindes auf, sich zu melden, damit sie ihn heiraten kann. Zum angegebenen Termin erscheint Graf F., voller Scham und Reue über das auch für ihn unfassbare Geschehen, doch die Marquise weicht wie vor einem »Teufel« vor ihm zurück. Sie heiratet ihn dennoch der Form halber, und erst nach vielen Monaten, als dem Grafen von allen verziehen worden ist, heiraten beide – nun aus Zuneigung – noch einmal.

Trotz der fast durchgängigen Außensicht des Erzählers wird dem Leser schnell klar, dass Graf F. schuld am Zustand der Marquise ist und dass sie selbst dies auch weiß – aber nicht wissen will. Sie kann nicht akzeptieren, dass der »Engel« sich teuflisch verhalten hat, indem er sie missbrauchte. K. stellt dar, wie die Marquise in einem schmerzlichen Prozess die »Gebrechlichkeit der Welt« und die Zweideutigkeit der menschlichen Natur zu akzeptieren lernt: Das Gute ist nicht absolut gut und kann sich zum Bösen wandeln, so wie im Bösen die Möglichkeit angelegt ist, zum Guten zu werden, wenn der Mensch kompromisslos und verantwortungsbewusst dafür eintritt.

Rezeption: Zunächst als Skandal empfunden, wurde die Novelle zu einer der berühmtesten K.s und in den letzten Jahrzehnten v. a. als ein frühes Beispiel der Darstellung früher weiblicher Emanzipation gedeutet. ♫ H. Erbse: *Julietta* (Oper, 1969). 🎬 R: E. Rohmer (1976); *Die Gräfin von Rathenow* (R: P. Beauvais, 1973, TV).

Weiteres Werk: → *Penthesilea* (Drama, 1808).

1808
Heinrich von Kleist

Biogr.: → 1803

Penthesilea

UT: *Ein Trauerspiel*

Drama, ohne Akteinteilung in 24 Auftritten. ED: 1808, dem Teilabdrucke in der Zeitschrift *Phöbus* vorausgegangen waren. UA: 23.4.1811 (Teile), 25.4.1876 bzw. Mai 1876 in Berlin.

Penthesilea, Königin der Amazonen in einem Frauenstaat, wurde – der griechischen Sage nach – von Achilles während des Trojanischen Krieges im Zweikampf getötet. K. lässt Penthesilea jedoch Achilles töten, obwohl sie ihn liebt und damit gegen das Gesetz der Amazonen verstößt, das die Liebe verbietet bzw. Männer nur als (zuvor unterworfene) Erzeuger von Nachkommen erlaubt. Zunächst besiegt Achilles sie im Kampf, täuscht aber der aus einer Ohnmacht Erwachenden seine Niederlage vor. So groß zunächst ihr Glück war, so stark ist ihre Enttäuschung, als sie die Wahrheit erfährt. Als Achilles der zutiefst Gedemütigten erneut einen Zweikampf anbietet mit dem Ziel, sich freiwillig besiegen zu lassen, um ihr Gefangener zu werden, missversteht sie das Angebot als einen erneuten Täuschungsversuch. Sie hetzt ihre Hunde auf den Wehrlosen und zerfleischt ihn selbst wie ein Hund, ohne zu wissen, was sie tut (»Küßt ich ihn tot?«, Vers 2977). Nach diesem »Lustmord« (R. Klüger) zur Besinnung gekommen, tötet sie sich im Anblick der zerfetzten Leiche allein durch ihren Willen selbst.

Leidenschaft, in dieser krassen Form dargestellt, gab es vor K. auf der deutschen Bühne nicht. Die Weimarer Klassiker lehnten das Stück und seine Hauptfigur, eine »Anti-Iphigenie« (J. Schmidt), ab: Eine derart entfesselte Heldin passte nicht in eine Antike, die nach ihrer Vorstellung durch Maß, Ordnung und Harmonie bestimmt war. K. selbst schätzte seine Heldin außerordentlich und sah in ihr eine wilde Schwester des sanften Käthchens (→ *Das Käthchen von Heilbronn*, 1810). Ihm ging es bei beiden nicht um die Darstellung der Richtigkeit eines Gefühls, sondern um dessen Kraft und Verwirrbarkeit, d. h. v. a. um eine von Aufklärung und Klassik geleugnete

Möglichkeit der menschlichen Natur: den Rückfall in die Barbarei, in besinnungslose Destruktivität bis hin zum »Kannibalismus aus auswegloser Liebesleidenschaft« (Chr. Wolf).

Rezeption: Das Stück wird bis heute selten gespielt. Männliche Betrachtung hat ihre Schwierigkeiten mit der Hauptfigur, während R. Klüger befindet: Die von K. »geschilderten Konfliktsituationen eignen sich für ein feministisches Literaturverständnis.« 🎬 R: L. Riefenstahl (1939), R: H.-J. Syberberg (1989); *Heinrich Penthesilea von Kleist* (R: H. Neuenfels, 1983).

Weiteres Werk: → *Der zerbrochene Krug* (Komödie, 1808).

1808
Heinrich von Kleist

Biogr.: → 1803

Der zerbrochene Krug

UT: *Ein Lustspiel*

Komödie ohne Akteinteilung. Entst. 1803–06; UA: 2.3.1808 in Weimar. Teil-ED: *Phöbus* (1808); BA: 1811 (mit gekürztem 12. Auftritt).

Der Dorfrichter Adam muss über eine Klage entscheiden, deren Verursacher er selbst ist, was er aber mit allen Mitteln vertuschen will. Ein zerbrochener Krug im Zimmer von Eve, der Verlobten Ruprechts, ist Grund der Klage: Eves Mutter bezichtigt Ruprecht, der aber behauptet, ein anderer sei vor ihm aus dem Zimmer geflüchtet und habe dabei den Krug zerbrochen. Dieser andere – das ist den Zuschauern sehr schnell klar – war jedoch kein anderer als der Dorfrichter selbst, der Eve mithilfe einer Erpressung verführen wollte. Die Art, wie Adam sich immer mehr in Lügen und flinke Ausreden verstrickt und schließlich als Täter überführt wird, bestimmt den Handlungsablauf und die Komik des Stückes: Da der Zuschauer die Wahrheit kennt, geht es v. a. um die Gerissenheit Adams, um sein Gespinst von Lügen, in das er sich immer mehr verwickelt, so dass er die Aufdeckung der Wahrheit zwar verzögern, aber nicht verhindern kann.

Auf die zahlreichen Bezüge zu Sophokles' *König Ödipus* (um 430 v.Chr.) hat K. selbst verwiesen, wobei die wesentliche Parallele im analytischen Aufbau besteht: Der Fall wird vom Ende her aufgerollt, allerdings mit dem Unterschied, dass Ödipus in der Tragödie Aufklärung will, die Adam in der Komödie gerade zu verhindern sucht. Es ist eine unvollkommene, verkehrte Welt, die K. hier darstellt: einen Richter, der das Unrechte tut, Rechtsuchende, die belogen werden, die Wahrheit, die durch Lügen verdeckt werden soll – eine Welt, in der Eve in der Unbedingtheit ihres Gefühls fast tragisch gescheitert wäre und deren auf Komik ausgerichtete Darstellung die von K. oft genannte »Gebrechlichkeit« deutlich werden lässt: Wie der zerbrochene Krug, so kann auch das durch ihn dargestellte »heroische Zeitalter des Lebens wie der Kunst« (E. Ribbat) nicht wiederhergestellt werden.

Rezeption: Die Weimarer UA fiel, nicht zuletzt wegen Goethes Fehlinszenierung (z. B. Aufteilung in 3 Akte), mit Pauken und Trompeten durch. Spätestens ab der Wiener Aufführung (1850) stieg das Stück aber zu einer der meistgespielten dt. Komödien auf. ♫ F. Geißler (Oper, 1974). 🎬 R: G. Ucicky (1937), R: J. Hess (1959, TV), R: D. Krüger (1965, TV), R: R. Noelte (1967), R: G. Reisch (1968), R: Fr. P. Wirth (1978, TV), R: G. Keil (1990, TV), R: D. Dorn (1990, TV), R: H. Schirk (1991).
Weiteres Schauspiel: → *Das Käthchen von Heilbronn* (1810).

1808
Johann Wolfgang von Goethe

Biogr.: → 1773, 1787, 1811–33

Faust I

UT: *Eine Tragödie*, später: *Der Tragödie erster Theil*

Tragödie. Entst. ab 1773–75 (*Urfaust*, [1887]; *Faust. Ein Fragment*, 1790), Fortsetzung der Bearbeitung ab 1797. Abschluss: 1806, ED: 1808 als Bd. 8 der Werkausgabe, BA: 1808. UA: 19.1.1829 in Braunschweig. Korrigierte Fassung: 1828 als Bd. 12 der Werkausgabe letzter Hand.

Der Gelehrte Faust schließt aus Verzweiflung über die Vergeblichkeit seines Strebens nach letzter Erkenntnis mit dem Teufel (Mephisto) eine Wette ab: alle weltlichen Genüsse gegen Fausts Seele, falls er im Genuss ausruht. Auf der rastlosen Fahrt durch die Welt lernt Faust das Bürgermädchen Gretchen lieben, verführt sie und lässt sie danach im Stich, womit er sie in den Kindsmord treibt.

G.s Auseinandersetzung mit dem Faust-Stoff hatte mit dem *Faust*-Fragment von 1790 (→ *Faust-Dichtungen bis 1808*) keinen Abschluss gefunden. Bei der erneuten Arbeit daran ab 1797 versuchte er nun, die vorhandenen Teile (Gelehrtentragödie, Universitätssatire, Gretchentragödie) konzeptionell zu verbinden, wobei sich zugleich die Perspektive auf eine künftige Fortsetzung (→ *Faust II*, 1832) ergab (Arbeit an der Helena-Handlung). Neu im *Faust I* ist zweierlei: Zum einen eröffnen die drei Prologe (»Zueignung«, »Vorspiel auf dem Theater«, »Prolog im Himmel«) einen durch Rück- und Vorausschau distanzierenden Blick auf das theatralische Geschehen (die Welt als Bühne); sie geben den Rahmen vor: Jenseits allen faustischen Strebens, dem der Irrtum innewohnt und das doch gut ist, ist von Gott vorab die untragische Lösung beschlossen, Faust »in die Klarheit [zu] führen« (Vers 308) – allerdings ist es ein Gott, der seinerseits eine Rolle spielt (die Bühne als Fiktion des Dichters). Zum anderen wurde die Gelehrten-Handlung erweitert (Melancholie-Monolog Vers 602ff., Osterspaziergang, Wette mit Mephisto Vers 1692ff. und Walpurgisnacht), wodurch auch die (im Kern unveränderte, allerdings um die Kerkerszene ergänzte) Gretchen-Handlung vertieft wurde. Zudem brachte G. das ganze Stück in

Verse (Ausnahme: »Trüber Tag. Feld«), behielt aber die dem → *Sturm und Drang* verpflichtete Szenenfolge ohne Akteinteilung bei. Eine höhere Einheit strebte er nicht an bzw. sie wollte ihm noch nicht gelingen. Die Faust-Figur wurde aufgewertet und ambivalent, indem Mephisto als »Kehrseite von Fausts idealisch-strebendem Wesen« (J. Schmidt) auftritt, während die Gretchen-Handlung zwar tragisch zugespitzt wurde, letztlich aber Nebenhandlung blieb. Faust steht hier erst am Anfang eines langen Weges, der voller Widersprüche (»verworren«) ist und auf dem er Schuld auf sich lädt, ohne zu einer Läuterung zu gelangen. Zu dieser Vorläufigkeit gehören: Fausts vorschnelle Vernunftkritik, seine Neigung zu Melancholie bzw. Schwärmertum, seine Anfälligkeit gegenüber Mephistos schamlosen Verlockungen (Triebnatur), seine egoistisch-treulose Liebe zu Gretchen, die sich dem göttlichen Gericht überantwortet, »während Faust sich zum Teufel schert« (P. Matussek). Der Ausgang der Wette zwischen Faust und Mephisto bzw. Gott und Mephisto (im Prolog) entscheidet sich erst in *Faust II*.

Rezeption: G.s Text wurde vielfach, auch in unrechtmäßigen Nachdrucken, aufgelegt sowie mit Fortsetzungen und Bearbeitungen versehen (→ *Faust-Dichtungen nach Goethe*). Bis heute gibt es über 10 000 Faust-Interpretationen. Berühmte Faust-Inszenierungen nach 1945: G. Gründgens (1957), W. Heinz/A. Dresen (1968), Cl. Peymann (1977), K. M. Grüber (1982), G. Strehler (1987ff.), Chr. Marthaler (1993), P. Stein (2000). ♫ L. Spohr (Oper, 1813/52), R. Wagner (Ouvertüre, 1844), Fr. Liszt (*Faust*-Symphonie, 1857), F. Ch. Gounod (Oper, 1859), F. Busoni (Oper, 1925), W. Egk (Ballett, 1947), P. Dessau (Schauspielmusik, 1949), H. Eisler (Oper 1952/74), W. Ambors/J. Prokopetz (Pop-Version, 1973). 🎬 (Auswahl): R: Fr. Murnau (1926), R: P. Gorski (1960), R: D. Dorn (1988), R: P. Stein (2000).

Weitere Werke: *Pandora* (Festspiel, 1809), → *Die Wahlverwandtschaften* (Roman, 1809).

Faust-Dichtungen bis 1808

Die in der → *Historia Von D. Johann Fausten* (1587) erstmalig behandelte Faust-Gestalt war bis zum Ende des 18. Jh. als sog. Volksbuch (Prosa in verschiedenen Varianten einer religiösen Warnschrift) und als daraus entstandenes Theaterstück bzw. Puppenspiel sehr populär. In England schrieb Chr. Marlowe *The Tragicall History of the Life and Death of Doctor Faustus* (Aufführung seit 1594, ED: 1605); das Stück kam in platter Form über die englischen Wandertheater ab 1608 nach Deutschland zurück. Dort wurde es wieder interessant, als in Faust nicht mehr der überhebliche Teufelsbündler, sondern der moderne Gelehrte, der über die Grenzen der (Natur-)Wissenschaft hinaus will, gesehen wurde. Von Lessing sind Pläne eines *Faust*-Dramas (1759) überliefert, aus denen hervorgeht, dass der maßvoll Wissensdurstige nicht bestraft, sondern gerettet wird, weil er etwas Edles will. 1776 veröffentlichte Maler Müller eine dramatische Skizze (*Situation aus Fausts Leben*), der 1778 der 1. Teil von

Fausts Leben dramatisirt folgte. Hier erscheint Faust als eine Kraftnatur des → *Sturm und Drang*, die – wie es in der Widmung heißt – »absolut über sich selbst hinausbegehrt«, darunter jedoch mehr den irdischen Genuss versteht. Von J. M. R. LENZ existiert ein *Faust*-Bruchstück (*Die Höllenrichter*, 1777), das den verdammten Faust in der Hölle zeigt. Am bedeutendsten ist Fr. M. KLINGERS Roman → *Fausts Leben, Taten und Höllenfahrt* (1791), wobei sein Faust weniger titanisches Individuum ist, das seine Fesseln sprengen will, sondern als Erfinder des Buchdrucks Weltverbesserer, der allerdings an den moralisch erstarrten gesellschaftlichen Machtverhältnissen (und an den Schwächen der eigenen Natur) scheitert. Von A. v. CHAMISSO erschien 1804 ein kurzer szenischer Versuch *Faust*, in dem der Teufel als böser Geist dem faustischen Wissensdrang mit Kantischer Erkenntniskritik begegnet. Ebenfalls 1804 kam L. TIECKS Lustspiel *Anti-Faust oder Geschichte eines dummen Teufels* heraus.

GOETHE hat das *Faust*-Thema zeit seines Lebens beschäftigt, angefangen beim Puppenspiel in seiner Kindheit bis zum Abschluss von → *Faust II* (1832). Bis 1775 waren erste Szenen (Studierzimmer, Auerbachs Keller, Gretchen u. a.) fertig – sie sind durch eine 1887 aufgefundene Abschrift erhalten und werden von der Goethe-Philologie als ›*Urfaust*‹ bzw. »Faust. Frühe Fassung« (A. Schöne) bezeichnet. Goethe hat in den folgenden Jahren immer wieder an dem Drama gearbeitet, es aber auch in Italien nicht vollenden können, so dass er es 1790, von der Prosa in die Versform umgewandelt, als *Faust. Ein Fragment* veröffentlichte – übrigens ohne großen Erfolg. Es enthielt etwa 4/5 des *Urfaust* (Universitätssatire und Gretchentragödie), nicht aber die abschließende Kerkerszene. Ab 1797 setzte Goethe dann die weitere Bearbeitung fort, die mit *Faust. Eine Tragödie* (→ 1808) ihren ersten Abschluss fand. Vgl. auch → *Faust-Dichtungen nach Goethe*.

1809

Johann Wolfgang von Goethe Biogr.: → 1773, 1787, 1811–33

Die Wahlverwandtschaften

Roman in zwei Teilen.

»Eduard«, so nennt G. »einen reichen Baron im besten Mannesalter«, und so beginnt er seinen dritten Roman nach dem *Werther* (→ 1774) und dem *Wilhelm Meister* (→ 1795–96). Eduard ist gerade im zweiten Jahr mit seiner Jugendgeliebten Charlotte verheiratet, nachdem beide aus früheren Pflichtehen befreit waren, da herrscht bereits die gepflegte »Langeweile des unbeschäftigten […] Glückes« (A. v. Arnim), das sich in seinem landadeligen Dasein genug sein will, aber nicht (mehr) genügt. Auf beider Wunsch hin kommen Eduards Freund Otto, ein entlassener Hauptmann, und Charlottes Nichte Ottilie in das Haus. Eduard verliebt sich in Ottilie, der Hauptmann in Charlotte – die wechselseitigen Beziehungen scheinen sich ganz nach dem Gesetz der Wahlverwandtschaft zu fügen, so wie sich chemische Elemente aus alten Verbindungen lösen und neue eingehen. Äußeres Zeichen dieser ›Reaktion‹ ist: Das von Eduard und Charlotte gezeugte Kind trägt die Züge Ottiliens und des Hauptmanns, an die die Kindseltern beim Liebesakt jeweils dachten. Es scheint also, als ob die begehrlichen Gedanken zu Genen wurden, doch zugleich endet die Analogie zur Natur. Der Baron besteht nun auf Erfüllung seines Liebesbegehrens (Ottilie fügt sich dem ohne lange Besinnung) und will die Scheidung oder den Tod im Krieg, während Charlotte und der Hauptmann schmerzlich ihrer Liebe entsagen. Als Eduard unversehrt aus dem Krieg heimkehrt, trifft er auf eine Ottilie, die sich ganz in sich selbst zurückgezogen hat. Sie geht als Märtyrerin ihrer unerfüllbaren Liebe in den freiwilligen Hungertod, als durch ihr Verschulden der Säugling im See ertrinkt. Der Roman endet mit Eduards Tod, seiner Beisetzung neben Ottilie und dem Ausblick des Erzählers auf den »freundlichen Augenblick [...], wenn sie dereinst wieder zusammen erwachen.«

Eine Apotheose der entsagenden Liebe? Wohl kaum, denn alle Beteiligten sind in den verschiedenen Formen ihrer Ent- und Versagungen unglücklich und gescheitert. G.s im ganzen Roman durchgehaltener Verzicht auf Bewertung kann weder durch die (ironisch zitierte?) Schlusshoffnung noch gar durch die sattelfesten Urteile des biederen Geistlichen Mittler aufgehoben werden. Insofern wollte G., so W. Benjamin, mit den *Wahlverwandtschaften* weniger die Institution der Ehe erörternd »begründen, [als] vielmehr jene Kräfte zeigen, welche im Verfall aus ihr hervorgehn«. Am ehesten versteckt sich der Kommentar des Autors in dem, was er verschweigt, sowie in der erzählerischen Komposition (Symmetrie, Geflecht von Verweisen, Raumsymbolik, Orchestrierung der Figurenreden), die das »Chaos an Wunschproduktionen« (R. Baumgart) ordnet.

Rezeption: Die Rezeption spiegelt den Widerstreit von moralisch und ästhetisch orientierter Literaturbetrachtung wider: Was v. a. im 19. Jh. als Immoralität kritisiert wurde, fand ab der Wende zum 20. Jh. (Fontane, Th. Mann, A. Döblin, B. Brecht) große Anerkennung als Erzählkunst. ■ R: S. Kühn (1974), R: Cl. Chabrol (1981, TV), R: P und V. Taviani (1996); *Tagebuch* (R: R. Thome, 1975); *Tarot* (R: R. Thome, 1985).

Weitere Werke: *Zur Farbenlehre* (naturwissenschaftliche Schrift, 1810), → *Aus meinem Leben* (Autobiogr., 1811–33).

1809
Zacharias Werner

⋆ 18.11.1768 in Königsberg. Ab 1784 Jurastudium in Königsberg (ohne Abschluss), 1793–1806 Verwaltungsbeamter in preußischem Staatsdienst, danach freier Schriftsteller, ab 1809–13 in Rom lebend. 1810 Übertritt zum Katholizismus, 1814 zum Priester geweiht und als Kanzelprediger in Wien und Niederösterreich unterwegs. † 17.1.1823 in Wien. Gedenkstätte: Engersdorf (G).

Der vierundzwanzigste Februar

UT: *Eine Tragödie in Einem Akt*

Drama. Entst. 1808, UA: 13.10.1809 in Coppet, 24.2.1810 in Weimar. ED: 1815.

Der Titel bezieht sich auf ein schicksalsschweres Datum im Stück: An einem 24. Februar, vor vielen Jahren, hatte sich Kunz Kurruth gegen seinen Vater aufgelehnt und war von diesem verflucht worden. Der Fluch hat sich erfüllt, als Kunz' Sohn Kurt im Spiel seine kleine Schwester erstach, aus dem Hause floh und seinerseits vom Vater verflucht wurde. Nach einem abenteuerreichen Leben kehrt Kurt reich und unerkannt in das Elternhaus zurück. Es ist wiederum ein 24. Februar. Kurt will prüfen, ob den Vater der Fluch reut. Doch dieser, hoch verschuldet und schon lebensmüde, ersticht aus Geldgier (und mit dem alten Mordmesser) den vermeintlich Fremden, der sich sterbend als Sohn zu erkennen gibt und dem Mörder verzeiht.

Obwohl die Schuld wie ein Verhängnis dargestellt ist (Wiederholungszwang, Machtlosigkeit des Individuums, düstere Szenerie) und W. deswegen als Begründer des ›Schicksalsdramas‹ gilt, geht es nicht um Fatalismus, sondern um eine warnende Moral: Der reiche, fromme und antirevolutionäre Sohn Kurt kommt, in deutlicher Anspielung auf Christus, als Erlöser zurück, der die Schuld aufhebt. Schicksalsdramen dieser Art, die den geschichtsmächtigen Umbruch der Zeit nach 1806 zu verarbeiten suchten, waren angesiedelt im »Niemandsland zwischen dem, was als nicht mehr tragfähig erkannt wurde, und dem, was man noch nicht verstehen konnte« (G. Schulz). Das schloss freilich nicht aus, dass dieser Dramentypus auch modisch wurde und dass er, verbunden mit den Formelementen der Schauerliteratur, rasche Bühnenerfolge versprach.

Weitere Schicksalsdramen der Zeit: A. Müllner: *Der neunundzwanzigste Februar* (1812), *Die Schuld* (1813), *König Yngard* (1817); E. Houwald: *Die Heimkehr* (1821), *Der Leuchtturm* (1821). Vgl. auch H. v. Kleist: → *Die Familie Schroffenstein* (1803), Fr. Grillparzer: *Die Ahnfrau* (1817) und noch E. Raupach: *Der Müller und sein Kind* (1835).

Weitere Dramen: *Das Kreuz an der Ostsee* (1806), *Martin Luther oder die Weihe der Kraft* (1807), *Wanda* (1810).

1810
Achim von Arnim

* 26.1.1781 in Berlin. Ab 1798–1801 Studium der Natur- und Rechtswissenschaften in Halle und Göttingen (ohne Abschluss). Ab 1801 Freundschaft mit Cl. Brentano, dessen Schwester Bettina er 1811 heiratete. Nach 3-jähriger Bildungsreise durch Europa freier Schriftsteller in Göttingen, Königsberg und Heidelberg, ab 1808 in Berlin. 1813/14 Teilnahme am Befreiungskrieg, 1814 Rückzug auf sein Gut in Wiepersdorf. † 21.1.1831 in Wiepersdorf. Gedenkstätten: Berlin (D), Wiepersdorf (G, M).

Armut, Reichtum, Schuld und Buße der Gräfin Dolores

UT: *Eine wahre Geschichte zur lehrreichen Unterhaltung armer Fräulein*

Roman.

Dolores, Tochter eines vor seinen Schulden geflüchteten Adligen, heiratet den reichen Grafen Karl und begeht Ehebruch, den ihr der Graf aber großmütig vergibt. Beide ziehen zur verwitweten Schwester in Italien und führen dort eine glückliche, kinderreiche Ehe. Als jedoch eine befreundete Fürstin sie besucht und sich – erfolglos – in den Grafen verliebt, kann Dolores, im Bewusstsein ihrer einstigen Schwäche, die vermeintliche Untreue ihres Mannes nicht ertragen und zerbricht daran.

Das Werk gehört in die Reihe der zahlreichen Eheromane der Zeit, stellt die bürgerliche Ehe aber nicht wie Fr. Schlegel (→ *Lucinde*, 1799) infrage. A. sieht in der Ehe auf der Basis von Liebe, Vertrauen und Verlässlichkeit vielmehr die Urzelle der Gesellschaft. In dem aufrecht-konservativen, überaus positiv gezeichneten Grafen und der zunächst leichtsinnigen Dolores sowie weiteren Figuren wird zugleich der Gegensatz zwischen dem Ancien Régime vor und der neuen Zeit nach der Französischen Revolution verdeutlicht: Dolores' Ehebruch und Tod geschehen jeweils an einem 14. Juli, dem Tag des Bastillesturms (1789). A. wünschte dabei nicht die Wiederherstellung des Vergangenen, sah aber in der Tradition das Fundament für notwendige Neuerungen. In dieser Hinsicht konservativ, war er modern in der Darstellung unbewusster Regungen (z. B. Dolores' Traummonologe). So konnte A. Breton (1948) in A. einen Vorläufer des Surrealismus erkennen. Die Vielzahl der eingestreuten Gedichte (mit Melodien), Balladen, Briefe – typisch für den frühromantischen Roman und von J. v. Eichendorff als »Geschichte mit den tausend Geschichten« bezeichnet – beeinträchtigt zwar die Handlungsführung, ermöglicht aber Variationen der Thematik von Liebe, Ehe, Treue und Untreue.

Rezeption: Das Werk ist eine ausdrückliche Antwort auf Goethes Roman → *Die Wahlverwandtschaften* (1809), diesen als Eheroman missverstehend.

Weitere Werke: *Hollin's Liebeleben* (Roman, 1802), → *Des Knaben Wunderhorn* (Slg. von Volksliedern, 1805/08, zusammen mit Cl. Brentano), → *Isabella von Ägypten* (Novelle, 1812).

1810
Heinrich von Kleist Biogr.: → 1803

Das Käthchen von Heilbronn

OT/UT: *Das Käthchen von Heilbronn oder die Feuerprobe – ein großes historisches Ritterschauspiel*

Schauspiel (Prosa und Blankverse). Teil-ED (1. und 2. Akt): *Phöbus* (1808); UA: 17.3.1810 in Wien, BA: 1810.

Der Graf vom Strahl soll – die Handlung spielt im Mittelalter – das Bürgermädchen Käthchen durch teuflische Magie an sich gebunden haben und deswegen von einem Femegericht verurteilt werden. Doch er ist unschuldig, weil Käthchen ihm freiwillig folgt, wohin er auch geht. Sie scheut keine Gefahr und erduldet jede Demütigung. Ist Käthchen von engelsgleicher Reinheit und Schönheit, so verkörpert Kunigunde, die Gegenfigur, das Böse. Ihre Hässlichkeit verdeckt sie durch kosmetische Raffinesse, so dass sie verführerisch wirkt und der Graf ihr zu verfallen droht. Da aber Käthchen und der Graf unabhängig voneinander einen Traum hatten, in dem ein Cherub sie zusammenführte, finden sie zueinander: Käthchen ist die im Traum versprochene Kaisertochter, und damit steht einer Heirat nichts mehr im Wege.

K. gestaltete eine Märchenwelt, in der Wunder geschehen und himmlische Mächte wirken (ein Engel verhindert z. B. den Feuertod Käthchens). In dieser Welt verkörpert Käthchen die Unbeirrbarkeit ihres Liebesgefühls, dessen Sicherheit nach K. (→ *Über das Marionettentheater*, 1810) vorrational ist. Über diese Sicherheit verfügt der Graf bereits nicht mehr: Er lässt sich täuschen und beirren. Die Unbedingtheit ihres Gefühls lässt Käthchen – so K. – als die »Kehrseite der Penthesilea« erscheinen, d. h. als »ein Wesen, das ebenso mächtig durch ihre gänzliche Hingabe, als jene durch Handeln« sei (→ *Penthesilea*, 1808). Die Verwendung zahlreicher Elemente der Schauerromantik (Geheimgericht in der Höhle, Brand der Burg, Gift, Vertauschung von Briefen) kam dem Zeitgeschmack entgegen, wurde von K. selbst aber später verurteilt.

Das Werk war im 19. Jh. K.s erfolgreichstes Stück (allerdings bis 1876 in nicht werkgetreuen Bearbeitungen). ♬ H. Pfitzner: Bühnenmusik zum Schauspiel (1905). 🎬 *Das Käthchen von Heilbronn oder die Feuerprobe* (R: P. Beauvais, 1981, TV).
Weiteres Werk: → *Michael Kohlhaas* (Erzählung, 1810).

1810
Heinrich von Kleist Biogr.: → 1803

Michael Kohlhaas

UT: *(aus einer alten Chronik)*

Erzählung. Begonnen 1804, Fertigstellung: 1810. Fragmentarischer ED: *Phöbus* (1808), BA: 1810.

Die Erzählung spielt im 16. Jh. und behandelt einen Rechtsstreit, in dem der brandenburgische Pferdehändler Kohlhaas gegen den sächsischen Junker von Tronka kämpft, weil dieser ihm widerrechtlich zwei Pferde genommen hat. Da die formgerechten Bemühungen zur Wiederherstellung seines Rechts am parteiischen Verhalten der Rechtsinstanzen scheitern, greift Kohlhaas zur Selbsthilfe und kämpft mit der Waffe gegen den Junker und das Land Sachsen. Seine kriegerische Rache beschäftigt die Herrschenden bis hinauf zum Kaiser. Als Luther, nicht ohne scharfe Kritik an ihm, ein freies Geleit für ihn erwirkt, begibt sich Kohlhaas nach Dresden, um seinen Rechtsstreit ohne Gewalt fortzusetzen; doch dort wird er – unter Bruch der ursprünglichen Zusage – gefangen genommen und an Brandenburg ausgeliefert. Nachdem er vor Gericht sein Recht (Schadenersatz) erhalten hat, akzeptiert er die Strafe für den Landfriedensbruch und geht gefasst auf das Schafott. Während Kohlhaas' Söhne geadelt werden, blickt der korrupte sächsische Kurfürst einem düsteren Schicksal entgegen.

Der Fall ist unerhört, weil beide Seiten Schuld auf sich laden, aber auch weil gezeigt wird, dass aus Recht Unrecht und aus Unrecht Recht werden kann. Ein scheinbar neutraler, kühl die Fakten aus den behördlichen Quellen vortragender Erzähler, der nicht mit dem Autor Kleist gleichgesetzt werden darf, verschärft diesen Zwiespalt einer aus den Fugen geratenen Welt. Der fast märchenhafte Schluss wirft Fragen auf, die eine eindeutige Interpretation der Erzählung kaum zulassen: Sind Rechtsgefühl und Rechtsordnung am Ende wieder im Einklang? Scheitert das Pochen auf Achtung vor der Menschenwürde am Elend der ›Gebrechlichkeit‹ menschlicher Verhältnisse? Ist Anarchie die Konsequenz, wenn einer rebelliert?

Rezeption: Die Erzählung ist K.s bekanntester Text, der viele Schriftsteller und Künstler zu Bearbeitungen anregte. 🎭 G. A. von Maltitz: *Hans Kohlhaas* (1828), A. Bronnen: *Michael Kohlhaas* (1929), St. Schütz: *Kohlhaas* (1977), Y. Karsunke: *Des Colhaas' letzte Nacht* (1978); vgl. auch: E. Plessen: *Kohlhaas* (Roman, 1979), Chr. Hein: *Der neuere (glücklichere) Kohlhaas* (Erzählung, 1980). 🎬 R: M. Haufler (1937), R: W. Vollmar (1969, TV), R: V. Schlöndorff (1969).

Weiteres Werk: → *Über das Marionettentheater* (Essay, 1810).

1810
Heinrich von Kleist

Biogr.: → 1803

Über das Marionettentheater

Essay. ED: *Berliner Abendblätter* (1810); BA: 1826.
Die Bewegungen einer Marionette, so erklärt ein Tänzer in einem Dialog mit dem Erzähler, zeigen Grazie (oder Anmut), weil sie im Zustand der Schwerelosigkeit, ungesteuert aus einem Schwerpunkt erfolgen. Über diese Grazie verfüge der Mensch nicht mehr, wie das Beispiel des Jünglings zeige, der trotz größter Anstrengung nicht in der Lage sei, bewusst eine anmutige Bewegung zu wiederholen, die er vorher unbewusst ausgeführt habe (»Sündenfall des Körpers«, G. Neumann). Er besitze auch nicht die Sicherheit des Instinkts wie der Bär, der stets alle Finten des besten Fechters durchschaue. Der Gewinn des Bewusstseins führe also zum Verlust der Grazie, zur Möglichkeit des Irrtums, der Täuschung und zur Erfahrung der Zweideutigkeit. Damit sei der Urzustand der Vorrationalität für den Menschen unwiederbringlich verloren (»das Paradies ist verriegelt«). In einer Rückkehr zum Ursprung (wie ihn die → *Romantik* versuchte) oder in der Versöhnung von Bewusstem und Unbewusstem (wie von der Klassik angestrebt, → *Weimarer Klassik und Klassisches Weimar*) sah K. keine Lösung für dieses Dilemma, obwohl sie sich in Traum oder Ohnmacht kurzzeitig zeigen könne, was in vielen Werken K.s thematisiert wird (z. B. in → *Die Marquise von O…*, 1808; → *Prinz Friedrich von Homburg*, 1821). Für ihn galt es, in der »Gebrechlichkeit« dieser Welt mit ihrem widersprüchlichen Ineinander von Gut und Böse auszuharren. Eine wirkliche Einheit von Bewusstsein und Grazie kann nach K. nur dann erlangt werden, »wenn die Erkenntnis gleichsam durch ein Unendliches gegangen ist« – eine utopische Hoffnung, die in einen metaphysischen Bereich hineinragt, erfahrbar nur in kurzen Augenblicken visionärer Entrückung (z. B. → *Penthesilea*, 1808; → *Prinz Friedrich von Homburg*, 1821).
Rezeption: Die kurze Abhandlung wurde erst ab dem Beginn des 20. Jh. in ihrer Bedeutung als Schlüsseltext für K.s Werk gewertet, was heute aber wiederum infrage gestellt wird.
Weiteres Werk: → *Erzählungen* (1810–11).

1810–1811
Heinrich von Kleist

Biogr.: → 1803

Erzählungen

BA in 2 Bänden. Bd. I (1810): *Michael Kohlhaas* (ED: 1810), *Die Marquise von O…* (ED: 1808), *Das Erdbeben in Chili* (ED: 1807), Bd. II (1811): *Die Verlobung in St. Domingo* (ED: 1811), *Das Bettelweib von Locarno* (ED: 1810), *Der Findling*, *Die heilige Cä-*

cilie (ED: 1810), *Der Zweikampf.* Mit Ausnahme von *Der Findling* und *Der Zweikampf*, die erstmalig erschienen, wurden die Erzählungen für die BA bearbeitet.

In seinen Erzählungen stellt K. eine Welt dar, in der das Edle zugleich das Verworfene sein und das Schöne auch als das Schreckliche auftreten kann. Es sind »Rapporte von der ungeheuerlichen Verwirrung menschlicher Lebensläufe aus nicht berechenbarem Zufall und nicht verrückbarem Eigensinn« (E. Lämmert). Sie werden in einer durch ihren geschachtelten Satzbau unverwechselbaren Prosa dargeboten, die sowohl detailgenaue Prägnanz besitzt als auch um den Ausdruck des Unsagbaren ringt. Wie Menschen in dieser unerhörten Welt bestehen, sich bewähren oder untergehen, zeigt K. in seinen Erzähltexten, für die er ursprünglich den Untertitel *Moralische Erzählungen* geplant hatte: In → *Michael Kohlhaas* (1810) kollidieren Rechtsgefühl und Rechtsordnung auf eine zutiefst zweideutige Weise, da jede Seite der Konfliktparteien zugleich Recht und Unrecht hat. In der → *Marquise von O…* (1808) muss die Titelfigur einsehen, dass derselbe edle Offizier, der ihr das Leben gerettet hatte (als ein »Engel«), sich in ihrer Ohnmacht an ihr verging (als ein »Teufel«). In *Das Erbeben in Chili* glaubt ein durch das Erdbeben vor dem Tod bewahrtes Liebespaar an Verzeihung und wird doch durch den von einem Priester aufgehetzten Pöbel umgebracht. In *Die Verlobung in St. Domingo* erlebt Gustav, dass das Böse in Toni das Gute nur verbirgt, aber er kann diese »Zweideutigkeit« (J. Kunz) im entscheidenden Augenblick noch nicht akzeptieren. Der Erzähler in *Das Bettelweib von Locarno* berichtet über einen rational nicht aufklärbaren Spuk in einem Schloss, der zur Chiffre für eine psychische Entfremdung wird. In *Der Findling* verwendet K. das Motiv des Doppelgängers, um zu zeigen, wie das Edle und das Verbrecherische (Nicole-Colino) von trügerischer Identität sein können. *Die Heilige Cäcilie oder Die Gewalt der Musik* zeigt in Gestalt einer Legende die Ambivalenz von Musik und Glauben. In *Der Zweikampf* lassen Rätselhaftigkeit, Irreführungen (selbst im Gottesurteil), Fehldeutungen und Täuschungen die Welt chaotisch erscheinen. Allein das unbeirrbare Vertrauen Friedrich von Trotas, das am Ende siegt, erlaubt die Hoffnung, dass sich die Wahrheit durchsetzen kann – »wenn es Gottes Wille ist.«

Rezeption: K.s Erzählungen, v. a. die des 1. Bd., gehören zum Kanon berühmter Novellistik. Viele von ihnen wurden dramatisiert, vertont und verfilmt: *Das Erdbeben in Chili* (R: H. Sanders, 1975, TV). *Die Verlobung in St. Domingo* u.d.T. *Toni* (Drama, Th. Körner, 1812); W. Zillig (Funkoper, 1957); W. Egk (Oper, 1963). *San Domingo* (R: H. J. Syberberg, 1970). *Der Findling* (R: G. Moorse 1967, TV); *Verbotene Liebe* (R: J.-P. Dougnac, 1984). *Der Zweikampf* (R: H. Griesmayr, 1971, TV).

Weitere Werke: *Die Hermannsschlacht* (Schauspiel, 1808/21), → *Prinz Friedrich von Homburg* (Schauspiel, 1821).

1811
Friedrich de la Motte Fouqué

* 12.2.1777 in Brandenburg als Nachkomme aus Frankreich geflüchteter Hugenotten. 1794–1802 preußischer Offizier, danach Privatmann, überwiegend in Berlin. Reaktivierung als Offizier in den Befreiungskriegen (1813–15), ab 1815 auf Gut Nennhausen bei Rathenow lebend. 1833 Übersiedlung nach Halle, 1841 nach Berlin. † 23.1.1843 in Berlin (G).

Undine

UT: *Eine Erzählung*

Kunstmärchen. Entst. 1809, ED (anonym): *Die Jahreszeiten* (1811); BA: 1814.

Eine Undine (d. i. ›kleine Welle‹) ist nach Paracelsus ein Wasserwesen in Frauengestalt, das durch Heirat eine unsterbliche Seele erhalten kann. F. übernimmt diese Vorstellung: Undine wird von einem Fischerpaar als Pflegetochter aufgezogen, der junge Ritter Huldbrand begegnet ihr, heiratet sie und schenkt ihr damit eine Seele. Aus der Natureinsamkeit der Fischerhütte zurückgekehrt in seine höfische Welt, entfremdet er sich ihr aber und verliebt sich in Bertalda, ehemals Fischertochter und nun eine Dame der Gesellschaft. Er verwünscht bei einer Bootsfahrt Undine, die daraufhin in die Welt der Geister zurückkehren muss. Am Tag der Hochzeit des Ritters kommt sie wieder und tötet ihn – »im endlosen Liebesakt« (V. Klotz) – mit einem langen Kuss.

F. erzählt die Geschichte von Liebe und Tod, Treue (Undines) und Untreue (Huldbrands) in einem schlichten Märchenton. Undine verkörpert durch ihre Verbindung mit dem Elementaren den romantischen Inbegriff von Natürlichkeit, Ursprünglichkeit und erotischer Anziehungskraft. Im gesellschaftsfernen Raum des Fischerhauses erleben der Eisenmann und die Wasserfrau ein vollkommenes Liebesglück, das freilich bereits überschattet wird von Huldbrands Versuchen, Undines fluides Naturwesen zu erziehen. Nach der Rückkehr in die Gesellschaft verrät Huldbrand Undine, da er die eigene Doppelnatur nicht anzuerkennen vermag – insofern zeigt die Geschichte sowohl »gescheiterte Humanisierung« wie auch das Scheitern der »Naturalisierung des Ritters« (G. Ueding). Die verdeckte Darstellung des Unbewussten, dessen Verwirklichung Wunscherfüllung und Bedrohung zugleich bedeutet, fasziniert bis heute. Weniger produktiv ist dagegen die Interpretation als Polarität von Frau und Mann bzw. Natur und Kultur.

Rezeption: F. war zu seiner Zeit der Dichter, der zwischen 1804 und 1814 die Romantik populär gemacht hat. Heute sind fast alle seine Werke vergessen. *Undine* aber wurde in alle Weltsprachen übersetzt und war Vorlage für H. Chr. Andersen: *Die kleine Meerjungfrau* (Märchen, 1837), G. Hauptmann: *Die versunkene Glocke* (Schauspiel, 1896), J. Giraudoux: *Ondine* (Schauspiel, 1939), I. Bachmann: *Undine geht* (Erzählung, 1961). ♫ E.T.A. Hoffmann (Oper, 1816), A. Lortzing (Oper, 1845), F. Ashton und H. W. Henze (Ballett, 1958). 🎬 R: E. Schmidt (1992).

Weitere Werke: *Der Held des Nordens* (Dramen-Trilogie, 1808–10), *Das Galgenmännlein* (Märchen, 1810), *Gedichte* (1816–27), *Lebensgeschichte* (Autobiogr., 1840).

1811
Johann Peter Hebel

* 10.5.1760 in Basel. 1778–80 Theologiestudium in Erlangen, ab 1783 Seminarlehrer in Lörrach. 1791–1824 Lehrer, 1808–14 Direktor am Karlsruher Gymnasium und zugleich bis 1818 Redakteur des *Rheinländischen Hausfreundes*. Ab 1819 Prälat der Lutherischen Landeskirche und Mitglied des badischen Landtags. † 22.9.1826 in Schwetzingen. Gedenkstätten: Hausen (D, M), Karlsruhe (D, M), Lörrach (D, M), Schopfheim (D, M), Schwetzingen (G), Tuttlingen (D).

Schatzkästlein des rheinischen Hausfreundes

Slg. von Kalendergeschichten. Entst. ab 1803, ED: *Badischer Landkalender* (ab 1808 als *Der Rheinländische Hausfreund* fortgeführt). BA (bearbeitet): 1811, erweiterte Ausgabe: 1818.

Die *Alemannischen Gedichte* (32 Gedichte in heimischer Mundart, 1803), in denen er Menschen und Landschaft seiner badischen Heimat darstellt, hatten H. schlagartig berühmt gemacht. Ihrem Erfolg schlossen sich die 128 Kalenderbeiträge (Anekdoten, Schwänke, kurze Erzählungen) an, die er für die Buchausgabe bearbeitete. Die Sammlung steht in der Tradition der Volkskalenderdichtung von Grimmelshausen bis H. Zschokke, die ab dem 18. Jh. auch volksaufklärerischen Zielsetzungen verpflichtet war. Neben der Darstellung alltäglicher Begebenheiten schildert H. ungewöhnliche Ereignisse, Menschen und Verhaltensweisen, wobei er als Vorlagen Berichte aus Zeitungen, Zeitschriften und Kalendern benutzte. Die Menschen seiner Geschichten kommen aus allen sozialen Schichten – »eine Welt komplett in der Nußschale« (R. Minder). Einfachheit und Klarheit der Sprache (mit Annäherung an die Bibelsprache), präzise und lebendige Erzählweise (z. B. Dialoge, direkte Ansprache des Lesers) dienen der Unterhaltung und einer nie aufdringlichen Belehrung (»Der Hausfreund denkt etwas dabei; aber er sagt's nicht«). Dabei wird H. nie satirisch-angreifend, sondern erzählt gelassen, oft humorvoll und lässt den Schwachen mit Witz und List den Starken besiegen (z. B. *Das wohlfeile Mittagessen*, *Der Barbierjunge von Segringen*, Geschichten vom *Zundelfrieder*). Die Zeit (d. h. die Vergänglichkeit, keineswegs der Fortschritt) und letztlich der Tod bestimmen für ihn das Leben; deren Gegenmacht ist die Liebe. Beide Themen gestaltete H. in der – neben *Kannitverstan* – bekanntesten Geschichte *Unverhofftes Wiedersehen*. Insgesamt bietet H. »Exempel für die Möglichkeit sittlichen Verhaltens in einer Welt, die vorzüglich geplant, aber nicht frei von Unordnung ist« (N. Oellers).

Rezeption: Das *Schatzkästlein* erreichte eine so große Verbreitung, dass es zum Hausbuch in Deutschland wurde. Im 20. Jh. wurden Fr. Kafka und B. Brecht von H. beeinflusst, H. v. Hofmannsthal, W. Benjamin, E. Bloch und M. Heidegger haben sich mit H. auseinandergesetzt.

1811
Justinus Kerner

* 18.9.1786 in Ludwigsburg. Nach dem Medizinstudium in Tübingen (1804–08) ab 1810 Arzt in württembergischen Orten, ab 1819 in Weinsberg; reger Kontakt mit den Vertretern der Schwäbischen Romantik (→ *Romantik*). † 21.2.1862 in Weinsberg. Gedenkstätten: Marbach (M), Weinsberg (D, G, M).

Reiseschatten

Roman, erschienen unter dem Pseudonym: ›Schattenspieler Luchs‹.

Der Roman gibt sich wie die Beschreibung einer Reise, deren Ablauf in einer Reihe von Schattenspielen vorgestellt wird. Diese Aufmachung erklärt den Romantitel. Insgesamt sind es 12 ›Schattenreihen‹, die jeweils bis zu 12 ›Vorstellungen‹ enthalten; hinzu kommen noch einige angehängte ›Zwischen-‹ bzw. ›Nachspiele‹ (zwei Kurzdramen, eine Sage und ein Krippenspiel) sowie eingestreute Erzählungen und Lieder, die K. z.T. aus v. Arnim/Brentanos Volksliedsammlung → *Des Knaben Wunderhorn* (1805/08) entnahm. Diese lockere, gattungssprengende Gestalt entspricht dem Formtypus des (früh-)romantischen Romans, wozu auch gehört, dass es keine richtige Handlung gibt, außer dass der Erzähler in einer bunt gemischten Gesellschaft mit Postkutsche, Schiff und zu Fuß über Ludwigsburg (Grasburg) und Tübingen (Mittelsalz) nach Nürnberg gelangt. In der Manier des Schattenspiels zeichnet K. den Umriss einer Welt zwischen phantastischer und prosaischer Wirklichkeit, wobei die philisterhaften Vertreter der Letzteren als ›Plattisten‹ karikiert werden. Indem er solchermaßen »romantische[s] Zeitgut und Zeitgefühl durch all ihre Erscheinungsformen in spielender Verwandlungsfreude« (W. Kohlschmidt) aufgriff, übertrug er die Wackenroder-Tieck'sche ›Romantisierung des Altdeutschen‹ ins Schwäbische und kam damit in der Gegenwart an. Aus dem lyrischen Werk haben sich einige Gedichte wie z. B. das *Wanderlied* (»Wohlauf! noch getrunken/den funkelnden Wein«) und *Der Wanderer in der Sägemühle* erhalten; es enthält zudem viel von jener Erlebnis-›Poesie‹, die im 19. Jh. mit dem romantischen Lied gleichgesetzt wurde.

Rezeption: K.s eingängige Version des komplexen romantischen Romans (W. H. Wackenroder, L. Tieck, Fr. Schlegel, Novalis, Cl. Brentano) wurde an tieferer Bedeutung bzw. ›Witz‹ bald überholt: von J. v. Eichendorffs → *Aus dem Leben eines Taugenichts* (1826) bzw. H. Heines *Harzreise* (→ 1826–31).

Weitere Werke: *Gedichte* (1826, 5. Auflage 1854), *Das Bilderbuch aus meiner Knabenzeit* (Autobiogr., 1849).

1811–1833
Johann Wolfgang von Goethe

Biogr.: (Fortsetzung von → 1787) 1814/15 Rheinreisen; Tod der Ehefrau Christiane (1816). Kuraufenthalte in Karlsbad und Marienbad (1818–23); Tod des Herzogs Karl August (1828). † 22.3.1832 in Weimar. Gedenkstätten (Auswahl): Berlin (D), Dornburg (M), Düsseldorf (M), Frankfurt/Main (D, M), Franzensbad (D), Ilmenau (M), Leipzig (D), Marienbad (D), Rom (D, M), Straßburg (D), Stützerbach (M), Weimar (D, G, M), Wetzlar (M).

Aus meinem Leben

OT/UT: *Aus meinem Leben. Dichtung und Wahrheit*

Autobiogr., entst. ab 1809. ED u.d.T. *Aus meinem Leben*: 1. Abteilung, Teil 1 (1811), Teil 2 (1812), Teil 3 (1814), Teil 4 (postum 1833); 2. Abteilung [*Italienische Reise*] Teil 1 (1816), Teil 2 (1817), Teil 3 u.d.T. *Zweiter Römischer Aufenthalt* (1829); Teil 5 u.d.T. *Campagne in Frankreich* und *Belagerung von Mainz* (beide 1822).

G. fasste den Plan zu seiner Autobiographie 1807, ein erstes Schema entstand 1809, zu einem lebensgeschichtlichen Zeitpunkt, »wo man sich selbst historisch wird« (G. an J. Fr. K. Hecker, 1829). Die Selbstdarstellung sollte die 12-bändige Werkausgabe (1806–10) abschließend erläutern, indem sie deren Zusammenhang mit der »Lebens- und Denkweise« des Autors, d. h. die »innern Regungen, die äußerlichen Einflüsse, die theoretisch und praktisch von mir betretenen Stufen der Reihe nach« darstellte (Vorrede). Der Untertitel signalisiert dabei nicht etwa, dass Erfundenes hier neben biographischem Fakt steht, sondern dass »Verdichtetes« den individuellen Lebensstoff zu einem »Grundwahren« bzw. zu einem »Resultat« (Brief an Zelter, 1830) erhöhen soll, in dem sich exemplarisch die Verbindung von Subjekt, Werk und Epoche zeigt: Die Autobiographie soll »symbolischer Bildungsroman« (B. Jeßing) werden.

Die Teile 1–4 schildern in 20 Büchern G.s Leben von der Geburt am 28.8.1749 (»mittags mit dem Glockenschlage zwölf«) bis zum Weggang nach Weimar im Oktober 1775. Sie enden also mit dem großen Umbruch im Leben G.s, den der Autobiograph kaum noch in sein narratives Konzept einbinden kann: Teil 3 schließt mit dem Jahr 1772, es folgt eine krisenhafte Störung der Werkarbeit, die dazu führte, dass der das Jahr 1775 behandelnde 4. Teil zwischen 1816 und 1831 nur noch als Fragment fortgesetzt werden konnte. Die → *Italienische Reise* (1816/17) und der *Zweite Römische Aufenthalt* schildern dann die Jahre 1786/88, die *Campagne in Frankreich* und die *Belagerung von Mainz* die Zeit von August 1792 bis Herbst 1793; die *Tag- und Jahreshefte* registrieren knapp die Jahre 1772–1822.

G.s sorgfältig recherchierter Blick auf sein Leben enthüllt, obwohl ein »Projekt seiner Selbsthistorisierung« (P. Matussek) und -stilisierung, viel Authentisches (Begegnungen mit Menschen, Bildungserlebnisse, Epoche), das in sein Werk einging. Zugleich verhüllt der Autor die Ambivalenzen des eigenen Ichs, indem er sie als Wirken des ›Dämonischen‹ im Werk erscheinen lässt: Nicht die Autobiographie, sondern das Werk ist also die eigentliche Konfession – obwohl G. selbst Letzteres lediglich als »Bruchstücke einer großen Konfession« (7. Buch) bezeichnet hat.

Rezeption: Das Werk zeigt G. als Kind seiner Epoche und zugleich die Epoche als G.-Zeit – wenigstens für die Literaturwissenschaft. Das 19. Jh. nahm die Darstellung oft wörtlich als Lebensdarstellung, später interpretierte man den Text v. a. als Alterswerk im Kontext der anderen Werke dieser Zeit (→ *Wilhelm Meisters Wanderjahre*, 1821/29, *Faust* I und II, → 1808 und 1832). In der Geschichte der Autobiogr. (→ *Autobiographien* I und II) ragt das Werk als Vorbild für die »Koinzidenz von Selbst- und Weltdarstellung« (G. Niggl) heraus.

Weitere Werke: *Des Epimenides Erwachen* (Festspiel, 1815), *Sonette* (1815/27), → *Italienische Reise* (1816/17).

1812
Achim von Arnim

Biogr.: → 1810

Isabella von Ägypten

OT/UT: *Isabella von Egypten, Kaiser Karl des Fünften erste Jugendliebe*

Novelle. ED: 1812 (zusammen mit 3 weiteren Novellen und einer Rahmenhandlung).

Die schöne, aber in großer Armut lebende Zigeunerin Isabella (Bella), Tochter des letzten, unschuldig hingerichteten Zigeunerfürsten, begegnet am Ufer der Schelde zufällig dem jungen Erzherzog Karl, dem künftigen Kaiser. Sie verliebt sich in ihn und gelangt mithilfe eines Alrauns (Kobold) zu Reichtum, so dass sie Karl in Gent wiedersehen kann. Karl erwidert ihre Liebe und lässt, um den eifersüchtigen Alraun abzulenken, einen Golem in der Gestalt Isabellas anfertigen. Er verbringt eine Nacht mit ihr, lässt sich aber auch vom Golem verführen und zeigt sich damit der »passionierten Liebe« (D. Kremer) Isabellas nicht gewachsen. Immerhin erlaubt er den Zigeunern, nach Ägypten heimzukehren. Isabella, die ihr Volk führt, bringt in Böhmen den Sohn Lrak (Anagramm von Karl) zur Welt. Getrennt voneinander sterben Karl und Isabella am selben Tag.

A. schildert aus Elementen der Geschichte, der Sage, des Märchens sowie aus dem Mit- und Nebeneinander von Wunderbarem und Groteskem eine im Detail sehr realitätsnahe poetische Zauberwelt mit phantastischen Figuren (Hexe, Alraun, Bärenhäuter). Die Sympathie des Dichters (und Lesers) gehört Isabella, die stets der Stimme ihres Herzens folgt und durch ihre Natürlichkeit besticht. Die spätere Zigeunerkönigin ist die Idealfigur – in ihrer Selbstlosigkeit, im Einsatz für ihr Volk, im Verzicht auf jegliches Macht- und Besitzstreben: ein Vorbild auch für die Führer zu der von A. erhofften nationalen Einheit. Karl ist dagegen als zukünftiger Herrscher durch das

Streben nach Macht und Geld sowie durch seine sexuelle Verführbarkeit charakterisiert.

Rezeption: Als »kostbarste« von A.s Novellen rühmte H. Heine die Erzählung und sie gilt bis heute als eine der poetischsten der dt. → *Romantik*.

Weiteres Werk: → *Die Kronenwächter* (Roman, 1817/54).

Volks- und Kunstmärchen

Auf den ersten Blick ist der Unterschied zwischen ›Volks‹- und ›Kunstmärchen‹ klar: Das ›Volksmärchen‹ ist eine populäre und jh.elang nur mündlich verbreitete Erzählform, wobei die ›Texte‹ keine individuellen Verfasser kennen und seit alters her in vielen Ländern in vielen Varianten verbreitet sind. Ihre Merkmale sind: wunderbares Ereignis, Verzauberung, Tiere können sprechen, Dreischrittigkeit, Trennung in Gut und Böse, keine Entwicklung der Helden, zyklisches Geschehen, Vorrang des Typischen. ›Kunstmärchen‹ dagegen sind von einem benennbaren Autor geschriebene Geschichten – sei es als Bearbeitung eines Volksmärchens oder als Erfindung im Märchenstil; sie kommen in Italien und Frankreich ab dem 16./17. Jh. (G. Fr. Straparola, G. Basile, P. Sarnelli, Ch. Perrault), in Deutschland erst ab dem 18. Jh. vor.

Bis zu den Brüdern Grimm (→ 1812/15) herrschte die Auffassung vor, dass Märchen erst dann literaturfähig seien, wenn sie durch einen Schriftsteller dem Zeitgeschmack angepasst bzw. ›poetisiert‹ worden waren (vgl. die Märchen von Chr. M. Wieland, J. K. A. Musäus: → *Volksmährchen der Deutschen* (1782–86), B. Naubert, L. Tieck: → *Volksmärchen* (1797), Novalis u. a.). Das Bestreben der Grimms, durch getreue Aufzeichnung authentische ›Volkspoesie‹ zu bewahren, erzeugte erst eigentlich den Gegensatz zum Kunstmärchen – gleichzeitig brachte es durch die gleichwohl redaktionell eingreifende Verschriftlichung das neue Kunstprodukt ›Buchmärchen‹ hervor, auch ›Gattung Grimm‹ genannt (→ *Kinder- und Hausmärchen*, 1812/15), das zwischen mündlichem Volksmärchen und Kunstmärchen angesiedelt ist. Der Begriff ›Kunstmärchen‹ bezieht sich demnach auf die im Verlauf des 19. Jh. vollzogene Wandlung des Volksmärchens, wobei das Spektrum von der reinen Analogie bis zum Anti-Märchen reicht. Die Geschichte des Kunstmärchens ist daher auch als »eine Geschichte produktiver Volksmärchen-Deutungen« (V. Klotz) zu verstehen, wobei weit über den Kreis der deutschen Märchen hinausgegriffen wurde. Insgesamt fand der Typus des Zaubermärchens die meiste Beachtung.

Die wichtigsten Kunstmärchen des 19. Jh. sind: Cl. Brentanos *Italienische Märchen* und *Rheinmärchen* (1809/17); Goethes Märchen (*Der neue Paris*, 1811, *Die neue Melusine*, 1821); Fr. de la Motte Fouqué: → *Undine* (1811); L. Tiecks Märchen aus dem → *Phantasus* (1812/16); E.T.A. Hoffmann: *Der goldene Topf* (1814, → 1813–15), *Klein-Zaches* (1819), *Meis-*

ter Floh (1822); C. W. S. Contessa (Hg.): *Kinder-Mährchen* (1816–17); W. Hauff: → *Märchen* (1825–27); E. Mörike: *Der Schatz* (1836) sowie die weltweit bekannten Kunstmärchen des dänischen Schriftstellers H. C. Andersen (ab 1835, dt. 1839).

1812/1815
Jacob und Wilhelm Grimm

* 4.1.1785 (Jacob) und * 24.2.1786 (Wilhelm) in Hanau. Nach dem Jurastudium in Marburg (bis 1805/06) Bibliothekarstätigkeiten in Kassel (mit Unterbrechungen) bis 1829. 1830–37 Professuren an der Universität Göttingen; Rücktritt 1837 aus Protest gegen die Politik des hannoverschen Königs. 1841–48 (Jacob) bzw. 1841–52 (Wilhelm) Professuren an der Universität Berlin. † 16.12.1859 (Jacob) und 20.9.1863 (Wilhelm) in Berlin. Gedenkstätten: Berlin (G), Haldensleben (M), Hanau (D, M), Kassel (D, M), Steinau (M).

Kinder- und Hausmärchen

Märchen-Slg., entst. ab 1806. ED: 1812 (Bd. 1), 1815 (Bd. 2). 2. Auflage: 1819–22 (3 Bde.); weitere Auflagen: 1837, 1840, 1843, 1850, 1857. Eine ›Kleine Ausgabe‹ mit 50 Märchen erschien zwischen 1825 und 1858 in 10 Auflagen.

Die Brüder G. waren weder die ersten noch die letzten Sammler von Volksmärchen, doch ihre Sammlung wurde die bekannteste und zum Vorbild in anderen Ländern. Anders als ihre Vorgänger (z. B. J. K. A. Musäus, B. Naubert, L. Tieck) wollten sie nicht als Bearbeiter eines (z. T. auch gedruckt vorliegenden) volkstümlichen Erzählguts auftreten, sondern das Überlieferte »so rein als möglich« aufschreiben, um die poetische Kraft des ›Volkes‹ in Gestalt eines »Erziehungsbuchs« (Vorrede) unverfälscht für die Gegenwart zu retten. Die Märchenforschung (zuletzt besonders H. Rölleke) konnte anhand der Beiträger(innen), der Handschriften und durch Textvergleiche nachweisen, dass die Texte nicht nur wie »durch den Mund des Volkes« notiert, sondern de facto – v. a. durch Wilhelm G.s Redaktion ab 1819 – nach und nach literarisiert wurden: Wilhelm G. schuf die seitdem typischen Märchenformen des Erzählanfangs und -endes, vereinheitlichte den Erzählduktus (z. B. ›und‹-Verdoppelungen, Diminutivbildungen, Einschub von Sprichwörtern, Ausmerzung von Fremdwörtern, direkte Rede, Präsens u. a.) und dämpfte aus moralpädagogischen Gründen die vorhandenen Elemente politischer und sexueller Subversion (Ausnahme: Gewalt). Am universalen Grundcharakter des Märchens mit seinen typischen Merkmalen wurde jedoch nichts geändert.

Insofern ist die durch die G.s geprägte Gestalt der deutschen Volksmärchen zugleich ein Kunstprodukt des frühen 19. Jh. (»gehobenes Buchmärchen«, M. Lüthi), wenn auch immer noch vom ›Kunstmärchen‹ unterscheidbar (→ *Volks- und Kunstmärchen*). Erst durch die Sammlung der G.s wurden

Märchen Teil der Kinderliteratur. Die Zahl der gesammelten Märchen wurde von ursprünglich 156 (1. Auflage) auf 211 vergrößert; bei den neu aufgenommenen Texten handelt es sich nicht nur um Zaubermärchen (wie z. B. *Aschenputtel*, *Dornröschen*, *Rumpelstilzchen* u. a.) oder Tiermärchen (wie z. B. *Die Bremer Stadtmusikanten*), sondern auch um Texte mit fließenden Übergängen zu Novelle (z. B. *König Drosselbart*), Schwank (z. B. *Die goldene Gans*) und Legende (z. B. *Marienkind*).

Rezeption: Neben der Luther-Bibel (→ *Bibelübersetzung*, 1534) und dem *Kommunistischen Manifest* (Marx/Engels, 1848) dürfte die Märchen-Slg. der Brüder G. das weltweit bekannteste dt.sprachige Werk sein. Es wurde in rund 160 Sprachen übersetzt und 2005 zum Weltkulturerbe erklärt. Über 35 der Märchen wurden (z.T. mehrfach) verfilmt; es gibt eine breite Rezeption in der Musik und durch Illustrationen bis hin zur Reklame. Nach den *Kinder- und Hausmärchen* der Brüder G. kam es in Deutschland zu weiteren Slgn. von Volksmärchen wie z. B. Ludwig Bechstein: *Deutsches Märchenbuch* (1845, 13. Auflage 1857), Karl Müllenhoff: *Sagen, Märchen, Volkslieder* (1845).

Weitere Werke: W. Grimm: *Die deutsche Heldensage* (1829); J. Grimm: *Deutsche Mythologie* (1835), zusammen mit Wilhelm G.: *Deutsche Sagen* (1816–18), *Deutsches Wörterbuch* (ab 1852).

1812/1816
Ludwig Tieck

Biogr.: → 1795/96

Phantasus

UT: *Eine Sammlung von Mährchen, Erzählungen, Schauspielen und Novellen*

Slg. von 13 Texten in 3 Bdn.; ED: Bd. 1–2 (1812), Bd. 3 (1816). Die Mehrzahl der Texte war bereits ab 1797 erschienen (→ *Volksmärchen* u. a.), wurde aber teilweise umgearbeitet.

Mit dem *Phantasus*, benannt nach dem Gott des Traumes im gleichnamigen Einleitungsgedicht, wollte T. eine Summe seiner (früh)romantischen Dichtung bieten, die, mit einer durchgehenden Rahmenhandlung versehen, 50 Texte umfassen sollte. Das gelang nicht: Die Sammlung blieb Fragment. Gleichwohl ist die vorgelegte Bilanz in ihrer trotz Formenvielfalt bewahrten thematischen Einheit beeindruckend. In den Märchen (z. B. *Der blonde Eckbert*, *Der getreue Eckart und der Tannhäuser*, *Der Runenberg*, *Liebeszauber*, *Die Elfen*, *Leben und Tod des kleinen Rotkäppchen*, *Der Blaubart*) geht es um die Gefährdung der personalen Identität, herausgefordert durch die Lockungen der Sinnlichkeit bzw. im Übergang vom Kindsein zum Erwachsenenleben. Auch die Volksbuch-Bearbeitungen (*Die schöne Magelone*, *Fortunat*) sowie die Komödien (→ *Der gestiefelte Kater*, 1797; *Die verkehrte Welt*) enthalten märchenhaft-groteske Züge. Obwohl die Texte des *Phantasus* häufig separat rezipiert wurden, darf ihr kompositorischer Zusammenhang mit der knappen Rahmenhandlung nicht außer Acht gelassen werden: In der Tradition von Boccaccios *Il Decamerone* (1470) kommentiert und reflektiert eine Runde von 11 Personen die vorgelesenen Erzählungen und Stücke. Die gesellige Art ihrer Konversation, das gebildete Niveau der Diskussion und die Vielfalt der angesprochenen Themen (Freundschaft, Liebe, Natur, Reisen, Koch- und Gartenkunst, Ästhetik, Literatur, Theater) mögen ein verdichtetes Abbild der frühromantischen Geselligkeit in Jena oder Dresden sein; zugleich aber waren die Rahmengespräche für T. eine überaus aufschlussreiche »Inventur seiner selbst« (G. Schulz) – im Versuch, die in seinem Jugendwerk dominierende Kluft zwischen Real- und Phantasiewelt zu überwinden.

Weitere Werke: *Die Gesellschaft auf dem Lande* (Novelle, 1825), *Der Aufruhr in den Cevennen* (Novelle, 1826), → *Der junge Tischlermeister* (Roman, 1836).

1813–1815
Ernst Theodor Amadeus Hoffmann

* 24.1.1776 in Königsberg. 1792–95 Jurastudium in Königsberg, 1796–1807 im preußischen Staatsdienst (Glogau, Berlin, Posen, Plock, Warschau). 1808–13 Musikdirektor in Bamberg, danach in Leipzig und Dresden. 1814 Wiedereintritt in den preußischen Staatsdienst in Berlin, ab 1816 Kammergerichtsrat. † 25.6.1822 in Berlin. Gedenkstätten: Berlin (G), Bamberg (D, M).

Fantasiestücke in Callot's Manier

UT: *Blätter aus dem Tagebuche eines reisenden Enthusiasten*

Slg. von Erzählungen und Aufsätzen: Bd. 1 (1813), Bd. 2–3 (1814), Bd. 4 (1815). Entst. ab 1809, anonym erschienen mit einer Vorrede von Jean Paul.

Wie H. im Vorwort ausführt, inspirierten ihn die Zeichnungen des französischen Kupferstechers J. Callot (1592–1638) durch die »Manier«, Phantastisches und Wirkliches, Gespenstisches und Groteskes, Traum und Märchen miteinander zu vermischen. Die auf 4 Bände verteilten 19 Aufsätze und Erzählungen behandeln in verschiedener Durchführung die problematische Verbindung von romantischer Kunst (Musik) und bürgerlichem Leben: In einer Serie von Aufzeichnungen (»Kreisleriana«) des Kapellmeisters Johannes Kreisler, der in Vielem ein Sprachrohr des Musikers H. ist, geht es um das Leiden des Künstlers am Unverständnis seiner Umwelt. Die Erzählungen variieren das Thema der tragischen Gefährdung des Künstlers (*Don Juan*) und die – mit viel Ironie dargestellte – Geistlosigkeit der Philisterwelt. Im *Ritter Gluck* begegnet der Erzähler angeblich dem Komponisten Gluck, darf ihn in seine Wohnung begleiten und wird dort über das wahre Wesen der Kunst aufgeklärt, das von dem Kulturbetrieb der Gegenwart völlig verkannt werde.

Der 3. Band enthält das *Mährchen aus der neuen Zeit* (Untertitel) *Der goldne Topf*: Der Student Anselmus ist erfüllt vom Zauber der Poesie, die »ein anderes höheres Sein verheißt«, als es das bürgerliche Alltagsleben bieten kann, und die ihm den ungehinderten Zugang zur ursprünglichen Einheit von Mensch und Natur ermöglicht. Wegen der Liebe zu Serpentina, Tochter des Archivars Lindhorst, der aus dem Reich der Geister (Atlantis) vertrieben wurde, trennt Anselmus sich von der bürgerlichen Veronika und darf – nach einigen Verwicklungen – Serpentina heiraten. Als Mitgift erhält er den »goldnen Topf«, Symbol für die harmonische Verbindung von Leben und Poesie, sowie ein Rittergut in Atlantis. Hier führt er, zum Dichter geworden, ein »Leben in der Poesie, in der sich der heilige Einklang aller Wesen als tiefstes Geheimnis der Natur offenbaret.« Das Märchen, Sinnbild für das Reich der Poesie jenseits des Alltags, findet bei H. also unmittelbaren Eingang in die Wirklichkeit. Die Sehnsucht des Erzählers richtet sich im Wechsel von poetischer Emotion und distanzierender Ironie auf diese Verschmelzung des gegenwärtig Unvereinbaren, wobei beide ineinander übergehen.

Rezeption: Die Slg. machte H. schlagartig berühmt. Als 1819 eine 2. Auflage erschien, war er »der meistgelesene Autor der deutschen Romantik« (W. Nehring). Das später herausgelöste Märchen *Der goldne Topf* gilt als »unerschöpfliches Meisterwerk der deutschen Literatur« (H. Mayer). Es fand die größte, weit über Deutschland hinausgehende Beachtung. ♬ E. Mayer: *Der goldne Topf* (Oper, 1989).

Weiteres Werk: → *Die Elixiere des Teufels* (Roman, 1815/16).

1814
Adelbert von Chamisso

* 30.1.1781 auf Schloss Boncourt (Frankreich). 1792 Flucht nach Deutschland, ab 1796 in Berlin, wo Ch. erst mit 15 Jahren Dt. lernte. Preußischer Offizier (1798–1806), danach wechselnde Aufenthalte in Deutschland und Frankreich. 1812–15 Studium der Naturwissenschaft in Berlin, 1815–18 Teilnahme an einer Weltumsegelung (Rurik-Expedition), 1818–38 Adjunkt bzw. Kustos im Botanischen Garten Berlins. † 21.8.1838 in Berlin (D, G).

Peter Schlemihl's wundersame Geschichte

Erzählung. Entst. 1813, ED: 1814, 2., vermehrte Auflage: 1827.

Die Geschichte von Peter Schlemihl (jiddisch für ›Pechvogel‹, ›Tor‹) ist kein Märchen, sondern eher eine Novelle, wird aber auch als Märchen-Novelle oder phantastische Novelle bezeichnet. Der Titelheld erzählt sie selbst: Als mittelloser junger Mann trifft er auf einen Herrn im grauen Rock, der ihm seinen Schatten für ein Glückssäckel abkauft, das für den Besitzer immer mit Dukaten gefüllt ist. Der fehlende Schatten aber führt den nun reichen Erzähler in eine zunehmende Isolation, aus der ihn auch die Liebe nicht zu erretten vermag. Als der Käufer des Schattens dem Verzweifelten zu helfen vorgibt, dafür jedoch Schlemihls Seele und das Glückssäckel verlangt, weiß dieser, mit wem er es zu tun hat: Er verzichtet auf den Teufelspakt, erwirbt, arm geworden, ein Paar Wanderschuhe, die sich als Siebenmeilenstiefel erweisen und mit denen er nun als Naturwissenschaftler durch die Welt zieht, einsam zwar, aber mit einer ihn erfüllenden Aufgabe.

Die enge Verbindung von märchenhaften Elementen (Glückssäckel, Siebenmeilenstiefel, Tarnkappe u. a.) und realistischen Schilderungen der Handelswelt führte zu einer unentschiedenen Diskussion sowohl über die Form als auch über die Deutung, v. a. im Hinblick auf die Schattenlosigkeit: Symbol für die Heimatlosigkeit des Emigranten Ch.? Beispiel für das Ausgeschlossensein des Künstlers von der Gesellschaft? Opfer der kapitalistischen Geldwirtschaft? Anders als in L. Tiecks → *Franz Sternbalds Wanderungen* (1798), wo Geld und Statusdenken keine Rolle spielen, muss Schlemihl diese Sphäre überwinden, aber nicht durch Hinwendung zur Kunst (wie noch bei E.T.A. Hoffmann), sondern indem er sich in ihr nützlich macht.

Rezeption: Die (auch von Kindern viel gelesene) Erzählung begründete Ch.s Ruhm und wurde in viele Sprachen übersetzt. Das Motiv der Schattenlosigkeit (auch als Verlust des Spiegelbilds, des Herzens, des Talents, der Erinnerung bzw. des Schlafes) wie auch das Schlemihl-Motiv wurden ab dem 19. Jh. oftmals rezipiert. 🎬 *Der verlorene Schatten* (R: P. Wegener, 1921), *Peter Schlemihl* (R: G. Hess, 1955, TV; R: M. Cravenne, 1966, TV).

Weiteres Werk: → *Gedichte* (1831).

1814
Theodor Körner

* 23.9.1791 in Dresden. Studium des Bergbaus in Freiberg (1808–10), abgebrochenes Jurastudium in Leipzig (1810–11) und Wien. 1813 Bühnendichter am Wiener Burgtheater, ab März 1813 Mitglied im Lützow'schen Freikorps. † 26.8.1813 (gefallen) in Rosenow bei Gadebusch (Mecklenburg). Gedenkstätten (Auswahl): Berlin (D), Burg Gnandstein (M), Dresden (D, M), Leipzig (D), Lützow (D), Mölln (D), Wöbbelin (M, G).

Leier und Schwert

OT: *Leyer und Schwerdt*

Gedichtslg., von K.s Vater Chr. G. Körner herausgegeben; 2. vermehrte Auflage: 1815.

K. war weder der erste noch der beste Schriftsteller, der im Kampf gegen die napoleonische Fremdherrschaft die Dichtkunst zur inneren Erneuerung und äußeren Befreiung Deutschlands mobilisieren wollte (→ *Patriotismus und Nationalismus in der Literatur*); vor, neben und z.T. über ihm standen Autoren wie E. M. Arndt, H. v. Kleist sowie die Lyriker M. v. Schenkendorff, Fr. Rückert, L. Uhland u. a. – und dennoch wird immer wieder K. an erster Stelle genannt werden, denn in der Idealisierung des durch seinen Tod im Krieg erhöhten Dichters fasste sich der Wunsch nach Erneuerung des Verhältnisses von Literatur und Leben, Dichter und Volk exemplarisch zusammen. Das Idol des Dichter-Helden wurde daher ständig mitzitiert, wenn die – durch gängige Melodien unterlegten – Gedichte K.s in patriotischer Runde angestimmt wurden. Die populärsten Lieder unter den 36 Texten der Sammlung sind: *Aufruf* (»Frisch auf, mein Volk! Die Flammenzeichen rauchen«), *Reiterlied*, *Abschied vom Leben*, *Lützows wilde Jagd*. Der Titel der Sammlung ist eine Metapher für die Einheit von Wort und Tat, geadelt durch ihren Anachronismus, denn weder Leier noch Schwert waren damals zeitgemäß. Zudem ist die Metapher nicht ohne Ambivalenz: Einerseits weist die Voranstellung der Leier auf den Avantgarde-Charakter der Dichtung hin (»Denn was, berauscht die *Leyer* vorgesungen,/ Das hat des *Schwertes* freie That errungen«); andererseits beendet die Tat das Dichten, so dass die Forderung lautet: »Zerbrich die Pflugschar, laß den Meißel fallen,/ Die Leier still, den Webstuhl ruhig stehn!« Diese Ambivalenz der operativen Lyrik verschärfte sich in der → *Politischen Lyrik im Vormärz*, insbesondere bei G. Herwegh.

Rezeption: Die Slg. kam bis 1834 in 7 Auflagen heraus und galt bis 1918 als Inbegriff patriotischer Lyrik. Der Student K. Sand trug sie bei seinem Attentat auf A. v. Kotzebue 1819 im Tornister. Heine, ein Patriot ganz anderer Geistesart, charakterisierte sie 1836 spöttisch als einen Bd. von »guten Melodien und schlechten Versen«.
🎬 *1912. Theodor Körner* (R: F. Porten/G. Dammann, 1912).

1815
Joseph von Eichendorff

* 10.3.1788 auf Schloss Lubowitz (Oberschlesien). Jurastudium in Halle (1805–06), Heidelberg (1807–08) und Wien (1810–12). 1813–15 Teilnahme am Befreiungskrieg. Ab 1816 im preußischer Staatsdienst u. a. in Breslau (bis 1821), Danzig (bis 1824), Königsberg (bis 1831) und Berlin. 1841 Ernennung zum Geheimen Regierungsrat, 1844 vorzeitiger Ruhestand, 1855 Umzug nach Neisse (Schlesien). † 26.11.1857 in Neisse. Gedenkstätten: Ebersberg (D), Neisse (G), Ratibor (D), Wangen (M).

Ahnung und Gegenwart

UT: *Ein Roman*

Roman. Entst. 1810–12, Vorwort von Fr. de la Motte Fouqué.

Der junge Graf Friedrich begibt sich nach seinem Studium auf eine Bildungsreise. Er begegnet dabei einer Vielzahl sehr unterschiedlicher Menschen und befreundet sich mit dem Grafen Leontin, mit dem er weiter durch das Land reist (1. Buch). Während eines Aufenthalts in der Residenz

(2. Buch) lernt er deren vornehme Gesellschaft kennen, darunter auch Frauen, die ihn mit ihrer sinnlichen Leidenschaft (Romana) reizen oder die er wegen ihrer Verführbarkeit (Rosa) verliert. Diese der Erotik verfallene, eitle Welt ohne Bindung an Religion und Vaterland stößt ihn ab. Nachdem er an dem erfolglosen Aufstand der Tiroler gegen Napoleon teilgenommen hat, wird Graf Friedrich Mönch, während Leontin nach Amerika auswandert (3. Buch).

Auch wenn in dem aus 3 Büchern bestehenden Roman eine Struktur erkennbar ist (Aufbruch in die Welt, verwirrende Begegnung und Rückzug), fehlt eine strenge formale Konzeption: Die Handlung ist aufgelöst in Episoden, der Raum ist als konkrete, erfahrbare Wirklichkeit aufgehoben und ersetzt durch eine Welt der Empfindungen, erzeugt aus dem Arsenal der typischen Bildersprache des Dichters und über 50 eingestreuten Gedichten (bekannt v. a. durch ihre Anfänge wie z. B. »O Täler weit, o Höhen«, »Laue Luft kommt blau geflossen«, »Dämmrung will die Flügel spreiten«, »In einem kühlen Grunde«). In dieser »Willkür des Dichters« (Fr. Schlegel) äußert sich das Bestreben E.s (auf der Grundlage seines katholischen Glaubens), durch ›Poesie‹ Halt zu finden in einer Gegenwart, die – wie Friedrich es ahnungsvoll formuliert – als »ein unerhörter Kampf zwischen Altem und Neuem« aus den Fugen zu geraten droht.

Rezeption: Der Roman hatte nur eine geringe Wirkung. Viele der in ihm enthaltenen Gedichte wurden jedoch durch Vertonung populär.

Weiteres Werk: → *Das Marmorbild* (Novelle, 1818).

1815
Ludwig Uhland

* 26.4.1787 in Tübingen. 1805–10 Jurastudium in Tübingen, ab 1811 Tätigkeit als Rechtsanwalt, 1820–26 und 1831–38 Mitglied des württembergischen Landtags (liberale Opposition). 1829–33 Professor für Sprache und Literatur in Tübingen, ab 1838 Privatgelehrter. 1848 Abgeordneter in der Frankfurter Nationalversammlung. † 13.11.1862 in Tübingen. Gedenkstätten: Bebenhausen (D), Berlin (D), Marbach (M), Stuttgart (D), Tübingen (D, G).

Gedichte

Zu seiner Zeit war U. einer der volkstümlichsten und öffentlich anerkanntesten Dichter, weil er auf eine schwäbisch-unverwechselbare Weise romantische Poesie und liberale Politik in Einklang zu bringen vermochte (→ *Romantik*, → *Politische Lyrik im Vormärz*). Seine Lyrik ist gekennzeichnet durch die Neigung, das Subjektive gegenüber der Darstellung von allgemein empfundenen Einsichten und Erfahrungen, die das Politische einschließen, zurücktreten zu lassen. Seine Hinwendung zum Kleinen, die Einbeziehung des alltäglichen Lebens, aber auch die Nähe zur Idylle, zum

Träumerischen, sowie die Schlichtheit der Sprache und Einfachheit der Bilder begründeten die Volkstümlichkeit seiner Gedichte, von denen viele bis heute populär geblieben sind (z. B. *Die Kapelle, Frühlingsglaube, Einkehr, Die versunkene Krone*). Zum Volkslied wurde *Der gute Kamerad* (»Ich hatt' einen Kameraden«, entst. 1809, ED: 1812, vertont von Fr. Silcher).

U.s Neigung zum Epischen gewann ihren bevorzugten Ausdruck in der Ballade. Die Stoffe dafür fand er v. a. in der regionalen Geschichte und Sagenwelt sowie im Mittelalter, z. B. *Bertran de Born* (1829), *Des Sängers Fluch* (1815), *Das Glück von Edenhall* (1834).

Rezeption: U. war zu Lebzeiten, nach Goethe und noch vor Heine, der erfolgreichste Lyriker in Deutschland. 1866 erschien die 50. Auflage seiner *Gedichte*, die zahlreiche Übers.n sowie Vertonungen durch Fr. Schubert, R. Schumann, J. Brahms und Fr. Silcher erfuhren.

Weitere Werke: *Sechs vaterländische Gedichte* (1816), *Ernst, Herzog von Schwaben* (Tragödie, 1818), *Ludwig der Baier* (Tragödie, 1819).

1815/1816
Heinrich Clauren

* 20.3.1771 als Carl Heun in Dobrilugk (Niederlausitz). Nach Jurastudium in Göttingen und Leipzig Privatsekretär, 1801–10 Gutsverwalter, 1813 preußischer Hofrat. Nach der Teilnahme am Befreiungskrieg preußischer Geschäftsträger in Sachsen (1815–19), ab 1820 Hg. der *Allgemeinen Preußischen Staatszeitung* in Berlin. † 2.8.1854 in Berlin (G).

Mimili

Roman. ED in: *Der Freimüthige* (1815); erweiterte BA: 1816.

Zusammen mit J. v. Voß, neben und nach A. Lafontaine und A. v. Kotzebue, gehört H. Clauren (Anagramm aus Carl Heun) zu den erfolgreichsten Unterhaltungsschriftstellern der 1. Hälfte des 19. Jh. Den bekannten Ingredienzen des Genres (→ *Unterhaltungsromane um 1800*) fügte er kaum neue Elemente hinzu, mischte sie jedoch bewusst und gekonnt, indem er zeitgemäß Patriotisches mit Erotischem, Erbauliches mit Frivolem, Gebildetes mit Trivialem verband. Der Romaninhalt: Der preußische Offizier Wilhelm verliebt sich in eine Unschuld aus den Alpen, die Mimili, muss aber seine sinnliche Begierde zügeln, erst noch in den Krieg und dort beinahe sterben, ehe Mimili ihn heiraten und ihm einen Sohn schenken kann.

Der gewaltige Publikumserfolg provozierte W. Hauff zu einer unter Cl.s Namen veröffentlichten Parodie *Der Mann im Monde* (1826), die weithin als echter Text von Cl. missverstanden wurde, sowie zu einem direkten Klartext über die »Mimili-Manier« in der *Controvers-Predigt über H. Clauren* (1827). Unzweifelhaft verdiente Cl. die Kritik, weil er einmal mehr das von der Aufklärung bis zur Romantik reichende Projekt der Kunstautonomie an den Markt verraten hatte, doch dieser Markt war letztlich das Schicksal aller Schriftsteller, und wer den ökonomischen Erfolg suchte, ging bis heute mehr oder weniger Cl.s Weg.

Rezeption: Hauffs Verriss schadete der zeitgenössischen Wirkung Cl.s kaum, wohl aber der langfristigen Rezeption.

Weitere Werke: *Das Raubschloß* (Erzählung, 1812), *Vergißmeinnicht* (Almanach, 1818–34).

1815/1816

Ernst Theodor Amadeus Hoffmann

Biogr.: → 1813–15

Die Elixiere des Teufels

UT: *Nachgelassene Papiere des Bruders Medardus eines Capuziners*

Roman. 2 Bde., anonym veröffentlicht. Bd. 1: 1815; Bd. 2: 1816.

Dieses als Autobiographie eines Mönchs ausgegebene Werk, »einer der wüstesten aller Romane« (R. Vollmann), schildert auf spannungsvolle Weise und unter Anlehnung an zeitgenössische Schauerromane (→ *Unterhaltungsromane um 1800*), wie der Kapuzinermönch Medardus ein Teufelselixier trinkt, danach in Liebe zu einer schönen Unbekannten entbrennt und auf einer Reise nach Rom und zurück nach Süddeutschland in Morde, Ehebruch und Inzest verwickelt wird. Dabei hat er sich mit einem Doppelgänger auseinanderzusetzen, bis schließlich die Ursache der schaurigen Verwicklungen deutlich wird: Fast alle handelnden Personen sind miteinander verwandt und unterliegen seit Generationen einem Fluch, der die verbrecherischen Geschicke der Familie bestimmt. Reuig ins Kloster zurückgekehrt, zeichnet Medardus kurz vor dem Tod seine Erlebnisse im Sinne einer ›Bußübung‹ auf.

Es geht in H.s erstem Roman um ein für die späte Romantik bedeutsames Thema: die Spannung zwischen dem Einzelnen und dämonischen Kräften, die sich seiner bemächtigen oder bemächtigen wollen, indem sie auf sein Unbewusstes einwirken, seine Triebe verlocken und seinen freien Willen brechen. Medardus ist durch den Fluch seinem Schicksal ausgeliefert, das in Freiheit sich selbst bestimmende Ich ist gestört (veranschaulicht im Motiv des Wahnsinns, des Doppelgängers, oder – in anderen Werken – des Automaten). Gefährdung bzw. Spaltung des Individuums – die Vorwegnahme dieser Erfahrung macht die Modernität H.s aus.

Rezeption: Zu H.s Lebzeiten gab es keine weitere Auflage. Verbreitete, nachhaltige Wirkung erzielte H. v. a. in Frankreich (gefördert durch Heine) und Russland. Die *Elixiere* sind »einer der in Deutschland sehr seltenen Unterhaltungsromane von literarischem Rang« (H. Steinecke). 🎬 R: R. Kirsten (1972), R: M. Purzer (1976, TV), R: H. Hasenow (1976).

Weiteres Werk: → *Nachtstücke* (Erzählungen, 1816/17).

1816/1817

Johann Wolfgang von Goethe

Biogr.: → 1773, 1787, 1811–33

Italienische Reise

OT: *Aus meinem Leben*; ab 1829: *Italiänische Reise*

Autobiographische Schrift und Reisebericht. Grundlagen: *Tagebuch der italienischen Reise für Frau von Stein 1786* (geschrieben während der Reise, ED: 1886) sowie Briefe und die Publikationen: *Auszüge aus einem Reisejournal* (ED: 1788/89), *Das Römische Carneval* (ED: 1789). Entst. (Buchfassung) ab 1813; ED: Teil 1 (1816), Teil 2 (1817); als 3. Teil gilt seit 1829 der *Zweite Römische Aufenthalt*.

Der Bericht schildert G.s Reise nach Italien (3.9.1786 – 18.6.1788), die ihn von Karlsbad über den Brenner nach Venedig und Rom, von dort über Neapel nach Sizilien zurück nach Rom (7.6.1787 – 23.4.1788) sowie über Florenz und Mailand zurück nach Weimar führte. G. nahm mit dieser langen Reise eine fluchtartige Auszeit in einem ›Arkadien‹, in dem er sich als (klassischer) Dichter wiederfand – jenseits der Jahre des → *Sturm und Drang* bis 1775 und der Tagespolitik in Weimar ab 1775 (→ *Weimarer Klassik und Klassisches Weimar*). Erst in Italien gelang ihm auch die Fertigstellung der *Iphigenie* (→ 1787) und des → *Egmont* (1788).

Von Konzeption und Werkkontext (→ *Aus meinem Leben*, 1811–33) her ist der Bericht ein autobiographischer Text, wobei es G. – im Rückblick auf sein Leben und Werk – v. a. darum ging, das ›Resultat‹ seiner Bildungsgeschichte zu präsentieren. Bei dieser »Objectivirung des Vergangenen« (E. Schmidt) wurden die authentischen Materialien (Tagebuch, Briefe) stark bearbeitet und zugleich mit späteren Texten so zusammenmontiert, dass die Italien-Erfahrung zur Chiffre für die Wiedergeburt zur Kunst und zur Begründung einer klassischen Kunst- und Naturauffassung wurde. Mit Letzterer bezog G. zugleich Stellung gegen die → *Romantik* (sog. Nazarener) nach 1809. Entgegen der Werkintention wurde die *Italienische Reise* durch die Rezeption zu einem Klassiker deutscher Italienbücher, mit dem man auf G.s Spuren das Land bereiste. Anders jedoch als in J. G. Seumes → *Spaziergang nach Syrakus im Jahre 1802* (1803), der ein zeitkritisches Bild Italiens zeichnete, bleibt G.s Bericht im Rahmen seiner Bildungsreise in den Gefilden von Kunst, Persönlichkeit und überzeitlicher Natur.

Rezeption: Die *Italienische Reise* fand als autobiographische Schrift kaum Beifall, wurde jedoch im Verlaufe des 19. Jh. sowie parallel zum Wachsen des G.-Kults als Reisebericht berühmt und prägte für lange Zeit das dt. Italienbild (Antike, Kunst, Natur, Landschaft, Menschen).

Weiteres Werk: → *West-östlicher Divan* (Gedichtzyklus, 1819).

1816/1817
Ernst Theodor Amadeus Hoffmann

Biogr.: → 1813–15

Nachtstücke

Slg. von Erzählungen. Entst. 1814–17, anonym veröffentlicht: Bd. 1 (1816: *Der Sandmann, Ignaz Denner, Die Jesuiterkirche in G., Das Sanctus*), Bd. 2 (1817: *Das öde Haus, Das Majorat, Das Gelübde, Das steinerne Herz*).

Der Titel bezieht sich auf die ›nocturni‹ in der Malerei (in dunklen Farben gehaltene Nachtbilder), verweist aber auch auf den Inhalt der Erzählungen, in denen es um die menschlichen ›Nachtseiten‹ (Unbewusstes, Magisches, Wahnsinn, Spuk, Zauberei) geht. Die bedeutendste dieser Erzählungen, *Der Sandmann*, handelt von dem Studenten Nathanael, der durch einen Händler alptraumhaft an den Advokaten Coppelius erinnert wird. Dieser war für ihn nicht nur der gefürchtete ›Sandmann‹ seiner Kindheit, sondern hatte zudem den Tod seines Vaters verschuldet. Nathanaels Braut versucht vergeblich, ihn rational von seinen Zwangsvorstellungen zu befreien; er wendet sich von ihr ab, da sie gefühllos wie ein ›Automat‹ sei, und verliebt sich in Olimpia, eine mechanische Puppe, die er aufgrund seiner Wunschprojektionen für lebendig hält. Nach Zerstörung dieser Illusion wird er wahnsinnig und nimmt sich das Leben.

Die Vielschichtigkeit der Erzählung, deren zentrale Metapher das Sehen bzw. das ›Versehen‹ ist, hat zu sehr unterschiedlichen Deutungen geführt. Die geringe Distanz des Erzählers zum Erzählten, die dem Leser keine sichere Perspektive bietet, wurde als Vorgriff auf Erzählhaltungen der Moderne gewertet.

Als bedeutend gilt auch *Das Majorat* (d. i. das Recht, das dem Ältesten der Erbberechtigten die Erbfolge zuspricht): Der Ich-Erzähler berichtet, wie er auf einem Schloss in Kurland nach einem Spuk gerettet wird. Später erfährt er, dass auf der Familie des Schlossbesitzers ein Fluch liegt, ausgelöst durch einen Mord nach einem Erbstreit und dem Tod des Mörders, der nun als Gespenst erscheint: Ausdruck der Erscheinung einer Macht, die die Familie schließlich auslöscht. Einer solchen Macht wäre auch der Ich-Erzähler beinahe verfallen: durch seine blinde Liebe zur Schlossherrin, die ihn fast zum Verlust der Wirklichkeit und zur Zerstörung seiner selbst geführt hätte.

Rezeption: »Entsetzlicher Angstschrei in zwanzig Bänden«: so bezeichnete Heine das Gesamtwerk H.s, in dem die *Nachtstücke* von zentraler Bedeutung sind. S. Freud entwickelte 1919 anhand der Erzählung *Der Sandmann* seine Theorie des Unheimlichen. ♬ J. Offenbach: *Hoffmanns Erzählungen* (Oper, 1881 – z. T. auf *Der Sandmann* basierend). 🎬 *Der Sandmann: La poupée vivante* (R: G. Mélies, 1909), *Hoffmanns Erzählungen* (R: L. Kolm u. a., 1911; R: M. Neufeld, 1923), *The Tales of Hoffmann* (R: M. Powell u. a., 1951), *El fantastico mundo del Dr. Coppelius* (R: T. Kneeland, 1966), *Olympia* (R: O. Thoren, 1982, TV), *Olympias Wiederkehr* (R: Fr. Wesel, 1983, TV), *Der Sandmann* (R: D. Damek, 1983, TV; R: E. Schmidt, 1992).

Weitere Werke: *Klein-Zaches genannt Zinnober* (Märchen, 1819), → *Die Serapions-Brüder* (Erzählungen, 1819–21).

1817
Clemens Brentano

Biogr.: → 1801

Geschichte vom braven Kasperl und dem schönen Annerl

Novelle. ED: *Gaben der Milde* (1817, herausgegeben von Fr. W. Gubitz, Bd. 2); BA: 1835.

Die kunstvoll aufgebaute Novelle (Rahmenhandlung mit zwei Binnenhandlungen, von denen eine am Ende in die Rahmenhandlung übergeht) ist B.s »novellistisches Meisterwerk« (G. Schulz). Eine alte Bäuerin berichtet dem Erzähler die Geschichte des Ulanen Kasperl, dem es, bestohlen vom eigenen Vater, sein außergewöhnliches Ehrgefühl nicht erlaubt, als Sohn eines Diebes weiterzuleben. Auch das Schicksal Annerls, seiner Braut, ist bestimmt durch einen hohen Ehrbegriff: Sie wurde von einem Adligen verführt, tötete ihr Kind und wartet nun auf die Hinrichtung. Wenn auch übertrieben in der Auslegung, zeigt sich in diesem Beharren auf persönliche Ehre die Absicht der beiden, ihr Leben würdevoll und selbstbestimmt zu führen; doch diese Absicht misslingt, da ihr Schicksal, wie immer wieder betont wird, vom Wirken dämonischer Mächte geprägt ist (»Es hat sie mit den Zähnen gezogen«). Die Bäuerin, die diese Geschehnisse berichtet, Großmutter Kasperls und Patin Annerls, möchte für beide ein ›ehrliches‹ Begräbnis erreichen (d. h. sie vor der Anatomie bewahren), wobei ihr Ehrbegriff religiös motiviert ist (»Gib Gott allein die Ehre«): Sie glaubt an einen Gott, der dem Menschen nicht die Möglichkeit und die Kraft gibt, sein Leben selbst in die Hand zu nehmen. Ihre naiv-unbeugsame Glaubensgewissheit beschämt und beeindruckt den in seinem reflektierten Künstlertum unsicher gewordenen Erzähler, hinter dem auch B. zu erkennen ist, der 1817 zum katholischen Glauben zurückkehrte und sich von seinem romantischen Frühwerk distanzierte.

Weitere Werke: *Gockel Hinkel Gakelaja* (Märchen, 1838), *Romanzen vom Rosenkranz* (fragmentarisches Versepos, 1852/1912).

Historischer Roman

GESCHICHTE: Geschichtliche Stoffe prägten dichterische Gattungen wie das Versepos, das Drama oder die Prosaerzählung seit jeher; doch erst mit dem Umbruch der Zeitwahrnehmung ab der 2. Hälfte des 18. Jh. (Geschichte als Prozess, Verzeitlichung der Vergangenheit, Dynamisierung von Gegenwart und Zukunft), hervorgerufen durch tiefgreifende sozialökonomische und politische Veränderungen (Industrielle und politische

Revolution), wurde Geschichte zu einem neuartigen Thema, insbesondere des inzwischen als eigenständige Kunstgattung anerkannten Romans: Nicht nur entstand jetzt der Begriff ›Zeitroman‹ (Cl. Brentano, 1809), der sozusagen die ›Geschichte‹ der Gegenwart behandelt, sondern es entwickelte sich auch der Formtypus des historischen Romans, angeregt durch W. Scotts Romane *Waverley* (1814, deutsch 1821) und *Ivanhoe* (1819, deutsch 1820).

Kennzeichen dieses Erzählmodells, das nach dem 1. Drittel des 19. Jh. Schule machte, sind: Darstellung einer historischen Epoche, die mehr als nur Zeitkolorit bietet und Geschichte verlebendigen will; Zentrierung um eine typische Mittelpunktsfigur (›mittlerer Held‹) mit der Tendenz, an ihr das Wirken objektiver Geschichtsmächte zu verdeutlichen; Herausarbeiten des inneren Bezugs (Nutzen) von dargestellter Vergangenheit und aktueller Gegenwart. Im Formtypus war zudem von Anfang an die »Dialektik von Faktizität und Fiktionalität« (N. Eke) angelegt, wobei die Bereiche mit jeweils unterschiedlicher Gewichtung behandelt werden. Die Variationsbreite des historischen Romans ist in allen Nationalliteraturen beträchtlich und reicht vom großen Nationalepos bis zum Unterhaltungsroman sowie von der Affirmation restaurativer politischer Verhältnisse bis zu ihrer Kritik – jeweils im Lichte einer gewählten geschichtlichen Perspektive. Verfasser herausragender istorischer Romane außerhalb des deutschen Sprachraums waren (bis etwa 1850): W. Scott, E. G. Bulwer-Lytton, J. F. Cooper, A. de Vigny, P. Mérimée, V. Hugo, A. Dumas, A. Manzoni, A. Puschkin, N. Gogol.

Anfänge des deutschen historischen Romans finden sich bei Benedikte Naubert (z. B. *Walther von Montbarry*, 1786), A. v. Arnim (→ *Die Kronenwächter*, 1817/54) und Caroline de la Motte Fouqué (→ *Die beiden Freunde*, 1824), deren Romane sich mit dem Formtypus des Familien- sowie des romantischen Epochen- bzw. des modernen Zeitromans verknüpfen. In der erklärten Nachfolge W. Scotts traten auf: Karoline Pichler (*Die Belagerung Wiens*, 1824; *Die Schweden in Prag*, 1827), W. Hauff (→ *Lichtenstein*, 1826) sowie v. a. W. Alexis (*Walladmor*, 1824; *Cabanis*, 1832; *Der Roland von Berlin*, 1840; *Der falsche Woldemar*, 1842; → *Die Hosen des Herrn von Bredow*, 1846; → *Ruhe ist die erste Bürgerpflicht*, 1852). Weitere historische Romane: H. Zschokke: *Addrich im Moos* (1825); L. Tieck: *Der Aufruhr in den Cevennen* (1826), *Der Hexensabbat* (1832), *Vittoria Accorombona* (1840); C. Spindler: *Der Jude* (1827); L. Rellstab: *1812* (1834); W. Meinhold: *Maria Schweidler. Die Bernsteinhexe* (1843); H. Kurz: *Schillers Heimatjahre* (1843), *Der Sonnenwirt* (1854) und noch Th. Fontane: → *Vor dem Sturm* (1878). Nach 1850 wuchs dann einerseits der Anspruch auf historische Wahrheit gegenüber dichterischer Fiktion (sog. ›Professorenroman‹), andererseits das Interesse, den nationalliberalen Wunsch nach deutscher Einheit und Größe durch den historischen Roman zu beglaubigen. Beispiele hierfür sind: J. V. v. Scheffel: → *Ekkehard* (1855), H. Laube: *Der Deutsche Krieg* (1863–66), G. Freytag: Die *Ah-*

nen (1872–81), F. Dahn: *Ein Kampf um Rom* (1876). Abweichungen bzw. Alternativen zu diesem Typus bilden die stärker gesellschaftskritisch geprägten historischen Romane von A. Stifter: → *Witiko* (1865–67), Louise v. François: → *Die letzte Reckenburgerin* (1870), W. Raabe, C. F. Meyer und Th. Fontane.

1817/1854
Achim von Arnim

Biogr.: → 1810

Die Kronenwächter

UT: *Berthold's erstes und zweites Leben* (Teil 1)

Roman. 1. Teil eines geplanten vierbändigen Werks, entst. ab 1805. Fragmente des 2. Teils gab B. v. Arnim 1854 heraus.

Nicht um »eine geschichtliche Wahrheit« gehe es ihm, sondern um »eine geahndete Füllung der Lücken in der Geschichte«, schreibt A. in der Einleitung: Die Kronenwächter, ein reaktionärer Geheimbund, der die Wiederherstellung des mittelalterlichen Stauferreichs vorbereitet, lassen um 1500 aus dem angeblichen Findelkind Berthold (einem Nachkommen der Staufer) einen reichen Fabrikanten und Bürgermeister werden. Als dieser tödlich erkrankt, wird ihm durch eine Blutübertragung ein zweites Leben geschenkt, das er aber nur dazu nutzt, abgelebten Idealen der Adelswelt nachzueifern. Er scheitert und stirbt an der Wunde der Transfusion. Im 2. Teil sollte Anton, der kraftvolle Halbbruder Bertholds, losgelöst von den Bestrebungen der Kronenwächter und ihrer gläsernen Phantasieburg am Bodensee, die Kaiserwürde erhalten, doch er entscheidet sich für das Künstlerdasein.

Auf der Grundlage eines umfangreichen Quellenstudiums ließ A. ein lebendiges Bild des späten Mittelalters entstehen, das er mit erzählerischer Phantasie erweiterte, zugleich aber auch kritisch vertiefte. Anders als vor ihm einige Vertreter der → *Romantik*, die zur Verklärung des Mittelalters neigten (vgl. z. B. Novalis: → *Heinrich von Ofterdingen*, 1802), sah er in dieser Welt kein Vorbild, das zu restaurieren sich lohnte. A.s Held ist daher ein »Antiheld« (V. Vordtriede), sein Geschichtsroman eher ein verkappter Zeitroman und seine Botschaft für das nach 1815 nach nationaler Erneuerung strebende Deutschland moralisch-politisch: »Die Auflösung ist endlich, daß die Krone Deutschlands nur durch geistige Bildung erst wieder errungen werde.«

Rezeption: Die Bedeutung des lange Zeit wenig beachteten Romans wurde erst nach 1945 angemessen gewürdigt.

Weiteres Werk: → *Der tolle Invalide auf dem Fort Ratonneau* (Novelle, 1818).

1818
Achim von Arnim

Biogr.: → 1810

Der tolle Invalide auf dem Fort Ratonneau

Erzählung. ED: *Gaben der Milde* (1818).

Ein brennendes Holzbein – mit dieser drastischen, aber humorvoll dargestellten Situation beginnt die Erzählung, die unausweichlich auf eine Katastrophe zuzusteuern scheint. Das Holzbein gehört dem gutmütigen alten Kommandanten von Marseille, der den seit dem Siebenjährigen Krieg an einer Kopfverletzung leidenden, zur Gewalttätigkeit neigenden Invaliden Francoeur als Feuerwerker im Fort Ratonneau angestellt hat. Rosalie, Francoeurs Frau, glaubt, dass der Fluch ihrer Mutter Schuld sei am Verhalten ihres Mannes. Nach einer versuchten Teufelsaustreibung glaubt Francoeur an ein Verhältnis seiner Frau mit dem Kommandanten, erklärt diesem den Krieg und bedroht Marseille mit den Kanonen des Forts. Bevor es zur Erstürmung kommt, begibt sich Rosalie unter Lebensgefahr auf das Fort, wo sich nach einem Wutanfall Francoeurs dessen Wunde öffnet. Francoeur kommt zur Besinnung, bekennt sich zu seiner Frau und bleibt straffrei, da ein Knochensplitter als Ursache der ›Tollheit‹ identifiziert wird.

Indem die dramatische Handlung in eine humorvolle, fast heitere Rahmenhandlung eingebettet wurde, gelang A. eine Erzählung, die durch die Thematik (Fremdbestimmung durch dämonische Mächte) zwar mit der (Schauer-)Romantik verbunden ist, zugleich aber auch über sie hinausgeht: Rosalies Liebe zu Francoeur ist stärker als diese Mächte – und die ›Tollheit‹ hat eine rational erklärbare Ursache.

🎬 *Lebenszeichen* (R: W. Herzog, 1968).

Weiteres Werk: *Die Majoratsherren* (Novelle, 1820).

1818
Joseph von Eichendorff

Biogr.: → 1815

Das Marmorbild

UT: *Eine Novelle*

Begonnen 1808/09, vollendet 1817. ED: *Frauentaschenbuch für das Jahr 1819* (1818); BA: 1826.

Unterwegs nach Lucca wird der junge Edelmann und Poet Florio nachts in einem Park durch eine marmorne Venusfigur vexiert, die er später in der Herrin des Parks wiederzuerkennen glaubt. Diese stellt sich als die heidnische Frau Venus heraus, die ihn durch ihre Sinnlichkeit magisch anzieht. Als er ihr gänzlich zu verfallen droht, rettet ihn ein Gebet – Venus wird wieder zum Marmorbild, das Schloss zur Ruine. Auf dem Weg nach Mailand ge-

lingt es dem Sänger Fortunato, Florios Freund, ihn durch den Hinweis auf die heilige Jungfrau aus der Verzauberung zu erlösen. Florio findet daraufhin zu der zuvor in seiner Verblendung verschmähten Bianka zurück.
Ein Märchen, so nannte E. diese Novelle auch, denn: Das Erzählte ist in wesentlichen Teilen nicht gebunden an die Bedingungen der Realität, um ein für die → *Romantik* typisches Motiv darstellen zu können: das Streben nach einem jenseits des Alltags liegenden Glück. Diese Sehnsucht – hier im Bereich des Eros erhofft – ist außergewöhnlich verlockend, aber ebenso gefährdend. Die für E. charakteristische Dämonisierung der Sinnlichkeit in Gestalt der betörenden Venus bedroht zwar Florios Leben und Künstlertum, wird jedoch durch festes Gottvertrauen und Selbstdisziplinierung überwunden. Aber: Das *Marmorbild* klingt »in der Forderung nach Bändigung einer Kunst aus, die die Novelle selbst auf das üppigste inszeniert« (G. Schulz).

Rezeption: Neben dem *Taugenichts* wurde das *Marmorbild* zur bekanntesten Erzählung E.s sowie zu einem Schulklassiker.
Weitere Werke: *Krieg den Philistern* (Drama, 1824), → *Aus dem Leben eines Taugenichts* (Novelle, 1826).

1819
Johann Wolfgang von Goethe

Biogr.: → 1773, 1787, 1811–33

West-östlicher Divan

Gedichtzyklus, entst. ab 1814. ED: 1819, erweiterte Ausgabe: 1827. Beigefügt ist der Aufsatz *Besserem Verständniß*, ab 1827 u.d.T. *Noten und Abhandlungen zu besserem Verständniß des West-östlichen Divans.*

In Anlehnung an die 1812/13 erschienene deutsche Übersetzung der Gedichte des persischen Dichters Hafis (14. Jh.) wählte G. den Titel *Divan* (persisch ›Liedersammlung‹). Mit dem Zusatz »west-östlich« spielte er sowohl auf seine von Weimar aus begonnene Rheinreise (1814) in den Westen wie auch auf das Wechselverhältnis von (persischem) Orient und (europäischem) Okzident an. Der Zyklus enthält 196 (1827 auf 239 erweiterte) Gedichte in 12 Büchern. Er ist nach den → *Römischen Elegien; Venezianischen Epigrammen* (1795; 1796) und den *Sonetten* (entst. 1807–08, ED: 1815/27) G.s letzte große zyklische Gedichtsammlung. G. entdeckte mit diesen Gedichten für sich nicht nur den Geist und die poetische Welt ›im reinen Osten‹, sondern entfloh mit ihnen auch einer von ihm kritisch betrachteten Gegenwart, wo – wie das Eingangsgedicht *Hegire* vermerkt – »Throne bersten, Reiche zittern«. Rheinische Landschaft, die Liebe zu einer verheirateten Frau (Marianne von Willemer), Kunstgenuss und die geistige Aneignung des morgenländisch Fremden durch die Poesie inspirierten ihn zu

einer lyrischen Komposition, die an der Schwelle zum Alterswerk steht, in dem das Zyklische die gemäße Ausdrucksform wird.
Der Zyklus behandelt in lockerer Folge die Themen Kunst, Liebe, Moral und Religion, die er in ihren verschiedenen Aspekten sowohl polar gegenüberstellt als auch dialogisch entfaltet und auf diese Weise vieldeutig miteinander verflicht. Einige Gedichte wurden so bekannt, dass sie auch außerhalb des Zyklus' Geltung erlangten (z. B. *Selige Sehnsucht*, *Gingo biloba*, *Wiederfinden*); einige wenige Gedichte stammen von M. v. Willemer (z. B. »Ach, um deine feuchten Schwingen«). Ungewöhnlich für G. ist, dass er dem Ganzen in Gestalt der *Noten und Abhandlungen* eine Interpretationshilfe beigab.

Rezeption: Die Slg. war ein Misserfolg: »Das ganze Jahrhundert hindurch sprach man davon wie von einer Verlegenheit« (H. Mayer); erst die G.-Forschung des 20. Jh. erhob den Zyklus zu einem der meistkommentierten Werke G.s – nach dem *Faust* (→ 1808 und 1832). Der *Divan* steht am Anfang dt. Orientlyrik (Fr. Rückert, A. v. Platen u. a.).
Weitere Werke: *Urworte. Orphisch* (Stanzen, 1820), → *Wilhelm Meisters Wanderjahre* (Roman, 1821/29).

1819–1821
Ernst Theodor Amadeus Hoffmann

Biogr.: → 1813–15

Die Serapions-Brüder

UT: *Gesammelte Erzählungen und Märchen*

Slg. von Erzählungen und Märchen, die – bis auf wenige Ausnahmen – ab 1813 verstreut erschienen waren. Bd. 1 und 2 (1819), Bd. 3 (1820), Bd. 4 (1821).

Der Titel bezieht sich auf eine Gruppe von Dichterfreunden um H., deren Gründung auf den Namenstag des heiligen Serapion (14.11.) fiel. Um die sehr unterschiedlichen 28 Einzelwerke der Sammlung zu verbinden, wählte H., angeregt auch durch L. Tiecks Sammelwerk → *Phantasus* (1812/16), als Rahmenhandlung die geselligen Zusammenkünfte dieser Gruppe, auf denen die Texte vorgetragen wurden. Man einigte sich dafür auf ein poetisches Konzept, das ›serapiontische Prinzip‹: Es fordert die Darstellung einer auf Phantasie begründeten Wirklichkeit, deren Entstehung ausgelöst wird durch die reale Welt, deren Existenz aber von ihr losgelöst ist. Über eine solche Kraft der Einbildung müsse der Dichter verfügen – so H. –, sie in seiner Dichtung umsetzen und so auf gleichsam magische Art sichtbar machen, was in der Realität empirisch nicht beweisbar ist, in der Dichtung aber suggestiv erfahrbar gemacht werden könne: die Existenz von unsichtbaren, zumeist dämonischen Kräften, die die Welt der Philister bedrohlich verunsicherten und das Leben der Menschen schicksalhaft bestimmen könnten.

In den einzelnen Erzählungen wird das serapiontische Prinzip variiert, wobei die Varianten vom geglückten Ausgleich zwischen Phantasie und Wirklichkeit (z. B. *Brautwahl*, *Meister Martin der Küfner und seine Gesellen* und H.s berühmteste Erzählung *Das Fräulein von Scuderi*) bis zum völligen Bruch bzw. Missverhältnis (z. B. *Die Bergwerke zu Falun, Der unheimliche Gast* u. a.) reichen. H.s dualistische Weltsicht zeigt sich auch in der Darstellung des Künstlertums. Besonders die Musik bietet hier die Möglichkeit, der Enge der Philisterwelt zu entfliehen und in einen von ihr losgelösten Bereich der Harmonie und vollkommenen Schönheit zu gelangen (z. B. *Die Fermate*, *Der Baron von B.*). So verlockend das Ziel ist, so groß ist jedoch auch die Gefahr, es zu verfehlen und die Selbstverantwortung als Person zu verlieren (*Der Artushof*, *Rat Krespel*).

Die tödlichen Träume (R: P. Martin, 1950), *Die Schätze des Teufels* (R: E. York, 1955), *Die seltsamen Abenteuer des Geheimkanzlersekretärs Tusmann* (R: H. Käutner, 1971, TV), *Albertine oder Das schlimme Ding* (R: G. Keil, 1980).

Weiteres Werk: → *Lebens-Ansichten des Katers Murr* (Roman, 1819/21).

1819/1821

Ernst Theodor Amadeus Hoffmann

Biogr.: → 1813–15

Lebens-Ansichten des Katers Murr

OT: *Lebens-Ansichten des Katers Murr nebst fragmentarischer Biographie des Kapellmeisters Johannes Kreisler in zufälligen Makulaturblättern*

Roman in 2 Bdn. Erschienen 1819/21, vordatiert auf 1820/22. Ein geplanter Bd. 3 kam nicht zustande.

H.s zweiter Roman beinhaltet zwei Lebensgeschichten: die Autobiographie des Katers Murr und das durch Zufall bei der Abfassung in sie hineingeratene Biographiefragment des Kapellmeisters Kreisler (bekannt aus H.s → *Fantasiestücke in Callot's Manier*, 1813–15). Der durchaus eitle Kater beschreibt – ganz im Stil des → *Bildungsromans* und folglich als Parodie zu lesen – seine Entwicklung zum ›großen Kater‹ und Dichter, der sich ganz dem seichten Geschmack und den Wünschen nach einer harmonisch dargestellten Welt anpasst, auch wenn ihm seine tierische Natur Schwierigkeiten macht. Kreisler dagegen lebt in einer adligen Gesellschaft, die sich mit ihren Ansprüchen überholt hat und deren Widersprüche er kritisch-ironisch entlarvt – aber die er braucht, weil er als Künstler auf ein Publikum angewiesen ist. Die Problematik der Künstlerexistenz – ein Hauptthema der → *Romantik* – wird also von H. in doppelter Weise satirisch behandelt: Auf der einen Seite steht der Unterhaltungsschriftsteller Murr als Karrieremacher, der bereit ist, die Kunst an den Geschmack der Philister zu verraten; auf der anderen Seite zeigt H. in der Figur Kreislers den romantischen

Künstler, der sich der reinen Kunst verpflichtet fühlt und die Dürftigkeit der realen Nützlichkeitswelt sowie die Dämonie sinnlicher Leidenschaft überwinden will. Doch wie der Name schon andeutet, kreist er dabei um sich selbst und bringt sich somit an den Rand des Wahnsinns, weil er mit seiner Musik weder den Bereich der Vollkommenheit erreichen noch den Forderungen nach Anpassung entgehen kann.

Die kunstvoll-komische Kontrastierung der geordneten Kater-Biographie mit den Bruchstücken der Kreisler-Geschichte deutet eine Verschränkung des Philisterhaft-Unterhaltsamen mit dem künstlerisch Bedeutungsvollen an, die H.s Thema und einzigartige Werk-Leistung ist. Sie zeigt den ›Gespenster-Hoffmann‹ des Frühwerks auch als einen herausragenden »humoristischen Schriftsteller« (H. Steinecke) in der Nachfolge L. Sternes und Jean Pauls.

Rezeption: Der Roman war in Deutschland im 19. Jh. wenig anerkannt, wurde aber in viele Sprachen übersetzt. D. H. Schiff verfasste 1826 eine Fortsetzung: *Nachlaß des Katers Murr.* 🎬 *Johannes Kreisler* (R: G. Hess, 1953, TV).

Weiteres Werk: → *Letzte Erzählungen* (1819–22).

1819–1822
Ernst Theodor Amadeus Hoffmann

Biogr.: → 1813–15

Letzte Erzählungen

Erzählungen.

H.s ab 1819 publizierte Erzählungen, die nicht mehr in die → *Serapionsbrüder* (1819–21) gelangten, wurden nur noch jeweils einzeln bzw. in postumen Sammlungen veröffentlicht: *Die letzten Erzählungen* (1825) und *Erzählungen aus seinen letzten Lebensjahren* (1839). Unter ihnen ragen mehrere Texte hervor: Das satirische Märchen *Klein Zaches genannt Zinnober* (1819) verlacht in der zwergwüchsigen Titelfigur die Borniertheit des Duodez-Feudalismus, in dem Aufklärung zu plattem Nützlichkeitsdenken und Verknechtung verkommt. In der ebenso märchenhaften Erzählung *Prinzessin Brambilla* (1821) entwickelt H. ein verwirrendes Spiel von Identitätsverwechslungen bzw. -wechseln, bis aus dem oberflächlichen Schauspieler Giglio Fava und seiner Verlobten Giacinta ein liebendes Paar wird. Beide modernen Märchen haben – trotz Gesellschaftskritik und Satire – ein gutes Ende. Dem dritten Märchen, *Meister Floh* (1822), wurde eine darin vorkommende Justizsatire zum Verhängnis: Es konnte nur zensiert erscheinen (vollständig erst ab 1908). Im Mittelpunkt steht jedoch, eingebettet in eine bizarre Märchenwelt, der Reifungsprozess des Peregrinus Tyß als Liebender und als Wissenschaftler. In *Des Vetters Eckfenster* (1822) besucht der Erzähler seinen gelähmten Vetter, einen Dichter. Dieser gewinnt nach einer Schaffenskrise neuen Lebensmut, als er feststellt, dass er durch ein Eckfenster hoch über dem Berliner Gendarmenmarkt das bunte Markttreiben beobachten kann und sich nicht mehr vom Leben ausgeschlossen fühlen muss. Dieser Lebens- und künstlerische Gestaltungsmut überträgt sich auf den Erzähler und ›erzeugt‹ die Erzählung. Die detailgenaue Schilderung der Berliner Wirklichkeit um 1820 ist allerdings noch kein Vorgriff auf den → *Realismus.*

Rezeption: E. E. Kisch nannte die Erzählung »das schönste Feuilleton in deutscher Sprache«.

1820–1822
Jean Paul Biogr.: → 1793

Der Komet

OT/UT: *Der Komet oder Nikolaus Marggraf. Eine komische Geschichte*

Roman-Fragment. Bd. 1 und 2: 1820, Bd. 3: 1822; entst. ab 1811.

Der mit allzu viel Phantasie begabte Nikolaus Marggraf aus dem fiktiven Provinzstädtchen Rom glaubt, fürstlicher Abstammung zu sein und eine Prinzessin zu lieben, die er als Kind einmal auf der Durchreise gesehen hat. Selbst Apotheker, aber arm, verschafft er sich durch das ›Backen‹ eines Diamanten Reichtum, macht sich mit einem lächerlichen Hofstaat auf die Suche nach Vater und Geliebter, trifft unterwegs den Kandidaten Richter (d. i. der junge J. P.) und zieht im Glauben, als »Fürst der Welt« Gutes tun zu können, in die Residenzstadt. Dort begegnet er seinem Gegenteil, Kain, einem ganz in Leder gekleideten, unheimlichen Wahnsinnigen, der behauptet, der Teufel zu sein, die Welt als ein Tollhaus bezeichnet und alle Menschen als Narren verurteilt. In einer abrupten Wendung nimmt Kain seinen Negativismus dann aber zurück und wünscht nur noch, »geliebt zu werden und lieben zu dürfen.« Hier bricht der Roman ab.

In Marggraf und Kain kritisiert J. P. in parodistischer Übertreibung künstlerisch-philosophische Einstellungen (auch seine eigene Veranlagung dazu), die die Phantasie absolut setzen und aus dem ›Gut-Denken‹ ein übergeschnapptes Gutdünken machen, das die Menschen ohne metaphysischen Halt in Isolation und Gefühlskälte treibt (vgl. Schoppe in → *Titan*, 1800–03). Auf diesen haltlosen Status spielt auch der Romantitel an.

Rezeption: »Er aber steht geduldig an der Pforte des zwanzigsten Jahrhunderts und wartet lächelnd, bis sein schleichend Volk ihm nachkommt.« Was L. Börne 1825 in seiner *Denkrede auf Jean Paul* für das Gesamtwerk formulierte, gilt auch für diesen untypischsten, da aufgrund erzählerischer Disziplin leichter lesbaren Roman J. P.s.

Weiteres Werk: *Selberlebensbeschreibung* (Autobiogr., postum 1826).

1821
Heinrich von Kleist Biogr.: → 1803

Prinz Friedrich von Homburg

Drama. Entst. 1810–11, ED: *Hinterlassene Schriften* (herausgegeben von L. Tieck), 1821; UA: 3.10.1821 in Wien.

In der Nacht vor der Schlacht von Fehrbellin gegen die Schweden (1675) offenbart der Prinz von Homburg, preußischer General von großer Faszinationskraft, schlafwandelnd seine geheimsten Wünsche: Er träumt von höchstem Ruhm und von der Erfüllung seiner Liebe zu Natalie, Nichte des Kurfürsten. Letzterer ist mit seinem Gefolge Zeuge der Szene und stellt verärgert fest: »Im Traum erringt man solche Dinge nicht« (I, 1). Der Prinz aber, verblendet durch das im Traum Erlebte und sein Ziel in der Schlacht greifbar vor Augen, handelt eigensüchtig und bedenkenlos: Er beginnt gegen den Befehl des Kurfürsten einen Angriff, der misslingt, entscheidet aber nach der Meldung vom angeblichen Tod des Kurfürsten dennoch den Kampf. Dieser lässt ihn – unbegreiflich für den Prinzen – wegen Ungehorsams im Krieg zum Tode verurteilen. Als Homburg sein Grab gesehen hat, verzichtet er in Todesangst auf seinen Rang und auf Natalie. Auf deren Bitten hin begnadigt der Kurfürst Homburg, unter der Bedingung, dass er als Verurteilter tatsächlich glaubt, das Urteil sei ungerecht. Damit hat der Prinz selbst über sein Schicksal zu entscheiden: Er erkennt die Richtigkeit des Urteils an und akzeptiert den Tod. Daraufhin kann der Kurfürst ihn endgültig begnadigen – und durch Natalie den erträumten Lorbeerkranz des Siegers überreichen lassen.

Läuterung eines jungen Helden? Exempel für ein besseres Preußen? Konflikt zwischen Schwärmertum und Staatsraison? K. zeigt Widersprüchliches, wenn der Prinz noch in seiner Geläutertheit auf seinen Traum (»Herz«) bezogen bleibt und der Kurfürst erkennt, dass das von ihm vertretene ›Gesetz‹ letztlich zu Menschenverachtung führt. K. plädiert hier keinesfalls für den Militärstaat Preußen, sondern zeigt die Schwierigkeiten auf dem Weg zu einem Staat, in dem selbständiges Handeln (Prinz) und Verantwortung für den Staat (Kurfürst) sich verbinden.

Rezeption: Das Stück hatte bis 1914 an preußischen Bühnen Aufführungsverbot. Die Rezeption blieb in der 2. Hälfte des 19.Jh. überwiegend kritisch. Bismarck lehnte das Stück ab, Wilhelm II. wollte die Todesfurcht-Szene streichen. Im dt.sprachigen Raum gab es, um die preußisch-patriotische Tendenz herauszustellen, häufig Bearbeitungen (z.T. mit erheblichen Textveränderungen). ♬ H. W. Henze: *Der Prinz von Homburg* (Oper, 1960). 🎬 R: Fr. Umgelter (1961, TV), R: Fr. Bornemann (1989, TV); *Der Prinz von Homburg* (R: P. Stein, 1973, TV; R: E. Schmidt, 1994; R: M. Bellocchio, 1997; R: D. Dorn, 1999).

1821; 1824
Wilhelm Müller

* 7.10.1794 in Dessau. Ab 1812 Studium in Berlin (Philologie und Geschichte), Teilnahme an den Befreiungskriegen, nach Studienabschluss 1817–18 Italienreise. Ab 1819 Bibliothekar in Dessau, 1824 Hofrat. † 30.9.1827 in Dessau (D, G).

Die schöne Müllerin; Die Winterreise

Liederzyklen. ED: *Sieben und siebzig Gedichte aus den hinterlassenen Papieren eines reisenden Waldhornisten*, Bd. 1 (1821): u. a. *Die schöne Müllerin*; Bd. 2 (1824): u. a. *Die Winterreise*.

Zu Lebzeiten war M. berühmt wegen seiner *Lieder der Griechen* (1821–24), mit denen er seine Sympathie für deren Freiheitskampf gegen die türkische Fremdherrschaft ausdrückte (→ *Politische Lyrik im Vormärz*) und die ihm den Beinamen ›Griechenmüller‹ eintrugen. Später blieb er wegen zweier Gedichtzyklen im Gedächtnis: Im Zyklus *Die schöne Müllerin* (entst. 1816) geht es um die verschmähte, mit Selbstmord endende Liebe eines Müllerburschen. M. verband den Inhalt mit eigenen Erlebnissen und fand, indem er auf die bekannten Ausdrucksformen des Volkslieds und der volksliednahen Lyrik der → *Romantik* zurückgriff, einen eigenen, ungekünstelten Ton. Kein geringerer als H. Heine lobte »den reinen Klang und die wahre Einfachheit« dieser Rollengedichte, die Liebe und Liebesleid, Tod und Natur motivisch verbinden. Zum bekanntesten Lied wurde *Wanderschaft* (in der Vertonung von K. F. Zöllner, »Das Wandern ist des Müllers Lust«). Die hier bereits spürbare Grundstimmung der Schwermut steigert sich in dem Zyklus *Die Winterreise*: Im Mittelpunkt steht ein Wanderer in einer abweisenden Winterlandschaft, die auch als Chiffre für Lebensferne und (politische) Erstarrung gelten kann. Die damit verbundene Todessehnsucht wird bereits in *Der Lindenbaum* (»Am Brunnen vor dem Tore«) deutlich, wurde aber mit der schlichten Vertonung von Fr. Silcher, die das Lied zum Volkslied machte, verharmlost. M.s eingängige Lieder gehören seit dem 19. Jh. zum Grundbestand des geselligen Gesangs (Liedertafeln, Sängervereine).

Rezeption: Die Vertonung durch Fr. Schubert (1824/1827) brachte beiden Zyklen Weltruhm und drängte die Auseinandersetzung mit den Texten fast völlig in den Hintergrund. M.s Gedichte wurden von mehr als 240 Komponisten vertont.

1821/1829
Johann Wolfgang von Goethe

Biogr.: → 1773, 1787, 1811–33

Wilhelm Meisters Wanderjahre

OT: *Wilhelm Meisters Wanderjahre oder Die Entsagenden*

Roman. Entst. ab 1807–11 und 1819, mit Teilveröffentlichung einzelner Erzählungen. ED: 1821; umgearbeitete Fassung ab 1825 entst. und 1829 (3 Bücher) in der Werkausgabe letzter Hand (Bd. 21–23) erschienen.

G. hatte eine Fortsetzung seines Romans → *Wilhelm Meisters Lehrjahre* (1795–96) schon früh erwogen, 1809 sogar öffentlich angekündigt und dann doch erst 1821 vollenden können. U. a. auch deswegen, weil zeitgleich eine von dem Pfarrer Fr. W. Pustkuchen verfasste, g.kritische Fälschung *Wilhelm Meisters Wanderjahre* (1821–28) erschien, sah er sich dann zu einer Umarbeitung genötigt, die allerdings kaum noch als Fortsetzung der *Lehrjahre* gelten kann. Die Erstfassung (18 Kapitel) ist eine Komposition aus Rahmenhandlung (Stationen von Wilhelms Wanderschaft durch verschiedene Gesellschaftsbereiche) und Erzähltexten, deren Protagonisten teilweise mit dem Personal der Haupthandlung verschränkt sind, so dass Rahmen- und Binnentexte ineinander übergehen. Die Figuren stellen mit ihren Verhaltensweisen ge- bzw. misslingende Varianten des Bildungsziels ›Entsagung‹ dar, das von G. weniger als ›Askese‹, sondern v. a. als Einsicht in Notwendigkeiten verstanden wird. Erzählinstanz ist anfangs ein alles überblickender (auktorialer) Erzähler, der aber im weiteren Verlauf von einem ›Herausgeber‹ abgelöst wird.
Die wichtigsten Unterschiede der Zweitfassung (42 Kapitel) sind: Neuaufnahme, Erweiterung und Umstellung von Novellen (z. B. *Nicht zu weit*, *Der Mann von funfzig Jahren*, *Das nußbraune Mädchen*, *Die pilgernde Törin* u. a.); zusätzliche Aphorismensammlungen (*Betrachtungen im Sinne der Wanderer*, *Aus Makariens Archiv*); das Projekt der Auswanderung wird positiv dargestellt und ergänzt durch das Projekt der Kolonisierung im eigenen Land; einzelne Figuren werden stärker konturiert (Felix, Leonardo) oder neu eingeführt (Odoard, Makarie). Der erst später erkennbare, fiktive Herausgeber macht den Roman zu einem »Archivroman« (V. Neuhaus) und überlässt die Deutung dem Leser – gleichzeitig wird die symbolische Überformung der dargestellten Realität (Beispiel: Makarie als Tante und Stern) verstärkt. Trotz des Titels gibt es keine Hauptfigur und dementsprechend ist der Roman kein → *Bildungsroman* – wenigstens nicht der einer Einzelpersönlichkeit. Die komplizierte Form, die sich spiegelnden Beziehungen von etwa 20 Personen, der Archivcharakter, die gehaltliche Komplexität von Entsagung und Bildung, Realismus und Symbolischem sowie die irritierende Offenheit des ›Romans‹ haben einerseits zu krassen Abwertungen (Magazin, Sammelsurium, schwaches Alterswerk) geführt, andererseits zu wenig übereinstimmenden Aufwertungen: »Weisheitsbuch« (E. Trunz), »Vorwegnahme des Gesellschaftsromans« (E. Lämmert), »Roman des Nebeneinander« (W. Maierhofer, in Anlehnung an K. Gutzkow), »Roman der sich entfaltenden Produktivkräfte« (St. Blessin), »Wissenschaftsroman« (W. Müller-Seidel).

Rezeption: Die Goethe-Philologie favorisierte bis zum 20. Jh. die Erstfassung (1821), eine vollst. Ausgabe der Zweitfassung (1829) mit Aphorismen und Gedichten wurde erst ab 1949 ediert. Die Erstfassung kam beim Lesepublikum kaum an,

die Zweitfassung fand – mit Ausnahme der frühsozialistischen Rezeption im Vormärz – erst nach 1950 größere Beachtung.
Weitere Werke: *Trilogie der Leidenschaft* (3 Gedichte, 1827), → *Novelle* (1828).

Bildungsroman

Bis zum 18. Jh. galt der Roman als mindere dichterische Gattung, stieg dann aber bis 1800 zu einer anerkannten Prosaform auf, die sich mehr und mehr ausdifferenzierte (→ *Roman in der Aufklärung*). Einen bedeutenden Anteil daran hatte der aufklärerische STAATS- UND ERZIEHUNGSROMAN, in dem exemplarisch die durch vorbildliche Erziehung gelenkte bzw. durch Lebenserfahrung gewachsene Entwicklung einer Mittelpunktfigur dargestellt wird (z. B. Chr. M. Wieland: → *Geschichte des Agathon*, 1766–94). Daher ist für ihn auch die Bezeichnung ›ENTWICKLUNGSROMAN‹ gebräuchlich. Wielands Roman ist aber auch schon der Übergang zum eigentlichen Bildungsroman, in dem der ›Held‹ nicht mehr abstrakte Demonstration eines Tugendideals ist (wie z. B. in J. J. Rousseaus Erziehungsroman *Emile*, 1762), sondern als ›Mensch‹ mit und trotz seiner Schwächen sich selbst dazu bringt, sich zu vervollkommnen (vgl. auch *Autobiographien II, 17./18. Jh.*). Das kann eine (für den Leser lehrreiche) Bildungsgeschichte voller Irrtümer und ohne Erreichung des angestrebten Ziels sein (z. B. K. Ph. Moritz: → *Anton Reiser*, 1785–90), so dass auch von einem ›negativen Bildungsroman‹ die Rede ist; es kann aber auch die mehr oder weniger vollendete Entwicklung zur → *Humanität* sein (z. B. J. W. Goethe: *Wilhelm Meister*, → 1795/96 und 1821/29). Letzterer Typus wurde als spezifischer Beitrag der → *Weimarer Klassik* gefeiert und zum Muster des Bildungsromans schlechthin erklärt (W. Dilthey), was jedoch problematisch ist, weil weder der *Wilhelm Meister* noch andere Bildungsromane zwischen 1790 und 1820 dieses Ideal humaner Selbstformung ganz erfüllen bzw. kritisch in Frage stellen. So sind etwa ›INDIVIDUALROMANE‹ wie Fr. Hölderlins → *Hyperion* (1797/99), Jean Pauls → *Titan* (1800–03) oder Novalis' → *Heinrich von Ofterdingen* (1802) mit diesem Muster kaum zu deuten, weil sie über eine rein moralische Bildung hinaus auf eine politische bzw. ästhetische Bewusstseinsveränderung zielen. In E.T.A. Hoffmanns → *Lebens-Ansichten des Katers Murr* (1819/21) wird dieser Typus des Bildungsroman bereits karikiert. Problematisch wurde im 19. Jh. auch das zugrunde liegende Konzept einer Individualbildung, angesichts von Geschichtserfahrungen, die eine gleichgewichtige Gegenüberstellung von selbstmächtigem Ich und formender Welt nicht mehr erlaubten. Dem Bildungsroman (wie dem Individualroman) trat daher die Forderung nach einem GESELLSCHAFTSROMAN entgegen, so dass Mischformen entstanden, die das Erscheinungsbild des Bildungsromans erweiterten (z. B. Abkehr vom Mittelpunktsindividuum, Darstellung des Scheiterns von Selbstbildung, Erweiterung des Erfahrungsraumes in die politisch-soziale Wirklichkeit bzw. in die Innenwelt der Psyche hinein). Insofern stellen die folgenden, häufig als Bildungsromane bezeichneten Texte mehr dar als nur die Variation eines tradierten Musters: E. Mörike: → *Maler Nolten* (1832); K. Immermann: → *Die Epigonen* (1836); G. Keller: → *Der grüne Heinrich* (1854/55 bzw. 1879/80); G. Freytag: → *Soll und Haben* (1855); A. Stifter → *Der Nachsommer* (1857); W. Raabe: → *Der Hungerpastor* (1863–64), → *Stopfkuchen* (1891); K. E. Franzos: *Der Pojaz* (1905) und noch A. Schaeffer: *Helianth* (1920/21). Noch problematischer wird es, wenn Romane von Autoren aus der Zeit vor 1750 (z. B. Wolfram von Eschenbach, H. J. Chr. v. Grimmelshausen) bzw. nach 1920 (z. B. A. Döblin, R. Musil, H. Hesse, Th. Mann) als Bildungsromane interpretiert werden.

1822
Heinrich Zschokke

* 22.3.1771 als H. Schocke in Magdeburg. Ab 1788 Theaterdichter, 1790–93 Theologiestudium in Frankfurt/Oder. 1795 Leiter einer Erziehungsanstalt in Reichenau (Schweiz) mit Bürgerrecht (ab 1798). Ab 1802 im Kanton Aarau wohnend, als Hg. von Zeitschriften und Schriftsteller tätig. † 27.6.1848 auf Gut Blumenhalde bei Aarau (D, G in Aarau).

Ein Narr des 19. Jahrhunderts

Erzählung. ED: *Rheinisches Taschenbuch* (1822); BA: 1825.

Wie schon in *Das Goldmacherdorf* (1817), mit der Z. »zum Vater der schweizerischen Dorfgeschichte« (H. Böning) wurde, steht auch hier das Werk einer vorbildlichen sozialen Reform – dort eines Dorfes, hier eines ausgedehnten Landgutes – im Mittelpunkt. In beiden Erzählungen wird diese Reform von oben, d. h. von einem aufgeklärten Einzelnen in Gang gesetzt und vorangetrieben, dann aber mehr und mehr zu einem sich selbst steuernden Prozess von unten. Während aber im *Goldmacherdorf* das Gelingen der sozialen Umwandlung (Selbstverwaltung, Genossenschaftsprinzip, rationalökologische Lebensweise, Gewaltverzicht usw.) im Vordergrund steht, geht es im *Narr des 19. Jahrhunderts* um den »Heldenmuth der Vernunft«, den verantwortlich denkende Einzelne aufbringen müssen, um im eigenen Bereich und zusammen mit anderen mit Reformen anzufangen.

Z. verweist mit dem, was er den Gutsbesitzer von Flyeln auf seinen Gütern verwirklichen lässt, auf Ziele, die einen Bogen vom Rousseauismus des 18. Jh. über die Lebensreformbewegung (um 1910) bis zur Ökologiebewegung des späten 20. Jh. spannen. So erweist sich der Nonkonformist Flyeln, öffentlich als »Narr des 19. Jahrhunderts« verlacht, als provozierender Realist, wenn er die Ursachen des sozialen Elends genau benennt: Verschwendung an den Höfen, Kriege und Militärausgaben, Leibeigenschaft und

Frondienst, schlechte Verwaltung und Fremdbestimmung von oben. Ein in der damaligen Zeit seltenes Plädoyer für Toleranz gegenüber Juden ist Z.s Erzählung *Jonathan Frock* (1816).

Rezeption: Z. war im 19. Jh. ein äußerst erfolgreicher Schriftsteller (mit 9 Auflagen seiner 40-bändigen Werkausgabe zwischen 1828 und 1851), der die Gedanken der Volksaufklärung bis in die Zeit des Vormärz hinein vertrat.

Weitere Werke: *Abaellino, der große Bandit* (Räuberroman, 1793), *Der Freiheitsbaum* (jakobinisches Schauspiel, 1795), *Die Prinzessin von Wolfenbüttel* (Roman, 1804), *Addrich im Moos* (Roman, 1825), *Eine Selbstschau* (Autobiogr., 1842).

1824
Caroline de la Motte Fouqué

* 7.10.1775 auf Gut Nennhausen bei Rathenow, geborene von Briest. Tochter eines Gutsbesitzers, ab 1803 verheiratet mit Fr. de la Motte Fouqué (Biogr.: → 1811), ab 1806 als Romanschriftstellerin und Publizistin (Pseudonym: Serena) tätig. † 20.7.1831 auf Gut Nennhausen.

Die beiden Freunde

Roman.

Der Roman thematisiert die Zeit vom Herbst 1814 bis zur Herrschaft der 100 Tage Napoleons von März bis Juni 1815 in Frankreich. Unter »Verzicht auf eine perspektivierende Einzelfigur zugunsten einer epochenrepräsentativen Figurenkonstellation« (D. Göttsche) entfaltet F. ein erzählerisch nicht kommentiertes, konservativ geprägtes Panorama des politischen Meinungsstreits (Royalisten versus Bonapartisten, Adel versus Volk). In den beiden Freunden Dominique (Royalist) und Alphonse (Bonapartist) spitzt sich dieser Gegensatz zu, doch am Ende siegt weder der eine noch der andere, sondern ein mediokrer, restaurativer Opportunismus. Auffällig ist die scharfe Verurteilung des jakobinischen Republikanismus sowie das Desinteresse an bürgerlich-liberalen Vorstellungen.

Schon in F.s Roman *Edmund's Wege und Irrwege* (1815), eine Schilderung des Zeitgeists während der napoleonischen Herrschaft in Deutschland (1806–13), deutete sich die Abkehr vom → *Bildungsroman* an, die dann in *Die beiden Freunde* vollzogen wurde. F.s Blick auf die Wirren der Gegenwart wird in seiner narrativen Technik (szenisches Erzählen, ›Nebeneinander‹ von Zeitbildern, kein Einzelheld) zu einem bemerkenswerten Vorgriff auf den Zeit- und Gesellschaftsroman nach 1850.

Rezeption: Der erzähltechnisch innovative Roman war schon bald nach seinem Erscheinen vergessen und ist es bis heute geblieben.

Weiterer Roman: *Das Heldenmädchen aus der Vendée* (1816).

1825
Franz Grillparzer

* 15.1.1791 in Wien. Jurastudium bis 1811, ab 1815 Verwaltungsbeamter in Wien, 1832–56 Direktor des Hofkammerarchivs. Nach dem Misserfolg von → *Weh dem, der lügt* (1838/40) Verzicht auf Veröffentlichung weiterer Dramen. † 21.1.1872 in Wien (D, G, M).

König Ottokars Glück und Ende

Tragödie. Entst. 1823 (innerhalb von 4 Wochen); UA (wegen Einspruchs der Zensur): 19.2.1825 in Wien. ED: 1825.

Mit den Rufen »Heil! Heil! Hoch Österreich! Habsburg für immer!« findet der Kampf zwischen Rudolf von Habsburg und Ottokar II., König von Böhmen, sein patriotisches Ende. Ottokar ist 1261 auf dem Höhepunkt seiner Macht, lässt sich aber von seiner Frau Margarete von Österreich scheiden, um durch eine neue Heirat Ungarn an sich zu binden. Seine Feinde erreichen indes, dass nicht er, sondern Rudolf zum Kaiser gewählt wird, an den Ottokar damit seine österreichischen Gebiete abtreten muss. Im Krieg gegen ihn wird Ottokar in der Schlacht auf dem Marchfeld (1278) getötet.

G. stellt Rudolf als idealen Herrscher dar, der – ohne Eigensucht und Machtstreben – für Recht und legitime Ordnung eintritt. Während Ottokar in seinem ehrgeizigen Machthunger, in der Überschätzung seiner Kräfte und nicht zuletzt in seiner Heiratspolitik Züge Napoleons trägt, rückt G. Rudolf in die Nähe des aufklärerischen Joseph II. (vgl. auch → *Ein Bruderzwist in Habsburg*, 1872). Das war im Metternich'schen Österreich nicht unbedingt eine Empfehlung, auch wenn Ottokar an seiner Maßlosigkeit scheitert, am Ende reuig seine Schuld bekennt und Habsburg gefeiert wird. G.s Wendung zum Geschichtsdrama lässt die romantisierenden (*Die Ahnfrau*, 1817) und antikisierenden Anfänge (*Sappho*, 1818; *Das goldene Vließ*, 1821) hinter sich und knüpft an Shakespeare und das barocke Drama an. Sein Votum für einen universalen Legitimismus hat dabei nur einen indirekten Zeitbezug, weil er weder für die Restauration noch gar für die Revolution in Anspruch genommen werden kann.

🎬 R: K. Meisel (1965).

Weitere Werke: *Das Kloster bei Sendomir* (Erzählung, 1827), *Ein treuer Diener seines Herrn* (Trauerspiel, 1828), → *Des Meeres und der Liebe Wellen* (Trauerspiel, 1831).

1825–1827
Wilhelm Hauff

* 29.11.1802 in Stuttgart. 1820–24 Studium am Tübinger Stift, ab 1824 Hauslehrer. 1826 Reisen nach Frankreich, Holland, Norddeutschland, 1827 Redakteur beim *Morgenblatt für gebildete Stände* in Stuttgart. † 18.11.1827 in Stuttgart. Gedenkstätten: Baiersbronn/Schwarzwald (M), Burg Lichtenstein (D, M), Stuttgart (G), Urach (D).

Märchen

ED: *Maehrchen-Almanach für Söhne und Töchter gebildeter Stände* (1826–28, jeweils vordatiert). BA: 1832.

Jede der drei Sammlungen (Märchenalmanache) enthält eine Rahmenerzählung, die die einzelnen Erzählteile verbindet. Die 1. Sammlung (*Die Karawane*) besteht aus drei Märchen (*Die Geschichte von Kalif Storch*, *Das Märchen vom falschen Prinzen*, *Die Geschichte vom kleinen Muck*) und drei Erzählungen, die 2. Sammlung (*Der Scheik von Alessandria*) besteht aus dem Märchen *Der Zwerg Nase* sowie drei Arbeiten von anderen Autoren; die 3. Sammlung (*Das Wirtshaus im Spessart*) enthält drei Erzählungen und H.s bekanntestes Märchen: *Das kalte Herz*. Die Stoffe entlehnte H. v. a. den deutschen Volksmärchen, den *Märchen aus 1001 Nacht* sowie zeitgenössischen Schauerromanen, die er frei und phantasievoll behandelte.

Seinen Märchen fehlt die Tiefe anderer romantischer Kunstmärchen, sie zeichnen sich eher durch realistische Naturbeschreibungen und eine wirkungsvolle Erzähltechnik aus, wobei H. durch die Einbeziehung orientalischer Exotik geschickt die Leseerwartungen seiner (nicht nur) jungen Zeitgenossen zu bedienen wusste. Unverkennbar ist freilich auch, dass das exotische Fremde und Schaurige (zu dem auch die Sphäre der Geldwirtschaft gehört) am Ende stets abgemildert und einer Moral angepasst wird, damit die Helden geradezu von der »Märchen- zur Geschäftsordnung« (V. Klotz) übergehen können.

Rezeption: H.s Märchen wurden in vielen, auch bebilderten Ausgaben verbreitet und stehen in ihrer Bekanntheit den Grimm'schen Märchen kaum nach. ■ (Auswahl): *Das kalte Herz* (R: P. Verhoeven, 1950; R: W. Reinhold, 1978, TV; R: Fl. Leupschitz, 1983, TV); *Zwerg Nase* (R: Fr. Stefani, 1952; R: K.-H. Bahls, 1978; R: J. Hoflehner, 1980, TV); *Der kleine Muck* (R: W. Staudte, 1953; R: O.A. Eder, 1971, TV); *Das Wirtshaus im Spessart* (R: K. Hoffmann, 1957); *Kalif Storch* (R: J. Hoflehner, 1981, TV).

Weitere Werke: *Die Bettlerin vom Pont des Arts* (Novelle, 1825), → *Lichtenstein* (Roman, 1826).

1826

Joseph von Eichendorff

Biogr.: → 1815

Aus dem Leben eines Taugenichts

Novelle. Entst. ab 1817, ED (1. Kapitel): *Deutsche Blätter für Poesie, Literatur, Kunst und Theater* (1823). BA: 1826 zusammen mit der Novelle → *Das Marmorbild* (1818).

» – und es war alles, alles gut!« Mit diesen Worten endet die durch ihre Stimmung, ihre Leichtigkeit und Heiterkeit bezaubernde Geschichte des »Taugenichts«. Dieser, ein namenloser Müllerssohn, zieht mit seiner Geige und einem »ewigen Sonntag im Gemüte« wie ein Märchenheld hinaus in

die Welt, um »sein Glück zu machen«. Er gelangt zu einem Schloss bei Wien, ist dort kurze Zeit als Gärtner und Zolleinnehmer beschäftigt und verliebt sich in »eine schöne Frau«. Da sie ihm jedoch unerreichbar erscheint, reist er nach Italien und gelangt, nach vielen abenteuerlichen Verwechslungen, Täuschungen und Enttäuschungen, zurück ins Wiener Schloss, wo einer Verbindung mit der geliebten Frau (die nicht, wie angenommen, Gräfin, sondern Nichte des Portiers ist) nichts mehr im Wege steht. Die Grundstimmung dieser fast im Märchenton erzählten, wiederholt durch Gedichte (darunter *Wem Gott will rechte Gunst erweisen*) aufgelockerten Novelle ist Unbekümmertheit, die das Wesen des Ich-Erzählers (des Taugenichts) widerspiegelt: stets voller Vertrauen auf Gottes Führung, unerschütterlich in seinem Anspruch auf Glück und bestimmt von dem Wunsch, unbegrenzt am ganzen Reichtum der Welt teilzuhaben. So verachtet er die Werte der bürgerlichen Philisterwelt und versucht, ihre Enge zu verlassen. Doch birgt die ungebundene Daseinsform auch die Gefahr der melancholischen Vereinsamung und Entwurzelung, wie er es besonders in Italien spürt; daher strebt er zurück in die Heimat und zur geliebten Frau.
Ist damit am Ende »alles gut«? Es war einmal gut, denn »ach, das alles ist schon lange her!« So ist der *Taugenichts* ein – nicht zuletzt von der Melancholie des Rückblicks grundierter – »Traum vom Glück der Nähe, das sich findet, wenn die Lust an der Ferne gestillt ist« (R. Vollmann).

Rezeption: Die Novelle gehört zu der bekanntesten Werken der → *Romantik*; allein zwischen 1850 und 1925 kam es zu etwa 100 Neuauflagen. 🎬 R: C. Bleiweiß (1973); *Taugenichts* (R: B. Sinkel, 1978).

Weitere Werke: *Die Freier* (Lustspiel, 1833), *Dichter und ihre Gesellen* (Novelle, 1834), → *Gedichte* (1837).

1826
Ferdinand Jacob Raimund

* 1.6.1790 in Wien als F. J. Raimann. Konditorlehre, Wanderschauspieler in der Provinz, 1814–17 Schauspieler am Wiener Theater in der Josefstadt, 1817–30 am Theater in der Leopoldstadt (ab 1828 Direktor); nach 1830 nur noch Gastspielreisen. † 5.9.1836 in Pottenstein (Selbstmord). Gedenkstätten: Gutenstein (Österreich, G, M), Wien (D).

Der Bauer als Millionär

OT/UT: *Das Mädchen aus der Feenwelt, oder: Der Bauer als Millionär. Romantisches Original-Zaubermährchen mit Gesang in drei Aufzügen*

Zauberspiel. UA: 10.11.1826 in Wien. ED: 1837.

Zauberspiele, bekannt schon im Mittelalter und in der Barockzeit, sind Stücke, in denen eine irdische Handlung mit Figuren aus dem Phantasiereich verknüpft wird, die mit ihren übernatürlichen Zauberkräften helfend oder störend, als Vorbild oder zur Warnung eingreifen. Die Stücke kamen dem Bedürfnis der Theaterbesucher nach kurzweiliger Unterhaltung durch das Auftreten von Zauberern, Feen, Geistern, Allegorien, durch musikalische und witzige Einlagen sowie viel Bühnentechnik stark entgegen. R. war neben J. N. Nestroy ein Meister dieses Genres, das v. a. im Wiener Volkstheater (→ *Theaterwesen im 19. Jh.*) gepflegt wurde.

Das Stück *Der Bauer als Millionär* hat zwei Handlungsstränge: Auf der einen Seite geht es um die bei den Menschen aufgewachsene, arme Tochter einer Fee und ihren Bräutigam, die einander – unbeirrt durch verlockenden Reichtum – treu bleiben. Auf der anderen Seite steht der Pflegevater der Feentochter, ein Bauer, der zum prassenden Millionär aufsteigt und schließlich, alt und verarmt, als ›Aschenmann‹ zu enden droht, bis ihn die Einsicht wieder in seine Waldbauernhütte führt. So siegt die Erfüllung durch Liebe und Bescheidenheit über die Verführung des Menschen durch Geld und Luxus. Trotz realistischer Genreszenen und plastisch dargestellter Gestalten aus dem Volk überwiegt die Verklärung einer ländlichen Welt, in der dem wachsenden Einfluss der modernen Geldwirtschaft das Bild einer idealisierten Sittlichkeit entgegengestellt wird. Diese Botschaft verstärkte R. in seinem letzten Zauberspiel *Der Verschwender* (1834), in dem er – unter Zurückdrängung des Märchenhaften – das Lebensziel Zufriedenheit und Einsicht in die Vergänglichkeit des Glücks preist.

Rezeption: Das Stück war zu seiner Zeit sehr beliebt. Bekannt sind noch heute zwei ›Schlager‹: *Brüderlein fein* und das *Aschenlied* (»So mancher steigt herum«) sowie aus dem *Verschwender* (1834) das *Hobellied* (»Da streiten sich die Leut herum«). 🎬 R: R. Steinböck (1961), R: K. Wilhelm (1963, TV); *Der Verschwender* (R: L. Kolm u. a., 1917; R: L. Hainisch, 1952; J. Olden, 1957, TV; R: K. Meisel, 1963; R: E. W. Marboe, 1981, TV).

Weitere Zauberspiele: *Der Diamant des Geisterkönigs* (1824), → *Der Alpenkönig und der Menschenfeind* (1828).

1826
Wilhelm Hauff Biogr.: → 1825–27

Lichtenstein

UT: *Romantische Sage aus der württembergischen Geschichte*

Roman.

Den historischen Hintergrund des Romans bilden die Vertreibung Herzog Ulrichs 1519 durch den Schwäbischen Bund, seine Rückkehr und erneute Vertreibung. Im Vordergrund steht die Liebesbeziehung zwischen Marie, Tochter des Ritters von Lichtenstein, und Georg von Sturmfeder, der sich zunächst auf die Seite der ›Bündler‹ stellt, dann aber, zuerst aus Liebe zu

Marie, später aus Überzeugung auf die Seite des Herzogs wechselt. Als dieser, nach glanzvoller Rückkehr ins Land und nach Georgs und Maries Heirat, das Volk wieder gegen sich aufbringt und zur Flucht gezwungen wird, kann sich Georg trotz seiner Parteinahme mit Marie auf die Burg Lichtenstein zurückziehen, wo er später Vater »waffenfähiger, blühender Söhne« wird und im Kreis seiner Familie »ein stilles häusliches Glück« genießt.
Das Werk steht am Anfang einer Reihe von regionsbezogenen historischen Romanen des 19. Jh.s (→ *Historischer Roman*). Die Vermischung geschichtlicher Fakten (vgl. Quellenangabe am Schluss), die Stoffmischung aus Volkssagen und freien Erfindungen in einer fiktiven Handlung sowie die geradlinig erzählte Liebesgeschichte begründeten die große Beliebtheit des Romans. Gut biedermeierlich ist die Dämpfung jeglicher Leidenschaft und das Lob von Familie, Heimat und althergebrachter Ordnung: Ideal erscheint der Staat, in dem der Monarch, die Rechte des Volkes respektierend, auf die treue Gefolgschaft der Bürger bauen kann.

Rezeption: Der Roman gehörte zu den meistgelesenen Werken des 19. Jh. und fand auch im 20. Jh. noch großen Anklang. ♬ P. v. Lindpainter (Oper, UA: 1846); B. Triebel (Oper, o.J.); F. Schilling (Oper, UA: 1892).

Weitere Werke: *Mitteilungen aus den Memoiren des Satan* (Roman, 1826), *Jud Süß* (Erzählung, 1827), *Phantasien im Bremer Ratskeller* (Erzählung, 1827).

Aphorismus (im 19. Jahrhundert)

Geschichte: Die Kunst, möglichst bündig und gleichzeitig geistreich einen Gedanken, eine Erkenntnis, ein Urteil, eine Einsicht (auch Lebensweisheit) – oft überspitzt in der Begründung und überraschend in der Pointierung – zu formulieren, gelangte bei den französischen Moralisten des 17./18. Jh. (La Rochefoucauld, La Bruyère, Vauvenargues, Chamfort) zu einem hohen Grad der Vollendung. In Deutschland wurde diese Form der literarischen Aussage zuerst während der → *Aufklärung* aufgegriffen, und zwar durch G. Chr. Lichtenberg (→ *Sudelbücher*, 1800–06).
Das Formenspektrum des Aphorismus' ist groß: Er kann als offenes ›Fragment‹ Ausdruck einer romantischen Poesie-Konzeption sein (z. B. Fr. Schlegel: *Fragmente*, → 1798; 1800, Novalis: *Fragmente*, → 1798; 1802), er kann als Gedankenblitz, beiläufige Bemerkung oder Fußnote (wie bei Jean Paul), als kritisch-politisches Urteil (z. B. J. G. Seume: *Apokryphen*, 1811; L. Börne: *Fragmente und Aphorismen*, 1829), als Sentenz, als Lebensregel oder Altersweisheit (z. B. Goethes *Maximen und Reflexionen*, postum 1833/1840/1907) erscheinen. Die letztere Form machte in der Aphoristik des 19. Jh. Schule, indem der Dichter als Denker auftrat und seinem Wort Gültigkeit über den Tag hinaus zugeschrieben wurde. Zu nennen sind hier: C. G. Jochmann: *Reliquien* (1836–38), A. v. Platen: *Lebensregeln* (postum 1876), M. v. Ebner-Eschenbach: *Aphorismen* (1880, darin

der Satz: »Als eine Frau lesen lernte, trat die Frauenbewegung in die Welt«). Doch auch für die (unsystematischen) Philosophen des 19. Jh. war der Aphorismus eine bedeutsame Möglichkeit, »Gedanken von der Art, welche Gedanken macht« (Fr. Nietzsche), zu formulieren. So gab etwa A. Schopenhauer in seinen sehr populär gewordenen *Aphorismen zur Lebensweisheit* (letzter Teil der *Parerga und Paralipomena*, 1851) brillant formulierte Ratschläge zum Überleben in der für ihn schlechtesten aller Welten. Für Fr. Nietzsche wurde der Aphorismus sogar zu einem wesentlichen Ausdrucksmittel seiner Philosophie (u. a. in *Menschliches, Allzumenschliches*, 1878; *Morgenröthe*, 1881; *Jenseits von Gut und Böse*, 1886).

Bedeutende Aphoristiker im 20. Jh. waren H. v. Hofmannsthal, St. George, K. Kraus, Fr. Kafka, R. Musil, W. Benjamin, E. Canetti, E. Jünger.

1826–1831

Heinrich Heine

* 13.12.1797 (bzw. Ende 1799) in Düsseldorf, Geburtsname: Harry H. Ab 1816 kaufmännische Lehre in Hamburg, ab 1819 Jurastudium in Bonn, ab 1821 in Berlin und 1824–25 in Göttingen (mit Unterbrechungen). 1825 Übertritt zum evangelischen Glauben, Übersiedlung nach Hamburg, 1827 Englandreise, 1828 Italienreise, Scheitern der Berufspläne. Fortsetzung → 1833–40.

Reisebilder

Zeitkritische Reisebeschreibungen in 4 Teilen: Teil I (ED: 1826, enthält: *Die Heimkehr, Die Harzreise, Die Nordsee I*), Teil II (ED: 1827, enthält: *Die Nordsee II* und *III, Ideen. Das Buch Le Grand, Briefe aus Berlin*), Teil III (ED: 1830, enthält: *Reise von München nach Genua, Die Bäder von Lucca*), Teil IV (ED: 1831, enthält: *Die Stadt Lucca, Englische Fragmente*).

Der Titel ist so neu wie die Werkidee: Der Begriff ›Reisebild‹ bezeichnet einen neuartigen Zusammenhang von lyrischer Rede (Liebesthematik, zyklische Form) und Prosa (Reisebericht, Zeitkritik, serielle Form), geschrieben von einem ›Dichter-Prosaisten‹, der in der Prosa-Form Stilmittel der Witztechnik einsetzt, die zuvor lyrisch erprobt waren. Damit begründete H. eine moderne, mit den Mitteln der Textmontage arbeitende Schreibweise, die sich – trotz anfänglicher Nähe – grundlegend von der romantischen Synthese von Lyrik und Prosa unterscheidet, wie sie im selben Jahr J. v. Eichendorff mit seiner Novelle → *Aus dem Leben eines Taugenichts* (1826) noch einmal exemplarisch verwirklicht hatte. Die für bzw. wie für Zeitschriften gearbeiteten, jetzt aber in Buchform publizierten Beiträge hatten zudem den Vorteil, in ihrer aktuellen Zeitkritik von der Zensur (→ *Presse- und Literaturzensur*) weniger behelligt zu werden, sofern der Umfang mehr als 320 Seiten betrug.

Während im Teil I noch die Gedichtzyklen *Die Heimkehr* und *Die Nordsee* die »berühmteste Wanderung in der Geschichte der deutschen Literatur« (J. L. Sammons), *Die Harzreise*, umschließen, reduziert sich der zyklische Lyrikanteil (*Die Nordsee II* sowie ab 1830 hinzugekommen: *Neuer Frühling*) in Teil II, zugleich verschärft sich in den Prosatexten der kritische Ton. Das geschieht noch gemäßigt und von der Zensur verschont in *Die Nordsee III* (Badegesellschaft in Norderney, moderne Zerrissenheit) sowie in *Ideen. Das Buch Le Grand* (Schilderung der Düsseldorfer Jugendzeit, Napoleon-Auseinandersetzung). Mit den *Reisebildern III* begann H. jedoch »ganz rücksichtslos zu schreiben« (H.): In der *Reise von München nach Genua* artikuliert er seine schneidende Kritik an Adel und Klerus, beschreibt die Aufgaben des politischen Schriftstellers (»braver Soldat im Befreiungskriege der Menschheit«) und verurteilt in *Die Bäder von Lucca* mit einem gnadenlosen Strafgericht über den homosexuellen Dichter A. v. Platen – der zuvor H. wegen seines Judentums angegriffen hatte (→ *Gedichte; Polenlieder*, 1828; 1839) – den Servilismus in der Literatur. Noch schärfer sind seine Nachschriften zu *Die Stadt Lucca* und *Englische Fragmente*, in denen er der christlichen Religion die »Freiheitsreligion« und dem Despotismus das revolutionäre »Aux armes citoyens« entgegensetzt.

Rezeption: Die *Reisebilder* machten H. als Prosa-Schriftsteller und das Genre ›Reisebild‹ berühmt, seine Schreibart wurde zum Vorbild der jungen Literatur (→ *Junges Deutschland*) in den 1830er Jahren. Am populärsten wurde die zunächst recht umstrittene *Harzreise* in ihrer Mischung aus Philister-, Universitäts- und Touristensatire, Natur- und Zeitbild.

Weitere Werke: *Tragödien* (1823), → *Buch der Lieder* (Gedichte, 1827/44).

1827
Christian Dietrich Grabbe

* 11.12.1801 in Detmold. 1820–22/24 Jurastudium in Leipzig und Berlin, danach vergebliche Versuche, Schauspieler zu werden; ab 1826 Auditeur (Militärgerichtsbeamter) in Detmold. † 12.9.1836 in Detmold. Gedenkstätten: Detmold (D, G), Düsseldorf (D).

Scherz, Satire, Ironie und tiefere Bedeutung

Lustspiel. Entst. 1822, ED: 1827 in Bd. 2 der *Dramatischen Dichtungen*. UA: 7.12.1876 in Wien bzw. 27.5.1907 in München.

Das Stück hat zwar eine Handlung, aber auf die kommt es nicht an: Der Teufel tritt auf der Erde auf, weil in der Hölle geputzt wird, und stiftet hier Menschen, die ohnehin schon ziemlich verrückt sind, zu grotesken Händeln und Untaten an. Am Ende betritt der Dichter G., von einer seiner Bühnenfiguren wüst beschimpft, diese ihrerseits verfluchend, selbst die Bühne, ohne mit seiner Laterne Licht in das Dunkel der Bedeutung bringen zu können. Scherz, Satire und Ironie sind dabei recht hoch gegriffene Bezeichnungen für derbe Situations- und Sprachkomik, drastischen Witz und rüpelhafte Burleske, deren tiefere Bedeutung auf die von G. formulierte Erkenntnis hinausläuft: »Alles was besteht, kann man sich umgekehrt denken.«

Die völlig illusionslose Sicht auf eine ›verkehrte Welt‹ und ihre ironische Sprengung war Ausdruck eines negativen Titanismus, mit dem G. sowohl gegen die Übermächtigkeit klassisch-romantischer Literaturverhältnisse (nebst ihrer epigonalen Nutznießer) polemisierte (Literatursatire) als auch gegen die Scheinheiligkeit der postnapoleonischen Restaurationszeit protestierte (Zeitsatire). Von Letzterer sagt der Teufel im Stück, diese Welt sei »ein mittelmäßiges Lustspiel« (II, 2).

Rezeption: Das im 19. Jh. unaufführbare Stück eroberte sich im 20. Jh., nicht zuletzt wegen seiner absurden Stringenz (»pränataler Surrealismus«, V. Klotz), einen gesicherten Platz im Bühnenrepertoire. ◼ *Der Teufel ist los* (R: P. Hamel, 1961, TV), *Kein Platz für Teufel* (R: A. Schreiber, 1979, TV).

Weitere Dramen: *Herzog Theodor von Gothland* (1827), → *Don Juan und Faust* (1829).

1827/1844

Heinrich Heine

Biogr.: → 1826–31, 1833–40

Buch der Lieder

Gedichtslg. Entst. ab 1817 und teilweise vorab gedruckt: *Gedichte* (auf 1822 vordatiert), *Tragödien, nebst einem lyrischen Intermezzo* (1823), *Reisebilder I* (1826). ED: 1827; eine 2. Auflage des *Buches der Lieder* erschien 1837, die 5., maßgebliche Auflage 1844.

Das *Buch der Lieder* ist die chronologisch geordnete Zusammenfassung der lyrischen Produktion des jungen H. von 1817 bis 1826 (237 Gedichte). Bis auf 7 Gedichte waren alle Texte bereits vorher gedruckt erschienen, mehrere von ihnen (v. a. aus dem Zyklus *Junge Leiden*) wurden jedoch überarbeitet. Weitere kleinere Änderungen brachte die 2. Auflage 1837. Die Sammlung gliedert sich, jeweils unterteilt in Untergruppen, in die Zyklen *Junge Leiden*, *Lyrisches Intermezzo*, *Die Heimkehr*, *Aus der Harzreise*, *Die Nordsee*, wobei H. sich an Formenschatz und Gehalt des europäischen Volks- und Gesellschaftsliedes, der Liebeslyrik des → *Petrarkismus* sowie der Lied- und Balladendichtung Goethes und Byrons (z. B. Unterzyklus *Traumbilder*, *Die Grenadiere*, *Belsatzar*) bedient. Mehr als die Hälfte aller Gedichte handeln von unglücklicher Liebe in allen ihren Spielarten von Lust bis Schmerz und sind so nach H.s eigenen Worten »Variazionen desselben kleinen Themas«. Doch lässt sich auf sie nicht, wie in der populären Rezeption nur allzu oft geschehen, das Modell der ›Erlebnislyrik‹ anwenden, weil diese Bezeichnung das artistische Arrangement jener von H. angestrebten »modernen

Lieder« der Schmerzliebe verdeckt, »die keine katholische Harmonie der Gefühle erlügen wollen, und vielmehr, jakobinisch unerbittlich, die Gefühle zerschneiden, der Wahrheit wegen« (H., 1831). In den letzten 3 Zyklen verstärkt sich dieses Zerschneiden der Gefühle durch Formen der ironischen Brechung, mit denen eine »Destruktion und Demontage von gesellschaftlicher Konventionalität« (R. Schnell) gelingt, die zugleich eine kritische Distanzierung von den Moden der Zeit und ihrer Diskurse ist. Diese charakteristischen desillusionierenden Stimmungsbrüche sind nicht nur als witzige Pointen zu verstehen, sondern als Ausdruck der Entfremdung von lyrischem Ich und Welt (z. B. »Mein Herz, mein Herz ist traurig«, »Die Jahre kommen und gehen« in *Die Heimkehr*). Sie können übrigens auch in solchen Texten noch mitgelesen werden, wo sie explizit gar nicht erscheinen, wie z. B. in dem berühmtesten Gedicht der Sammlung »Ich weiß nicht, was soll es bedeuten« (*Loreley*, ED: 1824) oder auch in »Du bist wie eine Blume« (*Die Heimkehr*).

Rezeption: Die Slg. hatte zunächst und im Vergleich zu den → *Reisebildern* (1826–31) kein größeres Echo. Ab dem Ende der 1830er Jahre wurde sie jedoch H.s populärstes Buch (über 50 Auflagen im 19. Jh.), nicht zuletzt durch die Vertonungen (insgesamt fast 10 000, davon der größte Teil aus dem *Buch der Lieder*). Allein das Gedicht *Du bist wie eine Blume* wurde 388mal vertont. Eine besondere Rezeption erfuhr die *Loreley*: Sie war unter den Nationalsozialisten als ›anonymes‹ Gedicht verbreitet.

Weitere Werke: *Französische Zustände* (Berichte, 1833), *Zur Geschichte der neueren schönen Literatur* (literarhistorische Darstellung, 1833), → *Der Salon* (Textslg., 1833–40).

1828
Johann Wolfgang von Goethe — Biogr.: → 1773, 1787, 1811–33
Novelle

Novelle. Entst. 1826–27, ED in: *Ausgabe letzter Hand*, Bd. 15 (1828).

Die Aufgabe dieser Novelle sei es, zu »zeigen, wie das Unbändige, Unüberwindliche oft besser durch Liebe und Frömmigkeit als durch Gewalt bezwungen werde« (G. zu Eckermann, 18.1.1827). Sie beginnt mit dem Bild einer gesicherten Gesellschaft in einer friedlichen Natur: Aufbruch des Fürsten zur Jagd, Ausritt der Fürstin mit dem Oheim und dem jungen Honorio zur alten Stammburg. Doch diese Welt ist durchaus nicht gesichert vor dem, wie G. an anderer Stelle sagt, »Ungebändigten«. Der Mensch der Neuzeit, rational planend, ökonomisch ausgerichtet, zweckgerichtet handelnd (personifiziert v. a. durch den Fürsten), möchte dieses »Ungebändigte« (z. B. die Natur als wuchernde Fülle in der alten Stammburg) planvoll, wie in der neuen Residenz, in die bestehende Ordnung einbeziehen. Die Elementarmacht des Feuers auf dem Markt, die Begegnung mit einem ausgebrochenen Tiger und einem Löwen, Honorios (leidenschaftliche) Gefühle für die Fürstin – sie alle gefährden jedoch die Sicherheit und Ordnung – und die Reaktion darauf besteht in übertriebener Angst, in Gewalt (Tötung des Tigers) sowie im förmlichen Rückzug in die Konvention. Die Besänftigung des Löwen durch Flötenspiel und Gesang gelingt einzig dem Kind der Schausteller, den Menschen aus dem Osten, die Fremde in der Welt des Westens sind und noch über ein ungebrochenes Verhältnis zu allem Lebendigen verfügen.

Die vom Realen weitgehend losgelöste, stets zum Symbolischen neigende Darstellung G.s geht am Ende in ein legendenhaftes, religiöse Vorstellungen des Ostens und des Westens einbeziehendes lyrisches Erzählen über. Besonders an dem idyllischen Schluss, in dem Natur und Kultur durch Kunst versöhnt werden, wird deutlich, dass es G. nicht um die Darstellung einer realen ›unerhörten Begebenheit‹ ging, sondern: »der eigentliche Gewinn für unsere höhere Natur liegt doch allein im Idealen, das aus dem Herzen des Dichters hervorging« (zu J. P. Eckermann, 1827).

Rezeption: Im 19. Jh. war die *Novelle* nur innerhalb der Werkausgaben verfügbar und daher kaum bekannt. Dramatisierung (🎧) von M. Ophüls (1954).

Weiteres Werk: → *Faust II* (Drama, 1832).

1828
Ferdinand Jacob Raimund

Biogr.: → 1826

Der Alpenkönig und der Menschenfeind

UT: *Romantisch-komisches Mährchen in drei Aufzügen*

Zauberspiel. UA: 17.10.1828 in Wien. ED: 1837.

Der reiche Gutsbesitzer Rappelkopf, der unter Verfolgungswahn leidet, tyrannisiert seine Umgebung, wird immer mehr zum Menschenfeind, verlässt Haus und Hof und lebt einsam in einer Köhlerhütte, deren Bewohner er vertrieben hat. Dort erscheint ihm der Alpenkönig Astragalus, um ihn von seinem Wahn zu heilen. Dies gelingt Astragalus jedoch erst, als er Rappelkopf als Doppelgänger dessen unerträgliches Benehmen vorführt, der daraufhin zur Vernunft zurückkehrt.

Im Mittelpunkt dieses Zauberspiels (→ *Der Bauer als Millionär*, 1826) steht ein psychologisches Problem: die hypochondrische Menschenverachtung Rappelkopfs sowie der Prozess seiner Heilung durch Einsicht. Die geisterhafte Erscheinung des Alpenkönigs dient nicht mehr dazu, die auf das Treiben von Zauberern und Feen ausgerichtete Erwartungshaltung des Theaterpublikums zu erfüllen; sie hat hier vielmehr eine für die dramatische Handlung unentbehrliche Funktion als geradezu menschlicher Gegenpart, so dass es zu einer gelungenen Verschmelzung von Wirklichkeit und Märchenwelt kommt. Insgesamt ging es R. – hier wie in seinen anderen Stücken – nicht um ein »Abbild widerspruchsvoller sozialer Wirklichkeit durch satirische Darstellung«, sondern um das »Vorbild des Guten« (J. Hein). Abgesehen davon, dass R. in die Gestalt Rappelkopfs Züge der eigenen problematischen Natur einfließen ließ, nähert er sich mit diesem Werk der Tragödie an, die zu schreiben ein unerfüllter Lebenswunsch dieses Vorstadttheaterdichters blieb.

Rezeption: Das Stück war zu Lebzeiten R.s größter Erfolg. 🎬 R: L. Berger (1962, TV), R: R. Steinböck (1965).

Weitere Zauberspiele: *Die gefesselte Phantasie* (1828), *Der Verschwender* (1834).

1828; 1839
August von Platen

* 24.10.1796 als Graf von Platen-Hallermünde in Ansbach. Ab 1806 Kadettenausbildung in München, 1818–26 Studium in Würzburg und Erlangen (Sprachen, Literatur, Naturwissenschaften). Ab 1826 lebte P. fast ständig in Italien. † 5.12.1835 in Syrakus (Sizilien). Gedenkstätten: Ansbach (D), Erlangen (M), Syrakus (G).

Gedichte; Polenlieder

Die Slg. *Gedichte* (1828) vereinigte die früheren Gedichtpublikationen *Lyrische Blätter* (1821), *Ghaselen* (1821), *Neue Ghaselen* (1823) und *Sonette aus Venedig* (1825), 2. vermehrte Auflage: 1834. Die *Polenlieder* (entst. ab 1831) konnten aus Zensurgründen erst postum 1839 erscheinen.

P. teilte das Schicksal der Epigonen der Klassik, die nicht über die Kraft verfügten, künstlerisch eigene Wege zu gehen: Er beherrschte virtuos die vorhandenen formalen Mittel, bevorzugte dabei den ›Adel der Form‹ in Gestalt der Ode, des Sonetts und des aus dem Persischen stammenden Ghasels (Reimschema: aa ba ca da …), um durch die vollkommene Darstellung des Schönen der Zerrissenheit, politischen Misere und Kunstfeindlichkeit der Lebenswirklichkeit zu entfliehen (z. B. *Abschied von der Welt*, *Luca Signorelli*, *Tristan*). Diese »Neigung zur pretiösen Stilisierung im Namen von Würde und Schönheit« (G. Sautermeister) ist demnach als Kompensation (Werk als ästhetisches Refugium) zu verstehen, die der Außenseiter P. als deklassierter Adliger, freiwilliger Emigrant und Homosexueller benötigte. Der erbitterte Streit mit Heine, den er als Juden beleidigte und der ihm im Gegenzug seine Homosexualität als Ausdruck seines unfruchtbaren Dichtertums vorhielt (→ *Reisebilder*, 1826–31), war schädlich für beider Ansehen.

Die Untrennbarkeit von Schönheit und Schmerz, Liebe und Entsagung findet in den 14 *Sonetten aus Venedig* (1825) ihren klassizistischen Ausdruck. Zwei seiner Balladen (*Das Grab im Busento* und *Der Pilgrim von St. Just*) gehören bis heute zum Kernbestand in Lesebüchern. P.s Schönheitskult schloss indes schon in der Lyrik vor 1830 politische Zeitkritik nicht aus (z. B. *Lebensstimmung*); zwischen 1830 und 1833 rückte sie dann ins Zentrum seines Schaffens: Mit Gedichten wie *Herrscher und Volk*, *Kassandra*, *Republikanische Völker*, *An einen Ultra* (ED: 1832) sowie v. a. mit den *Polenliedern* (ED: 1839), die den polnischen Aufstand gegen russische Unterdrückung (1830/31) verteidigen, wurde P. einer der »ersten politischen Dichter der deutschen Literatur« (Fr. Mehring). Diese Lieder zeigen seinen entschiedenen Einsatz gegen jede Form der Gewaltherrschaft und für das Selbstbestimmungsrecht der Völker (auch der Deutschen), bevorzugt in Rollenform und in eingängig-volkstümlicher Sprache.

Rezeption: P.s lyrisches Werk blieb in seiner eigentümlichen Mischung aus Ästhetizismus und politischem Engagement lange verkannt bzw. wurde einseitig rezipiert (z. B. G. Herwegh, H. v. Hofmannsthal, St. George, Th. Mann).

Weitere Werke: *Die verhängnißvolle Gabel* (Komödie, 1826), *Der romantische Ödipus* (Komödie, 1829), *Die Abbassiden* (Versepos, 1835), *Tagebücher* (postum 1896/1900).

1829
Christian Dietrich Grabbe

Biogr.: → 1827

Don Juan und Faust

Drama. Entst. ab 1827, ED: 1829. UA: 29.3.1829 in Detmold (Bühnenmusik: A. Lortzing), danach von der Zensur verboten.

Aus der Detmolder Enge griff G., sich selbstbewusst mit Mozart und Goethe messend, nach nichts Geringerem als die beiden Symbolgestalten neuzeitlicher Lebens- und Geisteskultur, Don Juan und Faust, in einem Ideendrama zu vereinen. Verbunden durch die – völlig unterschiedlich motivierte – Liebe zu einer Frau, Donna Anna, stehen sich beide unversöhnbar gegenüber. Der Geistmensch Faust ist aufgrund seines Paktes mit dem Teufel der Stärkere (er entführt Anna und besiegt den Rivalen), zugleich aber auch der Verlierer (Anna liebt Don Juan, der Teufel holt Faust). Don Juan unterliegt zwar, bleibt aber in der Verfolgung seines hedonistischen Lebensprinzips ungebrochen. Während der adlige Don Juan dabei den sinnlichen Genuss an Leben und Liebe trotz einer borniert-philiströsen Bürgerwelt für einzig erstrebenswert hält und ihn sich notfalls mit Gewalt verschafft, glaubt Faust an kein diesseitiges »Ruh und Glück« (er will allenfalls wissen, wie er es hätte finden können), aber auch an keinen Gott mehr, den er gleichwohl sucht. Erst die Liebe zu Anna sollte ihm die Augen öffnen, doch er tötet sie, weil sie den anderen liebt. Beide fahren am Ende in die Hölle, ohne Reue und im Protest gegen eine Welt, die sich mit dem Bescheiden begnügt. Der Teufel tritt in der Gestalt eines Faust begleitenden Ritters auf, bleibt aber – anders als in Goethes → *Faust I* (1808) – eine Nebenfigur (vgl. auch → *Faust-Dichtungen nach Goethe*).

♬ H. Reutter (Oper, 1950). 🎬 R: M. L'Herbier (1922).

Weiteres Werk: → *Napoleon oder die hundert Tage* (Drama, 1831).

Literaturverhältnisse 1815–1848

Es ist – auch nach langen Debatten in der Literaturwissenschaft – nach wie vor schwer, für die Zeit von 1815 bis 1848 einen passenden Epochennamen zu finden. Der ältere Begriff ›Biedermeier‹ sollte für die Zeit von 1830 bis 1855 eine letzte, »noch einigermaßen einheitliche deutsche Kulturepoche« (P. Kluckhohn) bezeichnen, geprägt von dem, was im nostalgischen Rückblick auch als ›gute alte Zeit‹ charakterisiert worden ist: vom Inbegriff der bürgerlichen Idylle, vom Rückzug in den vorindustriellen Bereich des Familiären, Heimatlichen und Unpolitischen, vom Sicheinfügen in die gegebenen Verhältnisse, von der Bereitschaft zu Entsagung und Verzicht als Preis für Sicherheit und Ordnung. Dieses Epochenkonzept war jedoch derart einseitig, dass die dafür in Anspruch genommenen Schriftsteller wie z. B. A. v. Droste-Hülshoff, E. Mörike, A. Stifter, B. Auerbach, K. Immermann, Fr. Grillparzer und F. Raimund ihm nur dann zugerechnet werden konnten, wenn man sich auf Teilaspekte ihres Werkes beschränkte. Andere Versuche, den »leidigen Zeitraum« (J. Hermand) als unbenennbare Zwischenzeit aufzulösen, indem man die ›Goethezeit‹ bzw. die ›Spätromantik‹ bis ca. 1830 verlängerte und eine Phase des ›Frührealismus‹ um 1840 beginnen ließ bzw. die literarische Bewegung des → *Jungen Deutschland* von 1830 bis 1848 erweiterte, haben sich zurecht ebenso wenig durchgesetzt wie der Name ›Restaurationszeit‹. Gescheitert ist auch das Konzept, in der modernisierten Form der ›Biedermeierzeit‹ eine Epocheneinheit zu stiften, die nicht nur »*alle* Richtungen der Restaurationsperiode« berücksichtigen will, sondern auch noch behauptet, die ganze Epoche sei »mehr ein Auslaufen alter Traditionen als ein Neubeginn« (Fr. Sengle).
Dem entgegengesetzt betonte der Epochenname ›Vormärz‹ (in den Datierungen 1815–48, 1830–48 bzw. 1840–48) zunächst den Vorrang jener politisch-literarischen Bewegungen, die sich vor dem März 1848 (Beginn der Revolution von 1848) bildeten und zu ihm hinführten (z. B. → *Politische Lyrik im Vormärz*); doch inzwischen soll der Begriff, weniger ausschließend und umwertend, zum Ausdruck bringen, dass die gesamte Literatur von der Auseinandersetzung mit der Tradition geprägt ist: Was 1815 programmatisch als Restauration begann, endete schließlich 1848 in der Revolution. Insofern sind Dramatiker wie Fr. Grillparzer und G. Büchner, Lyriker wie E. Mörike und H. Heine, Romanautoren wie K. Immermann und K. Gutzkow durchaus miteinander verbunden. Wenn daher von einem Zusammenhang in der Epoche ausgegangen werden soll, so wird dieser am ehesten als ein dialektischer zu verstehen sein – d. h. als einer, der sich im widersprüchlichen Festhalten (auch als Flucht) und Umbruch von operativen und ästhetischen Traditionen und Techniken erzeugt. Das ist mehr als die bloße Addition ›Vormärz und Biedermeier‹.

1831
Adelbert von Chamisso Biogr.: → 1814

Gedichte

Eine 1. Slg. von Ch.s ab 1818 verfassten Gedichten (39 Titel) erschien als Anhang zur 2. Auflage von *Peter Schlemihl's wundersame Geschichte* 1827 (→ 1814). Die 2., auf 107 Titel vermehrte Slg. erschien 1831, deren 2. und 3. Auflage 1834 bzw. 1836.

Ch. verstand sich über lange Zeit nicht als Dichter und verwarf noch vor 1830 sein lyrisches, von der → *Romantik* geprägtes Frühwerk. Zum Dichter wurde er erst durch seine zeitkritische Lyrik nach 1820/25, deren Eigenart nicht zuletzt durch Ch.s Stellung zwischen den Fronten (deutsch/französisch, katholisch/protestantisch, adlig/bürgerlich) geprägt war. Sein Credo lautete: »Das Alte ist nicht mehr, *noch* nicht das Neue.« Den romantischen ›Volkspoesie‹-Begriff erweiterte er, hier seinem französischen Vorbild J. P. Béranger folgend, ›nach unten‹, was die soziale und sozialkritische Dimension einschloss. Er thematisierte als einer der ersten die Not und das Elend der Armen (z. B. *Der Invalid im Irrenhaus*, *Die Giftmischerin*, *Der Bettler und sein Hund*, *Die alte Waschfrau*; 1833/35). Sozialkritik enthalten auch die Balladen aus den *Deutschen Volkssagen* (1831): *Das Riesen-Spielzeug* und *Die versunkene Burg*.

Ch. erkannte die Wichtigkeit einer sozialen Neuordnung, ohne jedoch einer revolutionären Änderung anzuhängen und blieb auch nach 1830 ein gemäßigter Liberaler. Neben seiner lyrischen Zeitkritik, mit der er den Dichtern der → *Politischen Lyrik im Vormärz* als wichtiger Vorläufer galt, verfasste er Gedichte, die durch ihren Detailrealismus über die Romantik hinausweisen. Eines seiner bekanntesten Gedichte ist der wehmütige Rückblick auf das Schloss in Frankreich, das er als Kind mit seiner Familie verlassen musste und das danach während der Französischen Revolution eingeäschert wurde: *Das Schloß Boncourt*(1827).

Rezeption: Bis 1886 erschienen 23 Auflagen. Neben L. Uhland war Ch. einer der populärsten Lyriker der 1. Hälfte des 19. Jh. Der Liederzyklus *Frauen-Liebe und Leben* (1831) wurde von R. Schumann vertont.

Weitere Werke: *Deutscher Musen-Almanach* (Hg., 1833–39), *Reise um die Welt* (Reisetagebuch, 1836), *Bérangers Lieder* (Hg. zusammen mit Fr. v. Gaudy, 1838).

1831
Christian Dietrich Grabbe Biogr.: → 1827

Napoleon oder die hundert Tage

Drama. Entst. 1829/30. ED: 1831; UA: 12.8.1868 in Wien (unvollst.); 2.9.1895 in Frankfurt/Main.

Napoleons Rückkehr an die Macht, die sog. Herrschaft der 100 Tage, dauerte vom 1.3. bis 18.6.1815, dem Tag der Niederlage bei Waterloo. G.s

Stück arbeitet in den ersten beiden Akten die Voraussetzungen dieser besonderen Machtkonstellation heraus: die gespaltene Haltung des Volkes gegenüber dem Geschichtsverlauf ab 1789 (Verehrung Napoleons als Vollstrecker der Revolution, Hass auf ihn als ihr Verderber durch das Kaisertum) sowie die Unzufriedenheit mit der bourbonischen Restauration. Im 3. Akt erscheint Napoleon als der große Einzelne, der 4. und 5. Akt zeigen den militärischen Endkampf in dramatisch bewegten Schlachtszenen.

G.s Geschichtsdrama löst sich radikal vom Schiller'schen Muster: Prosa statt Vers, Stationentechnik, Volk in Massenszenen (aber noch kein Kollektivheld), kein idealistischer, sondern ein sich selbst absolut setzender Held (Napoleon: »Ich bin Ich«), Reduktion der Geschichte auf nichts »als ein bloßes Naturgeschehen, das ohne Berufung auf irgendeine verborgene Idee oder höhere Macht blind und gewalttätig seinen Gang geht« (E. Fischer-Lichte). Noch in dieser fatalistischen Sicht stellte das Stück eine Provokation dar, weil es die nächste Revolution – wenn auch nur im Rahmen der Wiederkehr des Gleichen – nicht ausschloss. Mehr Sinn gibt es bei G. nicht.

Rezeption: Das zunächst negative dt. Napoleon-Bild wurde zuerst in der Lyrik ab den 1820er Jahren überwunden (z. B. H. Heine, Fr. v. Gaudy, A. v. Chamisso). G.s Stück ist die früheste dramatische Auseinandersetzung mit dem Imperator, der zwischen 1860 und 1890 eine Vielzahl weiterer dt. Napoleon-Dramen folgte.

Weitere Dramen: *Hannibal* (1835; UA: 20.12.1918), *Die Hermannsschlacht* (postum 1838, UA: 10.6.1934).

1831
Franz Grillparzer

Biogr.: → 1825

Des Meeres und der Liebe Wellen

Trauerspiel. Entst. 1826–29, UA: 5.4.1831 in Wien. ED: 1840.

Zur Priesterin der Aphrodite bestimmt, muss Hero sich ganz dem Tempeldienst weihen und aller Liebe entsagen, doch noch während der Weihe nähert sich ihr Leander und verwirrt sie in der Folge durch sein Liebesgeständnis, obwohl der oberste Priester sie ermahnt und Leander vertreibt. Dieser kehrt jedoch in der Nacht zurück, nachdem er das trennende Meer durchschwommen und den Turm erstiegen hat, und gewinnt Heros Liebe (Turmszene im 3. Akt). Als er in der folgenden Nacht erneut zu Hero schwimmen will, löscht der Priester das Öllämpchen im Fenster, das dem Schwimmer zur Orientierung dienen sollte: Leander ertrinkt. Als Hero am nächsten Morgen die Leiche entdeckt, stirbt sie in tiefem Schmerz, nachdem sie den Priester wegen seiner Prinzipienstrenge heftig angeklagt hat.

Die auf dem Kleinepos des altgriechischen Schriftstellers Musaios (etwa Mitte 5. Jh. n. Chr.) beruhende Geschichte von Hero und Leander ist bei G. keine Geschichte einer unglücklich verlaufenden Liebe (wie noch im

Volkslied von den zwei Königskindern), sondern ein Drama der doppelten Selbstentfremdung: Hero, gewaltsam eingeschlossen im Turm, verliert ihr Leben sowohl durch die Auseinandersetzung mit der Autorität (Priester) als auch durch das Liebesbegehren Leanders. Es ist damit ein »Drama der Identitätskrise« (E. Fischer-Lichte).

Rezeption: Nach völligem Misserfolg 1831 wurde das Stück als ein »Trauerspiel der Liebe« (H. v. Hofmannsthal) in der 2. Hälfte des 19. Jh. zu G.s populärstem Drama. 🎬 R: Th. Grädler (1968, TV).

Weiteres Werk: → *Der Traum ein Leben* (Lustspiel, 1834).

1832
Johann Wolfgang von Goethe

Biogr.: → 1773, 1787, 1811–33

Faust II

UT: *Eine Tragödie. Zweyter Theil in fünf Acten*; später: *Der Tragödie zweiter Teil*

Tragödie. Erste Szenen um 1800 entst., weitere Entstehungszeit: 1825–31. ED: 1832 als Bd. 41 der Ausgabe letzter Hand. Separatdruck: 1833. UA: 4.4.1854 in Hamburg; gemeinsame UA von *Faust I* (→ 1808) und *Faust II*: 6. und 7.5.1876 in Weimar.

G. hatte den Plan zur Fortsetzung schon gefasst, während er noch am → *Faust I* (1808) arbeitete – schließlich hatte der 1. Teil noch keine Antwort auf die Frage nach dem Ausgang der alles in Gang setzenden Wette zwischen Gott und Mephisto bzw. Faust und Mephisto gegeben. Dennoch ist *Faust II* keine bloße Fortsetzung zu einem schlüssigen Ende, auch wenn das Handlungsgerüst dies als erste Lesart zu erlauben scheint: Faust, der zunächst wieder dem Magier des Volksbuchs angenähert ist, tritt an der Wende vom Mittelalter zur Renaissance am Kaiserhof zuerst als moderner Ökonom auf und scheitert dann bei dem Versuch, die Antike in Gestalt der schönen Helena zu beschwören (1. Akt). Da in der großen Szene der ›Klassischen Walpurgisnacht‹ (2. Akt) die Grundlagen für die Wiederbelebung der Antike in der Neuzeit gelegt werden (Verlassen des mittelalterlichen Studierzimmers, Untergang des Homunculus), kann Helena dann im 3. Akt tatsächlich erscheinen, Faust (als germanischer Heerführer) sich mit ihr in Arkadien vereinigen und den Sohn Euphorion (ein »Genius ohne Flügel«, Vers 9603) zeugen – doch Sohn und Mutter finden den Tod. 4. und 5. Akt spielen in der Neuzeit: Faust siegt als kaisertreuer Feldherr mit moderner Waffentechnik über den Gegenkaiser und erhält zum Dank Land, das er in einem kühnen Kolonisationsprojekt dem Meer abgewinnt, wobei die beiden Alten Philemon und Baucis zu von Faust in Kauf genommenen Opfern des zivilisatorischen Fortschritts werden. Im Lied des Türmers Lynkeus (Vers 11 288–303) drückt sich schließlich die Klage um den Untergang des Schönen und der alten Welt in verallgemeinerter Form aus. Am Ende ist Faust 100 Jahre alt, erblindet und glaubt sich – in völliger Verkennung seines Tuns – am Ziel seines Projekts (»auf freiem Grund mit freiem Volke stehn«), so dass er nur noch den »höchsten Augenblick« genießen will und damit die Wette verwirkt; doch seine Seele (sein »Unsterbliches«) verfällt nicht dem Teufel, sondern wird vom Chor der Engel gerettet, obwohl Faust eigentlich nichts gelernt hat.

Die Deutungen des Schlusses gehen weit auseinander; Marksteine waren die Interpretationen von E. Trunz, W. Emrich, H. Schlaffer, A. Schöne. Insgesamt kann Fausts Errettung nicht einfach als Lösung der *Faust I*-Problematik interpretiert werden, denn im 2. Teil ist er nicht mehr eine individuelle Figur, die sich strebend bemüht, sondern eine Allegorie menschlichen Strebens, zu dem auch der Widerpart des Mephistophelischen gehört: Wo Faust (mithilfe des Paktes!) nach Natur(beherrschung), Schönheit, Wissen und zivilisierendem Fortschritt strebt, vertritt Mephisto entfremdete Naturwidrigkeit, Schein, Magie und zerstörerische Gewalt der Moderne als deren Kehrseiten.

Rezeption: *Faust II* sollte, wie schon der Zeitgenosse K. Rosenkranz voraussah, »stets ein gewisses esoterisches Dasein« behalten. Das in seiner umfassenden Thematik, komplexen Symbolik und hohen Reflexivität schwer kommensurable Alterswerk ist ohne Textkommentar eine für den normalen Leser kaum zu bewältigende Herausforderung. Ob sich die Deutungsarbeit der *Faust*-Philologie heute »nahezu erschöpft« (G. Mattenklott) hat und nur das Theater eine Vergegenwärtigung des Riesenwerks ermöglichen kann, bleibt abzuwarten. Zur künstlerischen Weiterwirkung vgl. die Rezeption von → *Faust I* (1808).

Weiteres Werk: *Maximen und Reflexionen* (Aphorismen, postum 1833).

Faust-Dichtungen nach Goethe

Goethe hatte mit seiner *Faust*-Dichtung (→ *Faust I*, 1808; → *Faust II*, 1832) einen kaum zu überbietenden Maßstab gesetzt: *Faust* war nicht nur das schwierigste Werk des größten deutschen Dichters, sondern avancierte nach 1830 zum Inbegriff einer ›faustischen‹ Kulturleistung, die mit nationaler Eigentümlichkeit und bei O. Spengler sogar mit abendländischer Größe gleichgesetzt wurde. Sich an dieser mythischen Figur bzw. an diesem fast inkommensurablen Werk zu messen, forderte viele kleine und einige große Geister heraus, so dass im Laufe des 19./20. Jh. ein großes Spektrum zustimmend fortsetzender oder kritisch opponierender, konterkarierender bzw. sogar parodierender NACH-, UM- UND GEGENDICHTUNGEN entstand. Daneben gibt es aber auch *Faust*-Dichtungen, die sich weniger an Goethe, sondern am Volksbuch → *Historia von D. Johann Fausten* (1587) orientiert haben.

Die WICHTIGSTEN *FAUST*-DICHTUNGEN nach Goethe sind (vgl. auch → *Faust-Dichtungen bis 1808*): E. A. Fr. Klingemann: *Faust* (Drama, 1815), J. v. Voss: *Faust* (Trauerspiel mit Gesang und Tanz, 1823): beide Dramen knüpfen an die Volksbuch-Tradition an; C. Schoene (1823) und K. Rosenkranz (1831) schrieben Fortsetzungen zu Goethes *Faust I*. Die drei BEDEUTENDSTEN *FAUST*-DICHTUNGEN IM VORMÄRZ sind: Chr. D. Grabbe: → *Don Juan und Faust* (Drama, 1829), N. Lenau: *Faust* (dramatisches Gedicht, 1835/40: Zweifel an Glauben und Wissenschaft) und H. Heines Ballett-Szenario *Der Doktor Faust* (1851), eine Revolte der »sensualistischen Lebenslust gegen die [...] altkatholische Askese« (Heine). I. Hahn-Hahn gestaltete in ihrem Roman *Gräfin Faustine* (1841) eine weibliche Faustfigur (unter Ausblendung des Teufelspakts). Unter den verschiedenen *Faust*-Versionen der 2. Hälfte des 19. Jh. ragt Fr. Th. Vischers Parodie: *Faust. Der Tragödie dritter Teil* (1862/86) hervor, die zugleich eine Satire auf den zeitgenössischen Literaturbetrieb ist. Für das 20. Jh. sind mehr als 60 *Faust*-Dichtungen belegt. Auswahl: Fr. Wedekind: *Franziska* (Drama, 1912: mit einem weiblichen Faust), H. Hesse: *Ein Abend bei Doktor Faust* (Erzählung, 1935), P. Valéry: *Mon Faust* (Dramenskizze, 1940), Th. Mann: → *Doktor Faustus* (Roman, 1947), H. Eisler: *Johann Faust* (Libretto, 1952), N. Bulgakow: *Der Meister und Margarita* (Roman, 1966/67), Fr. J. Bogner: *Goethes V'st* (Stück, 1970), V. Braun: → *Hinze-Kunze-Roman* (Roman, 1985), R. Hochhuth: *Hitlers Doktor Faust* (Dramenfragment, 1990), W. Schwab: *Faust: Mein Brustkorb: Mein Helm* (Drama, 1993).

1832
Eduard Mörike

* 8.9.1804 in Ludwigsburg. 1822–26 Theologiestudium am Tübinger Stift. Ab 1826 Vikar in verschiedenen Pfarreien, ab 1834 Pfarrer in Cleversulzbach; 1843 Pensionierung auf eigenen Wunsch. 1851–66 Lehrer für Literatur am Katharinenstift für Mädchen in Stuttgart. † 4.6.1875 in Stuttgart. Gedenkstätten: Bad Mergentheim (R); Bissingen (R); Cleversulzbach (M), Marbach (M), Stuttgart (D, G).

Maler Nolten

UT: *Novelle in zwei Theilen* (nur 1832)

Roman. Eine von M. überarbeitete, von J. Klaiber fertiggestellte Fassung erschien 1877, deren rückverbesserte Fassung 1906.

Der junge Maler Theobald Nolten verlässt seine Freundin Agnes aufgrund von Intrigen der eifersüchtigen Zigeunerin Elisabeth. Er verliebt sich in Constanze, Schwester eines Grafen, doch seinem Freund Larkens gelingt es – ebenfalls durch Intrigen – den Maler zu Agnes zurückzuführen. Ein gemeinsames Glück ist dennoch nicht möglich: Agnes wird wahnsinnig und nimmt sich, wie Larkens kurz zuvor, nach einer Begegnung mit der Zigeunerin das Leben. Nolten, krank und seelisch tief getroffen, überlebt eine nächtliche Erscheinung nicht. Wenig später stirbt auch Constanze.

Die Hauptpersonen des Romans verfügen nicht über die Stärke, ihr eigenes Leben bewusst und frei zu gestalten. Ihr Verhalten wird bestimmt durch

Unbewusstes, Vergangenes, Verdrängtes, das sie nicht zur Sprache bringen und beherrschen können: »Der Mensch rollt seinen Wagen, wohin es ihm beliebt, aber unter den Rädern dreht sich unmerklich die Kugel, die er befährt.« Die Form ist dabei bestimmt durch einen sehr verschachtelten Aufbau mit Rückblenden und vielfachen Unterbrechungen durch Gedichte (u. a. der *Peregrina*-Zyklus) sowie durch ein Schattenspiel (*Der letzte König von Orplid*) und diverse Kunstbetrachtungen. Der Roman steht – als gleichsam negativer → *Bildungsroman* bzw. halber »Schicksalsroman« (Fr. Th. Vischer) – unter dem Einfluss von Goethe wie von E.T.A. Hoffmann. Er reicht aber zugleich trotz seiner Düsternis über die romantische Schicksalsdichtung hinaus, indem er in Vielem auf ein späteres, durch Psychoanalyse und Existenzphilosophie geprägtes Menschenbild vorausweist.

Weitere Werke: → *Gedichte* (1838).

1832–1834
Ludwig Börne

* 6.5.1786 in Frankfurt/Main als Juda Löw Baruch. 1802–06 Medizinstudium in Berlin und Halle, ab 1807 in Heidelberg (Staats- und Kameralwissenschaften), 1808 Promotion in Gießen. 1811–15 Polizeiaktuarius in Frankfurt/Main, wegen seines Judentums entlassen. 1818 Übertritt zum Christentum und Namenswechsel. Ab 1818 als Publizist und Schriftsteller überwiegend in Frankfurt und Stuttgart lebend. 1830 Übersiedlung nach Paris. † 12.2.1837 in Paris (G).

Briefe aus Paris

Überarbeitete Privatkorrespondenz aus Paris mit Jeanette Wohl im Zeitraum 5.9.1830 – 19.3.1833. Bd. 1–2: 1832; Bd. 3–4: 1833 (zur Tarnung wegen der Zensur u.d.T. *Mittheilungen aus dem Gebiete der Länder- und Völkerkunde*); Bd. 5–6: 1834.

»Paris ist der Telegraph der Vergangenheit, das Mikroskop der Gegenwart und das Fernrohr der Zukunft.« Diese von B. schon 1822 formulierte Erkenntnis hatte (bereits seit 1789) immer wieder Schriftsteller, Künstler und Intellektuelle in die »Hauptstadt der Revolution« (H. Heine) gezogen. Sie bestätigte sich erst recht, nachdem B. am 16.9.1830 – rund anderthalb Monate nach Ausbruch der Julirevolution – in Paris eingetroffen war und sich dort dauerhaft niederließ. Seine zunächst privaten Briefe, die er für die Publikation redigierte, sind Zeugnisse einer zeitkritischen Stadtberichterstattung, die an analytischer Schärfe, detailreicher Anschaulichkeit und stilistischem Glanz die früheren Paris-Berichte (z. B. J. H. Campe: → *Briefe aus Paris zur Zeit der Revolution geschrieben*, 1790; G. Forster: *Parisische Umrisse*, 1794) übertraf. In 115 Briefen begleitet B. den Fortgang der Revolution, schildert ihren politischen Niedergang und entwickelt sich darüber vom gemäßigten Liberalen zum radikalen Republikaner, wobei er sein publizistisches Ziel, mit diesen Berichten die politische Öffentlichkeit in Deutschland aufzurütteln, erreichte: Die *Briefe aus Paris*, obwohl sogleich von der Zensur (→ *Presse- und Literaturzensur*) verboten, fanden große Verbreitung und wurden aufmerksam zur Kenntnis genommen, aber letztlich doch zurückgewiesen. Das weitergehende Ziel, die demokratische Opposition zu aktivieren, gelang B. – trotz seines gefeierten Auftretens als Redner auf dem Hambacher Fest (1832), der größten antifeudalen Demonstration im Vormärz – indes nicht. Daher wuchs bei ihm die Einsicht: »Ich will nicht schreiben mehr, ich will kämpfen« (58. Brief). Er widmete sich fortan verstärkt der praktisch-politischen Arbeit der im Pariser Exil lebenden deutschen Intellektuellen und Handwerker (›Deutscher Volksverein‹) und verschärfte die literarisch-politische Abgrenzung zum einstigen Mitstreiter H. Heine (109. Brief), eine Kritik, die dieser mit seiner Streitschrift → *Über Ludwig Börne* (1840) – allerdings erst nach B.s Tod – gnadenlos zurückgab.

Rezeption: B. war einer der großen dt. Stilisten, dessen Nachruhm als einer der bedeutendsten ›Zeitschriftsteller‹ des 19. Jh. den Vormärz nicht überdauerte, danach von antisemitischen und antidemokratischen Vorurteilen verdunkelt wurde und ab der 2. Hälfte des 20. Jh. in den Schatten des überragenden Interesses an Heine geriet. Neben Heine schuf B. »das politische Feuilleton und damit die Ausgangsbasis für die politische Dichtung des Vormärz« (I. Rippmann).

Weitere Werke: *Die Wage* (Hg., 1818–21), *Gesammelte Schriften* (1829–40), *Menzel der Franzosenfresser* (Streitschrift, 1837).

1832/1838
Nikolaus Lenau

* 13.8.1802 in Csatád bei Temesvár als Nikolaus Franz Niembsch, Edler von Strehlenau. 1819–32 Studium verschiedener Disziplinen in Wien, Preßburg und Altenburg (Ungarn), ab 1829 durch Erbschaft finanziell unabhängig. 1832/33 in Nordamerika, danach Aufenthalte in Stuttgart und Wien; 1844 Einweisung in eine Heilanstalt (Wahnsinn). † 22.8.1850 in Oberdöbling bei Wien. Gedenkstätten: Csatád (D), Esslingen (D), Steinhofen (D), Stockerau (D), Weidling (G), Wien (D).

Gedichte

ED: 1832 (*Gedichte*); erweitert: 1838 (*Neuere Gedichte*).

Im kalten Nordamerika entstanden die Verse »Lieblich war die Maiennacht, Silberwölkchen flogen« aus L.s bekanntestem Gedicht *Der Postillion* (1834) – Zeichen dafür, dass sich der Dichter nicht von der Natur inspirieren ließ, sondern seine Gefühle der Schwermut, Einsamkeit, Trauer in die Natur übertrug. In allem sah der Naturlyriker L. dabei Verfall und Vergänglichkeit – Ausdruck der ihn von früh an beherrschenden Schwermut. In den *Schilfliedern* (entst. 1831) verbindet diese Schwermut sich mit dem Thema der Liebesentsagung; in dem Doppelsonett *Einsamkeit* (1838) stei-

gert sie sich zum melancholischen Bewusstsein absoluter Verlorenheit und Gottverlassenheit.
Die *Waldlieder* (1843), L.s gelungenste Gedichte, variieren die Thematik des Sterbens und Vergehens in der Natur. Die Musikalität nimmt dabei den Versen die Schwere der melancholisch-pessimistischen Weltsicht, die, so sehr sie auch persönlich bedingt war, genau dem Zeitgeschmack (dem Weltschmerzempfinden) entsprach, so dass »eine zarte Poesie der Vergänglichkeit« (H. Steinecke) entstand.
Kaum beachtet blieb L.s politische Lyrik, die den Weltschmerz als ›Zeitschmerz‹ ausdrückt, wobei seine Gesellschaftskritik (z. B. *Glaube, Wissen, Handeln*) und sein für die Zeit ungewöhnlich scharfer Protest gegen die Unterdrückung von politischer und religiöser Freiheit (z. B. *Abschied, Der Polenflüchtling, Protest*) durchaus deutlich werden. Ein aktiver Mitstreiter der → *Politischen Lyrik im Vormärz* war L. deswegen aber noch nicht, auch wenn sein Versepos *Die Albigenser* (1842) »mit bitterer Eindeutigkeit gegen Kirche und Königtum« (H.-W. Jäger) spricht.

Rezeption: L.s lyrisches Werk erlebte in den ersten 10 Jahren 7 Auflagen. Die Zeitgenossen betrachteten ihn als einen der bedeutendsten Lyriker dt. Sprache und viele seiner Gedichte wurden vertont. F. Kürnbergers Roman → *Der Amerika-Müde* (1855) liegen L.s Erfahrungen in Nordamerika zugrunde. Das Interesse an dem Dichter L. im 20. Jh. zeigen P. Härtlings Roman *Niembsch oder Der Stillstand* (1964) und G. Herburgers Erzählung *Lenau* (1972).
Weitere Werke: *Faust* (Drama 1836), *Savonarola* (Versepos, 1837), *Don Juan* (dramatisches Gedicht, postum 1851).

1832–1850
Adolf Glaßbrenner

* 27.3.1810 in Berlin, Pseudonym: Adolph Brennglas. Abgebrochene Schulzeit (Werder'sches Gymnasium bis 1824), kaufmännische Lehre bis 1828, danach Publizist und Schriftsteller in Berlin, ab 1841 in Neustrelitz. Nach publizistischer Beteiligung 1848 an der Revolution in Berlin 1850 ausgewiesen und bis 1858 in Hamburg, danach wieder in Berlin lebend. † 25.9.1876 in Berlin (G).

Berlin wie es ist und – trinkt

Groschenheft-Serie in 30 Einzelheften, mit Titelkupfern von Th. Hosemann. ED: ab 1832.
Noch bevor die illustrierten satirischen Zeitschriften des Vormärz aufkamen (z. B. *Charivari* ab 1842, *Fliegende Blätter* ab 1844, *Leuchtkugeln* ab 1847), trat G. als erster mit seiner satirischen Heft-Serie (jeweils 30–40 S.n) über Berliner Sozialtypen und Volksszenen hervor. Die nur mit einem Titelkupfer illustrierten Hefte stellten ein neues Genre von »Skizzenliteratur« (M. Lauster) dar, die in witzigen Prosastücken und Dialogen das moderne

großstädtische Leben in seinen Kontrasten (auch zur rückständigen politischen Verfassung) schilderte. Die von G. in den Mittelpunkt gestellten Serienhelden (der Eckensteher Nante, der Guckkästner, der liberale Philister Herr Buffey) sind einerseits belächelbare Figuren des Berliner Volkswitzes, andererseits aber auch weithin berühmt gewordene, subversive Sprachrohre G.s, der mit dieser Camouflage die Zensur (→ *Presse- und Literaturzensur*) oft genug überlistete, denn G., der liberal-demokratische Literat, verhehlte seine Kritik an der preußischen Restauration nicht und strebte mit seinem satirischen Talent danach, eine zeitgemäße ›Volkspoesie‹ zu schreiben, die in den unteren Volksschichten auch wirklich ankam. Zu diesem Zweck setzte er Dialekt und Umgangssprache ein, verzichtete auf Gelehrsamkeit und war sich – auch um den Preis der Verkennung – nicht zu schade für einen kalauernden Spott, um zwischen den Zeilen zu kritisieren. Nicht zu Unrecht bezeichnete sich G. deswegen im Rückblick als »berühmter ächt deutscher Humorist und Freiheitskämpfer«, eine Kombination, die in Deutschland selten ist. Mit seinen politischen Gedichten und dem Versepos *Neuer Reineke Fuchs* (1846) verstand sich G. als politischer Dichter, der sich an das gebildete Bürgertum wandte.

Rezeption: Die Serie (Auflagen jeweils über 1000 Stück) war trotz Beschränkungen durch die Zensur, Nachdrucken und Nachahmungen äußerst erfolgreich. Auch die *Komischen Volkskalender* erreichten eine hohe Popularität.

Weitere Werke: *Die politisirenden Eckensteher* (1833), *Buntes Berlin* (1837–41), *Schilderungen aus dem Berliner Volksleben* (1841), *Verbotene Lieder* (Gedichte, 1844), *Komischer Volkskalender* (1846–67).

1833
Johann Nepomuk Nestroy

* 7.12.1801 in Wien. Nach abgebrochenem Jurastudium Sänger an der Wiener Hofoper, später in Amsterdam, dann auch Schauspieler (u. a. in Brünn und Graz). Ab 1832 Schauspieler am Theater an der Wien, am Leopoldstädter und am Carl-Theater in Wien, 1854–60 Direktor des Carl-Theaters. † 25.5.1862 in Graz. Gedenkstätte: Wien (D, G).

Lumpazivagabundus

OT: *Der böse Geist Lumpacivagabundus, oder: Das liederliche Kleeblatt*

Zauberposse. UA: 11.4.1833 in Wien; ED: 1835.

Drei arme Handwerksburschen, das »liederliche Kleeblatt«, werden Gegenstand einer Wette, die der böse Geist Lumpazivagabundus im Wolkenpalast des Feenkönigs provoziert hat: Die Glücksgöttin Fortuna glaubt, dass Reichtum jeden Menschen zu bessern vermag. Zum Beweis überschüttet sie die drei mit Geld: Bessern sich zwei der Reichgewordenen, hat sie die Wette gewonnen. Die Liebesgöttin Amorosa hält dagegen:

Bleiben zwei trotz Reichtums liederlich, ist sie die Gewinnerin, denn sie glaubt, dass allein die Liebe Menschen bessern könne. Amorosa gewinnt, denn der trunksüchtige Schustergeselle trinkt noch mehr, der arbeitsscheue Schneidergeselle wird zum Don Juan, aber der Tischlergeselle heiratet – trotz des Reichtums – seine geliebte Peppi. Das Ende der Posse wirkt angehängt: Amorosa macht auch die beiden anderen zu glücklichen Familienvätern.

Die Wirkung des Stückes beruht im wesentlichen auf der realistischen, individualisierten Darstellung der Handwerksburschen, während die Zauberer, Geister und Feen des traditionellen Wiener Volkstheaters (Zauberspiel) nebensächlich geworden sind und nur noch in der Rahmenhandlung erscheinen. N. selbst brillierte in der Rolle des Schusters, der seine Trunksucht fatalistisch zu rechtfertigen versucht und damit dem Zeitgeist vor 1848 entspricht, so z. B. im *Kometenlied*: »Es ist kein' Ordnung mehr in die Stern/ [...] Auch unt' sieht man, daß's auf'n Ruin losgeht.«

Rezeption: Das Stück hatte großen, dauerhaften Erfolg und erlebte 1835 bereits die 100. Wiederholung, am 18.2.1881 die 1000. Aufführung. 🎬 R: L. Kolm (1919), R: C. Wilhelm (1922), R: G. v. Bolvary (1937), R: W. Schöne (1953, TV), R: Fr. Antel (1956), R: L. Lindtberg (1962, TV), R: E. Zbonek (1967, TV).

Weitere Possen: *Zu ebener Erde und im ersten Stock* (1835), *Eulenspiegel* (1835), *Die beiden Nachtwandler* (1836), *Das Haus der Temperamente* (1837), → *Der Talisman* (1840).

1833/1837
Heinrich Laube

* 18.9.1806 in Sprottau (Schlesien). Nach abgebrochenem Theologiestudium (Halle, Breslau 1825–27) Publizist in Breslau und in Leipzig (1833/34). 1833 Promotion, 1835 Verbot seiner Schriften, 1837–38 Verbüßung einer 18-monatigen Haftstrafe wegen oppositioneller Tätigkeit, ab 1840 in Leipzig Theaterkritiker. 1848 Mitglied des Frankfurter Paulskirchen-Parlaments (Linkes Zentrum), 1849–67 Leiter des Wiener Burgtheaters, ab 1869 des Leipziger und 1871–79 des Wiener Stadttheaters. † 1.8.1884 in Wien. Gedenkstätten: Sprottau (D), Wien (G).

Das junge Europa

UT: *Eine Novelle*, ab 1875/82: *Roman in drei Büchern*

Roman. Entst. 1833–35; Teil 1: *Die Poeten* (1833), Teil 2: *Die Krieger* (1837), Teil 3: *Die Bürger* (1837).

Der 1. Teil entwirft in Gestalt eines Briefwechsels von 8 Personen ein polyperspektivisches Charakterbild junger Menschen nach 1830, ihrer hoffnungsfrohen bis skeptischen Erwartungen an politische und moralische Emanzipation sowie ihrer kritischen Ansichten über damit zusammenhängende Lebensfragen (Revolution, Religion, Moral, Liebe, Ehe, Gesellschaft). Der 2. Teil ist ein Bericht über die Beteiligung einer der Hauptfiguren am polnischen Freiheitskampf 1830/31. Der 3. Teil kehrt zur Form des Briefromans zurück und schildert das weitere, durchweg gescheiterte Schicksal der Hauptfiguren: Constantin verzweifelt am Ausgang der französischen Julirevolution, Valerius zieht sich resignierend vom polnischen Aufstand zurück, Hippolyt wandert nach Amerika aus und wird dort erschossen. Das ›junge Europa‹ muss sein Projekt einer politisch-sozialen Emanzipation also (vorerst) begraben.

L.s Debüt ist ein Roman über die unmittelbare Gegenwart (Handlungszeit von März 1830 bis ca. 1832), zugleich aber auch ein Zeugnis dafür, wie diese Gegenwart die Konzeption des Romans (um)prägte: Aus dem »Zeitgemälde [...] alles dessen, was wir seit 1830 erlebt, gehofft, geglaubt, verloren haben« (K. Gutzkow), wird am Ende ein Entwicklungsroman, in dem die Hauptfigur Valerius (analog zur inneren Wandlung des politisch verfolgten Autors) resigniert: »Keiner wage in's Einzelne vorauszubestimmen, was werden soll; wir kennen die Welt nur einen Schritt weit.«

Rezeption: Der Roman wurde, von der Zensur sogleich verboten, nur von wenigen gelesen, zumal L. sich nach dem Verbot seiner Schriften von seinen jungdt. Anfängen (→ *Junges Deutschland*) distanzierte. Gleichwohl hat er als »zentraler Zeitroman des Jungen Deutschland« (D. Göttsche) seine literaturgeschichtliche Bedeutung.

Weitere Werke: *Reisenovellen* (1834–37), *Moderne Charakteristiken* (Essays, 1835), *Die Karlsschüler* (Drama, 1846), *Erinnerungen* (Autobiogr., 1875/82).

1833–1840
Heinrich Heine

(Fortsetzung von → 1826–31): Ab 1831 als Zeitungskorrespondent und Schriftsteller in Paris; 1835 zeitweiliges Publikationsverbot in Deutschland. 1843 und 1844 Reise nach Hamburg; ab 1848 ständig im Krankenbett (»Matratzengruft«, H.). † 17.2.1856 in Paris. Gedenkstätten: Berlin (D), Bonn (D), Düsseldorf (D, M), Hamburg (D), München (D), New York (D), Paris (G).

Der Salon

Buchreihe von H.s Texten der 1830er Jahre. Bd. 1: 1833 (vordatiert auf 1834), Bd. 2: 1835, Bd. 3: 1837, Bd. 4: 1840. ED einiger Texte zuvor im *Morgenblatt für gebildete Stände* (*Französische Maler*, 1831; *Florentinische Nächte*, 1836) bzw. in *Allgemeine Theater-Revue* (*Über die französische Bühne*, 1837).

Mit der Buchreihe *Der Salon* wollte H. an die überaus erfolgreiche Serie der → *Reisebilder* (1826–31) anknüpfen und behielt deswegen das Konzept bei: lockere Mischung von Prosa und Lyrik, Wiederabdruck bereits publizierter Texte in Kombination mit neuen, ungedruckten Werken, rezeptionssteuernde Vorreden. Dazu passte der gewählte Titel *Salon* (d. i. ›Versammlungsraum‹) als Bezeichnung für eine freie, wechselnde Kommunikation (→ *Literarische Geselligkeit und Salons*). Band 1 enthält H.s erste größere Pariser Arbeit, den Ausstellungsbericht *Französische Maler*, der eine vielbeachtete Auseinandersetzung mit dem Thema (Juli-)Revolution und Kunst ist, des Weiteren 56 Gedichte sowie das Romanfragment *Aus den Memoiren des Herren von Schnabelewopski* – ein parodistischer »Schelmenroman ohne Schelm« (G. Höhn). Der 2. Band bietet neben 37 Gedichten die (von der Zensur verstümmelte) Darstellung *Zur Geschichte der Religion und Philosophie in Deutschland*, die zusammen mit der separat erschienenen *Romantischen Schule* (1833/36) H.s. Hauptleistung beinhaltet, nämlich den Franzosen (auch auf Französisch) eine »Überschau deutscher Geistesvorgänge« (H.) zu geben. Der 3. Band umfasst ein Novellenfragment (*Florentinische Nächte*), die Auseinandersetzung mit nordischer Mythologie (*Elementargeister*), die scharfe Streitschrift gegen den Literaturkritiker W. Menzel und die Kritik am Verbot der Schriften des →*Jungen Deutschland* (*Über den Denunzianten*, 1837). Der 4. Band bringt schließlich, neben 18 Gedichten, die »erste Ghettoerzählung in deutscher Sprache« (E. Loewenthal), das Romanfragment *Der Rabbi von Bacharach*, sowie die in Briefform verfassten Theaterkritiken *Über die französische Bühne*, die eine vergleichende Kritik mit den deutschen Verhältnissen sind. Diesen Vergleich verschärfte H. in den 1840er Jahren mit einer Artikelserie, die 1854 als Buch u.d.T. *Lutezia* erschien.

Rezeption: Alle 4 Bände waren Misserfolge, ab Bd. 3 auch bedingt durch das völlige Verbot durch die Zensur in Preußen und anderen dt. Staaten. Neue Auflagen erschienen erst 1849 (Bd. 1), 1852 (Bd. 2) und 1857 (Bd. 3 und 4). Heine löste in den Plänen zur Gesamtausgabe seiner Schriften ab 1846 die Buchreihen-Zusammenstellung auf.

Weitere Werke: *Französische Zustände* (Politische Reportagen, 1833), *Einleitung* zu M. de Cervantes: *Der sinnreiche Junker Don Quixote von La Mancha* (Abhandlung, 1837), *Shakespeares Mädchen und Frauen* (Abhandlung, 1839), *Der Schwabenspiegel* (Streitschrift, 1839), *Schriftstellernöten* (Offener Brief, 1839), → *Ludwig Börne* (Streitschrift, 1840).

1834
Georg Büchner / Friedrich Ludwig Weidig

Biogr. B: *17.10.1813 in Goddelau bei Darmstadt. 1831–33 Medizin-Studium (Straßburg), bis 1834 in Gießen. 1835 Flucht vor politischer Verfolgung nach Straßburg, 1836 Promotion in Zürich, mit anschließendem Asyl. Erkrankung an Typhus, † 19.2.1837 in Zürich. Gedenkstätten: Darmstadt (D), Goddelau (M), Zürich (G).

Biogr. W.: *15.2.1791 in Oberkleen bei Butzbach. 1808–11 Theologiestudium in Gießen, 1812–34 Lehrer und Konrektor (ab 1826 Rektor) in Butzbach. 1834 Strafversetzung als Pfarrer nach Ober-Gleen (bei Alsfeld), im selben Jahr wegen seiner politischen Aktivitäten verhaftet und im Gefängnis (Friedberg, Darmstadt) misshandelt. † 23.2.1837 (Selbstmord in der Zelle) in Darmstadt.

Der Hessische Landbote

UT: *Erste Botschaft*

Flugschrift. Von B. zwischen dem 13. und 25.3.1834 verfasst und von W. im Mai redigiert. Fertigstellung des Drucks: 31.7.1834. Eine von L. Eichelberg veränderte Neuauflage erschien im November 1834.

»Dieses Blatt soll dem hessischen Lande die Wahrheit melden«, mit diesen Worten beginnt die Flugschrift, die B. in Zusammenarbeit mit der nach französischem Vorbild gegründeten ›Gesellschaft der Menschenrechte‹ sowie dem Butzbacher Rektor W. verfasst hat. Sie war als Auftakt einer Serie von publizistischen Aufklärungsaktionen gedacht, mit denen nach dem Scheitern von direkten Aufstandsaktionen (z. B. des Frankfurter Wachensturms 1833) die große Masse des Landvolkes zum »Krieg der Armen gegen die Reichen« (L. Börne, nach Fr.-N. Babeuf) aufgerufen werden sollte. Von B. stammt überwiegend die 1. Hälfte der 8-seitigen Schrift, die mit statistisch detaillierten Angaben zur ökonomischen Ausbeutung (Steuern als »Diebstahl [...] an eurem Eigenthum«) und staatlichen Verschwendung die Unrechtmäßigkeit der bestehenden Herrschaft und das Recht auf Widerstand gegen sie beweisen will. Im 2. Teil überhöhte W. den sozialrevolutionären Aufruf (»Friede den Hütten! Krieg den Pallästen!«) durch Verweise auf die Bibel und die heilsgeschichtlich argumentierende Erwartung eines künftigen »Freistaats« bzw. »Reich[es] der Gerechtigkeit«.

Insgesamt gab die Mischung aus »Sozialrevolution und Revolutionstheologie, frühkommunistische[r] Bourgeoiskritik und romantische[m] Antikapitalismus« (Th. M. Mayer) dem Text eine Brisanz, die die Justizbehörden zu schärfster Verfolgung trieb: B. (per Steckbrief gesucht) und einige Mithelfer konnten fliehen, andere wurden verhaftet und verurteilt, W. im Gefängnis zu Tode gequält. Der *Hessische Landbote* war kein singuläres Flugblatt, sondern Teil einer nach 1830 sich verbreiternden subversiven Flugschriftenliteratur, die in B. ihren (heute) prominentesten, aber keineswegs radikalsten Autor hatte.

Rezeption: Die Flugschrift wurde in 1150 Exemplaren gedruckt und in Oberhessen in großem Umfang verteilt. Sie war kein Misserfolg, auch wenn kein Aufstand losbrach – was B. auch gar nicht erwartet hatte. 1850 wurde der Text in B.s *Nachgelassenen Schriften* stark verstümmelt veröffentlicht. Ein 1. vollst. Druck erfolgte durch K. E. Franzos 1877 sowie 1880 in B.s *Sämmtlichen Werken*. »Von allen deutschsprachigen politischen Flugschriften dürfte nur das *Kommunistische Manifest* häufiger übersetzt und stärker verbreitet worden sein« (J.-Chr. Hauschild).

Weiteres Werk: → *Dantons Tod* (Drama, 1835).

1834
Franz Grillparzer

Biogr.: → 1825

Der Traum ein Leben

UT: *Dramatisches Märchen in vier Aufzügen*

Schauspiel. Begonnen 1817, abgeschlossen 1831. UA: 4.10.1834 in Wien. ED: 1840.

Rustan ist ein junger Jäger, dem das idyllische Leben auf dem Landgut seines Onkels und die Liebe des Landmädchens Mirza zu langweilig erscheint und der deswegen, angeregt vom exotischen Sklaven Zanga, in der großen Welt Abenteuer und Ruhm suchen möchte. In einem Traum in der Nacht vor seinem Aufbruch gelingen ihm die ersehnten Heldentaten und er erringt den erhofften Ruhm, doch wird er darüber zum Betrüger und mehrfachen Mörder, zuletzt zum Gewaltherrscher. Von seinen Gegnern in den Tod getrieben erwacht er und erkennt, dass das Streben nach Heldentum und Ruhm zu Unmoral und Schuld führt und das Glück nur in der Weltabgeschiedenheit (»Ruhe«) sowie in der Liebe zu Mirza liegt. Das erträumte Leben wird zum Alptraum, und diese Einsicht lässt das zu lebende Leben zu einem Märchentraum werden.

Auch wenn G. das Stück als Märchen bezeichnet hat und zahlreiche Elemente der Zauberposse einfließen ließ, begab er sich damit keineswegs auf die Ebene des populären Wiener Volkstheaters. Ihm ging es hier nicht – wie in seinen anderen Dramen – um den Konflikt zwischen den Leidenschaften, der Willkür, dem Egoismus des Menschen einerseits und der göttlichen Ordnung und der Macht humaner Tradition andererseits; die Form des Märchens erlaubte es ihm vielmehr, auf die chaotischen Kräfte im Unterbewusstsein hinzuweisen, die eine Gefährdung des Menschen und elementare Bedrohung dieser Ordnung darstellen. Das sind Einsichten, die die *Traumdeutung* S. Freuds (1900) später präzisierte, die G. aber noch nicht realistisch darstellen konnte. Das kleine biedermeierliche Glück im Winkel am Ende erfreute die Zuschauer im 19. Jh., hinterlässt beim heutigen Theaterbesucher aber Zweifel.

Rezeption: Das Stück war ein großer, aber auch G.s letzter Bühnenerfolg.
Weiteres Werk: → *Weh dem, der lügt!* (Lustspiel, 1838/40).

1834
Theodor Mundt

* 19.9.1808 in Potsdam. Ab 1825 Studium in Berlin (Jura, Philosophie, Philologie; Promotion 1830). Ab 1830 Journalist und freier Schriftsteller, lebte ab 1832 in Leipzig, ab 1836 in Berlin. 1835 Verbot seiner Schriften; 1842 Privatdozent, 1848 Professor in Breslau, ab 1850 in Berlin und dort nach Entzug der Lehrbefugnis Bibliothekar. † 30.11.1861 in Berlin (G).

Moderne Lebenswirren

UT: *Briefe und Zeitabenteuer eines Salzschreibers*
Briefroman.

M. steht nicht in jedem Autorenlexikon und sein Roman in kaum einem Romanführer – unverdient, denn kein anderes Werk der Schriftsteller des → *Jungen Deutschland*, zu denen M. gehörte, drückt auf so witzig-indirekte Weise aus, was diese nach der Julirevolution 1830 entstandene und literarisch auf sie reagierende Bewegung charakterisierte: Der in einem Salzwerk im Ort Kleinweltwinkel angestellte Schreiber Seeliger, eigentlich ein Dichter, schildert in Briefen an seine Freundin, die Lehrerin Esperance, seine politischen Leiden an der Zeit: Angesteckt vom ›Zeitteufel‹ Zodiacus wandelt er sich im Laufe der Handlungszeit (Mai–Dezember 1833) vom überzeugten Liberalen über den überzeugten Legitimisten zum überzeugten Vertreter eines Kompromisses beider Lager (sog. Juste-Milieu), jeweils von Neuem die Nachteile des alten Standpunkts darlegend. Sein Fazit: »Ich will jetzt gar nichts sein.« Am Ende glaubt er, dass er Lehrer werden, seine Freundin heiraten und sich im privaten Glück »ein Rettungsplätzchen vor der Geschichte« sichern soll. Dem steht entgegen, dass Seeliger diesen Lebensplan hoffnungsfroh als Weg zu »Fortschritt! Freiheit! Zukunft!« betrachtet.

Der allzu rasche Gesinnungswandel des Protagonisten ist oft missverstanden und M. übel angerechnet worden. Dabei ist der Roman nicht nur ein ironischer Angriff auf die Dialektik von Gesinnungsfestigkeit und Mitläufertum (»zeitlose Gesinnung«), sondern mehr noch eine zeitkritische Parodie auf den lähmenden Immobilismus der deutschen Verhältnisse. Seeliger ist eine Kunstfigur, seine Offenheit für unterschiedlichste Standpunkte ist für M. ›modern‹ und muss sich notwendig in ›Lebenswirren‹ äußern. Daneben ragt die Romanfigur Esperance als kluge, selbstbewusste, bürgerliche Frau heraus, die berufstätig ist und das Bürgerrecht für Frauen wie für Juden fordert (2 Einlagen u.d.T. *Weibliche Ansichten der Zeit*).

Rezeption: M.s nächster, sogleich verbotener Roman (*Madonna*, 1835) verließ die ironische Ebene und propagierte direkter die jungdt. Forderungen, insbesondere die Emanzipation der Frau und die Befreiung von religiöser Orthodoxie (vgl. auch K. Gutzkow: → *Wally, die Zweiflerin*, 1835).

Weitere Werke: *Charlotte Stieglitz, ein Denkmal* (Edition, 1835), *Die Kunst der deutschen Prosa* (Essay, 1837).

1834
Karl August Varnhagen von Ense

* 21.2.1785 in Düsseldorf. Nach abgebrochenem Medizin-Studium (Berlin, Halle, Tübingen) Teilnahme am Befreiungskrieg (1813/14). 1814 Hochzeit mit Rahel Levin; 1814–19 Diplomat in preußischen Diensten, danach im Ruhestand und freier Schriftsteller in Berlin. † 10.10.1858 in Berlin (G).

Biogr. Rahel Varnhagen von Ense: * 19.5.1771 in Berlin als Rahel Levin (Robert), Tochter eines jüd. Kaufmanns. Nach autodidaktischer Bildung Eröffnung eines literarischen Salons (bis 1806). 1814 Übertritt zum Christentum (mit den neuen Vornamen Antonie Friederike) und Hochzeit mit V. † 17.3.1833 in Berlin (G).

Rahel. Ein Buch des Andenkens für ihre Freunde

Slg. von Briefen und Aufzeichnungen Rahel Varnhagens von Ense; als Privatdruck (in Auswahl) bereits 1833 erschienen, ab 1861 öfter erweitert. KA: 1997ff.

Mit diesem Buch setzte V. seiner ihm überlegenen Frau Rahel ein Denkmal, mit dem sie, die unter ihrem Namen nichts veröffentlichte und auch keine Autorin sein wollte, dennoch als Schriftstellerin in die Literaturgeschichte einging. Ihre Domäne war das gesprochene Wort, ihr Ort der Salon (→ *Literarische Geselligkeit und Salons*), in dem sie die vorgegebene Beschränkung als Jüdin und später getaufte (Ehe-)Frau überwinden und als viel verehrte ›Frau von Geist‹ mit bedeutenden Männern aus Politik und Literatur auf gleicher Höhe verkehren konnte. Rahels erster Salon existierte bis 1806, der zweite ab 1821 in Berlin – Letzterer war auch ein wichtiges Zentrum der Goethe-Verehrung (Heine nannte V. den »Statthalter Goethes auf Erden«).

Rahels Briefe und Tagebucheinträge (ca. 1500 Texte) sind als Schrift gewordene Dokumente einer geselligen Bildung eher als Bruchstücke dieser großen Konversation (und damit als ein spezifisches Zeugnis weiblicher Schreibweise) denn als ›Literatur‹ zu verstehen und sind – anders als die Briefeditionen von B. v. Arnim – authentisch. Sie umfassen den Zeitraum von 1787 bis 1833. Damit sind sie ein fortlaufender Kommentar zur Geistesgeschichte vom Ancien Régime bis zur Julirevolution, von der Zeit der → *Weimarer Klassik* und der → *Romantik* bis zu den Anfängen des → *Jungen Deutschland*. V.s ›Buch des Andenkens‹ war die erste Publikation, in der ein Schriftsteller die Briefe seiner Frau veröffentlichte.

Weiteres Werk: *Denkwürdigkeiten und vermischte Schriften* (1837–59).

1834–1838; 1836–1839
Friedrich Rückert

* 16.5.1788 in Schweinfurt. 1805–11 Philologie-Studium in Würzburg und Heidelberg (ab 1808). 1811/12 Privatdozent in Jena, danach freier Schriftsteller mit wechselnden Wohnorten. 1820 Übersiedlung nach Coburg. Ab 1826 Professor für

Orientalistik in Erlangen; lebte 1841–48 in Berlin; danach in Coburg. † 31.1.1866 in Neuses-Coburg. Gedenkstätten: Berlin (D), Coburg (D, G, M), Rodach (D), Schweinfurt (D, M).

Gesammelte Gedichte; Die Weisheit des Brahmanen

ED (1): 6 Bde., 1834–38; ED (2): *Die Weisheit des Brahmanen. Ein Lehrgedicht in Bruchstücken* (6 Bde., 1836–39).

R. war es gegeben, jederzeit und zu jedem Anlass mit virtuosem Geschick über den Reichtum lyrischer Formen der klassischen, der europäischen und der orientalischen Dichtung zu verfügen. Von seinen mehr als 10 000 Gedichten (allein das schöne Frühjahr 1838 warf über 200 Mai-Gedichte ab) überlebten dabei v. a. diejenigen, die vertont wurden. Bis weit ins 19. Jh. hinein waren seine patriotischen Gedichte (*Geharnischte Sonette*, 1814; *Kranz der Zeit*, 1817) sowie seine Liebeslyrik (*Liebesfrühling*, 1822/34; *Amaryllis*, 1825) Publikumserfolge (z. B. *Aus der Jugendzeit*; *Du meine Seele, du mein Herz*). In der → *Politischen Lyrik im Vormärz* stand R. abseits. Die *Kindertotenlieder* (postum 1872) wurden erst durch G. Mahlers Vertonung berühmt.

In dem Riesenwerk *Die Weisheit des Brahmanen* (2788 Sprüche), das überwiegend aus 2-zeiligen Alexandrinern besteht, die auch zu Gedichten verbunden werden, vermittelt R., in der Rolle des Brahmanen, einen Extrakt aus der Fülle seiner Kenntnisse der Weltliteratur (»Es muß alles hinein, was ich eben lese«). Es handelt sich um Einsichten aus der Beschäftigung mit der Philosophie (A. Schopenhauer) und den großen Religionen, von deren Gleichwertigkeit und einem ihnen innewohnenden gemeinsamen Geist R. überzeugt war. So konnte das Werk zum »Handbuch für Anhänger aller Weltanschauungen« (A. Schimmel) werden. Daneben berichtet R. von eigenen Erfahrungen und formuliert allgemeine Lebensweisheiten sowie unterweisende (manchmal triviale) Bemerkungen zum Alltagsleben.

Rezeption: R. war neben L. Uhland der populärste Lyriker im 19. Jh., seine Gedichte wurden u. a. von Fr. Schubert, R. Schumann und J. Brahms vertont. Dauerhafte Achtung erwarb sich R. als Übersetzer und Nachdichter orientalischer Dichtung.

1835

Georg Büchner

Biogr.: → 1834

Dantons Tod

OT/UT: *Danton's Tod. Dramatische Bilder aus Frankreichs Schreckensherrschaft* (BA); UT ab 1850: *Ein Drama*

Schauspiel (4 Akte in Prosa). Entst. im Januar/Februar 1835. ED: *Phönix* (26.3.–7.4.1835), BA: 1835. Beide Fassungen von K. Gutzkow redigiert und gekürzt; erhalten sind 2 Buchexemplare mit B.s Korrekturen. UA: 5.1.1902 in Berlin.

Gestützt auf historische Quellenstudien schrieb B. das Drama in 5 Wochen nieder – in Zeitnot und im Begriff, vor strafrechtlicher Verfolgung wegen seiner Beteiligung an der Flugschrift → *Der Hessische Landbote* (1834) fliehen zu müssen. Wegen dieser Publikationsumstände kann das Werk als nicht endgültig fertiggestellt betrachtet werden. Diese Offenheit ist indes kein gravierender Mangel, erklärt aber die sehr kontroversen Interpretationen. Hinzu kommt: »Das Stück ist selbst eine einzige große Kontroverse« (J.-Chr. Hauschild). Die dramatische Handlung spielt in den Tagen zwischen der Hinrichtung der radikalen Hébertisten (24.3.) und der Inhaftierung des gemäßigten Danton (3.4.1794), durch die Robespierre und seine Fraktion die alleinige Macht im regierenden Wohlfahrtsausschuss erringen. Diese Zwischenphase im revolutionären Prozess (die liberale Gironde wurde schon 1793 gestürzt und die Republik errichtet, das Ende der jakobinischen Revolution mit dem Sturz Robespierres im Juli 1794 und die Errichtung des Direktoriums 1795 stehen noch bevor) dient B. als Folie zur Erörterung der Frage, auf welche Probleme die gewaltsame Durchsetzung einer sozialen Revolution stößt und warum sie damals scheiterte. Im Mittelpunkt steht die Auseinandersetzung zwischen Danton, der die Revolution nicht mehr weitertreiben will und auf Lebensgenuss pocht, und Robespierre, der keinen Stillstand duldet und asketische Tugend verlangt. Doch wird diese zentrale Frage durch weitere Positionen differenziert, die von ihren Mitstreitern (z. B. Camille, Hérault bzw. St. Just), ihren Frauen (Julie, Lucile) und ihren Anhängern bzw. Kritikern im Volk vertreten werden.

B. selbst identifiziert sich mit keiner der dargestellten Parteien, zeigt in der wechselseitigen Kritik deren Stärken und Schwächen und lässt doch keinen Zweifel daran, dass Dantons Untergang unvermeidlich ist. Ob dies bereits mit einer »Rechtfertigung der robespierristischen Terreur-Politik« (H. Wender) gleichzusetzen ist oder ob das Stück sich auf die Darstellung der »Tragödie des Jakobinismus« (G. P. Knapp) beschränkt, ist strittig. Die ältere Interpretation vertrat dagegen die Ansicht, das Stück zeige B.s Rückzug in einen Geschichtsfatalismus (vgl. Brief vom März 1834 an seine Braut) bzw. sah sogar eine Kritik an der »Unvernunft der terroristischen Vernunft« (W. R. Lehmann) am Werke.

Rezeption: Obwohl Gutzkows Bearbeitung aus B.s Drama, wie er selbst gestand, die »Ruine einer Verwüstung« gemacht hatte, fand das Werk – mit einer Auflage von 400 Exemplaren – im Umkreis des → *Jungen Deutschland* große Zustimmung. Auf die (internationale) Bühne gelangte es erst im Verlaufe des 20. Jh. ♬ G. v. Einem (Oper, 1947). 🎬 R: D. Buchowetzki (1921), R: Fr. Umgelter (1963, TV).
Weitere Dramen über die Französische Revolution: R. Gottschall: *Robespierre* (1845); R. Griepenkerl: → *Maximilian Robespierre* (1849/51), *Die Girondisten* (1852).
Weiteres Werk: → *Woyzeck* (Drama, 1837).

Junges Deutschland

Der Name ›Junges Deutschland‹ bezeichnet eine Gruppe junger Schriftsteller, die sich zwischen 1830 und 1835/40, zusammen mit ihren Mentoren L. Börne und H. Heine, für eine grundlegende Erneuerung der Literatur einsetzten. Zu ihnen gehörten im engeren Sinne K. Gutzkow, H. Laube, L. Wienbarg, Th. Mundt und F. G. Kühne, im weiteren Sinne noch E. Willkomm, A. v. Ungern-Sternberg, H. Marggraff und J. Scherr. Die von diesen Autoren ausgelöste literarische Bewegung entfaltete sich, nicht ohne schriftstellerisches Eigeninteresse an der Positionierung im literarischen Markt, vorwiegend über Zeitschriften und erreichte rasch eine hohe Aufmerksamkeit. Ihre inhaltlichen Gemeinsamkeiten waren: kritische Auseinandersetzung mit dem Kunstbegriff von → *Weimarer Klassik* und → *Romantik* (von Heine 1828 als »Kunstperiode« bezeichnet), Forderung nach einer lebens- und zeitverbundenen Literatur, Vorrang der Prosa (›Poesie des Lebens‹) mit ihren kleinen, pressegerechten Formen (Novelle, Reisebericht, Brief, Charakteristik, Skizze), Propagierung moderner, liberaler Themen (Religions- und Gesellschaftskritik, Pressefreiheit, Frauenemanzipation usw.), Betonung einer wirksamen Schreibweise (›Stil‹). Schon Zeitgenossen sahen die Autoren des Jungen Deutschland dabei mehr als »durch Einheit der Absicht, nicht aber durch besondere Assoziation verbundene Schriftsteller« (Fr. Engels). Der Gruppenname, gebildet in Analogie zu politisch-literarischen Protestbewegungen in Europa wie z. B. ›La Giovane Italia‹, ›La Jeune France‹, ›Das junge Europa‹ (Schweiz), war deswegen auch nicht von Anfang an eine Eigenbezeichnung, sondern wurde es erst nach und nach; letztlich war die Gruppe »eine Erfindung der Zensur« (U. Köster, → *Presse- und Literaturzensur*): Zum Bündnis prägte sie der Beschluss des Deutschen Bundestages vom 10.12.1835, mit dem die Schriften von Heine, Gutzkow, Laube, Wienbarg und Mundt verboten wurden. Begründung: Sie seien bemüht, in »für alle Classen von Lesern zugänglichen Schriften die christliche Religion auf die frechste Weise anzugreifen, die bestehenden socialen Verhältnisse herabzuwürdigen und alle Zucht und Sittlichkeit zu zerstören.« Das in der deutschen Literaturgeschichte bis dato beispiellose Verbot (offiziell aufgehoben 1842) konnte zwar die beabsichtigte Vernichtung der schriftstellerischen Existenz nicht durchsetzen, erreichte aber, dass die jungdeutschen Ziele nicht mehr offensiv vertreten wurden: Gutzkow, wie Laube mit Haft bestraft, passte sich allmählich an, Laube und Mundt distanzierten sich sofort, Wienbarg wandte sich von der Literatur ab – nur Heine ließ sich, nach einer Phase des Abwartens, nicht entmutigen. Der jungdeutsche Ansatz, von G. Büchner schon vor dem Verbot als zu halbherzig kritisiert, radikalisierte sich wenig später in der linkshegelianischen bis frühsozialistischen Religions- und Philosophiekritik (D. Fr. Strauss, L. Feuerbach, A. Ruge, M. Hess, Fr. Engels und K. Marx) sowie in der → *Politischen Lyrik des Vormärz*.

Die wichtigsten jungdeutschen WERKE (ohne Börne und Heine, die als Mentoren der Gruppe galten) sind: A. v. Ungern-Sterberg: *Die Zerrissenen* (Roman, 1832), K. Gutzkow: *Maha Guru* (Roman, 1833), H. Laube: → *Das junge Europa* (Roman, 1833/37), L. Wienbarg: *Ästhetische Feldzüge* (1834, gilt als Programmschrift des Jungen Deutschland), Th. Mundt: → *Moderne Lebenswirren* (Roman, 1834), K. Gutzkow: → *Wally, die Zweiflerin* (Roman, 1835), Th. Mundt: *Madonna* (Roman, 1835), F. G. Kühne: *Eine Quarantäne im Irrenhaus* (Erzählung, 1835). Die wichtigsten jungdeutschen ZEITSCHRIFTEN waren: *Forum der Journal-Literatur* (1831, K. Gutzkow), *Zeitung für die Elegante Welt* (1833, H. Laube), *Schriften in bunter Reihe* (1834, Th. Mundt), *Literarischer Zodiacus* (1835, Th. Mundt), Literaturblatt zum *Phönix* (1835, K. Gutzkow), *Deutsche Revue* (Ankündigung 1835, K. Gutzkow/L. Wienbarg); sie klingen aus mit: *Mitternachtzeitung* (1836, H. Laube), *Dioskuren* (1836, Th. Mundt), *Der Freihafen* (1838–44, Th. Mundt), *Frankfurter Telegraph* (1837, K. Gutzkow), *Telegraph für Deutschland* (1838–43, K. Gutzkow).

1835
Karl Gutzkow

* 17.3.1811 in Berlin. Nach Philosophie-/Theologiestudium in Berlin (1829–31, Promotion 1833) Journalist und Schriftsteller in Stuttgart, Leipzig und Frankfurt/Main. 1835 Verbot seiner Schriften (→ *Junges Deutschland*), ab 1837 in Hamburg und ab 1842 in Frankfurt lebend. 1846–61 Dramaturg am Dresdener Hoftheater, 1862–64 Generalsekretär der Schiller-Stiftung in Weimar, danach krankheitsbedingtes Wanderleben. † 16.12.1878 in Frankfurt. Gedenkstätten: Dresden (D), Frankfurt (G).

Wally, die Zweiflerin

Roman in 3 Büchern. ED: 1835. Im Anhang: *Geständnisse über Religion und Christentum*. 2., revidierte Fassung u.d.T. *Vergangene Tage* (1852).

Der in 3 Wochen geschriebene Roman erzielte eine ebenso schnelle wie ungewöhnliche Reaktion: einen denunziatorischen Verriss durch den mächtigsten Literaturkritiker (W. Menzel) und ein Publikationsverbot durch den mächtigsten deutschen Bundesstaat (Preußen), das der Deutsche Bund noch verschärfte. Es war indes nicht nur der kleine Roman (260 S.n), der getroffen werden sollte, sondern die ganze Richtung, die er repräsentierte (→ *Junges Deutschland*): den Angriff auf Staat (Familie) und Kirche durch die unstatthafte Verbindung von Religion und Erotik. Die Titelfigur Wally ist eine adlige, von den Konventionen gelangweilte, im Übrigen politisch desinteressierte 20-jährige Frau, die – ebenso attraktiv wie gebildet – nach geistiger und sexueller Emanzipation strebt. Darin ist sie dem freigeistigen Skeptiker Cäsar verbunden, mit dem sie Fragen der Zeit diskutiert: Ehe und freie Liebe (›Emanzipation des Fleisches‹), Religion und Atheismus, gesellschaftliche Moral und individuelle Freiheit. Diese Gespräche, ergänzt durch einige eingeschobene Erzählungen, dominieren die Handlung, die in einer als skandalös empfundenen Szene gipfelt: Wally zeigt sich Cäsar – am Vorabend ihrer Hochzeit mit einem anderen Mann – nackt und ›vermählt‹ sich auf diese Weise mit ihm. Dennoch folgt aus dieser Beziehung kein Glück, auch nicht, als Wallys konventionelle Ehe scheitert und sie sich mit Cäsar verbindet. Dieser hat nämlich genug von ihr und verheiratet sich mit ihrer lebensfrohen, jüdischen Freundin. Das 3. Buch, ein Tagebuch Wallys, zeigt sie – in einer Mischung aus weiblichem Hiob und weiblichem Werther (J. A. Kruse) – als Zweiflerin an dem, wonach sie gestrebt hat. Ihr Selbstmord soll jedoch kein Widerruf sein, sondern Anklage eines Opfers der Zeit und er symbolisiert zugleich das Verlangen nach einer Religiosität ohne Religion.

Rezeption: Der Roman trug G. 1836 neben 6 Wochen Untersuchungshaft eine einmonatige Gefängnisstrafe (wegen »verächtlicher Darstellung des [christlichen] Glaubens«) ein. Zum jungdt. Frauenbild vgl. auch F. Lewald: → *Jenny* (1843).

Weitere Werke: *Briefe eines Narren an eine Närrin* (Briefroman, 1832), *Novellen* (1834), *Das Urbild des Tartüffe* (Lustspiel, 1840), *Zopf und Schwert* (Lustspiel, 1844), *Uriel Acosta* (Drama, 1846), → *Die Ritter vom Geiste* (Roman, 1850–51).

1836
Karl Leberecht Immermann

* 24.4.1796 in Magdeburg. 1813–17 Jurastudium in Halle, 1815 Teilnahme an den Befreiungskriegen, ab 1818 Beamter im Gerichtswesen u. a. in Münster und Magdeburg. Ab 1827 Landgerichtsrat in Düsseldorf, 1832 Gründer des ›Düsseldorfer Theatervereins‹, ab 1834 Theaterleiter. † 25.8.1840 in Düsseldorf. Gedenkstätten: Düsseldorf (D, G), Magdeburg (D).

Die Epigonen

UT: *Familienmemoiren in neun Büchern. 1823–1835*

Roman. Entst.1823–1835. ED (Teile des 2. Buches): *Morgenblatt für gebildete Stände* (1830). BA: 1836 (Bd. 5–7 von I.s *Schriften*).

Die Handlung des inhaltsreichen Romans, die durch Verwechslungen, Familiengeheimnisse, undurchschaubare Erbschaftsangelegenheiten, Unglücksfälle und vermeintlichen Inzest bestimmt ist, wird durch Erzählungen, Tagebuchaufzeichnungen, Briefwechsel um wesentliche Aussagen ergänzt. Im Mittelpunkt steht der Kaufmannssohn Hermann, der im Zuge seiner (gesellschaftlichen, politischen und erotischen) Erfahrungen mit unterschiedlichen sozialen Schichten im Deutschland der 1820er Jahre in Berührung kommt. Er konstatiert dabei den Verfall des Adels, die Judenfeindlichkeit und die Überheblichkeit des Bildungsbürgertums, die Arroganz und Ignoranz der Burschenschaften sowie die Anbetung des Geldes in der entstehenden Industriegesellschaft. Am Ende seiner Wanderschaft durch die Zeit entscheidet er sich – als reicher Erbe von Schloss und Fabrik – weder für die aristokratische Lebensform (obwohl adliger Abstammung, wie sich herausstellt) noch für eine kaufmännisch-industrielle Karriere (für die er das Geld hätte), sondern für ein ›grünes Plätzchen‹ auf dem Lande: Er möchte eine landwirtschaftliche ›Insel‹ gegen die ›industriellen Wogen‹ befestigen, um sie auf diese Weise – so seine problematische Hoffnung – erhalten zu können.

I. selbst sagte über diesen Roman, er behandele den »Segen und Unsegen des Nachgeborenseyns«. Er sah in den ›Epigonen‹, zu denen auch Hermann gehört, die zu schwachen Nachfahren einer großen Zeit und großer Persönlichkeiten – zu schwach, um ein großes Erbe fortzuführen und den Herausforderungen der neuen Zeit angemessen zu begegnen.

Rezeption: I. griff auf viele Elemente des → *Bildungsromans* zurück, zugleich ist der Roman wegen seiner Zeitanalyse und Kritik der bestehenden Verhältnisse zukunftsgerichtet und bezeichnet – trotz des unzeitgemäßen Schlusses – den Beginn des modernen Zeit- und Gesellschaftsromans.

Weitere Werke: *Tulifäntchen* (Versepos, 1830), *Merlin* (Drama, 1832); → *Münchhausen* (Roman, 1838/39).

1836
Ludwig Tieck

Biogr.: → 1795/96

Der junge Tischlermeister

UT: *Novelle in sieben Abschnitten*

Roman. Geplant ab 1796, Entwürfe ab 1811.

Der frisch verheiratete Tischlermeister Wilhelm Leonhard, trotz schon erreichtem Wohlstand nicht zufrieden (»er fühlte sich beklemmt«), lässt sich von seinem adligen Jugendfreund Elsheim auf dessen Schloss einladen. Dort unterhält man sich mit dem Proben und Aufführen von Theaterstücken (Goethe, Schiller, Shakespeare), wobei sich zeigt, dass sowohl das hochadlige als auch das landadlige Publikum zu borniert bzw. banausisch ist, um die theatrale Kunst zu verstehen, während der bürgerliche Tischler sich als Kenner und wahrer Liebhaber des Theaters erweist. Man unterhält sich daneben auch mit erotischen Spielen und Verwicklungen, in denen sich wiederum der Adel als menschlich unzulänglich, Wilhelm jedoch als ehrbar und treu herausstellt. Am Ende kehrt Wilhelm in sein Haus zurück, gefestigt und gereift: Er war »so ganz in sich befriedigt, so völlig Mann geworden.«

T. schrieb jedoch keinen → *Bildungsroman*, obwohl der (überbietende) Bezug zu Goethes → *Wilhelm Meisters Lehrjahre* (1795–96) mit dem Motiv der

Selbstfindung durch das Theater unverkennbar ist; vielmehr wollte er einen – nicht zuletzt den Zeitroman des → *Jungen Deutschland* steigernden – Gegenwartsroman vorlegen, der den Wandel von einer adligen Welt der Muße und zweckfreien Kunst zu einer durch ästhetische Bildung veredelten bürgerlichen Welt der Arbeit zeigen sollte. Die von T. gewählte Gattungsbezeichnung ›Novelle‹ (trotz eines Umfangs von über 700 S.n) umfasst im zeitgenössischen Verständnis auch den (modernen) Roman.

Rezeption: Der Roman ist noch keine realistische Auseinandersetzung mit der bürgerlichen Arbeitswelt und daher kein Vorläufer von G. Freytags Roman → *Soll und Haben* (1855). Die Idealisierung des alten Zunfthandwerks ist aber auch keine Flucht in die vormoderne Idylle.

Weiteres Werk: → *Des Lebens Überfluß* (Novelle, 1838).

1837

Joseph von Eichendorff

Biogr.: → 1815

Gedichte

Die Slg. enthält Gedichte aus der Zeit ab 1808; viele von ihnen erschienen bereits in den vorangehenden Prosawerken ab 1815/26.

E. gilt als der (spät)romantische Lyriker schlechthin, obwohl seine Gedichte erst ab den 1820er Jahren und somit fast schon als Nachtrag zur Romantik erschienen; andererseits formten sich positiver Begriff und Anschauung einer deutschen → *Romantik* (Gemüt versus Ironie) de facto nicht vor der 2. Hälfte des 19. Jh. In Bezug auf E. ist zu betonen, dass die Einfachheit seiner Lyrik, die häufig eingängige poetische Versatzstücke (Wald, Rauschen, Nacht, Heimat, Garten, Grund, alte, schöne Zeit usw.) und Haltungen (Sehnsucht, Abschied, Aufbruch, Heimweh usw.) nur nennt und nicht gestaltet, Ergebnis einer artistischen Montage ist (R. Alewyn, W. Frühwald): ›Zauberwörter‹, Versklänge, Bilder, dreischrittiger Aufbau und vieldeutige Stimmung erzeugen einen wiederkehrenden Ton, der dem naiven Volkslied nahekommt und in seinem ›Als-ob‹ doch modern-reflektiert ist: »Es war als, hätt' der Himmel/ Die Erde still geküßt« (*Mondnacht*, 1837). E. geht es nie um die Darstellung einer konkreten Landschaft oder um individuelle Gefühle, sondern um Imaginationen von inneren Räumen und Grunderfahrungen, in denen die Bewegungen von menschlicher Seele und Natur zu höherer Übereinstimmung kommen sollen. Dieser Wunsch, dem eine gewisse »Katholizität« (Th. W. Adorno) beigemischt ist, zeigt sich als Ahnung, Hoffnung und Sehnen (z. B. *Sehnsucht*, *Abschied*, *Der Abend*, *Die Nachtblume*, *Der alte Garten*) oder als Verwirrung, Angst und Sorge um Verlust (*Nachts*, *Zwielicht*, *Das zerbrochene Ringlein*, *In der Fremde*, *Die zwei Gesellen*). Trotz des zum Volkslied gewordenen *Froher Wandersmann* (»Wem Gott will rechte Gunst erweisen«, 1826) und trotz des vielgesungenen *Abschied*

(»O Täler weit, o Höhen«, 1810): Ein Volksdichter mit »Singvogelnatur« (J. Purver) ist E. nie gewesen.

Rezeption: E. stieg zum Ende des 19. Jh. zum populärsten dt. Romantiker auf, mit dem die »langgehegte Sehnsucht der Deutschen nach einem Volksdichter« (E. Lämmert) in Erfüllung ging. Vertonungen von C. M. v. Weber, Fr. Schubert, R. Schumann, F. Mendelssohn-Bartholdy, H. Wolf, H. Pfitzner u. a., deren Anzahl bis 1900 schon etwa 5000 betrug.

1837*
Georg Büchner

Biogr.: → 1834

Woyzeck

OT/UT: *Wozzek. Ein Trauerspiel-Fragment* (vom Hg. K. E. Franzos gewählt, Lesefehler aus »Woyzeck«).

Dramenfragment. Entst. 1836/37, Vorabdruck ab 1875, ED: 1879 (ungenau). UA: 8.11.1913 in München. Erhalten sind 3 Hs.n (ohne Titel, 31 verschiedene Szenen), darunter die sog. ›Reinschrift‹ (17 Szenen).

»Das ganze Leben dieses ›Verbrechers‹ ist eine lange Hinrichtung gewesen« (A. Glück). Dieses Lebensfazit, gesprochen über B.s authentisches Vorbild für seine Titelfigur, trifft auch den Woyzeck seines unvollendeten Dramas, in dem erstmalig ein ›Proletär‹ bzw. ›Pauper‹ in einem deutschen Drama als zentrale Figur auftritt. Bauern(söhne) als handelnde Hauptfiguren hatte es schon in Wernhers → *Helmbrecht* (2. Hälfte 13. Jh.) sowie in A. Gryphius' *Die geliebte Dornrose* (1661, → 1660; 1661) gegeben, arme Leute u.a. in E. Raupachs *Die Leibeigenen* (UA: 1825); doch B. geht in seinem Stück weiter. In fetzenhaften Szenen werden Ausschnitte aus dem erbärmlichen Leben des Soldaten Woyzeck vorgeführt: wie er vom Hauptmann gedemütigt, wie er vom Doktor als medizinisches Versuchskaninchen missbraucht, wie er grundlos eifersüchtig gemacht wird und erst seine Geliebte, Marie, und dann sich selbst umbringt. B. zeigt einen durch die sozialen Verhältnisse von Grund auf beschädigten Menschen, der niemals Subjekt werden kann – exemplarisch verdeutlicht an der Liebe zu Marie, die sich nur in der Negation (durch ›Totmachen‹) äußern kann.

Das Drama demonstriert, weder zynisch noch nihilistisch, die strukturelle Gewalt einer Gesellschaft, in der Menschen über Menschen beliebig herrschen – exemplarisch verdeutlicht an den Figuren des Hauptmanns und des Doktors. So wie in B.s Stück kein klassischer Held und auch kein ›Schicksal‹ mehr agiert, wird auch die klassische Dramenform zerbrochen: »Szenenmosaik« (A. Meier), keine Festlegung von Anfang und Ende, keine Utopie, keine Sprachsouveränität der handelnden Figuren. Die prinzipielle Offenheit des Werks – ob nun als Torso oder als gewolltes bzw. durch spätere Entzifferung beschädigtes Fragment gedeutet – fordert bis heute sowohl die philologische Rekonstruktion wie die theatralische Gestaltung zu stets neuen Deutungen heraus.

Rezeption: Das Stück erlebte ab 1879 eine fulminante Bühnenrezeption im → *Naturalismus* und → *Expressionismus*, die aber auf einer problematischen Textgrundlage beruhte. Seit den Anstrengungen um einen korrekteren Text (ab 1920 bzw. 1967) gibt es auch eine bedeutende Rezeption als Lesedrama. ♬ A. Berg: *Wozzeck* (Oper, UA: 1925), K. Pfister: *Wozzeck* (Opernballade, 1949). 🎬 R: B. Herlischka (1962, TV), R: M. Bluwal (1964, TV), R: R. Noelte (1966, TV), R: J. Hess (1971, TV), R: W. Herzog (1979), R: J. Szász (1994); *Wozzeck* (R: G. C. Klaren, 1947); *Wodzeck* (R: O. Herbrich, 1985).

Weiteres Werk: → *Leonce und Lena* (Lustspiel, 1838).

1838
Georg Büchner

Biogr.: → 1834

Leonce und Lena

UT: *Ein Lustspiel*

Entst. im Juni-Oktober 1836 als Beteiligung an einem Preisausschreiben. ED (unvollst.): *Telegraph für Deutschland* (1838), davon abweichende, ebenfalls unvollst. BA: 1850; Originalmanuskript verbrannt. UA: 31.5.1895 in München (Privataufführung); öffentliche UA: 31.12.1911 in Wien.

B. ein Lustspielautor? Was man aus Geldmangel nicht alles tut und sich dennoch dabei nicht verbiegt – so könnte ein erstes Fazit lauten: Leonce, Prinz im Königreich Popo, und Lena, Prinzessin im Königreich Pipi, sind – einander unbekannt und gegen ihren Willen – verlobt worden. Beide fliehen, ohne voneinander zu wissen, lernen sich unterwegs kennen und lieben und heiraten, um erst dann zu erfahren, dass sie schon längst miteinander verlobt waren. Der Kreis hat sich geschlossen, alles ist wieder so, wie es vorher schon war: eine höfische Welt der Langeweile und des wiederkehrenden Müßiggangs, umstanden vom stummen Protest untertänig hungernder Bauern. Und doch soll am Ende auf Vorschlag von Leonce, der nun König ist, und per Dekret seines Staatsministers die Welt zum arbeitsfreien Schlaraffenland revolutioniert werden. Das alles ist kaum zum Lachen, sondern besitzt ironische Schärfe im Verlachen einer verhassten feudalabsolutistischen Duodez-Herrschaft, die im Vormärz noch immer politische Wirklichkeit war und als dessen ästhetisches Pendant ein geistesaristokratischer Idealismus (in König Peter) karikiert wird.

Der Interpretationsspielraum zu diesem Stück ist beträchtlich: kein echtes B.-Werk (da ohne Originalfassung und möglicherweise von vornherein zensurangepasst), Überbietung der romantischen Literaturkomödie, »Lustspiel der Langeweile« (G. Beckers), Komödie des Nihilismus, Vorstufe des absurden bzw. des epischen Theaters (H. Mayer), »Komödie des status quo«

(H. Poschmann) bzw. ein Stück mit engem »Zusammenhang zwischen Büchners revolutionärem Handeln und seinem Sinn für Komik« (B. Dedner).

Rezeption: Ein wichtiger Rezeptionshinweis ist B.s ›Vorrede‹: »Alfieri: e la fama? Gozzi: e la fame?«, die dem Ruhm den Hunger gegenüberstellt. ♫ J. Weismann (Oper, 1925), W. Eisenmann (Bühnenmusik, 1950), P. Dessau (Oper, 1979). 🎬 R: Fr. Kortner (1961, TV), R: H. W. Schwarz (1963, TV.

Weiteres Werk: → *Lenz* (Novelle, 1839).

1838
Eduard Mörike Biogr.: → 1832

Gedichte

Weitere, jeweils vermehrte und bearbeitete Ausgaben: 1848, 1856, 1867 (226 Gedichte).

Mörikes Gedichte zählen zu den schönsten, die in deutscher Sprache geschrieben wurden. Die Sammlung umfasst Balladen (z. B. *Der Feuerreiter*, *Schön-Rohtraut*), Naturlyrik (z. B. *Um Mitternacht*; *Er ist's*, *Septembermorgen*; *An einem Wintermorgen, vor Sonnenaufgang*; *Besuch in Urach*), Liebesgedichte (z. B. *Liebesglück*, *An die Geliebte*, *Peregrina*), die Totenklage *An eine Äolsharfe* (entst. 1837), Gedichte im Volksliedton (z. B. *Die Schwestern*, *Das verlassene Mägdlein*), Idyllen (z. B. *Der alte Turmhahn*) und Dinggedichte (z. B. *Auf eine Christblume*, *Auf eine Lampe*). Der Vielgestaltigkeit der Formen und der Vielzahl der Themen entspricht eine Vielfalt von Mitteln der künstlerischen Gestaltung, die M. die treffende Bezeichnung »Sohn des Horaz und einer feinen Schwäbin« eingetragen hat (G. Keller). Diese thematische, formale und sprachliche Variationsbreite sowie M.s Kunst, jedem Gedicht seinen eigenen Ton zu geben, lassen eine pauschale Charakterisierung seiner Lyrik nicht zu. Einzelne Gedichte wie der *Peregrina-Zyklus* (entst. 1824–28, ED: 1829–38) oder *Auf eine Lampe* (mit der Schlusszeile: »Was aber schön ist, selig scheint es in ihm selbst«, 1846) haben eine intensive Auslegung erfahren (E. Staiger versus M. Heidegger). Neuere Interpretationen betonen die das Biedermeierliche überwindenden, auf die Moderne weisenden Momente: »ambivalente Mentalitätslagen, mehrdeutige seelische Neigungen, unentschiedene Bewußtseinshaltungen« (G. Sautermeister).

Rezeption: Bis zu M.s Tod wurden nur ungefähr 1500 Exemplare der Slg. verkauft. Bekannt wurden M.s Gedichte v. a. durch die Vertonung Hugo Wolfs.

Weitere Werke: *Miß Jenny Harrower* (Erzählung, die überarbeitet 1839 als *Lucie Gelmeroth* erschien), *Idylle vom Bodensee* (Versepos, 1846), *Das Stuttgarter Hutzelmännlein* (Märchen, 1853, darin: *Historie von der schönen Lau*), → *Mozart auf der Reise nach Prag* (Novelle, 1855).

1838
Ludwig Tieck Biogr.: → 1795/96

Des Lebens Überfluß

Novelle. Entst. 1837, ED: *Urania. Taschenbuch auf das Jahr 1839* (1838). BA: 1842.
Heinrich und Klara (er: bürgerlich, sie: adlig) haben gegen den Willen von Klaras Vater geheiratet und leben versteckt in einer Dachwohnung nur für und von ihrer Liebe, von einer treuen Dienerin notdürftig versorgt. Das karge Leben rechtfertigt Heinrich mit einer Kritik am materiellen Überfluss der modernen Zeit, dem Lob des humanen Maßhaltens und treuen Dienens, wobei der Erzähler es nicht versäumt, sowohl diese Ethik der Entsagung wie auch die traute Zweisamkeit mit Hinweisen auf ihre Widersprüche (Abhängigkeit von der Dienerin und vom Geld, letztlich: Perspektivlosigkeit usw.) zu ironisieren. Ein mitgeteilter Angsttraum verdeutlicht den Abstand zwischen der poetischen Liebesidylle und der kalten Welt des Kapitalismus, wo Menschen wie Waren nach ihrem Nutzen taxiert werden. In dem strengen Winter verheizt Heinrich, als er nichts anderes mehr hat, nach und nach die ins Parterre führende Holztreppe, die als Dingsymbol für die Verbindung zur Realität steht. Doch was für ihn überflüssig ist, ist dem Hausbesitzer teuer: Als dieser von einem Kuraufenthalt zurückkehrt, kommt es zum Konflikt, der fast bis zur polizeilichen Erstürmung eskaliert. Im letzten Moment erscheint ein totgeglaubter Freund, der ein von Heinrich geliehenes, beträchtliches Kapital und die Zustimmung von Klaras Vater zur Eheschließung mitbringt, so dass es zum glücklichen Ende kommt: »Gern ließen sie die notgedrungene Philosophie der Armut fahren, deren Trost und Bitterkeit sie […] ausgekostet hatten.«
T. lässt die Widersprüche von märchenhafter Liebe und geldbestimmtem Leben in der Schwebe, wenn er die Liebenden nach drei Jahren auf ihren Gütern noch einmal die Dachstube aufsuchen und sie – so der Schlusssatz – über »den Inhalt des menschlichen Lebens, dessen Bedürfnis, Überfluß und Geheimnis« sinnieren lässt.

Rezeption: Die Novelle galt ab dem späten 19. Jh. als T.s Meisterwerk. 🎬 R: W. Liebeneiner (1950), R: P. Kahane (1980, TV).

Weitere Werke: *Vittoria Accorombona* (Roman, 1840), *Waldeinsamkeit* (Novelle, 1841).

Unterhaltungsliteratur 1815–1918

Im 19. Jh. rückte die Belletristik (und hier besonders die Romanlektüre) als Medium der Unterhaltung an die Spitze. Die Basis hierfür legte die rasante Erweiterung des literarischen Marktes, d. h. der technische Fortschritt der Druckmedien, die rechtliche Regelung des Urheberschutzes, die Eta-

blierung des Berufsschriftstellers, die Verbilligung der Preise für Bücher und Presse, der Ausbau des Leihbibliothekswesens, die Verdichtung des Verlags- und Buchhandlungsnetzes, die Erhöhung der Produktionszahlen bei Titeln und Auflagen sowie v. a. die Steigerung der Lesefähigkeit auf über 90 % der Bevölkerung. Mit der Ausweitung des Volumens ging auch eine weitere Ausdifferenzierung der Literaturformen einher, die sich schon in der 2. Hälfte des 18. Jh. abgezeichnet hatte (→ *Unterhaltungsromane um 1800*) und die auch die Differenz zwischen Kunst- und Unterhaltungsanspruch, ›Kulturbuch‹ und ›Massenbuch‹, verschärfte.
Die gestiegene Kapazität des Marktes sprengte bis 1848 die Buch- und Pressezensur und verschob spätestens ab der 2. Hälfte des 19. Jh. die scheinbar festen Grenzen im literarischen Geschmack des expandierenden Lesepublikums: Es gab in zunehmendem Maße Schund, der gut verkäuflich war (Ch. Birch-Pfeiffer, L. Mühlbach) – es gab aber auch bedeutende Erzähler (von K. Gutzkow bis Th. Fontane), die über die Erstpublikation in Zeitschriften eine hohe, finanziell einträgliche Reichweite erzielten. Was in der Lesergunst oben stand, brauchte dabei keineswegs mehr mit den bildungsbürgerlichen Normen (schulischer Kanon, literarische Wertung durch etablierte Organe der Kritik, Literaturwissenschaft) übereinzustimmen – und stimmte es doch überein, so war eine bis heute gültige Kanonisierung keineswegs sicher. Die Unterschiede zwischen zeitgenössischen und heutigen Wertungen legen vielmehr nahe, von einer festen qualitativen Unterscheidung zwischen hoher und niedriger, ernster und unterhaltender Literatur abzusehen – lässt man einmal den Bereich der ausdrücklich zum raschen Verbrauch bestimmten Kolportageliteratur (Serienromane) beiseite, die es zwischen 1860 und 1960 auf rund 10 000 Beispiele brachte.
An der Spitze der Unterhaltungsromane standen bis 1850 ausländische Autoren wie W. Scott, J. F. Cooper, E. Sue, A. Dumas d. Ä., E. Bulwer-Lytton. Deutsche ›Bestseller‹ ab 1815 waren: H. Clauren: → *Mimili* (1815/16), W. Hauff: → *Lichtenstein* (1826), W. Meinhold: *Maria Schweidler. Die Bernsteinhexe* (1843), B. Auerbach: → *Schwarzwälder Dorfgeschichten* (1843–54). In der 2. Hälfte des 19. Jh. traten an die Stelle der Räuber- und Gespenstergeschichten dann Romane, in deren Mittelpunkt Frauenschicksale, die Familie, Abenteuer in fernen Ländern bzw. die Wiederentdeckung der Heimat in der Provinz sowie Zukunftsvisionen standen: z. B. W. v. Hillern: *Die Geyer-Wally* (1873/75), E. Marlitt: → *Im Hause des Kommerzienrates* (1876/77), K. May: → *Winnetou* (1893/1910), L. Ganghofer: *Schloß Hubertus* (1895), K. Laßwitz: *Auf zwei Planeten* (1897). Weitere erfolgreiche Einzelwerke waren: V. v. Scheffel: → *Ekkehard* (1855), B. Auerbach: *Barfüßele* (1856), A. Brachvogel: *Friedemann Bach* (1858), G. Freytag: *Die Ahnen* (1872), F. Dahn: *Ein Kampf um Rom* (1876), H. Seidel: *Leberecht Hühnchen* (1882–92), J. Stinde: *Die Familie Buchholz* (1884/86), E. v. Rhoden: *Trotzkopf* (1885), H. Sudermann: *Frau Sorge* (1887), G. Frenssen: *Jörn Uhl* (1901), G. Hermann: *Jettchen Gebert* (1906),

A. Sapper: *Die Familie Pfäffling* (1907), F. Rose: *Heideschulmeister Uwe Karsten* (1909), H. Löns: *Der Wehrwolf* (1910), H. H. Ewers: *Alraune* (1911), G. Fock: *Seefahrt ist not!* (1913), A. Günther: *Die Heilige und ihr Narr* (1913), B. Kellermann: *Der Tunnel* (1913), P. Keller: *Ferien vom Ich* (1915), H. Courths-Mahler: *Griseldis* (1916), R. Herzog: *Die Stoltenbergs und ihre Frauen* (1917).
Überaus erfolgreich unter den LYRIKERN waren: E. Geibel: *Gedichte* (1840; 1902: 129. Auflage), O. v. Redwitz: *Amaranth* (1849), O. Roquette: *Waldmeisters Brautfahrt* (Versdichtung, 1851), Fr. v. Bodenstedt: *Die Lieder des Mirza Schaffy* (1851; 1917: 264. Auflage), J. V. v. Scheffel: *Der Trompeter von Säckingen* (Versepos, 1854). Vgl. auch → *Versepik im 19. Jh.*

1838/1839
Karl Leberecht Immermann

Biogr.: → 1836

Münchhausen

UT: *Eine Geschichte in Arabesken*

Roman in 8 Büchern. Eingebunden ist die Dorfgeschichte *Oberhof* (Buch 2, 5, 7, 8). Münchhausen, angeblich Enkel des Lügenbarons (G. A. Bürger: → *Münchhausen*, 1786), unterhält einen alten Baron mit seinen abenteuerlich-abstrusen Geschichten und Vorstellungen. Diese erzählerische Konstruktion erlaubte es I., der selbst im Roman auftritt, seiner Zeit satirisch einen Spiegel vorzuhalten (Hegel'sche Philosophie, religiöse Strömungen, zeitgenössische Dichtung, → *Bildungsroman*, aber auch Wissenschafts- und Fortschrittsgläubigkeit). Münchhausens Schwindel findet den Beifall der adligen Welt, weil er ihr schmeichelt. Er selbst glaubt an nichts außer an die Kraft seiner witzigen Erfindungsgabe – mithin »eine Gestalt, die den Zeitgeist parodiert und zugleich seine Parodie ist« (G. Sautermeister). Im Kontrast dazu entwirft I. in der Dorfgeschichte *Oberhof* die Utopie einer bäuerlichen Gemeinschaft um die alles beherrschende Gestalt eines Hofschulzen, der auf die strikte Er- und Einhaltung überlieferter Institutionen (z. B. Femegericht) und Regeln achtet. Diese durchaus nicht vorbildliche Welt, in der sich der Einzelne der bestehenden Ordnung zu unterwerfen hat, wird aber durch ein Liebespaar infrage gestellt, das am Ende diese Regeln außer Kraft setzt und sein Glück findet
Beide Teile des Romans sind aufeinander bezogen: Der *Münchhausen*-Teil richtet sich gegen modische Tendenzen einer bindungslos gewordenen Gegenwart (satirisch verdeutlicht im verwirrend ungeordneten bzw. arabesken, d. h. verschlungenen Aufbau dieses Teils), während im *Oberhof*-Teil anstelle der Satire eine (trotz realistischer Schilderung bäuerlichen Lebens) rückwärts gewandte Idylle des Herkommens dargestellt wird, die als Folie für die Schwächen der Zeit dienen soll.

Rezeption: Der Roman wurde ab der 2. Hälfte des 19. Jh. einseitig rezipiert, indem der *Oberhof*-Teil als Dorfgeschichte (→ *Dorf- und Heimatliteratur*) isoliert erschien.
Weiteres Werk: *Memorabilien* (Autobiogr., 1840–43).

1838/1840
Franz Grillparzer

Biogr.: → 1825

Weh dem, der lügt!

Lustspiel. UA: 6.3.1838 in Wien; ED: 1840.

G.s einziges Lustspiel spielt im 9. Jh. zur Zeit der Merowinger. Der Küchenjunge Leon will Atalus, den Neffen seines Herrn, des fränkischen Bischofs Gregor, aus der Gefangenschaft beim heidnischen Grafen vom Rheingau befreien. Dabei darf er aber das Gebot des Bischofs, stets die Wahrheit zu sagen (»Weh dem, der lügt«), nie übertreten. Die Art und Weise, wie es Leon gelingt, dieses Gebot zu beachten und zugleich zu missachten, indem er die Wahrheit maßlos übertreibt, so dass sie als Lüge erscheint (nicht aber eine Lüge ist), macht neben seinem Witz und Einfallsreichtum den Reiz dieses Lustspiels aus. Am Ende befreit Leon Atalus, beide fliehen zusammen mit der Tochter des Grafen, die Leon, nachdem sie Christin geworden ist, heiratet. Es ist das glückliche Ende einer »ernsten Komödie« (H.-G. Werner), die die Bedingungen wahrhaftigen Sprechens zeigt: Es gilt die Maxime unbedingter Aufrichtigkeit, doch zugleich auch die Einsicht, dass sie nicht immer verwirklicht werden kann.

Rezeption: Das Stück fiel bei der UA durch. Den zeitgenössischen Kritikern am hofnahen Burgtheater missfielen einige unziemliche Wahrheiten: Dass ein Küchenjunge Mittelpunktsfigur ist und zudem noch eine Grafentochter heiraten darf, dass die jungen Flüchtlinge ein gemeinsames Nachtlager halten sowie v. a. die karikierende Darstellung des Adels.
Weiteres Werk: → *Der arme Spielmann* (Novelle, 1847).

1839
Georg Büchner

Biogr.: → 1834

Lenz

UT: *Eine Reliquie von Georg Büchner*; ab 1850 (in der BA): *Ein Novellen-Fragment*

Novelle. Entst. 1835/36. ED: *Telegraph für Deutschland* (1839), die heute als die beste Fassung gilt, da das Originalmanuskript nicht mehr existiert und es durchaus zweifelhaft ist, ob es über ein »fortgeschriebenes Entwurfsstadium« (H. Gersch) hinauskam.

Erzählt wird, wie der Dichter J. M. Lenz (Biogr.: → 1774) – einer der bedeutendsten Autoren des → *Sturm und Drang* und eine Art Alter Ego des jungen Goethe – 1778 nach einer Wanderung durch die Vogesen bei dem elsässischen Pfarrer Oberlin eintrifft. Während seines 20-tägigen Aufenthaltes verschlimmert sich sein ohnehin angegriffener seelischer Zustand: Lenz fürchtet die ›Abschiebung‹ zu seinem strengen Vater, kann aber auch nicht allein sein – ohne die väterliche Güte des Pfarrers. Dem entspricht sein Schwanken zwischen gottgleichen Allmachtsphantasien (z. B. will er ein totes Kind zum Leben erwecken) und gotteslästerlichem Atheismus ebenso wie – im sog. Kunstgespräch – sein scharfer Protest gegen ein autoritäres kunstidealistisches Dichtertum, dem er jedoch weder in seinem Leben noch mit seinem Werk eine gelingende Alternative entgegensetzen kann. Lenz' Erfahrung von Angst und Leere führt schließlich zum psychischen Zusammenbruch (Ausbruch des Wahnsinns), wobei dieser nicht nur Ausdruck eines Versagens ist, sondern auch Protest, der sich zugleich gegen das Leiden an der Gesellschaft und deren problematische ›Gesundheit‹ wendet.

Was Lenz nicht gelingt – das ist die unausgesprochene Pointe der Novelle – ist B.s Erzählung selbst: Der biographisch belegte und auf Realien (Interviews, Briefe, Tagebuch) gestützte Text, auf scheinbar naturalistische Weise das »Dokument einer geschlossenen Schizophreniedarstellung« (G. Irle) bietend, ist ein ästhetisch-politischer Antitext, d. h. ein »literarisches Wiederaufnahmeverfahren gegen Goethes Verurteilung der Empfindsamkeit« (I. Oesterle), in dem der antiklassische Schriftsteller B. den vom klassischen Goethe als »vorübergehendes Meteor« (in → *Aus meinem Leben*, 1811–33) verurteilten Lenz rehabilitiert.

Rezeption: Die Novelle fand erst ab 1890 größere Beachtung und wurde in der 2. Hälfte des 20. Jh. zum Schulklassiker. Heiner Müller betrachtete sie 1987 als »Prosa aus dem 21. Jahrhundert«. Vgl. auch P. Schneiders Erzählung → *Lenz* (1973). ♫ W. Rihm: *Jakob Lenz* (Oper, 1979). 🎬 R: G. Moorse (1971), R: A. Rockwell (1981), R: A. Szirtes (1986.

1840

Heinrich Heine Biogr.: → 1826–31, 1833–40

Über Ludwig Börne

OT: *Heinrich Heine über Ludwig Börne*; ab 1867: *Ludwig Börne. Eine Denkschrift*

Abhandlung in 5 Büchern. Entst. ab 1837/39.

Drei Jahre nach L. Börnes Tod erschien – unter einem vom Verleger J. Campe eigenmächtig und unzutreffend abgeänderten Titel – diese ›Denkschrift‹, die aus H.s Sicht ein »Gesuch in fremder und eigener Sache vor dem Tribunal der Zeit und der Zukunft« (G. Höhn) sein sollte. H. skizziert am Leitfaden seines Konfliktes mit Börne ein Panorama der linken Schriftstelleropposition der 1830er Jahre: Das 1. Buch schildert die Zeit der

freundlichen Beziehung vor 1830, das 2. Buch die sich abzeichnende Differenz in der Reaktion auf die französische Julirevolution 1830, während das 3. Buch die hinter beiden stehende Fraktionierung der Schriftstelleropposition in der Pariser Emigration zwischen 1831 und 1833 darstellt. Das 4. und 5. Buch konzentriert sich auf den völligen Bruch zwischen beiden, den Börne öffentlich ab 1834 (109. Brief der → *Briefe aus Paris*, 1832–34) vorantrieb und zu dem H. erst jetzt Stellung nahm. Am Ende blickt H. vom Standpunkt des Jahres 1839 auf den (als persönlicher Konflikt historisch gewordenen) Prinzipienkonflikt zurück, der den Beginn einer tiefgreifenden Spaltung der Schriftstelleropposition in Deutschland anzeigte.
Es geht hier nicht nur um den politischen Konflikt zwischen dem linksradikalen Revolutionsverfechter und Taktiker Börne und dem gemäßigteren Liberalen H., der die sofortige Revolutionierung zugunsten einer langfristigeren Strategie verwarf; es geht auch um den Konflikt zwischen dem parteiergreifenden Publizisten und Tribun Börne, dem die feste Gesinnung im politischen Kampf über die ›Kunst‹ ging, und dem engagierten Künstler und Ästheten H., der sich über den Tageskampf hinaus mit den unverzichtbaren Mitteln der Kunst als Apostel in einer »pacifiken Mission« (Heine, 1833) betrachtete, wofür der Kreis um Börne die abfällige Formel vom ›Talent‹ ohne ›Charakter‹ prägte.
Rezeption: Das Buch löste einen Entrüstungssturm im Lager der demokratischen Opposition aus, prägte das H.-Bild auf Jahrzehnte negativ und war auch kommerziell ein völliger Misserfolg. H. wurde in der Folge in ein Duell verwickelt, und L. Börnes Freundin J. Wohl veröffentliche (zusammen mit M. Reinganum) die Gegenschrift *Ludwig Börne's Urtheil über H. Heine* (1840). Der Prinzipienkonflikt wiederholte sich im 20. Jh. im Streit u. a. zwischen Th. und H. Mann oder im Streit um B. Brecht sowie P. Weiss.
Weiteres Werk: → *Atta Troll* (Versepos, 1843).

1840
Johann Nepomuk Nestroy

Biogr.: → 1833

Der Talisman

Posse. UA: 16.12.1840 in Wien. BA: 1843.
Titus Feuerfuchs leidet unter seinen roten Haaren. Als ihm daraufhin eine schwarze Perücke als Talisman geschenkt wird, umwerben ihn nacheinander drei verwitwete Frauen, die sich aber von ihm abwenden, als sie seine wirkliche Haarfarbe erkennen. Da setzt ihn ein reicher Onkel als Erbe ein, und die Frauen bemühen sich – trotz seiner roten Haare – erneut um ihn. Doch Titus hat »im Dorngebüsch zuwiderer Erfahrungen« gelernt, verzichtet auf die Erbschaft, wird Barbier und heiratet die rothaarige – und deswegen ebenfalls deklassierte – Gänsemagd Salome.

In dieser Posse zeigt sich N.s Kunst, deren Eigenart K. Kraus als »Dynamit in Watte« gekennzeichnet hat: Durch die Vielzahl komischer Szenen (z. B. als Titus jeweils die Kleider der verstorbenen Ehemänner erhält – wodurch N. zugleich dessen sozialen Aufstieg verdeutlicht), die Fülle geistreicher Einfälle, Wortspiele und Aphorismen sowie durch den parodistischen Wechsel der Sprachebenen erreicht er eine Leichtigkeit der Darstellung, die dennoch seiner Kritik die Schärfe nicht nimmt: Er entlarvt die Schwächen einer Gesellschaft, die den Rang eines Menschen nur nach Konvention und Vermögen bemisst. N. glaubt nicht an das Gute, sondern an die »lumpige Menschlichkeit« (H. Zeman) im Menschen bei Armen wie Reichen. Neben dieser zeitlosen Kritik ist aber auch ein direkter Zeitbezug unübersehbar: das satirisch dargestellte Verhalten der restaurativen Gesellschaft im Vormärz gegenüber Außenseitern wie Titus, der nur durch Zufall und die Fähigkeit, Vorurteile zu seinem Vorteil zu nutzen, seine Existenz sichern kann.

Rezeption: Das Stück gilt als N.s Meisterwerk. ♬ H. Sutermeister: *Titus Feuerfuchs* (Oper, 1958). 🎬 R: G. Klingenberg (1969, TV), R: O. Schenk (1976, TV), R: M. P. Ammann (1981, TV.

Weitere Possen: *Das Mädl aus der Vorstadt* (1841), → *Einen Jux will er sich machen* (1842).

1841
Ida Gräfin Hahn-Hahn

* 22.6.1805 in Tressow (Mecklenburg). Wuchs als verarmte Adlige in Rostock, Neubrandenburg und Greifswald auf. Nach gescheiterter Ehe (1829) von einer gut dotierten Rente und als freie Schriftstellerin lebend. 1850 Konversion zum Katholizismus und klösterliches Leben in Mainz. † 12.1.1880 in Mainz (G).

Gräfin Faustine

Roman.

Ob es für eine Frau besser sei, lieber unglücklich als gar nicht oder besser gar nicht als unglücklich verheiratet zu sein, das ist die Gretchenfrage vieler Frauenromane im 19. Jh. und zugleich ein Maßstab für die Emanzipiertheit ihrer Autorinnen. H. – die ›deutsche George Sand‹ – war, durch eigene Eheerfahrung und unkonventionellen Umgang mit verschiedenen Lebenspartnern belehrt, in dieser Frage resolut: Eine adlige Frau könne ihren Weg allein gehen, sowohl ohne Mann als auch durch die weite Welt. In ihren 10 Romanen (bis 1848, daneben auch als Verfasserin von Reiseberichten) wiederholt sie dieses Programm weiblicher Selbstbestimmung, am gelungensten wohl in *Gräfin Faustine*: Die Titelfigur, von drei ausgezeichneten Männern begehrt und anerkannt, verbindet und trennt sich nacheinander wieder von ihnen, immer bestrebt, als selbstbewusste Frau und Künstlerin sich selbst zu verwirklichen. Am Ende geht sie ins Kloster. Wie ihr Name schon andeutet, sieht sie sich dabei als weibliches Pendant zu Goethes Faust (→ *Faust I*, 1808), allerdings ohne den Aspekt der Gelehrtentragödie und den Teufelspakt.

H.s schriftstellerischer Auftritt als Frau von Welt, nicht ohne elitären Dünkel changierend zwischen aristokratischer Bohème und weiblichem Geniebewusstsein (»man zeige mir doch mal einen Mann, der so schreibt wie ich«), bediente ein (sensations)lüsternes Interesse an Adel und Nonkonformismus. Die Gräfin kämpfte dabei nicht für die Frauen als unterdrücktes Geschlecht, sondern als standesbewusste Individualistin – das unterschied sie prinzipiell von Autorinnen wie B. v. Arnim, F. Lewald, L. Aston oder L. Mühlbach.

Rezeption: Bis 1848 gehörte H. zu den meistgelesenen Unterhaltungsschriftsteller(innen). Ihre Wendung zur katholischen Erbauungsliteratur hatte dann einen Publikumswechsel zur Folge. H.s Frauenromane hielten sich als Lesestoff »besonders in Mädchenpensionaten« (Fr. Sengle) bis ins 20. Jh. Eine Parodie auf die aristokratische Beschränkung der Frauenemanzipation in *Faustine* schrieb F. Lewald (*Diogena*, 1847).

Weitere Werke: *Orientalische Briefe* (Reisebericht, 1844), *Cecil* (Roman, 1844), *Zwei Frauen* (Roman, 1845).

Presse- und Literaturzensur

Mit dem Begriff ›Zensur‹, abgeleitet aus lateinisch *censura* (›Prüfung‹, ›Beurteilung‹), bezeichnet man die (autoritäre) Kontrolle der Buch- und Presseproduktion, durchgeführt von kirchlichen und staatlichen Obrigkeiten. Unterschieden wird zwischen einer Vorzensur, die eine Überprüfung durch bestallte Zensoren *vor* der Drucklegung ist, und einer Nachzensur, bei der *nach* dem Verkauf des Gedruckten Sanktionen durch Justizorgane verhängt werden, wenn Strafbares publiziert wurde. Zensur, schon in der Antike praktiziert, gab es in verstärktem Maße ab dem Ende des 15. Jh. (Ausbreitung des Buchdrucks): zunächst durch die Kirche, dann durch das Deutsche Reich (bis 1806) und ab dem 17. Jh. in wachsendem Maße durch die Territorialstaaten im Reich. Eine kodifizierte »Preßfreiheit« existierte – im Unterschied zu England oder den Niederlanden – bis zum Wiener Kongress 1815 nicht. Sie wurde in der Schlussakte zwar in Aussicht gestellt und in einigen Landesverfassungen auch kurzfristig verwirklicht, dann aber durch die für alle Staaten des Deutschen Bundes verbindlichen Karlsbader Beschlüsse (1819), die grundlegend verschärfte Zensurbestimmungen enthielten, bis 1848 von der Tagesordnung verbannt: Zunächst auf 5 Jahre beschränkt, danach unbeschränkt (bis 1848) galt: Alle Druckschriften, die weniger als 20 Bogen (320 S.n im Oktavformat) Umfang hatten, unterlagen der Vorzensur (in Preußen bis 1842 und in Österreich: alle Druckschriften gleich welchen Umfangs), alle übrigen Schriften der Nachzensur. Die Kontrolle wurde von behördlich ausgewählten, mit genauen Instruktionen versehenen Zensoren ausgeübt. 1832 wurde die Verbreitung ausländischer Druckschriften bis zu 20 Bogen Umfang verboten, 1834 die Zensorenauswahl verschärft und die Erkennbarkeit von Zensureingriffen (›Zensurlücken‹) nicht mehr geduldet.

Erst durch die (nie in Kraft getretene) Reichsverfassung der Frankfurter Paulskirche (1848/49, § 143) wurde das Recht auf freie Meinungsäusserung und Pressefreiheit kodifiziert. Die nach 1849 erlassenen Pressegesetze der Bundesländer und auch das Reichspressegesetz 1874 behielten diese Kodifikation bei, schränkten die gewährte Freiheit aber durch vielerlei Ausführungsbestimmungen und scharfe Nachzensur wieder ein. Das Theater (und ab 1906 auch das Kino) unterlag bis 1918 der Zensur durch die Polizei.

Trotz dieser europaweit einmaligen Beschränkungen, die v. a. das Pressewesen und den ›grauen‹ Markt der Kleinschriften treffen sollten und die mit ihrer Bevormundungstendenz die Entwicklung einer gesellschaftskritischen Literatur behinderten (→ *Literaturverhältnisse 1815–1848*, → *Junges Deutschland*), gab es erfolgreichen Widerstand dagegen: Verleger umgingen oder täuschten die Zensur, Druckschriften wurden von Emigrationsverlagen ins Land geschmuggelt, Zeitschriften erschienen nach Verbot unter neuem Titel, Schriftsteller widersetzten sich durch Emigration bzw. durch subversive Schreibweisen/Selbstzensur (›Ideenschmuggel‹), mündliche Darbietungen (Rezitation, Gesang) unterliefen Zensureingriffe (→ *Politische Lyrik im Vormärz*). Einige Innovationen im Schreibstil der Zeit sind tatsächlich nicht zuletzt der Zensur zu verdanken – wenn man etwa versuchte, die Wahrheit hinter der »Schellenkappe« von Satire und Ironie zu verstecken (Heine) –; doch insgesamt war sie kein Ruhmesblatt der deutschen Literatur- und Pressegeschichte.

Politische Lyrik im Vormärz

Politische Lyrik hat es – als Sonderform von Gelegenheitsdichtung – schon immer gegeben. Ihre bevorzugten Gegenstände waren das Herrscherlob (Panegyrik), der Lobpreis des eigenen Volkes und Landes (→ *Patriotismus und Nationalismus in der Literatur*), die Weckung von Heldenmut und die Bekämpfung von Feinden (Kriegsdichtung) sowie ab dem 18. Jh. in wachsendem Maße die Stellungnahme zu gesellschaftspolitischen Streitfragen bzw. die Propagierung parteiergreifender Standpunkte. Letzteres spitzte sich im Vormärz (→ *Literaturverhältnisse 1815–48*) zu: Auf der einen Seite verpönte man mit dem Verweis auf das klassische Konzept der Kunstautonomie politisch sich engagierende Dichtung als unkünstlerische ›Tendenzdichtung‹ (darunter auch H. Heine, → *Atta Troll*, 1843), auf der anderen Seite verbot die behördliche Zensur (→ *Presse- und Literaturzensur*) Kritik an den herrschenden Verhältnissen. Dass die politische Lyrik

dennoch ab 1815, gesteigert ab 1830 und v. a. ab 1840, zu großer öffentlicher Wirksamkeit gelangte, lag daran, dass sie – neben der Presse – als Sprachrohr der politischen Opposition gegen die Metternich'sche Restauration fungierte (zentrale Forderungen: Verfassung, Pressefreiheit, Volkssouveränität, Gleichheit). Sie erwies sich in dieser Haltung auf dem literarischen Markt als ›Bestseller‹, gegen den die Zensur letztlich machtlos war. Die politische Lyrik verstand sich dabei als Verwirklichung einer modernen, zeitgemäßen Kunst (›politische Poesie‹), in der Wirkungswille (Operativität) und Parteilichkeit (Engagement) notwendig seien: »Die Politik ist zur Poesie berechtigt und die Poesie zur Politik« (R. Prutz). Insofern war sie jedoch nicht nur eine neue Kunst, sondern zugleich – als Vorbote der politischen Tat – Überwindung von Kunst. In diesem Rahmen entfaltete sich das Spektrum der politischen Lyrik im Vormärz.
Zunächst entstand politische Lyrik ›nebenbei‹ und profitierte vom Prestige ihrer durch unpolitische Gedichte bekannten Verfasser (z. B. L. Uhland, W. Müller, A. v. Chamisso, N. Lenau, A. v. Platen, F. Freiligrath). Ab 1830 kam es neben der Publikation in Zeitschriften dann auch zu (subversiven) Einzeldrucken, in denen weniger prominente Autoren immer radikalere Töne anschlugen (politische Volkslieder, sog. Handwerkerdichtung, sozialrevolutionäre Protestlieder der 1840er Jahre); nach 1840 wurde die Menge derer, die politische Lyrik als Gelegenheitslyrik verfassten, unüberschaubar. Dabei unterlief man durch mündliche Darbietung die Zensur. Zugleich wuchs die v. a. in Buchform vertriebene politische Lyrik markant an, da Bücher über 320 Seiten (außer in Preußen und Österreich) nicht der Vorzensur unterlagen. Die wichtigsten Sammlungen waren: A. Grün: *Spaziergänge eines Wiener Poeten* (1831); K. Beck: *Nächte* (1838); H. v. Fallersleben: *Unpolitische Lieder* (1840/41); Fr. Dingelstedt: *Lieder eines kosmopolitischen Nachtwächters* (1841); G. Herwegh: → *Gedichte eines Lebendigen* (1841/43); R. Prutz: *Gedichte* (1843); H. Püttmann: *Sociale Gedichte* (1843); H. Heine: → *Neue Gedichte* (1844); A. Glaßbrenner: *Verbotene Lieder von einem norddeutschen Poeten* (1844); F. Freiligrath: → *Ein Glaubensbekenntnis* (1844), *Ça ira* (1846); M. Hartmann: *Kelch und Schwert* (1845), K. Beck: *Lieder vom armen Mann* (1846); W. Jordan: *Schaum* (1846); L. Pfau: *Gedichte* (1847).

1841
Charles Sealsfield

* 3.3.1793 in Poppitz (Mähren) als Karl (Anton Magnus) Postl, ab 1816 Priester und Ordenssekretär in Prag; floh 1823 nach Nordamerika, wo er den Namen Charles Sealsfield annahm und als Journalist und Schriftsteller arbeitete. Ab 1826 lebte er erstmalig und ab 1832 endgültig in der Schweiz, mit wechselnden Wohnsitzen. † 26.5.1864 in Solothurn (G).

Das Kajütenbuch

OT: *Das Cajütenbuch oder Nationale Charakteristiken*

Roman. Entst. 1839/40, anonym erschienen.

S. lässt in einem als Kajüte hergerichteten Landhaus am Mississippi eine Anzahl von Männern unterschiedlicher Nationalität ihre Erzählungen vortragen (deswegen der Zusatz im Originaltitel), deren erste und berühmteste, *Die Prärie am Jacinto*, den Freiheitskampf der Texaner gegen die Spanier behandelt. Neben der meisterhaften Naturschilderung überzeugt – auch in den anderen Erzählungen, die vor dem Hintergrund der Freiheitsbewegungen in Mexiko und Südamerika spielen, – die anschauliche Darstellung von Milieu und Menschen, die als Pioniere in der Wildnis ihr Schicksal selbst gestalten.

S. eröffnete mit seinen Werken einen realistischen Blick auf Land und Leute in Nordamerika. Er sah in dem neuen, aufstrebenden Staat – im Unterschied zum restaurativen Europa – die Voraussetzungen für die Verwirklichung von Freiheit und Demokratie erfüllt, wobei er allerdings das Sklavenproblem und die Gefährdung durch die neue Dollar-Aristokratie eher verharmloste. Der Anspruch, den ›höheren Volksroman‹ als Darstellung des ›ganzen Volks‹ zu schaffen, war – auch wenn S. dabei nicht ohne Einzelhelden auskam – eine besondere Facette im Spektrum des deutschen Zeit- und Gesellschaftsromans in der Mitte des 19. Jh. (W. Alexis, K. Gutzkow, G. Freytag). Die schärfste Zeitkritik – eine Abrechnung mit dem Metternich'schen Österreich – formulierte S. in dem Essay *Austria as it is* (1828).

Weitere Bearbeitungen des Stoffes (Amerika als Land der – europaskeptischen – Hoffnung): H. Zschokke: *Die Gründung Marylands* (1820), E. Willkomm: *Die Europamüden* (1838); Unterhaltungsromane über den Wilden Westen schrieben: Fr. Gerstäcker (*Die Regulatoren in Arkansas*, 1846; → *Die Flußpiraten des Mississippi*, 1848), B. Möllhausen und K. May. Kritik an der Amerika-Utopie übte F. Kürnberger: → *Der Amerika-Müde* (1855).

Weitere Werke: *Der Legitime und die Republikaner* (Roman, 1833), *Transatlantische Reiseskizzen* (1834), *Lebensbilder aus beiden Hemisphären* (Erzählungen, 1835–37).

1841/1842

Adalbert Stifter

* 23.10.1805 in Oberplan (Böhmen). 1826–30 Jurastudium in Wien (ohne Abschluss), danach Hauslehrer sowie ab 1840 Schriftsteller in Wien. 1848 Umzug nach Linz, 1850–65 Schulrat und Inspektor der oberösterr. Volksschulen. † 28.1.1868 in Linz (Selbstmord). Gedenkstätten: Freyung (M), Linz (G, D, M), Oberplan (D), Passau (M), Wien (D, M).

Die Mappe meines Urgroßvaters

Erzählung. ED: 1. Zeitschriften-Fassung (›*Urmappe*‹) 1841/42; 2. Fassung (›*Studienmappe*‹) in: → *Studien* (1844–50). 3. fragmentarische Fassung (›*Letzte Mappe*‹) entst. 1864, ED: postum 1870.

Der Erzähler findet die Aufzeichnungen seines Urgroßvaters Augustinus, eines Arztes im Böhmer Waldland. Während es in der ›*Urmappe*‹ noch um dessen individuelle Besonderheit und sein Streben nach persönlichem Glück geht, wird in der ›*Studienmappe*‹ der Weg zur inneren Läuterung geschildert: Augustinus entwickelt sich durch die Erfahrung von Schuld und Leid in der Begegnung mit Margarita und der Trennung von ihr sowie durch die Hilfe eines väterlichen Freundes als Arzt zu einem vorbildlichen, aufopferungsbereiten Mitglied der Gesellschaft. Als er Margarita nach Jahren wiedersieht, gewinnt er sie endgültig für sich. Da es um die Darstellung einer Entwicklung geht, insbesondere um den Prozess des allmählichen Sicheinfügens in eine bestehende Ordnung, rückt die Handlung in der ›*Studienmappe*‹ und noch mehr in der ›*Letzten Mappe*‹ in den Hintergrund. Es überwiegt die Darstellung des Zuständlichen (Natur, Lebenswelt, innere Verfassung) – Zeichen für St.s schrittweise Annäherung an den → *Bildungsroman*.

Rezeption: An keiner Erzählung hat St. so korrigiert und verändert wie an dieser: So wurde sie zu einem Dokument seiner schriftstellerischen Entwicklung. Ihre größte Anerkennung fand sie in der Fassung von 1847.
Weiteres Werk: → *Studien* (Erzählungen, 1844–50).

1841/1843
Georg Herwegh

* 31.5.1817 in Stuttgart. Vom Theologiestudium auf dem Tübinger Stift 1835 relegiert, ab 1837 Redakteur in Stuttgart. 1839 Flucht vor dem Militärdienst in die Schweiz (Emmishofen, Zürich), seitdem freier Schriftsteller. 1842 Deutschlandreise als gefeierter politischer Lyriker, Ausweisung aus Preußen. 1843–49 in Paris, 1848 Beteiligung an der militärischen Intervention einer Freiwilligenlegion in Baden. Ab 1849 im Schweizer Exil lebend (Genf, Zürich), ab 1866 in Lichtenthal bei Baden-Baden. † 7.4.1875 in Baden-Baden. Gedenkstätte: Liestal (Schweiz; G, M).

Gedichte eines Lebendigen

UT: *Mit einer Dedikation an den Verstorbenen*

ED: 1841, Teil 2: 1843; anonym erschienen.

Der 1. Teil dieser Gedichtsammlung erschien den Zeitgenossen wie die lange geforderte Einlösung einer ›Politischen Poesie‹ (→ *Politische Lyrik im Vormärz*) und erhob seinen Verfasser zum beispielhaften politischen Dichter, der zugleich »Künstler, Tribun[e] und Apostel« (H. Heine) war. H. trat dabei wie ein neuer Th. Körner (→ *Leier und Schwert*, 1814) auf, nun aber gegen die politische Unterdrückung im eigenen Land mobilisierend. Der Titel bezieht sich auf die (Reise-)*Briefe eines Verstorbenen* (1830–37) von H. Fürst von Pückler-Muskau – Inbegriff einer aristokratisch-abgelebten Literatur – und war damit Programm einer jungen, volks- und zeitverbundenen Dichtung.

H.s Gedichte (Teil 1 und 2) umfassen ein breites Spektrum: Sie sind Appell an nationale Einheit und Größe (*Rheinweinlied*, *Die deutsche Flotte*), Aufruf zu oppositionellem Aktivismus (*Aufruf*), rhetorische Feier der Freiheit (*Morgenruf*), Aufforderung zum Parteiergreifen (*Die Partei*, *An die deutschen Dichter*), satirische Karikatur von Immobilismus und Servilität (*Wohlgeboren und Hochwohlgeboren*, *Wiegenlied*) oder soziale Anklage (*Vom armen Jakob und der kranken Lise*). Zur Sammlung gehören auch 52 Sonette und 56 Xenien, unpolitisch-empfindsame Verse (»Ich möchte hingehn wie das Abendrot«) sowie das hellsichtige *Zum Andenken an Georg Büchner*. H. wandelte sich bis 1845 vom gemäßigten Nationalliberalen zum radikalen Demokraten, wandte sich im Zuge dessen bald schon vom Glauben an die operative Kraft politischer Lyrik ab und 1848 sogar direkter revolutionärer Aktion zu. Nach 1848 blieb er als einer der wenigen Vormärzautoren seinen politischen Zielen fest verbunden und schrieb ab 1859 wieder zeitkritische Gedichte, darunter das *Bundeslied für den Allgemeinen deutschen Arbeiterverein* (»Mann der Arbeit, aufgewacht!«) von 1863 sowie den bitteren *Epilog zum Kriege* (»Germania, mir graut vor dir!«) von 1871.

Rezeption: Der 1. Teil war ein beispielloser Erfolg, erlebte bis 1845 8 Auflagen in hoher Stückzahl (12. Auflage 1877) und übertraf im Vormärz damit die Gedichtslgn. von L. Uhland und H. Heine.

Weiteres Werk: *Neue Gedichte* (1877).

1841/1849
Jeremias Gotthelf

* 4.10.1797 als Albert Bitzius in Murten (Schweiz). Theologiestudium in Bern und Göttingen (bis 1821), ab 1824 Vikariat in Bern, ab 1832 Pfarrer in Lützelflüh/Emmental; Pseudonym Jeremias Gotthelf ab 1837. † 22.10.1854 in Lützelflüh (G, M).

Wie Uli der Knecht glücklich wird / Uli der Pächter

UT (1): *Eine Gabe für Dienstboten und Meisterleute*; UT (2): *Ein Volksbuch*

Doppelroman. Neufassung des 1. Teils: *Uli der Knecht* (1846).

Der Knecht Uli findet trotz manchen Fehlverhaltens und mancher Täuschungen mithilfe seines Bauern (im Bernerdeutsch: Meister) den richtigen Lebensweg, kann einen Hof pachten und heiratet. In der Fortsetzung dieses bäuerlichen Bildungsromans, *Uli der Pächter* (1849), hat Uli mit wirtschaftlichen Problemen zu kämpfen. Er wird krankhaft geizig und seine Ehe droht

zu zerbrechen. Nach Verlust der Ernte durch ein Unwetter wird er krank, gelangt aber dadurch zur Einsicht. Als ein neuer Bauer den Hof übernimmt, darf Uli als Pächter bleiben, mit der Aussicht, ihn später zu erben.
Wie schon im Untertitel des ersten Romans angedeutet, versteht sich G. als ›Volksschriftsteller‹, der ein pädagogisches Ziel verfolgt: Er sagt seinen Lesern unverblümt (»Merke dir das, lieber Leser!«), dass der rechte Glaube, Fleiß, Ehrlichkeit und Sparsamkeit zu einem gelungenen, wirtschaftlich erfolgreichen Leben führen. G. tritt dabei nachdrücklich für die Erhaltung der überlieferten Ordnung ein, wendet sich gegen die moderne Geldwirtschaft und lehnt jede revolutionäre Veränderung ab. Damit steht er in scharfer Opposition zur liberal-demokratischen Vormärzliteratur (→ *Junges Deutschland*), ohne sich jedoch den sozialen Widersprüchen zu verschließen.

Rezeption: Der Doppelroman war, trotz seiner schweizerischen Färbung, im dt.sprachigen Gebiet erfolgreich. 🎬 *Uli der Knecht* (R: F. Schnyder, 1954); *... und ewig ruft die Heimat* (R: F. Schnyder, 1955).
Weitere Werke: *Der Bauern-Spiegel* (Roman, 1837); → *Die schwarze Spinne* (Novelle, 1842).

1842
Annette von Droste-Hülshoff

* 10.1.1797 auf Schloss Hülshoff bei Münster. Lebte ab 1826 im Rüschhaus bei Münster (unterbrochen von wenigen Reisen an den Rhein), ab 1841 zeitweise, ab 1846 dauerhaft auf Schloss Meersburg am Bodensee. † 24.5.1848 in Meersburg. Gedenkstätten: Meersburg (D, G, M), Münster (D, M).

Die Judenbuche

UT: *Ein Sittengemälde aus dem gebirgichten Westfalen*

Novelle. ED: *Morgenblatt für gebildete Leser* (1842). BA: 1859.

Friedrich Mergel, aus verletztem Ehrgefühl zum Mörder an dem Juden Aaron geworden, flüchtet und kehrt nach 28 Jahren aus türkischer Gefangenschaft als kranker Mann und zunächst unerkannt zurück. Erst als er erhängt in der Buche aufgefunden wird, unter der er Aaron umgebracht hat, stellt sich seine wahre Identität heraus. Die erzählte Zeit umfasst die Jahre von 1738 bis 1789. Durch Raffungen und Aussparungen konzentriert sich D. in dieser frühen Kriminalgeschichte, die zugleich der Dorfgeschichte (→ *Dorf- und Heimatliteratur*) nahesteht, auf die Frage nach der Schuld Friedrichs: In fünf Erzählphasen macht sie deutlich, wie er durch Erbe und Herkunft, durch ein in Verwirrung geratenes Rechtsgefühl der Dorfbewohner, durch Herabsetzungen in Kindheit und Jugend geprägt wird und sich daran gewöhnt, die »innere Schande der äußeren vorzuziehen.« Damit ist die Richtung seines Handelns bestimmt, wenn auch nicht festgelegt:

Friedrich hat stets die Möglichkeit der Umkehr zum Guten, bis er sie schließlich vertut.

In dem Bewusstsein, dass es unmöglich ist, alle Ursachen menschlichen Handelns zu erkennen und die Anteile von Schuld und Schicksal moralisch zu gewichten: »Leg hin die Waagschal, nimmer dir erlaubt!/ Laß ruhn den Stein – er trifft dein eignes Haupt« (Motto der Novelle), entscheidet D. – trotz christlich-konservativer Bindung – nicht über die Schuld Friedrichs, sondern stellt sein Verhalten detailrealistisch dar. Letztlich ist es dann doch eine magische Kraft der Natur, die den Mörder – jetzt ohne Entscheidungsmöglichkeit – zu Buße und Verantwortung zwingt. Sozialpsychologische Einsicht und unbegreifbare transzendente Macht stehen widersprüchlich nebeneinander.

Rezeption: Die Novelle gehört zum klassischen dt. Novellenschatz. 🎬 R: R. Horbelt (1980, TV).

Weiteres Werk: → *Gedichte* (1844).

1842
Jeremias Gotthelf Biogr.: → 1841/49

Die schwarze Spinne

Novelle. ED: in Gotthelfs Slg. *Bilder und Sagen aus der Schweiz*, Bd. 1 (1842).

Die Novelle gilt als eines der bemerkenswertesten Beispiele ihrer Gattung und ist zugleich charakteristisch für G.s gesamtes Werk: »das Gut-Böse-Muster, die Neigung zu theatralisch-dynam. Situations- u. Handlungsführung, der rhetorisch-bibl. Stil – u. die Idylle im frommen Bauernhaus« (R. Paulin). Sie besteht aus einer Rahmenhandlung (19. Jh.) und zwei Binnenhandlungen (Mittelalter bzw. 15. Jh.). G. erzählt die im Mittelalter spielende Geschichte von einem Pakt mit dem Teufel, den Bauern schließen, um unerfüllbare Fronarbeit bewältigen zu können. Ihre Gegenleistung: Herausgabe des ersten neugeborenen (ungetauften) Kindes. Letzteres kann zwar zweimal verhindert werden, beim 3. Mal wird eine Bäuerin jedoch, im Glauben, den Teufel überlisten zu können, in eine schwarze Spinne verwandelt. Diese tötet durch ihre Berührung das Kind und fortan viele Menschen. Ihrer Mutter gelingt es unter Opferung ihres Lebens, die Spinne einzusperren. Nach 200 Jahren (2. Binnenhandlung), als der rechte Glauben verlorengegangen ist, öffnet sich das Gefängnis der Spinne und neues Elend breitet sich aus. Erst als ein Bauer sein Leben opfert, kann die Spinne erneut eingefangen werden.

G., »Diagnostiker unserer Bosheit« (P. v. Matt), geht es zum einen um das individuell oder kollektiv sich äußernde Böse als Bosheit, Falschheit, Grausamkeit; zum anderen greift er weit zurück in die Vergangenheit, um bildhaft-allegorisch darzustellen, was den Menschen früher noch unmittelbar erfahrbar war: das Wirken des Dämonischen als Teil der Welt und eigenen Natur, gegen das nur christliche Glaubensfestigkeit helfen könne. Die Spinne wird damit zugleich zu einem vieldeutigen Sinnbild für die Verderbnis des religiösen und politischen Zeitgeists.

Rezeption: G. zählte bis zu seinem Tod zu den erfolgreichsten und höchstbezahlten Autoren in Deutschland. ♬ H. Sutermeister (Funkoper, 1936/49); W. Burkhard: *Das Spiel von der Schwarzen Spinne* (Oper, 1949). 🎬 R: E. Engels (1958), R: W. Düggelin (1960), R: M. Rissi (1984).

Weitere Romane: *Elsi, die seltsame Magd* (Erzählung, 1843), *Wie Anne Bäbi Jowäger haushaltet* (1843/44), *Geld und Geist* (1844), *Zeitgeist und Berner Geist* (1852).

1842
Johann Nepomuk Nestroy

Biogr.: → 1833

Einen Jux will er sich machen

Posse. UA: 10.3.1842 in Wien, BA: 1844.

»Das is' klassisch!« Anlass für diesen unentwegt ausgesprochenen, inzwischen selbst klassisch gewordenen Kommentar des Lohndieners Melchior bietet das abwechslungsreiche Geschehen dieses Stückes, das voller Verwicklungen, Zufälle, Verwirr- und Versteckspiele ist. Geradezu klassisch für N. ist dabei das »Stereotyp der wortwütigen räsonierenden Figur« (V. Klotz) auf die Bühne gebracht: Der Kommis Weinberl folgt seinem Chef Zangler nach Wien (wo dieser auf Brautschau ist und gleichzeitig die Heirat seiner Nichte verhindern will), um dort als »verfluchter Kerl« einmal etwas zu erleben. Das gelingt ihm auch: Am Ende werden er selbst, Zangler und dessen Nichte heiraten – ein »wahrer Jux«.

N. verzichtet gänzlich auf die für das Wiener Volkstheater (→ *Theaterwesen im 19. Jh.*) charakteristischen Elemente der Zauberposse, und auch seine (wegen der Zensur) verdeckte Kritik an der österreichischen Gesellschaft im Vormärz hält sich hier in engen Grenzen. Das ist in der Posse *Der Zerrissene* (1844) schon anders: Am Beispiel des an seinem Reichtum leidenden ›Kapitalisten‹ Lips zeigt N. hier, wie das Geld den Menschen an seine negativen Eigenschaften bindet und die positiven Kräfte verkümmern lässt.

Rezeption: Der *Jux* ist N.s »liebenswürdigste, […] herzhafte Posse, behaglich, genussfroh und fast ohne Bitterkeit« (G. Hensel), womit der große Erfolg dieses Stückes erklärt ist. N. selbst wurde darüber lange Zeit als komödiantischer ›Jux‹-Macher verharmlost. Die Neu-Entdeckung für das 20. Jh. leitete K. Kraus mit seinem Essay *Nestroy und die Nachwelt* (1912) ein. 🎬 R: E. Leyde (1916), R: J. Brandt (1928), R: L. Lindtberg (1956, TV), R: A. Stöger (1958), R: M. Kehlmann (1962, TV), R: K. Paryla (1974, TV); *Das Einmaleins der Liebe* (R: C. Hoffmann, 1935); *Einmal keine Sorgen haben* (R: G. Marischka, 1953).

Weitere Werke: *Der Unbedeutende* (Volksstück, 1846), → *Freiheit in Krähwinkel* (Komödie, 1848).

1843
Bettina von Arnim

* 4.4.1785 in Frankfurt/Main als Elisabeth Brentano. Nach privater Erziehung und Aufenthalten u. a. in München, Berlin und Marburg heiratete sie 1811 A. v. Arnim und lebte von 1814–31 in Wiepersdorf und Berlin, danach ständig in Berlin. † 20.1.1859 in Berlin. Gedenkstätte: Wiepersdorf (G, M).

Dies Buch gehört dem König

Dichterische Sozialreportage. Anonym erschienen; eine Fortsetzung kam 1852 u.d.T. *Gespräche mit Dämonen* heraus.

Als Enkelin der Schriftstellerin S. von La Roche (→ *Geschichte des Fräuleins von Sternheim*, 1771), Schwester von Cl. Brentano und Ehefrau A. v. Arnims war A. mit den bedeutendsten Dichtern und Dichterinnen ihrer Zeit bekannt. Sie konnte jedoch als Autorin erst hervortreten, nachdem sie 7 Kinder großgezogen hatte. Ihre »Identität als Frau und Autorin« hat man treffend »als künstlerische Selbstschöpfung« (N. Altenhofer) bezeichnet: Wie kaum eine andere Verfasserin zuvor schrieb sie ihre weibliche Subjektivität in die romanhaft gestalteten Editionen ein, mit denen sie sich ihren Namen machte: *Goethes Briefwechsel mit einem Kinde* (1835, eine poetische Feier des Genies), *Die Günderode* (1840, erster Briefwechsel zweier Frauen in Buchform) und *Clemens Brentanos Frühlingskranz* (1844, die Schwester emanzipiert sich vom Bruder).

So wie diese ›Briefromane‹, mit Ausnahme des letzteren, authentische Korrespondenz mit fiktiver mischen, um die Kraft der Poesie zu verdeutlichen, verbindet A. in ihrem *Dies Buch gehört dem König* Elemente der zeitkritischen Sozialreportage mit dichterischen Erfindungen, die es ihr erlauben, an das Herrschergenie des Königs als Abhelfer der Missstände so zu appellieren, wie sie in den früheren Büchern das lebensnotwendige Dichtergenie gefeiert hatte. Die Parallelisierung kann dabei als Illusion, vielleicht auch als Ironie interpretiert werden; bestehen bleibt die konkrete Kritik am Elend der Armut im Vogtland, der Zensur, der Rechtsprechung und der Bürokratie in Preußen. Den Titel wählte A., weil sie mit einer direkten Eingabe an den preußischen König (von dem der Spruch »Damen sind zensurfrei« überliefert ist) die Befreiung des Buches von der Zensur erreicht hatte.

Rezeption: Das Buch wurde stark beachtet und in Bayern sofort verboten.
Weiteres Werk: *Das Armenbuch* (Sozialreportage, postum 1969).

1843
Heinrich Heine

Biogr.: → 1826–31, 1833–40

Atta Troll

UT: *Ein Sommernachtstraum* (ab 1847)

Versepos. Entst. 1842, ED: *Zeitung für die elegante Welt* (1843); veränderte BA: 1847.

H. reagierte mit diesem Langgedicht (27 Kapitel) – sowohl ästhetisch in der Gestalt des Versepos' als auch politisch in seiner inhaltlichen Kritik – auf die Welle der liberalen → *Politischen Lyrik im Vormärz*, die ab 1840 in Deutschland zu dominieren begann. Er stieß sich sowohl an der rücksichtslosen Dienstbarmachung der Kunst für politische Zwecke als auch an diesen selbst, bei denen er eine großsprecherische politische Illusion am Werke sah, der zufolge der Liberalismus kurz vor seinem Sieg stände. Atta Troll ist ein Tanzbär, der sich von seiner Kette losreißt, ins Gebirge zu seinen Jungen flieht, von dort Freiheitspredigten hält und schließlich, erlegt von einem Bärenjäger, schmählich als Bettvorleger in einem Pariser Boudoir endet. Der Bär steht einerseits (und nicht ohne Widerspruch) als ›Tendenzbär‹ für die national beschränkte, liberal-radikaldemokratische Oppositionsbewegung in Deutschland, deren hehre Ziele als hohle Rhetorik karikiert werden; er steht andererseits als ›Tanzbär‹ für die politische Tendenzpoesie der 1840er Jahre, die als dilettantische Verhunzung von Kunst, Schönheit und Phantasie persifliert wird. Dem wird (wiederum nicht ohne inneren Widerspruch) durch den Erzähler das ›romantisch‹ genannte Konzept einer autonomen Ästhetik gegenübergestellt, deren Zwecklosigkeit (»Phantastisch/ Zwecklos ist mein Lied«) die Garantie für »eine höhere Form von Engagement« (G. Höhn) bilden soll, dem H. sich nach wie vor verpflichtet fühlte. Im *Atta Troll* überwiegt noch die Negation, während in den → *Neuen Gedichten* und in → *Deutschland. Ein Wintermärchen* (beide 1844) die politische Position präziser wird.

Rezeption: Das Versepos fand gemischte Aufnahme und wurde insgesamt bis heute als ein »Extremfall« (J. Walter) politischer Poesie sehr unterschiedlich bewertet.

Weiteres Werk: → *Neue Gedichte* (1844)

1843
Fanny Lewald

* 24.3.1811 in Königsberg, geborene Marcus; Pseudonym: Iduna Gräfin H...H... 1828 Übertritt vom Judentum zum Christentum; ab 1843 zumeist in Berlin als freie Schriftstellerin lebend. † 5.8.1889 in Dresden. Gedenkstätte: Wiesbaden (G).

Jenny

Roman. Anonym erschienen.

Zwei Handlungsstränge vereinen sich zu einem Plädoyer für die Emanzipation von Juden und Frauen: Die Geschwister Jenny und Eduard, aufgewachsen in einem liberalen jüdischen Elternhaus, wollen jeweils eine Ehe mit einem christlichen Partner eingehen. Die durchaus selbstbewusste Jenny ist zunächst bereit, dafür den Glauben zu wechseln, doch dann wird ihr klar, dass ihre soziale Identität durch die Anpassung verletzt werden würde, und sie löst die Verlobung. Eduard verweigert von Anfang an die Konversion und verzichtet ebenfalls auf die Ehe, als sein Antrag auf Mischehe von der Behörde abgelehnt wird. Beide Geschwister engagieren sich stattdessen im Kampf um die Gleichberechtigung von Juden. Bevor Jenny dann mit dem liberalen Graf Walter eine offene Ehe eingehen kann, fällt dieser im Duell, das er geführt hat, um eine antijüdische Beleidigung zu sühnen. Jenny überlebt seinen Tod nicht.

Der Roman führt Ansätze des → *Jungen Deutschland* fort: Er will nicht ›rühren‹, weil die emanzipatorischen Hoffnungen zerbrechen, sondern besticht vielmehr durch die aufgeklärte Intellektualität, mit der das gesellschaftliche Vorurteil gegenüber Frauen- und Judenemanzipation entlarvt und die Alternative dazu vorbildhaft gezeigt wird. Das propagierte Frauenbild bricht gleichwohl nicht völlig mit dem tradierten Bild der Frau als eheliche Dienerin des Mannes, sondern versucht eine vorsichtige Erweiterung.

Rezeption: L. erregte 1847 Aufsehen mit ihrer Parodie von I. Hahn-Hahns Roman → *Gräfin Faustine* (1841).

Weitere Bearbeitungen des Stoffes (weibliche Emanzipation): Louise Aston: *Aus dem Leben einer Frau* (1847), Luise Mühlbach: *Aphra Behn* (1849).

Weitere Werke (Auswahl): *Eine Lebensfrage* (Roman, 1845), *Erinnerungen aus dem Jahre 1848* (1850), *Meine Lebensgeschichte* (Autobiogr., 1863), *Die Familie Darner* (Roman, 1887).

Dorf- und Heimatliteratur

Dorf- und Heimatliteratur ist eine Prosagattung, die in Deutschland (und danach auch in anderen europäischen Ländern) im 19. Jh. im Zuge der grundlegenden Veränderung der ländlichen Welt durch Industrialisierung und Verstädterung entstand. Schon von der Antike bis zum 17. Jh. hatte es in Gestalt der Bukolik ein spezifisches literarisches Interesse am Leben auf dem Lande (→ *Schäferdichtung*) gegeben, das im 18. Jh. im Zeichen der → *Empfindsamkeit* als Idyllendichtung (z. B. S. Geßner, J. H. Voß) neuen Ausdruck gefunden hatte. Auch gab es im Formtypus der Kalendergeschichte (z. B. J. P. Hebel) und der volkserzieherischen BAUERNLITERATUR (z. B. J. H. Pestalozzi, H. Zschokke, J. Gotthelf) Ansätze zur Thematisierung des Landlebens, die sich aber ausdrücklich an ein ländliches Lese-

publikum richteten, während die Dorf- und Heimatliteratur sich an ein städtisches Publikum wendet.
Der Begriff ›Dorfgeschichte‹ taucht als Genrebezeichnung zuerst 1841 auf und erhielt in B. Auerbachs → *Schwarzwälder Dorfgeschichten* (1843–54) sowie in der aus K. Immermanns Roman → *Münchhausen* (1838/39) herausgelösten Geschichte *Der Oberhof* ihre weithin bekannte literarische Ausprägung. Als »sozial engagierte Novellistik« (U. Baur) setzte sie sich im Vormärz sowohl von der Idylle als auch vom bäuerlichen Genrebild ab. Vom Bauernroman trennt sie der geringere Umfang (weniger als 180 S.n), vom sozialen Zeitroman und den Sozialreportagen des Vormärz (z. B. E. Willkomm, E. Dronke, W. Wolff) das »sozialpolitische Defizit« (H. Kircher), d. h. die Ausklammerung des Landproletariats und die eher liberal-gemäßigte Tendenz. Bemerkenswerte Dorfgeschichten schrieben: A. Weill: *Sittengemälde aus dem elsässischen Volksleben* (1840/47), C. A. Schloenbach: *Das Deutsche Bauernbuch* (1848), G. Kinkel: *Die Heimatlosen* (1849), G. Keller: *Romeo und Julia auf dem Dorfe* (1856) und noch M. v. Ebner-Eschenbach: *Dorf- und Schloßgeschichten* (1883). In der 2. Hälfte des 19. Jh. war die politisch oppositionelle Tendenz innerhalb der Dorfgeschichte verpönt. Stattdessen kam es zu einer antithetischen Gegenüberstellung von ›Schreckbild Stadt‹ und ›Wunschbild Land‹. Zum einen gab es eine Fortsetzung in Gestalt der → *Dialektdichtung* bzw. des ›Kulturbildes‹ (z. B. H. Allmers: *Marschenbuch*, 1858) zum anderen wandelte sich die einstmals liberale Dorfliteratur zur sentimentalen bis reaktionären Heimatliteratur. Als Varianten der Dorfgeschichte sind die etwa ab der Jh.mitte entstehenden Geschichten aus dem ostjüdischen Ghetto zu bezeichnen: L. Kompert: *Geschichten aus dem Ghetto* (1848), *Böhmische Juden* (1851); K. E. Franzos: → *Die Juden von Barnow* (1877); L. v. Sacher-Masoch: *Polnische Ghettogeschichten* (1887).
Als Heimatliteratur bzw. Heimatkunst bezeichnet man eine literarisch-künstlerische Strömung, die zwischen 1890 und 1905, nicht zuletzt in Reaktion auf die Entwicklung der modernen Kunst (→ *Naturalismus*, → *Fin de Siècle*), die ländliche Region zum Ort des einfachen, natürlichen und gesunden Lebens stilisierte (Fr. Reuter, L. Anzengruber, P. Rosegger, J. Spyri). Bevorzugte Regionen waren dabei industrie- und stadtferne Gebiete wie die Alpen, die Heide, Küsten-, Moor- und Waldlandschaften. ›Heimat‹ wurde als noch intakte Nahwelt zum ideologisch stark besetzten Inbegriff von volkstümlicher Bodenständigkeit und antimodernen Gemütswerten, mit immer stärker werdender, unfriedlicher Affinität zu Fremdenfeindlichkeit, Antisemitismus und Nationalismus – vgl. z. B. die Romane von G. Frenssen: *Jörn Uhl* (1901), H. Löns: *Der Wehrwolf* (1910) –, an welche die völkische Blut- und Bodendichtung direkt anschließen konnte (H. Burte, L. v. Strauß und Torney, H. Stehr, H. Grimm, H. Fr. Blunck). Unter den wenigen nicht-affirmativen Werken dieses Genres ragen heraus: W. von Polenz: *Der Büttnerbauer* (1895), Cl. Viebig: *Das Weiberdorf* (1900), L. Christ: *Die Rumplhanni* (1916). Vgl. auch → *Facetten der Provinzliteratur* in der Weimarer Republik.

1843–1854
Berthold Auerbach

* 28.2.1812 in Nordstetten (Schwarzwald) als Moses Baruch Auerbacher. Nach abgebrochenem Jurastudium in Tübingen und Heidelberg (1834) lebte er als freier Schriftsteller in wechselnden Wohnorten, ab 1850 in Dresden und ab 1859 in Berlin. † 8.2.1882 in Cannes. Gedenkstätten: Nordstetten (G, M), Stuttgart (D).

Schwarzwälder Dorfgeschichten

Erzählungen, 4 Bde. Bis 1871 erweitert zur Volksausgabe *Sämtliche Schwarzwälder Dorfgeschichten*, 1876 nochmals vermehrt: *Nach dreißig Jahren. Neue Dorfgeschichten.*

In diesen überaus populären Erzählungen (u. a. *Der Tolpatsch*, *Die Frau Professorin*, *Lucifer*, *Der Lehnhold*) stellt A. das einfache bäuerliche Leben im Schwarzwald als eine Gegenwelt zur Wirklichkeit in den Städten dar: Die ländliche Welt bildet einen Kosmos für sich, in dem Erlebnisse und Schicksale aus dem Alltagsleben mit seinen Höhen und Tiefen, z.T. sehr humorvoll und deutlich auch mit sozialpädagogischer Besserungstendenz, geschildert werden. A.s Absicht (»Alle Seiten des jetzigen Bauernlebens sollten hier möglichst Gestalt gewinnen«) stimmt mit dem Programm des → *Realismus* überein, erzählerisch eine größere Nähe zur Lebenswirklichkeit anzustreben, dieses aber nur insoweit umzusetzen, wie die Realität sich poetisch ›verklären‹ lässt.

Zu A.s großem Erfolg hat wesentlich beigetragen, dass er auf die Einbeziehung der politischen und sozialen Probleme der Zeit weitgehend verzichtete und die Erzählungen stets mit einem versöhnlichen Schluss versah. Anders als die nachfolgende → *Dorf- und Heimatliteratur* ging er jedoch nicht so weit, das Dorf als heile und idyllische Welt zu idealisieren. Nicht zuletzt deswegen geriet das Werk des liberalen Juden A. – mit Ausnahme des Roman-Bestsellers *Barfüßele* (1856) – nach seinem Tod in Vergessenheit.

Rezeption: Mit den ständig erweiterten *Schwarzwälder Dorfgeschichten*, die zum Inbegriff des neuen Genres ›Dorfgeschichte‹ und in viele Sprachen übersetzt wurden, erlangte A. seinen Ruhm als europ. Erfolgsschriftsteller, dessen Einfluss von H. de Balzac bis L. Tolstoi reichte.

Weitere Werke: *Dichter und Kaufmann* (Roman, 1840), *Schrift und Volk* (Aufsatz, 1846), *Neues Leben* (Roman, 1851).

1844
Annette von Droste-Hülshoff

Biogr.: → 1842

Gedichte

Entst. 1838–44.

Mit großer Einfühlsamkeit und Gestaltungskraft gelangen D. atmosphärisch dichte Bilder, besonders von Moor und Heide ihrer westfälischen Heimat

(z. B. *Im Moose, Heidebilder,* 1844). Doch dieses sensible »Vermögen für Aufnahme und Wiedergabe zartester Schwingungen, flüchtigster Farben« (H. Hesse) zeigt sich nicht nur in den Naturgedichten, sondern auch in jenen Gedichten, in denen D. über die Zeit, ihr Ich und ihre Liebe reflektiert (z. B. *Das Spiegelbild, Am Turme*). Trotz realistisch-anschaulicher Darstellungsweise wird aber deutlich, dass die Dichterin in der Natur Kräfte spürte, die hinter dem sinnlich Erfahrbaren wirken und unheimlich und furchteinflößend sind (z. B. in den Balladen *Der Knabe im Moor*, 1842; *Der Fundator*). So sind in dieser Lyrik (abgewandelte) Elemente der → *Romantik*, Bestrebungen des → *Realismus* sowie (vorausgreifend) Ansätze des Impressionismus erkennbar.

Die Mehrzahl von D.s religiösen Gedichten (ein Teil erschien bereits 1838) wurde u.d.T. *Das geistliche Jahr* postum 1851 herausgegeben. In diesen tiefempfundenen, künstlerisch aber nicht immer überzeugenden Gedichten beschreibt sie ihr Ringen um den rechten Glauben sowie die Verzweiflung über ihr nicht ausreichendes Vertrauen in Gott. In *Letzte Gaben* (1860) erschienen so bedeutende Gedichte wie *Durchwachte Nacht* (1846), *Im Grase* (1844), *Mondesaufgang*.

Rezeption: Die Familie hielt D.s erste Gedichtslg. (*Gedichte*, 1838, darin u. a. die Versepen *Das Hospiz auf dem großen St. Bernhard, Des Arztes Vermächtnis, Die Schlacht am Loener Bruch*) für »reinen Plunder, für unverständlich, konfus« (D.). Die stets von Krankheit bedrohte, ledig gebliebene Dichterin stieß aber in literarischen Kreisen auf ein positives Echo und fand ab 1841 (Meersburg, Freundschaft mit L. Schücking) mit ihrer »genialkonservativen Einfachheit« (Fr. Sengle) die ihr eigene Aussageform.

1844
Ferdinand Freiligrath

* 17.6.1810 in Detmold. Kaufmännische Lehre in Detmold, ab 1832 in Amsterdam, ab 1837 in Barmen Kontorist. Ab 1839 freier Schriftsteller in Unkel, Darmstadt und St. Goar, ab 1844 im Exil (Brüssel, Zürich, London); 1848/49 Mitarbeiter an der *Neuen Rheinischen Zeitung* in Köln. Ab 1851 Exil und kaufmännische Tätigkeit in London, 1868 Übersiedlung nach Stuttgart. † 18.3.1876 in Cannstatt. Gedenkstätten: Cannstatt (G), Rolandseck (D).

Ein Glaubensbekenntnis

UT: *Zeitgedichte*

Gedichtslg.

F. hatte sich seit 1838 als Lyriker exotischer ›Wüsten- und Löwenpoesie‹ einen Namen gemacht und noch 1841 erklärt: »Der Dichter steht auf einer höhern Warte,/ Als auf den Zinnen der Partei« (*Aus Spanien*). Das war gegen die neue → *Politische Lyrik im Vormärz* gerichtet und hatte G. Herweghs donnernden Protest hervorgerufen: »Ihr müßt das Herz an *eine* Karte wagen« (*Die Partei*, 1842), womit nicht *eine* Partei, sondern das Parteiergreifen an sich gemeint war. Drei Jahre später tat F. in einem spektakulären Schritt genau das, seinen Wandel als politischen Lernprozess erklärend, den die Nation gerade selbst durchlaufe (Vorwort). Deshalb dokumentiert die Sammlung sowohl nicht-politische Gedichte als auch die neuen ›Zeitgedichte‹, darunter z. B. *Trotz alledem!*, *Die Freiheit! das Recht!*, *Hamlet*, die Furore machten. F. verschärfte die Zeitkritik noch in der nächsten Gedichtsammlung *Ça ira!* (1846), deren 6 Lieder mit ihren leicht entschlüsselbaren Allegorien (›Schiff des Volkes‹, ›Eispalast der Tyrannei‹, das Proletariat als Heizer eines Dampfschiffes, ›Schach der Freien wider die Despoten‹) eine einzige Variation auf den Sieg des Volkes in der Revolution sind. Als diese 1848 kam, begleitete F., nun an der Seite von Marx und Engels, mit weithin wirkenden Gedichten deren Gang (z. B. *Die Republik*, *Die Toten an die Lebenden*, *Reveille*). Ab den 1860er Jahre lernte er – dem nationalliberalen Stimmungswechsel in Preußen-Deutschland folgend – erneut hinzu und erwies sich, zurückgekehrt aus dem Exil und beschenkt mit einer Ehrengabe von 60 000 Talern, als dankbarer Patriot und Bejubler des Kriegsausbruchs 1870 (*Hurrah, Germania!*).

Rezeption: Mit dem *Glaubensbekenntnis* gab F. eine ihm vom preußischen König gewährte Jahrespension zurück und ging aus Sorge vor politischer Verfolgung ins Exil. Er stieg neben G. Herwegh (→ *Gedichte eines Lebendigen*, 1841/43) zum bedeutendsten politischen Lyriker im Vormärz auf.

Weitere Werke: *Gedichte* (1838), *Neuere politische und soziale Gedichte* (1849/51).

1844
Christian Friedrich Hebbel

* 18.3.1813 in Wesselburen (Dithmarschen). Arm aufgewachsen, war H. 1827–35 Schreiber in der Kirchspielvogtei. 1836–38 abgebrochenes Jurastudium (Heidelberg, München). Ab 1839 freier Schriftsteller in Hamburg, 1843/45 mit einem Stipendium des dän. Königs in Paris, Rom und Neapel, danach in Wien lebend. † 13.12.1863 in Wien. Gedenkstätten: Gmunden (M), Wesselburen (D, M), Wien (G).

Maria Magdalene

UT: *Bürgerliches Trauerspiel in drei Akten*

Drama. ED: 1844. UA: 13.3.1846 in Königsberg.

Das Stück ist H.s einziges Drama mit zeitgenössischem Bezug. Klara, Tochter des Tischlermeisters Anton, ist schwanger: Ihr ungeliebter Verlobter Leonhard hat sie verführt, weil er glaubt, dass sie noch immer an ihrer Jugendliebe Friedrich hängt, der sie verlassen hat. Nach Verhaftung des Bruders und Tod der Mutter schwört Klara, ihrem Vater keine Schande zu machen.

Als Leonhard von der Schwangerschaft erfährt, löst er die Verbindung (der wahre Grund ist die zu geringe Mitgift). Friedrich tötet Leonhard im Duell, wird selbst tödlich verletzt und Klara nimmt sich das Leben. Meister Anton, den der sterbende Leonhard schuldig spricht, zeigt in seiner Selbstgerechtigkeit keine Einsicht: Er versteht zwar die Welt nicht mehr (III,11); an der Gültigkeit des ihn leitenden bürgerlichen Lebensgesetzes von Moral und Ehre hält er jedoch fest.

Nach H.s Überzeugung kann Anton keine Schuld erkennen, denn Schuld »entspringt nicht [...] der Richtung des menschlichen Willens [...], sondern unmittelbar aus dem Willen selbst«, der metaphysischen Ursprungs sei. Auch Klara sei nicht schuldig. Ihre Tragik bestehe darin, dass sie in Widerspruch zu der sie umgebenden Welt mit ihren Zwängen gerate. Nach H. benötigt das Trauerspiel nicht mehr den Gegensatz der Stände (Lessing: → *Emilia Galotti*, 1772, Schiller: → *Kabale und Liebe*, 1784), die Tragödie entwickle sich vielmehr aus dem Zustand der Welt an sich, in dem – so H. – »auch im eingeschränktesten Kreis eine zerschmetternde Tragik möglich ist.«

Rezeption: Eine bayrische Variante ist L. Thomas tragisches Volksstück *Magdalena* (1912). 🎬 R: Fr. X. Kroetz (1973).

Weitere Trauerspiele: *Judith* (1840), *Genoveva* (1843), → *Herodes und Mariamne* (1849).

1844

Heinrich Heine Biogr.: → 1826–31, 1833–40

Neue Gedichte

ED: 1844, 2. Auflage 1844, 3., veränderte Auflage 1852 mit der heute gültigen Fassung.

H.s zweite Lyriksammlung (nach dem → *Buch der Lieder*, 1827/44) enthält Gedichte, die zwischen 1822/24 und 1844 entstanden und überwiegend vorab in Zeitschriften sowie in → *Der Salon* (1833–40) erschienen. Die einzelnen Teile lauten: *Neuer Frühling* (45 Gedichte), *Verschiedene* (74 Gedichte), *Romanzen* (38 Gedichte), *Zeitgedichte* (24 Gedichte); zudem enthält die Sammlung das Versepos → *Deutschland. Ein Wintermärchen* (1844). Der lange Entstehungszeitraum verhinderte die innere Geschlossenheit der Sammlung: Der *Neue Frühling* gehört in die 1820er Jahre, die frivol-skeptische Liebes-Feier des Zyklus' *Verschiedene* sowie die *Romanzen* gehören in die 1830er Jahre, während die satirisch-kritischen *Zeitgedichte* aktuell auf die Jahre nach 1840 reagieren. Unter Letzteren ragen hervor: *Doktrin* (»Schlage die Trommel und fürchte dich nicht«), *Lebensfahrt*, *Die Tendenz*, *Zur Beruhigung* (»Wir schlafen ganz wie Brutus schlief«), *Nachtgedanken* (»Denk ich an

Deutschland in der Nacht«). H. rechnet einerseits mit dem illusionären politischen Enthusiasmus der neuen → *Politischen Lyrik im Vormärz* ab, gibt aber gleichzeitig mit seiner satirischen Kampfansage an die Reaktion (Preußen, Bayern) sowie mit der wiederkehrenden Revolutionsdrohung zu erkennen, dass er durchaus auf die operative Kraft des ›Zeitgedichts‹ vertraut. Die schärfsten Zeitgedichte konnte er jedoch aus berechtigter Sorge vor der Zensur (→ *Presse- und Literaturzensur*) nicht aufnehmen: z. B. *Deutschland*, *Die schlesischen Weber* (publiziert am 10.7.1844 im Pariser *Vorwärts*), *Lobgesänge auf König Ludwig*, *An Georg Herwegh* – sie fanden aber teilweise als Flugblattdruck große Verbreitung.

Rezeption: Die Slg. hatte großen Erfolg und erreichte – trotz Verbote durch die Zensur – mit der 2. Auflage insgesamt 4500 verkaufte Exemplare.
Weiteres Werk: → *Deutschland. Ein Wintermärchen* (Versepos, 1844).

1844
Heinrich Heine Biogr.: → 1826–31, 1833–40

Deutschland. Ein Wintermärchen

Versepos. ED: 1844 in → *Neue Gedichte*, separate BA: 1844 (leicht verändert).

Das Versepos, ein satirisches Reisebild in 27 Kapiteln, ist eines von H.s heute bekanntesten Werken. Es verwirklicht den Anspruch, politisch radikale Kritik mit hoher künstlerischer Technik und geschliffener Sprachkunst zu verbinden, auf eine für die politische Dichtung wegweisende Art: Bei der Gelegenheit einer Reise von Paris nach Hamburg, die den Dichter nach 12-jähriger Abwesenheit im Exil in die heimatliche Stadt und zum Besuch der Mutter führte, wird ein Deutschland-Bild gezeichnet, das an satirisch vernichtender Schärfe kaum zu überbieten ist: Deutschland erscheint als winterlich erstarrtes, anachronistisches Land, beherrscht von Gespenstern der Vergangenheit (Preußen, Kaisertum, Militär, teutonischer Nationalismus, christliche Kirche, restaurative Romantik, serviles Intellektuellentum, ruheseliges Philistertum). Dieser dem Spott preisgegebenen Karikatur wird – in der Vorrede durch positiven Appell, im Text ex negativo – ein gewünschtes, besseres Deutschland gegenübergestellt, das den wahren, völkerverbindenden Patriotismus verdienen würde: durch die Emanzipation der Deutschen zu »Menschen« (Vorrede) und die Verbindung der »Jungfer Europa« mit »dem schönen Geniusse/ Der Freiheit« (Caput I). Insofern kann H. sein Versepos als »ein neues Lied, ein besseres Lied« ankündigen, obwohl es in der Hauptsache höchst skeptisch in die deutsche Zukunft blickt, wie das drastische Caput XXIV mit dem Blick in Hammonias Nachtstuhl offenbart. Am Ende halten sich angesichts solch düsterer Aussicht die Warnung vor der unaufhaltsamen Revolution und die Hoffnung auf ein heranwachsendes »neues Geschlecht/ [...] mit freien Gedanken und freier Lust« die Waage.

Rezeption: Das Versepos hatte ein gewaltiges zeitgenössisches Echo und wurde von der Zensur scharf verfolgt. Bis heute gibt es 20 Adaptionen, darunter: O. Hörth: *Ein neues Wintermärchen* (1899, sozialistisch), G. Grosz: *Deutschland, ein Wintermärchen* (1917–19, Collage), W. Biermann: *Deutschland. Ein Wintermärchen* (1972), G. Rühm: *Wintermärchen – Ein Radiomelodram* (1976).

Weitere Werke: *Der Doktor Faust* (Ballettszenario, 1851), → *Romanzero* (Gedichtzyklus, 1851).

Versepik im 19. Jahrhundert

GESCHICHTE: Bis zum 18. Jh. galt uneingeschränkt das »Dogma vom höheren Wert der Versdichtung« (Fr. Sengle), nicht nur für Lyrik und Drama, sondern auch für die erzählende Dichtung (Versepik). Die Verfechter der ›Emanzipation der Prosa‹, die seit der Aufklärung (→ *Roman in der Aufklärung*) und bis zum ›Jungen Deutschland‹ und zum Realismus den Roman bzw. die Novelle als moderne Gattungsform über das Versepos stellten, konnten jedoch nicht verhindern, dass das Versepos bzw. die Verserzählung (als Kurzform) daneben und weiterhin beliebte Genres mit höchstem Ansehen blieben. Nach einer ersten Blütezeit bereits im 18. Jh. (Fr. Hagedorn, J. H. Voß) mit den Höhepunkten bei Wieland (z. B. → *Oberon*, 1780) und Goethe (z. B. → *Hermann und Dorothea*, 1797), kam es nach 1815 zu einer bemerkenswerten Renaissance. Die Versepik behielt nicht zuletzt deswegen ihre Geltung, weil bei Autoren und Lesern die gebundene Sprache (›Poesie‹) gegenüber der Prosa (v. a. in der Unterhaltungs- und Journalliteratur) als höherrangig favorisiert wurde. Die Zahl der Versepen und Verserzählungen dürfte bis 1900 in die Hunderte gehen, während sie im 20. Jh. steil abnahm.

Eine spezifische THEMATISCHE AUSRICHTUNG gibt es ebenso wenig wie eine bestimmte Präferenz vonseiten der verschiedenen literarischen Richtungen im 19. Jh. Immerhin lassen sich jedoch Texte herausheben, die geschichtliche Vorgänge oder Persönlichkeiten (oft mit direktem Zeitbezug) darstellen: L. Uhland: *Graf Eberhard der Rauschebart* (1815), J. L. Pyrker: *Rudolph von Habsburg* (1823), A. Grün: *Der letzte Ritter* (1830), N. Lenau: *Savonarola* (1837) und *Die Albingenser* (1842), G. Kinkel: *Otto der Schütz* (1843), A. Meissner: *Ziska* (1846). In die Welt von Tausendundeiner Nacht versetzt A. v. Platen die Leser in *Die Abbassiden* (1834); märchenhaft, komisch, parodistisch ist die Geschichte des Däumlings in K. Immermanns *Tulifäntchen* (1830). Satirisch-politisch sind die Versepen von H. Heine (→ *Atta Troll*, 1843, → *Deutschland. Ein Wintermärchen*, 1844), A. Glaßbrenner (*Neuer Reineke Fuchs*, 1846) und M. Hartmann (*Reimchronik des Pfaffen Maurizius*, 1849). Daneben gab es Versepik, in der die biedermeierliche Idylle im Mittelpunkt stand, z. B. A. G. Eberhard:

Hannchen und die Küchlein (1822), M. Meyer: *Wilhelm und Rosine* (1835), aber auch E. Mörike: *Idylle vom Bodensee* (1846) und noch Fr. Hebbels *Mutter und Kind* (1858). A. v. Droste-Hülshoff schätzte ihre Versepik (*Das Hospiz auf dem Großen Sankt Bernhard*, entst. 1834, und *Die Schlacht im Loener Bruch*, 1838) höher ein als ihre Prosaarbeiten und C. F. Meyers → *Huttens letzte Tage* (1871) machte den Dichter in ganz Deutschland berühmt. In niederdeutscher Mundart verfasste Fr. Reuter sein sozialkritisches *Kein Hüsing* (1857). Einzigartigen Erfolg hatten die bebilderten, komischen Verserzählungen von W. Busch (z. B. → *Max und Moritz*, 1865; *Balduin Bählamm*, 1883). Nach 1850 diente das Genre dazu, ästhetische Distanz zum Realismus zu gewinnen, wie z. B. die vielgelesenen Versepen von O. Roquette: *Waldmeisters Brautfahrt* (1851), V. v. Scheffel: *Der Trompeter von Säckingen* (1854), R. Hamerling: *Ahasverus in Rom* (1865), W. Jordan: *Nibelunge* (1867–74), Fr. W. Weber: *Dreizehnlinden* (1878), D. v. Liliencron: *Poggfred* (1896), Th. Däubler: *Das Nordlicht* (1910), M. Dauthendey: *Die geflügelte Erde* (1910) und noch das 1919 mit dem Nobelpreis geehrte Epos von C. Spitteler: *Olympischer Frühling* (1900–05/10).

1844–1850
Adalbert Stifter

Biogr.: → 1841/42

Studien

Erzählungen, ab 1840 in Zeitschriften und Slgn. einzeln erschienen (Urfassungen). Überarbeitete BA: 1844 (Bd. 1–2), 1847 (Bd. 3–4), 1850 (Bd. 5–6).

Die Sammlung enthält 13 Erzählungen: *Der Condor* (1840), *Feldblumen* (1841), *Das Haidedorf* (1840), *Der Hochwald* (1842), *Die Mappe meines Urgroßvaters* (1841/42), *Die Narrenburg* (1843), *Abdias* (1843), *Das alte Siegel* (1844), *Brigitta* (1844), *Der Hagestolz* (1845), *Der Waldsteig* (1845), *Zwei Schwestern* (1846), *Der beschriebene Tännling* (1846). St.s eindrucksvolle Naturschilderungen sind keine romantischen Stimmungsbilder mehr, sondern Natur erscheint als konkreter Raum, ist genau beschriebene Landschaft (Einfluss von J. F. Cooper) und zugleich Ausdruck einer göttlichen Ordnung (deswegen mit symbolischer Funktion). Was für die Natur gilt, ist insgesamt für St.s Welt gültig, in deren Gestaltung er den gottgewollten, zeitlosen Zusammenhang aller Erscheinungen sichtbar machen wollte. Darin eingeordnet ist auch der Mensch, der aber durch Maßlosigkeit (in seiner Leidenschaft oder in seinen Ansprüchen) sich isolieren und vereinsamen kann, Schuld auf sich lädt und büßen muss (z. B. *Abdias*, *Der Hagestolz*). Geglücktes Dasein ist nach St. immer dann möglich, wenn der Mensch bereit ist zur Entsagung und – nach einem oft mühseligen Prozess der Reifung – gelernt hat (z. B. *Brigitta*), sich als Teil einer höheren Ordnung zu verstehen, um im Tätigsein für sie Glück und Erfüllung zu finden (z. B. → *Die Mappe meines Urgroßvaters*, 1841/42). Die Studien-Fassung verstärkt den biedermeierlichen Zug zu Versittlichung und innerer Größe.

Rezeption: Mit den *Studien* erreichte St. die endgültige Anerkennung als Dichter (4 Auflagen zu Lebzeiten). 🎬 *Die Flucht* [*Der Hochwald*] (R: H. Baumgärtner, 1977), *Brigitta* (W. Glück, 1982, TV; R: D. Knöpfel, 1994, TV), *Der Kondor* (R: J. Richter, 1982, TV).

Weiteres Werk: → *Bunte Steine* (Erzählungen, 1853).

1845
Ernst Willkomm

* 10.2.1810 Herwigsdorf bei Zittau. Ab 1830 Studium in Leipzig (Jura, Philologie), ab 1833 Journalist und freier Schriftsteller in Leipzig. 1849–53 Redakteur in Lübeck, danach bis 1857 in Hamburg, ab 1881 in Zittau lebend. † 24.5.1886 in Zittau. Gedenkstätte: Herwigsdorf (G).

Weiße Sklaven oder die Leiden des Volkes

Roman.

Dem Titel entsprechend verknüpft der Roman zwei Handlungsstränge und entwickelt auf diese Weise eine historische Sichtweise auf die soziale Gegenwartsproblematik: Rückblickend wird erzählt, wie Lausitzer Leibeigene (»weiße Sklaven«) 1790 aus Protest gegen ihre Ausbeutung die Burg des adligen Großgrundbesitzers zerstören – 42 Jahre später lehnen sich die zu Fabrikarbeitern gewordenen Lausitzer gegen den Enkel des Großgrundbesitzers auf, der anstelle der Burg eine Fabrik errichtet hat und sie erneut ausbeutet. Doch die Parallele führt – nach allerlei Verwicklungen der mit über 80 Figuren ausgestatteten sozialen Auseinandersetzung, die zugleich ein Erbschafts- und verwandtschaftlicher Identitätsstreit ist – zu einem harmonischen Ende: Die zerstrittene Fabrikantenfamilie verträgt sich wieder, das Erbe wird rechtmäßig geteilt, die Arbeiter erhalten höheren Lohn und sogar Gewinnbeteiligung und denken nicht mehr daran, die Maschinen zu zerstören.

W.s Lösung mochte illusionär und sein Werk dem Genre Schauer- bzw. Abenteuerroman (in der Nachfolge E. Sues) verpflichtet sein – in der Darstellung des sozialen Elends im Zuge der Industrialisierung ist sein Roman ein Pionier im vormärzlichen Genre des ›sozialen Romans‹ und der Sozialreportage.

Rezeption: Der Roman hatte nur eine einmalige Auflage von 500 Exemplaren.

Weitere Sozialreportagen bzw. soziale Romane: B. v. Arnim: → *Dies Buch gehört dem König* (1843), W. Wolff: *Das Elend und der Aufruhr in Schlesien* (1844), A. v. (Ungern-) Sternberg: *Paul* (1845), L. Otto: *Schloß und Fabrik* (1846), E. Dronke: *Berlin* (1846),

G. Weerth: *Humoristische Skizzen aus dem deutschen Handelsleben* (1847–48), R. Prutz: *Das Engelchen* (1851).
Weitere Werke: *Die Europamüden* (Roman, 1838), *Eisen, Gold und Geist* (Roman, 1843).

1846
Willibald Alexis

* 29.6.1798 als Georg Wilhelm Heinrich Häring in Breslau. 1817–20 Studium (Jura) in Berlin und Breslau, 1820–24 Referendar in Berlin, danach dort freier Schriftsteller und Redakteur. 1858 endgültige Übersiedlung nach Arnstadt; nach Schlaganfall 15-jähriges Siechtum. † 16.12.1871 in Arnstadt (D, G, M).

Die Hosen des Herrn von Bredow

UT: *Vaterländischer Roman*

Roman. Als *Erste Abtheilung der Hosen des Herrn von Bredow* 1846 u.d.T. *Hans Jürgen und Hans Jochem* erschienen; als Fortsetzung des Romans kam 1848 eine *Zweite Abtheilung* u.d.T. *Der Wärwolf* heraus.

Der Roman spielt zu Beginn des 16. Jh. in Brandenburg. Auslöser des Geschehens sind elchlederne Hosen, die über Generationen weitervererbt wurden und von denen sich ihr jetziger Besitzer, der Landjunker Gottfried von Bredow, nie trennt. Als sie ihm entwendet werden und ein mit Bredow verwandter Ritter bei der Wiederbeschaffung in dessen Rüstung einen Raubüberfall begeht, soll Bredow dafür mit dem Tod bestraft werden. Die Verwechslung wird aufgeklärt und der Täter enthauptet, was zu einem Aufstand des märkischen Adels gegen den Kurfürsten Joachim I. führt, an dem Bredow aber nicht teilnehmen kann, da seine Frau die Hosen versteckt hat. Der Aufstand wird niedergeschlagen, die Teilnehmer werden hingerichtet, der Adel wird entmachtet und die vom Kurfürsten gewollte neue Rechtsordnung (gegen das adlige Faustrecht) installiert.

A. hat – angeregt durch W. Scott – mit seinen insgesamt 8 ›vaterländischen‹ Romanen, die den Zeitraum vom 15. Jh. bis zum Anfang des 19. Jh. abdecken, den → *Historischen Roman* in Deutschland begründet. ›Vaterland‹ ist dabei weder ein Synonym für ›Preußen‹ noch für ›Deutsches Reich‹: Am Beispiel des Aufstiegs Preußens vom brandenburgischen Kleinstaat, in dem noch das Mittelalter herrscht, zur deutschen Vormacht im 18./19. Jh. zeichnet A. – vor und anders als nach ihm Th. Fontane – das Bild eines sich kultivierenden, auf Adel und Bürgertum gestützten besseren Staates, das zugleich der restaurativen Gegenwart als kritischer Spiegel vorgehalten wird.

Rezeption: Der Roman wurde A.' bekanntestes Werk, kam aber nicht an den Erfolg der historischen Romane G. Freytags heran. A. wurde bis ins 20. Jh. hinein nicht als Gegner der Restauration verstanden, sondern als Verherrlicher Preußens missdeutet. 🎭 K. Towka (UA: 2.10.1909 in Hamburg). 🎬 *Die Hosen des Ritters von Bredow* (R: K. Petzold, 1973).

Weitere Romane: *Walladmor* (1823/24), *Cabanis* (1832), *Das Haus Düsterweg* (1835), *Der Roland von Berlin* (1840), *Der falsche Woldemar* (1842), → *Ruhe ist die erste Bürgerpflicht* (1852).

1847
Franz Grillparzer

Biogr.: → 1825

Der arme Spielmann

Erzählung. Begonnen 1831, ED: *Iris. Deutscher Almanach für 1848* (1847); BA: 1872/77.

Auf einem Volksfest in Wien entdeckt der Erzähler der Rahmenhandlung einen alten Mann, der hingebungsvoll, aber nach eigenen Gesetzen und deshalb für die Passanten dilettantisch Geige spielt. Er besucht den Spielmann, der ihm seine Lebensgeschichte erzählt: Dieser, aus großbürgerlichem Hause stammend, versagte in der Schule, wurde Kanzleischreiber und musste sich, entlassen und um sein Erbe betrogen, mit seiner Geige auf der Straße den Lebensunterhalt verdienen. Barbara, die er scheu liebt, hat sich einem anderen zugewendet, bleibt aber weiterhin mit ihm in Verbindung. Als der Erzähler den Straßenmusiker ein Jahr später wieder besuchen will, erfährt er, dass dieser gestorben ist, nachdem er selbstlos bei einer Überschwemmung Kindern das Leben gerettet hat.

Der Spielmann ist ein sozial abgestiegener Sonderling, dem die bürgerliche Lebenstüchtigkeit fehlt und der, ausgestattet mit einer großen Sensibilität, in einer lieblosen Gesellschaft leben muss. Er wird damit »zum Stammvater all jener scheuen, in sich gezogenen, etwas spröden und stillen Persönlichkeiten, die das gesamte österreichische Erzählwerk, von Stifter bis Ebner-Eschenbach und Saar, bevölkern« (Cl. Magris). Eine sichere Deutung ist schwierig: Ist die Erzählung Ausdruck eines »abgründigen Biedermeiers« (H. Politzer), einer antirevolutionären Gegenwartsflucht oder ist sie eine frühe Darstellung moderner Selbstentfremdung? Immerhin: Kafka schätzte sie sehr (»so wie wenn ich sie selbst geschrieben hätte«).

Rezeption: Die Erzählung wurde zunächst kaum beachtet; ihre Anerkennung wuchs erst mit der Herausbildung einer spezifisch österr. Literaturgeschichte ab dem Ende des 19. Jh.

Weiteres Werk: → *Ein Bruderzwist in Habsburg* (Tragödie, 1872).

1848
Friedrich Gerstäcker

* 10.5.1816 in Hamburg. Ausbildung zum Kaufmann. 1837 Auswanderung nach Nordamerika und dort in vielen Berufen tätig. Nach der Rückkehr (1843) freier Schriftsteller und ständig auf Reisen. Ab 1869 Wohnsitz in Braunschweig. † 31.5.1872 in Braunschweig (G, M).

Die Flußpiraten des Mississippi

Roman.

Die Schifffahrt auf dem Mississippi in der Nähe der Stadt Helena wird von einer mörderischen Bande von Piraten gestört. Die Behörden Helenas reagieren zurückhaltend, weil viele Bewohner – wie sich später zeigt – mit den Piraten gemeinsame Sache machen, aber der Ire O'Toole kommt auf ihre Spur. Dabei stellt sich heraus, dass der Friedensrichter der Stadt identisch ist mit dem Anführer der Piraten. In einer gemeinsamen, dramatisch verlaufenden Aktion von Regulatoren (Freiwillige, die für die Wiederherstellung von Recht und Ordnung kämpfen) und Truppen gelingt es, die Piraten zu besiegen.

Die Tatsache, dass G. mehrere Handlungsstränge verschränkt, verwirrt zwar, nimmt dem Roman aber nichts von seiner großen Spannung. Die genaue Darstellung der Landschaft und des rauen Lebens der Siedler an der wilden Westgrenze der neuen Nation gestatteten den Zeitgenossen zudem Einblicke in eine faszinierende exotische Welt, die Abenteuer und die Möglichkeit eines Neubeginns ohne die Zwänge Europas versprach. Die realistische Darstellung der von G. selbst erlebten Wirklichkeit lassen Amerika aber kaum als das gelobte Land zur Verwirklichung politischer oder religiöser Ideale erscheinen.

In dem vorangegangenen Roman *Die Regulatoren in Arkansas* (1845) beschreibt G., wie es Siedlern gemeinsam mit Indianern gelingt, eine Bande von verbrecherischen Pferdedieben unschädlich zu machen. Der große Erfolg veranlasste G., mit den *Flußpiraten* gewissermaßen eine Fortsetzung zu schreiben.

Rezeption: G. war der erfolgreichste Reiseschriftsteller des 19. Jh. und mit den *Regulatoren* und den *Flußpiraten* auch im 20. Jh. ein populärer Jugendschriftsteller. Die G.-Gesellschaft in Braunschweig verleiht seit 1947 alle 2 Jahre den G.-Preis für das beste Abenteuer-Jugendbuch. ▪ *Die Flußpiraten* (R: J. Roland, 1963).
Weitere Werke: *Mississippi-Bilder* (Novellen, 1847), *Unter dem Äquator* (Roman, 1861).

1848
Johann Nepomuk Nestroy

Biogr.: → 1833

Freiheit in Krähwinkel

Komödie. UA: 1.7.1848 in Wien. BA: 1849.

Noch ehe die revolutionären Ereignisse in Wien (Sturz Metternichs, Eröffnung eines österreichischen Reichstages) mit der militärischen Einnahme der aufständischen Hauptstadt am 31.10.1848 an ihr Ende gelangt waren, hatte N. in seinem zweiteiligen Stück den Sieg wie auch die Bedrohung der gerade errungenen Freiheit satirisch vorgeführt: Der 1. Teil seiner Komödie

(*Die Revolution*) zeigt, wie ein von auswärts kommender Journalist namens Ultra in Krähwinkel-Wien den Umsturz gleichsam von oben bewerkstelligt: »Ich verkünde für Krähwinkel Rede-, Preß- und sonstige Freiheit, Gleichgültigkeit aller Stände, offene Mündlichkeit, freie Wahlen nach vorhergegangener Stimmung« (II, 16); der 2. Teil (*Die Reaktion*) lässt die überrumpelte Reaktion (Kaisertreue, Jesuiten) sich regen, sie wird aber durch den als Metternich verkleideten Ultra überlistet und von den als Studenten kostümierten Bürgerfrauen in die Flucht geschlagen. Am Ende lautet die Moral: »Die Reaktion ist ein Gespenst. [...] Drum sich nicht fürchten davor, dann gibt's gar keine Reaktion!« und dazu singen alle E. M. Arndts Volkshymne *Des Deutschen Vaterland* (1813).

N. bringt es fertig, in der Revolution von 1848 das »Revolutionerl«, im Streben nach politischer Freiheit das »Freiheiterl« (I, 8) und im Liberalismus den Anteil des spießbürgerlichen Eigennutzes zu verlachen. In der Beurteilung der Reaktion verschätzte er sich jedoch beträchtlich.

Rezeption: An N.s antirestaurativer Position besteht kein Zweifel, denn das Stück spricht aus, was die vormärzliche Zensur stets unterdrückte – und doch wurde schon 1848 von demokratischer Seite die »Persiflage aller Freiheitsbestrebungen« (Fr. Kaiser) kritisiert. Die nachmärzliche Zensur verbot die Komödie.

Weitere Schauspiele: *Der alte Mann mit der jungen Frau* (1849/50), *Heimliches Geld, heimliche Liebe* (1853).

1848–1849
Georg Weerth

* 17.2.1822 in Detmold. Nach kaufmännischer Lehre ab 1840 Kontorist in Köln und 1843–46 im engl. Bradford. 1846–48 Handelsvertreter in Brüssel, 1848–49 Leiter des Feuilletons der *Neuen Rheinischen Zeitung* in Köln; ab 1850 wieder Handelsvertreter mit Reisen in Europa und der Karibik. † 30.7.1856 in Havanna (Kuba). Gedenkstätten: Detmold (D), Havanna (G).

Leben und Taten des berühmten Ritters Schnapphahnski

OT: *Leben und Thaten des berühmten Ritters Schnapphahnski*

Roman. ED: *Neue Rheinische Zeitung*, 8.8.–20.9.1848, 13.12.1848–21.1.1849; (veränderte) BA: 1849.

Der satirische Roman erschien zunächst als Fortsetzungsroman im Feuilleton der von K. Marx und Fr. Engels redigierten *Neuen Rheinischen Zeitung*, wobei der Abdruck unterbrochen wurde, weil das Vorbild für die Hauptperson, der rechtsgerichtete Paulskirchen-Abgeordnete Fürst Lichnowsky, am 18.9.1848 ermordet worden war. Die Fortsetzung ab dem 13.12.1848 geht auf das Attentat nicht ein. Die Buchausgabe diente auch der Verteidigung gegenüber dem Vorwurf, dazu angestiftet zu haben. Der als Personalsatire angelegte Roman hält sich dicht an den Lebenslauf seines Vorbilds

(schlesischer Adliger, preußischer Offizier, hoch verschuldeter Frauen- und Maulheld, Soldat in Spanien, Pilger zum Papst, reaktionärer Adelsvertreter in der Frankfurter Paulskirche) und die erzählerische Fiktion, alles aus vorliegenden Dokumenten und nach der ›Wahrheit‹ zu berichten, verschärft die Persiflage eines politischen Gegners, der nicht als Mensch, sondern als Vertreter preußischen Krautjunkertums karikiert wird.
Im Vergleich zu seinem stilistischen Vorbild Heine (*Aus den Memoiren des Herren von Schnabelewopski*, 1834–40), dem er auch die Ritterfigur samt dem Namen Schnapphahnski (mittelhochdeutsch ›Wegelagerer‹) entlieh, ist W.s Satire direkter, schärfer und (am Schluss) politisch-parteilich (republikanisch) – eine Radikalisierung, die sich nicht zuletzt dem Fortfall der Zensur (→ *Presse- und Literaturzensur*) verdankte. Nach 1849 verzichtete W. darauf, den Gegner literarisch ›en canaille‹ zu behandeln und »den vaterländischen Fratzen ein blödes Lächeln abzulocken« (an K. Marx, 1851): Er wandte sich vom literarischen Schreiben ab.

Rezeption: W. wurde für diesen Roman wegen Beleidigung eines Parlamentariers zu 3 Monaten Haft verurteilt. Der Roman, W.s einzige Buchpublikation, gilt als erster dt. Feuilletonroman, der als neue Gattung in Frankreich mit E. Sues *Les mystères de Paris* (1842/43) begann.

Weitere Werke: *Lieder aus Lancashire* (Gedichte, 1845/47), *Humoristische Skizzen aus dem deutschen Handelsleben* (Romanfragment, 1847–48).

1849
Christian Friedrich Hebbel

Biogr.: → 1844

Herodes und Mariamne

Tragödie. Entst. 1847–48. UA: 19.4.1849 in Wien. ED: 1850.

Wie ein Ding, so fühlt sich Mariamne von ihrem Ehemann Herodes, dem von Rom abhängigen König von Jerusalem, behandelt. In seinem misstrauischen Stolz hatte er befohlen, sie zu töten, falls er sterben sollte, obwohl sie bereit ist, ihm freiwillig in den Tod zu folgen. Tief getroffen, erfährt Mariamne von diesem Befehl. Herodes wiederholt ihn sogar, als er erneut aufbrechen muss, obwohl Mariamne nach einer Aussprache annehmen durfte, dass er den Befehl aufgegeben hat. Darauf beschließt sie ihren Tod und Herodes soll ihr Mörder werden. Auf einem Fest spielt sie ihm Untreue vor: Der heimgekehrte Herodes sieht sich in seinem Misstrauen bestätigt und lässt sie umbringen. Erschüttert erfährt er danach die Wahrheit, stürzt sich in den Kampf um seinen Thron, den er durch die Geburt des künftigen Königs der Juden bedroht sieht, und gibt den Befehl zum bethlehemitischen Kindermord. Herodes' unbedingte, besitzergreifende und grausame Liebe zeigt ihn als einen archaischen Menschen, während Mariamne als Makkabäerin den neuen, jüdisch-christlich geprägten Menschen verkör-

pert: Auch sie liebt unbedingt, aber sie ist selbstbewusst in ihrem Verlangen nach bedingungslosem Vertrauen und protestiert gegen die Art der Liebe ihres Mannes. So sind beide bereit, sich gegenseitig zu vernichten.
Das dargestellte Geschehen ist – nach H. – tragisch. Die Tragik liegt aber nicht in einem schuldhaften Verhalten der Handelnden, da H. ihnen die Voraussetzung für die Schuld – die Möglichkeit der freien Entscheidung (wie z. B. in Schillers Dramen) – abspricht: Insofern sei der Untergang ›notwendig‹, da im Weltlauf begründet: »Es gibt nur eine Nothwendigkeit, die, daß die Welt besteht, wie es aber den Individuen darin ergeht, ist gleichgültig.«

Rezeption: Obwohl H. in dem Stück sein bedeutendstes Drama sah, fand es zunächst nur begrenzte Zustimmung. R: W. Semmelroth (1965, TV).
Weitere Tragödie: → *Agnes Bernauer* (1852).

1849/1851
Robert Griepenkerl

* 4.5.1810 in Hofwyl bei Bern. Nach dem Theologiestudium in Berlin (1831–35), Promotion (1839) und Professur (1844); lebte ohne festen Beruf von 1839 bis 1847 in Braunschweig. Ab 1847 Vortragsreisen (Musik, Literatur); 1861 einjährige Schuldhaft, danach völlig verarmt. † 16.10.1868 in Braunschweig (G).

Maximilian Robespierre

Drama. Entst. 1848/49, ED: 1849/51. UA: 17.1.1850 in Braunschweig.

Unter den mehr als 100 Dramen (im 19. Jh.) zur Französischen Revolution verdient nach Chr. D. Grabbes → *Napoleon oder die hundert Tage* (1831) und G. Büchners → *Dantons Tod* (1835) G.s heute völlig vergessenes Stück Aufmerksamkeit, weil es vormärzlichen Geist noch im Augenblick des Scheiterns der Revolution von 1848/49 zu bewahren versuchte. Das Stück spielt im Frühjahr bis Sommer 1794, d. h. vom Sturz Dantons bis zum Sturz Robespierres, und behandelt damit den Höhepunkt in der Radikalisierung der Revolution. Diese Entwicklung verurteilt G. nicht als pervertierte ›Schreckensherrschaft‹, er spielt auch nicht Danton gegen Robespierre aus, sondern er lässt beide nacheinander als Vollzieher eines geschichtsnotwendigen Befreiungsprozesses auftreten, die zwar scheitern müssen, aber nicht vergebens gewirkt haben. Während G.s Danton – anders als bei Büchner – sich dabei – stolz auf seine Taten – gegen seine Entmachtung wehrt, weiß Robespierre, dass die von ihm vertretene Sache des Volkes mit ihm als dessen »Apostel« (II, 1) noch nicht siegen kann: Im Unterschied zum Messias »kreuzigt man [uns], weil wir geirrt; – vielleicht auch, daß wir irren sollten, damit die Kommenden nicht irren« (V, 4). In Therese verkörperte G. das Ideal der Revolution und ihrer Sendung und ließ sie dabei – mitten unter den Prosareden – in Versen sprechen.

Rezeption: Das Stück war auf kleineren dt. Bühnen recht erfolgreich, das Berliner Hoftheater lehnte eine Aufführung ab.
Weiteres Drama: *Die Girondisten* (1852).

Realismus

BEGRIFF: ›Realismus‹ – eine Bezeichnung für die deutsche Literatur zwischen 1850 und 1880/90? Wie bei fast allen Epochennamen gibt es auch hier Probleme und Alternativen zu Begriff und Datierung: Kann *ein* Hauptbegriff die Vielfalt der Strömungen in der 2. Hälfte des 19. Jh. abdecken? Hier setzen die Vorschläge für kleinteiligere Lösungen an, wie z. B. ›Frührealismus‹ (vor 1848), ›Nachmärz‹ (nach 1848), ›Gründerzeit‹ (1870–90), ›Wilhelminismus‹ (1890–1918). Ebenso gibt es Vorschläge, den auf viele Epochen passenden Oberbegriff ›Realismus‹ (verstanden als Naturnachahmung) durch Zusätze zu spezifizieren, wie z. B. ›Bürgerlicher Realismus‹ (Fr. Martini), ›programmatischer Realismus‹ (H. Widhammer) oder ›poetischer Realismus‹.
Eine wirkliche Einheit für die 2. Jh.hälfte, an deren Anfang noch L. Tieck, Heine und Eichendorff und an deren Ende schon Fr. Wedekind, H. v. Hofmannsthal und H. Mann publizierten, ist schwerlich herstellbar. Unverkennbar ist jedoch, dass sich ab 1850 (in Ansätzen auch schon vorher) eine NEUE EINSTELLUNG ZUR REALITÄT und ihrer künstlerischen Darstellung entwickelte, für die es auch programmatische Forderungen (z. B. von O. Ludwig, J. Schmidt, G. Freytag) gab. Danach war die Erfassung und Beschreibung der Wirklichkeit in ihrer Komplexität das neue Ziel, d. h. eine wahrheitsgetreue Wirklichkeits- und Menschendarstellung. Allerdings sollte dabei nicht die ganze Realität, sondern eine von der ›Misere‹ (d. h. von Elend, Häßlichem und Triebkräften) geläuterte Abbildung gezeigt werden, die O. Ludwig »poetischen Realismus« nannte und die zugleich eine deutsche Variante des europäischen Realismus darstellen sollte. Innerhalb dieses »Verklärungsrealismus« (H.-J. Ruckhäberle) galten Raum (Landschaft und Milieu), Gesellschaft und Herkunft als prägende Faktoren, ohne dass man jedoch davon ausging, dass sie das menschliche Handeln determinierten (wie etwa im → *Naturalismus*, der sich selbst anfangs ›Realismus‹ nannte).
Dieser BEZUG ZUM IDEALISMUS, das »Bestreben nach Humanität« (G. Keller), war ebenso gewollt, wie der nachdrückliche Hinweis auf eine sittliche Ordnung jenseits des empirischen Alltags. Daher wollten die Vertreter des Realismus (z. B. Th. Storm, W. Raabe, Th. Fontane, G. Keller und C. F. Meyer) die jeweils bestehenden gesellschaftlichen Strukturen durchaus erhalten bzw. von höherer Warte aus mit vermittelndem HUMOR, kritischer Ironie bzw. Resignation ertragen. Dementsprechend fand der gesellschaftskritische Roman, wie er in Frankreich (Stendhal, Balzac, Flaubert) und England (Dickens) entstand, in Deutschland – mit Ausnahme Fontanes –

keine Entsprechung. Bevorzugte Gattungsform des Realismus war – neben dem → *Bildungsroman* – die Novelle, die sich für die beispielhafte Darstellung der Beziehung von Individuum und Wirklichkeit besonders anbot. Für das Drama und die Lyrik der Zeit eignet sich der Epochenbegriff ›Realismus‹ am wenigsten. Vgl. auch → *Neue Sachlichkeit*.

Literarische Zeitschriften III (19. Jh.)

Geschichte: Die Zeitschriftenlandschaft des 19. Jh. war gegenüber der des 18. Jh. durch eine weitere Diversifizierung gekennzeichnet, wobei bis 1850 tradierte Formen wie z. B. Kalender, Almanach, Taschenbuch fortgesetzt wurden (→ *Literarische Zeitschriften 1770–1815*). Wegen der verschärften → *Presse- und Literaturzensur* ab 1819 erlangten Belletristik und Literaturzeitschriften in der 1. Hälfte des 19. Jh. eine besondere Bedeutung, sowohl als Kompensation als auch als Versteck für die behinderte politische Diskussion. Nach 1850 differenzierten sich im Zuge von Verwissenschaftlichung und Kommerzialisierung dann die 3 Typen: philologische Fachzeitschrift, belletristisches Journal mit dichterischen Originalbeiträgen, Rezensionsorgan, wobei der Typus des belletristischen Journals fließende Übergänge zum neu entstandenen Familienblatt besaß. Diese zumeist illustrierten Unterhaltungszeitschriften für die neuen (insbesondere weiblichen) Leserschichten des Mittelstandes und die ›ganze Familie‹ boten mit ihrer hohen Auflage vielen Schriftstellern die lukrative Möglichkeit des Vorabdrucks ihrer Erzählungen, Versepen, Gedichte und Romane. Zwischen 1854 und 1905 erschienen rund 150 solcher Familienblätter. Ein weiteres ›Kennzeichen‹ des 19. Jh.: Literarische Zeitschriften entstanden (und vergingen) als Programmorgane neuer literarischer Richtungen wie z. B. → *Junges Deutschland*, → *Realismus*, → *Naturalismus*, → *Jugendstil*, → *Expressionismus*.
Bedeutende literarische Zeitschriften (Auswahl): Belletristische Journale: *Zeitung für die elegante Welt* (1801–1859), *Der Gesellschafter* (1817–48), Literaturblatt zum *Morgenblatt für gebildete Stände* (1820–1869), *Blätter für literarische Unterhaltung* (1820/26–98), *Phönix* (1835–38), *Europa* (1835–85), *Telegraph für Deutschland* (1837/38–48). Illustrierte Zeitschriften und Familienblätter: *Das Pfennig-Magazin* (1833–55), *Die Gartenlaube* (1853–1943), *Unterhaltungen am häuslichen Herd* (1853–64), *Westermanns Monatshefte* (seit 1857), *Über Land und Meer* (1858–1923), *Daheim* (1864–1944), *Velhagen & Klasings Monatshefte* (seit 1886). Literaturzeitschriften (auch: Kultur, Programm, Sparten u. a.): *Deutsche Rundschau* (1874–1942/64), *Die Neue Zeit* (1883–1923), *Die Gesellschaft* (1885–1902), *Der Kunstwart* (1887–1932), *Neue Rundschau* (seit 1890/94), *Pan* (1895–99), *Jugend* (1896–1940), *Simplicissimus* (seit 1896), *Die Fackel* (1899–1936), *Die Schaubühne* (1905–18), *Sturm* (1910–32), *Die Aktion* (1911–32).

1850
Theodor Storm

* 14.9.1817 in Husum. Nach Jurastudium in Kiel und Berlin (1837–42) Rechtsanwalt in Husum, ab 1852 Richter in Heiligenstadt, 1864–80 Landvogt bzw. Kreisrichter in Husum. † 4.7.1888 in Hademarschen. Gedenkstätten: Heiligenstadt (D, M), Husum (D, G, M).

Immensee

Novelle. ED: *Volksbuch für Schleswig, Holstein und Lauenburg* (1850); überarbeitete Fassung in: *Sommer-Geschichten und Lieder* (1851).

In der Rahmenerzählung erinnert sich der alte Reinhard Werner an seine Kindheit und seine Jugendliebe Elisabeth: Während Reinhard studierte, heiratete Elisabeth auf Drängen der Mutter (»Meine Mutter hat's gewollt«) seinen Freund Erich, der im Gegensatz zu ihm selbst in gesicherten Verhältnissen auf dem Gut Immensee lebte. Reinhard blieb unverheiratet. Bei einem Wiedersehen nach Jahren erinnern sich Reinhard und Elisabeth schmerzlich ihrer Liebe; da diese sich aber nicht erfüllen kann, trennen sie sich für immer.

In der Novelle dominiert eine das ganze Geschehen beherrschende lyrische Stimmung die Handlung: Es ist die Resignation und die Trauer darüber, dass das Glück unerreichbar ist und die Sehnsucht unerfüllt bleibt. St. (»Meine Novellistik ist aus meiner Lyrik erwachsen«) betont durch Sprache, Bilder und eingestreute Gedichte das Gefühlvolle, gerät dabei jedoch auch in den Bereich des Sentimentalen.

Rezeption: Die Novelle war St.s erfolgreichstes Werk. 🎬 R: V. Harlan (1942/43), R: K. Gendries (1989, TV); *Was die Schwalbe sang* (R: G. v. Bolvary, 1956).

Weiteres Werk: → *Gedichte* (1852).

1850–1851
Karl Gutzkow

Biogr.: → 1835

Die Ritter vom Geiste

Roman. ED (unvollst.): *Deutsche Allgemeine Zeitung* (1850). BA: 1850–51, mit weiteren Änderungen von Auflage zu Auflage.

In die Geschichte der deutschen Romantheorie schrieb sich G. mit seiner Roman-Vorrede ein, in der er als das zeitgemäße Erzählmodell den »Roman des Nebeneinander« verkündet, was bedeuten soll: Nicht mehr ein Individualheld sollte im Mittelpunkt einer verschlungenen Handlung stehen, sondern ein vielperspektivisches Gesamtbild (»Teppich«, »Concert«) der zeitgenössischen Gesellschaft vom Proletarier bis zum Fürsten sei nötig. Das ist im Prinzip das Programm des (gegen den → *Bildungsroman* gerichteten) Gesellschaftsromans, dessen Vorbilder aus Frankreich und England stammen (E. Sue, Ch. Dickens). G. selbst setzte diese Forderung um, indem er ein Figurengeflecht von mehr als 200 Personen aus allen Gesellschaftsschichten (davon ein Drittel herausgehoben) aufbot, um eine verzweigte Handlung in Gang zu setzen. Es geht dabei um die Suche nach einem Schrein, dessen Inhalt vorenthaltene Besitzansprüche eines Brüderpaars dokumentiert. Die schwierige Jagd macht die Gründung eines Geheimbundes notwendig, der als neuer Templerorden der ›Ritter vom Geiste‹ mit dem gesuchten Vermögen eine Staats- und Gesellschaftsreform aus dem Geist liberaler Aufklärung bewerkstelligen will. Im Kampf mit realpolitischen Widersachern, die die politische Macht missbrauchen, gelangt der Bund zwar an den Schrein, verliert aber durch Brand den Inhalt, so dass die Zukunft der Utopie offen bleibt.

G.s Ziel, mit seinem Erzählmodell »die ganze Zeit, die ganze Wahrheit, die ganze Wirklichkeit« darzustellen, besticht in der enzyklopädischen Dichte der kumulierten Details, von Fr. Hebbel treffend als »historisches Daguerrotyp« bezeichnet. Jedoch kommt G. in seiner gesellschaftskritischen Analyse nicht über den Appell an den sozialen ›Geist‹ und bewusstseinsbildendes Wirken als Vorbild hinaus.

Rezeption: Trotz seines Umfangs (mehr als 4000 S.n) erreichte der Roman bereits 1854/55 die 3. und 1878 die 6. Auflage.

Weitere Werke: *Der Zauberer von Rom* (Roman, 1858–61), *Rückblicke auf mein Leben* (Autobiogr., 1875), *Die neuen Serapionsbrüder* (Roman, 1877).

1851
Heinrich Heine

Biogr.: → 1826–31, 1833–40

Romanzero

Gedichtslg. Entst. 1844–51, in der Mehrzahl nach 1848; ED: 1851.

Den Titel erklärt H., der seit 1848 todkrank in seiner »Matratzengruft zu Paris« liegen musste, im Nachwort als Oberbegriff für die vorherrschend im ›Romanzenton‹ gehaltenen Gedichte, womit nach zeitgenössischem Wortgebrauch Balladen und balladenähnliche Lieder bezeichnet wurden. Die Sammlung besteht aus den 3 Büchern *Historien*, *Lamentationen* und *Hebräische Melodien* und umfasst 61 Gedichte (von sehr unterschiedlicher Länge) plus 3 Mottogedichte. Ihre innere Einheit bildet die Parallelisierung von historischem und persönlichem Leid, kranker Zeit und krankem Körper des Dichters. In den *Historien*, die einen Gang durch die Weltgeschichte bieten, fällt das Gute und siegt die Unvernunft, freilich nicht ohne ironischen Kommentar (z. B. *Schelm von Bergen*, *König David*, *Karl I.*). Aus den *Lamentationen*, überwiegend Gedichte in der Ich-Form, spricht eine Mischung aus Desillusionierung über das gelebte Leben (*Waldeinsamkeit*) sowie Protest gegen sein Ende und den unerträglichen »Duft der Sieger« (so v. a. im abschließenden *Lazarus*-Zyklus mit den Gedichten *Vermächtnis* und *Enfant perdu*). Auch in den *Hebräischen Melodien* gibt es diesen dialektischen Wechsel von Klage über das aussichtslose Martyrium der ewig Besiegten (am Beispiel des jüdischen Volkes) und Appell an die Macht der Poesie, die aus historischem (und persönlichem) Leiden entstehe und dieses zugleich überwinde (z. B. *Jehuda ben Halevy*). Im Nachwort betont H. zweierlei: »ich verharrte bei denselben demokratischen Prinzipien, denen meine früheste Jugend huldigte«, und »Ja, ich bin zurückgekehrt zu Gott [...] Nein, meine religiösen Überzeugungen und Ansichten sind frei geblieben von jeder Kirchlichkeit.«

Rezeption: Bis Ende 1851 erschienen noch 3 weitere Auflagen mit insgesamt 21 000 Exemplaren, eine 5. Auflage kam 1859, eine 6. 1867 heraus. Es blieb jedoch bei diesem Anfangserfolg, dem Verbote in Preußen und Österreich bald ein Ende machten. Erst die H.-Rezeption im 20. Jh. führte zur Anerkennung der späten Lyrik, wobei auch entpolitisierende Deutungen (religiöse Bekehrung, skeptizistischer Widerruf) eine Rolle spielten.

Weitere Werke: *Gedichte. 1853 und 1854* (1854), *Die Götter im Exil* (Essay, 1854), *Lutezia* (Journalberichte 1840–48, 1854), *Geständnisse* (autobiographischer Bericht, 1854).

1852
Willibald Alexis

Biogr.: → 1846

Ruhe ist die erste Bürgerpflicht

OT/UT: *Ruhe ist die erste Bürgerpflicht, oder Vor funfzig Jahren. Vaterländischer Roman*

Roman.

Der Titel des Romans ist ein Zitat: Mit diesen Worten ermahnte der preußische König nach der kriegsentscheidenden Niederlage Preußens gegen das napoleonische Frankreich am 17.10.1806 sein Volk zum Stillhalten. A. verwendet jedoch den zum geflügelten Wort gewordenen Satz, wie der Roman zeigt, ironisch: Weder im Kampf für die Erneuerung nach 1806, die mit der von oben erzwungenen ›Ruhe‹ der Restauration (1815–48) endete, noch – so muss man hinzudenken – im aktuellen Widerstand gegen die erneute Restauration nach der Niederschlagung der 1848er-Revolution sei von unten her Ruhe zu geben.

Mit seinen vorletzten beiden ›vaterländischen‹ Romanen (→ *Die Hosen des Herrn von Bredow*, 1846), dem vorliegenden und *Isegrimm* (1854), behandelt A., nicht zuletzt aus der Erfahrung der Wiederkehr der Revolution 1830/48, am Beispiel des sich reformierenden Preußen (1806–13) die geschichtliche Wende seit 1789: Nicht mehr die (großen) Herrscher führen das Volk voran, sondern das Volk wird zur treibenden Kraft und – so die Lehre aus der jüngeren Geschichte – besitzt dabei das »heiligste Recht zur Selbstrettung« (A.), wenn die Fürsten versagen. Genau diese Konstellation thematisiert der Roman nicht nur umfänglich (über 1200 S.n), sondern auch im Stil von K. Gutzkows Forderung nach moderner Erzählweise (›Roman des Nebeneinander‹, → *Die Ritter vom Geiste*, 1850/51): Es agiert eine Vielzahl von Figuren aus unterschiedlichen Schichten und mit einander widersprechenden Ansichten, durch deren Reden die kritische Lage des Landes und die Möglichkeiten der Reform zur Sprache kommen. Insgesamt stellt der Roman eine »massive Problematisierung tradierter Wert- und Normenbestände« (G. Frank) dar.

Rezeption: A.' ›vaterländische‹ Preußen-Kritik stieß in der 2. Hälfte des 19. Jh. auf wenig Verständnis – das sollte nach ihm auch noch Th. Fontane erfahren, obwohl er sich von A. abgrenzte.

1852
Gustav Freytag

* 13.7.1816 in Kreuzburg (Schlesien). Nach Philologiestudium in Breslau und Berlin 1839–44 Privatdozent für Literatur in Breslau. 1848–70/71 zusammen mit J. Schmidt Hg. der Wochenschrift *Die Grenzboten* und freier Schriftsteller. 1867–70 Abgeordneter der Nationalliberalen Partei im Parlament des Norddt. Bundes. † 30.4.1895 in Wiesbaden. Gedenkstätten: Gotha (G), Wangen/Allgäu (M), Wiesbaden (D).

Die Journalisten

Lustspiel. UA: 8.12.1852 in Breslau; ED: 1854.

Professor Oldendorf, Redakteur der nationalliberalen Zeitung ›Union‹, möchte Abgeordneter werden. Er liebt Ida, die Tochter von Oberst Berg, einem Vertreter der Konservativen, der von Oldendorfs journalistischen und politischen Ambitionen nichts hält und selbst Kandidat seiner Partei werden möchte. Das aber wird mit einem Coup von den Liberalen verhindert. Das Spiel der Intrigen, das Wetteifern im Taktieren und Täuschen auf beiden Seiten droht unheilvoll zu enden, doch nach der Übernahme der ›Union‹ durch eine reiche Gutsbesitzerin findet das Lustspiel ein für alle versöhnliches und mit zwei Hochzeiten besiegeltes Ende.

Das Stück thematisiert erstmalig das zeitgenössische Milieu von Presse und Politik, das F. bestens vertraut war. Die Lebendigkeit in der Darstellung der handelnden Personen, die auch das Negativ-Klischee eines jüdischen Journalisten einschließt, sowie die dramaturgisch geschickte Gestaltung des Geschehens trugen viel zum Erfolg dieser politisch-unpolitischen Komödie des Nachmärz bei.

Rezeption: Das Lustspiel war eines der am meisten gespielten Stücke des 19. Jh.
R: Fr. Umgelter (1961, TV).

Weiteres Werk: → *Soll und Haben* (Roman, 1855).

1852
Christian Friedrich Hebbel Biogr.: → 1844

Agnes Bernauer

UT: *Ein deutsches Trauerspiel in fünf Aufzügen*

UA: 25.3.1852 in München. ED: 1855.

Historischer Hintergrund ist die Geschichte der schönen Baderstochter Agnes Bernauer, die im 15. Jh. von Albrecht, dem Sohn des regierenden Bayernherzogs, aus Liebe heimlich geheiratet und aus Gründen der Staatsräson später ertränkt wurde. H. folgte weitgehend der Stoffvorlage: Der Herzog unterschreibt das Todesurteil schweren Herzens erst dann, als Agnes sich weigert, ihre Ehe als Unrecht anzusehen, und als dem Land deswegen ein Bürgerkrieg droht. Nach der Aussöhnung mit seinem Sohn dankt der Regent ab und tritt in ein Kloster ein. Agnes wie der Herzog handeln dabei jeweils für sich richtig, indem sie bedingungslos für die Rechte des Individuums bzw. des Staates eintreten – allerdings stellt die nachträgliche Anerkennung von Agnes als Albrechts Witwe ebenso wenig eine Lösung dar wie das Urteil, das der in die Regierungsverantwortung aufgestiegene Sohn nach Jahresfrist über den Vater fällen darf.

Das Drama – nach der Revolution von 1848 entstanden – ist kein stures Plädoyer für das absolute Recht des starken Staates, zeugt aber auch von H.s Aversion gegen »die wahnsinnige Emancipationssucht des Individuums [...] bei Democraten und Conservativen«. Die Tatsache, dass der Herzog seine Macht am Ende abgibt und sich aus der Welt zurückzieht, weist darauf hin, dass auch er Opfer ist: einer Staatsräson, die starrer Ausdruck einer »unbedingten Notwendigkeit« ist oder – wie H. es an anderer Stelle ausdrückt – eines »Weltwillens«, der sich der menschlichen Handlungen bedient. Anders gesagt: Es muss alles bleiben, wie es ist.

Rezeption: Das Stück gehört neben → *Maria Magdalene* (1844), → *Herodes und Mariamne* (1849) und → *Die Nibelungen* (1861) zu H.s bekanntesten Dramen. Eine moderne Adaption lieferte Fr. X. Kroetz: *Agnes Bernauer* (1976). ♫ Carl Orff: *Die Bernauerin* (Oper, 1946).

Weitere Werke: *Erzählungen und Novellen* (1855), → *Gyges und sein Ring* (Trauerspiel, 1856).

1852
Theodor Storm Biogr.: → 1850

Gedichte

Die Sammlung enthält Gedichte, die ab 1843 (*Liederbuch dreier Freunde*) verstreut erschienen waren. Grundthemen der Lyrik St.s sind die Natur, die Liebe und der Tod, d. h. Themen, über die durch die epigonale Lyrik der

2. Hälfte des 19. Jh. »viel Läppisches und Nichtiges hergekommen« ist. Th. Mann, der dies feststellte, hebt jedoch am Lyriker St. hervor: »Er ist ein Meister, er bleibt.« Ob heimatliche Landschaft (*Die Stadt*, 1852; *Abseits*, 1848; *Meeresstrand*, entst. 1854/55), die für St. schon gleich hinter Husum und Hademarschen aufhört, ob erotisch-empfindsame »Stimmungskunst und Erinnerungsweh« (*Hyazinthen*, *Verloren*), ob Volkstümliches (*Knecht Ruprecht*, 1862) oder Reflexionen über Zeit und Tod (*Einer Toten*, *Geh nicht hinein*): St. traf in seiner Lyrik der sparsamen Mittel den Ton, um das Erfühlte gleichsam musikalisch zum Ausdruck zu bringen. Ihr liegt dabei ein stimmungshaftes Weltverständnis zugrunde: das stete Gefühl der Vergänglichkeit des Augenblicks, des Glücks, des Lebens und der Todesnähe. Dem entspricht die wehmütige Sehnsucht nach Geborgenheit und die Suche nach ihr in der Erinnerung, im Traum und in der norddeutschen Heimat: »Ich bedarf äußerlich der Enge, um innerlich ins Weite zu gehen« (St.).

Rezeption: Eine 4. (vermehrte) Auflage erschien 1864/85. ♫ J. Brahms, A. Berg, E. Krenek, M. Reger u. a.

Weitere Werke: *Drei Märchen* (1866) sowie die Novellen *In St. Jürgen* (1868), *Draußen im Heidedorf* (1872), *Viola tricolor* (1874), *Pole Poppenspäler* (1875), → *Aquis submersus* (1876).

1852
Klaus Groth

* 24.4.1819 in Heide. Lehrerseminar in Tondern, 1841–47 Volksschullehrer in Heide und Kiel. Nach körperlichem Zusammenbruch lebte G. von 1847 bis 1853 auf Fehmarn, 1853–55 in Kiel. Ab 1858 war er Privatdozent, ab 1866 Honorar-Professor für dt. Sprache und Literatur in Kiel. † 1.6.1899 in Kiel. Gedenkstätten: Heide (D, M), Kiel (D, G).

Quickborn

UT: *Volksleben in plattdeutschen Gedichten dithmarscher Mundart nebst einem Glossar*

Slg. von Gedichten in niederdt. Sprache. ED: 1852 (vordatiert auf 1853). In allen folgenden Auflagen (7 bis 1857) Aufnahme weiterer Gedichte. Der 2. Teil erschien 1871 und enthielt auch Prosatexte.

G. gilt als Begründer der niederdeutschen Mundartdichtung (→ *Dialektdichtung*), auch wenn Sophie Dethleffs' Verserzählung *De Fahrt na de Isenbahn* (1849) älter ist: Anders als später Fr. Reuter, der das Plattdeutsche vorwiegend in Prosa verwendete und es auf unbekümmerte Weise mit umgangssprachlichen hochdeutschen Wörtern und Wendungen vermischte, wollte G. zeigen, dass das Niederdeutsche dem Hochdeutschen als Sprache der Dichtung ebenbürtig sei (*Briefe über Hochdeutsch und Plattdeutsch*, 1858). Das Plattdeutsche bot dem einfühlsamen Dichter dabei Halt und Rückzugsmöglichkeit aus einer Welt, in der er sich fremd fühlte.

In *Quickborn* (die Sammlung umfasste in der Erstauflage 56 Verserzählungen, Balladen, volksliedhafte Gedichte, Sprüche) lässt G. ein idealisiertes Bild von Land und Leuten im vorindustriellen Dithmarschen entstehen. Oft greift er auf Volkslieder und überlieferte Erzählungen zurück (*De Slacht bi Hemmingsted*). In den Kinderliedern (z. B. *Na'n buten*) und Tiergedichten (z. B. *Matten Has*) sowie in den Liebesgedichten (z. B. *He sä mi so vel*) zeigt sich eine das Sentimentale streifende Sensibilität und eine tiefe Bindung an die holsteinische Heimat, deren Sprache (*Min Modersprak*) und Bewohner.

Rezeption: Der 1. Teil von *Quickborn* hatte großen, anhaltenden Erfolg (17 Auflagen bis 1899), gleichwohl blieb G. stets im Schatten von Fr. Reuter. ♬ u. a. von J. Brahms.

Weiteres Werk: *Vertelln* (Erzählungen, 1855).

Dialektdichtung

Mit der allmählichen Herausbildung einer hochdeutschen Schriftsprache ab dem 16. Jh. sank der in den einzelnen Sprachlandschaften unterschiedlich gesprochene Dialekt (Mundart) zum Umgangsdeutsch herab. Verschriftlichte Formen des Dialekts fanden fortan als KOMISCHE SPRECHWEISE von Bauern und Ungebildeten in Komödien, dramatischen Zwischenspielen und Schwänken sowie ab dem 18. Jh. auch im Volkstheater (Wien) sowie in der Idyllendichtung (J. H. Voß) Berücksichtigung. Nach Anfängen im → *Sturm und Drang* und der → *Romantik* kam es erst im 19. Jh., nicht zuletzt angesichts der rapiden Veränderung der ländlichen Lebensweise durch Verstädterung und Industrialisierung, wieder zu einer HINWENDUNG ZUM DIALEKT, die Aufwertung (als Volksdichtung) und Rettung (als Relikt) zugleich war. Ein Großteil der danach entstandenen Dialektdichtung blieb jedoch in Verbreitung und Wirkung auf ihren jeweiligen Sprachraum begrenzt, als Pflege und Ausdruck heimatlicher Sprachverbundenheit auftretend. Es gab aber auch Anstrengungen, die Dialektdichtung auf das Niveau hochsprachlicher Dichtung zu bringen. Hier sind jene Autoren zu nennen, die ›zweisprachig‹ waren und entweder gelegentlich mundartliche (z. B. B. H. Brockes, J. H. Voß, J. P. Hebel) oder an den Dialekt angelehnte Texte (z. B. J. Gotthelf, L. Anzengruber, L. Thoma) verfassten. Hierzu ist auch das sowohl in schlesischem Dialekt (*De Waber*) als auch auf Hochdeutsch publizierte Drama (→ *Die Weber*, 1892) von G. Hauptmann zu zählen.

Am Anfang der deutschsprachigen DIALEKTDICHTUNG MIT ÜBERREGIONALER BEDEUTUNG steht J. P. Hebel mit seinen *Alemannischen Gedichten* (1803). Ihm folgten die Lyriker K. v. Holtei (*Schlesische Gedichte*, 1830) und Fr. v. Kobell (*Gedichte in hochdeutscher, oberbayrischer und pfälzischer Mundart*, 1841), für Hessen Fr. Stoltze (1816–91) und E. E. Niebergall mit der Lokalposse *Datterich* (1841, UA: 2.8.1862) sowie für den niederdeutschen Raum Kl. Groth: → *Quickborn* (Gedichte, 1852), Fr. Reuter mit:

Läuschen und Rimels (Gedichte, 1853) und mit seinen autobiographischen Romanen (z. B. → *Ut mine Stromtid*, 1862) sowie der Lyriker J. Brinckman (*Vagel Grip*, 1859) und der Erzähler J. H. Fehrs (*Maren*, Dorfroman, 1907).

1853

Adalbert Stifter

Biogr.: → 1841/42

Bunte Steine

UT: *Ein Festgeschenk*

6 Erzählungen, von denen 5 unter anderen Titeln bereits früher erschienen waren und für die BA überarbeitet wurden: *Bergmilch* (1843), *Bergkristall* (1845), *Kalkstein* (1848), *Granit* (1849), *Turmalin* (1852), *Katzensilber* (1852).

In der Vorrede zu diesem Zyklus von Erzählungen, die sich an ›junge Herzen‹ wenden, erläutert St. sein berühmt gewordenes ›sanftes Gesetz‹, die Grundlage seiner weltanschaulichen und ästhetischen Überzeugung. Er versteht darunter (geprägt von den Erfahrungen der Revolution von 1848) die Abkehr von allem das geordnete Maß Überschreitenden und die Hinwendung zum Einfachen, Unscheinbaren und zur Schönheit: »Das Wehen der Luft, das Rieseln des Wassers, das Wachsen der Getreide«. Dieses Gesetz zeige sich nicht einmalig in unerhörten Erscheinungen (als Manifestation einer universalen Kraft), sondern im unauffälligen, organisch gewachsenen Kleinen (als dauernde Manifestation einer höheren Ordnung). Dabei sollen Gerechtigkeit, Selbstlosigkeit und Achtung des Mitmenschen in Familie und Staat Grundlage des Handelns sein. Dementsprechend steht im Mittelpunkt von drei Erzählungen St.s (*Granit*, *Bergkristall*, *Katzensilber*) die Rettung von Kindern, die für ihn in ihrem unschuldigen Werden Inbegriff des Sanften waren. Die berühmteste Erzählung ist die Weihnachtsgeschichte *Bergkristall*, in der die aus dem tödlichen Gletschereis geborgenen Kinder ein ganzes Dorf versöhnen. *Kalkstein* behandelt – neben der Vater-Tochter-Geschichte *Turmalin* – den Fall einer lebenslangen Entsagung in fast menschenleerer Einsamkeit. Das Außergewöhnliche (Leidenschaft, Naturgewalten, Krieg und Pest) wird dabei zwar nicht ausgespart, weil es zum Leben gehört und Ausdruck einer höheren Macht ist, aber es gilt sich ihm unterzuordnen. Das war – stärker noch als in den → *Studien* (1844–50) – St.s antirevolutionäre Antwort auf den Zeitgeist.

🎬 *Bergkristall* (R: H. Reinl, 1949; R: J. Vilsmaier, 2004), *Einmal am heiligen Abend* (R: O. Friedrich, 1978, TV), *Land der Berge* (R: M. Gabrielli, 1987, TV); *Kalkstein* (R: I. Moszkowicz, 1983, TV).

Weiteres Werk: → *Der Nachsommer* (Roman, 1857).

1854
Hermann Kurz

* 30.11.1813 in Reutlingen. 1831–35 Tübinger Stift (Theologiestudium). 1835/36 Vikar, danach Journalist und freier Schriftsteller in Stuttgart (bis 1856). Ab 1863 Bibliothekar in Tübingen. † 10.10.1873 in Tübingen. Gedenkstätten: Reutlingen (D, M), Tübingen (G).

Der Sonnenwirt

UT: *Schwäbische Volksgeschichte aus dem vorigen Jahrhundert*

Roman. ED (Kapitel 1–4): *Morgenblatt für gebildete Leser* (1846). BA: 1854.

»Meine Erzählung ist keine bloß thatsächliche, sie ist Dichtung, aber innerhalb streng gegebener Grenzen« (K.' Einleitung zum Vorabdruck 1846). K. zeigt am Lebensbild des historischen Räubers Friedrich Schwan, wie ein junger Mensch durch eine Gesellschaft, die keine Liebe, kein Mitleid und kein Vergeben kennt (lieblose Stiefmutter, böswillige Dorfgemeinschaft, gnadenlose Justiz, unbarmherzige Kirche), zunächst zum Außenseiter und dann zum Verbrecher wird. Diesen Stoff hatte zuvor schon Fr. Schiller in seiner Kriminalgeschichte *Der Verbrecher aus verlorener Ehre* (1786/92) behandelt.

Der Roman zeigt, wie Schwan in einer ausweglosen Situation schuldig wird und wie die »Justiz vor einem Menschen versagt, an dem die Gesellschaft zuvor schuldig geworden war« (H. Eggert). Dabei versuchte K. einerseits, mit der traditionellen Form des Romans die Erwartung der Leser nach unterhaltsamer Darstellung historischer Vorgänge zu erfüllen, andererseits wollte er die Geschichte unverfälscht dokumentieren, um der sozialen Anklage und dem Aufruf zu humanem Handeln mehr Gewicht zu verleihen – eine Intention, die den konventionellen historischen Roman aktuell zuspitzte und sich den idyllisierenden Tendenzen von der zeitgenössischen → *Dorf- und Heimatliteratur* bis zu den *Kulturgeschichtlichen Erzählungen* (1856) eines W. H. Riehl widersetzte.

Weiteres Werk: *Schillers Heimathjahre* (Roman, 1843).

1854/1855 bzw. 1879/1880
Gottfried Keller

* 19.7.1819 in Zürich. Ausbildung zum Kunstmaler, ab 1840 in München, nach Abbruch des Studiums (1842) Rückkehr nach Zürich. 1848–1850 Philologiestudium in Heidelberg, danach freier Schriftsteller in Berlin (bis 1855) und Zürich. 1861–76 Erster Staatsschreiber des Kantons Zürich. † 15.7.1890 in Zürich. Gedenkstätten: Glattfelden/Schweiz (M), Zürich (G).

Der grüne Heinrich

Roman. Seit 1842/43 geplant, entst. ab 1850. 1. Fassung: 1854/55; 2., umgearbeitete Fassung: 1879/80.

Heinrich Lee (›grün‹, weil er als Kind aus der grünen Schützenuniform seines verstorbenen Vaters geschneiderte Kleidung trägt) wächst in großer Armut auf. Ungewöhnlich phantasiebegabt, neigt er dazu, der Wirklichkeit zu entfliehen, wodurch er sowohl im Leben als auch in der Kunst immer wieder versagt. Sein Versuch, Maler in München zu werden, scheitert völlig, doch wird er auf dem Rückweg in die Schweiz von einem Grafen finanziell gerettet. Kurz vor seiner Ankunft stirbt seine Mutter. Desillusioniert (unglückliche Liebe, Schuldgefühle wegen der Mutter, künstlerischer Misserfolg) stirbt auch Heinrich wenig später.

K. schrieb diese stark autobiographisch gefärbte Künstlerroman-Fassung mit ihrem »zypressendunklen Schluß« (K.) überwiegend in der Er-Form (Kindheit und Jugend in der Ich-Form). In der 2. Fassung überlebt Heinrich (deswegen war nun durchgehend die Ich-Form möglich), begegnet noch seiner sterbenden Mutter, gibt die Malerei endgültig auf, wird Oberamtmann und tritt wieder in Verbindung zu Judith, die er einst geliebt hat. Diese Fassung ist logischer aufgebaut und ›realistischer‹. Sie enthält zwar noch die Darstellung der in der 1. Fassung geschilderten Enttäuschungen, doch hat K. seine Kritik, v. a. an Klerikalismus, Erziehungswesen und Politik, sehr gemildert. Der Schluss – Heinrich, stellt sich verantwortungsbewusst in den Dienst der Gesellschaft – zeigt K.s Annäherung an den klassischen → *Bildungsroman*. Von diesem unterscheidet ihn aber, dass sich die Emanzipation des Helden hier durch produktive Einordnung in den bürgerlichen Alltag vollzieht, wobei ein Moment der Resignation unübersehbar ist.

Rezeption: K. ließ nur die 2. Fassung gelten. 🎬 R: Th. Koerfer (1993); *Mérette* (R: J.-J. Lagrange, 1981, TV).

Weitere Werke: *Gedichte* (1846), *Neuere Gedichte* (1851), → *Die Leute von Seldwyla* (1856/74, Novellenslg.).

1855
Gustav Freytag

Biogr.: → 1852

Soll und Haben

Roman.

Bis weit ins 20. Jh. hinein wurde dieses Werk als Musterbeispiel realidealistischer Romankunst und Antwort auf Goethes Bildungsroman *Wilhelm Meister* (→ 1795/96 und 1821/29) gelobt, weil es das deutsche Volk in seiner »Tüchtigkeit« dargestellt habe – ganz wie es vom zeitgenössischen Literaturkritiker J. Schmidt programmatisch gefordert worden war. Bei näherer

Betrachtung reduziert sich dieses ›Volk‹ freilich auf die Schicht des Handelsbürgertums, dessen Kaufmannsgeist zu nationalen Tugenden wie Fleiß, Ordnung, Ehrlichkeit und Pflichttreue idealisiert wird. Diese Garantien für die Wohlfahrt der Nation werden beispielhaft am Werdegang des fast namensgleichen Romanhelden Anton Wohlfart geschildert, der sich – zwischen 1830 und 1840 – nach glücklicher Bewältigung einiger Lebenskrisen (Wunsch nach gesellschaftlichem Aufstieg durch adlige Heirat) zu einem selbstbewussten Kauf- und Ehemann entwickelt. Am Ende steht er als Inbegriff des normalen Bürgers da: eine erfolgversprechende, aber auch eine »fatale Botschaft« (G. Plumpe); fatal, weil sie einhergeht mit einer Diskriminierung dessen, was als diesem Selbstbild Feindliches scharf ausgegrenzt wird: alter Adel (lasziv, schwach, arrogant), Proletarier (umstürzlerisch, wüst, kulturlos), Slawen (polnische Misswirtschaft, nur durch deutsche Kolonisierung zu bessern) und v. a. Juden (undeutsch, kapitalistisch-raffend, kriminell). Ausnahmen von diesen Klischees lässt F. nur bei Anpassung an die bürgerlich-kaufmännischen Normen zu. Mit diesen Merkmalen weist der Roman auf eine geistige Haltung voraus, wie sie im neuen Reich ab 1871 immer bestimmender wurde. F. revidierte seine Judenfeindlichkeit allerdings in dem Aufsatz *Der Streit über das Judentum* (1869).

Rezeption: Bis 1914 waren von diesem »meistgelesenen Roman des 19. Jahrhunderts« (Franz Mehring) mehr als 300 000 Exemplare in mehr als 50 Auflagen verkauft. Er war noch in den 1950er und 60er Jahren eine beliebte Lektüre. Eine Fortsetzung schrieb R. Solger: *Anton in Amerika* (1862). 🎬 R: C. Wilhelm (1924).

Weitere Werke: *Bilder aus der deutschen Vergangenheit* (Geschichtserzählung, 1859/67), *Die verlorene Handschrift* (Roman, 1864), *Die Ahnen* (Roman-Zyklus, 1873–81).

1855
Ferdinand Kürnberger

* 3.7.1821 in Wien. Aus armen Verhältnissen stammend, ab 1841 Gasthörer an der Universität Wien. Nach Beteiligung an der Revolution in Wien und Dresden (1848/49) Flucht und bis 1866 als Publizist und freier Schriftsteller in wechselnden Wohnorten (u. a. Hamburg, Frankfurt/Main, Stuttgart) lebend, ab 1866 in Wien, dort 1867–70 Generalsekretär der Schillerstiftung. † 14.10.1879 in München.

Der Amerika-Müde

UT: *Amerikanisches Kulturbild*

Roman.

In der 2. Hälfte des 19. Jh., als Nordamerika zur Zuflucht von Millionen wirtschaftlich und politisch bedrängter Deutscher wurde, war der von K. gewählte Romantitel eine Provokation. Er nahm damit zum einen Bezug auf E. Willkomms Briefroman *Die Europamüden* (1838), in dem ein junger Intellektueller aus Überdruss an einem Europa voll »mißverstandener Civi-

lisation, verkannter Glaubenslehren und boshaft verdrehter Menschenrechte« ins »Land der Verheißung« emigriert; zum anderen bezog sich K. auf das liberale Amerikalob, das – wenn auch durchaus nicht immer unkritisch – in Romanen von Ch. Sealsfield (→ *Das Kajütenbuch*, 1841) und Fr. Gerstäcker (→ *Die Flußpiraten des Mississippi*, 1848) zum Ausdruck kam.
In K.s Roman kehrt der Dichter Dr. Moorfeld – in Anlehnung an N. Lenaus fehlgeschlagenen Amerika-Aufenthalt 1832/33 – desillusioniert von seinem Auswanderungsversuch in die USA zurück: Er hat weder den politischen Fortschritt im großstädtischen New York noch die unverfälschte Natur in Ohio, sondern überall nur Banausentum, skrupellos gesteigerte Profitgier und Ausbeutung vorgefunden. Streng genommen ist der Text nur vordergründig ein Amerika-Roman (zumal K. selbst nie in Nordamerika war); im Grunde ist er ein Roman für das nachmärzliche Deutschland, das sich in seiner Revolutionsenttäuschung nicht mit der Illusion eines siegreichen Liberalismus in Amerika trösten soll.

Rezeption: Mit dem Roman wurde K. zu einem anerkannten Autor, der in der Folge v. a. mit seinen religions- und literaturkritischen Feuilletons große Bedeutung erlangte.
Weitere Werke: *Novellen* (1861/62), *Literarische Herzenssachen* (Feuilletons, 1877).

1855
Eduard Mörike Biogr.: → 1832

Mozart auf der Reise nach Prag

Novelle. ED: *Morgenblatt für gebildete Leser* (1855). BA: 1855 (vordatiert auf 1856).
Die von M. geschilderten Begebenheiten, die sich an einem Tag des Jahres 1787 auf einer Reise Mozarts nach Prag zur Uraufführung des *Don Giovanni* (im Text: ›Don Juan‹) ereignen, sind dichterische Erfindung: Mozart gerät mit seiner Frau Konstanze durch Zufall in die Gesellschaft einer adligen Familie, die sich zu einer Verlobungsfeier versammelt hat. Nachdem man sie dort erkannt hat, sind sie hochwillkommene Gäste. Höhepunkt des Festes ist der Klavier-Vortrag von Partien der noch nicht ganz vollendeten Oper. Reich beschenkt setzt das Ehepaar am nächsten Morgen seine Reise fort.
Die geschilderten Episoden (Reise in der Kutsche, Raub einer Pomeranze im Park, Gespräche und musikalische Einlagen während der Feier) zeigen Mozarts Lebensfreude und Künstlertum: So wie er den Reichtum des Lebens genießt, schöpft er aus dem Reichtum seiner künstlerischen Inspiration die geniale Musik (Pomeranzen-Episode). Er ahnt aber zugleich, dass das verschwenderische Umgehen mit diesen Fähigkeiten eine Gefährdung bedeutet, weil er sich selbst verzehrt, und dass der Tod ihm deswegen näher

ist als allen anderen. Der Ausdruck dieser Ahnung findet sich in der Musik des *Don Giovanni*, besonders in dem düsteren Choral »Dein Lachen endet vor der Morgenröte!« sowie in dem Gedicht *Ein Tännlein grünet wo* (»Denk es, o Seele«), das die Novelle beschließt.

Rezeption: Die Künstlernovelle, aus Anlass des 100. Geburtstags von Mozart geschrieben, ist eine kongeniale, bis heute aktuelle Huldigung an den großen Musiker und seine Oper. 🎬 R: P. Weigel (1990, TV).

1855
Paul Heyse

* 15.3.1830 in Berlin. 1847–52 Studium (Klassische Philologie, Romanistik) in Berlin und Bonn; danach ausgedehnte Italienreise. 1854 Berufung (und Pension) durch den bayrischen König nach München und Mitglied des → *Münchner Dichterkreises* (1850–64), längere Italienaufenthalte. 1910 Literatur-Nobelpreis (als erster dt. Dichter). † 2.4.1914 in München (G).

L'Arrabbiata

OT: *La rabbiata*, ab 1855: *L'Arrabiata*, später korrigiert zu *L'Arrabbiata*

Novelle. ED: *Argo* (1853). BA: 1855 (in: *Novellen*).

L'Arrabbiata (italienisch ›die Rabiate‹) ist eine der frühen von ca. 150 Novellen H.s. Der Fischer Antonio rudert einen Priester und das junge Mädchen Laurella von Sorrent nach Capri. Unterwegs erzählt Laurella dem Priester, dass sie Beziehungen zu Männern ablehne, da der Vater ihre Mutter ohne vorherige Misshandlung nicht habe lieben können. Auf dem Rückweg versucht Antonio sie mit Gewalt von seiner Liebe zu überzeugen und droht, andernfalls sie und sich selbst umzubringen. Doch durch einen Biss in seine Hand gelingt es Laurella, ihn außer Gefecht zu setzen und sich dadurch zu retten. Am Abend sucht sie den Fischer auf, gesteht ihm ihre Liebe und bleibt bei ihm. Der Biss soll dabei den Wendepunkt im Verhältnis der beiden Liebenden darstellen: Er hebt Laurellas traumatische Sperre auf, löst ihre Sprödigkeit und ermöglicht ein Ausleben der in ihr schlummernden Sinnlichkeit. Das war für die damalige Zeit eine moralisch provokante Erklärung weiblicher Psychologie – heute fällt eher die einseitig männliche Sicht auf.

H. hat in seinen Novellen immer wieder solche Ausnahmesituationen dargestellt, wo Leidenschaft und Sinnlichkeit an die Grenzen herrschender Moralvorstellungen stoßen, ohne sie wirklich zu überschreiten – es sei denn in Italien. Er erfüllte mit dieser Novelle seine Forderung an die Gattung, dass sie größtmögliche Konzentration im Bericht erreichen und über einen »Falken« (nach der *Falkennovelle* Boccaccios aus dem *Decamerone*, 1348–53) verfügen müsse, d. h. ein Dingsymbol, ein Tier, einen Vorgang (hier der Biss Laurellas), der das Kernproblem des Berichts in konzentrierter Form verdeutliche.

Rezeption: Die Novelle festigte H.s bereits vorhandenen Ruf als bedeutendster Dichter seiner Zeit und blieb bis heute ein »Anthologien-Paradestück« (G. E. Grimm).
Weitere Werke: *Novellen* (1855–58 und weitere Slgn.), *Kinder der Welt* (Roman, 1872).

Münchner Dichterkreis

Der bayrische König Maximilian II. (1811–1864) strebte im Zuge seiner Großmachtpolitik danach, München zu einem Zentrum für Wissenschaft und Kultur zu machen. Die Ausstattung von Universität und Akademie wurde daher stark verbessert, das Maximilianeum (1853) und das Bayerische Nationalmuseum (1855) gegründet und gleichzeitig eine gezielte Berufungspolitik begonnen, um in der Isarstadt einen neuen, Weimar übertreffenden ›Musenhof‹ zu etablieren. Ab 1852 wurden u. a. die folgenden Autoren, z.T. gegen gut dotierte ›Pensionen‹, nach München geholt, wo sie den exklusiv-epigonalen ›Münchner Dichterkreis‹ bildeten: die Dichter Fr. Bodenstedt, E. Geibel, P. Heyse, Fr. v. Schack, der Kulturjournalist W. H. Riehl sowie der Ästhetiker M. Carrière. Ihre in hohen Auflagen erschienenen Werke sammeln sich in den Regalen der Antiquariate. Wäre es nur das, so bliebe von dieser Kunst, die weder zum Konzept des Bürgerlichen Realismus (→ *Realismus*) noch zur Unterhaltungsliteratur (→ *Unterhaltungsliteratur 1815–1918*) passt, zu Recht nichts als das Papier mit Goldschnittlyrik, kulturhistorischer Novellistik und patriotisch kostümiertem Drama, aber: Vom König als konservative Sinnstifter bezahlt und vom Feuilleton der königlich-bayrischen *Neuen Münchner Zeitung* öffentlich wirksam protegiert, stellten diese Autoren nach dem Sieg des monarchischen Prinzips ab 1849 mit ihren Werken eine höchst erfolgreiche Inkarnation des ›Alten Deutschland‹ dar, von keiner Zensur behelligt. Mit der Anthologie *Münchner Dichterbuch* (1862) wurde sogar ein »ästhetisches Credo« (P. Heyse) vorgelegt. Das Wirken dieses (untereinander durchaus nicht befreundeten) Dichterkreises war auf Repräsentation vor einem bildungsbürgerlichen Publikum angelegt, dem klassizistischen Anspruch nach im Dienste einer zeitenthobenen künstlerischen Form (›Poesie‹), faktisch als »machtgeschützte [und machtbefestigende] Innerlichkeit« (Th. Mann), die in ihrer Abstinenz in Bezug auf die rohen Gegenwartsprobleme dennoch eine handfeste politische Qualität besaß – wie sie sich als »mythische nationale Identitätsstiftung« (R. Werner) beispielhaft in Geibels reichspatriotischer Lyrik (*Heroldsrufe*, 1871) zeigt.

1855

Joseph Viktor von Scheffel

* 16.2.1826 in Karlsruhe. Nach Jurastudium Gerichtsbeamter in Säckingen. 1852/53 Reisen nach Italien; ab 1857 Bibliothekar in Donaueschingen. 1876 geadelt. † 9.4.1886 in Karlsruhe. Gedenkstätten (Auswahl): Bad Säckingen (D, R); Gräfenberg (D), Heidelberg (D), Karlsruhe (G, M), Staffelstein (D).

Ekkehard

UT: *Eine Geschichte aus dem 10. Jahrhundert*

Roman.

Nachdem Sch. mit dem Versepos *Der Trompeter von Säckingen* (1854, 1876 in 50. Auflage) debütiert und das lateinische Heldenepos *Waltharius* aus dem 10. Jh. (→ *Lateinische Literatur I*) übersetzt hatte, beschloss er einen Roman über dessen Entstehung zu schreiben, wobei er die beiden historischen Figuren Ekkehard I. und Ekkehard II. zu einer Person zusammenfasste. Es ist die unglückliche Liebesgeschichte des St. Galler Mönchs Ekkehard zu Hadwig, der jungen Witwe eines schwäbischen Herzogs. Erst will sie ihn und er widersteht, dann will er sie, doch nun will sie nicht mehr. Ein geraubter Kuss zwingt ihn zur Flucht in eine Alpenklause, wo er den *Waltharius* schreibt.

Sch. zeichnet ein buntes, bewegtes Bild des frühen Mittelalters, das mit freien Erfindungen ausgeschmückt ist und auf diese Weise eine idyllische und damit überschaubare Welt überliefert. In einer betont poetischen, manchmal archaisierenden Sprache verbindet er kulturhistorisches Wissen (allein 279 Verweise auf Quellen) mit dichterischer Phantasie und kam damit den Erwartungen seiner Leserschaft voll entgegen.

Rezeption: Mit diesem Roman machte der eher unbedarfte Autor – im Lyrischen brachte er es auf Kommerslieder wie *Alt Heidelberg, du feine* (1854) und *Im schwarzen Walfisch zu Askalon* (1854) – sein Glück und stieg zum hochgeehrten »Lieblingsdichter des neuen Deutschlands« (C. Alberti) auf. Das Werk war einer der erfolgreichsten historischen Romane des 19. Jh. (284 Auflagen bis 1918). 🎬 R: D. Klante (1990, TV).

1856

Christian Friedrich Hebbel

Biogr.: → 1844

Gyges und sein Ring

Tragödie. ED: 1856; UA 25.4.1889 in Wien.

Kandaules, König von Lydien, ist ein für seine Zeit aufgeklärter Herrscher, ohne Bindung an Tradition und Glauben. Anders dagegen seine Frau Rhodope: Ihre außerordentliche Schönheit darf, ganz nach der Sitte ihrer indischen Heimat, niemand (außer ihrem Vater und ihrem Ehemann) unverschleiert sehen. Als sein griechischer Freund Gyges ihm einen Zauberring schenkt, der seinen Träger unsichtbar machen kann, wagt Kandaules es in seinem Besitzerstolz, ihm Rhodopes Schönheit ohne Schleier zu zeigen. Dabei verliebt sich Gyges in sie. Als diese von seiner Anwesenheit im Schlafgemach erfährt, ist sie so tief verletzt, dass sie Kandaules' Tod fordert. Gyges tötet ihn im Zweikampf und wird zum König von Lydien ausgerufen. Rhodope besteht darauf, dass er sie heiratet, so wie es ihr Glaube, aber auch ihre Selbstachtung verlangt. Nunmehr entsühnt, nimmt sie sich das Leben.

Rhodope ist Repräsentantin einer östlichen Welt, die in ihrem starren Festhalten an der Tradition vormodern ist, im Widerspruch dazu aber auch auf Selbstbestimmung besteht. Kandaules hat sich dagegen von der Traditionsbestimmtheit gelöst und will nach griechischem Vorbild eine freiere Ordnung herstellen – allerdings nicht im Verhältnis zu seiner Frau, über die er als Besitztum verfügt. Ihre gegensätzlich verbundenen Standpunkte – Neuerertum und Traditionsbindung – sind nicht miteinander versöhnbar. H.s Botschaft spricht am Ende Kandaules gegenüber Gyges aus: »Nur rühre nimmer an den Schlaf der Welt!«

Rezeption: Das Stück fand im 19. Jh. kaum ein Publikum.
Weiteres Werk: → *Gedichte* (1857).

1856
Otto Ludwig

* 12.2.1813 in Eisfeld. Nach einer Kaufmannslehre und abgebrochenem Musikstudium in Leipzig (1839/40) freier Schriftsteller mit wechselnden Wohnorten (Eisfeld, Leipzig, Meißen); ab 1849 zurückgezogen in Dresden lebend. † 25.2.1865 in Dresden. Gedenkstätten: Dresden (G), Eisfeld (D, M).

Zwischen Himmel und Erde

Erzählung.

L.s Ehrgeiz war es, ein bedeutender Dramatiker zu werden, doch der Anfangserfolg von *Der Erbförster* (UA: 4.3.1850) trug nicht lange. Es war das erzählerische Werk, das eigentlich nur die ›Milchkuh‹ für die Dramenproduktion abgeben sollte, das ihm – v. a. mit der romanhaften Erzählung *Zwischen Himmel und Erde* – in den Jahren nach 1849 Anerkennung bringen sollte. Geschildert wird die Geschichte des Dachdeckers Apollonius Nettenmair, der seit 30 Jahren mit seiner Schwägerin Christiane zusammenlebt, sie aber nicht heiratet, weil er glaubt, den Tod seines Bruders Fritz verschuldet zu haben. Dieser hatte ihm Christiane genommen, ihn selbst mit Hass verfolgt und versucht, ihn umzubringen. Bei einem Kampf zwischen beiden auf einem Kirchturm stürzte Fritz in den Tod.

L. stellt anschaulich das Leben in einer Kleinstadt dar und vermittelt realistische Einblicke in die Arbeit eines Handwerkbetriebs. Hier ist der Einfluss B. Auerbachs feststellbar, dem die Erzählung gewidmet ist. Doch geht es um mehr: Im Sinne eines ›poetischen Realismus‹ (→ *Realismus*) soll die äußere Realität durch eine höhere Wirklichkeit ›verklärt‹ werden. Die Dachdecker-Existenz ist somit eine Chiffre für eine Mittelstellung zwischen Lebenswirklichkeit und Ideal, Physis und Psyche, Schuld und Gewissen. L.s erzählerisches Interesse an der psychologischen Thematik (Kampf zwischen determinierenden Zwängen und moralischer Selbstbestimmung) weist auf den → *Naturalismus* voraus, schließt aber dessen Sozialkritik aus: »Meine Absicht war, das typische Schicksal eines Menschen darzustellen, der zuviel Gewissen hat.«

R: Fr. Seitz (1934), R: H. Braun (1942), R: Th. Engel (1987, TV); *Zwischen Tod und Leben* (R: A. Wellin, 1918); *Brüder* (R: R. Gliese, 1923).
Weiteres Werk: *Die Heiterethei* (Dorfgeschichte, 1855).

1856
Wilhelm Raabe

* 8.9.1831 in Eschershausen. Nach abgebrochener Buchhandelslehre (1849–53) in Magdeburg und einem Studium als Gasthörer in Berlin (ab 1854) lebte R. ab 1856 als freier Schriftsteller in Wolfenbüttel, ab 1662 in Stuttgart, ab 1870 in Braunschweig und ab 1901 in Eschershausen. † 15.11.1910 in Braunschweig. Gedenkstätten: Braunschweig (G, M), Eschershausen (D, M).

Die Chronik der Sperlingsgasse

Roman; ED: 1856 (vordatiert auf 1857) und veröffentlicht unter dem Pseudonym: Jacob Corvinus.

Johannes Wacholder, ein seit 30 Jahren in der Berliner Sperlingsgasse lebender Gelehrter, schreibt gegen Ende seines Lebens auf, was sich in dieser Straße zugetragen hat. Die Einzelschicksale der Bewohner der Sperlingsgasse formen das Mosaik einer kleinen Welt innerhalb Berlins um 1850, mit Rückblicken auf die politischen und sozialen Veränderungen seit Beginn des Jh.s. Trotz der Neigung zum Idyllisch-Gefühlvollen spart R. die Darstellung von Hunger und Krankheit, bitterer Armut und politischer Unfreiheit, die so manchen zur Auswanderung zwangen, nicht aus, wobei sein Mitgefühl mit den Leidenden und seine Achtung vor den zäh Kämpfenden deutlich wird. Der Chronist berichtet gelassen in ruhiger Erwartung seines Todes, mit Anteilnahme und zugleich mit einer heiteren Unerschütterlichkeit, die sich aus seinem Glauben an die »große, schaffende Gewalt«, welche »die ewige Liebe« ist, herleitet.

R. selbst kritisierte im Rückblick von 1902 seinen Romanerstling, der seine erzählerische Technik bereits gekonnt entfaltet, altersmürrisch als »abgestandenen Jugendquark.«

Rezeption: Erster Roman R.s, dessen großer Erfolg (bis 1900 16 Auflagen) ihn dazu veranlasste, Berufsschriftsteller zu werden. In Berlin wurde die Spreegasse, in der R. den Roman schrieb, 1931 in ›Sperlingsgasse‹ umbenannt.
Weiteres Werk: → *Der Hungerpastor* (Roman, 1863–64).

1856/1874
Gottfried Keller

Biogr.: → 1854/55

Die Leute von Seldwyla

Novellenzyklus. 2. (vermehrte) Auflage: 1874.
Die 1. Auflage umfasst die Novellen *Pankraz der Schmoller; Romeo und Julia auf dem Dorfe; Frau Regel Amrain und ihr Jüngster; Die drei gerechten Kammacher* und *Spiegel, das Kätzchen.* Die Auflage von 1874 enthält zusätzlich: *Kleider machen Leute; Der Schmied seines Glückes; Die mißbrauchten Liebesbriefe; Dietegen* und *Das verlorene Lachen.* Alle Novellen, die eine Rahmenerzählung zusammenhält, spielen in Seldwyla oder Umgebung. Seldwyla (›glücklicher Weiler‹) ist Synonym für einen Ort, der durch Lage und Reichtum ausgezeichnet ist. Seine Bewohner allerdings sind arm und auch ›närrisch‹, weil sie die vorhandenen Möglichkeiten ihrer Stadt nicht mehr angemessen zu nutzen wissen: Der Ort und seine Helden führen immer noch ein rückständig-komisches Leben.
K. stellt zur Warnung Sonderlinge, Irrende, Querköpfe, Verschrobene (z. B. *Pankraz der Schmoller, Die drei gerechten Kammacher*), aber auch als Vorbild Menschen dar, die zur Vernunft kommen (z. B. *Kleider machen Leute, Der Schmied seines Glückes*), wie auch solche, für die nur der Selbstmord eine Lösung des Konflikts zwischen Liebe und bürgerlicher Ordnung bietet (z. B. *Romeo und Julia auf dem Dorfe*). Er beschreibt Seldwyla als einen Ort »irgendwo in der Schweiz« (also überall) satirisch – sein Ton ist dabei zuweilen ironisch, überwiegend aber humorvoll. K.s liberale Überzeugung, dass die Menschen trotz ihrer manchmal grotesken und bedauerlichen Schwächen letztlich doch die Schmiede ihres Glückes bleiben, schwächt sich allerdings in den Erzählungen der 2. Auflage ab.
Rezeption: K.s *Seldwyla*-Novellen, sein größter Erfolg, sind klassische Schullektüre und fehlen in keiner Anthologie. ■ *Romeo und Julia auf dem Dorfe* (R: V. Schmiedely, 1941; R: E. v. Borsody, 1944/47; R: W. Schmidt, 1968, TV; R: S. Kühn, 1984, TV); *Der Schmied seines Glückes* (R: C. P. Witt, 1965, TV; R: J.-P. Proll, 1982, TV); *Kleider machen Leute* (R: H. Käutner, 1940; R: P. Verhoeven, 1969, TV); *Die mißbrauchten Liebesbriefe* (R: L. Lindtberg, 1940; R: H.-D. Schwarze, 1969, TV).
Weitere Werke: *Sieben Legenden* (1872), → *Züricher Novellen* (1876–77).

1857
Christian Friedrich Hebbel

Biogr.: → 1844

Gedichte

Die Slg. ist eine erweiterte Ausgabe von *Gedichte* (1842) und *Neue Gedichte* (1848).
H.s lyrisches Werk ist einerseits von persönlichen Gefühlserfahrungen (Vereinsamung, Isolation, Tod) geprägt, andererseits von der Überzeugung, dass es Aufgabe des Lyrikers sei, das Gefühl durch die Kraft des Gedankens »zu begränzen und darzustellen«. Es ist daher so gut wie nie Ausdruck unmittelbaren Empfindens (›Erlebnislyrik‹), aber ebenso wenig – sofern nicht explizit Epigramm und Spruchgedicht – reine Gedankenlyrik, weshalb es oft als missratener Zwitter verurteilt wurde. In seinen vollkommensten Gedichten glückte H. jedoch eine harmonische Durchdringung von Gefühl und bekenntnishafter Reflexion, die unverwechselbar ist, wie z. B. in *Nachtlied*, *Ich und Du*, *An den Tod*, *Abendgefühl*, *Sommerbild* (»Ich sah des Sommers letzte Rose stehn«) sowie in einem der berühmtesten deutschen Herbstgedichte: *Herbstbild* (»Dies ist ein Herbsttag, wie ich keinen sah!«). In seinen Balladen (besonders in *Der Heideknabe*) zeigt H. die Macht unbewusster Kräfte und das Walten eines verhängnisvollen, von Zufall (und Geldgier) bestimmten Schicksals. Ebenso deutlich schildert er den Einbruch des grauenvoll Sinnlosen in eine Welt des Friedens und möglichen Glücks in der Novelle *Die Kuh* (1849). Dagegen ist H.s »soziales Glaubensbekenntnis« in dem Versepos *Mutter und Kind* (1859), in dem die Liebe der Armen Ausbeutung überwindet, arg harmonisierend.
Weiteres Werk: → *Die Nibelungen* (Trauerspiel, 1861).

1857
Adalbert Stifter

Biogr.: → 1841/42

Der Nachsommer

UT: *Eine Erzählung*
Roman; Vorarbeiten ab 1848.
Der Ich-Erzähler Heinrich Drendorf, aus wohlhabender Wiener Familie stammend, kann sich ganz naturwissenschaftlichen Studien widmen. Bei seinen Untersuchungen im Alpenvorland begegnet er dem Freiherrn von Risach, Besitzer des vorbildlich bewirtschafteten Rosenhofes, der sich intensiv mit Kunst und Natur befasst. Unter seiner Anleitung wird Heinrichs wissenschaftliche und künstlerische Bildung systematisch vertieft und bei ihm lernt er auch Natalie kennen, die Tochter einer Jugendgeliebten Risachs. Letztere hat als nun alte Frau ein Landgut in der Nähe gekauft und steht in herzlicher Verbindung zum Rosenhof: Risach und seine Jugend-

liebe erleben den Nachsommer ihrer Liebe »ohne vorhergegangenen Sommer«. Am Ende heiratet Heinrich, von längerer Reise durch Europa zurückgekehrt, Natalie.
Dem ereignisarmen → *Bildungsroman* fehlen die direkten Bezüge zur politischen und sozialen Realität der Zeit. Man kann ihn deswegen als eine indirekte »Gegengründung zur Revolution« (M. Rychner) sehen, aber auch als Hort »edler Weltfremdheiten« (A. Schmidt). Die Welt des *Nachsommers* ist eben eine utopische Welt der Selbstbestimmung, des Guten und Schönen in einer gottgewollten Ordnung jenseits von gesellschaftlichen Bedrohungen, die nur durch Maßlosigkeit und Leidenschaft gefährdet werden kann. Deswegen müsse der Einzelne durch Erziehung und Bildung lernen, sich selbst zu bezwingen, um zu »Wirksamkeit in seinem Kreise, Bewunderung des Schönen« (St.) zu gelangen. St.s Neigung, Abstand zu halten von allem Ursprünglichen, Spontanen, Ungeordneten, entspricht auch seine Sprache, die auf farbige Konkretheit und Spannung verzichtet. Sie wurde deswegen als eintönig, steif und manieriert verurteilt, aber auch als stilgerechte Entsprechung der Aussageabsicht gewürdigt.

Rezeption: Im 19. Jh. fast vergessen, wurde der Roman in der 1. Hälfte des 20. Jh. wiederentdeckt. Eine direkte Anknüpfung ist K. B. v. Mechows Roman *Vorsommer* (1933).
Weiteres Werk: → *Witiko* (Roman, 1865/66).

Dichterdenkmäler

Das 19. Jh. ist das Jh. der Denkmäler: Fasst man den Begriff ›Denkmal‹ ganz eng als ›Standbild‹ bzw. ›Individualdenkmal‹, so stieg deren Anzahl von 18 (um 1800) auf etwa 800 (1883); bis 1914 kamen noch viele hinzu, darunter mehrere Hundert allein für Kaiser Wilhelm I. und Reichskanzler Bismarck. 1905 gab es in Berlin mehr als 300 öffentliche Standbilder und keine Stadt in Deutschland mit nicht mindestens einem Denkmal. Am Ende sprach man von einer regelrechten »Denkmalseuche« (R. Muther). Der Anteil der Dichterdenkmäler an dieser Menge ist schwer zu beziffern, zumal wenn auch Büsten oder Grabmonumente mitgezählt werden (von Gedenksteinen und -tafeln ganz zu schweigen) und der Autorbegriff bei ›Dichter‹ weit gefasst wird, doch dürfte ihre Anzahl nicht unter 300 liegen. Dieser Aufstieg ist bemerkenswert, wenn man bedenkt, dass Denkmäler im öffentlichen Raum jenseits des sakralen und herrscherlichen Baus (Kirche, Schloss, Park) ursprünglich für Repräsentanten des Staates (Fürsten, Generäle usw.) reserviert waren. Von Staats wegen bzw. unter seiner Mitbeteiligung oder von Kommunen bzw. unter ihrer Mitbeteiligung und schließlich sogar von Bürgerkomitees konnten unter zwei Voraussetzungen Dichterdenkmäler errichtet werden: Dichtertum musste den Rang von adliger Verdienstlichkeit (›Geistesfürst‹, ›Geistesheld‹) er-

langt haben und gleichzeitig musste der Kreis derer, die zur Denkmalsetzung berufen waren, über den Souverän hinaus erweitert sein – Letzteres ging allerdings nicht bis zur Beteiligung des ganzen Volkes, sondern beschränkte sich auf die ›Kulturnation‹ in Gestalt des damaligen Bildungsbürgertums. Nachdem es in der 2. Hälfte des 18. Jh. schon zur Aufstellung von BÜSTENDENKMÄLERN in Parks gekommen war (z. B. für Chr. F. Gellert 1774 in Leipzig; für Gellert, S. Geßner, A. v. Haller und Fr. G. Klopstock im Park des Schlosses Hohenheim 1775; für Goethe und Chr. M. Wieland im Park des Schlosses Tiefurt bei Weimar 1778 bzw. 1782), wurden nach 1815 die ersten STANDBILDER für Autoren errichtet: Luther (Wittenberg, 1821), J. Möser (Osnabrück, 1836), Schiller (Stuttgart, 1839), Jean Paul (Bayreuth, 1841) und Goethe (Frankfurt/Main, 1844).
Weitere Marksteine in der deutschen »LITERATURGESCHICHTE IN ERZ UND STEIN« (R. Selbmann) sind: die Errichtung des Nationaldenkmals Walhalla als kollektive Ruhmeshalle deutschen Geistes bei Donaustauf (1842, mit über 120 Marmorbüsten), das Doppeldenkmal für Goethe und Schiller von E. Rietschel (Weimar, 1857), die einzigartige Serie von Schiller-Denkmälern, die den Nationaldichter verherrlichten (ab 1859), der Bau von Dichterdenkmälern auch für Autoren von regionaler oder lokaler Bedeutung (ab 1870), die Denkmals-Verweigerung für Heine (Düsseldorf, ab 1893). Fast durchweg war mit der Denkmalsetzung eine Monumentalisierung verbunden, ausgedrückt durch den notwendigen Aufblick (Sockel, Übergröße), die klassizistische Idealisierung (Figur, Haltung, Kostüm) sowie die an das Material gebundene Verewigung. Gegen Ende des Jh. wuchs die Tendenz zu lebensnaher Darstellung (Sitzfigur, alltägliche Haltung, natürliche Kleidung). Es blieb jedoch beim grundsätzlichen Ansatz, den Dichter als figürlich abbildbaren Repräsentanten seines Werks zu zeigen – ein Ansatz, den erst Formen des alternativen Nachdenk-Mals bzw. ANTI-DENKMALS IM 20. JH. (z. B. 1974 für Büchner in Darmstadt, 1981 für Heine in Düsseldorf, 1988 für Brecht in Berlin, 1996 für W. Borchert in Hamburg) infrage stellten.

1861

Christian Friedrich Hebbel

Biogr.: → 1844

Die Nibelungen

UT: *Ein deutsches Trauerspiel in drei Abtheilungen*

Dramen-Trilogie (in Jamben). Teil 1: *Der gehörnte Siegfried*, Teil 2: *Siegfrieds Tod*, Teil 3: *Kriemhilds Rache.* Entst. 1855–1860. UA: Teil 1 und 2: 31.1.1861, Teil 3: 18.5.1861 (jeweils in Weimar). BA: 1862.

H. löste sich inhaltlich kaum von seiner Vorlage, dem mittelalterlichen → *Nibelungenlied* (um 1200), machte es sich aber zur Aufgabe »to turn the dramatic epic into an epic drama« (H. und M. Garland). Das erreicht er durch die vielschichtige Behandlung mehrerer Motive, deren Bedeutung von Interpreten sehr unterschiedlich gewertet wurde: das Motiv der Macht (Gunther und Hagen gegen Siegfried), die zum mörderischen Kampf führt, das Motiv der Treue (Hagen zu Gunther, Kriemhild zu Siegfried), die das Unheil auslöst und Unmenschliches geschehen lässt, das Motiv des Untergangs und der Ablösung einer gesellschaftlichen Ordnung (archaisch, heidnisch-mythisch geprägt) durch eine neue, von christlichen Werten bestimmte: Dietrich von Bern übernimmt am Ende das Reich von Etzel mit den Worten: »Im Namen dessen, der am Kreuz erblich.« Nicht vergessen werden sollte außerdem, dass H. (und mit ihm das zeitgenössische Publikum) in diesem Werk einen Aufruf zur nationalen Geschlossenheit sah: »Es handelt sich um den gewaltigsten aller Gesänge von deutscher Kraft und deutscher Treue [...] in einem Moment, wo Welschthum und Franzosenthum uns mit Hohn zum Kampfe um Leben und Tod herausfordern.« (H. am 24.3.1861). Insofern trifft J. Hermands Urteil, das Stück verharre in einer »Mittelstellung zwischen der Verwerfung der Achtundvierziger Revolution und dem Geist der Gründerzeit«, zu.

Rezeption: Die Trilogie wurde begeistert aufgenommen und H. 1863 für das Werk mit dem Schiller-Preis ausgezeichnet. Neben H. reüssierte R. Wagner mit der Oper *Der Ring des Nibelungen* (1876). 🎬 R: W. Semmelroth (1967, TV).
Weitere Bearbeitungen des Stoffes im 19. Jh.: Fr. de la Motte Fouqué: *Der Held des Nordens* (Drama, 1810), E. Raupach: *Der Nibelungen Hort* (Tragödie, 1834), E. Geibel: *Brunhild* (Tragödie, 1857), W. Jordan: *Nibelunge* (Versepos, 1867–74).
Weiteres Werk: *Demetrius* (Dramenfragment, postum 1864).

1861/1862
Friedrich Spielhagen

* 24.2.1829 in Magdeburg. Nach dem Jura- und Philologiestudium (1847–51 in Berlin, Bonn und Greifswald) ab 1854 Lehrer in Leipzig; ab 1860 Schriftleiter in Hannover, ab 1862 freier Schriftsteller in Berlin. † 25.2.1911 in Berlin (G).

Problematische Naturen

Roman. Eine 2. Abteilung (als Fortsetzung) erschien u.d.T. *Durch Nacht zum Licht* (1862).

Der Titel spielt auf einen Satz aus Goethes *Maximen und Reflexionen* (1833/40) an: »Es gibt problematische Naturen, die keiner Lage gewachsen sind und denen keine genug tut.« So veranlagt ist Oswald Stein, im Jahre 1847 Privatlehrer bei einem Baron auf Rügen, Verfechter liberaler Ideen, der den Adel verachtet und sich dennoch von dessen Lebensweise angezogen fühlt. Er hat zahlreiche Liebesaffären mit adligen Frauen, begegnet Menschen aus allen sozialen Schichten, muss aber das Schloss nach einem Duell verlassen. Als Stein erfährt, er sei illegitimer Adelsherkunft, verzichtet er auf sein Erbe.

Nach dem Erlebnis der Revolution in Paris 1848 schließt er sich in Berlin den Aufständischen an und stirbt beim Kampf auf den Barrikaden.
Der später in seiner vielbeachteten theoretischen Schrift *Beiträge zur Theorie und Technik des Romans* (1883) erhobenen Forderung, ganz auf den allwissenden Erzähler zu verzichten, um die Realität so objektiv wie möglich darzustellen, kam Sp. hier noch nicht nach. Die Hauptfigur seines Romans ist ein liberal-demokratisch gesinnter, aber von der Leichtlebigkeit und dem Luxus des Adels faszinierter junger Mensch, ohne festen Halt, eine in den Romanen der Vormärzzeit typische Figur des ›Zerrissenen‹ (z. B. bei H. Laube, K. Gutzkow, E. Willkomm, Th. Mundt). Anders als diesen Vorgängern gelang es Sp. jedoch, durch das verzweigte Nebeneinander von Familien-, Liebes- und Zeitgeschichte ein panoramaartiges Bild der Zeit vor 1848 zu liefern – allerdings ohne Berücksichtigung der unteren Klasse. Letzteres geschieht erst in dem Roman *Amboß und Hammer* (1869).

Rezeption: Der Roman begründete Sp.s Ruhm; zusammen mit den späteren Romanen machte er ihn zu einem der anerkanntesten Schriftsteller seiner Zeit. Im 20. Jh. gerieten seine Werke in Vergessenheit. R: H. Oberländer (1912).
Weitere Romane: *In Reih und Glied* (1867), *Sturmflut* (1877).

1861–1881/1888
Theodor Fontane

* 30.12.1819 in Neuruppin. Bis 1849 Apotheker, 1855–59 Zeitungskorrespondent in London, 1860–70 Mitarbeiter der Berliner *Kreuzzeitung* sowie Kriegsberichterstatter 1864, 1866, 1870/71. 1870–90 Theaterkritiker der *Vossischen Zeitung*; † 20.9.1898 in Berlin. Gedenkstätten: Berlin (G, M), Neuruppin (D, M).

Wanderungen durch die Mark Brandenburg

Reiseberichte, erschienen in 4 Teilen. Teil 1: *Die Grafschaft Ruppin* (1861, vordatiert auf 1862), Teil 2: *Das Oderland* (1863), Teil 3: *Osthavelland* (1872, vordatiert auf 1873), Teil 4: *Spreeland* (1881, vordatiert auf 1882). Ergänzungsbd.: *Fünf Schlösser* (1888, vordatiert auf 1889). Endgültige Fassung: 1892.

Während einer Reise in Schottland 1858 hatte F. die Vision von Schloss Rheinsberg mit seinem See: Da »stand in meiner Seele fest, die Mark Brandenburg und ihre Schlösser und Seen beschreiben zu wollen« (F. im Vorwort). Seine Absicht war es, der herrschenden Meinung entgegenzutreten, die Mark sei landschaftlich ohne Reiz, kulturlos und arm. Dafür greift er auf die Vergangenheit zurück, besonders auf die der Adelsgüter und deren frühere Besitzer, während die Darstellung der Gegenwart (Land und Leute, Orte und Sehenswürdigkeiten) den kleineren Raum einnimmt. F. belebt »Gegenwärtiges durch Historie« (G. de Bruyn), anfangs noch etwas chronikartig-trocken, dann wird der referierende Erzählstil lockerer, assoziativer und wandelt sich zunehmend zum Erlebnisbericht und zum intimeren, die

Nähe zum Leser fördernden Plauderstil. F. verdeutlicht auf diese Weise auch, dass für ihn der Reiz der märkischen Landschaft und der vaterländische Wert der Vergangenheit dieses Landes im Kleinen besser als im Großen zu begreifen ist. Der vaterländische Wert wurde übrigens von der preußischen Regierung bis 1868 jährlich mit 300 Talern gewürdigt. Das gesammelte Material bot F. darüber hinaus die Möglichkeit, aus der Fülle der Stoffe Anregungen und Elemente für seine späteren dichterischen Werke zu schöpfen.

Rezeption: Die *Wanderungen* waren neben → *Effi Briest* (1894/95) F.s erfolgreichstes Werk (bis 1892 5 Auflagen). 🎬 R: E. Itzenplitz (1986, TV).
Weiteres Werk: → *Vor dem Sturm* (Roman, 1878).

1862
Fritz Reuter

* 7.11.1810 in Stavenhagen. Jurastudium in Jena, 1833 als Burschenschaftler (zu Unrecht) verhaftet; zu 30 Jahren Festungshaft verurteilt, 1840 begnadigt. Bis 1848 in der Landwirtschaft und als Hauslehrer tätig. Ab 1856 freier Schriftsteller in Neubrandenburg, ab 1863 in Eisenach. † 12.7.1874 in Eisenach. Gedenkstätten: Dömitz (D, M), Eisenach (G, M), Jena (D), Neubrandenburg (D, M), Stavenhagen (D, M), Wismar (D).

Ut mine Stromtid

Roman (in niederdt. Sprache), ED: 1862 (vordatiert auf 1863).

R., neben Kl. Groth (→ *Quickborn*, 1852) und J. Brinckman (1814–70) der ›Klassiker‹ der niederdeutschen (plattdeutschen) Literatur, schildert in diesem Roman das Schicksal Karl Hawermanns, der, vom Gutsbesitzer Pomuchelskopp aus der Pacht vertrieben, bei seinem Jugendfreund Zacharias Bräsig als Verwalter auf einem Gut unterkommt. Pomuchelskopp versucht, weitere Güter zu kaufen und bedroht damit die Existenz von Hawermann und Bräsig. Während der Revolution von 1848 gelingt es den Tagelöhnern, Pomuchelskopp für immer zu vertreiben, so dass die ökonomischen Probleme auf den bedrohten Gütern in Ruhe und mit Glück gelöst werden können.

R. schrieb einen sozialen Roman (ohne nationalistische und antisemitische Einfärbung), der realistisch das Leben und die Probleme der ländlichen Bevölkerung schildert, zugleich aber gemildert ist durch einen unverwechselbaren Humor (besonders in der Figur des »Entspektors« Bräsig mit seinem »Missingsch«, einem Mischdialekt aus Hoch-, Plattdeutsch und missverstandenen Fremdwörtern). R. stützte sich auf seine Erfahrungen aus seiner eigenen Landarbeiterzeit (»Stromtid«). Im Vergleich zum vormärzlichen Entwurf (*Herr von Hakensterz und seine Tagelöhner*, 1847/50) und zur direkteren Sozialkritik, die noch aus der Verserzählung *Kein Hü-*

sung (1857) spricht, ist der Roman, R.s politischer Wandlung zum Nationalliberalen entsprechend, versöhnlicher. Er wurde zu einem Volksbuch, zumal R. überzeugt war, »den Ton getroffen zu haben, der unten und oben, beim Volk und bei den Gebildeten, zugleich anklingt« (Brief vom 31.10.1862).

Rezeption: R. gehörte, v. a. mit seinen autobiographisch geprägten Romanen, zu den erfolgreichsten Schriftstellern der 2. Hälfte des 19. Jh., trotz niederdt. Sprache und kritischer Differenz zur → *Dorf- und Heimatliteratur*. Hochdt. Fassung: Fr. und Barbara Minssen: *Das Leben auf dem Lande* (1975). 🎬 R: C. Caspar (1988); *Onkel Bräsig* (R: E. Waschneck, 1936; R: V. Vogeler u. a., 1977/88, TV).

Weitere Werke: *Läuschen und Rimels* (Gedichte, 1853), *Ut de Franzosentid* (Roman, 1859), *Ut mine Festungstid* (Roman, 1862).

1863–1864
Wilhelm Raabe — Biogr.: → 1856

Der Hungerpastor

Roman. ED: *Deutsche Roman-Zeitung* (1863–64). BA: 1864.

R. schildert das Leben des Johannes Unwirrsch, der – aus sehr bescheidenen Verhältnissen stammend – unter großen Opfern Pfarrer wird. Zunächst als Hauslehrer tätig, übernimmt er schließlich eine arme Gemeinde an der Ostsee, eine ›Hungerpfarre‹. Unwirrsch wird seit seiner Kindheit durch den ›Hunger‹ geprägt: »Hungrig nach Liebe bin ich gewesen und durstig nach Wissen, alles andere war nichts«, wie es sein Lehrer formuliert. ›Hunger‹ hat auch sein jüdischer Freund Moses Freudenstein, ein skrupelloser Materialist und Opportunist, dessen Karriere – nicht ohne Berührung mit krass antisemitischen Klischees, was R. jedoch bestritt – den Kontrast zu Unwirrschs Lebensweg bildet. Das Werk steht in der Tradition des → *Bildungsromans*, wobei R. – anders als vor ihm G. Keller (→ *Der grüne Heinrich*, 1854/55 bzw. 1879/80) oder G. Freytag (→ *Soll und Haben*, 1855) – mit den gegengleichen Lebensgeschichten von Unwirrsch und Freudenstein demonstriert, wie das wahre Lebensziel in einer krisenhaften Gegenwart erreicht werden könne: im Rückzug des Helden in eine ländliche Idylle.

Trotz der holzschnittartigen Gestaltung der konträren Werte und Lebensführung gelang es R., die politischen und sozialen Probleme der Zeit anschaulich darzustellen, doch drückt sich im Rückzug aus der Gesellschaft unausgesprochen auch Resignation über die Möglichkeit einer Veränderung aus, die es erlauben würde, den ›Hunger‹ Vieler auf gerechte Weise zu stillen.

Rezeption: Der Roman wurde R.s populärstes Werk.

Weiterer Roman: → *Abu Telfan* (1867).

1865
Wilhelm Busch

* 15.4.1832 in Wiedensahl bei Nienburg. Besuch der Kunstakademien in Düsseldorf, Antwerpen und München, wo B. 1854–64 lebte; danach wohnte er in Wiedensahl und ab 1898 in Mechtshausen/Seesen. † 9.1.1908 in Mechtshausen. Gedenkstätten: Hannover (M), Mechtshausen (G, M), Wiedensahl (M).

Max und Moritz

UT: *Eine Bubengeschichte in sieben Streichen*

Bildergeschichte.

Die »Bubengeschichte« von Max und Moritz steht am Anfang der Reihe von B.s rund 60 Bildergeschichten (1865–84) und wurde deren populärste. Viele Verse daraus haben sich als geflügelte Worte verselbständigt – und doch ist ihr Klang unverwechselbar verbunden mit B.s Namen. Sie sind von müheloser Leichtigkeit, schlicht, eingängig, locker bis salopp und pointenreich. Max und Moritz sind keine harmlosen Lausbuben, sondern besitzen ein hohes Maß an Aggressivität und Destruktionswillen: Sie sind ›böse‹, entsprechen damit durchaus B.s (von A. Schopenhauer geprägter) pessimistischer Welt- und Menschensicht und überbieten H. Hoffmanns moralisierende Bildergeschichte *Der Struwwelpeter* (1845/47); durch Überzeichnung, Ironisierung, Steigerung ins Groteske und Sarkastische relativiert B. diese Sicht mal mehr, mal weniger. Seine provokative Kritik zielt auf die Welt der Erwachsenen und Spießer, die in ihrem selbstzufriedenem Besitzstreben und ihrer geistigen Beschränktheit jede Störung von Ruhe und Ordnung gnadenlos verfolgen: Letztlich »entpuppt sich Buschs Humor als *Parodie von Bildung*« (J. Fohrmann). Nach der sadistischen ›Verschrotung‹ der beiden Knaben am Ende heißt es: »Als man dies im Dorf erfuhr,/ War von Trauer keine Spur«.

Keine Spur von ärgerlicher Getroffenheit zeigte aber auch die Rezeption, die B. als Kinderbuchautor verharmloste und seine Abrechnung mit der Bürgerwelt als allzu menschlichen »Humor der Schadenfreude« (H. Böll) verbuchte. Kaum beachtet wurde das Spätwerk (z. B. die Erzählung *Eduards Traum*, 1891), in dem sich B. ab 1884 von der Bildergeschichte abwandte.

Rezeption: Millionenfach aufgelegt, in viele Sprachen übersetzt, dramatisiert, vertont, verfilmt und vermarktet: Mehr kann sich ein kritisches Buch an Erfolg nicht wünschen – B. selbst verdiente an ihm nur einmalig 1000 Taler. 🎬 R: F. Diehl (1951), R: N. Schultze (1956), R: Th. Mezger (1959), R: V. Hudecek (1968), R: V. Vollmer (1999, TV).

Weitere Bildergeschichten: *Die fromme Helene* (1872), *Herr und Frau Knopp* (1875), *Plisch und Plum* (1882), *Balduin Bählamm* (1883).

1865–1867
Adalbert Stifter

Biogr.: → 1841/42

Witiko

UT: *Eine Erzählung*

Roman. Entst. 1847–55 und 1860–67; ED: 1865–67. 1. Teil einer geplanten Trilogie über die Entstehung des böhmischen Staates im Mittelalter.

Im Jahr 1138 begibt sich der junge Witiko von Deutschland aus, wo er aufgewachsen ist, nach Böhmen, um ererbte Ländereien in Besitz zu nehmen, und gerät dabei in die Kämpfe um die Thronfolge. Mit den ihm ergebenen »Waldleuten« aus dem südlichen Böhmen gelingt es, gegen den kämpferischen Widerstand der Fürsten, den vom todkranken Herzog von Böhmen als Nachfolger bestimmten Wladislaw als zukünftigen König von Böhmen und Mähren durchzusetzen. Witiko, belehnt mit großen Ländereien und mit hohen Ämtern betraut, wird Begründer eines neuen Adelsgeschlechts.

Der Roman, ein »Epos in ungebundener Rede« (St.), handelt zwar von der böhmischen Staatsgründung, will aber nicht geschichtliche Vorgänge dichterisch rekonstruieren (→ *Historischer Roman*); St. schildert auch nicht das Denken und Fühlen der handelnden Personen und deren Entwicklung, sondern lässt das Exemplarische an die Stelle des Individuellen treten. Zugleich ersetzt das Symbolische das Konkrete und das Statische (besonders das sich stets Wiederholende als Bestätigung des Typischen) die Bewegung. Damit entsteht eine stilisierte Gegenwelt (eine poetische Wirklichkeit), die das Wirken eines »Gesetzes« (vgl. die Vorrede zu → *Bunte Steine*, 1853) verdeutlichen soll. Diese höhere Ordnung zeigt St. in Mensch und Natur, besonders aber in der Idealfigur des Witiko und seinem unbeirrten Einsatz für die christlichen Tugenden, für Recht und Gerechtigkeit.

St.s Erzählstil, oft als zu steif und monoton verurteilt (»Selbstfossilisation«, A. Schmidt), ist gekennzeichnet durch den Verzicht auf jede Form von Anschaulichkeit und geprägt von einer »archaischen Schlichtheit der Sprache« (U. Greiner), so dass die Form des Romans genau der Aussageabsicht entspricht.

Rezeption: Der Roman blieb jahrzehntelang unbeachtet. Erst im 20. Jh. wurde seine Bedeutung gewürdigt (z. B. durch R. M. Rilke, H. v. Hofmannsthal) und im Hinblick auf die sprachliche Gestaltung (Prinzip der Reduktion) von S. Kirsch, P. Handke und Th. Bernhard als wegweisend beurteilt.

1867
Wilhelm Raabe Biogr.: → 1856

Abu Telfan

OT: *Abu Telfan oder Die Heimkehr vom Mondgebirge*

Roman. ED: *Über Land und Meer* (1867); BA: 1867 (vordatiert auf 1868).

Leonhard Hagebucher kehrt nach 11 Jahren der Sklaverei in Afrika (Abu Telfan) zu Anfang der 1860er Jahre nach Deutschland zurück. In der Heimat kann er sich aber nicht mehr in eine Gesellschaft einfügen, die in seiner Abwesenheit – trotz der Revolution von 1848 – unverändert geblieben ist und sich auch zukünftig nicht verändern wird. Weil er in der Fremde unabhängiger und selbständiger geworden ist, verstößt ihn die Familie und die bürgerliche Gesellschaft grenzt ihn als Fremdling aus, so dass er sich in seinem Anderssein bedroht fühlt. Zur Borniertheit und Herzlosigkeit der Spießbürger kommt die fehlende Moral des Adels (Gewissenlosigkeit, Betrug, Intrigen).

Auch wenn R. Hagebucher am Ende des Romans versuchen lässt, sich als Außenseiter halbwegs an die Bürgerwelt anzupassen, verurteilt er deren anmaßenden Kleingeist und unbegründetes Überlegenheitsgefühl nachdrücklich. Das geschieht, indem neben Hagebucher weitere Figuren auftreten, die aus unterschiedlichen Gründen ebenfalls scheitern. Anders als → *Der Hungerpastor* (1863–64) ist *Abu Telfan* kein → *Bildungsroman* mehr, denn die Hauptfigur bleibt auf ihre Weise – trotz des Endes – ebenso unverändert wie die Gesellschaft.

Rezeption: Von diesem Roman an verlor R. immer mehr sein Publikum.

Weiteres Werk: → *Der Schüdderump* (1869/70).

1869–1870
Wilhelm Raabe Biogr.: → 1856

Der Schüdderump

Roman. ED: *Westermanns Illustrierte Monatshefte* (Oktober 1869–März 1870). BA: 1870.

Antonie Häußler, ein Waisenkind, wird von einer Adligen auf deren Landgut aufgenommen und zusammen mit deren Sohn erzogen. Die heitere Idylle endet jäh, als Antonies Großvater, der durch gerissene Geschäfte ein Vermögen und sogar einen Adelstitel erlangt hat, sie zwingt, zu ihm nach Wien zu ziehen. Dort soll sie aus geschäftlichen Interessen und gegen ihre Neigung einen russischen Grafen heiraten. Es gelingt zwar, dies zu verhindern, doch Antonie, seit langem vereinsamt und krank, stirbt.

R.s Beurteilung der bürgerlichen Gesellschaft (der ›Canaille‹), die von Besitz- und Machtgier beherrscht werde, ist pessimistisch. Sein Blick auf die

Bedingungen der menschlichen Existenz zeigt v. a.: Einsamkeit, Not, Elend und Leid. Das Schöne und Gute muss in dieser Welt untergehen – verdeutlicht am Schüdderump, einem in Pestzeiten benutzten Karren zum Abtransport der Leichen, an den der Erzähler mehrfach erinnert. Nur in den Nebenfiguren werden auch Werte wie Nächstenliebe, Hilfsbereitschaft und Selbstlosigkeit zum Ausdruck gebracht.

Rezeption: Zusammen mit → *Der Hungerpastor* (1863–64) und → *Abu Telfan* (1867) wurden die drei Romane auch als »Stuttgarter Trilogie« bezeichnet.

Weitere Erzählungen: *Frau Salome* (1875), *Horacker* (1876), *Wunnigel* (1878), *Alte Nester* (1879), *Pfisters Mühle* (1884), → *Das Odfeld* (1888).

Autobiographien III (19. Jahrhundert)

Spätestens seit dem 18. Jh. hatte sich die Autobiographie (und mit ihr das Tagebuch) als besondere Gattungsform, in der die äußere und innere Geschichte des eigenen Ichs zu einem mitteilungswerten Thema wurde, ausgebildet (→ *Autobiographien II, 17./18. Jh.*). Sie hatte ihren Höhepunkt in Goethes Selbstbiographie → *Aus meinem Leben* (1811–33) gefunden, die musterhaft die verdichtete Einheit von Subjekt, Werk und Epoche vorführt. Die Autobiographien des 19. Jh. arbeiteten sich an dieser übermächtigen Vorgabe ab – sowohl in epigonaler Nachfolge und Verklärung als auch in kritischer Differenz, wobei das Spektrum von der parodistischen Ablehnung bis zur Demonstration der Unmöglichkeit reicht, die eigene Lebensgeschichte als »geprägte Form, die lebend sich entwickelt« (Goethe), darstellen zu können. So betrachtet, war die Autobiographie im 19. Jh. eine literarische Gattung, die in größter Blüte stand und dabei – vom Staatsmann bis zum Arbeiter reichend – auch Frauen ganz selbstverständlich mit einschloss. Daher war das Nebeneinander von tradierten Formen (Memoiren, Gelehrtenautobiographie, abenteuerliche Lebensgeschichte, Tagebuch), Autobiographie nach goetheschem Muster und Neuerungen (z. B. Frauen-, Arbeiter-Autobiographie, Verbindungen von Autobiographie und → *Bildungsroman*) charakteristisch. Der historistische Ansatz, zu »zeigen, wie es eigentlich gewesen« (L. v. Ranke) ist, wurde dabei zunehmend ambivalent, weil die Übereinstimmung von Ich und Welt problematisch geworden war. Für viele Autobiographien des 19. Jh. gilt daher, dass sie sich auf Kindheit und Jugend beschränken oder diese besonders ausführlich behandeln. Damit einher geht die Neigung, die Vergangenheit gegenüber der veränderten Gegenwart zu verklären: Der Ausdruck ›gute alte Zeit‹ wurde nicht zufällig nach 1815 zu einer festen Formel.

Aus der Fülle der Autobiographien des 19. Jh. seien die folgenden Werke herausgehoben, wobei eine eindeutige Zuordnung zu den einzelnen Formen nicht immer möglich ist: Memoiren: K. A. Varnhagen v. Ense: *Denk-*

würdigkeiten und Vermischte Schriften (1837/46, 1859), K. Immermann: *Memorabilien* (1840–43), H. Steffens: *Was ich erlebte* (1840–44), O. v. Bismarck: *Gedanken und Erinnerungen* (1898), Lily Braun: *Memoiren einer Sozialistin* (1909/11). GELEHRTENAUTOBIOGRAPHIEN: G. G. Gervinus: *Leben* (1860), Fr. Nietzsche: *Ecce homo* (1888/1908). ABENTEUERLICHE LEBENSGESCHICHTEN: J. G. Seume: *Mein Leben* (1813), H. Harring: *Rhongar Jarr* (1828), J. K. Friedrich: *Vierzig Jahre aus dem Leben eines Toten* (1848/49), J. Most: *Acht Jahre hinter Schloß und Riegel* (1886). TAGEBÜCHER: A. v. Platen: *Tagebuch 1796–1825* (1860), K. A. Varnhagen v. Ense: *Tagebücher* (1861–70), Fr. Hebbel: *Tagebücher* (1885–87), J. W. Goethe: *Tagebücher* (postum ab 1887), Adele Schopenhauer: *Tagebücher* (1909). DICHTERAUTOBIOGRAPHIEN: Jean Paul: *Selberlebensbeschreibung* (postum 1826), Fr. de la Motte Fouqué: *Lebensgeschichte* (1840), H. Zschokke: *Eine Selbstschau* (1842), J. Kerner: *Bilderbuch aus meiner Knabenzeit* (1849), Fr. Grillparzer: *Selbstbiographie* (1853/72), H. Heine: *Geständnisse* (1854), J. v. Eichendorff: *Erlebtes* (1857), Fr. Reuter: → *Ut mine Stromtid* (1862), K. Gutzkow: *Rückblick auf mein Leben* (1872), H. Laube: *Erinnerungen* (1875/82), Fr. v. Dingelstedt: *Münchner Bilderbogen* (1879), Th. Fontane: *Von Zwanzig bis Dreißig* (1889), Fr. Spielhagen: *Finder und Erfinder* (1890), P. Heyse: *Jugenderinnerungen und Bekenntnisse* (1900). AUTOBIOGRAPHISCHE BILDUNGSROMANE: G. Keller: → *Der grüne Heinrich* (1854/55 bzw. 1879/80), Fr. Th. Vischer: → *Auch einer* (1879), Th. Fontane: *Meine Kinderjahre* (1893), Fr. v. Reventlow: *Ellen Olestjerne* (1903), E. Lasker-Schüler: *Mein Herz* (1912). KÜNSTLERAUTOBIOGRAPHIEN: v. Kügelgen: *Jugenderinnerungen eines alten Mannes* (1870), R. Wagner: *Mein Leben* (1870/1910), L. Richter: *Lebenserinnerungen eines deutschen Malers* (1885). FRAUENAUTOBIOGRAPHIEN: F. Lewald: *Meine Lebensgeschichte* (1861–63), L. Otto-Peters: *Erinnerungsbilder eines deutschen Frauenlebens* (1870), M. v. Meysenbug: *Memoiren einer Idealistin* (1876), M. v. Ebner-Eschenbach: *Meine Kinderjahre* (1906), B. v. Suttner: *Memoiren* (1909), L. Christ: *Erinnerungen einer Überflüssigen* (1912). ARBEITERAUTOBIOGRAPHIEN: M. Th. W. Bromme: *Lebensgeschichte eines modernen Fabrikarbeiters* (1905), A. Popp: *Jugendgeschichte einer Arbeiterin* (1909), Fr. Rehbein: *Das Leben eines Landarbeiters* (1911), M. Wegrainer (Pseudonym): *Der Lebensroman einer Arbeiterfrau* (1914). Fortsetzung: → *Autobiographien IV (1918–50).*

1870
Louise von François

* 27.6.1817 in Herzberg (Sachsen). F. lebte bis auf die Jahre von 1848–55 (Minden, Halberstadt, Potsdam) in Weißenfels (Sachsen), wo sie zunächst anonym, ab 1868 unter ihrem Namen als freie Schriftstellerin tätig war. † 25.9.1893 in Weißenfels (G).

Die letzte Reckenburgerin

Roman. Entst. 1865; ED: *Deutsche Roman-Zeitung* (1870). BA: 1871.

Der Roman tritt – nach einer knappen erzählerischen ›Einführung‹ – als Lebensbericht einer Frau auf, die mit ihm ihren Erben ihr eigentliches Vermächtnis mitteilt: Es ist die Bildungsgeschichte der ›letzten Reckenburgerin‹ Hardine von Reckenburg, der es in den schweren Zeiten der napoleonischen Besetzung in Weißenfels gelingt, das geerbte reichsgräfliche Landgut ohne männliche Hilfe zu einem nach aufgeklärten Prinzipien geführten Mustergut zu machen. Hardine ist jedoch nicht nur als Wirtschafterin tüchtig, getreu dem Familienmotto ›Recht und Ehren‹, sondern bewährt sich auch als Helferin in verwickelten Familienwirren (Scheidung, Verführung, verschwiegene Stammhalterprobleme). In ihrer tatkräftigen Selbstlosigkeit zeigt sie eine christlich-preußische Verantwortung gegenüber dem Leben, wie es die anderen Personen um sie herum nicht schaffen und deswegen in Misswirtschaft, Egoismus und Wahnsinn enden.

F. zeigt in Hardine eine starke Frau, die in ihrer Vernunftorientierung fast schon männlich wirkt und in ihrer landadlig-sozialen Autonomie – merkwürdig abstinent gegenüber der bürgerlichen Frauenbewegung – ihrem Stand selbstbewusst ein Beispiel geben sollte. In diesem Sinne ist der Familien- und → *Bildungsroman* bedingt auch ein Gesellschaftsroman der Jahre vor und nach 1806, obwohl er die soziale Analyse eines H. Zschokke (→ *Ein Narr des 19. Jahrhunderts*, 1822) und die historische Konturierung eines W. Alexis (→ *Ruhe ist die erste Bürgerpflicht*, 1852) nicht erreicht.

Rezeption: Von der zeitgenössischen Kritik (G. Freytag) hoch gelobt, machte der Roman F. zu einer der anerkanntesten Schriftstellerinnen ihrer Zeit.

Weitere Romane: *Frau Erdmuthens Zwillingssöhne* (1873), *Stufenjahre eines Glücklichen* (1877).

1870/1871

Heinrich Albert Oppermann

* 22.7.1812 in Göttingen. Nach einem Jurastudium (1831–36) in Göttingen vergebliche Bemühung um Zulassung als Advokat, ab 1842 Rechtsanwalt in Hoya, ab 1852 in Nienburg und nebenher publizistische Tätigkeit. 1849–57 und 1862–66 Deputierter in der hannoverschen Ständeversammlung, ab 1867 Mitglied des Preußischen Abgeordnetenhauses. † 16.2.1870 in Nienburg (D, G).

Hundert Jahre

UT: *1770–1870. Zeit- und Lebensbilder aus drei Generationen*

Roman. Entst. ab 1864; ED: *Nienburger Wochenblatt* (ab 1865, nicht erhalten). BA: 1870/71.

»Manche verdienen Denkmäler; und Andere kriegen sie« (A. Schmidt) – O., ein versierter Publizist und politisch engagierter Jurist, gehörte nicht zu

Letzteren: Erst vor wenigen Jahrzehnten wurde er als Schriftsteller und d. h. als Verfasser des politischen Romans *Hundert Jahre* zur Kenntnis genommen. Das umfangreiche Werk (2880 S.n) schildert in einer chronologisch geordneten Auswahl von ›Zeitbildern‹ die Epoche von 1772 bis 1869, also fast 100 Jahre – eine für einen Zeitroman ungewöhnlich lange Dauer. Zusammengehalten wird das Ganze von einem Geflecht mehrerer, zumeist untereinander verwandter Familien mit zahlreichen Mitgliedern, deren Schicksale über 3–5 Generationen verfolgt werden. Insgesamt kommt der Roman auf mehr als 300 Figuren – eine davon (Bruno Baumann) spiegelt O.s eigene Biographie. Der Hauptort des Geschehens ist zunächst das niedersächsische Landstädtchen Heustedt (Hoya). Von hier aus rücken jedoch über den Lebensgang der handelnden Figuren auch weitere Orte ins Zentrum (u. a. Göttingen, Hannover, Frankfurt/Main), ab dem 3. Buch auch solche in Europa (u.a. London, Wien, Rom, Neapel), Nordamerika und sogar Afrika. Es versteht sich, dass die großen Geschichtsereignisse (Französische Revolution 1789, napoleonische Besetzung ab 1806, Julirevolution 1830, Revolutionen 1848, Amerikanischer Bürgerkrieg 1861–65, Ende des Königreichs Hannover 1866) behandelt werden, jedoch weniger in ihren Fakten als vielmehr in ihren Folgen für das Leben der Menschen: Weltgeschichte, hannoversche Landesgeschichte und Familiengeschichte sind dabei aufs Engste miteinander verknüpft.

Rezeption: Der Roman war bis zu Arno Schmidts Funkessay über O. (1959) völlig vergessen. Erst 1982 erschien eine fotomechanische Neuauflage.

Weiterer Roman: *Studentenbilder oder Deutschlands Arminen und Germanen in den Jahren 1830 bis 1833* (1835, unter dem Pseudonym Hermann Forsch).

1871
Ludwig Anzengruber

* 29.11.1839 in Wien. Abgebrochene Buchhändlerlehre (1856–58), danach Schauspieler, 1869/70 Sekretär bei der Wiener Polizei, ab 1871 freier Schriftsteller in Wien. † 10.12.1889 in Wien (D, G).

Der Meineidbauer

Schauspiel. UA: 9.12.1871 in Wien; BA: 1872.

Das bäuerliche Volksstück in Österreich, dessen bedeutendster Vertreter A. ist, erhielt seinen unverwechselbaren Charakter durch die Einbeziehung von Dialekt, Gesangs- und Musikeinlagen sowie melodramatischer Höhepunkte und schicksalbestimmender Zufälle (→ *Theaterwesen im 19. Jh.*). Diese Elemente dienten der kritisch-aufklärenden Wirkungsabsicht bei der Darstellung gegenwartsnaher Konflikte. Das gilt auch für den *Meineidbauer*, in dessen Mittelpunkt der geldgierige Großbauer Matthias Ferner steht, der durch Testamentsunterschlagung und Meineid Neffen (Jacob) und Nichte (Vroni) um ihr Erbe bringt und sich wegen seines Erfolgs scheinheilig von Gott auserwählt fühlt. Um in den Besitz eines Briefes zu kommen, der seinen Meineid beweist, ist er sogar bereit, seinen Sohn umzubringen. Dieser wird jedoch gerettet und heiratet Vroni, nachdem Ferner (als Strafe durch eine höhere Macht) tödlich vom Schlag getroffen wird.

A.s Darstellung der bäuerlichen Welt, die sich in seinen Prosawerken (z. B. *Dorfgänge*, 1879) mit B. Auerbach und der → *Dorf- und Heimatliteratur* berührt, nähert sich auf der Bühne zwar dem → *Naturalismus* an, bleibt aber wegen ihrer didaktischen Tendenz von ihm getrennt. Bäuerliche Thematik, sozialkritische Tendenz und beschränkter Unterhaltungswert des Volksstücks konnten der wachsenden Konkurrenz von urbanem Boulevardtheater und Operette nicht standhalten. A. wandte sich daher enttäuscht der Erzählprosa zu und leistete mit ihr einen bemerkenswerten Beitrag, um die Dorfgeschichte »vor dem Absinken in die fade alpenländische Idyllik« (K. Böttcher) zu bewahren.

Rezeption: A.s Volksstücke waren nur kurze Zeit populär und gerieten häufig in Konflikt mit der Zensur. ■ R: L. Kolm/L. Fleck (1915/26), R: L. Hainisch (1941); *Die Sünderin vom Fernerhof* (R: R. Jugert, 1956).

Weitere Volksstücke: *Der Pfarrer von Kirchfeld* (1870), *Der G'wissenswurm* (1874), *Das vierte Gebot* (1876) sowie die Romane *Der Schandfleck* (1876/84), *Der Sternsteinhof* (1885).

1871
Conrad Ferdinand Meyer

* 11.10.1825 als Conrad M. in Zürich. Abgebrochenes Jurastudium in Zürich (1844–50), nach Anzeichen einer psychischen Erkrankung 7 Monate in einer Heilanstalt (1852), danach Reisen (Paris, Italien). Ab 1856 Rentner und freier Schriftsteller, ab 1868 in Küßnacht, ab 1877 in Kilchberg lebend (ab 1892/93 in geistiger Umnachtung). † 28.11.1898 in Kilchberg (G, M).

Huttens letzte Tage

Zyklus von 71 Gedichten, der bis 1891 mehrfach überarbeitet wurde.

M.s Werk ist eine Mischung aus Gedichtzyklus und Versepos (→ *Versepik im 19. Jh.*): Auf der Insel Ufenau im Zürichsee erinnert sich der Humanist Ulrich von Hutten kurz vor seinem Tod (1523) an seinen bewegten Lebensweg in einer Zeit, die von großen politischen, religiösen und geistigen Veränderungen geprägt war und deren bedeutendsten Vertretern (Erasmus, Maximilian I., Luther, Zwingli) er begegnet war. Die erinnerten Szenen seines ruhelosen Lebens im Kampf gegen den römischen Katholizismus kontrastieren mit den Schilderungen seiner abgeschiedenen, friedlichen Existenz auf der Insel, wo er den ›Fährmann‹ Tod erwartet.

Aufgrund umfangreicher Studien gelang M. eine realistische Darstellung des Zeitkolorits vergangener Epochen und ihrer Persönlichkeiten – eine Kunst, die auch für alle späteren Novellen und Romane gilt.

Rezeption: Die Versdichtung war M.s erfolgreichstes Werk, nicht zuletzt deswegen, weil es mit Hutten eine Symbolfigur der protestantisch-nationalen Front gegen das Papsttum feierte, die nach der dt. Reichsgründung 1871 neu entstand.

Weiteres Werk: → *Das Amulett* (Novelle, 1873).

1872

Franz Grillparzer

Biogr.: → 1825

Ein Bruderzwist in Habsburg

Trauerspiel. Begonnen um 1828, nach 1848 mehrfach überarbeitet. UA: 24.9.1872 in Wien; BA: 1872.

Krisenhafte Entwicklungen im österreichischen Vielvölkerstaat bilden den zeitgenössischen Bezug in G.s historischem Drama, dessen Handlung unmittelbar vor Beginn des Dreißigjährigen Krieges einsetzt: Kaiser Rudolf II., Kunst und Wissenschaften zugewandt, erkennt die Zerfallserscheinungen der bestehenden Ordnung. Überzeugt von der Unabwendbarkeit des Zusammenbruchs bleibt er – zurückgezogen in Prag residierend – entschluss- und tatenlos. Sein Bruder Matthias konspiriert gegen ihn und nimmt ihn gefangen. Rudolf stirbt kurz nach seiner Abdankung, Matthias wird Kaiser und Wallenstein sagt in Wien einen Dreißigjährigen Krieg voraus.

In der Darstellung Rudolfs, der jede revolutionäre Veränderung ablehnt, der ein Nicht-Handelnder sein möchte (weil er sonst schuldig werden könnte) und durch sein Zaudern doch ein Handelnder wird, zeigt G. die Krise des Habsburgerreiches, dessen Bestand er durch die sozialen und politischen Veränderungen bedroht sah. Aus dem »verdrießlichen Patrioten« (Metternich über G.), der in → *König Ottokars Glück und Ende* (1825) mit Rudolf von Habsburg noch eine gegenwartskritische Habsburg-Utopie geboten hatte, war ein resignierender Skeptiker geworden.

Rezeption: J. Roth über G.: »Er revoltierte niemals, er rebellierte immer, und zwar aus konservativer Gesinnung.«

Weitere Dramen: *Die Jüdin von Toledo* (1872), *Libussa* (1872).

1873

Conrad Ferdinand Meyer

Biogr.: → 1871

Das Amulett

UT: *Novelle*

Der Ich-Erzähler Hans Schadau, ein Calvinist, besucht 1611 den Vater von Wilhelm Boccard, seinen vor fast 40 Jahren in der Bartholomäusnacht ums

Leben gekommenen, katholischen Freund und Landsmann. Der Blick auf ein Amulett erinnert ihn an ihre Freundschaft und gemeinsame Reise nach Paris. Dort hatte ihn ein geweihtes Amulett, das Wilhelm ihm zuvor zugesteckt hatte, vor dem Tod in einem Duell bewahrt. Während der Mordnacht des Jahres 1572, in der die Hugenotten von den Katholiken niedergemetzelt wurden, hat ihn der Freund zum zweiten Mal gerettet, wurde aber selbst – trotz des schützenden Amuletts, das er bei sich trug – anstelle des Erzählers versehentlich erschossen.

Das Motiv der Rahmennovelle – ein geweihtes Amulett rettet den Ungläubigen, schützt aber den gläubigen Katholiken nicht – verweist zunächst auf die calvinistische Prädestinationslehre (eine göttliche Macht rettet den Auserwählten, hier: den Erzähler); dahinter wird aber die Thematik von Schicksalhaftigkeit und Selbstbestimmung deutlich, die in M.s späteren Novellen noch eindringlicher und formal dichter gestaltet wird: Die trotz Glaubensverschiedenheit bestehende Freundschaft der beiden Schweizer steht im positiven Kontrast zum mörderischen Glaubenskrieg in Frankreich.

Weiteres Werk: → *Jürg Jenatsch* (Roman, 1874/76).

1874/1876

Conrad Ferdinand Meyer Biogr.: → 1871

Jürg Jenatsch

UT: *Eine alte Bündnergeschichte*; OT/UT ab 1883: *Jürg Jenatsch. Eine Bündnergeschichte*

Roman. ED in: *Die Literatur* (1874). BA (überarbeitet): 1876.

Der Roman thematisiert (nach → *Das Amulett*, 1873) erneut den Konflikt zwischen Religion und Politik: Während des Dreißigjährigen Krieges – Graubünden ist von Österreichern und Spaniern besetzt – wird der evangelische Geistliche Jürg Jenatsch zum Kämpfer gegen die Katholiken, weil diese seine Frau ermordet haben. Er tötet den Anführer der Mörder, dessen Tochter Lukretia, Jenatsch' große Liebe seit seiner Jugend, nun zur Blutrache verpflichtet ist. Jenatsch, zum Freiheitskämpfer geworden, wechselt skrupellos die politischen Fronten, tritt sogar zum Katholizismus über und erreicht, dass Graubünden unabhängig wird. Doch seinen Sieg als Volksheld muss er mit dem Leben bezahlen: Lukretia tötet ihn in Erfüllung ihrer Verpflichtung.

Es geht um den »Konflikt von Recht und Macht, von Politik und Sittlichkeit« (Brief an seinen Verleger). Der Erzähler nimmt dabei weder Stellung, noch bietet er eine Lösung an, sondern sieht sich als »Schilderer weltgeschichtlicher Mächte« (Selbstanzeige), weshalb große, charismatisch herausgehobene Figuren im Mittelpunkt stehen. Diese Ausnahmemenschen treiben in M.s Werk (z. B. *Der Heilige*, 1880; → *Die Versuchung des Pescara*, 1887), nicht ohne eine gewisse Volksverachtung, die Geschichte auf zwiespältige Weise voran: Ihre Taten schaffen zwar Realitäten, nicht aber moralische Befriedigung. G. Keller kommentierte dennoch freundlich: »Es ist echte Tragik, in welcher Alle handeln, wie sie handeln müssen.«

Der Roman kam bis 1907 auf 80 Auflagen. 🎬 *Oberst Jenatsch* (R: T. Flaadt, 1976, TV), *Jenatsch* (R: D. Schmidt, 1987).
Weitere Novellen: *Der Schuß von der Kanzel* (1877), *Gustav Adolfs Page* (1882), → *Gedichte* (1882/92).

1875
Peter Rosegger

* 31.7.1843 in Alpl (Steiermark) als Sohn armer Waldbauern. 1865–69 Besuch der Akademie für Handel und Industrie in Graz, ab 1869 freier Schriftsteller, überwiegend in Graz und danach in Krieglach lebend. † 26.6.1918 in Krieglach (G, M).

Die Schriften des Waldschulmeisters

Roman.
Erzählt wird – in Gestalt von Tagebuchaufzeichnungen des Protagonisten – die Lebensgeschichte des Waldschulmeisters Andreas Erdmann, der sich in einen von der modernen Welt unberührten Winkel der Steiermark zurückgezogen hat, um dort den Menschen zu dienen (Bau von Schule und Kirche, Dorfentwicklung). Enttäuscht darüber, wie sehr sich die Menschen der Natur entfremden, verlässt er das Dorf jedoch wieder und stirbt, nachdem sich sein letzter Wunsch erfüllt hat: vom höchsten Berg das Meer (die Adria) zu erblicken.
In diesem Erstlingsroman zeigt der von A. Stifter beeinflusste R. seine Verbundenheit mit der Natur und Achtung vor der heimatlichen Kultur, für die er bevorzugt die Chiffre ›Wald‹ verwendet. Sein auch autobiographisch fundierter Verweis auf die Gefahren, die dieser alten, in sich ruhendenden Welt durch den Einzug der Moderne drohen, verband sich zunehmend mit einer antikapitalistischen Idealisierung, die sozialkritische Tendenzen und pazifistische Sympathien nicht ausschloss (→ *Dorf- und Heimatliteratur*).

Rezeption: Der sehr erfolgreiche Roman erreichte bereits 1905 die 85. Auflage.
Weitere Romane: *Der Gottsucher* (1883), *Jakob der Letzte* (1888), *Erdsegen* (1900), *Als ich noch der Waldbauernbub war* (autobiographische Erzählungen, 1900–02).

1876
Theodor Storm

Biogr.: → 1850

Aquis submersus

Novelle. ED: *Deutsche Rundschau* (1876). BA: 1877.

Der Autor tritt in der Rahmenerzählung als Herausgeber einer weit zurückliegenden Geschichte auf, die von einem (fiktiven) Chronisten erzählt wird (Chroniknovelle): Der Maler Johannes, 1661 nach Jahren in die Heimat zurückgekehrt, wirbt um seine Jugendliebe Katharina, doch deren Bruder verhindert die Heirat. Es kommt zu einer Liebesnacht, aber wenig später ist Katharina für immer verschwunden. Erst 5 Jahre später begegnet Johannes ihr wieder: Sie ist Frau eines Pastors, und er erfährt, dass ihr Sohn sein Kind ist, das, während sie sich umarmen, in einem Teich ertrinkt. Johannes malt das tote Kind und fügt dem Porträt die Buchstaben C.P.A.S. hinzu: *Culpa patris aquis submersus* (durch die Schuld des Vaters im Wasser untergegangen).

St. zeigt hier, wie einerseits das Schicksal und das Magisch-Dämonische (auch in der Natur), andererseits ihre Schwachheit die Menschen daran hindert, ihr Leben frei und unabhängig zu gestalten. Erzähltechnisch wird dies z. B. durch eine Vielzahl zukunftsgewisser Vorausdeutungen vermittelt: »Es ist doch alles umsonst gewesen.« Weitere Chroniknovellen St.s, die von der Macht der Vorbestimmung und der Ohnmacht der ihr ausgelieferten Menschen handeln, sind: *Renate* (1878), *Eekenhof* (1879), *Die Söhne des Senators* (1881), *Zur Chronik von Grieshuus* (1884) und *Ein Fest auf Haderslevhuus* (1885).

🎬 *Unsterbliche Geliebte* (R: V. Harlan, 1950); *Wie Rauch und Staub* (R: W. Schleif, 1979, TV).

Weitere Novelle: → *Carsten Curator* (1878).

1876/1877
Eugenie Marlitt

* 5.12.1825 in Arnstadt als Eugenie John. 1844–46 musikalische Ausbildung am Konservatorium in Wien, bis 1853 Sängerin an verschiedenen Bühnen. 1853–63 Vorleserin am Fürstenhof in Sondershausen, danach als freie Schriftstellerin in Arnstadt lebend. † 22.6.1887 in Arnstadt (D, G, M).

Im Hause des Kommerzienrates

Roman. ED: *Die Gartenlaube* (1876), BA: 1877.

»Dame Marlitt« – so bezeichnete G. Freytag M. 1872 abfällig und noch 100 Jahre später werden in einem bedeutenden Quellenwerk zur Literatur die »Damen Marlitt, Heimburg, Eschstruth und Werner« herablassend als gutbezahlte Romanautorinnen der Familienzeitschrift *Die Gartenlaube* genannt. Der ständige Vorwurf lautet: M. biete ihrem (klein-)bürgerlichen Lesepublikum überholte bzw. illusionäre Wertorientierungen an (vorindustrielle Lebensform, heile Welt der Familie, dem Mann ergebene Frau, Klassenharmonie usw.). Doch stimmt das so ohne Weiteres? Vor dem Hintergrund des zeitgenössischen Börsenkrachs von 1873 schildert der Roman, wie die durch Erbschaft reich gewordene Käthe lernt, auf das Geld (dessen Großteil sie durch die Schuld ihres Vormunds und durchaus nicht ehrbaren Kommerzienrats verliert) als materialistische Verführung zu verzichten. Sie hätte auch als Chefin der Schlossmühle ihren Mann gestanden, wäre da nicht der geliebte Arzt, an dessen Seite sie ihre Erfüllung findet. So weit, so zutreffend die Kritik. Übersehen wird jedoch, dass M. sich in diesem wie in ihren anderen Romanen dicht an der zeitgenössischen Realität bewegt und dabei die Widersprüche zwischen liberalen Emanzipationswünschen (von Frauen, Arbeitern, Kleinbürgern, Landleuten) und herrschenden Mächten (alte Aristokratie, Geldadel, Industrie) durchaus anspricht. Insofern ist ihren Texten, trotz des obligatorischen, alles versöhnenden happy-ends, ein »objektiv berechtigte[s] Protestmoment« (J. Schulte-Sass/R. Werner) eingearbeitet, das der reinen Unterhaltungsliteratur (→ *Unterhaltungsliteratur 1815–1918*) so gut wie völlig abgeht.

Rezeption: Mit ihren insgesamt 9 Romanen und 4 Erzählungen gehörte M. zu den Stammautor(innen) der *Gartenlaube*, zu deren Auflagensteigerung von 157 000 (1863) auf 378 000 (1881) sie maßgeblich beitrug.

Weitere Romane: *Goldelse* (1866), *Das Geheimnis der alten Mamsell* (1867), *Reichsgräfin Gisela* (1869), *Das Heideprinzeßchen* (1871).

1876–1877
Gottfried Keller

Biogr.: → 1854/55

Züricher Novellen

Novellenzyklus. ED der Novellen *Hadlaub*, *Der Narr auf Manegg*, *Der Landvogt von Greifensee* in: *Deutsche Rundschau* (1876/77). BA: 1877 (vordatiert auf 1878, enthält zusätzlich: *Das Fähnlein der sieben Aufrechten*, ED: 1861; *Ursula*.)

Die *Züricher Novellen* ergänzen K.s → *Die Leute von Seldwyla* (1856/74), indem sie den konstruktiven Gegenentwurf – »mehr positives Leben« (G. K.) – verstärken. K. verließ für diesen Zweck die Gegenwart und holte sich das Positive aus der stolzen Geschichte des Züricher Bürgertums: In der Rahmenhandlung tritt ein junger Züricher auf, der auf der Suche nach Originalität ist. In exemplarischen Erzählungen werden ihm daraufhin falsche (*Der Narr auf Manegg*) und wahre Originalität (*Hadlaub*) vorgeführt und damit gezeigt, dass das Lebensziel eben nicht darin bestehen kann, Originali-

tät anzustreben. Vielmehr soll es darauf ankommen, sich in die Gesellschaft einzufügen, auch wenn dies Verzicht und Entsagung bedeutet (*Der Landvogt von Greifensee*). Diese Gesellschaft, in der Jung und Alt – trotz vorhandener, aber überwindbarer Spannungen – harmonieren, wird besonders am Ende in *Das Fähnlein der sieben Aufrechten* gepriesen. In *Ursula* zeigt K., wie religiöser Fanatismus einer gewachsenen Gemeinschaft zur Bedrohung werden kann.
Die didaktische Tendenz ist in allen Novellen unverkennbar, wirkt jedoch nicht aufdringlich. Sie lässt aber die Sorge darum erkennen, ob die beschworenen Werte der Tradition in der Gegenwart wirklich Bestand haben werden.

Der Landvogt von Greifensee (R: W. Bolliger, 1978, TV); *Das Fähnlein der sieben Aufrechten* (R: Fr. Wisbar, 1935; R: S. Aeby, 2001).
Weitere Novellen: → *Das Sinngedicht* (1881).

Juden und jüdisches Leben in der Literatur des 19. Jahrhunderts

Juden und jüdisches Leben waren in der christlich geprägten Kultur Europas ein Thema, das durchaus kontrovers behandelt wurde. Im Vordergrund standen zunächst Fragen des Religionsvergleichs, deren Beantwortung von radikaler Verdammung (Juden als ›Christusmörder‹ und Christenfeinde) bis zur Toleranz (vgl. die ›Ring-Parabel‹ in Lessings → *Nathan der Weise*, 1779) bzw. von der Ghettoisierung über die Koexistenz durch Taufe und Assimilation bis zur vollen Glaubensanerkennung (in Deutschland erst ab 1918 bzw. 1945) reichte. Vom 18. bis zum 19. Jh. veränderte sich die Auseinandersetzung – zwischen religiös begründeter Judendiskriminierung und aufgeklärtem Eintreten für die Belange des Judentums – dann durch zwei Prozesse: Zum einen erhielt die Emanzipation der Juden schrittweise eine – wenn auch mit Rückschlägen (1815ff., 1849ff.) verbundene – rechtliche Gestalt (1812, 1848, 1871, 1918); zum anderen führte der ab 1806 wachsende Nationalismus in Deutschland zu einer erneuten Ausgrenzung von assimilierten Juden als ›undeutsch‹ bzw. als ›Nation ohne Staat‹. Letzteres kulminierte ab 1880 im Deutschen Kaiserreich in einem rassistisch begründeten Antisemitismus, wobei es zu einer fatalen Gleichsetzung von negativ beurteilter Moderne und Judentum kam.
Die Literatur hat diese wechselvolle Entwicklung widergespiegelt, auch Partei ergriffen und auf diese Weise Einfluss ausgeübt. Dabei ist zu bedenken, dass ab der Mitte des 18. Jh. immer häufiger Juden als Autoren auftraten, sei es in (versuchter bzw. erzwungener) Abkehr vom Judentum, sei es in erneuter Hinwendung. Ab dem Ende des 19. Jh. nahm ihr

Anteil markant zu, was zu problematischen Debatten über ihre Rolle im deutschen Geistesleben als ›Ferment‹ oder ›Korrektiv‹ führte. Bedeutende jüdische Schriftsteller und Schriftstellerinnen im 19. Jh. (bis 1914): P. Altenberg, B. Auerbach, K. Beck, R. Beer-Hofmann, L. Börne, K. E. Franzos, M. Hartmann, H. Heine, P. Heyse, D. Kalisch, L. Kompert, Fanny Lewald, M. Saphir, Dorothea Schlegel, Rahel Varnhagen von Ense.

Grundsätzlich gilt, dass die bis weit ins 20. Jh. hineinreichende, allgemein mit judenkritischen Vorurteilen behaftete Grundeinstellung in der Bevölkerung bei sehr vielen Autoren (von Goethe über W. Raabe, W. Busch und Th. Fontane bis Th. Mann) als kaum reflektierte Haltung bzw. als alltäglich-normale Judenabneigung wiederkehrte. Das ist ablesbar an KLISCHEES wie z. B. der Betonung einer negativ bewerteten Andersartigkeit (Sprache, Aussehen, Name, Kleidung, Verhalten) oder der Verwendung stereotyper Figuren (die schöne Jüdin, der weise Jude, die Korrelation mit Raffgier, Sexualität, Intellektualität, Witz, fehlendem Gemüt usw.), aber auch an typischen Formen der Narration, wobei das Jüdische als Negativfolie für nichtjüdische (›deutsche‹) Besonderheit und Qualität diente.

Ob in jedem Fall ein »literarischer Antisemitismus« (M. Gubser) bzw. auf der anderen Seite eine Kritik daran vorliegt, kann nur die Einzelinterpretation nachweisen. UMSTRITTENE FÄLLE dieser Art sind z. B.: Cl. Brentano: *Gockel und Hinkel* (1811), W. Hauff: *Jud Süß* (1827), K. Spindler: *Der Jude* (1827), J. N. Nestroy: *Judith und Holofernes* (1849), G. Freytag: → *Soll und Haben* (1855), W. Raabe: → *Der Hungerpastor* (1863–64), Fr. Grillparzer: *Die Jüdin von Toledo* (1872), Th. Fontane: → *L'Adultera* (1880/82). Davon zu unterscheiden sind jedoch EINDEUTIG ANTIJÜDISCHE TEXTE wie z. B. A. v. Arnim: *Über Kennzeichen des Judentums* (Essay, 1811), Grimms Märchen *Der Jud im Dorn* (→ *Kinder- und Hausmärchen*, 1812/15), R. Wagner: *Das Judentum in der Musik* (Essay, 1850), H. v. Treitschke: *Unsere Aussichten* (Essay, 1879), J. Scherr: *Porkeles und Porkelessa* (Roman, 1882). Beispiele für eine VORURTEILSFREIE DARSTELLUNG VON JUDEN UND JÜDISCHEM LEBEN sind dagegen u. a.: H. Zschokke: *Jonathan Frock* (Erzählung, 1816), K. Gutzkow: *Die Sadduzäer von Amsterdam* (Novelle, 1834), L. v. François: *Hinter dem Dom* (Erzählung, 1859), K. E. Franzos: → *Die Juden von Barnow* (Roman, 1877), F. v. Saar: *Seligmann Hirsch* (Erzählung, 1889), L. v. Sacher-Masoch: *Jüdisches Leben in Wort und Bild* (Erzählungen, 1891), J. Wassermann: *Die Juden von Zirndorf* (1897), G. Hermann: *Jettchen Gebert* (1906), A. Schnitzler: → *Der Weg ins Freie* (Roman, 1908).

1877

Karl Emil Franzos

* 25.10.1848 in Czortków (Galizien). Nach der Gymnasialzeit in Czernowitz und dem Jurastudium in Wien und Graz (1867–72) kein Zugang zum Staatsdienst wegen seines Judentums, daher Publizist und freier Schriftsteller in Wien, ab 1887 in Berlin. † 28.1.1904 in Berlin (G).

Die Juden von Barnow

Novellenslg.

F., aus liberalem jüdischen Elternhaus stammend, verstand sich als literarischer Vorkämpfer (›Tendenzschriftsteller‹) für die »Gleichberechtigung der Nationalitäten und Konfessionen jenseits der Karpaten« und trat gegen die Unterdrückung der Bauern und Juden in der Bukowina und Galizien auf. Schon mit seinem ersten Werk (*Aus Halb-Asien*, 1876), einer Sammlung von ›Culturbildern‹, knüpfte er an die Tradition der Ghettoliteratur nach 1848 (→ *Dorf- und Heimatliteratur*) an. Zugleich bemühte er sich darum, die Erinnerung an den progressiven Geist des Vormärz wachzuhalten (1879 Edition der Werke Büchners, Aufsätze über Heine u. a.). In den *Juden von Barnow* (= Czortków) verbindet F. dichte Sozialreportage mit novellistischer Erfindung in der aufklärerisch fundierten Absicht, über die Anklage von Unterdrückung und Rückständigkeit Impulse zur sozialen und kulturellen Emanzipation zu geben. Dabei stehen poetische Verklärung des ostjüdischen ›Schtetls‹ und die Forderung, die Assimilation nach westjüdischem Vorbild voranzutreiben, nicht ohne Widerspruch nebeneinander. F.s Beitrag zum → *Bildungsroman* aus jüdischer Sicht ist die schon 1893 entstandene, postum erschienene *Geschichte aus dem Osten* (Untertitel) *Der Pojaz* (1905), die diesen Widerspruch am tragischen Scheitern des Lebensgangs eines galizischen Juden entfaltet.

Rezeption: Der Roman, zunächst von 17 Verlagen abgewiesen, erlebte in kurzer Zeit 6 Auflagen und wurde in 16 Sprachen übersetzt.

Weitere Romane: *Ein Kampf ums Recht* (1882), *Judith Trachtenberg* (1891).

1877/1897
Ferdinand von Saar

* 30.9.1833 in Wien. Ab 1849 Kadett, dann Offizier in der österr. Armee, ab 1860 (ständig in Geldnöten) als freier Schriftsteller in Wien, ab 1870 zeitweise auf den Schlössern adliger Gönner lebend. † 24.7.1906 (Selbstmord) in Wien (G, M).

Novellen aus Österreich

BA der vor 1877 erschienenen Novellen; auf 2 Bde. (14 Novellen) erweiterte Ausgabe: 1897. Postum wurden 32 Novellen unter dem Haupttitel zusammengefasst.

In seinen Novellen vermittelt S. ein Bild der österreichischen, besonders der Wiener Gesellschaft von 1848 bis 1900. Getragen von der »Trauer um das unaufhaltsam Vergehende« (Fr. Martini) schildert er dabei realistisch und einfühlsam das Schicksal von Menschen aus verschiedenen sozialen Schichten, die Opfer des sozialen und politischen Wandels bzw. ihrer eigenen Schwäche werden. In seiner frühesten Novelle (*Innocens*, 1866) geht es um das entsagungsvolle Verhalten eines Priesters, in *Vae victis!* (1883) wie in

Leutnant Burda (1889) um entlassene Offiziere, in *Die Steinklopfer* (1874) um das harte Los der Arbeiter beim Bahnbau über den Semmering; es sind fast immer Menschen ohne Lebensmut und Tatkraft, einem unbeeinflussbaren Schicksal ausgeliefert. Bezeichnend ist in diesem Kontext auch der Titel der letzten Novellensammlung: *Tragik des Lebens* (1906), die die Novelle *Die Pfründner* enthält, in der S. ein Armenasyl schildert – Symbol für eine morbide Gesellschaft ohne Werte, in der es keine Solidarität mehr gibt, sondern nur noch den Kampf eines jeden gegen jeden.

In S.s Novellen wird einerseits das für weite Kreise charakteristische, resignative Lebensgefühl in der Spätzeit der österreichischen Monarchie deutlich, andererseits gelang es ihm bereits, tiefenpsychologische Probleme anzudeuten (z. B. in *Ginevra*, 1892; *Schloß Kostenitz*, 1892), die wenig später z. B. von A. Schnitzler und im → *Fin de Siècle* thematisiert wurden.

Rezeption: S.s Novellen erfuhren nur geringe Resonanz. Erst in den letzten Jahrzehnten des 20. Jh. wurde S. als »Wegbereiter der literarischen Moderne« (K. K. Polheim) stärker beachtet.

Weitere Werke: *Wiener Elegien* (Gedichte, 1893), Novellenslgn.: *Schicksale* (1889, darin: *Seligmann Hirsch*), *Herbstreigen* (1896), *Nachklänge* (1899), *Camera obscura* (1901).

1878

Theodor Fontane

Biogr.: → 1861–81/88

Vor dem Sturm

UT: *Roman aus dem Winter 1812 auf 13*

Historischer Roman. Entst. ab 1862/64; ED: *Daheim* (1878). BA: 1878.

F.s erster Roman liefert als historisches »Zeit- und Sittenbild aus dem Winter 12 auf 13« (ursprünglicher Untertitel) ein märkisches Gesellschaftspanorama der Zeit vor den Befreiungskriegen (d. h. ›vor dem Sturm‹). Zusammengehalten werden die Episoden, die das Denken und Fühlen des Adels, des Bürgertums und der Bauern in dieser Zeit schildern, durch eine zentrale Figur: Bernd von Vitzewitz. Dieser will aus persönlichen und patriotischen Gründen gegen die Franzosen kämpfen. Es kommt zu einem Angriff auf den Feind in Frankfurt, der jedoch scheitert. Durch eine mutige Aktion kann das Leben von Bernds Sohn Lewin gerettet werden.

Der Roman entwickelt – anders als in den Reise-Feuilletons (→ *Wanderungen durch die Mark Brandenburg,* 1861–81/88) und bei den Vorbildern W. Scott und W. Alexis (→ *Ruhe ist die erste Bürgerpflicht*, 1852), jedoch K. Gutzkows Programm des ›Roman des Nebeneinander‹ (→ *Die Ritter vom Geiste*, 1850–51) erweiternd – F.s Konzept des ›Vielheitsromans‹, d. h. das farbige Bild einer Epoche mit ihren aus unterschiedlichen sozialen Schichten stammenden Menschen, deren Strebungen in der Figur Lewin von Vitzewitz konvergieren.

Rezeption: Der Roman stand im Schatten des Erfolgs der *Wanderungen durch die Mark Brandenburg* (1861–81/88) sowie der späteren Romane. 🎬 R: Fr. P. Wirth (1984, TV).
Weitere Werke: *Grete Minde* (Erzählung, 1880), → *L'Adultera* (Roman, 1880/82).

1878
Theodor Storm

Biogr.: → 1850

Carsten Curator

Novelle. ED: *Westermanns Monatshefte* (1878); BA: 1878.
Heinrich, der Sohn des rechtschaffenen Kurators (Beistand in Rechtsangelegenheiten) Carsten Carstensen, hat die Sorglosigkeit, v. a. aber die Leichtsinnigkeit seiner bei der Geburt verstorbenen Mutter geerbt, deren Vater ein Spekulant war; Heinrichs Vater kann nur unter großen Opfern den Schaden wiedergutmachen, den dieser durch gewagte Spekulationen angerichtet hat. Als Heinrich, zum Trinker geworden, schließlich in äußerster Not das vom Kurator verwaltete Geld seiner Frau Anna, einer Pflegetochter Carstensens, verlangt, gibt dieser nicht nach und weist seinem Sohn die Tür. Noch in derselben Nacht kommt Heinrich bei einer Sturmflut ums Leben.
Die Macht der Vorbestimmung und die Ohnmacht der ihr ausgelieferten Menschen – das ist die Thematik dieser wie auch anderer Novellen St.s.: Heinrich ist der Last des Erbes ausgeliefert, sein Vater fühlt sich schuldig, weil er eine Frau geheiratet hat, von deren vererbtem Leichtsinn er wusste, deren Schönheit und Lebenslust er aber nicht widerstehen konnte. Die Novelle betont an ihrer Oberfläche den Wert bürgerlicher Ordnung (Sparsamkeit, Disziplin), untergründig schwingt jedoch eine Kritik daran mit, wenn Schönheit und Lebenslust nur als störende Haltlosigkeit zur Geltung kommen können.
Weitere Novellen: *Hans und Heinz Kirch* (1882), → *Der Schimmelreiter* (1888).

1879
Friedrich Theodor Vischer

* 30.6.1807 in Ludwigsburg. Ab 1825 Theologiestudium am Tübinger Stift, ab 1830 Vikar in Maulbronn, ab 1833 Repetent in Tübingen (Habilitation 1836); ab 1837/44 Professor für Ästhetik in Tübingen, ab 1855 in Zürich und ab 1866 in Stuttgart. 1848 Abgeordneter der gemäßigten Linken in der Frankfurter Nationalversammlung, 1872 geadelt. † 14.9.1887 in Gmunden/Traunsee (G).

Auch Einer

UT: *Eine Reisebekanntschaft*

Roman.

Der Erzähler (er trägt autobiographische Züge) lernt den zunächst anonymen Helden des Romans, A.E. (›Auch Einer‹, aber auch: ›Alter Ego‹), während einer Reise kennen. Nach weiteren Begegnungen entwickelt V., gestützt auf ein Manuskript A.E.s über ein frühgeschichtliches Pfahldorf, Erzählungen anderer sowie auf hinterlassene Tagebuchaufzeichnungen »eine närrische Komposition um Charakter und Lebensgang eines seltsamen Kauzes« (V.): Im Grunde ein liberal-idealisch hochgestimmter Mensch, wird A.E. durch die »Hundenot« des Alltags, die Hinfälligkeit des katarrhalisch-kranken Körpers (»Schneuzmaschine«) und die Widerspenstigkeit der Dinge in die platte Realität herunter geholt. V. prägte dafür das geflügelte Wort von der ›Tücke des Objekts‹, die den Alltag dominiere und zu Störungen der psychophysischen Befindlichkeit führe.

Diese komische Relativierung des Widerspruchs von Ideal und Wirklichkeit passt zu den Destruktionen, die der an Hegel und Goethe geschulte Ästhetiker V. (*Ästhetik oder Wissenschaft des Schönen*, 1846–57) bald nach 1848 am Idealismus vornahm: *Kritik meiner Ästhetik* (1873). Die große Resonanz des Romans zeigt dabei an, dass die groteske Desillusionierung normativen Denkens von einem an ›Realpolitik‹ sich befriedigenden Bürgertum gern akzeptiert wurde. Ob das in seiner Montagetechnik formal ungewöhnliche Werk bereits »ein Präludium des modernen Romans im 20. Jahrhundert« (Fr. Martini) darstellt, ist aber fraglich.

Rezeption: Der Roman erschien bis 1920 in 116 Auflagen.

Weiteres Werk: *Der Tragödie dritter Teil* (*Faust*-Parodie, 1862/86).

1879–1880
Johanna Spyri

* 12.6.1827 in Hirzel (bei Zürich). Nach autodidaktischen Studien ab 1852 in Zürich lebend; ab 1871 als freie Schriftstellerin. † 7.7.1901 in Zürich (G). Gedenkstätte: Hirzel (M).

Heidis Lehr- und Wanderjahre

Kinderbuch. ED (anonym): *Geschichten für Kinder und solche, welche Kinder liebhaben* (ab 1879); BA: 1880.

Klassische Erzählung der → *Kinder- und Jugendliteratur im 19. Jh.*: Die 5-jährige Waise Heidi kommt zu ihrem Großvater, dem »Alm-Öhi«, der, mit dem Dorf im Tal überworfen, allein eine Alm in den Schweizer Bergen bewirtschaftet. Dieser sorgt liebevoll für Heidi und möchte, dass sie, fern der Schule und Zivilisation, im Einklang mit der Natur aufwächst. Er kann aber nicht verhindern, dass das Naturkind in die Großstadt Frankfurt gebracht wird, wo es das Leben mit der gelähmten Klara teilt und durch deren Großmutter eine elementare Bildung erhält. Am Ende kehrt Heidi heimwehkrank zum Alm-Öhi zurück und sorgt dafür, dass dieser sich mit seinen Mitmenschen wieder versöhnt. Im Folgeband *Heidi kann brauchen, was es gelernt hat* (1881) wird die kranke Klara durch den Aufenthalt beim Alm-Öhi geheilt.

Sp. zeichnet sich durch Einfühlungsvermögen in Vorstellungen und Wünsche von Kindern aus. Die von Klischeebildern durchsetzte Schilderung der heimatlichen Bergwelt (→ *Dorf- und Heimatliteratur*) und die typisierende Charakterzeichnung vermitteln die Botschaft, dass das Unverbildete und Natürliche als das Gute sich letztlich immer durchsetzen wird.

Rezeption: Das nicht unumstrittene Kinderbuch ist dennoch »der größte Welterfolg der Schweizer Literatur« (P. v. Matt). 🎬 *Heidi* (R: A. Dwan, 1937; R: L. Comencini, 1952; R: W. Jacobs, 1965; I. Takahata, 1975, Comicfilm; R: T. Flaadt, 1979/80, TV; R: M. Rhodes, 1993; R: M. Imboden, 2001; R: A. Simpson, 2005), *Heidi und Peter* (R: F. Schnyder, 1955), *Heidemarie* (R: H. Kugelstadt, 1956), *Heidi kehrt heim* (R: D. Mann, 1968).

Weitere Werke: Rund 50 Erzählungen und Romane v. a. für die Jugend.

Kinder- und Jugendliteratur im 19. Jahrhundert

Geschichte: Die → *Kinder- und Jugendliteratur im 18. Jh.* war in Gestalt der moralischen Beispielgeschichte von direkt didaktischen Zielsetzungen geprägt gewesen. Auf der Grundlage eines entwickelten Schulsystems wurde das Genre im 19. Jh. unterhaltsamer, nicht zuletzt deswegen, weil bei verbreiteter Lesefähigkeit und leichterer Zugänglichkeit von Unterhaltungsliteratur (unerwünschte) Konkurrenz entstanden war. Gleichwohl blieb die Kinder- und Jugendliteratur immer auch eine pädagogische Domäne, deren Ziel es war, dass die Kinder die bürgerlichen Tugenden (Ordnung, Sauberkeit, Gehorsam, Fleiß, Frömmigkeit usw.), einschließlich Einübung in die Geschlechtsrollen, verinnerlichten. Insgesamt gilt, dass bei wachsender Differenzierung des Genres und zunehmender Spezialisierung auf Kinder und Jugendliche als Adressaten (hier auch besonders auf Mädchen bzw. ›höhere Töchter‹) eine fließende Grenze zwischen Erwachsenen- und Jugendlektüre existierte. Dementsprechend gab es neben Autor(innen), die nur für Kinder und Jugendliche schrieben (z. B. J. Spyri), auch solche, die es gelegentlich taten (z. B. H. v. Fallersleben, Th. Storm) bzw. deren Werke zu Texten der Kinder- und Jugendliteratur wurden, obwohl sie dafür (zunächst) nicht bestimmt gewesen waren (z. B. Grimms Märchen, K. May, L. Thoma). Nicht zum Genre gehören die vielen autobiographischen Schriften (→ *Autobiographien III, 19. Jh.*), in denen Kindheit und Jugend oft einen breiten Raum einnehmen.

Die HAUPTFORMEN der Kinder- und Jugendliteratur waren bereits in der 1. Hälfte des 19. Jh. ausgebildet: Kinderlyrik, Bildergeschichten, Märchen und Tiergeschichten, Kinder- und Familiengeschichten. Nach 1850/70 kamen Geschichten von Dorf und Heimat, Schule, Großstadt, Abenteuern und Historie hinzu. Daneben entstanden spezielle Jugendzeitschriften und -jahrbücher (z. B. *Deutsche Jugend, Deutsche Mädchen-Zeitung*). Zugleich nahm ab 1870 die Tendenz zur Kommerzialisierung der Kinder- und Jugendliteratur stark zu. Dagegen wandte sich der Exponent der Jugendschriftenbewegung, Heinrich Wolgast, mit der berühmt gewordenen Broschüre *Das Elend unserer Jugendliteratur* (1896) und der Forderung nach künstlerisch wertvoller Literatur für die Jugend. Wichtige Impulse kamen zudem aus dem Ausland (z. B. J. F. Cooper, H. Beecher Stowe, M. Twain, L. Carroll, S. Lagerlöf, J. Verne).
Eine Auswahl an Beispielen deutscher Kinder- und Jugendliteratur aus dem 19. Jh. (nach Formen bzw. Themen): KINDERLYRIK: A. v. Arnim/Cl. Brentano: → *Des Knaben Wunderhorn* (1805/08, darin: Kinderlieder); Kindergedichte von E. Mörike, Th. Storm, Th. Fontane, Chr. Morgenstern; V. Blüthgen: *Im Flügelkleide* (1881); P. und R. Dehmel: *Fitzebutze* (1900). BILDERGESCHICHTEN: H. Hoffmann: *Der Struwwelpeter* (1845), W. Busch: → *Max und Moritz* (1865), Fr. Koch-Gotha/A. Sixt: *Die Häschenschule* (1924). MÄRCHEN der Brüder Grimm (→ *Kinder- und Hausmärchen*, 1812/15) sowie von C. W. S. Contessa (1816–17), W. Hauff (1825–27), L. Bechstein (1845), Th. Storm (1866); R. Leander: *Träumereien an französischen Kaminen* (1878); O. J. Bierbaum: *Zäpfel Kerns Abenteuer* (1905). DORF- UND HEIMATGESCHICHTEN: O. Wildermuth: *Aus Schloß und Hütte* (1861); J. Spyri: → *Heidis Lehr- und Wanderjahre* (1879–80); P. Rosegger: *Als ich noch der Waldbauernbub war* (1899–1902). TIERGESCHICHTEN: W. Bonsels: *Die Biene Maja* (1912). MÄDCHENGESCHICHTEN: Cl. Helm: *Backfischchen's Leiden und Freuden* (1863); E. v. Rhoden: *Trotzkopf* (1885). KINDER- UND FAMILIENGESCHICHTEN: Chr. v. Schmid: *Die Ostereier* (1816), A. Sapper: *Die Familie Pfäffling* (1907). SCHULE: L. Thoma: *Lausbubengeschichten* (1905). GROSSSTADT: I. Frapan: *Hamburger Bilder für Kinder* (1899). ABENTEUER: S. Wörishöffer: *Robert des Schiffsjungen Fahrten und Abenteuer* (1877); Fr. Gerstäckers und K. Mays Romane.

1880/1882
Theodor Fontane

Biogr.: → 1861–81/88

L'Adultera

Roman. ED: *Nord und Süd* (1880). BA: 1882.

Obwohl von F. als Novelle bezeichnet, zählt dieses Werk zu den fünf sog. Berlin-Romanen des Dichters (*Cécile*, 1886; → *Irrungen, Wirrungen*, 1887/88; *Stine*, 1890; → *Frau Jenny Treibel*, 1892). Melanie van der Straaten, viel zu

jung und unglücklich verheiratet mit einem reichen Kommerzienrat, verlässt diesen und ihre beiden Kinder wegen ihrer Liebe zum eleganten Sohn eines jüdischen Geschäftsfreundes, Ebenezer Rubehn, den sie später auch heiratet. Das geschieht nicht ohne Skrupel und doch, wie es heißt, »alles wie vorherbestimmt«. Zurückgekehrt nach Berlin müssen beide feststellen, dass sie von der Gesellschaft geächtet werden, weil Melanie die Ehe gebrochen hat (*l'adultera* – ›die Ehebrecherin‹, auch Titel eines Bildes von Tintoretto, das in der Novelle vorausdeutende Funktion hat). Nach dem Bankrott ihres Mannes gelingt es Melanie jedoch, sich durch die erfolgreiche Arbeit für den Lebensunterhalt aus der Welt der Konvention und Ordnung zu lösen, um – wie sie sagt – »mich vor mir selbst wiederherzustellen«: Mit der Hilfe Rubehns schafft sie es, sich aus den Zwängen der bürgerlichen Moral zu befreien und eigenverantwortlich zu handeln.
Der entspannte, leichte Erzählton sowie die Bevorzugung des Dialogs anstelle der Erörterung zeigen F.s Kunst, ein moralisches Problem einfühlsam und doch zur Kritik anregend darzustellen.

Rezeption: Der versöhnliche Schluss konnte Proteste gegen den Roman wegen Verharmlosung des Ehebruchs nicht verhindern. 🎬 *Melanie von der Straaten* (R: Th. Langhoff, 1982, TV).

Weitere Werke: *Ellernklipp* (Novelle, 1881), → *Schach von Wuthenow* (Erzählung, 1882).

1881
Gottfried Keller

Biogr.: → 1854/55

Das Sinngedicht

Novellenzyklus. Entst. ab 1851; ED: *Deutsche Rundschau* (1881). BA: 1881 (vordatiert auf 1882).

Thema dieser Novellen ist die Liebe, genauer: das Problem der Gleichrangigkeit von Mann und Frau; erzählt werden sie auf einem Landgut von einem Oberst (*Die Geisterseher*), seiner Nichte Lucie (*Von einer törichten Jungfrau*, *Die Berlocken*) und dem jungen Reinhart (*Regine*, *Die arme Baronin*, *Don Correa*). Letzterer befindet sich auf einer Art experimenteller Brautschau, wobei ihm ein Epigramm Fr. v. Logaus (etwa: die beim Kuss errötende Frau ist die richtige Braut) den Weg weisen soll. Doch nicht nur das Thema verbindet die Novellen, sondern v. a. die in der Rahmenerzählung entstehende, ihre gegensätzlichen Ausgangspunkte überwindende Liebe zwischen Reinhart und Lucie: Reinhart vertritt den traditionellen Standpunkt von der Überlegenheit des Mannes und seiner Verpflichtung zur Führung der Frau. Diesem hergebrachten Rollenverständnis setzt Lucie das Bild der Frau gegenüber, die ohne Lenkung durch den Mann ihren Weg geht, auch wenn diese Freiheit nicht unbegrenzt sein dürfe, wobei diese Einschränkung durchaus mit K.s früheren Werken kontrastiert, in denen die Frauen oft als tatkräftig, zupackend, auch listenreich und nicht selten den Männern überlegen dargestellt werden. In Reaktion auf die Erzählungen, verstärkt durch die sich begegnende Zuneigung, läutern sich die Liebenden und finden zueinander. Im Übrigen sind die Geschichten ohne unmittelbaren Bezug zur Zeit und zur schweizerischen Wirklichkeit: Es ging K. – im Namen der »Reichsunmittelbarkeit der Poesie«, wie er es einmal ausdrückte – um Grundsätzliches.

Rezeption: Der kunstvoll erzählte Zyklus hatte nur wenig Erfolg. 🎬 *Regine* (R: H. Braun, 1955/56).

Weiteres Werk: → *Gesammelte Gedichte* (1883).

1882
Theodor Fontane

Biogr.: → 1861–81/88

Schach von Wuthenow

UT: *Erzählung aus der Zeit des Regiments Gensdarmes*

Erzählung. Entst. ab 1879; ED: *Vossische Zeitung* (1882). BA: 1882 (vordatiert auf 1883).

Berlin 1806 kurz vor der preußischen Katastrophe, der Schlacht von Jena: Der traditionsstolze Rittmeister Schach von Wuthenow lässt sich in einem unbesonnenen Augenblick mit der ehemals schönen, nun durch Blatternarben entstellten Victoire von Carayon ein. Der ästhetisch sehr empfindsame von Wuthenow möchte aber trotz eines vorschnellen Heiratsversprechens dann doch keine engere Verbindung mit ihr eingehen, zumal er in seinen Ansichten völlig abhängig ist von den (Vor-)Urteilen seiner adligen Umgebung, deren Spott er fürchtet. Da er jedoch zu seinem Wort gezwungen wird, bringt er sich – skandalös für einen preußischen Offizier – unmittelbar nach der Hochzeit um.

F. stellt in seiner Erzählung deutliche Parallelen zwischen dem Einzelschicksal des Titelhelden und der Situation des dem Untergang geweihten Preußen her: Hier wie dort steht auf der einen Seite der traditionelle Anspruch auf früherworbenes Ansehen und Ehrgefühl, die zur Scheinehre geworden sind, auf der anderen Seite stehen Schwäche, fehlende Entschlossenheit und Kraftlosigkeit, die selbstsicheres Handeln verhindern.

🎬 R: R. Engel (1977, TV); *Die Geschichte des Rittmeisters Schach von Wuthenow* (R: H.-D. Schwarze, 1966).

Weitere Erzählung: → *Unterm Birnbaum* (1885).

1882/1892
Conrad Ferdinand Meyer Biogr.: → 1871

Gedichte

Die 9-teilige Slg. enthält 191 ab 1870 entst., z.T. überarbeitete Gedichte; die endgültige 5. Auflage (1892) umfasst 231 Gedichte.

»Ich bin kein Lyriker« – so äußerte sich M. 1883 selbstkritisch über seine Balladen, Liebes- und Naturlyrik, mit denen er sich markant vom vorherrschenden lyrischen Zeitgeschmack abhob: In seinen historischen Balladen greift er geschichtliche Ereignisse v. a. aus der Zeit des Mittelalters, der Renaissance und der Glaubenskämpfe auf und zeigt, wie der Einzelne in ein dramatisches geschichtliches Geschehen verwickelt wird bzw. ihm ausgeliefert ist (berühmtestes Beispiel: *Die Füße im Feuer*, 1882).

Bekannt wurde M. v. a. durch die Vielfalt der Formen und die Eleganz der sprachlichen Gestaltung seiner Naturlyrik. Dabei war er immer stärker bemüht, Stimmungen in der Natur und persönlich Empfundenes nicht mehr als Erlebnislyrik (»›Tirili‹ der Seele«, wie Th. Storm bemängelte), sondern als objektiven Ausdruck von Erfahrungen (z. B. Tod, Zeit, Kunst) darzustellen, die an Bildern und Vorgängen in der Natur symbolisiert werden (z. B. *Möwenflug*, *Schwarzschattende Kastanie*). Dieser Weg, der ein fortgesetztes Präzisieren und Verknappen der lyrischen Form einschloss (z. B. *Zwei Segel*, 1882; *Eingelegte Ruder*, 1869), führte M. in die Nähe des Symbolismus (z. B. *Wetterleuchten*, *Weihgeschenk*) und zum ›Dinggedicht‹ (z. B. *Der römische Brunnen*, dem ab 1860 12 Fassungen bis zur berühmten Endfassung, 1882, vorausgingen).

Weitere Werke (Novellen): *Die Hochzeit des Mönchs* (1883/84), → *Die Versuchung des Pescara* (1887).

1883
Gottfried Keller Biogr.: → 1854/55

Gesammelte Gedichte

K.s lyrisches Werk steht zu Unrecht im Schatten seiner Erzählprosa. Die erstmals 1846 veröffentlichten frühen Gedichte sind einerseits tastende Versuche der Selbstfindung in der Nachfolge der → *Romantik* (z. B. in der Thematik von Vergänglichkeit und Tod, s. den Zyklus *Lebendig begraben*), andererseits handelt es sich um liberale Zeitgedichte (→ *Politische Lyrik im Vormärz*). K.s *Neuere Gedichte* (1851) zeigen größere Eigenständigkeit und sind, wie die späte Lyrik, gedanklich geprägt durch den Philosophen L. Feuerbach (1804–72): K. löste sich vom christlichen Offenbarungs- und Jenseitsglauben und ging stattdessen von einer unerkenn- und unbenennbaren metaphysischen Kraft aus, die sich für ihn in allen Erscheinungsformen der sinnlich erfahrbaren Welt ausdrückt: im Reichtum und in der Schönheit der Welt wie in der Erfahrung von Vergänglichkeit und Tod. »Hoffnung« und »Verlorensein«, »Lebenslust und Todespein« (z. B. *Trübes Wetter*) existieren dabei nicht als Gegensätze, sondern als Zusammenhänge, eine Auffassung, die zu »einer mutigen Vertrautheit mit dem Tod und dem Ende aller Dinge« (P. von Matt) führte. So ist der Tod (z. B. *Die kleine Passion, Land im Herbst*) ebenso Thema wie die Freude am Diesseits (z. B. *Die Zeit geht nicht* und besonders das berühmte *Abendlied* – Th. Storm nannte es das »reinste Gold der Lyrik« – mit den Schlussversen »Trinkt, o Augen, was die Wimper hält,/ Von dem goldnen Überfluß der Welt!«).

In den späten Gedichten wurde K.s lyrischer Ton – H. Heine nicht unähnlich – distanzierter, pointierter (z. B. *Stilleben*): »Das wahrnehmbare Ich der Kellerschen Lyrik ist reduziert auf einen radikalen und melancholischen Zuschauer« (J. Fohrmann). Andererseits nahm K. in die (überarbeiteten) *Gesammelten Gedichte* bewusst auch seine für Schützen- und Sängerfeste bestimmte Gelegenheitslyrik auf, in der er die freie demokratisch-bürgerliche Gesellschaft preist, verbunden mit der Aufforderung, sich tätig für sie einzusetzen, um sie zu bewahren und zu schützen.

Weiteres Werk: → *Martin Salander* (Roman, 1886).

1883
Detlev von Liliencron

⋆ 3.6.1844 in Kiel als Friedrich Adolph Axel Freiherr von L. Preußischer Offizier (Teilnahme an den Kriegen 1866 und 1870/71), quittierte 1875 den Dienst; bis 1877 Nordamerika-Aufenthalt, ab 1882 Hardesvogt auf Pellworm, 1884–87 Kirchspielvogt in Kellinghusen. Ab 1889 in ständiger Geldnot als freier Schriftsteller in Hamburg. † 22.7.1909 in Hamburg (D, G).

Adjutantenritte und andere Gedichte

Gedichte und lyrische Prosa. Die gesammelten Gedichte erschienen 1897/1900.

L.s Lyrik, zu Lebzeiten des Dichters hochgerühmt, entzieht sich der direkten Zuordnung zu Stilrichtungen oder literarischen Theorien: L. nahm, bei meisterlicher Beherrschung der lyrischen Formen, eine Gegenposition zur epigonalen Gründerzeitlyrik (der ›Goldschnittlyrik‹) ein, auch wenn nicht alles von Rang ist. Der Wirklichkeitsbezug seiner Gedichte, die Aneinanderreihung lyrischer Momentaufnahmen, das Nebeneinander von Augenblickswahrnehmungen, ausgelöst durch sinnliche Reize, in einer ungezwungenen Sprache (z.T. mit umgangsprachlichen Wendungen) war neu und weist in der Bevorzugung der Andeutung anstelle der Ausgestaltung auf den Impressionismus voraus (→ *Fin de Siècle*). Aus seinen Gedichten spricht dabei unmittelbare Freude am Leben (z. B. *Viererzug*), an der Vielfalt der Natur (z. B. *Schöne Junitage, Herbst, Heidebilder*), an der Fülle des Daseins, die Liebe und Tod gleichermaßen einschließt (z. B. *Tod in Ähren*, *Auf dem Kirchhof*, *In memoriam*), sowie an der durchaus nicht oberflächlich erfassten Idylle (z. B. *Dorfkirche im Sommer*). Von L.s Balladen erhielt sich *Pidder Lüng* (1891), die den Freiheitskampf der Friesen gegen die Dänen behandelt; das lebendigste seiner Gedichte (*Die Musik kommt*, 1883) blieb dank der Vertonung bekannt.

Rezeption: Die Slg. wurde vom → *Naturalismus* als Durchbruch zu einer neuen Lyrik bewertet. L.s neue Art der Wirklichkeitserfassung wurde u. a. für A. Holz, K. Kraus, G. Benn zum Vorbild; nach 1918 geriet L. in Vergessenheit.

Weitere Werke: *Kriegsnovellen* (1895), *Poggfred* (Versepos, 1896).

Mythos Goethe

Goethes Größe – wiewohl »im Spannungsfeld von Negation und Apotheose« (K. R. Mandelkow) nie unumstritten und im 19. Jh. die längste Zeit von der Schillers durchaus übertroffen – war bereits den Zeitgenossen und nicht zuletzt Goethe selbst sehr bewusst. Die schon früh entgegengebrachte Verehrung gründete sich zunächst auf die herausragenden Werke (*Werther*, → 1774; *Wilhelm Meister*, → 1795–96 und 1821/29; *Faust*, → 1808 und 1832); sie nahm ab den Jahren der → *Weimarer Klassik* mehr und mehr kultische Züge an, indem die Person des Dichters mit seinem Werk zu einem höheren Wesen erhoben wurde, dessen Anschauung zu innerer Bildung und sittlicher Vollendung führen sollte: Unter den Verehrern sind hier neben den Dichtern der Jenaer Frühromantik (z. B. A. W. und Fr. Schlegel, Novalis, L. Tieck) und den sog. Weimarischen Kunstfreunden (J. P. Eckermann, Fr. W. Riemer, Fr. v. Müller u. a.), v. a. Rahel Varnhagen v. Ense und ihr Salon in Berlin sowie Bettina v. Arnim mit ihrem ›Briefroman‹ *Goethes Briefwechsel mit einem Kinde* (1835) zu nennen.

Auf seine Weise betrieb aber auch Goethe selbst eine nicht unmaßgebliche Selbststilisierung (vgl. Th. Mann: → *Lotte in Weimar*, 1939), die mit der Inszenierung eines bestimmten Lebensstils (Wohnhaus, Arrangement der Besuche, Korrespondenz) begann und in der bewussten Rezeptionslenkung durch die Autobiographie (→ *Aus meinem Leben*, 1811–33), die Herausgabe des Briefwechsels mit Schiller (1828/29) sowie die sorgfältige Aufbewahrung der Manuskripte endete. Am Ende seines Lebens war er sich nicht nur »selbst historisch« geworden, sondern sah sich und sein Werk, wie er zu Fr. Soret bemerkte, als ein »collectives Wesen«, das den Namen Goethe trage.

Diesem Sammelwesen wurde ein immenses Editionswerk gewidmet, wie es kein Autor zuvor oder danach erfuhr: Am Anfang stand das noch von Goethe begonnene Vermächtnis der 60-bändigen Werkedition letzter Hand (1831–42), der ab 1869 die erste kommentierte Werkausgabe folgte und die ihre Vollendung in den 133 Bänden der großen *Weimarer*

Ausgabe (1887–1919) fand. Dann erschienen Dokumentationen von Goethes Gesprächen (Eckermann, 1836/48; Riemer, 1841; Müller, 1870, Biedermann, 1889–96), Sammlungen der Briefe, amtliche und naturwissenschaftliche Schriften, Urteile von und über Goethe, Tagebücher, Notizen usw. Sie wurden ab 1880 im *Goethe-Jahrbuch* auf ein wissenschaftliches Niveau gebracht, denn inzwischen hatte sich eine spezialisierte GOETHE-PHILOLOGIE herausgebildet. So hatte mit G. G. Gervinus' *Geschichte der poetischen National-Literatur der Deutschen* (1835/42) die literarhistorische Inthronisierung des klassischen Zweigestirns Goethe/Schiller begonnen, die 1857 im Weimarer Doppeldenkmal ihren figürlichen Ausdruck gefunden hatte. 1861 kam es in Berlin zu einem Goethe-Kolloquium, 1867 erschien als Nr. 1 von Reclams Universalbibliothek Goethes *Faust* und nach 1870 gehörten Goethe-Vorlesungen ins Programm der Universitätsgermanistik (z. B. H. Grimm, W. Scherer, E. Schmidt, B. Suphan). 1885 wurde die *Goethe-Gesellschaft* sowie das Goethe-Archiv (später: Goethe- und Schiller-Archiv) gegründet. Zugleich wurde Goethes Wohnhaus am Weimarer Frauenplan Nationalmuseum, nachdem sich schon ab 1859 in Frankfurt/Main mit dem *Freien Deutschen Hochstift* ein erstes Goethe-Zentrum gebildet hatte.

Die institutionelle Festigung der Goethe-Forschung bis 1900 schloss auch eine zunehmende MYTHISIERUNG Goethes ein: Wo für Novalis 1798 Goethe noch als der »wahre Statthalter des poetischen Geistes auf Erden« gegolten und Heine (wenn auch augenzwinkernd) von »Wolfgang Apollo« gesprochen hatte, stieg der Weimarer Dichter im Kaiserreich noch vor Luther zum nationalen Geisteshelden auf und damit in die Nähe des politischen Helden Bismarck. Während L. Börne Goethe in vormärzlicher Kritik als »Zeitablehnungsgenie« verurteilt hatte, war der Olympier jetzt der ganz und gar zeitgemäße Garant für die Einheit von Geist und Macht im neuen Deutschen Reich geworden: Im Begriff des ›Faustischen‹ vereinten sich geistiges und nationales Weltmachtstreben. Mit diesem problematischen Leitbild des Deutschen, das bis ins 20. Jh. (1918, 1933, 1945) hinein bemüht wurde, hat sich Th. Mann in seinem Roman → *Doktor Faustus* (1947) kritisch auseinandergesetzt.

1885
Theodor Fontane

Biogr.: → 1861–81/88

Unterm Birnbaum

Erzählung. ED: *Die Gartenlaube* (1885); BA: 1885.

Die Kriminalgeschichte spielt um 1830 in einem Dorf in der Nähe von Frankfurt/Oder. Der Gastwirt Hradscheck, der sich in Geldnot befindet, ermordet und beraubt einen Reisenden und vergräbt ihn im Keller des Hauses. Er und seine Frau können den Mordverdacht abwenden, weil unter dem Birnbaum, unter dem der Ermordete angeblich vergraben sein soll, die Leiche eines französischen Soldaten aus der Zeit der Befreiungskriege entdeckt wird. Dennoch verfolgt der Mord beide: Hradschecks Frau wird krank und stirbt, er selbst wird später tot neben der Leiche des Reisenden im Keller gefunden.

Im Mittelpunkt des Geschehens stehen nicht der Mord und die Suche nach dem Mörder, sondern die Frage, wie einer zum Mörder wird und ob und in welcher Weise die Wahrheit an den Tag kommt. Unübersehbar und fast schon naturalistisch in der sozialpsychologischen Begründung ist dabei F.s Kritik an einer Gesellschaft, die sich von Aberglauben, Klatsch und Halbwissen leiten lässt.

Rezeption: Zusammen mit Schillers *Der Verbrecher aus verlorener Ehre* (1786/92), A. v. Droste-Hülshoffs → *Die Judenbuche* (1842) und H. Kurz' → *Der Sonnenwirt* (1854) ist das Werk ein Klassiker der dt. Kriminalgeschichte. R: G. Klingenberg (1963, TV), R: R. Kirsten (1973); *Der stumme Gast* (R: H. Braun, 1945).

Weitere Romane: *Cécile* (1887), → *Irrungen, Wirrungen* (1887/88).

1886

Gottfried Keller

Biogr.: → 1854/55

Martin Salander

Roman. ED: *Deutsche Rundschau* (1886); BA: 1886.

Die gescheiterte Revolution von 1848 hatte in der Schweiz nicht wie in Deutschland die Wendung zur Restauration zur Folge. K. konnte daher weiterhin für Demokratie, freie Diskussion und das politische Engagement der Bürger eintreten. In diesem zweiten und letzten Roman wird aber seine Enttäuschung über die gesellschaftspolitische Entwicklung der vergangenen Jahrzehnte in der Schweiz deutlich: Martin Salander, ein anständiger Kaufmann und Demokrat, wird durch gewissenlose, profitgierige Geschäftsleute zweimal um sein Vermögen gebracht. Es gelingt ihm noch einmal, ein Geschäft aufzubauen, doch wird er enttäuscht durch die Ehe seiner Töchter mit opportunistischen und betrügerischen Politikern.

K. stellte eine Welt dar, die fast nur noch von Egoismus und Profitinteressen geleitet wird, da er den Untergang seiner politischen Ideale, d. h. den Niedergang der humanen und sozialen Werte (›Gemeinsinn‹), befürchtete. Gleichwohl schrieb er keinen gesellschaftskritischen Gegenwartsroman: Indem er die Geschichte der Salander-Familie in den Vordergrund rückte, wollte er sich trotz vorherrschender Skepsis einen Rest von sozialer Utopie bewahren; doch eine geplante Fortsetzung, *Arnold Salander*, die ein Gegenentwurf hatte werden sollen, kam nicht mehr zur Ausführung.

1887
Marie von Ebner-Eschenbach

* 13.9.1830 in Zdislavic (Mähren). E. lebte nach ihrer Heirat überwiegend in Wien, erzielte ab 1880 ihren Durchbruch als Erzählerin. 1900 erste Ehrendoktorin der Wiener Universität. † 12.3.1916 in Wien. Gedenkstätte: Zdislavic (G).

Das Gemeindekind

Roman. ED in: *Deutsche Rundschau* (1887); BA: 1887.

Erzählt wird die Lebensgeschichte eines ›Geringen‹, Pavel Holub, dessen Vater gehenkt wurde und dessen Mutter unschuldig im Zuchthaus sitzt. Pavel wird in seinem Heimatort als »Gemeindekind«, d. h. als Sozialfall, widerwillig versorgt und von den Dorfbewohnern diskriminiert. Schlechtem Einfluss ausgesetzt wird er zum rabiaten Außenseiter. Erst die inständige Bitte seiner im Kloster erzogenen Schwester sowie die Hilfe eines Lehrers bringen Pavel dazu, sein Leben zu ändern und eine geachtete Stellung in der Gesellschaft zu erringen. Sein Weg verdeutlicht, was der Lehrer als soziales Szenario durchaus ambivalent formuliert: »Ihr Geringen [...] von euch geht aus, was Fluch oder Segen der Zukunft sein wird.«

Der sozialkritische Roman ist geprägt durch einen knappen, klaren Stil, realistische Schilderungen und die einfühlsame Darstellung einer seelisch-geistigen Entwicklung. Unbeeindruckt von naturalistischen Determinationstheorien bekräftigte E. damit ihre Auffassung, dass christliche Überzeugung, der Glaube an das Gute im Menschen und die humane Achtung gerade auch den ›Geringen‹, den gefährdeten Einzelnen, retten könnten und dass es möglich wäre, der Gesellschaft über individuelle sittliche Bildung – von unten auf – eine menschlichere Gestalt zu geben.

Rezeption: Zusammen mit F. v. Saar gilt E. als Hauptvertreterin des österr. Spätrealismus.

Weitere Werke: *Aphorismen* (1880), *Dorf- und Schloßgeschichten* (Erzählungen, 1883, darin: *Krambambuli*), *Meine Kinderjahre* (Autobiogr., 1906).

1887
Conrad Ferdinand Meyer

Biogr.: → 1871

Die Versuchung des Pescara

Novelle. ED: *Deutsche Rundschau* (1887); BA: 1887.

Die historische Novelle spielt 1526 in Italien: Der im Dienste des habsburgischen Kaisers Karl V. stehende Feldherr Pescara hat im Kampf um die Herrschaft in Italien den französischen König Franz I. besiegt und bedroht durch weiteren Vormarsch die Selbständigkeit der italienischen Stadtstaaten Mailand und Florenz. Durch das kühne Angebot, die Seite zu wechseln

und – belohnt mit der Königswürde – gegen Habsburg für die italienische Einheit zu kämpfen, soll Pescara in Versuchung gebracht werden. Doch dieser schwankt keinen Augenblick: Er hat bei seinem Sieg eine tödliche Verletzung erlitten und weiß um seinen baldigen Tod. Daher weist er das Angebot zurück und siegt für seinen Herrn in der letzten Schlacht.
Gegen die Logik der Novellenhandlung wird häufig eingewandt, dass Pescara als Todgeweihter eigentlich ohnehin nicht versuchbar gewesen sei; allenfalls seien es diejenigen gewesen, die mit einem verräterischen Plan Italiens Einheit hätten begründen wollen. Überzeugender ist indes die Deutung, dass es sich nicht um die Problematik des politischen Verrats, sondern um die innere Läuterung des Helden angesichts des Todes handele, und folglich gehe es nicht um zu erringende Macht und Größe, sondern um das Bewusstsein von Vergänglichkeit und Leiden. Die Christus-Parallele (dieselbe Lanzenwunde an der Seite) wirkt dabei allerdings aufgesetzt.
Rezeption: Die Novelle erreichte bis 1893 7 Auflagen.
Weitere Novelle: *Angela Borgia* (1891).

1887/1888
Theodor Fontane

Biogr.: → 1861–81/88

Irrungen, Wirrungen

Roman. ED: *Vossische Zeitung* (1887, mit dem UT: *Eine Berliner Alltagsgeschichte*); BA: 1888.
Der schmale Roman (150 S.n) schildert die kurze Liebe zwischen der in einfachen Verhältnissen lebenden Lene Nimptsch und dem preußischen Offizier Botho von Rienäcker. V. a. Lene weiß, dass ihre Liebe keine Zukunft hat, da für Botho eine Ehe mit ihr nicht standesgemäß wäre. Außerdem erwartet die in wirtschaftliche Not geratene Familie Bothos, dass er seine Kusine Käthe heiratet, die über eine reiche Mitgift verfügt. Botho und Lene beugen sich schließlich dem Anspruch der Gesellschaft: Botho heiratet aus Pflichtgefühl Käthe, Lene geht später eine Verbindung mit einem älteren Laienprediger ein.
F. beschreibt unterschiedliche soziale Milieus, von denen aber keine determinierende Wirkung (wie etwa im → *Naturalismus*) auf die Menschen ausgeht. Warum Botho und Lene den gesellschaftlichen Zwängen unterliegen, ist für F. – obwohl er diese kritisch beleuchtet – nicht die entscheidende Frage. Wichtiger für ihn ist, *wie* sie es tun. Das Problem einer nicht standesgemäßen Liebesbeziehung thematisiert auch F.s Roman *Stine* (1890).
R: R. Troesch (1963, TV), R: R. Noelte (1966, TV).
Weiterer Roman: → *Unwiederbringlich* (1891).

1888
Gerhart Hauptmann

* 15.11.1862 in Salzbrunn (Schlesien). Nach einem Bildhauerstudium (1880–82) in Dresden ab 1885 als freier Schriftsteller in Berlin-Erkner, ab 1891 in wechselnden Wohnorten, ab 1900 in Agnetendorf (Schlesien) und Kloster (Hiddensee) lebend. 1912 Literatur-Nobelpreis (für → *Die Weber*, 1892). † 6.6.1946 in Agnetendorf. Gedenkstätten: Agnetendorf/Polen (M), Berlin (D), Erkner (M), Kloster (G, M), Schreiberhau/Polen (M).

Bahnwärter Thiel

UT: *Novellistische Studie* (ab 1892)

Novelle. ED: *Die Gesellschaft* (1888); BA: 1892.

H., später berühmt geworden als Dramatiker, schildert in seiner bekanntesten Novelle den Weg eines Menschen in den Wahnsinn: Thiel arbeitet als Bahnwärter in einem einsamen Streckenhäuschen, das er zu einer Gedenkstätte für seine erste Frau gemacht hat. Diese starb bei der Geburt des Sohnes Tobias, doch fühlt er sich mit ihr durch »eine mehr vergeistigte Liebe« weiterhin verbunden. Thiels zweite Frau, Lene, ist in allem das Gegenteil der ersten: Ihr ist er sexuell hörig. Als sie droht, in Thiels heimliche Welt einzudringen, und den Tod von Tobias mitverschuldet, erschlägt er sie und ihr gemeinsames Kind im Affekt.

H. behandelt hier ein Thema, das er in seinen späteren Dramen häufiger aufgriff: das Verhältnis von Freiheit und Unfreiheit menschlichen Handelns. Thiel ist, isoliert durch seine soziale Situation (Beruf und Armut), unkontrollierbaren Mächten ausgeliefert, die sich nicht nur in ihm selbst manifestieren (Sexualität), sondern die er auch in Visionen erfährt, d. h. in übermächtigen Erscheinungen in der Natur und in der spürbaren Gewalt der neuen Technik. Die mystische Verbindung zu seiner ersten Frau, die Bindung an die Kirche und das Mitleid mit Tobias zeigen, dass er das Bedürfnis nach Befreiung von dieser Fremdbestimmung hat, ihm dazu aber die Kraft fehlt. Die »novellistische Studie« gilt einerseits als erzählerischer Durchbruch zum → *Naturalismus* (Thematisierung von sozialer und psychischer Entfremdung), geht aber mit ihrer symbolistischen Erzählweise (»Diese Außenwelt ist Innenwelt«, P. Sprengel) zugleich über ihn hinaus.

Rezeption: Die Novelle erhielt großen Beifall und erreichte in 30 Jahren eine Auflage von über 100 000 Exemplaren. 🎬 R: W. Völger (1968, TV), H.-J. Kasprzik (1982, TV).

Weiteres Werk: → *Vor Sonnenaufgang* (Drama, 1889).

1888
Max Kretzer

* 7.6.1854 in Posen. In Armut aufgewachsen, wurde er ab 1867 Fabrikarbeiter, dann Malergehilfe in Berlin, nach schwerem Arbeitsunfall ab 1880 freier Schriftsteller. † 15.7.1941 in Berlin (G).

Meister Timpe

UT: *Sozialer Roman*

Am Beispiel des Drechslermeisters Johannes Timpe, dessen Vater und Sohn zeigt K. das Schicksal einer Handwerkerfamilie im Berlin des 19. Jh. Der Vater hatte noch die Blütezeit des Handwerks in der vorindustriellen Zeit erlebt, der Sohn Johannes bestreitet nach 1870 den vergeblichen Kampf des Kleinhandwerkers gegen die konkurrierende Fabrik des Nachbarn Urban. Diesem schließt sich der gewissenlose, zweite Sohn Franz an, der statt Handwerker Kaufmann geworden ist und sich skrupellos am Untergang des Familienbetriebs beteiligt, der mit dem verzweifelten Selbstmord Meister Timpes endet. Franz verkörpert dabei, wie der Erzähler kommentiert, »die große Lüge unserer Zeit, welche die Geistesbildung über die Herzensbildung und den Schein über das Sein stellt«. Parallel zum Niedergang des Handwerks durch die uniforme Massenproduktion wird außerdem die Zerstörung Alt-Berlins durch den Bau neuer Mietskasernen und der Stadtbahn dargestellt.

Obwohl K. von Zeitgenossen als der ›deutsche Zola‹ bezeichnet wurde, steht ihm Ch. Dickens näher, denn er besitzt nicht die geradezu wissenschaftlich registrierende Sicht des französischen Naturalisten, sondern ergreift (besonders durch den kommentierenden Erzähler) mitfühlend Partei für die Opfer des kapitalistischen Wirtschaftssystems, ohne deshalb mit der Politik der Arbeiterbewegung konform zu gehen (→ *Literatur und Arbeiterbewegung*). K.s Roman ist traditionell erzählt, ebenso sehr unterhaltender Familien- wie anklagender Sozialroman und nicht allein auf den → *Naturalismus* reduzierbar.

Rezeption: Die Darstellung Berlins als wachsendes Industriezentrum mit seinen sozialen Folgen ließ *Meister Timpe* zu einem der ersten dt. Großstadtromane werden. Eine 2. Auflage erschien 1927; K.s mehr als 30 Romane erreichten eine Gesamtauflage von über einer Million Exemplaren. 🎬 R: H. Griesmayr (1980, TV).

Weitere Werke: *Berliner Novellen und Sittenbilder* (1883), *Die Verkommenen* (Roman, 1883), *Berliner Erinnerungen* (Autobiogr., 1939).

1888
Wilhelm Raabe

Biogr.: → 1856

Das Odfeld

Erzählung. ED: *Nationalzeitung* (1888); BA: 1888 (vordatiert auf 1889).

1761, zur Zeit des Siebenjährigen Krieges, findet auf dem Odfeld (Odinsfeld) bei Holzminden ein Kampf zwischen französischen und preußisch-englischen Truppen statt, in den eine Gruppe von flüchtenden Zivilisten gerät: der alte Schulmeister Noah Buchius sowie zwei junge Liebespaare. Der Herzog von Braunschweig, Feldherr der Alliierten, rettet sie vor der Misshandlung durch eine brutale Soldateska. Nach überstandenen Leiden, die die Gruppe nur durch den Mut und die Unerschütterlichkeit des ›passiven Helden‹ Buchius ertragen konnte, kehrt sie über das mit Toten bedeckte Schlachtfeld heim.

Die von R. ins Zentrum der mehrschichtigen Erzählung gestellte Schlacht hat historisch nicht stattgefunden; trotz der sehr realistischen Schilderung ging es ihm offenbar nicht darum, eine konkrete Situation darzustellen. Vielmehr wollte er am Beispiel des Schauplatzes Odfeld (nach R. der »eigentliche ›Held‹ des Buches«) Schrecken und Elend, Not und Leid der Menschen, wie sie der Krieg überall und zu allen Zeiten mit sich bringt, deutlich machen. Dies gelang ihm, indem er – erzähltechnisch sehr modern – in die berichteten Vorgänge Bezüge zu vergangenen Geschehnissen (z. B. Anspielungen, Verweise auf historische Parallelen, Zitate) montierte. Die Erzählung, eine »makabre ›Idyllenumschrift‹« (P. Sprengel), gehört zu R.s reifsten Werken.

Bis 1904 erschienen 4 Auflagen. Die Erzählung erfuhr erst durch die das Spätwerk R.s aufwertende jüngere R.-Forschung neue Anerkennung; markant für dieses Spätwerk ist die Gestalt des Sonderlings.

Weiteres Werk: → *Stopfkuchen* (Roman, 1891).

1888
Theodor Storm

Biogr.: → 1850

Der Schimmelreiter

Novelle. ED: *Deutsche Rundschau* (1888); BA: 1888.

Die letzte und erfolgreichste von St.s über 50 Novellen, die er kurz vor seinem Tod abschloss, hat einen doppelten Rahmen, durch den die im 18. Jh. spielende Binnenerzählung schrittweise ferner bzw. näher gerückt wird: Zunächst berichtet der erste Erzähler, ein Reisender, von einer Begegnung mit einer geisterhaften Erscheinung am Deich: dem »Schimmelreiter«. Die Geschichte dieses Spuks und des Deichgrafen Hauke Haien erzählt ihm, verbunden mit eindrucksvollen Naturschilderungen, (als zweiter Erzähler) dann der Dorfschullehrer: Schon als Junge am Deichbau interessiert, sei Hauke Haien in den Dienst des Deichgrafen getreten, habe dessen Tochter geheiratet, das Amt geerbt und habe, schonungslos gegen sich und seine Familie sowie gegen dörflichen Widerstand, einen neuen, riskanten Deich bauen lassen, um Land zu gewinnen. Als der alte, durch Haiens Nachgiebigkeit nicht reparierte Deich bei einer Sturmflut gebrochen und Frau und Kind dabei umgekommen seien, sei Haien auf dem Schimmel in das aufgewühlte Meer geritten, um den Tod zu finden. Seitdem, so meinten die Leute, erscheine er bei Sturmfluten als Wiedergänger.

Haien – so schildert ihn der Erzähler mit viel Sympathie – tritt als Mensch mit großem Durchsetzungsvermögen und voller Vertrauen in die eigene Kraft auf. Seine auf Rationalität gegründete Überlegenheit, die etwas Faustisches hat, fordert indes den Widerstand der Mitmenschen heraus, die abergläubisch meinen, er stehe im Bund mit dämonischen Kräften. Letztlich muss er jedoch – wie oft bei St. – an der dem Willen des Menschen überlegenen Natur scheitern, wenngleich sein Werk bestehen bleibt. Insofern feiert die Novelle – im nicht aufgelösten Widerspruch zwischen Haiens Leistung und der Tatsache des Spuks – keinen Helden, sondern kritisiert das »Ideal des gründerzeitlichen Übermenschen« (J. Hermand).

Rezeption: Die Novelle gehört bis heute zum klassischen Bestand der Schullektüre. R: C. Oertel/H. Deppe (1933), R: A. Weidenmann (1978), R. Kl. Gendries (1984, TV).

Naturalismus

Während im → *Realismus* die angestrebte Darstellung der Wirklichkeit durch die Forderung nach ›Verklärung‹ eingeschränkt war, galt dem Naturalismus (um 1880–1900; enger: 1885–95) deren vollständige, durch sprachliche Mittel möglichst deckungsgleiche Wiedergabe (›Mimesis‹) als unbedingtes Ziel. Die Wegbereiter des Naturalismus in Deutschland waren die Brüder H. und J. Hart (*Kritische Waffengänge*, 1882–84), C. Bleibtreu (*Revolution der Litteratur*, 1886) und W. Bölsche (*Die naturwissenschaftlichen Grundlagen der Poesie*, 1887); von A. Holz stammt die Formel, dass Kunst Natur –x sei, wobei x die Begrenztheit des sprachlichen Ausdrucks bezeichnet (*Die Kunst. Ihr Wesen und ihre Gesetze*, 1891/92). Die wichtigste Zeitschrift des Naturalismus war *Die Gesellschaft* (1885–1902).

Das naturalistische Literaturprogramm verstand sich als sozialkritisch und avantgardistisch; Ort dieser Literatur war die moderne Großstadt, d. h. Berlin. Die Sozialkritik hatte ihren Anlass in dem durch die Industrialisierung hervorgerufenen Elend des Proletariats (Ausbeutung, Armut, Alkoholismus, Prostitution, Krankheit), wobei dieses Engagement in der Tradition liberaler Gesellschaftskritik seit dem Vormärz stand; daher kam es

auch gelegentlich zur Selbstbezeichnung ›jüngstes Deutschland‹. Der Arbeiterbewegung (bis 1890) stand der Naturalismus zwar nahe, grenzte sich aber von der marxistisch geprägten ›Tendenzliteratur‹ der Sozialdemokratie (→ *Literatur und Arbeiterbewegung*) ab; umgekehrt tat dies die SPD ihrerseits 1896 in der sog. Naturalismus-Debatte auf dem Gothaer Parteitag. Neu war – unter Verzicht auf jegliche Form der Idealisierung – außerdem die Anpassung der Literatur an die Erkenntnisse der modernen Wissenschaft (Naturwissenschaft, Soziologie, Psychologie), wie sie in den Werken von Ch. Darwin, H. Taine, A. Comte, W. Bölsche repräsentiert waren. Der Naturalismus stieß zunächst auf breite Ablehnung im Bürgertum (Wilhelm II. warf ihm vor, dass er »in den Rinnstein niedersteigt«). Dezidiert antinaturalistisch und antimodern gab sich die sog. Heimatkunstbewegung, deren Hauptvertreter Autoren wie G. Frenssen, L. Ganghofer, H. Löns waren.
Literarische Vorbilder waren moderne europäische Autoren wie z. B. E. Zola, die Brüder Goncourt, H. Ibsen, A. Strindberg, L. Tolstoi, F. Dostojewski, in deren Werken der Mensch – unterschiedlich radikal – als Produkt von Vererbung, Milieu und der jeweiligen geschichtlichen Situation gezeigt wird. In Deutschland setzte sich der Naturalismus besonders im Theater durch (G. Hauptmann: → *Vor Sonnenaufgang*, 1889, → *Die Weber*, 1892; H. Sudermann: → *Die Ehre*, 1889); am konsequentesten wurden seine Prinzipien in dem Drama → *Die Familie Selicke* (1890) von A. Holz und J. Schlaf umgesetzt sowie in der von W. Arent herausgegebenen Anthologie *Moderne Dichter-Charaktere* (1885, darin das für die Lyrik programmatische Vorwort *Unser Credo* von H. Conradi) und den Gedichten von A. Holz (*Das Buch der Zeit*, 1886). Im Bereich der Epik erregten die Prosaskizze → *Papa Hamlet* (1889) von A. Holz und J. Schlaf sowie G. Hauptmanns Novelle → *Bahnwärter Thiel* (1888) das größte Aufsehen. Zu nennen sind aber auch die Romane von M. Kretzer (→ *Meister Timpe*, 1888) und W. v. Polenz (*Der Büttnerbauer*, 1895). Nach 1890 entfernten sich Holz und Hauptmann vom Naturalismus, blieben aber dessen Grundprinzipien weiter verpflichtet (z. B. G. Hauptmann: → *Die Ratten*, 1911).

1889
Hermann Sudermann

* 30.9.1857 in Matzicken (Ostpreußen). 1875–79 Studium (Neuere Philologie, Geschichte) in Königsberg und Berlin. 1881–82 Redakteur in Königsberg, danach als freier Schriftsteller vorwiegend in Berlin lebend. † 21.11.1928 in Berlin (G).

Die Ehre

Schauspiel (Prosa). UA: 27.11.1889 in Berlin. BA: 1890.

Alma, Tochter des invaliden Arbeiters Heinicke, Bewohner eines Berliner Hinterhauses, wird von Kurt, Sohn des im Vorderhaus wohnenden Fabrikanten Mühlingk, verführt. Ihr Bruder Robert verlangt daraufhin die Wiederherstellung der Ehre durch Heirat oder Duell. Beides wird von der Familie Mühlingk abgelehnt; stattdessen lässt sie den Heinickes eine hohe Geldsumme als Entschädigung zukommen, die freudig akzeptiert wird. Robert, unzufrieden mit dieser ›ehrlosen‹ Lösung, wird als Störenfried von der Firma entlassen und von der Familie verstoßen, eine erhoffte Verbindung mit Mühlingks Tochter Lenore erscheint aussichtslos. Als Robert jedoch von seinem reichen Freund Graf Trast von der Rache an Kurt abgehalten wird und Lenore Robert ihre Liebe gesteht, wird er von Trast als Teilhaber und Erbe eingesetzt und sogleich als künftiger Schwiegersohn von Mühlingk akzeptiert.

Das Stück wurde – v. a. wegen der genauen Darstellung des Hinterhausmilieus – als Musterbeispiel eines naturalistischen Dramas aufgefasst. S. geht es zwar um die Gegenüberstellung sozialer Unterschiede, doch nicht, um anzuklagen, sondern um – wie im französischen Boulevardtheater bzw. »halb Marlitt, halb Ibsen im Herzen« (O. Brahm) – bühnenwirksame Auftritte der handelnden Personen zu ermöglichen. Die Ehre wird dabei von S. – standesabhängig – nach außen hin unterschiedlich bewertet. Sie sei aber – standesunabhängig – in jedem Fall käuflich. Dem widersprach G. Hauptmann mit seinem Drama → *Rose Bernd* (1903).

Rezeption: Das Schauspiel erlebte nach der sensationellen UA mehr als 100 Aufführungen und begründete S.s Ruhm, der nach 1900 abnahm.

Weitere Werke: *Frau Sorge* (Roman, 1887), *Heimat* (Schauspiel, 1893), *Litauische Geschichten* (Novellen, 1917, darin: *Die Reise nach Tilsit*), *Das Bilderbuch meiner Jugend* (Autobiogr., 1922).

1889
Bertha von Suttner

⋆ 9.6.1843 in Prag. Ab 1873 Erzieherin in Wien, 1876–83 Musik- und Sprachlehrerin in Georgien, danach als Schriftstellerin, Journalistin und ab 1891 als Funktionärin in der europ. Friedensbewegung tätig. Sie lebte ab 1883 in Harmannsdorf, ab 1902 in Wien. 1905 Friedensnobelpreis. † 21.6.1914 in Wien. Gedenkstätte: Gotha (G).

Die Waffen nieder!

UT: *Eine Lebensgeschichte*

Roman.

Erzählt wird die Lebensgeschichte der Komtess Martha Althaus, die in den Kriegen zwischen 1859 und 1870/71 (Italienischer Einigungskrieg, Preußisch-Österreichischer Krieg, Deutsch-Französischer Krieg) ihren ersten und zweiten Ehemann verliert und zur Pazifistin wird.

Der Roman hat keine autobiographischen Bezüge; S. erwarb sich durch intensives Quellenstudium die nötigen Kenntnisse, um die Brutalität des Kriegsgeschehens und das damit verbundene Elend realistisch schildern zu können. Einmontiert in die in sich schon multiperspektivische Erzählung sind Originalzitate aus der Tagespresse und aus offiziellen Verlautbarungen, die dem Text einen dokumentarischen Charakter verleihen, dem Krieg die »mystisch-historisch-politische Weihe« (B. v. S.) nehmen und damit die klar herausgestellte pazifistische Botschaft verstärken. Der Roman gilt, wenn auch in seiner literarischen Qualität umstritten, als einer der ersten Anti-Kriegsromane. An seine Montagetechnik knüpft noch E. Köppens Anti-Kriegsroman → *Heeresbericht* (1930) an.

Rezeption: Der Roman wurde 1892 im sozialdemokratischen Parteiorgan *Vorwärts* abgedruckt und 1893 dramatisiert. Er hatte 1917 die 40. Auflage erreicht und wurde in 16 Sprachen übersetzt. 🎬 *Nieder mit den Waffen* (dän. Stummfilm, R: H. Madsen, 1914).

Weiteres Werk: *Memoiren* (1909).

1889
Arno Holz / Johannes Schlaf

Biogr. H.: * 26.4.1863 in Rastenburg (Ostpreußen). Nach dem Gymnasium (ohne Abschluss) Tätigkeit als Journalist und freier Schriftsteller in Berlin. 1887–92 Zusammenarbeit mit Sch. † 26.10.1929 in Berlin (G).

Biogr. Sch.: * 21.6.1862 in Querfurt. 1884/85 Studium in Halle und Berlin (Germanistik). 1887–92 Zusammenarbeit mit H. in Berlin, danach bis 1897 Aufenthalt in Heilanstalten. Lebte ab 1904 in Weimar, ab 1937 als freier Schriftsteller in Querfurt. † 2.2.1941 in Querfurt (G, M).

Papa Hamlet

3 Prosastücke (*Papa Hamlet*, *Der erste Schultag*, *Ein Tod*), erschienen unter dem Pseudonym: Bjarne P. Holmsen.

Gegenstand der Dichtung sollte – nach Auffassung des → *Naturalismus* – auch die durch Krankheit, Alkoholismus und rohe Sexualität determinierte Elendswelt der Armen sein: In *Papa Hamlet* lebt der sich zum Hamlet-Darsteller berufen fühlende, aber gescheiterte, zum Alkoholiker gewordene Schauspieler Thienwiebel mittellos mit kranker Frau und krankem Säugling in einem ärmlichen Zimmer. Eines Nachts kommt er völlig betrunken nach Hause, fühlt sich durch das weinende Kind gestört, will das Schreien abstellen – und das Kind stirbt, wobei unklar bleibt, ob er es erwürgt hat oder ob es erstickt ist. Kurz darauf findet man den toten Schauspieler auf der Straße: »Erfroren durch Suff!«, wie die Polizei feststellt.

Das ganz und gar Neue an dieser Skizze war aber nicht der Inhalt, sondern die konsequente Erzählweise: Es gibt nicht mehr den Erzähler, der berichtet und schildert, es gibt nur noch Bemerkungen zum Verhalten, zur Gestik und Mimik der Personen (wie die Regieanweisungen von Bühnenstücken). Im Vordergrund stehen Szenen und die direkte Rede. Jeder Augenblick, jeder wahrnehmbare Vorgang der Realität soll dabei durch sprachliche Mittel (Jargon, Interjektionen, Interpunktionshäufung usw.) Sekunde für Sekunde reproduziert werden (›Sekundenstil‹).

In *Der erste Schultag* schildern H. und Sch. das Leiden eines Schülers, verursacht durch einen autoritär-sadistischen Lehrer, und in *Ein Tod* wird das Sterben eines im Duell verletzten Studenten dargestellt.

Rezeption: Das Buch schlug »wie eine Bombe ein« (S. Lublinski) und machte beide Autoren, deren Pseudonym bald gelüftet war, schlagartig berühmt.

Weitere Werke: H.: *Das Buch der Zeit* (Gedichte, 1886), → *Phantasus* (1898–99); H. und Sch.: → *Die Familie Selicke* (Drama, 1890).

1889
Gerhart Hauptmann

Biogr.: → 1888

Vor Sonnenaufgang

UT: *Soziales Drama in fünf Aufzügen*

BA: 1889; UA (privat): 20.10.1889 in Berlin (Theaterverein *Freie Bühne*).

Im Mittelpunkt des Dramas steht der durch plötzlichen Reichtum und Alkoholismus bedingte physische und moralische Verfall der schlesischen Bauernfamilie Krause. Nur die Tochter Helene aus erster Ehe Krauses, erzogen von den Herrnhutern, kann sich (noch) dem Niedergang entziehen und erhofft sich durch die Verbindung mit Loth, einem zugereisten Sozialreformer und Gesundheitsapostel, eine Rettung aus dem Elend. Als Loth jedoch erfährt, dass Helene aus einer Trinkerfamilie stammt (Alkoholismus galt als Erbkrankheit), verlässt er sie. Verzweifelt begeht Helene am nächsten Morgen (vor Sonnenaufgang) Selbstmord. H. meidet offene Sozialkritik. Er geht stattdessen vom problematischen Verhalten der einzelnen Menschen aus: Loth, der das Glück aller anstrebt, dem aber das Leid des Einzelnen (Helene) gleichgültig ist, diskreditiert seine sozialreformerischen Ideen.

Der Bühnenerfolg ist zurückzuführen auf die konsequente dramatische Umsetzung der Milieu- und Vererbungstheorie des → *Naturalismus*. Bühnenbild und auftretende Personen sind durch genaue Anweisungen beschrieben. Dialog und Monolog werden durch Mimik und Gestik zurückgedrängt. An die Stelle der Theatersprache tritt die Alltagsprache, hier vermischt mit oberschlesischem Dialekt – eine Sprache, die Gefühle unmittelbar wiedergibt, auch durch Versprechen, Stammeln, Stottern. Noch nie waren in einem deutschen Drama Elend, Hässlichkeit und moralische

Verkommenheit (z. B. sexuelle Belästigung der Tochter durch den Vater) so schonungslos dargestellt worden. In dem Schauspiel *Das Friedensfest* (UA: 1.6.1890) variierte H. die Thematik des Verfalls einer Familie.

Rezeption: Die von Tumulten unterbrochene UA brachte den Durchbruch des naturalistischen Dramas in Deutschland. 🎬 R: O. Döpke (1979, TV).
Weiteres Schauspiel: → *Die Weber* (1892).

1889
Hermann Conradi

* 12.7.1862 Jeßnitz (Anhalt). Ab 1884–89 Studium (Philosophie, Literatur) in Berlin und Leipzig, daneben und von da ab freier Schriftsteller. † 8.3.1890 in Würzburg (G).

Adam Mensch

Roman.
C. trat als talentierter junger Wilder des → *Naturalismus* auf: Er schockte – in Prosa und Lyrik – mit seiner schonungslosen Darstellung des proletarischen Milieus sowie der tabuisierten Sexualität. Als Programmatiker naturalistischer Lyrik legte er in der Einleitung zu W. Arents Anthologie *Moderne Dichter-Charaktere* (1885) das Manifest *Unser Credo* vor.
Im Mittelpunkt von *Adam Mensch* steht ein promovierter Bohème, der auf der rastlosen Suche nach sich selbst zwei Frauen verführt und am Ende eine reiche Witwe heiratet. Nicht die Handlung und schon gar nicht ein moralisches Problem stehen im Zentrum, sondern die scheiternde Bildungsgeschichte des Protagonisten, deren Ursache in der nervösen Psyche des Décadents liegt.
C. entwickelte für dieses Psychogramm des Haltlosen einen sprach- und formexperimentellen Stil, den die naturalistischen wie antinaturalistischen Schreibstrategien vor 1900 anstrebten (z. B. G. Hauptmann, A. Holz/ J. Schlaf, H. Mann).

Rezeption: Der Roman wurde wegen Verstoßes gegen den Gotteslästerungs- und Unzuchtparagraphen verboten; C. entging einer Strafe durch seinen frühen Tod. Dieser ›Realistenprozess‹ war der erste Prozess gegen den Naturalismus; ihm folgten der Prozess gegen G. Hauptmanns → *Die Weber* (1892), der 1893 ebenso mit der Freigabe der Aufführung endete wie schon 1892 der Prozess gegen O. E. Hartlebens Komödie *Hanna Jagert* (1893). Weitere Anti-Bildungsromane im Umfeld C.s: K. Bleibtreu: *Größenwahn* (1888), H. Mann: *In einer Familie* (1894), St. Przybyszewski: *Homo sapiens* (1895/96), K. Martens: *Roman aus der Dekadenz* (1898), O. J. Bierbaum: *Stilpe* (1897).
Weitere Werke: *Brutalitäten* (Prosaskizzen, 1886), *Lieder eines Sünders* (Gedichte, 1887).

Literatur und Arbeiterbewegung

Eine sozialistische (›communistische‹) Arbeiterbewegung hatte sich in Deutschland ansatzweise schon vor 1848 gebildet und in dem von K. Marx und Fr. Engels verfassten *Manifest der Kommunistischen Partei* (1848, Motto: »Proletarier aller Länder vereinigt euch«) ihren ersten programmatischen Ausdruck gefunden. Diese Bewegung war von bürgerlichen Schriftstellern (F. Freiligrath, G. Weerth, W. Wolff u. a.) literarisch unterstützt worden, andere hatten ihr nahegestanden (z. B. H. Heine, G. Herwegh). In der 2. Jh.hälfte kam es dann zur festen Organisierung der Arbeiterbewegung (1863: ›Allgemeiner Deutscher Arbeiterverein‹ unter Führung von F. Lassalle, 1869: ›Sozialdemokratische Partei‹ unter Führung von A. Bebel und W. Liebknecht, 1875: Vereinigung beider Parteien), die trotz der Knebelung durch das Sozialistengesetz (1878–90) nach 1890 zu einer starken Massenpartei aufstieg: Bis 1914 war eine machtvolle Parteipresse mit Unterhaltungsteil (z. B. *Die neue Welt*, *Vorwärts*) aufgebaut, es gab mit satirischen Blättern (z. B. *Der wahre Jacob*, ab 1879), Kalendern und Broschüren eine auflagenstarke Publizistik und mit der Gründung der ›Freien Volksbühne‹ (1890, ab 1914 mit eigenem Haus) eine Theaterbesucher-Organisation. Damit waren Grundlagen für eine an den proletarischen Interessen orientierte Gegenöffentlichkeit gelegt, bei deren Artikulation auch Kunst und Literatur eine Aufgabe erfüllen sollten. Als ›Arbeiterliteratur‹ blieb das literarische Engagement für die Arbeiterbewegung dabei im Wesentlichen an die Partei gekoppelt, ging aber nicht durchweg in einer (vom bürgerlichen Literaturbetrieb verpönten) ›Tendenzliteratur‹ auf, sondern muss allgemeiner als »Instrument kultureller Identitätsbildung der Arbeiter« (B. Witte) verstanden werden. Die Hauptformen der ›Arbeiterliteratur‹ waren: Kampflyrik (Hymne, Satire und Spott), Arbeitertheater, Roman und Autobiographie.

Die wichtigsten Vertreter waren (nach Formen): Kampflyrik: anonym: *Das Blutgericht* (1844), G. Herwegh: *Bundeslied* (1864), Jakob Audorf: *Lied der deutschen Arbeiter* (1864), O. Hörth: *Neues Wintermärchen* (Versepos, 1872), R. Lavant (Hg.): *Vorwärts* (Anthologie, 1884), J. H. W. Dietz (Hg.): *Deutsche Arbeiter-Dichtung* (Anthologie, 1893). Arbeitertheater: Fr. Bosse: *Im Kampf* (1892), E. Preczang: *Im Hinterhaus* (1903), Lu Märten: *Bergarbeiter* (1909). Roman: A. Otto-Walster: *Am Webstuhl der Zeit* (1873), Minna Kautsky: *Die Alten und die Neuen* (1885), M. Kretzer: → *Meister Timpe* (1888), R. Schweichel: *Um die Freiheit* (1898). Autobiographie: C. Fischer: *Denkwürdigkeiten und Erinnerungen eines Arbeiters* (1903/04), M. Th. W. Bromme: *Lebensgeschichte eines modernen Fabrikarbeiters* (1905), Adelheid Popp: *Jugendgeschichte einer Arbeiterin* (1909), Fr. Rehbein: *Das Leben eines Landarbeiters* (1911).

1890
Arno Holz / Johannes Schlaf

Biogr.n: → 1889

Die Familie Selicke

UA: 7.4.1890 durch den privaten Theaterverein ›Freie Bühne‹ in Berlin. BA: 1890.
»Das kann kein Mensch ertragen!«, stellt der Theologiestudent Wendt fest und meint damit die unabänderlich trostlosen Verhältnisse in der einst bürgerlichen, nun heruntergekommenen Familie Selicke, deren Untermieter er ist: Am Heiligabend wartet die verbitterte Mutter mit ihren vier Kindern (das jüngste ist todkrank) auf die Heimkehr des trunksüchtigen Selicke. Als dieser nach Mitternacht völlig betrunken kommt, stirbt das Kind. Wendt liebt Toni, die älteste Tochter, und könnte sie heiraten, da ihm eine Pfarrstelle zugesagt wurde, doch sie verzichtet auf ihr Glück und opfert sich für die Familie.
H. und Sch. vertraten die Ansicht, dass bei der Gestaltung eines Dramas nicht die Handlung, sondern die Darstellung des Milieus und der Menschen (besonders ihrer Charaktere) entscheidend sei, denn nach Auffassung des ›konsequenten → *Naturalismus*‹ determiniert das Milieu den Menschen und beraubt ihn der freien Willensentscheidung. So gleicht der Handlungsort (das Wohnzimmer der Familie) einem Käfig, aus dem ein Entkommen unmöglich ist. Die Sprache ist situationsbedingt und individuell auf die handelnden Personen abgestimmt, auch wenn es sich um die dialektgeprägte Berliner Alltagssprache handelt; Regievorschriften regeln das Auftreten und Verhalten der Personen (bis hin zu Sprechtempo und Sprechpausen). »Berliner Leben« und »Berliner Ton« – so Th. Fontane – seien eindrucksvoll getroffen.

Rezeption: Das Stück war neben G. Hauptmanns → *Vor Sonnenaufgang* (1889) wegweisend für den Durchbruch des Naturalismus auf der Bühne, allerdings blieb der Erfolg aus. Eine Parodie auf beide Stücke schrieb C. Alberti (*Im Suff*, 1890).
Weitere Werke: *Neue Gleise* (Slg. von Texten beider Dichter, 1892), *Sozialaristokraten* (Komödie, 1896). Weitere Dramen von Sch.: *Meister Oelze* (1892), *Gertrud* (1898), *Aus meinem Leben* (Autobiogr., 1941).

1890–1928
Stefan George

* 12.7.1868 in Büdesheim bei Bingen. Nach Paris-Aufenthalt 1889 und abgebrochenem Studium in Berlin (Philosophie, Kunstgeschichte) auf Reisen durch Europa, mit wechselnden Wohnsitzen (u. a. in Bingen, Marburg, Berlin und München) als freier Schriftsteller lebend, umgeben von einem Kreis von Anhängern (›G.-Kreis‹). 1933 Übersiedlung in die Schweiz. † 4.12.1933 in Minusio bei Locarno. Gedenkstätten: Bingen (M), Minusio (G).

Das lyrische Werk

Gedichtslgn. Bis 1898 erschienen G.s Gedichte nur in den exklusiven *Blättern für die Kunst*; erst *Das Jahr der Seele* kam im Buchhandel heraus (1899).

G.s Debüt als Lyriker (u. a. *Hymnen*, 1890; *Pilgerfahrten*, 1891; *Algabal*, 1892) stand unter dem Einfluss der französischen Symbolisten (St. Mallarmé, P. Verlaine u. a.) und in krassem Gegensatz zu dem von ihm abgelehnten → *Naturalismus*: Es ging ihm nicht um Probleme der real existierenden Wirklichkeit, deren Thematisierung G. als »weltverbesserungen und allbeglückungsträume« verachtete, sondern um eine oppositionelle ›Kunst für die Kunst‹ (›l'art pour l'art‹), d. h. nicht um Sinn, sondern um die Form (→ *Fin de Siècle*). Zu diesem Ästhetizismus gehörten ein weihevoll hoher Ton, die elitäre Selbstinszenierung als Dichter-Priester und eine amoralische Exklusivität des Schönen, die im Zeichen erlesener Bildung alle moderne Kultur verwarf.

Im Zyklus *Das Jahr der Seele* (1897/99), G.s ausgewogenstes Werk, sucht er aus der Distanz des nur ästhetisch Empfindenden eine Verbindung von Liebe und Natur herzustellen. In seinem umfangreichsten Werk *Der siebente Ring* (1907) geht es von hoher Warte aus um Zeitkritik und um die Beschwörung einer neuen Zeit. Im Mittelpunkt steht die Gestalt eines 16-jährigen Jungen, in der Realität Mitglied des G.-Kreises in München, nach seinem frühzeitigen Tod von G. ›Maximin‹ genannt. Letzterer wurde als Inbegriff gottähnlicher Schönheit und Vollkommenheit zur Leitfigur für eine neue, geistbestimmte Zeit, als deren prophetischer Verkünder G. nun auftrat. Das Wesen dieser Zeit verkündet die letzte Gedichtsammlung *Das neue Reich* (1928), deren nationalkonservative Tendenz kaum verhüllt ist: Propagiert wird ein hierarchisch geordnetes, von einer geistigen Elite geführtes Deutschland, »wo großes wiederum groß ist/ Herr wiederum herr«. Seine Sonderstellung verdeutlichte G. auch durch die Verwendung einer konsequenten Kleinschreibung, Tilgung der Interpunktion, den Druck mit eigens für ihn entwickelten, archaisch wirkenden Schrifttypen, Spezialpapier sowie durch eine exquisit dekorative Buchgestaltung.

Rezeption: Auch wenn G.s Gedichte – bis auf wenige Ausnahmen (z. B. *Komm in den totgesagten park und schau!*, 1895; *Der Herr der Insel*; *Wir schreiten auf und ab*) – nach 1945 weitgehend vergessen wurden, war sein polarisierender Einfluss im 1. Drittel des 20. Jh. bedeutend. Zum G.-Kreis gehörten u. a. Fr. Gundolf, L. Klages, K. Wolfskehl, M. Kommerell, kurze Zeit auch H. v. Hofmannsthal.

Weitere Gedichtzyklen: *Der Teppich des Lebens* (1901), *Der Stern des Bundes* (1914).

1891
Theodor Fontane Biogr.: → 1861–81/88

Unwiederbringlich

Roman. ED: *Deutsche Rundschau* (1891). BA: 1891 (vordatiert auf 1892).
Der weltoffene Graf Holk lebt mit seiner frommen Frau Christine in einer Ehe, die nach 17 Jahren mehr ein Nebeneinander als ein Füreinander geworden ist. Als Holk in Kopenhagen eine lebenslustige, jüdische Hofdame kennenlernt, glaubt er, dass sie füreinander bestimmt seien. Er lässt sich von seiner Frau scheiden, wird aber dann von der Hofdame abgewiesen. Nach wenigen Jahren der Trennung – der Roman spielt 1859–62 – darf er zu Christine zurückkehren, die aber nicht vergessen kann, was geschehen ist: Das Zuvor ist »unwiederbringlich« und daher sucht sie – unbeugsam in ihrer Eheauffassung – den Freitod im Meer.
Einerseits als ein psychologischer Roman (Unvereinbarkeit zweier Charaktere in der Ehe) angelegt, will *Unwiederbringlich* aber auch zeigen, wie erstarrte gesellschaftliche Konventionen das individuelle Glück verhindern. F. fällt kein Urteil, sondern drückt in sprachlich dichter Form und Symbolik seine melancholisch stimmende, im Ganzen gemischte Anteilnahme aus.
Rezeption: Das Thema der scheiternden Ehe behandelt F. auch in → *L'Adultera* (1880/82) und → *Effi Briest* (1894/95). R: F. Harnack (1968, TV).
Weiterer Roman: → *Frau Jenny Treibel* (1892).

1891
Wilhelm Raabe Biogr.: → 1856

Stopfkuchen

UT: *Eine See- und Mordgeschichte*
Roman. ED: *Deutsche Roman-Zeitung* (1891). BA: 1891.
Dieser Roman ist nichts weniger als die kunstvoll erzählte Geschichte einer Geschichte einer Geschichte: Er ist eine ›Seegeschichte‹, weil der in Afrika lebende Ich-Erzähler Eduard seinen Bericht über einen Besuch in der deutschen Heimat während seiner Rückreise auf See verfasst. Er ist eine ›Mordgeschichte‹, weil während des Besuches ein Mord aufgeklärt wird. Er ist aber v. a. der mit vielen Retardationen und Andeutungen durchsetzte Eigenbericht von Eduards Jugendfreund Heinrich Schaumann über seinen Lebensweg. Diese nicht-lineare, auf auktoriale Deutung verzichtende Erzählstrategie des Sprechenlassens wurde richtungweisend für den modernen Roman und gilt als R.s reifste Leistung. Zum Romaninhalt: Schaumann, wegen seines ungezügelten Appetits »Stopfkuchen« genannt und zum Außenseiter gemacht, behauptet sich in dieser Position ab-

seits der dörflichen und auch der ›großen‹ Welt Eduards: Er, der als fauler Versager abgestempelt wird, ist es, der gegen alle Widerstände einen großen Hof (die ›Rote Schanze‹) sanieren und schließlich auch den Mord aufklären kann.

R. zeigt in der Gestalt des »Stopfkuchen« einen Menschen, dem es gelingt, er selbst zu bleiben, d. h. im Einklang mit den eigenen Wertvorstellungen ›nach seiner Natur‹ zu leben. Es handelt sich dabei um eine unter vielen Leidenserfahrungen erreichte Lebensleistung gegenüber einer Gesellschaft, die v. a. wirtschaftlichen Erfolg, Besitz und Sicherheit anstrebt und dafür Anpassung und Selbstaufgabe verlangt. Erkauft ist diese Leistung jedoch durch den strikten Rückzug vom gesellschaftlichen Leben, weshalb der Roman auch als »Antibildungsroman« (G. Mayer) bezeichnet worden ist (→ *Bildungsroman*).

Rezeption: *Stopfkuchen* gilt (auch international) als R.s Meisterwerk.
Weiterer Roman: → *Die Akten des Vogelsangs* (1896).

1891
Frank Wedekind

* 24.7.1864 in Hannover. 1884–86 Jurastudium in München (abgebrochen), danach Werbechef und Zirkussekretär, ab 1888 freier Schriftsteller. 1891–94 u. a. in Paris (Varieté, Ballett, Zirkus), danach Schauspieler, Kabarettist, Dramaturg u. a. in Berlin und ab 1901 in München. 1899 7 Monate Festungshaft wegen Majestätsbeleidigung. † 9.3.1918 in München (G).

Frühlings Erwachen

UT: *Eine Kindertragödie*

Drama (19 Szenen). ED: 1891; UA: 20.11.1906 in Berlin.

Das Stück galt zunächst als zu pornographisch für das Theater, sodass die Uraufführung (mit erheblichen Streichungen) erst 15 Jahre nach dem Druck erfolgen konnte. Im Mittelpunkt stehen Jugendliche, fast noch Kinder: auf der Suche nach sich selbst, nicht aufgeklärt, allein gelassen mit ihren ihnen selbst noch unklaren sexuellen Regungen. Wendla, 14 Jahre alt, erwartet – unwissend – vom gleichaltrigen Gymnasiasten Melchior ein Kind und stirbt bei der von der Mutter veranlassten Abtreibung. Moritz, der Freund Melchiors, erschießt sich, weil er mit seinen pubertären und schulischen Problemen nicht zurechtkommt. Für seinen Tod wird Melchior verantwortlich gemacht, weil dieser ihm eine Aufklärungsschrift hatte zukommen lassen. Nach der Flucht aus einer Erziehungsanstalt, in die er gebracht wurde, begegnet Melchior vor Wendlas Grab dem toten Moritz »mit dem Kopf unter dem Arm«, der ihn für das Reich der Toten gewinnen möchte; doch er folgt dem »vermummten Herrn«, Inkarnation des Lebens (ihm widmete W. das Stück), der ihm noch unbekannte Freuden für die Zukunft verspricht.

W. plädierte für eine freiere Gesellschaft ohne Heuchelei, die dem Leben (und dazu gehörte nach W. eine repressionsfreie Sexualität) seine Natürlichkeit belassen sollte, eben: »Frühlings Erwachen«. W. ging es – im Gegensatz zum → *Naturalismus*, den er ablehnte – nicht um größtmögliche Nähe zur Wirklichkeit, sondern um den provokativen Effekt, der für ihn wirkungsvoller durch Elemente der Karikatur, der Groteske oder durch phantastische Überzeichnung (vgl. Friedhofsszene) zu erzielen war.

Rezeption: Die UA des Stückes war eine Sensation und brachte W. den Durchbruch als Dramatiker. Es blieb bis 1933 auf dem Spielplan des Dt. Theaters, während es an anderen Bühnen noch jahrelang durch die Zensur verboten war.

Weiteres Drama: → *Lulu* (1895–1902).

1892
Theodor Fontane

Biogr.: → 1861–81/88

Frau Jenny Treibel

OT/UT: *Frau Jenny Treibel oder »Wo sich Herz zum Herzen find't«. Roman aus der Berliner Gesellschaft*

Roman. ED: *Deutsche Rundschau* (1892). BA: 1893 (vordatiert).

Die Titelheldin stammt aus einfachen Verhältnissen und ist durch die Hochzeit mit dem Fabrikbesitzer Treibel zur Millionärin und Kommerzienrätin geworden. Sie schwärmt für alles Romantische und Gefühlvolle und fühlt sich – nach eigenen Worten – der »Welt der Ideen« verbunden. Ihr Handeln ist aber entschieden darauf gerichtet, das Familienvermögen zu mehren und ihren Sohn Leopold richtig, d. h. reich zu verheiraten. Leopold wiederum liebt die kluge, aber mittellose und nicht uneigennützige Corinna, Tochter des Gymnasiallehrers und einstigen Jugendfreundes Wilibald Schmidt, doch kann er sich nicht gegen den ablehnenden Willen seiner Mutter durchsetzen. Corinna selbst, die die Schwäche Leopolds und die Absichten der Mutter erkennt, sieht ein, dass sie nicht in diese Welt gehört und heiratet schließlich ihren Vetter Marcell, einen zukünftigen Professor.

Bei aller Farbigkeit und allem Humor, die diese den Dialog betonende Betrachtungsweise auszeichnet (»Sprechkomödie«, W. Wittkowski), ist die deutliche Kritik am Großbürgertum nicht zu übersehen. Sie erscheint jedoch nicht als Kommentar, sondern indirekt durch F.s Kunst der Dialoggestaltung und Erzählweise: »Er konstatiert nur: so ist es, und wie die Sachen liegen, *muß* es so sein« (H. Mann).

Rezeption: Der Roman erreichte bis 1899 5 Auflagen. 🎬 R: H. Ballmann (1972, TV), R: H. Albiro (1977, TV), R: Fr. J. Wild (1982, TV); *Corinna Schmidt* (R: A. Pohl, 1951).
Weitere Romane: *Meine Kinderjahre* (1894, autobiographisch), → *Effi Briest* (1894/95).

1892
Gerhart Hauptmann

Biogr.: → 1888

Die Weber

UT: *Schauspiel aus den vierziger Jahren*

Drama. Entst. ab 1890; ED: 1892 (als Dialektfassung *De Waber*; die fast zeitgleiche hochdt. Fassung wurde zur Vorlage für die Theateraufführungen). Die geplante UA im Dt. Theater (Berlin) am 3.3.1892 bzw. 4.1.1893 wurde verboten, mit Urteil vom 2.10.1893 dann aber freigegeben. UA (privat durch die ›Freie Bühne‹): 26.2.1893 in Berlin; öffentliche UA: 25.9.1894 in Berlin.

Schlesien 1844: Die in größter Armut lebenden Weber werden von dem Fabrikanten Dreißiger so ausgebeutet, dass sie vom Lohn für ihre Heimarbeit nicht mehr leben können und vom Hungertod bedroht sind. In größter Verzweiflung lehnen sie sich unter der Führung des ehemaligen Soldaten Moritz Jäger auf, nachdem er sie mit dem Lied *Das Blutgericht*, dem sog. ›Weberlied‹, aufgerüttelt hat. Als sich der Aufstand ausweitet, wird Militär gegen die Weber eingesetzt. Im Schlussakt wird Hilse, ein alter, frommer Weber, der den Aufstand verurteilt, während eines Kampfes (bei ungewissem Ausgang) in seiner Hütte von einer verirrten Kugel tödlich getroffen – ob tragischer Unfall oder als Strafe für seine Haltung, bleibt offen. Doch nicht eine Einzelperson steht im Mittelpunkt des Dramas, sondern die Weber insgesamt, deren elende Lebens- und Arbeitsbedingungen H. naturalistisch darstellt.

Obwohl das Schauspiel von den Zeitgenossen als »sozialistisches Tendenzstück« (Fr. Mehring) sowohl begeistert begrüßt als auch entschieden abgelehnt wurde, ist der hier dargestellte Aufstand der Weber eher als spontaner Aufschrei gegen die Ausbeutung zu werten. H. klagt durch die Darstellung des Elends an, appelliert dabei aber nicht an das Proletariat, sondern will das Bürgertum mahnen. Während die Einen im Stück das Leiden als »eine unausweichliche Gegebenheit« dargestellt sahen, »die sich ebensowenig wie das Leid in einer seine sozialen Ursachen beseitigenden Aktivität aufheben läßt« (D. Borchmeyer), kritisierten Andere das Zuviel an »Dulden« und »Mitleid« und das Zuwenig an Tendenz (z. B. B. Brecht).

Rezeption: Das Stück hatte von allen Dramen H.s den größten Erfolg (bis 1904 z. B. 352 Vorstellungen in Berlin) und begründete seinen Weltruhm. Nicht gespielt

wurde es 1914–18 sowie 1933–45. ▰ R: F. Zelnik (1927), R: G. Gräwert (1971, TV), R: Fr. Umgelter (1980, TV).
Weiteres Werk: → *Der Biberpelz* (Komödie, 1893).

Theaterwesen im 19. Jahrhundert

Das Theater des 19. Jh. war bis über 1850 hinaus ein RESIDENZTHEATER, getragen von den Subventionen und kulturpolitischen Interessen der einzelnen Landesfürsten. Gegen diese Dominanz der Hof- und Nationaltheater (z. B. in Wien, Berlin, München, Dresden, Stuttgart, Coburg, Braunschweig, Karlsruhe, Kassel, Mannheim, Oldenburg, Meiningen), die nach 1815 stark modernisiert wurden, kamen die wenigen bürgerlichen PRIVATTHEATER (z. B. in Leipzig, Hamburg, Köln, Frankfurt/Main, Düsseldorf) zunächst kaum an, während die noch aus dem 18. Jh. bekannte Form des Wandertheaters (→ *Theaterwesen im 18. Jh.*) ebenso verschwand wie das nicht-professionelle Theater. Das Repertoire war dominiert von der französischen Konversations-Dramatik aus Paris; das andere große Zentrum wurde (nach 1850) Wien mit dem fürstlichen Burgtheater. Eine strenge Spartenteilung in Sprech- und Musiktheater gab es bis 1850 noch nicht, sie setzte sich aber in den Jahrzehnten danach durch.
Nach der 1869 eingeführten Gewerbefreiheit erlebte das bürgerliche (städtische) Theater einen beachtlichen Aufschwung, der sich in der Zunahme von Neu- und Umbauten, von Theaterkompanien und der Zahl der Bühnenangehörigen (von 1850 bis 1885 verdreifacht auf 15 000) ausdrückte. Damit einher gingen zwei Tendenzen: Einerseits kam es zu einer verstärkten Anpassung an den populären Geschmack und damit auch zu einer Kommerzialisierung, die den VOLKSTHEATERN erheblichen Zulauf brachte: Weit über ihren Ursprungsort hinaus bekannt wurden die Wiener Vorstadttheater (Josephstadt, Kärntnertor, Theater an der Wien mit den Possen von J. N. Nestroy bis L. Anzengruber) sowie das Berliner Volkstheater (Friedrich-Wilhelmstädtisches Theater, Wallner-Theater mit den Stücken von D. Kalisch, A. Glaßbrenner u. a.). Auf der anderen Seite stellten sich einflussreiche Theaterintendanten mit ihren REFORMANSTRENGUNGEN (Repertoire, Bühnensprache, Texttreue, Bildungsanspruch) der Trivialdramatik entgegen: z. B. H. Laube (Wien, 1850–67), E. Devrient (Karlsruhe, 1853–70), Fr. Dingelstedt (München, 1851–57; Weimar, 1857–64; Wien, 1870–81) oder der Herzog von Sachsen-Meiningen, Georg II. (1874–90). Während die Theatertruppe der ›Meininger‹ mit über 2500 Gastspielen in Europa unterwegs war, suchte R. Wagner die Reform durch das »Kunstwerk der Zukunft« – so der Titel seiner Programmschrift von 1849 – als FESTSPIEL, das alle Künste einschloss (›Gesamtkunstwerk‹) und an einem festen Ort zelebriert wurde, zu verwirklichen: 1874/76 wurde mit königlich-bayrischer Hilfe das Wagner-

Festspielhaus in Bayreuth eingeweiht. Weitere Änderungen waren: Zurückdrängung der Logen, Vergrößerung des Proszeniums, Verdunkelung des Zuschauerraums, Unterdrückung von Szenenapplaus und -wiederholung, wachsende Bedeutung des Regisseurs. Von 1851 bis 1918 unterlag in Preußen jede Theateraufführung einer speziellen Zensur, die durch die Polizei ausgeübt wurde.
Zum Jh.ende rückte Berlin zur führenden Theaterstadt auf, wobei weniger das Hoftheater am Gendarmenmarkt, sondern vielmehr das 1883 gegründete Deutsche Theater unter O. Brahm, das 1888 gegründete Lessing-Theater und das Residenz-Theater den Ton angaben. Die beiden Letzteren waren auch Spielstätten der ›Freien Bühne‹, die 1889 (in Berlin und bald darauf auch im Reich) mit dem Ziel gegründet wurde, ohne »Rücksichten auf Theatercensur und Gelderwerb« modernes Theater als Privatvorstellung für Vereinsmitglieder zu ermöglichen. Die ›Freie Bühne‹ war es auch, die dem Theater des → *Naturalismus* zum Durchbruch verhalf. Nach ihrem Vorbild wurden 1890 die ›Freie Volksbühne‹ (geführt von Fr. Mehring) und 1892 die ›Neue Freie Volksbühne‹ (ab 1914 vereinigt und mit eigenem Haus) als Theaterbesucher-Organisationen für die sozialdemokratische Arbeiterschaft gegründet; eine Gegeninstitution dazu war der ›Verein für Volksunterhaltungen‹.

1892
Arthur Schnitzler

* 15.5.1862 in Wien. 1879–85 Medizinstudium in Wien, danach dort Assistenzarzt in Krankenhäusern, 1893 Eröffnung einer Privatpraxis als Nervenarzt, daneben ab 1886 schriftstellerisch tätig. † 21.10.1931 in Wien (G).

Anatol

Zyklus von 7 Einaktern, die 1888–91 entst. und von denen einige zunächst separat erschienen und zur Aufführung kamen. BA: 1892 (vordatiert auf 1893). UA (ohne IV, VI, VIII): 3.12.1910 in Wien.
»Also spielen wir Theater,/ Spielen unsre eignen Stücke,/ Frühgereift und zart und traurig,/ Die Komödie unsrer Seele,/ Unsres Fühlens Heut und Gestern«, damit spricht H. v. Hofmannsthal (unter dem Pseudonym »Loris«) in seinem Prolog zur Buchausgabe des *Anatol* aus, was das künstlerische Bewusstsein vor der Jh.wende in Wien prägte (→ *Junges Wien – Wiener Moderne*). Ein junger Dandy, reich und ungebunden, begegnet in den 7 Einaktern 7 Frauen aus verschiedenen sozialen Schichten und erörtert mit seinem Freund Max seine Empfindungen und Einstellungen zu ihnen, die er jeweils nur vorübergehend geliebt hat. Anatol kennt dabei keinerlei Verpflichtung, er sucht den Genuss, v. a. aber Bestätigung seines narzistischen Selbstwertgefühls in der Beziehung zu Frauen, von denen er Treue erhofft, die er selbst nicht kennt und von der er weiß, dass sie nur vorgespielt ist. Er

bevorzugt Unverbindlichkeit und ersetzt Aktion durch Diskussion oder Selbstreflexion. Dementsprechend verdrängt der Dialog (z.T. auch Monolog) die Handlung. Dabei zeigt sich, dass die Vergangenheit den Genuss der Gegenwart belastet (»Ich schleppe alle meine Erinnerungen mit mir herum«) und die Fixierung auf die eigene Befindlichkeit letztlich zur Melancholie führt.

Sch. stellte in *Anatol* einen Dekadent dar, der typisch für die Epoche des → *Fin de Siècle* war.

Rezeption: Die Figur des Anatol, Inkarnation der »zur Lebensform gewordene[n] Unentschlossenheit und Willenlosigkeit« (Cl. Magris), kehrt als Andreas bzw. Claudio in den Dramen *Gestern* (1891) und → *Der Tor und der Tod* (1893) von H. v. Hofmannsthal wieder; vgl. auch viele Hauptfiguren im Frühwerk H. Manns (z. B. *Haltlos*, entst. 1890; *In einer Familie*, 1894; *Die Jagd nach Liebe*, 1903) sowie Paul in R. Beer-Hofmanns Roman → *Der Tod Georgs* (1900). ♬ F. und G. Kanin (Musical, 1962). 🎬 R: O. Schenk (1962, TV); *Das Abschiedssouper* (R: Ch. Regnier, 1957, TV); *Agonie* (R: H. Hollmann, 1981, TV).

Weiteres Schauspiel: → *Liebelei* (1895).

1893
Max Halbe

* 4.10.1865 in Güttland bei Danzig. 1883–87 Studium (Jura, Germanistik, Geschichte) in Hamburg, München und Berlin, Promotion 1888. Lebte als freier Schriftsteller ab 1888 in Berlin, ab 1895 in München. † 30.11.1944 in Burg bei Neuötting (G).

Jugend

UT: *Ein Liebesdrama*

Schauspiel (Prosa). UA: 23.4.1893 in Berlin. ED: *Moderner Musenalmanach auf das Jahr 1893*; BA: 1893.

Im Mittelpunkt des in Westpreußen spielenden Dramas stehen zwei junge Menschen, die ihre erste leidenschaftliche Liebe erleben: Der Student Hans besucht seine 18-jährige Kusine Anna, die bei ihrem Onkel, einem katholischen Pfarrer, auf dem Lande lebt. Als Annas geistesschwacher Stiefbruder das Verhältnis der beiden entdeckt, will er Hans aus Eifersucht erschießen. Anna wirft sich zwischen die beiden und wird tödlich getroffen.

H. kritisiert, wie sein Vorbild Fr. Wedekind in → *Frühlings Erwachen* (1891), die Borniertheit der bürgerlichen Sexualmoral, die nur aus Zwängen bestehe und jede Natürlichkeit unterdrücke, so dass es in der Gesellschaft kein Verständnis für die Probleme junger Menschen gebe. Naturalistisch in der Themenwahl und der Schilderung des Milieus, zeigt H. in der Darstellung der Liebesbeziehung sehr lyrische, gefühlvoll-romantische Züge. Die Einbeziehung der Landschaft zur Gestaltung der Atmosphäre (hier wird der

Einfluss des Impressionismus deutlich) sowie die wirklichkeitsnahe Darstellung der Menschen im deutsch-polnischen Grenzgebiet trugen wesentlich zum lange währenden Erfolg des Stückes bei. Diese Tendenz brachte H. in die Nähe zur Heimatkunst um 1900 (→ *Dorf- und Heimatliteratur*), später sogar zur nationalsozialistischen ›Blut- und Bodendichtung‹ (vgl. die Autobiographie *Scholle und Schicksal*, 1933).

R: F. Sauer (1922), R: V. Harlan (1938).

Weitere Dramen: *Eisgang* (1892), *Mutter Erde* (1897), *Der Strom* (1904).

1893
Gerhart Hauptmann Biogr.: → 1888

Der Biberpelz

UT: *Eine Diebskomödie*

Komödie. UA: 21.9.1893 in Berlin. BA: 1893.

Trotz ihrer Zeitgebundenheit (Berlin, um 1887) ist diese Komödie ein zeitloses Erfolgsstück. Der Grund: »Mutter Wolffen«, eine listige, durchtriebene Waschfrau, die, stets besorgt um das materielle Wohl ihrer Familie, immer wieder Diebereien begeht. Als sie aber einen Biberpelz entwendet und verkauft, muss der Amtsvorsteher und Reserveoffizier a. D. von Wehrhan gegen sie ermitteln. Viel mehr als die Diebin interessiert diesen aber der Privatgelehrte Dr. Fleischer, ein Liberaler und deswegen für von Wehrhan als ein politisch höchst gefährliches Subjekt (»reichs- und königsfeindlich«) grundlos verdächtigt. Mutter Wolffen dagegen wird nicht behelligt und ist für ihn »eine ehrliche Haut« – der Diebstahl bleibt (vermutlich) ungesühnt.

H. zeigt in der alles (auch die Männer) beherrschenden Waschfrau einen Typus, dem es durch Gewitztheit und Lebenstüchtigkeit gelingt, sich von ganz unten hochzuarbeiten: Mutter Wolffen fühlt sich berechtigt, im Kleinen das zu nehmen, was sich die Wohlhabenden in großem Umfang aneignen. Dabei wird die Borniertheit und Anmaßung der Obrigkeit deutlich, die H. satirisch darstellt. Die lebensechte Schilderung der ›kleinen‹ Leute in ihrem Milieu sowie deren individuelle Charakterisierung zeigen H.s Nähe zum → *Naturalismus*. Neu war der durch den Verzicht auf den 5. Akt offene Schluss, womit fraglich bleibt, ob die Wolff zur Rechenschaft gezogen wird. In der (weniger gelungenen) Fortsetzung *Der rote Hahn* (UA: 27.11.1901) wird Frau Wolff (jetzt Frau Fielitz) zur skrupellosen kriminellen Brandstifterin und verliert damit alle Sympathien.

Rezeption: Der *Biberpelz* zählt neben Lessings → *Minna von Barnhelm* (1767) und H. v. Kleists → *Der zerbrochene Krug* (1808) zu den bedeutendsten dt.sprachigen Komödien. R: E. Schönfelder (1928), R: J. von Alten (1937), R: E. Engels (1949), R:

W. Völger (1955, TV), R: J. Olden (1962, TV), R: Fr. P. Wirth (1974, TV), R: M. Thyrêt (1983, TV).
Weitere Schauspiele: *Florian Geyer* (1896), *Fuhrmann Henschel* (1898), *Michael Kramer* (1900), → *Rose Bernd* (1903).

1893
Hugo von Hofmannsthal

* 1.2.1874 in Wien. 1892–94 Jurastudium, 1895–98 Romanistikstudium in Wien, Promotion 1898. Nach Abschluss der Habilitationsschrift (1901) freier Schriftsteller in Rodaun bei Wien; 1917 Begründer der Salzburger Festspiele (zusammen mit M. Reinhardt und R. Strauss). † 15.7.1929 in Rodaun bei Wien (G).

Der Tor und der Tod

Einakter. ED: *Moderner Musen-Almanach auf das Jahr 1894* (1893), BA: 1900. Private UA: 13.11.1898 in München; öffentliche UA: 30.8.1908 in Berlin.
H. galt als literarisches Wunderkind (Pseudonym Loris, erste Veröffentlichung mit 15 Jahren) und Exponent der literarischen Gruppierung → *Junges Wien*. Das Stück gehört zu den zwischen 1891 und 93 entstandenen ›lyrischen Dramen‹ des jungen H. (z. B. *Gestern*, *Der Tod des Tizian*, *Idylle*), die »das schlechte Gewissen des Ästhetizismus« (V. Zmegač) thematisieren: Der Edelmann Claudio hat nur für Kunst und Wissenschaft gelebt und sich vom wirklichen Leben ausgeschlossen. Eines Tages dringt Geigenmusik von draußen in seine Kunstwelt – der Geiger ist der Tod, der ihm drei Menschen vorführt, an denen er schuldig wurde, weil er ihnen Liebe und Zuneigung verweigerte: die Mutter, eine frühere Geliebte, einen Freund. In der Begegnung mit dem Tod erfährt Claudio, der Tor also, dass er sein Leben verfehlt hat durch die selbstgewählte Isolation und den Verlust aller sozialen Bindungen: »Erst da ich sterbe, spüre ich, daß ich bin.«
Das selbstkritische Stück, ein »Gedicht vom Leiden des ästhetischen Menschen« (R. Alewyn), problematisiert die fatale Entgegensetzung von Kunst und Leben, von Leere und Fülle des (verlorenen) Lebens, und die Sehnsucht nach einer alle Gegensätze der Existenz aufhebenden Einheit, die H. als »Präexistenz« (in *Ad me ipsum*, postum 1954/59) begriff. Diese Symbolismus und → *Fin de Siècle* verpflichtete Problematik findet sich – bei sprachlich virtuoser Beherrschung der lyrischen Formen – auch in seinen Gedichten (z. B. *Was ist die Welt?*, *Weltgeheimnis*, *Ballade des äußeren Lebens*, *Manche freilich*, 1896).
Rezeption: Als Ausdruck des Lebensgefühls seiner Generation verstanden, machte das Stück H. berühmt und erreichte als Einzelausgabe bis 1987 eine Auflage von 338 000 Exemplaren.
Weitere Dramen: *Der weiße Fächer* (1897), *Die Frau im Fenster* (1898), → *Ein Brief* (Essay, 1902).

1893/1910
Karl May

* 25.2.1842 in Ernstthal (Erzgebirge). 1857–61 Lehrerausbildung in Plauen, 1862 wegen Diebstahls aus dem Schuldienst entlassen, bis 1874 insgesamt fast 8 Jahre im Gefängnis. 1875–77 Redakteur in Dresden, ab 1880 freier Schriftsteller, ab 1896 in Radebeul lebend. † 30.3.1912 in Radebeul. Gedenkstätten: Bamberg (M), Hohenstein-Ernstthal (M), Radebeul (G, M).

Winnetou

OT: *Winnetou, der rote Gentleman* (bis 1904)

Roman in 3 Bdn. Bd. 2 und 3 sind überarbeitete Fassungen von älteren, bereits vorher erschienenen Erzählungen. Bd. 4: *Winnetous Erben* (1910).

Die Gesamtauflage des ›Volksschriftstellers‹ M. hat längst die Grenze von 200 Millionen überschritten – und das mit einem Werk, das in seinem Einband (grünes Ganzleinen, farbiges Deckelbild) stets gleich, in der Textgestalt jedoch höchst entstellt überliefert wurde: Erst seit 1987 erscheint eine auf 99 Bände geplante historisch-kritische Ausgabe, in der 1989 auch *Winnetou* herauskam. Der Roman schildert, wie der Ich-Erzähler Old Shatterhand sich im Wilden Westen Nordamerikas vom Greenhorn zum erfahrenen Westmann entwickelt, Blutsbrüderschaft mit dem Apachenhäuptling Winnetou schließt und in eine Reihe von Abenteuern mit den Mördern von Winnetous Vater und Schwester, weißen Banditen, Pelzjägern und feindlichen Komantschen verwickelt wird, die er stets siegreich übersteht. Die edle Männerfreundschaft hat homoerotische Züge. Old Shatterhand ist M.s Wunsch-Ich, Winnetou der ›edle Wilde‹, dessen menschliche Tugenden ihn quasi als den besten aller Weißen zeigen – dass er am Ende, tödlich getroffen von einer indianischen Kugel, zum Christentum übertritt, ist konsequent und kitschig zugleich. Band 2 und 3 fallen dagegen ab.

Es gibt bessere Romane von M., doch im *Winnetou*, dem Beginn der Serie von Wildwest- und Wüstenromanen, ist verdichtet, was sich stets wiederholt und doch für Jugendliche spannungsvoll blieb: viel Lagerfeuer, der unbesiegbare Held in einer exotischen Landschaft, der Wechsel von »Flucht und Verfolgung, Planen und Belauschen, Gefangennahme und Befreiung« (H. Schmiedt), der Sieg des Guten über das Böse. A. Schmidts Frage, »ob May literarisch diskutabel ist«, ist bis heute umstritten – als Jugendliteratur dürfte sein Werk eher weniger verpönt werden, weil es – was immer seltener wird – auch weiterhin gern und freiwillig gelesen wird.

Rezeption: Seit 1952 finden in Bad Segeberg Karl-May-Festspiele statt. 🎭 *Winnetou* (Bearbeitungen ab 1919 bis heute). Seit 1963 gibt es *Winnetou*-Comics. 🎬 *Old Shatterhand* (R: H. Fregonese, 1964), *Winnetou I–III* (R: G. Righelli, 1926; R: H. Reinl, 1963/1964/1965), *Winnetou und das Halbblut Apanatschi* (R: H. Philipp, 1966), *Winnetou und Old Shatterhand im Tal des Todes* (R: H. Reinl, 1968).

Weitere Romane: *Durch die Wüste* (1892), *Old Shurehand* (1894/96), *Im Reiche des silbernen Löwen* (1898–1903), *Ardistan und Tschinnistan* (1909).

1894/1895
Theodor Fontane Biogr.: → 1861–81/88

Effi Briest

Roman. ED: *Deutsche Rundschau* (1894/95 in 2 Teilen). BA: 1895.
Die 17-jährige Effi, Tochter des havelländischen Landjunkers Briest, heiratet auf Drängen ihrer Mutter deren einstigen Verehrer von Instetten, der inzwischen 38 Jahre alt und pommerscher Landrat ist. Effi wird in der Ehe nicht glücklich, da Instetten mit seiner Karriere beschäftigt und »ohne rechte Liebe« für sie ist. Sie vereinsamt und erliegt dem Werben des neuen Bezirkskommandanten Crampas. Es kommt zum Ehebruch, von dem aber niemand etwas erfährt. Sechseinhalb Jahre später entdeckt Instetten durch Zufall den Fehltritt und tötet Crampas im Duell. Er kann Effi nicht verzeihen, weil es ihm nicht gelingt, sich aus dem, wie er es nennt, »uns tyrannisierenden Gesellschafts-Etwas« zu befreien, obwohl er das Fragwürdige seines Handelns erkennt. Die geschiedene Effi lebt ohne ihr Kind von der Gesellschaft verstoßen in Berlin, bis sie innerlich zerbrochen auf das Gut ihrer Eltern zurückkehren darf, wo sie stirbt.
F. richtet nicht, weist keine Schuld zu und fordert keine Veränderungen (»Das ist ein zu weites Feld«). Er zeigt schlicht den Konflikt zwischen dem individuellen Wunsch nach Liebe und Glück und den Zwängen gesellschaftlicher Regeln und Moral. Das Unglück, das sich daraus ergeben kann, liegt in der Erstarrtheit dieser Ordnung, aber auch in der Natur der Menschen, hier Effis und Instettens, die unter den herrschenden Bedingungen, und weil sie so angelegt sind, nicht anders handeln können. Der Roman, erst in der 7. Fassung vollendet, ist F.s geschlossenstes Werk, weil alles Erzählte streng bezogen ist auf Effis Schicksal (so z. B. auch die Leitmotive Schaukel, Platanen oder der Lockruf »Effi komm«).

Rezeption: *Effi Briest* ist F.s bekanntester Roman geblieben. Für Th. Mann war er der beste Roman nach Goethes → *Die Wahlverwandtschaften* (1809) und für S. Beckett sein Lieblingsbuch. 🎬 R: W. Luderer (1970, TV), R: R.W. Fassbinder (1974); *Der Schritt vom Wege* (R: G. Gründgens, 1939); *Rosen im Herbst* (R: R. Jugert, 1955).
Weitere Romane: *Die Poggenpuhls* (1895/96), → *Der Stechlin* (1897).

1895
Gabriele Reuter

* 8.2.1859 in Alexandria (Ägypten). Lebte (mit Unterbrechungen) bis 1872 in Alexandria, danach in Neuhaldensleben, ab 1895 in München, 1899 in Berlin und 1929 in Weimar; ab 1879 freie Schriftstellerin und Publizistin. † 16.11.1941 in Weimar (G).

Aus guter Familie

UT: *Leidensgeschichte eines Mädchens*

Roman.

Von R. provokativ als »Antifamilienblattroman« gekennzeichnet, schildert der Roman das Leben der höheren Tochter Agathe Heidling von der Konfirmation bis zum Nervenzusammenbruch rund 20 Jahre danach. Es ist der Leidensweg einer Frau, die durch rigide Erziehung in der Entfaltung ihrer weiblichen Identität verkrüppelt wird, unverheiratet bleibt (weil ihre Mitgift für die Spielschulden des Bruders verbraucht wurde) und ohne die Aussicht auf Abhilfe und Möglichkeit zur Selbsthilfe schließlich an dem »großen Betrug, den sie alle an ihr verübt hatten«, psychisch erkrankt.

Der Roman ist sowohl ein dem → *Naturalismus* nahe stehender gesellschaftskritischer Zeitroman (Erziehungswesen, Proletarierelend, Triebunterdrückung, wilhelminischer Patriarchalismus) als auch ein subtil in erlebter Rede dargestelltes Psychogramm einer hysterischen Gestörtheit, das sich der »nervösen Romantik« (H. Bahr) des Antinaturalismus nähert (→ *Fin de Siècle*). S. Freud bemerkte dazu 1912, R.s Werk vermittele »die besten Einsichten in das Wesen und die Entstehung von Neurosen.«

Rezeption: Der sogleich umstrittene Roman (»Teufelswerk«, dagegen Th. Mann: »hinreißendes Erstlingswerk«) erreichte bis 1931 28 Auflagen und machte R. schlagartig berühmt. Mit ihren Folgewerken war sie bis in die 1920er Jahre eine der erfolgreichsten Autorinnen in Deutschland, geriet aber nach 1945 in völlige Vergessenheit.

Weitere Texte zur weiblichen Identitätsproblematik um 1900: H. Dohm: *Werde, die Du bist* (Novelle, 1894), *Christa Ruland* (Roman, 1902); L. Andreas-Salomé: *Ruth* (Roman, 1895); H. Böhlau: *Der Rangierbahnhof* (Roman, 1896), *Halbtier!* (Roman, 1899); Vera: → *Eine für viele* (Roman, 1902); Fr. von Reventlow: *Ellen Olestjerne* (Roman, 1903); E. v. Keyserling: *Wellen* (1911).

Weitere Werke: *Ellen von der Weiden* (Roman, 1900), *Frauenseelen* (Novellen, 1901), *Vom Kinde zum Menschen* (Autobiogr., 1921).

1895
Arthur Schnitzler

Biogr.: → 1892

Liebelei

Schauspiel. UA: 9.10.1895 in Wien. BA: 1896.

Eine ›Liebelei‹, nicht Liebe, sucht der Student und Reserveoffizier Fritz bei Christine, einem einfachen Mädchen aus der Wiener Vorstadt. Er will ein kurzfristiges Abenteuer, um sich von der Ziellosigkeit seines Lebens, v. a. aber von einer anstrengenden Beziehung zu einer verheirateten Frau abzulenken. Doch Christine, das ›süße Mädel‹ (der von Sch. eingeführte Typ des armen, lebenslustigen jungen Mädchens), empfindet, ganz gegen die erotischen Spielregeln der Gesellschaft, ›wahre‹ Liebe. Im 3. Akt erfährt sie schließlich, dass der Mann, den sie liebt, nicht – wie vorgegeben – verreist ist, sondern im Duell für eine andere (es ist die verheiratete Frau) gefallen ist. Von seinem Begräbnis ausgeschlossen, erkennt sie, dass sie »nichts gewesen ist als ein Zeitvertreib«. Betrogen in ihrer aufrichtigen Liebe und gebrochen in ihrem Selbstwertgefühl (»Wer bin ich denn?«), geht sie in den Tod.

Das Schauspiel steht in der Tradition des → *Bürgerlichen Trauerspiels*, doch Sch.s Christine verfügt nicht mehr über die Kraft, sich über gesellschaftliche Zwänge hinwegzusetzen – wie das bei Lessings und Schillers Heldinnen, wenn auch erst im Tod, noch möglich war. Für die von ehrlichen Gefühlen geleitete Christine gibt es daher kein Glück in dieser von Heuchelei und Lüge geprägten Gesellschaft; sie kann nur verlassenes Opfer sein.

Rezeption: Sch.s. *Liebelei* wurde zu einem seiner erfolgreichsten Werke. 🎬 R: J. und L. Fleck (1911 und 1926/27), R: M. Ophüls (1933), R: J. Olden (1958, TV), R: H. Schnitzler (1969, TV).

Weitere Werke: *Sterben* (Novelle, 1895), *Der grüne Kakadu* (dramatische Groteske, 1899), → *Lieutenant Gustl* (Novelle, 1900).

1895–1902/1913
Frank Wedekind

Biogr.: → 1891

Lulu (Erdgeist; Die Büchse der Pandora)

UT: *Dramatische Dichtung in zwei Teilen*

Eine Urfassung von 1892–94 (Titel: *Die Büchse der Pandora*) wurde erst 1988 aufgeführt und 1990 gedruckt. Umarbeitung: Teil I: *Erdgeist*, Teil II: *Die Büchse der Pandora*. ED der ersten 3 Akte u.d.T. *Erdgeist* (1895; UA: 25.2.1898 in Leipzig). ED der beiden Schlussakte (mit einem zusätzlichen Akt und Prolog) u.d.T. *Die Büchse der Pandora* (1902, UA 1.2.1904, Privatvorstellung, in Nürnberg; öffentliche UA: 1905 in Wien). W. kürzte 1913 beide Stücke zu einer 5-aktigen Bühnenfassung *Lulu*. Weitere Bearbeitungen erfolgten 1950 und 1966 durch W.s Tochter Kadidja.

Lulu, die »Urgestalt des Weibes«, wie es im Prolog heißt, verführt die Männer auf unwiderstehliche Art und treibt sie in den Untergang. Nach dem Mord an ihrem Ehemann flieht sie aus Deutschland nach Paris, verprasst dort das Vermögen eines Freundes, flieht weiter nach London, wo sie sich als Prostituierte durchschlagen muss, und wird schließlich – ganz im Elend – Opfer des Triebtäters Jack the Ripper.

W. suchte die Provokation: Er wollte das bürgerliche Publikum effektvoll aufschrecken (keineswegs abschrecken – was sehr häufig geschah), indem er zeigte, wie natürliche Triebe verleugnet werden und Vitalität verdrängt oder unterdrückt wird. Aus der »Büchse der Pandora« entlassen, erscheinen die Leidenschaften pervertiert und wirken destruktiv: Lulu erfüllt als

›femme fatale‹ die Erwartungen der Männer (und deren Phantasien), solange es ihr gefällt – ungehemmt und uneingeschränkt. Zugleich aber hat sie überhaupt keine »wahre Natur«, weil »sie sich selbst keine andere Identität gibt als die ihr von Männern jeweils zugeschriebene« (O. Gutjahr). Da W. Lulu weder glorifiziert noch verurteilt, schwankt auch die Beurteilung des Stückes: Zum einen wurde es als Darstellung der Destruktivität ungebändigter, geradezu animalischer Sexualität verurteilt, zum anderen stellte man es als ein »kritisches Denkbild« (R. Florack) heraus, das auf groteske Weise die deformierende Kraft von Heuchelei und Scheinmoral einer Gesellschaft verdeutliche, für die Sinnlichkeit und Sexualität offiziell nicht existieren sollten.

Rezeption: W. war mit seinem Mut zum radikalen Experiment ein Wegbereiter für das expressionistische Theater und den jungen B. Brecht. Die Gestalt der Lulu lebte auf der Bühne und im Film fort im Typ des Vamps (z. B. verkörpert von M. Dietrich, P. Negri u. a.). ♫ A. Berg (unvollendete Oper, UA 1937/79). ■ R: A. v. Antalffy (1917), R: R. Thiele (1962), R: W. Borowczyk (1979, TV), R: P. Zadek (1991), R: U. Janson (2006, TV); *Erdgift* (R: P. Otto, 1919); *Der Erdgeist* (R: L. Jessner, 1921/23); *Die Büchse der Pandora* (R: A. v. Cserépy, 1918; R: G. W. Pabst, 1928).

Weitere Dramen: *Der Kammersänger* (1899), → *Der Marquis von Keith* (1900).

1896
Peter Altenberg

* 9.3.1859 als Richard Engländer in Wien; lebte nach abgebrochenem Studium (Jura, Medizin) ab 1882 als Bummler und ab 1894 als freier Schriftsteller in Wien, ab 1910 z.T. auch in Nervenheilanstalten. † 8.1.1919 in Wien (G).

Wie ich es sehe

Prosaskizzen. 4. vermehrte und veränderte Auflage: 1904.

A., Wiener Kaffeehausliterat par excellence (→ *Junges Wien – Wiener Moderne*), machte Subjektivität zur Leitlinie seines Lebens und seines Werks. Dieses umfasst fast ausschließlich kurze Prosaskizzen (Feuilleton, Aphorismus, Anekdote), mit denen A. auf impressionistische Weise ein Bild von Leben und Gesellschaft in der Großstadt Wien zur Kaiserzeit zeichnete. Die aus blitzlichtartig beleuchteten Momentaufnahmen bestehenden Skizzen, die er »Extracte des Lebens« nannte, gelten dem Festhalten spontaner Eindrücke, dem sensiblen Erfassen einer Stimmung, einem plötzlichen Einfall oder einer überraschenden Einsicht (→ *Fin de Siècle*): In scheinbar unverbindlichem Plauderton (A. beherrschte die Kunst der Andeutung, des Auslassens, der gezielten Wiederholung) schildert er – nicht ohne artistisches Kalkül – scheinbar Zufälliges, leicht Übersehenes und doch Typisches für eine Gesellschaft, der Natur und Natürlichkeit immer weniger bedeuten (z. B. *Idylle*, *Herbstabend*, *Im Volksgarten*, *Fünfundzwanzig*, *Vor dem Konkurse*). In diesem nervös-modernen Prosastil des ›poème en prose‹ (nach französischem Vorbild: J.-K. Huysmans und M. Maeterlinck) gingen A. in Berlin H. Conradi (*Brutalitäten*, 1886) und der Bohème-Dichter P. Hille voraus; ihm folgte A. Polgar, der pointiert und sprachlich-virtuos Alltagsbeobachtungen in skizzenhafte Kurzprosa fasste, z. B. in *An den Rand geschrieben* (1926).

Rezeption: Die Slg. hatte großen Erfolg und erschien (erweitert) 1919 in der 11. Auflage. A.s Stil prägte das Feuilleton bis in die 1920er Jahre hinein (A. Polgar, R. Walser, K. Tucholsky). Wegen seiner jüd. Herkunft zwischen 1933–45 fast unbeachtet, wurde A. in der 2. Hälfte des 20. Jh. wiederentdeckt.

Weitere Prosaskizzen: *Was der Tag mir zuträgt* (1901), *Märchen des Lebens* (1908), *Bilderbögen des kleinen Lebens* (1909).

Fin de Siècle – Literatur der Jahrhundertwende

Charakteristisch für die Literatur zwischen 1890 und 1910 ist das Mit- und Nebeneinander verschiedener Stilrichtungen (Impressionismus, Symbolismus, Dekadenz, Neuromantik, Jugendstil), so dass selbst Oberbegriffe wie ›Fin de Siècle‹ oder »Stilkunst um 1900« (J. Hermand) problematisch bleiben. Die einzelnen Richtungen haben bei aller Unterschiedlichkeit eine Gemeinsamkeit: die Ablehnung von → *Realismus* und → *Naturalismus* und deren Streben nach mehr oder weniger ›objektiver‹ Wirklichkeitserfassung. Eine ausschließliche Zuordnung einzelner Dichter, selbst einzelner Werke, zu einer der oben genannten Stilrichtungen ist dabei jedoch kaum möglich.

Der Impressionismus sieht – geprägt v. a. durch die Werke der französischen Maler E. Monet und E. Manet – den Ausgangspunkt künstlerischen Schaffens im visuellen Eindruck, wobei die Erfassung des Atmosphärischen Vorrang vor der realistischen Darstellung hat. Für die Literatur bedeutete das: Gestaltung des subjektiven Eindrucks und flüchtigster Augenblickswahrnehmungen durch ein Höchstmaß an sprachlicher Differenzierung (Lyrik, Prosaskizze) sowie Zurückdrängung von fortlaufender Handlung und begrifflicher Reflexion (Drama). Durch den Impressionismus geprägt waren die Lyriker D. v. Liliencron, R. Dehmel, daneben (in ihren Anfängen) H. v. Hofmannsthal und R. M. Rilke sowie die Prosaisten P. Altenberg, E. v. Keyserling und Th. Mann.

Die Dekadenzdichtung zeigt gewisse Parallelen zum Impressionismus: Sie forciert die Verabsolutierung des Schönen (Ästhetizismus ohne Moral), das – durch überfeinerte Sensibilität (»Nervenkunst«, H. Bahr) und, nicht selten durch Rauschmittel gesteigerte, Reizbarkeit – v. a. in den Formen des Verfalls und der Auflösung (auch der bürgerlichen Welt als Endzeit) aufgespürt wurde. Eine Hauptfigur der Dekadenzdichtung ist der bindungsscheue Dandy, auch als willensschwacher ›Dilettant‹ bzw. haltloser Ästhet oder provozierender Bohème auftretend. Als »Gründungstext der ästhetizistischen Literatur« (D. Kimmich) gilt J.-K. Huysmans Roman

A rebours (1884). In der deutschsprachigen Literatur zählen dazu A. Schnitzler und H. v. Hofmannsthal mit ihren frühen Werken (→ *Junges Wien – Wiener Moderne*) sowie R. M. Rilke (bis zum *Stundenbuch*, 1903), der junge H. Mann (bis etwa 1904), Th. Mann bis zu → *Der Tod in Venedig* (1912) und E. v. Keyserling (→ *Abendliche Häuser*, 1914).
›Schönheit‹ ist auch der zentrale Begriff des Symbolismus, der, ausgehend von den französischen Lyrikern Ch. Baudelaire, St. Mallarmé und P. Verlaine, auf die Darstellung der empirischen Wirklichkeit verzichtet, um die hinter den realen Erscheinungen verborgene höhere Wirklichkeit durch Bildhaftigkeit und Musikalität der Sprache zu erschließen (z. B. St. George, R. M. Rilke und H. v. Hofmannsthal mit ihren frühen Werken sowie G. Hauptmann mit → *Und Pippa tanzt!*, 1906). In seiner ästhetizistischen Grundhaltung zeigt er zum einen eine große Nähe zur Dekadenzdichtung (›l'art pour l'art‹, St. George: → *Das lyrische Werk*, 1890–28), zum anderen besteht eine enge Verbindung zur Neuromantik.
Die Neuromantik missachtet ebenfalls die reale Lebenswirklichkeit, versucht in vager Gefolgschaft der → *Romantik* durch Einfühlung das geheimnisvoll Unentdeckte in allen Dingen aufzuspüren und wendet sich deswegen dem Märchen, dem Mystischen, der Sagen- und Legendenwelt zu (z. B. die Operntexte R. Wagners). Neuromantische Tendenzen lassen sich in den ›lyrischen Dramen‹ H. v. Hofmannsthals (z. B. → *Der Tor und der Tod*, 1893), den frühen Novellen H. Manns sowie in G. Hauptmanns Dramen *Hanneles Himmelfahrt* (1893) und *Die versunkene Glocke* (1896) und noch in H. Hesses Roman → *Peter Camenzind* (1903) erkennen. Fortsetzung → *Jugendstil*.

1896
Wilhelm Raabe — Biogr.: → 1856

Die Akten des Vogelsangs

Roman. Entst. ab 1893; ED: *Deutsche Roman-Zeitung* (1896). BA: 1896.
»Das schönste und genialste seiner Bücher« – so nannte R. Vollmann diesen Roman: Karl Krumhardt, ein hoher Beamter, berichtet nach dem Tod seines Jugendfreundes Velten Anders von der gemeinsam verbrachten Kindheit und Jugend im »Vogelsang«, einer ländlichen Vorortsiedlung: Dem sehr begabten, sehr sensiblen Velten gelang es nicht, Helene, die Frau, die er seit Kindheitstagen liebte, für sich zu gewinnen. Daraufhin verzichtete er darauf, sich noch irgendein Ziel zu setzen, um besitz- und bindungslos zu bleiben. Mehr und mehr zog er sich zurück. Als er aber starb, war Helene, inzwischen Witwe, bei ihm. Sie hat auch Krumhardt von Veltens Tod berichtet.
Die Unbedingtheit im Wollen und der ausschließliche Anspruch auf Freiheit zeichnen Velten (»dieser wilde Mensch«) als einen Ausnahme-

menschen aus, führen aber auch zu einer Gefährdung seiner Existenz. Seine Lebensauffassung steht in genauem Gegensatz zu der bürgerlichen, innerhalb enger Grenzen verwirklichten Lebensgestaltung Krumhardts, die durch Gleichmaß und Sicherheit geprägt ist. R. verurteilt Krumhardt durchaus nicht, sondern zeigt in der Gestaltung dieser Figur sogar Sympathie, da Veltens Unbürgerlichkeit nicht ohne Wirkung auf den Freund bleibt. Insofern ist sein Bericht Ausdruck einer »doppelten Buchführung« (I. Roebling).

Rezeption: R.s Werk fand lange Zeit »keine Leser [...], sondern nur Liebhaber« (R., 1906).

Weiterer Roman: *Altershausen* (postum 1911).

1897/1898
Theodor Fontane

Biogr.: → 1861–81/88

Der Stechlin

Roman. ED: *Über Land und Meer* u.d.T. *Stechlin* (1897/98). BA: 1898 (vordatiert auf 1899).

Im Zentrum des letzten und längsten Romans F.s steht der märkische Landadelige und Major a. D. Dubslav von Stechlin, der seit 30 Jahren als Witwer allein in seinem Herrenhaus in Stechlin am gleichnamigen See in der Grafschaft Ruppin lebt. F. gruppiert um ihn ein Figurenspektrum, das vom preußischen Hochadel über den protestantischen Klerus und Vertreter von Militär und Wirtschaft bis zur Arbeiterschaft reicht. Dubslav tritt als preußischer Konservativer (genauer: »kein Alter, freilich auch kein Neuer«) auf, aber ohne jede Starrheit und mit ausgleichendem Humor. Ihm gegenübergestellt ist der liberale Graf Barby, der weltoffen für die (an England orientierte) Moderne steht.

F. verzichtet auf eindeutige politische Festlegungen oder Parteinahme. Entscheidend für ihn war offenbar die aufrechte Gesinnung des einzelnen Menschen, die Bewahrung der inneren Freiheit und die Unabhängigkeit von verkrusteten Konventionen. Dubslav ist daher in seiner begrenzten märkischen Welt – so wie der abgelegene See mit einer Wassersäule auf entfernte Beben reagiert – auf seine Weise ebenso weltzugewandt wie es der urbane Barby ist. Dennoch vertritt er eher ein vergangenes Preußen, und insofern ist der Roman »ein Buch des Abschieds« (G. de Bruyn). Die Nebenfiguren (z. B. die Schwester und Äbtissin Adelheid, der Sohn Woldemar und seine Frau Armgard von Barby, deren Schwester Melusine, Pastor Lorenzen, die Diener Jeserich und Engelke) zeigen in ihrem Verhalten unterschiedliche Haltungen zu den Strömungen der Zeit (Konservativismus/Sozialdemokratie). Im Mittelpunkt des Romans stehen folglich nicht die

Entwicklung und Verfolgung einer Handlung, sondern Diskussionen, Gespräche und Plaudereien über die sich wandelnde Zeit, worin F. noch einmal seine »Romankunst der Vielstimmigkeit« (N. Mecklenburg) zeigt, Menschen nicht durch Urteile über sie, sondern durch ihre eigene Rede darzustellen.

Rezeption: Von der zeitgenössischen Kritik eher kontrovers beurteilt, gilt der Roman heute als F.s Meisterwerk, das »an die Schwelle der Moderne führt« (Chr. Grawe). R: R. Hädrich (1975, TV).

Weiteres Werk: → *Gedichte* (1898).

1898
Theodor Fontane

Biogr.: → 1861–91/88

Gedichte

ED der 5. Auflage der *Gedichte* (1. Auflage 1851, vermehrt 1875, 1889, 1892): 1898. ED der *Balladen*: 1861.

F.s frühe Lyrik (z.T. politisch-soziale Gedichte, z.T. spätromantisch geprägte Naturlyrik) blieb resonanzlos. Nach seiner Aufnahme in die Berliner Dichtervereinigung ›Tunnel über der Spree‹ (1844) erfolgte dann die Hinwendung zur Ballade, inhaltlich zur preußischen Geschichte mit der Verherrlichung ihrer Helden (z. B. *Der alte Zieten*, *Der alte Dessauer*); unter dem Einfluss englisch-schottischer Volksballaden gestaltete F. auch Stoffe aus der Geschichte dieser Länder (z. B. *Archibald Douglas*, 1856; *Gorm Grymme*, entst. 1864, ED: 1872). In seinem ›zweiten Balladenfrühling‹ (ab den 1870er Jahren) nahm F. Abstand von der Heroisierung des Preußentums. Es entstanden Balladen, die zum festen Bestandteil von Anthologien und Lesebüchern wurden, wie z. B. *Die Brücke am Tay* (1880), *John Maynard* (1886), *Herr von Ribbeck auf Ribbeck im Havelland* (1889). Die Alterslyrik zeigt eine distanziert-ironische Betrachtung von Alltag und Gesellschaft (z. B. *Auf dem Matthäikirchhof*, *Fritz Katzfuß*), wobei die scheinbar improvisierte Lässigkeit und Beiläufigkeit an Heine erinnert und auf K. Tucholsky und E. Kästner vorausweist. An die Kritik des Kolonialismus in Heines *Sklavenschiff* (1854) knüpfte F. mit *Die Balinesenfrauen von Lombok* an. Altersweisheit, Melancholie und eine »ironisch-skeptische Sachlichkeit« (Fr. Martini) prägen die der Alltagsprosa nahen Gedichte und Sprüche der Spätzeit (z. B. *Es kribbelt und wibbelt weiter*, *Die Frage bleibt* sowie das bittere *An meinem Fünfundsiebzigsten*).

Rezeption: F.s Ruhm beruht – abgesehen von seinen Romanen – auf seinen Balladen. Erst im Verlauf des 20. Jh. fand seine Alterslyrik angemessene Aufmerksamkeit und Würdigung.

1898
Friedrich Nietzsche

* 15.10.1844 in Röcken bei Lützen (Sachsen). 1864–69 Studium (Theologie, Klassische Philologie) in Bonn und Leipzig, 1869–79 Professor für Altphilologie in Basel, danach krankheitsbedingt an wechselnden Orten (Nizza, Sils-Maria, Naumburg, Weimar u. a.) lebend. 1889 Ausbruch der Geisteskrankheit. † 25.8.1900 in Weimar. Gedenkstätten: Halle (D), Röcken (D, G, M), Sils-Maria (M), Weimar (M).

Gedichte und Sprüche

BA der meisten, zuvor schon (aber nicht selbständig) veröffentlichten Gedichte, herausgegeben von E. Förster-Nietzsche, in späteren Ausgaben um die Jugendgedichte vermehrt.

N., der Philosoph – ein Lyriker? Ja und nein: Seine Jugendgedichte verwarf er (*Dem unbekannten Gotte* hielt sich trotzdem), die Gedichte aus der Zeit des reifen Schaffens waren auf das philosophische Werk bezogen und als »Vorspiel« (1882) bzw. als Anhang zur 2. Ausgabe der *Fröhlichen Wissenschaft* (1887) sowie als sog. *Dionysos-Dithyramben* im Anhang zum *Zarathustra* (1885/92) gedruckt worden. Für N. gab es einen engen Zusammenhang zwischen seiner Art des Philosophierens und der von ihm hochgeschätzten Erkenntniskraft der Lyrik, so dass er nicht nur theoretisch auf die Einheit von Musik, Gedicht (Lied) und dithyrambischer Gedankenentfaltung pochte; so lässt sich von ihm durchaus sagen, dass sein Denken »ständig auf dem Sprung sei, den Flug des Lyrischen zu wagen« (M. Landmann). Dabei finden sich zwei Weisen des lyrischen Sprechens: das Lied, das N. »Worte als Musik«, und den Sinnspruch, den er »Sinn ohne Lied« nannte.

Die populär gewordenen Lieder ordnen sich noch in eine von Goethe über Heine bis zu C. F. Meyer reichende Lyriktradition ein (z. B. *Venedig*, *Das trunkene Lied* sowie das meist aus dem Zusammenhang gerissene *Vereinsamt*). Andere Lieder, wie z. B. *Aus hohen Bergen*, *Nach neuen Meeren*, *Sils-Maria*, sowie v. a. die 9 artistisch-avancierten *Dionysos-Dithyramben* waren in ihrem monologischen Sprechen wegweisend für die moderne Lyrik nach 1900 sowie Ausdruck der »Krise der Kunst und des Künstlers in der Moderne« (P. Brenner).

Rezeption: Bis 1927 wurden 43 000 Exemplare der Ausgabe aufgelegt.
Weitere philosophische Dichtungen: *Also sprach Zarathustra* (1883–85), *Ecce homo* (postum 1908).

1898–1899
Arno Holz

Biogr.: → 1889

Phantasus

Gedichtzyklus. Vorstufen und einzelne Vorabdrucke ab 1886; ED: 1898–99 (100 Gedichte in 2 Heften); danach ständige Überarbeitungen, die letzte Fassung (1925) umfasste 3 Bände mit über 1000 S.n.

Die Lyriker des frühen → *Naturalismus* standen vor dem Problem, für neue Inhalte neue Ausdrucksformen finden zu müssen. Dies gelang nicht sogleich, wie die Anthologie *Moderne Dichter-Charaktere* (1885, herausgegeben von W. Arent) zeigt. Erst im *Phantasus* schaffte H. den Durchbruch (theoretisch begründet in *Revolution der Lyrik*, 1899), indem er Reim, Strophe, Metrum als zu »abgegriffen« ablehnte und für eine neue Lyrik eintrat, »die, rein formal, lediglich durch einen Rhythmus getragen wird« (in: *Revolution der Lyrik*). Diese Rhythmisierung wollte er durch eine mittelachsige Anordnung der (reimlosen) Gedichtzeilen erreichen, um schon typographisch die angestrebten Lautbilder zu verdeutlichen. Verstärkt wurde diese Tendenz durch die Markierung von Pausen, Wortstellung, Alliterationen und die Verwendung von Kurz- und Langzeilen: »Man revolutioniert eine Kunst […] nur, indem man ihre Mittel revolutioniert« (H. in einer Selbstanzeige des *Phantasus*).

Der Name *Phantasus* bezieht sich auf die Einbildungskraft des Dichters, der im Zyklus Szenen aus dem Alltag einer Großstadt (Berlin) verbindet mit Erinnerungen aus der Kindheit, Träumen, Phantasien, Assoziationen mit geschichtlichen, mythischen, märchenhaften Geschehnisse, so dass – nach H. – eine neue dichterische Welt entsteht. In den späten Fassungen führte das Bemühen um Präzision bei der Erfassung der gegenständlichen Welt wie bei der Gestaltung des Neuen zu überlangen Sätzen, Häufung von Synonymen und zu endloser Reihung von Adjektiven bis an die Grenzen der Verständlichkeit.

Rezeption: H.' lyrische Neuerungen ließen ihn zu einem Vorbereiter des → *Expressionismus* und für manche sogar zum »Vater der Moderne« (H. Heißenbüttel) werden.

Weiteres Werk: *Dafnis* (erotische Lyrik im Stil des Barock, 1904).

1900
Richard Beer-Hofmann

* 11.7.1866 in Rodaun bei Wien. Nach einem Jurastudium (1883–90, mit Promotion) ab 1891 als freier Schriftsteller in Wien lebend, eng befreundet mit H. v. Hofmannsthal. 1924–32 zeitweise als Dramaturg tätig; ab 1939 Exil in den USA. † 26.9.1945 in New York. Gedenkstätte: Zürich (G).

Der Tod Georgs

Roman, entst. ab 1893.

Der narzisstische, melancholisch ein Leben im Schönen führende Décadent Paul erhält Besuch von seinem Freund Georg, der mit seiner optimistischen Vitalität und am Beginn einer vielversprechenden Arztkarriere das völlige Gegenteil verkörpert. Doch Georg stirbt in der Nacht überraschend, während Paul von Träumen heimgesucht wird, wobei in einem von ihnen ein ihm anverlobtes, zartes Mädchen (Inbegriff der ›femme fragile‹) stirbt und in einem anderem seine orgiastische Vereinigung mit einer mütterlichen Frau ebenfalls tödlich endet. Der plötzliche Tod Georgs und die Träume von den gescheiterten Wünschen nach Verschmelzen des männlichen Ichs mit dem Weiblichen lösen bei Paul einen »fast psychoanalytisch zu nennenden Prozeß der Selbstbefragung, Traumdeutung und Selbstreflexion« (J. M. Fischer) aus. Am Ende scheint er von neuer Lebensgewissheit erleuchtet, indem er den Tod akzeptiert und sich nun zu seinem Judentum sowie zu »einer Art ›ästhetischem Zionismus‹« (J. Le Rider) bekennt.

Der streckenweise im ›inneren Monolog‹ dargebotene Roman ist eine Abfolge von preziös erzählten, dekorativen Bildern, die in nervöser Empfindsamkeit lyrisch verdichtet und stilisiert sind und in denen sich Traum und Wirklichkeit ebenso vermischen wie Gegenwart und Vergangenheit. Stilelemente des Impressionismus, der Neuromantik (→ *Fin de Siècle*) und des → *Jugendstils* gehen hier eine komplexe Verbindung ein.

Rezeption: Der Roman gehört zusammen mit A. Schnitzlers → *Anatol* (1893) und H. v. Hofmannsthals → *Der Tor und der Tod* (1893) zu den Hauptwerken der Wiener Décadence (→ *Junges Wien – Wiener Moderne*).

Weitere Werke: *Novellen* (1893), *Die Historie von König David* (unvollendeter Dramenzyklus, 1920–33).

1900
Heinrich Mann

* 27.3.1871 in Lübeck. 1889–91 Buchhandelslehre in Dresden (abgebrochen), Verlagsvolontariat in Berlin, danach Aufenthalt in verschiedenen Sanatorien. 1895–98 in Palestrina und Rom, danach bis 1914 in wechselnden Wohnorten (Italien, Südfrankreich, München) lebend. Ab 1914 wohnte M. in München, 1918/19 Vorsitzender des ›Politischen Rates geistiger Arbeiter‹ in München. Fortsetzung → 1925.

Im Schlaraffenland

UT: *Ein Roman unter feinen Leuten*

Roman.

Der junge, aus der Provinz kommende Schriftsteller Andreas Zumsee steigt mithilfe des mächtigen jüdischen Bankiers Türkheimer und dessen Frau Adelheid vom Journalisten zum umjubelten Theaterautor und in die dekadente Schickeria Berlins auf. Doch dort strauchelt der neue Bel Ami – nicht wegen seiner Liaison mit der Bankiersfrau, sondern weil er sich mit der proletarischen Geliebten des Finanzmagnaten einlässt: Aus ist es mit dem Leben im Schlaraffenland der Neureichen und wenig Schönen, denn zur Strafe muss er die Göre aus der Gosse heiraten und wieder zurück in die ungeliebte Redaktion.

Die Crux des Romans ist seine Erzählweise: Die dargestellte Wirklichkeit ist die von den handelnden Figuren (v. a. von Zumsee) wahrgenommene Wirklichkeit, die von M. nicht kommentiert, sondern ›übernaturalistisch‹, d. h. satirisch übertreibend, wiedergegeben wird. Die implizite Kritik an der »Pöbelherrschaft des Geldes« (H. Mann), die als jüdisch dominiert denunziert wird, sowie an der Gesinnungslosigkeit des auf Karriere bedachten Künstler-Literaten löst sich von M.s reaktionären Anfängen (kulturkritische Publizistik um 1895/96), dringt aber noch nicht zur unmissverständlichen Kritik an der wilhelminischen Gesellschaft vor. Eine märchenhaft positive Symbiose von Geldaristokratie und Künstler-Monarch gestaltete dagegen Th. Mann in seinem Roman *Königliche Hoheit* (1909).

Rezeption: Der Roman hatte zunächst nur eine geringe Wirkung, erreichte aber bis 1929 eine Gesamtauflage von über 100 000 Exemplaren. Er ist bis heute in der Forschung umstritten, speziell in Bezug auf die Frage, ob er antisemitische Klischees transportiert oder nicht. ■ R: Cl. P. Witt (1965, TV), R: K. Jung-Alsen (1975, TV), R: Fr. Umgelter (1981, TV).

Weitere Romane: *In einer Familie* (1894), *Das Wunderbare und andere Geschichten* (Erzählungen, 1897), → *Die Göttinnen* (1902).

1900

Arthur Schnitzler

Biogr.: → 1892

Lieutenant Gustl

Novelle. ED: *Neue freie Presse* (1900). BA: 1901.

Sch. zeigt in dieser Novelle exemplarisch die Auflösung der gesellschaftlichen Ordnung vor dem Ersten Weltkrieg, die jh.elang Fundament der österreichisch-ungarischen Monarchie gewesen war. In der Darstellung des Leutnants Gustl, repräsentativer Vertreter dieser Ordnung, wird deren Hohlheit verdeutlicht: Am Abend eines Apriltages 1900 nimmt der Leutnant gelangweilt an einem Konzert teil und wird in der Garderobe von einem Bäckermeister im Gedränge als »dummer Bub« beleidigt. Da der Bäcker nicht satisfaktionsfähig ist, glaubt Gustl, nur durch den freiwilligen Tod (am nächsten Morgen) seine Offiziersehre wiederherstellen zu können. In der Nacht irrt er ziellos durch Wien, wehleidig sein Schicksal bedenkend. Am Morgen erfährt er vom plötzlichen Tod des Gegners. Weil es nun keinen Zeugen der Beleidigung mehr gibt, kann Gustl unbekümmert sein bisheriges Leben fortführen.

Sch. wählte die Form des ›inneren Monologs‹, d. h. er gibt den ungeordneten Bewusstseinsstrom des Titelhelden (seine Eindrücke, Gedanken, Assoziationen vom Abend bis zum Morgen) ohne kommentierende Wertung wieder. So enthüllt Gustl selbst die Leere und Ziellosigkeit seiner Existenz. Seine kaum gezügelte Aggressivität gegenüber Zivilisten, »Juden und Sozialisten«, aber auch das selbstbewusste Auftreten des Bäckermeisters gegenüber dem Offizier zeigen, dass in der Gesellschaft Kräfte entstanden sind, die den hergebrachten Rang des Adlig-Militärischen – und damit seinen einzigen Halt – infrage stellen. Sch. nähert sich damit – hier ganz den Tendenzen des → *Jungen Wien* verpflichtet – den psychoanalytischen Erkenntnissen S. Freuds (z. B. *Die Traumdeutung*, 1900) an.

Rezeption: Sch. verlor durch die Veröffentlichung seinen Rang als Reserveoffizier. Die Thematik der Novelle findet sich z. B. auch in Erzählungen F. von Saars, in R. Musils Roman → *Der Mann ohne Eigenschaften* (1930–43) sowie in J. Roths Roman → *Radetzkymarsch* (1932). Der ›innere Monolog‹ wurde in dieser Novelle im dt.sprachigen Raum erstmalig durchgehend verwendet – zuvor schon in Teilen in R. Beer-Hofmanns Roman → *Der Tod Georgs* (1900), später noch konsequenter in Sch.s Novelle *Fräulein Else* (1924).

Weiteres Werk: → *Reigen* (Szenenfolge, 1903).

Junges Wien – Wiener Moderne

Der Name ›Junges Wien‹ (auch: ›Jung-Wien‹, ›Junges Österreich‹) kam Anfang der 1890er Jahre auf. Er bezeichnet in einem engeren Sinne junge, in Wien lebende Schriftsteller, die – mit Treffpunkt im Café Grienstreidl (bis 1897) und dem Berliner S. Fischer-Verlag als Plattform – eine literarische Gruppierung bildeten, ohne sich freilich explizit als solche zu verstehen. Ihre bedeutendsten Vertreter waren: H. Bahr, R. Beer-Hofmann, H. v. Hofmannsthal, F. Salten und A. Schnitzler. Bis auf Salten bestand die Kerngruppe aus akademisch gebildeten, aufgrund ererbten Wohlstands als Schriftsteller nicht auf kommerziellen Erfolg angewiesenen, zu einem gewissen Dandytum neigenden Intellektuellen, die oft jüdischer Herkunft waren. Ihre inhaltliche Gemeinsamkeit lag, trotz vielerlei Abgrenzungen und Unterschiede, in dem Bemühen um »Überwindung des Naturalismus« (H. Bahr, 1891), was sie, unter Aneignung des französischen Symbolismus, als seine Weiterführung verstanden (→ *Fin de Siècle*): Es ging darum, nicht mehr nur die ›Muskeln‹ der Außenwelt (vitales Leben), sondern verstärkt die ›Nerven‹ der Innenwelt als bewegende (auch: die feste Identität entgrenzende) Kräfte zu thematisieren. So rückten Phänomene wie das Unbewusste, Nervosität, Neurosen, Krankheit, Narzissmus, Krise der Ich-Identität, Sprachskepsis und Tod in den Mittelpunkt. Dabei ist die zeitgleiche Entwicklung der Literatur des ›Jungen Wien‹ und die Herausbildung der Psychoanalyse durch S. Freud (*Studien über Hysterie*, 1895; *Die Traumdeutung*, 1900; *Psychopathologie des Alltagslebens*, 1901ff.) besonders bemerkenswert.

Die WICHTIGSTEN WERKE des ›Jungen Wien‹ sind: H. Bahrs Programmaufsatz *Die Moderne* (1890), A. Schnitzler: → *Anatol* (7 Einakter, 1893), H. v. Hofmannsthals Gedichte und lyrische Dramen (z. B. → *Der Tor und der Tod*, 1893), L. Andrian: *Der Garten der Erkenntnis* (Erzählung, 1895), P. Altenbergs Prosaskizzen → *Wie ich es sehe* (1896), R. Beer-Hofmann: → *Der Tod Georgs* (Roman, 1900) sowie die Zeitschrift *Moderne Dichtung / Moderne Rundschau* (1890ff.). Karl Kraus warf dem ›Jungen Wien‹ in seinem Essay *Die demolirte Litteratur* (1896/97) – wie fast stets vernichtend – »Mangel an Talent, verfrühte Abgeklärtheit, Posen, Größenwahn, Vorstadtmädel, Cravatte, Maniriertheit, falsche Dative, Monocle und heimliche Nerven« vor.

Von der ›WIENER MODERNE‹ (1890–1910) spricht man in einem erweiterten Sinne, um die wegweisenden, über den Kreis des ›Jungen Wien‹ hinausgehenden Verflechtungen von moderner Literatur, Journalismus (K. Kraus), Naturwissenschaft (E. Mach), Psychoanalyse (S. Freud), Kunstgeschichte (A. Riegl), Bildender Kunst (G. Klimt, ›Wiener Secession‹, → *Jugendstil*), Musik (G. Mahler, A. Schönberg) und Architektur (A. Loos) zu bezeichnen. Der Anteil des jüdischen Geistes war dabei ebenso bemerkenswert wie das Ausmaß des Antisemitismus. Wien, »kosmopolitischer Brennpunkt« (E. Topitsch), aber auch provinzielle »Bastion aller Archaismen« (J. Le Rider), wurde in einem rasanten Aufhol- und Überholprozess »zum Versuchsgelände für alle wesentlichen Strömungen des 20. Jahrhunderts« (E. Brix), wobei ein charakteristischer Zwiespalt von antimoderner Moderne bis in die nachfolgende Generation (z. B. bei R. Musil, H. Broch, L. Wittgenstein) erhalten blieb.

Berliner und Münchener Bohème

›Bohème‹ ist eine BEZEICHNUNG für eine »bewußt unkonventionell existierende [...] Subkultur von Literaten und Künstlern« (H. Kreuzer), die in Paris um 1830 aufkam: ›Bohèmes‹ bzw. ›Bohemiens‹ sind (Lebens-)Künstler, die in Lebensstil, Arbeitsweise und künstlerischen Zielsetzungen mit den Konformitätszwängen der bürgerlichen Gesellschaft brechen. Die Künstler-Szene im Paris der 2. Hälfte des 19. Jh. wird im Roman *Scènes de la vie de bohème* (1851) von H. Murger und in der Oper *La Bohème* (1896) von G. Puccini dargestellt. Eine deutsche Bohème gab es, trotz mittelalterlicher Vaganten und Jenaer Romantik, erst nach 1890 in Berlin und München. Sie hatte ihre Blütezeit bis 1914 und erhielt sich in Restformen bis 1933.

Die Berliner Bohème hatte ihre Wurzeln im Protest der Vorkämpfer für den → *Naturalismus* wie z. B. der Brüder H. und J. Hart, W. Bölsche und Br. Wille, die ab 1888/90 den Kern der Friedrichshagener Dichterkolonie bildeten. Hier wohnten auch kurzzeitig bzw. weilten zu Besuch: der Maler Fidus, R. Dehmel, M. Halbe, O. E. Hartleben, K. Henckell, G. Hauptmann, A. Holz, J. Schlaf, D. v. Liliencron u. a.; mit der Komödie *Socialaristokraten* (1896) zeichnete A. Holz ein kritisches Bild dieses Dichterkreises. Daneben existierte in der Stadt Berlin ein weiterer Bohème-Kreis von antibürgerlichen Individualisten (Treffpunkt: Café des Westens), die sich teilweise mit den Friedrichshagenern überschnitten. Ihre herausragenden Vertreter waren: P. Hille (*Mein heiliger Abend*, um 1900), St. Przybyszewski (*Homo sapiens*, Roman, 1895/96), P. Scheerbart (*Tarub*, Roman, 1897) und O. J. Bierbaum (*Stilpe*, Roman, 1897); zum Kreis um P. Hille und dem von ihm 1902/03 gegründeten Kabarett gehörten auch die junge E. Lasker-Schüler und E. Mühsam. Kritische Schilderungen der Berliner Bohème lieferten neben Bierbaum J. Bab (*Die Berliner Bohème*, 1904), O. Ernst (*Jugend von heute*, 1906) und H. Walden: *Café Größenwahn* (1911).
Die Münchener Bohème, eigentlich nur in Schwabing konzentriert, war stärker als das Berliner Pendant als Bürgerschreck, kabarettistische Herausforderung und v. a. als Experimentierort alternativer Lebensformen charakterisiert. Entsprechend weit (und untereinander nicht immer befreundet) war der Kreis der hier versammelten Autoren, die sich z.T. auch nur zeitweise als Bohèmes verstanden: K. Martens: *Roman aus der Dekadenz* (1898), E. v. Wolzogen (*Das dritte Geschlecht*, Roman, 1899), A. Holitscher (*Der vergiftete Brunnen*, Roman, 1900), Fr. Wedekind (*König Nicolo*, Drama, 1902), M. Halbe, Fr. v. Reventlow (mit ihren autobiographischen Romanen *Ellen Olestjerne*, 1903, und *Herrn Dames Aufzeichnungen*, 1913), der Lyriker und Germanist K. Wolfskehl, Th. Lessing, E. Mühsam, Fr. Blei u. a. Ein sehr negatives Bild der Schwabinger Bohème bietet O. A. H. Schmitz' Tagebuch *Das wilde Leben der Bohème* (postum 2006/07), ein ironisches Th. Mann (*Gladius Dei*, 1902), ein alltagsnahes Fr. v. Reventlow (*Tagebücher 1895–1910*, postum 1971).

1900
Frank Wedekind

Biogr.: → 1891

Der Marquis von Keith

OT: *Münchner Scenen. Nach dem Leben aufgezeichnet* (nur ED)

Drama. ED: *Die Insel* (1900); UA: 11.10.1901 in Berlin. BA (überarbeitet): 1901. Eine Urfassung erschien 1924.

»Das Leben ist eine Rutschbahn« – mit diesen Worten quittiert der Hochstapler und (falsche) Marquis von Keith das geplatzte Finanzierungsgeschäft, mit dem er Münchener Bürgern Geld für den angeblichen Bau eines

Vergnügungspalastes aus der Tasche gelockt hat. Keith ist – in W.s Worten – ein skrupelloser »Don Quijote des Lebensgenusses«, der weder vor kriminellen Taten zurückschreckt noch moralische Hemmungen besitzt: So treibt er den Idealisten und »Don Quijote der Moral« Scholz ins Irrenhaus und die ihn liebende Molly in den Selbstmord. Moral ist ihm lediglich Mittel zum Zweck – allerdings muss er (und mit ihm der Zuschauer) erfahren, dass die ach so moralische Bürgerwelt es letztlich genauso sieht: Der Finanzhai Konsul Casimir kann es noch besser als Keith und bootet ihn gekonnt aus. Die idealistische Weltverbesserung eines Scholz hat ebenso wenig Chancen wie die von Casimirs Sohn geplante Flucht aus der bürgerlichen Gesellschaft: »Der Zusammenstoß des Ideals mit der Gesellschaft wird von der Selbstzersetzung des Ideals angesichts der gesellschaftlichen Verhältnisse abgelöst« (M. Hahn) – und daher wird das Leben immer so weitergehen.

Rezeption: W. spielte selbst oft die Rolle des Marquis von Keith. Das Stück erlebte jedoch erst ab 1920 (mit Fr. Kortner als Keith) den Durchbruch. 🎬 R: A. Corti (1962, TV), R: H. Lietzau (1972, TV).

Weitere Werke: *Minne-Haha* (Romanfragment, 1901), *Totentanz* (Drama, 1905).

1901
Thomas Mann

* 6.6.1875 in Lübeck. Nach Abbruch von Schule und (ab 1893 in München) Volontariat in einer Versicherungsgesellschaft als freier Schriftsteller lebend: 1895–98 in Italien (Rom, Palestrina), danach bis 1933 in München. 1914–22 Streit mit dem Bruder H. Mann, 1929 Literatur-Nobelpreis. Ab 1933 in der Schweiz (Küsnacht) lebend, 4 USA-Reisen (1934–38), 1936 Verleihung der tschechischen Staatsbürgerschaft. Fortsetzung → 1939.

Buddenbrooks

UT: *Verfall einer Familie*

Roman, entst. ab 1897.

Hätte M. dem Drängen des Verlegers auf radikale Kürzung nachgegeben, so wäre sein Romanerstling nur ein weiterer, vielleicht immer noch beachtlicher Beitrag in der Reihe realistischer Familien- und Gesellschaftsromane ab 1850 geworden, nicht aber ein Jh.roman: Der gewaltige Umfang von 1105 Seiten ist – so M. – »eine wesentliche und nicht anzutastende Eigenschaft« des Romans, denn er ermöglichte es, den konventionellen Grundcharakter eines historisch fundierten, auktorial erzählten Zeitromans auf eine ganz neuartige, durch »symbolische Transparenz« (M.) dem → *Fin de Siècle* verpflichtete Weise zu überhöhen: Die über vier Generationen, von 1835 bis ungefähr 1877 reichende Geschichte der Lübecker Kaufmannsfamilie ist mit all ihrer dokumentarisch gegründeten und menschlich anrührenden Detailfülle nicht nur die Geschichte des Untergangs eines einstmals florierenden Unternehmens als ›Verfall einer Familie‹, sondern: Die Schilderung des Verfalls von bürgerlicher Tüchtigkeit – vom lebenspraktischen Firmengründer Johann Buddenbrook über den frömmelnden Sohn Jean und den sich überanstrengenden Enkel Thomas bis zum geschäfts- und lebensuntauglichen Urenkel Hanno – ist gleichzeitig die Geschichte der dekadenten Verfeinerung dieses Lebens durch Kunst und Krankheit – nicht ohne subtile Ironie bejaht und ebenso infrage gestellt. Es handelt sich hier um M.s Lebens- und Werkthema schlechthin und insofern auch um eine »Selbsterkundung« (H. Wysling).

M. bleibt jedoch nicht bei der bloßen Illustrierung dieser Ambivalenz von bürgerlichem Leben und Kunst stehen, wie sie philosophisch etwa bei A. Schopenhauer und Fr. Nietzsche thematisiert ist, sondern sein Roman ist selbst deren – gleichsam musikalisch komponierte – Form: durch die »innere Verbundenheit von Technik und Substanz, Struktur und Gehalt, Erzählform und Erzählung, Sprache und Sinn, Ausdruck und Inhalt« (Chr. Grawe). Deswegen ist er bis heute fesselnd, auch wenn die Figuren altmodisch geworden sind.

Rezeption: Der Roman war von 1903 an ein riesiger Erfolg: Bis 1918 waren 100 000 Exemplare aufgelegt, bis 1930 waren es 1 Million und bis 2007 über 6 Millionen; mit den Übers.n dürften es über 10 Millionen sein. Der Nobelpreis nahm ausdrücklich Bezug auf die *Buddenbrooks*. Bühnenfassung: T. Pfeifer (UA: 1976, J. v. Düffel (UA: 2005). R: G. Lamprecht (1923), R: A. Weidenmann (1959), R: Fr. P. Wirth (1979, TV), R: H. Breloer (2008). (als Ergänzung): *Aus meinem Leben* (Buddenbrookhaus, 2000).

Weitere Werke (Novellen): *Der kleine Herr Friedemann* (1898), → *Tonio Kröger* (1903).

1902
Hugo von Hofmannsthal

Biogr.: → 1893

Ein Brief

Essay in Briefform, oft zitiert als ›Chandos-Brief‹. ED: 1902: *Der Tag*. BA: 1905.

»Es ist mir völlig die Fähigkeit abhanden gekommen, über irgendetwas zusammenhängend zu denken oder zu sprechen.« So erklärt der fiktive Lord Chandos 1603 in einem Brief an den Begründer der empirischen Naturwissenschaft Francis Bacon seine zweijährige dichterische Schreibhemmung. In seinen sehr erfolgreichen Jugendwerken hatte er die Einheit des Lebens als Harmonie von Materiellem und Geistigem, Welt und Ich gepriesen, die sich nun aber für ihn aufgelöst hat. Die Ursache dafür sieht er in dem grundsätzlichen Zweifel daran, ob die Sprache die Wirklichkeit adäquat erfassen kann und zugleich fähig ist, »ins Innere der Dinge zu dringen.« Damit wird nicht nur grundsätzlich die traditionelle Mitteilungsfunktion der Sprache infrage gestellt, sondern: H.s durch Lord Chandos geäußerte Sprachkritik richtet sich ebenso gegen den symbolistisch überhöhten dichterischen Sprachgebrauch (→ *Fin de Siècle*). Was weniger beachtet wurde: Chandos glaubt an eine Sprache, die nicht *über* die Dinge spricht, sondern »in welcher die stummen Dinge zu mir sprechen«, was weniger über den Kopf als vielmehr »mit dem Herzen zu denken« sei. Über diese neue Sprache kann er allerdings noch nicht so verfügen, wie er – paradox genug – das Unvermögen der herkömmlichen Sprache beschreiben kann.

Dass hinter H.s Ausführungen das Problem einer persönlichen Schaffenskrise stand, wird heute z.T. bestritten. Tatsache ist, dass H. nach dem *Brief* keine lyrischen Dramen und nur noch wenige Gedichte veröffentlichte, die »ein melancholisches Abschiednehmen von der lyrischen Vergangenheit« (L. Ryan) sind. Stattdessen wandte er sich dem griechischen Drama (z. B. *Elektra*, 1903; *König Ödipus*, 1906), dem mittelalterlichen Mysterienspiel sowie der Prosaform (*Andreas oder die Vereinigten*, Roman, 1907) zu.

Rezeption: Der bis heute vieldiskutierte *Brief* ist ein Schlüsseltext zum Verständnis der geistigen Situation der Zeit um 1900. An die Figur des Chandos knüpfte neben S. Beckett (*Endspiel*, 1957) P. Handke an: → *Kaspar* (1968).

Weitere Werke: *Elektra* (Tragödie, 1903), → *Der Rosenkavalier* (Komödie, 1911).

1902
Heinrich Mann

Biogr.: → 1900, 1925

Die Göttinnen

OT: *Die Göttinnen oder Die drei Romane der Herzogin von Assy*

Romantrilogie; ED: 1902 (vordatiert auf 1903).

Das Gesamtwerk lässt sich sowohl als Romantrilogie über das (eine) Leben der Titelheldin auffassen, die M. als eine »dreieinige, freie, schöne und genießende Persönlichkeit« charakterisiert, als auch als ein Roman über die drei verschiedenen Leben der Violante d'Assy: das Leben der Liebe zur Freiheit (1. Buch: *Diana*), der Liebe zur Kunst (2. Buch: *Minerva*) und der Lust an der Liebe (3. Buch: *Venus*). Die Handlung spielt zwischen 1850/70 und 1900 in der Zeit der Belle Epoque, überwiegend in Italien und mit einem Figurenarsenal von über 100 Personen. Dabei ist nicht ausgemacht, ob die Protagonistin wirklich eine empirische Person ist und ihr Leben eine Entwicklung hat. Viel eher erscheint sie als eine Spielfigur, in der die »Utopie einer ästhetischen Existenz« (A. Martin) in ihren verschiedenen, auch problematischen Erscheinungsformen in Politik, Kunst und Lebensweise dargestellt wird.

Das von M. in einem wahren Feuerwerk von prächtigen Bildern und Szenen geschilderte Begehren nach Lebensweisen des Starken und Schönen ist keine Feier einer »hysterischen Renaissance« (M.), wie oft interpretiert wird, sondern deren problematisierte Halluzination; es endet im Scheitern, weil es immer wieder entstellt wird durch die Verkehrtheit der gesellschaftlichen Verhältnisse. Der vom Verfasser so genannte »merkwürdige Liebesroman« ist daher eher als eine Klage über den Verlust von Liebesfähigkeit, Menschlichkeit und Verantwortung der Kunst zu verstehen.

Rezeption: Zustimmung und Kritik (Schreibweise und Gehalt) halten sich bei diesem Roman bis heute die Waage.

Weitere Romane: *Die Jagd nach Liebe* (1903), *Flöten und Dolche* (Novellen, 1905), → *Professor Unrat* (1905).

1902

Vera

Lebensdaten unbekannt.

Eine für Viele

UT: *Aus dem Tagebuch eines Mädchens*

Roman, pseudonym veröffentlicht.

In einem Abschiedsbrief an ihren Verlobten begründet die Ich-Erzählerin Vera, einen Tag vor ihrer Hochzeit, warum sie sich umbringen wird. Es folgen ihre Tagebuch-Aufzeichnungen der letzten zwei Monate, aus denen hervorgeht, wie es zu dieser dramatischen Entwicklung kam: Vera ist eine Tochter ›aus gutem Hause‹ und hat sich gegen den Willen ihrer Eltern mit Georg verlobt. In der Zeit bis zur Hochzeit, die erst stattfinden kann, wenn Georg eine feste Anstellung hat, überdenkt sie ihre alles in allem durchaus glückliche Beziehung, weil sie nicht immer mit der patriarchalischen Art ihres Bräutigams einverstanden ist. Als sie erfährt, dass Georg vor ihr einige Verhältnisse mit anderen Frauen hatte, die er ihr erst auf heftiges Befragen hin gesteht, entsteht ein Bruch, den auch der Versuch von Verzeihung und Versöhnung nicht mehr heilen kann.

Was auf den ersten Blick nach sentimentaler Melodramatik aussieht, enthält eine provozierende Abrechnung mit der herrschenden Doppelmoral: Wie vertragen sich das Keuschheitsgebot für Frauen und die gängige Praxis männlicher Bordellbesuche? Wie steht es mit dem weiblichen Anspruch auf Sexualität? Wem nützt die Forderung nach freier Liebe? Was taugt die Ehe als Institution der Versorgung? Dass Vera diese Tabuthemen ansprach, ohne frauenkämpferisch aufzutreten, wurde ihr als Konservativismus vorgeworfen – gleichzeitig dürfte die Beschränkung auf die »subjektive Selbstdarstellung (speziell erotisch-sexueller Gefühle)« (S. Schmidt-Bortenschlager) die Breitenwirkung dieses Frauenromans gerade erhöht haben.

Rezeption: Der Roman hatte noch 1902 12 Auflagen und löste heftige Reaktionen aus, darunter eine Slg. von Antworten u.d.T. *Das Vera-Buch* (1902) und einen Verriss von K. Kraus (»gedanklich wie sprachlich unsauberes Machwerk«).

1903
Hermann Hesse

* 2.7.1877 in Calw. 1892 Flucht aus der Klosterschule Maulbronn; 1894–95 Praktikant als Uhrenmechaniker in Calw, 1895–98 Buchhändlerlehre in Tübingen, danach Buchhandlungs-Angestellter in Basel bis 1903. Ab 1904 als freier Schriftsteller in Gaienhofen (Bodensee) lebend, 1911 Indienreise. 1912 Übersiedlung nach Bern, 1915–18 Arbeit für die Dt. Gefangenenfürsorge in Bern. Fortsetzung → 1919.

Peter Camenzind

Roman. ED: 1903: *Die Neue Rundschau*. BA: 1904.

Der Ich-Erzähler, Peter Camenzind, gelangt als begabter Bauernsohn aus einem Schweizer Bergdorf in die Stadt, besucht das Gymnasium, studiert, arbeitet als Journalist und versucht sich als Dichter. Das Leben in der Stadt erscheint ihm jedoch so oberflächlich, dass die Bewahrung des eigenen Wesens ausgeschlossen ist. Erst in der Begegnung mit dem Werk Franz von Assisis, im Umgang mit unverbildeten Menschen in Italien sowie besonders mit einem pflegebedürftigen Behinderten gelingt es Camenzind, den Weg aus der als dekadent empfundenen städtischen Zivilisation zu einem Leben im Einklang mit sich selbst und der Natur zu finden. So kehrt er endgültig in sein abgeschiedenes Heimatdorf zurück, in der Hoffnung, sich mit einem großen Werk als Dichter zu erweisen.

H. steht zwar mit dieser ›Erzählung‹ in der Tradition des → *Bildungsromans*, doch Camenzind befindet sich nicht auf dem Weg zur Bewährung in der Welt, sondern will sich als Künstler nur noch durch »individualistische Selbstfindung« (E. Schwarz) verwirklichen. Dieser Weg nach innen, ein neuromantischen Zielsetzungen verbundenes Ideal um 1900, entsprach einem antimodern eingestellten Lebensgefühl, das Entsprechungen in der Heimatkunstbewegung und im politischen Konservativismus besaß. Eine intensivere Auseinandersetzung mit der Realität bietet der Roman *Unterm Rad* (1904), in dem H. die Geschichte eines sensiblen Jungen schildert, der an einem autoritären Bildungssystem zerbricht und Selbstmord begeht.

Rezeption: Der Roman begründete H.s schriftstellerischen Erfolg und finanzielle Unabhängigkeit (Auflage bis 1914: 60 000 Exemplare).

Weitere Werke: *Gedichte* (1911), *Knulp* (Erzählungen, 1913/14), → *Demian* (Roman, 1919).

1903
Thomas Mann Biogr.: → 1901, 1939

Tonio Kröger

Erzählung. ED: *Neue Rundschau* (1903); BA (u.d.T. *Tristan*): 1903.

Lübeck, ›Buddenbrookhaus‹ Mengstr. 4: Hier wächst der junge Tonio, Sohn des Konsuls Kröger, in bürgerlichem Ambiente auf – und gehört doch nicht dazu. Der sensible, kunstinteressierte Knabe kann nicht so sein wie die lebenstüchtigen Altersgenossen, die blonden und blauäugigen Hans Hansen und Inge Holm, die er scheu bewundert und von denen er geliebt werden möchte. Im 2. Teil der Erzählung versucht der inzwischen in München zum Dichter gewordene Tonio in einem Gespräch mit der Malerin Lisaweta das Leid an der Lebensferne seines Künstlertums als notwendigen künstlerischen Antrieb zu rechtfertigen; doch Lisaweta widerspricht diesem Ästhetizismus: So denke ein in die Kunst »verirrter Bürger«. Tonios Reaktion: »Ich bin erledigt.« Im 3. Teil (Reise in die Vaterstadt und nach Dänemark) wird deutlich, dass Tonio nach wie vor vom bürgerlichen Leben seines Herkommens ausgeschlossen bleibt: Die Leute wie Hans und Inge kennen ihn nicht. Im langen Brief an Lisaweta deutet er am Ende an, dass er bereit sei, den leidvollen Gegensatz von Kunst und Leben in sich auszuhalten, die Welt jenseits der Kunst nicht zu verachten und in »Bürgerliebe zum Menschlichen, Lebendigen und Gewöhnlichen« eine bessere Kunst zu verwirklichen.

Der offene Schluss ist nicht so eindeutig, wie er oft interpretiert wird. Man sollte nämlich bedenken, dass Tonio nicht – trotz mancher Parallelen – *den* jungen M. verkörpert, sondern *eine* Facette in dessen Bemühen um eine Position zwischen Dekadenz und Dekadenzüberwindung ist, deren Varianten in der Sammlung → *Tristan* (1903) vorgeführt werden.

Rezeption: *Tonio Kröger* (M. nannte das Werk später »meinen Werther«) wurde neben → *Der Tod in Venedig* (1913) M.s bekannteste Erzählung. 🎬 R: R. Thiele (1964). 🎧 Der Hörverlag (1997).

Weiteres Werk: → *Tristan* (1903).

1903
Thomas Mann Biogr.: → 1901, 1939

Tristan

UT: *Sechs Novellen*

Enthält die Novellen *Der Kleiderschrank* (ED: 1899), *Der Weg zum Friedhof* (ED: 1900), *Luischen* (ED: 1900), *Tristan* (entst. nach 1900), *Gladius Dei* (ED: 1902), *Tonio Kröger* (ED: 1903).

M. bekannte 1917, er habe eigentlich nur eine Novelle geschrieben, diese allerdings viermal: *Der kleine Herr Friedemann* (1897), *Der Bajazzo* (1897), → *Tonio Kröger* (1903) und → *Der Tod in Venedig* (1912). Er hätte, wenn es um den Grad des formalen Geglücktseins, aber auch um sein vielschichtiges Werkthema (problematisches Verhältnis von Leben und Kunst) geht, auch noch die Novellen *Tristan* (1903) und *Schwere Stunde* (1905) nennen können. Die Hauptfiguren dieser Erzählungen sind Variationen eines Typus', der auf zweifache Weise beschädigt ist: äußerlich vom Leben (dessen vitaler Stärke er nicht gewachsen ist, dessen »Wonnen der Gewöhnlichkeit« ihn faszinieren und vor dem er – vergeblich – in Askese oder in von Wagner-Musik erregten Rausch flüchtet), innerlich von dem Streben nach Kunst (deren Sublimierungsdruck die nervöse Haltlosigkeit letztlich nicht standhalten kann). Die Variationsbreite ist auch in den 6 *Tristan*-Novellen sehr groß: Sie reicht vom grotesken Wutausbruch des Lobgott Piepsam gegen »das Leben« (*Der Weg zum Friedhof*) bis zum bilderstürmenden Protest des jungen Hieronymus gegen die in München leuchtende Kunst (*Gladius Dei*), von der liebesunfähigen, todessüchtigen Künstler-Karikatur Detlev Spinell (*Tristan*) zum dekadenzüberwindenden, Leben und Liebe bejahenden Kunstprogramm des Schriftstellers Tonio Kröger (*Tonio Kröger*) sowie von der unberührbaren Muse des Dichters Albrecht von der Qualen (*Der Kleiderschrank*) bis zur Verhunzung von Liebestod und Kunst in der traurigen Gestalt des Anwalts Jacoby (*Luischen*). Man tut gut daran, das Ensemble dieser Varianten, von denen der Schulklassiker *Tonio Kröger* eine ist, als Ganzes im Blick zu behalten und schon gar nicht ihren Verfasser auf eine von ihnen festzulegen.

Rezeption: Diese Novellenslg. (und in ihr besonders *Tonio Kröger*) begründete – neben den → *Buddenbrooks* (1901) – M.s zeitgenössischen Dichterruhm. ■ R: H. Ballmann (1975, TV).

Weitere Werke: *Königliche Hoheit* (Roman, 1909), → *Der Tod in Venedig* (Novelle, 1912).

1903
Arthur Schnitzler

Biogr.: → 1892

Reigen

UT: *Zehn Dialoge*

Einakterzyklus, den Sch. nicht als ›Drama‹ begriff. Entst. ab 1896; ED: 1900 (unverkäuflicher Privatdruck). BA: 1903; UA (ungarisch): 13.19.1912 in Budapest, UA (dt.): 23.12.1920 in Berlin. 1922 endete ein Aufführungsverbot im sog. ›*Reigen*-Prozess‹ mit Freispruch. Sch. untersagte von sich aus weitere Aufführungen (erst 1982 aufgehoben).

In der Szenenreihe geht es – gleichsam wie in einem Experiment und psychologisch sehr genau erfasst – um die Darstellung von Variationen der Situation vor und nach dem sexuellen Akt (der nicht dargestellt wird und auch in der Buchausgabe nur durch Gedankenstriche angedeutet wird). In jeder Szene treffen sich zwei Personen und trennen sich danach wieder, wobei eine von ihnen bleibt und in der folgenden Szene eine dritte trifft, die in der 4. Szene einer weiteren Person begegnet usw. In der 10. Szene schließt sich der ›Reigen‹, wenn die Dirne aus der 1. Szene sich sexuell mit einem Grafen verbindet. Die Personen stammen aus allen sozialen Schichten Wiens (Prostituierte, Soldat, ›süßes Mädel‹, Künstler, Bürger und Adel) – ein Abbild der Wiener Gesellschaft vor 1900 und allen geht es um Triebbefriedigung, deren Wegbereiter allein die Sprache ist – je nach sozialem Stand und Geschlecht differenziert.

In der Gesellschaft, deren Bild Sch. hier entstehen lässt, gibt es keine Aufrichtigkeit und Natürlichkeit, in ihr herrschen (männlicher) Egoismus, der durch (Rede-)Konventionen verdeckt wird, und Gefühllosigkeit. Sch. hatte wie Freud (der ihn 1922 einen »psychologischen Tiefenforscher« nannte) die Bedeutung des Unbewussten und der »Triebnatur des Menschen« erkannt und wie Freud stellte er damit indirekt die Frage nach der Möglichkeit einer humanen Grundlage für das Zusammenleben.

Rezeption: Die Buchfassung erreichte bis zum Anfang der 1920er Jahre die Auflagenzahl von 100 000. Im Mai 1933 gehörte das Buch zu den von den Nationalsozialisten öffentlich verbrannten Büchern. 🎬 R: R. Oswald (1920); *La ronde* (R: M. Ophüls, 1950; Remake: R. Vadim, 1964); *Das große Liebesspiel* (R: A. Weidenmann, 1963).

Weitere Werke: *Der einsame Weg* (Schauspiel, 1904), → *Der Weg ins Freie* (Roman, 1908).

1903
Gerhart Hauptmann Biogr.: → 1888

Rose Bernd

Schauspiel (Prosa). UA: 31.10.1903 in Berlin; BA: 1903.

»Das Mädel … was muß die gelitten han!« – so kommentiert August Keil mitfühlend das leidvolle Schicksal der Frau, die er heiraten wollte. Rose Bernd, eine Bauernmagd, erwartet ein Kind von dem Großbauern Flamm, von dem sie sich aber losgesagt hat, um auf Wunsch des Vaters August Keil zu heiraten. Ihr letztes, zufälliges Treffen mit Flamm wird vom brutalen Maschinisten Streckmann beobachtet, der sie daraufhin erpresst und vergewaltigt. In einem Prozess gegen Streckmann leugnet Rose aus Scham die Beziehung zu Flamm. Von allen verlassen, tötet sie das Kind nach der Geburt, gesteht ihrem Vater und Keil ihre Schuld und erklärt die Umstände, die sie zu dieser Tat veranlassten.

H. nahm das im → *Sturm und Drang* häufig behandelte, von Goethe im → *Faust I* (1808) gestaltete Motiv der Kindsmörderin auf und verlegte das Geschehen in die dörfliche Welt Schlesiens. Ähnlichkeiten zum sozialen Drama Hebbels (→ *Maria Magdalene*, 1844) zeigen sich in der vorehelichen Schwangerschaft der Protagonistinnen, in der Dumpfheit der kleinbürgerlichen Welt mit ihren rigiden Moralvorstellungen und der unerbittlichen Selbstgerechtigkeit der Väter. H. gestaltete das Schauspiel gemäß den Forderungen des → *Naturalismus* (genaue Milieudarstellung, individualisierte Gestaltung der handelnden Personen, dialektgebundene Sprache), verzichtete aber auf direkte Sozialkritik. Im Vordergrund steht bei ihm das Mädchen Rose, das, allein gelassen in einer lieblosen Welt, am Ende feststellt: »'s hat een kee Mensch ne genung liebgehat.«

Rezeption: Das Problem der Kindsmörderin (Abtreibung) blieb bis heute ein brennendes Thema (vgl. M. Fleißer, Ö. v. Horváth, Fr. X. Kroetz). 🎬 R: A. Halm (1919), R: W. Staudte (1956), R: G. Burmester (1962, TV).

Weiteres Drama: → *Und Pippa tanzt!* (1906).

1904
Rainer Maria Rilke

* 4.12.1875 in Prag. 1895–97 Studium in Prag und München (Kunst- und Literaturgeschichte), Reisen (u. a. 1899 und 1901 nach Russland). Ab 1900 Aufenthalt in Worpswede, 1902–06 Übersiedlung nach Paris, wo R. kurze Zeit Sekretär des Bildhauers A. Rodin war. Bis 1914 Reisen durch Europa, danach überwiegend in München, ab 1919 in der Schweiz, zuletzt auf Schloss Muzot (Wallis) lebend. † 29.12.1926 in Val-Mont bei Montreux. Gedenkstätten in der Schweiz: Raron (G), Sierre (M).

Die Weise von Liebe und Tod des Cornets Christoph Rilke

Zyklus von 16 Prosastücken. Entst. 1899; ED: *Deutsche Arbeit* (1904). BA: 1906 (überarbeitet).

Geschildert wird der Ritt des jungen Christoph Rilke (R. vermutete in ihm einen Vorfahren) durch Ungarn in den Krieg gegen die Türken 1663, seine Ernennung zum Fahnenträger (Cornet), ein Fest und seine erste Liebesnacht sowie sein Tod im Kampf am nächsten Morgen. Erzählt wird das Geschehen fast ausschließlich aus der Perspektive des Helden, so dass eine unmittelbare Teilhabe an dessen – v. a. ästhetisch geprägten – Gedanken und Empfindungen möglich wird. Ganz im Stil des Impressionismus werden flüchtige Eindrücke und Bilder aneinandergereiht, verfasst in einer Prosa, die durch klangvolle Melodik, Metaphernreichtum und rhythmisierte Sprache eine betont lyrische Färbung erhält (→ *Fin de Siècle*).

Die Intensivierung des Gefühlshaften, die oft unterschwellige Einbeziehung des Erotischen, der »Schatten der Fatalität« (Fr. N. Mennemeier) sowie die ästhetisch überhöhte Darstellung des Heldentods sind heute kaum noch nachvollziehbar.

Rezeption: Als Bd. 1 der Insel-Bücherei erreichte das Werk im 20. Jh. eine Millionenauflage – R. selbst distanzierte sich später davon. 🎬 *Der Cornet* (R: W. Reisch, 1955).

Weitere Werke: → *Das Stunden-Buch; Neue Gedichte* (1905; 1907–08).

Jugendstil

Der Jugendstil ist eine künstlerische Stilrichtung, die zwischen 1890/95 und 1910/14 in mehreren europäischen Ländern insbesondere in der bildenden Kunst (Malerei, Grafik), Architektur und im Kunsthandwerk (Buchkunst, Möbel, Inneneinrichtung) modern war. Sie hieß in Österreich ›Sezessionsstil‹, in Frankreich ›art nouveau‹, in England ›Modern Style‹ und begann als Protestbewegung gegen Historismus und → *Naturalismus*. Der deutsche Name ›Jugendstil‹ leitet sich von der graphischen Gestaltung der Münchner Wochenschrift *Jugend* ab, kam aber erst nach 1905 auf. Charakteristische Stilmerkmale sind: Streben nach dem erlesenen Schönen, dekorativ geschwungene Linienführung und flächige Stilisierung, Bevorzugung floraler Motive (Blätter, Ranken, Flechtwerk, Gewebe), ornamentale Bilder einer unbefleckten, »subjektfreien Natur, die keine geschichtliche oder moralische, meist nicht einmal eine sexuelle Identität kennt« (G. Mattenklott), daher Vorliebe für Blumen, Wasser, Schwäne, androgyne Jugend.

Die Klassifizierung eines Werks als literarischer Jugendstil ist schwierig, da es viele Überschneidungen mit den Strömungen des Ästhetizismus, des Symbolismus und der Neuromantik gibt (→ *Fin de Siècle*). Gleichwohl lassen sich enge Kooperationen zwischen Schriftstellern und Künstlern im Zeichen des Jugendstils benennen wie z. B. zwischen R. M. Rilke und den Malern in Worpswede (H. Vogeler), St. George und dem Buchkünstler M. Lechter, E. Stucken sowie E. Lasker-Schüler und dem Maler Fidus, in der Literatur- und Kunstszene von → *Junges Wien – Wiener Moderne* (H. v. Hofmannsthal, R. Beer-Hofmann) sowie in speziellen Zeitschriften wie z. B. *Blätter für die Kunst* (1892–1902), *Pan* (1895–1900), *Jugend* (1896–1941), *Simplicissimus* (ab 1896), *Ver Sacrum* (1898–1903), *Die Insel* (1899–1902) oder *Hyperion* (1908–10). Darüber hinaus gibt es besonders im Bereich der Lyrik auffällige Affinitäten. Das beginnt mit der typographischen Ornamentalik in den Gedichtbänden von St. George (*Das Jahr der Seele*, 1897), A. Holz (→ *Phantasus*, 1898–99), R. Dehmel (*Zwei Menschen*, 1903), R. M. Rilke (*Das Stunden-Buch*, 1905) und setzt sich in jugendstiltypischen Motiven in den (frühen) Gedichtsammlungen von M. Dauthendey (*Ultra-Violett*, 1893), O. zur Linde, A. Mombert (*Der Glü-*

hende, 1896), E. Lasker-Schüler (*Styx*, 1902), E. Stadler (*Praeludien*, 1905), G. Heym u. a. fort. Klassische NOVELLEN des Jugendstils sind H. Manns *Das Wunderbare* (1896) und E. Hardts *An den Toren des Lebens* (1902). Mit O. J. Bierbaum, dem (Mit-)Herausgeber der Zeitschriften *Pan* und *Die Insel*, und seinem Konzept der ›angewandten Lyrik‹ öffnete sich der exklusive Jugendstil stärker dem (bohèmehaften) Leben, um es mit Kunst zu durchsetzen.

1905
Heinrich Mann Biogr.: → 1900, 1925

Professor Unrat

OT: *Professor Unrat oder Das Ende eines Tyrannen*
Roman. Er erschien 1948 (erstmalig ab 1930) auch u.d.T. *Der blaue Engel*.
Der Gymnasialprofessor Raat, von seinen Schülern als »Unrat« verspottet, ist ein arger Schultyrann, der im Unterricht wie außerhalb der Schule jugendliche Widersetzlichkeit wittert und verfolgt. Sein vorrangiges Ziel ist der frühreife Schüler Lohmann, der Raats spirituell-verklemmte Psyche (z. B. in der Verehrung der Jungfrau von Orléans) durchschaut. Über Lohmann gerät der Lehrer in die Nachtbar »Der blaue Engel«, verliebt sich dort gegen alle bürgerliche Sitte in die Tänzerin Rosa Fröhlich und nimmt dabei in Kauf, dass er sein Amt verliert und zum Gespött der norddeutschen Kleinstadt wird. Ausgegrenzt, innerlich enthemmt und nun ohne Rücksicht gibt er sich dann ganz seiner »Obsession der Rache« (Th. W. Adorno) hin, wobei aus dem Tyrannen ein Anarchist wird: Er heiratet Rosa, erträgt leidend ihre Seitensprünge und eröffnet mit ihr eine Spielhölle nebst Bordell, mit der er die Bürger der Stadt in den moralischen und finanziellen Ruin treiben will. Doch am Ende ist er es, der – anders als im späteren Film – bankrott geht und von Lohmann unter dem Gejohle seiner Kunden der Polizei übergeben wird.
Der Roman ist weder als Satire auf das wilhelminische Gymnasium noch als direkte Gesellschaftskritik ausreichend beschrieben. So enthüllt Raats Untergang zwar den sittlichen Ruin der Gesellschaft, sein Anarchismus ist jedoch nur eine andere Form der Despotie und damit noch ohne gesellschaftsverändernde Perspektive.
Rezeption: Der Roman hatte bis 1917 nur mäßigen, danach und besonders ab der Verfilmung 1930 großen Erfolg. Er ist neben → *Der Untertan* (1918) M.s populärstes Werk und wurde bis 1930 in mehrere Sprachen übersetzt. 🎬 *Der blaue Engel* (R: J. v. Sternberg, 1930; R: M. Dmytryk, 1959).
Weitere Romane: *Schauspielerin* (Novelle, 1906), *Zwischen den Rassen* (1907), → *Die kleine Stadt* (1909).

1905
Christian Morgenstern

* 6.5.1871 in München. Nach abgebrochenem Studium (Archäologie, Kunstgeschichte) ab 1892 in Breslau und ab 1894 in Berlin als freier Schriftsteller und Übersetzer, ab 1903 auch als Dramaturg und Lektor tätig. † 31.3.1914 in Meran. Gedenkstätte: Dornach bei Basel (G).

Galgenlieder

Gedichtslg. Entst. ab 1895 und z.T. vorab veröffentlicht; ED: 1905, vermehrte Neuauflage: 1908. 1932, vermehrt um die Slgn. *Palmström* (1910), *Palma Kunkel* (1916) und *Der Gingganz* (1919), u.d.T. *Alle Galgenlieder* erschienen.

Der Titel bezieht sich auf den literarischen Freundeskreis ›Die Galgenbrüder‹, in dem (und später auch im Berliner Kabarett ›Überbrettl‹) M.s Texte vorgetragen wurden. »Galgenpoesie«, so M., »ist die skrupellose Freiheit des Ausgeschalteten, Entmaterialisierten«, oder wie es in *Galgenberg* heißt: Rache »an des Daseins tiefem Ernst«. Längst nennt man diese Dichtungsform Nonsense- bzw. Unsinnspoesie, deren Wurzeln in Kinderreimen, Sprachmystik, alogischer Poesie der → *Romantik* und den Nonsense-Sprachspielen in der englischen Literatur des 19. Jh. zu finden sind. M. betreibt eine radikale Sinnentleerung, indem er Texte aus Sprachspielen (z. B. *Der Werwolf*), Reimzwang (z. B. *Das ästhetische Wiesel*), Wortlauten (z. B. *Das große Lalula*) als Parodie (z. B. *Möwenlied*), als Groteske (z. B. *Das Knie, Zwölf-Elf*) oder als visuelles Gebilde (z. B. *Die Trichter*) baut. Zumeist werden, bei leerlaufender Bedeutung, dabei die Regeln der Grammatik, Syntax und Verstechnik eingehalten, in einigen Gedichten löst sich M. jedoch auch davon und stößt vor in Bereiche der Alogik (z. B. *Der Rabe Ralf*) bzw. des Nonverbalen (z. B. *Fisches Nachtgesang*). Jenseits aller Zeitbezogenheit, jenseits aller Bürgerlichkeit (einschließlich der Sprache) führte M. damit in bis dahin unbekannte literarische Bereiche (Traum und Spiel statt Logik und Funktion).

Rezeption: Die Slg. erreichte 1913 die 15. Auflage. Von M. selbst als Nebensache gegenüber seinem ›seriösen‹ Werk eingeschätzt, gelten die *Galgenlieder* längst als sein Hauptwerk, das zugleich Ausdruck der Sprachkrise um 1900 als auch früher Wegbereiter für → *Expressionismus*, → *Dadaismus* und → *Konkrete Poesie* ist.

1905/1907–1908
Rainer Maria Rilke

Biogr.: → 1904

Das Stunden-Buch; Neue Gedichte

Gedichte. (1): Entst. ab 1899; BA: 1905. (2): Slg. von Gedichten, die vereinzelt ab 1903, überwiegend aber zwischen 1906–08 in Paris entst.; BA: 1907 (Teil 1), 1908 (Teil 2).

Wie R.s erster Lyrikband *Das Buch der Bilder* (1902/06, darin das vielzitierte Gedicht *Herbsttag*) gehört der dreiteilige Zyklus *Das Stunden-Buch* zum Frühwerk, das von dem Bestreben gekennzeichnet ist, die überlieferte Form der Erlebnislyrik zu überwinden, ohne dabei schon in den Bereich der sprachskeptischen Folgerungen im Sinne von H. v. Hofmannsthals → *Ein Brief* (1902) vorzudringen. Der Titelbegriff ›Stundenbuch‹ verweist auf das mittelalterliche Andachtsbuch für Laien, das die stündlichen Gebete enthielt. ›Gebete‹ (ohne Überschriften) finden sich allerdings nur in der Rollenlyrik des 1. Buches, wo sich R.s Ringen um die Erkenntnis eines verborgenen Gottes äußert, der gefühlsmäßig erfahren werden kann und sich in den Werken der Menschen, besonders denen der Künstler, offenbart. So wird die Suche nach Gott auch eine Suche des Künstlers nach sich selbst (2. Buch). Im 3. Buch werden am Beispiel von Paris Großstadt, Vermassung und Kommerzialisierung mit hohem Pathos verurteilt, da sie die Menschen daran hinderten, sie selbst zu sein (z. B. *Die Städte aber wollen nur das Ihre*), es sei denn, sie gehörten zu den vom Dichter jenseits der sozialen Realität unsäglich verklärten Armen: »Denn Armut ist ein großer Glanz aus Innen«.
Die Begegnung mit dem Maler P. Cézanne sowie dem Bildhauer A. Rodin in Paris und ihren Werken führte R. in den *Neuen Gedichten* zu einer Veränderung seiner Lyrik. Neue Ziele waren: Genauigkeit der Wahrnehmung, Versenkung in das Wahrgenommene, um auf diese Weise durch sprachliche Neugestaltung in das Wesen der Dinge einzudringen. Diese Konzentration erforderte den Verzicht auf jede subjektiv zugewiesene Symbolik, d. h. eine Objektivierung in Ding- oder Kunstgedichten, deren Themen Pflanzen (z. B. *Blaue Hortensie*), Tiere (z. B. *Der Panther*, *Die Flamingos*), Kunstwerke (z. B. *Archaischer Torso Apollos*), Orte (z. B. *Spätherbst in Venedig*, *Römische Fontäne*), Dinge (z. B. *Das Karussell*) u. a. sind. Die Einfühlung in die Dinge, das Aufgehen darin soll eine emphatische ›Erfahrung‹ erzeugen, die zur ›Übersteigung‹ führt. Damit ist eine geistige Dimension gemeint, die der Dichter zwar bildhaft beschwören kann, die aber insgesamt offen bleibt.

Rezeption: Der Zyklus *Das Stunden-Buch* erreichte bis 1912 eine Auflage von 180 000 Exemplaren. Die *Neuen Gedichte* enthalten einige der berühmtesten Gedichte R.s, die in kaum einer Anthologie dt. Gedichte fehlen.
Weiteres Werk: → *Die Aufzeichnungen des Malte Laurids Brigge* (Roman, 1910).

1906
Robert Musil

* 6.11.1880 in Klagenfurt. 1897–1901 Studium (Maschinenbau) in Wien, 1901–03 Volontärassistent an der TH Stuttgart, 1903–08 Studium (Philosophie, Psychologie) mit Promotion in Berlin. Ab 1908 freier Schriftsteller, daneben 1911–14 Bibliothekar in Wien; 1914–18 Kriegsteilnahme, danach wechselnde Tätigkeiten in Wien

(ab 1924 auch Theaterkritiker). 1931–33 in Berlin; 1933 Rückkehr nach Wien, 1938 Emigration in die Schweiz. † 15.4.1942 in Genf. Gedenkstätten: Genf (ohne G), Klagenfurt (M).

Die Verwirrungen des Zöglings Törleß

Roman, entst. 1903.

Der Roman erzählt, wie der 16-jährige Törleß in ein traditionsreiches Internat kommt, zunächst unter Heimweh leidet, dann in die pubertären ›Verwirrungen‹ der erwachenden Sexualität gerät, sich – halb aus Neugier, halb aus Widerwillen – in bedenkliche Umtriebe seiner Mitschüler (sadistische Quälereien, homosexuelle Beziehung, Besuch bei der Dorfhure) verwickelt und schließlich das Internat wieder verlässt. Nicht diese äußeren Schwierigkeiten sind indes das Thema, sondern die Gefühlskrise des Jungen, die zugleich eine Krise des sprachlich-intellektuellen Begreifens ist: So wie er im Mathematikunterricht an den imaginären Zahlen interessiert ist (aber keine kompetente Auskunft erhält), sucht er hinter der Wirklichkeit »der hellen, täglichen Welt, die er bisher allein gekannt hatte, das Tor zu einer anderen« und damit Aufklärung über sich selbst. Sein Befund ist ambivalent: Gefühl und Erkenntnis, Überwältigendes und Bewältigtes seien nicht ohne erschütternden »Schwindel« zu vereinen. Das gesuchte Wissen, nähere man sich ihm, weiche zurück wie der Horizont, so dass er zunächst aufgeben muss. Doch der Erzähler schließt nicht aus, dass Törleß später, als er zu einem »Mann von sehr feinem und empfindsamem Geiste« geworden ist, aus der Erfahrung des Scheiterns etwas Unverzichtbares gewonnen haben wird: »jene kleine Menge Giftes, die nötig ist, um der Seele die allzu sichere und beruhigte Gesundheit zu nehmen.«

Rezeption: M.s erster Roman war zugleich sein einziger Erfolg zu Lebzeiten. 🎬 R: V. Schlöndorff (1965).

Weitere Werke: *Drei Frauen* (Novellen, 1924), → *Der Mann ohne Eigenschaften* (Roman, 1930/43).

1906

Gerhart Hauptmann

Biogr.: → 1888

Und Pippa tanzt!

UT: *Ein Glashüttenmärchen in vier Akten*

Schauspiel. UA: 19.1.1906 in Berlin. BA: 1906.

»Die rohe Kraft besiegt, wie so oft im Leben, auch in meinem Märchen die zarte Schönheit«, so H.s Hinweis zum Verständnis des Stückes. Die »zarte Schönheit« verkörpert die Kindfrau Pippa, Tochter eines italienischen Glastechnikers, die »rohe Kraft« der hünenhafte, triebbesessene Glasbläser Huhn, von dem Pippa entführt wird. Doch Hellriegel, ein Okarina spielender, von Italien als einer besseren Welt träumender Handwerksbursche, befreit sie und bringt sie in eine Berghütte zu der »mythischen Persönlichkeit« Wann. Dem eingeschlichenen Huhn gelingt es jedoch, Pippa zum Tanz zur Okarina zu verführen. Als er ein venezianisches Glas Wanns in seiner Faust zerdrückt, bricht Pippa tot zusammen.

H. lässt in der realen Welt des Riesengebirges (hier wird Dialekt gesprochen) eine Traum- und Märchenwelt (in der Hochdeutsch, manchmal in Versform, gesprochen wird) entstehen. Auf Pippa, ›femme fragile‹ und »anima« (C. G. Jung) zugleich, sind die unterschiedlichen Projektionen und Wunschträume der Männer gerichtet. Sie ist ein Lichtwesen in einer dunklen, zerbrochenen Welt, die als Einheit nur noch in Märchen, Mythen und Träumen möglich ist, immer bedroht von destruktiven Kräften im Menschen. Mit diesem vom Symbolismus (→ *Fin de Siècle*) und → *Jugendstil* beeinflussten Schauspiel, das als ›inneres Drama‹ zugleich eine Art expressionistischer Auftakt ist, setzte H. die Reihe seiner Dramen in Märchenform fort (*Hanneles Himmelfahrt*, 1893; *Die versunkene Glocke*, 1896), die parallel zu den naturalistisch geprägten Milieustücken entstanden.

Rezeption: Das ›Glashüttenmärchen‹, von H. besonders geschätzt, wird nur noch selten gespielt. 🎬 R: Fr. Umgelter (1961, TV).

Weitere Werke: *Der Narr in Christo Emanuel Quint* (Roman, 1910), → *Die Ratten* (Tragikomödie, 1911).

1908
Arthur Schnitzler

Biogr.: → 1892

Der Weg ins Freie

Roman, entst. ab 1905.

Der Komponist Georg von Wergenthin lebt im Wien der Jh.wende ohne wirkliche Bindung an Beruf, Gesellschaft und die ihn liebende Anna. Als diese ein Kind von ihm erwartet, will er nicht öffentlich für sie einstehen und sorgt nur dafür, dass Schwangerschaft und Geburt verheimlicht werden. Das Kind wird tot geboren, Georg fühlt sich nun wieder frei und eröffnet Anna, dass er ein Angebot als Kapellmeister in der fernen Stadt Detmold annehmen wird. Er schreibt ihr von dort noch ein paar Briefe, macht sich vor sie zu lieben und verlässt sie dann doch nach einem Urlaub in Wien – erleichtert darüber, ohne verbindliche Aussprache seinen Weg ins Freie gehen zu können.

Das Unentschiedene dieser Anti-Liebesgeschichte findet seine Entsprechung in der Schilderung der großbürgerlichen Wiener Gesellschaft, die in einem breiten, stark jüdisch geprägten Figurenspektrum kritisch vorgeführt wird. Auch hier herrscht dieselbe Haltung des moralisch Unverbindlichen

und des Ausweichens vor den politischen und sozialen Herausforderungen (bürgerlicher Wertezerfall, Libertinage, politische Apathie).
Sch. erzählt zwar durchweg aus der Sicht der Hauptfigur und daher ohne wertenden Kommentar, doch gelingt ihm durch vielfältige Figurenrede ein psychologisch präzises Panorama der Habsburger Monarchie vor ihrem Untergang, in dem besonders die Gespräche über Judentum und Antisemitismus hervorragen. In der Komödie *Professor Bernhardi* (1912) hat er dieses Thema noch einmal zugespitzt.

Rezeption: Nicht die Liebesgeschichte, sondern die geradezu sezierende Gesellschaftsdarstellung führte zum Skandal, da der Roman als Schlüsselroman verstanden wurde. Er erreichte 1929 die 136. Auflage.
Weitere Werke: *Das weite Land* (Tragikomödie, 1911), *Fräulein Else* (Novelle, 1924).

1908
Ludwig Thoma

* 21.1.1867 in Oberammergau. Nach dem Jurastudium in München und Erlangen (1887–90) ab 1894 Rechtsanwalt in Dachau, 1897–99 in München. Ab 1900 Redakteur der satir. Zeitschrift *Simplicissimus*, 1906 Verbüßung einer 6-wöchigen Haftstrafe wegen Religionsbeschimpfung. 1907 Mitbegründer der Zeitschrift *März*, ab1908 in Rottach lebend. † 26.8.1921 in Rottach. Gedenkstätten: Dachau (D), Rottach-Egern (G, M).

Moral

Komödie. UA: 20.11.1908 in Berlin. BA: 1909.
Doppelmoral auf bayrisch um 1900: Die Stützen der guten Gesellschaft in der Residenzstadt Emilsburg, an der Spitze der Präsident des örtlichen Sittlichkeitsvereins Beermann, stehen vor einem Skandal: Die Polizei hat das Notizbuch der angeklagten Edel-Prostituierten Ninon konfisziert, in dem genau die Honoratioren als Kunden notiert sind, die öffentlich so beredt Moral predigen. Nach gehörigem Druck von oben (auch der Erbprinz war bei Ninon) wird die Anklage niedergeschlagen, damit die ›Autorität‹ nicht beschädigt wird: Beermann zahlt Ninon aus der Kasse des Sittlichkeitsvereins eine Entschädigung von 15 000 Mark und erhält im Gegenzug den fürstlichen Hausorden.
Dass das (auch von seinem bayrischen Lokalkolorit lebende) Stück im Kaiserreich aufgeführt werden konnte, offenbart weniger eine Großzügigkeit der Theaterzensur, sondern eher die Unmöglichkeit, Realsatiren zu zensieren. Davon lebten ja auch die Satiren des *Simplicissimus*, für den T. unter dem Pseudonym Peter Schlemihl nicht wenige schrieb. Andererseits hatte die antiklerikale und libertäre Radikalität eines H. Lautensack (z. B. *Die Pfarrhauskomödie*, 1911) im Kaiserreich keine Chance, auf die Bühne zu kommen (UA: 5.1.1920 in Berlin).

Rezeption: *Moral* war neben den gesellschaftskritischen Komödien *Die Medaille* (1901) und *Die Lokalbahn* (1902) T.s erfolgreichstes Stück. 🎬 R: W. Wolff (1927), R: H. H. Zerlett (1936), R: R. Wolffhardt (1958, TV), R: K. Wilhelm (1979, TV).
Weitere Werke: *Lausbubengeschichten* (autobiographische Erzählungen, 1905), *Briefwexel eines bayerischen Landtagsabgeordneten* (Satire, 1909), *Magdalena* (Drama, 1912), *Jozef Filsers Briefwechsel* (Satire, 1912).

1908
Robert Walser

* 15.4.1878 in Biel (Schweiz). 1895–96 Bankangestellter in Biel, danach als freier Schriftsteller (mit wechselndem Nebenerwerb) bis 1905 überwiegend in Zürich, danach in Berlin und weiteren Orten. 1913 Rückkehr nach Biel, 1921 Umzug nach Bern, ab 1929 in der Heilanstalt Wachau, 1933 verlegt nach Herisau. † 25.12.1956 in Herisau (G).

Der Gehülfe

Roman.
W. – für die meisten ein Außenseiter, für wenige (z. B. Fr. Kafka, W. Benjamin) früh schon ein Genie – verarbeitete in seinem zweiten Roman eigene Erfahrungen, die er 1903/04 als Sekretär in Wädenswil bei Zürich gewonnen hatte. Hauptfigur ist der junge Joseph Marti, der als Handlungsgehilfe eines Schweizer Unternehmers erlebt, wie das Geschäft bankrott geht und das geordnete Familienleben seines Arbeitgebers verfällt. Marti selbst ist als Angestellter froh, Arbeit zu haben, macht sich nützlich und dient mit einer gewissen Einfalt sogar ohne regelmäßigen Lohn. Andererseits bleibt er ein merkwürdig passiver Augenzeuge der fehlgehenden Entwicklung, die er wie einen Naturvorgang – parallel zum intensiv erlebten Wechsel der Jahreszeiten – wahrnimmt. Indem er die Dinge gehen lässt, festigt er sich als einer, der mehr ist als nur »Gehülfe«, und so kann er am Ende gehen, ohne zu resignieren. Gleichwohl liegt in der augenscheinlichen Problemlosigkeit des Fortgangs eine ironische Kritik an der Saturiertheit der Schweizer Verhältnisse, in denen die Reste einer sozialen Utopie, die schon bei G. Keller (z. B. in → *Martin Salander*, 1886) im Schwinden begriffen ist, aufgezehrt sind.
Rezeption: Nach 2 Titelauflagen bis 1909 erschien erst 1936 eine 2. Auflage. 🎬 R: Th. Koerfer (1976, TV).
Weitere Romane: *Geschwister Tanner* (1907), → *Jakob von Gunten* (1909).

1909
Heinrich Mann Biogr.: → 1900, 1925

Die kleine Stadt

Roman.

In einer italienischen Kleinstadt der 1890er Jahre trifft eine Künstlertruppe ein und bringt, nach kurzer Proben-Vorbereitung, eine Oper zur Aufführung. Längst vorhandene politische und erotische Konflikte kommen daraufhin in der Stadt zum offenen Ausbruch und werden schließlich, beflügelt durch das Erlebnis der Opernmusik, in einem öffentlichen Fest beigelegt. So kann der Advokat Belotti am Ende zusammenfassen: »Wir haben uns begeistert, wir haben gekämpft, und wir sind ein Stück vorwärtsgekommen in der Schule der Menschlichkeit!« Fast alle Beteiligten – es sind über 100 redende und handelnde Figuren – lassen sich dabei ergreifen von der Wärme sozialer Beziehungen, nur die düster-strenge Liebe zwischen Alba und Nello endet tödlich.

M. erzählt dieses heitere Märchen von der »Wärme der Demokratie« (M.), indem er die Liebe zum Leben (unter Einschluss menschlicher Schwächen), die Liebe zur Kunst (unter Einschluss ihrer musikalischen Leichtigkeit) und die Liebe zum Gemeinwesen (unter Einschluss provinzieller Mittelmäßigkeit) als Grundlage für ein gelingendes soziales Zusammenleben preist. Die Utopie des guten Volkes weist auf den Essay *Geist und Tat* (1911) voraus, die souveräne Verknüpfung dieser Utopie mit der realen Geschichte (hier: die Italiens im 19. Jh.) auf den späteren Zeitroman → *Der Kopf* (1925).

Rezeption: Von Th. Mann in seltener brüderlicher Übereinstimmung als ein »hohes Lied der Demokratie« gepriesen, hatte der Roman zur Zeit des Kaiserreiches nur wenig Erfolgschancen. Bis 1925 war das 37. Tausend aufgelegt.

Weitere Romane: *Die Armen* (1917), → *Der Untertan* (1918).

1909
Robert Walser Biogr.: → 1908

Jakob von Gunten

UT: *Ein Tagebuch*

Roman.

Nähme man den vorgelegten Bericht der Titelfigur Jakob von Gunten wörtlich, so handelte es sich um die Tagebuchaufzeichnungen eines Schülers über seinen Aufenthalt in einem Internat. Doch dieser Bericht steckt voller Merkwürdigkeiten: Eine Schule, die verborgene Räume hat – ein Unterricht, dessen Lehrstoff aus einem einzigen Buch besteht – Lehrer, die (bis auf zwei) nicht anwesend sind – Schüler, die es (bis auf einen) zu nichts bringen werden, was im Übrigen das ausgesprochene Ziel dieser Bildungseinrichtung ist. Am Ende wird das Institut geschlossen, weil nur noch der Leiter und Jakob übrig sind, wobei offen bleibt, ob der Entschluss, zusammen in die Wüste zu gehen, realisiert wird oder nicht.

Was ist überhaupt real an diesem Roman, den man weder mit dem Etikett »Anti-Bildungsroman« (V. Meid) noch – wie ihn W.s Prosastücke des Öfteren vorführen – als »Spazier[gang] im Reich der Bewußtseinsinhalte« (J. Greven) auffassen kann? Der Text fasziniert durch sein ständiges Abdriften ins Unwirkliche, sozusagen in die ›inneren Gemächer‹ der Wirklichkeit, wie es auch Jakob auf seinem Gang in die ihm zunächst verschlossenen Räume der Schule ergeht. Das sind jedoch keine Träume, das ist kein Wahn, auch keine surreale Überhöhung und kein Märchen, sondern es geht um die Wirklichkeit der Welt, die nicht mehr mit sich eins ist.

Dass Kafka W.s Schreibweise überaus schätzte, zeigt ihre innere Verwandtschaft. Diese wird noch deutlicher in den »Mikrogrammen«, W.s postum veröffentlichten Aufzeichnungen *Aus dem Bleistiftgebiet* (entst. 1924–27, ED: 1982ff.): Die extrem kleine Schrift stellt sich der Lesbarkeit entgegen, so wie sich die moderne Realität der schlüssigen Entzifferung verweigert.

Rezeption: Bis 1950 kam es zu keiner neuen Auflage. 🎬 R: P. Lilienthal (1971, TV), R: St. Quay (1995).

Weitere Werke: W. hat insgesamt etwa 1500 kurze ›Prosastücke‹ (etwa 4/5 seines Gesamtwerks) geschrieben, von denen ein Teil in Slgn. veröffentlicht wurde, z. B. in *Der Spaziergang* (1917).

1910
Georg Hermann

* 7.10.1871 als Georg Borchardt in Berlin. Nach Kaufmannslehre sowie anderen Tätigkeiten Gasthörer an der Berliner Universität (1896–99) und freier Schriftsteller und Kunstkritiker in Berlin. 1933 Flucht nach Laren (Holland), 1943 Deportation. † 19.11.1943 in Auschwitz-Birkenau. Gedenkstätte: Berlin (D).

Kubinke

Roman.

H. war bis 1933 ein auch international sehr erfolgreicher Autor. In dem Doppelroman *Jettchen Gebert* (1906) und *Henriette Jacoby* (1908) hatte er mit der unglücklichen Geschichte einer jungen Jüdin im vormärzlichen Berlin zugleich bereits ein einzigartiges Kulturbild der ›guten alten Zeit‹ dieser Stadt dargestellt. Berlin, zumal das jüdisch geprägte, blieb sein Thema. Als Erzähler ein »Grenzgänger zwischen Tradition und Innovation« (G. Mattenklott), interessierte sich H. dabei v. a. für den Wandel der preußischen Hauptstadt zur Metropole des 20. Jh. und zog Bilanz. Er warb als Pazifist und Demokrat für das Zusammenleben von Deutschen und Juden und sah doch die Grenzen, besonders im Exil.

Kubinke ist die Geschichte eines traurigen Helden aus dem Milieu der kleinen Leute: Der Frisörgehilfe Emil Kubinke hat viele Wünsche, doch nur wenig Chancen, nach oben zu kommen. Er ist ein »Berliner Chaplin, überquellend von gutem Willen und ungewollt ständig ein Stein des Anstoßes« (P. Härtling). H. entwickelte – nicht zuletzt mithilfe des inneren Monologs – ein einfühlsames, zugleich desillusionierendes Psychogramm seines Anti-Helden, dem schon der Alltag misslingt, den die Frauen ausnutzen und der sich am Ende erhängt. Höher kommt er nicht. Das Unerfüllbare seines Lebenswunsches wird jedoch nie diskreditiert, sondern melancholisch notiert: Es ist eben so.

Rezeption: H.s Werk ist nach 1945 zu Unrecht in Vergessenheit geraten. Eine neue Gesamtausgabe erscheint seit 1996.

Weitere Romane: *Die Nacht des Doktor Herzfeld* (1912), *Schnee* (1921), *Rosenemil* (1935), *Der etruskische Spiegel* (1936).

1910
Rainer Maria Rilke

Biogr.: → 1904

Die Aufzeichnungen des Malte Laurids Brigge

Roman. 2 Bde., begonnen 1904, fortgesetzt 1908/09.

Der Ich-Erzähler, der 28-jährige Dichter Malte Laurids Brigge, letzter Nachkomme einer dänischen Adelsfamilie, lebt zu Beginn des 20. Jh. isoliert und verarmt in Paris. Seine nur zu Beginn datierten 71 tagebuchartigen Aufzeichnungen bestehen aus einer assoziativen Aneinanderreihung von Impressionen und Reflexionen. Sie beziehen sich, ausgelöst durch schockierende Beobachtungen und Begegnungen in Paris, auf die Themen Angst, Einsamkeit, Liebe und Tod, insbesondere auf den Ich-Verlust und die Entfremdung im anonymen Massendasein der Großstadt. Seine Erfahrungen veranlassen Malte dazu, den Weg von der ›Oberfläche des Lebens‹ zur ›Innenseite‹ der Erscheinungen zu suchen: »Ich habe ein Inneres, von dem ich nicht wußte.« Dieses Ungewusste erschaut er in Figuren der Stadt (z. B. der Veitstänzer, die Schwangere, der blinde Gemüsehändler), er lernt es aber auch in der Liebe sehen, deren wahres Wesen sich in der Besitzlosigkeit zeigt bzw. im Tod, den er als bewusst erlebten Teil des Lebens begreift. Themen wie diese werden durch Erinnerungen an die Kindheit und die Darstellung historischer Gestalten, schließlich in der Umdeutung des biblischen Gleichnisses vom verlorenen Sohn, variiert und veranschaulicht.

Die Modernität von R.s einzigem Romans zeigt sich in der Darstellung des übergangslosen Ineinandergreifens von Gegenwart und Vergangenheit,

Außenwelt und seelischer Befindlichkeit. Durch diese Form wird der Handlungsablauf, der im traditionellen Roman ein bestimmendes Element war, ersetzt durch den Prozess von Bewusstseinsvorgängen.

Rezeption: Erzähltechnisch markiert das Werk – in unausgesprochener Anknüpfung an H. v. Hofmannsthals Essay → *Ein Brief* (1902) – den Beginn des modernen Romans im 20. Jh.

Weiteres Werk: → *Duineser Elegien* (1923).

1910
Carl Sternheim

* 1.4.1878 in Leipzig. Ab 1897 Studien an verschiedenen dt. Universitäten (ohne Abschluss). Durch Erbschaft und Heirat sehr vermögend, lebte er als Schriftsteller ab 1900 in Weimar, ab 1903 in München, ab 1912 mit Unterbrechungen, ab 1930 dauerhaft in Brüssel. † 3.11.1942 in Brüssel (G).

Die Hose

UT: *Ein bürgerliches Lustspiel*

BA: 1910 (vordatiert auf 1911). UA: 15.2.1911 in Berlin (u.d.T. *Der Riese*, da der Zensur der Titel *Die Hose* aus moralischen Gründen missfiel).

Die Komödie bildet den Anfang einer Reihe von Bühnenwerken, die St. unter dem ironischen Titel *Aus dem bürgerlichen Heldenleben* zusammenfasste: *Die Hose* (1911), → *Die Kassette* (1911), → *Bürger Schippel* (1913), *Der Snob* (1914), *1913* (1915), *Das Fossil* (1923). Luise, die attraktive Frau des Beamten Theobald Maske, verliert auf offener Straße ihre Hose – um 1900 ein unerhörter Skandal. Während Maske sich zunächst um Amt und Ansehen sorgt, mieten sich zwei Zeugen des Vorgangs, ein Dichter und ein Friseur, mit der Absicht bei Maskes ein, die einem Abenteuer nicht abgeneigte Luise zu verführen. Das misslingt zwar, doch Maske verführt seine Nachbarin und findet dadurch wieder Interesse an seiner Frau. Er eröffnet ihr, dass er aufgrund der Mieteinnahmen finanziell nun in der Lage sei, für einen Erben zu sorgen, und deswegen bereit sei, ihr »ein Kind zu machen.«

In dem handlungsarmen Stück (es spielt nur im Wohnzimmer der Maskes), erscheint der Spießer mit dem sprechenden Namen (Maske als Tarnung) in seiner rücksichtslosen Überheblichkeit als einziger Gewinner. St. stellt – wie neben ihm H. Mann – die wilhelminische Gesellschaft in ihren Schwächen und ihrer Doppelmoral dar (in ihr kann Maske zum Sieger, zum »Riesen« werden). Seine Stücke sind jedoch »Realsatiren« (W. Freund), die weder verurteilen noch Alternativen aufzeigen. Den Aufstieg der Familie schildert St. in *Der Snob* (dem Sohn Christian gelingt durch Kriecherei der Zugang zu Hochfinanz und Adel) und in *1913* (der inzwischen zum Freiherrn aufgestiegene Christian beherrscht die Wirtschaft des Landes).

Rezeption: *Die Hose* und *Der Snob* gehören zu den erfolgreichen Stücken St.s, der bis 1930 einer der meistgespielten Bühnenautoren Deutschlands war. 1933–45 waren seine Werke verboten. 🎬 R: H. Behrendt (1927), R: Kl. Wagner (1966, TV), R: O. Schenk (1985, TV), R: H. Drinda (1986, TV).
Weitere Komödie: → *Die Kassette* (1911).

1911
Hugo von Hofmannsthal

Biogr.: → 1893

Der Rosenkavalier

UT: *Komödie für Musik*

Libretto. Vertonung durch R. Strauss, UA: 26.1.1911 in Dresden. BA: 1911.

Wien um 1740, zur Zeit Maria Theresias: Der junge Graf Oktavian, Geliebter der reifen Marschallin Fürstin Werdenberg, genannt Quinquin, soll als »Rosenkavalier«, d. h. als Brautwerber, für den Baron Ochs von Lerchenau auftreten. Dieser ältere Galan möchte Sophie, Tochter des gerade geadelten, schwerreichen Faninal heiraten. Oktavian aber verliebt sich in Sophie. Nach einigen Verwicklungen und einer Intrige Oktavians finden am Ende beide zueinander. Die Marschallin akzeptiert, traurig und voller Wehmut, aber ohne Verbitterung das Ende ihrer Liebe.

Für H. stellte dieses Werk eine Gelegenheit dar, sich vom Ästhetizismus, d. h. besonders vom Symbolismus seines Frühwerks (→ *Fin de Siècle*), zu lösen und Neues zu wagen (z. B. Orientierung auf Publikumsbedürfnisse in der Form der Komödie sowie in der Verbindung mit der Musik, sprachliche Differenzierung der handelnden Personen nach ihrer sozialen Stellung). Der Verzicht auf einen gesellschaftskritischen Rückblick in die ständisch gegliederte Welt des alten Österreich, eine von H. als wohlgeordnet und heil betrachtete Vergangenheit, entsprach seinem und des Publikums Wunschbild einer erhofften Zukunft. Die die Dichtung bestimmende Leichtigkeit und Heiterkeit nahm R. Strauss in seiner neuartigen, dem Geist Mozarts verpflichteten Musik auf, wenn auch manchmal auf Kosten der sprachlichen Gestalt.

Rezeption: Die UA in Dresden hatte einen sensationellen Erfolg, der sich erhielt. 🎬 R: R. Wiene (1925), R: P. Czinner (1962).
Weiteres Werk: → *Jedermann* (Mysterienspiel, 1911). Für R. Strauss schrieb H. die Libretti der Opern: *Ariadne auf Naxos* (1912), *Die Frau ohne Schatten* (1919), *Die ägyptische Helena* (1928), *Arabella* (postum 1933).

1911

Hugo von Hofmannsthal

Biogr.: → 1893

Jedermann

UT: *Das Spiel vom Sterben des reichen Mannes*

Mysterienspiel in Knittelversen. Entst. ab 1904; UA: 1.12.1911 (in einem Zirkus in Berlin). ED: 1911.

Gott schickt dem reichen Jedermann, dem gewissen- und mitleidslosen »Unterdrücker, Neider, Hasser« den Tod, um ihn vor dem göttlichen Richterstuhl Rechenschaft über sein Leben ablegen zu lassen. Auf einem Bankett im Beisein seiner »Buhlschaft« (Geliebten) wird Jedermann vom Tod angerufen. Aufgefordert, ihm vor Gott beizustehen, verlassen ihn daraufhin alle Mitzecher: Sein Reichtum erweist sich als unnütz und seine personifizierten ›guten Werke‹ sind zu schwach, um ihn zu entlasten. Allein der allegorisierte ›Glaube‹ bekehrt Jedermann und rettet ihn so vor dem Teufel. Der Gesang von Engeln begleitet ihn ins Grab.

H. stellt die Welt allegorisch dar und verwendet ein einfaches, volkstümlich klingendes, aber leicht verständliches altes Deutsch in Knittelversen, um die Zuschauer direkt anzusprechen. Er bestand darauf, dass der Gehalt des Stückes nicht »mit dem christlichen Dogma unlöslich verbunden«, sondern vielmehr durch seine allegorische Darstellung von zeitloser Gültigkeit sei. Noch deutlicher wird er in *Das Spiel vor der Menge* (1911), wenn er von seiner Absicht spricht, den »gebrochenen Zuständen« der Zeit ein »ungebrochenes Weltverständnis gegenüberzustellen.« In *Das Salzburger Große Welttheater* (UA: 12.8.1922 in Salzburg), einer Neugestaltung von Calderóns *Das Große Welttheater* (1645), lässt H. einen Bettler gegen seine Einordnung in die von Gott gewollte soziale Ordnung der Welt rebellieren, bis er zu der Einsicht gelangt, dass die Welt ein Theater vor Gott ist, der dem Menschen eine Rolle zugewiesen hat, die er übernehmen muss, aber in eigener Verantwortung ausfüllen darf.

Rezeption: *Jedermann* wurde H.s populärstes Stück (mehr als 70 Auflagen bis 1929), das seit 1920 zur Eröffnung der Salzburger Festspiele unter freiem Himmel gespielt wird (ab 2002 bei größerer Textnähe in modernisierter Fassung). 🎬 R: G. Reinhardt (1961).

Weitere Werke: *Die Frau ohne Schatten* (Erzählung, 1919), → *Der Schwierige* (Lustspiel, 1920).

1911
Carl Sternheim Biogr.: → 1910

Die Kassette

Komödie (Prosa). UA: 24.11.1911 in Berlin; BA: 1912.

Eine boshafte Erbtante vermacht ihr Vermögen der Kirche, lässt aber ihren Neffen, den Oberlehrer Krull, glauben, er sei der Erbe. Nachdem er die Kassette mit Aktien im Wert von 140 000 Mark in Verwahrung genommen hat, ist seine Geldgier geweckt: Er lässt sich von der Tante demütigen, vernachlässigt seine (zweite) Frau Fanny (sie wird im Ehebett durch die Kassette ersetzt) und seine Tochter Lydia aus der ersten Ehe, die nacheinander von einem Mitbewohner, dem Fotografen Seidenschnur, verführt werden. Letzterer gibt nach seiner Hochzeitsreise mit Lydia nach Italien, wo er beschlossen hatte, nur noch Künstler zu sein, angesichts derselben Kassette und in der Hoffnung auf die Erbschaft diesen Plan auf.

Die Figuren verwenden eine verknappte, telegrammartige Sprache in gestelzter Diktion, ein sprachliches Anpassungsbemühen an die, die in Preußen die Macht hatten. Sein böser Blick auf die unguten Antriebskräfte Geschlechts- und Geldgier, durch die Kassette und Frau eins werden, entlarvt die bürgerliche Wohlanständigkeit als Fassade, wenn es um Besitz geht. Die Pointe besteht darin, dass die Erben im Stück nicht über ihren Irrtum aufgeklärt werden: Sie haben keine Chance, sich zu läutern.

Rezeption: Das Stück war 1914–18 verboten und erregte immer wieder Skandale.
🎬 R: R. Noelte, 1961 (TV).
Weitere Komödie: → *Bürger Schippel* (1913).

1911
Gerhart Hauptmann Biogr.: → 1888

Die Ratten

UT: *Berliner Tragikomödie*

Drama (Prosa). UA: 13.1.1911 in Berlin. BA: 1911.

Schauplatz der zweisträngigen Handlung ist ein Mietshaus im Osten Berlins nach 1900, dessen Dachgeschoss dem einstigen Theaterdirektor Hassenreuther als Kostümfundus, Liebesnest und Unterrichtsort für den Schauspielschüler Spitta dient. Darunter wohnt Frau John mit ihrem (auswärts als Maurer arbeitenden) Mann, deren bisher unerfüllter Wunsch ein Kind ist. Das sitzengelassene Dienstmädchen Pauline überlässt ihr ihr Neugeborenes, das sie nun als eigenes Kind ausgibt. Als Pauline das Kind zurückfordert, ermordet sie Frau Johns krimineller Bruder. Nach Aufdeckung der Kindesunterschiebung bringt sich Frau John in ihrer Verzweiflung um. Kontrastiert wird das tragische Geschehen auf der komischen Ebene durch das Treiben Hassenreuthers auf dem Dachboden, der sich als Vertreter einer pseudo-idealistischen Kunstanschauung angegriffen und in seinem Konservativismus bedroht fühlt durch die naturalistischen und sozialistischen Vorstellungen des weltfremden Spitta. Beide erweisen sich als unfähig, die tragischen Verstrickungen und das Leid der Frau John zu begreifen.

Wahl des Stoffes, Gestaltung des Milieus, Verwendung einer dialektgeprägten Alltagssprache verweisen noch auf den → *Naturalismus*. Die Mischung von komischen und tragischen Elementen, Ironie und Symbolik (z. B. Ratten als die Ordnung bedrohende Kräfte des Verfalls) sowie der Verzicht auf sozial-politische Anklage kennzeichnen die Überwindung dieser Richtung. H. zeigt mit dem Zerfall der gesellschaftlichen Strukturen auch den Verfall menschlicher Beziehungen, dessen Folgen Leid und Elend sind. Ohne Hinweis auf deren Ursachen bleibt es in dem bühnenwirksamen Stück jedoch bei einem zeitenthobenen moralischen Appell.

Rezeption: Das Stück fiel bei der UA durch, sein anhaltender Erfolg setzte erst Jahre später ein. 🎬 R: H. Kobe (1927), R: R. Siodmak (1955, TV), R: J. Olden (1959, TV), R: P. Beauvais (1969, TV), R: R. Noelte (1977, TV).

Weitere Werke: *Der Ketzer von Soana* (Erzählung, 1918), → *Vor Sonnenuntergang* (Schauspiel, 1932).

Expressionismus

Begriff: Der ›Expressionismus‹ ist eine vielgestaltige Stilrichtung, wobei der Begriff seit 1911 in der Malerei und auch in der Literatur zur Bezeichnung einer modernen Kunstbewegung verwendet wird, die etwa zwischen 1910 und 1920/23 anzusiedeln ist. Mit den vorangegangenen Begründungen einer ›modernen‹ Kunst (→ *Naturalismus*, → *Fin de Siècle*, → *Jugendstil*) teilte der Expressionismus grundsätzlich die Oppositionshaltung gegen frühere Kunstprogramme und steht damit fest in der Tradition der historischen Moderne. Sein Protest ging aber über den Rahmen der Kunst hinaus; in einem gesteigerten jugendlichen Lebensgefühl wandte er sich gegen die bürgerliche Welt der autoritären Väter und die Seelenlosigkeit der Moderne: Gefordert wurde im ekstatischen Appell (»O Mensch«) bzw. in visionärer Utopie der Aufbruch zu einer grundlegenden geistigen Erneuerung des Menschen (›Wandlung‹) bzw. des gesellschaftlichen Lebens (›Revolution‹). Ab 1915 richtete sich der Expressionismus auch explizit gegen den Krieg. Um das Ziel der geistigen Erneuerung zu erreichen, sollten die Kunst und die Künstler (›Geistige‹) einen wesentlichen Beitrag leisten, der von religiös-mystischen über aktivistische bis zu anarchistischen Strategien reichen konnte.

Der Ort des Expressionismus war die moderne Großstadt, besonders Berlin. Trotz alledem bleibt festzuhalten, dass der Expressionismus »eine Konstruktion der Literaturgeschichtsschreibung« (Th. Anz) ist. Die Tatsache, dass es weder ein geschlossenes Manifest, noch eine geschlossene Gruppe der (z.T. nur zeitweise) dazugehörigen Autoren gibt, erschwert einerseits eindeutige Zuordnungen, grenzt den Expressionismus aber andererseits auch vom radikaleren Avantgardismus des (italienischen) Futurismus (ab 1909), des → *Dadaismus* (ab 1916) und des Surrealismus (ab 1924) ab.
Weniger umstritten ist die Periodisierung der Bewegung in Frühexpressionismus (bis 1914), Kriegsexpressionismus (bis 1918) und Spätexpressionismus (ab 1918), der in die → *Neue Sachlichkeit* (ab 1925) überging. Die einzelnen Perioden sind durch die Aktivitäten bestimmter Gruppen charakterisiert, die sich um besondere Leitfiguren bildeten, wie z. B. der ›Neue Club‹ und der ›Literarische Club Gnu‹ in Berlin um K. Hiller sowie eine Leipziger Gruppe um den Verleger K. Wolff und K. Pinthus. Eine solche Gruppenbildung wurde auch durch expressionistische Zeitschriften gefördert: *Pan* (1910–15, W. Herzog), *Der Sturm* (1910–32, H. Walden), *Die Aktion* (1911–32, Fr. Pfemfert), *Die Weißen Blätter* (1913–20, ab 1915 R. Schickele).
Der Expressionismus entfaltete sich am stärksten in der Lyrik, sowohl als ekstatischer Reihungsstil oder provozierende ›Wortkunst‹ als auch als visionär-messianische Verkündung oder orgiastische Feier des erneuerten Lebens. Die bedeutendsten Lyriker sind hier: J. v. Hoddis, G. Heym, E. Stadler, A. Lichtenstein, E. Blass, A. Stramm, G. Trakl, L. Rubiner, G. Benn, J. R. Becher, Fr. Werfel, W. Klemm, E. Lasker-Schüler, Y. Goll. Wichtige expressionistische Anthologien waren: *Der Kondor* (1912), *Kameraden der Menschheit* (1919) und *Menschheitsdämmerung* (1919, herausgegeben von K. Pinthus).
Auch wenn die Realisierung auf der Bühne bis 1918 erschwert war, hat der Expressionismus dem Drama viele neue Anregungen (aufbauend auf dem dramatischen Stil bei G. Büchner, A. Strindberg, Fr. Wedekind) gegeben. Markante Kennzeichen sind hier: Stationen- und/oder Läuterungsdrama, jugendlicher Held, wenige Requisiten, expressive Lichtregie, lange Monologe, Schlusstableau. Die bedeutendsten Dramen des Expressionismus sind (nach dem Vorläufer O. Kokoschka: *Mörder Hoffnung der Frauen*, 1910/13): R. J. Sorge: *Der Bettler* (1912); W. Hasenclever: → *Der Sohn* (1914); H. Johst: *Die Stunde der Sterbenden* (1914); G. Kaiser: → *Die Bürger von Calais* (1914,) → *Von morgens bis mitternachts* (1916); R. Goering: → *Seeschlacht* (1917); Fr. v. Unruh *Ein Geschlecht* (1917); P. Kornfeld: *Die Verführung* (1917); E. Toller: *Die Wandlung* (1917), → *Masse Mensch* (1920), E. Barlach: → *Der arme Vetter* (1918); L. Rubiner: *Die Gewaltlosen* (1919); A. Bronnen: *Vatermord* (1920).
Als expressionistische Erzählprosa gelten: A. Döblin: *Die Ermordung einer Butterblume* (1910/12), A. Ehrenstein: *Tubutsch* (1911), C. Einstein:

→ *Bebuquin* (1912), Fr. Jung: *Das Trottelbuch* (1912), G. Heym: *Der Dieb* (1913), K. Edschmid: *Die sechs Mündungen* (1915), G. Benn: *Gehirne* (1916), L. Frank: → *Der Mensch ist gut* (1917), Klabund: *Bracke* (1918), G. Sack: *Der Namenlose* (1919). Neben der Tendenz zum nicht-auktorialen Erzählen und zur Kurzprosa ergaben sich Überschneidungen mit Stilformen des Stummfilms (Simultantechnik, rascher Bildwechsel, Bewegung und Tempo). Nach 1918 kam es dann auch zum expressionistischen Film (→ *Theater und Neue Medien in der Weimarer Republik*): *Das Cabinet des Dr. Caligari* (R: R. Wiene, 1920), *Der Golem, wie er in die Welt kam* (R: P. Wegener, 1920), *Der müde Tod* (R: Fr. Lang, 1921), *Nosferatu* (1922), *Der letzte Mann* (1924, beide von Fr. W. Murnau), *Metropolis* (R: Fr. Lang, 1927).

1911; 1912
Georg Heym

* 30.10.1887 in Hirschberg (Schlesien). 1907–11 Jurastudium in Würzburg, Jena und Berlin; ab 1910 Mitglied im expressionistischen Neuen Club in Berlin. † 16.1.1912 (ertrunken beim Eislaufen) in Berlin (G).

Der ewige Tag; Umbra vitae

Gedichtslgn. (1) Entst. ab 1910, ED: 1911; (2): Entst. ab 1911, ED: (postum) 1912.

Auch wenn sein bekanntestes Gedicht (*Der Krieg*) nicht unbedingt sein bestes ist und die Zuordnung zum → *Expressionismus* nur den kleineren Teil seines Werkes ausmacht – H.s früher Tod und der Fortgang der literarischen Moderne ließen ihn zum frühexpressionistischen Lyriker par excellence werden. Dabei steht er in vielen seiner Gedichte aus *Der ewige Tag* dem Symbolismus (→ *Fin de Siècle*) nahe (z. B. *Der Abend*, *Der Schläfer im Walde*), andere aus dem nachgelassenen *Umbra vitae* weisen im Ansatz bereits auf die zynische Tristesse der → *Neuen Sachlichkeit* voraus (z. B. *Ophelia*, *Das Fieberspital*, *Die Irren*).

Schockierender Bruch mit dem Schönen, kalte Düsternis des dem Tod Verfallenen – die »ganze Welt ist [...] eine einzige Morgue« (H. E. Jacob) – und dagegen die groteske Vitalisierung des Todbringenden (Krieg, Dämon Stadt) – in diesem Kontext stehen auch jene (noch durchaus formstrengen) Gedichte, mit denen H. für den Expressionismus reklamiert wird: *Berlin*, *Umbra vitae*, *Der Gott der Stadt*, *Die Dämonen der Städte*, *Die Morgue*, *Mond*, *Gebet*.

Rezeption: 1924 erschien eine von E. L. Kirchner illustrierte Ausgabe von *Umbra vitae*.

Weiteres Werk: *Der Dieb* (Novellenslg., 1913).

1912
Carl Einstein

* 26.4.1885 in Neuwied. 1903–08 Studium in Berlin (Philosophie, Kunstgeschichte u. a.), freier Schriftsteller, gehörte ab 1910 zum Berliner *Aktions*-Kreis. 1914–16 Kriegsteilnahme; ab 1928 in Paris lebend, 1936–39 Teilnahme am Spanischen Bürgerkrieg. † 5.7.1940 (Selbstmord) in Lestelle-Bétharram bei Pau in Frankreich (G).

Bebuquin

OT: *Bebuquin oder Die Dilettanten des Wunders* (bis 1917)

Prosatext. Entst. 1906–09; Teilabdruck: *Die Opale* (1907), ED: *Die Aktion* (1912, mit Widmung an A. Gide). BA: 1912, überarbeitete Ausgabe 1917. Fortsetzung (Fragment): BEB II (1922–40, Manuskript).

Man könnte E.s »Denk-Epos« (M. Hermann-Neiße) als einen Roman über Romantheorie bezeichnen, nur ist der kurze Text weder ein Roman noch E.s Romantheorie eine konventionelle Theorie des Romans: E. ging als Kunsttheoretiker von einem Begriff des Kunstwerks aus, der es von jeglicher Abbildungsfunktion (Mimesis) befreite; als De-›Konstruktion‹ konstituiere es sich einzig im Prozess des Hervorbringens. Die Analogie zur abstrakten bzw. kubistischen Kunst als ›absolute Dichtung‹ liegt nahe – damit aber auch die Schwierigkeit der Interpretation, da Kategorien wie ›Handlung‹, ›Einheit der Person‹, ›Wahrscheinlichkeit‹ und ›Sinn‹ nicht mehr gelten und im Prinzip – wie E. schon selbst bemerkte – »das Umgekehrte genau so richtig« sein kann. Insofern fragt es sich, ob nicht schon der ganz allgemeine Hinweis, in diesem (kaum nacherzählbaren) Text – in dem verschiedene Figuren namens Bebuquin, Böhm und Laurenz in einem großstädtischen Milieu redend agieren – würden Wirklichkeit und Ich in groteske Fragmente zerlegt, gegenseitig gespiegelt, aber zu keiner neuen Synthese zusammengefügt, etwas fixiert, was Prozess bleiben soll. Diese Einsicht muss auch die einfachen, doch zugleich einander ausschließenden Zuordnungen des ›Romans‹ zu → *Jugendstil*, → *Expressionismus*, → *Dadaismus* oder Surrealismus infrage stellen. Die Deutung des Namens ›Bebuquin‹ ist umstritten (Kombination von französisch *bébé* und *mannequin* bzw. *bouquin* oder aus dem Hebräischen: ›in Flaschen‹, d. h. ›absurd‹).

Rezeption: E.s »experimentelle Reflexionsprosa« (H. Oehm) wirkte unmittelbar auf G. Benns Prosa-Zyklus *Gehirne* (1916) und noch bis zum frz. *nouveau roman* (N. Sarraute, A. Robbe-Grillet).

1912
Thomas Mann

Biogr.: → 1901, 1939

Der Tod in Venedig

Novelle. ED: *Neue Rundschau* (1912). BA: 1912 (bibliophile Ausgabe, 100 Exemplare); 1913.

Ein »Meisterwerk des zwanzigsten Jahrhunderts«, eine »neue Klassizität« schwebte M. vor, als er 1911 die Novelle niederzuschreiben begann. Und in der Tat: Der Vorsatz ist ihm gelungen, obwohl das Meisterwerk letztlich die Unmöglichkeit von Meistertum im klassischen Sinne zeigt, wie der Protagonist, der gefeierte Schriftsteller Gustav von Aschenbach, am Ende erkennt. Auf der Höhe seines Ruhms, der allerdings eine ernste Schaffenskrise nur überdeckt, reist Aschenbach – einer plötzlichen Eingebung folgend – nach Venedig. Gegen alle Vernunft bleibt er in der Stadt, obwohl verwechselte Koffer, schlechtes Wetter und ausbrechende Cholera die Abreise gebieten. Der Grund: Aschenbach hat sich in einen polnischen Jungen (Tadzio) verliebt. Er folgt ihm – zunächst platonisch fasziniert von dessen Schönheit – an den Strand und erlebt hier glückliche Momente des Ausgleichs zwischen »Geist« (apollinisches Künstlertum) und Eros, so dass ihm »jene anderthalb Seiten erlesener Prosa« gelingen, in denen er es unternimmt, Tadzios »Schönheit ins Geistige zu tragen.« Doch dieser Moment vergeht wie die kurze Gelegenheit, den Knaben direkt anzusprechen. Von nun an gewinnt bei Aschenbach eine selbstzerstörerische Leidenschaft die Oberhand über den asketischen »Moralisten der Leistung«: Er verfolgt Tadzio durch die Stadt, macht sich lächerlich und verfällt dem »Dämon« der Lust und des (imaginierten) Rausches, der »Unzucht und Raserei des Unterganges«, und stirbt am Strand, mit dem Blick auf Tadzio, der gerade von einem stärkeren Jungen im Kampf besiegt worden ist.
M. stellt in der Figur des Staatsschriftstellers die Problematik von Dekadenzüberwindung dar: Der geradezu preußische Leistungsethiker Aschenbach offenbart sich, wie M. später formulierte, als »Held der Schwäche«, ja, als »Bruder Thomas Buddenbrooks«, der »nicht wirklich würdig werden« kann. Kunst – so eine der möglichen Botschaften – hat etwas zutiefst Abgründiges und Ausschweifendes und ist daher untauglich für pädagogische Erbauung. Während jedoch Aschenbach »das infrage stellt, was er eigentlich ist« (H. Koopmann), bestätigt M.s meisterliche Erzählkunst (verknüpfte Leitmotive, doppelbödige Wirklichkeitsdarstellung, gegenläufiges Handlungsspiel), die bis heute den Künsten der Interpreten zu trotzen vermag, eine Formvollendung, die die Novelle inhaltlich dementiert.

Rezeption: Das Buch war in seiner Erstauflage (8000 Exemplare) sofort vergriffen und hatte bis Ende 1913 bereits eine Auflage von 18 000; ab 1915 gab es Übers.n in

viele europ. Sprachen. Die Novelle gehört zu den bekanntesten Werken der Weltliteratur. ♬ B. Britten: *Death in Venice* (Oper, 1973). 🎬 R: L. Visconti (1971).
Weiteres Werk: → *Betrachtungen eines Unpolitischen* (Essay, 1918).

1912–1917
Gottfried Benn

* 2.5.1886 in Mansfeld (Westprignitz). 1903–04 Theologiestudium in Marburg und Berlin (abgebrochen), ab 1906 militärärztliche Ausbildung (1912 Promotion), bis 1917 als Klinikarzt tätig. 1917–35 Facharzt für Haut- und Geschlechtskrankheiten in Berlin, 1935–45 Stabsarzt (Major) in der Wehrmacht (Hannover, Berlin, Landsberg). B. bekannte sich 1933/34 zum Nationalsozialismus, erhielt aber ab 1938 Schreibverbot, das 1945–48 als Publikationsverbot wegen seines NS-Bekenntnisses andauerte; 1951 Büchner-Preis. † 7.7.1956 in Berlin (G).

Frühe Gedichte (bis 1917)

Gedichtslgn.: *Morgue und andere Gedichte* (ED: 1912), *Söhne* (ED: 1913), *Fleisch* (ED: 1917).

Der Zyklus *Morgue* (u. a. *Kleine Aster, Schöne Jugend, Kreislauf*) sowie Gedichte wie z. B. *Blinddarm, Mann und Frau gehn durch die Krebsbaracke*) waren ein Schock: Noch nie war Menschliches als Hässliches (Leichen im Leichenschauhaus, Krebskranke, Gebärende) derart schonungslos im Gedicht dargestellt worden – noch nie war ›Humanität‹ so verkehrt worden, dass z. B. nicht das ertrunkene Mädchen, sondern die von ihren Eingeweiden lebenden jungen Ratten das Mitgefühl des lyrischen Ichs erhalten (*Schöne Jugend*). Diesen Stil setzt die E. Lasker-Schüler gewidmete Sammlung *Söhne* fort, die die Symbolfigur frühexpressionistischen Aufbegehrens schon im Titel führt. Er gipfelt 1917 in *Fleisch* mit dem Satz: »Die Krone der Schöpfung, das Schwein, der Mensch« (*Der Arzt*), der angesichts der Weltkriegserfahrungen schwer abweisbar, aber als lyrische Aussage ein Skandal für bürgerliches Kunstempfinden war.

Und doch liegt keine zynische Mediziner-Provokation vor: B.s außenseiterischer Verismus ist ein rücksichtsloser Angriff auf das ›Gemüt‹, freilich – von Nietzsche geprägt – ebenso einer auf den Geist der Aufklärung bis hin zu den noch vom → *Expressionismus* geteilten Wandlungs-Utopien. Mit dieser charakteristischen Ambivalenz driftete der nüchterne Artist B. immer stärker in einen (mitunter sentimentalischen) Irrationalismus, der den Ich-Zerfall als etwas Dionysisches halluzinierte (z. B. *D-Zug, Untergrundbahn, Karyatide, Kokain*).

Rezeption: B.s frühe Lyrik wurde bis in die 1920er Jahre nur in der avantgardistischen Literaturszene in Gestalt einer »in-group-Kritik« (P. U. Hohendahl) zur Kenntnis genommen, war 1933 bis 45 verpönt und erhielt erst nach 1950 die größte Aufmerksamkeit. 🎧 *Einsamer nie – Gedichte & Prosa* (Der Hörverlag, 2006).
Weitere Werke: *Gehirne* (Novellen, 1916), *Gesammelte Gedichte* (1927), → *Statische Gedichte* (1948).

1913
Franz Kafka

* 3.7.1883 in Prag. 1901–06 Jurastudium und Promotion in Prag; ab 1906 Angestellter bei der Versicherungsgesellschaft Generali, 1908–23 bei der Arbeiter-Unfall-Versicherungsanstalt in Prag. Ab 1917 zunehmend krank, 1923 pensioniert und 1923/24 in Berlin wohnend. † 3.6.1924 (an Tuberkulose) in Kierling bei Wien. Gedenkstätten: Kierling (M), Prag (D, G, M).

Das Urteil

Erzählung. ED: *Arkadia* (1913); BA: 1916.

K.s erste größere im Druck erschienene Erzählung fasziniert aus zwei Gründen: Sie wurde in einer Nacht (22./23.9.1912) gleichsam in einem Zug niedergeschrieben und gab damit dem schreibsensiblen und druckscheuen K. die endgültige Gewissheit, dass er zum Schriftsteller tauge. Und: Sie eröffnete den unvergleichlichen Duktus des ›kafkaesken‹, verrätselten Erzählens, in dem die scheinbar realistische, auktoriale Wiedergabe von äußerer Wirklichkeit nahezu unmerklich in die erlebte Rede der Hauptperson übergeht: Erzählte Handlung von Personen in der Realität wird zur Darstellung eines inneren Prozesses und bleibt dabei vieldeutig wie ein Traum: Wenn, wie erzählt wird, der erfolgreiche Kaufmann Georg Bendemann brieflich einen fernen Freund zu seiner Hochzeit einlädt, wenn er darüber mit seinem alten Vater in einen heftigen Streit gerät und schließlich von diesem zum Tode verurteilt wird – ein Urteil, das Georg mit einem Sprung in die Moldau widerstandslos vollstreckt – dann ist von einer inneren Fehlentwicklung des Sohnes und einem gescheiterten Ablösungsprozess von der Vaterinstanz die Rede. Über diesen Prozess wird hier – wie auch in K.s nachfolgenden Erzähltexten – das Urteil gesprochen, wobei in der letztlich nicht eindeutig erklärbaren Geschichte genügend Deutungsraum bleibt, der von autobiographischen über psychoanalytische und sozialpsychologische bis hin zu theologisch-philosophischen Interpretationsvorschlägen reicht.

Rezeption: Die Erzählung wurde erst durch die BA in K. Wolffs Reihe *Der Jüngste Tag* (1916) bekannt.

Weitere Erzählungen: *Beschreibung eines Kampfes* (entst. ab1902/04, ED: postum 1935), *Hochzeitsvorbereitungen auf dem Lande* (entst. ab 1906/07, ED: 1953), *Betrachtung* (1908/12), → *Die Verwandlung* (1915).

1913
Carl Sternheim

Biogr.: → 1910

Bürger Schippel

Komödie (Prosa). UA: 5.3.1913 in Berlin; BA: 1913.

Drei Mitglieder eines kleinstädtischen Sängerquartetts, wohlhabende Bürger des Kaiserreichs, suchen nach Ersatz für den gerade verstorbenen Tenor, um bei einem Sängerfest erneut den ›Siegerkranz‹ zu erringen. Geeignet ist jedoch nur der unehelich geborene Paul Schippel, ein proletarischer Gegner des Bürgertums. Für seinen Einsatz verlangt er Thekla zur Ehe, die Schwester des führenden Quartettmitglieds, was zunächst glatt abgelehnt wird. Nachdem mit Schippel dann doch der Siegerkranz errungen wurde und dieser damit sozial aufgewertet ist, erfährt er, dass Thekla eine Affäre mit dem Landesfürsten hatte, also nicht ›unbefleckt‹ ist. Daraufhin verzichtet er, schon ganz im Einklang mit bürgerlicher Moral, entrüstet auf eine Ehe. Nachdem ihn sein Erfolg satisfaktionsfähig, d. h. endgültig gesellschaftsfähig gemacht hat, stellt er am Ende voller Freude über die Beförderung in die einst verachtete Klasse fest: »Du bist Bürger, Paul.«

Im Vordergrund der Komödie steht nicht nur die karikierende Darstellung des wilhelminischen Bürgertums, das den proletarischen Aufsteiger vergeblich auf Distanz zu halten versucht, sondern auch der Proletarier, der skrupellos den Anschluss an die höhere Klasse der Spießer anstrebt und deren Normen gedankenlos akzeptiert. Die Sozialdemokratie war nicht erbaut. St. selbst äußerte sich 1936: »In diesem Werk wurde prophetisch des Deutschen mentale und politische Entwicklung bis heute [...] vorweggenommen. Alle, die aus der Tiefe zur schwindelnden Höhe der Volksverführer inzwischen Angelangten [...], haben ihr Urbild in dem auch heute mentalen Bastard Schippel!« In dem Schauspiel *Tabula rasa* (1916) lässt St. Schippel sogar zum erfolgreichen Unternehmer aufsteigen.

Rezeption: Die Komödie war St.s erfolgreichstes Bühnenwerk und erfreute sich bis in die 1960er Jahre hinein großer Beliebtheit. 🎬 R: H.-D. Schwarze (1964, TV).

Weitere Werke: *Chronik von des 20. Jahrhunderts Beginn* (Novellenslg., 1918), *Vorkriegseuropa im Gleichnis meines Lebens* (Autobiogr., 1936).

1913; 1915
Georg Trakl

* 3.2.1887 in Salzburg. Nach Apothekerlehre 1908–10 Pharmaziestudium in Wien, danach krankheitsbedingt (Drogenabhängigkeit) nur kurze berufliche Tätigkeit. 1914 freiwillige Kriegsteilnahme (als Apotheker), nach der Schlacht von Grodek traumatisiert. † 4.11.1914 (Selbstmord) in Krakau. Gedenkstätten: Mühlau bei Innsbruck (G), Salzburg (M).

Gedichte; Sebastian im Traum

Von T. selbst besorgte Slgn.: (1): ED: 1913; (2): ED: postum 1915.

In der Sammlung *Gedichte* (ab 1910) dominieren die Themen Vergänglichkeit, Verfall und Tod, bildhaft gestaltet in den Motiven Abend, Herbst, Winter (z. B. *Im Winter*, *Verfall*, *Im Herbst*, eine Ausnahme bildet hier das wohl bekannteste seiner Gedichte: *Verklärter Herbst*). T. verwendet vielfach den von ihm entwickelten ›Reihungsstil‹ (parallel zu, aber unabhängig von J. v. Hoddis), d. h. er reiht unverbunden Einzelbilder und Impressionen aneinander und erzeugt so den Eindruck von Simultaneität. Die Gedichte enthalten zudem »kühne Metaphern« (H. Weinrich), die sich hermetisch dem direkten Verständnis entziehen, gleichwohl aber eine schwermütig-pessimistische Stimmung auslösen. Von ihrer schönen Abstraktheit geht eine ästhetische Faszination aus, die durch die Musikalität der vokalreichen Sprache, durch Assonanzen und Alliterationen und eine intensive Farbmotivik bewirkt wird.

Die Sammlung *Sebastian im Traum* umfasst 47 Gedichte und 3 Prosagedichte, die die Thematik der Gedichte von 1913 fortführen, verstärkt durch die Gewissheit des Scheiterns und das Gefühl tiefer Schuld (inzestuöse Beziehung zur Schwester). T. bezieht in den verstärkt in freien Rhythmen schwingenden Texten mythische und religiöse Vorstellungen mit ein und nähert sich dabei in Stil und chiffrenhafter Sprache den späten Hymnen Hölderlins. Die beiden bedeutendsten Gedichte (*Grodek*, *Klage*) erschienen erst postum. T.s Zuordnung zum → *Expressionismus*, obwohl K. Pinthus' Anthologie *Menschheitsdämmerung* (1919) 10 seiner Gedichte enthält, ist umstritten.

Rezeption: Nach 1945 setzte eine intensive Beschäftigung mit T.s Werk ein, das in alle Weltsprachen übersetzt wurde und nachhaltig auf die dt. Lyrik nach 1945 wirkte.

Schriftsteller und Erster Weltkrieg

Der Erste Weltkrieg (1914–18), von den Zeitgenossen der ›Große Krieg‹ genannt, war Ende und Anfang zugleich: Mit ihm endete das 19. Jh. (Deutsches Reich, Donaumonarchie, Zarenreich), nach ihm begann eine neue, das 20. Jh. bestimmende Phase von Machtkämpfen, die sich von den Auseinandersetzungen der europäischen Nationalstaaten um Vormacht (Zweiter Weltkrieg 1939–45) schließlich zum weltweiten Ost-West-Konflikt der Großmächte USA und UdSSR (bis 1990) ausweiteten. Die zur Katastrophe fortschreitende NEUE DIMENSION DES WELTKRIEGES, die mit den Zahlen von etwa 15 Millionen Toten (Soldaten, Zivilpersonen) und etwa 20 Millionen Verwundeten kaum erfassbar ist, war auch für die Literatur eine besondere Herausforderung: Wie seit dem Vormärz und der Revolution von 1848 nicht mehr fühlten sich Schriftsteller aufgerufen, nicht nur reaktiv ihr Zeitgefühl zu gestalten, sondern auch demonstrativ

die Bezirke »machtgeschützter Innerlichkeit« (Th. Mann) zu verlassen und sich aktiv für oder gegen den Krieg zu engagieren.
VOR 1914 gab es in Deutschland nur eine kleine Anzahl von Schriftstellern, die sich politisch engagierten und bereits in ihrer Kritik am wilhelminischen Kaiserreich vor dem Krieg warnten: H. Mann (z. B. in dem Essay *Geist und Tat*, 1911), der Kreis um die Zeitschrift *Die Aktion* (Fr. Pfemfert, L. Rubiner, W. Klemm u. a.) sowie K. Kraus (mit seiner Zeitschrift *Die Fackel*), K. Hiller, W. Herzog, W. Hasenclever, J. R. Becher, H. H. Jahnn u. a. Das oft zitierte Gedicht *Krieg* von G. Heym ist dagegen keine Prophetie in Bezug auf den Ersten Weltkrieg, sondern eine (ästhetische) Reaktion auf die 2. Marokko-Krise (1911). Bei KRIEGSAUSBRUCH 1914 kam es zu einer literarischen Mobilmachung ohnegleichen: Es gab eine Fülle von patriotischer Tageslyrik (von G. Hauptmann über R. A. Schröder bis zu R. M. Rilke), es gab prominent unterzeichnete Manifeste (z. B. *An die Kulturwelt!*, *Aufruf der 93*), es gab propagandistische Auftragsarbeiten (z. B. H. v. Hofmannsthal), freiwillige Kriegspublizistik (z. B. Th. Manns Artikel *Gedanken im Kriege*, 1914) und Kriegsreden (z. B. R. Borchardt). Es gab schließlich die monumentale Verteidigung der deutschen Sache mit Th. Manns → *Betrachtungen eines Unpolitischen* (1918).
Bei wenigen wich im Krieg AB 1915 der anfängliche Enthusiasmus (z. B. H. Hesse, R. M. Rilke, A. Zweig, A. Döblin, E. Toller, E. Barlach, B. Brecht); einige bezahlten ihn mit dem Kriegstod (z. B. A. Lichtenstein, G. Trakl, E. Stadler, A. Stramm, R. J. Sorge), andere konnten als Traumatisierte in Heilanstalten überleben (z. B. O. M. Graf, Fr. Jung, R. Huelsenbeck). Noch während des Krieges agierten offen bzw. unter der Zensur gegen den Krieg: H. Mann (mit seinem *Zola*-Essay, 1915), L. Frank (→ *Der Mensch ist gut*, Roman, 1917), Cl. Viebig (*Töchter der Hekuba*, Roman, 1917), I. Goll (*Requiem*, Gedichte, 1917) sowie die Zeitschriften *Die Fackel* (K. Kraus), *Die Aktion* (Fr. Pfemfert) und *Die weißen Blätter* (R. Schickele). Die im Krieg entstandenen expressionistischen bzw. pazifistischen Antikriegs-Dramen (z. B. Fr. v. Unruh: *Ein Geschlecht*, 1917; K. Kraus: → *Die letzten Tage der Menschheit*, 1918–19; E. Toller: *Die Wandlung*, 1919) kamen erst nach 1918/19 zur Aufführung, ebenso die Sprachmontage *Zugins-feld* (1919–21) von O. Nebel.
NACH 1918 erschienen neben einer Vielzahl von Offiziersmemoiren zunächst (literarische) Kriegstagebücher wie z. B. von R. Dehmel: *Zwischen Volk und Menschheit* (1919), E. Jünger: → *In Stahlgewittern* (1920), H. Carossa: *Rumänisches Tagebuch* (1924). Einen neuen Schub an Anti-Kriegsliteratur gab es ab 1927/28, nicht zuletzt in Reaktion auf die erneute, von der politischen Rechten angefachte Militarisierung der politischen Öffentlichkeit im Kampf gegen den verlorenen Krieg. Zu nennen sind hier die Romane: A. Zweig: → *Der Streit um den Sergeanten Grischa* (1927), L. Renn: → *Krieg* (1928), E. Glaeser: *Jahrgang 1902* (1928), E. M. Remarque: → *Im Westen nichts Neues* (1928), Th. Plivier: *Des Kaisers Kuli* (1929), E. Köppen: → *Heeresbericht* (1930), A. Thomas: → *Die Katrin wird Soldat* (1930), A. Scharrer: *Vaterlandslose Gesellen* (1930).

1914
Walter Hasenclever

* 8.7.1890 in Aachen. 1908–10 Jurastudium in Oxford und Lausanne, 1910–12 Germanistikstudium in Leipzig (beide abgebrochen), kurzzeitig Lektor im Kurt Wolff-Verlag (Leipzig). 1914 Kriegsfreiwilliger, 1917 als kriegsuntauglich entlassen und von da ab freier Schriftsteller; 1924–28 Zeitungskorrespondent in Paris, lebte danach bis 1933 in Berlin. Ab 1933 im südfrz. Exil, 1938 ausgebürgert. † 22.6.1940 bei Aix-en-Provence (Selbstmord) (G).

Der Sohn

Drama. ED: *Die Weißen Blätter* (1914); BA: 1914. UA: 30.9.1916 in Prag, 8.10.1916 in Dresden (Privataufführung), 18.1.1918 in Mannheim (öffentlich).

Die für das expressionistische Drama bedeutsame Vater-Sohn-Problematik war zuerst in R. J. Sorges *Der Bettler* (1912, UA: 23.12.1917) thematisiert worden: Der ›Sohn‹, der zugleich Dichter und jugendlicher Liebender ist, findet über den Vatermord den Weg zu seiner Bestimmung. Was bei Sorge eher abstrakt bzw. symbolisch in Szene gesetzt wird, gewinnt bei H. einen konkreteren Umriss, bleibt aber »eine Familientragödie mit politisch unklaren Freiheitswünschen« (H. Lehnert): Der in der Schule versagende Sohn wird von einem Freund angetrieben, sich von seinen sexuellen Hemmungen und v. a. von der väterlichen Bevormundung zu befreien. Das erste gelingt mithilfe einer Dirne, das zweite nimmt ihm der Vater, bevor es zur Tat kommt, durch einen plötzlichen Schlaganfall ab. Die (eigentlich fremdbestimmt) gewonnene Freiheit hat dabei als Ergebnis der antiautoritären ›Wandlung‹ noch keine klare Kontur, sondern bleibt als Handlungsperspektive ein Versprechen (»entzünd ich weiter, immer weiter Feuer«), während sie sich über die expressionistische Formgebung (→ *Expressionismus*) ekstatischen Ausdruck verschafft.

Rezeption: Das Stück (Kleist-Preis 1917) wurde ab Januar 1918 oft aufgeführt und wirkte stilbildend auf das expressionistische Drama.
Weiteres Werk: *Ein besserer Herr* (Lustspiel, 1927).

1914
Georg Kaiser

* 25.11.1878 in Magdeburg. Kaufmännische Lehre, 1898–1901 Angestellter in Buenos Aires. Ab 1908 durch Heirat finanziell unabhängig, lebte K. als freier Schriftsteller in München. 1933 Aufführungsverbot für seine Stücke, 1938 Emigration in die Schweiz. † 4.6.1945 in Ascona (Schweiz). Gedenkstätten: Morcote (G), Magdeburg (M).

Die Bürger von Calais

UT: *Bühnenspiel in drei Akten*

Drama. ED: 1914; bis 1923 4 Fassungen. UA: 29.1.1917 in Frankfurt/Main. Anregung durch A. Rodins gleichnamige Plastik.

Mit diesem Stück fand der Typus des expressionistischen ›Verkündigungsdramas‹ seinen exemplarischen Ausdruck. 1347, im Hundertjährigen Krieg zwischen England und Frankreich, standen die Engländer vor Calais und wollten die Stadt nur verschonen, wenn 6 ihrer Bürger sich für die anderen opferten. K. veränderte diese überlieferte Geschichte, indem er 7 opferbereite Bürger erscheinen ließ, d. h. einer von ihnen könnte überleben. Der Anführer Eustache zwingt die übrigen jedoch durch seinen Selbstmord, jede Hoffnung auf Verschonung aufzugeben und selbstlos, d. h. ohne an den eigenen Nachruhm oder den Ruhm Frankreichs zu denken, überzeugt von der unbedingten Notwendigkeit der Tat, ihr Leben zu opfern. Eustache erscheint als geläutertes Vorbild und Heilsbringer, der sein Ich überwunden hat. Von ihm sagt sein Vater (nach Eustaches Selbstmord): »Ich habe den neuen Menschen gesehen.« Am Ende begnadigt der englische König die 6 Bürger und ehrt den toten Eustache.

K. schrieb ein rational durchkonstruiertes Ideendrama, in dem die Sprache entpersonalisiert ist und die Figuren »Verkörperungen und Mundstücke der Idee« (S. Vietta) sind, um die in ihrer bedingungslosen Opferbereitschaft nicht unproblematische Vision vom neuen Menschen zu proklamieren. Denn: »Opfergesinnung, die an der Intensität, nicht an der Sache gemessen wird, bringt in Wahrheit die Sache dem Ich zum Opfer« (E. Lämmert).

Rezeption: Das Drama machte K. schlagartig berühmt. Trotz weihevoller Verkündigung und stilisierter Sprachgebärde wurde es ein langdauernder Erfolg auf der Bühne. 🎬 R: Fr. Lothar (1958, TV).

Weitere Dramen: *Die jüdische Witwe* (1911), → *Von morgens bis mitternachts* (1916).

1914

Eduard Graf von Keyserling

* 15(?).5.1855 auf Schloss Paddern (Kurland), russ. Staatsbürger. 1874–77 Studium (Jura, Philosophie, Kunstgeschichte; abgebrochen) in Dorpat, danach in Wien; bis 1895 Verwalter der Familiengüter in Kurland, ab 1895 freier Schriftsteller in München. 1899/1900 Italienreise, ab 1908 erblindet. † 28.9.1918 in München.

Abendliche Häuser

Erzählung.

K.s erzählerisches Werk hat ein Thema: den Niedergang des baltisch-preußischen Landadels mit seiner scheinbar festgefügten Welt zwischen Viehstall und Gutssalon, Herkommen und Grundsätzen, »die richtig und wahr sind, nicht weil jemand sie uns bewiesen hat, sondern weil wir wollen, daß sie richtig und wahr sind«, wie es der Baron von der Warthe seinen Standesgenossen in Erinnerung ruft. Doch die »gute altedelmännische Sitte« gerät unaufhaltsam in Verfall: Die Alten sterben schon im Leben und halten Aussterben für vornehm: Müdigkeit und Melancholie lähmen die vor sich hin Scheiternden (nervöse Ehefrauen, Gouvernanten, Hauslehrer, weiße Fräuleins und Witwen, labile Leutnants und Verschwender), die – kaum erwachsen – bereits ihren Lebensabend in »abendlichen Häusern« beginnen und eigentlich nur noch warten. Auch wenn die Jungen aufbegehren (hier: die Baronesse Fastrade, die Krankenpflegerin wird, sowie Dietz von Egloff, der sein Erbe verspielt), können sie nicht zusammenkommen, weder in der Liebe noch im Leben, das als kraftvolles Leben ganz woanders stattfindet – bei den Bauern, in der fernen Stadt und in der Natur.

K. liefert keinen nostalgischen Rückblick auf seine Heimat, sondern die dekadenzkritische Bestandsaufnahme eines landadeligen Ancien Régimes, die in ihrer feinnervig-ironischen Empathie Th. Mann nahe steht und in ihrer kritischen Skepsis Th. Fontane übertrifft.

Rezeption: K. – mehr als ein »Fontane in Moll« – ist heute zu Unrecht vergessen. Seine Sprache ist »eine Wohltat. Wir haben eine sprachliche Tradition [...], die von Eichendorff [...] zu Keyserling führt in ihrer einfachen und klaren [...] Sprache« (R. Gruenter).

Weitere Erzählungen: *Beate und Mareile* (1903), *Wellen* (Roman, 1911), *Am Südhang* (1916).

1914–1919
August Stramm

* 29.7.1874 in Münster. Ab 1896 Postbeamter in Bremen, ab 1905 in Berlin, daneben Studium (Geschichte, Finanzwissenschaft u. a.), 1909 Promotion. 1914 Mitglied des ›Sturm‹-Kreises um H. Walden, ab 1914 Soldat im Hauptmanns-Rang. † 1.9.1915 (gefallen) bei Horodec in Galizien (G).

Gedichte

OT/UT: *Du. Liebesgedichte* (1); *Tropfblut. Gedichte aus dem Krieg* (2)

Gedichtslgn. *Du* (Teil-ED: *Der Sturm*, 1914; BA: 1915); *Tropfblut* (Teil-ED: *Der Sturm*, 1915; BA: postum 1919).

St.s lyrisches Werk entstand zwischen März 1914 und Sommer 1915; davor verfasste er ab 1905 zunächst naturalistische und ab 1914 expressionistische Dramen. Die Gedichte brechen mit der tradierten lyrischen Formensprache (Strophe, Versmaß, Reim), aber auch mit Grammatik, Satzbau, Interpunktion und Wortbedeutung, indem St. die Aussage auf eine rhythmisierte Folge von einzelnen Wörtern, Halbsätzen und Ausrufen verdichtet (Telegrammstil, Wortkomposition), wobei er häufig ungewöhnliche Neubildungen verwendet: »Mein Stock schilt/ Klirr/ Den frechgespreizten Prellstein« (*Verabredung*), »Stäbe flehen kreuze Arme/ Schrift zagt blasses Unbekannt« (*Kriegsgrab*). Er erfüllte damit die vom italienischen Futurismus erhobene Forderung nach sprachlicher Entgrenzung (*parole in libertà*), die H. Walden in seiner Zeitschrift *Der Sturm* als »Wortkunst« propagierte. In diesem Sinne weist seine Lyrik auch auf den → *Dadaismus* voraus. Andererseits bleibt bei St. sowohl das lyrische Subjekt als Ich ›ganz‹ wie auch die Identität seines Fühlens: Es geht in *Du* (wie in konventioneller Lyrik) um Lust und Leid mit Verschmelzungswünschen (Liebe, Gott, Natur) und in *Tropfblut* um »Lieben, Leben, Tod« (*Frage*) im Krieg.

Rezeption: St.s Zertrümmerung lyrischen Sprechens provozierte wütende, auch parodistische Reaktionen und wirkte zugleich anregend auf die sprachexperimentellen Überbietungen durch den → *Dadaismus* und die → *Konkrete Poesie*.

1915
Franz Kafka Biogr.: → 1913

Die Verwandlung

Erzählung. Entst. 1912; ED: *Die weißen Blätter* (1915). BA: 1915.

Als der Handelsvertreter Gregor Samsa eines Morgens erwacht, muss er feststellen, dass er sich in ein Ungeziefer (Käfer) verwandelt hat. Während er weiterhin wie ein Mensch denkt und sich allmählich an den veränderten Körper gewöhnt, sieht die Familie – allen voran der Vater – in ihm zunehmend ein Tier, versorgt ihn nur widerwillig und will ihn schließlich beseitigen. Gregor – ein zweiter Georg (→ *Das Urteil*, 1913) – kommt indes dem Familienbeschluss zuvor und stirbt, mit »Rührung und Liebe« an die Seinen zurückdenkend, von allein. Das für die Familie als überaus glücklich dargestellte Ende (Gregor ist nur noch »das Zeug nebenan«, das sich leicht entsorgen lässt; die Familie hat sich beruflich verbessert, wird eine schönere Wohnung beziehen; Gregors Schwester ist zu einem »üppigen Mädchen aufgeblüht«) lässt die Rätsel jedoch nicht verschwinden: Um wessen Verwandlung geht es eigentlich (Gregor? Familie? Leser?)? Handelt es sich überhaupt um eine Verwandlung oder nicht vielmehr um eine Enthüllung (bei Gregor? bei der Familie?)? Was bedeutet die fehlende Rückverwandlung und wer erfährt dadurch Glück (Gregor in der Befreiung vom Arbeitsdruck? die Familie in der Befreiung von Gregor?) – oder sind auch diese Deutungsansätze noch viel zu sehr an die Handlung des Textes gebunden und verfehlen dessen Charakter als Chiffre für Allgemeineres (z. B. psychische Verdrängung bzw. soziale Deformation)?

Rezeption: Die Erzählung gehört seit der Mitte des 20. Jh. zur klassischen Schullektüre. 🎬 R: J. Nemec (1975, TV).
Weitere Erzählung: → *In der Strafkolonie* (1919).

1915
Gustav Meyrink

* 19.1.1868 in Wien als G. Meyer. 1889–1903 Teilhaber einer Bank in Prag, ab 1904 Redakteur und Schriftsteller in Wien; lebte ab 1906 in München und ab 1911 in Starnberg. † 4.12.1932 in Starnberg (G).

Der Golem

Roman. Entst. ab 1907; ED: *Die weißen Blätter* (1913/14). BA: 1915.

Der Roman beginnt in der wirklichen und endet in einer unwirklichen Welt: Der Erzähler, zu Besuch in Prag, fällt in einen Halbschlaf, in dem ihm träumt, er sei der Gemmenschneider Pernath, der im Prager Ghetto wohnt. In der Begegnung mit verschiedenen Bewohnern, die in dunkle Machenschaften verwickelt sind, wird ihm klar, dass es irgendwo im Ghetto ein »Zimmer ohne Zugang« gibt, in dem das Geheimnis seiner Identität verborgen ist. Als er es findet, tritt ihm die unheimliche Gestalt des Golems als sein Doppelgänger gegenüber. Pernath flieht zu dem Rabbiner Hillel, gerät aber ins Gefängnis und verliert dessen Spur, weil das Ghetto inzwischen verschwunden ist. Aufgewacht forscht der Erzähler dem Traum nach und findet in einem Garten auf dem Hradschin den uralten Pernath, der ihm selbst ähnelt. Traum und Wirklichkeit verschmelzen.

M. nutzte das (1897–1906 abgerissene) Prager Judenviertel als Kulisse und reduzierte die jüdische Legendenfigur des Golem, einen vom Rabbi Löw aus Lehm geformten Goliath, der den Juden bei Verfolgung helfend beisteht, auf den Effekt des Schauerlichen. Phantastisches und Wirkliches in ihrer Zweideutigkeit sind auch kennzeichnend für eine Reihe weiterer Romane dieses Genres wie z. B. A. Kubin: *Die andere Seite* (1909), H. H. Ewers: *Alraune* (1911), L. Perutz: *Zwischen neun und neun* (1918).

Rezeption: Der Roman war ein Bestseller, der bis 1917 eine Auflage von knapp 150 000 Exemplaren erreichte. ◼ R: P. Wegener (1920), R: J. Duvivier (1936).

Weiteres Werk: *Des deutschen Spießers Wunderhorn* (Novellen, 1913).

1916
Alfred Döblin

* 10.8.1878 in Stettin. 1900–05 Medizinstudium in Berlin mit Promotion. Bis 1911 Klinikarzt, danach neurologischer Kassenarzt bis 1933 (im Ersten Weltkrieg Militärarzt). 1933 Exil in Paris, wo er frz. Staatsbürger wurde. 1940 Flucht in die USA (New York, Los Angeles), 1941 Konversion zum Katholizismus. 1945–51 im Dienst der frz. Militärregierung in Baden-Baden, 1953 Rückkehr nach Paris. † 20.6.1957 in Emmendingen bei Freiburg. Gedenkstätte: Housseras/Vogesen (G).

Die drei Sprünge des Wang-lun

UT: *Chinesischer Roman*

Roman. Entst. 1912–13, datiert auf 1915, erschienen 1916.

Handlungsort ist China im 18. Jh.: Wang-lun, ein gewalttätiger Räuber und Raufbold, hat sich zu der taoistischen Lehre des Wu-Wei bekehrt, wonach die Schwachen stark werden, wenn sie gewaltlos bleiben und auf das Handeln verzichten. Er gewinnt als Sektenführer der »Wahrhaft Schwachen« viele Anhänger, doch diese verderben die reine Lehre durch falsche Praxis. Es kommt zur Abspaltung, Wang-lun zieht sich daraufhin verbittert von allem zurück. Als jedoch die kaiserlichen Truppen die Sekte grausam verfolgen, widerruft er seine eigene Lehre und erhebt sich zum Aufstand gegen den Kaiser, der aber schließlich niedergeschlagen wird. Er erkennt seinen Irrtum, bekennt sich erneut zum Wu-Wei und vollendet damit seinen dritten Sprung: Der erste war die naive Initiation in die Lehre, der zweite die missverstandene Abkehr, der dritte die begriffene Rückkehr und damit unumkehrbar.

D.s Simultaneität und Montage einsetzende, milieusichere Erzählweise, die an expressionistischen wie futuristischen Forderungen zum modernen Roman ebenso teilhat wie sie sich davon distanziert, ist nicht am Einzelhelden und seiner Psychologie interessiert, sondern am überindividuellen, widersprüchlichen Kräftefeld gesellschaftlicher Wirklichkeit (›entfesselte Realität‹, Darstellung von Massen). Ziel ist der Leser: »Er mag urteilen, nicht der Autor!«

Rezeption: Der Roman begründete D.s Ruhm als moderner Erzähler. Bis 1923 kam es zu 12 Auflagen.

Weitere Romane: *Die Ermordung einer Butterblume* (Erzählung, 1910/12), *Wallenstein* (1920), *Berge, Meere und Giganten* (1924), → *Berlin Alexanderplatz* (1929).

1916
Georg Kaiser

Biogr.: → 1914

Von morgens bis mitternachts

UT: *Stück in zwei Teilen*

Drama. Entst. 1912; ED: 1916. UA: 28.4.1917 in München.

Nach der Begegnung mit einer attraktiven Dame am Bankschalter stiehlt der Kassierer 60 000 Mark, um der Enge seiner kleinbürgerlichen Existenz zu entkommen. Doch statt Genuss der ersehnten Freiheit erlebt er im Laufe eines Tages (daher der Titel) nur Enttäuschungen: Die Dame flieht nicht mit ihm, die durch sein Geld erzeugte und ihn berauschende Ekstase der Massen im Berliner Sportpalast erweist sich als vordergründig, der Besuch eines Nachtclubs ist erfolglos, da die Damen ihn abweisen und die Herren ihn betrügen. Auch in der Heilsarmee will man nur sein Geld und verrät ihn, um die Belohnung zu erhalten. So kommt er zu der Erkenntnis: »Mit keinem Geld aus allen Bankkassen der Welt kann man sich irgend was von Wert kaufen.« Desillusioniert nimmt er sich das Leben.

In diesem für den Expressionismus typischen ›Stationendrama‹ (Vorbild A. Strindbergs *Nach Damaskus*, 1898–1901), begibt sich der (wie alle Figuren) namenlose Protagonist von einer szenischen Station zur nächsten, ohne Fülle und Reichtum des von ihm in seiner entfremdeten Existenz erträumten Lebens zu erfahren. Das 1912 entstandene Stück beschränkt sich auf die Anklage und zeigt – anders als in dem Drama → *Die Bürger von Calais* (1914) – keine Wandlung. Das rasante Handlungstempo im Milieu der modernen Großstadt (Sechstagerennen, Ballhaus, Bordell, Heilsarmee) sowie die Montagetechnik K.s verweisen auf den Einfluss des jungen Films (→ *Theater und Neue Medien in der Weimarer Republik*).

Rezeption: Das sehr erfolgreiche und vielfach übersetzte Stück war 1933–45 verboten und kam danach nur noch vereinzelt auf die Bühne. 🎬 R: K. H. Martin (1920).

Weiteres Drama: → *Gas* (1918/20).

1917
Leonhard Frank

* 4.9.1882 in Würzburg. Nach Schlosserlehre ab 1905 Studium (Malerei) in München; ab 1910 freier Schriftsteller in Berlin. 1915 als Pazifist Flucht in die Schweiz (bis 1918), danach wieder in Berlin. 1934 Exil (Frankreich), ab 1940 in den USA (Los Angeles, ab 1945 New York); 1950 Rückkehr nach München. † 18.8.1961 in München (G).

Der Mensch ist gut

Erzählungen, z.T. in Vorabdrucken ab 1916 veröffentlicht.

F. war durch seinen Romanerstling *Die Räuberbande* (1914), der einen (vergeblichen) jugendlichen Ausbruch aus der Würzburger Kleinbürgerwelt schildert, berühmt geworden. Die 5 Novellen des Zyklus' *Der Mensch ist gut*, untereinander verbunden, sind ein einziges »Manifest gegen den Kriegsgeist« (F.): In *Der Vater* wird ein Kellner nach dem Verlust seines einzigen Sohnes zum Verkünder der »Revolution der Liebe«: »Das Nichtvorhandensein der Liebe ist der Feind und die Ursache aller Kriege.« Dazu bekehrt sich ebenfalls eine Witwe, Phrasen wie »Altar des Vaterlandes«, »Heldentod«, »Feld der Ehre« usw. endlich durchschauend, in *Die Kriegswitwe*. Der Aufschrei einer Mutter über den Tod ihres Sohnes und der Protest eines Stabsarztes gegen die Kriegsgräuel lösen Massenkundgebungen gegen den Krieg aus (*Die Mutter*, *Die Kriegskrüppel*), die zugleich Demonstrationen für

das Gute im Menschen und die Kraft der Liebe sind, wie auch die nach einem Selbstmord wiederauferstandene Braut eines Gefallenen und ein Philosoph zeigen (*Das Brautpaar*).
Der Zyklus ist ein Dokument des Gefühlssozialismus bzw. des »messianischen Expressionismus« (W. H. Sokel): Entlarvung der Kriegsphrase, Läuterung der Protagonisten, Botschaft des Pazifismus, Aufruf zum Aktivismus. Den expressiven Prosastil nahm F. allerdings in einer späteren Bearbeitung (1957) zurück.

Rezeption: Für das Antikriegsbuch – bis 1918 verboten – erhielt F. 1918 den Kleist-Preis. Es erreichte bis 1932 eine Auflage von 105 000 Exemplaren.
Weitere Romane: *Das Ochsenfurter Männerquartett* (1927), *Von drei Millionen drei* (1932), *Links wo das Herz sitzt* (Autobiogr., 1952).

1917
Reinhard Goering

* 23.6.1887 auf Schloss Bieberstein (Fulda). Nach Medizinstudium in Jena, Berlin, München und Bonn (bis 1914) im Ersten Weltkrieg Feldarzt. Nach 1918 unstetes Wanderleben, nur noch vereinzelt schriftstellerisch tätig, 1930 Kleist-Preis. † 14(?).10.1936 (Selbstmord) bei Jena.

Seeschlacht

Drama. ED: 1917; UA: 10.2.1918 in Dresden sowie 3.3.1918 in Berlin.
7 Matrosen fahren, eingeschlossen im Panzerturm eines Kriegsschiffes, der Seeschlacht am Skagerrak vom 31.5.1916 entgegen. Ihre Gedanken und Gefühle über Leben und Tod, Lieben und Kämpfen, Pflichterfüllung und Empörung bilden das Spektrum von Handlungsmöglichkeiten im Krieg ab, das von Fatalismus und gläubigem Gehorsam bis zur (versuchten) Meuterei reicht. Doch als es ernst wird, kämpft ein jeder – ohne Illusion, aber auch ohne Perspektive.
Der Krieg erscheint hier als Verhängnis, die Matrosen als letztlich machtlose Opfer, die keine Namen haben, sondern durchnummeriert sind und hinter ihren Gasmasken unkenntlich werden. G., ein überzeugter Pazifist, wollte mit dem äußerlich resignativen Schluss – anders als die das positive Ziel aufzeigenden Läuterungsdramen von Fr. v. Unruh, L. Rubiner oder E. Toller (→ *Expressionismus*) – durch Negation aufrütteln, nicht zuletzt indem er die einzelnen Sprechakte mit leidenschaftlichem Pathos auflud. Damit riskierte er jedoch, dass sein Einakter nicht sofort als Antikriegsdrama verstanden wurde.

Rezeption: Die Berliner Inszenierung durch M. Reinhardt erregte noch heftige Emotionen, danach wurde es stiller um G.s heute kaum noch gespieltes Stück, das zu den Wegbereitern des expressionistischen Dramas gehört.
Weiteres Drama: *Scapa Flow* (1919).

Deutsche Literatur in Prag

Prag, 950 mit deutschem Stadtrecht gegründeter Hauptort erst des tschechischen Přemysliden-Reiches (bis 1306), dann des habsburgischen Königreiches Böhmen (zugehörig zum alten Deutschen Reich bis 1806, danach zum österreichisch-ungarischen Kaiserreich bis 1918), war in den wechselvollen Jahren seiner Geschichte stets geprägt durch eine fragile »Konfliktgemeinschaft« (J. Kren) von Tschechen, Deutschen und Juden. Im Zeichen eines wachsenden Nationalismus und Antisemitismus zerbrach ab dem 19. Jh. diese schwierige Symbiose, in deren Verlauf Prag auch ein bedeutendes kulturelles Zentrum geworden war, immer mehr: Um 1910 hatte die Stadt (mit Vororten) 600 000 Einwohner, von denen nur noch etwa 32 000 deutschsprachig waren (davon die Hälfte Juden, die v. a. im Stadtzentrum wohnten).
Das ›deutsche Prag‹ war eine vom Besitz- und Bildungsbürgertum geprägte Exklave in einer politisch und sozial gespaltenen Stadt, zwar gut ausgestattet mit Universität, Schulen, Theater, Opernhaus, Cafés, Zeitungen und 232 Vereinen, aber: ein Ort der Krise und damit ein »Symbolort einer ›Moderne‹, deren Signatur die ›Entfremdung‹ von traditionalen Geborgenheiten ist, andererseits ein Ort der Tradition« (W. Schmitz). So verwundert es nicht, dass es in den Jahren vor 1914 in Prag zu einem bemerkenswerten Schub an moderner Literatur von Autoren kam, die in der Stadt aufgewachsen waren, dort lebten bzw. gelebt hatten. Ihr Inbegriff ist zum einen das Werk Fr. Kafkas, der hier rund 40 Jahre wohnte, zum anderen entstand insgesamt ein Prag-Mythos, d. h. »ein von der Literatur geschaffenes Prag, das dazu neigt, konventionelle Landschaft zu werden« (Cl. Magris). Letzterer machte die ›goldene Stadt‹ an der Moldau zu einem herausragenden (litera)touristischen Ort und wirkt noch bis heute fort.
Prager Autoren: R. M. Rilke, 1875 in Prag geboren, verließ die Stadt schon 1896 und setzte mit seinen *Zwei Prager Geschichten* (1899) der tschechischen nationalen Bewegung ein kleines Denkmal. Eine Prager Bohème (›Jung Prag‹) entwickelte sich ab 1900 um P. Leppin, der diese Künstler-Szene in dem Roman *Severins Gang in die Finsternis* (1914) abschließend darstellte; dazu zählt auch das Frühwerk von M. Brod (*Schloß Nornepygge*, 1908), der bis 1939 in Prag lebte und hier die treibende Kraft eines Kreises junger Literaten wurde, zu denen sein Freund Fr. Kafka, Fr. Werfel, E. E. Kisch u. a. gehörten (vgl. M. Brod: *Der Prager Kreis*, 1966). Brods Beitrag zur Böhmen- bzw. Prag-Literatur waren u. a. die Erzählungen *Die Stadt der Mittellosen* und *Ein tschechisches Dienstmädchen* (beide 1907) sowie *Das Schicksal eines Juden* (1912), er strebte aber mit seiner Romantrilogie (beginnend mit *Tycho Brahes Weg zu Gott*, 1915) über den Prager Kreis hinaus. Bis 1912 wirkte auch der zunächst als expressionistischer Lyriker auftretende Fr. Werfel (*Der Weltfreund*, 1911) als Mittelpunkt eines weiteren, bis 1914 existierenden Kreises in Prag. Dazu gehörten: der expressionistische Dramatiker P. Kornfeld (*Die Verführung*,

1916), W. HAAS (Hg. der *Herder-Blätter*, 1911–12) und E. E. KISCH (*Aus Prager Gassen und Nächten*, Reportagen, 1912). G. MEYRINK hatte zwar schon 1904 Prag verlassen, doch machte er mit seinem Roman → *Der Golem* (1915) dessen jüdisches Ghetto berühmt. Bei P. WIEGLER, Wahl-Prager von 1908–13, steht die Stadt im Roman *Das Haus an der Moldau* (1934) im Mittelpunkt. Mit Fr. KAFKA (der allerdings immer weg wollte, aber nie loskam) hat Prag schließlich seinen berühmtesten Schriftsteller hervorgebracht; in seinem Werk hat der Ort Prag einen unverkennbaren Ausdruck gefunden, obwohl es zugleich so ortlos ist, dass es überall auf der Welt lesbar ist.

Die deutsche Literatur insgesamt wurde noch lange nach 1918 von Prag und Prager Autoren geprägt, so z. B. in: Fr. Torberg (→ *Der Schüler Gerber hat absolviert*, 1930), der deutschen Übersetzung von J. Hašeks *Der brave Soldat Schwejk* (1926), H. G. Adler (→ *Die Wand*, 1989), Fr. C. Weiskopf, E. Weiß, H. Grab (→ *Der Stadtpark*, 1935), O. Wiener, L. Perutz (*Nachts unter der steinernen Brücke. Bilder aus dem alten Prag*, 1953), J. Urzidil (*Prager Triptychon*, 1960), L. Moniková (→ *Die Fassade*, 1987) oder L. Reinerová (*Zu Hause in Prag*, 2000). Hervorzuheben ist außerdem, dass Prag von 1933 bis 39 ein wichtiger EXILORT für vom NS-Regime vertriebene Autoren war (H. Mann: »Prag empfing uns als Verwandte«): O. M. Graf, E. Bloch, W. Herzfelde, K. Hiller, St. Heym. Ebenso war Prag Verlagsort bedeutender Exilzeitschriften (*Arbeiter Illustrierte Zeitung*, *Die Neue Weltbühne*, *Die literarische Welt* u. a.).

1917
Wilhelm Klemm

* 15.5.1881 in Leipzig. Nach Medizinstudium in München, Erlangen, Leipzig und Kiel ab 1905 Assistenzarzt in Leipzig. 1908–14 Leitung des Kommissionsgeschäftes Otto Klemm, 1914–18 Kriegsteilnahme (Oberarzt); ab 1919 Leiter einer Buchhandlung, 1921–55 des Kröner Verlags in Leipzig (ab 1945 in Wiesbaden). 1937 Ausschluss aus der Reichsschrifttumskammer und Berufsverbot. † 23.1.1968 in Wiesbaden (G).

Aufforderung

UT: Gesammelte Verse

ED: 1917. Neuauflage: 1961.

Als K. Pinthus die Anthologie *Menschheitsdämmerung* (1919, vordatiert auf 1920), das bedeutendste Sammelwerk expressionistischer Lyrik, veröffentlichte, war K. mit 19 Gedichten (neben Fr. Werfel und A. Ehrenstein) der am häufigsten vertretene Dichter. Seinen hohen Rang hatte er, der sich seit 1914 durch seine Mitarbeit an der von Fr. Pfemfert herausgegebenen pazifistischen Zeitschrift *Die Aktion* (→ *Schriftsteller und Erster Weltkrieg*) einen Namen gemacht hatte, v. a. durch Gedichte von der Front erlangt, die in ihrer sachlichen Nüchternheit einen völlig neuen Ton anschlugen (z. B.

Schlacht an der Marne, Schlachtenhimmel, Schlacht am Nachmittag): Es waren lakonisch-melancholische, »lyrische ›Rapporte‹«, die als »kommentarlose Gegendarstellung zum offiziellen Weltkriegsbild« (H.-J. Ortheil) zu lesen sind und von der Kriegszensur nicht als Antikriegs-Gedichte verboten werden konnten. Der Gedichtband *Aufforderung* versammelt K.s seit etwa 1912 entstandene und z.T. schon in den Bänden *Gloria! Kriegsgedichte aus dem Feld* (1915) und *Verse und Bilder* (1916) publizierte Lyrik (130 Gedichte).
Im Blick auf die Gesamtheit dieser Texte zeigt sich, dass K. weder in seinem lyrischen Stil der ekstatischen Sprachgebärde des → *Expressionismus* folgte (sondern bereits auf den Gestus der → *Neuen Sachlichkeit* vorausweist) noch in seiner Kriegskritik mit der linksradikalen Haltung des *Aktions*-Kreises wirklich übereinstimmte.

Rezeption: K.s Gedichte gerieten, nachdem er ab 1922 als Lyriker verstummte (Ausnahme: *Geflammte Ränder*, 1964), in Vergessenheit – zu Unrecht in Anbetracht seines bedeutenden Anteils an der Entwicklung der Lyrik zwischen 1914 und 1920. Weitere Gedichtbände: *Ergriffenheit* (1919), *Entfaltung* (1919), *Traumschutt* (1920), *Verzauberte Ziele* (1921).

1917
Else Lasker-Schüler

* 11.2.1869 in Elberfeld. Aus wohlhabendem jüd. Elternhaus stammend, genoss L.-S. Privatunterricht in Berlin. In zweiter Ehe (1903–12) mit H. Walden, Hg. der expressionistischen Zeitschrift *Der Sturm*, verheiratet, gehörte sie zum Kreis der Berliner Bohème. 1933 Flucht in die Schweiz und von dort 1939 nach Palästina. † 22.1.1945 in Jerusalem (G).

Die gesammelten Gedichte

ED: 1917; ein 2. Teil erschien 1920 u.d.T. *Die Kuppel*.
L.-S.s Werk lässt sich keiner Stilrichtung zuordnen. Die frühen Gedichte (*Styx*, 1902; *Der siebente Tag*, 1905) sind noch vom → *Fin de Siècle* und → *Jugendstil* geprägt, haben aber mit den Themen Liebe, rauschhafte Leidenschaft (*Sinnenrausch*, *Sulamith*), Tod (*Abend*, *Jugend*) und dichterisches Selbstverständnis (*Mein stilles Lied*) schon einen eigenen, unverwechselbaren Ton. Die Wendung zu jüdischer Identität und Religiosität wird deutlich in *Mein Volk*. Nach 1910 stand L.-S. zwar dem → *Expressionismus* nahe, doch unterscheidet sich ihre Liebeslyrik durch ein höheres Maß an Spiritualisierung. Das wohl bekannteste Gedicht *Ein alter Tibetteppich* (aus der Sammlung *Mein Wunder*, 1911) verknüpft in der Teppich-Metapher Liebe und All. Es zeigt beispielhaft, dass es der Dichterin nicht um Abbildung von Welt ging, sondern dass sie aus der Verbindung von Wirklichkeit und Traumwelt eine poetische »Wirklichkeit der Unwirklichkeit« (Cl. Heselhaus) entstehen lassen wollte, die sich in ihrem Metaphernreichtum begrifflicher Erfassung

entzieht. Dazu passt die von Wunderlichkeiten nicht freie Vorliebe L.-S.s für Exotisches, phantastisch Orientalisches, für Verwandlungen (auch biblischer Stoffe) und Rollenspiele.

Die Sehnsucht nach Wiedergewinnung einer verlorenen Einheit (auch der Religionen) wird deutlich in *Hebräische Balladen* (1913) und in *Mein blaues Klavier* (1943, Gedichte aus den 1930er Jahren). Diese Thematik bestimmt auch das Drama *Die Wupper* (BA: 1909; UA: 27.4.1919 in Berlin), in dem sich das von L.-S. ersehnte einträchtige Miteinander von Arbeitern und Bürgern als illusorisch erweist.

Rezeption: L.-S.s Lyrik stieß zunächst auf Unverständnis, errang aber – nach früher Zustimmung z. B. bei K. Kraus und G. Benn (»die größte Lyrikerin, die Deutschland je hatte«) – ab 1919 Anerkennung (Kleist-Preis 1932).

Weitere Werke: *Mein Herz* (Briefroman, 1912), *Der Prinz von Theben* (Geschichten, 1914).

1918
Ernst Barlach

* 2.1.1870 in Wedel (Holstein). Lebte nach Studium (Bildende Künste, 1891–95 in Dresden) in wechselnden Wohnorten (Paris, Florenz, Wedel), 1906–09 in Berlin, ab 1910 in Güstrow. † 24.10.1938 in Rostock. Gedenkstätten: Güstrow (M), Hamburg (M), Ratzeburg (G, M), Wedel (M).

Der arme Vetter

Drama (Prosa) in 12 Bildern. Entst. 1911; ED: 1918. UA: 20.3.1919 in Hamburg.

B. war – wie es im → *Expressionismus* bzw. → *Dadaismus* häufiger vorkam (H. Arp, O. Kokoschka, O. Schlemmer und K. Schwitters) – bildender Künstler und Dichter, ging jedoch von Anfang an einen eigenständigen Weg: Wo Dramatiker von W. Hasenclever (→ *Der Sohn*, 1914) bis A. Bronnen im Vater-Sohn-Konflikt ein zeittypisches Generationenproblem bzw. eine Abrechnung mit dem Patriarchat gestalteten, geht es bei B. darum, dass sich der Mensch als Gottes Sohn begreift. Von dieser transzendenten Wahrheit handelt das allegorisch zu verstehende Bühnengeschehen sowohl in B.s Dramenerstling *Der tote Tag* (1912, UA: 22.11.1919), in dem ein Sohn aus überstarker Mutterbindung (an das Diesseitige) diese Einsicht verfehlt, als auch in *Der arme Vetter*: Hier findet die Hauptfigur Hans Iver, der sich lange Zeit mit falschen Schuldvorwürfen als armer Vetter des allzu ›hohen Herrn‹ (Gott) betrachtet hat, schließlich im (Selbst-)Tod den Weg zu Gott, während die weibliche Hauptfigur Lena Isenbarn durch ihn diesen Weg im von nun an geläuterten Leben gehen kann.

B.s über eine christlich-kirchliche Dimension hinausgehende Gottessuche zeigt sich noch klarer in seinem erfolgreichsten Drama *Die Sündflut* (1924, UA: 27.9.1924): Noah und sein Gegenspieler Calan müssen erkennen, dass

Gott nicht einfach der konventionelle Gott der Menschen ist, der den Atheisten bestraft, sondern eine innere Wahrheit in einer Welt, in der es den Zweifel und das Böse gibt.

Rezeption: B. erhielt 1924 den Kleist-Preis. 1933 kam sein literarisches Werk auf den Scheiterhaufen, 1937 wurde sein bildnerisches Werk als ›entartete Kunst‹ gebrandmarkt. Für die Rezeption nach 1945 gilt, dass »Barlach, der Lebenshelfer, Barlach, den Künstler, mitunter verschüttet« hat (A. Schneckenburger).

Weitere Werke: *Die echten Sedemunds* (Drama, 1920), *Der blaue Boll* (Drama, 1926), *Der gestohlene Mond* (Roman, postum 1948).

1918
Heinrich Mann

Biogr.: → 1900, 1925

Der Untertan

Roman. Entst. ab 1906, überwiegend verfasst 1911–14; Teilvorabdrucke ab 1911 in verschiedenen Zeitschriften. Vom 1.1.–13.8.1914 erschien *Der Untertan* als Fortsetzungsroman in der Zeitschrift *Zeit im Bild*, abgebrochen wegen des Kriegsausbruchs, daher ohne den Schluss (ca. 50 S.n). ED (Privatdruck in 12 Exemplaren): 1916; BA: 1915 (russ.), 1918 (dt.). 1925 erschien der *Untertan* als Bd. 1 einer Trilogie, die den Titel trug: *Das Kaiserreich. Die Romane der deutschen Gesellschaft im Zeitalter Wilhelms II.* (Bd. 2: *Die Armen*, Bd. 3: *Der Kopf*).

Diederich Heßling steigt als Erbe der väterlichen Papierfabrik in den 1890er Jahren zum mächtigsten Unternehmer der Kleinstadt Netzig auf. Auf seinem Weg nach oben, der ihn von der patriarchalischen Familienerziehung über den mentalen Drill in Gymnasium, Universität und Militärzeit in den Beruf und in die Politik führt, durchläuft er die Schule der Anpassung zum knechtseligen Untertan, die zugleich eine Schulung zum autoritären Charakter ist: bewunderndes Buckeln nach oben, gemeines Treten nach unten auf die Schwachen und ihm Untergebenen. Im jungen »herrlichen Kaiser« betet er wie von Sinnen dieselbe Macht an, die er – ein Phrasen dreschender Chauvinist, berechnender Liebhaber und perfider Kaufmann und dem Kaiser auch äußerlich immer ähnlicher – selbst in Netzig verkörpert. Dagegen muss der bürgerliche Liberalismus in der Person des alten Buck abdanken. Die satirische Verzerrung erreicht ihren Höhepunkt in der pomphaften Denkmalseinweihung, die in einem Gewittersturm endet. Hier entlarvt M. die Machtanbetung als Verhöhnung des Rechts, den majestätischen Glanz als schlechtes Theater und die nationale Rhetorik als imperialistische Phrase, die Raub und Ausbeutung verdecken soll.

Insgesamt verdichtet M. Heßling zu einer Kunstfigur des hässlichen Untertan-Deutschen, die – beglaubigt durch dokumentarische Wirklichkeitszitate – zwar »zusammengesetzt, aber durchaus lebensmöglich« (D. Barnouw) ist. Ob das Debakel des Endes eine Vorausdeutung auf den Untergang des monarchischen Deutschland ist oder nicht, ist umstritten. Eine Alternative zu ihm wird nicht gezeigt.

Rezeption: Der Roman erreichte in 6 Wochen eine Auflage von 100 000 Exemplaren und ist bis heute ein Bestseller, freilich ein umstrittener, der sogar bei Historikern (H.-U. Wehler, Th. Nipperdey) zu kontroversen Beurteilungen führte. 🎬 R: W. Staudte (1951).

Weitere Werke: *Macht und Mensch* (Essays, 1919), → *Der Kopf* (Roman, 1925).

1918

Thomas Mann Biogr.: → 1901, 1939

Betrachtungen eines Unpolitischen

Essay. Entst. 1915–18; erschienen Mitte Oktober 1918. 2., um »einige schwer haltbare Seiten« (T.M.) gekürzte) Auflage: 1922, danach erst wieder 1956 u.ö. erschienen.

Ein »Rückzugsgefecht großen Stils – das letzte und späteste einer deutschromantischen Bürgerlichkeit«, so nannte M. 1928 – nun zum engagierten Verteidiger der Weimarer Republik geworden – seine erbitterte Streitschrift gegen die Demokratie. Das Riesenwerk, für das er die begonnene Arbeit am Roman → *Der Zauberberg* (1924) unterbrach, ist jedoch keine Verirrung in die Politik, sondern der Versuch einer Selbstbesinnung des Künstlers M. vor dem Hintergrund des Ersten Weltkrieges (→ *Schriftsteller und Erster Weltkrieg*) und eines Grundsatzstreites mit dem Bruder Heinrich Mann (ausgelöst durch dessen *Zola*-Essay, 1915). In höchst einseitig-unversöhnlichen Antithesen positioniert M. sich und das kaiserliche Deutschland auf die Seite von ›Kunst‹, ›Kultur‹ und romantischem ›Künstlertum‹ und stellt den Bruder und das bekämpfte Frankreich auf die Seite von ›Literatur‹, ›Politik‹ und ›Zivilisationsliteratentum‹. Er bemüht die Politik (von der Ideologie des deutschen ›Sonderweges‹ bis zur Kriegspropaganda gegen die Entente), um sein Plädoyer für eine unpolitische Kunst zu begründen, und verrät dieses klassisch-romantische Konzept von Kunstautonomie zugleich mit seinem reaktionären Engagement für den Krieg, das monarchische Deutschland und den Hass auf die Demokratie. Allerdings stellt er in den 1917/18 geschriebenen Passagen (z. B. die Einleitung) selbst die schematischen Antithesen infrage und erkennt das Bekämpfte in sich selbst. Die eigentliche Verarbeitung der Problematik erfolgte jedoch erst im *Zauberberg* (v. a. in den Debatten zwischen Settembrini und Naphta), während der Essay ein Arsenal trüber Argumente blieb, aus dem sich die politische Rechte im Kampf gegen die Weimarer Republik bediente.

Rezeption: Bis 1920 gab es 4 Titelauflagen mit 18 000 Exemplaren. M. hat sich später nie völlig von dem Essay distanziert (vgl. den Essay *Kultur und Sozialismus*, 1928).

Weitere Werke: *Wälsungenblut* (Novelle, 1921), → *Der Zauberberg* (Roman, 1924).

1918–1919
Karl Kraus

* 28.4.1874 in Jicín (Böhmen). 1892–96 unabgeschlossenes Studium (Philosophie, Literatur, Jura) in Wien, danach Publizist und Rezitator. Ab 1899 bis zu seinem Tod Hg. der Zeitschrift *Die Fackel* (ab 1912 als Alleinverfasser) im Eigenverlag, abgesichert durch eine lebenslange Rente. † 12.6.1936 in Wien (G).

Die letzten Tage der Menschheit

UT: *Tragödie in fünf Akten mit Vorspiel und Epilog*

Drama. Entst. 1915–17; ED: *Die Fackel* (Dezember 1918–Juli 1919, 4 Sonderhefte). BA (um 47 Szenen vermehrt): 1922/26. UA: 4.2.1923 in Prag (nur Epilog); 14.6.1964 in Wien.

K. hatte Österreich 1914 als »Versuchsstation des Weltuntergangs« bezeichnet. Auf etwa 800 Druckseiten entfaltet sein Stück in mehr als 200 Szenen und mit mehr als 500 sprechenden Personen ein monumentales Panorama des Ersten Weltkrieges. Es beginnt im »Vorspiel« mit der Extraausgabe über die Ermordung des österreichischen Thronfolgers 1914 und endet im »Epilog« mit dem Jüngsten Gericht. Die 5 Akte dazwischen thematisieren jeweils ein Kriegsjahr an einer Vielzahl von Schauplätzen des kriegerischen Geschehens. Eine Gesamtaufführung würde 10 Abende benötigen.

Das monströse Mosaik ist im Wesentlichen eine Montage von (z.T. modifizierten) Pressezitaten – ein den herrschenden Ungeist entlarvendes Verfahren, das K. als sprachkritischer »Moralphilologe« (K. Capek) und Autor seiner Zeitschrift *Die Fackel* akribisch-obsessiv beherrschte. So gut wie alle Figuren (bis auf den »Nörgler«, der in vielem des Autors Stimme ist) sind darauf beschränkt, Sprecher dieser Zitate zu sein – eine andere Handlung gibt es nicht. Damit wird das Stück zu einer Abrechnung mit der Presse bzw. den Journalisten als »Worthelfer der Gewalt« (K.), die mit ihren Phrasen die Erkenntnis der Wirklichkeit verstellten, und – so der »Nörgler« – »das ist ihre Kriegsschuld«.

Rezeption: Zu K.' Lebzeiten erschienen insgesamt 23 000 Exemplare. Das Stück wurde ab 1964 in verschiedenen Bühnenfassungen gespielt bzw. in Lesefassungen aufgenommen.

Weitere Werke: *Sprüche und Widersprüche* (Aphorismen, 1909), *Literatur und Lüge* (Essays, 1929), → *Dritte Walpurgisnacht* (Essay, 1934*).

1918/1920
Georg Kaiser

Biogr.: → 1914

Gas

Gas I (ED: 1918; UA: 28.11.1918 in Frankfurt/Main); *Gas II* (ED: 1920; UA: 13.11.1920 in Frankfurt/Main). Ihnen zuzurechnen ist das Schauspiel *Die Koralle* (UA: 27.10.1917 in Frankfurt/Main), zusammengefasst als *Gas-Trilogie*.

In *Die Koralle* ermordet ein Milliardär seinen Doppelgänger, übernimmt dessen Rolle – überzeugt davon, damit dessen glückliche Kindheit zu erhalten, nach der er – als unglückliches Proletarierkind – sich gesehnt hatte. In *Gas I* will sein sehr sozial eingestellter Sohn seine Arbeiter nach der Explosion der Produktionsstätten von Gas für die Kriegsführung als Bauern auf dem Fabrikareal ansiedeln und ihnen dadurch Freiheit und Selbstbestimmung wiedergeben. Doch diese, aufgereizt durch Techniker und Regierung, empören sich dagegen und bringen den Milliardär um. In *Gas II* – 40 Jahre später – steht der Sohn des Fabrikherrn aus *Gas I* im Zentrum der Auseinandersetzungen zwischen »Blau-« und »Gelbfiguren« um die Macht in den Fabriken, die schließlich Giftgas produzieren sollen. Auch hier stimmen die Arbeiter, verführt durch einen »Großingenieur«, begeistert zu, die Kriegswaffenproduktion fortzusetzen, bevor sie im Angriff des Feindes untergehen.

Das Gas ist Symbol für die moderne Technik, die mehr zerstört als aufbaut. Sie reduziert als Herrschaft der Apparate und gigantischen Unternehmen die Menschen zu Robotern. Eine Hoffnung auf die von K. einst propagierte Erneuerung des Menschen gibt es nicht, denn weder die grüne Utopie in *Gas I* noch der Appell an ein inneres Reich in *Gas II* sind eine Lösung. Visionär und bedrückend ist K.s Darstellung der Manipulierbarkeit der Massen, der Macht von Militärdiktaturen und der Industrialisierung des Krieges.

Rezeption: Thematik und gestalterische Mittel (Entkonkretisierung der Sprache, Typisierung der Figuren, Gestaltung von Massenszenen) bewirkten den großen – auch internationalen – Erfolg des Stückes. Fr. Langs Stummfilm *Metropolis* (1927) stützt sich auf K.s *Gas*-Trilogie.

Weitere Dramen: *Kolportage* (1924), *Das Floß der Medusa* (1964, entst. 1940/43).

1919
Hermann Hesse

Biogr.: (Fortsetzung von → 1903) Ab 1919 wohnte H. in Montagnola (Tessin), ab 1924 Schweizer Staatsbürger, 1946 Literatur-Nobelpreis. † 9.8.1962 in Montagnola. Gedenkstätten: Calw (M), Gaienhofen (M), Montagnola (M), S. Abbondio bei Lugano (G), Seoul/Korea (M).

Demian

UT: *Die Geschichte einer Jugend*; ab 1920 (17. Auflage): *Die Geschichte von Emil Sinclairs Jugend*

Roman. Entst. 1917; ED (*Die neue Rundschau*, 1919) und BA (1919) unter dem Pseudonym Emil Sinclair, ab 1920 unter H.s Namen.

Der sensible Lateinschüler Emil Sinclair gerät in die Abhängigkeit von einem skrupellosen Mitschüler, aus der ihn der neue Mitschüler Demian erlöst. Dieser versucht zunächst vergeblich ihn dazu zu bringen, auch die ›dunklen‹ Seiten des Lebens und in sich selbst (z. B. Sexualität) als natürlich zu akzeptieren. Später berichtet ihm Demian von der Gottheit Abraxas, die Göttliches und Teuflisches, Gutes und Böses, Geist und Sinnlichkeit in sich vereint. Als Sinclair erfährt, dass Abraxas' Lehre vom Menschen fordert, nur der inneren Stimme zu folgen, um sich selbst zu verwirklichen, kennt er sein Ziel. Er begegnet immer wieder Menschen (v. a. Demians Mutter), die ihm helfen, es zu erreichen, und ihm die Hoffnung auf den baldigen Anbruch einer neuen, menschlicheren Zeit vermitteln.

Der stark autobiographisch geprägte Roman hatte für H., der sich zur Zeit der Abfassung in psychoanalytischer Behandlung befand, eine selbsttherapeutische Funktion. Er verallgemeinerte sie jedoch zur Lebenshilfe, indem er zeigte, wie sich ein junger Mensch von allem, was von außen an ihn herandrängt, lösen müsse, um den Weg der eigenen Bestimmung zu gehen. Aus heutiger Sicht stört das »mythische Gewusel« (Fr. Mutschler) und die problematische »Verknüpfung der europäischen Katastrophe [des Weltkrieges] mit der individuellen Initiation des Helden« (P. Sprengel).

Rezeption: Der Roman fand ein starkes Echo bei jungen Menschen nach 1918 und erreichte bis zum Druckverbot 1942 eine Auflage von über 90 000 Exemplaren.

Weitere Werke: *Klingsors letzter Sommer* (Erzählungen, 1920), → *Siddhartha* (Roman, 1922).

1919

Franz Kafka

Biogr.: → 1913

In der Strafkolonie

Erzählung, entst. 1914.

Ein Forschungsreisender (»in europäischen Anschauungen befangen«) besucht eine Strafkolonie in einem exotischen Land, wo er einer Exekution beiwohnen soll. Die Hinrichtung wird durch eine Maschine besorgt, die dem Delinquenten das Urteil mit scharfen Nadeln so auf den Körper einschreibt, dass er es »mit seinen Wunden« entziffern kann, ehe er an der Folter stirbt. Das Vergehen war harmlos, der Verurteilte kennt sein Urteil nicht und hat keine Gelegenheit, sich gegen die barbarische Strafe zu wehren – doch der Reisende behält seine Kritik für sich. Erst als der wachhabende Offizier ihn um Befürwortung dieser Todesstrafe beim neuen Kommandanten bittet, lehnt er ab, bleibt aber weiterhin passiv, als der Offizier sich daraufhin mit der sich selbst zerstörenden Maschine selbst exekutiert.

Der Text ist, wie bei K. kaum verwunderlich, höchst widersprüchlich interpretiert worden: als Realgeschichte um Für und Wider von Schuld, Strafe und Gerechtigkeit (W. Müller-Seidel), als Kritik an der Tötungsmaschinerie ›Weltkrieg‹ (Kl. Wagenbach), als religiöse Auseinandersetzung um den »Gegensatz von Gemeinschaft und Gesellschaft« (R. Robertson), aber auch – wie die Arbeit der Schrift-Maschine letztlich enthüllt – als Dekonstruktion von unzweifelhaftem Sinn (W. Kittler). Was bleibt, sind insistierende sprachliche Bilder: der schreibend tötende Apparat, der Folterer als Künstler, der human aufgeklärte Reisende, der sich das fremde ›Andere‹ mit einem geknoteten Tau vom Leibe hält, wie es im Schlusssatz heißt.

Rezeption: Der Text zählt zu K.s hintergründigsten, zugleich aber auch einprägsamsten Erzählungen. K. Tucholsky kommentierte 1920: »So unerbittlich hart, so grausam objektiv und kristallklar ist dieser Traum von Franz Kafka.« R: W. Schmidt (1962); *Und die Kinder spielen so gern Soldaten* (R: H. Vesely, 1951).

Weitere Werke: *Beim Bau der chinesischen Mauer* (entst. 1917, ED: 1931), → *Ein Landarzt* (Erzählungen, 1920).

1919
Kurt Schwitters

* 20.6.1887 in Hannover. 1909–14 Studium (Bildende Künste) in Dresden, 1914–17 Soldat, lebte danach als Künstler, Werbeberater und freier Schriftsteller bis 1937 in Hannover. 1937 Emigration nach Norwegen, 1940 Flucht nach England. † 8.1.1948 in Ambleside (England; G in Hannover).

Anna Blume

UT: *Dichtungen*

Gedichtslg.; eine erweiterte Fassung erschien 1923 u.d.T. *Die Blume Anna.*

»Anna Blume, du tropfes Tier, ich liebe dir« – mit dieser Zeile endet Sch.' parodistisches Gedicht *An Anna Blume*, das ihn 1919 in den Kreisen des → *Dadaismus* schlagartig berühmt machte und das den Beginn der lebenslangen »MERZ-Kunst« markiert, womit Sch. selbst seine Gesamt-Revolutionierung von Bildender Kunst, Dichtung, Theater und Architektur bezeichnete: ›MERZ‹, abgetrennt von ›Kommerz‹ (dem Synonym für konventionelle und vermarktete Kunst, aber auch für das davon Ausge›merz‹te) ist Chiffre für eine den Bürger (seinerzeit) erschreckende Anti-Kunst, die ihr theoretisches Fundament, ihren ›höheren Sinn‹, in der futuristisch-dadaistischen Zertrümmerung der tradierten künstlerischen Formensprache und Zweckbestimmung hat: Kunst soll befreien, indem sie ›abstrakt‹, verfremdend und ›un-sinnig‹ wird, wobei Sch. mit seinen Gedichten noch über A. Stramm (→ *Gedichte*, 1914–19) hinausging: Er kombinierte sprachliche Fundstücke (›objets trouvés‹, ›Material-Assemblage‹, z. B. *An das Proletariat Berlins!*), ›vermerzte‹ den sprachlichen (Un-)Sinn, fragmentarisierte Wortbedeutung zu musikalischen Lautformen (besonders in *Die Ursonate*, 1932) und gelangte so zu einer neuen »Aura des Konnotativen« (K. Eibl), die ein lyrisches Ich nicht mehr kennt (z. B. *Schreizen*).

Rezeption: Sch. war bis 1933 durch seine Rezitationskunst auf seinen ›Dada-Feldzügen‹ bekannt; seine Bilder wurden 1937 als ›entartete Kunst‹ diffamiert. Als bildender Künstler & Dichter war er ein Avantgardist der künstlerischen Moderne, der ab den 1960er Jahren immer größere Anerkennung erfuhr. ↘ H. Arp, R. Haussmann, K. Sch.: *Dada Antidada Merz* (Alive AG, 2005).
Weitere Werke: Hg. der Zeitschrift *MERZ* (1925–32).

Dadaismus

BEGRIFF: ›Dada‹ bedeute nichts (so: Tr. Tzara); mit anderen Dadaisten könnte man auch sagen: alles Mögliche, sogar »mehr als Dada« (R. Hausmann) – letztlich ist auch derjenige ein Dadaist, der gegen den Dadaismus ist (vgl. *Dadaistisches Manifest* von 1918). ›Dada‹ war ursprünglich der Name für eine in sich recht uneinheitliche, bald auch zerstrittene literarisch-künstlerische Strömung, die sich im Protest zusammenfand: nicht nur gegen die bürgerliche Kunst und den Krieg (wie der → *Expressionismus*), sondern gegen Kunst und Bedeutung überhaupt (also auch gegen den Expressionismus). Der Dadaismus ist insofern kein »Nachspiel« (G. F. Knapp) und erst recht keine Fortsetzung des Expressionismus, sondern muss in spezifischer Fortführung des italienischen und russischen Futurismus (ab 1909/12) als ERSTE DEUTSCHE AVANTGARDE-BEWEGUNG verstanden werden.
Das PROGRAMM des Dadaismus besteht darin, keines oder viele widersprüchliche zu haben; das Ziel: Kunstverweigerung durch Übergang in lebendige Aktion bis hin zum »Sinn aus Unsinn« (W. Paulsen), verstärkt durch neuartige (simultane) Kunsttechniken (Lautpoesie, Collage, Körperaktion usw.), d. h. »l'anti-art pour l'anti-art« (Tr. Tzara) bzw. Kunst als Leben und umgekehrt. Einerseits kann dadurch noch das Wertloseste kunstfähig werden (›objet trouvé‹, ›ready made‹), andererseits wird jegliche künstlerische Aura vernichtet, so dass das reine Material, d. h. Sprache (Laute, Buchstaben), Geräusche (›bruitistische‹ Töne, d. h. Lärm), Dinge, Zufallsaktion (aleatorische Literatur) hervortreten. Genuin dadaistische Neuerungen sind Simultangedicht, Lautgedicht und Text-Collage.
Die Anfänge des Dadaismus entstanden ab 1916 in ZÜRICH im Cabaret Voltaire, das H. Ball eröffnete und zu dem H. Arp, R. Huelsenbeck, Tr. Tsara, W. Serner u.a. gehörten. Die Züricher Gruppe war anarchistisch und international ausgerichtet. Sie verlagerte sich nach 1918 nach NEW YORK und PARIS (M. Duchamp, Man Ray) und verband sich dort ab 1924 mit dem französischen Surrealismus (A. Breton). Die BEDEUTENDSTEN WERKE des frühen Dadaismus sind: H. Ball (Hg.): *Cabaret Voltaire* (1916), *Die Flucht aus der Zeit* (Tagebuch, 1927); H. Arp: *der vogel selbdritt* (Gedichte, 1920), *die wolkenpumpe* (Gedichte, 1920), W. Serner: *Letzte Lockerung* (Manifest, 1920).

Ab 1917/18 konstituierte sich in BERLIN eine veränderte Dadaismus-Gruppe um R. Huelsenbeck (mit seinem ›poème gymnastique‹), R. Hausmann (mit seinen Plakatgedichten), Fr. Jung, W. Herzfelde, W. Mehring sowie G. Grosz und J. Heartfield (mit ihren Foto-Montagen und Collage-Zeichnungen), die bis 1920 Bestand hatte. Der Berliner Dadaismus besaß eine starke sozialistische Ausrichtung (KPD) und wandte sich gegen den expressionistischen Gefühlssozialismus. Die BEDEUTENDSTEN WERKE waren hier: R. Huelsenbeck (Hg.): *Dadaistisches Manifest* und *Dada-Almanach* (beide 1920). In KÖLN wirkten kurzzeitig M. Ernst und H. Arp. Von HANNOVER aus entwickelte K. Schwitters sein Konzept der ›MERZ-Kunst‹ (→ *Anna Blume*, 1919), das den Dadaismus bis in die 1930er Jahre hinein fortsetzte. Ab den 1950/60er Jahren knüpfte die → *Konkrete Poesie*, später das → *sprachexperimentelle Schreiben nach 1970* an den Dadaismus an.

1920
Hugo von Hofmannsthal Biogr.: → 1893

Der Schwierige

Komödie (Prosa, Wiener Dialektfärbung). Entst. 1917–19; ED: *Neue Freie Presse* (1920). UA: 8.11.1921 in München; BA: 1921.

H. gelang es mit dieser Komödie, die Adelswelt des alten Österreich nach dem Untergang der Donaumonarchie wiederzuerwecken, obwohl sie sich real überlebt hatte. Er betonte den lustspielhaften Charakter des Stückes, indem er es dezent mit Figuren nach Art des Wiener Volkstheaters bevölkerte: Im Mittelpunkt steht Graf Bühl, der, traumatisiert durch ein Fronterlebnis, sich schnell von Menschen distanziert, wenn sie ihm nähertreten, weil er unbedingt die Freiheit des anderen respektieren und seine eigene bewahren möchte. Ohne es sich bewusst einzugestehen, liebt er Helene Altenwyl (die ihn wiederliebt), glaubt aber, dass er ihrer nicht würdig sei. Bühl gilt als ›schwierig‹, weil er, trotz formvollendeten Auftretens, stets den Eindruck von Befangenheit und Entschlusslosigkeit vermittelt. Grund dafür ist – und hier spricht H. durch Bühl (→ *Ein Brief*, 1902) – Skepsis gegenüber Leistung und Funktion der Sprache: »Ich versteh mich selbst viel schlechter, wenn ich red, als wenn ich still bin« (II, 14). In diesem Kontext gehört auch H.s Einsicht, dass der Mensch in der Vielschichtigkeit seines Wesens nicht durch seine Rede (sie schaffe nur ›Konfusionen‹ und Missverständnisse), sondern durch sein Auftreten (Form seines Handelns, Mimik, Gestik und Tonfall) darstellbar (s. genaue Regieanweisungen) werde. Am Ende gelingt es Helene durch Einfühlsamkeit und Charme, die Scheinwelt vordergründiger Konversation (in der alle anderen ihre Ziele verfehlen) sowie Bühls Skepsis zu überwinden und ihn zur Erkenntnis der wahren Liebe zu bringen.

Rezeption: Das Stück zählt zu den klassischen dt.sprachigen Komödien. 🎬 R: J. Olden (1961, TV), R: St. Barabás (1974, TV).

Weitere Werke: *Das Salzburger Große Welttheater* (Moralitätenspiel, 1922), → *Der Unbestechliche; Der Turm* (1923; 1925).

1920
Ernst Jünger

* 29.3.1895 in Heidelberg. Nach Notabitur 1914 Kriegsfreiwilliger und 1918 Kriegsheld (*Orden Pour le mérite*). Bis 1923 Leutnant der Reichswehr, danach Zoologiestudium in Leipzig und Neapel, ab 1925 freier Schriftsteller in Berlin, ab 1936 in Überlingen. Teilnahme am Zweiten Weltkrieg, zuletzt Stabstätigkeit in Paris, 1944 Entlassung aus der Wehrmacht (wegen Verbindung zum Widerstand gegen Hitler). J. lebte bis 1949 in Kirchhorst bei Hannover, ab 1950 in Wilflingen. † 17.2.1998 in Wilflingen (G, M).

In Stahlgewittern

UT: *Aus dem Tagebuch eines Stoßtruppführers*

Kriegstagebuch, nach 1918 überarbeitet. ED: 1920; die folgenden Auflagen von 1922, 1924, 1934, 1961 (26. Auflage) jeweils überarbeitet.

In diesem Tagebuch schildert J., geordnet nach Schauplätzen, seine Erlebnisse (auch in der Etappe) an der Westfront während des Ersten Weltkrieges, insbesondere die Stellungskämpfe und den Gaskrieg in Nordfrankreich und Flandern (Januar 1915 bis August 1918). Er geht weder auf die Ursachen des Krieges ein noch zielt er, wie E. M. Remarque (→ *Im Westen nichts Neues*, 1928), auf die unmittelbare Darstellung des Grauens (obwohl er das Sterben und Hinmetzeln nicht ausspart). J. rückt vielmehr »den Tod, die Toten bewußt in eine ästhetisierende Distanz« (H. L. Arnold) und propagiert dabei den soldatischen Mann als neue Elite, die – ›gestählt‹ aus dem Krieg hervorgegangen – die Zukunft gestalten soll.

Von derselben Botschaft geprägt, aber weniger erfolgreich, waren zwei weitere Kriegstagebücher: *Das Wäldchen 125* (1925) und *Feuer und Blut* (1925). Zusammen mit seinen publizistischen Schriften (ca. 140 Artikel, 1920–33) bediente J., der sich im Rückblick nur als Seismograph verstand, aktiv die gegen die Weimarer Republik gerichtete Propaganda der nationalen Rechten bis hin zu Hitler.

Rezeption: *In Stahlgewittern* wurde J.s erfolgreichstes und zugleich umstrittenstes Buch: »Mit Jünger kann sich heute keiner ganz identifizieren, und zum Gegner nehmen kann ihn fast jeder in der einen oder anderen Hinsicht« (P. v. Matt).

Weitere Werke: *Das abenteuerliche Herz* (Tagebuch, 1929), → *Auf den Marmorklippen* (Roman, 1939).

1920
Franz Kafka Biogr.: → 1913

Ein Landarzt

UT: *Kleine Erzählungen*

14 Erzählungen, von denen die Mehrzahl (entst. 1916/17) zuvor in Zeitschriften veröffentlicht wurden; ED: 1920 (datiert: 1919).

Die Sammlung enthält einige der markantesten Erzählungen K.s. Sie kreisen um Themen wie Verantwortung (so der ursprüngliche Titel der Sammlung), Rechenschaft und Sorge bzw. um deren Vernachlässigung und Versagen: Alte Ordnungen erweisen sich als zu schwach für die Gegenwart (*Ein altes Blatt*) bzw. als kritikwürdig (*Die Sorge des Hausvaters*), die Gegenwart kann die heilsversprechenden Gebote der Tradition (Gott, ›Sinn‹) nicht mehr erfüllen (*Ein Landarzt*), verschließt sich gar ihrer Botschaft (*Der neue Advokat*) bzw. diese kommt – obwohl ersehnt – gar nicht mehr an (*Eine kaiserliche Botschaft*). Diese Thematik ist verknüpft mit K.s intensivierter Auseinandersetzung mit Ostjudentum, Chassidismus und Zionismus, die einher geht mit Kritik an der westjüdischen Assimilation (*Ein Bericht für eine Akademie, Schakale und Araber*).

Alle diese Geschichten, an der Spitze die auch zum Roman → *Der Proceß* (1925) gehörende ›Legende‹ *Vor dem Gesetz* (mit über 50 Einzelinterpretationen seit 1950), sind auch anders gedeutet worden. In ihrer Doppelbödigkeit verweigern sie – wie die unentscheidbare Realität der Kunstreiterin in *Auf der Galerie* – einen eindeutigen Sinn. Sie behalten aber trotz dieser Negation eine gleichsam statuarische Nachdrücklichkeit: das Tor, das nur für den davor Wartenden bestimmt war; der Satz des Landarztes: »Einmal dem Fehlläuten der Nachtglocke gefolgt – es ist niemals gutzumachen«; der unermüdliche kaiserliche Bote, der nicht ankommen kann; das merkwürdige Wesen Odradek mit seinem Lachen, »wie man es ohne Lungen hervorbringen kann.«

Rezeption: K. widmete den Bd. seinem Vater (dessen Reaktion: »Legs auf den Nachttisch!«). Die Reaktion der Literaturwissenschaft hält bis heute an. ♬ H. W. Henze (Funkoper, UA: 1951; Bühnenoper, UA: 1965). 🎬 *Ein Bericht für eine Akademie* (R: W. Schmidt, 1962, TV), *Ein Brudermord* (R: L. Elsässer/M. Geissler, 1967).

Weitere Werke: *Brief an den Vater* (entst. 1919, ED: 1952), *Ein Hungerkünstler* (Erzählungen, 1924), → *Der Proceß* (Romanfragment, 1925).

1920
Ernst Toller

* 1.12.1893 in Samotschin (bei Bromberg). Jurastudium in Grenoble ab 1914, dann Kriegsfreiwilliger, ab 1917 Fortsetzung des Studiums in München und Heidelberg. Wegen aktiver Beteiligung an der Münchener Räterepublik 1919 zu 5 Jahren Fes-

tungshaft verurteilt. Ab 1924 freier Schriftsteller in Berlin, 1933 Flucht über die Schweiz und England in die USA. † 22.5.1939 (Selbstmord) in New York (G).

Masse-Mensch

OT/UT: *Masse Mensch. Ein Stück aus der sozialen Revolution des 20. Jahrhunderts*

Versdrama. Entst. 1919; UA: 15.11.1920 in Nürnberg. BA: 1921.

In dem Drama *Die Wandlung* (UA: 30.9.1919), einem Stationen- und Verkündigungsdrama wie G. Kaisers → *Von morgens bis mitternachts* (1916), zeigt T. den Weg eines jungen Bildhauers vom Kriegsfreiwilligen zum Verkünder einer durch gewaltlose Revolution zu erringenden friedlichen Gemeinschaft aller Menschen. Das Problem der Legitimation von Gewalt im politischen Kampf blieb für T. zeitlebens ein Thema. In *Masse-Mensch* – der Titel ist antithetisch – kämpft Sonja Irene L., bürgerlicher Herkunft (im Stück wird sie nur die »Frau« genannt), für die proletarische Revolution, verurteilt aber im Gegensatz zur revolutionären Masse, repräsentiert durch den »Namenlosen«, den Einsatz von Gewalt. So lehnt sie nach Niederschlagung des Aufstands, von Hinrichtung im Gefängnis bedroht, eine Flucht ab, weil diese für einen Wärter den Tod bedeuten würde: »Kein Mensch darf einen Menschen töten/ Um einer Sache willen.«

T.s unbedingtes Eintreten für Humanität, seine Ablehnung der Gewalt als Mittel politischen Handelns, führte – je nach politischer Einstellung – zu unterschiedlichen Reaktionen. Thema, Pathos und Sprache (freie Rhythmen) sowie typisierende Figurendarstellung verweisen auf den expressionistischen Charakter des Stückes (→ *Expressionismus*).

Rezeption: T.s Stück (Widmung: »Den Proletariern«) stieß im linken wie im rechten Lager auf Kritik.

Weitere Dramen: *Die Maschinenstürmer* (1922), → *Hinkemann* (1923).

1922

Bertolt Brecht

* 10.2.1898 in Augsburg. 1917–21 Medizinstudium in München (abgebrochen), 1923–24 Dramaturg in München, 1924–26 in Berlin, danach freier Schriftsteller. Ab 1933 Exil: bis 1939 im dän. Svendborg, 1940/41 in Finnland, 1941–47 Santa Monica (USA). 1948/49 Rückkehr über Zürich nach Berlin (DDR), österr. Staatsbürger. Ab 1949 Leiter des eigenen Theaters am Schiffbauerdamm (Berliner Ensemble). † 14.8.1956 in Berlin. Gedenkstätten: Augsburg (M), Berlin (D, G, M), Buckow (M), Svendborg (M).

Baal

Szenenfolge. Entst. 1918 (Urfassung), korrigiert 1919, als abgemilderte 3. Fassung für einen geplanten Druck (1920) nicht ausgeliefert (ED: 1922) und zuletzt umgearbeitet 1953–55). UA: 8.12.1923 in Leipzig. Eine 4. Fassung entstand 1926 (UA: 21.3.1926 in Wien).

Der komplizierte Abfassungsprozess von B.s Dramenerstling zeigt die sich radikalisierende Herausarbeitung einer dramatischen Grundkonzeption, die der ›Stückeschreiber‹ in seinem Gesamtwerk entfaltete: Es geht um die Provokation von Kunst (in einer bürgerlichen Gesellschaft), die sich der Vereinnahmung entzieht und ihren schönen Schein zerstört, um durch eine veränderte ästhetische Inszenierung letztlich in die kritisierte Wirklichkeit einzugreifen. *Baal* war hierbei ein erster Schritt, der sich jedoch auf die Provokation beschränkt: Der Titelheld ist ein Dichter, der mit seinem Lebensstil bis zum Exzess vorführt, was das Versprechen auf individuelle Selbstverwirklichung unter den herrschenden Verhältnissen im Grunde bedeutet: unmoralisch-zynisches und krass egoistisches Verhalten, das in wüster Gewalt endet – kurz: Baal ist ein Anarchist *wegen* der bürgerlichen Gesellschaft.

Das Stück ist – formal anknüpfend an die expressionistische Stationentechnik, die einsträngiges Geschehen auflöst – ein Anti-Verkündigungsdrama, d. h. gegen die Utopie eines neuen Menschen gerichtet: Der Held ist keine hergebrachte »Mittelpunktsfigur« (B.), auch keine Allegorie, sondern ein Spiegel, der brutal zeigt, was brutal herrscht. Mit *Trommeln in der Nacht* (1922, UA: 29.9.1922) trieb B. diese desillusionierende Anti-Haltung bis zur Kritik an der Revolution von 1919 (sog. Spartakus-Aufstand) als schlechte Romantik und »Revolte der Zukurzgekommenen« (Kl.-D. Müller).

Rezeption: Die UA war ein Misserfolg, die Wiener Aufführung nicht – während *Trommeln in der Nacht*, für das B. 1922 den Kleist-Preis erhielt, bis 1933 das meistgespielte Stück B.s war. 🎬 R: G. Moorse/V. Schlöndorff (1969), R: U. Janson (2004).
Weitere Werke: *Im Dickicht der Städte* (Drama, 1922/27), → *Hauspostille* (Gedichte, 1927).

1922
Hermann Hesse

Biogr.: → 1903, 1919

Siddhartha

UT: *Eine indische Dichtung*

Roman, entst. 1919–22.

Als »Versuch, die alte asiatische Lehre von der göttlichen Einheit für unsere Zeit und in unserer Sprache zu erneuern«, bezeichnete H. 1926 seinen Roman, in dem er den Weg des jungen Brahmanen Siddhartha (›der sein Ziel erreicht hat‹) zur ›göttlichen Einheit‹ und damit zu sich selbst beschreibt. Auf seiner Suche löst er sich von den lebensfernen Lehren der Religion seiner Väter, wird Asket, um alles Sinnliche zu überwinden, kann auch durch Buddha die Erfüllung nicht finden, nach der er danach vergeblich im Streben nach irdischer Liebe und Besitz sucht. Erst bei einem Fährmann erlebt er, in sich versunken, aus den tausend Stimmen des Flusses die ersehnte Einheit in der Vielfalt, die Dauer im steten Wandel und den Einklang mit der Welt.

Durch die Eltern (die Mutter war als Missionarstochter in Indien geboren, der Vater dort Missionar) mit der Kultur und den Religionen Indiens früh vertraut, unternahm H. 1911 eine Reise dorthin (*Aus Indien*, 1913). Dennoch erscheint die fernöstliche Welt hier nur als Einkleidung für eine grundsätzliche Problematik, die H. persönlich bewegte: der ›Weg nach innen‹, weg von der familiären Gebundenheit, der asketischen Unterdrückung von Sinnlichkeit und Lebenslust sowie der Verführung durch moderne Heilslehren und hin zur Entdeckung individueller Unabhängigkeit: »Einzig für mich, für mich allein muß ich urteilen, muß ich wählen, muß ich ablehnen.«

Rezeption: Der Roman (seine Auflage erreichte eine zweistellige Millionenhöhe, er wurde in 52 Sprachen übersetzt) ließ H. »zum meistgelesenen deutschen Schriftsteller aller Zeiten« werden (E. Schwarz). Nach 1960 wurde er zu einem Kultbuch der jungen Generation (in den USA seit 1951 eine Auflage von über 5 Millionen). ■ R: C. Rooks (1972).

Weiterer Roman: → *Der Steppenwolf* (1927).

1923
Franz Jung

* 26.11.1888 in Neiße (Schlesien). Nach dem Studium (Jura, Volkswirtschaft) an mehreren Universitäten ab 1911 freier Schriftsteller in München, ab 1913 in Berlin. 1918–21 Beteiligung an der linkskommunistischen Rätebewegung, 1921 Flucht nach Russland, Rückkehr 1923, ohne weiteren Erfolg als Schriftsteller. Ab 1936 im ungarischen Exil, ab 1948 in den USA und 1960 Rückkehr in die Bundesrepublik. † 21.1.1963 in Stuttgart (G).

Die Eroberung der Maschinen

Roman.

J. begann als aktivistischer Vertreter des → *Expressionismus* um Fr. Pfemferts Zeitschrift *Die Aktion* und gehörte nach 1918 zu den markantesten linksradikalen Intellektuellen »zwischen Dada und Spartakus« (M. Rector). Seine auf eine »proletarische Erzählkunst« (J., 1920) zielende Prosa (*Die Rote Woche*, 1921; *Proletarier*, 1921) erreichte ihren experimentellen Höhepunkt in *Die Eroberung der Maschinen*. Der Roman schildert am Beispiel der mitteldeutschen Revolutionskämpfe (1921) einen Arbeiteraufstand und seine militärische Niederschlagung, liefert zugleich aber auch eine Analyse der Niederlage. Es gibt keinen Einzelhelden, sondern nur noch das kämpfende Kollektiv. In die reportierende Erzählung sind Reflexionen und Informationen über das Verhältnis von Staat und wachsender Kapitalkonzentration, antiquierter Gewerkschaft und Arbeiterklasse einmontiert. Der Schluss visiert eine kommende Revolution (im Traum eines Gefangenen) an und stellt sie zugleich als unausweichliches Ergebnis des Geschichtsprozesses dar: die Eroberung der Maschinen, die die Ausbeutung beenden werde. Paradox ist, dass das politisch-militärisch geschlagene Proletariat dieser Vision zufolge nicht durch eigene Aktion, sondern durch die Dialektik der ökonomischen Logik quasi automatisch zum Sieger wird.

Rezeption: J.s Werk, nach 1923 zu Unrecht vergessen, fand erst nach seinem Tod zunehmende Anerkennung, woran die äußerst lebendige und inhaltsreiche Autobiogr. *Der Weg nach unten* (1961; neu u.d.T. *Der Torpedokäfer*, 1972) großen Anteil hatte.

Weitere Werke: *Das Trottelbuch* (Erzählungen, 1912), *Hausierer* (Roman, 1931).

1923
Rainer Maria Rilke

Biogr.: → 1904

Duineser Elegien

Zyklus von 10 Elegien. Begonnen 1912 in Duino, fortgesetzt 1913 und 1915, vollendet 1922 in Muzot.

R.s lyrisches Spätwerk, die *Elegien* und → *Die Sonette an Orpheus* (1923), gilt als schwer zugänglich: Lange, häufig über mehrere Verszeilen reichende Sätze, Ausrufe, unerwartete Enjambements, eine oft ungewöhnliche Syntax und eigenwillige Wortneuschöpfungen steigern die hymnische Gestimmtheit der Elegien. Vor dem Hintergrund zunehmender Entfremdungserfahrungen in einer Massen- und Konsumgesellschaft, angesichts politischer und sozialer Umwälzungen, abnehmender religiöser Gebundenheit und in Auseinandersetzung mit eigenen Lebens- und Schaffenskrisen unternahm R. (mit großen Unterbrechungen) hier den Versuch einer dichterischen Weltdeutung der menschlichen und künstlerischen Existenz. Die ersten Elegien (und Teile der 10.) enthalten eine Klage über die Begrenztheit des menschlichen Daseins, über das Leid in der Welt und das Leiden an der Welt, verdeutlicht durch die Gegenüberstellung mit dem Engel, Symbol einer höheren, unsichtbaren Realität. Die Klage wandelt sich in ein Preisen des Daseins und der Welt im 2. Teil des Zyklus' (»Hiersein ist herrlich«, 7. Elegie). Im bedingungslosen Akzeptieren von Leid und Schmerz, v. a. der Vergänglichkeit aller Erscheinungen, auch der Liebe, besonders aber des Todes als integralem Bestandteil des Lebens, gewinnt das »Hiesige« eine neue, vom Dichter zu rühmende Qualität: Es wird als das »Schwindende« verwandelt ins Innere, ins »Unsichtbare« und »gerettet« aus aller Vergänglichkeit: »Nirgends, Geliebte, wird Welt sein als innen« (7. Elegie).

Rezeption: Das Werk löste bei vielen Lesern Befremden aus. Es galt als »Lebenshilfe für schöne Seelen« (P. Demetz), aber auch als »das bedeutendste Werk der deutschen Lyrik dieses Jahrhunderts« (P. Szondi).
Weiteres Werk: → *Die Sonette an Orpheus* (Gedichtzyklus, 1923).

1923
Rainer Maria Rilke

Biogr.: → 1904

Die Sonette an Orpheus

UT: *Geschrieben als ein Grab-Mal für Wera Ouckama Knoop*

Gedichtzyklus in 2 Teilen (26 und 29 Sonette), parallel zu den → *Duineser Elegien* (1923) in Muzot entst.

Im Unterschied zu den ernsten, feierlichen *Elegien* zeichnet die *Sonette* eine leichte, fast heitere Gestimmtheit aus. Anstelle des Engels tritt Orpheus auf, der Sänger aus der griechischen Mythologie. Er wird als Gott bezeichnet, der durch seinen rühmenden Gesang die Wirklichkeit (das »Hiesige«) ganz zu erfassen vermag, indem er die realen Erscheinungen ins Nicht-Materielle verwandelt. In diesem Sinne ergänzen die *Sonette* die *Elegien*: Die Kunst ›übersteigt‹ die »dumpf ordnende Natur« (II, 28) und arbeitet durch die metaphorische Sprache Wesen und Sinn der Erscheinungen heraus. Das gilt auch für den frühen Tod der Tänzerin Wera, einer Freundin R.s, zu deren Gedenken die Sonette wohl entstanden und auf die sich einige Texte direkt beziehen. Erscheinung und Wesen bilden auf diese Weise eine neue Einheit, die der Vergänglichkeit entzogen sei und über eine höhere Qualität verfüge, so wie das Leben sie gewinne, wenn der Tod darin aufgenommen worden sei: »Singender Gott, wie hast/ du sie vollendet, daß sie nicht begehrte,/ erst wach zu sein?« (I, 2). Orpheus, der das Reich der Lebenden und der Toten kennt, ist nach R. ein Wissender, Inbegriff des Dichters, dessen ›Gesang‹ nicht mehr Darstellung und Deutung der Welt bedeutet, sondern der das »Eilende« verwandelt, d. h. den Zusammenhang aller Dinge verdeutlicht: »denn das Verweilende/ erst weiht uns ein« (I, 22).

Rezeption: Die *Sonette an Orpheus* und die → *Duineser Elegien* (1923) wurden, da sie sich wechselseitig ergänzen, stets als Einheit rezipiert, in alle Weltsprachen übersetzt und weltweit interpretiert.

Schriftsteller und Weimarer Republik

Das Ende der Monarchie, die revolutionären Ereignisse ab November 1918 und die Errichtung der Weimarer Republik, die dann bis 1933 dauern sollte, kam für viele überraschend – selbst für die, die (wie z. B. H. Mann) schon früh den Machtwechsel gefordert hatten. Die neue Republik, weniger ein Produkt demokratischer Revolution als vielmehr Ergebnis der Kriegsniederlage, trug schwer an der Hypothek ihrer Gründung: am Widerspruch zwischen dem libertären Ansatz der politischen Verfassung und der ungebrochenen kapitalistischen Wirtschaftsstruktur, am Kompromiss mit den antidemokratischen Mächten (Industrie, Reichswehr, Bürokratie), an den im Versailler Friedensvertrag diktierten Folgelasten (Gebietsabtretungen, Reparationszahlungen). Der Republik fehlten, kurz gesagt, von Anfang an die Republikaner bzw. die »Gebrauchsanweisung« (A. Döblin). Stattdessen stand sie – mit der kurzen Ausnahme der Stabilitätsjahre von 1925–29 – ohne kraftvolle politische Mitte im Spannungsfeld politischer Antagonismen, denen die junge Republik entweder nicht weit genug ging (Linksradikale, Kommunisten) oder als ›Novemberrepublik‹ schon viel zu weit gegangen war und daher abgeschafft werden sollte (Nationalisten, Nationalsozialisten). Diese Spannweite findet sich auch bei den Schriftstellern und Intellektuellen wieder, die ab 1918/19 zugleich als treibende Kräfte der politischen Auseinandersetzung wirkten. Das war ein bedeutender Unterschied zur Kaiserzeit, wenngleich es nach wie vor Autoren gab, die das Engagement verweigerten (z. B. G. Benn, H. Hesse, G. Hauptmann u. a.).

Politisches Engagement für die (sozialistische) Republik gab es zu Beginn bei der Beteiligung an der Rätebewegung (1918/19) in Berlin (K. Hiller) und München (G. Landauer, H. Mann, L. Feuchtwanger, E. Toller, E. Mühsam u. a.) sowie bei Manifestationen für Sozialismus und Pazifismus (J. R. Becher, B. Kellermann, L. Rubiner, R. Schickele, Fr. Jung u. a.). 1923, auf dem Höhepunkt der Inflation, rief H. Mann in der Broschüre *Diktatur der Vernunft* den Reichstag dazu auf, alle legalen Mittel zur Verteidigung der Republik gegen die ›Diktatur der Wirtschaft‹ einzusetzen. Ab 1928 verstärkte die KPD ihre Anstrengungen, durch die Gründung des *Bundes proletarisch-revolutionärer Schriftsteller* (BPRS) ihren politischen Kampf (gegen den Faschismus, die SPD und die Weimarer Republik) literarisch-publizistisch zu unterstützen. Die prominentesten Mitglieder waren: J. R. Becher, A. Seghers, W. Bredel, E. Weinert, Fr. Wolf, W. Kolbenhoff. Mit dem Bekenntnis zu einer politischen Partei kritisierten sie die Position »links über den Parteien« (Th. Anz), die Schriftsteller wie K. Tucholsky, A. Döblin, S. Kracauer, A. Holitscher u. a. eingenommen hatten, verkannten dabei aber völlig, dass diese – anders als sie selbst – wenigstens an der Idee der Republik festhielten. In der Schlussphase der Republik ab 1930 artikulierte sich das Eintreten für den demokratischen Verfassungsstaat in der Verurteilung von Indifferenz und Resignation auf der einen sowie Opportunismus und Nationalismus auf der anderen Seite (→ *Schriftsteller und Nationalsozialismus bis 1933*).

Militantes antidemokratisches Denken dominierte bei der politischen Rechten, deren Spektrum von kaisertreuen Monarchisten über den neuen »Nationalismus der jungen Generation« (K. Sontheimer) bis zu den Propagandisten einer ›konservativen Revolution‹ reichte. Über die erneuerte

Mobilmachung des ›Geistes von 1914‹ (→ *Schriftsteller und Erster Weltkrieg*) sollte eine innere Militarisierung zur Vorbereitung einer kriegerischen Revision von ›Versailles‹ erreicht werden. Entsprechend weit war die Bandbreite des literarischen Engagements für eine konservative Erneuerung: Sie reichte von Th. Manns → *Betrachtungen eines Unpolitischen* (1918) und H. v. Hofmannsthals Konzept einer »konservativen Revolution« sowie R. Borchardts Programm einer »schöpferischen Restauration« bis zu E. Jüngers Programm eines neuen Nationalismus (»den Krieg zu Ende verlieren«, um ganz neu zu beginnen) und der Wegbereitung für Hitler (→ *Schriftsteller und Nationalsozialismus bis 1933*). Nicht ungewöhnlich war im übrigen der völlige FRONTWECHSEL der politischen Position von links nach rechts (z. B. A. Bronnen) und umgekehrt (z. B. B. Uhse).

1923
Ernst Toller Biogr.: → 1920

Hinkemann

OT: *Der deutsche Hinkemann* (bis 1924); UT: *Eine Tragödie* (ab 1924)
Tragödie (Prosa). Entst. 1921–22; UA: 19.9.1923 in Leipzig. BA: 1923.

Der arbeitslose Hinkemann, durch eine Kriegsverletzung beinamputiert und entmannt, glaubt sich von seiner Frau Grete geliebt. Um seinen Lebensunterhalt aufzubessern, verdient er sich auf dem Rummelplatz Geld, indem er vor Publikum lebenden Ratten und Mäusen die Kehle durchbeißt. Ein Freund verführt Grete und verhöhnt ihn. Tief verletzt weist Hinkemann die reumütig zu ihm zurückgekehrte Grete zurück, will sie aus Verzweiflung umbringen und erkennt nicht, wie verzweifelt auch sie ist. Sie nimmt sich das Leben.

T. wollte Hinkemann nicht als symbolische Figur (Deutschland nach dem Ersten Weltkrieg) verstanden wissen und veränderte deswegen den Titel. Er wollte in ihm das Leiden des durch den Krieg nicht nur körperlich tief verletzten Menschen zeigen, der in der Gesellschaft als isolierter, unverstandener Fremder existiert. Über die Zeitbedingtheit hinaus ging es T. außerdem darum, die grundsätzliche Verlassenheit und Hoffnungslosigkeit des Menschen darzustellen, dem kein Glaube, keine Weltanschauung, keine Ideologie Perspektiven für eine bessere Zukunft eröffnet. Die Aufbruchstimmung des frühen Expressionismus ist verflogen, die Sprache ist – trotz expressionistischer Züge – individualisiert und die Milieudarstellung realistisch: T.s expressionistische Phase ist beendet.

Mit dem zeitkritischen Revue-Stück *Hoppla, wir leben!* (1927) näherte sich T. der → *Neuen Sachlichkeit* an: Unter Einsatz szenischer Mittel der Piscator-Bühne (→ *Theater und Neue Medien in der Weimarer Republik*) wird gezeigt, wie ein Revolutionär von 1919 nach 7-jähriger Haft erkennen muss, dass die prosperierende, ›moderne‹ Republik keine Revolution mehr will.

Rezeption: Das Drama löste Tumulte bei der politischen Rechten aus, war aber – auch im Ausland – ein vielgespieltes Stück. Ab 1933 verboten, fand es nach 1945 als Heimkehrerdrama bis heute Beachtung. Fr. X. Kroetz nahm den Stoff in dem Stück *Der Nusser* (1986) wieder auf.

Weitere Werke: *Der entfesselte Wotan* (Komödie, 1923), *Das Schwalbenbuch* (Lyrik, 1924), → *Eine Jugend in Deutschland* (Autobiogr., 1933).

1923; 1925

Hugo von Hofmannsthal

Biogr.: → 1893

Der Unbestechliche; Der Turm

(1) Lustspiel. UA: 16.3.1923 in Wien. ED: *Die Tribüne* (1955/56); BA: 1956. (2) Tragödie. ED: 1923/25, 2. Fassung: 1927; UA: 4.2.1928 in Wien, 10.6.1948 (1. Fassung) in Wien.

Der alte Theodor, Diener auf dem niederösterreichischen Gut einer Baronin, will seinen Dienst quittieren, weil er das Verhalten des schriftstellernden Sohnes des Hauses, Jaromir, unerträglich findet. Dieser hat, obwohl verheiratet und zweifacher Vater, zwei ehemalige Geliebte eingeladen, um Inspiration für seine dichterische Arbeit zu erhalten. Theodor verspricht aber zu bleiben, wenn er es schafft, die angereisten Damen zur Abfahrt zu bewegen. Durch seine Klugheit und Menschenkenntnis gelingt ihm dies auf diskrete Art.

Das Stück gewinnt seine Komik dadurch, dass der Diener (als der Unbestechliche) zum eigentlichen Herrn wird. Zudem: Der »in seiner Moralität leicht komisch wirkende Diener will das Besserungswerk an seinem frivolen Herren bewerkstelligen, ohne indes die bestehenden Herrschaftsverhältnisse anzutasten« (W. Schmidt-Dengler).

Parallel zur Abfassung der Komödie entstand die Tragödie *Der Turm*, in der der Königssohn Sigismund, Repräsentant des Geistes, im Kampf gegen die Macht (ohne Bindung an den Geist) scheitert. Den optimistischen Schluss der 1. Fassung (Beginn einer Herrschaft ohne Waffen) kehrte H. in der 2. Fassung um (Errichtung einer Diktatur).

Rezeption: Im Unterschied zu *Der Unbestechliche* fand *Der Turm* nur selten Aufnahme in das Bühnenrepertoire. 🎬 *Der Unbestechliche* (R: G. Klingenberg, 1968, TV).

Weiteres Werk: *Andreas oder die Vereinigten* (Romanfragment, 1932).

1924
Egon Erwin Kisch

⋆ 29.4.1885 in Prag. Ab 1905 Journalist in Prag, Kriegsteilnahme, ab 1919 in Wien und ab 1921 in Berlin (mit vielen Reisen durch die Welt). Ab 1933 als verfolgter Jude im Exil (Prag, Australien, Spanien, ab 1939 in Mexiko). 1946 Rückkehr nach Prag. † 31.3.1948 in Prag (G).

Der rasende Reporter

Slg. von Reportagen, die bis 1924 in Zeitungen veröffentlicht worden waren. BA (redigiert): 1924 (vordatiert auf 1925).

»Schreib das auf, Kisch« – der Titel seiner Kriegsreportagen (1922) wurde zum geflügelten Wort für die rastlose Tätigkeit des Reporters, der in seinem ganzen Habitus (Beruf, Medium Presse, Mobilität, Tempo) in den 1920er Jahren zum Inbegriff des Schriftstellers der → *Neuen Sachlichkeit* wurde. K. hatte sich bereits als Prager Lokalreporter (*Aus Prager Gassen und Nächten*, 1912) einen Namen gemacht und dabei nicht unwesentlich zum entstehenden Mythos um die Moldaustadt beigetragen (→ *Deutsche Literatur in Prag*). K.s Reportagen bis zum *Rasenden Reporter* sind genau recherchierte ›Zeitaufnahmen‹, zumeist von den Rändern der Gesellschaft (Arme, Kriminelle, Outdrops) bzw. aus ungewöhnlicher Perspektive, nicht ohne Tribut an das Sensationelle und Unterhaltsame, stets aber geprägt von Empathie und dem Bestehen auf »einfache Wahrheit […] in einer Welt, die von der Lüge unermeßlich überschwemmt ist.« Dass die Reportage, neben »einem Wust von Nachrichten, dummem Zeug« (K. Tucholsky) stehend und als Mode zur apologetischen Verdoppelung der Wirklichkeit verkommend, anstatt Foto »ein Röntgen-Film« (Br. Frei) sein sollte, war K. als Mitglied der KPD (ab 1925) und Mitbegründer des Bundes proletarisch-revolutionärer Schriftsteller (BPRS, ab 1928) zunehmend bewusst. Mit seinen Reportagen über die UdSSR (*Zaren, Popen, Bolschewiken*, 1927) und die USA (*Paradies Amerika*, 1930) griff er, parteilich engagiert, über den deutschen Horizont hinaus.

Rezeption: K. wirkte mit seinen Sozial- und Reisereportagen neben A. Holitscher stilprägend auf das literarische Genre der Reportage (H. Hauser, J. Roth).

Weitere Reportagen: *Hetzjagd durch die Zeit* (1926), *Wagnisse in aller Welt* (1927), *Marktplatz der Sensationen* (Erinnerungen, 1942).

1924
Thomas Mann

Biogr.: → 1901, 1939

Der Zauberberg

Roman, entst. 1913–15, 1919–24.

Lange Entstehungszeit, Unterbrechung durch den Ersten Weltkrieg und die → *Betrachtungen eines Unpolitischen* (1918) sowie M.s Gesinnungswandel vom »Herzensmonarchisten« zum »Vernunftrepublikaner« ab 1922 (*Von deutscher Republik*) führten zu einem nachhaltigen Wandel der Werkkonzeption: Aus der als Erzählung geplanten, konterkarierenden Variation zu → *Der Tod in Venedig* (1912) wurde ein umfangreicher Zeitroman, der das alte Problem von Dekadenz und Dekadenzüberwindung auf eine höhere, die reine Künstlerproblematik übersteigende Stufe stellt. Erzählt wird, wie der Hamburger Patriziersohn Hans Castorp seinen lungenkranken Vetter Joachim Ziemßen 1907 in einem Davoser Sanatorium besucht und dort, ›bezaubert‹ von der faszinierenden Atmosphäre von verführerischer Liebe, Krankheit zum Tode, Lebenshunger, Musik, Spiritismus und intellektueller Politik, statt 3 Wochen 7 Jahre verbringt, bis er 1914 abberufen wird und als Soldat in seinen ersten Kampfeinsatz stolpert.

Dieser zögerliche Castorp, dieses ›Sorgenkind‹ von einfachem Gemüt, das unentschlossen in der Mitte der Gegensätze und damit auch mittelmäßig bleibt, ist kein »letzter Nachfahre Wilhelm Meisters« (J. Vogt) bzw. ein »Wilhelm Meisterchen« (M.) und der Roman deswegen auch weder ein → *Bildungsroman* noch seine Umkehrung als »Entbildungsroman« (H. Kurzke). Castorp ist vielmehr ein Medium für die einander widersprechenden Tendenzen, die von Clawdia Chauchat (morbider Eros), Ludovico Settembrini (lebensfreundlicher Humanismus), Mynheer Peeperkorn (diktatorische Vitalität) und Leo Naphta (geistiger Terrorismus) vertreten werden, aber keine Lösung enthalten – es sei denn die, dass ihre Vertreter alle real als moribund bzw. als selbstmörderisch einzustufen sind. Die Ironie des Erzählers, die nach M.s eigenen Worten »zwischen den Gegensätzen spielt und es mit Parteinahme und Entscheidung nicht sonderlich eilig hat«, verstärkte vielmehr die Absicht, ›Sinn‹ durch symbolische Überhöhung und zitierende Anspielung so zu verflechten, dass das Mehrdeutige überwiegt. Insofern darf weder das vielzitierte Schnee-Kapitel mit seinem Plädoyer für »Güte und Liebe« und gegen die »Sympathie mit dem Tode« (M.) als Kernbotschaft herausgehoben werden, noch die Tristesse des Romanendes: Der »Donnerschlag« des Kriegsausbruchs ist eine ›Lösung ex machina‹ – d. h. die Fragen nach Ursachen und Folgen beantwortet dieser Zeitroman nicht.

Rezeption: Der Roman hatte sofort großen Erfolg (bis 1930: 125 000 Exemplare) und wurde in mehrere europ. Sprachen übersetzt. 🎬 R: H. W. Geißendörfer (1981/

85, TV). ✎ (Auszüge): *Joseph und seine Brüder, Der Erwählte und Auszüge aus anderen Romanen* (Der Hörverlag, 1998).
Weitere Werke: *Unordnung und frühes Leid* (Novelle, 1925), → *Mario und der Zauberer* (Novelle, 1930).

1925
Lion Feuchtwanger

* 7.7.1884 in München. Nach dem Bruch mit dem orthodox-jüd. Elternhaus 1903–07 Studium (Philosophie, Literatur) in Berlin mit Promotion, danach Theaterkritiker und freier Schriftsteller; lebte ab 1918 in München, ab 1925 in Berlin. 1933 Beginn des Exils: bis 1939 in Sanary-sur-Mer, 1939–40 Internierung in Aix-en-Provence, danach Flucht in die USA (Pacific Palisades, Kalifornien). † 21.12.1958 in Los Angeles (G, M).

Jud Süß

Historischer Roman, entst. 1920–23. F. hatte den Stoff schon 1916 in dem Drama *Jud Süß* (UA: 13.10.1917) behandelt.
Der Fall ist historisch aus dem 18. Jh. belegt: Josef Süß Oppenheim, genannt Jud Süß, versorgt als Finanzberater den württembergischen Herzog Karl Alexander skrupellos mit Geld und jungen Mädchen und steigt dadurch zum mächtigsten Mann im Staate auf. Als der Herzog jedoch auch nach der wohlbehüteten Tochter des Juden greift und diese sich in den Tod stürzt, rächt sich Süß, indem er einen geplanten Staatsstreich des Herzogs an die Opposition verrät. Darüber stirbt der Regent und Süß wird als Sündenbock, ohne dass ihm eine Schuld nachgewiesen werden kann, hingerichtet (»Der Jud muß hängen«).
F. zeigt in seinem ersten historischen Roman einen Juden, der sich aus Selbstsucht und Ehrgeiz in der christlichen Gesellschaft exponiert und darüber stürzt: ein Fall von gescheiterter Assimilation und von Antisemitismus zugleich – ein Fall aber auch von jüdischer Selbstläuterung, denn Süß akzeptiert das Fehlurteil, weil er es als gerechte Strafe für sein falsches Machtstreben auffasst. Sein Tod ist ein selbstbewusstes Bekenntnis zu seiner jüdischen Identität und zugleich F.s auf die Gegenwart zielende Mahnung, diese Identität nicht durch Anpassung aufzugeben. F. hat das historische und aktuelle Problem des Judentums insgesamt in 7 seiner 15 Romane thematisiert.
Rezeption: Der Roman war ein Welterfolg, wurde in mehr als 30 Sprachen übersetzt und hat bis heute eine Gesamtauflage von mehr als 3 Millionen erreicht. 🎭 P. Kornfeld (UA: 7.10.1930). 🎬 R: L. Mendes (1934), R: V. Harlan (1940, zugleich auf W. Hauffs gleichnamiger, antisemitischer Erzählung von 1827 basierend).
Weitere Romane: *Thomas Wendt* (1920), *Die häßliche Herzogin* (1923), → *Erfolg* (1930).

1925
Franz Kafka

Biogr.: → 1913

Der Proceß

Romanfragment. Entst. 1914–15; 1925 aus dem Nachlass bearbeitet und herausgegeben von Max Brod. Die Schreibweise des Titels folgt der KA (Hg.: M. Pasley, 1990), die damit auch ihren erheblichen Unterschied zu der editorisch fragwürdigen Ausgabe von M. Brod signalisiert.

»Ohne daß er etwas Böses getan hätte«, wird der Bankangestellte Josef K. eines Morgens im Namen einer Instanz verhaftet, die sich »Gericht« nennt, aber höheren Ortes ist. Er darf sich zunächst noch frei bewegen, versucht auch, sich mithilfe eines Advokaten sowie eines Malers mit Beziehungen zu den Richtern gegen die Anklage zu wehren, hat aber keinen Erfolg. Ein Geistlicher weist ihn im Dom – eingekleidet in die Beispielgeschichte *Vor dem Gesetz* (→ *Ein Landarzt*, 1920) – auf die Vergeblichkeit seines Widerstandes hin und rät ihm indirekt, die ›Schuld‹ (die nicht konkret von außen kommt) in ihrer Nicht-Deutbarkeit anzuerkennen: »Man muß nicht alles für wahr halten, man muß es für notwendig halten.« Doch Josef K. ist dafür zu müde. Hier bricht der Roman ab und es folgt ein Schlusskapitel, in dem Josef K. von zwei Herren abgeholt wird, die ihn mit seinem Einverständnis – so als wolle er sich bewähren, obwohl er sich auch schämt – mit einem Fleischermesser hinrichten.

K.s Roman ist eine Art Vexierbild für Interpreten, an dem sich bewahrheitet, was der Geistliche im Dom über die unveränderliche Schrift sagt (»die Meinungen sind oft nur ein Ausdruck der Verzweiflung darüber«). Übereinstimmung besteht allenfalls darin, dass Real-Logik, Psycho-Logik und Erzähl-Logik ineinander übergehen. Der Interpret ist daher, um der »Deutungsfalle« (H. Politzer) zu entgehen, gut beraten, dem »›Fehlläuten‹ der Wörter« (L. Dietz) in K.s Erzählweise nicht zu folgen: Das betrifft einzelne Begriffe wie z. B. ›Gericht‹, ›Schuld‹, ›Gesetz‹, das betrifft die Handlung (wer klagt wen an?), das betrifft schließlich die ganze erzählte Geschichte (ein Text über oder von Josef K.?).

Rezeption: K. hielt den Text für misslungen (wohl weil er die Lücke zum Schlusskapitel nicht zu schließen vermochte), doch in der Rezeption gilt er – trotz seines torsohaften Charakters (fehlende Überschriften, unklare Kapitelreihenfolge, ›Fehler‹, Texttrümmer) – als vollendet. Weltweite Übers.n gab es schon ab 1933; in Deutschland wurde der Roman erst ab 1950 bekannt. 🎭 A. Gide/J.-L. Barrault: *Le procès* (UA: Paris 1947, Berlin 1950). ♬ G. v. Einem (Oper, UA: 1953), G. Schuller: *The Visitation* (Oper, UA 1966). 🎬 R: G. W. Pabst (1948), R: O. Welles (1962), R: M. Muschner (1997, TV).

Weitere Werke: *Forschungen eines Hundes* (entst. 1922, ED: 1931), → *Das Schloß* (Romanfragment, 1926).

1925
Heinrich Mann

Biogr.: (Fortsetzung von → 1900) 1928 Umzug nach Berlin; 1931–15.2.1933: Präsident der Sektion Dichtkunst (Preußische Akademie der Künste). Am 21.2.1933 Flucht ins Exil nach Frankreich (Sanary-sur-Mer), ab 1936 tschechischer Staatsbürger. 1940 Flucht in die USA (Los Angeles), 1950 Berufung zum Präsidenten der Deutschen Akademie der Künste (Berlin). † 12.3.1950 in Los Angeles. Gedenkstätten: Berlin (G), Lübeck (M).

Der Kopf

Roman. Entst. ab 1918, vom Verlag als Abschluss einer Trilogie (→ *Der Untertan*, 1918; *Die Armen*, 1917) deklariert.

Der Roman ist in M.s Worten »eine Art General-Abrechnung mit Zeit und Vergangenheit«. Geschildert wird der Lebensweg zweier Intellektueller zwischen 1891 und etwa 1917, die sich auf unterschiedliche Weise mit der Staatsmacht des Kaiserreichs einlassen: Mangolf wird aktiv handelnder Politiker, der es bis zum Reichskanzler bringt, um von oben den nationalen ›Volksstaat‹ zu errichten. Terra macht als (subversiver) Wirtschaftsfunktionär Karriere bis in die Spitze und will die Rüstungsindustrie sozialisieren, um einen Friedens- und Rechtsstaat zu schaffen. Beide scheitern mit ihrer Strategie einer intellektuellen Politik am Primat des großen Kapitals.

Der Roman ist ein Gedankenexperiment über die Frage: Welche Chance hätte der ›Geist‹ gehabt, wenn er – was M. in seinem Essay *Geist und Tat* (1911) noch entschieden abgelehnt hatte – mit der Politik im Kaiserreich paktiert hätte. Dabei geht es aber nicht um die besiegte Vergangenheit, sondern – indem ihr der Spiegel des Kaiserreichs vorgehalten wird – um die Gegenwart der Weimarer Republik und den kritischen Beitrag, den die Intellektuellen für ihren Erfolg zu erbringen haben (→ *Schriftsteller und Weimarer Republik*).

Rezeption: Der Roman wurde von Zeitgenossen und Teilen der Forschung völlig unterschätzt bzw. missdeutet. Th. Mann betrachtete seinen Roman → *Der Zauberberg* (1924) als »brüderliches Gegenstück«.

Weitere Werke: *Kobes* (Novelle, 1925), *Eugénie oder die Bürgerzeit* (Roman, 1928), *Die große Sache* (Roman, 1930), *Ein ernstes Leben* (Roman, 1932), *Das öffentliche Leben* (Essays, 1932), *Der Haß* (Essays, 1933), → *Henri Quatre* (Roman, 1935/38).

1925
Carl Zuckmayer

* 27.12.1896 in Nackenheim (Rheinhessen). Ab 1914 Kriegsfreiwilliger, 1918–20 abgebrochenes Studium (Jura u. a.) in Frankfurt/Main und Heidelberg, 1922–25 Dramaturg in Kiel, München, Berlin, danach freier Schriftsteller mit Wohnsitz – ab 1926 überwiegend, ab 1933 (Aufführungsverbot) ausschließlich – in Hennersdorf bei Salzburg. 1938 Emigration in die Schweiz, von da aus 1939 in die USA, wo er

1941–46 als Pächter einer Farm in Vermont lebte. Ab 1946 wohnte Z. abwechselnd in Deutschland und den USA, ab 1958 in Saas-Fée (Wallis). † 18.1.1977 in Visp (Schweiz). Gedenkstätten: Nackenheim (D), Saas-Fée (G).

Der fröhliche Weinberg

Lustspiel (Prosa, rheinhessischer Dialekt). UA: 22.12.1925 in Berlin. BA: 1925.

Der Weingutbesitzer Gunderloch will seine Tochter Klärchen mit dem blässlichen Assessor Knuzius verheiraten – aber nur, wenn bereits Nachwuchs unterwegs ist. Klärchen liebt jedoch den vitalen Rheinschiffer Jochen. Bei einem nächtlichen Winzerfest gelingt es Klärchen durch eine List, Knuzius loszuwerden und Jochen für sich zu gewinnen. Dieser ist gern bereit, Gunderlochs Heiratsbedingung mit Klärchen zu erfüllen, und auch andere finden in dieser Nacht zusammen, so dass am Morgen vier Paare verlobt sind.

Mit der Abkehr von Stilisierung und Pathos des spätexpressionistischen Verkündigungsdramas, dem Rückgriff auf die Tradition des Volksstücks sowie der (auch sprachlichen) Einbeziehung der heimatlichen Region Rheinhessen schuf Z. die Voraussetzungen für den überwältigenden Erfolg des Stückes. Ein vitalistisches Lebensgefühl, die Verherrlichung praller Lebensfreude im nicht weiter problematisierten Einklang mit Natur und Schicksal ließen vorhandene gesellschaftskritische Aspekte (Antisemitismus, militaristischer Nationalismus, verlogene Moral) in den Hintergrund treten (→ *Facetten der Provinzliteratur*).

Rezeption: Das Stück, das Z.s Ruhm begründete und ihm den Kleist-Preis (1925) eintrug, war bis 1933 äußerst erfolgreich, stieß aber bei Kirche und rechten Organisationen auf heftigen Protest. ■ R: L. und J. Fleck (1927), R: E. Engel (1952), R: R. Wolffhardt (1960, TV), R: H. Pfeiffer (1961, TV), R: R. Stromberger (1985).

Weitere Schauspiele: *Schinderhannes* (1927), *Katharina Knie* (1928), → *Der Hauptmann von Köpenick* (1930).

Neue Sachlichkeit

Der Begriff ›Neue Sachlichkeit‹ stammt von dem Kunsthistoriker G. Fr. Hartlaub, der 1925 eine Ausstellung nachexpressionistischer Malerei so benannte. Die Einbürgerung als Bezeichnung für eine zeitlich nur vage einzugrenzende literarische Periode (eng: 1924–29, weit: 1920–33) ist nicht unumstritten, auch wenn Übereinstimmung darüber herrscht, dass in der veränderten Situation der 1920er Jahre sowie in Abkehr vom → *Expressionismus* und seinem messianischen Erneuerungspathos ein neuer, nüchtern-sachlich auftretender Gestaltungswille entstand, der sich gleichwohl selbst als Fortführung der literarischen Moderne betrachtet. Es ging darum, wie L. Feuchtwanger 1927 schrieb, dass Schriftsteller und Leser nicht die »Übertragung subjektiven Gefühls, sondern Anschauung des Objekts: anschaulich gemachtes Leben der Zeit« suchen sollten und auf diese Weise »Rechenschaft ablegen über unsere aktuelle Situation« (S. Kracauer). Die authentische Darstellung einer zunehmend von der Technik geprägten, urbanen Zivilisation (Vorbild: USA), der Arbeitswelt in den Büros (Angestellte) und Fabriken (Fließbandarbeit) und der Nachwirkungen des Krieges verstand sich »als Rücknahme des Utopischen zugunsten von Realem« (W. Fähnders) und entwickelte dabei ein Spektrum, das von provozierender Entzauberung (Entauratisierung) über die Zwecksetzung als ›Gebrauchskunst‹ bis zum Einverständnis mit der modernen Medienkultur reichte. In den Umkreis der Neuen Sachlichkeit gehört auch das Konzept der ›neuen Frau‹ (→ *Die ›neue Frau‹ und die Frauenliteratur*).

In der Prosa der Neuen Sachlichkeit wurde der ROMAN zur bevorzugten literarischen Form: z. B. A. Döblin: → *Berlin Alexanderplatz* (1929), V. Baum: → *Menschen im Hotel* (1929), E. Kästner: → *Fabian* (1931), H. Fallada: → *Kleiner Mann, was nun?* (1932), I. Keun: → *Das kunstseidene Mädchen* (1932). Näherte sich der (Tatsachen-)Roman der Reportage (z. B. E. Ottwalt: → *Denn sie wissen, was sie tun*, E. Reger: → *Union der festen Hand*; beide 1931), so wurde die REPORTAGE zur eigenständigen literarischen Form (z. B. E. E. Kisch: → *Der rasende Reporter*, 1924, sowie die Reisereportagen von J. Roth, A. Holitscher u. a.). Dazu kam der ESSAY als neubelebte, sehr verbreitete schriftstellerische Aussageform (z. B. E. Jünger, G. Benn, S. Kracauer, J. Roth, H. und Th. Mann).

Im Bereich des Dramas entwickelte sich aus der Hinwendung zum Authentischen zum einen das DOKUMENTARTHEATER (unter dem Einfluss des russischen Agitproptheaters mit klarer politischer Tendenz), zum anderen durch Rückgriff auf die Tradition des VOLKSSTÜCKS dessen moderne sozialkritische Form (z. B. C. Zuckmayer: → *Der fröhliche Weinberg*, 1925; M. Fleißer: *Pioniere in Ingolstadt*, 1928; Ö. von Horváth: → *Geschichten aus dem Wiener Wald*, 1931). Und auch die LYRIK veränderte ihre Funktion: B. Brecht forderte einen »Gebrauchswert« der Lyrik, sei es zur Förderung einer politischen Aussage, sei es zur Kritik an Missständen im gesellschaftlichen Leben, bevorzugt in der Form des Chansons (im Kabarett), des Songs, der Moritat (z. B. J. Ringelnatz, K. Tucholsky, B. Brecht, E. Kästner, W. Mehring, M. Kaléko).

Bereits 1930 forderte J. Roth in seinem Aufsatz *Schluß mit der Neuen Sachlichkeit* den Verzicht auf das Prinzip »dokumentarischer Authentizität« zugunsten künstlerischer Gestaltung des Stoffes. Aus anderen Gründen polemisierte auch die konservative und völkisch-nationale Kritik gegen die Neue Sachlichkeit als »großstädtische Zivilisationskunst und urbane Asphaltliteratur« (S. Becker).

1926
Hans Grimm

* 22.3.1875 in Wiesbaden. Kaufmann in Südafrika (1897–1908), Studium der Staatswissenschaft in München (1911–15) und freier Schriftsteller, lebte ab 1918 in Lippoldsberg (Weser). 1933–35 Präsident der NS-Reichsschrifttumskammer. † 27.9.1959 in Lippoldsberg (G).

Volk ohne Raum

Roman, entst. 1920–25.

Geblieben ist von diesem Roman eigentlich nur der Titel, der zur Parole national(sozial)istischer Expansionsideologie für ein imperialistisches Deutsches Reich wurde, das seinen ›Lebensraum‹ im slawischen Osten (rück)erobern wollte. Die Lebensgeschichte des Auswanderers Cornelius Friebott in den Jahren 1885 bis 1923 steht im Roman stellvertretend für die Zurücksetzung des deutschen Volkes, womit der Roman zugleich zu einem »Handbuch zur Lösung brennender Gegenwartsfragen« (G.) werden sollte. Dementsprechend zeigt G. (auf 1279 S.n), wie der Kleinbauernsohn Friebott in Deutschland zum Arbeiter und Sozialdemokraten ›herabsinkt‹, nach Südafrika auswandert, durch die Beteiligung am Kampf der Buren gegen England, als Bauunternehmer und schließlich als Farmer in Südwestafrika zu der Einsicht gelangt, dass nur einem deutsch-nationalen Sozialismus die Zukunft gehöre. Unglücklicherweise vertreibt der verlorene Erste Weltkrieg ihn von der Farm und lässt ihn in Deutschland zum Wanderredner gegen die Sozialdemokratie und für seine neue Einsicht werden, bis ihn kurz vor Hitlers Putschversuch (9.11.1923) in München der Steinwurf eines »Roten« tötet. Friebotts direktes ›Vermächtnis‹ ist der vorliegende Roman, in dem G. als Anhänger Friebotts und Verfasser von dessen Lebensgeschichte auftritt, sein indirektes sind Hitler und seine ›Blutzeugen‹, die abschließend als »Wagemutige und Sehnsüchtige« gefeiert werden.

Rezeption: Das Buch war vor 1933, im NS-Deutschland bis 1945 und noch danach ein Bestseller, der die Millionengrenze überschritten hat – wobei sein Autor, obwohl nie Mitglied der NSDAP und nach 1945 zum »Edelfaschist« (M. Bieler) geworden, Hitler noch 1954 verteidigte.

1926
Franz Kafka

Biogr.: → 1913

Das Schloß

Romanfragment. Entst. 1922, 1926 aus dem Nachlass herausgegeben von M. Brod. KA: 1982.

Der Landvermesser K. soll, wie es heißt, im Auftrag eines Schlosses Vermessungsarbeiten durchführen. Doch will man seinen Aufenthalt im Dorf am

Fuße des Schlosses nicht dulden, und es gelingt ihm nicht, ins Schloss vorzudringen. Ihm nützen dabei weder direkte Anträge noch die Versuche, über Mittelspersonen (die Dienstmädchen Frieda und Pepi, den Boten Barnabas, den Schlossbeamten Klamm) an die entscheidende »Instanz« heranzukommen. Gleichwohl wird ihm von dort Zufriedenheit über seine Arbeit bescheinigt. Es bleibt schließlich völlig ungewiss, ob K., der immer mehr ermüdet und herabsinkt, überhaupt vom Schloss gebraucht wird bzw. im Dorf bleiben kann. Hier bricht der Text ab.
Die rund 200 vorliegenden Interpretationen unterscheiden sich in der Frage, ob das Schloss das Sinnzentrum darstellt oder ob es eher um die Hauptperson K. und deren verfehltes Streben nach Anerkennung geht. Dementsprechend wurde der Roman gedeutet »als K.s Ringen um göttliche Gnade, als des Menschen Schicksal in der ›verwalteten Welt‹, als Anti-Märchen ohne Happy-End, als tiefenpsychologische Traumwirklichkeit, als Lage des Judentums, das vergeblich danach strebe, von der nichtjüdischen Welt akzeptiert zu werden, als Vision des Totalitarismus der 30er und 40er Jahre« (Th. Elm).

Rezeption: Fragmentcharakter und Komplexität des Romans haben die Interpreten immer wieder angezogen, vielen Lesern jedoch die Zugänglichkeit erschwert. 🎭 M. Brod (1955). ♬ A. Laporte (Oper, UA: 1986), A. Reimann (Oper, 1992). 🎬 R: S. Dhomme (1962, TV), R: R. Noelte (1968), R: M. Haneke (1997, TV).
Weiteres Werk: → *Der Verschollene* (Romanfragment, 1927).

1926
B[runo] Traven

* 25.2.1882 bzw. 3.5.1890, vielleicht in San Francisco bzw. Chicago, möglicherweise als Ret Marut (wenn dies nicht ein späteres Pseudonym von vielen weiteren ist). Als Marut ab 1907/08 Schauspieler, 1919 wegen Beteiligung an der Münchener Räterepublik zum Tode verurteilt und Flucht in den Untergrund; lebte ab ca. 1924 an verschiedenen Orten in Mexiko (ab 1925 als B. Traven bzw. Traven Torsvan), ab 1957 in Mexico-City. † 26.3.1969 in Mexico.

Das Totenschiff

UT: *Die Geschichte eines amerikanischen Seemanns*
Roman.
Der Roman, begonnen 1923/24, trägt autobiographische Züge (Flucht nach Mexiko). T. schildert das Schicksal des amerikanischen Matrosen Gale, der in Antwerpen sein Schiff verpasst und daraufhin, von den Konsulaten stets abgewiesen, ohne Geld und ohne Pass durch halb Europa irrt. In Spanien und dann ein weiteres Mal in Dakar gelangt er auf ein schrottreifes Schiff, das versenkt werden soll, um die Versicherungsprämie zu kassieren, was Gale nach und nach herausbekommt. Das ›Totenschiff‹ gerät auf ein Riff und sinkt. Ob Gale als einziger überlebt, bleibt offen.

Einzigartig an T.s Roman ist, wie er immer wieder »Abenteuer und Revolution« (H. Reinicke) zusammenbringt, d. h. eine spannende Handlung mit Reflexionen über die Macht bürokratischer Apparate und die Unmenschlichkeit einer auf Profit ausgerichteten Gesellschaft verknüpft. Allein durch eine soziale Revolution – darauf beharrt der Anarcho-Syndikalist T. auch in seinem übrigen Werk (mitunter nicht frei von antisemitischen Ausfällen) – entsteht eine Gesellschaft, die die Würde und Rechte des Einzelnen garantiert, und das gilt auch und gerade für Länder, in denen der Kapitalismus sich erst zu entfalten beginnt. So tritt T. in seinen Werken – immer orientiert am Muster des Abenteuerromans – für die Rechte der Plantagenarbeiter (*Die Baumwollpflücker*, 1925) und der Indios ein (z. B. *Der Karren*, 1931; *Ein General kommt aus dem Dschungel*, 1940).

Rezeption: Der Roman, der in den ersten 4 Wochen bereits auf 100 000 verkaufte Exemplare kam und eines der meist gelesenen Bücher der Weimarer Republik wurde, war auch international bis heute (mit mehr als 30 Millionen) ein Bestseller. In Hitler-Deutschland war er verboten. 🎬 *Das Totenschiff* (R: G. Tressler, 1959). Weiterer Roman: *Der Schatz der Sierra Madre* (1927).

1926; 1928
Marieluise Fleißer

* 23.11.1901 in Ingolstadt. Nach abgebrochenem Studium (Theaterwissenschaft, 1919–24) freie Schriftstellerin in Berlin (mit problematischer Beziehung zu B. Brecht); nach 1933 wieder in Ingolstadt und (in unglücklicher Ehe) öffentlich verstummt (Schreibverbot ab 1935); ab den 1950er Jahren erneut schriftstellerisch tätig. † 1.2.1974 in Ingolstadt (G, M).

Fegefeuer in Ingolstadt; Pioniere in Ingolstadt

UT: *Schauspiel in sechs Bildern* (1); *Komödie in 14 Bildern* (2)

(1): Entst. 1924, UA: 25.4.1926 in Berlin, ED: 1926; überarbeitet: 1970 (UA: 30.4.1971). (2): UA: 25.3.1928 in Dresden, 2. Fassung: 30.3.1929 in Berlin; ED: 1929; überarbeitet: 1970/72.

›Ingolstadt‹ steht für »Kleinstadtdumpfheit und verklemmt-katholische Vorstellungen« (F.), ›Fegefeuer‹ für die höllische Zurichtung, die die jugendlichen Außenseiter durch die gewalttätige Intoleranz der Kleinbürgerwelt erfahren. Normal ist keine der handelnden Figuren: Jugendliche und ihre Eltern, die sich unter dem Druck unbegriffener Normen am jeweils Schwächeren abreagieren. Ganz unten stehen die schwangere Schülerin Olga und der wegen Hässlichkeit und religiöser Schwärmerei ausgestoßene Roelle, die keine Chancen auf Anerkennung haben und sich dazu noch gegenseitig drangsalieren. Der körperlichen Gewalt entspricht die sprachliche Übermächtigung, der (sozialen) Ohnmacht die Sprachnot – ein befreiendes Ende gibt es nicht: »Ingolstadt wird so zur Metapher für die Heillosigkeit menschlicher Zustände« (D. Walach).

Repressive Gewalt herrscht auch in *Pioniere in Ingolstadt* vor: Männer verhalten sich sexistisch gegenüber Frauen, Chefs ausbeuterisch gegenüber Untergebenen (Angestellte, Soldaten), Militärs schikanierend gegenüber Zivilisten. Auch hier weist die Negativität der Figuren und ihrer Sprache auf eine soziale Beschädigung hin, deren Opfer sie sind. Insofern kann man F.s Stück mit J. Hein – wie die → *Geschichten aus dem Wiener Wald* (1931) von Ö. v. Horváth – als »umgekehrtes Volksstück« bezeichnen (→ *Facetten der Provinzliteratur*).

Rezeption: Nach ihren z.T. spektakulären Anfangserfolgen geriet F. ab 1933 in völlige Vergessenheit und wurde erst in den 1960er Jahren von ›Volksstück‹-Autoren wie M. Sperr, R. W. Fassbinder und Fr. X. Kroetz wieder zur Geltung gebracht. 🎬 *Pioniere in Ingolstadt* (R: R. W. Fassbinder, 1971).

Weitere Werke: *Mehlreisende Frieda Geier* (Roman, 1931), *Avantgarde* (Erzählung, 1963).

1927
Bertolt Brecht

Biogr.: → 1922

Hauspostille

Gedichtslg. Entst. 1916–25; als Privatdruck u.d.T. *Taschenpostille* (25 Exemplare) 1926 erschienen, unvollst. Nachdruck: 1958. BA: 1927 (vollst. Nachdruck: 1988), veränderte Fassungen: 1938 sowie 1955/56 (Letztere liegt den meisten Brecht-Ausgaben zugrunde).

Der Name ›Hauspostille‹ bezeichnet eigentlich ein christliches Erbauungsbuch, das in einzelne Lektionen (Lesungen) aufgegliederte Predigten und Andachten für den häuslichen Gebrauch enthält. B. übernahm neben dem Titel auch die Einteilung in Lektionen sowie den belehrenden Gestus (mit einer vorangestellten »Anleitung«, v. a. in den einzelnen Gedichten). Allerdings zielt seine lyrische Unterweisung auf ein provozierend diesseitiges, agnostisches Verhalten, das das »Schlußkapitel« in die Gebote fasst: »Laßt euch nicht verführen/ Laßt euch nicht betrügen/ Laßt euch nicht vertrösten«, denn: »es kommt nichts nachher.«

Diese Botschaft feiert keinen Nihilismus, wie oft interpretiert wurde, sondern ist als Kritik einer repressiven Moral umgekehrt zugleich als Bejahung eines freien Daseinsgenusses wie auch als Solidarität mit den Schwachen zu verstehen. Dabei soll das Kunstgebilde ›Gedicht‹ nicht (als Gedanken- oder Erlebnislyrik) erbauen, sondern in lebensnützlicher Weise in Gebrauch genommen werden; der zyklische Aufbau, der häufige Rollencharakter des lyrischen Ichs, die vielen parodistischen Formen und v. a. die musikalische Darbietung unterstützen diese Funktion. Die wichtigsten Gedichte sind: *Von der Kindesmörderin Marie Farrar, Liturgie vom Hauch, Erinnerung an die Marie A., Vom ertrunkenen Mädchen, Vom armen B. B.* Umstritten ist: *Gesang des Soldaten der roten Armee*, das B. später eliminierte.

Rezeption: Die *Hauspostille* machte B. als Lyriker bekannt und gilt als »populärste Gedichtsammlung [...] des 20. Jahrhunderts überhaupt« (J. Knopf). Sie ist jedoch aufgrund der ständigen Nachbearbeitung nicht mehr ein reines Dokument des jungen B.

Weitere Werke: *Mann ist Mann* (Drama, 1927), → *Die Dreigroschenoper* (1928).

1927
Hermann Hesse

Biogr.: → 1903, 1919

Der Steppenwolf

Roman, entst. 1924–27.

Einem fiktiven »Vorwort des Herausgebers«, einem Bekannten des Protagonisten Harry Haller, folgen dessen hinterlassene »Aufzeichnungen«, die einen »Tractat vom Steppenwolf« enthalten, so dass H. Erlebnisse und Lebensproblematik Hallers aus drei Perspektiven darstellt: Harry Haller, der ›Steppenwolf‹, hat sich aus der bürgerlichen Gesellschaft zurückgezogen, weil er deren Verlogenheit und geistlose Betriebsamkeit nicht ertragen konnte. Vergeblich sucht er zum einen in »asketischer Geistigkeit«, zum anderen (schuldbewusst) in Kneipen und Bordellen nach dem Ziel eines für ihn sinnlosen Lebens. Da gerät ihm der »Tractat vom Steppenwolf« in die Hände, eine anonyme Analyse seines Wesens, in der seine Gespaltenheit in eine menschliche (Geist und Kultur zugewandte) und eine wölfische (auf das Triebhafte und verborgen Destruktive ausgerichtete) Seite dargestellt wird. Die darin angebotene Therapie (die Vielfalt seiner inneren Anlagen zu verwirklichen) ist für ihn jedoch noch zu theoretisch. In eine neue Krise geraten, sucht er im exzessiven Alkoholgenuss, im Ausleben seiner Sexualität und im rauschhaften Aufgehen in der Masse (Maskenfest) Betäubung, doch erst im imaginären »Magischen Theater«, bewirkt durch Rauschgift, erhält er in Visionen Zugang zu seinem Unterbewusstsein. Er sieht im Spiegel die Fülle der in ihm liegenden (auch verdrängten) Möglichkeiten und wird dazu aufgefordert, sie in der Überwindung des Gegensatzes Geist–Trieb »lachend« zu verwirklichen. In der Begegnung mit Mozart (Inbegriff des Geistigen), der sich in einem Raum des Phantastischen mit Pablo, dem befreundeten Jazzmusiker (Inbegriff der vitalen Lebensfreude), verbindet, erkennt Haller schließlich – auf dem Weg zur ›Heilung‹ – die ersehnte Einheit.

Der Roman ist eine Aufarbeitung der eigenen (auch künstlerischen) Krise H.s und verdeutlicht zugleich, personifiziert in der Figur des Steppenwolfs, die Werte-Krise des Bürgertums (›die große Zeitkrankheit‹) im Umbruch nach dem Ersten Weltkrieg.

Rezeption: Der Roman war wegen pazifistischer und anti-nationaler Tendenzen im NS-Reich verboten. Als in den 1960er Jahren die Hippie-Bewegung in den

USA den *Steppenwolf* zum Kultbuch machte, erreichte das Buch Millionenauflagen.
R: Fr. Haines (1974/87, TV).
Weiterer Roman: → *Narziß und Goldmund* (1930).

1927
Franz Kafka

Biogr.: → 1913

Der Verschollene

Romanfragment, entst. 1912–14. Das 1. Kapitel erschien 1913 u.d.T. *Der Heizer*. 1927 aus dem Nachlass u.d.T. *Amerika* herausgegeben von Max Brod. KA (u.d.T. *Der Verschollene*): 1983.

Im Mittelpunkt des dritten Romans K.s (eigentlich sein erster) steht der 16-jährige Karl Roßmann. Weil ein Dienstmädchen von ihm ein Kind erwartet, wird er von seinen Eltern verstoßen, nach Amerika geschickt und dort zum Verschollenen. Seine Versuche, beruflichen und menschlichen Anschluss an die für ihn schwer durchschaubaren Lebensverhältnisse des modernen Amerika zu finden, misslingen. So scheitert seine Fürsprache für den schikanierten Heizer, sein väterlicher Onkel verstößt ihn wegen Ungehorsams, eine Anstellung als Liftboy endet mit dem Rauswurf; schließlich sinkt er zum Diener in einem Bordell herab, bis er fliehen kann und seine neuen (und wohl illusionären) Hoffnungen auf ein befreites Leben im Naturtheater von Oklahoma richtet.

Amerika erscheint hier nicht als Land der Freiheit (die Freiheitsgöttin trägt keine Fackel, sondern ein Schwert), nicht der soziale Aufstieg, sondern der Abstieg in die Asozialität vollzieht sich und Roßmann entkommt seinem Status als von anderen vorangetriebener Schuldlos-Schuldiger nicht. Kritik am kapitalistischen Amerika oder, ganz im Gegenteil, eine Variante des K. immer wieder beschäftigenden Vater-Sohn-Konflikts – auch an diesem Text verhaken sich die unterschiedlichen Lesarten, ohne eine abschließende Deutung finden zu können.

M. Brod: *Amerika* (UA: 28.2.1957 in Zürich). *Amerika* (R: Z. Brynych, 1969, TV), *Klassenverhältnisse* (R: D. Huillet/J.-M. Straub, 1983).

1927
Arnold Zweig

* 10.11.1887 in Glogau. Ab 1907 Lehramtsstudium an mehreren Universitäten (nicht abgeschlossen), lebte ab 1913 in Berlin. 1915 Kleist-Preis und Kriegsteilnahme, nach 1918 publizistisches Engagement für den Zionismus. 1933 Exil in Palästina, 1948 Rückkehr nach Berlin (DDR), 1950–53 Präsident der Akademie der Künste. † 26.11.1968 in Berlin (G).

Der Streit um den Sergeanten Grischa

Roman. ED: *Frankfurter Zeitung* (1927), BA: 1927 (vordatiert auf 1928).

Der russische Kriegsgefangene Grischa flieht 1917 aus einem deutschen Lager, wird wieder eingefangen und, weil er die Erkennungsmarke eines anderen vorweist, als vermeintlicher Spion zum Tode verurteilt. Als er seine wahre Identität gesteht, kommt es zur erneuten Verhandlung, die sich zum Streit um ›Recht tun‹ (Moral) und ›Recht schaffen‹ (Gesetz) zuspitzt: Auf der einen Seite stehen Grischas Verteidiger (der die Tugenden des alten Preußen vertretende General von Lychow und der jüdische Kriegsgerichtsrat Posnanski) – auf der anderen Seite der Oberbefehlshaber Generalmajor Schieffenzahn, der als effektiver Kriegsorganisator in reinen Machtkategorien denkt und für den das Recht des Einzelnen eine »Laus« ist. Grischa wird hingerichtet und mit ihm eine Haltung, die nicht nur von H. v. Kleist über W. Alexis bis Th. Fontane mit einem alten, ›besseren‹ Preußen identifiziert worden war, sondern darüber hinaus auch die Idee von einer gelingenden deutsch-jüdischen Symbiose, deren Scheitern offenbar wird.

Z. vermied in seinem Roman, der mehr als ein Antikriegsroman ist, jegliche Schwarzweiß-Malerei: Die Hardliner sind nicht durchweg negativ gezeichnet und von Grischas Verteidigern geht keiner so weit, »der Unrechtstat eines politischen Systems durch einen revolutionären Widerstandsakt entgegenzutreten« (W. v. Sternburg). Der Roman sollte das Mittelstück einer Trilogie werden, zu der die Romane *Junge Frau von 1914* (1931) und *Erziehung vor Verdun* (1935) gehören – ein Konzept, das später auf 6 Romane erweitert wurde.

Rezeption: Mit diesem Roman (viele Auflagen, viele Übers.n) wurde Z. weltberühmt. 🎬 R: H. Mueller-Stahl (1963, TV), R: H. Schiemann (1968, TV).

Weitere Romane: *Die Novellen um Claudia* (1912), *Einsetzung eines Königs* (1937), → *Das Beil von Wandsbek* (1943/47).

1927
Oskar Maria Graf

* 22.7.1894 in Berg (Starnberger See). Nach einer Bäckerlehre ab 1911 Gelegenheitsarbeiter in München; 1916 wegen (simulierten) Irreseins aus dem Militärdienst entlassen, 1918/19 Beteiligung an den Münchener Revolutionsereignissen, danach freier Schriftsteller. Ab 1933 im Exil (Wien, ab 1934 in Brünn, ab 1938 in New York). † 28.6.1967 in New York. Gedenkstätten: Aufkirchen (D), München (D, G).

Wir sind Gefangene

UT: *Ein Bekenntnis aus diesem Jahrzehnt*

Autobiogr. Ein 1. Teil veröffentlicht u.d.T. *Frühzeit* (1922), der Titel des 2. Teils ist *Schritt für Schritt*; BA: 1927. Fortsetzung: *Gelächter von außen. Aus meinem Leben 1918–1933* (1966).

Es ist ungewöhnlich, dass einer bereits mit knapp 30 Jahren seine Autobiographie schreibt, ungewöhnlich ist aber auch das beschriebene Leben: dörfliche Lehrjahre als Bäcker unter einem tyrannischen Bruder, Flucht in die Welt der Bücher und Flucht in die anarchistische Bohème nach München, erfolgreicher »›Irrsinn‹ gegen den Irrsinn des Krieges« (G. Bauer), widersprüchliches Engagement im Münchener Revolutionsgeschehen, beginnende Solidarisierung mit den Opfern der Gegenrevolution und späte Einsicht, »wohin und zu wem ich gehörte« (Kapitel XXV).

G. schildert in rückhaltloser Offenheit die krummen Wege zu einem Ich, das »mehr als bloß ›Ich‹« (Epilog) war: ein ›Wir‹, das ein erlebtes, auf spontaner Empathie mit den geschlagenen und in ›Gefangenschaft‹ gehaltenen Menschen beruhendes Einverständnis ausdrückt und das doch nicht mit proletarischem Klassenbewusstsein gleichzusetzen ist, auch wenn M. Gorki in dem Buch den »revolutionären Geist der deutschen Massen« ausgedrückt sah. Es ist ein autobiographischer Initiationsroman gegen den ›Weg nach innen‹, den zur selben Zeit H. Hesse nicht minder erfolgreich verkündete (→ *Der Steppenwolf*, 1927).

Rezeption: Die Autobiogr. brachte G. den Durchbruch zum geachteten ›Provinzschriftsteller‹, der auch im Exil weithin Anerkennung fand. Nach 1945 geriet er mehr und mehr in Vergessenheit; seine *Gesammelten Werke* erschienen ab 1975.

Weitere Romane: *Bolwieser* (1931), *Anton Sittinger* (1937), *Das Leben meiner Mutter* (1940/46), *Unruhe um einen Friedfertigen* (1947).

Autobiographien IV (1914–1950)

In der 1. Hälfte des 20. Jh. gab es gegenüber den → *Autobiographien im 19. Jh.* auf den ersten Blick keine gravierenden Unterschiede: Die Gattung wurde in ihren tradierten Formen (z. B. Memoiren, Gelehrten- und Künstlerautobiographie, abenteuerliche Lebensgeschichte, Tagebuch) sogar vermehrt fortgeschrieben, weil nach wie vor – und trotz moderner Krisenerfahrung – der individuelle ›Lebensstoff‹ von Interesse war, wenn bürgerliche Autobiographen sich als »Kulturhistoriker ihrer selbst« (P. Sloterdijk) verstanden. Insofern jedoch Autobiographien immer auch nach dem Sinn eines gelebten Lebens im Erfahrungshorizont der eigenen Zeit fragen, schlugen die großen Krisen und Katastrophen der 1. Jh.hälfte verstörend durch. An ›äußeren‹ Ereignissen waren der Erste Weltkrieg, die Inflation und Erfahrung des sozialen Abstiegs in den 1920er Jahren, die Zeit der nationalsozialistischen Gewaltherrschaft einschließlich des

Zweiten Weltkriegs sowie die unmittelbare Nachkriegszeit tiefe Lebenszäsuren (›Zusammenbrüche‹), woraus sich ein Schema des Vorher/Nachher bzw. eine »Welt von gestern« (St. Zweig) konstituierte. Damit verbunden waren neuartige innere Krisen, in die die Subjekte durch nicht minder gewaltförmige DEPERSONALISIERUNGSERFAHRUNGEN gerieten wie z. B. die Beherrschung durch das Unbewusste (Psychoanalyse), die Traumatisierung durch Kriegsgewalt, die antisemitische Stigmatisierung und politische Ausgrenzung, der Klassenhass und die Scham der Kollaboration und des »Doppellebens« (G. Benn) sowie – in Ansätzen vor 1950 – die Erfahrung des Holocaust.

Im Widerspruch zu diesen Schocks der Selbstentfremdung und tiefen Kränkungen behauptete sich in der Gestalt der Autobiographie ein (beschädigtes) Ich literarisch, wobei es zu neuartigen Erzählmodellen wie z. B. der Essayautobiographie, der Verzahnung von Bio- und Autobiographie als »Autobiographie einer Kultur« (W. Mehring) oder dem autobiographischen Roman kam. Aus der Fülle der Autobiographien der 1. Hälfte des 20. Jh. seien die folgenden Werke herausgehoben, wobei die Zuordnung zu den einzelnen Formen nicht immer fest ist und einige Werke postum bzw. erst nach 1950 erschienen: (LEBENS-)RÜCKBLICKE auf eine vergangene Epoche: C. L. Schleich: *Besonnte Vergangenheit* (1921); R. Dehmel: *Mein Leben* (1922); E. Mühsam: *Namen und Menschen* (1929); C. Sternheim: *Vorkriegseuropa im Gleichnis meines Lebens* (1936); G. Hauptmann: *Das Abenteuer meiner Jugend* (1937); St. Zweig: → *Die Welt von gestern* (1942); L. Renn: *Adel im Untergang* (1944); H. Mann: → *Ein Zeitalter wird besichtigt* (1946); A. Seghers: → *Der Ausflug der toten Mädchen* (1946); W. Benjamin: *Berliner Kindheit um Neunzehnhundert* (postum 1950/91); L. Andreas-Salomé: *Lebensrückblick* (postum 1951); Fr. G. Jünger: *Grüne Zweige* (1951), *Spiegel der Jahre* (1958); W. Mehring: *Die verlorene Bibliothek* (1952); G. v. d. Vring: *Die Wege tausendundein* (1955); W. Haas *Die literarische Welt. Lebenserinnerungen* (1957); C. Zuckmayer: *Als wär's ein Stück von mir* (1966); W. Kraft: *Spiegelung der Jugend* (1973); A. Eggebrecht: *Der halbe Weg* (1975); E. Canetti: → *Die gerettete Zunge* (1977), *Die Fackel im Ohr* (1980), *Das Augenspiel* (1985); H. Sahl: *Memoiren eines Moralisten* (1983); Thea Sternheim: *Erinnerungen* (1995); G. A. Goldschmidt: *Über die Flüsse* (2001); G. Witkowski: *Von Büchern und Menschen* (2003). JÜDISCHE IDENTITÄT: J. Wassermann: *Mein Weg als Deutscher und Jude* (1921); A. Holitscher: *Lebensgeschichte eines Rebellen* (1924/28); E. Toller: → *Eine Jugend in Deutschland* (1933); Th. Lessing: *Einmal und nie wieder* (1935); St. Hermlin: *Abendlicht* (1979); M. Sperber: *All das Vergangene* (1983); G. Kunert: *Erwachsenenspiele* (1997). PROLETARISCHE IDENTITÄT/SOLIDARITÄT: O. M. Graf: → *Wir sind Gefangene* (1927); M. Hoelz: *Vom ›Weißen Kreuz‹ zur Roten Fahne* (1929); L. Turek: *Ein Prolet erzählt* (1930); B. Uhse: *Söldner und Soldat* (1935); G. Regler: *Das Ohr des Malchus* (1958); Fr. Jung: *Der Weg nach unten* (1961/72); E. E. Noth: *Erinnerungen eines Deut-*

schen (1971). FRAUENAUTOBIOGRAPHIEN: G. Reuter: *Vom Kinde zum Menschen* (1921); G. Bäumer: *Lebensweg durch eine Zeitenwende* (1933); A. Mahler-Werfel: *Mein Leben* (1960); A. Kolb: *Memento* (1960); V. Baum: *Es war alles ganz anders* (1962); G. Tergit: *Etwas Seltenes überhaupt* (1983). AUTOBIOGRAPHISCHE ROMANE: A. Fr. Roda Roda: *Roda Rodas Roman* (1924); E. Glaeser: *Jahrgang 1902* (1928); S. Kracauer: → *Ginster* (1928); A. Kolb: → *Die Schaukel* (1934); H. Fallada: *Damals bei uns daheim* (1941); A. Thomas: *Reisen Sie ab, Mademoiselle!* (1944/47); A. V. Thelen: → *Die Insel des zweiten Gesichts* (1953). Fortsetzung → *Tagebücher des 20. Jahrhunderts*, → *Autobiographien V (ab 1950)*.

1928

Bertolt Brecht Biogr.: → 1922

Die Dreigroschenoper

»Stück mit Musik« (B. Brecht). UA: 31.8.1928 mit der Musik von K. Weill; ED: 1929.

Auf der Grundlage von J. Gays *The Beggar's Opera* (1728) lieferten B. und der Komponist K. Weill ein (Auftrags-)Werk ab, das als Anti-Oper intendiert war und als eine Art Musical Triumphe feierte – nicht ganz im Sinne des Erfinders B., der über das Vergnügen an der Kunst gerade nicht den leichten Konsum, sondern sozialkritische Denkanstöße anstrebte. Das Stück spiegelt mit den Geschäften des Bettler-Chefs Peachum und des Räuber-Chefs Macheath (Mackie Messer) die bürgerliche Gesellschaft als eine räuberische Ordnung und die Welt der Kriminellen als eine bürgerliche Ordnung wider. Wo Gays Oper »verkleidete Kritik an offenen Mißständen« übte, zeigt B. »offene Kritik an verkleideten Mißständen« (W. Hecht). Doch beschränkt er sich nicht auf deren zynische Entlarvung als ›Moral‹, die (nach B.) immer erst nach dem Fressen kommt – er weist auch nicht in sozialverträglichem Sarkasmus auf eine Schwäche ›des Menschen‹ hin (leider eben immer auch Bestie zu sein), sondern sucht die Demonstration, dass es anders gehen kann und müsse. Dieser Absicht dienen die leicht dissonante Musik in Verbindung mit den ›Songs‹, die die Handlung ›episch‹ verfremdend unterbrechen, kommentieren und damit eine kritische Distanz schaffen, die jegliche Illusionierung bricht, denn Illusion beinhalte, dass es immer nur so sein könne, wie es ist. So wie die handelnden Figuren im Sprechstück plötzlich singen können, kann Peachums Tochter Polly im *Lied der Seeräuber-Jenny* entsprechend eine veränderte Identität erlangen und damit über das Stück hinausweisen, das mit einem ironischen Happy End schließt: Der zum Tode verurteilte Mackie Messer wird gerettet und geadelt.
In der Oper *Aufstieg und Fall der Stadt Mahagonny* (1929), eigentlich die erste Koproduktion mit K. Weill (ab 1927), spitzte B. die Kritik zu, indem er der

kapitalistischen Freizeitutopie (Mahagonny) die »Utopie befreiter Arbeit« (K.-D. Müller) entgegensetzte. Eine direkt marxistische Perspektive gibt es (noch) nicht.

Rezeption: Das Stück war ein großer, alsbald auch internationaler Erfolg, woran Weills Musik erheblichen Anteil hatte. R: G. W. Pabst (1931), R: M. Kehlmann (1957, TV), R: W. Staudte (1962), R: M. Golan (1989), R: H. Hollmann (1995, TV). B. verlor den Prozess gegen die Verfilmung von Pabst wegen »Verschandelung« seines Werks (vgl. *Der Dreigroschenprozess*, 1931); er nahm den Stoff noch einmal im *Dreigroschenroman* (1934) auf. (Auszüge): *Werke. CD 1* (Edel Records GmbH, 2005).

Weiteres Werk: → *Geschichten vom Herrn Keuner* (Kurzprosa, 1930–63).

1928
Siegfried Kracauer

* 8.2.1889 in Frankfurt/Main. Nach Abschluss eines Ingenieurstudiums (Promotion 1909) Architekt in Frankfurt und Osnabrück, ab 1921 Feuilletonredakteur der *Frankfurter Zeitung*, ab 1930 deren Korrespondent. 1933 Flucht nach Paris, 1941 nach New York (ab 1946 US-Staatsbürger). † 26.11.1966 in New York.

Ginster

UT: *Von ihm selbst geschrieben*

Roman, anonym erschienen.

Der autobiographisch geprägte Roman erzählt in Er-Form und Innensicht, wie der junge Architekt Ginster (ein Spitzname) die Jahre des Ersten Weltkrieges übersteht: Er meldet sich 1914 freiwillig zum Kriegsdienst, wird aber zurückgestellt, arbeitet dann als Sanitäter und Architekt, wobei er einen Preis für den Entwurf eines Heldenfriedhofs gewinnt, der aber nicht gebaut wird, und erhält 1917 die Einberufung, ohne jedoch kämpfen zu müssen. Das letzte Kapitel spielt 1923 in Marseille, wo Ginster – unscheinbar wie die gleichnamige Pflanze – in der Armseligkeit der Prostituiertenszene eine Perspektive für das von ihm vermiedene Leben zu entdecken meint. Ginster ist ein intellektueller Antiheld, einer, der alles erleidet und zugleich sachlich neutral beobachtet (→ *Neue Sachlichkeit*), aber letztlich davonkommt, weil er als subversiver Niemand nicht zu treffen ist. Was durch ihn in den Blick kommt, ist eine enthumanisierte, verdinglichte Welt, die ihm auch sprachlich aus den Fugen gerät: So wie er als Soldat feststellt: »Die ganze Grammatik war militärisch verändert«, erlebt er die Welt als Zivilist: Es ist alles anders.

Der Roman thematisiert nicht den Krieg, sondern eine durch den Krieg deformierte Gesellschaft, d. h. er ist ein »regelwidriger Kriegsroman«: »Was er entwirft, ist die Pathologie des Hinterlands« (P. v. Matt), wobei deutlich wird, dass das zivile Hinterland längst militärisch gedrillte Front war.

Rezeption: Der Roman blieb unter den Antikriegsromanen seiner Zeit (E. Glaeser, L. Renn, E. M. Remarque u. a.) im Abseits und wurde erst nach 1970 wiederentdeckt.
Weitere Werke: *Georg* (Roman, entst. 1934, ED: 1973), *Das Ornament der Masse* (Essays, 1963).

1928
Erich Maria Remarque

* 22.6.1898 in Osnabrück als Erich Paul Remark. Ab 1916 Kriegsteilnahme, danach in verschiedenen Berufen tätig, zuletzt als Journalist in Berlin; 1929 Weggang aus Deutschland, ab 1931 freier Schriftsteller in Porto Ronco bei Ascona. Verbot seiner Werke ab 1933, Ausbürgerung 1938; lebte ab 1939 in New York (US-Staatsbürger ab 1947). 1948 Rückkehr nach Europa, Wohnsitz im Tessin und in New York. † 25.9.1970 in Locarno. Gedenkstätte: Porto Ronco (G).

Im Westen nichts Neues

Roman. ED: *Vossische Zeitung* (1928). BA: 1929.

Der Ich-Erzähler Paul Bäumer, ein 19-jähriger Gymnasiast, der zusammen mit einigen Klassenkameraden, von Lehrern gedrängt und voller Ideale, in den Ersten Weltkrieg zieht, erlebt zutiefst desillusioniert das Grauen des Stellungs- und Gaskriegs an der Westfront, ohne jede Hoffnung, was die Zukunft betrifft. Als letzter der Gruppe fällt er im Oktober 1918, an einem Tag, der an der gesamten Westfront ruhig verlief, so dass es im Heeresbericht nur hieß, »im Westen sei nichts Neues zu melden.«

Im Vorwort betont R. seine unpolitische, weder eine Anklage erhebende noch ein Bekenntnis ablegende Absicht: »Dieses Buch [...] soll den Versuch machen, über eine Generation zu berichten, die vom Krieg zerstört wurde – auch wenn sie seinen Granaten entkam.« Er betrachtet sich demnach als Anwalt der »verlorenen Generation«, deren Menschlichkeit durch die brutale Wirklichkeit des Krieges auf animalische Instinkte reduziert wurde. Wo E. Jünger das Kriegsgeschehen ästhetisiert (→ *In Stahlgewittern*, 1920), beschreibt R. es betroffen (nicht ohne ein Lob der Kameradschaft) und scheut auch nicht vor wirkungsvollen Dramatisierungen zurück, so dass die *Weltbühne* ihm sogar einen paradoxen Umkehreffekt (»pazifistische Kriegspropaganda«) vorwarf. Im Rückblick von 1962 sah sich R. dagegen als »militanter Pazifist«. Das Aufsehen, das R. und die Antikriegsromane von A. Zweig, G. v. d. Vring, E. Glaeser, L. Renn, E. Köppen, A. Thomas, A. Scharrer u. a. zwischen 1927 und 1930 erregten, darf aber nicht das Faktum verdecken, dass die kriegsbejahende Literatur (und: der Militärfilm) quantitativ dominierten.

Rezeption: Der Roman (bereits 1930 in Millionenauflage) wurde ein Welterfolg (Übers.n in 49 Sprachen, Weltauflage 11,6 Millionen). Von der politischen Rechten

als undt. und pazifistisch vehement angegriffen, kritisierte die Linke (z. B. C. v. Ossietzky) R.s Verzicht auf politische Parteinahme und den Rückzug ins Privatleben.
🎬 R: L. Milestone (1930), R: D. Mann (1979).
Weitere Romane: *Der Weg zurück* (1931), *Arc de Triomphe* (dt. 1946).

1928
Ludwig Renn

* 22.4.1889 in Dresden als Arnold Vieth von Golßenau. Nach Offiziersausbildung ab 1911 und Kriegsteilnahme (1914–18) quittierte er 1920 den Dienst; bis 1923 und 1926/27 Studium (u. a. Kunstgeschichte, Archäologie) in Göttingen und Wien. Ab 1928 KPD-Mitglied und Sekretär im BPRS (bis 1932). Haft 1933–35, danach Flucht und Teilnahme am Spanischen Bürgerkrieg (bis 1939), 1939–47 Exil in Mexiko; lebte ab 1947 in Dresden, ab 1952 in Berlin (DDR). † 21.7.1979 in Berlin (G).

Krieg

Roman. Entst. ab 1919; ED: 1928 (vordatiert auf 1929).

R. gilt neben A. Zweig, E. Glaeser und E. M. Remarque (→ *Im Westen nichts Neues*, 1928) als wichtigster Autor von Antikriegsromanen, die ab 1927/28 als Antwort auf die wachsende Militarisierung der Öffentlichkeit ein schonungslos abschreckendes Bild des Ersten Weltkrieges zeichneten. In *Krieg* lässt R. den Frontsoldaten Ludwig Renn (dessen Namen er fortan selbst annahm) in drei Abschnitten (Vormarsch, Stellungskrieg, Zusammenbruch) den Ablauf des Krieges aus der Sicht von ganz unten und ganz vorn schildern. Der (autobiographisch geprägte) Bericht ist faktenreich, in neusachlich-nüchterner Sprache verfasst, niemals heroisierend, aber auch kaum reflektierend oder erklärend: Hier macht einer als Patriot mit und erfährt am eigenen Leib die Katastrophe Krieg.

In der Fortsetzung *Nachkrieg* (1930) verlässt der ehemalige Vizefeldwebel und nunmehrige Sicherheitsoffizier Renn, als er in die revolutionären Auseinandersetzungen 1919/20 verwickelt wird, die Seite der ›Ordnungskräfte‹ und macht sich, wie der Schlusssatz in Aussicht stellt, auf »den Weg zum Kommunismus«, den der Autor R. bereits gefunden hatte.

Rezeption: *Krieg* erreichte bis 1930 eine Auflage von 150 000 Exemplaren und fand den nahezu ungeteilten Beifall aller Parteien, *Nachkrieg* nicht mehr.
Weiterer Roman: *Adel im Untergang* (1944).

1928
Anna Seghers

* 19.11.1900 in Mainz als Netty Reiling. 1920–24 Studium (Kunstgeschichte, Sinologie) in Heidelberg mit Promotion; Wohnsitz ab 1925 in Berlin, 1928 Beitritt zur KPD, ab 1929 Mitglied des BPRS. Ab 1933 im Exil (Frankreich, ab 1941 Mexiko), Rückkehr nach Deutschland 1947 (Verleihung des Büchner-Preises), lebte

fortan in Berlin (DDR). 1952–78 Vorsitzende des DDR-Schriftstellerverbandes. † 1.6.1983 in Berlin (G).

Aufstand der Fischer von St. Barbara

Erzählung.

Ermuntert von dem zugereisten Revolutionär Hull und seinem einheimischen Anhänger Andreas Bruyn treten die Fischer der fiktiven Insel St. Barbara in einen Streik gegen Ausbeutung und Unterbezahlung als Saisonarbeiter einer Fischfangfirma. Die Rebellion wird von der Regierung blutig niedergeschlagen, Bruyn wird erschossen, Hull verhaftet. Die Fischerboote fahren wieder aus – »zu den Bedingungen der vergangenen vier Jahre«, wie schon im ersten Satz der Erzählung berichtet wird. Doch S. erzählt hier nicht die Geschichte eines gescheiterten Aufstandes, sondern eine »Parabel von der Niederlage, die den Sieg verspricht« (Chr. Zehl Romero): Nicht von dem zwiespältigen Einzelgänger Hull, sondern vom selbstorganisierten Widerstand der Fischer, die sich aus der Determination durch die sozialen Verhältnisse (ohne Führung von außen oder von oben durch eine Partei) befreien werden, wird die künftige Veränderung ausgehen.

Dieses sog. ›spontaneistische‹ Revolutionsmodell findet sich auch in anderen sozialistischen Erzähltexten, die die zeitgenössische Erfahrung von Revolution und Gegenrevolution verarbeiteten, wie z. B. Fr. Jung: → *Die Eroberung der Maschinen* (1923), K. Kläber: *Barrikaden an der Ruhr* (1925), Fr. Wolf: *Kreatur* (1926).

Rezeption: S. erhielt für die Erzählung 1928 den Kleist-Preis. 🎬 R: Th. Langhoff (1988, TV): *November 28* (R: E. Piscator, 1934).

Weitere Werke (Romane): *Der Kopflohn* (1933), *Die Rettung* (1937), → *Das siebte Kreuz* (1942).

1928
Kurt Tucholsky

* 9.1.1890 in Berlin. 1909–12 Jurastudium in Berlin, Promotion 1915; danach freier Schriftsteller, Kritiker und Publizist. Ab 1924 Korrespondent in Paris, 1926/27 Hg. der Zeitschrift *Die Weltbühne*, ab 1929 in Hindås bei Göteborg lebend. † 21.12.1935 (Selbstmord) in Hindås. Gedenkstätten: Mariefred/Schweden (G), Rheinsberg (M).

Mit 5 PS

Slg. satir. Prosa und Gedichte, die zuvor in Zeitschriften veröffentlicht worden waren.

»Man kann […] nicht einem Volk das Gegenteil von dem predigen, was es in seiner Mehrheit will« – mit diesem Satz beschrieb T. 1933, als er schon aufgegeben hatte, sein Dilemma als literarisch-satirischer Aufklärer in der Weimarer Republik. In mehr als 2500 Artikeln (Feuilletons, satirische

Kurzprosa, Dialoge, Chansons, Gedichte), die er unter eigenem Namen sowie unter den Pseudonymen Peter Panter, Kaspar Hauser, Ignaz Wrobel und Theobald Tiger v. a. zwischen 1919 und 1930 in den wichtigsten linksliberalen und sozialistischen Presseorganen der Weimarer Republik (*Die Weltbühne*, *Arbeiter Illustrierte Zeitung*, *Vossische Zeitung* u. a.) veröffentlichte, hatte er das wie kein anderer getan. In dem Sammelband *Mit 5 PS* (d. h. mit 5 Pseudonymen) hat er die besten Stücke zusammengefasst – Ausdruck seines kämpferischen Engagements gegen die reaktionären Kräfte in Militär, Justizwesen, Bürokratie, gegen die mangelhafte demokratische Zivilcourage der Bürger und die faulen Kompromisse der Sozialdemokratie. Er trifft mit spitzer Feder die Schwächen der vielen Gegner, schwächte sie aber – wie er zuletzt glaubte – mit seiner Kritik kaum. Doch T.s Werk überlebte die Republik: »Die Vergeblichkeit seiner Anstrengung trifft deren Scheitern, nicht die seines Schreibens überhaupt« (B. Weyergraf).

Rezeption: T.s Satiren (Sprachwitz, Eleganz der Formulierung) und sein kämpferischer Umgang mit dieser Textform (vgl. *Was darf die Satire?*, 1919) übten großen Einfluss v. a. auf die Feuilletonistik aus und sind noch heute aktuell. W. Benjamins Vorwurf der »linken Melancholie« (auch gegen E. Kästners und E. Weinerts ›Gebrauchslyrik‹ gerichtet) ist gegenüber T. ungerecht.

Weitere Werke: *Rheinsberg* (Erzählung, 1912), *Ein Pyrenäenbuch* (Reisebericht, 1927), *Deutschland, Deutschland über alles!* (satir. Fotocollage, zusammen mit J. Heartfield, 1929), → *Schloss Gripsholm* (Roman, 1931).

1928
Jakob Wassermann

* 10.3.1873 in Fürth. Nach Realschulabschluss Versicherungsangestellter, ab 1894 Mitarbeiter des *Simplizissimus* in München, ab 1898 Theaterkritiker in Wien und freier Schriftsteller; lebte ab 1919 in Altaussee, 1933 Publikationsverbot. † 1.1.1934 in Altaussee (Steiermark) (G).

Der Fall Maurizius

Roman.

Zugrunde liegt ein historischer Justizfall: 1906 wurde ein Rechtsanwalt in einem Indizienprozess zunächst zum Tode, dann zu lebenslänglicher Haft verurteilt, 1924 entlassen, woraufhin er Selbstmord beging. W. machte aus dem aufsehenerregenden Justizirrtum und seinen Folgen eine – durchaus konventionell und spannend erzählte – Geschichte um Gerechtigkeit, Schuld und Sühne: Etzel Andergast, Sohn des Staatsanwalts, der mit seinem Plädoyer für die Verurteilung des wegen Mordes an seiner Frau angeklagten Leonhart Maurizius seine glänzende Karriere begann, will beweisen, dass die Anklage falsch war. Ehe er in seinem Gerechtigkeitseifer seinem Vater die durch einen Meineid verborgene Wahrheit präsentieren kann, hat dieser jedoch durch eigene Recherche die Unhaltbarkeit der Verurteilung erkannt und die Begnadigung veranlasst. Die von Etzel geforderte Wiederaufnahme des Prozesses und Freisprechung Maurizius' lehnt er ab, was zum völligen Bruch zwischen Vater und Sohn führt. Am Ende stehen alle Beteiligten vor den Trümmern ihrer Existenz: Der Staatsanwalt wird irre, Maurizius verübt Selbstmord, Etzels Gerechtigkeitsfanatismus verpufft: Alle haben Schuld auf sich geladen, indem sie mehr (oder weniger) ihren leidenschaftlichen Wünschen als dem Gebot humaner Verantwortung folgten. Einen direkten Zusammenhang mit der Justizkritik in der Weimarer Republik (z. B. E. Ottwalt: → *Denn sie wissen, was sie tun*, 1931) liefert der Roman nicht.

Rezeption: W. war mit seinen Romanen *Die Juden von Zirndorf* (1897/1906) und *Das Gänsemännchen* (1915) bereits ein anerkannter Romancier und setzte mit *Der Fall Maurizius*, zu dem die Fortsetzungen *Etzel Andergast* (1931) und *Joseph Kerkhovens dritte Existenz* (1934) gehören, seinen großen Erfolg (bis 1933: 112 000 Exemplare) fort. R: J. Duvivier (1954).

Weitere Werke: *Christian Wahnschaffe* (Roman, 1919/32), *Mein Weg als Deutscher und Jude* (Autobiogr., 1921).

1928
Franz Werfel

* 10.9.1890 in Prag. Mitglied des ›Prager Kreises‹ um M. Brod und Fr. Kafka, 1912–14 Verlagslektor in Leipzig, Kriegsteilnahme bis 1917, danach freier Schriftsteller in Wien. Ab 1938 Exil in Frankreich, 1940 in den USA. † 26.8.1945 in Beverly Hills. Gedenkstätte: Wien (G).

Der Abituriententag

UT: *Die Geschichte einer Jugendschuld*

Roman.

Am Morgen vor der 25-jährigen Abiturfeier wird dem Untersuchungsrichter Sebastian ein des Mordes Verdächtigter vorgeführt, in dem er seinen ehemaligen Klassenkameraden Adler wiederzuerkennen meint. Noch in der Nacht nach der Feier, unter dem Eindruck aufgefrischter Erinnerungen, legt er sich Rechenschaft über seine einst an Adler begangene Schuld ab: Er hatte sich als Mitschüler in einer österreichischen Kleinstadt gegenüber dem hochbegabten Adler stets unterlegen gefühlt. Neiderfüllt hatte er immer wieder versucht, ihn – den körperlich Unterlegenen – zu demütigen. Dies war ihm in einem Ringkampf so spektakulär gelungen, dass Adler von da an, innerlich zerbrochen, in seinen Leistungen stark nachgelassen hatte. Unter dem Deckmantel der Freundschaft hatte Sebastian dann noch eine Urkundenfälschung begangen. Als sie aufgedeckt worden war, hatte er Adler beschuldigt, der daraufhin die Stadt verlassen hatte und seitdem als

verschollen galt. Am Morgen nach der Abiturfeier stellt sich jedoch heraus, dass der Verdächtige nicht mit Adler identisch ist.
Losgelöst von den expressionistischen Anfängen und geprägt von den Einsichten der Psychoanalyse schildert W. hier realistisch und psychologisch sehr einfühlsam den qualvollen Prozess der Aufdeckung einer Lebensschuld (»Meine Aufgabe ist es, mich zu verhören«).

R: V. Polesny (1999).

Weitere Werke: *Der Weltfreund* (Gedichte, 1911), *Barbara oder die Frömmigkeit* (Roman, 1929), → *Die vierzig Tage des Musa Dagh* (Roman, 1933).

1928/1946
Gertrud von Le Fort

* 11.10.1876 in Minden. Ab 1908 Studium (evangelische Theologie, Geschichte) in Heidelberg, Marburg und Berlin, lebte von 1922–41 in Baierbrunn bei München (1926 Übertritt zum Katholizismus), danach in Oberstdorf. † 1.11.1971 in Oberstdorf (G, M).

Das Schweißtuch der Veronika

Roman; ED: 1928. 1946 erweitert: *Der Kranz der Engel* (Teil 2), während die Fassung von 1928 zu *Der römische Brunnen* (Teil 1) wurde.

Die knapp 16-jährige Veronika, eine ohne Religion erzogene Deutsche, findet in Rom ihren Weg zum katholischen Glauben, wodurch sich die psychischen Folgen der schuldhaften Verstrickungen in ihrer Familiengeschichte (Selbstmord der Mutter, frömmelnde Tante, lebensfrohe Großmutter, atheistischer Vater) lösen. Zurückgekehrt nach Heidelberg – der Erste Weltkrieg ist gerade beendet – trifft die Philosophiestudentin den Dichter Enzio wieder, den sie in Rom lieben gelernt hatte, dessen jetzt ausgeprägte kunstreligiöse, antikatholische und politisch großdeutsche Haltung ihr eine ersehnte eheliche Verbindung jedoch zunächst unmöglich macht. Erst ihr Verzicht auf die kirchliche Trauung (in der gläubigen Zuversicht, auf diese Weise den verirrten Mann zu erretten) und schließlich ihr Tod bringen Enzio zur Einsicht.
Der Titel spielt auf die Legende von der Hl. Veronika an: So wie diese mit ihrem Halstuch das Antlitz Jesu aufnahm, hält die irdische Veronika auch in der Zuwendung zum Gottlosen und im Konflikt mit den Konventionen der Kirche an ihrem Glauben fest.

Rezeption: Der 2. Teil wurde von der katholischen Kirche heftig kritisiert.

Weitere Werke: *Die Letzte am Schafott* (Novelle, 1931), *Hälfte des Lebens* (Erinnerungen, 1965).

1929
Vicki Baum

* 24.1.1888 in Wien. Nach musikalischer Ausbildung in Wien 1912–16 Harfenistin in Darmstadt, 1926–31 Redakteurin in Berlin, ab 1931/32 freie Schriftstellerin in Hollywood, ab 1938 US-Staatsbürgerin und Englisch schreibend. † 29.8.1960 in Hollywood.

Menschen im Hotel

UT: *Ein Kolportageroman mit Hintergründen*

Roman. ED: *Berliner Illustrirte* (1929), BA: 1929.

B., die sich im Rückblick als eine »erstklassige Schriftstellerin zweiter Güte« bezeichnete, begann mit diesem Roman ihre Karriere als eine der meistgelesenen Autorinnen in der 1. Hälfte des 20. Jh.: Im Verlaufe von 4 Tagen und 3 Nächten treffen in den späten 1920er Jahren sechs einander unbekannte Personen im Berliner Grandhotel aufeinander, geben sich in ihren Wünschen und Verfehlungen zu erkennen, erleben dabei ein unverhofftes kurzes Glück bzw. eine neue Lebenseinsicht, ruinieren sich dann aber finanziell oder finden bestätigt, was sie schon immer wussten: Im Hotel des Lebens ist, trotz aller Geselligkeit, jeder in seinem Zimmer in »abgrundtiefer Einsamkeit« allein.

B. gelang – wie der Untertitel verspricht – die unterhaltsame Verbindung von Kolportage (große Welt und ›kleiner Mann‹, Verbrechen, Liebe, Abenteuer) mit ›Hintergründen‹, d. h. mit Kritik an gesellschaftlichen Missständen und moralischen Klischees. Ihr Roman ist ein Musterbeispiel der → *Neuen Sachlichkeit*.

Rezeption: B.s Romane waren 1933–45 verboten, aber durch Übers.n international erfolgreich. 🎭 G. Gründgens (UA: 16.1.1930). Musical-Fassungen: *At the Grand* (1958) und *Grand Hotel* (1989–92). 🎬 R: G. Reinhardt (1959); *Grand Hotel* (R: E. Goulding, 1932); *Weekend in Waldorf* (R: R. Z. Leonard, 1945).

Weitere Romane: *stud. chem. Helene Willfüer* (1928), *Die Karriere der Doris Hart* (1936), *Es war alles ganz anders* (Autobiogr., 1962).

Theater und Neue Medien in der Weimarer Republik

THEATER: Literatur und Theater, seit jeher in engem Wechselzusammenhang stehend, traten in der 1. Hälfte des 20. Jh. in ein neues Verhältnis zueinander. Der Grund dafür war das Aufkommen der neuen Medien Film und Rundfunk, die nicht nur mit den ›alten‹ Medien konkurrierten, sondern aufgrund ihrer Besonderheit (technische Produktion, Öffentlichkeit, massenhafte Rezeption) auch deren Verkehrsformen veränderten. Während die Literatur sich in einem längeren, krisenhaften Prozess auf die Herausforderung durch die Neuen Medien einstellte – von der Nachahmung bzw. produktiven Übernahme eines »Kinostils« (A. Döblin) bis

zur bewussten Opposition durch Herausstellen der bedrohten Aura des Kunstwerks »im Zeitalter seiner technischen Reproduzierbarkeit« (W. Benjamin) – musste das Theater unmittelbarer reagieren: Ab 1918 änderten sich zunächst die BEDINGUNGEN DER THEATERORGANISATION: Hoftheater wurden in Staats- und Landestheater (d. h. andere Zuständigkeiten und Subventionsbegründungen) umgewandelt und die Zensur entfiel. Zwischen den drei Institutionsformen (staatlich-kommunales, privates und Volksbühnentheater) entbrannte ein heftiger Konkurrenzkampf, daneben bildeten sich v. a. in Berlin Formen des politischen bzw. proletarisch-revolutionären (Agitprop-)Theaters, das die Bühne verlässt.
In ästhetischer Hinsicht zeigte das THEATER DES 20. JH. BIS 1933 einen Formenreichtum, der danach nie wieder erreicht wurde. Es begann mit der äußersten Steigerung des ILLUSIONSTHEATERS (→ *Theaterwesen im 19. Jh.*), kulminierend in der Regiearbeit von M. Reinhardt in Berlin (bis 1920). Das gegen → *Naturalismus* und Illusionismus aufbegehrende DRAMA DES → *EXPRESSIONISMUS* kam erst nach 1918 zum Zuge. Es politisierte sich in der nachexpressionistischen Gesellschaftskritik von E. Toller und G. Kaiser sowie in den ›Volksstücken‹ von Ö. v. Horváth und M. Fleißer und radikalisierte sich schließlich im politischen (dokumentarischen bzw. epischen) Theater E. Piscators und B. Brechts. Dabei wurde der Übergang zum Filmischen bzw. zum Film immer fließender.
FILM UND KINO: Von der ersten öffentlichen Filmvorführung (1895 in Berlin und Paris) bis etwa 1910 steckte das Kino noch in den Kinderschuhen (Wanderkino). Ab 1905 gab es erste ortsfeste Kinosäle (kleine Ladenkinos), die ab 1910 vergrößert und zu Kinopalästen ausgebaut wurden. Die Anzahl der Kinos stieg daraufhin von 350 (1910) auf mehr als 4000 (1923). Ab 1910 gab es dann Langfilme mit einer Spielzeit von mindestens einer Stunde, die bis 1927 als Stummfilme produziert wurden. Der erste deutsche abendfüllende Tonfilm kam 1929 heraus. Während des Weltkrieges (1914–18) und ab 1920 unterlag das Filmwesen einer speziellen Vorzensur. Die Filmindustrie stieg in den Jahren der Weimarer Republik zu einem bedeutenden Wirtschaftszweig auf.
RUNDFUNK UND HÖRSPIEL: Nachdem es in Deutschland ab 1889 zur Produktion von Grammophonen (die ab den 1920er Jahren durch elektrischen Antrieb wesentlich handlicher wurden) und Schellackplatten gekommen war, nahmen ab 1923 erste Radiosender den (regionalen) Rundfunk auf, die sich 1925 reichsweit zusammenschlossen und ab 1926 verstaatlicht wurden. Die Gerätezahl stieg bis 1932 auf über 4 Millionen, was etwa 11 Millionen Hörern entsprach. Anders als gegenüber dem Medium Film, dem viele Autoren noch lange reserviert gegenüberstanden, kam es beim Rundfunk zu einer regen Mitarbeit im Form von Lesungen, Reportagen und v. a. durch das Hörspiel. Bis 1933 wurden etwa 4000 bis 6000 Hörspiele (auch als Hörspielfassung von literarischen Werken) produziert.

1929
Alfred Döblin

Biogr.: → 1916

Berlin Alexanderplatz

UT: *Die Geschichte vom Franz Biberkopf*

Roman. Entst. ab 1927; Teil-ED: *Frankfurter Zeitung* (1929). BA: 1929.

D.s Name ist aufs Engste mit *Berlin Alexanderplatz* verbunden, zugleich ist dieser Roman einer der bedeutendsten deutschen Großstadtromane des 20. Jh. – aber nicht nur. Folgt man dem Untertitel, so wird erzählt, wie der Transportarbeiter Franz Biberkopf, frisch aus dem Tegeler Gefängnis entlassen, sich vornimmt, künftig »anständig zu sein«. Dreimal steckt er immer schwerere Rückschläge von falschen Freunden ein: Er wird geprellt, verliert einen Arm und schließlich seine Freundin durch hinterhältigen Mord. Als vom ›Schicksal‹ geschlagenes Opfer bricht er zusammen und wacht erst auf in der Erkenntnis, dass er allein nicht stark genug ist, um sich gegen alle durch das Leben »hindurchzuschlagen«. Er fügt sich, geht mit den anderen (»ein Mensch kann nicht sein ohne viele andere Menschen«) und wird anständiger Hilfsportier und ein »anderer Biberkopf [...], von dem zu erwarten ist, daß er seine Sache besser macht«, wie der Erzähler schließt.

Den Roman als die »vorgeschobenste Stufe des alten bürgerlichen Bildungsromans« (W. Benjamin) zu betrachten, ist am Ende jedoch weniger ergiebig als die avancierte Erzähltechnik in den Mittelpunkt zu rücken, mit der D. den das Subjekt entmächtigenden Moloch Großstadt darstellt. Es ist ein ›Kinostil‹ (wie ihn 1927 der Dokumentarfilm *Berlin. Die Sinfonie der Großstadt* filmisch präsentiert hatte), der die komplexe Realität komplex abbildet: keine plane Chronologie, rascher Perspektivenwechsel (›Schnitte‹), Montage von verschiedenen Textsorten (Presse, Reklame, Schlager, Bibel u. a.), Mischung von erlebter Rede und innerem Monolog, Sprachfetzen und Geräusche, Aufhebung der Syntax, Jargon und Dialekt – mit diesen Mitteln, die sich zuvor schon bei J. Joyce und J. Dos Passos finden, fixiert D. das Zugleich von Simultaneität und Dissoziation moderner Gegenwart.

Rezeption: Der Roman war ein großer literarischer und verlegerischer Erfolg und wurde sogleich in mehrere Sprachen übersetzt. Hörspielfassung von D. selbst (30.9.1930), 🎬 R: Ph. Jutzi (1931), R: R. W. Fassbinder (1980, TV).

Weitere Romane: *Pardon wird nicht gegeben* (1935), → *November 1918* (1939–50).

1929/1968
Hans Henny Jahnn

* 17.12.1894 in Hamburg. Ab 1914 lebte J. als Pazifist in Norwegen, ab 1918 Orgelbauer in Hamburg, 1920 Kleist-Preis. 1933 Rückzug, ab 1934 Landwirt auf der dän. Insel Bornholm. 1947 Rückkehr, ab 1950 in Hamburg. † 29.11.1959 in Hamburg (D, G).

Perrudja

Roman. ED (1. Buch): 1929, Neuauflage: 1958; ED (2. Buch, Fragment): 1968 (postum).

Perrudja (»der zerrüttete Per«), unbekannter Herkunft und in Norwegen aufgewachsen, baut fernab der Zivilisation – von einem Fremden mit unerschöpflichen Geldmitteln versehen – eine Tempelburg, auf der er mit einer Stute und einem Knecht lebt. Er liebt die Bauerntochter Signe, ermordet deren Verlobten, gesteht ihr aber seine Tat nicht und wird wegen »Feigheit des Herzens« von ihr verlassen. Der Franzose Pujol klärt ihn über die Verbrechen des imperialistischen Kapitalismus auf, will mit einer Gruppe junger Männer die Welt erneuern und den neuen Menschen schaffen. Durch ihn erfährt Perrudja, dass er als Herrscher über ein weltumspannendes Imperium der reichste Mann der Welt ist und mit seinen Mitteln das neue Reich verwirklichen kann. Im 2. Buch deutet J. an, dass Perrudja einen Krieg führen und eine neue Sintflut auslösen will, um die überlebenden Menschen in neuer Harmonie mit der Natur zu vereinen.

Die Bedeutung des Romans liegt weniger in der von expressionistischen Erlösungsvorstellungen geprägten, tiefenpsychologisch begründeten Kritik an der triebfeindlichen Zivilisation oder in seinem gleichzeitigen Eintreten für ein kreatürliches Leben in freier Entfaltung der sexuellen Bedürfnisse; modern ist vielmehr die Erzähltechnik: J. verwendet, unter dem Einfluss von J. Joyce, den inneren Monolog, vermischt Stilebenen, wechselt die Perspektiven, prägt neue Wörter, ergänzt die Handlung durch eingeschobene Erzählungen, Legenden, Märchen und sperrt sich gegen Identifikation: Das Buch »liest sich, als sei es von einem babylonischen Epiker auf Steintafeln geritzt« (H. J. Fröhlich).

Rezeption: Der Roman (Auflage: 1020 Exemplare) fand kaum Abnehmer und war in der Literaturkritik umstritten.

Weitere Werke: *Pastor Ephraim Magnus* (Drama, 1919), → *Fluß ohne Ufer* (Roman, 1949–61).

1930

Lion Feuchtwanger

Biogr.: → 1925

Erfolg

UT: *Drei Jahre Geschichte einer Provinz*

Roman, entst. ab 1927.

Der Roman *Erfolg* ist der 1. Teil einer Trilogie (*Die Geschwister Oppermann*, 1933; *Exil*, BA: 1940), der F. 1940 den Namen *Der Wartesaal* gab; der Titel ist eine Metapher für die »schlimme Zeit des Wartens und des Übergangs« (wie F. im Nachwort von 1939 erklärt), die die Trilogie mit der Darstellung der Jahre zwischen den beiden Weltkriegen (1918–39) als »Wiedereinbruch der Barbarei in Deutschland und ihr[en] zeitweilige[n] Sieg über die Vernunft« thematisiert. F. schrieb die Teile der Trilogie als historische Romane jeweils gleichsam parallel zum Gegenwartsgeschehen (1927–30, April-September 1933, Mai 1935–August 1939), d. h. als laufende Auseinandersetzung mit dem Faschismus vor der Macht, im Prozess der sog. ›Machtergreifung‹ und dem Faschismus an der Macht. *Erfolg* ist insofern der interessanteste Teil, als F. hier als einer der wenigen Schriftsteller vor 1933 eine hellsichtige Warnung vor der Hitlerpartei formulierte (→ *Schriftsteller und Nationalsozialismus vor 1933*): Am Beispiel der politischen Zustände in Bayern 1921–24 und eines Justizskandals wird das reaktionäre Potential in Wirtschaft, Politik, Justiz und Polizei gezeigt, das einen Hitler (in der eher lächerlichen Gestalt des Rupert Kutzer) hier noch scheitern lässt, aber schließlich doch ermächtigte.

Setzte F. 1930 noch auf satirische Karikatur und die gesellschaftskritische Kraft von Kunst und Literatur (erörtert in den Diskussionen zwischen Tüverlin/F. und Pröckl/Brecht), ging er 1933 zur offenen Anklage über: In *Die Geschwister Oppermann* schildert er am Beispiel einer jüdischen Familie die Vertreibung der Juden aus Deutschland und die Errichtung der Barbarei durch Verfolgung und KZ. *Exil* ist dann einerseits eine schonungslose Darstellung des Elends der Geflohenen (am Beispiel des Musikers Trautwein und des Journalisten Benjamin in Paris), zugleich aber auch Ausdruck von F.s Konsequenz, »der Herrschaft der Gewalt und des Widersinns unsererseits mittels Gewalt ein Ende zu setzen und an ihrer Statt eine vernünftige Ordnung herzustellen« (Nachwort 1939).

Erfolg (R: Fr. Seitz, 1991); *Die Geschwister Oppermann* (R: E. Monk, 1983, TV); *Exil* (R: E. Günther, 1981, TV).

Weitere Romane: *Josephus-Trilogie* (1931–40), *Goya oder der arge Weg der Erkenntnis* (1951).

1930
Hermann Hesse

Biogr.: → 1903, 1919

Narziß und Goldmund

Roman. ED: *Neue Rundschau* (1929/30), BA: 1930.

Der Roman ist – vor einer stilisierten spätmittelalterlichen Kulisse – mehr als die »Geschichte einer Freundschaft« (so noch der Untertitel im Vorabdruck): Es ist die Geschichte einer geistigen Künstler-Werdung, ein innerer Bildungsroman, eine Lebensbeschreibung als ›Seelenbiographie‹ nach dem Motto: »Sei du selbst, suche dich selbst zu verwirklichen.« Dieser Rat wird dem jungen Goldmund von seinem väterlichen Freund erteilt, der als asketischer Klosterlehrer und Denker alles schon weiß, während der künstlerisch begabte Goldmund, als Vagabund auf Wanderschaft, erst durch alle sinnlichen Erfahrungen (Natur, Liebe, Stadt, Tod) hindurch muss, um zum vorbestimmten Ziel zu gelangen. Dazu gehört ganz wesentlich die Erfahrung des bislang von ihm verdrängten Mütterlichen, dessen Urbild der »großen Eva-Mutter«, wie es im Roman heißt, der junge Künstler in seinen so zahlreichen wie kurzen Liebesbegegnungen mit Frauen allerdings ebenso vergeblich sucht wie es ihm letztlich nicht gelingt, es als Bildhauer endgültig zu gestalten. Am Ende stirbt er mit der Mutter versöhnt, nicht ohne seinerseits den geistigen Vater Narziß zu mahnen: »Ohne Mutter kann man nicht lieben. Ohne Mutter kann man nicht sterben.«

Der Mutter-Mythos ist nebulös, das Frauenbild (entweder Heilige oder Huren) sehr fragwürdig, die Polarität von männlichem Geist (Logos) und weiblichem Leben (Eros) sowie von Wissenschaft und Kunst problematisch, und diese triviale Konstruiertheit hinterlässt auch ihre stilistischen Spuren.

Rezeption: Der Roman hatte großen Erfolg (allein 1930 40 000 Exemplare) wirkte bis in die 1950er Jahre hinein stark auf jugendliche Leser und enttäuschte nicht wenige beim späteren Wiederlesen. Einen sentimentalen Vorläufer des Vagabunden Goldmund stellte M. Hausmann in *Lampioon küßt Mädchen und kleine Birken* (1928) dar.

Weitere Werke: *Die Morgenlandfahrt* (Erzählung, 1932), → *Das Glasperlenspiel* (Roman, 1943).

1930
Edlef Köppen

* 1.3.1893 in Genthin. Vor 1914 Beginn des Studiums (Philologie, Philosophie u. a.), das K. nach Kriegsteilnahme ab 1914 und Dienstverweigerung 1918 (mit Einweisung in eine Nervenanstalt) ab 1919 fortsetzte (Kiel, Berlin, München). Ab 1921 Verlagslektor, ab 1925 Mitarbeiter beim Berliner Rundfunk; 1933 entlassen, danach Dramaturg, 1935 Publikationsverbot. † 21.2.1939 in Gießen (G in Wilhelmshorst).

Heeresbericht

Autobiographischer Roman.

K.s Roman schließt sich an die Reihe der Antikriegsromane von A. Zweig (1927) über E. M. Remarque (1928) bis A. Scharrer (1930) an, übertrifft diese jedoch mit seiner avancierten Erzähltechnik. Geschildert werden Kriegserlebnisse des Artillerieoffiziers Anton Reisiger, in deren Verlauf (Front, Etappe, Heimat, Stabsarbeit) er nach längeren inneren Kämpfen zu der Einsicht gelangt, dass der Krieg »das größte aller Verbrechen« sei. Ergebnis: »Der, der den Irrsinn des Krieges als Irrsinn durchschaut hat, wird

[…] zum Irren erklärt« (K. Tucholsky). Einmontiert in die Geschichte dieses Bildungsganges sind rund 145 authentische Dokumente (militärische Erlasse und Verlautbarungen, Gesetzes-, Presse- und Reklametexte, Buchzitate u. a.), die nicht einfach eine ›sachlich‹ bestätigende Verdichtung darstellen (→ *Neue Sachlichkeit*), sondern: »Durch die Montage stoßen Perspektiven aufeinander, relativieren und kritisieren einander, zeigen, daß es kein ›unschuldiges Auge‹ geben kann, das den Krieg unverfälscht wahrgenommen hat« (H. Bornebusch). Diese Schreibweise sollte nicht unterhalten, sondern den Leser zur Einsicht bewegen.

Rezeption: Der Roman (Auflage: 10 000) kam zu spät und fand – trotz prominenter Fürsprache (E. Toller, K. Pinthus) – nur geringe Beachtung.

1930
Thomas Mann Biogr.: → 1901, 1939

Mario und der Zauberer

UT: *Ein tragisches Reiseerlebnis*

Novelle. Entst. 1929; ED: *Velhagen & Klasings Monatshefte* (1930). BA: 1930.

Eine deutsche Familie – Bezüge zum italienischen Badeurlaub der Familie M. 1926 sind unverkennbar – verbringt ihre Sommerferien in einem ligurischen Badeort. Was vielversprechend beginnt, steigert sich zu einer Folge von Misshelligkeiten: Konflikte im Hotel, Ärger am Strand und vollends ein missratener Unterhaltungsabend mit dem Zauberkünstler Cipolla, in dessen Verlauf vor den Augen der Kinder ein Mord geschieht. Ursache des Verdrusses ist jeweils eine neuartige gereizte Mischung aus nationalistischem Stolz und Gekränktheit der »inländischen Mittelklasse« im faschistisch gewordenen Italien, die ihren Höhepunkt in den hypnotischen Verführungskünsten Cipollas findet. Dieser demonstriert jene »Vergewaltigung durch das diktatorische Wesen« (M.), dem das ganze Land unterliegt und dem gegenüber sogar der skeptische Ich-Erzähler (der Familienvater) in seiner Willensfreiheit gefährdet erscheint.

M. zeichnet im Wirken Cipollas indes kein reales Abbild des (italienischen) Faschismus, sondern gibt ein »ästhetisches Gleichnis« (G. Sautermeister): Der lebensschwache Verführer ist nur deswegen stark, weil sein Publikum (bis auf den am Ende protestierenden Mario) als souveräner Gegenpol abgedankt hat – und Ähnliches geschieht im Grunde dem Erzähler: Seine Erzählung ist die beschwichtigende Rechtfertigung, alles sei noch einmal gut gegangen und das »Ende mit Schrecken« sei »ein befreiendes Ende dennoch« gewesen. Es ist der Leser, der sich zu dieser vom Erzähler beteuerten Deutung nicht ›verführen‹ lassen darf (oder soll?), wenn er wirklich souverän ist.

Rezeption: Die begeistert aufgenommene Novelle wurde von der zeitgenössischen Kritik wie auch von M. selbst nicht politisch gedeutet, dies geschah erst nach 1945. 🎬 R: M. Luther (1978, TV), R: Kl. M. Brandauer (1994).
Weiteres Werk: → *Joseph und seine Brüder* (Roman, 1933–43).

1930
Joseph Roth

* 2.9.1894 in Brody (Galizien). Nach Germanistikstudium in Lemberg und Wien (ab 1913) und Kriegsdienst (1916–18) Journalist in Wien, ab 1920 in Berlin, von wo aus er als Zeitungskorrespondent ganz Europa bereiste. 1933 Exil in Frankreich; ab 1935, zuletzt verarmt und alkoholkrank, in Paris. † 27.5.1939 in Paris (G).

Hiob

UT: *Roman eines einfachen Mannes*
Roman. ED: *Frankfurter Zeitung* (1930), BA: 1930.

Der Roman spielt zwischen 1890 und 1920: Der »ganz alltägliche« Jude Mendel Singer lebt als armer, gottesfürchtiger Lehrer in einem Dorf in Wolhynien. Als sich herausstellt, dass sein Sohn Menuchim angeblich unheilbar an Epilepsie erkrankt ist und die Sicherheit seiner anderen Kinder bedroht ist, entscheidet er sich zur Auswanderung, muss aber den kranken Menuchim bei Nachbarn zurücklassen. In New York trifft ihn ein Schicksalsschlag nach dem anderen: Er verliert seine Söhne, seine Frau stirbt, seine Tochter wird irre. In ohnmächtiger Verzweiflung rebelliert Mendel – anders als der biblische Hiob, der um Gott fordernd ringt – gegen Jehova und sagt sich von ihm los. Als er fast im Elend versunken ist, rettet ihn Menuchim, der gesundet und ein berühmter Musiker geworden ist. Versöhnt mit seinem Schicksal kehrt Mendel zu seinem Gott zurück: »Und er ruhte aus von der Schwere des Glücks und der Größe der Wunder.«

Der Roman, dieser »klare Bogen einer Parabel von Heimsuchung, Prüfung, Wunder und Erlösung« (H. Hartung), endet märchenhaft. Dieser Schluss, der das Problem des von Gott verhängten Übermaßes an Leid real nicht löst, sowie Mendels Rückwendung zu Gott wurden des Öfteren kritisiert (Gnade? Wunder? Skepsis? Flucht?). Andererseits fixiert R. – ohne zu verklären – die seinerzeit bereits bedrohte, heute untergegangene Welt des ostjüdischen Shtetls, als deren Repräsentant Mendel Singer erscheint, und verwendet dafür eine Sprache, »so rein, so scheinbar zeitlos und ›klassisch‹« (R. Baumgart), wie sie kaum ein anderer zu schreiben vermochte.

Rezeption: Der Roman wurde zu R.s Lebzeiten zu seinem größten Erfolg und brachte ihm den Durchbruch als Romancier. 🎬 R: M. Kehlmann (1978).
Weitere Romane: *Hotel Savoy* (1924), *Die Flucht ohne Ende* (1927), *Juden auf Wanderschaft* (Essay, 1927), → *Radetzkymarsch* (1932).

1930
Friedrich Torberg

* 16.9.1908 in Wien als Fr. Kantor. Nach der Gymnasialzeit in Prag ab 1928 Redakteur beim *Prager Tageblatt*, 1938 Flucht nach Frankreich und ab 1940 in die USA (Hollywood, ab 1944 in New York). 1951 Rückkehr, Theaterkritiker in Wien. † 10.11.1979 in Wien (G).

Der Schüler Gerber hat absolviert

Roman. Neuauflage u.d.T. *Der Schüler Gerber* (1954).

Neben R. Musils → *Die Verwirrungen des Zöglings Törleß* (1906), H. Hesses *Unterm Rad* (1906) und Fr. Werfels → *Der Abituriententag* (1928) ist dieser Roman einer der klassischen Schulromane der deutschen Literatur: Der empfindsame Schüler Kurt Gerber – er hat gute Noten und ist Klassensprecher – gerät im letzten Schuljahr mit »Gott Kupfer«, einem autoritären Mathematiklehrer, in heftigen Konflikt. Von diesem auf sadistische Weise gequält, so dass er im Abitur zu scheitern fürchtet, zudem mit Sorgen über Elternhaus und erste Liebe überfordert, stürzt sich Gerber am Tag der Zeugnisübergabe aus dem Fenster: ein sinnloser Tod, denn er hatte die Prüfung bestanden (»absolviert«).

T.s Kunst der psychologischen Darstellung von Schulängsten, die »über die Schule hinausgreifend, beinahe zum Bild aller auf Zwang gegründeten Verhältnisse« (R. Musil) wird, steht in ihrer – nicht zuletzt autobiographisch geprägten – Authentizität der → *Neuen Sachlichkeit* nahe, geht aber mit ihrem didaktischen Ziel (Skandalisierung des Schülerselbstmordes) zugleich über sie hinaus.

Rezeption: Der Roman machte T. berühmt und war noch nach 1954 ein Bestseller. 🎬 *Der Schüler Gerber* (R: W. Glück, 1981).

Weiteres Werk: *Hier bin ich, mein Vater* (Roman, 1948), *Die Tante Jolesch* (Erinnerungen, 1975).

1930
Carl Zuckmayer

Biogr.: → 1925

Der Hauptmann von Köpenick

UT: *Ein deutsches Märchen*

Komödie. ED: 1930. UA: 5.3.1931 in Berlin.

Was Z. als »deutsches Märchen« auf die Bühne brachte, ist 1906 in Preußen-Deutschland tatsächlich geschehen: Der Schuster Wilhelm Voigt, ein entlassener Häftling, benötigt, um wieder Arbeit zu bekommen einen Pass oder eine Aufenthaltsgenehmigung, die ihm die Behörden aber verweigern. Da verkleidet er sich als Hauptmann, unterstellt sich selbst ein Wachkommando, besetzt das Rathaus von Köpenick, verhaftet den Bürgermeis-

ter und, als er sein Ziel nicht erreicht (es gibt keine Passstelle in Köpenick), beschlagnahmt die Stadtkasse. Gegen Zusicherung eines Passes stellt er sich am Ende der Polizei und gibt das mitgenommene Geld zurück. (Der authentische Voigt wurde verhaftet und zu 4 Jahren Gefängnis verurteilt.) »Sone Uniform, die macht det meiste janz von alleene«, stellt Voigt am Ende des Stückes fest.
Die Hauptmannsmontur (in einer Parallelhandlung schildert Z. deren Geschichte) ist in diesem Stück sichtbarer Ausdruck des Militärischen, das die gesamte Gesellschaft beherrscht: Unkritischer Respekt vor der Uniform (nicht deren Träger), bedenkenloser Gehorsam gegenüber einer als unabänderlich hingenommenen Obrigkeit, eine perfekt nach Vorschriften funktionierende, aber die Menschenwürde des Bürgers missachtende Bürokratie kennzeichnen eine Gesellschaft, die von Z. in exemplarischen Einzelszenen und in ihrer milieubedingten sprachlichen Differenziertheit gezeigt wird. Ein Mann wie Voigt muss darin scheitern, nicht ohne sie dabei jedoch mit ihren eigenen Waffen zu schlagen und damit lächerlich zu machen.

Rezeption: Das Stück wurde Z.s erfolgreichstes Drama. Die Darstellung Voigts gehört bis heute zu den Paraderollen des dt. Theaters. 🎬 R: R. Oswald (1931), R: H. Käutner (1956), R: R. Wolffhardt (1960), R: Fr. Beyer (1997, TV).
Weiteres Drama: → *Des Teufels General* (1946).

1930
Ödön von Horváth

* 9.12.1901 in Fiume (Rijeka). Als Diplomaten-Sohn (mit ungarischer Staatsbürgerschaft) u. a. in Belgrad, München (ab 1913) und Wien aufgewachsen, ab 1919 Studium (Germanistik, Philosophie) in München. Ab 1924 bis zum Exil (1938 nach Paris) freier Schriftsteller in Berlin, Murnau (bis 1933) und Henndorf bei Salzburg. 1931 Kleist-Preis. † 1.6.1938 in Paris (Unfall). Gedenkstätten: Murnau (M), Wien (G, seit 1988; vorher Paris).

Italienische Nacht

UT: *Volksstück*

Schauspiel. BA: 1930; UA: 20.3.1931 in Berlin.

In einer süddeutschen Kleinstadt will 1930 der ›Republikanische Schutzverband‹, in dem die älteren Sozialdemokraten das Sagen haben, eine gemütvolle ›Italienische Nacht‹ veranstalten. Dass am Nachmittag zuvor die Nationalsozialisten (H. spricht stets von »Faschisten«) im selben Lokal vor ihrer Nachtübung einen ›Deutschen Tag‹ durchführen wollen, stört die Verbandsführung nicht. Eine linksradikale Gruppe von Jüngeren, die in Anbetracht der politischen Lage gegen die Veranstaltung protestiert, wird des Saales verwiesen. Als die Faschisten bedrohlich vor dem Saal aufmarschieren, sind es die jungen Protestierer, die die Alten retten. Der Führer des ›Schutzverbandes‹ stellt jedoch fest: »Von einer akuten Bedrohung der demokratischen Republik kann natürlich keineswegs gesprochen werden. [...] Solange es einen Republikanischen Schutzverband gibt [...] kann die Republik ruhig schlafen.«

H., der sich als »treuen Chronisten seiner Zeit« verstand, macht hier deutlich, wie blind die Republik der Bedrohung von rechts gegenüberstand und wie falsch sie deren Stärke einschätzte. Dazu dient H. weniger die Handlung als vielmehr die Sprache: »Die Demaskierung des Bewußtseins – das ist mein Dialog« (H.). So lässt die phrasenhafte Sprache – bei Republikanern wie bei Faschisten – die selbstgefällige Überheblichkeit, aber auch die (ökonomisch begründete) Fremdbestimmtheit des Kleinbürgertums erkennen, in dem H. den Nährboden für den alltäglichen Faschismus sah.

Rezeption: Das Stück wurde H.s erster großer Bühnenerfolg, jedoch erst 1966 wieder aufgeführt. 🎬 R: M. Kehlmann (1966, TV).

Weitere Werke: *Der ewige Spießer* (Roman, 1930), → *Geschichten aus dem Wiener Wald* (Schauspiel, 1931).

1930
Adrienne Thomas

* 24.6.1897 in St. Avold (Lothringen) als Hertha A. Strauch. 1914–18 Rotkreuzschwester in Berlin, danach Journalistin und freie Schriftstellerin in Berlin. 1933 Flucht über mehrere Länder nach Frankreich (ab 1938) und in die USA (1940). Rückkehr nach Wien 1947. † 7.11.1980 in Wien (G).

Die Katrin wird Soldat

Roman.

Ein Antikriegsroman über eine Frau und von einer Frau – das war in der Serie der Antikriegsromane seit 1927 (E. M. Remarque: → *Im Westen nichts Neues*, 1928) ungewöhnlich und damals doch erfolgreich gegenüber den vielen Frauenromanen, die nach 1918 gut vaterländisch das Lob der opfervollen Mutter im Krieg anstimmten (z. B. Cl. Viebig, G. Reuter, I. Seidel, M. Scheele). Nur wenige pazifistische Erzähltexte vor Th. bilden da eine Ausnahme, so z. B. Cl. Goll: *Die Frauen erwachen* (1918), E. Lasker-Schüler: *Der Malik* (1920) und I. Langners Stück *Frau Emma kämpft im Hinterland* (1928). Zum Roman: Catherine/Katrin ist eine junge Jüdin aus Metz, deren Tagebuchaufzeichnungen nach ihrem Tod mitgeteilt werden. Sie arbeitet als Rotkreuzhelferin im Kriegseinsatz in der Etappe, wird dabei zur Pazifistin und widersetzt sich mehr und mehr der (männlichen) Kriegsbereitschaft. Nach dem Soldatentod ihres Freundes lässt sie sich in die Tuberkulosestation versetzen und stirbt. Das Ende erscheint sentimentalisch (weibliches Opfer), ist aber Protest – die Rolle als proletarische Heldin (an der Seite für den Frieden kämpfender Männer) lag jenseits von Katrins Handlungsmöglichkeiten.

Rezeption: Der Roman hatte bis 1933 eine Auflage von 135 000 Exemplaren erreicht und wurde in 16 Sprachen übersetzt, im selben Jahr aber vom NS-Regime verboten und nach 1945 vergessen. R: P. Deutsch (1988, TV).

Weiterer Roman: *Reisen Sie ab, Mademoiselle!* (autobiographisch, 1944/47).

Die ›neue Frau‹ und die Frauenliteratur

Der BEGRIFF ›Neue Frau‹ (›femme nouvelle‹) tauchte in Frankreich (und begrenzt auch in Deutschland) schon ab den 1830er Jahren in demokratischen Kreisen auf und erlangte um 1848 in Person und Werk von Frauen wie Fr. Anneke und L. Otto anschauliche Gestalt. In der bürgerlichen FRAUENBEWEGUNG (ab 1865: ›Allgemeiner Deutscher Frauenverein‹, ab 1894: ›Bund Deutscher Frauenvereine‹), deren Vorkämpferinnen H. Dohm, H. Lange, G. Bäumer u. a. waren, wurde das Attribut ›neu‹ dann im Zusammenhang mit dem Programm der Gleichstellung mit den politischen, sozialen und zivilen Bürgerrechten der Männer definiert. Die proletarische Frauenbewegung, angeführt von Cl. Zetkin, stand jedoch für sich und akzentuierte v. a. soziale Rechte sowie das Frauenwahlrecht.

In der Romanliteratur gestalteten bis 1918 Schriftstellerinnen wie B. v. Arnim, I. Hahn-Hahn, F. Lewald, L. Aston, G. Reuter oder Fr. v. Reventlow Frauenschicksale im Zeichen dieser Benachteiligungen bzw. Ansprüche. Ähnliches leisteten FRAUENAUTOBIOGRAPHIEN (L. Braun, A. Popp, B. v. Suttner u. a.). Das Frauenbild vieler männlicher Autoren blieb dagegen im Wesentlichen traditionell begrenzt (auch bei G. Keller, Th. Fontane, H. Mann, K. Tucholsky u. a.).

Der Erste Weltkrieg erzwang faktische Änderungen, als Frauen die Arbeit von (abwesenden) Männern verrichteten. Mit der Weimarer Verfassung von 1919 waren dann gesetzliche Gleichstellung, Wahlrecht und Zugang zu (fast) allen Berufsausbildungen erreicht. Unter diesen veränderten Rahmenbedingungen konnte in den 1920er Jahren das Auftreten eines bisher ungewohnten FRAUENTYPUS' als »Prototyp der Modernisierung« (H. Veth), nicht zuletzt durch die Massenmedien zur Ikone stilisiert, Furore machen: Er wurde geprägt von einer kleinen Gruppe von in der Regel um 1900 geborenen Frauen (Akademikerinnen, Künstlerinnen, Journalistinnen, Schriftstellerinnen, Schauspielerinnen, Tänzerinnen u. ä.), die in der Großstadt wohnten, berufstätig und in ihren moralischen Anschauungen emanzipiert waren. Modebewusst und sportiv lebten sie einen androgynen ›Girl‹- bzw. ›Garçonne‹-Typ vor, der von den ›kleinen Ladenmädchen‹ – angefeuert durch Kino, Werbung, Revue und Illustrierte – nachgeahmt wurde. Über das kurzlebige, von neuen Stereotypen nicht freie Medienprodukt ›Neue Frau‹ (ledig, mit Bubikopf, Zigarette, Kurzrock, ohne Korsett usw.), das zweifellos dominant war, sollte jedoch nicht vergessen werden, dass gleichzeitig immer mehr Frauen tatsächlich

einen Status von Emanzipation verwirklichen konnten, den sie real nie zuvor gehabt hatten und der ihnen nach 1933 bzw. bis in die 1960er Jahre hinein nur noch begrenzt zugestanden wurde.
Über die Ambivalenzen weiblicher Emanzipation, die »Fröste der Freiheit« (M. Fleißer), geben nicht zuletzt ROMANE und THEATERSTÜCKE (wie auch das zumeist ins Exil führende Schicksal ihrer Verfasserinnen) aus der Schlussphase der Weimarer Republik eindringlich – wenn auch nicht einheitliche – Auskunft: V. Baum: *stud. chem. Helene Willfüer* (Roman, 1928), J. Lederer: *Das Mädchen George* (Roman, 1928), I. Langner: *Frau Emma kämpft im Hinterland* (Schauspiel, 1928), Chr. A. Brück: *Schicksale hinter Schreibmaschinen* (1930), I. Keun: *Gilgi – eine von uns* (Roman, 1931) und → *Das kunstseidene Mädchen* (Roman, 1932), M. Fleißer: *Mehlreisende Frieda Geier* (Roman, 1931), G. Tergit: → *Käsebier erobert den Kurfürstendamm* (Roman, 1931), G. Kolmar: *Die jüdische Mutter* (Roman, 1931/65), A. Gmeyner: *Automatenbüfett* (Volksstück, 1932), G. Kaus: *Morgen um Neun* (1932), R. Landshoff-Yorck: *Roman einer Tänzerin* (Roman, 1933/2002), M. Kaléko: *Kleines Lesebuch für Große* (Erzählungen, 1934).
Es versteht sich, dass männlicher und weiblicher Protest gegen die ›Neue Frau‹ schon vor 1933 nicht lange auf sich warten ließ, so z. B. eine Essaysammlung *Die Frau von morgen wie wir sie wünschen* (1929) und Elsa Herrmann: *So ist die neue Frau* (1929). Von sozialistischer Seite verurteilte R. Braune (*Das Mädchen an der Orga Privat*, Roman, 1930) den Typus. Erst die Frauenbewegung ab den 1970er Jahren knüpfte wieder an die Traditionen der 1920er Jahre an.

1930–1943
Robert Musil

Biogr.: → 1906

Der Mann ohne Eigenschaften

Roman (unvollendet). Entst. ab 1923. Teil 1: 1930, Teil 2: 1932, vordatiert auf 1933 (38 von geplanten 58 Kapiteln). Teil 3: 1943 (40 Kapitel, postum). Gesamtausgabe: 1952/78.

»Es kommt auf die Struktur einer Dichtung heute mehr an als auf ihren Gang« (M.). In dem mehr als 2000 Seiten umfassenden Roman entfaltet M. eine Struktur, die formal dem fragmentarischen Charakter des modernen Daseins entspricht: An die Stelle einer kontinuierlich erzählten Handlung tritt ein Geflecht von Handlungsansätzen, Reflexionen und Beobachtungen, denn, so M.s These, das Epische ist »unerzählerisch« geworden; deshalb wird es ersetzt durch die Darstellung von Bewusstseinszuständen. Der Roman setzt im August 1913 ein, als sich in Wien ein Komitee bildet, das die Feier zum 70-jährigen Thronjubiläum des Kaisers Franz-Joseph 1918 vorbereitet. Dem Komitee gehört als Sekretär der 32-jährige Ulrich an, ein finanziell unabhängiger, vom Berufsleben unbefriedigter Intellektueller, der sich »ein Jahr Urlaub von seinem Leben« gönnt. Ulrich trifft mit Repräsentanten unterschiedlicher sozialer Schichten der k.u.k. Monarchie (im Roman »Kakanien« genannt) zusammen, aus deren Reden, Vorstellungen und Verhaltensweisen M. ein ironisch-satirisch gefärbtes Panorama von Geist und Kultur der zum Untergang bestimmten Gesellschaft von vor 1914 entstehen lässt, woraus aber zugleich »ein aus der Vergangenheit entwickelter Gegenwartsroman« (M.) wird. Ulrich ist ein passiver, zu konkretem Handeln fast unfähiger ›Mann ohne Eigenschaften‹, weil er – im Gegensatz zum tatkräftigen preußischen Industriellen und Schriftsteller Arnheim (Vorbild W. Rathenau) – im Gegebenen immer nur eine (von vielen) verwirklichte Möglichkeit erkennt. Ähnlich verhält es sich – so M. – mit den Eigenschaften der Menschen insgesamt; diese werden ihnen von den Mitmenschen nur zugesprochen, ohne wirkliche sein zu müssen, so dass man »ebensogut jede Eigenschaft an sich [...] wie keine« haben kann. Alles in allem gelte, dass nichts wirklich so sei, wie es sich darstelle, alles könne immer auch anders, d. h. ›möglich‹ sein. Im Roman sehnt sich Ulrich danach, dass das Mögliche wirklich werden kann und nicht durch »Sachzusammenhänge« bestimmt oder zerredet wird. In der Auseinandersetzung mit der Mystik und der Wiederbegegnung mit seiner Schwester Agathe, in der er eine andere ›Möglichkeit‹ seiner selbst erkennt, was ihm eine »Doppelform des Erlebens« ermöglicht, ahnt er die Verbindung zum »anderen Zustand«, die flüchtige Erfahrung einer neuen Wirklichkeit, in der die Zerrissenheit der Welt aufgehoben, die Individuation zurückgenommen und Natur und Ich vereint sind.

Rezeption: Bis zur umstrittenen Neuauflage 1952 fand das schwierige Werk kaum Beachtung. Danach setzte eine intensive Auseinandersetzung ein, in der seine Bedeutung für die Entwicklung des modernen Romans gleichgesetzt wurde mit der der großen Romane von H. Broch, J. Joyce und M. Proust.

1930–1963
Bertolt Brecht

Biogr.: → 1922

Geschichten vom Herrn Keuner

Kurzprosa. Entst. 1926–56; ED: 1930 (11 Geschichten), 1932 (9 Geschichten), 1948 (Auswahl von 39 Geschichten), 1953 (Auswahl von 22 Geschichten), 1957 (Auswahl von 7 Geschichten), 1963 (23 Geschichten).

Die im Verlauf von 30 Jahren entstandenen 87 *Keuner*-Geschichten – nur wenige sind exakt datierbar, die letzten stammen aus dem Nachlass – sind literarische Kommentare des »marxistisch bewußten« (J. Knopf) B. zu seinen jeweiligen Werken in ihrer Zeit. Der Name Keuner könnte von griechisch *koinos* (›das Allgemeine‹, ›das alle Betreffende‹) oder von dem Wort

›keiner‹ abgeleitet sein und bezeichnet ›den Denkenden‹. Keuner ist keine konkrete Person, sondern eine Denkfigur, ähnlich den eine Haltung personifizierenden Bühnenfiguren in B.s Lehrstücken (vgl. → *Die Maßnahme*, 1931), die einfühlende Identifikation verhindern und zur Reflexion anhalten sollen; als solche tritt »Herr Keuner« ab 1930 von der Bühne in die erzählende Prosa über.

Der Reiz der Geschichten liegt in ihrer zugespitzten Kürze (z. B. *Mühsal der Besten*), wobei die Pointen aus verknappten, umgangssprachlichen Dialogen (z. B. *Das Wiedersehen*) sowie aus überraschenden, dialektischen ›Lehren‹ (z. B. *Wenn die Haifische Menschen wären*) bestehen. Keuner argumentiert dabei nicht, sondern zeigt auf: Er ist nie im Einverständnis mit seinem Gegenüber, sondern stößt es – die Sprache kritisch bzw. wortspielend gegen den Strich bürstend – zum Nachdenken an, ohne das Ergebnis auszusprechen (z. B. *Verlässlichkeit*). Diese Methode schließt Vieldeutigkeit und sogar Missverständlichkeit nicht aus, wie gerade an den berühmt gewordenen Geschichten (z. B. *Wenn Herr K. einen Menschen liebte*, *Maßnahmen gegen die Gewalt*, *Der hilflose Knabe*) zu sehen ist. Doch dieses Risiko gehörte zu B.s politischer Didaktik, die das Nachbeten von Dogmen verpönen wollte.

Rezeption: Die *Keuner*-Geschichten entwickelten sich, nicht zuletzt wegen ihrer pointierten Kürze, zu B.s bekanntesten Prosatexten. B. schrieb mit den *Kalendergeschichten* (1948/49) und *Me-ti* (postum 1965) weitere lehrhafte Kurzprosa.
Weiteres Werk: → *Die Maßnahme* (Lehrstück, 1931).

1931
Bertolt Brecht

Biogr.: → 1922

Die Maßnahme

Lehrstück. Entst. ab 1930; UA: 13.12.1930 (2. Fassung) in Berlin, mit der Musik von H. Eisler. ED: *Versuche* (1930); 3. (stark veränderte) Fassung: 1931 (gilt als genuine Fassung); es existieren noch 2 weitere Varianten.

›Lehrstücke‹ nannte B. seine kurzen Dramen der Jahre 1929–31 (z. B. *Das Badener Lehrstück vom Einverständnis*, *Der Jasager und der Neinsager*, *Die Ausnahme und die Regel*, *Die Rundköpfe und die Spitzköpfe*): Es sind Stücke, die nicht für ein Publikum, sondern als ›Lernstücke‹ für (Laien-)Schauspieler geschrieben sind, damit diese durch das ›Einnehmen von Haltungen‹ jenen Erkenntnisprozess spielend erfahren, den die Zuschauer B.s neuer Theaterkonzeption (›episches Theater‹) zufolge durch eine veränderte Spielweise erlangen sollen.

In der *Maßnahme* ging es dem zum Marxisten (nicht aber zum Parteikommunisten) gewordenen B. einerseits darum »politisch unrichtiges Verhalten zu zeigen und dadurch richtiges Verhalten zu lehren«, zum anderen aber auch um die Reflexion, »ob eine solche Veranstaltung politischen Lehrwert hat« (B.). So betrachtet ist das brisante (und auch der KPD seinerzeit nicht willkommene) Stück nur eine Art Auftakt zu einer (nicht entschiedenen) Diskussion, die weiterzugehen habe als bis zur Erörterung der gezeigten Handlung: Vier kommunistische Agitatoren rechtfertigen in einem Spiel im Spiel, warum sie einen jungen, irrenden Genossen aus Parteiräson erschossen haben und dieser am Ende damit auch einverstanden war. Wichtig ist: Es geht nicht um individuelle Personen, sondern um die Verkörperung eines revolutionären Zielkonflikts zwischen spontaneistisch-gefühlsbetontem und reflektiertem Handeln, was mehr ist als der Konflikt zwischen Individuum und Partei.

Rezeption: Das Stück ist (v. a. in der Zeit des Kalten Krieges) das am heftigsten umstrittene Werk B.s: »Die Diskussion um das Stück ist beinahe schon das Stück selbst geworden« (J. Knopf). B., H. Eisler und die B.-Erben erließen nach 1933 ein Aufführungsverbot. H. Müller knüpfte mit seinem Stück *Mauser* (1975) an die Thematik an.

Weitere Werke: *Die heilige Johanna der Schlachthöfe* (Drama, 1932), *Der Dreigroschenroman* (1934), *Die Rundköpfe und die Spitzköpfe* (Drama, 1936), → *Furcht und Elend des Dritten Reiches* (Szenenfolge, 1938/45).

1931

Ödön von Horváth

Biogr.: → 1930

Geschichten aus dem Wiener Wald

UT: *Volksstück*

Schauspiel. Entst. 1930; UA: 2.11.1931 in Berlin. BA: 1931.

Marianne, ein Mädchen aus der Wiener Vorstadt, soll auf Verlangen des autoritären Vaters den Fleischhauer Oskar, heiraten. Sie aber liebt Alfred, einen in dunkle Geschäfte verwickelten, gewandten Nachbarn, zieht zu ihm und wird vom Vater verstoßen. Das gemeinsame Kind bringt Alfred zu seiner Großmutter, die es – um Alfred nicht an Marianne zu verlieren – sterben lässt. Aus wirtschaftlicher Not, von Alfred enttäuscht, tritt Marianne als Nackttänzerin in einem Kabarett auf. Nach einem Diebstahl landet sie im Gefängnis, wo sie vom Tod ihres Kindes erfährt. Ohne Perspektive kehrt sie zum Vater zurück, wird, da das Kind kein Hindernis mehr ist, von Oskar geheiratet und »den langsamen Tod in der Ehe« (Tr. Krischke) sterben.

In diesem Anti-Volksstück sprechen die handelnden Personen keinen Dialekt, sondern ein dialektgefärbtes Hochdeutsch, das durchsetzt ist mit Floskeln, Klischees und unverstandenen Wendungen – von H. »Bildungsjargon« genannt. Diese Sprache signalisiert, dass die Menschen nicht mehr sozial verwurzelt sind, sondern in einer Wirklichkeit leben, hinter deren Fassade aus kleinbürgerlicher Moral, sexistischer Gewalt und verlogener Gemütlichkeit sich Egoismus und Brutalität verbergen. Mariannes Versuch, in die-

ser Welt ihr Glück zu finden, muss scheitern, da zum Selbstverständnis dieses Kleinbürgertums die Unterdrückung der Frau gehört.
Im ›Volksstück‹ *Kasimir und Karoline* (1932) sind ein arbeitsloser Chauffeur und seine Braut Opfer der ökonomischen Verhältnisse im Kampf um ein lebenswertes, materiell abgesichertes Dasein, ausgerechnet vor dem Hintergrund des Münchner Oktoberfestes als Inbegriff bürgerlich-sorgloser Lebensfreude.

Rezeption: Das Werk war H.s erfolgreichstes Bühnenstück. Wegen seiner Desillusionierung des ›Wienerischen‹ blieb es dort auch nach 1945 oft umstritten. ■ R: E. Neuberg (1957), R. M. Schell (1979).
Weitere Werke: *Glaube Liebe Hoffnung* (Schauspiel, 1936), → *Jugend ohne Gott* (Roman, 1937).

1931
Erich Kästner

* 23.2.1899 in Dresden. Nach dem Militärdienst (1917–18) Studium (Germanistik u. a.) in Rostock, Berlin und Leipzig, Promotion 1925; danach Journalist und freier Schriftsteller, lebte ab 1927 in Berlin, ab 1945 in München. Trotz Publikationsverbot (1933) blieb K. in Deutschland; 1957 Büchner-Preis. † 29.7.1974 in München. Gedenkstätten: Dresden (D, M), München (G, M).

Fabian

UT: *Die Geschichte eines Moralisten*

Roman.

Jakob Fabian, ein 32 Jahre alter Werbetexter, herzkrank, promoviert und alsbald arbeitslos, flaniert durch das Berlin um 1930, auf der vergeblichen Suche nach einer festen Orientierung. Er findet sie nicht im Vernunftidealismus seines akademischen Freundes Labude, nicht im Zynismus des Wirtschaftsjournalisten Malmy, nicht in der Liebe zu seiner Freundin Cornelia (die ihn aus Karrieregründen verlässt), nicht in der Aufforderung, sich politisch zu engagieren (wobei Nazis und Kommunisten für ihn gleichermaßen verrannt sind), weil er überzeugt ist: »Was nützt das göttlichste System, solange der Mensch ein Schwein ist?« So bleibt sein Streben, »die Menschen anständig und vernünftig zu machen« (5. Kapitel) eine Illusion, sein Handeln beschränkt sich darauf, räsonnierend und moralisierend dem unmoralischen »Panoptikum der Gier und der Dummheit« (H. Mayer) in der Großstadt Berlin zuzusehen. Er hält sich dabei ›frei‹ und ›rein‹ (und macht doch mit) – nur als er am Ende aktiv wird und ein Kind vor dem Ertrinken retten will, geht er unter: »Er konnte leider nicht schwimmen.«
K., von R. Neumann nicht unzutreffend »halb ein Bürgerschreck und halb ein erschrockener Bürger« genannt, hatte sich bereits mit dem Gedichtband *Herz auf Taille* (1928) einen Namen als Schriftsteller der → *Neuen Sachlich-*

keit gemacht. Schon dort hatte er auf eine kabarettistisch-satirische Art, aber auch mit Sympathie, die Probleme und Schwächen der kleinen Leute in der großen Stadt thematisiert. Als entschiedener Pazifist trat er dabei gegen den wieder erstarkenden Militarismus in der Weimarer Republik auf (z. B. *Kennst du das Land, wo die Kanonen blühn*, 1928; *Verdun, viele Jahre später*, 1931).

Rezeption: Der sogleich vergriffene Roman war von Anfang durchaus nicht unumstritten: Er liefert ein zeitkritisches Bild, ohne in der Kritik gezielt die heraufziehende Gefahr des Nationalsozialismus zu verdeutlichen.

Weitere Werke: *Emil und die Detektive* (1929), *Das fliegende Klassenzimmer* (1933), *Das doppelte Lottchen* (1949) und weitere sehr erfolgreiche, vertonte (z.T. mit K. selbst) und mehrfach verfilmte Kinderbücher; *Herz auf Taille* (Gedichte, 1928), *Lyrische Hausapotheke* (Gedichte, 1935), *Die Schule der Diktatoren* (Komödie, 1949), *Als ich ein kleiner Junge war* (Erinnerungen, 1957), *Notabene 45* (Tagebuch, 1961).

1931
Ernst Ottwalt

* 13.11.1901 in Zippnow (Pommern) als E. Gottwalt Nicolas. 1919/20 Mitglied eines antirevolutionären Freikorps, Jurastudium in Jena (1921–22, abgebrochen); im Verlaufe der 1920er Jahre Übertritt zur KPD und Mitglied im BPRS. 1933 Flucht nach Moskau, 1936 wegen ›politischer Verbrechen‹ verhaftet und nach Sibirien deportiert. † 24.8.1943 in Archangelsk (sowjet. Straflager), 1953 rehabilitiert.

Denn sie wissen, was sie tun

UT: *Ein deutscher Justiz-Roman*

Roman.

O. schildert den Werdegang des Landgerichtsrats Friedrich Wilhelm Dickmann: Sohn eines Landgerichtsdirektors, Leutnant im Weltkrieg, Jurastudium und Corpsstudent, Verführung einer Minderjährigen (die an der Abtreibung stirbt), Teilnahme am Kapp-Putsch 1920 und Beteiligung an der Erschießung von gefangenen Spartakisten, Freispruch und danach Referendar, Liaison mit einer liberalen Jüdin, Assessor und schließlich Strafrichter, der hohe Strafen verhängt, darunter die Todesstrafe. Der Vorwurf lautet: Diese Dickmanns sind nicht einfach borniert, sondern als »Produkt von Erziehung, Kaste und System« (K. Tucholsky) und alarmiert durch den Gang der Geschichte, wissen sie genau, was sie (für den ›Staat‹ und gegen die Republik) tun.

Die Biographie ist fiktiv, die Justizfälle sind zeitgenössische Tatsachen, die O. mit der Vita Dickmanns verwoben hat. Herausgekommen ist ein ›Über-Realismus‹, wie ihn auch H. Mann im → *Untertan* (1918) praktiziert hatte, mit dem Unterschied, dass bei O. nicht Satire, sondern eine gesellschaftskritische literarische Reportage bzw. ein Tatsachenroman (→ *Neue Sachlich-*

keit) das Ziel ist. O. steigert damit die publizistische Justizkritik, in der ihm die Zeitschrift *Die Weltbühne* sowie die Dokumentationen von E. J. Gumbel (*Vier Jahre politischer Mord*, 1922) und E. Fraenkel (*Zur Soziologie der Klassenjustiz*, 1927) vorausgegangen waren.

Rezeption: O.s Werk, »das bedeutendste Werk aktueller Justizkritik in der Literatur der Weimarer Republik« (Kl. Petersen), hatte bis 1933 eine Auflage von 10 000 Exemplaren. Ab 1933 verboten und nach 1945 vergessen, wurde es erst ab den 1970er Jahren wieder vereinzelt gewürdigt.

Weitere justizkritische Dramen: W. Hasenclever (*Mord*, 1926), Ö. v. Horváth: *Sladek* (1928), F. Bruckner (*Die Verbrecher*, 1929), L. Frank (*Die Ursache*, 1929), E. Toller: *Feuer aus den Kesseln* (1930).

Weiterer Roman: *Ruhe und Ordnung* (1929).

1931
Erik Reger

* 8.9.1893 in Bendorf als Hermann Dannenberger. Ab 1912 Studium (Germanistik u. a.) in Bonn, München und Heidelberg 1914–17 Kriegsdienst und engl. Gefangenschaft (bis 1919). 1919–27 Pressereferent bei den Krupp-Werken in Essen; danach Publizist und freier Schriftsteller, 1931 Kleist-Preis. 1934–35 im Schweizer Exil, danach Rückkehr, Lektor in Berlin, nach 1945 Chefredakteur des *Tagesspiegel*. † 10.5.1954 in Wien.

Union der festen Hand

UT: *Roman einer Entwicklung*

Roman.

Gestützt auf seine Insiderkenntnisse schildert R. in seinem leicht zu entschlüsselnden, ironisch »Dem Deutschen Volke« gewidmeten (Tatsachen-) Roman einen gegenläufigen Prozess, der sich zwischen November 1918 und Sommer 1928 abspielt: Auf der einen Seite steht – verdeutlicht am Beispiel des mit Modernisierungsproblemen kämpfenden Krupp-Konzerns – die rheinisch-westfälische Schwerindustrie, die sich im Zeichen der verändernden politischen Lage neu organisiert (als »Union der festen Hand«). In 5 Stationen wird diese Entwicklung als überlegener Sieg des modernen Kapitalismus – verkörpert in der Figur des Großindustriellen Wirtz (H. Stinnes) – über den Weimarer Staat und die Arbeiterbewegung dargestellt. Am Ende paktiert ein wichtiger Industrie-Flügel (Schellhase junior/Fr. Thyssen) mit dem Nationalsozialismus (»Es liegt doch an uns, ihre Phrasen zu biegen.«) Auf der Gegenseite steht der Kranführer Adam Griguszies, der als aufrechter Spartakist und Betriebsrat beginnt, dann aber, enttäuscht vom Opportunismus der Gewerkschaft und der Kommunisten sowie getrieben vom Aufstiegsehrgeiz seiner Frau, klein beigibt und resigniert.

R.s Aufklärung über das zynische Machtkalkül der ›Wirtschaft‹ ist in ihrer authentischen Detailechtheit ohne Beispiel, dabei dem Stil der → *Neuen Sachlichkeit* verpflichtet und beschränkt auf eine Faktizität, »der überhaupt keine politische Aktion mehr entspricht« (W. Benjamin). Sein Urteil über die Widerstandskraft des Proletariats, organisiert in SPD, Gewerkschaft und KPD, ist vernichtend.

Rezeption: Der Roman erreichte bis 1933 eine 2. Auflage mit insgesamt 10 000 Exemplaren; er blieb nach 1945 bis in die 1970er Jahre vergessen. 🎬 R: Cl.-P. Witt (1979).

Weiterer Roman: *Das wachsame Hähnchen* (1932).

1931
Gabriele Tergit

* 4.3.1894 in Berlin als Elise Hirschmann. Ab 1919 Studium (Geschichte, Philosophie) in Berlin, Frankfurt/Main u. a., Promotion 1925. Ab 1920 freie Mitarbeiterin bei Berliner Tageszeitungen und ab 1923 Gerichtsreporterin; lebte ab 1933/35 im Exil in Prag und Palästina, ab 1938 in London (ab 1948 mit brit. Staatsbürgerschaft). 1957–81 Sekretärin des PEN-Zentrums dt.sprachiger Autoren im Ausland. † 25.7.1982 in London.

Käsebier erobert den Kurfürstendamm

Roman.

Schon mit ihren Gerichtsreportagen aus dem Moabiter Armenmilieu hatte T. ihren scharfen Blick für die sozialen Widersprüche in der Großstadt Berlin bewiesen. Ihr Romanerstling ist ein Berlin-Roman, der nie aus dem Schatten von A. Döblins → *Berlin Alexanderplatz* (1929) herausgekommen ist: Käsebier ist ein Volkssänger aus der Hasenheide, der von der Presse aus Profitgier in einer beispiellosen Kampagne als Medienstar aufgebaut wird und, ehe er wirklich den Kurfürstendamm erobern kann, wieder fallen gelassen wird und als Provinzsänger in der Versenkung verschwindet.

Der Roman ist die »Geschichte eines Berliner Ruhms« (T.), der hektischen Unterhaltungsindustrie in den letzten Jahren der Republik, ihrer Betreiber und Opfer in einer Stadt mit ihrer »Luft aus Freiheit, Frechheit und Benzin.« T. zeigt in diesem »Endzeitszenario« (L. Schüller) an einer Vielzahl unterschiedlichster Männer und – zugespitzt – Frauen die völlige Desillusionierung über ein moralisch verantwortliches Subjekt-Sein. Das ist nicht zynisch, sondern provokativ gemeint (→ *Neue Sachlichkeit*) und macht den Roman »zu einem sperrigen Dokument«, mit dem T. »weder die damaligen noch die zeitgenössischen Diskurse über ›Großstadt‹ und ›Moderne‹ bzw. über ›Frauenliteratur‹ und ›weibliche Schreibweise‹« (I. Stephan) bediente.

Rezeption: Bis 1933 wurden 5000 Exemplare verkauft, danach gerieten Roman und Autorin in Vergessenheit. Neuauflage: 1977 u.ö.
Weitere Werke: *Effingers* (Roman, 1951), *Etwas Seltenes überhaupt* (Erinnerungen, 1983).

1931
Kurt Tucholsky

Biogr.: → 1928

Schloß Gripsholm

UT: *Eine Sommergeschichte*

Roman. ED: *Berliner Tageblatt* (1931); BA: 1931.

Wie schon zuvor die Erzählung *Rheinsberg* (1912) ist dieser einzige Roman T.s eine Idylle vom ›kurzen Glück‹ einer ungewöhnlichen Liebe – ungewöhnlich: da ohne Eheversprechen und zeitweilig sogar zu dritt; Liebe: da gemeinsam geteilt und ohne Anspruch auf Besitz und Dauer. Der T. ähnelnde Ich-Erzähler Peter und seine Freundin Lydia, emanzipierte Privatsekretärin und ›Prinzessin‹ genannt, urlauben einige Wochen im schwedischen Schloss Gripsholm »und baumelten mit der Seele.« Erst nur zu zweit, dann zu dritt mit dem Freund Karlchen, danach zu dritt mit Lydias Freundin Billie – nichts kann die liebevolle Eintracht stören, wenigstens nicht aus Sicht des Erzählers. Soweit die Idylle. Dann aber holt die lieblose Realität das Paar in Gestalt einer autoritären (deutschen) Heimleiterin ein, die in der Nachbarschaft die ihr anvertrauten Kinder – nicht zuletzt aus sexueller Frustration – tyrannisiert. Eines ihrer Opfer, die kleine Ada, kann das Paar befreien und der ahnungslosen Mutter zurückgeben.
So stehen sich in dieser Liebesgeschichte, die eine solche nicht sein kann, die Moral der freien Liebe und ihr ›Gegenpol‹, die Moral verklemmter Macht, gegenüber. Zugleich zeigt sich die Unmöglichkeit einer Flucht in die Idylle angesichts einer Gegenwart, in der sich in Deutschland eine inhumane Zukunft abzeichnet: Einen anderen Ausweg als den für 5 Wochen gibt es nicht.

Rezeption: Der Roman war und ist ein großer Publikumserfolg. 🎭 M. Trautwein (UA: 30.11.1963). 🎬 R: K. Hoffmann (1963), R: X. Koller (2000).

Facetten der Provinzliteratur

Dass die Großstadt des 20. Jh. in Deutschland, oft formelhaft mit Berlin gleichgesetzt, der »Ort der Moderne« (G. Simmel) ist, fand immer wieder Bestätigung und hat dazu geführt, ihr das ›Land‹ bzw. die ›Provinz‹ als Antipoden, d. h. als Ort der Antimoderne, der Tradition bzw. gar als Ort der Bodenständigkeit, der Heimat und der noch intakten bäuerlichen Welt entgegenzusetzen. Für einen Teil der Provinzliteratur seit dem → *Naturalismus* galt diese Opposition unter den Parolen »Los von Berlin« bzw. »Aufstand der Landschaft gegen Berlin« (W. Stapel, 1930) unbedingt: Als sog. HEIMATKUNSTBEWEGUNG, bald auch als völkisch-nationale ›BLUT- UND BODENLITERATUR‹ gegen die großstädtische ›Asphaltliteratur‹ und den ›Cri de Berlin‹ antretend, führte diese Literatur vom ›gesunden‹ Leben auf heimatlicher Scholle geradewegs zu einem ›Schrifttum‹, das ab 1933 von der NS-Kulturpolitik favorisiert wurde. Ihre Hauptvertreter waren: H. Fr. Blunck, H. Burte, Fr. Griese, H. Grimm, E. G. Kolbenheyer, A. Miegel, W. Schäfer, H. Stehr, W. Vesper, K. H. Waggerl u. a. Ein weiterer Schauplatz der Kontroverse zwischen ›Berlin‹ und der ›Provinz‹ war die 1926 gegründete Sektion für Dichtkunst in der Preußischen Akademie der Künste mit ihrem Streit darüber, wer hinzugewählt und welches Gewicht die Berliner Autoren haben sollten.

Die provinzielle Welt des angeblich Heilen wurde bei ganz anderen Schriftstellern jedoch als Ursprung von Rückständigkeit und kommendem Unheil dargestellt. Hier traten Autoren auf, die wie z. B. O. M. Graf die Selbstbezeichnung ›Provinzschriftsteller‹ progressiv begriffen und mit ihrem Werk ein GENRE ZEITKRITISCHER ROMANE UND STÜCKE verstärkten, dessen Spezialität volks- und alltagsnahe ›ländliche Sachen‹ waren. In dieser Provinzliteratur reden die Protagonisten nicht nur häufig ihren Dialekt, hier findet sich auch eine genaue Protokollierung dessen, was bei den Menschen auf dem Lande und in der kleinen Stadt ›normal‹ war: soziale Kontrolle, reaktionäres Denken, Antisemitismus, politischer Opportunismus, Unmoral, Ausbeutung und nicht zuletzt ein Konformismus, der dem Nazismus den Boden bereitete. In diesem Sinne ist die Provinzliteratur ein ebenso genauer wie aufschlussreicher Spiegel der Zeit wie der zeitgenössische Großstadtroman. Die wichtigsten ERZÄHLWERKE dieser zeitkritischen Provinzliteratur der Weimarer Republik sind: J. Roth: *Das Spinnennetz* (1923), L. Frank: *Das Ochsenfurter Männerquartett* (1927), H. Fallada: *Bauern, Bonzen und Bomben* (1929), O. M. Graf: *Kalender-Geschichten* (1929), L. Feuchtwanger: → *Erfolg* (1930), Ö. v. Horváth: *Der ewige Spießer* (1930), E. Penzoldt: *Die Powenzbande* (1930), M. Fleißer: *Mehlreisende Frieda Geier* (1931), K. J. Hirsch: *Kaiserwetter* (1931), E. Reger: *Das wachsame Hähnchen* (1932), A. Scharrer: → *Maulwürfe* (1933). Die Provinz als Ort des rückschrittlich Provinziellen ist auch das Thema einer Reihe von Schauspielen, die das Genre der VOLKSSTÜCKE begründeten: C. Zuckmayer: → *Der fröhliche Weinberg* (1925), M. Fleißer: → *Fegefeuer in Ingolstadt*; *Pioniere in Ingolstadt* (1926; 1928), Ö. v. Horváth: → *Italienische Nacht* (1930), *Glaube, Liebe, Hoffnung* (1936).

1931–1932
Hermann Broch

* 1.11.1886 in Wien. Ausbildung zum Textilingenieur, 1907 Eintritt in die Spinnfabrik seines Vaters, die er von 1915–27 leitete. 1925–30 abgebrochenes Studium (Philosophie, Mathematik) in Wien; ab 1927 freier Schriftsteller in Wien und Tirol. Ab 1938 Exil in den USA (New York, Princeton, New Haven). † 30.5.1951 in New Haven (Connecticut). Gedenkstätte: Killingworth (G).

Die Schlafwandler

Romantrilogie: *1888. Pasenow oder die Romantik* (1931); *1903. Esch oder die Anarchie* (1931); *1918. Huguenau oder die Sachlichkeit* (1932).

Die drei Teile des Romans spielen zu Beginn (1888), in der Mitte (1903) und am Ende der Regierungszeit Wilhelms II. und stellen exemplarisch die »Stationen eines kulturellen Zerfallsprozesses« (P. M. Lützeler) eines christlich begründeten, in sich geschlossenen Weltbildes dar. Die daraus resultierende Orientierungslosigkeit (Partialisierung, Bewusstsein der Leere, Suche nach Ersatz) sowie den Schwebezustand zwischen ›Noch-nicht-Wissen‹ und ›Schon-Wissen‹ nennt B. »Schlafwandeln«. Im 1. Teil der Trilogie zeigt B. mit der Figur des preußischen Leutnants von Pasenow – beispielhaft für seine Zeit – wie sinnentleerte Traditionen, überlebte militärische und patriotische Prinzipien, als Ersatz für eine ehemals verbindliche, aber nicht mehr existierende Wertordnung dienen müssen. Sie bieten vordergründig Halt, führen aber zur seelischen Erstarrung. Die Zeit, in der das möglich ist, bezeichnet B. als »Romantik«. Im 2. Teil schildert er, wie ein rheinländischer Kleinbürger, der Buchhalter Esch, zwischen der Angst vor dem Abstieg ins Proletariat und der Hoffnung auf Aufstieg in die Bourgeoisie schwankt: Es fehlt die alte, es gibt noch keine neue Wertordnung – mithin herrscht der Zustand der Anarchie. Im 3. Teil gelangt der 1917 desertierte Elsässer Huguenau durch Betrug und Mord in den Besitz der Druckerei von Esch. Er ist der moderne, an keine Moral gebundene, ›wertfreie‹, ›sachliche‹ Mensch. Eingebaut in die Handlung mit vielen Parallelsträngen ist eine Essayfolge über den »Zerfall der Werte«. In einem »Epilog« äußert B. die Hoffnung auf Entstehung einer neuen Ordnung als Voraussetzung für eine neue Menschlichkeit.

Während B. für den 1. Teil die Form des traditionellen Romans beibehielt, löst sich im 2. und 3. Teil die geschlossene erzählerische Darstellung zunehmend auf (innerer Monolog, häufiger Perspektivenwechsel, Einfügung von Essays und lyrischen Passagen). In dieser Aufhebung der Formgrenzen spiegelt sich die Auflösung des traditionellen Wertesystems.

Rezeption: Der ein hohes Maß an Bildungswissen voraussetzende Roman wurde erst nach 1945, besonders nach der Herausgabe der Werkausgaben (ab 1952/74), intensiver gewürdigt.

Weiterer Roman: → *Der Tod des Vergil* (1945).

1932
Hans Fallada

* 21.7.1893 als Rudolf Ditzen in Greifswald. Ohne höheren Schulabschluss; ab 1913 Arbeit in der Landwirtschaft, 1917/19 Aufenthalt in Heilanstalten (Alkoholsucht), 1923/26 Gefängnisstrafen (Unterschlagungen). Ab 1928 u. a. Reporter und 1930–32 Lektor (in Berlin). 1933–44 freier Schriftsteller auf seinem Landgut Carwitz (Mecklenburg), danach Rückkehr nach Berlin. † 5.2.1947 in Berlin. Gedenkstätten: Carwitz (G, M), Greifswald (M).

Kleiner Mann – was nun?

Roman. ED: *Vossische Zeitung* (1932). BA: 1932.

Nach dem Erfolg seines Romans *Bauern, Bonzen und Bomben* (1931), in dem F. die politische Radikalisierung in einer norddeutschen Kleinstadt gegen Ende der Weimarer Republik geschildert hatte, beschreibt *Kleiner Mann – was nun?* das Schicksal des kleinen Angestellten Pinneberg und seiner Frau um 1930, zur Zeit der Weltwirtschaftskrise in Deutschland. Gerade verheiratet, verliert Pinneberg seine Stellung und zieht nach Berlin, wo er Verkäufer wird. Die Familie mit Kind ist zu äußerster Sparsamkeit gezwungen und muss, als Pinneberg im Konkurrenzkampf mit anderen Verkäufern entlassen wird, in eine Gartenlaube ziehen – eine neue Stelle findet er nicht. Allein seine Frau und das Glück in der kleinen Familie bewahren ihn davor, depressiv zu werden.

F., der »Chronist der Arbeitslosigkeit« (J. Seyppel), zeigt, wie Pinneberg – stellvertretend für ein Heer von Angestellten – den Abstieg in die wirtschaftliche Not erlebt und zu welcher Entwürdigung Arbeitslosigkeit führt. F. wurde vorgeworfen, er habe seine scharfsichtige Darstellung der desolaten wirtschaftlichen und sozialen Lage nicht mit der Forderung nach radikaler politischer Veränderung verbunden, sondern sei dem Konflikt durch Flucht in die private Idylle ausgewichen. Dem wurde entgegengehalten, dass der neusachliche Erzählgestus (→ *Neue Sachlichkeit*) vorhandene Positionen vorführe, nicht aber bewerte – trotzdem sei der Blick von unten und die Sympathie mit den sozialen Verlierern unverkennbar.

Rezeption: Der Roman wurde zu einem Welterfolg (Übers. in mehr als 20 Sprachen). 🎬 R: Fr. Wendhausen (1933), R: H.-J. Kasprzik (1967, TV), R: P. Zadek (1973, TV).

Weiterer Roman: → *Wer einmal aus dem Blechnapf frißt* (1934).

1932
Gerhart Hauptmann

Biogr.: → 1888

Vor Sonnenuntergang

Schauspiel (Prosa). Entst. 1928–31. UA: 16.2.1932 in Berlin. BA: 1932.

Der verwitwete, 70-jährige Unternehmer Geheimrat Matthias Clausen liebt die junge Inken Peters, Tochter seines Gärtners, die seine Liebe leidenschaftlich erwidert, und möchte sie nach Verkauf der Firma heiraten, um mit ihr ein neues Leben zu beginnen. Da sie den Verlust des großen Erbes befürchten, versuchen Clausens Kinder daraufhin, den Vater entmündigen zu lassen, womit sie ihn in den Tod treiben. Mit Clausen stirbt ein Repräsentant des gebildeten Besitzbürgertums, das Geist und Geschäft nicht als Gegensätze, sondern als Verpflichtung dazu betrachtete, beide harmonisch zu verbinden: Weil Clausen – von H. mit auffälligen Parallelen zu Goethe dargestellt – fühlt, wie überholt dieses Ideal geworden ist, versucht er – realitätsfern – ein neues Leben mit der um 50 Jahre jüngeren Inken zu beginnen.

Die Welt des vom klassischen Humanismus geprägten Bürgertums wird zerstört, der Geist wird vom Geschäft (Profit- und Habgier) verdrängt. Im Titel drückt sich Resignation darüber aus – dass die Bedrohung des humanistischen Geistes v. a. durch die politische Entwicklung der Zeit (ein Jahr vor Hitlers Machtantritt) immer deutlicher wurde, berücksichtigte H. allerdings nicht. Der Titel nimmt außerdem Bezug auf H.s erstes Drama (→ *Vor Sonnenaufgang*, 1889), so als wolle der Autor signalisieren, dass er damit sein bisheriges dramatisches Werk abschließt.

Rezeption: Den anhaltenden Bühnenerfolg verdankt das Stück insbesondere der von Schauspielern sehr begehrten Rolle des Clausen. ■ R: G. Reinhardt (1956), O. Döpke (1970, TV); *Der Herrscher* (R: E. Jannings/V. Harlan, 1935).

Weitere Werke: *Die Atriden-Tetralogie* (Tragödien: *Iphigenie in Delphi*, 1941; *Iphigenie in Aulis*, 1943; *Agamemnons Tod*, 1947; *Elektra*, 1947), Gesamtausgabe: 1949.

1932
Irmgard Keun

* 6.2.1905 in Berlin. Nach Schauspielausbildung (ab 1921) und kurzen Engagements freie Schriftstellerin in Berlin. 1933 Verbot ihrer Bücher, 1936–40 Emigration (Belgien, Frankreich, Niederlande), 1940 Rückkehr nach Deutschland mit gefälschten Papieren. † 5.5.1982 in Köln.

Das kunstseidene Mädchen

Roman.

Die 18-jährige Doris, soeben gekündigte Stenotypistin aus Köln, ist ein »Mädchen, das weiter will und Ehrgeiz hat«: Sie wechselt nach Berlin mit

dem Ziel, ein »Glanz«, d. h. ein Filmstar zu werden. Dazu geht sie auf Männerfang, um sich aushalten zu lassen, betrügt hochstaplerisch, wird selbst betrogen und sinkt beim ersehnten »Aufstieg, der eher einer Flucht vor dem Abstieg gleicht« (U. Krechel), schließlich zur Obdachlosen herab, in der vagen Hoffnung auf Rettung durch einen ehemaligen Liebhaber.
K. lässt diesen Gang der Handlung als fortlaufenden Tagebuchtext von Doris erzählen, jeweils auf der Höhe der einzelnen Stationen, als scheinbar naive Mitteilung und als Reflexion. Diese Fiktion ist in ihrer Doppelbödigkeit die eigentliche Pointe des Romans: Sie erlaubt das authentische Bewusstseinsprotokoll (→ *Neue Sachlichkeit*) einer weiblichen Angestelltenmentalität, des Traumes vom Höheren, der »nicht Gehalt, sondern Glanz« (S. Kracauer) beinhaltet, d. h. die Wonnen der Populärkultur (Kino, Mode, Warenwelt), imaginiert als das süße Leben der ›neuen Frau‹ (→ *Die ›neue Frau‹ und die Frauenliteratur*). Zugleich aber enthüllt die Inszenierung des Tagebuchs quasi als (Begleit-)Film des immer wieder enttäuschenden Lebens den kompensatorischen Zwang, das Surrogat (d. h. das ›Kunstseidene‹), und bereitet damit die Schlusserkenntnis vor: »Auf den Glanz kommt es vielleicht gar nicht so furchtbar an.«

Rezeption: Der Roman erreichte auf Anhieb eine Auflage von 50 000 Exemplaren und wurde in 16 Sprachen übersetzt. 1933–45 wurde er als ›Asphaltliteratur‹ verfemt. R: J. Duvivier (1960).
Weitere Romane: *Gilgi – eine von uns* (1931), → *Nach Mitternacht* (1937).

1932
Joseph Roth

Biogr.: → 1930

Radetzkymarsch

Roman. ED: *Frankfurter Zeitung* (1932). BA: 1932.
R. verknüpft das Schicksal der Donaumonarchie, die bei Solferino 1859 eine empfindliche Niederlage hinnehmen musste, danach durch den wachsenden Nationalismus in ihren Teilstaaten bedroht wurde und am Ende in der Katastrophe des Ersten Weltkrieges unterging, mit der Geschichte der fiktiven Familie Trotta, die über drei Generationen erzählt wird: Der erste Trotta rettet 1859 das Leben des Kaisers und wird dafür als ›Held von Solferino‹ geadelt. Der Sohn wird ein pflichtbewusster, dem Kaiser ergebener Bezirkshauptmann: Vor seinem Amtssitz wird jeden Sonntag der Radetzkymarsch – die »Marseillaise des Konservativismus« (R.) von 1848 – gespielt, ein Leitmotiv des Romans. Der schwächliche Enkel, fixiert auf den Großvater und die stolze Vergangenheit, sieht für sich und den Staat keine Zukunft mehr. Er fällt in den ersten Tagen des Weltkrieges, sein Vater stirbt 1916: am Tage der Beisetzung des alten Kaisers.

Der Roman, »südliche[s] und ebenbürtige[s] Pendant zu *Buddenbrooks*« (R. Baumgart), wird – im Gegensatz zur Erzählhaltung Th. Manns – bestimmt durch die Grundhaltung von Wehmut und Melancholie bei der Schilderung der Agonie Österreichs, wobei politisch-soziale Ursachen nur knapp berührt werden. R. legitimiert die alte Zeit und besonders die Figur des greisen Kaisers, der zuletzt nur noch durch seine Person die Donaumonarchie zusammenhielt – daher mag es verständlich sein, dass der ehemalige Sozialist R. bei zunehmend aggressivem Nationalismus seiner Zeit dem Vielvölkerstaat mit Sympathie nachblickte. Der Roman *Die Kapuzinergruft* (1938) setzt die Geschichte der Trottas (eines Verwandten) und des Niedergangs Österreichs bis zur gewaltsamen Eingliederung in das Deutsche Reich unter Hitler fort.

Rezeption: Erst nach dem Erscheinen der *Werke* (1956) fand der Roman eine wachsende Leserzahl. Beigetragen haben dazu auch die Verfilmungen: R: M. Kehlmann (1965), R: G. Roll/A. Corti (1994).

Weitere Romane und Erzählungen: *Stationschef Fallmerayer* (1933), *Das falsche Gewicht* (1937), *Die Legende vom heiligen Trinker* (1939).

1933
Adam Scharrer

* 13.7.1889 in Kleinschwarzenlohe bei Nürnberg. Gelernter Schlosser, 1914–18 Soldat im Ersten Weltkrieg, ab 1920 Mitglied der KAPD und Mitarbeit bei linkskommunistischen Zeitungen in Berlin. 1933 Flucht nach Prag, ab 1934 in die Sowjetunion (Ukraine); nach 1945 Redakteur in Schwerin. † 2.3.1948 in Schwerin (G).

Maulwürfe

UT: *Ein deutscher Bauernroman*

Roman. ED: Prag 1933, Zürich 1948.

Sch. hatte schon in seinem Antikriegsroman *Vaterlandslose Gesellen* (1930) eine proletarische Perspektive zur Geltung gebracht. Damit unterschied er sich nicht nur von der patriotischen Kriegsverherrlichung, sondern auch von den den Krieg verurteilenden Romanen (z. B. E. M. Remarque: → *Im Westen nichts Neues*, 1928) u. a., die im Lob der Kameradschaft dem Krieg noch etwas Positives abgewinnen konnten. Auch mit *Maulwürfe* legte Sch. alles andere als einen ›deutschen Bauernroman‹ in der Manier der sog. Blut- und Bodenliteratur vor (→ *Facetten der Provinzliteratur*). Vielmehr ist sein Roman – die Ich-Erzählung des fränkischen Kleinbauern Georg Brendl – die Geschichte des zähen Existenzkampfes von Kleinbauern und dem Landproletariat in der Provinz vom Ende des 19. Jh. bis zum Machtantritt der Nationalsozialisten 1933: »Wie a Maulwurf wühlt der Bauer si ei in sei

Fleckl Erdbudn«. Es handelt sich um einen Kampf gegen Großbauern, gegen die Folgen des Ersten Weltkrieges und v. a. um eine anschaulich-kritische Auseinandersetzung mit dem Nationalsozialismus, der schon vor 1930 auf dem Lande wachsenden Zulauf hatte, indem er scheinsozialistisch als Fürsprecher der verelendeten Bauern auftrat.
Sch. heroisiert nicht, sondern zeigt realistisch und illusionslos die Wirklichkeit (auch wenn seine parteiungebundene sozialistische Position deutlich wird).

Rezeption: Das Buch ist ein herausragendes, fast einsames Dokument der Auseinandersetzung mit den Nazis vor der Machtergreifung (→ *Schriftsteller und Nationalsozialismus bis 1933*). Im Genre der kritischen Bauernliteratur stehen neben ihm H. Fallada (*Bauern, Bonzen und Bomben*, 1931) und A. Seghers (*Der Kopflohn*, 1933) bzw. folgen ihm O. M. Graf (*Anton Sittinger*, 1937) und (nach 1945) E. Strittmatter.
Weitere Romane: *Der große Betrug* (1932), *Der Hirt von Rauhweiler* (1942).

1933
Ernst Toller Biogr.: → 1920

Eine Jugend in Deutschland

Autobiogr. ED: Amsterdam 1933, Reinbek 1961.
T. wollte, im Augenblick des nationalsozialistischen Machtantritts (»Blick 1933«), seine Jugend aufzeichnen und damit zugleich »die Jugend einer Generation und ein Stück Zeitgeschichte dazu«. Herausgekommen ist ein selbst- und zeitkritischer Rückblick auf Chancen und Verfehlungen einer Epoche, die T. prägte und in der er zu einem »öffentlich wirkenden Menschen« wurde (→ *Autobiographien IV, 1914–50*). Das Buch eröffnete zugleich die Reihe jener kämpferischen Schriften aus dem Exil, die sich von der Hitler-Barbarei nicht zum Verstummen bringen lassen wollten: »Wer in solcher Zeit schweigt, verrät seine menschliche Sendung« (T.). Auf diese Weise wurde die Schilderung von T.s Kindheit in Samotschin, der Studentenzeit in Grenoble, der Kriegsteilnahme (bis 1917), der Wandlung zum Pazifisten und seiner Beteiligung an der Münchener Räterepublik (1919), die mit seiner Verhaftung und Verurteilung zu 5 Jahren Festungshaft endete, aber auch seiner Stellung zu Judentum und Antisemitismus zu einem Beispiel für eine Jugend, die sich nicht aufgibt. Dass T. 6 Jahre nach Verfassen des Textes aus Verzweiflung Selbstmord beging, ist jedoch nicht als Widerruf zu verstehen. Ein interessanter Vergleich (speziell für die Münchener Ereignisse) bietet sich mit O. M. Grafs Autobiographie → *Wir sind Gefangene* (1927) an.

Rezeption: T.s Engagement in der Münchener Räterepublik stellte T. Dorst in seinem Stück → *Toller* (1968) dar.

1933
Franz Werfel

Biogr.: → 1928

Die vierzig Tage des Musa Dagh

Roman. ED: Wien 1933.

Als die türkische Regierung unter Kemal Atatürk 1915 beschloss, die armenische Minderheit – wie es offiziell hieß – in die arabische Wüste zu deportieren, widersetzten sich etwa 5000 Bewohner einiger Dörfer und verschanzten sich auf dem Berg Musah Dagh (d. i. Berg Mosis). Nach mehreren Wochen erbitterten Widerstands gegen die Türken wurden sie von alliierten Truppen gerettet. W. begegnete 1929 Überlebenden der gegen die Armenier gerichteten türkischen Vertreibungs- und Vernichtungspolitik und beschloss, ihnen und den Millionen Toten ein literarisches Denkmal zu setzen. Zur romanhaften Konkretisierung erfand er die Figur des Gabriel Bagradian, einen zum Franzosen gewordenen Armenier, der zufällig mit Frau und Sohn in seiner Heimat weilt, als die Verfolgung seines Volkes beginnt. Er, der seinem Volk bereits entfremdet war, besinnt sich auf seine Wurzeln und wird zum Organisator des Widerstands. Dabei verliert er Frau und Sohn. Nach der Rettung der Dorfbewohner wird er am Grab seines Sohnes erschossen.

W. zeichnet ein realistisches, in der Gestaltung der Einzelschicksale beeindruckendes Bild des Geschehens, wenn auch etwas beeinträchtigt durch den breit dargestellten Prozess der Selbstfindung des Protagonisten. Schon vor W. hatte der Pazifist und Reiseschriftsteller A. T. Wegner den an den Armeniern begangenen Völkermord in *Im Hause der Glückseligkeit* (1920) und *Der Knabe Hüssein* (1921) angeklagt; nach W. griff E. Hilsenrath das Thema in seinem Roman *Das Märchen vom letzten Gedanken* (1989) auf.

Rezeption: Ab 1933 in Deutschland verboten, erlangte der Roman dank der amerik. Übers. bald Weltruhm, zumal er als Gleichnis für das Schicksal der Juden in Deutschland gesehen wurde. ■ R: S. Mouradian (1987).

Weitere Romane: → *Der veruntreute Himmel* (1939).

1933–1935*
Gertrud Kolmar

* 10.12.1894 in Berlin als G. Chodziesner. Nach ihrer Ausbildung als Sprachlehrerin (1916/17) Tätigkeit als Erzieherin (1919–27), danach Pflegerin der Eltern; ab 1941 Zwangsarbeit in einer Fabrik, Deportation nach Auschwitz am 2.3.1943. † 1943 auf dem Weg nach bzw. in Auschwitz.

Das Wort der Stummen; Robespierre

Gedichtzyklen. Entst. 1933–35, ED: 1955 (*Robespierre*); Gesamtausgabe: 1978 (*Das Wort der Stummen*).

K. gilt heute neben E. Lasker-Schüler und N. Sachs als bedeutendste jüdische Lyrikerin in Deutschland – doch anders als diese fand sie erst sehr spät Anerkennung. Beschränkt in ihren Emanzipationsmöglichkeiten, eingeengt durch Familienrücksichten und nicht zuletzt bedroht wegen ihres Judentums blieb sie, eine Kusine W. Benjamins, letztlich ohne Kontakt zur zeitgenössischen literarischen Szene. Ihre drei zu Lebzeiten publizierten Gedichtsammlungen *Gedichte* (1917), *Preußische Wappen* (1934) und *Die Frau und die Tiere* (1938) erschienen in kleinen jüdischen Verlagen, die letzte im ›Ghetto‹ der jüdischen Literatur, die nur für Juden bestimmt war (→ *Dichtung im ›Dritten Reich‹*). Insgesamt entwickelte sich K.s Lyrik von der persönlich geprägten Anlassdichtung zur Verarbeitung der Realität, wobei die späten Gedichte diese dann als »im Gleichnis aufgehobene, erinnerte Welt« (Fr. Kemp) transzendieren.

Etwa in der Mitte stehen die beiden Zyklen *Das Wort der Stummen* (22 Gedichte)und *Robespierre* (45 balladenartige Hymnen). Der erste Zyklus ist eine kritische Auseinandersetzung mit der Gegenwart von 1918 bis 1933, insbesondere mit den ›Siegern‹ von 1933 (z. B. *Anno Domini 1933*), sowie v. a. selbstbewusster Ausdruck des Mitgefühls mit den Opfern (z. B. *Wir Juden*, *Die Kröte*, *Im Lager*). In *Robespierre* ergreift K. mit starkem Pathos und uneingeschränkter Sympathie Partei für den viel kritisierten Revolutionär und erhebt ihn – nicht ohne Bezug zur barbarischen Gegenwart – zur Symbolfigur des Widerstandes gegen Gewalt und Unrecht.

Rezeption: K. lyrisches Werk ist erst seit den Gesamtausgaben ab 1955 bekannter geworden.

Weiteres Werk: *Das lyrische Werk* (postum 1955/60), *Eine Mutter* (postum 1965, ab 1978 u.d.T. *Eine jüdische Mutter*).

Schriftsteller und Nationalsozialismus bis 1933

Das Jahr 1933 stellt in der (Literatur-)Geschichte eine Zäsur ohnegleichen dar. Der tiefe Einschnitt in Leben und Werk vieler Autoren und Autorinnen sowie in das ganze Literatursystem kam zwar jäh, aber nicht ohne Vorwarnung vonseiten derer, die die Machtübergabe an Hitler und seine Partei bekämpften bzw. befürchten mussten – ein Standpunkt, der sowohl mit der Verteidigung der Weimarer Republik als auch mit scharfer Kritik an ihren Mängeln verbunden sein konnte (→ *Schriftsteller und Weimarer Republik*). Wer aber erkannte vor 1933 das volle Ausmaß der kommenden Katastrophe, wie viele waren es und was taten sie? Im Bereich der LITERATUR erregte die nationalsozialistische Bewegung bis 1930 nur wenig Aufmerksamkeit. Herausragend sind hier lediglich E. Tollers Farce *Der entfesselte Wotan* (1923) sowie die Romane von J. Roth (*Das Spinnennetz*, 1923), L. Feuchtwanger (→ *Erfolg*, 1930) und E. Reger (→ *Union der festen Hand*, 1931) zu nennen. Das änderte sich kurz vor 1933, obwohl das geflügelte Wort von K. Kraus (»Mir fällt zu Hitler nichts ein«) weiterhin ebenso für viele sprach, wie H. Hesses Diktum (um 1932): »Ich sehe jedoch keinerlei Möglichkeit, direkt einzugreifen. Ich muß [...] mich zu der Art von Arbeit wenden, die [...] eine rein künstlerische ist.« Dabei spielte es auch eine Rolle, dass man das Hitlertum lieber totschweigen bzw. nicht durch Literatur nolens volens aufwerten wollte. Kommunistische Autoren (z. B. W. Bredel: *Rosenhofstraße*, 1931; A. Seghers: *Der Kopflohn*, 1933) umwarben dagegen aktiv zu den Nationalsozialisten verirrte Sozialisten. Andere interpretierten das Hochkommen der Braunen als Versagen der Kleinbürger (z. B. Ö. v. Horváth: → *Italienische Nacht*, 1930), als Versagen der Sozialisten (z. B. A. Scharrer: → *Maulwürfe*, 1933) oder nach dem Rot-braun-Schema (z. B. E. Kästner: → *Fabian*; 1931, H. Fallada: → *Kleiner Mann – was nun?*, 1932).

In der LITERARISCH-POLITISCHEN PUBLIZISTIK gab es eine frühzeitigere und breitere Reaktion, deren Plattform einerseits die Zeitschriften *Die Weltbühne*, *Das Tagebuch* und die *Arbeiter-Illustrierte Zeitung*, nach 1930 jedoch auch Gegenveranstaltungen zu den nationalsozialistischen Kampagnen waren. Hier sind an erster Stelle H. Manns Aktivitäten (Aufrufe, Reden) zu nennen, aber auch die von Th. Mann, Fr. v. Unruh, A. Zweig, L. Feuchtwanger, E. Mühsam u. a. sowie der *Dringende Appell* (Juli 1932) zur Bildung einer gemeinsamen Front von SPD und KPD, der von H. Mann, A. Einstein, K. Hiller, E. Toller, A. Zweig u. a. unterzeichnet worden war. Die Gefahr einer NS-Diktatur als Ende der Weimarer Republik wurde hier klar erkannt, wobei sich die Diagnosen (Ungeist, Barbarei, neuer Krieg) ebenso unterschieden wie die Prognosen, wie lange der Spuk dauern würde. Doch auch hier gab es neben hellsichtigen Analysen (z. B. E. Bloch: *Hitlers Gewalt*, 1924; E. Ottwalt: *Deutschland erwache*, 1932; B. v. Brentano: *Der Beginn der Barbarei in Deutschland*, 1932; K. Kraus: → *Dritte Walpurgisnacht*, 1934*) frühzeitig resignative Töne bzw. Resignation (wie z. B. bei K. Tucholsky): »Man legt die Hände in den Schoß und wartet auf Hitler« (A. Eggebrecht) sowie Fehleinschätzungen (wie z. B. Th. Heuss' *Hitlers Weg*, 1932).

NACH DER MACHTÜBERGABE an Hitler am 30.1.1933 gingen ins Exil: R. Neumann, W. Herzog, A. Kerr, H. Mann, W. Mehring. Nach dem Reichstagsbrand am 27./28.2.1933 und dem Beginn systematischer Verfolgung flohen u. a.: J. R. Becher, W. Benjamin, E. Bloch, B. Brecht, A. Döblin, L. Frank, G. Hermann, Ö. v. Horváth, H. Kesten, A. Kolb, S. Kracauer, E. Lasker-Schüler, E. und Kl. Mann, E. Ottwalt, Fr. Pfemfert, A. Scharrer, G. Tergit, A. Thomas, B. Uhse, A. Zweig. Von Vortragsreisen aus dem Ausland kehrten nicht zurück: L. Feuchtwanger, O. M. Graf, W. Hasenclever,

Th. Mann, J. Roth, E. Toller, E. Weinert. Bereits im Ausland lebten u. a.: V. Baum, H. Hesse, E. M. Remarque, R. Schickele, K. Tucholsky. Nach 1934 flohen u. a.: St. Hermlin, Fr. Jung, K. Pinthus, G. Kaiser, N. Sachs. Nach Verhaftung (und z.T. auch Verurteilung) ins Exil gingen u. a.: W. Bredel, K. Hiller, E. E. Kisch, W. Langhoff, L. Renn, A. Seghers. Im Konzentrationslager ermordet wurden u. a.: G. Kolmar, E. Mühsam, C. v. Ossietzky, A. T. Wegner. 1938 flohen aus Österreich u. a.: F. Bruckner, J. Roth, Fr. Torberg, St. Zweig, C. Zuckmayer.
Am 10.5.1933 kam es zu organisierten Bücherverbrennungen, bei denen namentlich u. a. die Werke von S. Freud und K. Marx, H. Mann, E. Glaeser, E. Kästner, A. Kerr, E. M. Remarque, K. Tucholsky, C. v. Ossietzky vernichtet wurden. Dagegen protestierte in dem Offenen Brief *Verbrennt mich!* O. M. Graf. A. T. Wegner schrieb am 11.4.1933 einen Protestbrief an Hitler, E. Toller an Goebbels. Bis 1939 gab es über 8000 Ausbürgerungen, darunter viele Schriftsteller, Künstler und Wissenschaftler. In Deutschland blieben, wegen bzw. trotz Hitler, Autoren und Autorinnen, die zumeist nicht an den Rang der Vertriebenen herankamen (→ *Dichtung im ›Dritten Reich‹*).

1933–1943
Thomas Mann Biogr.: → 1901, 1939

Joseph und seine Brüder

Roman-Tetralogie, entst. 1926–36, 1940–43: *Die Geschichten Jaakobs* (ED: Berlin 1933), *Der junge Joseph* (ED: Berlin 1934), *Joseph in Ägypten* (ED: Wien 1936), *Joseph der Ernährer* (ED: Stockholm 1943). Gesamtausgabe u.d.T. *Joseph und seine Brüder*: 1948.

Der lange Zeitraum der Abfassung, durchschnitten vom Gang ins Exil, die bis tief in die biblisch-mythische Vorgeschichte zurückreichende, komplexe Erzählung von der »Gründungsgeschichte der abendländischen Humanität im Judentum« (H. Kurzke) und nicht zuletzt der Riesenumfang (1810 S.n in der Taschenbuchausgabe) ließen das Werk zu einem besonderen, aber wenig gelesenen Schwergewicht der deutschen Romanliteratur werden. Man vergleiche damit das Buch *Genesis* (Kapitel 24–50) der Bibel, dessen Langfassung – äußerlich betrachtet – der Roman ist. Es geht um die Geschichte von Jaakobs Lieblingssohn Joseph, den seine neidvollen Brüder verstoßen haben und der nach Ägypten verkauft wird, wo er vom Sklaven zum mächtigen Hausverwalter aufsteigt. Als er der Verführung durch die Frau seines Herrn Potiphar widersteht, wird er verleumdet und ins Gefängnis geworfen, aus dem er sich durch seine Kunst der Traumdeutung befreien kann; vom Pharao Echnaton wird er zum Wirtschaftsminister berufen. Durch seine gerechte Güterverwaltung rettet er das Volk in den sieben ma-

geren Jahren vor dem Hunger. Schließlich versöhnt sich die Familie, als Jaakob mit seinen Söhnen nach Ägypten kommt und Joseph segnet.
Doch was sagt die bekannte Handlung über diesen Ideenroman aus, der zu Recht als ein »Meisterwerk synkretistischer Beziehungskunst« (E. Heftrich) bezeichnet worden ist? Nicht das Was des Geschehens (»die Geburt des Ich aus dem mythischen Kollektiv«, M.), ist hier entscheidend, sondern das Wie der verarbeiteten mythologischen Vorstellungen, philosophischen Konzepte und literarischen Gestaltungen vom alten Orient über das Judentum bis zum Christentum, die zudem durchsetzt sind mit Exkursen zu modernen Erkenntnissen über Mythos, Naturreligion, Vernunft und Psychoanalyse. Noch entscheidender (wie immer bei M.) ist jedoch das Wie der erzählerischen Darstellung: eine mehrfach und nicht zuletzt ironisch gebrochene Rede von der ewigen Wiederkehr in der menschlichen Geschichte, die sich zum 4. Band hin (auch unter dem Eindruck des Exils in den USA) in das Versprechen von Fortschritt (»glücklichere Ausgeglichenheit zwischen Geist und Wirklichkeit«, M.) durch vernünftige Politik wandelt.

Rezeption: Bd. 1 erreichte schon 1933 eine Auflage von 25 000 Exemplaren. Bd. 4 war in der amerik. Übers. sehr erfolgreich. ⥂ (Auszüge): *Joseph und seine Brüder, Der Erwählte und Auszüge aus anderen Romanen* (Der Hörverlag, 1998).
Weiterer Roman: → *Lotte in Weimar* (1939).

1934
Willi Bredel

* 2.5.1901 in Hamburg. Lehre als Dreher, ab 1919 Mitglied der KPD, 1923 wegen Beteiligung am Hamburger Aufstand zu 2 Jahren Haft verurteilt. Danach Arbeiterkorrespondent und ab 1928 Redakteur, 1930–32 Haft wegen ›Hochverrats‹, 1933–34 KZ-Haft, danach Flucht nach Prag, 1937–39 Teilnahme am Spanischen Bürgerkrieg, 1939–45 in Moskau, Rückkehr 1945, ab 1949 in Berlin (Ost) Kulturfunktionär, ab 1962 Präsident der Akademie der Künste. † 27.10.1964 in Berlin (G).

Die Prüfung

UT: *Roman aus einem Konzentrationslager* [nur 1934]

Roman. BA: Prag 1934, Moskau 1935, Berlin (Ost) 1946.

Der autobiographisch geprägte Roman schildert am Beispiel fiktiver Figuren das Leiden im Konzentrationslager Hamburg-Fuhlsbüttel in der Zeit von August 1933 bis März 1934: Es geht um den kommunistischen Reichstagsabgeordneten Torsten, den kommunistischen Zeitungsredakteur Kreibel (z.T. identisch mit B.), den Sozialdemokraten Dr. Koltwitz und den jüdischen Kaufmann Miesicke.
Die in ihrem unmenschlichen Alltag genau dokumentierte Haftzeit (mit den Namen der folternden Wärter und Vorgesetzten) wird von B. als Zeit

der Prüfung gedeutet, durch die sich – nach durchaus ernstem Ringen mit sich selbst – die Überzeugung des Protagonisten Kreibel festigt, weiterhin an der Seite der KPD gegen den Nationalsozialismus und seine Verbrechen zu kämpfen. Diesem operativen Ziel dient die romanhafte Gestaltung, deren dokumentarische Zeugniskraft dadurch noch überhöht wird.

Rezeption: Der Roman wurde in 17 Sprachen übersetzt und erreichte bis 1945 eine Gesamtauflage von ca. 1 Million Exemplaren. Er blieb im Westen bis in die 1970er Jahre so gut wie unbeachtet.

Weitere aufrüttelnde Berichte und Romane über die Barbarei der Konzentrationslager: BPRS (Hg.): *Hirne hinter Stacheldraht* (1934), G. Seger: *Oranienburg* (1934), W. Langhoff: *Die Moorsoldaten* (1935), A. Seghers: → *Das siebte Kreuz* (1942), Br. Apitz: → *Nackt unter Wölfen* (1958).

Weitere Romane: *Rosenhofstraße* (1931), *Verwandte und Bekannte* (1941/49/53).

1934

Hans Fallada

Biogr.: → 1932

Wer einmal aus dem Blechnapf frißt

Roman.

Durch falsche Beschuldigung zum Verlassen der Schule gezwungen und nach ungeliebter Banklehre sowie Gefängnishaft wegen Unterschlagung hat Willi Kufalt jedes Selbstwertgefühl verloren: Als Strafentlassener begegnet er nur Vorurteilen, wird von den Betreibern eines ›christlichen Heims‹ ausgebeutet, scheitert mit der Gründung einer eigenen Firma und ein erfolgversprechendes Anzeigengeschäft muss er nach falschen Beschuldigungen aufgeben. Die Rückkehr ins kleinkriminelle Milieu endet mit seiner Verhaftung und dem Gang ins Gefängnis – dorthin, wo er sich auskennt: »Fein, wenn man wieder zu Hause ist [...]. Hier hat man seine Ruhe.«

Der stark autobiographisch geprägte Roman »mit dem häßlichen Titel erzählt von einer häßlichen Welt« (H. Hesse), in der sich der Protagonist, nachdem er nur Gewalt, Erpressung und Brutalität erlebt hat, vergeblich nach Ordnung, Sicherheit und Freiheit sehnt. In dieser freud- und lieblosen Welt besteht trotz allem – und das macht F. deutlich, ohne politisch Partei zu ergreifen – die Sehnsucht nach dem Schönen und die Hoffnung auf Humanisierung. Fatalerweise erweckte F. mit einem den neuen NS-Staat hofierenden Vorwort den Anschein, dass ein entsprechender Umschwung nun gekommen sei.

Rezeption: Das Werk bestätigt F.s Fähigkeit, die Zeit der späten 1920er Jahre kritisch und zugleich einfühlsam darzustellen, erreichte aber nicht die Wirkung von → *Kleiner Mann – was nun?* (1932). 🎬 R: Fr. Umgelter (1962).

Weitere Romane: *Wolf unter Wölfen* (1937), *Damals bei uns daheim* (Autobiogr., 1941), *Jeder stirbt für sich allein* (1947), *Der Trinker* (1950).

1934
Hermann Grab

* 6.5.1903 in Prag. Aus jüd. Elternhaus stammend, studierte G. Philosophie und Musik in Prag, Wien, Berlin und Heidelberg (Promotion 1927). Bis 1939 Journalist und Musikkritiker in Prag; Flucht über Paris nach New York, dort weitere Tätigkeit als Musiklehrer. † 2.8.1949 in New York.

Der Stadtpark

Roman. Entst. 1931; ED: Wien 1934 (vordatiert auf 1935), München 1947.

»Meine Heimatstadt Prag, die Erinnerung an eine bürgerliche Kindheit, an deren Hoffnungen und Fragwürdigkeiten«, so schreibt G., hätten ihm »den äußeren Anlaß für die Fabel« gegeben. Diese Fabel – »ein Minimum an Handlung« (Kl. Mann) – ist rasch erzählt: Der 13-jährige Renato, ein sensibler Knabe aus gutbürgerlichem Hause, wächst in Prag heran, geht zur Schule, spaziert – in Begleitung seiner englischen Erzieherin – durch den Stadtpark, spielt Klavier und hat einen wenig sensiblen Freund, der sich an die von Renato still bewunderte Marianne heranmacht.

Es handelt sich um einen Roman auf der Suche nach der verlorenen Zeit der Kindheit, in der Spur der Erzählkunst M. Prousts, den G. bewunderte und über den er einen Essay schrieb. In *Der Stadtpark* deuten sich die Probleme des verfrühten Erwachsenwerdens zugleich als Verspätung einer alt gewordenen Gesellschaft an und die Erinnerung an subtil erlebte Momente des Kindes wird zur Vorausdeutung einer alles verändernden Zukunft (Krieg). So hat G., wie Th. W. Adorno in seinem Nachruf hervorhob, »den poetischen Konflikt des zarten Subjekts mit der befestigten Bürgerlichkeit nachgelebt«, zwar noch im Stile eines späten (österreichischen) Impressionismus, aber »aus dem Anachronismus ein Mittel der Verfremdung« machend.

Rezeption: G.s Roman wurde erst wieder durch die Neuausgabe von 1986 bekannt.

Weiteres Werk: *Hochzeit in Brooklyn* (Erzählungen, postum 1957).

1934
Annette Kolb

* 3.2.1870 in München. K., von dt.-frz. Herkunft, lebte als freie (zweisprachige) Schriftstellerin in München. 1917–19 Emigration als Pazifistin in die Schweiz; ab 1923 in Badenweiler lebend. 1933 Emigration nach Paris, 1940 in die USA, 1945 Rückkehr nach Paris, Badenweiler und München. † 3.12.1967 in München. Gedenkstätten: Badenweiler (M), München (G).

Die Schaukel

Roman. ED: *Frankfurter Zeitung* (1934); BA: Berlin 1934.

Mit diesem Werk setzte K. die Reihe ihrer autobiographischen Romane (*Das Exemplar*, 1913); *Daphne Herbst*, 1928) fort. Erzählt wird die Geschichte der Münchener Familie Lautenschlag und ihrer drei Töchter in den Jahren von 1914 bis 1931. Ebenso wenig geradlinig, wie deren Schicksal zwischen anspruchsvollen Lebenserwartungen und ernüchternder Realität wechselt und durch den Kontrast mit der lebenstüchtigen Nachbarsfamilie Zwinger verstärkt wird, ist die erzählerische Darbietung: Mit der Titel-Metapher ›Schaukel‹ verbindet K. das Hin- und Herschwingen erinnerter und vorausdeutender Erzählsequenzen, aber auch das Haltlose im Lebensgang der einzelnen, kunstsinnigen Familienangehörigen (wobei sich die Autorin in der jüngsten Tochter Mathias nicht ohne Ironie selbst porträtierte). Deren vielfältiges Scheitern lässt jedoch keine nostalgischen Töne im Rückblick auf die Vergangenheit zu, sondern weckt ein Bedauern über das Ende einer Kunst und Leben vermittelnden heiteren Leichtigkeit, für die die Schaukel-Metapher ebenfalls steht. Zu dieser Leichtigkeit gehört auch das noble Mäzenatentum begüterter Juden, das K. im Roman im Wirken der Baronin James und noch einmal in einer Fußnote ausdrücklich – und gegen das eben an die Macht gelangte ›Dritte Reich‹ gewendet – hervorhebt: »Wir sind heute in Deutschland eine kleine Schar von Christen, die sich ihrer Dankesschuld dem Judentum gegenüber bewußt bleibt.«

Rezeption: Die Fußnote musste in einer Nachauflage gestrichen werden. ■ R: P. Adlon (1983).

Weitere Werke: *Briefe einer Deutsch-Französin* (1916), *Memento* (Erinnerungen, 1960).

1934
Alexander Lernet-Holenia

* 21.10.1897 in Wien. Ab 1915 Teilnahme am Ersten Weltkrieg, danach freier Schriftsteller (1926 Kleist-Preis); ab 1940 nach Verwundung Chefdramaturg in der Heeresfilmstelle in Berlin. Nach 1945 lebte L.-H. abwechselnd in Wien und St. Wolfgang; 1962–72 Präsident des österr. PEN-Clubs. † 3.7.1976 in Wien (G).

Die Standarte

Roman. ED: *Berliner Illustrirte Zeitung* (1934 u.d.T. *Das Leben für Maria Isabella*). BA: 1934.

Kurz vor Kriegsende 1918 wird der junge Fähnrich Herbert Menis zum Regiment ›Maria Isabella‹ an die Front versetzt, die sich bereits kurz vor Belgrad befindet. Dort hält sich Resa Lang auf, die Menis leidenschaftlich liebt. Nachdem sein Regiment wegen Meuterei ruthenischer Truppen zusammengeschossen wurde und der Gegner im Begriff ist, Belgrad zu erobern, erhält Menis die Standarte des Regiments, flüchtet mit ihr und Resa durch die rattenverseuchten unterirdischen Gänge und Kellergewölbe Belgrads und rettet die Fahne nach Wien, um sie dem Kaiser zurückzugeben. Dieser verlässt gerade Schönbrunn, weil die Revolution ausgebrochen ist. Damit hat die Standarte – auch als Erinnerung an die Toten – ihre Funktion verloren. Der Fähnrich, ihr letzter Träger, verbrennt sie im Kamin des verlassenen Schlosses.

L.-H., wie J. Roth ein Dichter »des Finis Austriae« (R. Gruenter), lässt den Glanz des traditionsreichen Habsburger Reiches mit seiner altüberlieferten Ordnung und seiner Mannigfaltigkeit als Vielvölkerstaat auch im Untergang deutlich werden. Wehmut über den Verlust einer Welt, die sich zwar überlebt hat, die aber dennoch ein Gefühl der Leere hinterlässt, prägt die Stimmung dieses spannend erzählten Romans.

Rezeption: *Die Standarte* ist L.-H.s bekanntester Roman. ■ R: O. Runze (1977); *Mein Leben für Maria Isabell* (R: E. Waschneck, 1934).

Weitere Werke: *Ollapotrida* (Einakter, 1926), *Österreichische Komödie* (1927), *Die Goldene Horde* (Lyrik, 1935), *Der Baron Bagge* (Erzählung, 1936), *Ein Traum in Rot* (Roman, 1939).

1934*

Karl Kraus Biogr.: → 1918–19

Dritte Walpurgisnacht

Essay (Fragment). Entst. Mai 1933–Sept. 1933; Teilabdruck.: *Die Fackel* (Nr. 890–905, 1934, u.d.T.: *Warum die Fackel nicht erscheint*). BA: 1952; KA: 1989.

Als Hitler am 30.1.1933 die ihm angebotene Macht ergriff, kam von seinem scharfen Kritiker K. kein öffentliches Wort. Erst im Oktober 1933 teilte er in seiner Zeitschrift *Die Fackel* (seit 1899) lakonisch mit: »Man frage nicht, was all die Zeit ich machte./ Ich bleibe stumm;/ und sage nicht, warum.« K. hat jedoch letztlich zu Hitler und dem ›Sieg‹ des Nationalsozialismus weder geschwiegen noch verweigerte er die Begründung, warum einem Sprach- und Kulturkritiker seines Formats zu Hitler nichts einfallen konnte – wenn diese Begründung auch nur als Bruchstück vorliegt. Seine 1934 teilpublizierte Abrechnung mit dem Faschismus bleibt einerseits durchaus in der Tradition der sprachkritischen Ideologiekritik der *Fackel*, wenn er neben den interessierten Wirtschaftskräften die »Worthelfer der Gewalt« des braunen Ungeists (M. Heidegger, G. Benn, O. Spengler) vorführt, die Nazi-Rhetorik entlarvt und die Verbrechen (Terror, KZ, Judenverfolgung) klar benennt. Der Essay ist aber zugleich der Beweis dafür, dass diese satirische Methode angesichts der nazistischen Kulturregression nicht obsiegen kann.

K.s Behauptung, dass der publizistische Kampf gegen Hitler selbst zur Phrase werde und den Faschismus stütze, isolierte ihn von den antifaschistischen Aktivitäten des Exils. Hinzu kam, dass K. in Österreich – gegen die Sozialdemokratie gerichtet – für das autoritäre Regime des Kanzlers Dollfuß (ermordet am 25.7.1934) als Bollwerk gegen die Nazis eintrat, was eine fatale Illusion war. Den eigentlichen Widerstand sah er jedoch in der Kraft der Kunst: Im zitierenden Rückgriff auf Goethes Walpurgisnacht in → *Faust I* (1808) und die Klassische Walpurgisnacht in → *Faust II* (1832) wollte K. eine ›Dritte Walpurgisnacht‹ mobilisieren, in der humaner Geist erneut das Archaische überwinden sollte.

Rezeption: Bis zum Teilabdruck im Juli 1934 gab es über K.' Schweigen eine heftige Presse-Kontroverse. Da in den (gegenüber der Fassung von 1933 z.T. korrigierten) Auszügen von 1934 aus Sorge vor Repressalien die schärfsten Passagen über Hitler und Goebbels weggelassen worden waren, erlaubte erst die Buchpublikation von 1952 bzw. die 1989 publizierte Rekonstruktion des Fragments von 1933 den vollen Überblick über K.s Position.

1935
Werner Bergengruen

* 16.9.1892 in Riga. Studium (Germanistik, Jura u.a.) bis 1914 in Marburg, München und Berlin, 1914–18 Kriegsteilnahme. 1919 Mitglied der baltischen Landwehr, danach Journalist in Tilsit, Memel und Berlin. 1927–36 freier Schriftsteller in Berlin, ab 1936 in Solln bei München; wohnte ab 1946 in Zürich, ab 1958 in Baden-Baden. 1937 Ausschluss aus der Reichsschrifttumskammer. † 4.9.1964 in Baden-Baden (G).

Der Großtyrann und das Gericht

Roman, entst. 1929 und 1933—34; ED: 1935.

Die spannend erzählte Handlung spielt in dem fiktiven italienischen Stadtstaat Cassano im 15./16. Jh.: Nach dem Mord an einem Geheimkurier des Großtyrannen muss, auf Befehl des Diktators, der Chef des Geheimdienstes binnen drei Tagen den Mörder finden – andernfalls soll er selbst hingerichtet werden. Die Suche nach dem Schuldigen wird zur Erforschung »der Schuld aller Menschen«, wie es im Motto heißt: Falsche Verdächtigungen, Lügen und das Offenbarwerden von selbstsüchtigen Verfehlungen zerrütten die ›Ordnung‹, auch wenn es auf der anderen Seite mutige Kritik und Opferbereitschaft gibt. Am Ende zeigt sich, dass der Großtyrann selbst die Tat begangen hat, um einen Verräter zu beseitigen und zugleich sein Volk zu prüfen. Nicht der politische Mord, sondern die Anmaßung eines nur Gott zustehenden Amts des Richters und Prüfers der Menschen wird dem Diktator daraufhin von dem Priester Don Luca vorgeworfen, was zeigt: Es geht nicht um Widerstand gegen eine Diktatur, sondern um ein religiös begründetes »Gegenbild« (B.) zur politischen Hybris (→ *Dichtung im ›Dritten Reich‹*). Zu diesem innerweltlichen Ansatz passt, dass der von B. als edler Mächtiger gezeichnete Diktator am Ende seine ›Schuld‹ einsieht und die durch Diktatur begründete ›Ordnung‹ wieder herstellt – eine Parallele zu Hitler und dem Mord an dem SA-Führer Röhm (1934) wollte und konnte B. nicht sehen.

Rezeption: Mit B.s historischem (Kriminal-)Roman ist das Unikum verbunden, sowohl als (systemkonformer) »Führerroman der Renaissancezeit« (*Völkischer Beobachter*, 1935) als auch als Roman der Inneren Emigration (mit impliziter Hitler-Kritik) bewertet worden zu sein. B. hat Beides später zurückgewiesen.

Weitere Werke: *Die heile Welt* (Gedichte, 1950), *Schreibtischerinnerungen* (1961).

1935
Elias Canetti

* 25.7.1905 in Rutschuk (Bulgarien) als Sohn span.-jüd. Eltern. C. wuchs in England, der Schweiz, Österreich und Deutschland auf. 1924–29 Chemie-Studium in Wien, danach freier Schriftsteller. Ab 1938 Exil in England, lebte ab 1971 in London und Zürich. 1981 Literatur-Nobelpreis. † 14.8.1994 in Zürich (G).

Die Blendung

Roman in 3 Teilen (*Kopf ohne Welt, Kopflose Welt, Welt im Kopf*). Entst. 1930/31; ED: Wien 1935 (vordatiert auf 1936), München 1948.

»Die Welt war zerfallen, und nur wenn man den Mut hatte, sie in ihrer Zerfallenheit zu zeigen, war es noch möglich, eine wahrhafte Vorstellung von ihr zu geben.« Das schrieb C. noch vor der Abfassung der *Blendung*. Diese »Zerfallenheit« stellte er in seinem Roman nicht sprachlich (wie J. Joyce), sondern durch eine Vielzahl abstruser Gestalten dar: Den *Kopf ohne Welt* verkörpert Dr. Peter Kien, weltbekannter Sinologe, weltfremd in einer riesigen Bibliothek und in absoluter Isolation von der Außenwelt lebend. Seiner viel älteren, geldgierigen Haushälterin gelingt es, ihn zu heiraten und ihn – als sie an sein Geld nicht herankommt – aus der Wohnung zu verdrängen. In der realen Welt (*Kopflose Welt*) bedrängen den hilflosen Kien vom Wahn besessene, geistlose Existenzen (Haushälterin, schachverrückter Zwerg, brutaler ›Hausbesorger‹ und viele andere). Seinem Bruder, einem Psychiater (der Titel *Welt im Kopf* kann sich auf dessen praktische Intelligenz wie auf die Vorstellungen seiner in Wahnvorstellungen lebenden Patienten beziehen), gelingt es schließlich, die alten Verhältnisse wiederherzustellen. Kien aber, allein in der Wohnung, legt Feuer in seiner Bibliothek und kommt darin um.

C. (über)zeichnete hier eine Welt aus wahnhaft ›Verblendeten‹, die durch ihre Sprache ihr irrsinniges Wesen offenbaren, sich aber kaum verständigen können, da jeder in seiner eigenen obsessiven Welt lebt. C.s erzählerisch dekomponierte Welt hat ihre Entsprechung in R. Musils, H. Brochs, aber auch Fr. Kafkas Erzähltexten und bedeutet das Ende des konventionellen Romans.

Rezeption: Der Roman, trotz mancher Konstruiertheit von einer »gewissen erbitterten Großartigkeit« (Th. Mann) – und mit ihm das übrige Werk C.s –, fand erst nach der 3. Auflage (1963) intensive Beachtung, auch international. ↘ *Das Hörwerk 1953–1991* (Zweitausendundeins, 2005).

Weitere Werke: *Masse und Macht* (Abhandlung, 1960), »Aufzeichnungen« 1942–93: *Die Provinz des Menschen* (1973), *Das Geheimherz der Uhr* (1987), *Die Fliegenpein* (1992), *Nachträge aus Hampstead* (1994), *Aufzeichnungen 1992–93* (1996); Autobiogr.: → *Die gerettete Zunge* (1977).

1935/1938

Heinrich Mann Biogr.: → 1900, 1925

Henri Quatre

Roman, entst. 1932–38. Teil 1: *Die Jugend des Königs Henri Quatre* (ED: Amsterdam 1935), Teil 2: *Die Vollendung des Königs Henri Quatre* (ED: Amsterdam 1938 sowie in: *Internationale Literatur*, Moskau, 1937/39); Berlin (DDR) 1951/56.

M. schrieb den Roman (ca. 1500 S.n) parallel zur Etablierung der Naziherrschaft in Deutschland sowie parallel zu seinem umfangreichen publizistischen Kampf dagegen (über 350 Artikel, Engagement in vielen antifaschistischen Organisationen). Schon dieser Kontext schließt aus, dass die erzählte Geschichte des Prinzen von Navarra, der als französischer König Henri IV. (1589–1610) den mörderischen Glaubenskrieg in seinem Land beendete und einen zukunftsweisenden Friedensplan für Europa entwickelte, ein historischer Roman ist. Dies gilt, obwohl M. – gestützt auf intensive Quellenstudien – sich eng an den geschichtlichen Verlauf hielt. Sein Henri ist damit historische Gestalt und zugleich Folie für die beispielhaft vollendete Entwicklung eines zur Herrschaft Berufenen. Dazu gehören: Liebe zur Natur und zum einfachen Volk, erotische Leidenschaftlichkeit, religiöse Toleranz, politische Voraussicht und Treue, ohne dass Versagen und Fehlschläge ausgespart werden. M. sah daher – immer wieder zitiert – in dem Werk »weder verklärte Historie noch freundliche Fabel: nur ein wahres Gleichnis« – jedoch wofür? Hier unterscheiden sich die Interpretationen: Gleichnis für die Wiederkehr des Kampfes zwischen Gut und Böse, Geist und Macht oder mehr historische Analogie und Gegenbeispiel zur Gegenwart des Faschismus, d. h. die »Geschichte einer anderen ›Machtergreifung‹« (R. Werner) und Beispiel für einen »kämpferischen Humanismus« der Skepsis, der Toleranz, der Güte und Liebe?

Die Identität von Moral und Macht betonen nicht nur die auf Französisch notierten Merksätze (Moralités) am Ende eines jeden Hauptkapitels

(Teil 1), sondern auch die Schlussansprache (Allocution) des toten Henri am Ende des 2. Teils. So betrachtet ist der Roman ein Lehrbuch von guter Herrschaft – selbst dort noch, wo diese schwach ist (»Macht es besser als ich«), wenn legitime Führerschaft, historische Größe und intellektuelle Politik (von Henri) noch allzu männlich aufgefasst werden.

Rezeption: Der Roman ist M.s Hauptwerk und wurde in viele Sprachen übersetzt. 🎬 *Heinrich, der gute König* (R: M. Camus, 1979, TV).

Weitere Werke: *Lidice* (Roman, 1943), → *Ein Zeitalter wird besichtigt* (Autobiogr., 1946).

1935–1996
Soma Morgenstern

* 3.5.1890 als Salomo M. in Budzanów (Galizien). Ab 1912 Jurastudium in Wien, 1915–18 Kriegsteilnahme, 1921 Promotion, danach journalistische Tätigkeit. 1927–28 Feuilletonredakteur der *Frankfurter Zeitung* (in Frankfurt/Main), ab 1928 deren Kulturkorrespondent in Wien. Exil: ab 1938 in Paris und Südfrankreich, ab 1941 in New York (ab 1946 US-Staatsbürgerschaft). † 17.4.1976 in New York.

Funken im Abgrund

Romantrilogie, entst. 1930–43. Bd. 1: *Der Sohn des verlorenen Sohnes* (1935; amerik. 1946), Bd. 2: *Idyll im Exil* (1996; amerik. 1947), Bd. 3: *Das Vermächtnis des verlorenen Sohnes* (ED u.d.T. *Der verlorene Sohn*: 1963, verbesserte Neuausgabe: 1996; amerik. 1950).

»Die verlorenen Funken der Schöpfung einzusammeln, deren sich die Dämonen der unreinen Abgründe bemächtigt haben, das ist die Sendung Israels in der Verbannung.« Mit diesem der Kabbala verpflichteten Gebot, auf das der Romantitel anspielt, umschreibt M. die Zielsetzung seiner Trilogie: Es ist die (autobiographisch geprägte) Geschichte des ›verlorenen Sohns‹ Josef Mohylewski, der aus Galizien nach Wien kommt, dort seinem orthodoxen Judentum abtrünnig wird und im Ersten Weltkrieg fällt. Es ist aber mehr noch die Geschichte seines Sohnes Alfred, den sein Onkel zurückholt, womit jener die Rückkehr des ›Sohns des verlorenen Sohnes‹ zum Judentum in Gang setzt. M. plädiert jedoch nicht für ein einfaches Zurück und damit gegen jegliche Assimilation, sondern für eine gemeinsame Umkehr von Juden und Nicht-Juden, so dass »wahrhaftes Kommunizieren und bewußte Differenz einander bedingen« (I. Schulte). Doch dieses humane Plädoyer wusste noch nichts von Auschwitz.

Als ›Epilog‹ zur Romantrilogie verstand M. seinen letzten vollendeten Roman *Die Blutsäule* (1964/97), den er bereits 1943 nach den ersten Nachrichten vom mörderischen Genozid an den Juden begonnen hatte, aber erst 1952 abschließen konnte: In einer fiktiven Gerichtsverhandlung, die die überlebenden Opfer über die SS-Täter abhalten, hält der gläubige Jude M.

in diesem ›Totenbuch‹ zugleich Gericht über eine christlich-europäische Kultur, die für die ›Blutsäule‹ Auschwitz Mitverantwortung trage.

Rezeption: M. geriet mit seinem Exil in völlige Vergessenheit; sein Name findet sich in kaum einem Nachschlagewerk. Erst seit der Werkausgabe ab 1994 wird er wieder zur Kenntnis genommen.

Weitere Romane (Erinnerungen): *Joseph Roths Flucht und Ende* (1994), *In einer anderen Zeit. Jugendjahre in Ostgalizien* (1995), *Flucht in Frankreich* (1998).

Dichtung im ›Dritten Reich‹

Hat es in Hitler-Deutschland, dem sog. Dritten Reich (1933–45), nennenswerte ›Dichtung‹ gegeben bzw. KONNTE ES ÜBERHAUPT DICHTUNG GEBEN, die unbeschädigt blieb, wo Barbarei herrschte? Diese Frage wurde nicht nur nach 1945 heftig diskutiert (→ *Nullpunkt? Literarischer Neuanfang nach 1945*): Der gewaltige Exodus an namhaften Schriftstellern 1933 (→ *Schriftsteller und Nationalsozialismus bis 1933*), das trübe Programm einer völkisch-nationalen ›Dichtung‹ sowie die rigide staatliche Literaturlenkung ließen von Anfang an Zweifel daran nur allzu berechtigt erscheinen. Gleichwohl gab es in diesen »finsteren Zeiten« (B. Brecht) weder ein Ende von Literatur noch setzten allein die ins Exil gegangenen Autoren (→ *Exilliteratur*) die Tradition der deutschen Literatur fort.

Die im Lande verbliebenen Schriftsteller, so unterschiedlich sie waren, konnten offiziell nur innerhalb eines durchorganisierten LITERATURSYSTEMS publizieren. Grundlegend war dabei die Zwangsorganisation aller Schriftsteller in der sog. REICHSSCHRIFTTUMSKAMMER, die als eine von mehreren Kulturabteilungen dem Ministerium für Volksaufklärung und Propaganda (Goebbels) unterstellt war. Die Zulassung erhielt nur, wer eine ›arische‹ Abstammung nachweisen konnte und ein Treuegelöbnis zum NS-Staat ablegte (1941: ca. 5000 Mitglieder). Ein Ausschluss war in der Regel gleichbedeutend mit einem Publikationsverbot. Daneben gab es mehrere, z.T. rivalisierende ZENSURSTELLEN, die die Buchproduktion überwachten (Buchverbote, Zulassungsauflagen usw.). Zudem waren das Prämiensystem, die Werbekampagnen sowie die Papierzuteilung gleichgeschaltet.

Diese ›Gleichschaltung‹ begünstigte auch das quantitative Anwachsen einer NS-KONFORMEN LITERATUR, deren Wurzeln bis ins 19. Jh. zurückreichen (→ *Dorf- und Heimatliteratur*, → *Facetten der Provinzliteratur*). Bei aller Verschiedenheit konvergiert diese Literaturform in der Hochschätzung von Blut und Boden, Volk und Heimat, in der Propagierung von Kampf und Heldentum, von Freund-Feind-Denken sowie in der Sakralisierung von Führertum und Volksgemeinschaft. Ihre Hauptvertreter heute noch zu nennen, lohnt nicht. Ihr gegenüber standen VERSCHIEDENE AUSPRÄGUNGEN NICHT-NATIONALSOZIALISTISCHER LITERATUR, die – bei Anerkennung der ideologischen Rahmenbedingungen – geduldet war, dabei jedoch in einer eigentümlichen Lage zwischen Gleichschaltung, Selbstanpassung, Resistenz und Dissidenz stand. Zu nennen sind unterschiedliche Gruppierungen, die sich nicht selten überschnitten bzw. immer auch als Einzelfälle (z. B. G. Hauptmann, St. George, E. Wiechert) zu sehen sind:

– Autoren wie z. B. I. Seidel, G. Benn, H. Carossa, E. Jünger, die sich (nach anfänglicher Zustimmung zu Hitler bzw. zum NS-Staat oder nach zeitweiliger Kollaboration mit ihm) mehr oder weniger spät (innerlich) distanzierten;

– Autoren der sog. INNEREN EMIGRATION, die von christlich-konservativen bzw. humanistischen Grundpositionen aus auf Distanz blieben (z. B. R. Huch, R. A. Schröder, J. Klepper, R. Schneider, W. Bergengruen, E. Langgässer, St. Andres, G. v. Le Fort, A. Goes, O. Loerke, W. Lehmann, H. Kasack);

– Autoren, die erst kurz vor 1933 bzw. nach 1933 zu schreiben begannen und sich als unpolitische Künstler auf dem »Weg nach innen« (H. Hesse) verstanden (z. B. P. Huchel, G. Britting, E. G. Winkler, H. Lenz, E. Kreuder, M. L. Kaschnitz, L. Rinser). Bemerkenswert ist, dass zu dieser Gruppe auch Autoren gehörten, die später in der → ›*Gruppe 47*‹ lange Zeit fälschlich als nicht durch Mitgliedschaft in der Reichsschrifttumskammer belastete Neueinsteiger nach 1945 galten (z. B. W. Koeppen, G. Eich, W. Weyrauch, H. W. Richter, A. Andersch u. a.). Begrenzte Plattformen für eine solche nicht-nationalsozialistische Literatur boten Kulturzeitschriften wie z. B. *Hochland* (bis 1941), *Deutsche Rundschau* (bis 1942), *Neue Rundschau* (bis 1944), *Das Innere Reich* (bis 1944).

Neben dieser offiziellen Dichtung im ›Dritten Reich‹ gab es bis 1941/43 nur für Juden und ihr ›Ghetto‹ reservierte JÜDISCHE KULTURORGANISATIONEN (Kulturbund, Presse, Verlage, Vortragswesen), in denen (jüdisches und sogar im NS-Reich verbotenes nicht-jüdisches) Theater, Filme und Literatur eine Plattform hatten. Dort konnten z. B. Werke von G. Kolmar u. a. erscheinen.

Gänzlich inoffiziell, aufs schärfste verfolgt und doch vorhanden war die ANTIFASCHISTISCHE LITERATUR IM UNTERGRUND. Diese bestand aus Zeitungen, Flugblättern und Tarnschriften, die im Land produziert und verteilt wurden, größtenteils unter Regie der KPD und z.T. auch der SPD. Neben der dominanten politischen Gegenagitation spielten hier auch politische Lyrik und kürzere Erzähltexte eine wichtige Rolle (J. Petersen, G. Kaiser, W. Kolbenhoff, A. Kuckhoff, G. Weisenborn u. a.). Schließlich sind an dieser Stelle die Autoren zu erwähnen, die sich bewusst für einen PUBLIKATIONSVERZICHT IM ›DRITTEN REICH‹ entschieden, weil sie auf keine Weise Zugeständnisse machen wollten (z. B. H. Böll), weil sie in Erwartung eines Verbotes heimlich und für die Schublade schrieben (z. B. A. Haushofer, Br. Apitz) oder weil sie ein Publikationsverbot erhalten hatten (z. B. E. Kästner, W. Bergengruen, G. Benn, R. Schneider, H. E. Nossack) und ihr Werk erst nach 1945 veröffentlichten.

1936
Bernard von Brentano

* 15.10.1901 in Offenbach. Nach dem Studium (Freiburg, München, Berlin) 1925–30 Korrespondent der *Frankfurter Zeitung* in Berlin. Lebte als freier Schriftsteller ab 1933 in Zürich bzw. Küsnacht und ab 1949 in Wiesbaden. † 29.12.1964 in Wiesbaden (G).

Theodor Chindler

UT: *Roman einer deutschen Familie*

ED: Zürich 1936.

Der Roman erzählt die Geschichte der süddeutschen Familie Chindler in den Jahren des Ersten Weltkrieges (1914–18). Im Mittelpunkt steht das Familienoberhaupt Theodor Chindler, ein über 60 Jahre alter Reichstagsabgeordneter der katholischen Zentrumspartei, der mit seinem unabhängigen Denken und Tun in Partei, Politik und Familie zwischen allen Fronten steht: Er ist Kriegsgegner und Kritiker des Kaiserreichs, aber auch kein Befürworter der Demokratie; er durchschaut die »patriotischen« Lügen der Kriegspropaganda ebenso wie die sture Parteidisziplin der SPD, sympathisiert mit nonkonformistischen Außenseitern und überwirft sich mit Familienmitgliedern, die sich im Streit über Religion, Patriotismus und Lebensstil entzweien. Die Hauptfigur wird dabei keineswegs nur positiv gezeichnet, sondern ist in ihrer Geltungssucht, politischen Inkonsequenz und patriarchalischen Starrheit ein sehr gemischter Charakter.

Die Familiengeschichte spiegelt eine wichtige Phase der deutschen Geschichte. Der Familienroman ist damit ein Deutschland-Roman und zugleich eine mahnende Botschaft aus dem Exil an das aktuelle Hitler-Deutschland. Von der geplanten Trilogie erschien noch der zweite Band (*Franziska Scheler*, 1945).

Rezeption: »Klug, klar und fesselnd«, so lobte Th. Mann den Roman. 🎬 R: H.W. Geissendörfer (1979, TV).

Weitere Werke: *Die ewigen Gefühle* (Roman, 1939), *Du Land der Liebe* (Autobiogr., 1952).

1936
Friedrich Glauser

* 4.2.1896 in Wien. Nach wechselvoller Schulzeit unstetes Leben (u. a. Fremdenlegionär, Tellerwäscher, Bergarbeiter, Gärtner), bestimmt durch den Teufelskreis Morphiumsucht, psychiatrische Anstalt, Gefängnis. G. begann ab 1925 im Gefängnis zu schreiben. † 8.12.1938 in Nervi bei Genua. Gedenkstätte: Zürich (G).

Wachtmeister Studer

Kriminalroman. ED: *Zürcher Illustrierte* (1936), BA: 1936.

Der Kriminalbeamte (»Fahnderwachtmeister«) Studer verhaftet in einem Ort bei Bern einen vorbestraften, des Mordes verdächtigten jungen Mann. Trotz der Indizien zweifelt Studer an dessen Täterschaft. In einem langen Prozess der Aufklärung gelingt es ihm gegen Widerstände der Vorgesetzten, das Gewirr unterschiedlichster Interessen und Motive (Erpressung, Versicherungsbetrug, Börsenspekulation) zu entflechten und den wahren Täter, den einflussreichen Gemeindepräsidenten, zu ermitteln, der daraufhin Selbstmord begeht. Aus Mitgefühl mit der nichtsahnenden Frau des Mörders behält Studer sein Wissen jedoch für sich.

Menschenkenntnis und Einfühlungsvermögen (besonders in die Psyche von Außenseitern der Gesellschaft und deren Umgebung), v. a. aber der Wille, die Wahrheit über ein Verbrechen gegen alle Widerstände aufzudecken, zeichnen Studer aus. Dass er dabei auf die »Fäulnis hinter den Fassaden« (P. von Matt) der Schweizer Gesellschaft stößt, erbittert ihn, lässt ihn aber an der politisch-sozialen Ordnung des Landes nicht zweifeln. In den weiteren Romanen ermittelt Studer in einer psychiatrischen Anstalt (*Matto regiert*, 1936), in Marokko (*Die Fieberkurve*, 1937), in einem entlegenen Weiler (*Der Chinese*, 1938) sowie während der Hochzeitsfeier seiner Tochter (*Krock & Co.*, BA: 1941).

Rezeption: Die ›Studer‹-Romane machten G. in der Schweiz berühmt, Studer wurde zum Vorbild für Fr. Dürrenmatts Kommissar Bärlauch (→ *Der Richter und sein Henker*, 1950–51). In Deutschland wurde G. bis 1970 kaum beachtet, gilt seitdem aber als Begründer des dt.sprachigen literarischen Kriminalromans. 🎬 R: L. Lindtberg (1939).

1936
Klaus Mann

* 18.11.1906 in München, Sohn von Th. Mann. Nach abgebrochener Schulausbildung ab 1925 Schriftsteller in Berlin. Ab 1933 Exil (Paris, Amsterdam, ab 1936 USA, 1938 Korrespondent in Spanien), 1943–45 Soldat der US-Army und US-Staatsbürger, lebte ab 1945 vorwiegend in Frankreich, unterbrochen von Reisen, Drogensucht. † 21.5.1949 (Selbstmord) in Cannes (G).

Mephisto

UT: *Roman einer Karriere*

Roman. ED: Amsterdam 1936, Berlin (DDR) 1956, München 1965 (1968 verboten), Reinbek 1981.

Die Nachgeschichte des Romans ist leider berühmter als der Roman: Schon als Exilroman (→ *Exilliteratur*) wurde das Werk als satirischer Schlüsselroman über die Karriere des Schauspielers und im NS-Staat gefeierten

Theaterintendanten G. Gründgens, M.s Schwager, in der Gestalt des Hendrik Höfgen gewertet, obwohl der Verfasser dieses vorab bestritt (»Alle Personen dieses Buches stellen Typen dar, nicht Porträts«). Dass der Roman aus intimer Kenntnis der Theaterszene vor und nach 1933 den politischen Opportunismus in Typen abbildet, hinter denen konkrete Personen der Jahre 1926–36 (von M. Reinhardt bis H. Göring) ohne Weiteres zu erkennen waren, lag nicht an M.s Mangel an Phantasie, sondern an der Theatralik des Faschismus, die selbst schon realsatirisch war: Die Glanzrolle des Komödianten Höfgen, der Mephisto in Goethes *Faust*, ist die symbolische Verkörperung des Widergeists, mit dem zu paktieren das moralische Ende bedeute.

Insofern ist *Mephisto* nicht bloß ein Theaterroman, sondern ein Deutschlandroman, stellt er doch im Versagen Höfgens den intellektuellen Verrat am humanistischen Geist bloß, den jegliches Mitläufertum in Hitler-Deutschland beging. Dass Höfgens Spiegelbild Gründgens († 1963) nach 1945 rasch zu erneuten Ehren (und Einfluss) kam und dass der Roman deswegen in der Bundesrepublik zunächst erst gar nicht erschien, war von trauriger Ironie, aber nicht untypisch für die 1950er und frühen 60er Jahre: Der Publikationsversuch von 1965 wurde 1968/71 höchstrichterlich (mit knapper Mehrheit) verboten, weil das Grundrecht auf Persönlichkeitsschutz über das Grundrecht auf Kunstfreiheit gestellt wurde – wenigstens solange geklagt werde. Ab 1981 erfolgte keine Klage mehr. Ein ähnliches höchstinstanzliches Urteil traf 2007 M. Billers Roman *Esra* (2003).

Rezeption: Der Roman wurde in mehr als 10 Sprachen übersetzt. Die Neuausgabe 1981 erreichte in 2 Jahren 500 000 Exemplare. 🎬 R: I. Szabó (1981).

Weitere Romane: *Kind dieser Zeit* (Autobiogr., 1932), *Treffpunkt im Unendlichen* (1932), *Flucht in den Norden* (1934), → *Der Vulkan* (1939).

1936; 1943
Stefan Andres

* 26.6.1906 in Breitwies bei Trier. Nach einem Noviziat in Krefeld (1926–28) Germanistikstudium in Köln, Jena und Berlin (bis 1932). Bis 1935 Angestellter beim Rundfunk in Köln, 1937 Ausschluss aus der NS-Schrifttumskammer und Emigration nach Positano (Italien); lebte ab 1950 in Unkel, ab 1961 in Rom. † 29.6.1970 in Rom. Gedenkstätten: Rom (G), Schweich (M).

El Greco malt den Großinquisitor; Wir sind Utopia

Novellen. (1) ED: München 1936; (2) ED: Berlin 1943.

Der berühmte Maler Theodokopulos, seiner griechischen Herkunft wegen El Greco genannt, soll um 1600 den verhassten spanischen Großinquisitor Guevara malen. Doch er porträtiert ihn nicht realistisch in Violett, sondern so, wie er ihn als Maler, der der Wahrheit unbedingt verpflichtet ist, sieht: in Rot und Schwarz, wie das Feuer des nächtlichen Scheiterhaufens für die Opfer der Inquisition. Guevara durchschaut El Greco, erkrankt aber. Der herbeigerufene Arzt, dessen Bruder ein Opfer der Inquisition ist, könnte ihn töten, aber auch er handelt nach der ›Wahrheit‹, nach seiner ärztlichen Pflicht, und heilt ihn. El Greco vollendet das Porträt und demonstriert damit sein furchtloses Streben nach Wahrhaftigkeit. Der Großinquisitor ist von dieser sittlichen Haltung beeindruckt.

Ähnlich verhält es sich in der Novelle *Wir sind Utopia*: Der ehemalige Pater Paco findet während des Spanischen Bürgerkriegs zu Gott und der Erkenntnis zurück, dass Vollkommenheit ein für den Menschen utopisches Ziel und dennoch eine von Gott auferlegte Aufgabe ist. Er verzichtet auf die Tötung seines Gegners und opfert sich für die Wahrheit, die Befolgung des göttlichen Gebots, selbst auf.

Die christliche Berufung auf die der politischen Realität überlegene Gegenwelt der Kunst wurde von vielen zeitgenössischen Lesern als Widerstand gewertet. Dem stehen die Zweifel an der Möglichkeit passiver »Selbstbewahrung im Reiche Luzifers« (K. Eibl) gegenüber.

Rezeption: A.' Novellen (Schullektüre) galten bis in die 1950er Jahre hinein als repräsentativ für die Literatur der Inneren Emigration (→ *Dichtung im ›Dritten Reich‹*). 🎭 (durch den Autor): *Gottes Utopia* (UA: 16.9.1950 in Düsseldorf). 🎬 *El Greco malt den Großinquisitor* (R: St. Barabás, 1976, TV); *Wir sind Utopia* (R: St. Barabás, 1976, TV; R: D. Damek, 1987, TV).

Weiteres Werk: *Der Knabe im Brunnen* (autobiographischer Roman, 1953).

1937
Ödön von Horváth Biogr.: → 1930

Jugend ohne Gott

Roman. ED: Amsterdam 1938, Wien 1948.

Im Mittelpunkt dieser spannend erzählten Kriminalgeschichte (kurze, überwiegend dialogische Szenen, innerer Monolog) steht ein junger Lehrer, der gegen seine humanistische Überzeugung vom Faschismus infizierte, z.T. schon fanatisierte Schüler unterrichten muss. In einem Ferienlager, an dem die Klasse zur Wehrertüchtigung teilnimmt, kommt es zum Mord an einem Schüler, an dem der Lehrer indirekt mitschuldig ist. Angeklagt wird der durch sein Verhalten in starken Verdacht geratene Schüler Z. Während des Prozesses findet der Lehrer zum verlorenen Glauben zurück und damit zur Verpflichtung, allein der Wahrheit (›Gott‹) zu dienen. Einerseits ohne Rücksicht auf persönliche Nachteile (er wird entlassen), andererseits selbst schon vom zynischen Denken geprägt, trägt er dazu bei, die Wahrheit aufzudecken und den wirklichen Mörder zu überführen.

Die Darstellung der Aufklärung des Mordes, der Zweifel des Lehrers an Gott und seines Wegs zur Glaubensgewissheit lassen H.s Kritik am Faschismus besonders in der 2. Hälfte des Romans in den Hintergrund treten. Dennoch macht er deutlich, wie faschistisches Gedankengut eine Jugend seelisch verkümmern lässt, indem sie, ohne Bindung an humanistische oder christliche Werte (›Jugend ohne Gott‹), in einer auf den Krieg ausgerichteten Ideologie zu Unterordnung und Verzicht auf Individualität erzogen wird. Die Auswirkungen zeigt H.s Roman *Ein Kind unserer Zeit* (1938), der Schrecken und Elend des kommenden Krieges vorwegnimmt. Beide Romane erschienen 1953 zusammen u.d.T. *Zeitalter der Fische.*

Rezeption: Der Roman war sehr erfolgreich und wurde sofort in mehrere Sprachen übersetzt. ■ R: M. Knof (1969, TV); *Nur der Freiheit gehört unser Leben* (R: E. Itzenplitz, 1969, TV); *Wie ich ein Neger wurde* (R: R. Gall, 1969/70).

1937
Irmgard Keun

Biogr.: → 1932

Nach Mitternacht

Roman. ED: *Pariser Tageblatt* (1937/38); BA: Amsterdam 1937, Berlin (DDR) 1956, Köln 1961.

Die 19-jährige Susanna zieht 1933 nach Köln zu ihrer Tante, die eine fanatische Anhängerin Hitlers ist. Von dieser denunziert, weil sie sich in deren Sohn Franz verliebt hat, entgeht Susanna nur knapp der Schutzhaft und quartiert sich bei ihrem Stiefbruder, dem Schriftsteller Algin, in Frankfurt ein. Hier erlebt sie anlässlich eines Hitler-Besuches in der Stadt sowie bei einer häuslichen Feier, wie Anpassungsbereitschaft und Opportunismus – vom autoritätsfixierten, spießigen Kleinbürger bis zum freigeistigen Intellektuellen – den neuen nationalsozialistischen Machthabern helfen die Herrschaft zu festigen. Franz, der sich den Nazis widersetzt und in Schutzhaft gerät, erschlägt nach seiner Entlassung den SA-Mann, der ihn denunziert hat, und flieht mit Susanna »nach Mitternacht« nach Holland.

Der Roman liefert, erweitert durch Rückblenden und Kommentare, in der erzählten Zeit von 3 Tagen ein facettenreiches Bild vom Alltag in Nazi-Deutschland um 1934/35, wie es in dieser Dichte kein Exilroman bieten konnte (K. ging erst 1936 ins Exil). Die Ich-Erzählerin Susanna ist in ihrer Mischung aus »reflektierter Naivität und wissender Spontaneität« (G. Sautermeister) ein Beobachtungsmedium, durch das sich zeigt, was war: das Medienspektakel der Nazimacht, das Spektrum von fragwürdigen Überlebensstrategien, die Skrupellosigkeit von Mitläufern, das Selbstmörderische von Außenseitern, die Verzweiflung von Scheiternden, die Verfolgung der Flüchtigen.

Rezeption: Der Roman wurde bis 1939 in 5 Sprachen übersetzt und erst ab 1979 wieder breiter rezipiert. ▬ R: W. Gremm (1981).
Weitere Romane: *D-Zug dritter Klasse* (1938), *Kind aller Länder* (1938), *Ferdinand, der Mann mit dem freundlichen Herzen* (1950).

1938
Meinrad Inglin

* 28.7.1893 in Schwyz. Nach abgebrochener Uhrmacher- und Kellnerlehre Gymnasium und Studium in Bern (Literatur, Journalistik; ohne Abschluss); 1914–18 Militärdienst. 1922 Journalist in Berlin, ab 1923 freier Schriftsteller in Schwyz. † 4.12.1971 in Schwyz.

Schweizerspiegel

Roman. BA: Leipzig 1938. Überarbeitete Fassungen: 1955 und 1965.
In dem umfangreichen Roman schildert I. einen Abschnitt aus der Schweizer Geschichte: den Zeitraum von 1912 (Besuch des Deutschen Kaisers Wilhelm II.) bis 1918 (Oltener Generalstreik), in dem die Wirkungen des durch den Ersten Weltkrieg und seine Vorgeschichte erzeugten Umbruchs auch die Schweiz betrafen. Zu welchen Folgen diese Entwicklung führte, stellt I. beispielhaft an der großbürgerlichen Familie Ammann in Zürich dar: Der patriarchalischen, aber insgesamt liberalen Einstellung des Vaters steht die Absage der Tochter an bürgerliche Moralvorstellungen entgegen. Ein Sohn bekennt sich zum Sozialismus, der andere zum politischen Konservativismus. Der jüngste Sohn wird zum Patrioten, weil er sich für das Land und die bestehende Ordnung einsetzt.
I. wollte die schwierige Bewusstseinslage der Schweizer in dieser Zeit, die er selbst erlebt hatte, darstellen: Während die Landesnachbarn in fragwürdiger Aufbruchstimmung in den Krieg zogen, musste sich die Schweiz aus dem Weltgeschehen heraushalten. Der Roman, dessen Helden »sich Heldentaten und Heldentum […] versagen«, setzt gegen »Größe ohne Würde« eine »Würde ohne Größe« (A. Muschg). Eine solche »glanzlose Arbeit an der Demokratie«, die I. forderte, verbindet den Roman mit Fr. Glausers → *Wachtmeister Studer* (Roman, 1936).

Rezeption: In Deutschland 1938 erschienen, fand der Roman in der Schweiz erst 40 Jahre später die Anerkennung, die ihm A. Zollinger unmittelbar nach dem Erscheinen zuerkannte, weil das Werk »das Schweizer Schrifttum international legitimierte.«
Weitere Romane: *Die Welt in Ingoldau* (1922), *Die graue March* (1935), *Die Lawine und andere Erzählungen* (1947).

1938
Oskar Loerke

* 13.3.1884 in Jungen (Westpreußen). Ab 1903 Studium (u. a. Germanistik) in Berlin, nach Abbruch 1907 Schriftsteller (Kleist-Preis 1913). Ab 1917 Lektor im S. Fischer Verlag in Berlin und ab 1933 (Entlassung als Sekretär der Preußischen Akademie der Künste, Sektion Dichtung) völlig zurückgezogen lebend. † 24.2.1941 in Berlin (G).

Der Steinpfad

Gedichtzyklus.

L.s lyrisches Hauptwerk besteht aus 7 Gedichtzyklen, dem »Siebenbuch«: *Wanderschaft* (1911), *Gedichte* (1916, ab 1929 u.d.T. *Pansmusik*), *Die heimliche Stadt* (1921), *Der längste Tag* (1926), *Atem der Erde* (1930), *Der Silberdistelwald* (1934), *Der Wald der Welt* (1936), dazu kam abschließend der Zyklus *Der Steinpfad*. In seinen Gedichten, geprägt durch eine meisterhafte Beherrschung der lyrischen Formen, lässt L. eine poetische Welt entstehen, in der es nicht um die realistische Darstellung der Natur geht. Ihre Erscheinungen (Strom, Himmel, Wald) sind vielmehr Zeichen einer ›ewigen‹ Ordnung, die in Worten nicht erfasst, sondern nur bildhaft verdeutlicht werden könne. Diese ›Symbole‹ bilden zusammen mit mythischen, religiösen, historischen, literarischen, auch biographischen Elementen eine eigene dichterische Wirklichkeit; für L. war das eine »Wirklichkeit in mir und außer mir«, die zu entschlüsseln schwierig ist. Die ursprüngliche Annahme einer ihr zugrunde liegenden Harmonie wich später (unter dem Eindruck des Nationalsozialismus) dem Ausdruck einer Diskrepanz zwischen vollkommener Gesamtschöpfung und unvollkommener Realität. Dies wird besonders deutlich in L.s letzten, noch hermetischer wirkenden Gedichten, die unter dem Druck der politischen Repression, den Sorgen über das materielle Auskommen und der bedrohlichen Erkrankung des Dichters entstanden und die die existentiellen Themen Leben, Abschied, Tod behandeln.

Rezeption: L., dessen »Ruhm lautlos bleibt« (S. Unseld), gilt als bedeutender Lyriker des 20. Jh. Das lyrische Werk von G. Eich, P. Huchel, K. Krolow wäre ohne ihn nicht denkbar.

Weitere Werke: *Der Oger* (Roman, 1921), *Tagebücher 1903–1939* (postum, 1955).

1938
Reinhold Schneider

* 13.5.1903 in Baden-Baden. Nach dem Abitur 1921–28 Angestellter in Dresden, lebte danach als freier Schriftsteller in Potsdam, ab 1938 (Hinwendung zum Katholizismus) in Freiburg/Breisgau. 1941 Publikationsverbot. † 6.4.1958 in Freiburg (G in Baden-Baden).

Las Casas vor Karl V.

UT: *Szenen aus der Konquistadorenzeit*

Erzählung.

Um Karl V. zu bitten, die unter dem Deckmantel der Missionierung anhaltende Versklavung der Indios in Mexiko durch die spanischen Konquistadoren zu beenden, begibt sich der Dominikaner Las Casas von Mexiko nach Spanien. Dort trifft er in einer Disputation vor Karl V. auf den Staatsrechtler Sepulveda, der das Vorgehen gegen die Indios mit der rassischen Überlegenheit der Spanier und dem angeblichen Recht des christlichen Staates rechtfertigt, zuerst nach Nützlichkeitserwägungen zu handeln. Dem hält Las Casas den naturrechtlichen Grundsatz von der Gleichheit der Menschen und der Achtung ihrer Würde unabhängig von Rasse und Herkunft entgegen, wenngleich auch er einst den Einsatz von schwarzen Sklaven rechtfertigte (was er später aber bereut). Er fordert daher die Einstellung der gewaltsamen Unterwerfung der Indios, in der er ein Verbrechen vor Gott sieht, und sagt dessen Strafe voraus. Karl V. erlässt danach die ›Neuen Gesetze‹ zum Schutz der Indios (1542), deren Einhaltung Las Casas als Bischof in Mexiko überwachen soll.

Obwohl die Parallelen zwischen Konquistadoren und Nationalsozialisten offenkundig waren (Rassenwahn, Menschenverfolgung, Eroberungskriege), konnte die Erzählung ungehindert gedruckt werden, mit weiteren Auflagen 1940 und 1941. Ein Grund dafür könnte die »theologische Überhöhung der Geschehnisse« (R. Grimm) sein, die dazu führt, dass das historische Unrecht als Zeichen grundsätzlicher Schuld gedeutet wird.

Rezeption: Die Erzählung ist – mit ihren Widersprüchen – ein bedeutendes Dokument der Inneren Emigration. 🎬 *Gericht über Las Casas* (R: Fr. Umgelter, 1955, TV). Weitere Werke: *Philipp der Zweite* (Roman, 1931); autobiographische Schriften: *Verhüllter Tag* (1954), *Der Balkon* (1957), *Winter in Wien* (1958).

1938
Stefan Zweig

* 28.11.1881 in Wien. Sohn einer großbürgerlichen, jüd. Familie, 1900–04 Romanistik- und Germanistikstudium in Berlin und Wien, danach Reisen durch die ganze Welt. 1914–17 Arbeit im Kriegsarchiv in Wien, danach von Zürich aus Engagement für den Frieden. Z. lebte ab 1920 in Salzburg, ging 1934 nach England und von dort aus 1940 nach Brasilien ins Exil. † 22.2.1942 (Selbstmord) in Petrópolis (Brasilien, G).

Ungeduld des Herzens

Roman. ED: Stockholm 1938 (vordatiert auf 1939), Wien 1949.

Der alte Rittmeister Hofmiller bekennt, in Ich-Form aufgezeichnet von einem Schriftsteller, eine Schuld, die ihn sein Leben lang belastete: Im Mai

1914 wurde er als Leutnant in einer abgeschiedenen Garnisonsstadt von einem Schlossbesitzer eingeladen, dessen Tochter Edith er zum Tanz bat, nicht wissend, dass diese gelähmt war. Voller Schuldgefühle verließ er sofort die Gesellschaft und entschuldigte sein Missgeschick am nächsten Tag mit einem Rosenstrauß; bei seinen folgenden Besuchen begegnete er Edith voller Anteilnahme. Diese begann ihn zu lieben und es kam zur Verlobung, der Hofmiller nur aus Mitleid zustimmte, sie dann aber öffentlich leugnete. Daraufhin beging Edith Selbstmord. Hofmiller versuchte dann vergeblich, im Krieg seine Schuld durch den Tod zu sühnen.
»Ungeduld des Herzens«, so Z. im Motto des Romans, ist »das schwache und sentimentale Mitleid«, das nicht Mit-Leiden bedeutet, sondern »nur instinktive Abwehr des fremden Leidens« – im Unterschied zum mitduldenden und zum Leiden bereiten Mitleid, zu dem der junge Hofmiller nicht fähig ist. Doch v. a. fehlt ihm die Stärke, Edith einzugestehen, dass Mitleid nicht Liebe ersetzen kann. Z. schildert mit großer Einfühlungskraft die seelischen Verstrickungen des Leutnants vor dem Hintergrund des untergehenden habsburgischen Kaiserreichs.

R: E. Molinaro (1979, TV); *Beware of Pity* (R: M. Elvey, 1946).

Weitere Werke: *Verwirrung der Gefühle* (Novelle, 1927), *Sternstunden der Menschheit* (›Historische Miniaturen‹, 1927), → *Schachnovelle* (1942).

1938/1945
Bertolt Brecht

Biogr.: → 1922

Furcht und Elend des Dritten Reiches

Szenenfolge. Entst. ab 1935; Publikation einzelner Szenen ab 1938, Teilveröffentlicht u.d.T. *Furcht und Elend des III. Reiches*: Moskau 1941. BA: New York 1945. UA: 21.5.1938 in Paris; 6.1.1947 in Basel.

B. schildert in dieser Folge von 27 bzw. 24 Szenen, die auf Pressemeldungen und Augenzeugenberichten beruhen und ohne zusammenhängende Handlung sind, das alltägliche Leben in Nazi-Deutschland zwischen 1933 (Ende der Weimarer Republik) und 1938 (›Anschluss‹ Österreichs). Diese »interieurs« (B. Brecht) führen sowohl in die verschiedenen deutschen Regionen als auch durch alle sozialen Schichten und politischen Haltungen. Verbunden werden die Momentaufnahmen durch das, was die beiden Titelwörter aussagen: Die ›Furcht‹ vor Zivilcourage und vor mutigem Eintreten für die Interessen aller, stattdessen: Lüge, Anpassung und Beschönigung des ›Elends‹, wenn Menschen sich gegenseitig betrügen und als Betrogene nicht mehr Opfer sind, sondern zu aktiven Trägern des betrügerischen Nazitums werden. So vereinigen sich die verschiedenen Fehlhaltungen (Denunziation, Rechtsbeugung, Opportunismus, Sadismus, Spit-

zeltum, Treulosigkeit, Misstrauen und Heuchelei) zu einem Typus des ›Volksgenossen‹ unterm Terror.
Doch B. wollte nicht bloß satirisch zeigen, wie Nazi-Deutschland war, sondern mit der Aufdeckung, wie faschistischer Terror von innen funktioniert, den Widerstand von außen gegen ihn stärken. Ähnlich, aber in Prosa, ging H. Mann mit seinen *Szenen aus dem Nazileben* in *Der Haß* (Essays, 1933) vor.

Rezeption: Das Stück fand zunächst wenig Resonanz. R: U. Bonhoff (1981, TV); *Rechtsfindung* (R: R. Busch, 1964, TV); *Der Spitzel* (R: M. Scholz, 1964, TV); *Der Verrat* (R: P. Ladiges, 1964, TV).

Weitere Werke: *Die Gewehre der Frau Carrar* (Drama, 1938), → *Svendborger Gedichte* (1939).

Exilliteratur

Der Begriff ›Exilliteratur‹ bezeichnet zunächst allgemein Literatur von Autoren, die ihr Heimatland verlassen mussten und fern von ihm das Schreiben fortsetzten (z. B. Ovid, Dante Alighieri). ›Exil‹ ist also – nicht ganz unumstritten – der Name für die erzwungene, ›Emigration‹ der Name für die selbstbestimmte Auswanderung, wobei die Grenzziehung zwischen unfreiwilligem und freiwilligem Weggehen oft schwer zu ziehen ist. ›Exil‹ war im 20. Jh. der neuere Begriff: Nicht wenige ›Exilierte‹ benutzten den Namen ›Emigrant‹ als Selbstbezeichnung; zudem beschönigten Gewaltstaaten die von ihnen ausgeübte Vertreibung gerne als ›Emigration‹.
Im engeren Sinne bezeichnet ›Exilliteratur‹ die deutsche Literatur jener Autoren, die in den Jahren von 1933–45 aus Hitler-Deutschland vertrieben wurden (→ *Schriftsteller und Nationalsozialismus*) und im Ausland die im Lande verbotene kulturelle Tradition fortzusetzen versuchten. Ob diese Exilliteratur möglicherweise schon vor dem 30.1.1933 begann (z. B. bei K. Tucholsky) bzw. ob sie wirklich mit dem 8./9.5.1945, dem Ende des ›Dritten Reiches‹, aufhörte oder sich überall dort fortsetzte, wo Autoren weiterhin (begrenzt bis etwa 1949) bzw. dauerhaft im Ausland blieben (wie z. B. O. M. Graf), ist indes umstritten. Bis etwa 1939 wurde durch die begriffliche Unterscheidung einer ›äußeren‹ und einer ›inneren‹ Exilliteratur außerdem zugestanden, dass es – für die nicht direkt Verfolgten – im Lande die Möglichkeit einer ›Inneren Emigration‹ gegeben habe (→ *Dichtung im ›Dritten Reich‹*). Diese danach von Vertretern der Exilliteratur (z. B. Th. Mann) heftig bestrittene Gleichwertigkeit und Chance unbeschädigten Überdauerns wurde nach 1945 erneut reklamiert und sogar gegen die eigentliche Exilliteratur gewendet (→ *Nullpunkt? Literarischer Neuanfang nach 1945*).
Die Orte des Exils waren bestimmt durch die Machtexpansion des ›Dritten Reiches‹: Solange anfangs die Hoffnung auf nur kurze Exildauer bestand, waren die Tschechoslowakei (Prag), Österreich (Wien), die Schweiz (Zürich), Holland (Amsterdam) und Frankreich (Paris, Côte d'Azur) bevorzug-

te Länder. Hier gab es bis 1938/40 auch noch relativ günstige Publikationsbedingungen durch deutschsprachige Exilverlage und -presse sowie Theater und Kleinkunst. Mit der kriegerischen Expansion Hitler-Deutschlands gingen diese Stützpunkte (mit Ausnahme der Schweiz, der Türkei, Englands und Schwedens) jedoch verloren. Jetzt boten, begrenzt durch restriktive Asylpraxis, Länder wie die USA (New York, Hollywood), Mexiko, Palästina bzw. die UdSSR (für Kommunisten) Zuflucht, in geringerem Maße auch Südamerika, Australien und sogar Hongkong. Bedeutende Exilverlage waren: Malik (Prag, London), Bermann Fischer (Wien, Stockholm), Querido, Allert de Lange (beide Amsterdam), Europaverlag (Zürich), Das internationale Buch (Moskau), El libro libre (Mexiko), Aurora (New York). Die wichtigsten Exilzeitschriften waren: *Die Sammlung* (herausgegeben von Kl. Mann, 1933–35), *Die neue Weltbühne* (1933–39), *Das neue Tagebuch* (herausgegeben von L. Schwarzschild, 1933–40), *Das Wort* (1936–39), *Maß und Wert* (herausgegeben von Th. Mann und K. Falke, 1937–40), *Freies Deutschland* (1941–46).
Insgesamt mussten über 2000 Schriftsteller ins Exil gehen. Viele von ihnen, gezeichnet von materiellen Sorgen, überlebten die ständige Flucht nicht. Durch Selbstmord starben: K. Tucholsky, E. Toller, W. Hasenclever, W. Benjamin, C. Einstein, E. Weiß, St. Zweig. Von den Überlebenden schafften viele nach dem Krieg die Wiederanknüpfung nicht (z. B. Kl. Mann, A. Döblin, O. M. Graf).
Gibt es neben dieser äußeren Kennzeichnung der Exilliteratur auch innere Merkmale der Gemeinsamkeit? Diese Frage war schon im Selbstverständnis der Exilautoren sehr umstritten (vgl. die Debattenbeiträge von E. Toller, H. Mann, M. ter Braak, L. Marcuse, H. Sahl, Th. Mann u. a.): Auf der einen Seite gab es – neben erheblichen Unterschieden bei der materiellen Bewältigung des Exils (Einkommen, Publikationschancen, Protektion) – unleugbare (kultur)politische und ästhetische Verschiedenheiten, in denen sich die Differenzen aus der Zeit der Weimarer Republik (→ *Schriftsteller und Weimarer Republik*) fortsetzten und die in der Frage ›Deutschland nach Hitler‹ erneut aufbrachen. Auf der anderen Seite verstanden sich die Exilautoren dennoch als Repräsentanten des ›anderen Deutschland‹ und »Stimme ihres stumm gewordenen Volks« (H. Mann), wobei das Spektrum vom bewahrenden Standhalten bis zum aktiven Engagement reichte. Ihre literarische Produktivität ist in Anbetracht der vielen Schwierigkeiten beeindruckend. Gegenüber Lyrik und Drama (B. Brecht, G. Kaiser, Ö. v. Horváth) – nach 1939 gab es nur noch in Zürich ein deutschsprachiges Theater, das Exilautoren offen stand – dominiert die Erzählliteratur (Deutschlandroman, Exilsituation, historischer Roman, Epochenrückblick) in den Werken von B. v. Brentano, H. Broch, A. Döblin, L. Feuchtwanger, I. Keun, H., Kl. und Th. Mann, R. Musil, J. Roth, A. Seghers, Fr. Werfel, Fr. Wolf, A. und St. Zweig.

1939
Bertolt Brecht Biogr.: → 1922

Svendborger Gedichte

Entst. 1934–37; ED: London 1939.

Die im dänischen Exil (Skovbostrand bei Svendborg) entstandenen Gedichte bilden nach der → *Hauspostille* (1927) B.s zweiten Gedichtzyklus. Dieser gliedert sich in 6 Abschnitte, von denen 3 eine Überschrift haben. Der Zyklus dokumentiert die Wende in der politischen Einsicht, die B. bis 1937 vollziehen musste: dass das Exil nicht kurzfristig und ein kommender Krieg, den er immer zugleich als einen Klassenkampf verstand, unausweichlich sein würde. Die Einsicht in diese »inzwischenzeit« (B.) und ihre Folgen thematisiert der 1. Abschnitt (*Deutsche Kriegsfibel*). 2. und der 3. Abschnitt (*Chroniken*), die einige der bekanntesten Gedichte B.s enthalten, sollen verdeutlichen, wie Krieg und Klassenkampf schon immer jeden Einzelnen trafen und wie Gegenwehr von unten erfolgen kann (z. B. *Der Schneider von Ulm*, *Fragen eines lesenden Arbeiters*, *Legende von der Entstehung des Buches Taoteking*). Der 4. Abschnitt wendet sich an die aktuellen Akteure in Hitler-Deutschland, den Widerständigen mit Vorbildern zusprechend, den Mitläufern die Zwecklosigkeit ihrer Indifferenz vorhaltend. Die Gedichte des 5. Abschnitts (*Deutsche Satiren*) karikieren die nazistische Rhetorik über den Führer, die Juden, den Krieg, die Propaganda. Der 6. Abschnitt handelt schließlich von den Hoffnungen und dem Leid der ins Exil Verjagten, wo nichts mehr unschuldig sei: »Was sind das für Zeiten, wo/ Ein Gespräch über Bäume fast ein Verbrechen ist/ Weil es ein Schweigen über so viele Untaten einschließt!«

Die besten Gedichte des Zyklus' bestechen durch ihre Einfachheit »als Resultat komplexer Zusammenhänge« (J. Knopf), die offen ist für Subversion wie für dialektisches Denken, damit »der Mensch dem Menschen ein Helfer ist« (*An die Nachgeborenen*).

Rezeption: B. hat den Zyklus in den späteren Werkausgaben nur geringfügig verändert.

Weitere Werke: *Das Verhör des Lukullus* (Radiostück, 1940), *Der aufhaltsame Aufstieg des Arturo Ui* (Parabelstück, 1941*/1957), → *Mutter Courage und ihre Kinder* (Drama, 1941/49).

1939
Ernst Jünger

Biogr.: → 1920

Auf den Marmorklippen

OT: *Auf den Marmor-Klippen* [bis 1949]

Erzählung bzw. Roman.

In imaginärer Zeit, in imaginärer Seenlandschaft (Marina) lebt ein kulturell hochentwickeltes Volk, das bedroht wird durch verbrecherische Banden aus den angrenzenden Wäldern der Campagna, angeführt von einem gewalttätigen Führer, dem ›Oberförster‹ mit seinen Bluthunden. Hier, auf den ›Marmorklippen‹, betreibt der Ich-Erzähler mit seinem Bruder Otho in der ›Rautenklause‹ botanische Studien, unterstützt durch den lebenserfahrenen Pater Lampros aus dem nahen Kloster. Dem Oberförster gelingt es mit seinen primitiv-bestialischen Gefolgsleuten und Hunden, die Marina in einem blutigen Endkampf zu erobern, die Menschen zu ermorden und deren Kultur zu zerstören. Der Erzähler und sein Bruder verbrennen daraufhin ihre Klause und können sich ins Exil retten, nachdem sie den Tod des Paters, Inbegriff der Weisheit und Menschlichkeit, miterleben mussten.

Einerseits boten unverkennbare Parallelen zur NS-Gegenwart (Hitler und Göring/›Oberförster‹, KZ/›Schinderhütte‹ Köppelsblek, Gewalttätigkeit des Regimes/Brutalität des ›Waldgesindels‹) Lesarten des »Protests gegen ein menschenverachtendes Regime« (M. Meyer) an. Andererseits ruft die Erzählung gerade dazu auf, der Gewalt, deren Sturz durch aktive Gegenwehr von innen ausdrücklich verworfen wird (s. Braquemart, Fürst von Sunmyra), »allein durch reine Geistesmacht zu widerstehen«: deswegen das stoisch-überlegene Erzählen im Rückblick, deswegen die Tilgung von Historischem (Ort, Zeit, Mächte) zugunsten höherer naturgesetzlicher und mythischer Ordnung: Die »Abwehr der faschistischen Ideologie [wird] von geschichtsphilosophischen Positionen aus vorgetragen, deren Konservatismus eine entmystifizierende Darstellung des Faschismus gerade nicht ermöglicht« (R. Schnell). An J.s Darstellungsweise wurden – trotz stilistischer Korrektur 1949 – die »allzu edle Symbolsprache« (Kl. Podak) und die Tendenz »zu einer sprachlichen Überhöhung, die das Grauenhafte ästhetisierend kommensurabel macht« (H. L. Arnold), kritisiert.

Rezeption: Ob das Werk als bedeutendes Dokument des literarischen Widerstands gelten kann, ist heftig umstritten; J. betonte nach 1945 den überzeitlichen Parabel-Charakter.

Weitere Romane: *Heliopolis* (1949), *Die Zwille* (1973), *Eumeswil* (1977); Tagebücher: *Gärten und Straßen* (1942/50), *Strahlungen* (1949), *Jahre der Okkupation* (1958), *Siebzig verweht I–V* (1980–97).

1939
Klaus Mann

Biogr.: → 1936

Der Vulkan

UT: *Roman unter Emigranten*

Roman. Entst. 1937–39; ED: Amsterdam 1939, Frankfurt/Main 1956.

Mit diesem autobiographisch gefärbten Zeitroman und Tatsachenbericht wollte M. am Vorabend des Zweiten Weltkrieges, der zugleich das Ende und Scheitern der 1. Phase des Exils bedeutete (→ *Exilliteratur*), eine »genaue Chronik unserer Verwirrungen, Leiden, auch der Hoffnungen« liefern. In drei Abschnitten gestaltete er am Beispiel einer Fülle von Einzelschicksalen, die sich zwischen 1933 und 1938 an den wichtigsten Exilorten (außer Moskau) ereigneten, das kollektive Schicksal des Exils: uneinheitlicher Beginn und Illusionen (1933–34), Anwachsen des Leids, Verzweiflung bei den einen und Entscheidung zum tätigen Widerstand bei den anderen (1936–37), Hoffnung auf ein Überdauern trotz Niederlage und Krieg (1937–39). Auf der einen Seite stehen dabei intellektuelle Ästheten wie Marcel Poiret und Martin Korella, die den Tod finden, auf der anderen Seite mutige Humanisten wie Marion von Kammer und Benjamin Abel sowie in der Mitte der junge Kikjou, die weiterleben und kämpfen werden.

An den Scheiternden zeigt M. die Hoffnung auf Überleben, an den Überlebenden die Ratlosigkeit, wie es weitergehen wird – die Ambivalenz des Exils trifft alle. Eindeutig ist hier nur die Rahmengeschichte: Der Briefschreiber Dieter, der 1933 für ein Bleiben in Hitler-Deutschland votierte, ist 1938 ins Exil gegangen. Mit ihm wird die nächste Phase des Exils anfangen, nachdem der Vulkan – die explosive Situation des Vorkriegs – mit dem Beginn des Zweiten Weltkrieges ausgebrochen ist.

Rezeption: Bis Juli 1939 waren nur 300 Exemplare verkauft. 🎬 R: O. Runze (1998).

Weitere bedeutende Thematisierungen des Exils: O. M. Graf: *Der Abgrund* (1936), B. Brecht: *Flüchtlingsgespräche* (1936/44), Fr. Erpenbeck: *Emigranten* (1939), L. Feuchtwanger: *Exil* (1940), A. Seghers: → *Transit* (1944/48).

Weiteres Werk: → *Der Wendepunkt* (Autobiogr., 1942★).

1939
Thomas Mann

Biogr.: (Fortsetzung von → 1901) 1938 Exil in den USA: Princeton (bis 1941), Pacific Palisades, Kalifornien (bis 1952), ab 1944 als US-Staatsbürger. 1949 1. Besuchsreise nach Deutschland. Von 1952 bis 1954 wohnte M. in Erlenbach, ab 1954 in Kilchberg (Schweiz). † 12.8.1955 in Kilchberg bei Zürich. Gedenkstätten: Kilchberg (G), Lübeck (M), Zürich (M).

Lotte in Weimar

Roman. Entst. 1936–39; ED (Teile): *Maß und Wert* (1937/39). ED: Stockholm 1939, Berlin (West) 1946.

Weimar im September 1816: Die 63-jährige, verwitwete Hofrätin Kestner besucht die Stadt, um nach mehr als 40 Jahren Goethe wiederzusehen. Sie ist die Charlotte Buff, in die sich der junge Goethe 1772 verliebt hatte und die als Lotte in → *Die Leiden des jungen Werthers* (1774) berühmt wurde. Bevor es jedoch zum Treffen kommt, begegnet sie im Hotel einer englischen Malerin, Goethes Sekretär Riemer, Adele Schopenhauer und schließlich Goethes Sohn August (Kapitel 1–6), die Lotte – nicht ohne Wichtigtuerei – ein Bild des von ihnen bewunderten, aber ihnen auch menschlich »nicht geheuren« Dichters vermitteln. Erst im 7. Kapitel erscheint Goethe selbst: In Form eines inneren Monologs kurz vor dem Aufstehen erhält der Leser hier unmittelbaren Zugang zu seinem Bewusstsein, seinem Erleben, seiner Weltsicht, seinem Denken und Dichten, womit M. die – streckenweise desillusionierende – »Rekonstruktion eines Genies: ein Mensch als Artefakt« (R. Baumgart) gelang. Die direkte Begegnung mit Goethe in dessen Haus verläuft für Lotte allerdings enttäuschend: »Ein wenig geniert, ein wenig gestört« (St. Zweig) bleibt die Erinnerung an 1772 bei ihm ohne Reaktion. Erst im 9. Kapitel, während der Heimfahrt nach einem Theaterbesuch in einer Kutsche, kommt es in einem aus Traum und Wirklichkeit vermischten ›Geistergespräch‹ zwischen den beiden zu einer »Art von Begegnung der Seelen« (Th. Mann) und damit zu einem versöhnlichen Abschluss. Lotte erkennt, dass das einst mit Goethe Erlebte und das von ihm Gedichtete als eine (auch von ihm nur unter Opfern erreichte) Einheit allein im Werk Gestalt annehmen, nicht aber im Leben verwirklicht werden kann. Mit dem Schlusswort des goethe-begeisterten Kellners Mager (»Es ist buchenswert«), als er »Werthers Lotte« aus Goethes Wagen hilft, erreicht M. eine heiter-ironische Brechung des vorher Geschilderten.

Rezeption: Der Roman (Auflagenhöhe bis 1945: ca. 12 000 Exemplare) war M.s erste Buchpublikation in Deutschland nach 1945. 🎬 R: E. Günther (1974).
Weiterer Roman: → *Doktor Faustus* (1947).

1939
Franz Werfel Biogr.: → 1928

Der veruntreute Himmel

OT: *Der gestohlene Himmel* 1939]; UT: *Die Geschichte einer Magd*

Roman. ED: Stockholm 1939, Frankfurt/Main 1951.

Die alte Teta Linek, 20 Jahre lang Magd im Hause der Argans in Österreich, weckt das Interesse des Ich-Erzählers durch ihren festen Glauben an ein

himmlisches Jenseits. Nach ihrem Tod rekonstruiert er ihr Leben und stellt fest, dass sie jahrzehntelang die Ausbildung ihres Neffen zum Priester finanziert und ihn auch später unterstützt hat, um durch seine Fürsprache ihre Aufnahme im Himmel zu sichern. Als sich nach 30 Jahren herausstellte, dass ihr Neffe kein Priester, sondern ein Betrüger war, begab sie sich auf eine Pilgerreise nach Rom, auf der sie erkannte, dass die göttliche Gnade nicht erkauft werden kann. Nach einer Audienz im Vatikan, getröstet und gesegnet vom Papst, starb sie in Rom.
Der Ich-Erzähler blickt in der Rahmenhandlung zurück auf das Jahr 1936. Er ist, wie W., österreichischer Emigrant in Paris und schildert, was er über Teta erfahren hat. So ist sein Bericht nicht nur Rückblick auf ein individuelles Leben, sondern auch Rückblick auf die (kurz darauf) an die Nationalsozialisten verlorene Heimat Österreich. Der Titel des Romans spielt nicht nur auf den Betrug des Neffen, sondern – nach W. – auch auf die Geisteshaltung des modernen Menschen an, der ohne metaphysische Bindung leben zu können glaubt. Diese Botschaft gestaltete der gläubige, zwischen Judentum und Christentum stehende W. auch in der Lebensbeschreibung der nach der Marienerscheinung in Lourdes zur Heiligen erklärten Bernadette Soubirou, dem eher sentimental abgefassten Roman *Das Lied von Bernadette* (1941).

R: E. Marischka (1958), R: O. Runze (1990).

Weitere Werke: *Das Lied von Bernadette* (1941), → *Jacobowsky und der Oberst* (Komödie, 1944).

1939
Ernst Wiechert

* 18.5.1887 im Forsthaus Kleinort (Ostpreußen). Nach Studium (Germanistik, Anglistik) in Königsberg und Kriegsteilnahme Lehrer in Berlin (bis 1933), danach als freier Schriftsteller in Bayern, ab 1948 in der Schweiz; 1938 wegen seines Eintretens für den inhaftierten Pastor Niemöller 2 Monate im KZ Buchenwald. † 24.8.1950 in Stäfa (Schweiz). Gedenkstätten: Kleinort (M), Stäfa (G).

Das einfache Leben

Roman.

Der ehemalige Korvettenkapitän von Orla sucht, traumatisiert durch die Niederlage im Ersten Weltkrieg und die Meuterei seiner Matrosen, in der Großstadt Berlin vergeblich nach neuer Orientierung. Um einen Sinn in seinem Leben zu finden, trennt er sich von seiner ihm fremd gewordenen Familie, begibt sich in die Einsamkeit Ostpreußens und wird Fischer eines Gutsherrn. Dort, auf einer Insel in Masuren, findet er das ›einfache Leben‹, nämlich Eingliederung in eine umgreifende Ordnung, in der alles »richtig« ist, »wie es war und werden würde.«

Der Rückzug in das weltabgeschiedene Masuren erlaubt die durch glückliche Umstände (ein gütiger Gutsherr, die Bibliothek in der Fischerhütte, der ihn umsorgende frühere Offiziersbursche) ermöglichte Selbstfindung, ohne Ansprüchen von außen genügen zu müssen bzw. gesellschaftlichen oder politischen Zwängen ausgesetzt zu sein. Dieser Rückzug in die Innerlichkeit (Eskapismus) ist sowohl Flucht aus der Zeit als auch Protest gegen die Inhumanität von Gewaltherrschaft, beides freilich nur um den Preis einer hilflosen Dissidenz.

Rezeption: Der Roman erreichte bis 1942 eine Auflage von 250 000 Exemplaren und gehörte bis in die 1950er Jahre hinein zu den vielgelesenen Werken der Inneren Emigration (→ *Dichtung im ›Dritten Reich‹*).

Weitere Werke: *Hirtennovelle* (1935), *Wälder und Menschen* (Autobiogr., 1936, Fortsetzung: *Jahre und Zeiten*, 1948), *Der Totenwald* (KZ-Bericht, 1945), *Die Jeromin-Kinder* (Roman, 1945/47).

Unterhaltungsliteratur 1918–1950

Dass Literatur nicht nur belehren (*prodesse*), sondern auch unterhalten (*delectare*) sollte, forderte schon Horaz. Dennoch kam es gerade in der deutschen Literaturgeschichte aus jeweils unterschiedlichen Gründen (christliche Erbauung, Kunstanspruch, Bildung) oft genug dazu, dass die eine (die erstgenannte) Funktion die andere verbot, ausschloss oder abwertete. Einerseits verschärfte sich diese Spannung, als mit der Entstehung eines Literaturmarkts ab dem 18. Jh. gut verkäufliche, literarisch anspruchslose bis minderwertige (Massen-)Literatur (Trivialliteratur), der eine ›Hochliteratur‹ für wenige gegenüberstand, die STEIGENDEN UNTERHALTUNGSBEDÜRFNISSE eines immer größer werdenden Lesepublikums bediente. Andererseits erzeugte im Laufe des 19./20. Jh. eben dieser Markt mit seinem medial ausdifferenzierten Unterhaltungsangeboten einen (ökonomisch begründeten) Druck auf die ›ernste Literatur‹ (›E-Literatur‹), sich stärker dem Lesergeschmack anzupassen. Der Ort für dieses Entgegenkommen war v. a. der Roman (→ *Unterhaltungsliteratur 1815–1918*), aber auch das Theater, das sich dem Populären (Volkstheater) wie dem Boulevard und Salon öffnete (→ *Theaterwesen im 19. Jh.*). Im 20. Jh. wurde die Grenze zwischen unterhaltender und ernster Literatur dann immer fließender.

Zur UNTERHALTUNGSLITERATUR im eigentlichen Sinne werden Texte gerechnet, die sich von der absatzorientierten, in großer Menge produzierten Trivial- bzw. Massenliteratur durch größere thematische und formale Variationsbreite unterscheiden, aber nicht den ästhetischen und gedanklichen Anspruch der ›Hochliteratur‹ erfüllen, sondern »künstlerisch angehauchte Unterhaltung« (R. Musil) bieten. Auffällig ist in diesem Zusammenhang, dass trotz der Erfahrung von Krieg, Inflation und Diktatur Werke der Unterhaltungsliteratur aus der Zeit vor 1914 auch in den Jahrzehnten nach

1918 hohe Auflagen erzielten und über eine große Leserschaft verfügten (z. B. die Romane von G. Frenssen, H. Löns, K. May, L. Ganghofer). Zu diesen Werken traten nun (überwiegend) ROMANE, die es dem Leser erlaubten, eine problematische Gegenwart und eine oft schwierige Alltagswelt zu verlassen, indem sie in einer verklärt geschilderten Vergangenheit spielten wie z. B. H. Spoerl: *Die Feuerzangenbowle* (1933) oder in Landschaften fern der städtischen Zivilisation, z.T. als Familien- oder Dorfgeschichten wie z. B. H. Sudermann: *Die Reise nach Tilsit* (1932), J. Knittel: *Via Mala* (1934), W. v. Simpson: *Die Barrings* (1937), E. Welk: *Die Heiden von Kummerow* (1937), A.-H. Lehmann: *Hengst Maestoso Austria* (1939), E. Hueck-Dehio: *Ja, damals* (1953). Als LIEBESGESCHICHTE erfolgreich war R. G. Bindings *Moselfahrt aus Liebeskummer* (1932); erfolgreich auf dem Gebiet des anspruchsvollen KRIMINALROMANS war z. B. L. Perutz: *Der Meister des Jüngsten Tage* (1923), auf dem Gebiet von SCIENCE FICTION H. Dominik: *Der Wettflug der Nationen* (1934).
Im ›Dritten Reich‹ war (wie im Theater und im Film) ›UNPOLITISCHE‹ UNTERHALTUNG durchaus nicht verpönt, sondern wurde sogar als entlastender Ausgleich zur Propaganda gefördert, wie etwa E. Wiecherts Roman einer Weltflucht (→ *Das einfache Leben*, 1939) beweist. Dass die Unterhaltungsliteratur der Jahre vor 1933 ohne Probleme die Zeit des Nationalsozialismus überstehen konnte und danach noch bis in die 1960er Jahre hinein gelesen wurde, ist daher nicht erstaunlich. Neu war dagegen der Versuch, eine SOZIALISTISCHE UNTERHALTUNGSLITERATUR zu etablieren, die die propagandistische Botschaft mit dem ›kulinarischen‹ Vergnügen an der Lektüre vereinen wollte. Das Spektrum reicht hier vom (noch dem bürgerlichen Unterhaltungsroman nahestehenden) Abenteuerroman (z. B. B. Traven: → *Das Totenschiff*, 1926) über den sozialistischen Trivialroman (z. B. O. Müller-Glosa: *Ein Arbeitermädel*, 1926) bis zur proletarisch-revolutionären Massenliteratur, die freilich Programm blieb, das ihre bekanntesten Romane noch nicht einlösten: K. Grünberg: *Brennende Ruhr* (1929), Kl. Neukrantz: *Barrikaden am Wedding* (1929), H. Marchwitza: *Sturm auf Essen* (1930).

1939–1950
Alfred Döblin Biogr.: → 1916

November 1918

OT: *Eine deutsche Revolution* [nur 1939]

Roman-Tetralogie, entst. 1937–43. Bd.1: *Bürger und Soldaten* (Amsterdam 1939), Bd. 2: *Verratenes Volk* (1948), Bd. 3: *Heimkehr der Fronttruppen* (1949), Bd. 4: *Karl und Rosa* (1950); Gesamtausgabe: 1978.

»Wir müssen mithelfen, den Geist zu entwickeln, der dem ›Dritten Reich‹ entgegenwirkt.« Mit diesem Satz fasste D. 1937 das Ziel seines Schreibens im Exil zusammen. Nachdem er in dem Roman *Pardon wird nicht gegeben*

(1935) am Beispiel des Untergangs einer Familie und ihres Unternehmens das gesellschaftliche Versagen des Bürgertums vorgeführt hatte, spitzte er in diesem monumentalen Hauptwerk (mehr als 2000 S.n) den historischen Roman über die Revolution 1918/19 in Berlin (von der Ausrufung der Republik bis zur Ermordung von K. Liebknecht und R. Luxemburg) zu einem Zeitroman zu, der nach B. Brecht den »neuen typus eingreifender dichtung« repräsentiert. D. lieferte dabei nicht einfach ein Panorama der revolutionären Ereignisse mit ihren handelnden Personen (›Spitzengeschichte‹), sondern verknüpfte die mit Sympathie für die kommunistische Linke verbundene Geschichtserzählung mit fiktiven Lebensgeschichten: So wie der makroskopische Blick das historische Fehlgehen der Revolution (und damit die Ursachen für das spätere Scheitern der Republik und den Aufstieg des Faschismus) zeigt, legt der mikroskopische Blick auf die drei Hauptfiguren Oberleutnant Becker, Leutnant Maus und Krankenschwester Hilde die psychische Disposition derer frei, für die die Revolution eine Befreiung sein sollte (›Tiefengeschichte‹). Mit den halluzinatorischen Träumen Rosa Luxemburgs sowie mit der Entwicklung Beckers, der im 4. Band (nach der Konversion D.s zum Katholizismus 1941) aktives Engagement für die Revolution mit christlichem Gewissenszwang verbindet, setzte D. am Ende ein positives Signal.

Rezeption: Der Roman erschien zu spät und stieß auf nur geringes Interesse.

Weitere Werke: *Schicksalsreise* (autobiographischer Bericht, 1949), *Hamlet oder die lange Nacht nimmt ein Ende* (Roman, 1956).

1940
Johannes R. Becher

⋆ 22.5.1891 in München. Nach abgebrochenem Medizinstudium (ab 1911 in Berlin u. a.) und Kriegsdienstverweigerung bis 1933 freier Schriftsteller in Berlin (1919 Eintritt in die KPD, ab 1928 Vorsitzender des BPRS); ab 1933 Exil in Paris, ab 1935 in Moskau; 1945 Rückkehr nach Berlin. 1953–56 Präsident der Akademie der Künste, 1954–58 Kulturminister der DDR. † 11.10.1958 in Berlin (DDR). Gedenkstätten: Berlin (G, M), Saarow (D).

Abschied

UT: *Einer deutschen Tragödie erster Teil 1900–1914*

Roman. Entst. ab 1937; ED: Moskau 1940, Berlin (Ost) 1945.

B. hatte sich v. a. als expressionistischer Lyriker (z. B. *An Europa*, 1916) sowie als kommunistischer Literaturfunktionär einen Namen gemacht. *Abschied* ist sein zweiter Roman, ein autobiographisch geprägter Exil- und Deutschlandroman. Der Titel ist ein Schlüsselwort: Zu Beginn nimmt der Ich-Erzähler, Hans Gastl, als 7-jähriger in der Sylvesternacht von 1899 Abschied vom 19. Jh., es folgt in den nächsten 10 Jahren der schwierige Prozess der

Ablösung vom autoritären Vater, einem kaisertreuen Staatsanwalt, sowie der Abschied vom bürgerlichen Leben in München, an dessen Ende die Kriegsdienstverweigerung 1914 steht. Mit diesem Entschluss hat Gastl nicht nur vollzogen, was er sich in der Sylvesternacht unbewusst vorgenommen hatte, sondern zugleich eine beispielhafte Emanzipation begonnen (»Ich mache euren Krieg nicht mit!«): Er kann ›ich‹ sagen und ist frei für ein selbstbestimmtes Anderssein, dessen Umrisse sich in seinen Freundschaften (mit dem Arbeitersohn Hartinger und dem Dichter Sack) andeuten, deren Darstellung einer Fortsetzung vorbehalten sein sollte.

Abschied ist die »Geschichte eines jungen Menschen im Wilhelminischen Zeitalter« (G. Lukács), mit der B. zugleich dieses Zeitalter, dessen böse Folgen bis in die Abfassungszeit des Romans hineinreichten, verabschiedete.

Rezeption: Von B. geplante Fortsetzungen kamen nach 1945 nicht zustande. ■ R: E. Günther (1968).

Weitere Werke: *Levisite oder Der einzig gerecht Krieg* (Roman, 1926), *Auf andere Art so große Hoffnung* (Tagebuch, 1950), *Deutsche Sonette* (1952).

1940*/1963
Ernst Weiß

* 28.8.1882 in Brünn (Mähren) als Sohn jüd. Eltern. 1902–08 Medizinstudium in Prag und Wien, danach Arzt in Bern und Berlin, ab 1911 in Wien. 1914–18 Regimentsarzt, ab 1921 freier Schriftsteller in Berlin; 1933 Exil in Prag, ab 1934 in Paris. † 15.6.1940 (Selbstmord) in Paris.

Ich – der Augenzeuge

OT: *Der Augenzeuge* (bis 1964)

Roman. 1939 abgeschlossen, ED: *Maß und Wert* (1940, 1. Kapitel). BA: 1963.

W.' letzter Roman, vor seinem Tod als Manuskript nach New York geschickt und in einer ab 1939 überarbeiteten Fassung nur im 1. Kapitel erhalten (ED: 1978), konnte erst 1963 erscheinen. Die autobiographisch geprägte Ich-Erzählung ist der fiktive Lebensbericht eines Arztes: Nach dem Bankrott des Vaters schafft er mit starkem Willen das Medizinstudium, spezialisiert sich auf das Krankheitsbild Hysterie, erlebt im Weltkrieg Grausamkeiten, die ihn abstumpfen, aber auch hart machen. Er beschränkt sich fortan darauf, zu heilen und als Augenzeuge zu berichten, ohne in den Lauf der Dinge weiter einzugreifen. Deswegen zögert er auch nicht, den Gefreiten A. H. (Hitler) durch eine ›Wunderheilung‹ von seiner eingebildeten Blindheit zu befreien: »Der Arzt spielt Schicksal an einem, der später mit ihm Schicksal spielen wird« (R. Schneider). Als er nach Jahren erkennt, dass er damit indirekt A. H.s Karriere zum Diktator befördert hat und dass seine ›objektiven‹ Notizen über die Kur ihn selbst als Mitwisser ins KZ brachten,

verzweifelt er – bis er der Haltung der Augenzeugenschaft absagt und sich zum Kampf gegen den Faschisten Franco in Spanien meldet.
W. lieferte mit der Geschichte dieses ›Arztes‹, der nur klinisch helfen wollte, ohne sich aktiv zu engagieren, zugleich ein kritisches »Psychogramm der deutschen Intellektuellen zwischen 1914 und 1936« (Fr. Trapp).
Rezeption: W.' Werk, zu Lebzeiten seit dem Debütroman *Die Galeere* (1913) als Beitrag zur literarischen Avantgarde beachtet, erlangte nach seinem Tod erst ab den 1960er Jahren erste, ab 1982 durch die Edition der *Gesammelten Werke* andauernde Aufmerksamkeit.
Weitere Prosawerke: *Die Feuerprobe* (1923/29), *Der arme Verschwender* (1936), *Der Verführer* (1938).

1941/1949
Bertolt Brecht

Biogr.: → 1922

Mutter Courage und ihre Kinder

UT: *Eine Chronik aus dem Dreißigjährigen Krieg*

Drama. Entst. ab 1939; UA: 19.4.1941 in Zürich, 11.1.1949 in Berlin (Ost). Veränderte BA: 1949.

»Die schriftsteller können nicht so schnell schreiben, wie die regierungen einen krieg vom zaune brechen«, schrieb B. im Rückblick auf das Stück, das in der Fassung von 1949 zu seinem bekanntesten Werk geworden ist. Die Handlung (12 Szenen) spielt in den Jahren 1624–36: Die Marketenderin Courage, Prototyp der kleinbürgerlichen Händlerin, zieht mit ihrem Planwagen und drei Kindern den kriegführenden Heeren nach, um gute Geschäfte zu machen und sich und ihre Familie durchzubringen. Unbelehrbar hält sie an ihrem Vorhaben fest, als ›Kleine‹ wie die ›Großen‹ am Krieg gewinnen zu wollen, obwohl sie am Ende nach den Söhnen Eilif und Schweizerkas (sie werden als Soldaten erschossen) auch die stumme Tochter Kattrin verloren hat.
Mit dem ›Sieg‹ der Händlerin über die Mutter (»Ich muß wieder in Handel kommen«, 12. Szene) zeigt B. die Verkehrtheit der Verhältnisse, ausgelöst durch den Kampf um Profit im Krieg, bis hinein in die einzelne Person. Auch der Opfertod Kattrins, die mit ihrem Trommeln die Stadt Halle vor der Soldateska warnt, kann hier nur beweisen, dass sich im Schlechten kein Gutes entwickeln kann.
B.s Konzept des ›Epischen Theaters‹ soll das Publikum nicht über die Einfühlung in die handelnden Figuren ansprechen und diese Figuren belehren auch nicht, sondern an ihnen ist (ex negativo) zu lernen, was anders werden soll. Unterstützt wird diese Methode durch die verfremdenden theatralischen Mittel wie z.B. die unterbrechenden Songs, die szenische Reihung ohne Höhepunkt, die das Reden kontrapunktierende Gestik und Musik,

die – nach B. – eine Einfühlung und damit eine passive Haltung des Publikums bewusst verhindern sollen.

Rezeption: Die Züricher Inszenierung 1941 war ein großer Erfolg. Die Berliner Inszenierung 1949 (mit Helene Weigel als Courage) wurde zum noch erfolgreicheren ›Modell‹ von B.s Epischem Theater; sie erreichte bis 1961 über 400 Aufführungen. R: W. Staudte (1956), R: P. Palitzsch/M. Wekwerth (1960/61), R: M. Karge (1987, TV).

Weiteres Stück: → *Der gute Mensch von Sezuan* (1943).

1942
Wilhelm Lehmann

* 4.5.1882 in Puerto Cabello (Venezuela). Nach Studium (Germanistik, Anglistik) und Promotion in Kiel (1905) ab 1908 Gymnasiallehrer in Neumünster, ab 1919 in Solling, ab 1923 in Eckernförde. 1923 Kleist-Preis (zusammen mit R. Musil). † 17.11.1968 in Eckernförde (G).

Der grüne Gott

UT: *Ein Versbuch*

Gedichtslg. Entst. ab 1934; ED (Teile): *Neue Rundschau* (1935–40). BA: 1942, Neuausgabe: 1948.

Zusammen mit O. Loerke (→ *Der Steinpfad*, 1938) war L. mit seiner ersten Gedichtsammlung *Antwort des Schweigens* (1935) zum Vorbild für eine Gruppe junger Naturlyriker (P. Huchel, G. Eich, K. Krolow, M. L. Kaschnitz, J. Bobrowski u. a.) geworden, die sich um die Dresdener Zeitschrift *Die Kolonne* (1929–32) gebildet hatte und nach 1933 als nicht-nationalsozialistische → *Dichtung im ›Dritten Reich‹* überlebte. Von Loerke übernahm L. auch die (Titel-)Formulierung: Der ›grüne Gott‹ ist die dem Menschen überlegene, hieroglyphische Natur, die dem Dichter nur in ihrem Schweigen Auskunft gibt und erst damit eine magische Verbindung erlaubt, die jenseits einfühlsamer (Natur-)Erlebnislyrik liegt. Dieser Haltung entspricht eine lakonisch zurückgenommene, jeglicher Emphase abholde Diktion, die gleichsam ichlos Naturphänomene botanisch registriert – nicht ohne erkennbar konservativen Affekt gegen die von Menschen ›verübte‹ Zivilisation. Natur wird in dieser modernen Lyrik aber auch zu einem Ort jenseits aller Geschichte und Gegenwart, was von Kritikern als Flucht, von Verteidigern L.s, der im Mai 1933 sicherheitshalber der NSDAP beitrat, als unangreifbare Position, frei von Vereinnahmungen durch Zeittendenzen, interpretiert wurde.

Rezeption: Der Bd. (50 Gedichte) war nur bis Dezember 1943 im Handel. Als zeitloser Naturlyriker wurde L. besonders in den 1950er Jahren sehr geschätzt (*Überlebender Tag*, 1954). Seine ›naturmagische‹ Lyrik stand dabei in einem antipodischen Verhältnis sowohl zu G. Benns als auch zu B. Brechts Lyrik und auch zur Naturlyrik der 1960er Jahre.

Weitere Werke: *Weingott* (Roman, 1921), *Meine Gedichtbücher* (1957).

1942
Anna Seghers Biogr.: → 1928

Das siebte Kreuz

UT: *Roman aus Hitlerdeutschland*

Entst. 1938/39; ED (Teile): *Internationale Literatur* (1939). BA: Mexiko 1942, Berlin (Ost) 1946.

Im Herbst 1937 gelingt 7 Häftlingen eines Konzentrationslagers bei Mainz die Flucht, woraufhin der Lagerkommandant 7 Platanen kappen lässt und mit Querbalken versieht, so dass sie wie Kreuze aussehen. Er ist sich sicher, dass er die Flüchtlinge wieder einfangen kann, um sie dann – tot oder lebendig – als Abschreckung an den Kreuzen zur Schau zu stellen. Tatsächlich gelingt nur Georg Heisler die Flucht ins Ausland, die anderen scheitern. Sein Kreuz, das siebte, bleibt leer – Zeichen der Hoffnung für die verbleibenden Häftlinge, dass der Nazi-Staat nicht unbesiegbar ist.

Der Roman ist »den toten und lebenden Antifaschisten Deutschlands« gewidmet. Auffällig ist, dass die Kommunistin S. das Gelingen der Flucht nicht als Werk einer im Untergrund tätigen KP darstellt, sondern als Leistung vieler Menschen aus allen Schichten, mit unterschiedlichsten Verhaltensweisen und politischen Einstellungen. Sie setzte auf eine humane Kraft im Volk, d.h. auf eine grundsätzliche, politisch nicht begründete, durch keine NS-Herrschaft zerstörbare Bereitschaft zur Solidarität, in der Gewissheit, »daß es im Innersten etwas gab, was unangreifbar war und unverletzbar« (Schlusssatz). Der Roman ist damit »eines der ergreifendsten Leumundszeugnisse […], das die deutsche Literatur kennt« (H.-A. Walter), 1939 geschrieben und noch ohne das Wissen, dass S.' Gewissheit durch den Krieg noch auf eine harte Probe gestellt werden sollte (vgl. S.' Aufsatz *Deutschland und wir*, 1941). Der Erfolg des Romans gründet auf seiner Qualität als realistischer, atmosphärisch dichter Zeitroman und der Darstellung eines spannenden Geschehens durch den filmartig schnellen Wechsel (127 Einzelszenen und -bilder) von Bericht, Beschreibung und Dialog.

Rezeption: Übersetzt in alle europ. Sprachen, war der Roman das erfolgreichste Werk der → *Exilliteratur* und begründete S.' Weltruhm. 🎬 *The Seventh Cross* (R: Fr. Zinnemann, 1944).

Weiterer Roman: → *Transit* (1944/48).

1942
Stefan Zweig Biogr.: → 1938

Schachnovelle

ED: Buenos Aires 1942, Stockholm 1943, Frankfurt/Main 1951.

Auf einer Schiffsreise während des Zweiten Weltkrieges von New York nach Buenos Aires begegnet der Ich-Erzähler dem Schachweltmeister

Czentovic, der bei einer öffentlichen Simultanpartie durch einen Dr. B. zu einem Remis gezwungen wird. B., so berichtet dieser dem Erzähler, verbrachte nach der Machtübernahme der Nationalsozialisten in Österreich Monate als Gefangener der Gestapo in Einzelhaft, hermetisch von der Außenwelt abgeschnitten. Überstehen konnte er diese Folterung nur, indem er Meisterpartien aus einem Schachbuch ›blind‹ nachspielte, bis er, nach einer Art ›Schachvergiftung‹, dem Wahnsinn nahe, entlassen wurde und emigrierte. Erst auf dem Schiff spielte er wieder – diesmal auf einem Schachbrett – und tatsächlich gelingt es ihm, Czentovic in einem weiteren Spiel zu schlagen. Doch bei der Revanche bricht er zusammen und sagt sich endgültig vom Schachspiel los.

Z. stellt beide Protagonisten – psychisch und physisch – als Gegensatzpaar dar: Er konfrontiert die Primitivität und Habgier Czentovic', der nicht spielen, sondern nur gewinnen will, mit der Sensibilität und Geistigkeit des gebildeten europäischen Großbürgers, den B. verkörpert. In dessen Niederlage sahen viele Interpreten einen Hinweis auf den von Z. resignierend vorausgesehenen Untergang der europäischen Geisteswelt in der Auseinandersetzung mit dem Faschismus.

Rezeption: Die Novelle, für Schachfreunde ein Kultbuch, wurde in mehr als 25 Sprachen übersetzt und erreichte 2003 die 50. Auflage. ■ R: G. Oswald (1960).
Weitere Werke: *Die Welt von Gestern* (Autobiogr., 1942).

1942*
Klaus Mann

Biogr.: → 1936

Der Wendepunkt

UT: *Ein Lebensbericht*

Autobiogr. Entst. August 1941–Mai 1942; ED u.d.T. *The Turning Point. Thirty-Five Years in this Century*: New York 1942; erweiterte und um das 12. Kapitel (1947–April 1949) ergänzte Übers. ED: Frankfurt/Main 1952.

Schon 1931 hatte M. mit *Kind dieser Zeit* eine erste Autobiographie (bis 1924) geschrieben, am Wendepunkt zum Erwachsenwerden und zur eigenständigen Schriftstellerexistenz in einer Zeit des politischen Umbruchs. 10 Jahre später stand er an einem neuen Wendepunkt: Er wollte nicht mehr Emigrant sein, sondern als US-Soldat gegen Hitler kämpfen – Anlass genug, um sein bisheriges Leben kritisch zu betrachten. 1949, als er die deutsche Ausgabe bearbeitete, geschah dies vor dem Hintergrund eines nochmaligen Wendepunktes: Kriegsende 1945, Ende von Hitler-Deutschland und Perspektive auf neue politische Hoffnungen und Gefahren (›finaler Wendepunkt‹). M.s Lebensbericht beginnt im elterlichen Lübeck, schildert die Münchener Kindheit, das Internat nach dem Ersten Weltkrieg und das

Bohème-Leben des jungen Prominentensohns in den 1920er Jahren, der in den 1930er Jahren vom Deutschen zum Europäer wird, »dessen primäre Interessen in der ästhetisch-religiös-erotischen Sphäre liegen, der aber unter dem Druck der Verhältnisse zu einer politisch verantwortungsbewußten, sogar kämpferischen Position gelangt« (M.).

M.s Lebensbericht zeichnet das detailreiche Bild eines Intellektuellen, für den Literatur, Politik, Kunst und Leben untrennbar verknüpft sind, und zugleich ein Spiegelbild der Epoche, an der er schließlich – drogenkrank, vereinsamt und verzweifelnd – scheiterte. Nebenbei: »Er war der erste offen schwule Autor in Deutschland – und offen heißt: politisch klug [...], provokativ, sich der eigenen Mystifikation weithin bewußt, frei und befreiend« (Th. Sparr).

Rezeption: Der Bericht gehört zu den bedeutendsten Autobiogr.n in der 1. Hälfte des 20. Jh. (→ *Autobiographien IV, 1914–1950*).

Weiteres Werk: *Die Heimsuchung des europäischen Geistes* (Essay, 1949).

1943

Bertolt Brecht Biogr.: → 1922

Der gute Mensch von Sezuan

UT: *Parabelstück*

Entst. 1930, 1939–41; UA: 4.2.1943 in Zürich, 16.11.1952 in Frankfurt/Main, 5.10.1957 in Berlin (DDR). ED: 1953. Musik: Paul Dessau.

Drei Götter besuchen die chinesische Stadt Sezuan auf der Suche nach ›guten‹ Menschen, denn sie haben gehört, niemand in dieser Welt »könne gut bleiben.« Was sie suchen, finden sie nur in der Prostituierten Shen Te, die als Einzige bereit ist, sie aufzunehmen. Von ihrer Belohnung kauft sie sich einen Tabakladen, der bald vor dem Ruin steht, weil ihre Gutherzigkeit viele Bettler und Schmarotzer anzieht. Nur durch eine Verwandlung in den hartherzigen, geschäftstüchigen Vetter Shui Ta, in dessen Gestalt sie später zu einer ausbeuterischen Fabrikbesitzerin wird, kann sie ökonomisch bestehen. Als Shen Te in der (Hosen-)Rolle des Shui Ta dann aber als ihr angeblicher Mörder angeklagt wird, gesteht sie vor den Göttern ihr Doppelspiel und bekennt, nicht gut sein zu können, ohne Böses zu tun. Dieses Dilemma wissen die Götter nicht zu lösen. Sie empfehlen Shen Te nur, sich nicht zu oft in Shui Ta zu verwandeln, und entschwinden; doch Shen Te erkennt: »Etwas muß falsch sein an eurer Welt« (10. Szene).

Der Epilog fordert die Zuschauer zum Nachdenken darüber auf, was geändert werden muss: der Mensch, die Welt, die Götter? Die Götter haben sich hilflos den Menschen entzogen, die – so zeigt es das Stück – das Böse zu tun gezwungen sind, wenn sie gut sein wollen. So bleibt – unausgesprochen –

nur die Veränderung der Welt im Sinne einer Gesellschaftsordnung, die den Menschen das Dilemma der Shen Te erspart. B.s »dramaturgische Meisterleistung« sah Fr. Luft darin, »wie die zwei Handlungen in einem Menschen mit den beiden entgegengesetzten Charakteren voneinander abgesetzt und wie sie ineinander geschachtelt sind.«

Rezeption: Dieses Stück steht in der Mitte zwischen B.s strengen Lehrstücken vor 1933 (z. B. → *Die Maßnahme*, 1931) und dem ›kulinarischeren‹ Epischen Theater (z. B. → *Mutter Courage und ihre Kinder*, 1941/49). 🎬 R: Fr. Umgelter (1966, TV). Weiteres Stück: → *Leben des Galilei* (1943–55).

1943
Hermann Hesse

Biogr.: → 1903, 1919

Das Glasperlenspiel

UT: *Versuch einer Lebensbeschreibung des Magister Ludi Josef Knecht samt Knechts hinterlassenen Schriften*

Roman. Entst. 1930–42; ED: Zürich 1943, Berlin (West) 1946.

»Morgenlandfahrer ist, wer, dem Geist verpflichtet, auf dem Weg zu einem Ziel ist, das Selbstschau und Läuterung des Menschen bedeutet« (M. Pfeifer). Um dieses Ziel geht es H. in Anknüpfung an seine Erzählung *Die Morgenlandfahrt* (1932) in seinem großen Altersroman, in dem er einen Chronisten aus der Zukunft (nach 2200) auf das 19. und 20. Jh. zurückblicken lässt. Dieser erkennt ein ›feuilletonistisches‹ Zeitalter, dessen ungezügelter Individualismus in seiner Unverbindlichkeit moralischen und kulturellen Zerfall, aber auch eine ordensähnliche Elite von Gelehrten und Künstlern hervorbrachte. Letztere haben sich einer Ethik des Dienens verpflichtet und wollen in einem utopischen Reich der Bildung (Kastalien) die zeitlos gültigen Werte der Menschheit um ihrer selbst willen bewahren. Diese Werte sind im ›Glasperlenspiel‹ symbolisiert, in dem sie spielerisch und damit zweckfrei stets von Neuem kombiniert werden und so der Vervollkommnung des Menschen dienen. Im Mittelpunkt des Romans steht der Lebensweg des Josef Knecht, der in der Hierarchie des Ordens bis zum Magister Ludi (oberster Spielleiter des Glasperlenspiels) aufsteigt. Zunehmende Zweifel an der Richtigkeit der vom Orden praktizierten vita contemplativa als einer ›Scheinwelt‹, die auf die Auseinandersetzung mit der gesellschaftlichen Wirklichkeit verzichtet, veranlassen ihn jedoch, den Orden zu verlassen und sich als Erzieher in den Dienst der Gesellschaft zu stellen. Unmittelbar danach findet er in einem Bergsee den Tod.

H. gestaltete in diesem Roman die Quintessenz seiner Ideen und Vorstellungen. Es ging ihm – anders als im traditionellen → *Bildungsroman* – nicht um die Darstellung eines individuellen Lebenswegs bzw. um Selbstfindung, sondern um eine nur als utopische Darstellung mögliche Welt des Geistes: Diese »als existent und unüberwindlich sichtbar [zu] machen« und damit die »üble Gegenwart in eine überstandene Vergangenheit« zu bannen, darin sah H. – nicht zuletzt im Angesicht der Barbarei Hitler-Deutschlands – seine Aufgabe, ließ aber offen, wie jenseits von Kastalien eine harmonische Verbindung von Geist und Wirklichkeit erzielt werden kann.

Rezeption: Der Roman fand – trotz seiner herausfordernden Vielschichtigkeit – in Deutschland nach 1945 eine große Lesergemeinde.

Weitere Werke: *Gedichte 1892–1962* (1977).

1943/1947
Arnold Zweig

Biogr.: → 1927

Das Beil von Wandsbek

Roman. Entst. 1939/41–43; ED: Tel Aviv 1943 (in hebr. Übers.), Stockholm 1947, Weimar 1951.

Erzählt wird die Geschichte des Schlachtermeisters und SS-Mannes Albert Teetjen, der 1937 als Ersatzhenker im Hamburger Zentralgefängnis vier unschuldig zum Tode verurteilte Kommunisten hinrichtet, weil er die 2000 Mark Henkerslohn dringend braucht. Geschäftlich boykottiert durch das diffamierende Gerücht, er benutze das Henkersbeil auch im Laden, wird er in den Ruin getrieben und bringt sich am Ende mit seiner Frau um, weil ihn auch seine SS-Genossen gleichgültig im Stich lassen.

Z. desillusioniert im gescheiterten Kleinbürger Teetjen den Anspruch des »Faustischen« (H.-A. Walter) und legt »im Aufstieg des ›Dritten Reiches‹ seinen Untergang« (A. Z.) bloß. Damit zeichnete er – aus dem Exil – ein kritisches Deutschland-Bild unter dem Hitler-Regime, in dem offengelegt wird, wie sich Menschen der verschiedenen sozialen Schichten in ihrem Lebensalltag dem System opportunistisch anpassten und sich damit innerlich beschädigten (→ *Exilliteratur*). Es wird deutlich, dass nicht nur Mitläufertum, sondern auch bürgerliche Kernwerte wie Ordnung und Gehorsam beteiligt waren am moralischen Niedergang der Deutschen. An S. Freud schrieb Z. 1938: »Der geschändete Deutsche ist ja nicht bloß im KZ-Lager, sondern auch in seinen Henkern.« Eine sozialistische Perspektive deutet sich in der Nebenfigur Tom Barfey an.

R: F. Harnack (1951), R: H. Königstein/H. Breloer (1981, TV).

Weitere Romane: *Die Feuerpause* (1954), *Die Zeit ist reif* (1957).

1943–1955
Bertolt Brecht Biogr.: → 1922

Leben des Galilei

UT: *Schauspiel*

1. Fassung: entst. 1938/39; UA: 9.9.1943 in Zürich, ungedruckt. 2. (engl.) Fassung: entst. 1945/46, UA: 30.7.1947 (u.d.T. *Galileo*) in Los Angeles, ungedruckt. 3. Fassung: entst. 1954/55, ED: 1955, UA: 16.4.1955 in Köln, 15.1.1957 in Berlin (DDR). Musik: Hanns Eisler.

»Die alte Zeit ist herum, und es ist eine neue Zeit.« Der Optimismus, der im Schauspiel aus den Worten des Forschers Galilei spricht, wurde von B. selbst, als er an dem Stück arbeitete, nicht geteilt: Angesichts der Kriegsvorbereitungen Hitlers und des Abwurfes der Atombombe durch die USA sah er sich veranlasst, der Frage nach der Verantwortung des Naturwissenschaftlers am Beispiel Galileis nachzugehen: In 15 Bildern stellt er einzelne Lebenssituationen des historischen Galilei (1564–1642) vor, der mithilfe des neu entdeckten Fernrohrs Kopernikus' These beweisen konnte, dass die Erde sich um die Sonne bewegt. B.s Galilei ist dabei einerseits ein Epikureer, andererseits ein besessener Forscher, skrupellos sich selbst und anderen gegenüber, wenn es um Erkenntnisgewinnung geht. Damit verhindert B. eine Identifikation mit seinem Protagonisten und fördert die Auseinandersetzung mit dessen Haltung, der als anerkannte wissenschaftliche Autorität und als im Volk populärer Gelehrter seine Erkenntnisse, nach Androhung der Folter, widerruft. Galilei lebt als Gefangener der Inquisition weiter, seine Aufzeichnungen aber, die ›Discorsi‹, werden durch einen ehemaligen Schüler ins Ausland geschmuggelt.

In der 1. Fassung erscheint der Widerruf Galileis als List, um insgeheim und wohlversorgt weiter zu forschen, in den folgenden Fassungen gilt sein Verhalten als Verrat: »Ich überlieferte mein Wissen den Machthabern, es zu gebrauchen, es nicht zu gebrauchen, es zu mißbrauchen, ganz wie es ihren Zwecken diente« (14. Szene). Stattdessen hätte er Verantwortung übernehmen und sein Wissen in den Dienst der Menschheit stellen müssen. Handlungsarmut und viele Streitgespräche beeinträchtigen nicht die Bühnenwirksamkeit des Stücks, die auf der lebendigen Gestaltung der handelnden Personen, besonders Galileis, beruht.

Rezeption: Das viel gespielte Stück bot mit seinen verschiedenen Fassungen reichlich Gelegenheit für konträre Deutungen, auch im Zeichen des Ost-West-Gegensatzes. 🎬 R: E. Monk (1962, TV); *Galileo* (R: A. Forzano, 1974/83, TV). ♪ (Auszüge): *Werke. CD 2* (Edel Records GmbH, 2005).

Weitere Stücke zur Wissenschaftler-Verantwortung: C. Zuckmayer: *Das kalte Licht* (1955), Fr. Dürrenmatt: → *Die Physiker* (1962), H. Kipphardt: → *In der Sache J. Robert Oppenheimer* (1964).

Weiteres Schauspiel: → *Der kaukasische Kreidekreis* (1948).

1944
Ernst Sommer

* 29.10.1888 in Jihlava/Iglau (Mähren). Aus jüd. Elternhaus stammend, 1909–12 Jurastudium in Wien (Promotion), 1914–18 Kriegsteilnahme. Ab 1920 Rechtsanwalt in Karlsbad, daneben schriftstellerisch tätig. Ab 1938 im engl. Exil (London), ab 1951 brit. Staatsbürger. † 20.10.1955 in London.

Revolte der Heiligen

Roman. ED: Mexiko 1944, Berlin (Ost) 1946 u.d.T. *Revolte der Wehrlosen* (ab 1949: OT).

Der Roman trägt die Widmung: »Den Helden des Warschauer Ghettos«. S. schildert, alarmiert durch die bekannt gewordenen Vernichtungsaktionen gegen die osteuropäischen Juden, wie die in einem Arbeitslager nahe der fiktiven polnischen Stadt L. eingesperrten Juden 1943 auf die Nachrichten von der ihnen drohenden Tötung reagieren: Bis auf die Häftlinge Wolf und Jan ergeben sich fast alle in ihr Schicksal, d. h. sie verhalten sich als fromme jüdische ›Heilige‹. Jan löst die Wendung zur Revolte aus, indem er mit seinem Selbstmord einen Sabotageakt verübt. Die Aufständischen erobern daraufhin das Schloss mit seinen Vorrats- und Waffenlagern und erleben eine Nacht in Freiheit. Am nächsten Morgen kommt es zum Kampf mit der deutschen Übermacht, doch sowjetische Bombenangriffe besiegeln das Schicksal aller.

Der Roman ist der Versuch, die durch den Glauben bedingte Schicksalsergebenheit der Juden gegenüber dem Holocaust zu erklären, und zugleich ein Buch, das »Widerstand predigt und unterdrückten und leidenden Juden zuruft, Gewalt durch angemessene Gegengewalt kraftlos zu machen«, wie S. 1946 kommentierte (→ *Holocaust und Literatur*).

Rezeption: Der Roman hatte bis in die 1950er Jahre hinein mehrere Auflagen in der DDR, während er in der Bundesrepublik bis 1987 unbekannt blieb.
Weitere Werke: *Der Aufruhr* (Novelle, 1920), *Die Templer* (Roman, 1935), *Botschaft aus Granada* (Roman, 1937).

1944
Franz Werfel

Biogr.: → 1928

Jacobowsky und der Oberst

Komödie. Entst. 1941/42; UA (amerik. Fassung): 14.3.1944 in New York, dt. Fassung: 17.10.1944 in Basel. BA: 1944.

Während im Juni 1940 die deutschen Truppen vor Paris stehen und die Emigranten mit den Franzosen flüchten, begegnen sich dort zwei sehr unterschiedliche Männer: Stjerbinsky, Oberst der polnischen Kavallerie, der gegen die Deutschen »mit blankem Säbel gegen Tanks« gekämpft hat, und der aus Polen stammende Jude Jacobowsky, seit Jahren auf der Flucht vor den Deutschen. Er organisiert für sich und Stjerbinsky, dessen französische Freundin und dessen Diener die Flucht zur Atlantikküste und meistert durch Geistesgegenwart, Menschenkenntnis und List alle, in der Regel durch den (zunächst auch antisemitischen) Starrsinn und die Realitätsferne des Obersten entstandenen lebensgefährlichen Situationen. Schließlich besorgt er die Passage für sich und Stjerbinsky nach England, während sich die Freundin und der Diener dem Widerstand anschließen wollen.

W. gelang – nicht ohne Anklang an seine eigene Flucht durch Frankreich (1940) – eine Komödie, deren Handlung jederzeit ins Tragische umzuschlagen droht, weil in jedem Augenblick eine todbringende Wendung eintreten kann. Erinnert Stjerbinsky an Don Quijote, so lässt Jacobowsky an Schwejk denken (vgl. J. Hašek: *Die Abenteuer des braven Soldaten Schwejk*, 1926/27). Zwar stellt W. (auch in der Freundin und dem Diener) Typen dar, differenziert dabei aber und verzichtet auf Klischees – auch in der Darstellung der Deutschen, so dass ein versöhnlicher Schluss zustande kommt.

Rezeption: Das Werk zählt zu den besten dt.sprachigen Komödien. ■ R: P. Glenville (1958).

Weiteres Werk: *Stern der Ungeborenen* (Roman, 1946).

1944/1948

Anna Seghers

Biogr.: → 1928

Transit

Roman. Entst. 1940–43; ED (Übers.n): Boston 1944 (engl.), Mexiko 1944 (span.); ED: Konstanz 1948 (dt.).

Im Herbst 1940 erzählt ein namenloser junger Deutscher in einer Bar in Marseille einem Unbekannten seine ungewöhnliche Geschichte:1937 aus einem KZ nach Frankreich entkommen, konnte er in das noch unbesetzte Südfrankreich fliehen. Der Zufall verschaffte ihm die Ausreisedokumente eines Selbstmörders für Mexiko. In Marseille, wo Tausende von Flüchtlingen sich verzweifelt bemühen, das Transitvisum (Durchreisevisum) für die Ausreise nach Übersee zu erhalten, begegnete er dann Marie, der Frau des Toten, und beschaffte ihr, die nicht an den Tod ihres Mannes glauben wollte, sondern ihn in Mexiko vermutete, die Schiffspassage. Er selbst entschloss sich aber dazu, sie nicht zu begleiten, obwohl er sie (unerwidert) liebte, sondern in Frankreich zu bleiben und in der Résistance gegen die Deutschen zu kämpfen. Marie geht, wie er später erfährt, mit dem Schiff bei der Überfahrt unter.

S. schildert eindrucksvoll die selbst erlebte Extremsituation der Emigranten, denen als ›Transitäre‹ (unwillkommene Durchreisende) in Marseille die

Abschiebung nach Deutschland drohte. Der Erzähler erkennt am Ende – nicht zuletzt durch das Erzählen seiner Geschichte – dass ihm als Flüchtling seine Selbstidentität genommen und er stets ein Namenloser und Entwürdigter sein wird. Sein Entschluss zu bleiben ist die Entscheidung zu Selbstbestimmung und solidarischem Handeln. Die Interpretationen des Romans divergieren beträchtlich: »dokumentarisches Kaleidoskop vom Schicksal antifaschistischer Emigranten« (J. Hans), Thematisierung des »Transitäre[n] dieser Welt, in der jeder jeden im Stich läßt« (S. Hilzinger), »Kritik an Partei und Sowjetunion« in Gestalt einer »Flaschenpost« (H.-A. Walter).

Rezeption: Der Roman gehört zu den bedeutendsten Werken der → *Exilliteratur*. Die DDR-Ausgabe erschien erst 1951. 🎬 R: R. Allio (1981); *Fluchtweg nach Marseille* (R: I. Engström, 1977). 🎧 *Wirkliche Leben in verlorenen Ländern* (Der Hörverlag, o.J.).

Weiteres Werk: → *Der Ausflug der toten Mädchen und andere Erzählungen* (1946).

Nullpunkt? Literarischer Neuanfang nach 1945

Mit der militärischen Niederwerfung des NS-Reiches, fälschlich oft als ›Zusammenbruch‹ bezeichnet, wurde Deutschland (in den verbliebenen Grenzen zwischen Rhein und Oder) ein von den vier Siegermächten besetztes und regiertes Land, das sich ab 1949 in die Bundesrepublik Deutschland und die Deutsche Demokratische Republik (DDR) teilte. In den Jahren bis 1948, bevor sich die Differenzen in Politik, Wirtschaft und kultureller Orientierung (→ *Schriftsteller und geteiltes Deutschland*) abzuzeichnen begannen, entstand dabei eine lebhafte Debatte darüber, ob und inwiefern der Wiederaufbau nach 1945 von einem ›Nullpunkt‹ ausgehen könne. Doch die Rede von der ›Stunde Null‹, ›tabula rasa‹, ›geistiger Neugeburt‹ (noch 1949/52 wurde von ›Kahlschlag‹ und ›Trümmerliteratur‹ gesprochen) war, wie die ab den 1960er Jahren einsetzende, intensivere Bemühung um → *›Vergangenheitsbewältigung‹ nach 1945* gezeigt hat, nicht nur eine »absurde Hoffnung« bzw. »Metapher für eine Stimmung« (H. Vormweg), sondern übersah schlichtweg die Realitäten. Zu diesen Realitäten gehörte der literaturpolitische Rahmen: Bis 1949 unterlag jede Verlagsgründung und jede Presse- und Buch-Publikation einer Genehmigung (Lizenzpflicht, Vorzensur) durch die Besatzungsmacht; Papier war kontingentiert (und Auflagenhöhen damit beschränkt), Übersetzungen fremdsprachiger Literatur wurden gezielt unterstützt, die Rückkehr aus dem Exil war noch längere Zeit erschwert. Zudem förderte das alliierte Programm der demokratischen Umerziehung – unterschiedlich in West und Ost – eine Traditionswahl, die einerseits den durch die NS-Politik erzeugten Nachholbedarf befriedigte, andererseits jedoch lenkend derart eingriff, dass – im Westen – weder eine Reintegration der

Exilschriftsteller noch ein kritischer literarischer Neuanfang unbehindert möglich war.

In den ›Westzonen‹ war die POSITIONIERUNG DER SCHRIFTSTELLER im literarischen Feld – unbeschadet der jeweils individuellen Haltung – geprägt durch drei Gruppierungen, die jeweils für sich Vorrang im Anspruch auf Repräsentativität für eine erneuerte Literatur reklamierten: 1. die im Lande verbliebenen, nicht-faschistischen Autoren (→ *Dichtung im ›Dritten Reich‹*), 2. die ab 1933 ins Exil gegangenen Autoren (→ *Exilliteratur*), 3. die junge Generation von Autoren, die wegen des ›Dritten Reiches‹ nicht oder erst nach 1945 zu publizieren begannen (→ *›Gruppe 47‹*). Das Feld wurde bis in die 1950er Jahre hinein (ablesbar an Literaturpreis-Verleihungen und Präsenz auf dem Buchmarkt) dominiert von der ersten Gruppe, die sich auch als INNERE EMIGRATION verstand und oftmals den Exilautoren das Recht absprach, noch repräsentativ zu sein. Diesen tiefen Dissens offenbarte die sog. Große Kontroverse um Th. Mann (1945/46) ebenso wie noch der 1. Deutsche Schriftstellerkongress in Frankfurt/Main (4.–8.10.1947), auf dem sich trotz gemeinsamer Resolution keine tragfähige Einheit ergab.

Während die Rückkehr der mit dem Kommunismus verbundenen EXILAUTOREN (z. B. J. R. Becher, B. Brecht, W. Bredel, A. Seghers, B. Uhse, A. Zweig) in die sowjetisch besetzte Zone bis 1949 zustande kam, blieb die Rückkehr und Eingliederung von Exilautoren im Westen ein Problem bzw. misslang (z. B. A. Döblin, O. M. Graf, Kl. Mann, Th. Mann); hier sammelte sich die JUNGE LITERATUR NACH 1945 um die Zeitschrift *Der Ruf* (bis 1947), organisierte sich in der ›Gruppe 47‹ und hatte ihr Manifest in A. Anderschs Essay *Deutsche Literatur in der Entscheidung* (1948), der zwar zur Versöhnung von innerer und äußerer Emigration aufrief, faktisch jedoch den Weg für den Alleinanspruch der jungen Literatur ohne die ältere Generation ebnete.

Im Zeichen von Papierknappheit, geringer Zahl von Verlagen und schmaler Kaufkraft waren bis 1948 die ZEITSCHRIFTEN mit den Genres Kurzgeschichte (→ *Kurzgeschichten nach 1945*) und Lyrik sowie das THEATER die wichtigste Basis des literarischen Lebens. Die bedeutendsten kulturpolitisch-literarischen Zeitschriften waren: *Die Neue Rundschau* (ab 1945), *Die Wandlung* (1945–49), *Aufbau* (Berlin-Ost, 1945–58), *Der Ruf* (1946–49), *Frankfurter Hefte* (1946–84), *Das goldene Tor* (1946–51), *Ost und West* (1947–49), *Merkur* (ab 1947). Von den 200 deutschen Theatern waren 1945 98 zerstört, doch gab es nach 1945 einen Boom an kleinen, improvisierten Theaterstätten (allein in Berlin über 200) und Kabaretts.

1945
Hermann Broch

Biogr.: → 1931–32

Der Tod des Vergil

Roman in 4 Teilen. Entst. 1938–44; ED: New York 1945, Zürich 1947.

Der Roman basiert auf B.s Erzählung *Die Heimkehr des Vergil* (1937) und schildert die letzten 18 Stunden im Leben des römischen Dichters Vergil († 19 v. Chr.): Im 1. Teil (*Wasser – Die Ankunft*) wird dargestellt, wie der todgeweihte Dichter zusammen mit dem Kaiser Augustus per Schiff in Brundisium ankommt und in den kaiserlichen Palast gebracht wird, wo er seine letzte Nacht (2. Teil: *Feuer – Der Abstieg*) in Fieberträumen- und -visionen verbringt – eine »bildhafte Darstellung seines innersten Wesens »(B.). Im 3. Teil (*Erde – Die Erwartung*) fordert Vergil nach den in der Nacht gewonnenen Einsichten die Vernichtung seines (noch unvollendeten) Hauptwerks, der *Aeneis* (entst. 30–19 v. Chr.), auf die er aber nach einem Gespräch mit Augustus dann doch verzichtet. Im 4. Teil (*Äther – Die Heimkehr*) erlebt Vergil das Hinübergleiten in den Tod als Vereinigung von rationalem Denken und Gefühl, von Ich und All zu einer »magischen Einheit« (B.), die – sich auflösend – in die Ewigkeit übergeht.

B. war sich bewusst (und darin sah er eine Parallele zum römischen Dichter) in einer Zeit zu leben, in der die überlieferten Werte ihre Gültigkeit verloren hatten und es die Aufgabe des Dichters sei, eine neue Ethik zu begründen. Diese Aufgabe erkennt Vergil erst im Sterben; deswegen wollte er die *Aeneis* vernichten, weil sie als Dichtung nur ästhetischen Gesetzen genüge, nicht aber, wie jede menschliche Tätigkeit, primär eine moralische Verantwortung erfülle. Wie der sterbende Vergil wollte auch B. als Dichter für eine neue Humanität eintreten und »mit der Prävalenz des Ethischen gegenüber dem Ästhetischen« Ernst machen. Darüber hinaus gilt: »Das eigentliche Thema [...] ist der Tod, die Grenze zwischen Leben und Tod, von Ausdrückbarem und nur Erahnbarem« (P. M. Lützeler).

Rezeption: Der schwierige Roman stieß in den USA auf ein großes Echo, besonders bei den Emigranten. Die Resonanz in Deutschland war dagegen sehr begrenzt.
Weitere Romane: *Die Schuldlosen* (1950), *Die Verzauberung* (1953/76).

1945
Theodor Plievier

* 12.2.1992 in Berlin als Th. Plivier. Nach abgebrochener Lehre vagabundierte P. ab 1909 durch die Welt. Nach Weltkriegsteilnahme (Kriegsmarine) 1918 Beteiligung am Matrosenaufstand in Wilhelmshaven. Ab 1933 Exil in der Sowjetunion, 1945 Rückkehr nach Deutschland (Verlagsleiter in Weimar), 1947 Bruch mit dem Kommunismus und Übersiedlung an den Bodensee, 1953 in die Schweiz. † 12.3.1955 in Avegno/Tessin (G).

Stalingrad

Tatsachenroman. ED (Teile): *Internationale Literatur* (1943/44). BA: Berlin (Ost) 1945.

Auf der Grundlage authentischer Dokumente schildert P. das Schicksal der in Stalingrad eingeschlossenen 6. Armee im Winter 1942/43, die auf Befehl Hitlers durchhalten musste und unterging. P. beschreibt das Verhungern und Erfrieren Hunderttausender, besonders der einfachen Soldaten, und erreicht damit eine eindringliche emotionale Wirkung, ohne dabei irgendein Heldentum zu feiern. Die Schuld der NS-Führung wird ausdrücklich festgestellt, zugleich wird der Untergang aber auch als ein »allgemeinmenschliches Schicksalsgeschehen« (Fr. Kröll) beschrieben. Exemplarisch für das Erleben des Soldaten steht der Angehörige eines Strafbataillons, Gnotke, für die Offiziere der Oberst (später General) Vilshofen. Neben der Mahnung, die Schrecken des Krieges nicht zu vergessen, weist P. mit dem Verhalten der überlebenden Gnotke und Vilshofen den Weg zum Aufbau einer besseren Gesellschaft.

Stalingrad ist in seiner dokumentarischen Genauigkeit der dargestellten Schicksale und Schauplätze (→ *Neue Sachlichkeit*) ein herausragender Antikriegsroman, aber auch »ein durchaus kulinarisches Werk« (G. Kunert), gut genug geschrieben, um nicht vom Weiterlesen abzuschrecken. Der Roman ist der 1. Teil der Trilogie *Der große Krieg im Osten* (1966), es folgten *Moskau* (1952) und *Berlin* (1954). Eine weniger konventionell erzählte Darstellung des Themas liefert A. Kluges *Schlachtbeschreibung* (1964/78).

Rezeption: Der Roman war der erste Bestseller nach 1945 (über 200 000 Exemplaren bis 1947, Übers.n in mehr als 20 Sprachen). ■ R: G. Burmester (1963, TV).
Weitere Romane: *Des Kaisers Kuli* (1929), *Der Kaiser ging, die Generäle blieben* (1932).

1946

Ernst Kreuder

* 29.8.1903 in Zeitz. Nach Abitur und Banklehre ab 1922 Studium in Frankfurt/Main (Philosophie, Literaturwissenschaft). 1926 Journalist, ab 1934, unterbrochen durch Kriegsteilnahme, freier Schriftsteller in Darmstadt; 1953 Büchner-Preis. † 24.12.1972 in Darmstadt (G).

Die Gesellschaft vom Dachboden

Erzählung.

Der Ich-Erzähler, ein Dichter, und sechs weitere Männer treffen sich auf einem Dachboden voller Gerümpel und Geheimnisse und schließen sich zum ›Bund der Sieben‹ zusammen. Sie geben sich ein moralisches Programm voll edler Vorsätze und beginnen, nach einem geheimnisvollen Schatz zu suchen, mit dem sie einen Flussdampfer kaufen wollen. Am Ende,

nach vielen phantastischen Abenteuern und Begegnungen, erwerben sie das Schiff und fahren davon – ihr Ziel erfährt der Leser nicht.
In einer Welt aus Traum und Wirklichkeit voll märchenhafter Elemente reiht K. Geschehen an Geschehen, immer wieder unterbrochen von Betrachtungen über das Wesen der Dichtung, die Liebe, Geist und Seele des Menschen: Die Männer vom Dachboden sind romantische ›Verschwörer‹ auf dem Weg zu einer ursprünglicheren, ›anderen‹ Welt. Sie rebellieren fröhlich gegen eine von Technik und Bürokratie geprägte Welt, gegen die Normalität des alltäglichen Lebens und deren (angeblich) unveränderbare Strukturen – Geschichte und Gegenwart stören da nur: »Ich muß sagen«, schrieb K. 1945, »daß mich diese Realität […] nicht mehr interessiert.«
Rezeption: Die Erzählung ist das erste dt. literarische Werk, das nach 1945 in andere Sprachen übersetzt wurde. An ihren Erfolg konnte K. später nicht mehr anknüpfen.
Weitere Werke: *Die Unauffindbaren* (Roman, 1948), *Herein, ohne anzuklopfen* (Erzählung, 1954).

1946
Elisabeth Langgässer

* 23.2.1899 in Alzey. Nach dem Lehramtsstudium bis 1929 Lehrerin in Hessen, danach Dozentin an der Sozialen Frauenschule in Berlin, ab 1930 freie Schriftstellerin. 1936 als ›Halbjüdin‹ Schreibverbot; 1943 wurde ihre unehelich geborene Tochter Cordelia als ›Dreivierteljüdin‹ ins KZ deportiert. 1948 Übersiedlung nach Rheinzabern. † 25.7.1950 in Karlsruhe (G in Darmstadt).

Das unauslöschliche Siegel

Roman. Entst. 1937–1945.
Der Roman stellt die Geschichte des fiktiven Juden Belfontaine dar, der 1907 zum Katholizismus konvertiert, heiratet und sich als reicher Geschäftsmann vom christlichen Glauben abwendet. Im Ersten Weltkrieg in Frankreich interniert, heiratet er dort nach Kriegsende erneut und wird Weinhändler. Als seine Frau von einem Matrosen ermordet wird, kehrt er nach Deutschland zurück, wird von den Nazis nach Polen deportiert, kann fliehen, findet den Glauben wieder (die Taufe als ›unauslöschliches Siegel‹) und kommt als Bettelmönch in das zerstörte Deutschland zurück.
L. ging es nicht um die Darstellung geschichtlicher Vorgänge (die Einheit von Raum und Zeit bleibt häufig unbeachtet), Individualität und psychische Prozesse sind nebensächlich. Die handelnden Personen erscheinen (wie in den mittelalterlichen Mysterienspielen) vielmehr als Marionetten metaphysischer Mächte: des Heiligen und des Satanischen. Belfontaine ist entsprechend der vom Teuflischen Verführte, der durch äußere Not und göttliches Eingreifen Bekehrte, der den Glauben wiedererlangt und Buße tut. Im Schicksal Belfontaines spiegelt sich dabei, so L., das Schicksal

Deutschlands, das vom Satanischen in die Katastrophe des Nationalsozialismus getrieben wurde, deren Ursprung in Reformation (Verlust des ›blinden‹ Glaubens) und Aufklärung (überzogene Vernunftbetontheit) liege, die zum preußischen Staat sowie zu Hitler geführt hätten. Doch aus dem Unheil erwächst für L. durch göttliches Heil die Läuterung: Es sei die »Gnade der Not« (R. Schneider), die Umkehr und Neubeginn ermögliche. L.s Versuch, in dem Roman *Märkische Argonautenfahrt* (1950) Auschwitz als eine solche Chance darzustellen, wurde von ihrer Tochter Cordelia, die Auschwitz überlebte (vgl. C. Edvardson → *Gebranntes Kind sucht das Feuer*, 1986), als »unanständig« bewertet.

Rezeption: Der zunächst vieldiskutierte Roman gilt in seiner religiös ausgerichteten Deutung des Nationalsozialismus als unangemessene Form der → *›Vergangenheitsbewältigung‹ nach 1945* und ist heute weitgehend vergessen.

Weitere Werke: *Die Tierkreisgedichte* (1935), *Der Laubmann und die Rose* (Gedichte, 1947).

1946

Heinrich Mann

Biogr.: → 1900, 1925

Ein Zeitalter wird besichtigt

Epochenrückblick. Entst. 1943–44; ED (Teile): *Internationale Literatur* (1945); BA: Stockholm 1946, Berlin (Ost) 1947, Düsseldorf 1974.

M.s ›Besichtigung‹ des Zeitalters ist eine Komposition aus Epochenbilanz, in der ein ›Augenzeuge‹ mit Namen Jx berichtet, und Memoiren, in denen M. in der Ich-Form schreibt. Die autobiographischen Passagen (Kapitel 7, 8, z.T. 11,15, 16) werden zudem umrahmt von Betrachtungen zur neueren Zeitgeschichte (etwa ab 1789, verstärkt ab Ende des 19. Jh.). Als Vorstufen für dieses Werk gelten M.s Kriegstagebuch *Zur Zeit von Winston Churchill* (1939–41*, ED: 2004) sowie Artikel für eine geplante *Enzyklopädie des Zeitalters* (1942/43*). Das Werk selbst versucht auf eine ungewöhnliche Weise, »zwischen Literatur und Zeitgeschichte Intertextualität herzustellen« (H. Lehnert), mit riskanten Deutungen (z. B. Bismarck als »heimlicher Revolutionär«, das britische Commonwealth als »soziale Erfindung«, Gleichsetzung von 1789 und 1917) und nicht frei von Fehlurteilen (z. B. über die politischen Führer der Siegermächte als »große Männer« und Intellektuelle). Umstritten ist auch die Gegenwartsanalyse mit ihrer Hoffnung auf eine »wohlgemeinte Diktatur« des Sittlichen nach dem Sieg über Hitler. Aber M. wollte nicht abbilden, was war, sondern festschreiben, was sein sollte bzw. werden könnte. Dazu gehören auch die sehr dichten autobiographischen Reminiszenzen an das Lebensgefühl vor 1914 und in der Weimarer Republik, an das Theater, Italien, den Bruder und die befreundeten Fr. Wedekind, A. Schnitzler, F. Bertaux, an die Flucht aus Deutschland 1933 und den Abschied von Europa 1940.

Rezeption: Die Stockholmer Ausgabe hatte eine Auflage von 3500 Exemplaren, die Ostberliner Ausgabe in 2 Auflagen 40 000 Exemplare.
Weitere Romane: *Der Atem* (1949), *Empfang bei der Welt* (postum, 1956).

1946
Anna Seghers

Biogr.: → 1928

Der Ausflug der toten Mädchen

Erzählung. Entst. 1944; ED: New York 1946 (u.d.T. *Der Ausflug der toten Mädchen und andere Erzählungen*), Berlin (Ost) 1948.

In der Rahmenerzählung befindet sich die Ich-Erzählerin im Jahr 1943/44 im mexikanischen Exil, noch geschwächt von einer Krankheit und ermüdet von der Hitze, auf die Heimkehr wartend. Als sie während einer Wanderung einen einsamen Rancho betritt, verändern sich Raum und Zeit, und die Binnenerzählung beginnt als halluzinatorische ›Heimfahrt‹, d. h. als plötzliche Erinnerung an einen Schiffsausflug, den die Erzählerin als Kind (nun Netty genannt) vor dem Ersten Weltkrieg von Mainz aus mit ihrer Schulklasse gemacht hat. Die Schilderung dieses glücklichen, unbeschwerten Tages auf dem Rhein wird überblendet von vorausdeutenden Mitteilungen über das weitere Lebensschicksal der 13 Mädchen (und ihrer späteren Ehemänner) sowie der 2 Lehrerinnen, wodurch ein sehr dichtes Bild deutschen Lebens und deutscher Geschichte vom Kaiserreich bis zur NS-Zeit entsteht. Es handelt sich dabei um einen ›Ausflug der toten Mädchen‹, weil alle bis 1943 den Tod fanden: im Widerstand gegen das Hitler-Regime (Kommunisten, Christen), als Juden oder als NS-Anhänger(innen). Niemand wird als ›böse‹ verurteilt oder als ›gut‹ verklärt – es sind normale Menschen mit ihren typischen, auch von Zufällen bestimmten Schicksalen. Am Ende steht Netty vor dem Elternhaus, aber die Heimkehr in die bombardierte Wohnung zur Mutter, die im KZ starb, will nicht gelingen: Die Ich-Erzählerin steht wieder verloren im mexikanischen Rancho. Indem sie sich vornimmt, den seinerzeit aufgetragenen Aufsatz über den Schulausflug zu schreiben, vollzieht sie das Programm der Exilautorin S.: »ein Erinnern um der Zukunft willen« (Chr. Zehl Romero).

Rezeption: Diese kleine Erzählung ist ein Meisterwerk der Erzählkunst S.' und steht zu Unrecht im Schatten ihrer Romane. ✎ Der Audio Verlag, 2008.
Weiteres Werk: → *Die Toten bleiben jung* (Roman, 1949).

1946
Günther Weisenborn

* 10.7.1902 in Velbert. Nach Germanistikstudium in Köln und Bonn (Promotion 1927) u. a. Dramaturg in Berlin. 1933 Verbot seiner Bücher, 1936/37 USA-Aufenthalt als Lokalreporter, danach wieder Dramaturg in Berlin. Beteiligung an der Widerstandsgruppe ›Rote Kapelle‹, Haft (1942–45). Nach 1945 Dramaturg in Berlin (bis 1948), ab 1951 in Hamburg. † 26.3.1969 in Berlin (G in Gerra Piano/Tessin).

Die Illegalen

UT: *Drama aus der deutschen Widerstandsbewegung*

Drama. UA: 21.3.1946 in Berlin (West); BA: 1946, überarbeitet: 1947/48.

Mit diesem Stück setzte W. den Illegalen (»eine leise Gemeinde im Land […] wir leben doppelt zwischen Verrat und Grab«), d. h. dem aktiven Widerstand gegen Hitler, dem er selbst angehörte, ein Denkmal: Der Protagonist Walter, der einen Geheimsender betreibt, wird von einer Widerstandsgruppe angeworben, verliebt sich in eine Kameradin und wird von den anderen als Gestapo-Spitzel verdächtigt. Als er von der Gestapo gefasst wird, lässt er sich erschießen, um die Gruppe nicht zu verraten.

Das Stück hat 36 Szenen in 3 Akten, die in den Liedeinlagen den Einfluss Brechts (mit dem W. vor 1933 zusammengearbeitet hatte) erkennen lassen, aber am Grundprinzip der ›Einfühlung‹ festhalten: Nicht die Argumente für den Widerstand und dessen Darstellung stehen im Vordergrund, sondern das Mitgefühl mit den Bedrohten und der Appell, an ihren antifaschistischen Geist anzuknüpfen. Angesichts der zunehmenden Abwehr gegenüber solcher Selbsteinkehr war das Stück ein mutiger Schritt, der die Larmoyanz W. Borcherts (→ *Draußen vor der Tür*, 1947) und die gegenüber dem Widerstand missverständliche Haltung in C. Zuckmayers → *Des Teufels General* (1946) vermied.

Rezeption: Das Drama wurde in der frühen Nachkriegszeit oft gespielt, geriet aber dann – anders als die Stücke von W. Borchert und C. Zuckmayer – in Vergessenheit.

Weitere Werke: *Memorial* (Gefängnistagebuch, 1948), *Der lautlose Aufstand* (Dokumentation, 1953), *Göttinger Kantate* (Dokumentarrevue, 1958).

1946
Carl Zuckmayer

Biogr.: → 1925

Des Teufels General

Schauspiel. Entst. 1942–45; UA: 12.12.1946 in Zürich. BA: Stockholm 1946. 1963 zog Z. die Freigabe für Aufführungen zurück; 1966 nach Überarbeitung (besonders der Figur des Oderbruch) erneute Freigabe.

Der Luftwaffengeneral Harras (dem Kampfflieger E. Udet nachgebildet) hat aus Leidenschaft für das Fliegen beim Neuaufbau der NS-Luftwaffe mitgewirkt und dient damit – gegen seine Gesinnung – Hitler. Aufgrund seiner Fähigkeiten und Popularität kann er sich zunächst seine Unabhängigkeit bewahren, gerät aber in Schwierigkeiten, als 1941 zahlreiche Sabotagefälle in der Flugzeugproduktion auftreten, die zum Absturz neuer Maschinen führen. Er erkennt, dass sein Freund, der Chefingenieur Oderbruch, die Sabotage als Akt des Widerstands gegen das Unrechtsregime betreibt (den Tod von Piloten in Kauf nehmend), um den Krieg vorzeitig zu beenden. Da er Oderbruch weder folgen noch ihn verraten will, fliegt er – im Bewusstsein seiner Schuld – mit einer defekten Maschine in den Tod.

Z. sah in dem Drama v. a. eine »individuelle Charaktertragödie« und in den handelnden Personen »Menschen, die leiden und handeln, ihren Weg suchen oder verfehlen.« Er stellte daher den Gewissenskonflikt Harras' und sein Schuldigwerden in den Mittelpunkt, während es in der erregten öffentlichen Diskussion besonders um das Problem der Legitimität und moralischen Rechtfertigung aktiven Widerstands ging. Die allzu unkritische Haltung von Harras, die für den Widerstand untypische Gestaltung Oderbruchs (1966 überarbeitet) sowie die metaphysische Überhöhung des ›Dritten Reichs‹ führten dazu, dass das Stück als eine von Z. nie beabsichtigte Apologie missverstanden wurde (→ *›Vergangenheitsbewältigung‹ nach 1945*).

Rezeption: Das Drama erlebte bis 1948 mehr als 2000 und bis 1955 über 5000 Aufführungen und wurde zum größten Bühnenerfolg der Nachkriegszeit. Die Auflage als Taschenbuch hat längst die Halbmillionengrenze überschritten. R: H. Käutner (1954), R: Fr. Castorf (1997, TV). (Auszüge): Hoersturz Booksound, 1997.
Weitere Werke: *Das kalte Licht* (Drama, 1955), *Als wär's ein Stück von mir* (Autobiogr., 1966)

›Gruppe 47‹

»Eigentlich ist die ›Gruppe 47‹ keine Gruppe. Sie nennt sich bloß so« (H. W. Richter). Der NAME bezeichnet im weitesten Sinn die Schriftsteller, die auf Einladung Richters zu (halb-)jährlich veranstalteten Treffen zusammenkamen, um unveröffentlichte Texte vorzutragen und zu kritisieren (Werkstattkritik). Dennoch blieb von Anfang an offen, ob damit nur die Tagung, ein Autoren-Freundeskreis, eine »Clique« (H. M. Enzensberger) oder nicht doch eine allmählich dominierende Richtung der bundesdeutschen Nachkriegsliteratur bezeichnet war (→ *Nullpunkt? Literarischer Neuanfang nach 1945*). Der ursprüngliche Grundkonsens der Gruppe bestand darin, die junge, nach-hitlersche Generation und die moderne Literatur mit moralisch-politischem Anspruch zu vertreten. Der Leitbegriff ›jung‹ bezog sich dabei nicht auf das Lebensalter (G. Eich war 1907, H. W. Richter 1908, A. Andersch 1914 geboren), sondern sollte den nicht von der Teilnahme am NS-System belasteten Neubeginn bezeichnen – was in mehreren Fällen (z. B. bei G. Eich, W. Koeppen, H. W. Richter) de facto jedoch nicht zutraf, wie sich später herausstellte. Mit dieser problematischen Selbst-Freisprechung ging einher: die »Reklamierung des Opferstatus« (J. Ph. Reemtsma) für die jungen Deutschen (die damit den jüdischen Opfern gleichgesetzt wurden), die Nicht-Erinnerung an den Holocaust und ambivalente Haltung gegenüber Juden (und Emigranten), die latente Haftung am Nationalen – trotz Kritik am militanten Nationalismus der Älteren. Die ›Gruppe 47‹ verstand sich bald auch als oppositionelle Instanz zur Adenauer'schen Republik (mit öffentlichen Protesten z. B. 1958 gegen die atomare Bewaffnung, 1962 für den *SPIEGEL*), zersplitterte jedoch ab 1960 mehr und mehr im politisch-ästhetischen Dissens.

Gegründet am 6./7.9.1947 am Bannwaldsee/Allgäu, kam die Gruppe insgesamt zu 29 Treffen zusammen. Gründungsmitglieder von 1947 waren die vormaligen Herausgeber der politisch-literarischen Zeitschrift *Der Ruf*, H. W. Richter und A. Andersch, sowie deren Mitarbeiter (u. a. W. Kolbenhoff, W. Schnurre, G. Eich). Ab 1950 traten fast alle bedeutenden deutschsprachigen Autoren, die nach 1945 zu publizieren begonnen hatten, hinzu (Ausnahmen: M. Frisch, Fr. Dürrenmatt, A. Schmidt, R. Hochhuth, H. Kipphardt u. a.). Dazu kamen namhafte Verleger (z. B. K.-H. Deschner, E. Rowohlt, Kl. Piper, S. Unseld, Kl. Wagenbach), Rundfunkredakteure sowie Literaturkritiker (z. B. W. Jens, J. Kaiser, H. Mayer, M. Reich-Ranicki). Insgesamt stellten sich von 1947 bis 1967 über 200 Schriftsteller in der Gruppe der Kritik. Ab 1950 wurde in unregelmäßigen Abständen der sehr begehrte ›Preis der Gruppe 47‹ vergeben. Preisträger waren z. B. G. Eich (1950), H. Böll (1951), I. Aichinger (1952), I. Bachmann (1953), M. Walser (1955), G. Grass (1958), J. Becker (1967). Scharfe Kritiker der ›Gruppe 47‹ waren: G. Blöcker, H. Habe, R. Neumann, Fr. Sieburg u. a. Das Ende der regelmäßigen Tagungen (zuletzt zwischen 5. und 8.10.1967) war ungeplant: Die für 1968 in Prag vorgesehene Zusammenkunft konnte wegen des sowjetrussischen Einmarsches nicht stattfinden. 1977 und zuletzt 1992 kam es zu einzelnen Gedenktreffen. Als ›Legende‹ und ›Mythos‹ lebt die ›Gruppe 47‹ im literarischen Betrieb bis in die Gegenwart fort, allerdings ist zunehmend umstritten, ob der hohe moralische Anspruch im Werk und im Handeln problemlos verwirklicht wurde.

Weitere Gruppenbildungen nach 1945: ›Dortmunder Gruppe 61‹, ›Werkkreis Literatur der Arbeitswelt‹.

1947
Wolfgang Borchert

⋆ 20.5.1921 in Hamburg; Buchhandelslehrling, Schauspieler, Soldat (ab 1941). Ab Mai 1945 Schauspieler in Hamburg, ab Herbst 1945 erkrankt. † 20.11.1947 in Basel. Gedenkstätte: Hamburg (D, G).

Draußen vor der Tür

UT: *Ein Stück, das kein Theater spielen und kein Publikum sehen will*

Schauspiel. Zuerst als Hörspielfassung gesendet (NWDR, 13.2.1947); UA: 21.11.1947 in Hamburg. BA: 1947.

B.s einziges Bühnenwerk war neben den Dramen von C. Zuckmayer (→ *Des Teufels General*, 1946) und G. Weisenborn (→ *Die Illegalen*, 1946) das deutsche Theaterstück mit der größten Publikumswirkung in den Nachkriegsjahren und zugleich ein frühes Zeugnis einer ›Trümmerliteratur‹ (→ *Nullpunkt? Literarischer Neuanfang nach 1945*). Das Stück ist nicht nur die dramatische Darstellung des gescheiterten Kriegsheimkehrers Beckmann, der von allen verraten und aufgegeben wird: Nicht seine Frau, nicht der Oberst, nicht der Kabarettdirektor und nicht einmal der Tod oder Gott wollen seine ›Wahrheit‹ hören – er ist einer, der gefälligst »draußen vor der Tür« bleiben soll. So kann er am Ende weder sich selbst umbringen noch ohne Schuld weiterleben.

Das Heimkehrerdrama ist die expressive Anklage einer jungen Generation, die sich ganz allein als Opfer einer Vätergeneration verstand und die Frage nach einer Schuldverantwortung (z. B. gegenüber Juden und Kriegstoten der angegriffenen Länder) gar nicht erst stellte (vgl. auch → *›Gruppe 47‹*).

Rezeption: Nach großem Anfangserfolg (auch als Hörspiel) trat das Bühnenstück ab den 1950er Jahren in den Hintergrund, blieb aber in der Schule viel gelesen. 🎬 R: R. Noelte (1957, TV); *Liebe 47* (R: W. Liebeneiner, 1948).

Weitere Werke: → *Die Hundeblume*; *An diesem Dienstag* (Kurzgeschichten, 1947).

1947
Wolfgang Borchert

Biogr.: → 1947

Die Hundeblume; An diesem Dienstag

OT/UT: (1) *Die Hundeblume. Erzählungen aus unseren Tagen* (1947); (2) *An diesem Dienstag. Neunzehn Geschichten* (1947)

Kurzgeschichten.

B. ist v. a. mit seinen Kurzgeschichten, entstanden zwischen Januar 1946 und November 1947, als Dichter der sog. Stunde Null (→ *Nullpunkt? Literarischer Neuanfang nach 1945*, → *Kurzgeschichten nach 1945*) bis heute bekannt geblieben. Es sind Texte, die von Krieg (Russland), Gefängnis und der

Großstadt (Hamburg) in der Nachkriegszeit handeln, überwiegend von vereinsamten Menschen (Männer) sowie Gegenbildern dazu (Frieden, Zuhause, Liebe). Herauszuheben sind hier: *Die Küchenuhr*, *Die Kegelbahn*, *Nachts schlafen die Ratten doch*, *An diesem Dienstag*, *Lesebuchgeschichten*, *Die drei dunklen Könige* und (aus dem Nachlass) *Das Brot*.

Der Erzählstil ist einerseits emotionslos lakonisch, knapp notierend, reihend und repetierend, andererseits worthäufend und sehr emotional mit nachexpressionistischer Metaphorik (Farbe, Dissonanz). Dieser Aufspaltung entspricht die dargestellte Wirklichkeit, erfahren als Bruch zwischen (verkehrten und neuen) Idealen und einer Welt, die als ›Trümmerwelt‹ erfahren und – nicht ohne Sentiment (›Herz‹) – als ›heile Welt‹ ersehnt wird (vgl. die ›Manifeste‹ *Generation ohne Abschied*, *Dann gibt es nur eins*, *Das ist unser Manifest*).

Rezeption: B. wurde mit seinen Kurzgeschichten – trotz mehrfach geübter Kritik an ihm – zu einem Schulbuchklassiker. Die Taschenbuchausgabe seines Werks ist auf über 2 Millionen Exemplare gestiegen.

Weitere Geschichten: *Die traurigen Geranien und andere Geschichten* (postum 1962).

1947
Hermann Kasack

* 24.7.1896 in Potsdam. Nach Germanistikstudium bis 1920 (Berlin, München) Lektor und Direktor des Kiepenheuer-Verlages bis 1925, 1941–49 Lektor im Suhrkamp-Verlag in Berlin, danach in Stuttgart lebend. 1953 Präsident der Dt. Akademie für Sprache und Dichtung (Darmstadt). † 10.1.1966 in Stuttgart (G).

Die Stadt hinter dem Strom

Roman. Entst. 1942–44 (Kapitel 1–12), 1946 (Kapitel 13–20); ED (gekürzt): *Der Tagesspiegel* (1946); BA: 1947.

Der Roman gilt als eines der bedeutendsten Zeugnisse der sog. Inneren Emigration im nationalsozialistischen Deutschland (→ *Dichtung im ›Dritten Reich‹*), auch wenn die zweite Hälfte in Kenntnis des Endes und mit humanistischen Appellen an den (inneren) Wiederaufbau nach 1945 geschrieben wurde. Die ›Stadt hinter dem Strom‹, die der Chronist und Archivar Dr. Robert Lindhoff beschreiben soll, ist als kafkaeske Schattenwelt zugleich eine verschlüsselte Darstellung von Hitler-Deutschland: ein graues Reich des Übergangs zum Tode, vom Krieg zerstört und von einer undurchsichtigen Bürokratie beherrscht. Als Lindhoff ins Leben diesseits des Stromes zurückkehrt, ist das bisher Unwirkliche wirklich geworden, denn der Krieg hat auch hier alles zerstört. Er stirbt, nachdem er sich durch seine Erfahrungen geläutert und seine Mitmenschen gewarnt hat.

Die seinerzeit sehr beachtete Zeitdiagnose bemüht viel Metaphysik, vermag aber kaum darüber aufzuklären, wie die NS-Diktatur funktionieren konnte und wie ihr zu begegnen war.

Rezeption: Der Roman wurde bis 1960 in 9 Sprachen übersetzt. ♫ H. Vogt (Oper, UA: 3.5.1955).

Weitere Werke: *Das große Netz* (Roman,1952), *Fälschungen* (Erzählung, 1953).

1947
Thomas Mann

Biogr.: → 1901, 1939

Doktor Faustus

UT: *Das Leben des deutschen Tonsetzers Adrian Leverkühn, erzählt von einem Freunde*

Roman. Entst. 1943–47; vgl. auch Th. Mann: *Die Entstehung des Doktor Faustus* (1949). ED: Stockholm 1947, Frankfurt/Main 1948.

M. gestaltete den Faust-Stoff (→ *Historia von D. Johann Fausten*, 1587) als Künstler- und Gesellschaftsroman: Die Lebensgeschichte des fiktiven Komponisten Adrian Leverkühn, geboren 1885 und gestorben am 23.8.1940, ist zugleich eine deutsche Geistesgeschichte vom späten Mittelalter bis zum Faschismus, gespiegelt durch die Erzählerfigur des in Hitler-Deutschland lebenden Serenus Zeitblom in den Jahren 1943 bis 1945. Leverkühn entwickelt sich vom entlaufenen Theologiestudenten zum modernen Musiker, der die Grenzen der überkommenen Kunst sprengen will. Dabei verschreibt er sich im übertragenen Sinne dem Teufel, indem er künstlerische Stimulierung und Schaffensrausch um den Preis seiner Gesundheit, der Liebe und der sozialen Verantwortung erlangt. Parallelen zum Leben Fr. Nietzsches und zur Musiktheorie A. Schönbergs sind unverkennbar.

Die Künstler-Tragödie – ein Pendant zu Goethes → *Faust I* (1808) als Gelehrtentragödie – weitet sich aus zu einer Metapher für den politischen Gang der deutschen Geschichte: »Es ist aber die Idee des Rausches überhaupt und der Anti-Vernunft damit verquickt, dadurch auch das Politische, Faschistische, und damit das traurige Schicksal Deutschlands« (M.). Insofern illustriert der Roman M.s These aus seinem Essay *Deutschland und die Deutschen* (1945): »Das böse Deutschland, das ist das fehlgegangene gute, das gute im Unglück, in Schuld und Untergang.« Erzähltechnisch ist der Roman ein artistisches Meisterwerk, das mehrere Zeitebenen, verschiedene Sprachstile und viele versteckte bis offene Zitatanleihen zu einer komplexen Montage verschränkt und damit Anschluss findet an den avancierten Typus des modernen europäischen Romans (J. Joyce, M. Proust, R. Musil, H. Broch).

Rezeption: Mit dem Bericht *Die Entstehung des Doktor Faustus. Roman eines Romans* (1949) gab M. erste wichtige, zugleich rezeptionslenkende Hinweise zum Verständnis des Werks, dessen Aufnahme von den Nachwirkungen eines heftigen Streits um

M. und seine Verweigerung einer sofortigen Rückkehr nach 1945 zunächst stark beeinträchtigt war. R: Fr. Seitz (1982). (Auszüge): *Joseph und seine Brüder, Der Erwählte und Auszüge aus anderen Romanen* (Der Hörverlag, 1998).
Weiterer Roman: → *Der Erwählte* (1951).

1947
Hans Erich Nossack

* 31.1.1901 in Hamburg. Nach Jurastudium in Jena (1919–22, abgebrochen) in verschiedenen Berufen tätig, von 1933–56 in der Handelsfirma des Vaters, die er später übernahm. 1933 Publikationsverbot, 1943 Verlust eines Großteils seiner Manuskripte, 1961 Büchner-Preis. † 2.11.1977 in Hamburg (G).

Nekya

UT: *Bericht eines Überlebenden*
Roman.
Nekya – das ist das Totenopfer, das im 11. Gesang von Homers *Odyssee* (entst. 8. Jh. v. Chr.) die Seelen der Toten heranruft. Eine ähnliche Anrufung geschieht in N.s fiktivem ›Bericht‹, den ein namenloser Überlebender nach einer nicht näher dargestellten Katastrophe gibt: Während er durch die zerstörte Stadt geht, durchwandert er zugleich sein Leben davor und trifft – in traumartiger Wiedererinnerung – auf einst ihm Nahestehende. Diese Menschen sind jedoch nicht nur konkrete Verwandte und Freunde, sondern verkörpern mythische Urgestalten, wie z. B. Kain und Abel, Klytämnestra und Orest. Dabei zeigt sich, dass der Überlebende ein zweiter Orest ist, dessen Schicksal jedoch umgedeutet wird, da nicht er zum Mörder der Mutter wird: Es ist der Krieg der Männer, der die Unglückliche in den Selbstmord treibt. Mit der Rückkehr aus der zerstörten Stadt zu anderen Überlebenden und dem hoffnungsvollen Vorsatz, neu und anders, d. h. als »Wiederherstellung des ›alten Wahren‹« (K. G. Esselborn) zu beginnen, endet der Bericht.
N. tritt hier wie in seinen späteren Büchern als der konservative, »unerregte Protokollant« (S. Lenz) auf, der doch zugleich davon überzeugt ist, dass das, »was sich nicht träumen läßt, keine Wirklichkeit hat« (N.)

Rezeption: Dem fiktionalen Text ging ein authentischer Bericht (entst. 1943) über die von N. erlebte Bombardierung Hamburgs (24.7.–3.8.1943) voraus: *Der Untergang* (in: *Interview mit dem Tode*, 1948). Das Inferno-Thema behandelte N. – in Anlehnung an Dantes *Göttliche Komödie* (entst. um 1306–21) – erneut in *Nach dem letzten Aufstand* (1961).
Weitere Romane: *Spätestens im November* (1955), *Spirale* (1956), *Der jüngere Bruder* (1958), *Der Fall d'Arthez* (1968).

1947
Nelly Sachs

* 10.12.1891 in Berlin. Aus jüd. Elternhaus stammend und privat erzogen, veröffentlichte S. ab 1921 Erzählungen und Gedichte, 1940 Flucht vor drohender Verfolgung nach Stockholm; 1966 Literatur-Nobelpreis. † 12.5.1970 in Stockholm (G).

In den Wohnungen des Todes

Gedichtzyklus. Entst. 1943–44; ED: Berlin (Ost) 1947, Frankfurt/Main 1961.

Neben den Gedichten P. Celans gilt das lyrische Werk von S. als Beleg dafür, dass Gedichte nach Auschwitz und über Auschwitz möglich sind: In den 4 Zyklen der *Wohnungen des Todes* (*Dein Leib im Rauch durch die Luft*, *Gebete für den toten Bräutigam*, *Grabschriften in die Luft geschrieben* und *Chöre nach der Mitternacht*) wird das Grauen der Vernichtung, die Trauer um geliebte Menschen und das Gedenken an die Opfer in den Konzentrationslagern zu einer – in der Mördersprache verfassten – »durchschmerzten« Totenklage für das jüdische Volk. Die zentrale Metapher des Staubes steht für Tod, Vergänglichkeit und Vergeblichkeit, zugleich aber auch für eine Verwandlung und »Fahrt ins Staublose« eines ewigen Lebens und damit für einen höheren Sinn. Wie Celan wehrte sich S. gegen eine philosemitische Vereinnahmung (in der deutsche Schuld durch jüdische Kunst aufgehoben wurde), indem sie ihre lyrische Sprache im Spätwerk immer stärker hermetisch verdichtete.

Rezeption: S.' Lyrik wurde erst ab den 1960er Jahren stärker beachtet.

Weitere Gedichtslgn.: *Sternverdunkelung* (1949), *Und niemand weiß weiter* (1957), *Flucht und Verwandlung* (1959), *Fahrt ins Staublose* (1961), *Das Buch der Nelly Sachs* (1968).

1948
Ilse Aichinger

* 1.11.1921 in Wien. Als ›Halbjüdin‹ ab 1939 dienstverpflichtet, 1945–47 Medizinstudium (abgebrochen); ab 1950 Lektorin in Frankfurt/Main. 1953 Heirat (G. Eich), lebte in Bayern, Salzburg und Frankfurt; 1989 Rückkehr nach Wien.

Die größere Hoffnung

Roman. ED: Wien, Amsterdam 1948; 1960 und 1991 erschienen überarbeitete Fassungen.

In ihrem einzigen Roman schildert A. (ohne konkrete Orts- und Zeitangabe) die autobiographisch gefärbte Geschichte der 15-jährigen Halbjüdin Ellen während der Zeit der Judenverfolgung unter Hitler. Sie lebt, fast noch ein Kind, bei ihrer Großmutter und versucht vergeblich, ein Visum zu erhalten, um ihrer emigrierten jüdischen Mutter folgen zu können (der Vater hatte die Familie verlassen). A. beschreibt den Prozess der Vereinsamung des

Mädchens, das – ständig von der Deportation bedroht – keinen Anschluss an ›arische‹ oder (erst später) jüdische Kinder gewinnen kann. Sie erlebt den Selbstmord der Großmutter, versucht zu fliehen und wird unmittelbar vor der Befreiung von einer Granate zerrissen.

Ellen akzeptiert das Leiden, übersteht die ständige Angst und bewahrt sich bis zu ihrem Tod die Hoffnung – nicht die ›geringe‹ auf eine Rettung, sondern die ›größere Hoffnung‹ auf eine humanere Welt. Die realen Erlebnisse des Mädchens vermischen sich mit ihren Phantasien und (Angst)träumen, so dass eine vom kindlichen Erleben geprägte, magisch-rätselhafte, poetische Welt entsteht.

Das antirealistische Ineinanderübergehen von Innen- und Außenwelt, der Verzicht auf Gewissheiten und die Tendenz zum Parabolischen kennzeichnen auch die *Spiegelgeschichte* (erschienen in *Der Gefesselte*, 1953), die A. (›Fräulein Kafka‹) berühmt machte und für die sie 1952 den Preis der → ›*Gruppe 47*‹ erhielt. In ihr wird das kurze Leben einer jungen Frau nicht von der Geburt an, sondern – gleichsam gespiegelt – vom Tod her rückwärts erzählt.

Rezeption: Der Roman *Die größere Hoffnung* entsprach in seiner kritischen Haltung kaum den Erwartungen der Nachkriegszeit und fand nur wenige Leser.

Weitere Werke: *Eliza Eliza* (Erzählungen, 1965), *Verschenkter Rat* (Lyrik, 1978), *Meine Sprache und ich* (Erzählungen, 1978).

1948
Gottfried Benn

Biogr.: → 1912–17

Statische Gedichte

Gedichte. Entst. 1937–47; ED: Zürich 1948.

Die 43 Gedichte dieser Sammlung entstanden während der 10-jährigen Zeit des (zweifachen) Publikationsverbots, das B. sowohl im ›Dritten Reich‹ ab 1938 als auch 1945–48 (wegen seines Engagements für den NS-Staat 1933–34) erhalten hatte. Sie sind Ausdruck seiner seitdem nicht mehr modifizierten Erfahrung, »daß Kunst außerhalb der Zusammenhänge von Staat u. Geschichte steht u. daß ihre Ablehnung durch die Welt zu ihr gehört«, wie er 1945 formulierte. Das schloss ein verächtliches Schweigen sowohl über die Zeit vor als auch nach 1945 ein und zielte auf eine ›absolute‹ Poesie, die in ihrer Artistik in sich ›statisch‹ und monologisch sein sollte. In dem Vortrag *Probleme der Lyrik* (1953) führte B. diese Position des autonomen lyrischen Ichs theoretisch aus.

Seine lyrische Praxis entsprach diesem Programm nur bedingt – am ehesten noch in Gedichten wie *Astern*, *Tag, der den Sommer endet*, *Welle der Nacht*, *Ein Wort*. Andererseits findet sich hier (wie in den noch späteren Gedichten) eine zwischen Nüchternheit und Sentiment changierende Haltung des männlich-leidenden Einsamen, in der die artistische Gestalt einen nur schwach verhüllten empirischen Gefühlsausdruck umgibt (z. B. *Einsamer nie*, *Sils Maria*, *Chopin*, *Schöner Abend*) – Spätform einer Erlebnislyrik in destillierter Form.

Rezeption: Zu B.s großer Wirkung als Lyriker bis in die 1960er Jahre trug seine Lesung eigener Gedichte (1957) sowie die Rezitation von G. Westphal in *Jazz und Lyrik* (1961) bei. ✎ *Einsamer nie – Gedichte & Prosa* (Der Hörverlag, 2006).
Weitere Werke: *Der Ptolemäer* (Prosatexte, 1949), *Doppelleben* (Autobiogr., 1950), *Destillationen* (Gedichte, 1953), *Apreslude* (Gedichte, 1955).

1948
Bertolt Brecht

Biogr.: → 1922

Der kaukasische Kreidekreis

Schauspiel. UA: 4.5.1948 in Northfield, Minnesota (engl.); 9.10.1954 in Berlin (DDR). ED: *Sinn und Form* (1949), BA: 1954.

Im 1. Bild (einem Vorspiel) einigen sich zwei Kolchosen nach dem Abzug der deutschen Wehrmacht 1943 aus Grusinien in einem Streit um ein Tal nach dem Prinzip: »Gehören soll, was da ist, denen, die für es gut sind«, und nicht denen, die zwar über einen rechtmäßigen Anspruch verfügen, aber das Tal nicht produktiv nutzen. Zum Beweis der Richtigkeit ihres Handelns und als Beispiel für eine zukünftige gesellschaftliche Neuordnung wird den Kolchosemitgliedern ein Stück aus Szenen und kommentierenden Vorträgen eines Sängers vorgespielt: der *Kreidekreis*: Wie im *Alten Testament*, streiten zwei Frauen um ein Kind, dessen richtige Mutter daran erkannt wird, dass sie lieber auf das Kind verzichtet, als dass ihm Schaden zugefügt wird. B. aber variierte den Schluss: Die richtige Mutter, Frau eines Gouverneurs, hatte sich im Krieg lieber um ihre Kleider als um ihr Kind gesorgt, das von der Magd Grusche gerettet und unter Opfern aufgezogen wurde. Nach dem Krieg erhebt die leibliche Mutter des Erbes wegen Anspruch auf das Kind. Azdak, ein listiger, durch die Kriegswirren zum Richter gewordener Mann aus dem Volk, spricht jedoch Grusche das Kind zu, weil sie – auch bei der Probe im Kreidekreis (die Gouverneursfrau reißt das Kind rücksichtslos an sich, Grusche lässt los, um es nicht zu verletzen) – mehr Mütterlichkeit bewiesen und damit mehr Anrecht auf das Kind habe als die nur von materiellen Interessen bestimmte Mutter. Der Schluss stellt ein Plädoyer für eine gerechte, vernunftbestimmte Welt dar, für eine »freundlichere[ ] Welt, die freilich noch Utopie ist. Im poetischen Bild leuchtet das real zu verwirklichende Modell auf.« (Th. Buck)

Rezeption: Die unterschiedlichen Bewertungen des Stückes hängen eng mit den weltanschaulichen Einstellungen der jeweiligen Kritiker zusammen. Unstrittig ist jedoch die positive Bewertung der dramatischen Gestaltung und sprachlichen Kunst dieses oft gespielten Stückes. R: Fr. P. Wirth (1958, TV). (Auszüge): *Werke. CD 2* (Edel Records GmbH, 2005).
Weiteres Schauspiel: → *Herr Puntila und sein Knecht Matti* (1948).

1948
Bertolt Brecht Biogr.: → 1922

Herr Puntila und sein Knecht Matti

UT: *Volksstück*

Schauspiel. Entst. 1940/41 nach Vorlagen der finn. Autorin H. Wuolijoki; UA: 5.6.1948 in Zürich. ED: 1950.

Der finnische Gutsbesitzer Puntila verfügt – Folge der kapitalistischen Gesellschaftsordnung und wie Shen Te/Shui Ta in → *Der gute Mensch von Sezuan* (1943) – über eine gespaltene Persönlichkeit: In nüchternem Zustand ist er rücksichtslos und ausbeuterisch – er kann gar nicht anders sein, so B., wenn er in dieser Gesellschaft bestehen will; betrunken ist er jedoch freundlich und lebenszugewandt (dann duzt er sich mit seinem Chauffeur Matti oder verlobt sich mit mehreren Mädchen gleichzeitig): Er ist »fast ein Mensch«, zeigt eine wahre, gute Natur, die er unter den herrschenden Verhältnissen aber nicht beweisen kann und im nüchternen Zustand widerruft. Da Matti diesen Puntila nicht länger ertragen will und auch eine Heirat mit dessen Tochter (trotz großer Mitgift) wegen des unaufhebbaren Klassenunterschiedes ablehnt, verlässt er, um seine Würde nicht gänzlich zu verlieren, das Gut.

Mit der Figur des Puntila schuf B. eine kraftvoll-vitale Gestalt, die – allzu komödiantisch gespielt – auf der Bühne (gegen den Willen B.s) häufig ebensoviel Sympathie gewinnt wie Matti und damit die sozialkritische Tendenz in den Hintergrund zu drängen droht. In den *Anmerkungen zum Volksstück* (1940) unternahm B. den (zunächst folgenlosen) Versuch, durch theoretische Überlegungen das ›Volksstück‹ in moderner Form neu zu begründen: Orientierung an der sozialen Wirklichkeit, Einfachheit der poetischen Formen, unterhaltend durch die Lebendigkeit der handelnden Personen, Einsicht in die Notwendigkeit von Veränderungen vermittelnd.

Rezeption: Das ›Volksstück‹ gehört zu B.s bühnenwirksamsten Stücken. R: A. Calvacanti (1955), R: R. Hädrich (1966).
Weitere Werke: *Kleines Organon für das Theater* (Theatertheorie, 1949), → *Buckower Elegien* (Gedichte, 1953–57/64).

1948
Günter Eich

* 1.2.1907 in Lebus (Oder). 1925/26–32 Studium der Sinologie in Berlin, Paris (abgebrochen), ab 1929 Rundfunkautor in Berlin. Nach kurzer Kriegsgefangenschaft lebte E. bis 1954 bei Landshut, danach am Chiemsee bzw. in Lenggries, ab 1963 bei Salzburg. 1950 Preis der ›Gruppe 47‹, 1953 Hörspielpreis der Kriegsblinden, 1959 Büchner-Preis. † 20.12.1972 in Salzburg.

Abgelegene Gehöfte

Gedichte.

E. hatte schon seit 1927 Gedichte veröffentlicht, sein erster Lyrikband erschien 1930 u.d.T. *Gedichte*. Der Band *Abgelegene Gehöfte* versammelt 69 seitdem entstandene Gedichte (davon die Mehrzahl nach 1945): Neu ist – in einem kleineren Teil von ihnen – ein Gestus lakonischer, zeitkritischer Bestandsaufnahme (sog. Trümmerlyrik), wie sie in den berühmt gewordenen Gedichten *Lazarett*, *Erwachendes Lager*, *Camp 16*, *Latrine*, *Inventur* zum Ausdruck kommt. Diese Texte (an der Spitze *Inventur*) sind jedoch weder für E. noch für die Nachkriegslyrik insgesamt – »im Spannungsfeld zwischen Trümmerwirklichkeit und Aufbruchstimmung« (R. Schnell) – repräsentativ, obwohl sie dafür immer wieder in Anspruch genommen werden.

Der größere Teil der Gedichte schreibt den Stil einer sich aus den 1930er Jahren herleitenden Naturlyrik fort (z. B. O. Loerke, W. Lehmann, Fr. G. Jünger), die in der Begegnung mit der Natur eine poetische Gegenwelt chiffrierte bzw. diese Chiffrierung nach 1945 kritisch zu reflektierten begann (z. B. P. Huchel, E. Arendt, K. Krolow). E. hat diesen Weg nach 1948 radikalisiert, indem er die Möglichkeit des Einverständnisses mit der Natur (»einem Geheimnis näher,/ das nicht ins Bewußtsein reicht«) aufkündigte, wie das Gedicht *Tage mit Hähern* (1955) auf *Die Häherfeder* (1946) repliziert. Noch schärfer brach er in seiner späten Lyrik mit seinem frühen und mittleren Werk, wenn er in dem Gedicht *Vorsicht* notierte: »Die Kastanien blühn./ Ich nehme es zur Kenntnis,/ äußere mich aber nicht dazu.«

Rezeption: E. gehört zu den bekanntesten Lyrikern der Nachkriegszeit. Er selbst distanzierte sich später von der Slg. *Abgelegene Gehöfte* und nannte sie »abscheulich«.

Weitere Werke: *Geh nicht nach El Kuwehd!* (Hörspiel, 1950), → *Träume* (Hörspiel, 1951).

Kurzgeschichten nach 1945

Die Kurzgeschichte wurde als EIGENSTÄNDIGE GATTUNG DER KURZPROSA insbesondere von E. A. Poe sowie A. Tschechow in die Dichtung eingeführt (Kürze, ›offener‹ Beginn und Schluss). In den USA entwickelte sie sich zur *short story*, die nach 1918 einen Höhepunkt erreichte (u. a. Sh. Anderson, W. Faulkner, E. Hemingway) und nach 1945 zur typischen Ausprägung der deutschen Kurzgeschichte, abgegrenzt gegen andere Erzählformen (Novelle, Skizze), wesentlich beitrug. Ihre MERKMALE: sprechender Titel, keine Einleitung, Konfrontierung mit Augenblickssituationen aus dem Alltag, realistische Darstellung, verknappte, oft typisierte Personenzeichnung, ausschnitthafte, vom Erzähler nicht kommentierte Situation oder Begebenheit, Erhellung vom Schluss her. Da üblicherweise keine Problemlösung angeboten wird, ist der Leser aufgefordert, Stellung zu beziehen zum dargestellten Geschehen, das Verweischarakter auf existentielle Grundprobleme besitzt. Entsprechend war die Kurzgeschichte – das zeigt die hohe Zahl der nach 1945 entstandenen Texte und die Vielzahl ihrer Verfasser – einerseits in besonderem Maße geeignet, das Lebensgefühl der durch Krieg und Kriegsfolgen geprägten Menschen auszudrücken: Sie stellte »ein Stück herausgerissenen Lebens« dar und war »Seismograph der sozialen, politischen und allgemein menschlichen Verhältnisse« (W. Schnurre). Auf der anderen Seite etablierten sich fast parallel dazu Formen der überrealistischen Kurzgeschichte (magischer Realismus, Psychologie, Surreales, Groteskes), in denen der Formtypus Anschluss an Richtungen der modernen Prosa hielt.

Die BEDEUTENDSTEN KURZGESCHICHTEN (UND KURZEN ERZÄHLUNGEN) NACH 1945 schrieben: W. Borchert (→ *Die Hundeblume; An diesem Dienstag*, 1947), E. Langgässer (*Saisonbeginn*, 1947), L. Rinser (→ *Jan Lobel aus Warschau*, 1948), G. Weisenborn (*Zwei Männer*, 1949), H. Böll (→ *Wanderer, kommst du nach Spa…*, 1950), I. Aichinger (*Spiegelgeschichte*, 1953), Fr. Dürrenmatt (*Der Tunnel*, 1952), W. Hildesheimer (→ *Lieblose Legenden*, 1952), P. Schallück: *Pro Ahn 60 Pfennige* (1954), E. Schnabel, W. Schnurre, A. Andersch, M. L. Kaschnitz (→ *Lange Schatten*, 1960), S. Lenz, H. Eisenreich und H. Piontek.

AB DEN 1960ER JAHREN wurde die Kurzgeschichte zurückgedrängt durch den Roman, aber auch durch eine NEUARTIGE KURZPROSA, für die beispielhaft genannt seien: A. Kluge (→ *Lebensläufe*, 1962), R. Lettau (*Schwierigkeiten beim Häuserbauen*, 1962), P. Bichsel (→ *Eigentlich möchte Frau Blum den Milchmann kennenlernen*; *Kindergeschichten*, 1964; 1969), G. Wohmann (*Ländliches Fest*, 1968), G. Eich (*Maulwürfe*, 1968–72), M. Scharang, G. Kunert, P. Handke, R. Kunze (→ *Die wunderbaren Jahre*, 1976), W. Schnurre (→ *Der Schattenfotograf*, 1978). Bei wachsendem Abstand zu den Erfahrungen vor und nach 1945 war die (realistische) Kurzgeschichte für die gesellschaftskritische Thematisierung der veränderten politisch-sozialen Verhältnisse nur noch bedingt geeignet.

1948
Luise Rinser

* 30.4.1911 in Pitzling (Bayern). 1934–39 Lehrerin an oberbayrischen Schulen, danach Schriftstellerin. 1944/45 nach Denunziation in Haft, nach 1945 Journalistin (bis 1958 in Dießen), lebte danach in und bei Rom. † 17.3.2002 in Unterhaching (G in Wessobrunn).

Jan Lobel aus Warschau

Erzählung.

In der Ich-Erzählung berichtet eine dienstverpflichtete Malerin von einem Geschehen im Kriegsjahr 1944/45: Die Gärtnersfrau, deren Mann als Hauptmann an der Front ist, versteckt den aus einem KZ geflohenen, polnischen Juden Jan Lobel im Haus. Das Motiv bleibt zunächst im Dunklen. Im Haus wissen bald alle Bescheid, doch jeder schweigt vor dem Anderen. Als SS-Soldaten kommen, rudert die Gärtnerstochter Julia den Flüchtling über den See in ein anderes Versteck. Monate später kehrt Lobel, jetzt nicht mehr verfolgt, in die Gärtnerei zurück. Mutter und Tochter, das wird nun deutlich, lieben ihn schon längst und nebeneinander – das vormals bedrückte Zusammenleben hat sich durch ihn ins Freundliche verwandelt. Doch als der Ehemann heimkehrt, geht Lobel wie er gekommen ist: über Nacht. Der Mann wird wieder Gärtner und Herr im Haus, Lobel ertrinkt auf dem Weg nach Palästina und die Ich-Erzählerin lässt durchblicken, dass auch sie den jüdischen Flüchtling geliebt hat.

Es geht hier weder um den Juden noch um den Holocaust, auch gibt es keine Konfrontation zwischen Tätern und Opfern, sondern: Alle Beteiligten werden – fast ohne Worte, in andeutender Aussparung – als schuldlose Opfer dargestellt. Derjenige, der das stärkste Leid erfährt, der edle Jude, ist zugleich der, der alle in Liebe zu versöhnen vermag. R. hat das Motiv dieser nicht unproblematischen Verchristlichung später als »anti-antisemitisch« bezeichnet, was die Frage aufwirft, ob solches Gutmeinen dem Problem nicht schon damals unangemessen war.

Rezeption: *Jan Lobel aus Warschau* etablierte R. als Schriftstellerin der Nachkriegsliteratur, wurde aber später (auch von der Literaturgeschichtsschreibung) gegenüber ihrem weiteren Werk kaum noch beachtet.

Weitere Werke: *Die gläsernen Ringe* (Erzählung, 1941), *Gefängnis-Tagebuch* (1946), *Mitte des Lebens* (Roman, 1950), *Abenteuer der Tugend* (Roman, 1957), *Den Wolf umarmen* (Autobiogr., 1981), *Saturn auf der Sonne* (Autobiogr., 1994).

1949
Arno Schmidt

⋆ 18.1.1914 in Hamburg. Ab 1933 kaufmännische Lehre und Angestellter in Görlitz, 1940–46 Kriegsteilnahme und engl. Gefangenschaft. Ab 1946 freier Schriftsteller mit verschiedenen Wohnorten, zuletzt ab 1958 in Bargfeld bei Celle. † 3.6.1979 in Celle. Gedenkstätte: Bargfeld (G, M).

Leviathan

OT: *Leviathan oder Die Beste der Welten*

Drei Erzählungen: *Leviathan, Gadir, Enthymesis*. Entst. 1946; ED (Teile): *Die Zeit* (10.3.1949). BA: 1949.

1946 auf Telegramm-Formularen notiert (»Wir hatten ja nicht einmal SchreiPapier«), bedeutete die Titelerzählung *Leviathan* unmittelbar nach dem Krieg einen »Neuanfang mit 35 Jahren« (Sch.) im Leben und Werk des Autors: Der Ich-Erzähler, ein deutscher Soldat, befindet sich im Februar 1945 mit anderen Menschen in einem Güterzug auf der Flucht aus Schlesien. Er verlebt kurze Augenblicke des Glücks mit Anne, einem Mitflüchtling. Die Zugfahrt endet, nach Beschuss, auswegslos auf einem Brückenpfeiler (vor und hinter ihnen ist die Brücke über die Neiße zerstört, alle Mitreisenden sind tot). Der Ich-Erzähler wirft seine Aufzeichnungen, das Dokument seiner Existenz, in den Abgrund voraus (»flieg. Fetzen.«). Sein Fazit (»Diese Welt ist etwas, das besser nicht wäre; wer anders sagt, lügt!«) beruht auf der Annahme eines ›Leviathan‹, einer dämonisch-bösen Macht biblischen Ursprungs – »eine negative Theodizee, die er aus Schopenhauers Willensmetaphysik und Versatzstücken der Relativitätstheorie formt« (W. Martynkewicz) und deren faktische Existenz durch die Hitlerzeit und den Krieg gerade bestätigt wurde.

Auch die in der vorchristlichen Antike spielenden Erzählungen *Enthymesis* und *Gadir* zeigen, wie den Protagonisten ein Entkommen misslingt: Einer verdurstet in der ägyptischen Wüste auf der Suche nach dem Beweis für die Unendlichkeit der Welt, der andere, ein gefangener Wissenschaftler, erlebt seine Flucht kurz vor dem Tod nur im Fieberwahn. In den späteren Werken sind es immer wieder die sensiblen, leicht verletzlichen Einzelgänger, die die Rettung aus dieser geist- und gefühllosen Welt suchen, abgesondert, in einer eigenen Welt, auf einer ›Insel‹ – die von Sch. bevorzugte Metapher für das Solitäre.

Rezeption: Für *Leviathan* erhielt Sch. 1950 den Literaturpreis der Akademie der Wissenschaften und Literatur in Mainz. Bis 1952 wurden nur 600 Exemplare verkauft. ➘ *Arno Schmidt liest* (Bargfeld Arno-Schmidt-Stiftung, 1992).

Weitere Erzählungen: → *Nobodaddy's Kinder* (1951–53).

1949
Anna Seghers

Biogr.: → 1928

Die Toten bleiben jung

Roman. Entst. 1944–47; ED: Berlin (Ost) 1949; Berlin, Neuwied 1967.

Der Roman ist ein – noch im Exil entstandener (→ *Exilliteratur*) – Epochenrückblick auf die Zeit seit 1918. Geschildert werden die zunächst parallel verlaufenden, dann miteinander verflochtenen Lebensgeschichten mehrerer Männer unterschiedlicher sozialer Herkunft und politischer Einstellung sowie ihrer Frauen und Kinder, so dass ein »Geschichtspanorama mit geradezu chronikhaften Zügen« (A. Schrade) entsteht. Es geht um den jungen Hans Geschke, dessen Vater Erwin 1919 als Spartakist vom selben preußischen Junker ermordet wurde, der am Ende des Zweiten Weltkrieges Hans töten lassen wird. Hans repräsentiert das deutsche Proletariat, das mit seinen Lernprozessen (Scheitern des gemeinsamen Kampfes gegen den Faschismus) wie auch mit seinen Verdiensten im Widerstand gewürdigt wird. Ihm stehen jene Figuren aus Adel, Militär, Großgrundbesitz und Industrie gegenüber, die dem Nationalsozialismus den Weg bereiteten, mit ihm paktierten und im Zweiten Weltkrieg besiegt wurden.

Die Botschaft lautet: Zwar hat das Proletariat schwere Niederlagen hinnehmen müssen – symbolisiert in Gestalt der vielen Toten, aber diese ›Toten bleiben jung‹, d. h. sie erstehen neu und leben weiter, wie Hans nach Erwin und Hans' Sohn nach diesem. Damit wird der Blick auf die Gegenwart nach 1945 eröffnet, ohne dass diese selbst (und in ihr die Rolle der SED) explizit thematisiert wird. Das geschah erst mit den Romanen *Die Entscheidung* (1959) und *Das Vertrauen* (1968), die S. den Ruf einer linientreuen Parteiautorin eintrugen.

Rezeption: Der Roman fand im Osten zunehmenden Beifall (5 Auflagen mit 70 000 Exemplaren bis 1954), im Westen wenig Resonanz; sehr erfolgreich war hier dagegen die Verfilmung: R: J. Kunert (1968). ↘ (in Auszügen): Random House Audio, 2001.

Weitere Erzählungen: *Die Kraft der Schwachen* (1965), *Drei Frauen aus Haiti* (1980), *Der gerechte Richter* (postum 1990).

1949–1961
Hans Henny Jahnn

Biogr.: → 1929/68

Fluß ohne Ufer

Romantrilogie. Teil 1 (entst. 1934–36): *Das Holzschiff*, ED: 1949; Teil 2 (entst. 1937–46): *Die Niederschrift des Gustav Anias Horn*, ED: 1949/50; Teil 3: *Epilog* (ED: postum 1961, Fragment).

Im konventionell erzählten 1. Teil befindet sich der junge Gustav Anias Horn mit seiner Verlobten Ellena, Tochter des Kapitäns, auf einem Schiff, dessen Fracht und Ziel unbestimmt bleiben und das nach einer Meuterei untergeht, nachdem Ellena vorher verschwunden ist. Im 2. Teil legt Horn nach dem Tod seines Lebensgefährten Tutein, ebenfalls Überlebender des Schiffsuntergangs vor fast 30 Jahren und, wie er bekennt, der Mörder Ellenas, in Monologform Rechenschaft über sein Leben seit diesem Ereignis ab. Horn wurde ein berühmter Komponist, Tutein Pferdehändler, beide zogen sich auf eine Ostseeinsel zurück. Aus einem Anhang erfährt der Leser, dass Horn von Ajax, der Tutein zwillingshaft ähnelt, nach kurzer Freundschaft umgebracht wird. Im *Epilog* trifft Nikolaj, der uneheliche Sohn Horns, den unter dem Namen von Tutein auftretenden Ajax. Es kommt kurzfristig zu einer Beziehung wie zwischen Horn und Ajax, nach deren Ende Nikolaj nach Hause zurückkehrt, um Musiker zu werden.

»Todessehnsucht und mythischer Hintergrund, eine tiefe Melancholie prägen die Figuren [...] dieses im Wortsinn monumentalen Werks« (H. L. Arnold). Wie Gilgamesch und Engidu im altbabylonischen *Gilgamesch-Epos* (ca. 1700 v. Chr.) sind Horn und Tutein schicksalhaft miteinander verbunden, in und mit ihnen wiederholt sich ein mythisches Geschehen vom ewigen Werden und Vergehen, dem Individuelles untergeordnet ist. Der Rückgriff auf Archetypen ist dabei als Verurteilung der zivilisatorischen Entwicklung der Menschheit mit ihrer Trennung von Seele und rationalem Geist zu verstehen: »Das Glück ist dank des Fortschritts abgeschafft. Ich glaube auch nicht, daß man es wieder erfinden kann« (J., 1945). J. vertrat seine auf Archaisches bezogenen Einsichten auch sprachlich (»ein uferloses, entgleitendes Fabulieren«, Kl. Mann) mit einer obsessiven Unbedingtheit.

Rezeption: Der Roman gilt als J.s bedeutendstes Werk und zählt zu den Hauptwerken der modernen dt.sprachigen Dichtung.

Weiterer Roman: *Die Nacht aus Blei* (1956).

1950
Heinrich Böll

* 21.12.1917 in Köln. Nach Abitur, abgebrochener Buchhandelslehre und Beginn eines Studiums (Germanistik) 1939–45 Soldat. Nach der Kriegsgefangenschaft (1945) Gelegenheitsarbeiter, ab 1951 freier Schriftsteller in Köln; 1955–72 Auslandsaufenthalte in Irland, Rom, Russland, Prag, Israel. 1970–72 Präsident des bundesdt., 1971–74 des internationalen PEN. 1967 Büchner-Preis, 1972 Literatur-Nobelpreis. † 16.7.1985 in Langenbroich. Gedenkstätte: Bornheim-Merten (G).

Wanderer, kommst du nach Spa...

Kurzgeschichten, bis 1949 verstreut erschienen; BA: 1950.

Die 25 unterschiedlich gelungenen Geschichten (→ *Kurzgeschichten nach 1945*) entstanden, wie die Erzählung *Der Zug war pünktlich* (1949) und der Roman *Wo warst du, Adam?* (1951), aus B.s Kriegs- und Nachkriegserfahrungen. Ihr Personal besteht aus den ›kleinen Leuten‹, den im Krieg leidenden Soldaten, den (oft kriegsversehrten) Heimkehrern und den Notleidenden nach 1945. Besonders in der Titelgeschichte *Wanderer kommst du nach Spa…* verdeutlicht B. die absurde Sinnlosigkeit und das Grauen des Krieges: Ein schwerverletzter Junge wird kurz nach seiner Einberufung in den Zeichensaal einer Schule (den provisorischen Operationsraum) transportiert. Auf dem Weg dorthin bemerkt er, dass er sich in seiner eigenen Schule befindet und entdeckt auf der Tafel das von ihm auf Verlangen des Lehrers geschriebene unvollständige Distichon, in dem der Opfertod spartanischer Krieger für ihr Vaterland gepriesen wird: »Wanderer, kommst du nach Spa…«. Im selben Augenblick erkennt er, dass er beide Arme und ein Bein verloren hat.

Was B. hier am Beispiel der durch eine kriegsverherrlichende Erziehung verführten Jugend anklagt, ist sein zentrales Thema: »Die Entmenschlichung des Menschen in unserem Zeitalter« (M. Reich-Ranicki). Ursachen des Krieges, Kriegsverbrechen, Opfer der Kriegsgegner sind allerdings noch kein Thema. B. thematisierte v. a. die Folgen: »Daß der Krieg niemals zu Ende sein würde« (*Die Botschaft*), solange die – nicht nur äußeren – Wunden noch bluten, wie die 13 in der Nachkriegszeit spielenden Erzählungen zeigen, unter denen *Lohengrins Tod*, *Kumpel mit dem langen Haar*, *Der Mann mit den Messern*, *Über die Brücke* herausragen.

Rezeption: Spätestens mit diesen Kurzgeschichten, die später fester Bestandteil des schulischen Lektürekanons wurden, stieg B. zu einem der bedeutendsten Erzähler der Nachkriegszeit auf. ✎ (Auszüge): *Hörwerke* (Der Hörverlag, 2007).

Weitere Werke (Romane): *Und sagte kein einziges Wort* (1953), *Haus ohne Hüter* (1954), → *Billard um halbzehn* (1959).

1950–1951
Friedrich Dürrenmatt

* 15.1.1921 in Konolfingen bei Bern. Nach abgebrochenem Studium (u. a. Germanistik) in Bern und Zürich (1941–46) freier Schriftsteller in Basel und Ligerz, ab 1952 in Neuchâtel. 1986 Büchner-Preis. † 14.12.1990 in Neuchâtel (G).

Der Richter und sein Henker

Kriminalroman. ED: *Der Schweizerische Beobachter* (1950–51), BA: 1952. Hörspielfassung: 1957.

Kommissar Bärlach aus Bern erkennt früh, dass der Polizist Tschanz aus Neid zum Mörder am gemeinsamen Kollegen Schmied wurde, schweigt aber zunächst, um Tschanz gegen Gastmann einzusetzen. Dem war es vor Jahrzehnten gelungen, vor Bärlach einen Mord zu begehen, ohne dass Letzterer ihn als Mörder hätte überführen können, womit Gastmann eine Wette gegen Bärlach gewonnen hatte. Seitdem hat dieser (als ›Richter‹) versucht, den zu einem einflussreichen Gangster gewordenen Gastmann zu fassen. Nun benutzt Bärlach den Mörder Tschanz (als ›Henker‹), um den Mörder Gastmann umbringen zu lassen (für einen Mord, den Tschanz begangen hat). Schließlich überführt Bärlach Tschanz, der sich daraufhin das Leben nimmt.

Lag dem traditionellen Detektivroman die Annahme zugrunde, dass die gestörte Ordnung und die missachtete Gerechtigkeit wieder herstellbar seien, so ging D. davon aus, dass es in der Realität diese Ordnung nicht gibt: Gastmann handelt nicht böse aus Prinzip oder aus niederen Motiven, sondern aus seinem Verständnis bindungsloser Freiheit heraus – damit wird sein Handeln durch den Zufall bestimmt – wie auch Bärlach die Durchsetzung des Rechtsprinzips nur mithilfe des Zufalls und des Einsatzes moralisch höchst fragwürdiger Mittel erreichen kann. Diese grundlegende Veränderung der Prämissen des traditionellen Detektivromans findet sich wieder in *Der Verdacht* (1952) und *Das Versprechen* (1958).

Rezeption: Der Roman, entst. aus finanzieller Not, war der erste bedeutende Erfolg D.s. Wie die beiden folgenden Kriminalromane wurde er in mehr als 20 Sprachen übersetzt. 🎬 R: Fr. P. Wirth (1957, TV), R: M. Schell (1975); *Justiz* (R: H. Geissendörfer, 1993).

Weitere Werke: *Die Ehe des Herrn Mississippi* (Komödie, 1952), *Der Tunnel* (Erzählung, 1952), → *Der Besuch der alten Dame* (Komödie, 1956).

1951
Eduard Claudius

* 29.7.1911 in Buer (bei Gelsenkirchen) als Eduard Schmidt. Nach Maurerlehre Arbeiterkorrespondent und Mitglied der KPD. 1933 Haft und Exil in der Schweiz, 1938 Teilnahme am Spanischen Bürgerkrieg, 1939–45 Internierung in der Schweiz. 1945 Pressechef der Entnazifizierungsstelle in München, ab 1947 freier Schriftsteller in Potsdam und zeitweise Diplomat in Diensten der DDR. † 13.12.1976 Berlin (DDR).

Menschen an unserer Seite

Roman. ED: Halle 1951, Stuttgart 1984.

Der Roman ist eine Ausgestaltung von C.' Reportage *Vom schweren Anfang* (1950) über den Arbeiter-Aktivisten Hans Garbe, dem es mit seiner Maurer-Brigade gelang, einen großen Brennofen bei laufendem Betrieb zu reparieren. Er eröffnete zugleich die Reihe sozialistischer Aufbauromane in der DDR, die spätestens ab 1959 der Doktrin des sog. Bitterfelder Weges (→ *Das Literatursystem in der DDR*) folgten. Im Mittelpunkt steht der Maurer Hans Aehre, der mit seiner erstaunlichen Arbeitsleistung nicht nur die Norm übertrifft, sondern auch die zweifelnden Arbeiter mitzieht, so dass sie gemeinsam die schwierige Reparatur schaffen, gekrönt durch das Bekenntnis zur SED.

Ob C. mit *Menschen an unserer Seite* bereits »den proletarischen Bildungsroman in deutscher Sprache kreierte« (W. Emmerich), darf angesichts der schablonenhaft durchgeführten Handlungsentwicklung bezweifelt werden. Andererseits zeichnete C. mit der Figur des Aehre ein differenziertes Bild seiner Zweifel und thematisierte die Arbeitsbelastung und privaten Probleme des Aufbaus (Frau, Familie), womit er vorauswies auf die ›schwierigen‹ sozialistischen Helden in der Literatur der 1960er Jahre wie z. B. bei Br. Reimann (→ *Ankunft im Alltag*, 1961), K.-H. Jakobs (*Beschreibung eines Sommers*, 1961), Chr. Wolf (→ *Der geteilte Himmel*, 1963), W. Bräunig: (→ *Rummelplatz*, 1963–65), E. Neutsch (→ *Spur der Steine*, 1964).

Rezeption: C.' Roman wurde 1951 mit dem Nationalpreis der DDR ausgezeichnet; H. Müller verarbeitete den Stoff in dem Stück → *Der Lohndrücker* (1957).

Weitere Romane: *Grüne Oliven und nackte Berge* (1945), *Salz der Erde* (1948), *Ruhelose Jahre* (Autobiogr., 1968).

1951
Heimito von Doderer

* 5.9.1896 in Weidlingau bei Wien. Ab 1915 Kriegsteilnehmer, 1916–20 russ. Gefangenschaft (Sibirien). Bis 1925 Studium (Geschichte) in Wien, danach freier Schriftsteller. 1933–37 Mitglied der österr. NS- Partei; 1940 Konversion zum Katholizismus und Teilnahme am Zweiten Weltkrieg. 1946 Rückkehr nach Wien. † 23.12.1966 in Wien (G).

Die Strudlhofstiege

OT: *Die Strudlhofstiege oder Melzer und die Tiefe der Jahre*

Roman, entst. 1941–48.

Der fast ausschließlich in Wien spielende Roman setzt 1923 ein; seine Handlung reicht bis 1925, doch greift D. immer wieder zurück auf die Zeit von 1910/11. 1910 wirbt der Leutnant (später Major, nach 1918 Amtsrat) Melzer vergeblich um Mary K., der er 1925 nach einem Unfall das Leben rettet. Dabei begegnet er Thea Rokitzer und findet in der Ehe mit ihr sein Glück. Diese wenigen Ereignisse bilden das Handlungsgerüst, in das D. die Schilderung der Lebensschicksale einer Vielzahl von Menschen der Stadt einflicht, so dass ein Panorama Wiener Lebens der Vor- und Nachkriegszeit entsteht, topographisch konzentriert auf den 9. Wiener Bezirk. Im Zentrum steht die kaskadenartig nach oben führende Strudlhofstiege mit ihren gegenläufig angelegten Treppenteilen, die bei D. symbolischen Charakter erhält: Sie entspricht im Hin und Her der Treppenteile dem Wechsel der Zeiten in der erzählerischen Darstellung, sie stellt bildlich die wechselnde, aber zum Abschluss führende Entwicklung (»Menschwerdung«) Melzers dar und symbolisiert – nach D. – den durch Umwege bestimmten Lebensweg des Menschen schlechthin. Melzer findet am Ende zu sich selbst und akzeptiert das Gegebene als Glück, was von D. nicht ohne Skepsis und Ironie dargestellt wird, denn der Erzähler hat den Zweiten Weltkrieg erlebt, der Melzer und seiner Generation noch bevorsteht. Der Roman *Die Dämonen* (1956) führt nicht nur die panoramaartige Darstellung Wiens (ab 1925) fort, sondern verweist auch auf die Zeichen des kommenden Unheils.

Rezeption: Der erfolgreiche Roman gilt als D.s Meisterwerk. ■ R: G. Madeja (1982, TV). ✎ (Auszüge): *Heimito von Doderer 1896–1966 – Das Original* (Radio Österreich 1 – Edition Radio Literatur, 1996).
Weiterer Roman: *Ein Mord, den jeder begeht* (1938).

1951
Georg K. Glaser

* 30.5.1910 in Guntersblum. Nach dem Bruch mit dem Elternhaus Vagabund, Heimaufenthalte und Haft, danach Mitglied der KPD und journalistische Tätigkeit. 1933 Flucht nach Paris und frz. Staatsbürger, 1940 Kriegsteilnahme und Gefangener in Deutschland; 1945 Rückkehr nach Paris, ab 1949 Silberschmied. † 18.1.1995 in Paris.

Geheimnis und Gewalt

UT: *Ein Bericht*

Autobiogr.

In der Gestalt des Ich-Erzählers Valentin Hauneisen schildert G. seinen ungewöhnlichen Lebensgang: Leiden unter einem autoritären Vater (der später Nazi wird), Ausbruchsversuche, Heim und Haft, Kontakt mit dem Subproletariat, dann mit der KPD und Kampf gegen Bürgertum und Nazis bis 1933. Nach Paris entkommen, gerät seine Widerstandsarbeit aufseiten der KP in eine Krise. Nach der gescheiterten Agitation gegen den Anschluss der Saar an Hitler-Deutschland (1935) zieht Hauneisen sich auf individualistische Positionen zurück, bei denen er auch nach seinen Erfahrungen als Kriegsgefangener und trotz der sich abzeichnenden Enttäuschung über das Nachkriegsdeutschland verbleibt.

G.s Lebenserfahrung fasst sich als Kürzel im Titel zusammen: Geheimnis ist das, was mit Ich und Person jedem Einzelnen gehört, Gewalt ist die Macht, die den Einzelnen vom Elternhaus über die Sozialisationsinstanzen Schule, Heim, Militär, Gefängnis bis zur Politik (Staat, Partei) verfolgt. In *Jenseits der Grenzen* (1985) setzte G. seine Lebensgeschichte ab 1945 fort.

Rezeption: Die gleichzeitig erschienene frz. Ausgabe (*Secret et violence*) wurde in Frankreich stark beachtet, die dt. Ausgabe in Deutschland kaum.
Weiterer Roman: *Schluckebier* (1932).

1951
Wolfgang Koeppen

* 23.6.1906 in Greifswald. Nach Buchhändlerlehre 1926–27 Dramaturg (Würzburg), 1931–33 Feuilletonredakteur in Berlin. K. lebte von 1934–38 in Scheveningen, danach Drehbuchautor in Berlin, nach 1945 Journalist und freier Schriftsteller in München. 1962 Büchner-Preis. † 15.3.1996 in München. Gedenkstätten: Greifswald (M), München (G).

Tauben im Gras

Roman.

Der Roman bildet zusammen mit → *Das Treibhaus* (1953) und → *Der Tod in Rom* (1954) eine Einheit, ohne explizit Teil einer Trilogie zu sein: Alle drei Romane beinhalten eine sehr kritische Auseinandersetzung mit der nicht geleisteten Aufarbeitung der NS-Vergangenheit (→ *›Vergangenheitsbewältigung‹ nach 1945*), erzählt mit den Mitteln einer modernen, von W. Faulkner, J. Joyce und J. Dos Passos geprägten epischen Technik (Montage, innerer Monolog, Reflexion des Erzählens): In *Tauben im Gras* wird ein einziger Tag, der 20.2.1951 in München, geschildert, aufgeteilt in ein Mosaik von rund 100 kurzen Textstücken, in denen sich etwa 30 verschiedene Personen mit ihren Wünschen, Ängsten und Sorgen mitteilen. Dem simultan erzählten, in jeweiliger Innenperspektive und überblendender Montage dargestellten Geschehen entspricht die Unfähigkeit der sich wie zufällig an anonymen Orten begegnenden Figuren (»Tauben«), miteinander zu kommunizieren. Das ist zugespitzt in dem von Selbstzweifeln gequälten Schriftsteller Philipp sowie in dem arrivierten, aber zugleich auch schreibunfähigen amerikanischen Dichter Edwin, der sich selbst und Philipp fremd bleibt und am Ende ermordet wird.

K.s Kritik an der Restauration im Adenauer-Deutschland und der Gefahr des Kalten Krieges hat bereits jede konkrete Hoffnung auf ein friedliches Zusammenleben aufgegeben: Das Buch erwähnt keine wirksamen Gegenkräfte, sondern bleibt insgesamt ein melancholischer Monolog von Verlierern, die sich nur als Individualisten durchschlagen können, wenn sie denn überleben.

Rezeption: Der Roman ist »das erste epische Panorama der westdeutschen Restauration vor der Kulisse des kalten Krieges« (N. Altenhofer), dem an zeitkritischer Schärfe seinerzeit nur noch A. Schmidt gleichkam.

Weitere Romane: *Die Mauer schwankt* (1935/83), → *Das Treibhaus* (1953).

1951
Thomas Mann Biogr.: → 1901, 1939

Der Erwählte

Roman. ED: *Neue Rundschau* (1950), BA: New York und Frankfurt/Main 1951. Vorlage: Hartmann von Aue: → *Gregorius* (Verslegende, um 1190).

Der irische Mönch Clemens erzählt als »Geist der Erzählung« die Geschichte des Papstes Gregorius, des ›Erwählten‹, der als Kind der Sünde aus der Verbindung des herzoglichen Zwillingspaares Willigis und Sibylla hervorging, ausgesetzt und von Mönchen gerettet wurde. Als Ritter befreit er in Brügge eine Fürstin aus der Hand eines Feindes und heiratet sie – unwissend, dass es seine Mutter Sibylla ist. Nach Entdeckung der neuerlichen Blutschande lässt Gregorius sich zur Buße auf einer fernen Insel anketten, ernährt sich von »Erdmilch« und schrumpft zum Igel. Nach 17 Jahren wird er auf göttliche Weisung gefunden und – in wiedergewonnener menschlichen Gestalt – als zukünftiger Papst nach Rom geführt.

Für diese »freundliche Parodie« (G. Ueding) wählte M. eine kunstvoll chronikartige Erzählweise, die durch die Vermischung von Sprachformen (Mittelhochdeutsch, Altfranzösisch, Latein und stilisiertes Englisch) bestimmt ist. Dem entspricht die inhaltliche Vermischung von Legendenstoff mit Elementen der klassischen Mythologie (z. B. Oedipus) und der biblischen Geschichte (z. B. Maria und Joseph), wobei M. zur Behandlung des Inzestmotivs Erkenntnisse der Tiefenpsychologie heranzog. Nicht nur die gelöstheitere Erzählweise verweist auf → *Joseph und seine Brüder* (1933–43), auch die Gestaltung der »Idee von Sünde und Gnade« (M.) und die Vorstellung von der Doppelnatur des Menschen (mit dem »Segen von oben« und dem »von der Tiefe«) wird wieder aufgenommen und in einer humorvollen Variation gestaltet.

Rezeption: Die Geschichte des Gregorius wurde vielfach als heiter-parodistisches Gegenstück zur Höllenfahrt Adrian Leverkühns und Hitler-Deutschlands in M.s → *Doktor Faustus* (1947) gedeutet. 🎬 *Glaube mir* (R: B. Lessa/D. Roland, 1996). 🎧 (Auszüge): *Joseph und seine Brüder, Der Erwählte und Auszüge aus anderen Romanen* (Der Hörverlag, 1998).

Weitere Romane: *Die Betrogene* (Erzählung, 1953), → *Bekenntnisse des Hochstaplers Felix Krull* (1954).

1951
Günter Eich Biogr.: → 1948

Träume

Hörspiel. Entst. 1950; UA: 19.4.1951 (NWDR). ED: 1953/59 (Neufassung: 1966).

Zwei Sätze, jeweils aus dem Eingangs- und Schlussgedicht und erst 1953 hinzugefügt, sagen alles über die ›Botschaft‹ dieses Werkes, das als »Geburtsstunde des deutschen Hörspiels« (G. Prager) gilt: »Alles, was geschieht, geht dich an« und »Seid unbequem, seid Sand, nicht das Öl im Getriebe der Welt!« In 5 Traumszenen, geträumt von ›normalen‹ Menschen aus den fünf Kontinenten, ist die Normalität auf verstörende Weise zerbrochen. Es handelt sich um brutale Alpträume vom Leben als Eisenbahntransport in den Tod, vom Kindesverkauf als Blut- und Organspender, von der Vertreibung aus dem Haus durch einen unheimlichen Feind, vom Verlust des kulturellen Gedächtnisses und der Sprache in der Wildnis, von der innerlichen Aushöhlung durch Termiten.

Einsturz, Verlust, Unbehaustsein, Vertreibung und Tod – E. rüttelt, dramaturgisch eher konventionell, ebenso an der Lethargie des Vergessenwollens und der Scheinhaftigkeit des bloß äußerlichen Wiederaufbaus nach 1945, wie er an Verantwortlichkeit und einen nicht näher erklärten ›Widerstand‹ appelliert. In den 1960er Jahren distanzierte sich E. allerdings von der Vagheit solcher Appelle, die konkrete Geschichtlichkeit ins Universale, Täter und Opfer ins ›Existentielle‹ transformieren und dabei unterstellen, »durch Sinnstiftung einer gesellschaftlichen Vereinnahmung noch widerstehen zu können« (R. Schnell).

Rezeption: Neben *Geh nicht nach El Kuwehd!* (1950) ist *Träume* das meistinszenierte und v. a. das Maßstab setzende Hörspiel E.s für die 1950er Jahre (→ *Hörspiel*). Es hatte nach W. Borcherts (als Hörspiel gesendetes) → *Draußen vor der Tür* (13.2.1947) die stärkste Hörerresonanz.

Weitere Hörspiele: *Die Mädchen aus Viterbo* (1953/59), *Das Jahr Lazertis* (1954), *Allah hat hundert Namen* (1957), *Man bittet zu läuten* (1964). Lyrik: *Botschaften des Regens* (1955), *Anlässe und Steingärten* (1966). Prosa: *Ein Tibeter in meinem Büro. 49 Maulwürfe* (1970).

Hörspiel

Das neue Massenmedium Rundfunk begann ab 1923 seine Sendungen ›an alle‹ auszustrahlen (→ *Theater und Neue Medien in der Weimarer Republik*). Von Anfang an sollte das Radio drei Aufgaben erfüllen: Information (und Propaganda), Unterhaltung und ›Kultur für alle‹. Innerhalb der Kulturvermittlung hatte das (literarische) Hörspiel, dessen Anfänge ab 1924 datieren, einen bedeutenden Anteil, zumal sich die Schriftsteller diesem Genre ab etwa 1928 verstärkt öffneten, sei es durch Bearbeitung ihrer Bühnenstücke, sei es durch neue Produktionen (z. B. B. Brecht, A. Bronnen, A. Döblin, G. Kaiser, Fr. Werfel, Fr. Wolf sowie – nach 1933 – G. Eich, H. Kasack). Die Zahl der Hörspiele (einschließlich Hörbericht, Hörbild, Hörfolge) stieg von 810 (1928) auf 2065 (1929). 1933–45 wuchs die Bedeutung des Rundfunks, eingebunden in den Wechselzusammenhang von Unterhaltung und Propaganda via staatlicher Lenkung, die des Hörspiels nahm jedoch ab 1939 kriegsbedingt stark ab.

Ab 1945 wurde der Rundfunk als ÖFFENTLICH-RECHTLICHE ANSTALT dezentralisiert und (bis 1955) unter Aufsicht der Besatzungsmächte gestellt. Zwischen 1948 und 1956 schlossen sich dann alle Länder-Rundfunkanstalten in der ›Arbeitsgemeinschaft der Rundfunkanstalten Deutschlands‹ (ARD) zusammen. Vorreiter war hier der Senderverbund der britischen Besatzungszonen: der Nordwestdeutsche Rundfunk (NWDR).
Die föderale Struktur der bundesdeutschen Rundfunklandschaft erzeugte nicht nur einen großen Sendebedarf, sondern förderte – wenigstens bis zum Ende der 1950er Jahre, als das Fernsehen als führendes Massenmedium den Rundfunk abzulösen begann – Vielfalt und Innovation. Die Zeit von 1945 bis 1960 (in der Bundesrepublik) gilt deswegen auch als BLÜTEZEIT DES LITERARISCHEN HÖRSPIELS, dargeboten auf den besten Sendeplätzen und mit Einschaltquoten, die in die Millionen gingen. In den 1950er Jahren wurden an 10 Hörspielstätten pro Jahr zwischen 120 und 300 neue Hörspiele gesendet. ›Literarisch‹ nannte sich das Hörspiel, weil es als poetisches Genre vom zeitkritischen ›Feature‹ abgegrenzt wurde und unter gezielter Förderung verantwortlicher Hörspielredakteure (z. B. E. Schnabel, G. Prager, H. Schwitzke) immer mehr Schriftsteller an sich band, wobei sich der Vorrang des Literarischen neben der Vergabe von Hörspiel-Preisen (z. B. Hörspielpreis der Kriegsblinden ab 1951) auch darin ausdrückte, dass gesendete Hörspiele gedruckt wurden.
Prägend für das literarische Hörspiel der 1950er Jahre war das KONZEPT DER ›INNEREN BÜHNE‹: Handelnde Figuren treten nicht (wie im sichtbaren Theater) als konkrete Personen auf, sondern sind ›Stimmen‹, d. h. Sprecher ›innerer‹ Vorgänge (Geistiges, Illusionen, Träume, Unbewusstes, Verdrängtes usw.), die die imaginative Kraft des Hörers ansprechen. Diesem Anspruch stand in der SBZ und frühen DDR das Konzept des Gegenwarts-Hörspiels entgegen, während sich in der BRD die »Abkehr vom Illusionshörspiel der ›Inneren Bühne‹« (H. Ohde) erst ab dem Beginn der 1960er Jahre vollzog, als es zu FORMEN DES ›NEUEN HÖRSPIELS‹ fortschritt (Erweiterung des Sprachraumes bis zum Schall, O-Ton u. a. wie z. B. bei E. Jandl, Fr. Mayröcker, P. Pörtner, L. Harig, W. Wondratschek, J. Becker, R. Döhl, P. Wühr, R. Wolf).
Die WICHTIGSTEN HÖRSPIELE BIS 1950 waren: M. Frisch: *Nun singen sie wieder* (1946); W. Borchert: → *Draußen vor der Tür* (1947); G. Eich: *Geh nicht nach El Kuwehd* (1950). Eich war es auch, der mit dem Hörspiel → *Träume* (1951) das Maß für das Genre IN DEN 1950ER JAHREN setzte, als viele junge Schriftsteller dazu übergingen, entweder speziell für den Rundfunk zu schreiben oder die Sender als Erprobungsbühne für ihre literarischen Veröffentlichungen zu nutzen. Neben Eichs weiteren Hörspielen (*Die Mädchen aus Viterbo*, 1953; *Allah hat hundert Namen*, 1954) sind hier zu nennen: I. Aichinger: *Knöpfe* (1953); Fr. v. Hoerschelmann: *Das Schiff Esperanza* (1953); P. Hirche: *Die seltsamste Liebesgeschichte der Welt* (1953); L. Ahlsen: *Philemon und Baucis* (1955); W. Hildesheimer: *Das Atelierfest* (1955); M. Frisch: *Herr Biedermann und die Brandstifter* (1956);

Fr. Dürrenmatt: *Die Panne* (1956); I. Bachmann: → *Der gute Gott von Manhattan* (1958); W. Weyrauch: *Anabasis* (1959), *Totentanz* (1961); H. Böll: *Klopfzeichen* (1960).

1951–1953
Arno Schmidt

Biogr.: → 1949

Nobodaddy's Kinder

Romantrilogie: *Brand's Haide* (1951), *Schwarze Spiegel* (1951), *Aus dem Leben eines Fauns* (1953), ab 1963 u.d.T. *Nobodaddy's Kinder.*

In den drei Romanen, die während und nach dem Zweiten Weltkrieg sowie 1960 nach einem fiktiven Atomkrieg spielen, schildert Sch. die Versuche von Einzelgängern, sich in Gegenwelten einzurichten. Obwohl zuletzt erschienen, bildet *Aus dem Leben eines Fauns* chronologisch den Anfang und umfasst in 3 Etappen die Zeit von 1939–44: Der Ich-Erzähler Düring, ein gewissenhafter Beamter und nach außen hin angepasster Familienmensch, führt ein zweites (sein wahres) Leben als »Deserteur im Geiste« (W. Hinck): In einer zufällig entdeckten Hütte zwischen Moor und Wald, Fluchtort eines Deserteurs (des *Fauns*) während der napoleonischen Besatzungszeit, trifft er sich mit seiner jungen Geliebten und überlebt hier mit ihr den Bombenangriff auf eine nahe Munitionsfabrik.

In *Brand's Haide* wird dem gerade aus der Gefangenschaft entlassenen Flüchtling, dem an einer Fouqué-Biographie arbeitenden Schriftsteller Schmidt, im Heidedorf Cordingen ein Zimmer zugewiesen. Nach einer kurzen Zeit des Glücks verlässt ihn Lore, ebenfalls Flüchtling, um der Armut zu entkommen. Schmidt bleibt zurück, allein und deswegen glücklich.

In *Schwarze Spiegel* ist der letzte Überlebende eines Atomkrieges froh über den Untergang der Menschheit und die Möglichkeit autonomer Lebensgestaltung. Als die überraschend aufgetauchte Lisa ihn nach kurzer Liebesepisode verlässt, findet er sein Glück als »der letzte Mensch« wieder.

Sch.s »negative Prognostik« (D. Bänsch), die provokative Desillusionierung des Lesers durch eine skeptische, durch Geist und Witz ausgezeichnete Welt- und Menschensicht, die ›Rastertechnik‹ der Erzählweise, die phonetische, von der Grammatik z.T. abweichende Sprache mit vielen Neubildungen (»eine Art semantische Akrobatik«, Kl. R. Scherpe) passten kaum in eine Zeit, die trotz krisenhafter Gegenwart (Kalter Krieg) hoffnungsvoll voraus-, aber nicht kritisch zurückblicken wollte.

Rezeption: Erst in den 1960er Jahren wurde nicht nur das Provokative, sondern v. a. das Innovative von Sch.s Werk in der literarischen Öffentlichkeit erkannt und gewürdigt.

Weitere Werke: *Seelandschaft mit Pocahontas* (Erzählung, 1955), → *Das steinerne Herz* (Roman, 1956).

1952
Alfred Andersch

* 4.2.1914 in München. Ab 1928 Buchhandelslehre; 1933 für 3 Monate in KZ-Haft (wegen Mitgliedschaft in der KPD). 1933–43 Angestellter (ab 1937 in Hamburg), 1943/44 Soldat, danach Desertion und amerik. Kriegsgefangenschaft. 1945–47 Journalist in München, 1948–58 beim Rundfunk (Frankfurt/Main, Hamburg, Stuttgart), ab 1958 freier Schriftsteller in Berzona (Schweiz), ab 1972 Schweizer Staatsbürger. † 21.2.1980 in Berzona (G).

Die Kirschen der Freiheit

UT: *Ein Bericht.*

Autobiographischer Text.

A. schlägt in diesem Lebensbericht einen Bogen von den frühen Eindrücken aus der Zeit der Münchener Räterepublik (1919), dem Streit mit seinem nationalistischen Vater, der Arbeit als kommunistischer Jugendfunktionär (1932/33), der KZ-Haft und der Abkehr von der Politik (unter Hinnahme der NS-Diktatur »auf der Hallig meiner Seele«) bis zur Kriegsteilnahme und dem Wendepunkt am 6. Juni 1944, als er Fahnenflucht beging: Als A. die nahenden amerikanischen Panzer hört, wirft er den Karabiner weg und greift in seinem Versteck nach ein paar Kirschen – es sind für ihn die ›Kirschen der Freiheit‹.

Dass einer wie A., der kein Widerständler gegen Hitler war, den Fahneneid und die Kriegskameradschaft verwarf und die Desertion als Akt der Freiheit ausdrücklich rechtfertigte, galt als Skandal. Es machte ihn sogar in der → ›*Gruppe 47*‹, zu deren Gründungsmitgliedern er gehörte, zum Außenseiter. Die Desertion war dabei nicht nur beispielgebende Aufkündigung des konformistischen Gehorsams, sondern bei A. immer auch Behauptung einer individualistischen, ästhetisch geprägten Position gegenüber herrschenden Ideologien. In diesem skeptischen Nonkonformismus berührt er sich mit Autoren wie A. Schmidt, G. Eich, W. Koeppen und H. Böll.

Rezeption: A.s Buch war im zeitgenössischen Kontext von Wiederbewaffnung, KPD-Verbot und Konjunktur kriegsverklärender (Massen-)Literatur heftig umstritten.

Weitere Erzählung: → *Sansibar oder der letzte Grund* (1957).

1952
Paul Celan

* 23.11.1920 in Czernowitz (Bukowina) als Paul Antschel, Sohn dt.sprachiger Juden. 1938/39 Medizinstudium in Tours (abgebrochen), danach Romanistik in Czernowitz, 1941–44 Arbeitslager für Juden. Ab 1945 Lektor in Bukarest; 1947 Emigration nach Wien, ab 1948 freier Schriftsteller und Übersetzer mit frz. Staatsbürgerschaft in Paris, daneben Germanistikstudium (bis 1950). 1960 Büchner-Preis. † 20(?).4.1970 (Selbstmord) in Paris (G).

Mohn und Gedächtnis

Gedichte.

Ein einziges Gedicht machte diesen schmalen Lyrikband von 56 Gedichten berühmt – ein Text, der oft als »Wiedergutmachungsgedicht« (K. Voswinckel) in die Lesebücher einging und als Beweis dafür gilt, dass Dichten nach Auschwitz (und sogar über Auschwitz) möglich ist: *Todesfuge* (»Schwarze Milch der Frühe«). Das Gedicht (entst. 1945) befand sich schon in C.s erster Lyriksammlung *Der Sand aus den Urnen* (1948), die er wegen entstellender Druckfehler sogleich zurückgezogen und aus der er dann 25 weitere Gedichte in die neue Sammlung übernommen hatte. Die beiden weiteren Teile des Bandes heißen: *Gegenlicht* und *Halme der Nacht*. Thema ist der Zeitbruch nach der Katastrophe von Krieg und Holocaust (→ *Holocaust und Literatur*).

Gilt für C.s Lyrik insgesamt, dass sie »Trauerarbeit mittels Sprache« (O. Knörrich) ist, so für die frühe Lyrik, dass sie sich noch zu sprechen traut (angesichts des Verstummen-Müssens) und dabei die Ausdrucksmittel der modernen Lyrik (Symbolismus, Surrealismus, Hermetismus) steigert, besonders in der zugespitzten Verwendung der Metapher: Neben der häufig verwendeten Genitiv-Metapher (»Mohn des Vergessens«) findet sich die Verdichtung (»Aschenblume«), die zu alogischen Wortschöpfungen (»rostgeborene Messer«) führt. Dies verstärkt sich noch in C.s nachfolgenden Lyrikbänden ab 1955 (→ *Das lyrische Werk*, 1971).

Rezeption: C. lehnte nach 1960 die Rezitation der *Todesfuge* ab, weil er der Verdinglichung des Textes im Literaturbetrieb zu dem Zweck, »daß die überlebenden Opfer die ›Entsorgung‹ der Vergangenheit noch am besten übernehmen könnten« (H. Korte), nicht Vorschub leisten wollte. In der → ›*Gruppe 47*‹ war C. verkannt.

1952
Wolfgang Hildesheimer

* 9.12.1916 in Hamburg. Aus jüd. Elternhaus stammend, flüchtete H. 1933 nach Palästina, 1933–37 Tischlerlehre in Jerusalem, 1937–39 Studium (Malerei, Bühnenbild) in London. 1939–42 Engl.lehrer, 1943–46 brit. Informationsoffizier in Tel Aviv, 1946–49 Dolmetscher bei den Kriegsverbrecherprozessen in Nürnberg. 1949–57 Maler in Ambach und München, danach Schriftsteller in Poschiavo (Schweiz); 1954 Hörspielpreis der Kriegsblinden, 1966 Büchner-Preis. † 21.8.1991 in Poschiavo (G).

Lieblose Legenden

Kurzprosa. Entst. ab 1948; Teilabdrucke zuvor in Zeitschriften. ED: 1952 (mit Zeichnungen von P. Flora). Überarbeitete und erweiterte Neuausgabe: 1962.

Nicht die erzählten Geschichten sind ›lieblos‹, sondern die Welt, von der sie handeln – dieses freilich auf eine Weise, die die erzählte Welt fast schon wieder liebenswert macht: Die ›Legenden‹ entlarven nicht nur gängige Redeweisen, sondern bewegen sich von ihren realen Anlässen rasch in eine überrealistische Wirklichkeit, von der aus ein kritisches Licht auf die Gegenwart geworfen wird. Die Bandbreite reicht vom leichten Feuilleton mit ironischen Seitenhieben auf Dichterkult, Allüren der Kunstschickeria und Scharlatanerie (z. B. *Ich schreibe kein Buch über Kafka*, *Bildnis eines Dichters*, *1956 – ein Pilzjahr*, *Wescottes Glanz und Ende*) über Grotesken (z. B. *Das Atelierfest*, *Ich finde mich zurecht*), surreale Kurzgeschichten (z. B. *Eine größere Anschaffung*, *Ich trage eine Eule nach Athen*) bis zu absurd-parabolischen Erzählungen von Untergang (z. B. *Das Ende einer Welt*, *Der Brei auf unserem Herd*) und kulturpessimistischem Rückzug (z. B. *Schläferung*). H.s Texte sind Teil der herausragenden »Erzählprosa der gegen-realistischen ›Wende‹« (W. Barner), die der Nachkriegsliteratur ab 1952 mit I. Aichinger, Fr. Dürrenmatt, P. Weiss und noch mit R. Lettau (→ *Kurzgeschichten nach 1945*) neue Impulse gab.

Rezeption: Die *Lieblosen Legenden* begründeten H.s schriftstellerischen Ruf, auch wenn er bald aufhörte, »eine lieblose Welt [...] so liebevoll betrachten« zu können.
Weitere Werke: *Spiele, in denen es dunkel wird* (Dramen, 1958), *Über das absurde Theater* (Rede, 1960), → *Tynset* (Prosatext, 1965).

1953
Wolfgang Koeppen

Biogr.: → 1951

Das Treibhaus

Roman.

Anders als in dem vorangegangenen Roman → *Tauben im Gras* (1951) rückt K. hier eine einzige Figur in den Mittelpunkt: Es ist der Bundestagsabgeordnete und Schriftsteller Keetenheuve, der im ›Treibhaus‹ Bonn als Außenseiter in Parlament und eigener SPD-Fraktion Politik zu machen versucht. In der anstehenden Debatte um die Wiederaufrüstung der Bundesrepublik muss der ehemalige Emigrant erkennen, wie Kanzler, Konservative und maßgebliche Kräfte der Wirtschaft den Kurs längst vorgezeichnet haben, alte Nazis wieder wichtige Posten besetzen und sogar die Haltung der SPD geprägt ist von dem »Urwahn, daß durch das Schwert das Recht verfochten, daß durch Gewalt irgend etwas gebessert werden könne« (Kapitel V). Keetenheuves Opposition ist nicht nur politisch radikal (pazifistisch, antifaschistisch), sondern auch ästhetischer Protest gegen Politik überhaupt. K. stellt sein Scheitern als Kritik an der herrschenden Politik, zugleich aber auch als Kritik an der schöngeistig-nonkonformistischen Opposition dar, zu der auch Keetenheuves lebensuntüchtige Unangepasstheit in seinem Privatleben gehört: Während er Politik macht, zerbricht seine Ehe. Mit seinem Selbstmord am Ende hört er auf, noch irgendwo mitzumachen.

K. legte im Vorspruch Wert darauf, dass dieser für die 1950er Jahre ungewöhnlich gegenwartsnahe politische Roman »seine eigene poetische Wahrheit« habe, die tatsächlich über das reine Handlungsgeschehen hinausgeht, indem innere Strebungen der Hauptperson eine Stimme bekommen und ein beziehungsreiches Geflecht von Assoziationen, literarischen Anspielungen und Zitaten entfaltet wird.

Rezeption: Erschienen im Jahr heftiger politischer Spannungen (Stalins Tod, Arbeiteraufstand in der DDR), war der Roman hoch aktuell und deswegen sehr umstritten. 🎬 R: P. Goedel (1987).
Weiterer Roman: → *Der Tod in Rom* (1954).

1953
Albert Vigoleis Thelen

* 28.9.1903 in Süchtlen (Niederrhein). Nach abgebrochener Schulzeit und Hilfsarbeiten 1924–27 Gasthörerstudium (Germanistik u.a.) in Köln und Münster. 1931–36 auf Mallorca, 1936–47 in Portugal, 1947–54 in Amsterdam, 1954–85 in der Schweiz. † 9.4.1989 in Dülken (Viersen).

Die Insel des zweiten Gesichts

UT: *Aus den angewandten Erinnerungen des Vigoleis*
Autobiographischer Roman.
T.s einziges erfolgreiches Werk ist eine Mischung aus Schelmenroman, Autobiographie und Zeitroman: Erzählt wird, wie Vigoleis und Beatrice 1931 nach Mallorca reisen, wie Vigoleis bei dem Versuch, dem verschuldeten Bruder zu helfen, selbst in bittere Armut und Bedrängnisse gerät und, gerade auf dem Weg, dort wieder herauszukommen, vor den eintreffenden Truppen des spanischen Faschismus von der Insel fliehen muss.
T. berichtet nicht geradlinig, sondern entwirft (fast in der Manier L. Sternes und Jean Pauls) ein sprachlich eigenwilliges, erzählerisch verschachteltes, mit Episoden, Einschüben und Abschweifungen gespicktes Gesellschaftspanorama, das zugleich ein eindrucksvolles Bild des Exils zeichnet (→ *Exilliteratur*). Eine wenig erfolgreiche Fortsetzung erschien 1956 u.d.T. *Der schwarze Herr Bahßetup*.

Rezeption: T. hat zwar ein umfangreiches Gesamtwerk geschrieben, war aber bis zur Veröffentlichung dieses Romans (und auch danach wieder) ein in der Bundesrepublik völlig unbekannter Autor. ↘ (Auszüge und Gespräche): Wirtschaftsverlag Nw, 2003.

1953; 1956
Ingeborg Bachmann

* 25.6.1926 in Klagenfurt. 1945–50 Studium (Philosophie, Germanistik) in Graz und Wien, 1950 Promotion. 1953–57 freie Schriftstellerin in Italien, 1957/58 Dramaturgin in München; lebte 1958–62 teils in Rom, teils in Zürich, 1963–65 in Berlin, ab 1965 in Rom. 1953 Preis der ›Gruppe 47‹, 1964 Büchner-Preis. † 17.10.1973 in Rom. Gedenkstätte: Klagenfurt (D, G, M).

Die gestundete Zeit; Anrufung des Großen Bären

Gedichtslgn. ED: *Die gestundete Zeit* (1953, 2. veränderte Auflage 1957). ED: *Anrufung des Großen Bären* (1956).

Zusammen mit G. Eich, N. Sachs, P. Celan und H. M. Enzensberger gilt B. als bedeutendste Lyrikerin der 1950er Jahre und wie diesen geriet ihr das Gedichtschreiben zu einem wachsenden Problem. In *Die gestundete Zeit* gilt noch die Möglichkeit lyrischer Sagbarkeit (»bin ich/ zu schreiben gewillt«), wenn auch auf eine metaphorisch neuartige, nicht selten hermetische Weise (»weiß ich nur Dunkles zu sagen«). Streng gebundene Texte (z. B. *Die große Fracht*, *Reigen*) sind dabei selten gegenüber dem Sprechen in freien Rhythmen, die sich mit der vielfachen Gebrochenheit der Aussage verbinden. Grundlegend ist hier die Erfahrung des Unbehagens an Natur (z. B. *Entfremdung*) und Gegenwart (z. B. *Fall ab, Herz*), der Zweifel an der Möglichkeit, Liebe zu bewahren, das Bewusstsein von einer belastenden, nicht bewältigten Vergangenheit, die mit Hitler-Deutschland verbunden ist (*Früher Mittag*), und die Mahnung, die verbliebene (›gestundete‹) Zeit zu »Widerstand und utopischer Ausrichtung« (K. Bartsch) zu nutzen (*Die gestundete Zeit*, *Alle Tage*). Die Gedichte in *Anrufung des Großen Bären* (1956) verschärfen dann den (inneren) Widerspruch in B.s Lyrik der 1950er Jahre: Einerseits bleiben sie in ihrer traurigen Hoffnung poetisch ›schön‹ (v. a. in den Liebesgedichten *Erklär mir, Liebe*, *Römisches Nachtbild*), andererseits verstärkt sich die Skepsis, mit Worten noch etwas sagen zu können (z.B. *Scherbenhügel*). In der Konsequenz publizierte B. nach 1956 nur noch wenige, allerdings gewichtige Gedichte, die zumeist das Verstummen-Müssen ausdrücken: z. B. *Ihr Worte* (1961), *Böhmen liegt am Meer* (1965), *Enigma* (1965), *Keine Delikatessen* (1965).

Rezeption: B.s Prominenz durch ihr lyrisches Debüt (Preise, Titelgeschichte im *SPIEGEL*, 1954) war für die Autorin zugleich ein »fataler Applaus« (B.), verschob sich doch die literarische Aufmerksamkeit für das Werk zum Medieninteresse an der Person. ⚟ *Anrufung des Großen Bären* (Der Hörverlag, 2005).

Weitere Werke (Hörspiele): *Die Zikaden* (1955), → *Der gute Gott von Manhattan* (1958).

1953–1957/1964
Bertolt Brecht Biogr.: → 1922

Buckower Elegien

Gedichte. Entst. Juli–November 1953; ED: *Sinn und Form* (1953, 6 Gedichte; 1957, 6 weitere Gedichte). BA: 1964 (vollst.).

B.s späte Lyrik erreichte in den *Buckower Elegien* ihren Höhepunkt. Die Gedichte entstanden im Buckower Sommerhaus am Scharmützelsee; angesichts des Arbeiteraufstandes vom 17. Juni 1953 in der DDR sah B. sich zu einer Selbstvergewisserung veranlasst, deren lyrischer Ausdruck weniger von Lehrhaftigkeit, sondern vielmehr von elegischer Nachdenklichkeit (Selbstbelehrung) geprägt ist. Es handelt sich um insgesamt 21 kurze Gedichte (plus 2 Nachträge), von denen zu B.s Lebzeiten nur *Der Blumengarten, Gewohnheiten, noch immer, Rudern, Gespräche, Der Rauch, Heißer Tag* und *Bei der Lektüre eines sowjetischen Buches* publiziert wurden. Das brisanteste Gedicht, *Die Lösung*, erschien erst 1964.

Im Motto zeigt sich die Gesamttendenz in verschlüsselter Andeutung: »Ginge da ein Wind/ Könnte ich ein Segel stellen./ Wäre da kein Segel/ Machte ich eines aus Stecken und Plane.« Wäre da nicht der Konjunktiv, könnten die möglichen Lesarten in der Zukunftsgewissheit dessen, der »ich« sagt und notfalls auch mit Provisorien aktiv werden würde, Übereinstimmung gewinnen – es ist jedoch windstill. Dass diese Metapher Gesellschaftliches ausdrückt, bezeugen die Gedichte mit ihrer Sorge über das Fortwirken der faschistischen Vergangenheit (*Der Einarmige im Gehölz*, *Vor acht Jahren*), über die Ursachen, die zum Aufstand führten (*Die Lösung*, *Große Zeit, vertan*, *Gewohnheiten, noch immer*, *Die Wahrheit einigt*, *Die Musen*), die zur Selbstbefragung des Intellektuellen führt (*Der Radwechsel*, *Böser Morgen*, *Tannen*). Noch in jenen Gedichten, die kleine Glücksmomente benennen (*Der Blumengarten*, *Der Rauch*, *Rudern*, *Gespräche*), ist nicht von Natur, sondern von Geschichte die Rede.

Rezeption: Nach der → *Hauspostille* (1927) und den → *Svendborger Gedichten* (1939) sind die *Buckower Elegien* B.s dritte bedeutende Lyrikslg., deren (selbst)kritischer Gehalt erst nach 1964 erkannt werden konnte und die seitdem stark beachtet wird.
Weitere Werke: *Gesammelte Werke* (1967–82).

1953–1965
Eugen Gomringer

* 20.1.1925 in Cachuela Esperanza (Bolivien). 1946–50 Studium (Nationalökonomie, Kunstgeschichte) in Bern und Rom, 1954–58 Sekretär an der Hochschule für Gestaltung in Ulm, 1959–67 Werbeleiter einer Industriefirma in Frauenfeld (Schweiz), 1967–85 Kulturbeauftragter der Rosenthal-AG in Selb, 1978–90 Professor für Theorie der Ästhetik an der Kunstakademie in Düsseldorf; 2000 Gründung

des Instituts für Konstruktive Kunst und Konkrete Poesie in Rehau/Bayern; lebt in Rehau.

konstellationen

OT: *konstellationen constellations constelaciones*

Gedichtslg., ED: 1953; erweitert: *5 mal 1 konstellation* (1960), *33 konstellationen* (1960), *15 konstellationen* (1965). Gesamtausgabe: *worte sind schatten. die konstellationen 1951–1968* (1969, herausgegeben von H. Heißenbüttel).

G. ist der erste und – neben Fr. Mon (*1926) – bedeutendste Vertreter der → *Konkreten Poesie* in der deutschsprachigen Literatur. Im Gegensatz zu Mon (*artikulationen*, 1959), der den sprachsubversiven Charakter der konkreten Lyrik betonte, forderte G. vom ›konkreten Dichter‹ die Anpassung an moderne Mitteilungsformen (Einfachheit, schnelle Kommunikation, Gebrauchswert, Zweckform): »seine lebenshaltung ist positiv, synthetisch-rationalistisch«. Unter der Gedichtbezeichnung ›Konstellation‹ verstand G. entsprechend »die gruppierung von wenigen verschiedenen Worten, so daß ihre gegenseitige beziehung nicht vorwiegend durch syntaktische mittel entsteht, sondern durch ihre materielle, konkrete anwesenheit im selben raum.« Dieser Ansatz führte ihn zu Textserien, in denen die Sprache – bei radikaler Kleinschreibung – auf Einzelwörter verknappt ist, die durch Anordnung (Reihung, Auslassung), Wiederholung und typographische Gestaltung Verweisketten entfalten, die über ihren semantischen Sinn hinausgehen. In den frühen ›Konstellationen‹ hielt G. noch an Sätzen fest: »das schwarze geheimnis/ ist hier/ hier ist/ das schwarze Geheimnis«. In den späteren ›Konstellationen‹ radikalisierte er die Reduktion auf Texte, die nur noch aus einem Wort bestehen, bzw. überdehnte den Zwischenraum zwischen den Einzelwörtern, so dass eine Nähe zu Textbildern (Typogramm), zum Piktographischen und zur visuellen Dichtung (Ideogramm) entstand.

Konkrete Texte. Eugen Gomringer spricht Eugen Gomringer (S-Press, 1973).

Konkrete Poesie

BEGRIFF: ›Konkrete Poesie‹ ist eine Dichtung, die ›konkret‹ (lateinisch *concretus* = ›gegenständlich‹) mit dem reinen Material der Sprache (Buchstaben, Silben, Wörter) und oft ohne Bindung an Syntax, Grammatik und Semantik arbeitet. Sie ist ein markanter Teil der modernen experimentellen Dichtung, die sich – im Widerspruch zum Abbildungs- und Ausdruckscharakter (Mimesis, Sinn) konventioneller Literatur – als poetische Wirklichkeitskonstruktion begreift, in der die Sprache selbst (weniger: ein Autor) spricht. Dieser Absicht widerspricht nicht, dass in Sprache verwandelte Wirklichkeit Ausdruck eines Autor-Bewusstseins sein kann.

Zur Form: ›Konkrete Poesie‹ wurde zum »Synonym für alle literarischen Versuche, die mit Attributen wie visuell, akustisch, elementar, material, experimentell, ja sogar abstrakt in Verbindung gebracht werden und in denen Verfahren der Kombination, Reduktion, Konstruktion, des aleatorischen Spiels, der Collage und Montage als Prinzipien der Textherstellung signifikant werden« (H. Korte). Damit knüpfte sie – auch in ihrem Internationalismus – an avantgardistische Kunstformen des Futurismus und des → *Dadaismus* an, stand aber nach 1945 in einem veränderten Kontext: Sie wollte (und konnte) nicht mehr neue Kunst als neues Leben konstituieren, sondern provozierte als ›Antikunst‹, bald auch als ›Aktionskunst‹, die Restaurierung traditionalistischer Kunstauffassungen nach dem Zweiten Weltkrieg.
In der deutschsprachigen Literatur trat die Konkrete Poesie zu Beginn der 1950er Jahre zunächst in Gestalt von Manifesten auf: H. C. Artmann: *Acht-Punkte-Proklamation des poetischen Actes* (1953), E. Gomringer: *vom vers zur konstellation* (1955), H. Heißenbüttel: *Spekulationen über eine Literatur von übermorgen* (1962), E. Gomringer: *manifeste und darstellungen der konkreten poesie* 1954–1966 (1966). Theoretische Erklärungen fanden sich auch in Zeitschriften (z. B. M. Bense: *augenblick*, 1955–61), Gedichtpublikationen (z. B. Fr. Mon: *artikulationen*, 1959) sowie in Anthologien (z. B. Fr. Mon/W. Höllerer: *movens*, 1960; G. Rühm: *Die Wiener Gruppe*, 1967). Die literarische Praxis jedoch war von Anfang an reichhaltiger und mehr als nur die Umsetzung der Theorie. Die 1950er Jahre, in denen die Vertreter der Konkreten Poesie sich gegen große Widerstände im Literaturbetrieb zu behaupten hatten, dominierten Gruppenbildungen: Hervorzuheben sind hier die Stuttgarter Gruppe um M. Bense (R. Döhl, E. Gomringer, L. Harig, H. Heißenbüttel, K. B. Schäuffelen), die Wiener Gruppe (H. C. Artmann, Fr. Achleitner, K. Bayer, O. Wiener, G. Rühm) und der Darmstädter Kreis (Cl. Bremer, D. Spoerri). Die Gruppen waren jedoch wenig stabil und Zuordnungen oft nur temporär.
Bedeutende Einzelautoren der Konkreten Poesie waren: E. Gomringer (→ *konstellationen*, 1953–65), H. Heißenbüttel (*Kombinationen*, 1954, → *Das Textbuch*, 1970), H. C. Artmann (→ *med ana schwoazzn dintn*, 1958), K. Bayer: *der kopf des vitus bering* (1965), Fr. Mon: *Texte über Texte* (1970), G. Rühm: *Mann und Frau* (entst. 1959–64, ED: 1972), Fr. Achleitner: *quadratroman* (1973). In den 1960er Jahren war die Konkrete Poesie in ihren verschiedenen Spielarten dann bereits fest etabliert. Die wichtigsten neuen Autoren (neben den bereits genannten) dieses Jahrzehnts waren: F. Kriwet: *rotor* (1961), L. Harig (*Zustand und Veränderungen*, 1963), J. Becker: *Felder* (1964), E. Jandl (*Lange gedichte*, 1964; → *Laut und Luise*, 1966), Fr. Mayröcker (*metaphorisch*, 1965; *Tod durch Musen*, 1966), O. Pastior (*Vom Sichersten ins Tausendste*, 1969). Vgl. auch → *Sprachexperimentelles Schreiben nach 1970*.

1954
Max Frisch

* 15.5.1911 in Zürich. 1930–41 Studium (Germanistik, abgebrochen 1932; Architektur) in Zürich. 1942–55 Architekt, daneben Schriftsteller mit vielen Reisen in der ganzen Welt. F. lebte vorwiegend in der Schweiz, 1960–65 in Rom, 1971 in New York. 1958 Büchner-Preis. † 4.4.1991 in Zürich (G).

Stiller

Roman.

Der Roman ist die »Geschichte einer nicht gelungenen Selbstfindung« (K. Müller-Salget): Der Bildhauer Anatol Stiller verlässt unangekündigt die Schweiz, weil er glaubt, ein Versager zu sein (in der Ehe mit Julika, als Künstler, als Kämpfer im Spanischen Bürgerkrieg). Er nimmt in den USA eine neue Identität an, wird aber bei der Durchreise in der Schweiz als der verschollen geglaubte Stiller, jetzt angeblich Agent, erkannt und in Untersuchungshaft genommen. Er leugnet, Stiller zu sein, und fertigt auf Wunsch seines Verteidigers Aufzeichnungen an, die beweisen sollen, dass er nicht Stiller ist: Er verfasst Tagebucheinträge, Rückblenden, Reflexionen, parabelartige Kurzerzählungen, dokumentiert Gespräche mit dem Verteidiger und dem Staatsanwalt, die jedoch letztlich zum Beweis des Gegenteils führen. Nach der eindeutigen Identifizierung durch Julika verstummt Stiller. In einem »Nachwort« berichtet der Staatsanwalt, dass sich Stiller – nach abermaligem Scheitern des Zusammenlebens mit Julika – aus der Welt zurückgezogen habe.

Stiller misslingt der Versuch, sein altes Ich auszulöschen, weil, wie der Staatsanwalt feststellt, es ihm nicht gelingt, dass er »sich selbst annimmt, so wie er erschaffen worden ist.« Das Sich-Selbst-Akzeptieren ist (so F. auch in seinen Tagebüchern) problematisch in einer medienbestimmten Gesellschaft, die eine Fülle von fertigen Lebensmodellen vorgibt und zu deren Reproduktion animiert, wobei sich die Menschen ›Bildnisse‹ von anderen machten, die wiederum zum Bild von sich selbst werden könnten, das, entspricht man ihm, dazu führt, sich selbst zu verfehlen.

Rezeption: *Stiller* gilt als einer der bedeutendsten Romane und größten Bucherfolge der dt.sprachigen Nachkriegsliteratur (als Taschenbuch bis 2006 41 Auflagen).

Weitere Werke: *Nun singen sie wieder* (Schauspiel, 1945), *Don Juan oder die Liebe zur Geometrie* (Schauspiel, 1953/61), → *Homo faber* (Roman, 1957).

1954
Wolfgang Koeppen

Biogr.: → 1951

Der Tod in Rom

Roman.

Rom, 6. bis 7. Mai 1954: Der ehemalige SS-General Judejahn (nach 1945 Militärberater eines arabischen Staates) trifft seinen Schwager Pfaffrath, der trotz Nazi-Vergangenheit schon wieder Oberbürgermeister geworden ist, um mit ihm die Frage einer möglichen Rückkehr zu besprechen. Auch die Ehefrauen und der Sohn Dietrich Pfaffrath sind dabei, und alle denken nach wie vor stramm nazistisch – bis auf zwei Söhne, die deswegen mit dem Elternhaus gebrochen haben: Siegfried Pfaffrath, der Komponist geworden ist, und Adolf Judejahn, der Priester werden will. Auch sie halten sich in diesen Tagen in Rom auf. Doch Kunst und Religion helfen nicht gegen die gespenstisch fortwirkende faschistische Gewalt: Judejahn erschießt die jüdische Frau eines Emigranten, der die Aufführung von Siegfried Pfaffraths Symphonie dirigiert hat, ehe er selbst an einem Herzinfarkt stirbt.

K. gelingt in seinem letzten Roman mit der Gegenüberstellung von alten, oberflächlich gewandelten, und neuen Nazis mit ihren Opfern (eigene Söhne, Emigranten, Juden) ein düsteres Zeitbild, das mit einem → *Totentanz* verglichen wurde. Der Mörder Judejahn und der intellektuelle Künstler Siegfried Pfaffrath sind dabei einerseits Antipoden, andererseits in ihren sexuellen Obsessionen – die auch schon in den beiden vorangegangenen Romanen K.s einen bedeutenden Platz einnahmen – als aus der Bahn der ›Normalität‹ Geworfene verbunden, die dem Zirkel von sich erneuernder Gewalt und scheiternder Schuldverarbeitung nicht entkommen können.

Rezeption: Der Roman erfuhr wenig Zustimmung in der Literaturkritik, die fortan den ›großen‹ Roman von K. zu fordern begann, den dieser nie schrieb.

Weitere Werke (Reiseberichte): *Nach Rußland und anderswohin* (1958), *Amerikafahrt* (1959), *Reisen nach Frankreich* (1961), *Jugend* (autobiographisches Prosafragment, 1976).

1954
Thomas Mann

Biogr.: → 1900, 1939

Bekenntnisse des Hochstaplers Felix Krull

UT: *Der Memoiren erster Teil*

Roman-Fragment. Entst. 1910–13 und wieder ab 1951; ED (Teile) u.d.T. *Buch der Kindheit* (1922, ergänzt 1937). BA: 1954. Von der vorgesehenen Fortführung sind nur Notizen erhalten.

Zum Hochstapler wurde Felix Krull, der Ich-Erzähler des Romans, durch seine hochentwickelte Anlage zur Schauspielerei und die Notwendigkeit,

nach dem Tod des Vaters, eines Sektfabrikanten, für sich selbst zu sorgen. Durch simulierte Epilepsie entgeht er dem Militärdienst, wird Hotelangestellter in Paris, tauscht mit einem Marquis seine Identität, wird dadurch vermögend, gelangt in Adelskreise und verführt in Lissabon Frau und Tochter des Paläontologen Professor Kuckuck. Hier bricht die episodenhafte Darstellung seiner Lebensgeschichte ab.
Dass das Fragment in der Nachfolge der Autobiographien von Augustinus, Rousseau und Goethe (→ *Autobiographien III, 19. Jh.*) den Titel ›Bekenntnisse‹ trägt, ist ironisch gemeint, denn es handelt sich um einen »humoristisch-parodistischen Bildungsroman« (M.): Krull ist von Kindheit an unwandelbar derselbe: Ausgezeichnet mit ausgeprägter Eigenliebe und einem aristokratischen Überlegenheitsgefühl verwirklicht er sich – wie ein Künstler – im Bewusstsein seiner Einzigartigkeit. Durch die Ironie, mit der M. ihn sich selbst schildern lässt, wird der dem Roman zugrunde liegenden Widersprüchlichkeit von Künstler- und Bürgertum das Grundsätzliche genommen. Krull ist nicht nur die Gegenfigur zur tragischen Variante in der Gestalt Adrian Leverkühns (→ *Doktor Faustus*, 1947), sondern für den Dichter auch ein »Wunschbild von sich selbst: [das] Wunschbild der Leichtlebigkeit« (Fr. Dieckmann).

Rezeption: Die Kritik lobte an diesem Werk den ironisch-heiteren Duktus und die nahtlose Verbindung der älteren mit den jüngeren Textteilen. 🎬 R: K. Hoffmann (1957), R: B. Sinkel (1981, TV). 🎧 Der Hörverlag, 1996.

1956
Friedrich Dürrenmatt

Biogr.: → 1950–51

Der Besuch der alten Dame

UT: *Eine Komödie der Hochkonjunktur*; ab 1980: *Eine tragische Komödie*
UA: 29.1.1956 in Zürich. BA: 1956.
Zu den großen Rollen des modernen Theaters gehört die der Milliardärin Claire Zachanassian, die als Klara Wäscher vor Jahrzehnten die Kleinstadt Güllen verlassen musste, weil ihr damaliger Geliebter Alfred Ill die Vaterschaft ihres Kindes mithilfe bestochener Zeugen leugnete. Die ›alte Dame‹, durch Heiraten unermesslich reich geworden, bietet der abgewirtschafteten Gemeinde eine Milliarde für die Ermordung Ills. Nach einigem Zögern geben die Güllner – unter dem Vorwand der Gerechtigkeit – der Versuchung durch den in Aussicht gestellten Reichtum nach, töten Ill und erhalten den Milliardenscheck.
Wenn der Mensch im 20. Jh. – so D. – dem Apparat anonymer Mächte (totalitäre Systeme, eine alles beherrschende Technokratie und Bürokratie) ausgeliefert sei, könne persönliche Verantwortung (und damit verbunden

Schuld) auf der Bühne nicht mehr Thema sein. Damit hat sich für D. die Tragödie überlebt: »Uns kommt nur noch die Komödie bei« (*Theaterprobleme*, 1955). Diese Komödie erzeugt allerdings kein befreiendes Lachen, sondern stellt parabelartig dar, wie das Groteske in die bürgerliche Welt einbricht, deren Korruptheit aufzeigt und sich (als ›tragische Komödie‹) bis zur »schlimmstmöglichen Wendung« (D.) – die erkaufte Ermordung Ills – steigert. Allein auf diese negative Weise sei – so D. – beim heutigen Zuschauer Wirkung zu erzielen, ohne dabei allerdings Hoffnung auf Veränderung der Verhältnisse zu vermitteln, denn die Welt sei ein »Rätsel an Unheil, das hingenommen werden muß, vor dem es jedoch kein Kapitulieren geben darf.« Dieser Standpunkt modifizierte sich jedoch mit → *Die Physiker* (1962).

Rezeption: Die Komödie begründete D.s Weltruhm. ♫ G. v. Einem (Oper, 1971). 🎬 R: L. Cremer (1959, TV), R: B. Wicki (1963), R: P. Ammann (1982, TV).

Weitere Werke: *Die Panne* (Roman, 1956), → *Die Physiker* (Komödie, 1962).

1956
Arno Schmidt Biogr.: → 1949

Das steinerne Herz

UT: *Historischer Roman aus dem Jahr 1954* [*nach Christi*]

Entst. 1951; nach einer vom Verlag um einige sexuelle und politische Passagen ›gereinigten‹ Fassung (1956) erschien der Roman 1986 erstmals ungekürzt.

Walter Eggers, der 45-jährige Ich-Erzähler, wird Mieter im Haus des Ehepaars Frieda und Karl Thumann im niedersächsischen Ahlden, weil er den Nachlass des Verfassers hannoverscher Staatshandbücher, Jansen, für seine historischen Forschungen an sich bringen will, den er bei Frieda, Jansens Enkelin, vermutet. Während Karl im Interzonenverkehr Milch nach Berlin fährt, beginnt Eggers mit Frieda ein Verhältnis. Später mit Karl in Berlin verschafft er sich heimlich durch Tausch in der DDR-Staatsbibliothek ein seltenes Buch und besucht Karls Freundin Lisa in Ost-Berlin, die – mit Friedas Einwilligung – am Ende zu den Thumanns übersiedelt. Nach Entdeckung einer versteckten Goldmünzensammlung können beide Paare sorglos in die Zukunft blicken, indem sie sich aus einer bedrohlich-unvernünftigen Welt in eine kleinbürgerliche Idylle zurückziehen.

Der Roman spielt – und das war 1956 etwas völlig Neues – in beiden deutschen Staaten. Die politische Lage wird aus der Sicht und in der Sprache des ›kleinen Mannes‹ verdeutlicht. Dabei kritisiert Sch. sowohl die Bundesrepublik (z. B. Wiederaufrüstung) als auch den in der DDR praktizierten Sozialismus. Neu war auch Sch.s Sprache (phonetische Schreibweise) sowie die ›Rastertechnik‹: eine Erzähltechnik in schnappschussartigen Einzelbildern, die Sch. mit der Annahme begründete, dass Wirklichkeit und Leben nicht als Kontinuum erfahren werden. Sie könnten daher auch nicht als kontinuierlich fortlaufendes Erzählen erfasst werden, sondern nur als punktuelle Wahrnehmungen, die der Erzähler rasterförmig zusammenzufügen habe.

Rezeption: Sch.s politische Ansichten, die freizügige Darstellung der Sexualität und der eigenwillige Erzählstil beeinträchtigten lange Zeit die Rezeption des Romans, der erst in der Originalfassung seine Qualität entfaltet.
Weitere Romane: *Die Gelehrtenrepublik* (1957), → *Kaff auch Mare Crisium* (1960).

1956*/1985
Uwe Johnson

* 20.7.1934 in Kammin (Pommern). 1952–56 Germanistikstudium in Rostock und Leipzig, danach Übersetzer. 1959 Übersiedlung nach Berlin (West), 1966–68 Schulbuchlektor in New York, lebte bis 1974 wieder in Berlin, danach Umzug auf die Themseinsel Sheerness. 1971 Büchner-Preis. † 23./24.2.1984 in Sheerness-on-Sea (England). Gedenkstätten: Klütz (M), Sheerness-on-Sea (G).

Ingrid Babendererde

UT: *Reifeprüfung 1953*

Roman. Entst. 1953–56; ED: (postum) Frankfurt/Main 1985.

In der Abiturklasse einer mecklenburgischen Kleinstadt (Güstrow) kommt es 1953 zu einem Konflikt zwischen der FDJ (Jugendorganisation der Staatspartei SED) und der christlichen Jungen-Gemeinde. Für drei Schüler wird die Parteinahme in diesem Konflikt zur wichtigeren ›Reifeprüfung‹: Ingrid Babendererde verweigert die von der FDJ geforderte Verurteilung der Dissidenz und tritt zusammen mit ihrem Freund Klaus Niebuhr für einen freiheitlicheren Umgang und gegen die stalinistische Verhärtung in der DDR ein. Obwohl beide überzeugte Sozialisten sind und an ihrer mecklenburgischen Heimat hängen, entschließen sie sich zur Republikflucht, während ihr gemeinsamer Freund Jürgen sich für die DDR entscheidet.

J. wertet nicht, sondern zeigt – auch erzählerisch durch Brechung des linearen Berichts – das Für und Wider. In dieser offenen Form war der Roman, ganz anders als der linientreue (Hoch-)Schulroman → *Die Aula* (1964) von H. Kant, für die DDR untragbar. J.s Romanerstling, wie sein zweiter Roman → *Mutmaßungen über Jakob* (1959) in der DDR entstanden und für die dortige Leserschaft geschrieben, hat sein Publikum erst erreicht, als (fast) alles vorbei war. Er bleibt, trotz gewisser Schwächen, ein bemerkenswertes, wenn auch sozusagen imaginäres Dokument, denn er markiert (zusammen mit den *Mutmaßungen*) »einsam und unüberhörbar den Beginn der Moderne in der Erzählliteratur der DDR« (W. Emmerich).

Rezeption: Verlage in der DDR und der Suhrkamp-Verlag in Frankfurt/Main lehnten eine Veröffentlichung ab; später galt der Roman bis 1984 als verschollen. Weiterer Roman: → *Mutmaßungen über Jakob* (1959).

1957

Alfred Andersch

Biogr.: → 1952

Sansibar oder der letzte Grund

Roman.

Ein 15-jähriger Junge (ohne Namen), Lehrjunge beim Fischer Knudsen, hat es satt, in dem Ostseeort Rerik zu bleiben: Es ist nichts los im Dorf, er hasst die Leute (die seinen auf See untergegangenen Vater als Säufer missachten) und – der dritte und letzte Grund – er möchte nach Sansibar, den Ort, der für die ersehnte Ferne steht. Doch er ist nicht der einzige, der fliehen will. Die Handlung spielt im Jahr 1937 in NS-Deutschland. Da ist die junge Jüdin Judith, die sich nach Schweden retten will, und da ist der Pfarrer Helander, der nicht mehr an Gott glauben kann und die Holzplastik ›Lesender Klosterschüler‹ vor der Gestapo in Sicherheit bringen will. Da ist auch der von der Kommunistischen Partei enttäuschte Instrukteur Gregor, der anstelle eines sinnlosen Parteiauftrages dafür sorgt, dass Knudsen (der wegen seiner geistesverwirrten Frau geblieben ist, obwohl er als Kommunist gefährdet ist) die Jüdin, die Plastik und den Jungen heimlich nach Schweden bringt.

Fluchtwunsch (Desertion) als Befreiung von Bevormundung (durch Elternhaus, Partei, Gott) kennzeichnet alle Protagonisten. Im Gespräch mit den anderen, v. a. aber in der Begegnung mit der Kunstfigur, die in ihrer Haltung widerständige Dauer verkörpert, gelangen sie letztlich auf je eigene Weise zu der Entscheidung, frei ihren Weg selbst zu bestimmen: Knudsen riskiert die rettende Fahrt, der Junge kehrt um und fährt mit dem Fischer nach Rerik zurück, Helander schießt auf die NS-Schergen, Gregor beginnt ein Leben »ohne Auftrag«. Mit dieser Botschaft, sich von Fremdbestimmtheit zu befreien, zielte der Roman weniger auf Hitler-Deutschland (das blass bleibt), sondern auf die Gegenwart der 1950er Jahre.

Rezeption: Der spannende Roman war ein großer Erfolg und wurde rasch zu einem Schulklassiker. R: B. Wicki (1987, TV); *Sansibar* (R: R. Wolffhardt, 1961, TV).

Weitere Romane: *Die Rote* (1960), → *Efraim* (1967).

1957
Max Frisch

Biogr.: → 1954

Homo faber

UT: *Ein Bericht*

Roman.

›Homo faber‹ ist ein soziologischer Begriff für einen Menschentyp, der sich mit technischen Mitteln die Natur nutz- und beherrschbar machen will. Der Ich-Erzähler Walter Faber, ein 50 Jahre alter Ingenieur der UNESCO, ist mit seinem mathematisch-technologisch ausgerichteten Selbst- und Weltbild ein solcher Typ, bis der Einbruch des Irrationalen in Gestalt von Zufall und Schicksal sein ganzes Leben infrage stellt. In einem rechtfertigenden Bericht (»Erste Station«) versucht Faber nun zu erklären, wie es zur inzestuösen Liebesbeziehung mit Sabeth kam (der Tochter seiner Jugendliebe Hanna, mit der Faber einen Schwangerschaftsabbruch vereinbart hatte, als sie sich trennten), warum er Vermutungen über ihre Herkunft verdrängte und wie sie nach einem Unfall in Griechenland starb. Die »Zweite Station« besteht aus Notizen des an Krebs erkrankten Faber in einer Athener Klinik: über eine Reise in die USA und nach Kuba, Begegnungen mit Hanna und das Warten auf eine Operation, deren Ausgang mehr als ungewiss ist.

Nicht nur in der überwiegend tagebuchartigen Form, auch in der Thematik problematischer Identität gleicht der Roman dem 1954 erschienenen → *Stiller*: Faber verfehlt mit seiner Wissenschaftsgläubigkeit sich selbst und lädt dadurch Schuld auf sich – wie Ödipus durch seine Hybris gegenüber den Göttern.

Rezeption: Der Roman erreichte bis 2004 (auch bedingt durch seine Beliebtheit als Schullektüre) eine Auflage von über 4 Millionen. ▪ R: V. Schlöndorff (1990). ↘ (Auszüge): *Max Frisch liest* (Schweizer Radio DRS, 2001).

Weiteres Werk: → *Biedermann und die Brandstifter* (Schauspiel, 1958).

1957
Heiner Müller

* 9.1.1929 in Eppendorf (Sachsen). Nach Abitur (1949) Journalist in Berlin (DDR), daneben Tätigkeit beim DDR-Schriftstellerverband (1954–55) und beim Maxim-Gorki-Theater; ab 1959 freier Schriftsteller in Berlin (1961–88 Ausschluss vom Schriftstellerverband). 1970–76 Dramaturg am Berliner Ensemble, 1990 letzter Präsident der Akademie der Künste (DDR), ab 1992/95 Leiter des Berliner Ensembles. 1985 Büchner-Preis, 1986 Nationalpreis 1. Klasse der DDR. † 30.12.1995 in Berlin (G).

Der Lohndrücker

Schauspiel. Entst. 1956; ED: *Neue Deutsche Literatur* (1957), UA: 23.3.1958 in Leipzig. BA: Berlin 1959.

M. war nach Brecht der bedeutendste Theaterautor in der DDR. Beide vertraten als Marxisten Grundideen einer durch die DDR verkörperten Alternative, sahen aber auch die historisch bedingten Widersprüche und Schwierigkeiten; doch während Brecht wegen seiner Prominenz relativ unangreifbar war, bekam M. – der den Aufbau des Sozialismus in der DDR bis zu dessen Ende, im Lande bleibend, erlebte – die Folgen seiner kritischen Haltung in Gestalt von vielfältigen Publikationsbehinderungen direkt zu spüren, so dass viele seiner Werke erst verspätet erscheinen konnten. Dies gilt allerdings nicht für den *Lohndrücker*. Das Stück zeigt in 19 (15) Szenen, wie der Maurer Balke mit seinem außerordentlichen Arbeitseinsatz (Ringofenreparatur) die bedrohte Produktion rettet, dadurch die Leistungsnorm für die anderen Arbeiter erhöht und von diesen daraufhin als Lohndrücker angegriffen wird.

Weder stellte M. in Balke (trotz dessen vorbildhafter Leistung) einen positiven sozialistischen Arbeiterhelden dar, noch denunziert er den Widerstand der anderen. Indem er die Schwierigkeiten herausstellte, sollte das Publikum vielmehr jenen Lernschritt vollziehen, den die Protagonisten noch nicht leisten: »Die das Neue schaffen, sind noch nicht neue Menschen. Erst das von ihnen Geschaffene formt sie selbst« (M.). Diesem Ansatz sind auch M.s weitere ›Stücke aus der Produktion‹ verpflichtet (*Die Korrektur*, 1958; *Die Umsiedlerin*, entst. 1956-61; *Zement*, UA: 1973), bis er ab 1961 – behelligt durch zunehmende Zensureingriffe – das Genre verließ.

Rezeption: Das Stück machte M. als Dramatiker in der DDR bekannt; im Westen stieß es auf Ablehnung. Vor M.s Stück hatten schon E. Claudius in → *Menschen an unserer Seite* (Roman, 1951) sowie B. Brecht im *Büsching*-Fragment (1954) dieselbe Problematik behandelt.

Weiteres Schauspiel: → *Philoktet* (1965).

1957
Martin Walser

* 24.3.1927 in Wasserburg. 1947–51 Studium (u. a. Literaturwissenschaft) in Regensburg und Tübingen, 1951 Promotion; bis 1957 Rundfunkredakteur in Stuttgart. W. lebte ab 1957 als freier Schriftsteller in Friedrichshafen, seit 1968 lebt er in Nußdorf am Bodensee. 1955 Preis der ›Gruppe 47‹, 1981 Büchner-Preis.

Ehen in Philippsburg

Roman.

Der Roman besteht aus vier in sich abgeschlossenen Erzählungen, die lose miteinander verbunden sind. In der ersten gelingt es einem angehenden

Journalisten, uneheliches Kind einer Kellnerin, durch Beziehungen und Anpassung Aufnahme in die einflussreiche Gesellschaft des fiktiven Philippsburg zu finden. Seine ursprünglich kritische Einstellung gegenüber dieser gesellschaftlichen Schicht, deren ganzes Streben auf Vermehrung von Einfluss, Macht und Geld gerichtet ist und die dafür Intrigen und Verrat einsetzt, gibt er auf. In der folgenden Erzählung trennt sich ein Arzt von seiner langjährigen Geliebten, um zu seiner Frau zurückzukehren, weil sie es wert sei, »daß er sein Leben mit ihr verbringe« – doch seine Frau hat sich bereits vergiftet. Ein ehrgeiziger Rechtsanwalt zerstört im dritten Text durch einen von ihm verursachten Verkehrsunfall seine Karriere; in der vierten Erzählung begeht ein Schriftsteller Selbstmord, weil er nicht bereit ist, sich gesellschaftlich anzupassen.

W. zeigt, anschaulich und für den Leser psychologisch unmittelbar nachvollziehbar, welche Beschädigungen und Opfer in der neuentstandenen Wohlstandsgesellschaft der Bundesrepublik für den Erfolg in Kauf genommen werden: Aufgabe von Ehrlichkeit, Aufrichtigkeit, Liebe (alle Ehen in Philippsburg sind, sofern nicht gescheitert, nur Interessengemeinschaften), stattdessen Heuchelei und Verdrängung aller Selbstzweifel bis zur Selbstentfremdung, weil angepasstes »Verhalten weitaus stärker honoriert wird als der Versuch zu unangepaßter Selbstverwirklichung.« (Kl. Siblewski).

Rezeption: W.s Romanerstling, sogleich mit dem Hermann-Hesse-Preis gekrönt und von der Kritik hoch gelobt, etablierte den jungen Autor als gesellschaftskritischen Romancier.

Weitere Romane: → *Halbzeit; Das Einhorn; Der Sturz* (1960; 1966; 1973).

1957–1964
Hans Magnus Enzensberger

* 11.11.1929 in Kaufbeuren. 1949–54 Studium (Germanistik, Philosophie), 1955 Promotion; 1955–57 Rundfunkredakteur in Stuttgart, danach Schriftsteller mit vielen Auslandsaufenthalten (u. a. in Norwegen, Italien, USA, Kuba). 1963 Büchner-Preis, 1965–75 Hg. der Zeitschrift *Kursbuch*, lebt seit 1979 in München.

Gedichte 1957–1964

Gedichtslgn.: *verteidigung der wölfe* (1957), *landessprache* (1960), *blindenschrift* (1964).

Bei seinem Debüt als »zorniger junger Mann« (A. Andersch) begrüßt, wurde der Außenseiter E. rasch zu einem agilen Kenner des Literaturbetriebes ab den 1960er Jahren: Sein Zorn über die Macht der schlechten (unaufgeklärten) Verhältnisse in der Adenauer'schen Bundesrepublik wurde aus der Position einer Art »Ein-Mann-Elite« (P. Noack) mehr und mehr ein Zorn über diejenigen, die dieses Mittelmäßige ertrugen, und mit fortschreitendem Alter wuchs die Skepsis darüber, ob sich das durch Aufklärung jemals ändern würde. Und doch markiert E.s Debüt einen Wendepunkt in der bundesdeutschen Nachkriegslyrik, die bis dahin vom Hermetismus des ›absoluten‹ Gedichts G. Benns und des Naturgedichts W. Lehmanns dominiert war: E. ist ein gelehrter Dichter, der die Formensprache der internationalen modernen Lyrik anspielungsreich beherrscht – zugleich ist er einer, der wie Brecht operativ dichtet, d. h. gerade auch durch das Gedicht einen zeitkritischen ›Gebrauchswert‹ vermitteln will (wenn auch nicht im marxistischen Sinne). In *verteidigung der wölfe* (1957) polemisiert E. gegen die »pontifikale Aura« (H. Korte) solcher Nachkriegslyrik (*ins lesebuch für die oberstufe*), verspottet den Mief der 1950er Jahre, distanziert sich vom Durchschnitt (*an einen mann in der trambahn*) und provoziert die Untertanen-Lämmer, indem er ironisch die ›Brüderlichkeit‹ der in Rudeln jagenden Wölfe lobt (*verteidung der wölfe gegen die lämmer*). Die Gedichte in *landessprache* (1960) verstärken diese Tendenz: Sie wollen wirken trotz des Bewusstseins von ihrer Wirkungslosigkeit (z. B. *gedicht für die gedichte nicht lesen*), sie engagieren sich gegen das Unpolitische (z. B. *blindlings*) und sind doch zugleich nonkonformistisch und zukunftsskeptisch (z. B. *gewimmer und firmament*). Die Gedichte in *blindenschrift* (1964), von der Kritik sehr kontrovers beurteilt, haben das Politische ganz in die verknappte ästhetische Gestalt zurückgenommen, während E. die konkrete Zeitkritik in seine Publizistik verlagerte.

Rezeption: Es entbehrt nicht einer gewissen Ironie, dass E., der wie kein anderer die ›Modernisierung‹ der dt. Lyrik nach 1945 vorangetrieben hat, um 1968 das lyrische Sprechen als unzeitgemäße ›Poesie‹ öffentlich zu verwerfen, was ihn jedoch nicht daran hinderte, ab Mitte der 1970er Jahre als stark beachteter Lyriker seinen Weg fortzusetzen. ✎ *Das Wasserzeichen der Poesie oder die Kunst Gedichte zu Hören* (Eichborn, 1999), *Das somnabule Ohr – Gedichte aus vierzig Jahren* (Der Hörverlag, 1995), *Mutmaßungen über die Poesie* (Eichborn, 1999).

Weitere Gedichtslgn: *Mausoleum* (1975), *Die Furie des Verschwindens* (1980), *Zukunftsmusik* (1991), *Kiosk* (1995), *Leichter als Luft* (1999). Publizistik: *Einzelheiten* (1962), *Politik und Verbrechen* (1964), *Deutschland, Deutschland unter anderm* (1967).
Weitere Werke: *Das Verhör von Habana* (Drama, 1970), *Der kurze Sommer der Anarchie* (Roman, 1972), *Mausoleum* (Gedichte, 1975), → *Der Untergang der Titanic* (Verserzählung, 1978).

Lyrik-Anthologien 1945–1980

Begriff: ›Anthologie‹ (griechisch *anthología*, lateinisch *florilegium*) bedeutet wörtlich ›Blütenlese‹ und meint eine Sammelveröffentlichung bester, repräsentativer bzw. charakteristischer Texte. Da mit kurzen Texten die größte Breite erzielt werden kann, dominieren in diesem Genre die Lyrik-Anthologien. Diese haben gegenüber Sammlungen epischer oder dramatischer Werke aber auch deswegen eine höhere Bedeutung, weil Gedichtbände als Einzelveröffentlichung von Autor(innen) nur selten eine größere öffentliche Wahrnehmung erfahren, während die Präsentation in einer Anthologie (oder literaturgeschichtlichen Darstellung) der Berufung in einen kanonischen Rang gleichkommt. Lyrik-Anthologien steuern jedoch nicht nur die Rezeption, sie sind auch Ausdruck von je zeitgenössischen Wertungen und damit als ›Literatur zweiten Grades‹ Teil der Literaturgeschichte.

Bis 1960 waren die Lyrik-Anthologien in Deutschland überwiegend auf die DEUTSCHSPRACHIGE LYRIK konzentriert. Bei der Auswahl bildeten im Westen die Vertreter der Inneren Emigration das Hauptkontingent, im Osten die des Exils. Eine erste Gruppe von Anthologien (im Westen) suchte dabei durch die Dokumentation eines Zusammenhangs in der Lyrikentwicklung seit Beginn des 20. Jh. Tradition und Moderne in Einklang zu bringen, so z. B.: H. E. Holthusen/Fr. Kemp (Hg.): *Ergriffenes Dasein. Deutsche Lyrik 1900–1950* (1953). Eine zweite Gruppe beschränkte sich auf die Lyrik nach 1945, sei es in Gestalt eines Panoramas: z. B. W. Weyrauch (Hg.): *Tausend Gramm* (1949), H. Bender (Hg.): *Mein Gedicht ist mein Messer* (1955/61), W. Weyrauch (Hg.): *Expeditionen. Deutsche Lyrik seit 1945* (1959), H. Bingel: *Deutsche Lyrik seit 1945* (1961), H. Bender (Hg.): *Widerspiel. Deutsche Lyrik seit 1945* (1962), A. Endler (Hg.): *In diesem besseren Land. Gedichte der DDR seit 1945* (1966) und noch J. Drews (Hg.): *Das bleibt. Deutsche Gedichte* 1945–95 (1995), oder auch in Gestalt thematisch eingegrenzter Sammlungen: z. B. H. W. Richter: *Deine Söhne, Europa* (1947), J. Gerlach: *Gedichte aus Ost und West* (1956), H. Domin (Hg.): *Nachkrieg und Unfrieden* (1970), E. Gomringer (Hg.): *Konkrete Poesie* (1972).

Ab 1960 verstärkte sich die Tendenz, die deutsche Gegenwartslyrik im KONTEXT DER INTERNATIONALEN MODERNEN LYRIK darzubieten. Jetzt kamen auch Vertreter der jungen Generation, die erst nach 1945 zu schreiben begonnen hatten, vermehrt zu Wort. Vorreiter hierfür waren Zeitschriften wie z. B. *Fragmente* (R. M. Gerhardt, 1948–54), *Akzente* (W. Höllerer und H. Bender, ab 1954) oder *Texte und Zeichen* (A. Andersch, 1955–57). Die wichtigsten Anthologien dieses Typs waren: W. Höllerer (Hg.): *Transit. Lyrikbuch der Jahrhundertmitte* (1956), Fr. Mon (Hg.): *movens* (1960), G. Steinbrinker/R. Hartung (Hg.): *Panorama moderner Lyrik* (1960) und v. a. H. M. Enzensberger (Hg.): *Museum der modernen Poesie* (1960/80, für die Zeit von 1910–45).

1958
Bruno Apitz

* 28.4.1900 in Leipzig. Aus einer Arbeiterfamilie stammend, wurde A. Stempelschneider, bald auch Schauspieler, ab 1927 Mitglied der KPD. 1933–45 in Haft, davon die letzten 8 Jahre im KZ Buchenwald. Nach 1945 in verschiedenen Berufen in Berlin (DDR) tätig, ab 1955 als Schriftsteller. † 7.4.1979 in Berlin (DDR) (G).

Nackt unter Wölfen

Roman. ED: Halle 1958, Reinbek 1961.

Im KZ Buchenwald wird von einem aus dem Vernichtungslager Auschwitz evakuierten Polen heimlich ein 3-jähriger jüdischer Junge eingeschmuggelt. Kommunistische Häftlinge verstecken ihn und geben ihn auch nicht preis, als die illegale Lagerleitung der KP, die durch die verstärkte Nachforschung der SS einen geplanten Aufstand gefährdet sieht, dessen Abschiebung nach draußen verlangt. Das (nackte) Kind überlebt, der Aufstand gegen die wölfischen Bewacher ist erfolgreich und das Buch feiert den Sieg der Menschlichkeit (und der Kommunistischen Partei) über die Barbarei.

Der Roman galt rasch als Musterbeispiel des ›sozialistischen Realismus‹ (→ *Das Literatursystem in der DDR*), doch A. schrieb keinen Tatsachenroman (obwohl es das versteckte Kind im Lager gegeben hat), sondern – wie man heute weiß – er schrieb an der Parteilegende über das KZ Buchenwald weiter: Es gab in Wirklichkeit vor dem Eintreffen der Amerikaner keine kommunistische Selbstbefreiung und die Kollaboration der KP mit der Lagerleitung ging weiter, als man später wahrhaben wollte. Die Rettung eines jüdischen Jungen stand jedenfalls niemals im Zentrum ihrer Aktivitäten.

Rezeption: Der Roman – nach A. Seghers' → *Das siebte Kreuz* (1942) der berühmteste KZ-Roman – hatte bis 1960 eine Auflage von 400 000 Exemplaren und war auch international ein Bestseller (mit Übers.n in 25 Sprachen). 🎬 R: Fr. Beyer (1963).

Weiteres Werk: *Esther* (Erzählung, 1944*/1959).

1958

H[ans] C[arl] Artmann

* 12.6.1921 in Wien. Nach einer Schuhmacherlehre 1940–45 Kriegsdienst, danach Gelegenheitsarbeiter und Schriftsteller (Mitbegründer der ›Wiener Gruppe‹ der → *Konkreten Poesie*), lebte in verschiedenen Städten. 1997 Büchner-Preis. † 4.12.2000 in Wien (G).

med oana schwoazzn dintn

UT: *gedichta r aus bradnsee* [Gedichte aus Breitensee]

»a gesagt, b gemacht, c gedacht, d geworden« – so wie A. sein Leben beschrieb, könnte man auch sein Werk beschreiben: Es vereint auf höchst eigenwillige Weise Lyrisches, Prosa und Dramatisches ebenso wie die verschiedensten Sprachstile vom Barock bis zur experimentellen Dichtung des 20. Jh. bzw. vom Dialekt bis zur europäischen Reliktsprache. Die Gedichtsammlung *med oana schwoazzn dintn* begründete, lange vor dem Aufleben einer neuen Mundartdichtung ab den 1970er Jahren, das moderne Dialektgedicht, dies freilich nicht als Erneuerung von Verbundenheit mit einem von Entfremdung bedrohten Nahraum, sondern als raffinierte Sprachkunst *mit* dem Dialekt: »H. C. Artmanns Didalektgedichte, obwohl *mit* dem Mund des Volkes gesprochen, kommen nicht *aus* ihm« (Fr. Polakovics). Die phonetische Verschriftung des Wiener Dialekts ist selbst eine artifizielle Verfremdung von sprachlicher Vertrautheit, die A.s Ausgangpunkt vom Sprachexperiment der → *Konkreten Poesie* erkennen lässt. Dabei wird nicht nur das normale Hochdeutsch ins dialektal Schwerverständliche verrätselt, sondern die Normalität selbst wird surreal, satirisch oder mit schwarzem Humor verzerrt. Das klingt dann (über einen Karussellbesitzer, der sich im Dunkeln fürchtet) so: »i bin a ringlgschbüübsizza/ und hob scho sim weiwa daschlong/ und eanare gebeina/ untan schlofzimabon fagrom« (*blauboad 1*).

Rezeption: Die Slg. erreichte bis 1960 eine Auflage von 18 000 Exemplaren. An dem Folgebd. *hosn rosn baa* (1959) beteiligten sich Fr. Achleitner und G. Rühm. ↘ Otto Müller, 1993.

Weitere Werke: *ein lilienweißer brief aus lincolnshire* (Gedichtslg., 1969), *die fahrt zur insel nantucket* (Schauspiele, 1969), *Das poetische Werk* (1994).

1958
Ingeborg Bachmann

Biogr.: → 1953; 1956

Der gute Gott von Manhattan

Hörspiel. UA: 29.5.1958, ED: 1958.

B.s letztes Hörspiel ist eine Gerichtsverhandlung: Angeklagt ist der ›gute Gott von Manhattan‹, weil er als Vertreter einer männlich-rationalistischen Gewaltordnung (für die Manhattan mit seinen nummerierten, rechtwinklig angelegten Straßen steht) zuvor schon andere Liebespaare ermorden ließ und nun die Liebenden Jan und Jennifer umbringen lassen will. Sein Motiv: Die Liebenden – deren sich steigernde Liebe durch eingeschobene Rückblenden verdeutlicht wird – gefährden mit ihrem Wunsch, aus der bestehenden Welt auszusteigen und in eine ›Gegenzeit‹ einzutreten, die »Ordnung [...], in der gelebt wird jeden Tag«. Schließlich überzeugt der ›gute Gott‹ den Richter, ihn nicht zu bestrafen, und auch Jan ist nicht stark genug, im »anderen Zustand« der Liebe zu bleiben. Während Jan in die lieblose Welt Man(n)hattans zurückkehrt, erleidet die liebende Frau den Tod: Sie wird in die Luft gesprengt, damit die von ihr vertretene Liebe nicht das Funktionieren der täglichen Ordnung sprengt.

Das Hörspiel knüpft an B.s Konzept der fragilen Liebesutopie aus dem Gedichtband *Anrufung des Großen Bären* (1956) an und leitet mit dem Motiv des unausweichlichen Unterganges weiblicher Liebe in einer männlichen Welt zugleich zu der Erzählung *Undine geht* (aus B.s Erzählungsband *Das dreißigste Jahr*, 1961) sowie zum Roman → *Malina* (1971) über.

Rezeption: Das Hörspiel wurde 1958 mit dem Hörspielpreis der Kriegsblinden ausgezeichnet. Es führte noch 1970 zu einer heftigen Kontroverse zwischen W. Wondratschek, der B. vorwarf, ein »Niemandsland der reinen Empfindungen« zu gestalten, und Jürgen Becker, der sie verteidigte. R: Kl. Kirschner (1972, TV). (Originalhörspiel): BR NDR, 1958.
Weiteres Werk: → *Malina* (Roman, 1971).

1958
Max Frisch

Biogr.: → 1954

Biedermann und die Brandstifter

UT: *Ein Lehrstück ohne Lehre*

Schauspiel. Entst. aus der skizzenhaften »Burleske« im *Tagebuch 1946–1949* (1950), von F. als Hörspiel gestaltet (*Herr Biedermann und die Brandstifter*, UA: 1953, ED: 1955). UA: 29.3.1958 in Zürich. ED: 1958. Für die dt. UA (28.9.1958 in Frankfurt/ Main) schrieb F. ein »Nachspiel« mit zeitkritischer Tendenz.

Biedermann, ein Haarwasserfabrikant, ist, wie sein Name andeutet, Inbegriff des angepassten Spießers, der rücksichtslos seine Geschäfte macht, aber auf einen guten Ruf bedacht ist. Er fürchtet um seinen Besitz, weil Brandstifter ihr Unwesen in der Stadt treiben. Dennoch duldet er zwei von ihnen bei sich, als sie in sein Haus eindringen, unterstützt sie sogar bei ihren Vorbereitungen zur Brandlegung und ist somit mitverantwortlich für den eigenen Untergang wie den der ganzen Stadt.

F. zeigt, wie es den Brandstiftern gelingt, Biedermann durch geschicktes Ausnutzen seiner Eitelkeit, Ignoranz, fehlenden Zivilcourage und seines Wunsches nach »Ruhe und Frieden« zu entmachten. In der parabelartigen, die antike Schicksalstragödie parodierenden Darstellung (der Chor der Feuerwehrleute spricht vom »Blödsinn«, der an die Stelle des Schicksals getreten sei), bietet das Stück dem Zuschauer keine fertige Lösung an: Sie selbst sollen sich denkend um eine Antwort bemühen, »die sie nur mit dem Leben selber geben können« (F.). In dieser »vielseitigen Deutbarkeit« (V. Hage) war das Stück ein Modell, offen für unterschiedliche politische (sowohl als Kritik am Nationalsozialismus als auch am Kommunismus), aber auch sozialpsychologische Interpretationen.

Rezeption: Wie → *Andorra* (1961) gehört das Schauspiel zu den meistgespielten Stücken des dt.sprachigen Gegenwartstheaters, die Taschenbuch-Ausgabe hat längst die Millionengrenze überschritten. R: H. Matiasek (1963, TV), R: R. Wolfhardt (1967, TV).
Weiteres Schauspiel: → *Andorra* (1961).

1959
Heinrich Böll

Biogr.: → 1950

Billard um halbzehn

Roman. ED: *Frankfurter Allgemeine Zeitung* (1959); BA: 1959.

Der 6. September 1958, 80. Geburtstag von Heinrich Fähmel, ist Anlass für eine Rückschau auf das Vergangene von der Kaiserzeit bis zur Gegenwart. Aus den Erinnerungen (überwiegend innere Monologe) der Mitglieder einer Kölner Architektenfamilie aus drei Generationen (für die symbolisch Aufbau, Zerstörung und Wiederaufbau einer Abtei stehen) ergibt sich ein panoramaartiges Bild Deutschlands in der 1. Hälfte des 20. Jh. Damit verbunden stellt sich die Frage nach der Mitverantwortung und Schuld an den Fehlentwicklungen und Katastrophen. In zwei Söhnen Heinrichs zeigt sich die grundlegende Problematik dieser Geschichte: Otto, ein fanatischer Nazi, der in Russland gefallen ist, steht für die »Büffel« – so bezeichnet B. symbolisch diejenigen, die rücksichtslos, oft gewalttätig, Macht und Einfluss ausüben. Die »Büffel« aus der Zeit vor 1945 haben sich danach der neuen Zeit angepasst und beherrschen auch die bundesdeutsche Gesellschaft. Ihre Opfer sind die »Lämmer«, Menschen »reinen Herzens«, die Gewalt ablehnen und von den »Büffeln« für ihre Zwecke missbraucht werden. Robert steht auf ihrer Seite, hat sich aber nach Auseinandersetzungen mit den Nazis aus der Wirklichkeit in ein rituell bestimmtes Leben (jeden Tag ›Billard um halbzehn‹ in einem Hotel) zurückgezogen.

Als Schwäche des Romans gilt die vielfach als zu aufgesetzt empfundene Symbolik, die »geradezu allegorische Konstruktion von Gut und Böse« (V. Zmegač), die eine differenzierte Behandlung der Frage nach einer Mitschuld an der geschichtlichen Entwicklung beeinträchtigt. Als (nicht unumstrittene) Stärke B.s gilt v. a. die Kraft seiner einfachen Sprache; im Unterschied zu seiner sonstigen Prosa erzählt er *Billard um halbzehn* perspektivisch, Bewusstseinsinhalte werden mithilfe des inneren Monologs wiedergegeben.

Rezeption: Der Erfolg des Romans beruht auf dem moralischen Anspruch und B.s Fähigkeit, in der Figurengestaltung den Alltagserfahrungen seiner Leser Ausdruck zu geben. 🎬 *Nicht versöhnt* (R: J.-M. Straub, 1965). ✎ (Auszüge): *Hörwerke* (Der Hörverlag, 2007).

Weiterer Roman: → *Ansichten eines Clowns* (1963).

1959
Günter Grass

* 16.10.1927 in Danzig. Nach Besuch des Gymnasiums 1944 Flakhelfer, danach Panzerschütze an der Ostfront (mit kurzfristiger Zugehörigkeit zur Waffen-SS). Nach Kriegsgefangenschaft (bis 1946) und Steinmetz-Praktikum 1948–56 Studi-

um (Bildhauerei, Graphik) in Düsseldorf und Berlin, lebte ab 1956 in Paris, ab 1960 in Berlin, ab 1972 auch in Wewelsfleth (Schleswig-Holstein), seit 1985 in Behlendorf bei Mölln. 1965 Büchner-Preis, 1999 Literatur-Nobelpreis.

Die Blechtrommel

Roman. Zusammen mit der Novelle → *Katz und Maus* (1961) und dem Roman → *Hundejahre* (1963) 1974 als *Danziger Trilogie* erschienen.

In dieser Autobiographie einer literarischen Kunstfigur lässt G. Oskar Matzerath, »Insasse einer Heil- und Pflegeanstalt«, über sein Leben in der Vorkriegs- (1. Buch), Kriegs- (2. Buch) und Nachkriegszeit (3. Buch) abwechselnd in der Ich- und Er-Form berichten, unterbrochen von Schilderungen der Gegenwart in der Anstalt: Oskar, 1924 geborener Sohn eines Danziger Kolonialwarenhändlers, stellt an seinem dritten Geburtstag durch einen vorsätzlichen Treppensturz – bei bereits abgeschlossener »geistige[r] Entwicklung« – aus Protest gegen die von ihm durchschaute kleinbürgerliche Welt sein körperliches Wachstum ein. Er benutzt künftig seine Blechtrommel, ein über magische Kräfte verfügendes Geburtstagsgeschenk, als Mittel dieses Protestes gegen die Erwachsenenwelt und deren Ideologien. Unter dem Schutz seiner gespielten Infantilität erlebt er, wie sich der Nationalsozialismus im »kleinbürgerlichen Mief« und durch »das geduckte Verhalten des Kleinbürgers« (G.) entwickeln kann. Den Krieg verbringt Oskar in Danzig, unterbrochen von Auftritten im Fronttheater seines Lehrmeisters, des Liliputaners Bebra, an der Westfront. Nach dem Krieg verschlägt es Oskar nach Düsseldorf, wo er mithilfe Bebras ein erfolgreicher Schlagzeuger wird, aber, des Mordes an einer Krankenschwester verdächtigt, einstweilen in einer Anstalt untergebracht ist, in der er, an die Vergangenheit mahnend, seine Lebensgeschichte aufschreibt.

In den ersten beiden Büchern zeigt G. wie das Kleinbürgertum als tragende Schicht Hitler ermöglichte und die Kleinbürger nicht Opfer (politischer, ökonomischer, sozialer Bedingungen) waren, sondern Täter und damit Schuldige, besonders an Juden und Polen (s. die Kapitel »Glaube, Liebe, Hoffnung« und »Die polnische Post«). Das 3. Buch schildert, wie in der Nachkriegsgesellschaft jede Schuld aus der Vergangenheit verleugnet oder verdrängt wurde, so dass die Gefahr bestand, dass das alte Gedankengut jederzeit wieder aufleben würde. Oskar selbst schreibt im Bewusstsein einer Schuld, die sich nicht auf einzelnes Fehlverhalten bezieht, sondern auf die Tatsache, dass er trotz seiner Einsichten passiv eine Sonderexistenz in einer heillosen Welt führte, wohl wissend – wie Sisyphus – dass ein Ziel nicht erreichbar ist: Im Schlusskapitel steht dafür die angsterzeugende Vision der Schwarzen Köchin, Inbegriff allen Leides und Schreckens, von Schuld und Tod in dieser Welt.

Rezeption: *Die Blechtrommel*, als Parodie auf den Bildungsroman, als Schelmen- und Künstlerroman gedeutet, erfuhr aufgrund ihrer »Fabulierenergie« (M. Durzak) und

plastischen Erzählweise große Resonanz. Kritik richtete sich v. a. gegen die religiösen und sexuellen Tabubrüche. Der Roman wurde in viele Sprachen übersetzt und erreichte bis 2002 eine Gesamtauflage von 40 Millionen, ein Zehntel davon in Deutschland. R: V. Schlöndorff (1979). Steidl, 2007.
Weiteres Werk: → *Katz und Maus* (Novelle, 1961).

1959
Peter Hacks

* 21.3.1928 in Breslau. Ab 1946 Studium (Germanistik, Theaterwissenschaft) in München, Promotion 1951. 1955 Übersiedlung nach Berlin (DDR); 1960–63 Dramaturg am Dt. Theater. Ab 1963 freier Schriftsteller in Berlin (DDR); 1974/77 Nationalpreis der DDR, 1981 H.-Mann-Preis. † 28.8.2003 in Groß Machnow bei Berlin.

Die Sorgen und die Macht

Produktionsstück in 3 Fassungen. ED: Berlin (DDR) 1959 (2. Fassung), Frankfurt/Main 1965; UA: 15.5.1960 (2. Fassung) in Senftenberg, 2.10.1962 in Berlin (DDR).
Das Stück gehört in den Umkreis der Literatur des sog. Bitterfelder Weges (→ *Das Literatursystem in der DDR*): Eine Brikettfabrik kann zwar die scharfen Planvorgaben erfüllen (wofür sie von der Partei belobigt wird), doch schafft sie das Produktionsziel nur, indem sie minderwertige Kohle liefert. Das führt dazu, dass eine Glasfabrik wegen dieser Kohle ihre Vorgaben nicht schafft und die Arbeiter dort weniger verdienen. Der Brikettarbeiter Max Fidorra erkennt den Zusammenhang, weil er die Glasarbeiterin Hede Stoll liebt. Um Eindruck auf sie zu machen, setzt er sich für die Qualitätsverbesserung der Briketts ein – doch nun kehrt sich der Missstand um: Jetzt darben die Brikettarbeiter. Zunächst stellen sie sich daraufhin ganz egoistisch gegen Max, der seinerseits aus rein persönlichen Gründen für die Produktionsverbesserung kämpft, bis am Ende alle Beteiligten (einschließlich der endlich aufgewachten Parteifunktionäre) einsehen, dass die Bedürfnisse des Einzelnen im Sozialismus nicht ohne die Verantwortung für alle zu befriedigen sind (wie auch umgekehrt).
Soviel Missstand (anstelle von Feier des Fortschritts), soviel von Eigensucht nicht freies Selbsthelfertum (anstelle des selbstlosen und parteikonformen Arbeiterhelden) und soviel individuelles Glücksverlangen von unten sollte – so die Botschaft – der Macht eigentlich keine Sorgen bereiten, tat es den DDR-Machthabern in der Realität aber doch. Nach einem weiteren Versuch mit einem kritischen Zeitstück (*Moritz Tassow*, 1965) vermied H. die Darstellung der heiklen Gegenwart und nahm Kurs auf eine zeitenthobene ›sozialistische Klassik‹: Er verhielt sich danach vorsichtiger und wandelte sich »zum Theaterdichter des Allgemeinmenschlichen, des bereits versöhnten Gattungswesens im ›postrevolutionären‹ Zeitalter, was ihn in den 70er

Jahren zum meistgespielten Gegenwartsautor auf dt. Bühnen in Ost und West machte« (W. Emmerich).

Rezeption: Das Stück wurde nur wenige Male aufgeführt, trug H. scharfe Kritik auf dem Parteitag der SED (1963) ein und kostete ihn letztlich den Dramaturgenposten.

Weitere Stücke: *Die Schlacht bei Lobowitz* (1956), *Der Müller von Sanssouci* (1958), *Amphitryon* (1968), *Ein Gespräch im Hause Stein über den abwesenden Herrn von Goethe* (1976).

1959
Uwe Johnson

Biogr.: → 1956*/85

Mutmaßungen über Jakob

Roman. ED: Frankfurt/Main 1959.

Der erfahrene Eisenbahner Jakob Abs wird am Morgen des nebligen 8.11.1956 von einer Lokomotive überfahren. Unfall? Selbstmord oder Mord durch die Staatssicherheit? Ausgehend von dieser Frage liefert der Autor J. – im »subtilen Wechselspiel von Erzählen und Verschweigen« (St. Golisch) – Mutmaßungen, die das (Vor-)Leben Jakobs in der DDR erhellen: Republikflucht seiner Freundin Gesine Cresspahl (jetzt bei der NATO tätig), am Schluss auch seiner Mutter, Anwerbungsversuche durch den Geheimdienstler Rohlfs und Ratschläge des vom DDR-Sozialismus desillusionierten Wissenschaftlers Blach. Alle diese Personen wussten etwas von Jakob und wollten ihn zu sich herüberziehen, aber »Jakob ist immer quer über die Gleise gegangen« (Romananfang). Das heißt: Er war nicht vereinnahmbar, weder für die Bundesrepublik (aus der er nach kurzem Besuch zurückkehrte) noch für oder gegen die DDR, obwohl er hier gewissenhaft seine Pflicht erfüllte und bleiben wollte – angesichts der Suezkrise im Westen und der Niederschlagung des Ungarnaufstandes im Osten.

J. erzählt die Geschichte über ein Mosaik aus mehreren Erzählperspektiven (durch die der auktoriale Erzähler in den Hintergrund tritt) sowie über einmontierte Texte (Tagebuch, Akten, Texte aus Alltagssprache und Werbung) und überschreitet dabei auch Grenzen von Interpunktion, Grammatik und Syntax, so dass eine nicht leicht zu entschlüsselnde »Meinungspolyphonie« (I. Riedel) entsteht. Diese bildet das ästhetische Äquivalent zur Komplexität der Wirklichkeit und schwierigen Suche nach der ›Wahrheit‹ und erfüllt damit J.s Anspruch, Gegenwartsprobleme modern zu erzählen. In den Romanen *Das dritte Buch über Achim* (1961) und *Zwei Ansichten* (1961) setzte J. die unkonventionelle Darstellung der DDR-Realität fort.

Rezeption: Die Aktualität des Themas und die Modernität der Schreibweise machten J. schlagartig berühmt, trugen ihm aber auch das Etikett ›Dichter beider Deutschlands‹ ein, das er nachdrücklich ablehnte.

Weiterer Roman: → *Jahrestage* (1970–83).

1959
Karl Krolow

* 11.3.1915 in Hannover. 1935–42 Studium (Germanistik, Romanistik u. a.) in Breslau und Göttingen, danach Schriftsteller in verschiedenen Städten, ab 1956 in Darmstadt. 1956 Büchner-Preis. † 21.6.1999 in Darmstadt (G in Hannover).

Fremde Körper – Das lyrische Werk

Gedichtslgn. (Auswahl): *Gedichte* (1948), *Die Zeichen der Welt* (1952), *Fremde Körper* (1959), *Alltägliche Gedichte* (1968), *Ich höre mich sagen* (1992).

K. gehörte, nicht zuletzt aufgrund seiner fast jährlich erscheinenden Gedichtsammlungen, zu den bekanntesten Lyrikern der 1950er Jahre. Nach seinen Anfängen (vor 1945) im Umkreis naturmagischer Dichtung (W. Lehmann, O. Loerke u. a.) entwickelte er im Anschluss an die moderne westeuropäische Lyrik eine elegant-angepasste, mitunter artistische Formensprache, die »ihre Chiffren aus dem Steinbruch der Naturlyrik [nahm], um mit ihnen eine politische Landschaft zu konturieren« (H. Korte). Die Sammlung *Fremde Körper* vollendete den Übergang vom naturmagischen Frühwerk zum moderaten Engagement: »Das Unmögliche bietet Anlaß genug,/ Die Realität zu korrigieren« (*Verhandeln ist zwecklos*).

Der Grundton der Lyrik K.s ist elegisch und zugleich kritisch-warnend, ihre ständige Evokation ein »schwarzes Idyll« (K.), mit einer Vorliebe für temporale Strukturierungen im Gestus von ›noch‹/›bald‹, ›vorher‹/›nachher‹. Ab den 1960er Jahren weicht der Parlando-Ton einer skeptisch-lakonischen Verknappung, in der sich das wachsende Unbehagen an der Zeit ausdrückt. Die späte Lyrik ist eher autobiographisch geprägt, indem sie »immer neue Variationen der Selbstvergewisserung im Grenzbereich von Leben und Tod« (R. Paulus) durchspielt.

Rezeption: Die Aufmerksamkeit für K.s lyrisches Werk nahm nach den 1960er Jahren stetig ab. ↘ (Auszüge): *Im Inneren des Augenblicks – Gedichte* (SPV, 2004).

Weitere Werke (Prosatexte): *Das andere Leben* (1979), *Im Gehen* (1981), *Melanie* (1983), *In Kupfer gestochen* (1987).

1959; 1962
Peter Rühmkorf

* 25.10.1929 in Dortmund. 1951–57 Studium (u. a. Pädagogik, Germanistik; abgebrochen) in Hamburg, 1958–64 Lektor im Rowohlt-Verlag, danach Schriftsteller; lebt in Hamburg. 1993 Büchner-Preis.

Irdisches Vergnügen in g; Kunststücke

Gedichtslgn.

Der Büchner-Preis war eine verspätete Anerkennung für den Lyriker R., der mit seinen beiden ersten Gedichtsammlungen – neben H. M. Enzensberger (→ *Gedichte 1957–64*) – einen neuartigen Typus des nonkonformistischen, zeitkritischen Poeten verkörpert, der bis Mitte der 1960er Jahre hinein Furore machte. R. wendet sich – auch theoretisch im Essay *Das lyrische Weltbild der Nachkriegsdeutschen* (1956/72) – ausdrücklich gegen die Zeitenthobenheit in hermetischer Poesie und Naturlyrik und plädiert für das Öffentlichwerden von Lyrik, wobei er folgende Formzüge akzentuiert: das (parodierend-übersetzende) Heranziehen literarischer Werke der Vergangenheit (die er vom Sockel der Pietät holt und zugleich der Gegenwart vorhält), die artistisch-provokative Mischung von Literatursprache und Alltagsjargon, Lyrik und Song (Jazz), d. h. das Prinzip der »heiklen Balance zwischen Imitation und Irritation« (H.-P. Bayerdörfer). Den Anschluss an ›1968‹ (→ *Literatur und ›1968‹*) fand er nicht mehr (trotz seines Eintretens für E. Fried); Politisierung und Popularisierung (→ *Pop-Literatur*) widersprachen seinem Festhalten am lyrischen Kunstprinzip. Daher schwieg er in der Folge als Poet bis in die 1970er Jahre. In den späteren Gedichtsammlungen wurde R.s Gestus der Selbst-Mitteilung (»Man ruft hinaus und horcht zurück«) zunehmend melancholisch, dabei sich eher wieder G. Benn als dem reklamierten H. Heine annähernd.

Rezeption: R.s widerspenstige lyrische ›Kunststücke‹ zehren vom Protest gegen den Zeitgeist der 1950er Jahre und bleiben in ihrer Nüchternheit aktuell, solange ›Poesie‹ als heiliges Amt zelebriert wird. ✎ *Außer der Liebe nichts* (Der Hörverlag, 1999).

Weitere Werke: *Die Jahre, die ihr kennt* (Erinnerungen, 1972), *Gesammelte Gedichte* (1976), *Haltbar bis Ende 1999* (Gedichte, 1979), *Der Hüter des Misthaufens* (Märchen, 1981), *Einmalig wie wir alle* (Gedichte, 1989), *Tabu I–II* (Tagebücher, 1995/2004), *Wenn – aber dann* (Gedichte, 1999).

1960
Marie Luise Kaschnitz

* 31.1.1901 in Karlsruhe, geborene von Holzing-Berstett. Nach Abitur ab 1922/23 Buchhändlerlehre in Weimar, 1924–32 in Rom, danach in verschiedenen dt. Städten, 1952–56 wieder in Rom, ab 1956 in Frankfurt/Main und in Bollschweil bei Freiburg. 1955 Büchner-Preis. † 10.10.1974 in Rom (G in Merzhausen bei Freiburg/Breisgau).

Lange Schatten

Erzählungen.

K. ist zwar v. a. als Lyrikerin bekannt und hat mit ihren Gedichten *Hiroshima* (1951) und *Genazzano* (1957) einen Stammplatz in den Anthologien erlangt, doch trat sie auch als Erzählerin hervor. Die 21 Kurzgeschichten ihrer zweiten Sammlung (nach *Das dicke Kind und andere Erzählungen*, 1951) knüpfen an den Grundgestus ihrer Lyrik nach 1945 an: Sie geben der Erschütterung von Zuversicht Ausdruck, wenn die Gegenwart in der überraschenden Begegnung mit Vergangenem beunruhigt wird. Erzählt werden kurze Momente der Störung des Gewohnten, die zu einem Wendepunkt werden. Diese Störung entsteht, wenn sich ein alltäglicher Vorgang überwirklich erhöht (z. B. *Lange Schatten*, *Eines Mittags, Mitte Juni*), wenn vergangene Schuldgefühle aufbrechen (z. B. *Das rote Netz*, *Schneeschmelze*, *Christine*) oder verdrängte Identität manifest wird (z. B. *Das dicke Kind*). Zeitkritik kommt, anders als in der späteren Sammlung *Ferngespräche* (1966), nur indirekt in parabolischer Überhöhung vor. Im Mittelpunkt steht vielmehr die psychologische Ergründung, bei der sich die Autorin wie eine Archäologin um »ein Freilegen des verschütteten Ich« (U. Schweikert) bemüht.

Rezeption: K.' Erzählungen gelangten in viele Schullesebücher. ↘ *Lange Schatten – Gedichte und Prosa* (Deutsche Grammophon, 2001).

Weitere Werke: *Liebe beginnt* (Roman, 1933), *Neue Gedichte* (1957) sowie die tagebuchartigen Aufzeichnungen *Wohin denn ich* (1963), *Tage, Tage, Jahre* (1968), *Steht noch dahin* (1970), *Orte* (1973).

1960
Arno Schmidt

Biogr.: → 1949

Kaff auch Mare Crisium

Roman.

Der (handlungsarme) Roman besitzt zwei Erzählebenen, die im Druck voneinander abgesetzt sind: Der 54-jährige Ich-Erzähler Karl verbringt 1959 ein Wochenende mit seiner jüngeren Freundin Hertha bei seiner Tante in einem Dorf, einem ›Kaff‹, in der Lüneburger Heide. Während dieser Zeit erfindet Karl für Hertha eine utopische Endzeitgeschichte, in der Amerikaner und Russen nach der atomaren Zerstörung der Erde 1980 im ›Mare Crisium‹ auf dem Mond zu überleben versuchen. Dieses »Längere Gedankenspiel« (s. *Berechnungen I* und *II*, 1955/56) ist in Fortsetzungen eingefügt in die Darstellung der dörflichen Idylle. Ob Karl und Hertha das Angebot der Tante annehmen, zu ihr zu ziehen (Karl könnte sich ausschließlich der Literatur widmen), bleibt offen.

Wenn auch der aufklärerische Impetus der frühen Romane hier nicht mehr so deutlich ist, bleibt doch Sch.s Kritik an der Restauration in der bundesdeutschen Nachkriegsgesellschaft als Endzeit (›Kaff‹ bedeutet auch ›Spreu‹, ›Wertloses‹). Der mit »zögernder Nachdenklichkeit erzählte Roman« (J. Drews) enthält aber auch spielerische Elemente, die die Vergänglichkeitsgedanken immerhin erträglich machen. Das gelingt Sch. durch distanzschaffende Ironie, komische Figurengestaltung und besonders durch die Sprache: Mit phonetischer Schreibung (Hochdeutsch und Dialekt) und einer geradezu entfesselten Interpunktion zur Verdeutlichung von Gestik und Mimik will er einen höheren Grad an Realität erzielen. Der spielend-witzige (z.T. kalauerhafte) Umgang mit Wortverdrehungen, Verschreibungen, Worttrennungen kann als experimenteller Vorgriff auf Sch.s ›Etym-Theorie‹ (→ *Zettels Traum*, 1970) betrachtet werden.

Rezeption: Sch. verbat sich in einem fingierten Vorwort die übliche Rezeption: »Wer nach ›Handlung‹ und ›tieferem Sinn‹ schnüffeln, oder gar ein ›Kunstwerk‹ darin zu erblicken versuchen sollte, wird erschossen.« Es war eine vergebliche Drohung: Der Roman fand seine Leser. ↘ *Arno Schmidt liest. Sämtliche Tonbandaufnahmen 1952–1964* (Zweitausendundeins, 1992/93).

Weitere Werke: *Kühe in Halbtrauer* (Erzählungen, 1964), → *Zettels Traum* (Roman, 1970).

1960
Peter Weiss

* 8.11.1916 in Nowawes bei Berlin. Nach Schulzeit in Bremen und ab 1929 in Berlin 1934 Emigration nach England, 1935 nach Warnsdorf (Tschechoslowakei), 1939 nach Schweden. Ab 1940 lebte W. als Maler und Filmemacher in Stockholm, ab 1960 als Schriftsteller. 1982 Büchner-Preis. † 10.5.1982 in Stockholm (G in Solna, ohne Grabstein).

Der Schatten des Körpers des Kutschers

›Mikro-Roman‹. Entst. 1952; bis 1960 suchte W. vergeblich einen Verlag für das Manuskript, ED: 1960 in Frankfurt/Main.

W.' deutschsprachiges Debüt als Erzähler ist ein Sprachtext, der in der deutschen Literatur der 1950er Jahre seinesgleichen sucht. Die gängig gewordene Bezeichnung ›Mikro-Roman‹ trifft dabei etwas Wesentliches: Entscheidend ist weniger die Kürze (47 S.n in der Werkausgabe), sondern das Kleinteilige, d. h. die Verknappung der Realität zu Realitätspartikeln, der Rede zu Wortfetzen und der Erzählung zu aneinander gereihten Details. In emotionsloser Lakonie registriert ein Ich-Erzähler, was er in drei Tagen in einer ländlichen Pension sieht und hört, ohne damit irgendeinen Sinn zu verbinden: u. a. z. B. einen sägenden Hausknecht, einzelne Pensionsgäste, ein Abendessen, einen Familienstreit im Nebenzimmer, das Zimmer der Haushälterin, den Beischlaf des Kutschers mit der Haushälterin als Schattenspiel.

W. schrieb eine »Gesellschaftsgroteske« (A. Söllner), die sich in Beziehung setzen lässt zu Fr. Kafka, zum absurden Theater S. Becketts, aber auch zum *nouveau roman* (A. Robbe-Grillet, M. Butor). Sie bleibt einem aufs Äußerste verdichteten, zugleich an Stummfilme erinnernden Realismus verpflichtet, durch den der Körper einer entfremdeten kleinbürgerlichen Welt, die aus (Ver-)Schweigen besteht, schattenartig zur Darstellung gelangt.

Rezeption: Die zeitgenössische Kritik war beeindruckt, letztlich aber ratlos.

Weitere Werke (autobiographische Schriften): → *Abschied von den Eltern*; *Fluchtpunkt* (1961; 1962).

1960; 1966; 1973
Martin Walser Biogr.: → 1957

Halbzeit; Das Einhorn; Der Sturz

Drei Romane, die auch u.d.T. *Kristlein-Trilogie* zusammengefasst werden.

W. hatte 1955 mit den Erzählungen *Ein Flugzeug über dem Haus* debütiert, denen 1957 der Roman → *Ehen in Philippsburg* gefolgt war, in dem, durchaus innovativ in der erzählerischen Mischung von Groteske und realistischer Satire, eine Wirtschaftswunder-Gesellschaft vorgeführt wird, deren Akteure auf fragwürdige Weise reüssieren oder zugrunde gehen. Die *Kristlein-Trilogie* (insgesamt über 1500 S.n) weitet diesen Ansatz zum Gesellschaftspanorama der 1950/60er Jahre aus. Hauptfigur ist der Ich-Erzähler Anselm Kristlein, in *Halbzeit* (1960) noch ein Werbefachmann, in *Das Einhorn* (1966) zum Schriftsteller und in *Der Sturz* (1973) zum Heimleiter geworden, der in allen drei Berufen und Lebenslagen in seiner virtuos-skrupellosen wie unfähigen Anstrengung, Geld für sich und seine Familie zu verdienen, letztlich ununterbrochen scheitert. Kristlein, der kleine Angestellte und bindungslose Intellektuelle, ist für W. typischer Vertreter (und zugleich Opfer) einer den materiellen Erfolg und Konsum vergötzenden »Bundzreplik«, deren Merkmale Schein, Anpassung, Lieblosigkeit und Geschwätzigkeit sind.

W. bildete dieses geistlose Niemandsland, verstärkt durch den geradezu manischen Redezwang Kristleins, bis in die kleinsten Details ab, jedoch nicht aus der geordneten Sicht eines auktorialen Erzählers, sondern als Redestrom, der zugleich eine Art Selbstgespräch ist – ein durchaus anstrengendes Verfahren, wenn er (wie in *Halbzeit*) für einen einzigen Tag, den 18. Juni 1957, mehr als 350 Seiten verbrauchte. Es blieb W.s immer wieder (nicht ohne Leid) variiertes Verfahren, mehr oder weniger weitschweifig »der Realität mit Worten nachzulaufen und sie doch nie einholen zu können« (P. Laemmle).

Rezeption: *Halbzeit* war für die Kritik der wichtigste Roman des Jahres 1960, blieb aber für eine breite Leserschaft ein ›Brocken‹. W. wandte sich zunächst dem zeitgeschichtlichen Drama zu, ehe er die Trilogie fortsetzte. 🎬 *Das Einhorn* (R: P. Patzak, 1978, TV), *Der Sturz* (R: A. Brustellin, 1979).

Weitere Werke: *Eiche und Angora* (Schauspiel, 1962), *Die Gallistl'sche Krankheit* (Roman, 1972), *Jenseits der Liebe* (Roman, 1976), → *Ein fliehendes Pferd* (Erzählung, 1978).

1961
Johannes Bobrowski

* 9.4.1917 in Tilsit. Nach Abitur in Königsberg und Kriegsteilnahme bis 1945 in sowjet. Gefangenschaft (bis 1949); ab 1950 Verlagslektor in Berlin (DDR). † 2.9.1965 in Berlin (G, M).

Sarmatische Zeit

Gedichte. Einzelveröffentlichung bereits 1943/44 in *Das Innere Reich* sowie *Sinn und Form* (1955). BA: Stuttgart 1961, Berlin (DDR) 1961.

Sarmatien, der spätantike Name für Osteuropa, steht bei B. als Bezeichnung für ein untergegangenes Land, das er in seiner Kindheit an der Memel sowie als Soldat in Litauen und Russland erlebte. Diese östliche Welt mit ihrem Völkergemisch und der ›Blutspur‹ ihrer wechselvollen Geschichte wollte B. »als nicht mehr Dazugehöriger, noch einmal gültig darstellen, ehe [sie] ganz vergangen« war (B. Sichtermann). Mit der poetischen Rettung verband er dabei den selbstgestellten Auftrag, etwas von der Schuld für das Leid abzutragen, das Deutsche jh.elang den Menschen im Osten zugefügt haben.

In einer einfachen, zum Zeichen neigenden, im Satzbau komprimierten Sprache verfasst, formal gleichermaßen Klopstock (freie Rhythmen) wie den französischen Symbolisten und Trakl verpflichtet, entfalten die Oden eine fast magische Kraft: Die Bilder der memelländisch-litauischen Landschaft (z. B. *Die Jura*, *Die sarmatische Ebene*) sprechen nicht nur – wie in der Naturlyrik – für sich, sondern werden als Schauplatz geschichtlicher Ereignisse gesehen (z. B. *Kaunas* – hier erlebte B. ein Judenprogrom mit Tausenden von Toten – *Anruf*, *Absage*, *Blutspur*). Die Verbindung von Natur und Geschichte, Gegenwart und Vergangenheit, die »Brüderlichkeit« (St. Hermlin) seiner Dichtung und die an die Gemälde Chagalls erinnernde Bildhaftigkeit finden sich wieder in der Sammlung *Schattenland Ströme* (1961) sowie in dem Band *Wetterzeichen* (postum 1967).

Rezeption: B.s Lyrik fand in beiden Teilen Deutschlands große Anerkennung. ⤥ *Im Strom* (Wagenbach, 2001).
Weiteres Werk: → *Levins Mühle* (Roman, 1964).

1961
Max Frisch

Biogr.: → 1954

Andorra

UT: *Stück in zwölf Bildern*

UA: 2.11.1961 in Zürich. Vorstufe: *Der andorranische Jude* im *Tagebuch 1946–1949* (1950). BA: 1961.

Sprechen in → *Biedermann und die Brandstifter* (1958) die gerissenen Brandstifter Biedermann Eigenschaften zu, über die er keineswegs verfügt (Menschlichkeit, Toleranz , Barmherzigkeit), die er aber haben möchte, damit seine Umgebung sich ein entsprechendes Bild von ihm macht, so zeigt F. in *Andorra* umgekehrt, wie Vorurteile ein falsches ›Bildnis‹ erzeugen und zur Diskriminierung mit tödlichem Ausgang sowie zum totalen Identitätsverlust führen: In einem fiktiven Land, von F. ›Andorra‹ genannt, wird der junge Andri als angeblicher Jude durch antisemitische Vorurteile zum Außenseiter gemacht und schließlich dazu gebracht, die ihm aufgezwungene ›andere‹ Identität zu akzeptieren. Als der judenfeindliche Nachbarstaat Andorra besetzt, wird Andri von den Andorranern ausgeliefert und von den Besatzern umgebracht. In den Handlungsverlauf hat F. zudem Zwischenszenen eingeblendet, in denen sich die Andorraner (bis auf den Pfarrer) vor einem fiktiven Gericht in Zeugenaussagen von ihrer Mitschuld an Andris Tod reinzuwaschen versuchen.

Das parabelartige Stück, dessen Modellcharakter F. stets betonte, zielt nicht auf konkrete historische Ereignisse (wie z. B. den NS-Antisemitismus), sondern richtet sich gegen jegliche durch Vorurteile erzeugte, politisch leicht ausnutzbare Diskriminierung von Minderheiten. Insofern ist das Stück kaum ein Beitrag zur → *›Vergangenheitsbewältigung‹ nach 1945*. Mit der Rede *Der Autor und das Theater* (1964) distanzierte sich F. von der Parabeldramaturgie.

Rezeption: *Andorra* ist neben → *Biedermann und die Brandstifter* (1958) – bedingt auch durch den festen Platz im Lektürekanon der Schulen – F.s erfolgreichstes Stück. ■ R: M. P. Ammann (1980, TV). ↘ (Mitschnitt der Uraufführung): Deutsche Grammophon, 2004.

Weitere Werke: → *Mein Name sei Gantenbein* (Roman, 1964).

1961
Günter Grass

Biogr.: → 1959

Katz und Maus

UT: *Eine Novelle*

15 Jahre nach Kriegsende erinnert sich der Erzähler Pilenz, Sekretär eines Kolpinghauses, an Joachim Mahlke, seinen Mitschüler von 1940–44 in Danzig. Beide waren Mitglieder einer Jugendclique, deren Treffpunkt ein halbversunkenes Minensuchboot war. Unklar bleibt, ob es Pilenz war, der eines Tages eine Katze auf Mahlkes übergroßen Adamsapfel angesetzt hatte: »Mahlkes Adamsapfel wurde der Katze zur Maus.« Seitdem hatte Mahlke den Kehlkopf als sichtbares Zeichen seiner Andersartigkeit empfunden, die er daraufhin durch außergewöhnliche Leistungen und am Hals getragene Gegenstände verdecken wollte. Als er begriff, dass ein Ritterkreuz, höchste soldatische Auszeichnung der Kriegszeit, den vermeintlichen Makel am besten verbergen würde, stahl er das Abzeichen, wurde der Schule verwiesen und erkämpfte sich den Orden später an der Front. Als ihm eine Rede in seiner ehemaligen Schule verweigert wurde, desertierte er tief enttäuscht und verschwand für immer auf dem Schiffswrack.

Mahlkes Ende ist die Absage an eine Welt, der er sich – wie die Maus der Katze – ausgeliefert fühlt. Pilenz schreibt, weil er glaubt, versagt zu haben: Er hat dazu beigetragen, Mahlke auszugrenzen und ihm in seinem Kampf mit der ›Katze‹ nicht geholfen. Beide sind Opfer einer von Schule, Hitlerjugend und angeblichem Heldentum beherrschten Welt, Opfer und doch auch mitverantwortlich für den Ungeist dieser Zeit. Im 3. Teil der ›Danziger Trilogie‹, dem Roman → *Hundejahre* (1963), setzte G. die Darstellung der »Bewusstseinsgeschichte des Kleinbürgertums in den Jahren vor, im und nach dem Kriege« (R. Krohn) fort.

Rezeption: Zunächst vom Erfolg von → *Die Blechtrommel* (1959) in ihrer Rezeption beeinträchtigt, wurde die Novelle zu einem der verbreitetsten Werke G.'. ■ R: H. J. Pohland (1967). ✎ Der Hörverlag, 2002.
Weiterer Roman: → *Hundejahre* (1963).

1961
Manès Sperber

* 12.12.1905 in Zablotow (Galizien) als Sohn eines Rabbiners. Ab 1916 Mitarbeiter des Tiefenpsychologen A. Adler in Wien; ab 1927 lehrte Sp., Mitglied der KP (bis 1936), Psychologie in Berlin. 1934 Emigration nach Paris, frz. Staatsbürger; 1975 Büchner-Preis. † 5.2.1984 in Paris (G).

Wie eine Träne im Ozean

Romantrilogie. Entst. ab 1940: *Der verbrannte Dornbusch* (1950), *Tiefer als der Abgrund* (1950), *Die verlorene Bucht* (1955), die 1961 überarbeitet u.d.T. *Wie eine Träne im Ozean* erschien.

Im Mittelpunkt des autobiographisch geprägten Romans, der nach Sp.s Bruch mit der KP entstand, steht der KP-Funktionär Faber, der, von einem Parteiauftrag in Dalmatien zurückkehrend, in Deutschland für kurze Zeit ins KZ gerät und danach nach Prag emigriert, wo er von der Liquidation seiner Parteifreunde in Moskau erfährt. Desillusioniert begibt er sich nach Paris ins Exil, kämpft in Frankreich und in Jugoslawien, wo seine Brigade aus von Moskau abtrünnigen Parteifreunden von kommunistischen Partisanen (bis auf Faber) liquidiert wird.

Nicht die Handlung – trotz großer Figurenzahl und wechselnder Schauplätze – steht im Vordergrund dieses Romans, der die europäische Geschichte zwischen 1931 bis 1945 widerspiegelt, sondern die in vielen Einzelschicksalen dargestellte Auseinandersetzung idealistisch geprägter Menschen, die eine bessere (kommunistische) Welt erstreben, mit einer zunehmend stalinistisch ausgerichteten Partei. Trotz der Einsicht, dass – zur Enttäuschung ihrer besten Anhänger – jede Revolution, sobald sie die Macht gewonnen hat, zum Selbstverrat führt, hielt Sp. – auch in seinen

Essays – die Hoffnung aufrecht, »daß diese Welt nicht bleiben kann, wie sie ist, daß sie ganz anders werden kann und es werden wird« (Sp.).

Rezeption: Der Roman wurde zu einem Welterfolg, in der Bundesrepublik fand er erst in den 1970er Jahren größere Resonanz. 🎬 *Une larme dans l'océan* (R: H. Glaeser, 1971).

Weiteres Werk: *All das Vergangene* (Autobiogr., 1983; in 3 Einzelwerken 1974–77 erschienen).

Schriftsteller und geteiltes Deutschland

Dass die deutsch(sprachig)e Kulturnation eine unteilbare und trotz der lange Zeit existierenden territorialen Zersplitterung bzw. trotz der Konstituierung einer Schweizer und einer Österreichischen Staatsnation eine gemeinsame geblieben sei, war bis ins 20. Jh. nicht nur unstrittig, sondern galt sogar als ein Vorzug. Erst als es im Zuge des sich verstärkenden OST-WEST-KONFLIKTES 1949 zu den Staatsgründungen Bundesrepublik Deutschland und Deutsche Demokratische Republik kam und beide Anspruch auf eine (hier: provisorische, aber das ganze Deutschland umfassende, dort ab 1974: eigenständige) nationale Identität erhoben, wurde das geteilte Deutschland zu einem Problem. Weil sich die politischen Fronten in den 1950er Jahren mehr und mehr verschärften, sahen sich nicht wenige Schriftsteller in dieser Situation dazu aufgerufen, durch ihr Wirken als Kritiker der Teilung und Bewahrer einer kulturellen Einheit aufzutreten, sofern ihnen nicht ein dezidierter Antikommunismus (im Westen) bzw. eine ausdrückliche Identifizierung mit dem Sozialismus (im Osten) ein derartiges Engagement verbot. Nennenswerte ›GESAMTDEUTSCHE‹ INITIATIVEN gab es jedoch kaum: 1947 fand ein erster (und vorerst letzter) gesamtdeutscher Schriftstellerkongress (in Berlin) statt; erst 1981 kam es erneut zu einem größeren Treffen von Schriftstellern beider Staaten. Schon 1951 spaltete sich das deutsche PEN-Zentrum der internationalen Schriftsteller-Vereinigung in ein ›Deutsches PEN-Zentrum Bundesrepublik Deutschland‹ (1952 anerkannt) und ein ›Deutsches PEN-Zentrum Ost und West‹ (ab 1967 ›PEN-Zentrum Deutsche Demokratische Republik‹). Bis zur Mitte der 1960er Jahre war auch die literarische Kenntnisnahme des geteilten Deutschland bzw. der jeweils anderen Seite nur marginal. Zu nennen sind im Westen: H. Scholz: *Am grünen Strand der Spree* (1955), A. Schmidt: → *Das steinerne Herz* (1956) und U. Johnson: → *Mutmaßungen über Jakob* (1959), *Zwei Ansichten* (1965) sowie die Proteste gegen die Abschottung der DDR 1961 (G. Grass, W. Schnurre u. a.). Im Osten kam die Bundesrepublik nur unter dem Aspekt der Republikflucht als schlechte Alternative vor: z. B. A. Seghers: *Die Entscheidung* (1959), Br. Reimann: *Die Geschwister* (1963), Chr. Wolf: → *Der geteilte Himmel* (1963), H. Kant: → *Die Aula* (1964), Fr. R. Fries: → *Der Weg nach Oobliadooh* (1966).

Mit dem BAU DER BERLINER MAUER ab dem 13.8.1961 und der immer rigideren Überwachung der Schriftsteller in der DDR (→ *Das Literatursystem in der DDR*) verminderten sich die informellen Kontaktmöglichkeiten (v. a. in Berlin) weiter. Bis Mitte der 1970er Jahre stand der Literaturmarkt der Bundesrepublik DDR-Schriftstellern noch einigermaßen offen, danach nur noch eingeschränkt. Umgekehrt war die Beschränkung noch strenger – gerade weil die gegenseitige Kenntnisnahme sich ab den 1970er Jahren trotz Behinderungen intensivierte. Die Folge war ein beispielloser EXODUS VON SCHRIFTSTELLERN AUS DER DDR, ausgelöst durch die Ausbürgerung W. Biermanns 1976. Bis 1961 waren gegangen: H. Bienek, G. Zwerenz, U. Johnson, H. Kipphardt, E. Bloch u. a. Danach gingen bis November 1976: H. Mayer, Chr. Reinig, H. Lange, M. Bieler, H. M. Novak, P. Huchel u. a. Nach 1976 verließen die DDR (z.T. mit Ausreisevisum): Th. Brasch, B. Jentzsch, S. Kirsch, R. Kunze, H. J. Schädlich, Jurek Becker, E. Loest, G. Kunert, Kl. Schlesinger, K. Lange-Müller, R. Schneider, B. Honigmann, W. Hilbig, M. Maron u. a.
LITERARISCHE AUSEINANDERSETZUNGEN MIT DEM GETEILTEN DEUTSCHLAND ab 1970: z. B. P. Schneider: *Der Mauerspringer* (1982), Th. Becker: *Die Bürgschaft* (1985), M. Walser: *Dorle und Wolf* (1987), → *Die Verteidigung der Kindheit* (1991). Mit dem nicht erwarteten Zusammenbruch der DDR 1989 und ihrer De-facto-Angliederung verschwand das Problem des geteilten Landes weder politisch noch als Thema für die Literatur (→ *Schriftsteller und deutsche Einheit seit 1989*).

1961; 1962
Peter Weiss

Biogr.: → 1960

Abschied von den Eltern; Fluchtpunkt

Autobiographische Schriften, entst. 1959–62.
Beide Texte sind autobiographisch geprägt, aber keine reine Darstellung von W.' Kindheit und Jugend (z. B. fehlen Namen und einige zentrale Fakten). Nach dem Tod der Eltern (1958, 1959) legt der Ich-Erzähler aus inzwischen gewonnener Distanz eine schonungslose »Beschreibung einer mißlungenen Jugend« (K.-H. Götze) vor: Konflikte mit den verständnislosen Eltern, Isoliertheit und schwere psychische Störungen (obsessive Gewaltphantasien), künstlerische Erfolglosigkeit und gesellschaftliches Desinteresse zeigen einen in jeder Hinsicht Heimatlosen, dem weder die Emigration noch der Krieg und der Holocaust oder die Konflikte des Nachkriegs die Augen geöffnet haben, wie der Erzähler selbstkritisch bemerkt. *Abschied von den Eltern* reicht bis 1939/40, *Fluchtpunkt* bis zum Frühjahr 1947 mit der Schilderung der schwierigen Künstlerwerdung im Kontext der Stockholmer Bohème. Es geht um die Suche nach einem ›Fluchtpunkt‹ für das Leben (ein Chaos von wechselnden, scheiternden Beziehungen ohne Verant-

wortung) wie für die Kunst (deren Bindungslosigkeit dem jungen Künstler immer suspekter wird) und diese Suche gelangt am Ende des Buches tatsächlich an ihr Ziel, als der Erzähler 1947 in Paris feststellt, »daß ich teilhaben konnte an einem Austausch von Gedanken, der ringsum stattfand, an kein Land gebunden.«

Rezeption: *Abschied von den Eltern* wurde W.s bekanntester und erfolgreichster Prosatext, auch in der Schule. W. hat den *Fluchtpunkt* später als nicht selbstkritisch genug kritisiert.

Weiteres Werk: → *Die Verfolgung und Ermordung Jean Paul Marats* (Schauspiel, 1964).

1961; 1974
Brigitte Reimann

* 21.7.1933 in Burg bei Magdeburg. 1951–53 Lehrerin, danach in verschiedenen Berufen tätig, ab 1960 Arbeit in Hoyerswerda, ab 1966 Schriftstellerin in Neubrandenburg. 1965 H.-Mann-Preis. † 20.2.1973 in Berlin (DDR). Gedenkstätten: Neubrandenburg (M), Zerbst (G).

Ankunft im Alltag; Franziska Linkerhand

UT: (1) *Erzählung*; (2) *Roman*

(1) Roman. ED: Berlin (DDR) 1961, München 1986. (2) Romanfragment. ED: (postum) Berlin (DDR) 1974.

Die drei frisch gebackenen Abiturienten Recha, Curt und Nikolaus treffen im Hoyerswerdaer Kombinat ›Schwarze Pumpe‹ ein, um ihr Praktisches Jahr zu absolvieren. Sie lernen einander kennen und lieben, erfahren den zunächst fremden Betriebsalltag und bewähren sich nach mancherlei Schwierigkeiten mit sich selbst und den anderen auch in der Produktion: Gesellschaftliche Reifeprüfung bestanden!

Die Probleme sind menschlich verständlich, die Hilfestellung der Arbeitskolleg(inn)en vorbildlich, die Lösung zukunftsgewiss. R. hat diese allzu problemlose Ankunft im Sozialismus bald schon selbst kritisiert und in ihrem ab 1963 entstandenen Romanfragment *Franziska Linkerhand* differenzierter gestaltet: Die Grenzen, die der reale Sozialismus dem gesellschaftlichen Wirkungswillen der Architektin Linkerhand wie dem Selbstverwirklichungswunsch der jungen Frau setzt (Beruf, Liebe), werden nun als offene Probleme dargestellt. Gleichwohl ist der Roman kein »Bericht über eine Resignation« (L. Köhn), sondern eine andere Art der Ankunft im Alltag der DDR, die den Utopieverlust nicht ausklammert.

Rezeption: Der Romantitel prägte den Begriff ›Ankunftsliteratur‹ (→ *Das Literatursystem der DDR*), mit dem jene von der SED erwünschte Literatur bezeichnet wurde, die als Beitrag zum Aufbau des Sozialismus das Hineinwachsen junger Menschen in die Lebens- und Arbeitswelt der DDR zum zentralen Thema machen sollte.

Weitere Werke: *Die Frau am Pranger* (Erzählung, 1956), *Die Geschwister* (Erzählung, 1963), *Tagebücher 1955–63/64–70* (postum 1997/98).

1962
Ernst Augustin

* 31.10.1927 in Hirschberg (Schlesien). Nach Medizinstudium (1947–52) in Rostock und Berlin (DDR) Promotion 1952, 1955–58 Assistenzarzt, 1958 Flucht in den Westen und weitere ärztliche Tätigkeiten in München (psychiatrischer Gutachter) bis 1985; lebt in München.

Der Kopf

Roman.

Ein Mann namens Türmann denkt sich einen Mann namens Asam, der sich einen weiteren Mann denkt, »überzeugt, daß es ihn wirklich gäbe.« Das ist die vorangestellte ›Fabel‹ des vielschichtigen Romans, dessen eigentliche Handlungszeit gerade einmal so lange dauert, wie ein Stein braucht, um vom Balkon des 5. Stocks auf den Kopf desjenigen zu fallen, der ihn oben hat fallen lassen (Türmann oder Asam). Damit ist klar: Nicht die reale Realität interessiert den Erzähler A., sondern die gedachte bzw. ausdenkbare, d. h. die Welt im Kopf. Diese ist zumeist eine katastrophische, in der die Figuren ›normal‹ leben, womit sie ein irrwitziges Spiegelbild der normalen Realität bilden, die die wahre Katastrophe ist. Türmanns Asam ist Asams Türmann – das ist die Pointe jener ausgedachten Abenteuer, die die Hauptfigur und ihr Gegenspieler Popow als Überlebende einer Zivilisationskatastrophe im Keller und im Turm erleben. Der Unbestimmtheit von Realität und Ich entspricht der »offene Gestus« des Erzählstils, der »voller Brüche, Schleifen, Widersprüche und Redundanzen« (L. Hagestedt) ist – ein Verfahren, das A. in seinen späteren Romanen noch verfeinerte.

Rezeption: Der Roman wurde 1962 im *SPIEGEL* von H. M. Enzensberger rezensiert; A. blieb seitdem ein von der Kritik beachteter, ansonsten aber kaum bekannter Autor.

Weitere Romane: *Mamma* (1970), *Raumlicht* (1976), *Der amerikanische Traum* (1989), *Gutes Geld* (1996), *Badehaus Zwei* (2006).

1962
Friedrich Dürrenmatt

Biogr.: → 1950–51

Die Physiker

UT: *Komödie in zwei Akten*

UA: 20.2.1962 in Zürich. BA: 1962.

In einer Irrenanstalt befinden sich der Physiker Möbius, Erfinder der ›Weltformel‹ und damit einer universalen Vernichtungswaffe, und zwei weitere Physiker, Agenten rivalisierender Weltmächte, die sich als Irre (»Einstein« und »Newton«) ausgeben. Möbius, der behauptet, in Kontakt mit König Salomon zu stehen, will durch seinen Rückzug die Anwendung seiner Er-

findung verhindern und damit die Menschheit retten, die beiden Agenten wollen die Formel für ihre Auftraggeber an sich bringen. Um ihre Unzurechnungsfähigkeit zu beweisen, ermorden sie ihre Krankenschwester. Im 2. Akt offenbaren sich die drei Physiker einander und beschließen, die Formel weiterhin geheim zu halten und in der Anstalt zu bleiben. Doch ihr Vorsatz ist sinnlos, denn durch Zufall tritt die »schlimmstmögliche Wendung« ein (D. in *21 Punkte zu den Physikern*, 1962): Möbius' Dokumente sind in die Hände einer wirklich Irren gelangt: Die bucklige Anstaltsleiterin hat die Unterlagen von Möbius fotokopiert, um im Auftrag von König Salomon mit diesem Wissen die Weltherrschaft zu übernehmen.
Das Problem der Verantwortung des Naturwissenschaftlers in der modernen Welt behandelte D. anders als Brecht im → *Leben des Galilei* (1943–55), denn: Diese Welt, nach D. ein »Irrenhaus«, sei nur in der grotesken Komödie angemessen wiederzugeben. Zur Bewältigung der Probleme seien zudem individuelle Lösungen, wie sie Möbius anstrebte, vergeblich: »Was alle angeht, können nur alle lösen.« Damit überließ D. es dem Zuschauer zu entscheiden, ob und wie das gelingen kann.

Rezeption: Thematik und Bühnenwirksamkeit des Stückes ließen *Die Physiker* zu einem Welterfolg werden. 🎬 R: Fr. Umgelter (1963, TV).

Weitere Werke: *Der Meteor* (Komödie, 1966), *Der Sturz* (Erzählung, 1971), *Der Mitmacher* (Drama, 1976), *Achterloo* (Drama, 1983).

1962
Franz Fühmann

* 15.1.1922 in Rochlitz (Riesengebirge). Nach Abitur ab 1941 Arbeitsdienst und Soldat; 1945–49 in sowjet. Kriegsgefangenschaft, Wandlung vom Anhänger des Nationalsozialismus zum Kommunisten (Mitglied der NDPD bis 1973). Ab 1958 freier Schriftsteller in Berlin; 1956 H.-Mann-Preis, 1957 Nationalpreis der DDR. † 8.7.1984 in Berlin (DDR) (G in Märkisch-Buchholz).

Das Judenauto

UT: *Vierzehn Tage aus zwei Jahrzehnten.*

Erzählungen. ED: Berlin (DDR) 1962, Zürich 1968; revidierte Fassung: 1979.

In 14 Geschichten, die autobiographische Erinnerungen mit markanten Daten der deutschen Zeitgeschichte – von der Weltwirtschaftskrise 1929 über den Zweiten Weltkrieg bis zur Staatsgründung der DDR 1949 – verknüpfen, zeichnet F. ein eindringliches Bild davon, wie der alltägliche Faschismus funktionierte und wie er junge Menschen wie ihn dazu brachte, bis zum Ende mitzumachen. Festsitzende Vorurteile über Juden (*Das Judenauto*), Antikommunismus (*Gebete zu Sankt Michael*), Propagandagläubigkeit (*Die Verteidigung der Reichenberger Turnhalle*), Gefühlsabstumpfung (*Jedem sein Stalingrad*) und Ignoranz (*Pläne in der Brombeerhöhle*) auf der einen, wachsen-

de Zweifel und Ernüchterung auf der anderen Seite deuten Verirrung und Ausweg (*Zum erstenmal: Deutschland*) an und können dennoch kaum erklären: »Wann war er gekommen, der erste Anstoß zu der Wandlung, die ich erfahren hatte?«
Diese Selbsterforschung des ehemaligen jungen Nazis, ausgehend von der Erkenntnis, dass »Auschwitz ohne mich und meinesgleichen nicht möglich gewesen wäre« (F.), blieb F.s Lebens- und Werkthema, auch dann noch, als sich seine Hoffnungen auf die DDR als Alternative spätestens ab 1976 abschwächten (vgl. v. a. den selbstkritischen Trakl-Essay *Der Sturz des Engels* (1981).

Rezeption: Die Erzählung *Das Judenauto* wurde schon in der ›alten‹ Bundesrepublik zu einem Schulklassiker.
Weitere Erzählungen: *Stürzende Schatten* (1959), *Böhmen am Meer* (1962), *Saiäns-fiktschen* (1981).

1962
Alexander Kluge

* 14.2.1932 in Halberstadt. Nach Jurastudium in Marburg (Promotion 1956) und Film-Volontariat in Berlin Filmregisseur (Mitinitiator des *Oberhausener Manifests*, 1962), Dozent und Schriftsteller in Frankfurt/Main, lebt in München. 2003 Büchner-Preis.

Lebensläufe

UT: *Anwesenheitsliste für eine Beerdigung* (ab 1974)

Erzählungen. Erweiterte Neuausgabe: 1974/2000.

K. praktizierte als Filmemacher und Schriftsteller von Anfang an eine Durchbrechung konventioneller Entgegensetzungen wie z. B. öffentlich versus privat, Fakten versus Fiktionen, Tatsachen versus Wünsche, (Spiel-)Film versus (Dokumentar-)Literatur. Diese Überschreitung betrifft auch das Wechselverhältnis von Geschichte (›Tradition‹) und Gegenwart, das K. in seinem ersten Prosaband thematisierte: Es sind (teils erfundene, teils tatsächliche) Lebensläufe von neun Menschen, denen gemeinsam ist, dass sie von der im ›Dritten Reich‹ erlebten Gewalt der Geschichte – ob nun als Opfer oder Mitläufer – bis in die aktuelle Gegenwart hinein traumatisiert sind.
K.s Texte sind intellektuell anspruchsvolle De- und Rekonstruktionen in filmisch erzählten Schnitten, die dem Leser Mitarbeit abfordern: Die Jüdin Anita G. kommt nicht von der Erfahrung der Deportation ihrer Großeltern los (*Anita G.*), Juristen verdrängen ihre Mittäterschaft im Nazi-Reich (*Ein Volksdiener*) oder wollen im Krieg gerecht sein (*Hinscheiden einer Haltung*), Liebe ist zutiefst beschädigt und verkommt (*Manfred Schmidt*, *Fräulein von Posa*; Ausnahme: *Ein Liebesversuch*).

Wie Menschen dazu gebracht werden, diese organisierte Gewalt an sich zuzulassen, ›dokumentierte‹ K. in seiner den Kampf um Stalingrad (1942) behandelnden Text-Montage *Schlachtbeschreibung* (1964/83), während er in den Textsammlungen *Lernprozesse mit tödlichem Ausgang* (1973) und *Neue Geschichten* (1977) wieder stärker an das biographische Berichtsverfahren der *Lebensläufe* anknüpfte.

Abschied von Gestern (R: A. Kluge, 1966). *Chronik der Gefühle* (Hörbuch Hamburg, 2001)

Weitere Prosatexte: *Der Angriff der Gegenwart auf die übrige Zeit* (1985), *Geschichte und Eigensinn* (zus. mit O. Negt, 1993), → *Chronik der Gefühle* (2000).

1962
Jakov Lind

* 10.2.1927 in Wien als Heinz Landwirth. 1938 als Sohn jüd. Eltern Flucht nach Holland, überlebte mit gefälschter Identität in Hitler-Deutschland. 1945–50 Auswanderung nach Palästina; lebte 1950–52 in Wien, ab 1954 in London, schrieb ab 1969 auf Engl. † 17.2.2007 in London.

Eine Seele aus Holz

Erzählungen.

L. ist mit seinem Leben und Werk ein Ausnahmefall und ein Ruhestörer: Sein tollkühnes Entkommen vor der Deportation, der Sturz in die Heimatlosigkeit (als Jude), die Suche nach einer Identität (als Autor und Maler), der Wechsel zwischen den Sprachen und sein völlig unkonventionelles Schreiben sind einzigartig und doch zugleich etwas, das ihn als Autor mit anderen jüdischen Außenseitern wie E. Hilsenrath oder G. Tabori verbindet. Die 7 Erzählungen in *Eine Seele aus Holz* verarbeiten diese prägenden Lebenserfahrungen, indem sie Krieg und Judenverfolgung, Nachkrieg und Postfaschismus, Täter- und Opferschaft auf eine sarkastische, groteskprovozierende Weise in Erinnerung rufen. Dabei zeigen sich die psychischen Deformationen in verkrüppelter, deformierter Körper- und Sprachgestalt.

Der Erzähler kommt indes ohne Anklage und Empathie aus, denn die Seele ist – wie in der Titelgeschichte über ein jüdisches Kind, dessen zynische ›Rettung‹ als Alibi dient – nur ein Holzbein. Herausragend ist die aberwitzige Erzählung *Die Auferstehung*: Zwei Juden werden aus ihrem sargähnlichen Versteck von einer freundlichen Gestapo zum Leben ›befreit‹, um den Zug nach Auschwitz zu nehmen. L.s Erzählungen sind ein wichtiges Zeugnis im Kontext von → *›Vergangenheitsbewältigung‹ nach 1945* und → *Holocaust und Literatur*.

Rezeption: Nur dieser Erzählbd. fand – erstaunlicherweise – starke Zustimmung; der Antikriegsroman *Landschaft in Beton* (1963) wurde v. a. in den USA, England und Holland beachtet.
Weitere Werke: *Counting My Steps* (1969), *Numbers* (1972), *Crossing* (1987) (Autobiogr.n; dt. als *Selbstporträt, Nahaufnahme, Im Gegenwind*: 1970, 1973, 1997).

1963
Thomas Bernhard

* 9.2.1931 in Heerlen (Niederlande). Ab 1947 kaufmännische Lehre, die wegen Sanatoriumsaufenthalten (1948–51) abgebrochen wurde. 1952–54 journalistische Tätigkeit, 1955–57 Musik- und Schauspielstudium in Salzburg; lebte ab 1957 als Schriftsteller in Wien (ab 1960) und ab 1965 in Ohlsdorf (Oberösterreich). 1970 Büchner-Preis. † 12.2.1989 in Gmunden (Österreich). Gedenkstätten: Gmunden (M), Wien (G).

Frost

Roman.

B.s Romanerstling hat die Form eines Krankenberichts, den ein namenloser Famulus (Famulant) im Auftrag eines Arztes über dessen Bruder, der als Maler zurückgezogen in dem düsteren Alpendorf Weng lebt, in 27 Tagebucheintragungen (6 Briefe) angefertigt hat. Der Bericht offenbart eine tiefe Verstörung des Malers namens Strauch, die sich in den protokollierten Monologen unmittelbar ausspricht, verursacht durch deformierende Kindheitserlebnisse ebenso wie durch gesellschaftliche Beschädigungen (Krieg, Naturzerstörung). Strauchs Krankheit ist eine Krankheit zum Tode und zugleich eine der Gesellschaft und der Natur, beherrscht von Auflösung und Zerfall orientierender Ordnungsmuster, von Kälte, Isolation und Hoffnungslosigkeit: »Auflehnung führt in eine noch tiefere Verzweiflung«. Letztere ergreift am Ende auch den Famulus, dessen Tagebuch daher in größter Verwirrung schon vor Strauchs Tod endet.

Deutungen sind schwierig, weil das Objekt des Tagebuchberichts zugleich Subjekt der Erzählung ist. B. hat dieses Prinzip der Unstimmigkeit des Aufgeschriebenen, dem die Ununterscheidbarkeit von Außen- und Innenwelt, Realität und Imagination entspricht, in den folgenden Erzählungen und Romanen (*Amras*, 1964; *Verstörung*, 1966; *Watten*, 1969; *Das Kalkwerk*, 1970; *Gehen*, 1971; *Korrektur*, 1975) weiter differenziert.

Rezeption: Der Roman brachte B. den literarischen Durchbruch als Prosaautor.
Weitere Werke: *Ein Fest für Boris* (Drama, 1970), → *Die Jagdgesellschaft* (Drama, 1974).

1963
Heinrich Böll Biogr.: → 1950

Ansichten eines Clowns

Roman.
Gerade volljährig geworden, bricht Hans Schnier die Schule ab, trennt sich von seiner großbürgerlichen Familie und wird Clown. Nach 6 Jahren verlässt ihn seine Freundin Marie auf Druck der katholischen Kirche und heiratet einen Kirchenfunktionär – unbegreiflich für Schnier, der im liebevollen Zusammenleben mit ihr etwas Elementar-Menschliches sah, das keiner klerikalen oder staatlichen Sanktionierung bedurfte. Seelisch, körperlich und materiell am Ende, rechnet er in wenigen Stunden (vorwiegend am Telefon) mit denen ab, die in ihrem Streben nach Macht und Besitz menschliche Grundwerte aufgegeben haben (dazu gehören auch Repräsentanten von Kirche und Staat). Sein Zorn richtet sich gegen Institutionen, die den Menschen zu dienen vorgeben, diese in Wirklichkeit aber für ihre Ziele ausnutzen. Am Ende sitzt Schnier als Bettler, seine Unabhängigkeit und damit Menschlichkeit bewahrend, zur Gitarre singend, auf der Treppe am Bonner Hauptbahnhof.
Während B. in → *Billard um halbzehn* (1959) Vergangenheit darstellte, in der die Gegenwart nur episodisch erscheint, geht es in diesem Roman um die Gegenwart, deren Darstellung von Erinnerungen an die Vergangenheit durchbrochen wird. Der Moralist kritisiert eine Gesellschaft, die nichts aus der Vergangenheit gelernt hat und bereit ist, das Soziale und Humane aufzugeben. Schnier ist in seinem Streben nach geradezu anarchischer Ungebundenheit eine Kontrastfigur, die diese Schwächen deutlich werden lässt.
Rezeption: Der Roman wurde von katholischer Seite heftig kritisiert, andere Kritiker bescheinigten ihm aber eine gelungene Darstellung der restaurativen Wirklichkeit der Bonner Republik. B. wusste »das Glück des Kleinbürgeralltags« (E. Schmitter) zu würdigen. R: V. Jasny (1976). Der Hörverlag, 2002.
Weitere Romane: *Ende einer Dienstfahrt* (1966), → *Gruppenbild mit Dame* (1971).

1963
Günter Grass Biogr.: → 1959

Hundejahre

Roman. *Hundejahre* bildet den Abschluss der aus dem Roman → *Die Blechtrommel* (1959) und der Novelle → *Katz und Maus* (1961) bestehenden *Danziger Trilogie.*
Im Mittelpunkt des Romans stehen die »Blutsbrüder« Eduard (Eddi) Amsel: ein künstlerisch begabter ›Halbjude‹ und der Müllersohn Walter Matern, beide Jahrgang 1917, die in einem Dorf an der Weichsel aufwachsen. Der Dritte im Bunde ist Harry Liebenau. Amsel baut schon als Junge

Nachbildungen von Menschen und verkauft sie als Vogelscheuchen an Bauern. Nach gemeinsamer Schulzeit in Danzig wird Matern Kommunist, später SA-Mann, verrät Amsel und bringt ihn bei einem Überfall mit einem Rollkommando (fast) um. Amsel entsteht neu aus dem Schnee, in den er eingerollt war, nennt sich Haseloff und wird Impresario in Berlin. Matern scheitert unter den Nazis, muss in den Krieg und nimmt danach, sich absolut schuldlos fühlend und im westlichen Nachkriegsdeutschland umherreisend, Rache an denen, die ihn ›verführt‹ haben. Amsel/Haseloff nennt sich nach dem Krieg Brauxel (auch Brauksel, Brauchsel) und produziert in einem stillgelegten Kalibergwerk bei Hildesheim mit großem Erfolg Vogelscheuchen. Dort besucht ihn Matern mit seinem Hund Pluto, dem einstigen Lieblingshund Hitlers aus dem Führerbunker. Bei der Besichtigung der Produktionsstätte, die zugleich ein Schreckensmuseum menschlicher Unvollkommenheiten und geschichtlicher Untaten ist, glaubt Matern sich in der Hölle; doch Brauxel weiß: »Der Orkus ist oben« und behält Pluto als Wache für sein unterirdisches Reich.

Der Roman besteht aus 3 »Büchern«: den »Frühschichten«, erzählt von Brauxel (Zeit: 1925–27), den »Liebesbriefen« von Harry Liebenau an Tulla Pokriefke (1927–45) und den »Materniaden«, erzählt von Matern (1945–60). Die verschiedenen Perspektiven (»Erzähl du. Nein, erzählen Sie! Oder du erzählst«) stehen, so G., für die vielfältigen Versuche nach 1945, »aus verdrängter Schuld« mit der Vergangenheit ins Reine zu kommen. Alle drei Berichte sind geprägt von G.' wortreicher Ausdruckskraft, die von den einen als geniale Fabulierkunst, von den anderen zuletzt als (biographisch bedingtes?) Ausweichen interpretiert wurde.

Rezeption: Der Roman, von Lesern und Kritikern als zu ausufernd verhalten aufgenommen, stand stets im Schatten des Welterfolgs von → *Die Blechtrommel* (1959).

Weitere Werke: *örtlich betäubt* (Roman, 1969), *Aus dem Tagebuch einer Schnecke* (Aufzeichnungen aus dem Wahlkampf 1969, 1972), → *Der Butt* (Roman, 1977).

1963
Max von der Grün

* 25.5.1926 in Bayreuth. Nach kaufmännischer Lehre ab 1943 Soldat, 1944–48 in amerik. Kriegsgefangenschaft, 1951–63 Bergmann in Heeren-Werve (Ruhrgebiet). 1961 Gründungsmitglied der ›Gruppe 61‹, lebte ab 1964 als Schriftsteller in Dortmund. † 7.4.2005 in Dortmund (G).

Irrlicht und Feuer

Roman. ED: *Echo der Zeit* (1963), BA: 1963.

Der Roman schildert aus der Sicht des Hauers Jürgen Fohrmann ein Arbeiterleben, das entfremdeter nicht sein kann: Malochen als Bergmann und später, nach Stilllegung der Zeche, als Hilfsarbeiter am Band und auf dem

Bau, Scherereien mit kleinlichen Vorgesetzten, Ehefrust, scheiternder Protest gegen Missstände in der Produktion und angepasste Gewerkschaftsvertreter. Fohrmann sucht Solidarität (verhält sich selbst aber nicht immer solidarisch), er sehnt sich nach Zuwendung und Liebe (ist aber selbst durchaus grob) und möchte dem ewigen »Einerlei« entfliehen, ohne den Gewohnheiten entgehen zu können. Er kommt am Ende nirgends an, gibt aber die Hoffnung nicht auf.

G. lieferte, nicht zuletzt aufgrund seiner eigenen Lebenserfahrungen, erstmalig ein realistisches Abbild des industriellen Arbeitsalltags in der Bundesrepublik. Sein Buch wurde, ungeachtet der Kritik an der literarischen Qualität, zum prominenten Beleg einer neuen, authentischen Literatur der Arbeitswelt, die sich in der ›Gruppe 61‹ (1961–72) sowie ab 1970 im ›Werkkreis Literatur der Arbeitswelt‹ organisierte.

Rezeption: G. verlor wegen seiner Kritik den Arbeitsplatz und wurde zudem aus der Gewerkschaft ausgeschlossen. Der Roman erreichte in beiden Teilen Deutschlands hohe Auflagen und wurde in viele Sprachen übersetzt. ■ R: H. E. Brandt (1966, TV).

Weitere Werke: *Stellenweise Glatteis* (Roman, 1973), *Vorstadtkrokodile* (Jugendbuch, 1976), *Wie war das eigentlich?* (autobiographischer Text, 1979), *Flächenbrand* (Roman, 1979).

1963
Marlen Haushofer

* 11.4.1920 in Frauenstein (Oberösterreich). Nach Germanistikstudium in Wien (1941–45, abgebrochen) Arbeit als Sprechstundenhilfe ihres Mannes in Steyr. † 21.3. 1970 in Wien.

Die Wand

Roman. ED: Gütersloh 1963; 2. Auflage: Düsseldorf 1968.

Eine namenlose Frau von 40 Jahren berichtet in tagebuchartigen Aufzeichnungen, wie sie einige Tage in den Bergen verbringen wollte, sich aber dann allein in der Jagdhütte findet, nachdem das Gastehepaar von einem Spaziergang nicht zurückgekehrt ist. Sie stellt fest, dass das Tal, in dem sie sich befindet, von der übrigen Welt durch eine gläserne, undurchdringliche Wand abgetrennt ist, hinter der alles Leben erstorben ist. Da keine Hoffnung auf Rettung besteht, richtet sich die Frau mit einigen Tieren im Tal ein, tötet einen Mann, der in ihre Welt einbricht, und berichtet nach drei Jahren resigniert, aber nicht hoffnungslos, über ihr Leben.

Der konventionell erzählte Roman besticht durch seine schlichte Sprache und die realistische Darstellung des Einbruchs des Irrationalen in die Alltagswelt. Gedeutet wurde er als Darstellung des Untergangs der von Männern geprägten Zivilisation wie auch als symbolische Darstellung eines weiblichen Rückzugs, der »Enklave und Exklave, Asyl und Exil zugleich bedeutet« (Fr. Fr. Gerlach) – als einzig verbliebene Möglichkeit für Frauen in einer Männer-Gesellschaft, über sich selbst zu bestimmen (→ *Frauenliteratur nach 1968*).

Rezeption: Erst nach 1983 (erneute Wiederauflage), ausgelöst durch die Frauenbewegung, wurde der Roman zum größten Erfolg der Autorin.

Weitere Werke: *Wir töten Stella* (Novelle, 1958), *Die Mansarde* (Roman, 1969). H. war auch Autorin zahlreicher Kinderbücher.

1963
Rolf Hochhuth

* 1.4.1931 in Eschwege. Nach Buchhändlerlehre und -tätigkeit in verschiedenen Orten, ab1955 Verlagslektor in Gütersloh, seit 1963 freier Schriftsteller in Riehen bei Basel.

Der Stellvertreter

UT: *Ein christliches Trauerspiel* [ab 1967]

Drama. UA: 20.2.1963 (R: E. Piscator) in Berlin; 20.2.1966 in Greifswald. BA: 1963 (DDR: 1965).

H. legte mit seinem Dramen-Erstling nicht nur ein sehr langes Stück vor, dessen Gesamtinszenierung etwa drei Theaterabende beanspruchen würde, sondern fügte ihm – gleichsam als Beweis – auch einen dokumentarischen Anhang (*Historische Streiflichter*) von mehr als 50 Seiten hinzu. Der Aufwand diente der Unterstützung des so noch nie erhobenen Vorwurfes, Papst Pius XII. habe moralisch versagt, weil er nichts gegen die Vernichtung der Juden durch das Hitler-Reich unternommen habe. Das Stück zeigt, wie der junge Pater Riccardo, vom Widerständler und SS-Offizier Gerstein über die Todeslager informiert, bis zum Papst vordringt, um diesen zu einem öffentlichen Protest zu bewegen. Als der als Realpolitiker gezeichnete Pius ablehnt, weil er das Konkordat mit Hitler, dem nützlichen Kämpfer gegen den atheistischen Marxismus, und die ökonomischen Interessen des Vatikans im Osten nicht gefährden will, geht Riccardo – stellvertretend für den unfähigen Papst, aber auch wie Jesus stellvertretend für die sündige Welt – anstelle eines jüdischen Häftlings in den Tod nach Auschwitz. Doch dort angekommen, bewirkt sein Opfer nichts: Ein diabolischer NS-Arzt ›beweist‹ ihm durch die ungehinderte Existenz des Genozids, dass es keinen Gott gibt – Riccardo wird erschossen.

H.s Stück löste erbitterte Kontroversen aus, die folgende Fragen aufwarfen: Kann ein Drama im 20. Jh. Geschichte als moralischen Entscheidungsprozess autonomer ›Helden‹ abhandeln? Verschiebt H.s Anklage den Schuldvorwurf von den Deutschen auf den Papst? Bewältigt das Stück, das Auschwitz (in Gestalt der Rampe) erstmalig auf die Bühne brachte, die Dimension der NS-Verbrechen oder werden diese lediglich dämonisiert (→ *›Vergangenheitsbewältigung‹ nach 1945*)? Ist H. als Theaterautor der »heiß ersehnte westliche Brecht« (W. Muschg) oder ein unzeitgemäßer Schiller-Epigone?

Rezeption: H.s *Stellvertreter* ist das dt. Theaterstück mit der größten Medienresonanz nach 1945. Bis 1972 wurde es in mehr als 60 Theatern in 26 Ländern aufgeführt und in viele Sprachen übersetzt. R: C. Costa-Gavras (2002).

Weitere Dramen: *Guerillas* (1970), *Eine Liebe in Deutschland* (Erzählung, 1978), *Juristen* (1979), *Wessis in Weimar* (1993), *McKinsey kommt* (2003).

›Vergangenheitsbewältigung‹ nach 1945

Begriff: ›Vergangenheitsbewältigung‹ bezeichnet in Deutschland die Auseinandersetzung mit der NS-Zeit (1933–45) und ihren Verbrechen (Diktatur, Holocaust, Kriegsschuld) sowie deren Folgen, wie sie nach 1945 in Gang kam und bis heute andauert. In dieser Allgemeinheit ist der Begriff jedoch wenig erhellend, weil er weder zur Eigenart des Erinnerungsprozesses (Verschweigen, Verdrängen, Vergessen, Aufarbeitung, Gedenken) Näheres auszusagen vermag noch zu den Formen der ›Bewältigung‹ (Bestrafung der Täter, Rehabilitierung der Opfer, finanzielle und ideelle ›Wiedergutmachung‹, Sühne, Auseinandersetzung mit kollektiver Schuld und Verantwortung, Gestaltung der Erinnerungskultur, Verlangen nach Ende der Debatte, Haltungen des Aufrechnens und des Verleugnens). Herausragend im Prozess der Vergangenheitsbewältigung ist, wenn auch zunächst lange verdrängt, die Auseinandersetzung mit der (singulären) Ermordung der Juden (→ *Holocaust und Literatur*). Daneben erlangten die Fragen von (persönlicher) Schuld und Mitverantwortung an der Entstehung und Herrschaft des NS-Regimes sowie die Frage der Kriegs- und Menschenrechtsverbrechen zunehmend Bedeutung. Schließlich wurde auch die Reflexion auf die wechselvolle Geschichte der Vergangenheitsbewältigung zum aufschlussreichen Thema.

Phasen in der Bundesrepublik: Erste justizielle und politische ›Abwicklung‹ in den Nachkriegsjahren (Nürnberger Prozesse, Entnazifizierung, Wiedergutmachung); Phase der Verdrängung in den 1950er Jahren (Antikommunismus als Ersatz); erneute justizielle und politische Thematisierung in den 1960er Jahren (Eichmann- und Auschwitz-Prozess, Neonazismus, Verjährungsdebatten); Thematisierung der Fortdauer unbewältigter faschistischer Vergangenheit in den 1970er Jahren (›Väter‹-Debatte, Kritik der versäumten Vergangenheitsbewältigung als »zweite Schuld«, R. Giordano); ab den 1980/90er Jahren Auseinandersetzung darüber, ob und wie lange noch an die NS-Zeit erinnert werden solle und ob stattdessen eine neue, positive nationale Identität nötig sei (Bedeutung des 8. Mai 1945, Historikerstreit, Mahnmal-, Goldhagen-, Walser-Bubis-, Sloterdijk-Debatte).

Einen gänzlich anderen Verlauf nahm die Vergangenheitsbewältigung dagegen in der DDR: Zum Gründungsmythos der DDR gehörte die ›Selbstfreisprechung‹, mit dem Aufbau des Sozialismus das Entscheidende gegen den Faschismus getan zu haben, dessen zu bekämpfendes Potential (»Nazitum in den Subjekten«, W. Emmerich) allein im Westen gesehen wurde. Opfergedenken gab es daher nur gegenüber dem kommunistischen Widerstand.
In ÖSTERREICH fand bis Mitte der 1980er Jahre (Waldheim-Affäre) offiziell kaum eine Vergangenheitsbewältigung statt gemäß der politischen Doktrin, Österreich sei das erste von Hitler-Deutschland überfallene Land gewesen.
In fast allen Fragen der Vergangenheitsbewältigung haben auch SCHRIFTSTELLER das Wort und Partei ergriffen: Die einen haben mitgeschwiegen, gerechtfertigt oder bekannt, die anderen haben kritische Fragen angestoßen, zugespitzt und vor dem Vergessen bewahrt und nicht wenige haben sowohl das eine als auch das andere getan. Die literarische Auseinandersetzung mit der NS-Zeit kann sehr weit gefasst werden (weil sie noch dort stattfand, wo sie im Vermeiden sprechend war), sie kann aber auch wesentlich enger gefasst werden, wenn nur das gelten soll, was explizit zum Thema gemacht wurde. Hauptwerke (in Auswahl): EPOCHENRESUMÉ: Th. Mann: → *Doktor Faustus* (1947). RECHTFERTIGUNGEN: E. Langgässer: → *Das unauslöschliche Siegel* (1946), E. Jünger: *Strahlungen* (1949); G. Benn: *Doppelleben* (1950); H. Carossa: *Ungleiche Welten* (1951); E. v. Salomon: *Der Fragebogen* (1951); A. Bronnen: *Arnolt Bronnen gibt zu Protokoll* (1954). DAS ›DRITTE REICH‹ AUF DER BÜHNE: C. Zuckmayer: → *Der Teufels General* (1946); S. Lenz: *Zeit der Schuldlosen* (1961); R. Hochhuth: → *Der Stellvertreter* (1963); P. Weiss: → *Die Ermittlung* (1965). HITLER SELBST: D. Forte: *Das Labyrinth der Träume* (1983); G. Tabori: → *Mein Kampf* (1987); H. Müller: → *Germania 3 Gespenster am Toten Mann* (1996). ALLTAG IN DER NS-ZEIT: H. Böll: → *Billard um halbzehn* (1959); G. Grass: → *Die Blechtrommel* (1959), → *Katz und Maus* (1961); Fr. Fühmann: → *Das Judenauto* (1962); S. Lenz: → *Deutschstunde* (1968); U. Johnson: → *Jahrestage* (1970–83); W. Kempowski: → *Tadellöser & Wolff* (1971); M. v. d. Grün: *Wie war das eigentlich?* (1979); H. Lenz: *Der innere Bezirk* (1980). WIDERSTAND: G. Weisenborn: → *Die Illegalen* (1946), *Memorial* (1948); H. Fallada: *Jeder stirbt für sich allein* (1947); M. Dor: *Tote auf Urlaub* (1952); Br. Apitz: → *Nackt unter Wölfen* (1958); Fr. J. Degenhardt: *Zündschnüre* (1973); P. Weiss: → *Die Ästhetik des Widerstands* (1975–81), H. Zassenhaus: *Ein Baum blüht im November* (1992). KRIEG: Th. Plievier: → *Stalingrad* (1945); A. Kluge: *Schlachtbeschreibung* (1964); H. Böll: → *Gruppenbild mit Dame* (1971); A. Andersch: → *Winterspelt* (1974); H. Lenz: *Neue Zeit* (1975); W. Kempowski: → *Das Echolot* (1993–2005). FLUCHT UND VERTREIBUNG: A. Surminski: *Jokehnen* (1974); Chr. Wolf: → *Kindheitsmuster* (1976); S. Lenz: → *Heimatmuseum* (1978); D. Forte: → *Das Haus auf meinen Schultern* (1999); G. Grass: → *Im Krebsgang*

(2002); T. Dückers: *Himmelskörper* (2003); W. Kempowski: *Alles umsonst* (2006). VERGANGENHEIT, DIE NICHT VERGEHT: G. Fritsch: *Moos und Steine* (1956); P. Schallück: *Engelbert Reineke* (1959); H. Lebert: *Die Wolfshaut* (1960); Chr. Geissler: *Anfrage* (1960); A. P. Gütersloh: *Sonne und Mond* (1962); M. Walser: *Eiche und Angora* (1962), *Der Schwarze Schwan* (1964); A. Kluge: → *Lebensläufe* (1962); Fr. Hochwälder: *Der Himbeerpflücker* (1965); M. Franke: *Mordverläufe* (1973); I. Drewitz: → *Gestern war heute* (1978); G. Hofmann: *Die Denunziation* (1979); Th. Strittmatter: *Viehjud Levi* (1982); G. Tabori: *Jubiläum* (1983); Kl. Pohl: *Das alte Land* (1984); Th. Bernhard: → *Auslöschung* (1986); M. Maron: → *Stille Zeile sechs* (1991); P. Schneider: *Paarungen* (1992); Chr. Ransmayr: → *Morbus Kitahara* (1995); R. Menasse: → *Schubumkehr* (1995); B. Schlink: → *Der Vorleser* (1995). AUSEINANDERSETZUNG MIT DEN VÄTERN: Chr. Meckel: → *Suchbild* (1980) und die dort genannte Literatur. FILME: H.-J. Syberberg: *Hitler, ein Film aus Deutschland* (1977); H. Sanders-Brahms: *Deutschland, bleiche Mutter* (1980); R. W. Fassbinder: *Lili Marleen* (1982); E. Reitz: *Heimat* (1984, TV); M. Verhoeven: *Das schreckliche Mädchen* (1989).

1963
Peter Huchel

* 3.4.1903 in Berlin. Nach abgebrochenem Literatur-Studium in Berlin, Freiburg und Wien (1923–26) Reisen durch Südeuropa. Ab 1930 freie Mitarbeit im Feuilleton und beim Rundfunk, 1934–40 in Michendorf (Brandenburg) lebend. 1940–45 Soldat, 1945–49 Aufbau der Hörspielabteilung beim Ostberliner Rundfunk, ab 1949 Chefredakteur der Zeitschrift *Sinn und Form* (Zwangsrücktritt 1962). 1963–71 Reiseverbot; H. lebte unter Stasi-Aufsicht in Wilhelmshorst bei Potsdam. 1972 Übersiedlung nach Staufen bei Freiburg/Breisgau. † 30.4.1981 in Staufen (G). Gedenkstätte: Wilhelmshorst (M).

Chausseen Chausseen

Gedichtslg. Entst. nach 1948; ED: Frankfurt/Main 1963.

H. hat seine seit 1925 entstandenen, nur vereinzelt gedruckten Gedichte erst nach dem Zweiten Weltkrieg gesammelt veröffentlicht (*Gedichte*, 1948): Von den 54 (überarbeiteten) Gedichten war etwa die Hälfte nach 1945 entstanden. Die 2. Gedichtsammlung *Chausseen Chausseen* umfasst nur 48 Gedichte, überwiegend aus der Zeit vor und nach H.s ›Rücktritt‹ 1962. Es handelt sich zum einen um Naturgedichte, in denen die Landschaft zur Chiffre historischer Reflexion wird (»warnende Schrift,/ kaum zu entziffern«), wie z. B. *Das Zeichen*, *Winterpsalm*, *Widmung*, und in denen Kälte, Tod, Verstummen und Schweigen auch dort dominieren, wo mediterrane Landschaft der Gegenstand ist (z. B. *Verona*, *Le Pouldu*). Zum anderen sind es chiffrierte »Gedicht[e] der Verwundung« (H. Mayer), in denen sich Krieg (z. B. *Chausseen*, *Dezember 1942*) und eigene Verletztheit über

den sozialistischen Dogmatismus (z. B. *Der Garten des Theophrast*, *Traum im Tellereisen*) aussprechen.
In den späteren Gedichtsammlungen *Gezählte Tage* (1972) und *Die neunte Stunde* (1979) vertiefte sich H.s düstere Einsicht, »daß angesichts einer vom Untergang bedrohten Welt kein Anlaß zu Hoffnungsprognosen gegeben ist« (H. Korte).

Rezeption: Das von den DDR-Behörden erzwungene Schweigen, H.s völlige Zurückhaltung im Literaturbetrieb und nicht zuletzt die nicht leichte Zugänglichkeit seiner Lyrik erschwerten die Rezeption seines Werks.

1963
Erwin Strittmatter

* 14.8.1912 in Spremberg (Niederlausitz). Nach Bäckerlehre ab 1931 in verschiedenen Berufen tätig, 1939–45 Soldat, Desertion kurz vor Kriegsende. Ab 1947 Mitglied der SED und Amtsvorsteher, ab 1951 Lokalredakteur in Senftenberg, lebte ab 1954 als Schriftsteller in Dollgow (Brandenburg). 1953, 1955, 1964 und 1976 Nationalpreise der DDR. † 31.1.1994 in Dollgow (G).

Ole Bienkopp

Roman. ED: Berlin (DDR) 1963, Gütersloh 1965.

Der Bauer Ole Hansen, genannt Bienkopp (weil er auch Bienenzüchter ist), gründet in dem fiktiven Dorf Blumenau auf eigene Initiative und gegen den Widerstand anderer Bauern 1952 eine erfolgreiche Bauerngenossenschaft – früher und in manchem auch anders als es die Partei mit ihrem Kollektivierungsprogramm will. Es kommt zu Konflikten mit der Partei, wobei der zupackende Selbsthelfer Bienkopp, ein ›Wegsucher‹ und ›Spurmacher‹ des Neuen, am bürokratischen Starrsinn des Apparates scheitert: Er gräbt sich buchstäblich das eigene Grab, als er zur Schaufel greift, weil der angeforderte Bagger nicht kommt.
St.s Roman eröffnete die Reihe jener neuartigen Werke von Autoren aus der DDR (z. B. Chr. Wolf, K.-H. Jakobs, E. Neutsch, H. Kant), die – ohne den Sozialismus und die Führungsrolle der SED grundsätzlich infrage zu stellen – Ansprüche (und Widersprüche) des Subjekts geltend machten, die von oben (noch) nicht anerkannt wurden.

Rezeption: Der Roman löste in der DDR zunächst heftige Debatten wegen seines negativen Schlusses aus, stieg aber dann zum Klassiker sozialistischer Dorfprosa in der Nachfolge von O. M. Graf und A. Scharrer auf, während er im Westen wegen seiner grundsätzlichen Zustimmung zur Landwirtschaftskollektivierung kaum Zustimmung fand. ➘ Litera (Schallplatte, o.J.).
Weitere Romane: *Katzgraben* (szenische Folge, 1954/58), *Der Wundertäter* (Trilogie, 1957–80), → *Der Laden* (1983–92).

1963
Christa Wolf

* 18.3.1929 in Landsberg (Warthe) als Chr. Ihlenfeld. Nach Beitritt zur SED und Abitur 1949–53 Studium (Germanistik) in Jena und Leipzig, ab 1953 journalistische Tätigkeit in Halle; seit 1962 Schriftstellerin in Kleinmachnow, ab 1976 in Berlin. 1963–67 Kandidatin des Zentralkomitees der SED, 1964 H.-Mann-Preis, 1980 Büchner-Preis, 1987 Nationalpreis der DDR; 1989 Austritt aus der SED. Lebt in Berlin.

Der geteilte Himmel

Roman. ED: Halle 1963, Berlin 1964.

Die 20-jährige Studentin Rita befindet sich nach einem Betriebsunfall (der vielleicht ein Selbstmordversuch war) in einem Sanatorium in der DDR und rekonstruiert die Geschichte ihrer gescheiterten Liebe zu Manfred: Während Rita sich für ein Leben in der DDR und den Aufbau des Sozialismus entschieden hat (als künftige Lehrerin absolvierte sie ein Praktikum in einer Waggonfabrik), stand Manfred, ein Chemiker, der DDR kritisch-abwertend gegenüber und beging, nachdem er sich beruflich diskriminiert fühlte, im August 1961 ›Republikflucht‹. Rita hat ihn in Westberlin besucht, die Welt dort aber als fremd und kalt empfunden und sich deshalb schweren Herzens gegen ihre Liebe und für die Rückkehr entschieden. Der wenige Tage später erfolgte Bau der Berliner Mauer besiegelte die Trennung endgültig. Danach hat sich der Unfall ereignet.

Der Roman zeigt Ritas Entwicklung vom unpolitischen Mädchen zur gesellschaftsbewussten Frau, die sich gerade durch die erinnernde Bewältigung der Vergangenheit ihrer Aufgabe beim Aufbau der sozialistischen Gesellschaft bewusst wird. W. macht aber auch deutlich, welche Opfer dieser Weg verlangte und welche seelischen Wunden bleiben werden – Folge des leidvollen Zustands Deutschlands. Die Erzählung galt als gelungenes Beispiel für die Umsetzung der Forderungen des sog. Bitterfelder Weges (→ *Das Literatursystem in der DDR*).

Rezeption: Der Roman fand in beiden Teilen Deutschlands sofort große Beachtung und wurde in viele Sprachen übersetzt. ■ R: K. Wolf (1964).
Weiterer Roman: → *Nachdenken über Christa T.* (1968).

1963–1965
Werner Bräunig

12.5.1934 in Chemnitz. Nach abgebrochener Schlosserlehre, Haft (1953/54, wegen West-Schmuggel), danach verschiedene Tätigkeiten (FDJ, Gewerkschaft, Volkskorrespondent); ab 1958 SED-Mitglied und Studium am Literaturinstitut in Leipzig, 1961–67 dort auch Dozent. 1965 von der SED gemaßregelt und entlassen. † 14.8.1976 in Halle.

Rummelplatz

Romanfragment. Entst. ab 1959; ED (einzelne Kapitel) in verschiedenen DDR-Zeitungen und -Zeitschriften: 1963–65; BA (vollst.): 2007.

Ein »verunglücktes Leben« nannte der Lyriker H. Czechowski den Werdegang, der B. vom ›Knast‹ bis zum von der Partei erst hochgelobten, dann abgekanzelten Schriftsteller führte. Verunglückt ist auch sein Hauptwerk *Rummelplatz* zu nennen: Es sollte ein durchaus linientreuer ›Ankunftsroman‹ im Sinne des sog. Bitterfelder Weges (→ *Das Literatursystem in der DDR*) werden, kam aber nie in der DDR an. B. schildert die Entwicklung eines Akademikersohnes zwischen 1949 und 1953, der in der Begegnung mit einem jungen Arbeiter und einem Parteisekretär seine bürgerlich-individualistischen Irrtümer überwindet und »zu einem klaren Menschen wird, der heute ganz klar bei uns ist«, wie Chr. Wolf lobte.

Doch nicht dieser gewollt exemplarische Entwicklungsgang ist das Besondere des Romans, sondern die dokumentarisch-drastische Genauigkeit, mit der die menschlichen und organisatorischen Schwierigkeiten beim Aufbau des Sozialismus in der frühen DDR beschrieben werden. Soviel dargestellte Probleme machten in den wachsamen Augen der Partei das dennoch erreichte Ziel nicht wett.

Rezeption: Der Vorabdruck führte zur Verhinderung der Publikation; die 2007 erfolgte Veröffentlichung war der verspätete Versuch einer Wiedergutmachung an Autor und Werk.

1964
Peter Bichsel

* 24.3.1935 in Luzern. 1955–68 Primarlehrer in Solothurn, 1974–81 Politikberater, danach Journalist, Gastdozent und Schriftsteller; lebt bei Solothurn.

Eigentlich möchte Frau Blum den Milchmann kennenlernen (darin: Kindergeschichten)

UT: *21 Geschichten*

Kurzprosa.

In seinen kurzen ›Geschichten‹ stellt B. Szenen aus dem kleinbürgerlichen Alltag in der Schweiz dar, in denen es um Menschen geht, die Unzufriedenheit empfinden angesichts der Routine ihres Lebens (z. B. *San Salvador*) und der Beziehungslosigkeit zu anderen (z. B. die Titelgeschichte, *Die Tochter, Die Beamten*), ohne jedoch die erhoffte Erfüllung zu finden (z. B. *Sein Abend*). B.s Kunst ist es, ›Leute‹ zu zeigen, die »sagen möchten, wie es war, und es doch nicht sagen können, und daß er uns dies hören und sehen läßt« (P. v. Matt).

Die Erzählweise erinnert in ihrer Schlichtheit an J. P. Hebels Kalendergeschichten (→ *Schatzkästlein des rheinischen Hausfreundes*, 1811), doch der Autor beschreibt und erläutert nicht, so dass es – in Verbindung mit den kalkulierten Aussparungen – Aufgabe des Lesers ist, diese ›offenen‹ Texte auszudeuten. B. wurde damit zu einem der bedeutendsten Vertreter der modernen Kurzprosa (→ *Kurzgeschichten nach 1945*).

In den *Kindergeschichten* schildert er, wie Menschen gegen Untätigkeit und Erstarrung rebellieren: So ändert ein Mann die Namen für die Dinge ab (*Ein Tisch ist ein Tisch*), ein anderer erfindet neu, was es schon gibt (*Der Erfinder*), doch alle, die etwas verändern wollen, geraten in die Isolation.

Rezeption: *Eigentlich möchte Frau Blum den Milchmann kennenlernen* war ein (auch internationaler) Erfolg und blieb es bis heute. Nicht wenige der *Kindergeschichten* fanden den Weg ins Schullesebuch. ➷ *Kindergeschichten* (Der Hörverlag, 1996).

Weitere Werke: *Die Jahreszeiten* (Roman, 1967), *Geschichten zur falschen Zeit* (1979), *Der Busant* (Erzählungen, 1985), *Cherubin Hammer und Cherubin Hammer* (Erzählung, 1999).

1964

Johannes Bobrowski Biogr.: → 1961

Levins Mühle

UT: *34 Sätze über meinen Großvater*

Roman. BA: Berlin (DDR) 1964, Frankfurt/Main 1964.

Wie in seiner Lyrik (→ *Sarmatische Zeit*, 1961) behandelt B. auch in seiner Erzählprosa das ihn lebenslang bewegende Thema: die historisch weit zurückreichende Schuld der Deutschen an den osteuropäischen Völkern und die Möglichkeit einer Aussöhnung.

1874 lebt an der Weichsel in Westpreußen ein Völkergemisch unterschiedlichen Glaubens, getrennt allein durch soziale Unterschiede: Die Deutschen sind reich, die Polen arm, die ›Zigeuner‹ besitzen nichts. Allerdings sind die Deutschen (überwiegend polnischer Abstammung) nach der Reichsgründung 1871 nationalistisch geworden. Zu ihnen gehört der (fiktive) Großvater des Erzählers, ein reicher Mühlenbesitzer, der die neu errichtete Mühle seines Konkurrenten, des jungen Juden Levin, wegschwemmt und den gegen ihn angestrengten Prozess verschleppt. Mit Levin solidarisieren sich die Außenseiter, besitz- und oft heimatlos, aber mit untrüglichem Sinn für das Recht. Vom Großvater fälschlicherweise der Brandstiftung bezichtigt, verlässt Levin das Land, doch auch der Großvater zieht fort, weil ihm von allen Seiten misstraut wird.

B.s Erzählweise ist gekennzeichnet durch dauernden Perspektivwechsel, den Wechsel von Darstellung und innerem Monolog, Reflexion und Dialog (Hochdeutsch und Dialekt). Durch direkte Anrede wird der Leser veranlasst, die unkommentiert erzählten Bruchstücke nach und nach zu verbinden und sich selbst ein Bild zu machen.

Rezeption: B.s Prosa wie Lyrik entziehen sich den dogmatischen Forderungen des Sozialistischen Realismus (→ *Das Literatursystem in der DDR*). 🎬 R: H. Seemann (1980).

Weitere Werke: *Boehlendorff und andere Erzählungen* (1965), *Mäusefest und andere Erzählungen* (1965), *Litauische Claviere* (Roman, postum 1966).

1964
Albert Drach

*17.12.1902 in Wien. Nach Jurastudium in Wien ab 1935 Anwalt in Mödling. 1938 Flucht (wegen jüd. Abstammung) vor den Nazis nach Südfrankreich, Internierung (1940) und illegales Überleben. 1948 Rückkehr nach Mödling und Anwaltstätigkeit; 1988 Büchner-Preis. † 27.3.1995 in Mödling.

Das große Protokoll gegen Zwetschkenbaum

Roman, bereits 1940 vollendet; ED: München 1964.

Ein Gerichtsreferendar, der sich im juristischen Urteilen üben soll, muss einen Bericht über den Lebensgang des ostgalizischen Juden Leib Schmul Zwetschkenbaum verfassen, aus dem hervorgehen soll, dass dieser von Grund auf verdächtig ist. Ort und Zeit: Österreich kurz vor und nach dem Ende des Ersten Weltkrieges. Was dabei auf scheinbar sachliche Weise herauskommt, ist nichts weniger als eine jüdische Leidensgeschichte, die den naiven, unschuldigen Juden – ein neuer Hiob, der in seinen Visionen an Gott glaubt, aber ihn im Leben nicht findet – als Opfer einer bürokratisch-antisemitischen Justiz erst ins Gefängnis, dann ins Irren- und Krankenhaus und schließlich nach kurzer Freilassung erneut in Haft zwingt.

D., juristisch geschult, gelang es, die Bösartigkeit der diskriminierenden Täter als ›Schuld‹ des Opfers sprachlich so hinzustellen, dass die Ironie keinen Kommentar mehr erfordert. Im Protokoll-Stil des Romans lautet das dann so: »Der Beschuldigte erinnerte sich nunmehr vollends, daß sich die Tat gemäß der Vorstellung des Gerichts abgespielt habe.«

Rezeption: Erst dieser Roman und die (verspätete) Ehrung durch den Büchner-Preis machten D. bekannt.

Weitere Werke: *Die kleinen Protokolle* (Erzählungen, entst. 1927/28, ED: 1965); *Unsentimentale Reise*, *»Z. Z.« das ist die Zwischenzeit* (autobiographische Romane: 1966, 1968).

1964
Gisela Elsner

* 2.5.1937 in Nürnberg. Studium (Germanistik, Theaterwissenschaft) in Wien (1956 abgebrochen); Schriftstellerin in London, Paris, Hamburg und ab 1977 in München. † 13.5.1992 (Selbstmord) in München.

Die Riesenzwerge

UT: *Ein Beitrag*

Roman.

In 10 Kapiteln wird aus der Sicht eines kleinen Jungen der Alltag einer kleinbürgerlichen Familie geschildert: Mahlzeiten, Arztbesuch, Schule, Prozession, Sonntagsausflug, Stadtgang, Besuch usw. Es ist eine lieblose Spießerwelt, geprägt von monströser Körperlichkeit, floskelhaften Reden und lächerlichen Ritualen, emotionslos aufgezeichnet und in grotesker Verfremdung übertrieben: Die dargestellten Menschen sind riesenhaften Gartenzwergen ähnlich, ihr Tun ist das Ins-Bild-Setzen von Fressen und Gefressenwerden: »Jede Ordnung endet in anarchischer Auflösung« (M. Gerhardt).

E. zeigte Phänomene im Zerrbild, keine Hintergründe und schon gar nicht Auswege. Sie dokumentierte dabei nicht die Realität, sondern suchte die parabolische Überhöhung. In ihren nachfolgenden Romanen verstärkt sich jedoch ein satirischer Realismus, der die alltägliche psychische und soziale Repression in den Blick nimmt und damit die »vivisektorische Observation der Bourgoisie« (M. Töteberg) fortsetzt, wie z. B. in *Das Berührungsverbot* (1970), *Der Punktsieg* (1977) und *Abseits* (1982).

Rezeption: Der Roman wurde in mehr als 10 Sprachen übersetzt. ■ (Autorenporträt): *Die Unberührbare* (R: O. Roehler, 2000).

1964
Max Frisch

Biogr.: → 1954

Mein Name sei Gantenbein

Roman. Entst. 1960–64.

In seinem letzten Roman variiert F. noch einmal sein zentrales Thema der problematischen Identität. Problematisch ist hier jedoch nicht nur die Identität des Ich-Erzählers und blinden Protagonisten Theo Gantenbein, das Erzählen überhaupt ist problematisch geworden: Die Selbstsuche ist ein Suchen nach der zu erzählenden Geschichte (und umgekehrt). In 91 Abschnitten versucht der Ich-Erzähler in erprobenden Identifikationen (mit den Figuren Enderlin, Svoboda, »Er«, »Ich«) sowie in Selbst-Entwürfen (»Ich stelle mir vor«) zu erfahren, was ihm durch eine gescheiterte Ehe bzw.

Liebesbeziehung geschehen ist. Dabei verschwimmen jegliche personalen Konturen: Ich-Identität wird zur wechselnden Rolle, authentische Erfahrung wird zur bloßen Rede (»Geschichte«) darüber, »Welt« erscheint als »Wahn« und Hypothese, Sehen ist Blindsein und Blindsein ist sehend. Die Roman-Handlung wird auf diese Weise unerheblich, denn – so F. – »es hätte immer auch anders sein können.« Dramaturgisch setzte F. dieses Konzept in *Biografie* (1967) um.

Rezeption: Der Roman erreichte bis 2006 29 Auflagen. 🎧 R: R. Noelte (2006). 🎬 *Zürich Transit* (R: H. Bechert, 1992, TV). ♪ Universal Music (2004).
Weitere Werke: *Wilhelm Tell für die Schule* (Prosatext, 1971), *Tagebuch 1966–1971* (1972), → *Montauk* (Erzählung, 1975).

1964
Hermann Kant

* 14.6.1926 in Hamburg. Nach einer Elektrikerlehre bis 1945 Soldat, 1945–49 in Kriegsgefangenschaft. 1949–52 Besuch der ›Arbeiter- und Bauernfakultät‹ in Greifswald, SED-Mitglied, 1952–56 Germanistikstudium (mit Promotion) in Berlin (DDR). Ab 1959 Schriftsteller und Funktionär der SED, 1978–89 Präsident des Schriftstellerverbandes der DDR, 1981–90 Volkskammerabgeordneter, 1986–89 Mitglied des SED-Zentralkomitees. 1967 H.-Mann-Preis, 1973 Nationalpreis der DDR; lebt in Prälank (Mecklenburg).

Die Aula

Roman. ED: *Forum* (1964). BA: Berlin (DDR) 1965, München 1966.
1962, zur Schließung der Greifswalder ›Arbeiter und Bauernfakultät‹ (einer 1949 in der DDR gegründeten Einrichtung, die Werktätigen ohne Abitur die Schulkenntnisse für ein Hochschulstudium vermitteln sollte), wird der Journalist Robert Iswall, Absolvent des Jahrgangs 1949, beauftragt, die Abschlussrede zu halten. Er ist fiktiver Erzähler und Hauptfigur des Romans – und zugleich ein Alter Ego K.s. Aus seinen Nachforschungen und Erinnerungen ergibt sich ein dichtes Bild dieser Einrichtung, exemplarisch veranschaulicht in der Geschichte Iswalls und dreier Kommilitonen, die erfolgreiche Bürger des neuen Staates wurden – bis auf einen, den Besten des Jahrgangs, der unter mysteriösen Umständen ›Republikflucht‹ beging und als Kneipier in Hamburg landete.
Da K. weder auf den Stalinismus und seine Folgen noch auf den 17. Juni 1953 und den Mauerbau 1961eingeht, entsteht trotz bedingt kritischer Behandlung offiziell unerwünschter Themen (Republikflucht, Opportunismus, Anpassungsdruck) ein sehr positives Bild der DDR. Der Roman ist auf eine gängige Weise ›modern‹ erzählt, tendiert aber – zwischen Anekdote, Pointe und Kalauer pendelnd – mehr zur Unterhaltung als zur kritischen Darstellung dessen, was in der DDR bis 1962 geschah.

Rezeption: *Die Aula* war einer der erfolgreichsten Romane der DDR (bis 1979: 800 000 Exemplare). ↘ (Auszüge): *Die Aula – Der dritte Nagel* (Random House Audio, 2001).
Weitere Romane: *Das Impressum* (1972), *Der Aufenthalt* (1977), *Okarina* (2002).

1964
Heinar Kipphardt

* 8.3.1922 in Heidersdorf (Schlesien). 1942–45 Soldat, Desertion kurz vor Kriegsende. 1945–49 Medizinstudium, Promotion; 1950–59 Dramaturg am Dt. Theater in Berlin (DDR). 1959 Übersiedlung nach Düsseldorf als Dramaturg, ab 1961 Lektor in München, 1969–71 Chefdramaturg der Münchener Kammerspiele, danach freier Schriftsteller. † 18.11.1982 in München.

In der Sache J. Robert Oppenheimer

UT: *Ein szenischer Bericht*

Schauspiel. Entst. 1962/63. UA: 23.1.1964; ED: 1964 (TV-Fassung), BA: 1965; UA: 11.10.1964 (Bühnenfassung) in Berlin, BA: 1971 (verändert: 1977).

Das Stück gilt als Musterbeispiel des Dokumentarischen Theaters, das in der 2. Hälfte der 1960er Jahre die bundesdeutschen Bühnen dominierte (→ *Dokumentarliteratur und -theater*). Es lehnt sich eng an die Protokolle des Verhörs an, dem der US-Atomwissenschaftler J. R. Oppenheimer (›Vater der Atombombe‹) 1954 wegen des Vorwurfes unterzogen wurde, er habe wegen Sympathien für den Kommunismus den Bau der noch mächtigeren Wasserstoffbombe verzögert. K. behandelte weniger das politische Sicherheitsproblem, sondern stellte den Konflikt zwischen den vielversprechenden Möglichkeiten naturwissenschaftlicher Forschung und den katastrophalen Folgen ihrer politisch-militärischen Indienstnahme in den Mittelpunkt. Anders als in Brechts → *Leben des Galilei* (1943–55) und in Dürrenmatts → *Die Physiker* (1962) bekennt sich der Wissenschaftler Oppenheimer im Stück – im Gegensatz zum realen Oppenheimer – für moralisch schuldig, hält aber an der Möglichkeit wertfreier Wissenschaft fest.

Rezeption: Das Stück ist K.s erfolgreichstes Bühnenwerk. Oppenheimer protestierte; der frz. Autor J. Vilar veröffentlichte 1965 eine Variante des K.-Stückes u.d.T. *Le dossier Oppenheimer*, die dem Protest Rechnung tragen sollte.
Weitere Dramen: *Der Hund des Generals* (1962), *Joel Brand* (1965), *März* (Roman, 1976), *Bruder Eichmann* (1983).

1964
Erik Neutsch

* 21.6.1931 in Schönebeck (Elbe). 1950–53 Studium (Kulturpolitik, Journalistik) in Leipzig, danach als Journalist, seit 1960 als freier Schriftsteller in Halle. 1964 und 1981 Nationalpreis der DDR, 1971 H.-Mann-Preis.

Spur der Steine

Roman. ED: Halle 1964, München 1975.

N., für den »Literatur als Parteiarbeit« (so 1961 der Titel eines Aufsatzes von ihm) galt, gehörte zu den linientreuesten und auflagenstärksten Autoren der DDR. Mit seinem Roman-Debüt erfüllte er daher auch die Vorgaben (›Bitterfelder Weg‹) des → *Literatursystems in der DDR*, nach denen der sozialistische Held als Vorbild bei der Arbeit am Aufbau des Sozialismus gezeigt werden sollte: Der Zimmermann Hannes Balla, ein tüchtiger, aber individualistisch denkender Arbeiter, der es als Selbsthelfer (zunächst) besser weiß und kann als die Partei, reift zum verantwortungsvollen Brigadier und Parteigenossen, während der (zunächst) vorbildliche Parteisekretär wegen einer Liebesaffäre versagt.

Man kann N.s Werk als schulgerechten ›Ankunfts‹-Roman lesen (was auch weithin geschah), man kann ihn aber auch als »Reservoir aktueller sozialer Widersprüche« (L. Köhn) in der DDR der 1960er Jahre lesen, womit der Roman mehr ausspricht als sein Autor beabsichtigte. Ohne diese Umwege schildert dagegen K.-H. Jakobs in seinem Roman *Beschreibung eines Sommers* (1961) den Konflikt von Arbeit, Liebe und Parteidisziplin.

Rezeption: Der Roman hatte bis 1988 30 Auflagen. H. Müller: *Der Bau* (1965, UA: 3.9.1980). R: Fr. Beyer (1966). Der Film (wesentlich kritischer als der Roman) wurde nach wenigen Aufführungen in der DDR verboten (bis 1989).

Weitere Werke: *Bitterfelder Geschichten* (1961), *Auf der Suche nach Gatt* (Roman, 1974), *Claus und Claudia* (Roman, 1989).

1964
Peter Weiss

Biogr.: → 1960

Die Verfolgung und Ermordung Jean Paul Marats

OT: *Die Verfolgung und Ermordung Jean Paul Marats dargestellt durch die Schauspielgruppe des Hospizes zu Charenton unter Anleitung des Herrn de Sade*

Schauspiel. UA: 29.4.1964 in Berlin. BA: Frankfurt/Main 1964; 4 revidierte Neufassungen bis 1965. Musik: H.-M. Majewski. Ausgabe für die DDR: Leipzig 1968.

In der Irrenanstalt von Charenton führt der Marquis de Sade im Jahr 1808 mit den Insassen ein Stück über die Französische Revolution von 1789–93 auf – ein Spiel im Spiel, überwacht vom zensierenden Anstaltsdirektor und unterbrochen durch Tobsuchtsanfälle der Irren, die nicht durchhalten können. W. bietet ein weites Panorama des Revolutionsgeschehens, das im Streitgespräch zwischen de Sade und Marat gipfelt: Sade ist von der Revolution enttäuscht und zum Libertin geworden, der die schrankenlose körperliche Freiheit (des Individuums) fordert, Marat ist der radikale Verfechter der Idee, die Revolution mit Gewalt und unter Verzicht auf individuelles Wohlergehen weiter zu treiben.

W. wollte dem Zuschauer zunächst beide Positionen unentschieden als mittlere Haltungen vorführen, abgegrenzt vom bürgerlichen Liberalismus des Anstaltsdirektors wie vom Sansculottismus von Marats Gegenspieler Jacques Roux; doch 1965 änderte der Autor den Text und fügte einen Epilog hinzu, in dem er betont, »daß für den Autor Marats Standpunkt der richtige ist [und] daß einige Gesellschaften, damals wie heute, radikale Veränderungen brauchen«.

Rezeption: Das Stück brachte W. den Durchbruch als Dramatiker, auch international. 🎬 R: P. Brook (1966): Der Film reduziert den politischen Anspruch zugunsten der Botschaft vom absurden Tollhaus der Welt.
Weiteres Schauspiel: → *Die Ermittlung* (1965).

1964/1979
Ernst Meister

*3.9.1911 in Hagen (Westfalen). Ab 1930 Studium (u. a. Theologie, Philosophie, Germanistik; abgebrochen) in Marburg, Berlin, Frankfurt/Main und Heidelberg. 1940–45 Soldat, 1945–60 Angestellter in der väterlichen Eisenfabrik in Hagen, ab 1960 Schriftsteller. † 15.6.1979 in Hagen (G).

Gedichte 1932–1979

ED: 1964; erweiterte Neuausgabe 1979. Werkausgabe: 1985–2007.

Lyriker werden entweder zu früh (selten), zu spät (auch selten) oder so gut wie nie (häufig) einer größeren Öffentlichkeit bekannt. M. gehört zu den Letzteren, obwohl er den Büchner-Preis (postum 1979) erhielt und des Öfteren mit P. Celan (→ *Das lyrische Werk*, 1971) verglichen wurde. Nach surrealistischen Anfängen schrieb er ab den 1950er Jahren Gedichte, die in der Kritik Etikette wie z. B. ›schwierig‹, ›hermetisch‹, ›intellektuell‹ erhielten. Zutreffend davon ist: Es sind sehr dichte, artifizielle und zunehmend lakonische Texte, die sich dem rationalen Diskurs ebenso wie der Alltagssprache verweigern und daraus ein ›Sagbares‹ gewinnen, das nur für sich selbst stehen soll. Das dezidiert Unkommunikative dieser Position steht dem geläufigen Zeitgeist der 1960er/70er Jahre diametral entgegen, denn M.s Themen sind das ›Totum‹ schlechthin, d. h. es ging ihm »um Sein und Zeit, um Alles und Nichts, um Leben und Tod« (H. Bender).

Rezeption: M.s lyrisches Werk blieb weitgehend unbekannt. ✎ *Unterm schwarzen Schafspelz* (Aisthesis, 2007).
Einzelausgaben (Auswahl von 18 Gedichtbänden): *Ausstellung* (1932), *Lichtes Labyrinth* (1960), *Sage vom Ganzen* (1972), *Wandloser Raum* (1979).

1965
Wolf Biermann

* 15.11.1936 in Hamburg. Sohn eines in Auschwitz ermordeten kommunistischen Widerstandskämpfers, 1953 Übersiedlung in die DDR, 1957–59 Assistent am Berliner Ensemble, 1959–63 Studium (Philosophie, Mathematik), ab 1960 als Liedersänger auftretend. 1963 Ausschluss aus der SED, ab 1965 Auftritts-, Publikations- und Ausreiseverbot. 1976 Ausbürgerung aus der DDR (nach Konzertreise durch die BRD), lebt seitdem als freier Schriftsteller in Hamburg. 1991 Büchner-Preis.

Die Drahtharfe

UT: *Balladen. Gedichte. Lieder*

Entst. ab 1960; ED: Berlin 1965.

Die Texte dieser bekanntesten Lieder- und Gedichtsammlung B.s entstanden noch vor dem Totalverbot 1965, hatten aber in ihrer selbstbewussten, parteilichen Unbotmäßigkeit ohnehin keine Chance auf Publikation in der DDR; gleichwohl waren sie unter Gleichgesinnten bekannt und insgeheim verbreitet. Es sind nicht nur rebellische Texte, die das Eigenrecht des Ich vor dem Kollektiv (z. B. *Rücksichtslose Schimpferei*, 1962), revolutionäre Ungeduld (z. B. *An die alten Genossen*, 1962) und Innenkritik an der Partei (z. B. *Ballade vom Mann*, 1963) ausdrücken, sondern auch Texte, die Ironisches zum DDR-Alltag (z. B. die *Buckower Balladen*, 1962), Berlinisches (z. B. *Berlin*, 1962), Antiimperialistisches und Liebenswertes thematisieren, wobei der musikalische Vortrag ein unnachahmlicher Bestandteil der Kritik ist. Frei nach Brecht forderte B. die weitere Veränderung der sozialistisch veränderten Gesellschaft, ohne Vertröstung und Erstarrung in realsozialistische Konventionen. Diesen Ansatz verschärfte er in *Mit Marx- und Engelszungen* (1968), *Für meine Genossen* (1972), *Deutschland. Ein Wintermärchen* (1972), bis seine Ausbürgerung 1976 den Kontext seiner Schaffens- und Wirkungsbedingungen grundlegend änderte.

Rezeption: *Die Drahtharfe* hatte bis 1981 eine Auflage von 84 000 Exemplaren erreicht, einzelne Lieder erschienen auch auf Tonträgern.

Weitere Lieder- und Gedichtslgn.: *Preußischer Ikarus* (1978), *Affenfels und Barrikade* (1986), *Heimat* (2006).

1965
Wolfgang Hildesheimer

Biogr.: → 1952

Tynset

Prosatext.

Ein namenloses Ich liegt schlaflos im Bett und ist seinen monologischen Assoziationen ausgeliefert. Sie kreisen äußerlich um den zufällig im Kursbuch gefundenen norwegischen Ort ›Tynset‹, dessen Name die gedankliche Verbindung von Deutschland (›Tyskland‹) und ›Hamlet‹ auslöst, was den inneren Zusammenhang herstellt: Der Ich-Erzähler ist ein Holocaust-Überlebender, dessen Vater im KZ ermordet wurde, wobei die Mörder bis heute unbehelligt sind.

Es geht hier nicht, wie zumeist interpretiert wird, ganz allgemein um die absurde Existenz des ›Menschen‹ in der modernen Welt, sondern um »beschädigte Erinnerung; Bilder von Stigmatisierung und Verfolgung; Erschütterung der Beziehung zu Gott; das Schuldgefühl des Überlebenden; die Wahrnehmung der Gegenwart als Zeit ohne Fragen und als veränderte, anhaltend gefährliche Gestalt der Vergangenheit« (St. Braese). H. schrieb somit keinen Roman, sondern die fiktive Selbstbefragung eines deutschen Juden, der nach 1945 zurückkehrte und nicht weiß, ob er wirklich bleiben kann.

H.s Aufarbeitung der NS-Vergangenheit steht im Kontext der ab 1960 verstärkten Auseinandersetzung mit dem Thema (→ *›Vergangenheitsbewältigung‹ nach 1945*). Sie bricht mit der parabolischen Darstellung, wie sie in den 1950er Jahren dominierte, vermeidet aber auch die direkte Darstellung, wie sie – auf unterschiedliche Weise – im Theater von R. Hochhuth (→ *Der Stellvertreter*, 1963) und P. Weiss (→ *Die Ermittlung*, 1965) zu finden ist.

Rezeption: Das Werk, 1966 ausgezeichnet mit dem Bremer Literaturpreis, wurde von der zeitgenössischen Kritik unterschätzt, gilt aber inzwischen als H.s »Haupt- und Meisterwerk« (Th. Koebner).

Weiterer Prosatext: → *Masante* (1973).

1965
Heiner Müller Biogr.: → 1957

Philoktet

Schauspiel. Entst. 1958–64; ED: *Sinn und Form* (1965), UA: 13.7.1968 in München, 1977 in Berlin (DDR). BA: Frankfurt/Main 1966.

Mit *Philoktet* wandte sich M. von der direkten Darstellung der DDR-Realität ab und – in fortgesetzter Auseinandersetzung mit der antiken Mythologie – »hin zu einer Bestandsaufnahme der sozialistischen Geschichte und der sie antreibenden Logik der Gewalt« (N. Eke): Philoktet ist ein hervorragender Bogenschütze, der auf dem Wege zum Kampf mit Troja bei den Griechen in Ungnade fiel und auf einer Insel zurückgelassen wurde. Da er aber für den Sieg gebraucht wird, soll Odysseus, der für die Verbannung verantwortlich war, ihn mithilfe des jungen Sohnes von Achilles, Neoptolemos, zum Mitkämpfen überreden bzw. ihm den siegverleihenden Bogen mit Lügen ablisten. Was für den skrupellosen Pragmatiker Odysseus im Dienste der guten Sache normal ist, ist dem gekränkten Philoktet jedoch verhasst und für den idealistischen Neoptelemos gar nicht erlaubt; doch – so M. in einem Kommentar – »weil er nicht lügen will, muß er [Philoktet] töten«, als dieser Odysseus angreift. Lüge, Gewalt, Entmachtung des Individuums als Mittel einer Politik, die das Moralische verwirklichen will, blieben das düstere Thema von M.s Dramatik.

Rezeption: Während im Westen das Stück als versteckte Kritik an der DDR rezipiert wurde, las die Kritik im Osten aus dem Stück eine »Antikriegstendenz« (W. Mittenzwei) heraus bzw. verstand es als »innermarxistische Parabel auf tragische Konflikte der kommunistischen Politik, als Geschichte, die das Thema der Verfemung und der Rehabilitierung von Kommunisten in der Stalinzeit« auf die Bühne brachte (Fr. Fiorentino). 🎧 1979/92. 🎬 R: L. Cremer (1967, TV).

Weitere Schauspiele: *Geschichten aus der Produktion* (Stücke, Prosa, Gedichte, 1974), *Die Umsiedlerin* [*Die Bauern*] (1975), *Mauser* (1975/78), → *Germania Tod in Berlin* (1977).

1965
Peter Weiss Biogr.: → 1960

Die Ermittlung

UT: *Oratorium in 11 Gesängen*

Schauspiel. UA: 19.10.1965 in Berlin und auf 15 weiteren Bühnen. BA: Frankfurt/Main 1965, Berlin (DDR) 1965.

Das Stück ist eine ästhetisch verdichtete Dokumentation des Frankfurter Auschwitz-Prozesses (1963/64), des dritten großen Kriegsverbrecherprozesses nach den Nürnberger Prozessen (1947–49) und dem Jerusalemer Eichmann-Prozess (1961) – doch ging es W. um mehr als um reines Dokumentardrama (→ *Dokumentarliteratur und -theater*): Parallel zum Ringen um das Problem, das Thema Auschwitz auf der Bühne darzustellen (→ *Holocaust und Literatur*), zu dem auch die Auseinandersetzung mit Dantes *Göttlicher Komödie* (entst. um 1307–21) als »Welttheater der Renaissance« (P. Cohen) gehört, suchte W. im sich anbahnenden Bekenntnis zum Sozialismus (*10 Arbeitspunkte eines Autors in der geteilten Welt*, 1965) nach dem Modell einer politisch wirksamen Kunst. *Die Ermittlung* bildete hier den Anfang: 9 überlebende Opfer (›Zeugen‹, die nicht als Juden identifiziert werden) stehen mit ihren erschütternden Aussagen über Auschwitz 18 Angeklagten gegenüber, die weder Reue noch Einsicht zeigen. Vordergründig geht es dabei um die dokumentierende ›Ermittlung‹ dessen, was in Auschwitz Menschen von Menschen angetan wurde. Doch die weitergehende Ermittlung zielt auf die Gegenwart der 1960er Jahre, d. h. auf die Kontinuität des Kapitalismus, der fortdauernd Menschen für den Profit verheize. Diese Kontinuität wird durch die Angeklagten und ihre gleichgültige Haltung der ›Normalität‹ repräsentiert.

Rezeption: Das Stück löste heftige Kontroversen aus: z. B. über das Problem der Darstellbarkeit von Auschwitz, über W.' marxistischen Standpunkt, über die Unterordnung des Antisemitismus unter die Kapitalismuskritik sowie über die Anonymisierung der jüd. Opfer.
Weitere Schauspiele: *Gesang vom lusitanischen Popanz* (1967), *Viet Nam Diskurs* (1968), *Trotzki im Exil* (1970), *Hölderlin* (1971), → *Die Ästhetik des Widerstands* (Roman, 1975–81).

1965–2002
Günter Kunert

* 6.3.1929 in Berlin. Als Sohn einer jüd. Mutter im NS-Reich diskriminiert; 1946–47 Grafik-Studium in Berlin, 1948–77 Mitglied der SED, Schriftsteller in Berlin (DDR), 1962 H.-Mann-Preis. 1972/73 USA-Aufenthalt, lebt seit 1979 (zunächst mit mehrjährigem Visum) in Kaisborstel bei Itzehoe.

Das lyrische Werk

Gedichtslgn. (Auswahl): *Der ungebetene Gast* (1965), *Verkündigung des Wetters* (1966), *Warnung vor Spiegeln* (1970), *Unterwegs nach Utopia* (1977), *Abtötungsverfahren* (1980), *Mein Golem* (1996), *Nachtvorstellung* (1999), *So und nicht anders* (2002).

Schon mit seinen ersten Gedichtsammlungen (u. a. *Wegschilder und Mauerinschriften*, 1950; *Unter diesem Himmel*, 1955; *Tagwerke*, 1961) war K. zu einem der bedeutendsten jungen Lyriker in der DDR der 1950er Jahre geworden, wobei er in seiner didaktischen Tendenz der Lyrik Brechts verpflichtet war. Ab den 1960er Jahren löste er sich von Brecht und mehr und mehr auch von realsozialistischer Zukunftszuversicht, bilanzierte in skeptischer Prüfung die wachsenden Widersprüche und artikulierte, das eingeforderte Einverständnis zurückweisend, lakonisch »den Einspruch des Ichs gegen ein vermeintlich zur Herrschaft gekommenes Wir« (H. Korte). Darin folgten ihm V. Braun (gemäßigter) und W. Biermann (radikaler). K.s Weggang aus der DDR war dann nur konsequent. Das umfangreiche lyrische Werk danach, in der Form vielgestaltig, bleibt ein – vom Geschichtsverlauf nicht zu veränderndes – Beharren auf das Fremdsein im ›Daheim‹ (*Fremd daheim*, 1990): »Die meisten seiner Gedichte sind Klagen, Verlustanzeigen, Dokumente der Trauer und des Schmerzes. Es sind Psychogramme der Melancholie und Verzweiflung« (P. Bekes).

Rezeption: Seit 1965 und verstärkt nach K.s Eintreten für den ausgebürgerten W. Biermann (1976) wurde sein Werk vonseiten der DDR-Kulturpolitik zunehmend kritisiert und am Erscheinen gehindert, während es im Westen wachsende Anerkennung fand. ➘ *Fremd daheim – Gedichte und Prosa* (Der Hörverlag, 1999).
Weitere Werke: *Im Namen der Hüte* (Roman, 1967), *Erwachsenenspiele* (Erinnerungen, 1997).

Dokumentarliteratur und -theater

Literatur integrierte schon immer in mehr oder weniger großem Umfang DOKUMENTE UND FAKTEN DER EMPIRISCHEN REALITÄT in die poetische Darstellung, um eine wirklichkeitsnahe Authentizität zu erlangen. Diese Zielsetzung trat besonders in Zeiten hervor, in denen der Wirkungsanspruch symbolischer Kunstkonzepte in die Krise geraten war (z. B. im Vormärz, im → *Naturalismus*, in der → *Neuen Sachlichkeit*), und verband sich zumeist mit Forderungen nach einem stärkeren politischen Engagement.
In den 1960ER JAHREN kam es in der Literatur der Bundesrepublik zu einem markanten Schub in diese Richtung, der nicht nur die Hauptgattungen Prosa, Drama und Lyrik erfasste, sondern auch Film und Fernsehen sowie das Sachbuch. Die Ursachen für diesen Formenwandel waren sowohl der Wunsch nach kritischer Abgrenzung gegen die ästhetische Praxis vor 1960 (Kunstautonomie, Nonkonformismus, Parabeltheater, Naturlyrik) als auch nach politisch begründetem Protest (verdrängte Vergangenheit, Kapitalismuskritik, Kolonialismus, soziale Konflikte in der Arbeitswelt). Im Extrem wollte DOKUMENTARLITERATUR dabei an die Stelle von ›Kunst‹ treten, in der Regel bestand sie jedoch auf einem (veränderten) künstlerischen Anspruch, da die sprachliche Darbietung als ›Text‹ sowie die Auswahl und das Arrangement des Materials einen Werkcharakter konstituierten, der als Hervorbringung durch einen Autor unverkennbar sei.
Ab den 1970ER JAHREN erweiterte sich das Spektrum durch eine Literaturform, die von Fakten und authentischen Fällen ausgeht, diese aber nicht journalistisch reportiert, sondern erzählerisch fiktionalisiert. Dazu gehören ›Fall‹-Erzählungen, wie sie von Autoren wie z. B. D. Kühn, E. Hackl, F. C. Delius, M. Beyer, U. Timm u. a. geschrieben wurden, sowie das weite Feld der (auto-)biographischen Literatur (→ *Autobiographien V, ab 1950*). Unverkennbar ist, dass die durch Faktizität beglaubigte »Halbfiktion« (D. Kühn), aber auch ihre Umkehrung (wie z. B. bei A. Kluge, H. Fichte, W. G. Sebald), einen besonderen literarischen Reiz hat.
Das Repertoire der DOKUMENTARPROSA reicht von Interviews, Protokollen und Reportagen (aus dem bis dahin als ›unliterarisch‹ verpönten Bereich der Arbeitswelt) bis zu artifiziellen Textmontagen (aus dem militärisch-industriellen Komplex) und dem Roman. Die wichtigsten Texte sind: A. Kluge: → *Lebensläufe* (1962), *Schlachtbeschreibung* (1964); F. C. Delius: *Wir Unternehmer* (1966); L. Harig: *Ein Blumenstück* (1968); E. Runge: *Bottroper Protokolle* (1968); U. Trauberg: *Vorleben* (1968); G. Wallraff: → *13 unerwünschte Reportagen* (1969), *Ganz unten* (1985); H. M. Enzensberger: *Der kurze Sommer der Anarchie* (1972); F. C. Delius: *Unsere Siemens-Welt* (1972); G. Zwerenz: *Die Erde ist unbewohnbar wie der Mond* (1973); M. Franke: *Mordverläufe* (1973); M. Wander: *Guten Morgen, du Schöne* (→ 1977).
Die größte Wirkung hatte indes das historisch-politische DOKUMENTARTHEATER, das in Stoffwahl und Darbietungstechniken auf eine zeitbezogene Wirkung zielte und damit die geschlossene Bühnenwelt des Bildungs-

theaters letztlich bis zur Straße hin öffnete; dabei wurde dokumentarisches Material in unterschiedlicher Dichte verwendet. Bevorzugte Themen waren Vergangenheit und Gegenwart des Faschismus, Weltkrieg und Imperialismus, Atombombe. Die wichtigsten Stücke sind: G. Weisenborn: *Göttinger Kantate* (1958); R. Hochhuth: → *Der Stellvertreter* (1963), *Soldaten* (1968), *Guerillas* (1970); H. Kipphardt: *Der Hund des Generals* (1962), → *In der Sache J. Robert Oppenheimer* (1964), *Joel Brand* (1965); P. Weiss: → *Die Ermittlung* (1965), *Gesang vom lusitanischen Popanz* (1967), *Viet Nam Diskurs* (1968); T. Dorst: → *Toller* (1968); H. M. Enzensberger: *Das Verhör von Habana* (1970); D. Forte: *Martin Luther und Thomas Müntzer* (1970), G. Tabori: *Jubiläum* (1983) und noch Kl. Pohl: → *Wartesaal Deutschland StimmenReich* (1995).
Theoretische Aussagen (Aufsätze): H. Kipphardt: *Kern und Sinn aus Dokumenten* (1964), P. Weiss: *Notizen zum dokumentarischen Theater* (1968).

1966
Erich Fried

* 6.5.1921 in Wien. 1938 Emigration nach London, bis 1952 in verschiedenen Berufen tätig, 1952–68 Kommentator bei der BBC, danach Schriftsteller. 1987 Büchner-Preis. † 22.11.1988 in Baden-Baden (G in London).

und VIETNAM und

Gedichtslg.

F. ist – neben den Liedermachern W. Biermann, Fr. J. Degenhardt und D. Süverkrüp – der bedeutendste politische Lyriker der 1960er Jahre. Seine 41 Gedichte, die als sich empörende, polarisierende Warn-, Gegen- und Kampfgedichte auftreten, benötigen keinen musikalischen Vortrag: Sie wirken durch ihre Sprache, ihre rhetorisch geformte Wörtlichkeit und ein Wörtlichnehmen des konventionell Gesagten, durch das politische Lernprozesse in Gang gesetzt werden sollen.

Mit *und Vietnam und* protestierte F. nicht nur gegen einen von den USA geführten Krieg, der mit barbarischen Mitteln Freiheit und Demokratie durchsetzen sollte, sondern auch gegen die manipulative Verharmlosung des schmutzigen Krieges durch die Medien. Den Widerspruch solcher Rechtfertigung (zugleich das dialektische Verfahren von F.s Lyrik erhellend) pointiert exemplarisch das Gedicht *Unterschied*: »Was uns von ihnen trennt/ ist ihre Lehre/ jedes Mittel sei recht/ für den großen Zweck/ Drum muß man sie bekämpfen/ wo sie sich zeigen/ Jedes Mittel ist recht/ für den großen Kampf«. Noch größere Aufmerksamkeit erreichten F.s *Liebesgedichte* (1979).

Rezeption: Ähnlich heiß umstritten wie die Vietnam-Gedichte waren die Gedichte aus *So kam ich unter die Deutschen* (1977), darunter z. B. *Winterreise*, *Grabschrift für*

Ulrike Meinhof und *Auf den Tod des Generalbundesanwalts Siegfried Buback*. ↘ *Verstandsaufnahme* (Wagenbach, 1999).
Weitere Werke: *Ein Soldat und ein Mädchen* (Roman, 1960), *Warngedichte* (1964), *100 Gedichte ohne Vaterland* (1978), *Mitunter sogar Lachen* (Erinnerungen, 1986).

1966
Fritz Rudolf Fries

* 19.5.1935 in Bilbao. 1953–58 Studium (Anglistik, Romanistik) in Leipzig, danach Übersetzer; 1961–66 Assistent an der Akademie der Wissenschaften in Berlin (DDR), seit 1966 freier Schriftsteller in Petershagen/Berlin. 1979 H.-Mann-Preis.

Der Weg nach Oobliadooh

Roman. ED: Frankfurt/Main 1966; Weimar 1989.
Mit *Der Weg nach Oobliadooh* schrieb F. einen Anti-Ankunftsroman (→ *Das Literatursystem in der DDR*): Um 1957/58 begeben sich die Freunde Arlecq (Philologe) und Paasch (Zahnmediziner), die eben ihr Studium abgeschlossen haben, auf die Suche nach dem Land ihrer Wünsche, das für sie Oobliadooh heißt. Dieses Land soll ihnen bieten, was das triste Leben im Osten nicht hat: Jazzmusik, freie Liebe, Selbstverwirklichung. Sie brechen gen Westberlin auf und kehren desillusioniert zurück, doch sie wollen auch nicht im Sozialismus ›ankommen‹ und landen schließlich in der Psychiatrie, aus der Arlecq am Ende abgeholt wird, um brav zu heiraten und Familienvater zu werden – wer es glauben will.
Sein Debütwerk, eine Art früher Pop-Roman, der in der DDR seinesgleichen sucht, konnte F. – auf Vermittlung von U. Johnson – nur in der BRD veröffentlichen, was ihn zu Hause seine berufliche Stellung kostete. Er blieb dennoch im Land, in seiner hermetischen Erzählweise als »Arno Schmidt der DDR« (M. Töteberg) einerseits ein Außenseiter, andererseits bei aller Subversivität systemangepasst und (ab 1972) als informeller Stasi-Mitarbeiter aktiv.
Rezeption: Obwohl F. mit seinem weiteren Erzählwerk zu einem auch offiziell anerkannten Autor in der DDR aufstieg, blieb der Roman bis 1989 in der DDR unerwünscht.
Weitere Romane: *Das Luft-Schiff* (1974), *Alexanders neue Welten* (1982), *Verlegung eines mittleren Reiches* (1984), *Hesekiels Maschine* (2004).

1966
Ernst Jandl

* 1.8.1925 in Wien. Nach dem Abitur 1943 Soldat und Kriegsgefangenschaft (England), 1946–49 Studium (Germanistik, Anglistik), 1950 Promotion, danach bis 1979 Gymnasiallehrer in Wien, 1969–74 beurlaubt. 1984 Büchner-Preis. † 9.6.2000 in Wien (G).

Laut und Luise

Gedichte. Entst. ab 1956, abgeschlossen 1963; ED: 1966.

J. verstand seine literarischen Texte – angelehnt an sprachexperimentelle Autoren wie z. B. G. Stein, J. Joyce, A. Stramm, K. Schwitters (→ *Dadaismus*) – als eine »Parallelerscheinung zur Auflösung der Tonalität in der Musik und zur Verflüchtigung des Gegenstandes in der Malerei« (J.). Diese Auflösung des innersprachlichen Zusammenhalts führte ihn einerseits zu Lautgedichten, die v. a. durch die Kunst des mündlichen Vortrags wirken: Neben titellosen Lautfolgen ohne semantischen Sinn gibt es die berühmt gewordenen, rhythmisch komponierten Sprechgedichte wie z. B. *tohuwabohu*, *ode auf N*, *schtzngrmm*, *viel vieh o*, *bestiarium*, die noch in ihrer Sprachzertrümmerung Bedeutung ausdrücken. Auf der anderen Seite reduzierte J. die Wörter auf das Typographische bzw. den Text zum visuellen bzw. figuralen Gedicht (z. B. die 13. Abteilung *klare gerührt*). Dazwischen stehen Texte, die konventionelles Sprechen permutativ, kalauernd, syntaktisch und orthographisch verdrehen (z. B. *falamaleikum*, *lichtung*) bzw. »mit einer Art konstruktiver Fragmentarisierung und Deformation« (J. Drews) verfremden und dabei – anders als in der → *Konkreten Poesie* – unmittelbar zeitkritische Absichten zum Ausdruck bringen (z. B. *wien: heldenplatz*, *16 jahr*). Im späteren Werk weicht der ironisch-spielerische Ton einem lakonisch-pessimistischen Sarkasmus (→ *Sprachexperimentelles Schreiben nach 1970*).

Rezeption: J.s Lyrik provozierte bis in 1970er Jahre hinein, ehe er zum gefeierten und populären Autor experimenteller Literatur wurde. *Laut und Luise* gibt es seit 1968 in mehreren Schallplatten- und CD-Versionen. ➘ *13 radiophone texte* (Ohrbuch-Verlag, o.J.); *13 radiophone Texte & das röcheln der mona lisa* (intermedium records, 2002); *Laut & Luise – Hosi & Anna* (Wagenbach, 2005).

Weitere Gedichtbände: *sprechblasen* (1968), *der künstliche baum* (1970), *dingfest* (1973), *die bearbeitung der mütze* (1978), *idyllen* (1989).

1966
Hermann Kesten

* 28.1.1900 in Podwolotschisk (Galizien). 1919–23 Studium (Geschichte, Germanistik) in Frankfurt/Main, 1927–33 Verlagslektor in Berlin. 1933 Emigration nach Amsterdam (Lektor im Verlag de Lange) und Frankreich, ab 1940 in New York lebend, ab 1949 als US-Staatsbürger. K. wohnte ab den 1950er Jahren abwechselnd in New York und Rom, ab 1980 in der Schweiz; 1972–76 Präsident des bundesdt. PEN-Zentrums, 1974 Büchner-Preis. † 3.5.1996 in Riehen bei Basel.

Die Zeit der Narren

Roman; Teilveröffentlichungen ab 1957; BA: 1966.

Als K. 1974 den Büchner-Preis (noch vor so bekannten Autoren wie z. B. Chr. Wolf, M. Walser, P. Weiss, Fr. Dürrenmatt) erhielt, war das eine Aner-

kennung des Gesamtwerks des jüdischen Emigranten und seiner Verdienste um die Exilliteratur. Seine frühen Romane *Josef sucht die Freiheit* (1927), *Ein ausschweifender Mensch* (1929), *Der Scharlatan* (1932) trafen den Nerv der Zeit und wurden in mehrere andere Sprachen übersetzt.
Die Zeit der Narren schildert den Lebensweg dreier Schulfreunde von 1949 bis 1965: Es sind typische Karrieren, die am Einzelfall die Entwicklung der Bundesrepublik vom Idealismus der kargen Nachkriegsjahre zum saturierten Wohlstandsstaat aufzeigen – nicht ohne schablonenhafte Verkürzung und ohne genauere Anschauung der 1950er Jahre. Der Roman ist daher eher zu lesen als ein literarisches Dokument dafür, wie ein Emigrant (der durchaus die Nähe zur Bundesrepublik suchte) nach 1945 auf Deutschland blickte.

Rezeption: Die Aufmerksamkeit, die sein Frühwerk (gerade für jüngere Leser) fand, erreichte K. mit seinem Werk nach 1945 nicht mehr.
Weitere Romane: *Die Kinder von Gernika* (1938), *Die Zwillinge von Nürnberg* (1947), *Meine Freunde die Poeten* (Essays, 1953/59).

1966
Hermann Lenz

* 26.2.1913 in Stuttgart. Nach Studium (Kunstgeschichte, Germanistik) in Heidelberg und München 1939–45 Soldat und ab 1946 freier Schriftsteller. 1951–75 Sekretär des Süddt. Schriftstellerverbandes in Stuttgart, lebte ab 1975 in München; 1978 Büchner-Preis. † 12.5.1998 in München (G).

Verlassene Zimmer

Roman.
Mit *Verlassene Zimmer* beginnt ein umfangreicher Romanzyklus, in dem L. sein Leben in der Gestalt seines literarischen Doppelgängers Eugen Rapp dargestellt hat: Der Roman beschreibt die familiäre Vorgeschichte und die Kindheit des 1913 geborenen Rapp bis in die Anfänge der Weimarer Republik. In *Andere Tage* (1968) und *Neue Zeit* (1975) wird dann das Leben unter dem Nationalsozialismus, die Studienzeit in München (Freundschaft mit der Halbjüdin Hanne), Kriegsteilnahme und Rückkehr aus der Gefangenschaft geschildert. *Das Tagebuch vom Leben und Überleben* (1978), *Ein Fremdling* (1983) und *Der Wanderer* (1986) zeigen Rapp, verheiratet mit Hanni, als erfolglosen Schriftsteller von 1946 bis zum Beginn der 1970er Jahre. In *Seltsamer Abschied* (1988), *Herbstlicht* (1992), *Feriengäste* (1994) und *Freunde* (1997) erzählt L. vom Umzug nach München (1976), dem plötzlichen Ruhm und vom geselligen Leben im neuen Freundeskreis.
Die dem Werk zugrunde liegende Erfahrung einer in Unordnung geratenen, bedrohlich wirkenden Welt, wie sie L. bis 1945 erlebt hatte, veranlasste den Autor zu einem Rückzug in einen vom Zeitgeschehen losgelösten ›in-

neren Bezirk‹. So erklärt sich L.s Vorliebe für die Welt des → *Fin de Siècle* in Österreich, für ihn Inbegriff einer intakten, glücklichen Welt, oder (wie in *Verlassene Zimmer*) für die Welt der Großeltern um 1900. Als »Alter Erzähler«, wie er sich selbst bezeichnet hat, bzw. in der »Position an der Peripherie der Wirklichkeit« (M. Durzak) war L. mit seinen distanzierten, detailgenauen Beobachtungen ein anachronistischer Chronist des 20. Jh.

Rezeption: L.s Werk blieb bis zum Anfang der 1970er Jahre unbeachtet. Erst P. Handkes Aufsatz *Einladung, Hermann Lenz zu lesen* (1973) brachte L. Aufmerksamkeit und Anerkennung. ➷ *Eine stillstehende Zeit. Herman Lenz liest Hermann Lenz* (Zweitausendundeins, 2002).

Weiteres Werk: *Der innere Bezirk* (Romantrilogie, 1980).

1966
Martin Sperr

* 14.9.1944 in Steinberg (Niederbayern). Nach Lehre als Industriekaufmann und Schauspielunterricht ab 1965/74 Engagements als Schauspieler bzw. Regisseur in Bremen und München; lebt bei Landshut und in München.

Jagdszenen aus Niederbayern

Schauspiel. UA: 27.5.1966 in Bremen. ED: 1966. Sp. schrieb das Stück 1970 zu der Erzählung *Jagd auf Außenseiter* um.

Das Stück (17 Szenen) spielt 1948 im niederbayrischen Dorf Reinöd. Damit – wie unter Hitler – wieder Ruhe und Ordnung im Dorf herrschen, wird gnadenlos Jagd auf störende Außenseiter gemacht: Der schwule Abram wird von seiner Mutter verleugnet, das Dienstmädchen Tonka wird als Nutte, der sprachbehinderte Rovo als Dorftrottel verachtet und auch die Ausgestoßenen können sich gegenseitig nicht anerkennen – die soziale Diskriminierung treibt sie in die Selbstverachtung und macht sie böse: Abram ersticht Tonka und wird selbst zur Strecke gebracht, Rovo erhängt sich und wird verscharrt; das Dorf triumphiert und wünscht sich: »Für solche Leut gehört der Hitler wieder her.«

Sp. fasste das Stück mit *Landshuter Erzählungen* (1967) und *Münchener Freiheit* (1971) zur *Bayerischen Trilogie* zusammen. Darin enthüllte (und denunzierte) er – krasser noch als das Volksstück der 1920er Jahre (→ *Facetten der Provinzliteratur*) – die reaktionär-faschistoide Repression im (ländlichen) Alltag, für die der Begriff ›soziale Kontrolle‹ eine verharmlosende Umschreibung ist.

Rezeption: Sp. wurde mit diesem Stück zum Mitbegründer des Genres ›neues Volksstück‹, an dem neben und nach ihm Autoren wie z. B. R. W. Fassbinder, Fr. X. Kroetz, H. Mueller, F. Mitterer, W. Bauer, W. Schwab, P. Turrini, Th. Hürlimann weiterschrieben. 🎬 R: P. Fleischmann (1969), R: V. Hesse (1980, TV).

Weitere Schauspiele: *Koralle Meier* (1970), *Die Spitzeder* (1977/80).

1966
Dieter Wellershoff

* 3.11.1925 in Neuß. Ab 1943 Soldat, 1947–52 Studium (Germanistik u. a.) in Bonn, 1952 Promotion. 1952–56 Redakteur, 1956–59 freier Schriftsteller, 1959–81 Lektor im Verlag Kiepenheuer & Witsch, lebt seitdem als freier Schriftsteller in Köln.

Ein schöner Tag

Roman.

W. ist ein Schriftsteller, der sein dichterisches Werk (Romane, Erzählungen, Gedichte, Hörspiele) von Anfang an in vielen Essays mit theoretischen Reflexionen begleitet hat, so dass es den für seine Rezeption nachteiligen Anschein hatte, als »bewiese« das Gedichtete das zuvor Gedachte. In diesen Kontext gehört auch das Verdienst des Lektors W., mit den jungen Autoren L. Harig, R. D. Brinkmann, G. Herburger, G. Seuren, N. Born, R. Rasp u. a. die sog. Kölner Schule des ›Neuen Realismus‹ begründet zu haben, der »genaue Objektdarstellung aus subjektiver Perspektive« (I. Scheitler) forderte. Doch W.s Werk bietet mehr: Es bildet ›Realität‹ nicht einfach ab, sondern zeigt mit den Mitteln der Literatur eher Virtuelles, nämlich: wie psychische Dispositionen (Ängste, Neurosen, Kränkungen) zu Verdrängungen führen, deren Ergebnis Wirklichkeitsverlust bedeutet. Konsequenterweise gibt es deswegen keinen allwissenden Erzähler, sondern erzählt wird – nach dem Vorbild des französischen *nouveau roman* – aus der Perspektive der jeweiligen Figuren, die bei W. durchweg problematische Menschen in einer verstörenden Lebenskrise sind: *Ein schöner Tag* zeigt das neurotisch deformierte Zwangsidyll einer Kölner Familie, *Die Schattengrenze* (1969) den Verfall eines kriminell gewordenen Menschen durch Angstneurosen und *Einladung an alle* (1972) die Dialektik von Verfolgungswahn und -hysterie am Beispiel eines flüchtigen Verbrechers.

Rezeption: W. konnte weder mit diesem Roman-Debüt noch mit seinem weiteren erzählerischen Werk – anders als mit seinen Essays – eine breitere Anerkennung gewinnen.

Weitere Romane: *Die Schönheit des Schimpansen* (1977), *Der Sieger nimmt alles* (1983), *Der Liebeswunsch* (2000), *Das normale Leben* (Erzählungen, 2005).

1967
Alfred Andersch

Biogr.: → 1952

Efraim

Roman.

Der deutsche Jude Georg Efraim, als Kind vor dem Zugriff der Nazis nach England evakuiert, kehrt 1962 als englischer Journalist nach Berlin zurück, um nach einem 1938 verschollenen jüdischen Mädchen zu suchen. Die Wiederbegegnung mit dem Ort seiner Kindheit und die Suche nach dem Kind (in dem er dann seine einstige Spielgefährtin erkennt) werden zu einer Suche nach seiner eigenen, verdrängten Identität, in deren Verlauf seine Ehe zerbricht und die Liebe zu einer DDR-Schauspielerin scheitert. Efraim wird zum Schriftsteller, der in der verwirrenden Begegnung mit dem Land der Täter (neuer Antisemitismus, Antikommunismus) wieder deutsch schreibt, doch dabei keineswegs zu einer beruhigenden Übereinstimmung mit Deutschland und den Deutschen nach 1945 gelangt. Das Ergebnis ist der Roman *Efraim*.

Mit diesem erzählerisch anspruchsvollen Werk erfüllte A. seine Forderung an das literarische Engagement: dass »der Prozeß des Vergessens einzig in der Kunst zum Stillstand gebracht wird« (→ *›Vergangenheitsbewältigung‹ nach 1945*). Neu und ungewöhnlich war, dass der nicht-jüdische Autor mit seiner Titelfigur aus der Sicht eines jüdischen Überlebenden schrieb, der in seiner Widersprüchlichkeit eine philosemitische Identifikation verhindert: »Wer mir Auschwitz erklären möchte«, sagt Efraim, »ist mir verdächtig« (→ *Holocaust und Literatur*).

Rezeption: An A.s Roman *Die Rote* (1960/72), der ein Bestseller (400 000 Exemplare bis 1979) war und in 13 Sprachen übersetzt wurde, kam *Efraim* nicht heran, er ist aber gleichwohl das gewichtigere Werk.

Weitere Werke: *Wanderungen im Norden* (Reisebericht, 1970), *Mein Verschwinden in Providence* (Erzählungen, 1971), → *Winterspelt* (Roman, 1974).

1968
Jürgen Becker

* 10.7.1932 in Köln. Nach abgebrochenem Germanistikstudium ab 1959 freier Mitarbeiter beim WDR, 1964–65 Lektor beim Rowohlt-Verlag, danach freier Schriftsteller und von 1974–94 Leiter der Hörspielredaktion des Deutschlandfunks in Köln. B. lebt in Köln und Odenthal.

Ränder

Prosatexte.

B. begann mit seinen drei ersten Veröffentlichungen *Felder* (1964), *Ränder* und *Umgebungen* (1970) als Autor, der dem → *sprachexperimentellen Schreiben nach 1970* vorausarbeitete. Dabei leitete ihn der Zweifel daran, dass durch einfaches Erzählen Realität abgebildet werden könne. Seine in der Regel kurzen Texte sind vielmehr Destruktionen des herkömmlich realistischen Erzählens, d. h. Sprachspiele und -exerzitien, die zeigen, dass das Feld der Wirklichkeit – geprägt von Floskeln und leeren Sprachritualen – nur noch von den Rändern her umschrieben werden kann. Dieser fragmentarisierten Wahrnehmung setzte B. jedoch in *Ränder* eine symmetrisch konstruierte Werkkomposition von 11 Kapiteln entgegen: Von Kapitel zu Kapitel löst sich sowohl die semantisch-syntaktische Ordnung als auch die Identität des erzählenden Ichs zum Mittelkapitel 6 hin, das völlig leer ist (4 weiße S.n), auf, um sich dann zum Ende hin wieder zusammenzusetzen. Immerhin kann durch die Kunst gezeigt werden, dass das (Sinn-)Zentrum weiß und stumm ist.

Rezeption: B.s experimentelle Prosa, wiewohl von der Kritik stark beachtet, blieb etwas für Eingeweihte. Ab Mitte der 1970er Jahre trat für ihn zunächst die Lyrik in den Vordergrund.

Weitere Prosatexte: *Erzählen bis Ostende* (1981), → *Der fehlende Rest* (1997).

1968
Rolf Dieter Brinkmann

* 16.4.1940 in Vechta. Nach Buchhändlerlehre in Essen 1963–66 Lehramtsstudium in Köln; ab 1966 freier Schriftsteller, 1972–73 Stipendiat der Villa Massimo in Rom. † 23.4.1975 (Verkehrsunfall) in London (G in Vechta).

Keiner weiß mehr

Roman.

Ein Student der Pädagogik (›er‹), nach abgebrochenem Pädagogikstudium unzufrieden mit arbeitender Frau (›sie‹) und ungewolltem Kind in einer zu engen Wohnung, mit Freunden, die nicht erwachsen werden wollen, und mit Wünschen nach einem spannenderen, befriedigenderen Leben (Frauen, London, Beatmusik usw.), hängt herum und »keiner weiß mehr«, was Besseres zu tun wäre.

B.s einziger Roman ist ein schonungsloser Krisenbericht, der mit seinen betont männlichen Fluchtphantasien über Gewalt und Obszönität schockierte. Die Unfähigkeit zur Bindung, der durch Konsumwelt und Popkultur aufgereizte Erfahrungshunger und die Ziellosigkeit des Protestes werden jedoch nicht als ›private‹ Probleme, sondern als Leiden an einer Gesellschaft artikuliert, die total verfestigt ist und nur von innen aufgebrochen werden kann. Diesem Frontalangriff entspricht einerseits ein geradezu obsessiver »Beschreibungsrigorismus« (S. Schönborn), andererseits der Versuch, Bewusstseinsabläufe als »Film in Worten« (B.) zu präsentieren. B.s Roman, der sich konventioneller ›Dichtung‹ provokativ verweigert, ist »das radikalste Buch der antiautoritären Negation« (Kl. Briegleb).

Rezeption: Der Roman ging noch 1968 in die 4. Auflage.

Weitere Werke: *Die Umarmung* (Erzählungen, 1965), *Westwärts 1 & 2* (Gedichte, 1975/2005), *Rom. Blicke* (Collagentext, posthum 1979), *Der Film in Worten* (Prosa, Hörspiele, Fotos; postum 1982).

Literatur und ›1968‹

Das Jahreskürzel ›1968‹ ist – nachdem die politisch-literarischen Debatten um diese ANTIAUTORITÄRE REVOLTE, obwohl immer noch unabgegolten, historisch geworden sind – zu einer schiefen Chiffre geworden: Weder reduzierte sich die Bewegung überhaupt auf nur *ein* Jahr noch geht es um genau *dieses* Jahr. Der ZEITABSCHNITT ist korrekter mit 1965/66 bis 1969/70 datiert, mit dem Höhepunkt 1967. Der Umbruch hat jedoch eine längere Vorgeschichte, so wie die Nachwirkungen noch lange andauerten: Es handelte sich um die Koinzidenz verschiedener Krisen, die von der Weltpolitik bis zur kulturellen Praxis im Lande reichten und den sich steigernden, vielfältigen Protest hervorriefen. STICHWORTE: Glaubwürdigkeitskrisen der politischen Systeme in West und Ost (USA-Imperialismus: Vietnam; Unterdrückung des Reform-Sozialismus im Ostblock: Prag; Ausbeutung und koloniale Regimes in der Dritten Welt gegen den Widerstand von Befreiungsbewegungen), Krise des parlamentarischen Systems in der Bundesrepublik (Neofaschismus, außerparlamentarische Opposition, Notstandsgesetze), Krise der Zivilgesellschaft (Erbschaft der Nachkriegs-Restauration, Verdrängung der NS-Vergangenheit, Antikommunismus, Bildungskatastrophe), Mentalitätswandel (Jugendrebellion, Frauenemanzipation, Minderheiten), medialer Kulturwandel (Politisierung der Kunst, Pop-Kultur, Underground).

›1968‹ ist aber auch die CHIFFRE FÜR DIE POLITISCH-KULTURREVOLUTIONÄRE HOFFNUNG, durch zivilen Ungehorsam bzw. im radikalisierten Protest gegen Unterdrückung Freiheit und Gleichheit, repressionsfreie Selbstverwirklichung und soziale Gerechtigkeit unmittelbar bzw. in nächster Zukunft herstellen zu können, wobei Fragen wie z. B. nach dem revolutionären Subjekt, der Führungsrolle, dem Einsatz von Gewalt und dem Zeitpunkt ebenso unterschiedlich beantwortet wurden wie die Frage, welche Funktion Kunst und Literatur dabei haben; die Skala der zeitgenössischen Antworten auf diese letzte Frage reichte von (phasenweise) strikter Ablehnung (»Die Literatur ist tot«, »Kunst ist Krampf im Klassenkampf«) über kurzfristige Anpassungen an das Zeitbedürfnis (z. B. bei H. M. Enzensberger, M. Walser) bis zur engagierten Praktizierung neuartiger Aktionsformen von Literatur (z. B. Agitprop, Kabarett, → *Dokumentarliteratur und -theater*, Straßentheater, politische Lyrik, Happening).

Die meisten Autoren der → ›*Gruppe 47*‹ (wie z. B. G. Grass, anders als P. Weiss und H. Böll) waren von ›1968‹ letztlich nicht betroffen. Prägenden Einfluss hatte der Umbruch v. a. auf (zumeist) jüngere Schriftsteller wie z. B. A. Astel, N. Born, R. D. Brinkmann, F. C. Delius, H. Dittberner, R. W. Fassbinder, J. Fauser, H. Fichte, E. Fried, R. Gernhardt, E. Henscheid, R. Lettau, P. Schneider, J. Theobaldy, U. Timm, B. Vesper, G. Wallraff, W. Wondratschek, P. Wühr, P.-P. Zahl. Im Rückblick von heute ist zudem festzustellen: Der tiefere ZUSAMMENHANG VON LITERATUR UND ›1968‹ verschließt sich, wenn Literatur lediglich als Reaktion auf das ›Ereignis‹ des politischen Zeitumbruchs verstanden wird, denn dann kann nur in den Blick

kommen, was stofflich und/oder formal ›neu‹ war. Damit einher geht zumeist die verkürzende Rede vom Scheitern von ›1968‹, das zugleich als Beweis dafür herangezogen wird, dass die Bewegung unliterarisch bzw. literarisch folgenlos geblieben sei. Dem ist entgegenzuhalten, dass gerade Kunst und Literatur mit ihrem Potential an Utopie und Subversion das Feuer und die Phantasie revolutionärer Bewegungen nicht nur anfachten, sondern auch bewahrten. Insofern führen Wege von den kunstrevolutionären Bewegungen seit Expressionismus und Surrealismus (bzw. Situationismus und der Idee der ›symbolischen Aktion‹) bis zu den aktionistischen Konzepten von Gegenkultur und Gegenöffentlichkeit zu ›1968‹ und haben sich seitdem, zunehmend umstellt von der Unkenntlichmachung durch die moderne Medienkultur, bis heute fortgesetzt.
Die literarische Erinnerung an und Verarbeitung von ›1968‹ ist, je nach politischer Biographie und Nähe zum Geschehen, kontrovers und insgesamt eher schmal. Auswahl (Prosa): E. Henscheid: → *Trilogie des laufenden Schwachsinns* (1972–78); P. Schneider: → *Lenz* (1973); K. Struck: → *Klassenliebe* (1973); G. Zwerenz: *Die Erde ist unbewohnbar wie der Mond* (1973); Fr. Viebahn: *Das Haus Che oder Jahre des Aufruhrs* (1973): G. Fuchs: *Beringer und die lange Wut* (1973); U. Timm: *Heißer Sommer* (1974), *Kerbels Flucht* (1980); Kl. R. Röhl: *Fünf Finger sind keine Faust* (1974); R. Lang: *Ein Hai in der Suppe* (1975); E. Plessen: → *Mitteilung an den Adel* (1976); H. Kinder: *Der Schleiftrog* (1977); Fr. Zorn: *Mars* (1977); B. Vesper: → *Die Reise* (1977); J. Schimmang: *Der schöne Vogel Phönix* (1979); E. Demski: *Goldkind* (1979); P.-P. Zahl: → *Die Glücklichen* (1979); F. C. Delius: *Amerikahaus und der Tanz um die Frauen* (1997). Zur problematischen Verarbeitung von ›1968‹ bei den Kindern von ›1968ern‹: Z. Jenny: *Das Blütenstaubzimmer* (1997).

1968
Tankred Dorst

* 19.12.1925 in Sonneberg (Thüringen). Nach Kriegsdienst (ab 1944) und Gefangenschaft (bis 1947) ab 1950 Studium (Germanistik, Theaterwissenschaft) in Bamberg und München (ohne Abschluss), danach Schriftsteller in München. 1990 Büchner-Preis; lebt in München.

Toller

UT: *Szenen aus einer deutschen Revolution*

Schauspiel. Entst. ab 1961. UA: 9.11.1968 in Stuttgart; BA: 1968.

Auf dem Höhepunkt der Bewegung von ›1968‹ (→ *Literatur und ›1968‹*) provozierte D. mit diesem revueartigen Überblick über den Verlauf der Münchener Räterepublik 1919, an deren Spitze der Schriftsteller Ernst Toller stand. Das Ergebnis lautet: Literaten, bleibt bei euern Leisten! Die idealistische Verwechslung der Revolution mit Literatur, so D.s These, hat den verblendeten Dichter zum Schuldigen und zum Verlierer gegenüber dem pragmatischen Revolutionär Leviné gemacht – die Opfer dieser Realitätsblindheit sind die Arbeiter, die von der siegreichen Reaktion erschossen wurden. Die Botschaft an ›1968‹ war eindeutig: Weder vertragen sich Literatur und Politik, noch gibt es eine revolutionäre Situation.

Ein weiteres Revolutionsstück (die Pariser Commune 1870/71 betreffend) schrieb D. mit *Goncourt oder Die Abschaffung des Todes* (1978). Andere, höchst unterschiedliche Dramatisierungen des Themas Dichter/Intellektueller und Revolution: G. Grass: *Die Plebejer proben den Aufstand* (1966), P. Weiss: *Hölderlin* (1971).

Rezeption: Das Stück brachte D. den Durchbruch als (auch international) erfolgreicher Theaterautor. 🎬 *Rotmord* (R: P. Zadek, 1969, TV).

Weitere Schauspiele: *Eiszeit* (1973), *Merlin oder Das wüste Land* (1981), Werkausgabe 1–5 (1985–90).

1968
Hubert Fichte

* 31.3.1935 in Perleberg (Brandenburg), als uneheliches Kind und (in der NS-Zeit) als ›Halbjude‹ diskriminiert. Nach verschiedenen Tätigkeiten (Schauspieler, Landwirtschaftsgehilfe) und Reisen ab 1962 Schriftsteller in Hamburg, unterbrochen von Rom-Aufenthalt (1967/68) und Studienreisen (Karibik, Brasilien, Afrika). † 8.3.1986 in Hamburg (G).

Die Palette

Roman.

F. hat sein Schreiben als ein vertieftes Leben und sein Leben als ein Buch verstanden, das er immer wieder neu zu schreiben suchte (P. Bekes). Seine ersten drei Romane – *Das Waisenhaus* (1965), *Die Palette* und *Detlevs Imitationen ›Grünspan‹* (1971) – sind entsprechend verschiedene literarische Ergründungen möglicher Ich-Werdung (dargestellt in den Figuren Detlev und Jäcki), die in *Versuch über die Pubertät* (1974) zu einem einzigen Ich (Hubert) zusammengeführt werden. Erzählt werden die Jahre von 1943 bis etwa 1970. Der Roman *Die Palette* schildert die Begegnung der Hauptfigur Jäcki mit der Welt der Gammler, Schwulen, Junkies und Outdrops, die sich in der gleichnamigen Hamburger Kellerkneipe zusammenfinden. Es ist die subkulturelle Atmosphäre der 1. Hälfte der 1960er Jahre, vor den Aufbrüchen der Folgejahre, aber schon gezeichnet von Widersprüchen, deren Äußerung jedoch nicht zugelassen ist.

F. verfügt über eine Fülle unkonventioneller erzählerischer Mittel, um das Äußere dieser Kellerwelt als das Innere eines sich selbst suchenden Ichs darzustellen: Indem – wie von einer Mal-Palette – Farbtupfer aufgetragen und eine tachistische Textur aus Wirklichkeitspartikeln, Wortstücken und Sprachfragmenten entworfen wird, lösen sich auch die Grenzen zwischen Ich-Erzähler, Jäckis Ich und Ich des Autors auf.

Rezeption: Der Roman war F.s erfolgreichstes Buch (bis 1994: 19 000 Exemplare). ♪ (Auszüge): *Beat & Prosa – Live im Star Club* (Suppose Verlag, 2004).

Weitere Werke: *Xango* (1976) und *Petersilie* (1980, ethnopoetische Texte), → *Die Geschichte der Empfindlichkeit* (Romanprojekt, postum 1987–2006).

1968

Peter Handke

* 6.2.1942 in Griffen (Kärnten). 1961–65 Jurastudium in Graz (abgebrochen), seitdem freier Schriftsteller mit wechselnden Wohnorten (u. a. Berlin, Paris und Salzburg), seit 1991 in Chaville bei Paris. 1973 Büchner-Preis (1999 zurückgegeben).

Kaspar

UT: *65 Etüden*

Sprechstück. UA: 11.5.1968 in Frankfurt/Main und Oberhausen. ED: 1968.

H.s Grundthese (Sprache bildet die Welt nicht ab, sondern erzeugt Wirklichkeit) wird in *Kaspar* veranschaulicht: Zu Beginn des Stückes verfügt Kaspar (als Figur angelehnt an den historischen Kaspar Hauser) nur über einen, in seiner Bedeutung offenen, aber eigenen Satz: »Ich möcht ein solcher werden, wie einmal ein andrer gewesen ist.« Unsichtbare ›Einsager‹ bringen ihm das Sprechen bei. Er lernt Wörter und Sätze und mit ihnen, was richtig und falsch, gut und schlecht ist. Er übernimmt mit der Sprache Konventionen, Normen und Ordnungen: Kaspar wird, was die Sprache, die ihm aufgezwungen wurde, aus ihm macht (H. spricht in der Vorbemerkung von »Sprechfolterung«), d. h. er wird identitätslos wie die ihn umgebenden anderen Kaspars.

H.s Sprechstücke aus dieser Zeit (u. a. *Publikumsbeschimpfung*, 1966; *Das Mündel will Vormund sein*, 1969; *Der Ritt über den Bodensee*, 1971) sind »archaischer Protest gegen die eingebürgerten Gewohnheiten der Bühne und des Alltags« (M. Kesting) und stehen damit im Gegensatz zum traditionellen Illusionstheater, aber auch zu den Lehrstücken Brechts und dem Dokumentartheater: Das Geschehen auf der Bühne verweist auf nichts, auch nicht auf eine Realität jenseits der Bühne. Der Manipulation durch Sprache (indem sie die Wirklichkeit verstellt und nur eine der ihr innewohnenden Möglichkeiten erfasst) kann, so H., er als Dichter nur begegnen, indem er über sie spricht und der Forderung nachkommt: »Sich selber am nächsten sein« (vgl. auch die romanhaften Prosaexperimente *Die Hornissen*, 1966, und *Der Hausierer*, 1967).

Rezeption: H. nahm seinen Aufstieg im Affront gegen ›1968‹ (→ *Literatur und ›1968‹*): »Ein engagierter Autor kann ich nicht sein, weil ich keine politische Alternative weiß zu dem, was ist.«

Weitere Werke (Erzählungen): *Die Angst des Tormanns beim Elfmeter* (1970), → *Der kurze Brief zum langen Abschied* (1972).

1968
Siegfried Lenz

* 17.3.1926 in Lyck (Ostpreußen). Nach kurzer Soldatenzeit und Kriegsgefangenschaft ab1945 Studium (Philosophie, Anglistik, Germanistik) in Hamburg, daneben als Journalist tätig. Seit 1951 lebt L. als freier Schriftsteller vorwiegend in Hamburg.

Deutschstunde

Roman.

»Die Freuden der Pflicht« heißt das Thema einer Strafarbeit, die der inhaftierte Siggi Jepsen 1954 anfertigen soll und die ihm zum kritischen Rückblick auf seine Kindheit und Jugend in Rugbüll (Niebüll) während und nach dem Zweiten Weltkrieg gerät: Im Mittelpunkt steht das Verhältnis zu seinem Vater, einem Dorfpolizisten, der pflichtbesessen das 1943 von den Nationalsozialisten verhängte Malverbot seines Jugendfreundes und Nachbarn, des expressionistischen Malers Nansen (E. Nolde), überwacht. Siggi lehnt sich gegen den blinden Gehorsam, die fehlende Menschlichkeit und das autoritäre Gebaren seines Vaters auf und stellt sich ganz auf die Seite Nansens, dessen Bilder er zu retten versucht. Steigert sich Jepsens Pflichtauffassung dabei ins Wahnhafte, so dass er Nansen noch nach 1945 verfolgt, so gerät die Retterrolle für Siggi zu einem Zwang, der ihn dazu veranlasst, die Bilder Nansens zu stehlen, und zu seiner Inhaftierung führt. Der Prozess des Schreibens lässt Siggi das Trauma der Vergangenheit überwinden – er wird entlassen.

Der große Erfolg des Romans, als »imaginäre Geschichtsschreibung« (W. Hinck) gelobt, hängt auch mit der Erzählweise zusammen, die in der Nachfolge der Realisten des 19. und 20. Jh. steht. Dessen ungeachtet bleibt problematisch, ob Siggis psychologisch motivierter Deutschaufsatz, so wie er erzählt ist, die vom Autor angestrebte Trauerarbeit der Leser anzuleiten vermag (→ *›Vergangenheitsbewältigung‹ nach 1945*).

Rezeption: Der Roman war – auch international – L.' schriftstellerischer Durchbruch. 🎬 R: P. Beauvais (1971, TV). ✎ Hoffmann und Campe (2006).

Weitere Werke: *So zärtlich war Suleyken* (Geschichten, 1951), *Das Feuerschiff* (Erzählungen, 1960), *Zeit der Schuldlosen* (Schauspiel, 1961), *Das Vorbild* (Roman, 1973), → *Heimatmuseum* (Roman, 1978).

1968
Christa Wolf

Biogr.: → 1963

Nachdenken über Christa T.

Roman. ED: Halle 1968, Neuwied 1969.

Der Roman zeigt eine veränderte Einstellung W.s zur Staatspartei, die ab 1965 zunehmenden Druck auf Künstler ausübte. Die Änderung findet ihren Ausdruck in einem ›Nachdenken‹ der namenlosen Ich-Erzählerin über Person und Lebensweg ihrer Freundin nach deren frühem Tod: Sie, die in vielem Christa T. (und auch Chr. Wolf) gleicht, will schreibend begreifen, wer ihre »eigenwillige« Freundin war und wer sie selbst ist, indem sie »unbeispielhaft und ohne Anspruch auf Verwendbarkeit« schildert, »wie es wirklich war.« Dazu werden Erinnerungen, Tagebuchaufzeichnungen, Briefe, aber auch die dichterische Imagination herangezogen (»Man muß erfinden, um der Wahrheit willen«), so dass eine komplexe Textstruktur entsteht. In ihr tritt die Hauptfigur Christa T. mit ihrem unbedingten Anspruch auf Selbstverwirklichung, der sie in Konflikt mit dem sozialistischen Alltag der DDR gebracht hat, als eine Außenseiterin auf. Ihren Versuch, abseits der gesellschaftlichen Wirklichkeit – aber überzeugt von der sozialistischen Idee –, als Ehefrau und Mutter in ländlicher Idylle ihrem Leben einen Sinn zu geben, hat der Tod durch Leukämie beendet. Doch die Erzählerin hält fest, dass das, was Christa T. verkörperte, »der Welt zu ihrer Vollkommenheit nötig sein« könnte.

Die Kritik an Erscheinungen des real existierenden Sozialismus, fehlender Optimismus, Subjektivität der Darstellung, Verzicht auf geradliniges, dafür kunstvoll verschachteltes Erzählen standen zwar im Widerspruch zur offiziellen Literaturprogrammatik, wurden aber von den Lesern als Beweis für ungewöhnliche Aufrichtigkeit gewürdigt.

Rezeption: In der DDR wurde der Roman zunächst scharf kritisiert und erschien nur in sehr kleiner Auflage, später dann auch – wie in der Bundesrepublik – in größerer.

Weiteres Werk: → *Kindheitsmuster* (Autobiogr., 1976).

1968
Günter de Bruyn

* 1.11.1926 in Berlin. Soldat ab 1943, nach Absolvierung eines Lehrerkurses bis 1949 Lehrer. Nach Bibliothekarsausbildung ab 1953 Tätigkeit im Zentralinstitut für Bibliothekswesen der DDR; lebt seit 1961 als Schriftsteller in Berlin und Beeskow (Brandenburg). 1964 H.-Mann-Preis.

Buridans Esel

Roman. ED: Halle 1968, München 1969.

Die Romanhandlung entbehrt jeder Originalität: Ein Mann muss sich zwischen zwei Frauen entscheiden. Karl Erp, wohlsituierter Leiter einer Bibliothek in Ostberlin, verheiratet, zwei Kinder, Besitzer eines Hauses an der Spree, verliebt sich in eine Praktikantin. Ihretwegen verlässt er die Familie und zieht zu ihr in eine Hinterhofwohnung, um mit ihr Liebe und Leben neu zu erleben. Nach kurzer Zeit des Glücks stellen sich bei Erp Zweifel ein und es ergeben sich Schwierigkeiten im Zusammenleben mit der Geliebten, den Kollegen und der Partei. Außerdem vermisst Erp die Annehmlichkeiten seiner früheren gesicherten Existenz. Er gleicht damit Buridans Esel, der zwischen zwei Heuhaufen nicht wählen kann und deswegen verhungert. Erp geschieht das jedoch nicht: Er kehrt zu seiner Frau zurück, die – inzwischen selbstbewusst geworden – ihn duldet, der Kinder wegen.

Es ist allein der Erzähler, der die Besonderheit des Romans bestimmt: Er lenkt das Geschehen, kennt die Motive der handelnden Personen, erklärt und erzählt (an Fontane erinnernd) humorvoll-ironisch – und überlässt das Urteil dem Leser mit dem Hinweis, dass jeder Einzelne sein Leben selbst zu gestalten habe (die Partei verhält sich im Roman erstaunlich nachsichtig). Dass ein Kleinbürger wie Erp Karriere machen kann und am Ende sogar befördert wird, enthält, unausgesprochen und amüsant verpackt, dabei durchaus Kritik am realen Sozialismus der DDR.

Rezeption: Der Roman erreichte bereits 1968 10 Auflagen und war auch im Westen erfolgreich. U. Plenzdorf (UA: 1975), *Glück im Hinterhaus* (R: H. Zschoche, 1980).

Weitere Werke: *Märkische Forschungen* (Erzählung, 1979), *Neue Herrlichkeit* (Roman, 1984). Autobiogr.n: *Zwischenbilanz* (1992), *Vierzig Jahre* (1996).

1969
Jurek Becker

* 30.9.1937 in Lodz (Polen). Nach Kindheit im jüd. Ghetto und Konzentrationslager kam B. 1945 nach Ostberlin, wo er Dt. lernte und 1955–57 Philosophie studierte. 1960–77 freier Schriftsteller in (Ost-)Berlin, ab 1977 in (West-)Berlin. † 14.3.1997 in Berlin (G in Sieseby).

Jakob der Lügner

Roman. ED: Berlin (DDR) 1969, Darmstadt 1970. Voraus gingen 2 Drehbuchfassungen (1963/65), deren letzte erst 1974 für die Verfilmung realisiert wurde.

Um den Holocaust vor dem Vergessen zu bewahren, wurden unterschiedliche Darstellungsformen gewählt (→ *Holocaust und Literatur*). B. gelang es trotz der bedrückenden Thematik, einen von Witz, Komik und Ironie geprägten Grundton zu treffen, der dennoch auf einfühlsame Weise, nie

klagend oder anklagend, das Leid des zu Ertragenden eindringlich deutlich werden lässt: Jakob ist ›Bewohner‹ eines Ghettos in Polen, überlebt ein Verhör durch die deutschen Bewacher, hört dabei zufällig im Radio, dass die russischen Truppen bereits in Polen sind, und behauptet danach, er besitze ein (im Ghetto streng verbotenes) Radio. Immer wieder bedrängt, die neuesten Nachrichten mitzuteilen, erfindet Jakob unentwegt Meldungen über den Vormarsch – und stärkt so den Überlebenswillen der Ghettobewohner, denn »die Hoffnung darf nicht einschlafen, sonst werden sie nicht überleben.« Für das Ende bietet der Erzähler zwei Varianten an: eine mögliche, optimistische (Jakob wird zwar bei einem Fluchtversuch getötet, aber der Geschützlärm der Befreier ist schon zu hören), und die tatsächliche: Jakob wird mit seinen Leidensgenossen in ein Todeslager deportiert und schildert auf dem Weg dorthin dem Erzähler seine Geschichte.
Die Wirkung des Romans besteht in der unaufdringlichen Darstellung praktizierter Menschlichkeit unter unmenschlichen Bedingungen. Ehemalige KZ-Häftlinge und deren lebenslange Traumatisierung durch das Erlebte stehen auch im Mittelpunkt der Romane *Der Boxer* (1976) und *Bronsteins Kinder* (1986).

Rezeption: Der Roman gehört zu den bekanntesten Werken der DDR-Literatur und wurde in viele Sprachen übersetzt. Hörspielfassung (R: G. Wieghaus, 2002). 🎬 R: Fr. Beyer (1974), R: P. Kassowitz (1999). 🎧 (gekürzt): Der Hörverlag (2007). Weitere Werke: *Amanda herzlos* (Roman, 1992). B. schrieb Drehbücher der erfolgreichen ARD-Fernsehserie *Liebling Kreuzberg* (1988ff.).

1969
Günter Wallraff

* 1.10.1942 in Burscheid bei Köln. Nach Buchhändlerlehre und -tätigkeit (1957–61) Fabrikarbeiter (1963–66), danach Mitarbeiter an Zeitschriften und (ab 1973) freier Schriftsteller in Köln. Mitbegründer des ›Werkkreises Literatur der Arbeitswelt‹; lebt in Köln.

13 unerwünschte Reportagen

Slg. von Industriereportagen, die ab 1966 einzeln in den Zeitschriften *pardon* und *konkret* erschienen waren; BA: 1969.
W. ist mit seinen Reportagen aus dem abgeschirmten Inneren der industriellen Arbeitswelt, beginnend mit *Wir brauchen dich* (1966) über *13 unerwünschte Reportagen* bis zu den *Neuen Reportagen* (1972), in die Literaturgeschichte eingegangen. Es handelt sich dabei nicht nur um journalistische Enthüllungsberichte in der Tradition der Reportage- und Tatsachenliteratur der 1920er Jahre (z. B. E. E. Kisch, E. Ottwalt), wenn W. seine erschlichenen Aufenthalte z. B. im Obdachlosenasyl, in einer Heil- und Pflegeanstalt, einem Walzwerk, beim Werk- und beim Luftschutz schildert: Neu ist

das unter persönlichen Risiken selbst Erfahrene und mit Dokumenten Belegte, kurz: das authentisch Faktische gegenüber einer Fiktion, die unter den Verdacht geraten ist, ›Wahrheit‹ zu verdecken.
W.s Texte, deren Wahrheitsgehalt (»Wallraf war da«) zumeist nicht bestreitbar war (obwohl es juristisch immer wieder versucht wurde), blieben gleichwohl als ›Literatur‹ umstritten, weil der Autor nur »nachlesbar macht, was ist« (H. Vormweg). W.s Antwort von 1970 (»Nicht Literatur als Kunst, sondern Wirklichkeit!«), die er später abmilderte, wurde zum Programm einer politisch-operativen Literatur (→ *Dokumentarliteratur und -theater*): Aufklärung über die Ausbeutung und Entwürdigung derer, die sich ›ganz unten‹ befinden. Als sich nach dem Bestseller-Erfolg der Leiharbeiter-Reportage *Ganz unten* (1985) herausstellte, dass W. sich seinerseits journalistische Mitverfasser ›geliehen‹ hatte, und er sogar unter den (nie geklärten) Verdacht geriet, zeitweilig Stasi-Mitarbeiter gewesen zu sein, war sein Nimbus als »Robin Hood aller Erniedrigten« (H. Müller) beschädigt.

Rezeption: W.s sog. Industriereportagen waren ein Bestseller um 1968 und hatten einen nachhaltigen Einfluss auf das Konzept einer ›eingreifenden‹ Literatur. ✎ (Auszüge): *Ich, der andere* (Random House Audio, 2002).
Weitere Reportagen: *Ihr da oben – wir da unten* (zusammen mit B. Engelmann, 1973), *Der Aufmacher* (1977), *Akteneinsicht* (1987).

Autorenfilm und Literaturverfilmung

Der Begriff ›Autorenfilm‹ ist nicht eindeutig: Einerseits bezeichnet er Filme, in denen Drehbuch und Regie in einer Hand liegen (in der Regel beim Regisseur), andererseits ist er Ausdruck für eine genuine Schöpfung (Gesamtkunstwerk von Drehbuch, Kameraführung, Musik, Schnitt und Regie) eines ›Filmemachers‹, der damit einen (quasi-literarischen) Status als ›Autor‹ gewinnt. Die ungewöhnliche Betonung der Autorschaft an einem technisch aufwändigen Kollektivwerk wie dem Film verfolgte zumeist den Zweck, den künstlerischen Rang des Films gegenüber der kommerziell ausgerichteten Massenproduktion zu betonen. Das geschah in einer 1. Phase ab 1910 bzw. ab 1926 im Zeichen des Stummfilms sowie v. a. ab 1958 (›Nouvelle Vague‹ in Frankreich; ab den 1960er Jahren: ›New British Cinema‹, ›Neuer deutscher Film‹). Die Behauptung des Kunstanspruchs via ›Autorschaft‹ war jedoch nicht ohne Ambivalenz: Zum einen trieb sie den über bloße Literarisierung hinausgehenden Eigencharakter des Autorenfilms als filmsprachliches Kunstwerk voran, woran bedeutende Regisseure mit ihrer unverwechselbaren ›Handschrift‹ großen Anteil hatten (z. B. A. Hitchcock, O. Welles, I. Bergman, A. Kurosawa, J.-L. Godard, A. Kluge, R. Polanski, A. Tarkowski); andererseits führte der eigentlich anachronistische ›Autor‹-Anspruch, der in der Literatur ab den 1970er/80er Jahren unter dem Schlagwort »Tod des Autors« (M. Foucault) in die Krise geriet, dazu, dass der ›Autorenfilm‹ – analog zum sog. Regietheater auf der Bühne – sich zum Film der Star-Regisseure wandelte, die einen (auch kommerziell relevanten) Markennamen erhielten – ob nun mit oder gegen Hollywood.

Der deutsche Autorenfilm konstituierte sich mit dem Oberhausener Manifest 1962, das von 26 jungen Filmemachern veröffentlicht wurde, die in der Folge mit ihren ›Autorenfilmen‹ den ›Neuen deutschen Film‹ konstituierten. Ihre wichtigsten Filme sind in diesem Zusammenhang: E. Reitz: *Mahlzeiten* (1966), *Heimat* (1984), *Die Zweite Heimat* (1992); A. Kluge: *Abschied von gestern* (1966); R. W. Fassbinder: *Liebe ist kälter als der Tod* (1969), *Angst essen Seele auf* (1973); W. Herzog: *Aguirre, der Zorn Gottes* (1972); H. Bohm: *Nordsee ist Mordsee* (1975); W. Wenders: *Im Lauf der Zeit* (1976), *Himmel über Berlin* (1987).

Das ›Oberhausener Manifest‹ trat weniger mit ästhetischem Anspruch auf – es blieb Erzählkino und damit literaturnah. Sein eigentliches Programm war filmpolitisch (der Film›autor‹ soll Filmproduzent sein); es geriet aber mit diesem Ziel letztlich in immer stärkere Abhängigkeit vom Fernsehen, was dazu führte, dass sich ab den 1970er Jahren der Schwerpunkt von eigenen Spielfilmen mehr und mehr auf Literaturverfilmungen verschob. Diese wurden von den Sendeanstalten nicht zuletzt deswegen favorisiert, weil sie das neue Massenmedium (das ab 1970 über 90 % aller Haushalte erreichte) kulturell aufwerteten – so wie die (verfilmte) Literatur diesen Zweck zuvor für das Kino erfüllt hatte. Neu war, dass die Literaturverfilmung nun nicht mehr als zweitrangig gegenüber dem literarischen Werk betrachtet wurde (Bebilderung), sondern als eine filmische Adaption und produktive Rezeption mit künstlerischem Anspruch (H. Kreuzer). Herausragende Literaturverfilmungen bis 1980: *Der geteilte Himmel* (R: K. Wolf, 1964), *Der junge Törleß* (R: V. Schlöndorff, 1966), *Die Artisten in der Zirkuskuppel: ratlos* (R: A. Kluge, 1967), *Katz und Maus* (R: H.-J. Pohland, 1967), *Das Schloß* (R: R. Noelte, 1968), *Effi Briest* (R: R. W. Fassbinder, 1974), *Der Stechlin* (R: R. Hädrich, 1975), *Die verlorene Ehre der Katharina Blum* (R: V. Schlöndorff, 1975), *Lotte in Weimar* (R: E. Günther, 1975), *Die Marquise von O…* (R: E. Rohmer, 1976), *Die Blechtrommel* (R: V. Schlöndorff, 1979), *Berlin Alexanderplatz* (R: R. W. Fassbinder, 1980).

1970
Helmut Heißenbüttel

* 21.6.1921 bei Wilhelmshaven. Nach Kriegsteilnahme 1942–45 Studium (u. a. Germanistik) in Dresden, Leipzig und Hamburg; 1955–57 Verlagslektor in Hamburg, 1959–81 Leiter der Redaktion ›Radio Essay‹ beim SDR in Stuttgart. 1969 Büchner-Preis; lebte ab 1981 in Borsfleth (bei Glückstadt). † 19.9.1996 in Glückstadt (G in Borsfleth).

Das Textbuch

Sprachtexte. Neuzusammenstellung der *Textbücher 1–6* (1960–67).

H. begann mit den Bänden *Kombinationen* (1954) und *Topographien* (1956) als Lyriker im Umkreis der → *Konkreten Poesie*. Nicht wenige dieser ›Gedichte‹ sprengten schon damals den Gattungscharakter und traten als kombinatorische ›Texte‹ auf, die (lyrische) Poesie und Prosa zusammenführten; einige von ihnen übernahm H. dann in das *Textbuch 1* (1960). Mit der bis 1967 auf 6 Textbücher angewachsenen Serie brach H. dann vollends mit den Konventionen einer realistisch bzw. symbolisch abbildenden Literatur, die durch ein Autor-Ich spricht: Angeregt durch die Sprachphilosophie L. Wittgensteins ›spielen‹ seine Texte mit dem Sagbaren der Sprache (»was es zu sagen gibt«), d. h. mit dem Sprachmaterial als Regelstruktur (Satzbau, Wortbildung, Laute) wie als sinnentleertes Geredetes, mit sprachlichen Ready-mades, Zitat und Klischee. Zerlegen und Kombinieren, Reproduzieren und Variieren, kurz: Experimentieren mit den Grenzen der Sprache als Grenzen der Welt ist die Arbeit des avantgardistischen Autors, die H. auch essayistisch oft als »interne Sprachveränderung« beschrieben hat. In dieser eigenwilligen Konstruktion von ›erzählfreien‹ Texten, das ist die beabsichtigte Pointe, werden letztlich dann doch Konnotationen erzeugt, die als kritische Reflexion empirischer Wirklichkeit zu interpretieren sind (z. B. *Endlösung, das neue Zeitalter, Friseurgeschichte, nach dem Sittenskandal*).

Rezeption: Mit den *Textbüchern* sowie mit dem Collage-›Roman‹ *D'Alemberts Ende* (1970) wurde H. zum wichtigsten Exponenten des → *sprachexperimentellen Schreibens nach 1970*. ⭍ (Auszüge): *Texte* (S Press Tonbandverlag, 1990), *Texte und Gedichte* (Klett, 1980).

Weitere Werke: *Textbücher 8–11* (1985–87).

1970
Arno Schmidt

Biogr.: → 1949

Zettels Traum

Roman. Entst. 1963–68/69; ED: 1970, Studienausgabe: 1973. Raubdruck: 1970 (verkleinert) und o.J. (ca. 1981, Originalformat). Taschenbuchausgabe: 2002.

Das Übersetzer-Ehepaar Paul und Wilma Jacobs besucht mit seiner 16-jährigen Tochter Franziska im Sommer 1968 den alten Freund Daniel Pagenstecher in dessen Haus in der Lüneburger Heide. Dieser, ein psychoanalytisch versierter Schriftsteller und Poe-Kenner (Sch.s Alter Ego), wird um Rat für eine neue Poe-Übersetzung gebeten. In den 24 Stunden des Zusammenseins unterhält man sich und unternimmt Spaziergänge, wobei es v. a. um Pagenstechers Deutung der Werke Poes geht.

Um dieses knappe Geschehen darzustellen, schrieb Sch. das größte, schwerste und dickste Buch der deutschen Literatur (B. Rauschenbach).

Der Roman besteht aus drei parallel gedruckten Spalten: Die (breite) mittlere enthält die Darstellung des Treffens, die beiden schmalen Randspalten beziehen sich (links) auf Poe, v. a. in Form von Zitaten, die rechte protokolliert Assoziationen und Kommentare Pagenstechers zu Poe. Nach Bedarf können die Spalten verändert werden oder ineinander übergehen. Pagenstecher erläutert seine Deutung mithilfe der ›Etym‹-Theorie (von Sch. erprobt in → *Kaff auch Mare crisium*, 1960, konsequent angewendet in der Karl-May-Studie *Sitara und der Weg dorthin*, 1963): Im Anschluss an die Erkenntnisse S. Freuds und J. Joyces ging Sch. davon aus, dass sich das verdrängte Unbewusste auch im dichterischen Text nicht nur in Bildern und Beschreibungen, sondern selbst in Wörtern bis hin zum ›Etym‹, der kleinsten sprachlichen Einheit, Ausdruck verschaffe. Entsprechend sollten die Wörter neben ihrer konkreten eine zweite, phonetisch mitschwingende, der Kontrolle des Bewusstseins entzogene, in der Regel sexuelle Bedeutung besitzen (z. B. ›Pallast‹/›Phallus‹), deren Verwendung und Anzahl Rückschlüsse auf das Unbewusste des Dichters ermöglichten. Mit dieser durch unzählige Zitate, Verweise und Erläuterungen unterlegten Theorie glaubt Pagenstecher/Sch. im Roman den wahren Poe erfasst und als einen von ungewöhnlichen Sexualphantasien beherrschten Dichter entlarvt zu haben. Doch auch ohne diese wissenschaftlich kaum haltbare ›Etym‹-Theorie wird der Roman »zu einer Art Metaliteratur, zu Dichtung über Dichtung und aus Dichtung« (F. Rathjen), die sich in ihrer Vielschichtigkeit noch »auf lange Zeit, wenn nicht gar überhaupt, der Ausschöpfung und interpretatorischen Durchdringung entzieht« (W. Schütte).

Rezeption: Die durch die Monumentalität (1300 DIN-A3 S.n) des Romans ausgelöste starke Medienresonanz machte Sch. einer breiteren Öffentlichkeit bekannt und führte dazu, dass die 1. Auflage (2000 Exemplare) schnell vergriffen war. Wegen des hohen Anspruchs an die Lektüre rechnete Sch. selbst nur mit weniger als 400 Lesern, die für den Roman etwa 600–700 Stunden Lesezeit aufbringen müssten. Einen wesentlichen Beitrag zur Entschlüsselung des Werks von Sch. leistet die von J. Drews herausgegebene Zeitschrift *Bargfelder Bote* (seit 1972).
Weiterer Roman: → *Abend mit Goldrand* (1975).

1970–1983
Uwe Johnson Biogr.: → 1956*

Jahrestage

UT: *Aus dem Leben von Gesine Cresspahl*

Roman. ED: 1970 (Bd. 1), 1971 (Bd. 2), 1973 (Bd. 3), 1983 (Bd. 4).

J.s Hauptwerk (1892 S.n) ist ein Epochen- und Familienroman. Erzählt werden auf einer ersten Ebene in tagebuchartiger Form Zeit- und Lebensereignisse der Gesine Cresspahl vom 20./21.8.1967 bis zum 20.8.1968 mit dem Handlungsort Manhattan. Das sind 365 ›Jahrestage‹. Der Titel hat aber auch die Bedeutung: Tage, an denen sich etwas jährt, als Anlass, sich zu erinnern und – wie J. für seine Hauptfigur formulierte – zu fragen, »was hat mich gemacht zu dem, das ich bin.« Deshalb sind in die chronologische Reihe der Jahrestage 1967/68, die durch den amerikanischen Vietnamkrieg und den russischen Panzereinsatz gegen den Reformversuch in der Tschechoslowakei gerahmt ist, historische Rückblenden eingefügt, die die Zeit von 1931 bis 1953 thematisieren: Es sind Gesines Jahre der Kindheit und Jugend im (fiktiven) mecklenburgischen Jerichow, über die sie ihrer Tochter Marie erzählt: Ihr Bericht schildert den in der NS-Zeit widerständigen Vater Heinrich, der später in der DDR scheitert, aber bleibt, während Gesine 1953 in die BRD floh und 1961 als Bankkauffrau nach New York umzog. Erzählte Zeit 1931–53 und Erzählzeit 1967/68 in New York, Leben der jungen Gesine im Damals und Leben Maries im Hier verflechten sich im Laufe der Erzählung ebenso wie die verzweigte Familiengeschichte der Cresspahls und Papenbrocks mit der Zeitgeschichte (Leben in Hitler-Deutschland, Krieg, Nachkrieg und Aufbau des Sozialismus in der DDR, Krise des 17. Juni 1953): Entstanden ist ein durchaus sperriger Großroman mit über 400 Figuren, gekennzeichnet von einer akribischen Materialfülle (Zeitungsnachrichten, Großstadtalltag, Statistiken, Fahrpläne) und einer eigentümlichen, auktoriale und personale Sicht überblendenden Erzählweise, die auch die erlebte Rede sowie »im Bewußtsein Gesines ablaufende Zwiegespräche mit Romanfiguren« (P. Pokay) einschließt.

J.s komplexer Epochenroman, der dem Leser viel abverlangt, ist der angestrengte Versuch, verdrängte Geschichte für eine Gegenwart zu bewahren, der das Geschehene lästig war. Er zeigt mit seinem offenen Ende die Schwierigkeit, Vergangenheit zu vergegenwärtigen.

Rezeption: Die *Jahrestage* wurden von der Kritik, von wenigen Ausnahmen (z. B. M. Reich-Ranicki) abgesehen, sogleich hoch gelobt – trotz ihrer ungewöhnlichen Länge und obwohl der Roman 13 Jahre lang unabgeschlossen war (»eine[r] kleine[n] Ewigkeit in unserer Medienwelt ohne langen Atem«, P. Demetz). 🎬 R: M. v. Trotta (2000, TV).

1971
Ingeborg Bachmann

Biogr.: → 1953; 1956

Malina

Roman. *Malina* ist der erste (vollendete) Teil des von B. seit 1962 geplanten Romanzyklus' *Todesarten*, zu dem u. a. noch gehören: *Ein Ort für Zufälle* (1965), *Requiem für Fanny Goldmann* (Fragment aus dem Nachlass), *Simultan* (Erzählung, 1972), *Der Fall* [bzw. *Das Buch*] *Franza* (Fragmente, 1979).

Ratlos (wie die zeitgenössische Kritik) bleibt, wer versucht, den Roman als einen realistischen Text zu lesen. Eine weibliche Ich-Figur spricht, im Schreiben nachdenkend und sich erinnernd, über die Probleme, die sie hat, zu sich selbst als Frau (und Schriftstellerin) zu kommen: Sie liebt einen Mann (Ivan), der ihre bedingungslose Liebe nicht zu erwidern vermag (1. Kapitel). Sie erinnert sich an ihre Kindheit, in der sie von ihrem Vater auf ebenso männlich-unterdrückerische Weise in ihrer Weiblichkeit ›ermordet‹ wurde wie der NS-Staat mit den Juden und Ivan mit ihrer Liebe umging (2. Kapitel). Im 3. Kapitel setzt sie ein schon zuvor begonnenes Gespräch mit Malina über weibliche Autorschaft (Schreiben als Fortsetzung von Liebe) fort, wobei sich zeigt, dass Malina kein anderer Mann, sondern das (abgespaltene) Männliche in ihr selbst ist, das am Ende mordend obsiegt (womit das weibliche Schreiben abgetötet wird).

Der vielstimmige Roman erzählt zwar von Realität, handelt aber vom »Skandal eines inneren Mordschauplatzes« (H. Höller), dem Drama unterdrückter Weiblichkeit, das auch die Vision geglückter Liebe in dem eingeschobenen Märchen *Die Geheimnisse der Prinzessin von Kagran* scheitern lässt.

Rezeption: Der Roman stieß zunächst auf verbreitetes Unverständnis, ehe die literaturwissenschaftliche Interpretation (S. Weigel, H. Höller u. a.) Wege zum besseren (feministischen?) Verständnis aufzeigen konnte. ■ R: W. Schroeter, Drehbuch: E. Jelinek (1991). ✎ Der Hörverlag (2007).

1971
Heinrich Böll

Biogr.: → 1950

Gruppenbild mit Dame

Roman. ED: *Frankfurter Allgemeine Zeitung* (1971), BA: 1971.

Der Erzähler, der sich selbst als »Verf.« (Verfasser) bezeichnet, ist ein Journalist, der auf Leni Pfeiffer aufmerksam geworden ist, weil Spekulanten sie aus ihrer Wohnung vertreiben wollen. Seine Recherchen (Briefe, Protokolle, Interviews) ergeben nicht nur ein Porträt Lenis, sondern zugleich ein realistisches Bild – ein ›Gruppenbild‹ – von 50 Jahren Geschichte aus der Perspektive deutscher Durchschnittsbürger (1922: Lenis Geburtsjahr, 1970: Entstehung des Romans): Die Kölnerin Leni, ehemalige Klosterschülerin, hat früh geheiratet, sich kurz danach von ihrem Mann getrennt und in den russischen Kriegsgefangenen Boris verliebt, der unmittelbar nach Kriegsende umgekommen ist. Ihren gemeinsamen Sohn hat sie zu Unabhängigkeit von Fremdbestimmung und Leistungszwang erzogen. Da sie aus Mitleid mit ihren Untermietern (überwiegend ›Gastarbeiter‹) kaum Mieteinnahmen hat, droht ihr nun der Verlust der Wohnung, der jedoch durch ein »Helft-Leni-Komitee« verhindert werden kann.

Leni erscheint als Lichtgestalt gelebter Menschlichkeit (»subversive Madonna«, R. Matthaei), die sich selbst aus der Kraft ihrer Natürlichkeit gegen alle gesellschaftlichen Zwänge bewahren kann und die dabei »nicht so sehr realistisch als legendenhaft symbolisch gezeichnet ist« (J. Vogt). Dies zeigt sich besonders in der Solidarität mit Außenseitern (in B.s Formulierung: »Abfall«), wodurch sie selbst zur Außenseiterin wird, während der NS-Herrschaft wie in der Wohlstandsgesellschaft nach 1945, die ausschließlich geprägt ist von der Priorität des Materiellen. So wird Leni zur Vertreterin »einer idealisierten menschlichen Gegenkultur zur bestehenden Gesellschaft« (H. L. Arnold). Humor, Ironie und der märchenhafte Schluss mit vielen ›Happy-ends‹ mindern den moralischen Anspruch nicht, sondern machen ihn sympathischer und eingängiger.

Rezeption: Schon nach einem halben Jahr waren 150 000 Exemplare verkauft. R: A. Petrovic (1977). *Die verlorene Ehre der Katharina Blum – Gruppenbild mit Dame – Berichte zur Gesinnungslage der Nation u.a.* (Der Hörverlag, 2003).

Weiteres Werk: → *Die verlorene Ehre der Katharina Blum* (Erzählung, 1974).

1971

Paul Celan Biogr.: → 1952

Das lyrische Werk

Es gibt 8 autorisierte Einzelveröffentlichungen: *Mohn und Gedächtnis* (1952), *Von Schwelle zu Schwelle* (1955); *Sprachgitter* (1959), *Die Niemandsrose* (1963), *Atemwende* (1967), *Fadensonnen* (1968), *Lichtzwang* (1970) und *Schneepart* (1971).

C.s lyrisches Werk seit → *Mohn und Gedächtnis* (1952) ist, so heißt es, immer hermetischer geworden, was im landläufigen Sinn bedeuten soll: schwer verständlich, monologisch und ohne Bezug zur Realität. Dieser Verkennung trat C. schon 1960 in seiner Büchner-Preis-Rede entgegen, in der er die »Ich-Ferne« (im Sinne von ›vom empirischen Ich absehen‹ bzw. von »Selbstvergessenheit«) von Kunst betonte, damit mit dem »*solcherart* freigesetzten, befremdeten Ich [...] *in eines Anderen Sache*« gesprochen werden könne. Auf dieses ›Andere‹, das C. explizit mit ›Zeit‹ verband, halte das Gedicht zu: »Es sucht es auf, es spricht sich ihm zu.«

C.s schwierige Lyrik ist ein Sprechen über das Nicht-Verstummen-Wollen im Einspruch gegen das Gerede, damit im Kern dialogisch, zugleich aber in ihrer äußersten Kraftanstrengung notwendig »Flaschenpost«, »einsam und unterwegs« (C.). In den späten Gedichten (ab 1967) nimmt der lakonisch verknappende Sprachgestus, das metaphorische »Eingedunkelt« (so der Titel des 1991 postum veröffentlichten Nachlassbandes) noch zu, anknüpfend an den Satz aus dem Gedicht *Sprich auch du* (1955): »Wahr spricht, wer Schatten spricht.«

Rezeption: C.s Lyrik stand in der dt. Literatur nach 1945 einzigartig da. Sie erfuhr trotz ihrer Schwierigkeit höchste Wertschätzung. Ihr noch am ehesten benachbart ist das lyrische Werk von N. Sachs, E. Meister, I. Bachmann und P. Waterhouse. ↘ *Ich hörte sagen – Gedichte und Prosa* (Der Hörverlag, 2004).

1971
Hans Jürgen Fröhlich

* 4.8.1932 in Hannover. Nach Musikstudium ab 1957 Buchhändler und Lektor, ab 1963 Schriftsteller in Hamburg, später am Gardasee, zuletzt in München. † 22.11.1986 in Dannenberg (G in München).

Engels Kopf

Roman.

Der zu Unrecht vergessene, früh verstorbene Romancier F. legte mit *Engels Kopf* einen originell erzählten Roman vor, der in seiner narrativen Experimentierhaltung Formen postmoderner Textstrategien vorwegnimmt (→ *Unterhaltungsliteratur seit 1950*). Nach außen hin geht es um den Autor Peschek, der in Turin einen Reiseführer über die Stadt schreiben soll. Tatsächlich geht es jedoch um die innere Verfassung Pescheks, d. h. um das, was in seinem Kopf vorgeht und was allegorisch mit ›Engel‹ bezeichnet wird: das Jenseits empirischer Erfahrung. Die eigentliche Handlung: Peschek will sich von seiner Frau trennen und einen Roman schreiben, verliebt sich unglücklich in eine (vorgestellte?) Gina und bleibt darüber in Turin hängen. Was ›wirklich‹ ist, wird dabei unwirklich (und umgekehrt) – der Text ist ein imaginierter Text und »die Geschichte dieses Romans kommt darauf hinaus, daß die Geschichte, die in ihm erzählt werden sollte, nicht erzählt wird« (F.).

Rezeption: Der Roman blieb ein Geheimtipp für Leser, die sich von einem Roman nicht bloß eine Geschichte erzählen lassen wollen.

Weitere Romane: *Tandelkeller* (1967), *Im Garten der Gefühle* (1975), *Anhand meines Bruders* (1978), *Mit Feuer und Flamme* (1982).

1971
Walter Kempowski

* 29.4.1929 in Rostock. 1948–56 wegen angeblicher Spionage Haft im Zuchthaus Bautzen, 1956–60 Pädagogik-Studium in Göttingen. 1960–79 Volksschullehrer (ab 1965 in Nartum bei Rotenburg/Hannover), ab 1979 freier Schriftsteller. † 5.10.2007 in Rotenburg (G in Nartum).

Tadellöser & Wolff

UT: *Ein bürgerlicher Roman*

Der Roman ist der 1. Bd. (s)einer als 6-bändiger Romanzyklus angelegten Familiengeschichte, die K. 1984 abschloss. Ergänzt um 3 Befragungsbände und inhaltlich chronologisch geordnet erschien das Werk ab 1999 u.d.T. *Deutsche Chronik* in folgenden Teilen: *Aus großer Zeit* (1978), *Schöne Aussicht* (1981), *Haben Sie Hitler gesehen?* (1973), *Tadellöser & Wolff, Uns geht's ja noch gold* (1972), *Haben Sie davon gewußt?* (1979), *Ein Kapitel für sich* (1975), *Immer so durchgemogelt* (1974) und *Herzlich willkommen* (1984).

Im Mittelpunkt des Romans steht der junge K., der mit seiner Familie die Vorkriegs- und Kriegszeit in Rostock erlebt. Gezeichnet wird das Bild einer wohlsituierten bürgerlichen Familie, die das Zeitgeschehen nur beiläufig miterlebt. Man war unpolitisch, unkritisch und gewillt, allem (auch dem Nationalsozialismus) die beste Seite abzugewinnen. Der besondere Familienjargon der Kempowskis (z. B. »Tadellöser & Wolff« für ›ausgezeichnet‹, als Analogie gebildet zur besonderen Qualität der Zigarren von Loeser & Wolff) zeigt symptomatisch das Bestreben, in einer eigenen, von den Ereignissen der Zeit unberührten Welt zu leben. Es gibt (wie in der gesamten *Deutschen Chronik*) keine durchgehende Handlung: K. vermittelt, berichtet von einem Erzähler, der sich nicht zu erkennen gibt, aus der Perspektive des Zehn- bis Sechszehnjährigen ein Bild vom Alltag seiner Familie in dieser Zeit, indem er kurze Szenen und Episoden wie Momentaufnahmen aneinander montiert und sie unkommentiert für sich sprechen lässt.

Die detaillierte Darstellung des jeweiligen Milieus und von dessen Atmosphäre bewirkt nicht nur einen Wiedererkennungseffekt bei denen, die diese Zeit miterlebt haben, sondern erhebt den Roman in den Rang einer »akribischen Fallstudie mit hohem Verallgemeinerungswert« (M. Dierks). Zum Erfolg trug des weiteren K.s kunstvolle Zusammenstellung der Kurzsequenzen, die Gestaltung der Pointen sowie das ironische Zitieren (besonders in Form der indirekten Rede) bei.

Rezeption: Der Roman erfuhr eine große Resonanz auch bei Lesern, die der modernen Literatur fern standen. Der Erfolg wurde durch die kongeniale Verfilmung noch gesteigert. ▰ R: E. Fechner (1975, TV). ⬊ Litraton (2003).

Weitere Werke: *Hundstage* (Roman, 1988), *Sirius. Eine Art Tagebuch* (1990), → *Das Echolot* (1993–2005).

1972
Peter Handke

Biogr.: → 1968

Der kurze Brief zum langen Abschied

Erzählung.
In dieser Erzählung, die den sprachexperimentellen Ansatz seiner frühen Prosa hinter sich lässt, zeigt H. die Befreiung aus einer als falsch empfundenen Lebensform: Der Ich-Erzähler, ein junger österreichischer Schriftsteller, reist zu Beginn der 1970er Jahre von der Ost- zur Westküste der USA. Im 1. Teil (*Der kurze Brief*) sucht er seine geschiedene Frau Judith, im 2. Teil (*Der lange Abschied*) wird er von ihr verfolgt. Ihre Absicht, ihn umzubringen, verwirklicht sie aber nicht. Die Erzählung endet märchenhaft mit dem Besuch der beiden bei dem alten John Ford (Regisseur von Western-Filmen), dem sie ihre Geschichte erzählen. Danach sind sie in der Lage, sich friedlich zu trennen. Der Erzähler bereist ein Amerika, in dem Rassenkonflikte und Vietnamkrieg nur Randerscheinungen sind: Es ist ein fiktives, durch die Weite seiner Landschaften geprägtes Land, wie er es auch in den Filmen von John Ford glücklich erlebt – letztlich: eine »Außenwelt der Innenwelt« (H.). Während dieser Reise gewinnt er Abstand zu seinem durch die Angst und Enge seiner Kindheit geprägten Ich, im Bewusstsein, sich nicht gänzlich davon lösen zu können.
H. verwendete Elemente des Kriminalromans wie des Bildungsromans (vgl. Verweise auf K. Ph. Moritz und G. Keller), im Vordergrund steht aber der – autobiographisch bestimmte – Prozess einer Selbsterfahrung. Erscheint hier die Befreiung von vorgegebenen Prägungen möglich, so schilderte H. in der ebenfalls stark autobiographisch gefärbten Erzählung *Wunschloses Unglück* (1972) das Scheitern einer Befreiung aus einer durch die Gesellschaft bestimmten Rollenfixierung.

Rezeption: Die Erzählung und ihre Erzählweise wurden von der Kritik überwiegend gelobt. Sie steht (zusammen mit *Wunschloses Unglück*) am Beginn einer neuen Phase, die als Dichtung der ›neuen Subjektivität‹ bezeichnet wurde. 🎬 R: H. Vesely (1978, TV).
Weitere Erzählungen: *Die Stunde der wahren Empfindung* (1975), *Die linkshändige Frau* (1976), → *Langsame Heimkehr* (1979).

1972
Stefan Heym

* 10.4.1913 in Chemnitz als Helmut Flieg. Aus jüd. Elternhaus stammend, 1933 Emigration nach Prag; ab 1935 Germanistikstudium in Chicago, 1937–39 Redakteur in New York. Ab 1943 US-Staatsbürger und Soldat in der US-Army, 1945–50 freier Schriftsteller in New York, ab 1952 in Berlin (DDR). 1979 Ausschluss aus dem Schriftstellerverband, 1994–95 Abgeordneter der PDS im Dt. Bundestag. 1953 H.-Mann-Preis. † 16.12.2001 in Israel (G in Berlin).

Der König David Bericht

Roman. ED: München 1972; Berlin (DDR) 1973.

An H. ist Vieles ungewöhnlich: als US-Bürger in die DDR gezogen (dort aber zunehmend isoliert), ein zweisprachiger Autor (der bis Anfang der 1970er Jahre zuerst Englisch schrieb und selbst ins Deutsche übersetzte), Journalist und Schriftsteller (international erfolgreich), Jude und Sozialist (»Dissident auf Lebenszeit«, P. Hutchinson). Im Mittelpunkt vieler seiner Romane steht ein intellektueller Kämpfer, der sich kritisch mit bestehender Herrschaft auseinandersetzt – auch dort, wo die von ihm vertretene Sache gesiegt hat. So auch hier: Im biblischen Israel soll der Historiker Ethan (Ich-Erzähler) im Auftrag des Königs Salomo eine offiziell gültige Biographie über dessen Vater, König David, verfassen, durch die die Legitimität (Auserwähltheit) der Herrschaft des Sohnes bewiesen werden soll. Ethan gerät während seiner Arbeit in tiefe Konflikte, weil er verbrecherische Kehrseiten bei David entdeckt, die er (der nur sammeln und ordnen wollte) nicht verschweigen kann. Sein Vorhaben, zwischen den Zeilen die Wahrheit anzudeuten, scheitert; am Ende wird er zum Schweigen gebracht.

Die zeitgeschichtlichen Anspielungen des Romans auf Parallelen zum Stalinismus sind unverkennbar. Die Thematik jüdischen Außenseiter- und Rebellentums setzte H. mit den Romanen *Ahasver* (1981) und *Pargfrider* (1998) fort.

Rezeption: Mit diesem Roman wurde H. im Westen zu einem viel beachteten Schriftsteller.

Weitere Romane: *Kreuzfahrer von heute/Der bittere Lorbeer* (1950/78), *5 Tage im Juni* (1974), *Schwarzenberg* (1987), *Nachruf* (Memoiren, 1988/90).

1972

Franz Xaver Kroetz

* 25.2.1946 in München. Nach Schauspielschule und verschiedenen Tätigkeiten (z.T. am Theater, ab 1986 auch im Fernsehen) ab den 1970er Jahren freier Schriftsteller; 1972–80 Mitglied der DKP. Lebt seit 1974 in Kirchberg (Chiemgau) und München.

Stallerhof

Volksstück. UA: 24.6.1972 in Hamburg; BA: 1972.

Bis 1986 schrieb K. 40 Stücke, die in 29 Sprachen übersetzt wurden. Es sind zunächst überwiegend ›Volksstücke‹ in der Tradition von M. Fleißer und Ö. v. Horváth (→ *Facetten der Provinzliteratur*), allerdings noch radikaler: Sie zeigen Menschen ›ganz unten‹, die nicht nur gesellschaftlich unterdrückt, sondern in ihrer Dumpfheit auch unfähig sind, diesen Zustand sprachlich auszudrücken. In den frühen Stücken bis *Stallerhof* gibt es keinen Ausweg (weder für die Figuren noch als Perspektive durch den Autor): Es dominieren

»Sprachnot, Triebnot, Liebesnot, soziale Not, Arbeitszwänge« (E. Wendt) und Gewalt. So können in *Stallerhof* der einsame Altknecht Sepp und die geistig behinderte Beppi, Tochter des Stallerhof-Bauern, kein Paar werden, obwohl sie sich als Ausgestoßene gegenseitig stützen. Als Beppi von Sepp schwanger wird, wird dieser vom Hof verjagt – ein Abtreibungsversuch scheitert. In der Fortsetzung *Geisterbahn* (1972) zieht Beppi mit dem Kind zu Sepp in die Stadt, doch dann stirbt Sepp und Beppi tötet das Kind, damit es nicht ins Heim kommt.

Erst in den Stücken nach 1972/73 gelingt es den Geschundenen, Lösungen für ihre Misere zu finden. Damit löste sich K. mehr und mehr von der ›Negativ-Dramatik‹ und suchte – nicht ohne Krisen – nach sozial umfassenderen Formen des (politischen) Volksstücks (*Bauern sterben*, 1987; *Ich bin das Volk*, 1994).

Rezeption: K. war in den 1970er Jahren einer der meistgespielten bundesdt. Dramatiker und stand, weltweit gesehen, nach Brecht an zweiter Stelle. ♬ Fr. X. Kroetz (Libretto); Musik: G. Kühr (Oper; Libretto; UA: 29.5.1988).

Weitere Stücke: *Wildwechsel* (1973), *Oberösterreich* (1974), *Mensch Meier* (1978), *Nicht Fisch, nicht Fleisch* (1981).

1972
Ulrich Plenzdorf

* 26.10.1934 in Berlin. 1954/55 Studium (Philosophie, abgebrochen) in Leipzig, 1955–58 Bühnenarbeiter bei der Dt. Film AG (DEFA), 1959–63 Besuch der Filmhochschule in Babelsberg. 1963–89 als Schriftsteller und Dramaturg bei der DEFA, 1973 H.-Mann-Preis; lebte in Berlin. † 9.8.2007 in Berlin (G in Alt-Rosenthal/Oderland).

Die neuen Leiden des jungen W.

Roman. Entst. ab 1968 (als Filmszenario); ED: *Sinn und Form* (1972). BA: Rostock 1973, Frankfurt/Main 1973.

Der 17-jährige Edgar Wibeau lebt nach abgebrochener Lehre allein in einer Ostberliner Wohnlaube. Dort fasziniert ihn ein Reclamheft, ohne zu wissen, dass es sich um Goethes → *Die Leiden des jungen Werthers* (1774) handelt, denn Titelblatt und Nachwort hat er als Toilettenpapier verbraucht. Er erkennt in Werther einen entfernten Bruder im Geiste – und wie Werther die verlobte Lotte liebt, so liebt er Charlie (eigentlich Charlotte), die mit Dieter verlobt ist und diesen später heiratet. Wie Werther seinem Freund Wilhelm schreibt, so schickt er seinem Freund Willi Tonbänder. Als Mitarbeiter einer Malerkolonne, in der vergeblich an der Entwicklung einer Farbspritzmaschine gearbeitet wird, baut Edgar diese Maschine schließlich allein in seiner Laube, erhält aber bei deren Erprobung einen tödlichen Stromschlag. Nach seinem Tod (und damit beginnt der Roman) kommentiert er selbst (von »jenseits des Jordan« und selbstkritisch geworden) die Aussagen von Eltern und Kollegen über ihn und seine Tonbänder an Willi.

An P.s rasch zum Kultbuch gewordenen Roman, der das Lebensgefühl einer neuen Generation in der DDR ausdrückt, ist vieles ungewöhnlich: die Montage-Form und der Jugendjargon, die unangepasste Hauptfigur (nach dem Vorbild Holden Caulfield aus J. D. Salingers Roman *Der Fänger im Roggen*, 1951), die Offenheit für die westliche Pop-Kultur und der lockere Umgang mit dem klassischen ›Erbe‹, der offene Schluss (Unfall oder Selbstmord?) und damit zusammenhängend die Frage: Kritik an den Zwängen im realen Sozialismus oder nicht?

Rezeption: Die Bühnenfassung (UA 18.5.1973 in Halle) und der Roman lösten in der DDR eine heftige Debatte über Erzählweise und jugendliche Klassik-Rezeption aus. Das Buch wurde in mehr als 15 Sprachen übersetzt. ■ R: E. Itzenplitz (1976, TV).

Weitere Werke: *Die Legende von Paul und Paula* (Erzählung, 1974), *Legende vom Glück ohne Ende* (Roman, 1979).

1972–1978
Eckhard Henscheid

* 14.9.1941 in Amberg. 1960–67 Studium (Germanistik) in München, danach Journalist in Frankfurt/Main, Mitbegründer der Satire-Zeitschrift *Titanic* (seit 1979); lebt seit 1971 in Amberg und Frankfurt als freier Schriftsteller.

Trilogie des laufenden Schwachsinns

Roman-Trilogie.

Der Romanzyklus (1200 S.n) bietet so gut wie keine erzählbare Handlung: Zwei seltsame Fremde bringen mit ihren Marotten für 7 Tage Unruhe in eine linke Frankfurter Szenekneipe (*Die Vollidioten*, 1972), ein früh verrenteter Ich-Erzähler hat eingebildete Liebesbeziehungen zu zwei Schwestern und flüchtet zu zwei Alkoholikern, von denen sich einer zu Tode säuft (*Geht in Ordnung – sowieso – genau*, 1977) und ein Aushilfspianist erzählt von zwei merkwürdigen Brüdern, die spazieren gehen, sowie von den Verschwörungsphantasien seines kommunistischen Schwagers (*Die Mätresse des Bischofs*, 1978). Die Banalität des Erzählten wird noch gesteigert durch den aufschneiderisch-geschwätzigen Wortstrom der Ich-Erzähler. Aber: Was da herübergeschwemmt wird, ist barer Alltag in seinem laufenden Schwach- und Hintersinn von Rede-Konventionen und zugleich – versteckt in literarischen Anspielungen und virtuosen Stilimitationen – ein Kunststück der besonderen Art.

H. ist insgesamt kein bloßer Nonsens-Autor der sog. Neuen Frankfurter Schule (R. Gernhardt, B. Eilert u. a.), er ist mehr als ein Post-›1968er‹, neben

R. Wolf einer der sprachsensibelsten Fußball-Schriftsteller (*Standard-Situationen*, 1988) und Jargon-Kritiker (*Dummdeutsch*, 1985) und nicht zuletzt ein sprachexperimenteller und vielseitiger Parodist.

Rezeption: Die Trilogie war, obwohl von der Literaturkritik kaum beachtet, ein Bestseller (Gesamtauflage bis 1987: 250 000 Exemplare). ➘ *Geht in Ordnung – sowieso – ja mei* (zusammen mit G. Polt; Kein & Aber, 2006).

Weitere Werke: *Dolce Madonna Bionda* (Roman, 1983), *Maria Schnee* (Novelle, 1988), *Die Lieblichkeit des Gardasees* (Erzählungen, 1993).

Frauenliteratur nach 1968

Die STANDARDDEFINITION für ›Frauenliteratur‹ (Literatur von, über und für Frauen) ist so richtig wie falsch: Zwar können Männer keine Frauenliteratur schreiben, doch nicht jeder Text von einer Autorin ist Frauenliteratur und Adressaten dieser besonderen Gattung sind keinesfalls nur Frauen, zumal das Verhältnis zu Männern zumeist mitthematisiert wird. Im engeren Sinne wird daher von Frauenliteratur als literarischem Ausdruck der (NEUEN) FRAUENBEWEGUNG (seit 1968) gesprochen – auch wenn die Frauenbewegung bereits seit dem 19. Jh., das Konzept einer ›Neuen Frau‹ seit den 1920er Jahren (→ *Die ›neue Frau‹ und die Frauenliteratur*) und eine von Frauen geschriebene Literatur, die weibliches Unterdrücktsein behandelt, seit den 1960er Jahren existiert (z. B. I. Bachmann, I. Drewitz, M. Haushofer, G. Wohmann, Chr. Wolf). Die ›neue Frauenbewegung‹ begann in der 1. Hälfte der 1970er Jahre v. a. publizistisch als Kampf gegen Patriarchalismus und Sexismus, sexuelle Fremdbestimmung (Abtreibung, Pille) und Ungleichbehandlung (z. B. A. Schwarzer). Wichtige Zeitschriften waren hier: *Courage* (1976–84), *Die schwarze Botin* (1976– 87), *Emma* (seit 1977).

Die Bewegung gewann bald auch eine spezifisch literarische Dimension, nachdem die feministische Theorie weitergehende Fragen nach dem Geschlechterverhältnis, nach autonomer und differenter weiblicher Identität (»schielender Blick«, S. Weigel) und Geschichte aufgeworfen hatte, die zum KONZEPT WEIBLICHEN SCHREIBENS führten. Unter diesem Titel entwickelte sich in den folgenden Jahrzehnten eine vielschichtige Frauenliteratur, die von »individualbiographischer Selbstfindungs- und Verstörungsliteratur« (I. Scheitler) über Darstellungen weiblicher Selbstbehauptung und -befreiung in häuslichem Alltag, Beruf und Liebesbeziehungen bis zu differenten Weiblichkeitsentwürfen (von neuen Aneignungsformen des ›Körpers‹ bis zum Mythos) reichte. Dabei verschoben sich die Begründungen für weibliche Differenz von der biologischen (›SEX‹) zur kulturellen Ebene (›GENDER‹). Weibliches Schreiben suchte nun nicht (mehr) die Abgrenzung vom Männlichen und der Politik (»Sexismus geht tiefer als rassismus als klassenkampf«, V. Stefan), sondern nach Überwindung der Differenz, ohne indes ›Weiblichkeit‹ als Kategorie von Wahrnehmung aus dem Blick zu verlieren. Daneben gab es immer auch Autorinnen, die das Etikett ›feministisch‹ für sich ablehnten (z. B. M. Wander) bzw. sogar den feministischen Ansatz bekämpften (z. B. K. Struck ab 1975/77) oder nach wie vor den weiblichen Körper thematisierten.

WICHTIGE WERKE (Prosatexte) der Frauenliteratur nach 1968 sind: J. Moosdorf: *Die Andermanns* (1969); K. Struck: → *Klassenliebe* (1973); V. Stefan: *Häutungen* (1975); M. Schröder: *Ich stehe meine Frau* (1975); Chr. Reinig: *Entmannung* (1975); E. Jelinek: *Die Liebhaberinnen* (1975); J. Lander: *Die Töchter* (1976); B. Pausch: *Die Verweigerung der Johanna Glauflügel* (1977); A. Mechtel: *Wir sind arm, wir sind reich* (1977); J. Heinrich: *Das Geschlecht der Gedanken* (1977); Br. Schwaiger: *Wie kommt das Salz ins Meer?* (1977); I. Drewitz: → *Gestern war Heute* (1978); Br. Kronauer: *Frau Mühlenbeck im Gehäus* (1980); Chr. Wolf/ S. Kirsch/I. Morgner: *Geschlechtertausch* (1980); M. Maron: → *Flugasche* (1981), *Animal triste* (1996); K. Reschke: *Verfolgte des Glücks* (1982); B. Frischmuth: *Die Frau im Mond* (1982); Chr. Wolf: → *Kassandra* (1983); K. Behrens: → *Die dreizehnte Fee* (1983); A. Duden: → *Das Judasschaf* (1985); M. Herzog: *Nicht den Hunger verlieren* (1989); U. Hahn: *Ein Mann im Haus* (1991); M. Streeruwitz: *Verführungen* (1992); J. Franck: *Liebediener* (1999), → *Die Mittagsfrau* (2007).

1973

Karin Struck

* 14.5.1947 in Schlagtow bei Greifswald. 1966–73 Studium (Germanistik u. a., abgebrochen) in Bochum; lebte fortan als freie Schriftstellerin u. a. in Münster und Hamburg. † 6.2.2006 in München (G).

Klassenliebe

Roman.

Die stark autobiographisch geprägten Aufzeichnungen der Ich-Erzählerin umfassen den Zeitraum von Mai bis August 1972. Sie stammen von einer Studentin, einem Arbeiterkind, das es bis zu einer akademischen Ausbildung gebracht hat. Sie ist verheiratet mit einem Studenten, liebt aber den Schriftsteller Z., von dem sie ein Kind erwartet. In dieser schwierigen Situation versucht sie in schonungsloser Offenheit, zu sich selbst zu kommen: Einerseits hat sie den Bezug zur Arbeiterklasse durch ihre Ausbildung verloren, andererseits spürt sie in der Beziehung zu dem bürgerlichen Intellektuellen Z., der sich modisch als Marxist ausgibt, dass sie aufgrund ihrer Herkunft nicht als gleichwertiges Mitglied der akademisch gebildeten Mittelschicht akzeptiert wird. Das Gefühl der Bindungslosigkeit in einer Gesellschaft, in der noch immer klassenmäßig gedacht wird, führt die Ich-Erzählerin schließlich zurück zu ihrer Familie, zu ihrer Klasse – aus ›Klassenliebe‹.

Der Roman bildete den Auftakt zu einer neuen → *Frauenliteratur nach 1968* in der Bundesrepublik, die die schwierigen Wege weiblicher Identifikationsfindung thematisierte. St.s konservative Wendung zum Natürlichen in den Romanen *Die Mutter* (1975) und *Lieben* (1977), zu Mutterglück und entschiedener Ablehnung von Abtreibung führte in der Frauenbewegung zu Irritationen und Ablehnung.

Rezeption: Der Roman erreichte bis 1976 eine Auflage von 34 000 Exemplaren.

1973
Wolfgang Hildesheimer

Biogr.: → 1952

Masante

Prosatext.

Cal Masante ist der Name eines Hauses in Italien, aus dem ein Ich-Erzähler ohne Namen nach Meona, einem Ort am Rande der Wüste, aufgebrochen ist. Dort sitzt er in einer Bar, hört sich die Monologe der Barfrau an und hängt seinen eigenen Erinnerungen nach – monologische Bruchstücke aus einem Leben, dessen Zusammenhang er nicht mehr ordnen und deswegen auch nicht mehr erzählen kann. Gleichwohl entfaltet der Text, der kein Roman sein will, ein Universum in Scherben, das geprägt ist durch eine Serie »imaginierter Schreckenssituationen« (H.), angefangen bei den Gewalttaten im Namen der christlichen Religion über die brutale Durchsetzung der kapitalistischen Wirtschaftsordnung bis hin zu den politischen Gewalten des 20. Jh., deren Täter (»Häscher«) in Auschwitz ihre Opfer fanden und die noch für die ökologische Katastrophe der Gegenwart verantwortlich gemacht werden. Wenn am Ende der Ich-Erzähler »in die Wüste geht«, geht mit ihm das Vermögen verloren, mittels künstlerischer Fiktion der Vereinnahmung durch die zerstörerischen Mächte zu widerstehen und damit »Gedächtnis zu *sein* und zu *wecken*« (Kl. Briegleb).

H. hat diesen Ansatz in dem Essay *Das Ende der Fiktionen* (1976) theoretisch begründet und ihn ab 1983/84 mit der Entscheidung, als Dichter mit dem Schreiben aufzuhören, selbst vollzogen.

Weitere Werke: *Hörspiele 1959–64* (1976), *Marbot* (Prosatext, 1981).

1973
Peter Schneider

* 21.4.1940 in Lübeck. 1959–62 Studium (Germanistik u. a.) in Freiburg, München und Berlin, 1967–71 in der Studentenbewegung aktiv; lebt als freier Schriftsteller in Berlin und Italien.

Lenz

Erzählung.

»Was Lenz denn jetzt tun wolle. ›Dableiben‹, erwiderte Lenz.« Mit diesen Sätzen endet die Geschichte des jungen Intellektuellen Lenz, der sich in Berlin aktiv an der anti-autoritären Studentenbewegung von 1967/68 beteiligt hatte. Gleichermaßen frustriert vom Dogmatismus der zur Betriebsarbeit aufrufenden marxistischen Kadergruppen wie von Liebesproblemen flieht er nach Italien. Dort, in der Begegnung mit spontan reagierenden Menschen und politischen Gruppen der Arbeiterbewegung, findet Lenz sein Gleichgewicht wieder und kann nun, obwohl aus Italien ausgewiesen, in Berlin »dableiben«.

Die Darstellung dieses hoffnungsvollen Lernprozesses verweist auf das konventionelle Muster des → *Bildungsromans*, womit der Autor die Möglichkeit von Selbstbildung als Verbindung von Privatem und Politischem (trotz Klassenschranken) in Aussicht stellt. Die Anlehnung an G. Büchners Novelle → *Lenz* (1839) verleiht stilistischen Glanz, erreicht aber nicht deren Charakter als Protest gegen eine krank machende Gesellschaft.

Rezeption: Sch.s Erzählung, filmisch geschrieben, aber nie verfilmt, ist die bekannteste, wenn auch nicht unbedingt repräsentative literarische Verarbeitung der Studentenbewegung (→ *Literatur und ›1968‹*). Sie erreichte bis 1980 eine Auflage von 123 000 Exemplaren.

Weitere Prosatexte: *... schon bist du ein Verfassungsfeind* (1975), *Der Mauerspringer* (1982), *Paarungen* (1992), *Eduards Heimkehr* (1999), *Scylla* (2005).

1974

Alfred Andersch Biogr.: → 1952

Winterspelt

Roman. ED: 1974, erweiterte Fassung: 1977.

A. nannte diesen langen Roman (rund 600 S.n) eine »Orgie von Komposition«: Es ist der ehrgeizige Versuch, unter Verwendung einer Fülle von authentischen Quellen (Militärgeschichte, Kunst, Biologie) eine Geschichte durchzuspielen, die nicht zeigt, wie die Vergangenheit gewesen ist, sondern wie sie »hätte sein *müssen*, weil sie so hätte sein *können*« (E. Schütz): Der Wehrmachtsmajor Dincklage plant im Oktober 1944, sein Bataillon in der Eifel bei Winterspelt den Amerikanern kampflos zu übergeben, weil er die Fortsetzung des Krieges für sinnlos hält. Gedrängt von der Geliebten Käthe, unterstützt von dem Kommunisten Hainstock und dem als Boten fungierenden Kunsthistoriker Schefold scheint die Verabredung der Kapitulation auf dem Wege, doch als Schefold bei der Rückkehr über die Frontlinie von einem sadistischen deutschen Soldaten aus Dincklages Bataillon erschossen

wird, ist der Plan zerschlagen. Sinnloser Zufall? Konsequenz einer verfehlten Idee? Bloßes »Sandkastenspiel«?
Es geht dem Erzähler A. nicht um die ›Realität‹ des Plans, sondern darum, wie die beteiligten Personen, Repräsentanten des möglichen Widerstands gegen Hitler, ihre Handlungsmöglichkeiten sehen und sich dazu verhalten. Der Autor wertet nicht, sondern zeigt – was nur die Fiktion kann – das Mögliche in seinen offenen Widersprüchen. Nicht er, sondern der Leser hat Stellung zu nehmen. Dieser Leser sollte allerdings vorher wissen, dass die im Dezember 1944 begonnene, sinnlose Ardennen-Offensive mehr als 75 000 Menschenleben kostete.

Rezeption: Roman und Verfilmung – *Winterspelt 1944* (R: E. Fechner, 1978) – erfuhren nur eine geringe Resonanz.

Weitere Werke: *empört euch der himmel ist blau* (Gedichte, 1977), → *Der Vater eines Mörders* (Erzählung, 1980).

1974
Thomas Bernhard Biogr.: → 1963

Die Jagdgesellschaft

Drama. UA: 4.5.1974 in Wien. BA: 1974.

Als Theaterautor gelang B. der Durchbruch mit dem Stück *Ein Fest für Boris* (1970), das zugleich die lebenslange Zusammenarbeit mit dem Regisseur Cl. Peymann begründete. Die Bühne war für B. eine geradezu ideale Metapher für den hermetisch eingegrenzten Raum, die Rollenfixiertheit der Individuen und das Ineinander von äußerem und innerem Geschehen, worum es auch in seinem erzählerischen Werk geht. In der *Jagdgesellschaft* eröffnet ein Schriftsteller einem mächtigen General, Besitzer eines Jagdhauses und Veranstalter einer großen Jagd: Der Wald ist von Borkenkäfern zerfressen und der General todkrank. Was die Generalin ängstlich verbergen wollte, spricht der Dichter illusionslos aus. Es gibt dabei nichts, an das sich zu halten wäre – man muss es einfach aushalten (was der General nicht kann und sich deswegen erschießt).
Die Einsicht in die unaufhaltbare Todesverfallenheit vermitteln auch B.s folgende Stücke, teils als katastrophische Familiengeschichten (z. B. *Der Präsident*, 1975; *Vor dem Ruhestand*, 1979), teils als Künstlerdrama (z. B. *Die Macht der Gewohnheit*, 1974; *Minetti*, 1977), sowohl in Gestalt eines tragischen »Endspiels« als auch als ironisch-absurde »Komödientragödien« (B.).

Rezeption: B.s Stücke gehörten bis in die 1990er Jahre hinein zum festen Bühnenrepertoire.

Weiteres Werk: → *Die Ursache* (autobiographische Erzählung, 1975).

1974
Heinrich Böll Biogr.: → 1950

Die verlorene Ehre der Katharina Blum

UT: *oder: Wie Gewalt entsteht und wohin sie führen kann*

Erzählung. ED: *DER SPIEGEL* (1974, 4 Folgen); BA: 1974.

Anfang 1972, auf dem Höhepunkt der Fahndung nach RAF-Mitgliedern in der Bundesrepublik, protestierte B. in einem *SPIEGEL*-Artikel über U. Meinhof gegen das von der Boulevardpresse (*BILD-Zeitung*) angeheizte Klima öffentlicher Terroristen-Verdächtigung. Er erntete heftige Kritik und wurde als »Sympathisant« beschimpft (»Die Bölls sind gefährlicher als Baader-Meinhof« – so W. Ahrens in der Illustrierten *Quick*). Auf die Angriffe antwortete B. mit dieser Erzählung: Katharina (die ›Reine‹), eine junge Haushälterin aus einfachen Verhältnissen, rührend besorgt um die kranke Mutter und den einsitzenden Bruder, verliebt sich in den Bundeswehrdeserteur Ludwig, der von der Polizei als Terrorist verdächtigt wird. Sie verbringt eine Nacht mit ihm und verhilft ihm zur Flucht. Die Polizei kann ihr kein Vergehen nachweisen, doch die Presse, allen voran die *ZEITUNG*, verurteilt sie als »Terroristenliebchen« und zieht durch verfälschende Darstellung ihr Privatleben, ihre Liebe zu Ludwig und ihre Familie in den Schmutz. Als ein Reporter der *ZEITUNG* sie in ihrer Wohnung sexuell belästigt, wehrt sie sich, indem sie ihn erschießt, ohne danach Reue empfinden zu können. Ihre Tat erscheint als Akt der Notwehr gegenüber einer Gewalt, die von anderer Seite kommt.

B. ging es nicht nur um das Schicksal seiner stark idealisierten Titelfigur, die um ihre Menschenwürde (ihre ›Ehre‹) kämpft, sondern er schrieb »gegen die massive publizistische Gewalt einiger Pressekonzerne, die in erbarmungsloser Stimmungsmache die Arbeit erschwert und Verleumdung nicht gescheut hat« (B.).

Rezeption: Bereits nach 6 Wochen waren 150 000 Exemplare abgesetzt. Der Text gehört inzwischen zur Standard-Schullektüre. 🎬 R: V. Schlöndorff/M. v. Trotha (1975). 🎧 *Die verlorene Ehre der Katharina Blum – Gruppenbild mit Dame – Berichte zur Gesinnungslage der Nation u.a.* (Der Hörverlag, 2003).

Weitere Romane: *Fürsorgliche Belagerung* (1979), *Frauen vor Flußlandschaft* (1985).

1974
Irmtraud Morgner

* 22.8.1933 in Chemnitz. 1952–56 Germanistikstudium in Leipzig, danach Redaktionsassistentin, lebte ab 1958 als freie Schriftstellerin in Berlin (DDR). 1975 H.-Mann-Preis. † 6.5.1990 in Berlin (G).

Leben und Abenteuer der Trobadora Beatriz nach Zeugnissen ihrer Spielfrau Laura

UT: *Roman in dreizehn Büchern und sieben Intermezzos*

Roman. ED: Berlin (DDR) 1974, Darmstadt 1976.

Beatriz, einzige Minnesängerin des Mittelalters, Troubadora aus der Provence, fällt, enttäuscht von einer ausschließlich von Männern beherrschten Welt, in einen mehr als 800 Jahre dauernden Zauberschlaf, wacht auf zur Zeit der Pariser Studentenproteste im Mai 1968 und muss feststellen, dass sich die gesellschaftliche Stellung der Frau in der Zwischenzeit nicht verändert hat. Allerdings, so hört sie, sei die Situation der Frau in der DDR wesentlich besser. Beatriz stellt aber fest, dass die Macht jh.ealter Konventionen auch in der sozialistischen Gesellschaft (noch) eine wirkliche Gleichberechtigung behindert.

Indem M. Texte unterschiedlichster Provenienz (u. a. Zeitungsberichte, Teile aus Reden, Umerzählungen von Stoffen aus Bibel, Märchen, Mythen) vermischte, entstand ein einzigartiger »Montageroman« (M.). Ihre phantasievolle Fabulierkunst stach in der DDR-Literatur hervor. Mit ihrem literarisch erhobenen Anspruch auf eine gelebte Gleichstellung der Frau stand sie dort in einer Reihe mit Br. Reimann und Chr. Wolf (→ *Frauenliteratur nach 1968*). Sie plädierte für eine neue Ordnung – »weder patriarchalisch noch matriarchalisch [...], sondern menschlich«, in der die Frau selbstbestimmt über ihre intellektuellen, kreativen und sexuellen Anlagen verfügen könne. In dem ›Hexenroman‹ *Amanda* (1983) tritt Laura, Beatriz' »Spielfrau« (analog gebildet zum mittelalterlichen Spielmann), eine Zugführerin der Berliner S-Bahn, in den Mittelpunkt der Handlung.

Rezeption: Der Roman fand wegen seiner unkonventionellen Erzähl- und Sichtweise in beiden Teilen Deutschlands große Aufmerksamkeit.

Weitere Romane: *Gauklerlegende* (1970), *Die wundersamen Reisen Gustav des Weltfahrers* (1972).

1974
Adolf Muschg

* 13.5.1934 in Zollikon bei Zürich. Bis 1959 Studium (Germanistik, Anglistik) in Zürich, 1959 Promotion, 1959–62 Gymnasiallehrer in Zürich, bis 1970 Hochschuldozent, 1970–99 Professor an der TH Zürich. 1994 Büchner-Preis; M. lebt in Männedorf bei Zürich.

Albissers Grund

Roman.

Warum schoss der Gymnasiallehrer Dr. Albisser auf den Emigranten Zerutt, der ihn 4 Jahre lang auf eigene Faust psychotherapeutisch behandelt hatte? Die gerichtliche Untersuchung bringt statt eines klaren Grundes die unklare Biographie eines durch seine Sozialisation von Grund auf geschädigten Intellektuellen zutage: Dieser kam weder mit sich selbst noch mit dem bürgerlichen Leben in der Schweiz und erst recht nicht mit den (pseudo-) revolutionären Aufbruchshoffnungen im Umkreis der schweizerischen ›1968er‹-Zeit zurecht. Während Albisser am Ende ein Hilfslehrerleben in der Kleinstadt wählt (und damit heiter-beschränkt zeigt, dass Utopie nicht gegen gesellschaftliche Determinanten ankommt), hält Zerutt an seinen kritisch-emanzipatorischen Hoffnungen fest, mit denen er Albisser überfordert hatte: Doch M. lässt ihn sterben, bevor er sowieso ausgewiesen worden wäre. Letztlich ist es dann nicht Albissers, sondern Zerutts ›Grund‹ für sein Verhalten, der den Leser grübeln lässt.

Rezeption: Der Roman erreichte bis 2003 10 Auflagen.

Weitere Erzählwerke: *Liebesgeschichten* (1972), *Baiyun oder die Freundschaftsgesellschaft* (1980), *Das Licht und der Schlüssel* (1984), → *Der Rote Ritter* (1993).

1975
Thomas Bernhard

Biogr.: → 1963

Die Ursache

UT: *Eine Andeutung*

Autobiographische Erzählung.

Die Ursache eröffnete eine Reihe autobiographischer Texte (*Der Keller*, 1976; *Der Atem*, 1978; *Die Kälte*, 1981; *Ein Kind*, 1982), in denen B. die Geschichte seiner Kindheit und Jugend bis 1951 erzählt. Es ist die Geschichte eines ungewollten, zunächst wenig geliebten und sehr kranken Kindes, das in der Obhut seines Großvaters aufwächst, in den von Nationalsozialismus und Katholizismus geprägten Erziehungsinstitutionen scheitert und schließlich als moribunder Jugendlicher einen Sanatoriumsaufenthalt übersteht. B. schildert die einzelnen Stationen detailgenau, doch nicht in chronologischer Ordnung, sondern in jeweils neu ansetzenden Sondierungen, die zu den krisenhaften Wendepunkten führen. Er zeigt in dieser (auch sprachlich-stilistisch als kreisende Suchbewegung bzw. Sprachstrom ausgeführten) Erforschung der eigenen Herkunft aus dem »Geborenwerdenverbrechen« (B.), seinem »Lebensthema« (H. Höller), wie sich (s)eine Ich-Identität aller Vernichtung durch gewaltsame Sozialisationsapparaturen zu erwehren vermag. Dabei helfen ihm seltene menschliche Zuwendung und v. a. Musik und Sprache als »Medium der Selbstfindung« (M. Mittermayer). Doch diese Selbstfindung – und das ist die stete Paradoxie von B.s unaufhörlichem Selbst-Erschreiben – glückt nur durch die radikale, obsessivhassliebende Auslöschung des Anderen – in Gestalt der ›Mutter‹ (Frau), des ›(Groß-)Vaters‹, der Stadt Salzburg, der Heimat Österreich.

B. hat in seinem späteren Prosawerk mit dem Erzählprinzip des wenig verlässlichen (doppelten) Erzählers (besonders in *Korrektur*, 1975, und *Holzfällen*, 1984) und der »gegenseitigen Durchdringung von Autobiographie und realer Welt« (E. Marquardt) die z.T. widersprüchliche Deutungsoffenheit noch verstärkt.

Rezeption: B.s autobiographische Texte wurden sehr gegensätzlich interpretiert: Für die einen waren sie unmittelbare Selbstaussagen eines problematischen Ichs, für die anderen die artifizielle Fiktion eines schreibenden Ichs, das mit dem biographischen nicht verwechselt werden darf.

Weitere Prosawerke: *Wittgensteins Neffe* (1982), *Der Untergeher* (1983), *Alte Meister* (1985), → *Auslöschung* (1986).

1975
Volker Braun

* 7.5.1939 in Dresden. 1957–60 Arbeit im Tief- und Bergbau, 1960–64 Studium (Philosophie) in Leipzig, 1965–66 Dramaturg (Berliner Ensemble) in Berlin (DDR), 1972–77 am Dt. Theater. 1980 H.-Mann-Preis, 1988 Nationalpreis der DDR, 2000 Büchner-Preis; B. lebt in Berlin.

Unvollendete Geschichte

Erzählung. ED: *Sinn und Form* (1975), BA: Frankfurt/Main 1977, Halle 1988.

Die 18-jährige Karin, Tochter eines Parteifunktionärs, durch Erziehung überzeugt vom Sozialismus, gerät in eine Konfliktsituation, als ihre Eltern und die Partei ihr die Beziehung zu ihrem Freund Frank aus nur vage angedeuteten Gründen untersagen. Sie trennt sich von ihm, kehrt aber wieder zu ihm zurück und wird schwanger. Nochmals wird sie gezwungen, Frank aufzugeben, der jedoch keineswegs, wie behauptet wurde, die Flucht in den Westen geplant hatte. Nach einem misslungenen Selbstmordversuch Franks bekennt sich Karin endgültig zu ihm. Dennoch bleibt das Ende offen: »Hier begannen, während die eine nicht zu Ende war, andere Geschichten.«

B. schildert (auch mit dem Mittel der erlebten Rede) den Selbstfindungsprozess Karins, wie sie ihre (unverschuldete) Unmündigkeit überwindet und sich ähnlich wie → *Die Marquise von O...* (1808) von H. v. Kleist (neben Büchner das erzählerische Vorbild B.s) behauptet.

Rezeption: Der versteckte Publikationsort (bis 1988) zeigt, wie brisant der Text in der DDR war. B. schrieb die Erzählung nach dem Bericht einer jungen Frau (Karin), die, wie sich später herausstellte, Inoffizielle Mitarbeiterin der Staatssicherheit war. Dazu nahm der Autor in *Sinn und Form* (1996 und 1997; BA 1998: *Die Unvollendete Geschichte und ihr Ende*) Stellung. 🎬 *Der Verdacht* (R: Fr. Beyer, 1991).

Weitere Werke: *Die Kipper* (Schauspiel, 1972), *Gegen die symmetrische Welt* (Gedichte, 1974), *Training des aufrechten Gangs* (Gedichte, 1979), → *Hinze-Kunze-Roman* (1985).

Sprachexperimentelles Schreiben nach 1970

Begriff: In einem allgemeinen Sinne war fiktionale Literatur gegenüber der empirischen Gebrauchssprache immer schon schöpferisch-abweichend und damit sprachexperimentierend, v. a. dann, wenn sie bis an den äußersten Rand der Sprachkonventionen ging (nach 1945 z. B. bei P. Celan, U. Johnson, P. Weiss, A. Schmidt) und eine poetische Wirklichkeit sui generis erzeugen wollte. Gebrauchs- und Literatursprache blieben jedoch in der Regel weiterhin dadurch miteinander verbunden, dass sie Sprache als ein auf Sinn zielendes, Redekonventionen einhaltendes Medium zwischenmenschlicher Verständigung begriffen und dabei sprachlichem Handeln die Fähigkeit zuschrieben, Wirklichkeit symbolisch (mimetisch) abbilden zu können. Sprachexperimentelle (bzw. avantgardistische) Literatur im engeren Sinne bezweifelt diese Fähigkeit zum kommunikativen Verständnis prinzipiell und propagiert – für den Bereich des künstlerischen Umgangs mit Sprache – den mehrfachen Bruch: Bruch mit der Mimesisfunktion und ›Bedeutung‹ jenseits der Sprache, Bruch mit dem Konzept des sprachmächtigen Subjekts sowie Bruch mit den reglementierten Konventionen von Wortschatz, Syntax, Grammatik, Typographie als Befreiung von präskriptiven, entfremdenden bzw. historisch belasteten Ordnungen. ›Experimentell‹ ist diese Literatur, weil sie – wie im Versuch – die Destruierung von alter und die Konstruktion von neuer sprachlicher Ordnung, die Mischung von natürlichen und künstlichen Sprachen, die Überschreitung von Gattungsgrenzen sowie die Einbeziehung des Visuellen, Akustischen und des ›Körpers‹ gleichsam durch Probieren am sprachlichen ›Material‹ erzeugt. Diese Verfahren sollen durch ihre Grenzüberschreitungen befreien und zu neuen Ausdrucksmöglichkeiten verhelfen. Die Übergänge zur Medienkunst (z. B. bei F. Kriwet, P. Weibel) und zur → *Digitalen Literatur* sind dabei fließend.
Dieses radikale Schreiben entfaltete sich in seinen verschiedenen Spielarten (→ *Dadaismus*, Surrealismus, → *Konkrete Poesie*) v. a. seit Beginn des 20. Jh. Neu am sprachexperimentellen Schreiben nach 1970 war der Verzicht auf den völligen Bruch und die Konzentration auf den Selbstlauf von Sprache, d. h. es spricht nicht mehr ein Autor, sondern der Autor zeigt, wie das Sprechen selbst spricht – womit er auf eine untergründige, den aktiven Leser als ›Ko-Autor‹ herausfordernde Weise daran festhält, einen ›Sinn‹ zu vermitteln. Dieser Sinn erschließt sich aber nur über die Sprachgestalt (vom Nicht-Erzählbaren bis zum Nonsens), nicht mehr über einen Sprachinhalt. Sprachexperimentell-avantgardistische Literatur ist, trotz verschiedener Brückenschläge, immer ein (zudem oft noch zu wenig ernst genommener) Nebenzweig der Literaturentwicklung geblieben, hat aber unter der Oberfläche erheblichen Anteil an der Differenzierung des Formtypus' moderner Literatur gehabt (vgl. z. B. die Anfänge von P. Weiss, E. Jelinek).
Die folgende (alphabetisch geordnete) Auswahl von Autor(innen) und Werken ist weit gefasst, um diesen Reichtum an Ausgestaltungen des

sprachexperimentellen Ansatzes zu verdeutlichen. PROSATEXTE: M. Bäcker: → *nachschrift* (1986/97); J. Becker: *Felder* (1964), → *Ränder* (1968); Chr. Bezzel: *Kerbtierfresser* (1972); P. Chotjewitz: *Hommage à Frantek* (1965); H. Geerken: *mappa* (1988); L. Harig: *Reise nach Bordeaux* (1965); H. Heißenbüttel: → *Das Textbuch* (1970); W. Höllerer: *Die Elephantenuhr* (1973); G. Jonke: *Geometrischer Heimatroman* (1969), *Erwachen zum großen Schlafkrieg* (1982); Br. Kronauer: *Der unvermeidliche Gang der Dinge* (1974); D. Kühn: *N* (1970); Fr. Mayröcker: *Die Abschiede* (1980), *mein Herz mein Zimmer mein Name* (1988), *Lection* (1994); A. Okopenko: *Lexikon einer sentimentalen Reise* (1970); Fr. Roth: *Ordnungsträume* (1979); M. Scharang: *Schluß mit dem Erzählen* (1970); G. Steinwachs: *Baranella* (2002); Kl. Stiller: *H* (1970); O. Wiener: *die verbesserung von mitteleuropa* (1969); R. Wolf: *Die heiße Luft der Spiele* (1980), *Raoul Tranchirers Enzyklopädie* (1982–2000); H. Wollschläger: *Herzgewächse* (1982); P. Wühr: *Gegenmünchen* (1970), *Das falsche Buch* (1983). LYRISCHE TEXTE: R. D. Brinkmann: *Westwärts 1 & 2* (1975); H. Geerken: *Verschiebungen* (1972); Th. Kling: *geschmacksverstärker* (1989), *morsch* (1996); P. Waterhouse: *passim* (1986), → *Prosperos Land* (2001); Gedichtsammlungen von H. Heißenbüttel, E. Jandl, K. Marti, Fr. Mayröcker, O. Pastior, P. Wühr. HÖRSPIELE: H. Geerken, L. Harig, Fr. Mayröcker, G. Steinwachs, R. Wolf, W. Wondratschek, P. Wühr.

1975
Max Frisch

Biogr.: → 1954

Montauk

UT: *Eine Erzählung*

In dem tagebuchartigen Text schildert F., wie er 1974 in Montauk (Long Island) ein Wochenende mit der jungen Amerikanerin Lynn verbrachte. Die Darstellung der kurzen Beziehung wird unterbrochen durch Überlegungen zum Werk und Erinnerungen an früher Erlebtes, besonders an Frauen (seine erste Liebe, seine beiden geschiedenen Ehefrauen, Ingeborg Bachmann), die er einst geliebt hat. Die Begegnung mit Lynn führt somit zu einer ›Selbstbefragung‹, von der F. sowohl in der Ich-Form (als weltberühmter Dichter) als auch in der Er-Form (der die Gegenwart mit Lynn erlebende F.) berichtet: Die Beziehungen misslangen (wie auch in F.s Romanen dargestellt) stets bei dem »Versuch, Selbstverwirklichung des ICH *und* den Dialog, die Verständigung mit einem Partner […] mit der Gesellschaft zu erreichen« (H. L. Arnold). Die Gründe des Scheiterns (auch in der Beziehung zu seinem Freund W.), so wird deutlich, lagen stets darin, dass F., indem er als Dichter seine Selbstverwirklichung anstrebte, nicht bereit war, sich ganz dem anderen zu öffnen – immer blieb die Distanz des beobachtenden, auf künstlerische Verwertung bedachten Autors.

Montauk ist kein autobiographischer Bericht: Es ist eine um Aufrichtigkeit bemühte, »unter Kunstzwang« entstandene Selbsterforschung – eine »Erzählung« (F.).

Rezeption: *Montauk* gilt vor den Erzählungen *Der Mensch erscheint im Holozän* (1979) sowie *Blaubart* (1982) als das bedeutendste von F.s späten Werken. 🎬 *Max Frisch. Journal I-III* (R: R. Dindo, 1981).

1975

Arno Schmidt Biogr.: → 1949

Abend mit Goldrand

UT: *Eine MärchenPosse. 55 Bilder aus der Lä/Endlichkeit für Gönner der VerschreibKunst*

Roman. Entst. ab 1972, DIN-A3-Format, faksimiliertes Typoskript.

In einem fiktiven Dorf in der Lüneburger Heide bilden der herzkranke Schriftsteller A. O. Gläser (»A&O«), der Pensionär Olmers und der Kriegsversehrte Fohrbach mit Frau und 15-jähriger Tochter Martina sowie der Haushälterin Asta eine Hausgemeinschaft. Zu ihnen stößt 1974 eine Gruppe anarchischer, sexuell freizügiger »Hippies & Gammler« im Verein mit »Vaginabundinnen«, die auf dem Weg nach Tasmanien sind. Während im Haus Gespräche über Literatur, Religion, Kunst geführt werden, treibt draußen die Gruppe ihr orgiastisches Wesen: Ann›Ev‹, die Anführerin, steigt in ein Gemälde (*Der Garten der Lüste* von H. Bosch), kehrt wieder und entführt den in sie verliebten Gläser zu einem kurzen Glück in den Wolken. Am Ende zieht die Gruppe weiter.

Wie in dem vorangegangenen Dialogroman *Die Schule der Atheisten* (1972) lässt Sch. auch hier eine ›Kunstwelt‹ entstehen, kompiliert aus Zitaten (v. a. aus der Literatur): Kolderup, Hauptfigur (und Alter Ego von Sch.) in der *Schule der Atheisten*: »Die ›wirklich Welt‹ ?: ist, in Wahrheit, nur die Karikatur unserer Großn Romane.« Aber *Abend mit Goldrand* ist auch eine Infragestellung von Sch.s Weltflucht: In der sehr genauen Darstellung seiner Kindheit, Jugend und Soldatenzeit wird deutlich, dass es die frühe Erfahrung von Isolation war, die ihn in die Abgeschlossenheit seiner Bücherwelt führte. Dieser Rückzug erscheint daher in der ›MärchenPosse‹ als zunächst schmerzlich empfundener, dann als verhinderter und schließlich als stolz gewollter Verzicht auf Lebensmöglichkeiten, den Sch. sich im Dienste der Literatur auferlegte. Vielleicht in 100 Jahren, so hofft Gläser, wird ihm Ann›Ev‹ wiederbegegnen.

Rezeption: Spätestens mit diesem Roman, der auch in Frankreich (*Soir bordé d'or*, 1991) erfolgreich war, wurde Sch. »ein moderner Klassiker« (J. Drews).

Weiteres Werk: *Julia, oder die Gemälde* (Romanfragment, 1983).

1975–1981
Peter Weiss Biogr.: → 1960

Die Ästhetik des Widerstands

Romantrilogie. Entst. ab 1972; ED: 1975 (Bd. 1), 1978 (Bd. 2), 1981 (Bd. 3).
Mit der in 8-jähriger Arbeit entstandenen, über 950 Seiten langen Trilogie versuchte W. nichts weniger als eine innere Epochendarstellung des Faschismus (1918–45), genauer: des kommunistischen Widerstands gegen dessen Herrschaft (erzählte Zeit: 1937–45): Ein Ich-Erzähler ohne Namen, ein junger Arbeiter, verlässt die unbefriedigende Untergrundarbeit in Berlin und geht über Prag nach Spanien, wo er im Bürgerkrieg gegen die spanischen Faschisten kämpft (Band 1). Nach deren Sieg flieht er über Paris nach Schweden, knüpft als Fabrikarbeiter Kontakte zu schwedischen Kommunisten und beschließt, angeregt durch B. Brecht, Schriftsteller zu werden (Band 2). Im 3. Band wird von den Katastrophen der Niederlage berichtet: den tödlichen Fehlern und Mängeln der stalinistischen Partei im Widerstand, der Liquidierung der Berliner Widerstandsgruppe ›Rote Kapelle‹ und der problematischen Zukunft nach 1945. Wichtiger noch als die Fakten und Fiktionen mischende Handlung ist die von den handelnden Personen angestellte, permanente Reflexion über die aktivierende Kraft des Ästhetischen für die politische Arbeit. Diese Reflexion lässt den Roman zugleich zu einem politisch inspirierten Kunstessay werden, in dem in detaillierten Werkinterpretationen (z. B. Pergamonaltar, Bilder von Géricault und Picasso, Erörterungen zu Dante, Kafka, Joyce, Brecht, Sozialistischem Realismus) geprüft wird, ob Kunstwerke lediglich Auftragsarbeiten für die Sieger sind oder ob sie ein Widerstandspotential entfalten können, das gerade die Arbeiterbewegung in ihrem gescheiterten Kampf nötig gehabt hätte.
W.' Roman ist ein nicht leicht zu lesender Text über ein kompliziertes und noch nicht eingelöstes Thema (»Wie könnte dies alles geschildert werden?«). Er ist – gerade in der am Schicksal vieler einzelner Widerstandskämpfer dargestellten Verzweiflung und (vager werdenden) Utopie im 3. Band – ein »Roman des Eingedenkens« (B. Brunner) an die Opfer des Faschismus und des Stalinismus geworden.

Rezeption: Die ersten beiden Bde. – in der DDR wegen der Stalinismus-Kritik missbilligt – fanden eine geteilte Aufnahme, die vom enthusiastischen Lob bis zu der Kritik als »Wunschautobiographie« eines nicht-proletarischen Intellektuellen reichte. Erst nach der Veröffentlichung des 3. Bd. sowie der *Notizbücher* (1981/82) wurde der Roman als W.' Hauptwerk in seiner Einzigartigkeit gewürdigt. Bis 1987 betrug die verkaufte Auflage der Trilogie (in verschiedenen Ausgaben) 87 000 Exemplare.

1975–1982
Horst Bienek

* 7.5.1930 in Gleiwitz (Oberschlesien). Nach Zeitungsvolontariat 1951 Aufnahme in die Theaterklasse des Berliner Ensembles bei B. Brecht. Wegen angeblicher Spionage 1952–55 Haft (Arbeitslager Workuta, Sibirien). 1955 Übersiedlung in die Bundesrepublik, 1957–61 Kulturredakteur beim HR in Frankfurt/Main, danach (Chef-)Lektor (dtv-Verlag) in München und freier Schriftsteller. † 7.12.1990 in München (G).

Gleiwitz

UT: *Eine oberschlesische Chronik in vier Romanen*

Romantetralogie, bestehend aus: *Die erste Polka* (1975), *Septemberlicht* (1977), *Zeit ohne Glocken* (1979), *Erde und Feuer* (1982). OT/UT seit 2000. Der Tetralogie folgte der Kommentarbd. *Beschreibung einer Provinz* (1983).

In enger Verknüpfung von Familien- und Zeitgeschichte erzählt B. am Beispiel der Grenzstadt Gleiwitz und ihrer Bewohner, wie eine Welt unterging, die für viele verschiedene Menschen ›Heimat‹ war: *Die erste Polka* zeigt den letzten Friedenstag vor Ausbruch des Zweiten Weltkrieges, ohne Ahnung vom Kommenden (Hochzeit, ›Überfall‹ auf den Sender Gleiwitz). *Septemberlicht* spielt am 4.9.1939, an dem eine Beerdigung stattfindet: Der deutsche ›Blitzkrieg‹ gegen Polen wirft erste Schatten auf das deutsch-polnisch-jüdische Zusammenleben in Gleiwitz, was den Leichenschmaus aber noch nicht stört. Die Handlung in *Zeit ohne Glocken* ist auf den 23.3.1943 (Karfreitag) datiert: Die Gleiwitzer Katholiken (Deutsche wie Polen) müssen ihre Kirchenglocken zur Einschmelzung hergeben und die Gleiwitzer Juden werden nach Auschwitz abtransportiert. *Erde und Feuer* zeigt dann das Ende von Gleiwitz sowie die Bombardierung Dresdens am 13./14.2.1945.

B.s Tetralogie setzte der verlorenen oberschlesischen Heimat ein nichts beschönigendes Denkmal (»aus dem Geist des Verstehens und der Versöhnung«, H. Friedrich). Sie gehört damit in die Reihe politisch nicht vereinnahmbarer ›Heimatliteratur‹ z. B. von J. Bobrowski (Memel, Litauen), G. Grass (Danzig), U. Johnson (Mecklenburg), S. Lenz (Masuren).

Rezeption: Die Bedeutung dieser (auch literarisch bedeutsamen) Chronik für die dt.-poln. Verständigung ist noch viel zu wenig gewürdigt worden. 🎬 *Die erste Polka* (R: Kl. Emmerich, 1978).

Weitere Werke: *Die Zelle* (Roman, 1968), *Birken und Hochöfen* (autobiographischer Text, 1990).

1976
Nicolas Born

* 31.12.1937 in Duisburg. 1950–65 Chemigraph in Essen, danach freier Schriftsteller in Berlin, ab 1974 zeitweilig auch in Gümse bei Dannenberg. † 7.12.1979 in Hamburg. Gedenkstätten: Damnatz (G), Schreyahn (M).

Die erdabgewandte Seite der Geschichte

Roman.

Die erdabgewandte Seite des Mondes gibt es, sie ist aber dem menschlichen Auge verborgen. Ebenso verhält es sich mit der Geschichte, die in diesem Roman ein Schriftsteller (Ich-Erzähler) erzählt: Sie hat ein sichtbares Geschehen (von dem berichtet wird) und eine verborgene Kehrseite. Sichtbar ist, dass die in Berlin lebende Hauptfigur sowohl in ihren privaten Beziehungen zu Ex-Frau, Tochter, Freundin und Freund scheitert als auch den Forderungen nach politischem Engagement in der Nach-›1968er‹-Zeit nicht Genüge tun kann und will. Das Erzähler-Ich begehrt vergeblich gegen diese als Fremdbestimmung erlebte Fesselung auf.

Ist der Roman deswegen ein Dokument der Resignation und zugleich postrevolutionärer Protest einer ›Neuen Subjektivität‹ gegen die Herrschaft des Politischen? Nein, denn es kommt auf die unsichtbare, die utopische Dimension der erzählten Geschichte an: So, wie der Ich-Erzähler in und an der Realität scheitert (und scheitern muss), kann er auch seinen Roman nicht schreiben – aber B.s geschriebener Roman zeigt dem Leser ex negativo, was dem Schreiber im Roman (noch) verborgen ist: ein gelingendes Schreiben als Ausdruck gelingenden Lebens. Wie das und ob das wirklich erreichbar ist, sagt der Roman freilich nicht. Hinweise finden sich eher in B.s Gedichten.

Rezeption: B. erhielt 1977 für den Roman den Bremer Literaturpreis.

Weitere Werke: *Das Auge des Entdeckers* (Gedichte, 1972), *Gedichte 1967–1978* (1978), → *Die Fälschung* (Roman, 1979).

1976
Hermann Burger

* 10.7.1942 in Menziken (Schweiz). Ab 1965 Studium (Germanistik, Promotion 1973) in Zürich, ab 1974 Lehraufträge an mehreren Universitäten, 1975 Habilitation; daneben auch journalistisch tätig. Ab 1979 erkrankt (Depressionen). † 28.2.1989 (Selbstmord) in Brunegg (Schweiz). Gedenkstätte: Gemeinde Schiltwald (G).

Schilten

UT: *Schulbericht zuhanden der Inspektorenkonferenz*

Roman.

Schilten ist der Name des Ortes, in dem der 30-jährige Dorfschullehrer Stirner einen Bericht über seine Lehrtätigkeit an die vorgesetzte Behörde schreibt. Es soll eine Rechtfertigung seines Unterrichts sein, der merkwürdig genug ist: Da die Schule neben dem Friedhof liegt, die Turnhalle als Begräbniskapelle, der Hausmeister als Totengräber und die Schulglocke als Totenglocke dient, gerät dem Lehrer die Erziehung zum Leben immer mehr zu einer Vorbereitung auf den Tod (›Todeskunde‹). Der anfangs detailgenaue Bericht – eine untergründige Schulkritik – verwuchert sich im Laufe der Zeit, zumal Stirner sich immer mehr in sein Pseudonym Schildknecht zu verwandeln trachtet, für den der ganze ›Unterricht‹ den Zweck hat, den eigenen Todeswunsch (die Entlassung) zu inszenieren.

Was in *Schilten* als nicht zu bannende Depression endet, verwandelte B. in *Die Künstliche Mutter* (1982) in einen abenteuerlichen Therapieversuch.

Rezeption: Der früh verstorbene B. galt als große literarische Hoffnung und *Schilten* als einer der bedeutendsten Romane der Schweizer Gegenwartsliteratur. Seine Krankheit und der Tod waren B.s Thema, das Schreiben seine Therapie. ■ R: B. Kuert (1978/79).

Weitere Werke: *Diabelli* (Erzählungen, 1979), *Brenner* (Roman, postum 1989–92).

1976
Reiner Kunze

* 16.8.1933 in Oelsnitz (Erzgebirge). 1951–55 Studium (Philosophie, Journalistik), ab 1955 Assistent an der Universität Leipzig, 1959 aus politischen Gründen entlassen, Hilfsarbeiter; ab 1962 Schriftsteller in Greiz (Thüringen). 1977 Ausreise aus der DDR; K. wohnt in der Nähe von Passau. 1977 Büchner-Preis.

Die wunderbaren Jahre

UT: *Prosa*

Slg. von Prosatexten. ED: Frankfurt/Main 1976.

Der sehr erfolgreiche Band besteht aus unterschiedlichen, zumeist kurzen Texten (Dialoge, Kurzprosa, Protokolle, Zitate). Durch Verknappung und Pointierung entsteht in ihnen ein »ästhetisch verdichteter Dokumentarismus, in dem alle Zufälligkeit getilgt und nichts hinzuerfunden ist« (M. Jäger). Die meisten Texte beziehen sich auf Jugendliche in der DDR, die in ihrem Drang nach Unabhängigkeit und Abgrenzung von der Welt der Erwachsenen den Reglementierungen von Lehrern, Funktionären und Justiz ausgesetzt sind.

K. konstatiert lakonisch und unterlässt direktes Kommentieren, Polemisieren oder Anklagen. Damit erhalten die Texte einen über alles Aktuelle hinausweisenden Charakter und werden zu einem Plädoyer dafür, der Jugend »wunderbare Jahre« zu ermöglichen, wie Tr. Capote in *Die Grasharfe* (1951) die Zeit zwischen seinem 11. und 16. Lebensjahr bezeichnete – eine Formulierung, die K. ironisch auf die Jugend in einem Staat bezog, der sich seiner selbst nur sicher sein konnte durch permanente Kontrolle und obrigkeitsstaatliche Bevormundung.

Rezeption: Der große Bucherfolg im Westen (später nie wieder erreicht) beschleunigte K.s Ausschluss aus dem DDR-Schriftstellerverband sowie seine Ausreise. 🎬 R: R. Kunze (1980).

Weitere Werke (Gedichtbände): *Sensible Wege* (1969), *Zimmerlautstärke* (1972), *eines jeden einziges leben* (1986), *ein tag auf dieser erde* (1998), *lindennacht* (2007).

1976
Elisabeth Plessen

* 15.3.1944 als Elisabeth Gräfin Plessen in Neustadt (Holstein). Nach Studium in Paris und Berlin (Philosophie, Germanistik) und Promotion (1971) freie Schriftstellerin in Berlin, lebt in der Toskana und in Berlin.

Mitteilung an den Adel

Roman.

P.s Debütroman steht am Anfang einer Reihe autobiographisch geprägter literarischer Texte (»Väterliteratur«), die sich an der Gestalt des übermächtigen Vaters mit lastender (NS-)Vergangenheit und autoritärer Erziehung abarbeiteten (Chr. Meckel: → *Suchbild*, 1980). Die adlige Journalistin Augusta fährt auf der Autobahn von München zum holsteinischen Rittergut, um am Begräbnis des Vaters – nur mit den Initialen C. A. benannt – teilzunehmen. Während der langen Fahrt überdenkt sie, wie es dazu kam, dass sie – obwohl standesbewusst erzogen – als Studentin mit dem Familienpatriarchen C. A. brechen musste und sich der Westberliner Studentenbewegung von 1967/68 anschloss. Der Roman zeigt weniger wofür, sondern v. a. wogegen Augusta ist: Standesdenken, Bevormundung und elitäre Selbstgerechtigkeit, deren Vertreter geschichtlich insofern versagt haben, als sie aus der NS-Vergangenheit nichts gelernt haben. Die ›Mitteilung an den Adel‹, der mehr als Geburtsadel ist, lautet entsprechend: Schluss damit. Als Augusta die Ostsee erreicht hat, kehrt sie um und hat sich damit vom Vater gelöst.

Rezeption: Der Roman wurde von der Kritik als literarisch herausragendes Dokument der antiautoritären Bewegung (→ *Literatur und ›1968‹*) gelobt, erreichte eine hohe Auflage und mehrere Übers.n.

Weitere Romane: *Kohlhaas* (1979), *Der Knick* (1997), *Das Kavalierhaus* (2004).

1976
Botho Strauß

* 2.12.1944 in Naumburg. Nach abgebrochenem Studium (Germanistik, Theatergeschichte) in Köln und München 1967–70 Redakteur von *Theater heute* in Hannover, 1971–75 Dramaturg und seit 1975 Schriftsteller in und bei Berlin. 1989 Büchner-Preis.

Trilogie des Wiedersehens

Schauspiel. ED: 1976; UA: 18.5.1977 in Hamburg.

16 Mitglieder eines Kunstvereins aus der Provinz treffen sich mit wechselnden Begegnungen in einer Kunstgalerie zur Vorbesichtigung der nächsten Ausstellung zum Thema ›Kapitalistischer Realismus‹. Sie warten auf ihren mächtigen Förderer und dessen Reaktion auf ein ihn provozierendes Bild: Wird er zensierend eingreifen und den kritischen Mut des Direktors bestrafen? Er wird – und ebenso sicher ist, dass die Mitglieder (allesamt Durchschnittsbürger mit ihren selbstsüchtigen Hoffnungen, Wünschen und Eitelkeiten) den Direktor im Stich lassen werden. Ihrem Wankelmut entspricht das unruhige Kommen und Gehen, das sie zum wiederholten Wiedersehen auf die Bühne und wieder davon weg treibt und das St. mit einer filmischen Technik szenischen Auf- und Abblendens abbildete. Im Grunde passiert jedoch außer dem Warten darauf, dass etwas passiert, nichts – und das ist (nach St.) eben das Elend der (bürgerlichen) Kunst- und Gesellschaftsverfassung nach ›1968‹ (→ *Literatur und ›1968‹*).

Rezeption: St. stieg, beginnend mit diesem Stück, zum viel gespielten Theaterautor der späten 1970er sowie der 80er Jahre und damit auch zum Antipoden des bis dahin dominierenden Dokumentartheaters auf (→ *Dokumentarliteratur und -theater*). 🎬 R: P. Stein (1978).

Weitere Stücke: *Die Hypochonder* (1972), → *Groß und klein* (1978).

1976
Christa Wolf

Biogr.: → 1963

Kindheitsmuster

Autobiographischer Text. ED: Weimar 1976, Darmstadt 1977.

Intensiver noch als in → *Nachdenken über Christa T.* (1968) sind W.s Aufzeichnungen über ihre Kindheit geprägt durch eine in der DDR bis dahin nicht gekannte Authentizität: Im Juli 1971 besuchte W. mit ihrem Mann, ihrem Bruder und ihrer 15-jährigen Tochter ihre Heimatstadt Landsberg an der Warthe im heutigen Polen. Dieser Besuch löste Erinnerungen an ihre Kindheit und Jugend aus, die sie von 1933 bis 1947 dort verbrachte. Um distanziert über diese Zeit berichten zu können (z. B. über das Nichtwahrnehmen der Schrecken des Nationalsozialismus in der Familie, die eigene Verführbarkeit durch eine Lehrerin), projizierte W. sich in die Figur der Nelly Jordan und wählte für den Reisebericht die Du-Form, während der Bericht über die Gegenwart, das ist die Zeit der Niederschrift 1972–75, unter Einbeziehung des aktuellen politischen Geschehens, in der Ich-Form erfolgt. So enthält das Buch drei Zeit- und Textebenen, die dazu dienen, das Nachwirken der durch den Nationalsozialismus in der Kindheit geprägten ›Muster‹ (Anpassung, Gehorsam, Verstellung) bis in die Gegenwart (auch in der DDR) hinein nachzuweisen.

Für die sie bewegende Frage: »Wie sind wir so geworden, wie wir sind?« verlangt W. v. a. »Aufrichtigkeit«, um Einsichten über sich und die Tendenzen der Zeit zu gewinnen, deren Wurzeln für sie verdeckt, aber keineswegs verschwunden sind. W. fürchtet »den fatalen Hang der Geschichte zu Wiederholungen.«

Rezeption: Das Buch löste in der DDR heftige Debatten über den Anspruch des sozialistischen Antifaschismus aus.

Weitere Prosatexte: *Kein Ort. Nirgends* (1979), → *Kassandra* (1983).

Das Literatursystem in der DDR

Das literarische Leben in der DDR kann als ein Literatursystem bezeichnet werden, weil Literatur als ein wichtiges AUFGABENFELD STAATLICHER (KULTUR-)POLITIK galt, das im Dienste des Auf- und Ausbaus des Sozialismus entsprechende Zielvorgaben zu erfüllen hatte und deswegen planvoll organisiert war. Mit dieser obersten Zielsetzung, aus der sich dann weitere, literaturspezifische Normen ableiteten (z. B. literarische Bildung für alle, sozialistische Persönlichkeitsformung, Humanität), vertrugen sich weder die Prinzipien der künstlerischen Selbstbestimmung (Kunstfreiheit) noch die ökonomischen Mechanismen der Selbstregulierung (Literaturmarkt), wie sie die Kulturentwicklung im Zeichen des Kapitalismus seit dem 18. Jh. hervorgebracht hatte und wie sie außerhalb des kommunistischen Herrschaftsbereichs (so auch in der Bundesrepublik) nach wie vor galten. Diese prinzipiell andere Verfasstheit von Literaturproduktion, -distribution und -rezeption bestimmte, wenn auch nicht durchweg erfolgreich, den DIFFERENTEN CHARAKTER DER DDR-LITERATUR noch dort, wo diese nach außen hin ohne größeren Unterschied auftrat (und in Teilen auch außerhalb der DDR Erfolg hatte). Ihr Systemcharakter zeigte sich spätestens mit dem Ende der DDR, als mit den formenden Rahmenbedingungen der Bestand der DDR-Literatur (und mit ihm der Mythos vom ›Leseland DDR‹) wegfielen. Das Literatursystem in der DDR bestand im Kern aus einer den Wandlungen der Politik sich anpassenden Literaturdoktrin, einem sich stetig differenzierenden organisatorischen Rahmen und einem rigiden Kontrollsystem.

LITERATURDOKTRIN: Grundlage der von Anfang an verbindlichen Literaturauffassung war der ›Sozialistische Realismus‹, eine ab den 1930er Jahren in der Sowjetunion herrschende Doktrin, nach der eine realistische Schreibweise (Volkstümlichkeit, Verständlichkeit, Anschaulichkeit) mit den Forderungen des Sozialismus (Parteilichkeit, vorbildlicher, positiver Held, optimistische Erziehungsziele) verbunden werden sollte. Das Gebot des Sozialistischen Realismus schloss moderne, nicht-realistische Schreibweisen (→ *Expressionismus*, → *Dadaismus*) aus. Die erste massivere Anwendung dieser Doktrin erfolgte ab 1959 durch die 1. BITTERFELDER KONFERENZ, die die Schriftsteller darauf festlegte, das Hineinwachsen junger Menschen in die Lebens- und Arbeitswelt der DDR zum zentralen Thema zu machen und damit einen direkten Beitrag zum Aufbau des Sozialismus zu leisten (›Ankunftsliteratur‹). Weitere einschneidende Direktiven erteilten das 11. Plenum des Zentralkomitees der SED 1965, der 8. Parteitag der SED 1971 sowie die Maßnahmen im Zuge der BIERMANN-AUSBÜRGERUNG (ab 1976), als der Widerstand gegen die Gängelung immer stärker wurde (→ *Schriftsteller und geteiltes Deutschland*).

ORGANISATORISCHER RAHMEN: Voraussetzung dafür, als Autor tätig zu werden, war in der Regel die Mitgliedschaft im Schriftstellerverband, dessen Statut die Bejahung der sozialistischen Gesellschaft (unter Führung der SED) einschloss. Ausschluss oder Nicht-Mitgliedschaft kamen einem Berufsverbot gleich. Grundlegend war das Prinzip, dass gedruckte Veröffentlichungen einem Druckgenehmigungsverfahren unterlagen: Der Plan zu einer Publikation ging zumeist von den Verlagen aus, deren Programme und Schwerpunkte vom ›AMT FÜR LITERATUR UND VERLAGSWESEN‹ (bis 1956) bzw. der ›HAUPTVERWALTUNG VERLAGE UND BUCHHANDEL‹ koordiniert, vorgegeben und überwacht wurden. Ging der Plan von einem Autor aus, so musste die vorgelegte Publikation in diese Programmatik passen. Eine genehmigte Publikation konnte von diesem Amt weiterhin durch die Art und Weise der Zuteilung von Papier und Druckkapazitäten sowie über die Präsentation durch Literaturkritik und Buchhandlungen reglementiert werden.

KONTROLLSYSTEM: Zum Prinzip der gelenkten Literatur gehört stets die Überwachung und Sicherstellung des Erfolgs, sowohl bei den Autoren als auch bei den Lesern durch Belohnung wie durch Bestrafung. Gratifikationen für Autoren waren in der DDR erhöhte Honorare, Stipendien, bezahlter Nebenerwerb (in Verlagen, Theater, Medien), Literaturpreise, Wohnung, (Lese-)Reisen; Gratifikation für Leser war v. a. der niedrige Buchpreis. Ein ›BÜRO FÜR URHEBERRECHTE‹ war ab 1965 befugt, Genehmigungen oder Ablehnungen für eine Drucklegung im westlichen Ausland auszusprechen, ab 1973 wurde die Strafe gegen ungenehmigten Druck verschärft. Ab 1979 konnte (literarisch formulierte) Kritik an DDR-Verhältnissen als staatsfeindliche Aktivität bestraft werden. Die Kontrolle über missliebige kritische Autoren oblag ab 1963 mehr und mehr dem ›MINISTERIUM FÜR STAATSSICHERHEIT‹ (MfS), das sich ab 1969 mit der ›Hauptabteilung

XX/7‹ einen eigenen Überwachungsapparat schuf, der auch Verlage, Medien und sogar den Schriftstellerverband ausspähte. Zahllose Verfolgungen von Schriftstellern (z. B. von E. Loest, H. Müller, P. Huchel, W. Biermann, G. Kunert, R. Kunze, St. Heym) gingen auf ›Erkenntnisse‹ des MfS zurück; umgekehrt zeigte sich nach Öffnung der Stasi-Akten ab 1990, dass es auch unter Schriftstellern durchaus viele Informanten gegeben hatte.

1976–2007

Paul Wühr

* 10.7.1927 in München. Nach Lehrerstudium 1949–83 Volksschullehrer in München, daneben und seitdem Schriftsteller, lebt seit 1986 in Passignano (Umbrien).

Das lyrische Werk

W.s lyrisches Werk umfasst die folgenden Einzelpublikationen: *Grüß Gott ihr Mütter ihr Väter ihr Töchter ihr Söhne* (1976), *Rede* (1979) *Sage* (1988), *Salve res publica poetica* (1997), *Venus im Pudel* (2000), *Dame Gott* (2007).

W., ein notorischer Einzelgänger, trat zunächst mit zwei Kinderbüchern sowie mit Hörspielen hervor, ehe er sich mit seinem lyrischen Werk einen (bis heute noch immer nicht vielen bekannten) Namen machte; doch ist der Gattungsbegriff ›Lyrik‹ für W. sehr weit zu fassen. Treffender wäre ›Poesie‹ als Oberbegriff für ein Schreiben, das Prosa und Vers, Alltagssprache und Dichtung, Wissenschaft und Phantasie auf eine Weise zusammenführt, die Sprache zum Medium radikalen Infragestellens jeglicher Gewissheiten werden lässt.

Das ›Textbuch‹ *Gegenmünchen* (1970) ist in diesem Sinne (obwohl kein Gedicht) ein ›Poem‹, das bis hinein ins Typographische auf ungewöhnliche Weise das faktische München topologisch, sprach- und ideologiekritisch durchleuchtet. Näher an die verknappende Gedichtform rücken die Text-(Variationen) der ab 1976 veröffentlichten Sammlungen, während W. mit den sehr umfangreichen letzten Bänden *Salve res publica poetica* und *Venus im Pudel* ein »Panorama von Möglichkeiten, wie Gedichte heute mit größter sprachlicher Ökonomie komplexe politische und intellektuelle, historische und religiöse Sachverhalte aufnehmen« (J. Drews), entwarf.

Rezeption: Im Spektrum der avantgardistischen Literatur (→ *Sprachexperimentelles Schreiben nach 1970*) ist W. einer der bedeutendsten, wohl aber auch am wenigsten bekannten Autoren. ↘ *Gedichte. Gelesen vom Autor* (Der Hörverlag, 1997).

Weitere Werke: *Fensterstürze* (Hörspiel, 1968), *Das falsche Buch* (Roman, 1983), *Der faule Strick* (Tagebuch, 1987), *Luftstreiche* (Essays, 1994).

1977
Thomas Brasch

* 19.2.1945 in Westow (England). B., Sohn jüd. Emigranten, wuchs ab 1947 in der DDR auf, musste zwei Studiengänge (Journalistik: 1964/65; Dramaturgie: 1967/68, an der Filmhochschule in Babelsberg) wegen DDR-Kritik abbrechen (Haft 1968/69). 1976 Übersiedlung nach Berlin (West), fortan freier Schriftsteller. † 3.11.2001 in Berlin (G).

Vor den Vätern sterben die Söhne

Prosatext. ED: Berlin 1977, Rostock 1990.

»Von vorn anfangen in einer offenen Gegend« – das ist der Wunsch der ›Söhne‹, deren ›Väter‹ gegen Faschismus und Kapitalismus kämpften und den neuen sozialistischen Staat, die DDR, aufbauten, denn die ›Söhne‹ erleben den real existierenden Sozialismus nicht als Vorstufe einer besseren Welt, sondern als eine Wirklichkeit, die den Einzelnen verplant und seine individuelle Entfaltung begrenzt oder sogar ausschließt. B. verdeutlicht dies am Schicksal des jungen Robert, der einen Fluchtversuch aus der DDR unternimmt und dabei umkommt (1. Kapitel); nach dem Tod eines Fräsers wird aus dessen Briefwechsel mit seinem Vorgesetzten deutlich, wie unzumutbar die Arbeitsbedingungen waren (2. Kapitel) und schließlich zeigt das Beispiel eines Arbeiters, der, aufgestiegen in eine leitende Stellung, es vorzieht, unter weniger Zwang seine ursprüngliche Arbeit zu verrichten (3. Kapitel), den Wunsch der ›Söhne‹ nach Freiheit.

B.s sachlich-knappe Texte richten sich nicht primär gegen die gesellschaftliche Ordnung der DDR, sondern gegen eine verplante Welt, in der für das Subjekt kein Freiraum bleibt.

Rezeption: Das Buch – ein Bestseller des Jahres 1977 – wurde in mehrere Sprachen übersetzt. 🎬 R: Cl. Holldack (1982).

Weitere Werke: *Rotter* (Schauspiel, 1977), *Mädchenmörder Brunke* (Roman, 1999).

1977
Elias Canetti

Biogr.: → 1935

Die gerettete Zunge

UT: *Geschichte einer Jugend*

Erster Bd. der dreiteiligen Autobiogr. Die weiteren Bände: *Die Fackel im Ohr. Lebensgeschichte 1921–1931* und *Das Augenspiel. Lebensgeschichte 1931–1937* erschienen 1980 bzw. 1985.

C. schildert in *Die gerettete Zunge* seine frühe Kindheit im bulgarischen Rustschuk, wo er noch das altertümliche Spanisch seiner sephardischen Vorfahren lernte, den Umzug nach England 1911, wo er die neue Sprache erlernen musste, und nach dem Tod des Vaters die Übersiedlung nach Wien

(1913). Um dort die Schule besuchen zu können, erteilte ihm die Mutter unnachsichtig und unbarmherzig Deutschunterricht – ein für C. unvergesslicher Dressurakt. Während des Ersten Weltkriegs verbrachte er in Zürich die »einzig vollkommen glücklichen Jahre« und ging dann 1921 nach Frankfurt/Main.

Das Werk verdeutlicht, wie der Umgang mit den verschiedenen Sprachen C.s Sprachgefühl schärfte und wie er sich für Deutsch als seine Muttersprache entschied, wie er seine Liebe zur Dichtung entdeckte und eine unstillbare Wissbegierde entwickelte – angespornt, gefördert und in Diskussionen herausgefordert durch die Mutter.

In den folgenden Bänden der Autobiographie schildert er die Bedingungen, unter denen er Schriftsteller wurde und wie er den ihn zeit seines Lebens bewegenden Themen begegnete: die Macht der Masse und die von ihr ausgehende Faszination sowie den Protest gegen die Unausweichlichkeit des Todes. Daneben gelang C. die lebendige Darstellung des geistigen Lebens in den kulturellen Zentren Europas (v. a. Wiens) in der 1. Hälfte des 20. Jh. Die Autobiographie endet mit dem Tod der Mutter 1937.

Rezeption: Die 3 Bde. zählen zu den bedeutendsten dt.sprachigen Schriftsteller-Autobiogr.n des 20. Jh.

Weitere Werke: *Das Geheimnis der Uhr. Aufzeichnungen 1973–1985* (1987), *Die Fliegenpein. Aufzeichnungen* (1992), *Nachträge aus Hampstead. Aufzeichnungen 1954–1971* (1994), *Aufzeichnungen 1992–1993* (1996).

1977
Günter Grass

Biogr.: → 1959

Der Butt

Roman, entst. 1972–77.

Die Romanhandlung vollzieht sich auf drei Ebenen: Der Erzähler (weitgehend identisch mit G.) zeugt mit seiner Frau Ilsebill (ihr Verhältnis ist nicht spannungslos, der Bezug zum plattdeutschen Märchen *Von dem Fischer un syner Fru* eindeutig) ein Kind und schildert während der 9 Monate der Schwangerschaft in 9 exemplarischen Kapiteln die gesellschaftliche Rolle der Frau von der Steinzeit bis zur Gegenwart. Dabei erscheint der Erzähler jeweils als Ehemann oder Liebhaber der stets als Köchinnen auftretenden Frauen, wodurch zugleich eine Kulturgeschichte der Koch- und Esskunst (samt Rezepten) mitgeliefert wird. Ihm zur Seite steht der sprechende, allwissende Butt aus dem Fischer-Märchen, der die Verwandlung des Matriarchats in ein Patriarchat veranlasste und an der Aufrechterhaltung der Männerherrschaft beteiligt war. Dafür wird er – auf einer dritten Handlungsebene – Anfang der 1970er Jahre vor ein ›Feminal‹ (einem Tribunal von Feministinnen) gestellt, nach dem Prozess aber freigelassen, nachdem er

das Patriarchat für gescheitert erklärt hat. Aus dem Rahmen fällt das 8. Kapitel, in dem G. lesbische Feministinnen mit katastrophalen Folgen das Verhalten der Männer imitieren lässt. Es soll offenbar vor einer Entwicklung warnen, die zur Angleichung weiblichen Verhaltens an das der Männer führt, deren Fehler wiederholen würde und das fruchtbare »Spannungsverhältnis zwischen den Geschlechtern aufheben, nivellieren [würde], ohne etwas Neues an dessen Stelle zu setzen« (G.).
So lebensvoll, z.T. derb und deftig, G. erzählt – er bleibt skeptisch und stellt als Erzähler im Blick auf Ilsebill fest: »Ach Butt! Dein Märchen geht böse aus.« Ihr Kind allerdings, ein Mädchen, wird märchenhaft zur Hoffnungsträgerin für eine Zukunft erklärt, in der Mann und Frau kooperieren statt sich zu dominieren.

Rezeption: Der Roman war, wie → *Die Blechtrommel* (1959), ein Welterfolg, wurde aber von feministischer Seite heftig kritisiert. ↘ *Da sagte der Butt* (Steidl, 1993).
Weiteres Werk: → *Das Treffen in Telgte* (Erzählung, 1979).

1977
Edgar Hilsenrath

* 2.4.1926 in Leipzig. 1938 Flucht nach Siret (Rumänien), 1941–44 Deportation in ein Ghetto in der Ukraine, 1949–51 Aufenthalt in Palästina, 1951–73 Schriftsteller und US-Staatsbürger in New York; H. wohnt seit 1975 in Berlin.

Der Nazi & der Frisör

Roman. Entst. 1968 (auf Dt.). ED: New York 1971 (engl. Übers.), Köln 1977 (dt.).
Erst fand der Roman keinen Verleger, dann war – als er endlich erschien – die Kritik verlegen: Der SS-Mann und KZ-Massenmörder Max Schulz (Ich-Erzähler) nimmt nach 1945 die Identität eines seiner jüdischen Opfer, des Schulfreundes Itzig Finkelstein, an, lässt sich beschneiden und eine KZ-Nummer eintätowieren und schafft es, als ›Jude‹ nach Palästina auszuwandern und im späteren Israel eine geachtete Existenz als Frisör aufzubauen. Als er als alter Mann sein Gewissen durch ein Geständnis vor einem imaginären Gericht erleichtern will, gibt es keine Strafe für ihn, die seine Opfer versöhnen könnte: Er stirbt mit ihrer Todesangst.
Der (zunächst) schockierend glatt verlaufende Identitätswechsel, der die »Idee der ›Symbiose‹ in einer blutigen Groteske ad absurdum« (H. O. Horch) führt, diffamiert an keiner Stelle, trotz bitterböser Szenen und Sprechweisen, das Leid der Opfer. Es offenbart sich eine erschreckende »Banalität des Bösen« (H. Arendt), die sich ohne Weiteres in die Nach-Holocaust-Zeit verlängern konnte.
In dem Roman *Jossel Wassermanns Heimkehr* (1993) lässt H. die Welt des ostjüdischen Schtetls in Erzählungen eines Sterbenden entstehen, doch seine

Erinnerungen finden keine Zuhörer, weil die Juden des Schtetls nach Auschwitz deportiert werden (→ *Holocaust und Literatur*).

Rezeption: Der Roman hatte in Übers.n bereits eine Gesamtauflage von über 1 Million Exemplare erreicht, ehe er auf Dt. erschien. Die dt. Kritik war durch die für viele provozierende Darstellung des Holocaust zunächst sehr verunsichert.
Weitere Romane: *Nacht* (1964), *Das Märchen vom letzten Gedanken* (1989).

1977
Heiner Müller

Biogr.: → 1957

Germania Tod in Berlin

Szenenfolge. Entst. 1962–71; ED: München 1977, Leipzig 1989. UA: 20.4.1978 in München, 20.1.1989 in Berlin (DDR).

Das Stück hat keine durchgehende Handlung, sondern ist eine Folge von 13 Szenen, von denen je 6 spiegelgleich strukturiert sind: Auf der einen Seite stehen Szenen der deutschen (Vor-)Geschichte (›Misere‹) seit 1918/19, die durch preußisches Untertanentum, Niederlage der Arbeiterbewegung und Fortdauer des Faschismus charakterisiert sind; auf der anderen Seite stehen Szenen aus dem Alltag der DDR zwischen Staatsgründung 1949, Stalins Tod (Februar 1953) und dem 17. Juni 1953. Die Spiegelung zeigt kein Schwarz-Weiß-Bild von negativer Vorgeschichte (einschließlich einer als postfaschistisch geschilderten BRD) und positivem Ziel des Geschichtsprozesses in Gestalt der DDR, sondern eine katastrophische Wiederholung auf dem Boden Berlins (wo sie alle sterben): Das Neue kann sich nicht entwickeln, weil zu viel vom todessüchtigen Alten in ihm weiterlebt. Noch bei den am Schluss aufscheinenden Utopien (die Wiederauferstehung Rosa Luxemburgs als Idol einer von der Gewalt erlösten Partei, »die roten Fahnen über Rhein und Ruhr«) bleibt offen, ob sie gelten sollen. Eindeutig ist dagegen die einzige Szene ohne Pendant, die surreale Pantomime »Nachtstück«, in der sich eine Pappfigur durch Ausreißen ihrer Beine und Arme der Möglichkeit beraubt, mit einem (fast fahruntauglichen) Fahrrad die Misere zu verlassen. Der Figur bleibt nur ein Schrei – und dieser Schrei (für den M.s Theater einsteht) könnte ein Anfang zu selbstbestimmter Mündigkeit sein, denn es heißt: »Der Mund entsteht mit dem Schrei.«

Rezeption: Das in der DDR erst 1989 aufgeführte Stück begründete in der Bundesrepublik M.s Aufstieg zum gefragtesten DDR-Bühnenautor.
Weiteres Stück: → *Die Hamletmaschine* (1977).

1977
Heiner Müller Biogr.: → 1957

Die Hamletmaschine

Szenenfolge. Entst. 1977; ED: *Theater heute* (1977); BA: Berlin 1978. UA: 30.1.1979 in St. Denis, 1979 in Essen, 24.3.1990 in Berlin.

Das schmale Stück (5 Kurzszenen, 9 S.n) ist formal und inhaltlich sehr kryptisch, da ohne Handlung, echten Dialog und sogar ohne wirkliche Bühnenpersonen. Es gibt lediglich eine Stimme/Figur, die Hamlet »war«, dann Hamlet-Darsteller und zum Schluss zur Stimme des Autors wird. Diese Stimme verwandelt sich zwischendurch auch in die anderer Figuren aus Shakespeares *Hamlet* (entst. um 1600), wie z. B. Horatio u. a., tritt in Dialog mit Ophelia, zitiert und spielt auf andere Figuren und Ereignisse der Zeitgeschichte an (Stalin, Ungarnaufstand, Kalter Krieg) und erzeugt damit einen polyphonen Diskurs zwischen Traumtext, Erinnerungsspiel und Vision.

Die Abfolge der 5 Szenen könnte – obwohl ohne Einheit von Ort und Zeit – als Bezug zum klassischen 5-Akt-Schema verstanden werden, mithin als Prozess, der in die erschütternde/heilsame Katastrophe führt. Doch bei M. geht es nicht mehr um eine Geschichte (Fabel, plot), sondern um den katastrophisch-gewalttätigen Gang von Geschichte überhaupt, in der »das Projekt zur Errichtung einer humanen Ideal-Welt allein noch negativ« (N. O. Eke) zu formulieren sei: Der Wandel misslingt, Hamlet gelingt keine Tat, der Mensch wird zur Maschine, Ophelia zur Mumie, das BLABLA (1. Szene) zum Schweigen (5. Szene). Ob diese schlimmste Wendung eine endgültige Absage an die Utopie ist oder nicht, ist umstritten.

Rezeption: Der Versuch einer dt. UA (Köln 1978) scheiterte. 🎧 1978. ♫ W. Rihm (Oper, UA: 30.3.1987).

Weitere Stücke: *Der Auftrag* (1979), *Leben Gundlings* (1979), *Wolokolamsker Chaussee* (1988), *Krieg ohne Schlacht* (Autobiogr., 1992/94), → *Germania 3 Gespenster am Toten Mann* (1996).

1977
Bernward Vesper

* 1.8.1938 in Frankfurt/Oder. Ab 1961 Studium (Geschichte, Germanistik u. a.) in Tübingen, ab 1964 in Berlin. Bis 1968 befreundet mit G. Ensslin, ab 1966 publizistisch aktiv. † 15.5.1971 (Selbstmord) in Hamburg.

Die Reise

UT: *Romanessay*

Autobiographischer Text (Fragment). Entst. 1969–71; ED: 1977 (postum), ergänzte Ausgabe: 1979.

V. beschreibt, ineinander montiert und dennoch nie ganz verbunden, eine dreifache Reise: eine autobiographische Reise in die eigene Kindheit und Jugend, eine dokumentarische Reise durch die Bundesrepublik am Ende der 1960er Jahre und seinen psychedelischen (Aus-)Weg nach innen, den ›Trip‹ in die Droge, der sein Leben beenden sollte. Die autobiographischen Passagen (›Einfacher Bericht‹) zeigen V., Sohn des NS-Schriftstellers Will Vesper, als Opfer einer autoritären Erziehung, schwankend zwischen Vaterhass und Autoritätsbindung. Gezeichnet von dieser »Kindheitshölle« sieht er die bundesrepublikanische Gegenwart als andauernde faschistische ›Väter-Welt‹, gegen die er politisch zu rebellieren versucht (→ *Literatur und ›1968‹*); doch da er weder aus sich heraus noch in der Beziehung zu Frauen bzw. in verschiedenen gesellschaftlichen Aktionsformen eine feste Identität gewinnt, sucht er die Befreiung in der Droge, an deren politische Sprengkraft er glaubt.

Die Kraft dieser Wünsche wie auch ihr Scheitern dokumentiert dieses zum Kultbuch gewordene Testament und deshalb »liegt mit Vespers Werk ein Stück authentischer Wirklichkeit *der* Revolte von 1968 vor – nicht eine literarische Bemühung *über* sie« (R. Schnell).

Rezeption: Das Buch erreichte allein bis 1979 16 Auflagen. 🎬 R: M. Imhoof (1986).

1977
Maxie Wander

* 3.1.1933 in Wien als Elfriede Brunner. Keine Berufsausbildung, nach Hochzeit mit dem Schriftsteller Fred Wander 1958 Übersiedlung in die DDR. Tätigkeit als Fotografin, Journalistin und Schriftstellerin, lebte in Kleinmachnow bei Berlin (DDR). † 20.11.1977 in Berlin (G in Kleinmachnow).

Guten Morgen, du Schöne

UT: *Protokolle nach Tonband* [UT der westdt. Ausgabe: *Frauen in der DDR. Protokolle*]

ED: Berlin (DDR) 1977, Darmstadt 1978.

Das Buch stieß in der DDR wie in der BRD auf große Resonanz, weil in ihm auf authentische Art ein Problem behandelt wird, das zwar gesetzlich geregelt, aber im Alltag – in beiden deutschen Staaten – noch nicht realisiert worden war: die Gleichstellung der Frau. Zur Erreichung dieses Ziels wurden unterschiedliche Wege beschritten: In der Bundesrepublik ging man kämpferisch, medienorientiert und in der Frauenbewegung organisiert vor (→ *Frauenliteratur nach 1968*), in der DDR wurde die Problematik des Emanzipationsprozesses v. a. in der Literatur thematisiert, wie z. B. bei Chr. Wolf: → *Nachdenken über Christa T.* (1968); G. Tetzner: *Karen W.* (1974); I. Morgner: → *Leben und Abenteuer der Troubadora Beatriz…* (1974); H. Schubert: *Lauter Leben* (1975); H. Königsdorf: *Meine ungehörigen Träume* (1978); H. Schütz: *Julia* (1980), *In Annas Namen* (1986); M. Maron: → *Flugasche* (1981).

Durch unaufdringliches, einfühlsames Fragen veranlasste W. 17 Frauen im Alter zwischen 16 und 74 Jahren aus allen sozialen Bereichen, offen über ihr Leben und ihre Arbeit, über Partnerschaft und Sexualität, ihre Wünsche, Träume und Hoffnungen zu sprechen. Die Protokolle machen deutlich, dass die Schwierigkeiten weiblicher Selbstverwirklichung noch in der sozialistischen Gesellschaft existierten, auch wenn dieses Ziel nicht (wie tendenziell in der Bundesrepublik) gegen die Männer, sondern mit ihnen angestrebt wurde.

Rezeption: Das Buch war ein Bestseller mit mehr als 200 000 verkauften Exemplaren (bis 1982). ■ R: Th. Langhoff u. a. (1979/80).

Weitere Werke: *Tagebücher und Briefe* (postum 1979, in der Bundesrepublik 1980 u.d.T. *Leben wär' eine prima Alternative* erschienen).

1977–1979
Wilhelm Genazino

* 22.1.1943 in Mannheim. Nach dem Abitur Journalist und Redakteur, seit 1971 freier Schriftsteller; lebt seit 1998 in Heidelberg. 2004 Büchner-Preis.

Abschaffel

Romantrilogie, bestehend aus: *Abschaffel* (1977), *Die Vernichtung der Sorgen* (1978), *Falsche Jahre* (1979); Gesamttitel *Abschaffel* seit 1985.

Die Einsicht, das Leben in einer festgefügten Welt führen zu müssen, die unabänderlich zu akzeptieren ist, die Erfahrung von Fremdbestimmtheit, die man sich eingestehen muss, ohne die Möglichkeit zu haben, sie aufzuheben, verbunden mit der Frage nach einer möglichen Reaktion darauf – das sind die wiederkehrenden Themen der Romane G.s. In der Trilogie schildert er Arbeit und Freizeit des 30-jährigen Angestellten Abschaffel: Er lebt in einer Großstadt in den 1970er Jahren, hat keinen Kontakt zu den Kollegen, die Beziehung zu einer Frau scheitert. Er führt ein Leben, das geprägt ist von Ereignislosigkeit, bestimmt durch Trivialität, der er sich (wie auch die Protagonisten der späteren Romane G.s) ausgeliefert fühlt, erfüllt von einer »rätselhafte[n] Lebenslustlosigkeit«, wie der Angestellte Fuchs in *Die Ausschweifung* (1981) feststellt. Abschaffel kapselt sich deshalb ab und flüchtet sich in Träume von einem anderen Leben. Ob die Therapie in einer psychosomatischen Klinik Erfolg hat, bleibt zweifelhaft. Für Abschaffel gilt bereits die Einsicht des Protagonisten aus G.s letztem Roman: »Das Leben ist im Prinzip unannehmbar, wird aber dann doch angenommen« (*Mittelmäßiges Heimweh*, 2007).

Rezeption: Die Kritik urteilt über G. unterschiedlich. Einerseits werden seine gelungenen Werke als Kombination von »subtiler Innensicht« und »Registratur von Großstadtrealität« (M. Töteberg) gewürdigt, andererseits als »Bedürftigkeitsprosa« von »öder Gleichförmigkeit« (U. Greiner) kritisiert.
Weitere Romane: *Der Fleck, die Jacke, die Zimmer, der Schmerz* (1989), *Die Kassiererinnen* (1998), *Eine Frau, eine Wohnung, ein Roman* (2003), *Liebesblödigkeit* (2005), *Mittelmäßiges Heimweh* (2007).

1977–1988
Dieter Kühn

* 1.2.1935 in Köln. Nach dem Studium (Germanistik, Anglistik) in Freiburg, München und Bonn Promotion 1964, ab 1965 freier Schriftsteller, lebt in Köln.

Trilogie des Mittelalters

Romantrilogie: *Ich Wolkenstein* (1977, revidiert 1980/96), *Herr Neidhart* (1981, revidiert u.d.T. *Neidhart aus dem Reuental*, 1988; erneute Überarbeitung u.d.T. *Neidhart und das Reuental*, 1996), *Der Parzival des Wolfram von Eschenbach* (1986, revidiert 2001), ab 1988 u.d.T. *Trilogie des Mittelalters*.

K. hat innerhalb seines umfangreichen Gesamtwerks, ausgehend von der akribisch recherchierten Biographie historischer Personen, spannende Lebenserzählungen geschrieben (z. B. über Napoleon, J. Baker, Ludwig II., Goethe, B. v. Arnim, K. Ph. Moritz, Schiller), wobei diese Romane mehr sind als Biographien, nämlich: Rekonstruktionen von Lebensläufen in ihrer Zeit, deren Faktisches durch fiktionale Ergänzungen (»Halbfiktion«, K.) in seinen Möglichkeiten und Alternativen literarisch ausgeweitet und zugleich erzählerisch reflektiert wird.

Die Trilogie über die drei Minnelyriker des Mittelalters vermittelt nicht nur kulturhistorische Kenntnisse über mittelalterliche Lebensbedingungen, sondern verlebendigt durch anschauliche Ausdeutung die Persönlichkeiten der Dichter (deren biographische Fakten nur spärlich überliefert sind) und ergänzt diese durch eine kongeniale Werkübersetzung, die den uneingeschränkten Beifall von Mediävisten gefunden hat. K. ist damit nicht nur ein unterhaltend informierender Autor (→ *Unterhaltungsliteratur seit 1950*), sondern ein moderner Prosaist, der seine erzählerische Praxis offen legt und damit den Leser mit einbezieht.

Rezeption: K.s Trilogie wirkte über den Kreis der Literaturinteressierten hinaus und verstärkte das Interesse an Geschichte und Kultur des Mittelalters.
Weitere Romane: *Die Kammer des schwarzen Lichts* (1984), *Der König von Grönland* (1997).

1978
Peter O. Chotjewitz

* 14.6.1934 in Berlin. Nach Malertätigkeit und nachgeholtem Abitur 1955–61 Jurastudium in Frankfurt/Main und München, Referendariat und Zweitstudium (Publizistik u. a.) bis 1965 in Berlin, danach freier Schriftsteller und ab 1975 Anwalt (u. a. Wahlverteidiger von A. Baader und P.-P. Zahl). Lebte 1967–73 in Italien, danach wechselnde Wohnorte, seit 1995 in Stuttgart.

Die Herren des Morgengrauens

UT: *Romanfragment*

Roman.

Ch. begann mit *Hommage à Frantek* (1965) als sprachexperimenteller Autor (→ *Sprachexperimentelles Schreiben nach 1970*) und wurde im Verlaufe der 1970er Jahre zu einem politisch engagierten Schriftsteller. Der Roman *Die Herren des Morgengrauens* verarbeitet in der Hauptfigur Fritz Buchonia, der einen Roman über das Schicksal eines der Sympathie mit dem Terrorismus verdächtigten Anwalts im Überwachungsstaat schreibt, eigene Erfahrungen Ch.' bei der Verteidigung des RAF-Häftlings A. Baader.

Ch.' indirekte, Kafkas Roman → *Der Proceß* (1925) zitierende Darstellung ist ein Dokument der gebotenen Vorsicht, die eine Behandlung des brisanten Themas in diesen Jahren erforderte.

Rezeption: Der Roman sollte eigentlich im Bertelsmann-Verlag (Autoren-Edition) erscheinen, wurde dort jedoch abgelehnt, was zum Streit und schließlich zum Ende der Kooperation zwischen Großkonzern und selbstbestimmtem Autoren-Verlag führte.

Weitere Prosatexte zum Thema RAF, Innere Sicherheit und ›Deutscher Herbst‹: H. Böll: → *Die verlorene Ehre der Katharina Blum* (1974), *Fürsorgliche Belagerung* (1979); Fr. J. Degenhardt: *Brandstellen* (1975); P. Schneider: *›...schon bist du ein Verfassungsfeind‹* (1975); G. Elsner: *Die Zerreißprobe* (1980); H. Taschau: *Erfinder des Glücks* (1981); F. C. Delius: *Ein Held der inneren Sicherheit* (1981), *Mogadischu Fensterplatz* (1987), *Himmelfahrt eines Staatsfeindes* (1992); E. Demski: *Scheintod* (1984); Chr. Geissler: *kamalatta* (1988); P.-J. Boock: *Abgang* (1988); R. Goetz: *Kontrolliert* (1988); J. Kuckart: *Wahl der Waffen* (1990); M. Beyer: *Spione* (2000) sowie der Film *Deutschland im Herbst* (1977) von A. Kluge u. a.

Weitere Werke: *Durch Schaden wird man dumm* (Erzählungen, 1976), *Der dreißigjährige Friede* (Bericht, 1977), *Saumlos* (Roman, 1979), *Das Wespennest* (Roman, 1999).

1978
Ingeborg Drewitz

* 10.1.1923 in Berlin. Nach dem Studium (Germanistik, Promotion 1945) in Berlin Schriftstellerin und bis 1980 in Autorenverbänden führend aktiv. † 26.11.1986 in Berlin (G).

Gestern war Heute

UT: *Hundert Jahre Gegenwart*

Roman.

Der Roman schildert die Geschichte einer Berliner Familie über vier Generationen: Die erzählte Zeit reicht von 1923, dem Geburtsjahr der Hauptfigur Gabriele, bis 1978, geht aber über die mitgeteilten Erinnerungen an die Urgroßeltern bis 1878 zurück. Im Vordergrund steht die weibliche Linie, d. h. der Blick auf die Schwierigkeiten der Mütter und Töchter, die in den harten Jahren vom Kaiserreich über die Republik und das ›Dritte Reich‹ als Frauen Kriege und Nachkriegszeiten zu bestehen haben. Von Rollenzwängen und Kompromissen gegängelt, suchen sie einen Weg zu eigener Selbstbestimmung. Das gilt v. a. für Gabriele, deren Lebensweg den (oft im inneren Monolog erzählten) Hauptstrang des Romans bildet: Austritt aus der HJ, Ehe, Trennung, Studium, Berufstätigkeit, Rückkehr in die Ehe, Konflikte mit den Töchtern in den ›1968er‹ Jahren.

Es ist nur eine ›halbe‹ Emanzipation, die Gabriele schafft – mehr als ihre Mutter und Großmutter, zu wenig in den Augen ihrer Tochter Renate. Deutlich wird, wie Zeitgeschichte und Gesellschaft formen und deformieren. Insofern ist das Porträt dieser Frau und dieser Familie ein Zeit- und Gesellschaftsporträt der Mitte des 20. Jh.

🎭 R: K. Chr. Göke, UA: 27.1.1985 in Frankfurt/Main.

Weitere Romane: *Oktoberlicht* (1969), *Das Hochhaus* (1975), *Eis auf der Elbe* (1982).

1978
Hans Magnus Enzensberger

Biogr.: → 1957–64

Der Untergang der Titanic

UT: *Eine Komödie*

Gedichtzyklus (»Versepos«). Entst. ab 1969/77; ED: 1978. Hörspielfassung (UA: 10.5.1979).

Was E. als »Komödie« bzw. »Versepos« ankündigt, ist eine zivilisationskritische Reflexion in Gedichtform: ein Nachspiel der Kunst in Gestalt heiter-sarkastischer Überlegenheit über das Unzulängliche politisch-gesellschaftlichen Fortschritts, das im Untergang der ›Titanic‹ symbolisiert ist. Während das Titanische (der erhitzte Glaube an die Veränderbarkeit der Welt) also zum Schiffbruch führt, bleibt einzig der Eisberg als Metapher der sich selbst genügenden, artistischen Kunst – kalt, ziellos, unbrauchbar, »treibt einsilbig weiter, […] verschwindet vollkommen«, wie es gleich zu Anfang heißt.

Mit den 33 »Gesängen« (wie in Dantes *Göttlicher Komödie*, entst. um 1307–21) und 16 lyrischen Einschüben verabschiedete sich E., wie schon in den

Essays der 1970er Jahre sowie in der Gedichtsammlung *Mausoleum* (1975) begonnen und in der Sammlung *Die Furie des Verschwindens* (1980) fortgesetzt, von der linksintellektuellen Theorie und Praxis seiner kurzen ›1968er‹-Phase, indem er deren Ansatz zu einem bewusstlosen Teil des allgemeinen katastrophischen Geschichtsprozesses nivellierte. E.s Geschichtskonzept (»Verteidigung der Normalität«) sowie sein Plädoyer für eine skeptisch-illusionslose Kunst jenseits engagierter »Konfusionen« stehen dem Fazit, das P. Weiss in → *Die Ästhetik des Widerstands* (1975–81) zog, diametral gegenüber.

🎭 R: G. Tabori (UA: 8.5.1980 in München). ✎ Klett (Cotta's Hörbücher, 1987). Weitere Gedichtslgn.: *Zukunftsmusik* (1991), *Kiosk* (1995), *Leichter als Luft* (1999).

1978
Siegfried Lenz

Biogr.: → 1968

Heimatmuseum

Roman.

In *So zärtlich war Suleyken* (1951), einer Sammlung von 20 kurzen Erzählungen, hatte L. ein lebens- und humorvolles Bild seiner masurischen Heimat, ihrer Bewohner und ihrer polnisch-deutschen Mischsprache gezeichnet. In *Heimatmuseum* ist sein Rückblick auf das Land sehr viel realistischer: Nachdem er sein masurisches Heimatmuseum, das er 1945 nach Schleswig-Holstein retten konnte, verbrannt hat, liegt Zygmunt Rogalla wegen der erlittenen Verbrennungen im Krankenhaus und erzählt einem Besucher die Geschichte des Museums. Seine Erinnerungen lassen Schicksale und Ereignisse in der fiktiven Kleinstadt Lucknow wieder aufleben. So entsteht ein figurenreiches Bild deutscher Geschichte von der Zeit des Ersten Weltkrieges über Flucht und Vertreibung 1945 bis zum Wirken der organisierten Heimatvertriebenen in der Bundesrepublik. Als Rogalla feststellen musste, dass das Museum dem masurischen Heimatverband (dessen Vorsitzender ein führender Nazi in Lucknow war, der nun die Entfernung aller auf Polen verweisenden Zeugnisse fordert) v. a. zur Aufrechterhaltung der Illusion einer Rückkehr diente, ließ er es in Flammen aufgehen.

Wie in der → *Deutschstunde* (1968) verzichtete L. auch hier auf formale Experimente und erzählt realistisch. War Heimat dort noch »Ort hochfahrender Beschränktheit, die den Hass gegen Fremde ausbeutet«, so wird sie hier »als Bedingung für das Gedeihen unverwechselbaren Lebens« (A. v. Schirnding) gesehen. Die masurische Heimat wird dabei zu einer durch eigene Schuld verlorenen Welt, aufbewahrt im Heimatmuseum literarischer Erinnerung.

Rezeption: Der Roman war mit 250 000 Exemplaren (1978) sofort ein Bestseller und wurde von der Kritik als L.s bedeutendstes Werk nach → *Die Deutschstunde* (1968) beurteilt. ▬ R: E. Günther (1986, TV).

Weitere Romane: *Exerzierplatz* (1986), *Die Auflehnung* (1994), *Arnes Nachlaß* (1999).

1978
Wolfdietrich Schnurre

* 22.8.1920 in Frankfurt/Main. 1939–45 Soldat, ab 1946 journalistische Tätigkeit in Berlin, lebte ab 1950 als Schriftsteller in Berlin. 1983 Büchner-Preis. † 9.6.1989 in Kiel (G in Berlin).

Der Schattenfotograf

UT: *Aufzeichnungen*

Slg. von Notaten. Entst. 1975–77; ED: 1978.

Sch., ein oft unterschätzter Meister der kleinen Form, erfuhr zwei Perioden größerer Anerkennung: Die erste war die Nachkriegszeit bis 1961, in der er als Mitbegründer und regelmäßiger Teilnehmer der → ›*Gruppe 47*‹ (mit der Lesung seiner berühmtesten Kurzgeschichte *Das Begräbnis*, 1947) ein viel gedruckter Geschichtenerzähler war (→ *Kurzgeschichten nach 1945*). Die zweite Periode waren die 1980er Jahre, wo er als Kinderbuchautor (schon seit 1967) und als Autor erinnernden Gedenkens an jüdisches (*Ein Unglücksfall*, Roman, 1981) und Sinti-Schicksal (*Zigeunerballade*, Prosatext, 1988) bekannt war.

Der Schattenfotograf enthält Aufzeichnungen (Aphorismen, Notizen, Zitate, Miniaturen, Kurzprosa, Gedichte u. a.) zum eigenen Leben, zu Krankheit und Tod, zu Zeitgeschehen und Zeitgenossen, zu Krieg und Nachkrieg, zum Schreiben und Handwerk des Autors, die Sch. als »Splitterchronist« bzw. »Mosaikbiograph« (Sch.) zusammentrug. Immer geht es fotografisch-konkret um etwas Faktisches – getreu dem Grundsatz: »Kunst zu machen ist keine Kunst. Erst aus Fakten *keine* zu machen ist eine« (Sch.). Sch.s ›Fakten‹ sind in Wahrheit Schatten von unsichtbaren Dingen hinter ihnen.

Rezeption: Das Buch erreichte auf Anhieb eine Auflage von mehr als 30 000 verkauften Exemplaren.

Weitere Werke: *Die Rohrdommel ruft jeden Tag* (Erzählungen, 1950), *Eine Rechnung, die nicht aufgeht* (Erzählungen, 1958), *Als Vaters Bart noch rot war* (Roman, 1958), *Man sollte dagegen sein* (Erzählungen, 1960).

1978
Botho Strauß Biogr.: → 1976

Groß und klein

UT: *Szenen*

Schauspiel. ED: 1978, UA: 8.12.1978 in Berlin.

In 10 Szenen stellt St. den Verfall einer Frau (Lotte) dar, die schon von Anfang an mit sich selbst zerfallen ist: Sie will unter ›Ungerechten‹ gerecht sein und es ihnen gleichwohl recht machen. Sie will gut sein und sich selbst verwirklichen, nachdem sie in ihrer Ehe und beruflich gescheitert ist, doch ihr können weder Gott noch der Arzt helfen: Sie hat nichts – und dabei fehlt es ihr an allem.

St. verwendet die Form des Stationendramas (aber es gibt keine Entwicklung) und führt eine Hauptperson vor (aber die ist ›leer‹). Entleerte Form, leere Substanz und leerlaufende Rede in gekonnter theatraler Technik (In-Szene-Setzen, Gesprächsführung) – in dieser Gestalt lieferte St. (zunehmend grotesk bzw. mythisch überhöht sowie von immer höherer Warte aus) Momentaufnahmen einer selbstentfremdeten (»beginnlosen«) Gesellschaft im Stillstand, auch in Prosa wie z. B. in *Rumor* (1980), *Paare, Passanten* (1981), *Der junge Mann* (1984), *Beginnlosigkeit* (1992).

Rezeption: Das Stück war St.' größter Bühnenerfolg. 🎬 R: P. Stein (1980).
Weitere Stücke: *Kalldewey, Farce* (1981), *Der Park* (1983), *Die Fremdenführerin* (1986), *Schlußchor* (1991), → *Wohnen, Dämmern, Lügen* (Prosatext, 1993).

1978
Martin Walser Biogr.: → 1957

Ein fliehendes Pferd

Novelle.

Zwei Paare, Helmut und Sabine Halm sowie Klaus und Hel Buch, begegnen sich im Urlaub am Bodensee. Die Männer sind Mitte Vierzig und – mehr oder weniger uneingestanden – frustriert: Helmut leidet melancholisch in sich hinein (er hat den Sprung vom Studienrat zum Schriftsteller nicht geschafft und sich auch sexuell stillgelegt), während Klaus als viriler Erfolgsmensch auftritt (Journalist, junge Ehefrau), dem es sogar gelingt, ein ausgebrochenes Pferd einzufangen. Auf einem Segeltörn auf dem sturmbewegten Bodensee kommt es zum Ausbruch der Spannungen zwischen den gegensätzlichen Männern: Im Streit geht Klaus über Bord, Helmut kehrt mit dem Boot zurück. Beim Warten auf den Schiffbrüchigen zeigt sich, dass Klaus in Wirklichkeit ein Versager ist, dem genau die ruhige Ausgeglichenheit fehlt, die Helmut (nach außen hin) besitzt.

Midlife-crisis, Liebesversagen, Probleme mit dem Altern auf der personalen, Leistungszwänge, Lebenslüge und Kommunikationsunfähigkeit auf der gesellschaftlichen Ebene gehen in der spannend (aus Helmuts Perspektive) erzählten Novelle zwanglos ineinander über. Eine Fortsetzung gibt es mit der Figur Helmut Halms in W.s Roman → *Brandung* (1985).

Rezeption: Die Novelle ist W.s populärstes Werk geworden. W. und U. Khuon (UA: 19.7.1985). W. (1986). Der Hörverlag (2007). R: P. Beauvais (1986, TV), R: R. Kaufmann (2007).

Weitere Romane: *Seelenarbeit* (1979), *Das Schwanenhaus* (1980), → *Brandung* (1985).

Autobiographien V (ab 1950)

Die die Menschen im Deutschland der 1. Hälfte des 20. Jh. PRÄGENDEN ERFAHRUNGEN (→ *Autobiographien IV, 1914–50*), allen voran die Auseinandersetzung mit dem Leben (und Überleben) im ›Dritten Reich‹ (→ ›*Vergangenheitsbewältigung*‹ *nach 1945*), mit der mörderischen Bedrohung durch den Holocaust, den Folgen des Krieges (Flucht, Vertreibung) sowie die Verarbeitung des Exils (Rückkehr wohin? Akzeptiert oder nicht?), blieben ein herausragendes Thema der Autobiographien nach 1945. Weil diese auch ›Trauerarbeit‹ erfordernde Auseinandersetzung bis weit in die 1960er Jahre hinein jedoch eher verdrängt wurde, kehrte sie in den Autobiographien derer, die am Ende ihres Lebens zurückblickten, umso vehementer wieder. Aber auch weitere schmerzliche Erfahrungen in der 2. Hälfte des 20. Jh. hinterließen ihre Spuren: der Kalte Krieg, die Teilung in zwei deutsche Staaten, Verfolgung, Inhaftierung und Ausbürgerung Andersdenkender in der DDR, Konflikte um die innere Demokratisierung in der Bundesrepublik, Probleme der nationalen Identität. Die Lebensbeschreibungen dieser Epoche zeigen, wie sich Leben und künstlerisches Werk unter diesen schwierigen Bedingungen behaupteten. Das Festhalten an der Form der Autobiographie als »Beschreibung des Lebens eines Einzelnen durch diesen selbst« (G. Misch) war auch ein Festhalten an der Vorstellung eines autonom über sein gewordenes Leben verfügenden Ichs, auch wenn zunehmend Zweifel an dieser Verfügungsmacht und der Fähigkeit zu authentischer Erinnerung geäußert wurden.

LEBEN UND ÜBERLEBEN IM ›DRITTEN REICH‹: E. Wiechert *Der Totenwald* (1946), G. Weisenborn: *Memorial* (1948), E. v. Salomon: *Der Fragebogen* (1951), A. Andersch: → *Die Kirschen der Freiheit* (1952), R. Schneider: *Verhüllter Tag* (1954), H. Krüger: *Das zerbrochene Haus* (1966), Chr. Wolf: → *Kindheitsmuster* (1976), H. Böll: *Was soll aus dem Jungen bloß werden?* (1981), L. Rinser: *Den Wolf umarmen* (1981), M. Walser: → *Ein springender Brunnen* (1998). MEMOIREN ÜBERLEBENDER: → *Holocaust und Literatur*: Werke. EXIL UND (SCHEITERNDE) RÜCKKEHR: Kl. Mann: → *Der Wendepunkt* (1942*); A. Döblin: *Schicksalsreise* (1949); G. K. Glaser: → *Geheimnis und Gewalt* (1951); B. v. Brentano: *Du Land der Liebe* (1952), G. Regler *Das*

Ohr des Malchus (1958); P. Weiss: → *Abschied von den Eltern*; *Fluchtpunkt* (1961; 1962); Fr. Jung: *Der Torpedokäfer* (1961/72); A. Drach: *Unsentimentale Reise* (1966), *»Z.Z.« das ist die Zwischenzeit* (1968); K. Hiller: *Leben gegen die Zeit* (1969); J. Lind: *Selbstporträt* (1970); J. Hay: *Geboren 1900* (1971); E. Fried: *Mitunter sogar Lachen* (1986); H. Spiel *Die hellen und die finsteren Zeiten* (1989), *Welche Welt ist meine Welt?* (1990); H. Sahl: *Das Exil im Exil* (1990); Gr. Weil: *Lebe ich denn, wenn andere leben* (1998); G. Tabori: *Autodafé* (2002), *Exodos* (2004). LEBEN IN DER DDR (und davor): H. M. Novak: → *Die Eisheiligen* (1979), *Vogel federlos* (1982); E. Loest: *Durch die Erde ein Riß* (1981), *Der Zorn des Schafes* (1990); H. Schubert: *Das verbotene Zimmer* (1982); J. Fuchs: *Fassonschnitt* (1984); E. Claudius: *Ruhelose Jahre* (1986); St. Heym: *Nachruf* (1988/90); H. Kant: *Abspann* (1991); H. Müller: *Krieg ohne Schlacht* (1992); P. Wawerzinek: *Das Kind das ich war* (1994); G. de Bruyn: *Vierzig Jahre* (1996); G. Kunert: *Erwachsenenspiele* (1997); H. Schütz: *Grenze zum gestrigen Tag* (2000); H. Königsdorf: *Landschaft in wechselndem Licht* (2002); Fr. R. Fries: *Diogenes auf der Parkbank* (2002); A. Endler: *Nebbich* (2005); H. Czechowski: *Die Pole der Erinnerung* (2006). LEBEN IN DER BUNDESREPUBLIK/ÖSTERREICH (und davor): P. Rühmkorf: *Die Jahre die Ihr kennt* (1972), H. Fichte: *Versuch über die Pubertät* (1974), H. J. Fröhlich: *Anhand meines Bruders* (1974), Th. Bernhard: → *Die Ursache* (1975), B. Vesper: → *Die Reise* (1977), D. Wellershoff: *Die Arbeit des Lebens* (1985), I. Drewitz: *›Die ganze Welt umwenden‹* (1987), H. W. Richter: *Reisen durch meine Zeit* (1989), L. Harig: *Wer mit den Wölfen heult, wird Wolf* (1996), Gr. v. Rezzori: *Mir auf der Spur* (1997), G. Grass: *Beim Häuten der Zwiebel* (2006), R. Giordano: *Erinnerungen eines Davongekommenen* (2007). AUTOBIOGRAPHIEN VON LITERATURWISSENSCHAFTLERN, -KRITIKERN UND PUBLIZISTEN: K. Korn: *Lange Lehrzeit* (1975); H. Mayer: *Ein Deutscher auf* Widerruf (1982–84); C. Stern: *In den Netzen der Erinnerung* (1986), *Doppelleben* (2001); R. Klüger: → *weiter leben* (1992); E. Schwarz: *Keine Zeit für Eichendorff* (1992); G. Hensel: *Glück gehabt* (1994); V. Klemperer: *Curriculum Vitae* (1996); W. Hinck: *Im Wechsel der Zeiten* (1998); W. Grab: *Meine vier Leben* (1999); M. Reich-Ranicki: *Mein Leben* (1999); R. Baumgart: *Damals* (2000); J. Hermand: *Zuhause und anderswo* (2001); P. Wapnewski: *Mit dem anderen Auge* (2005/06); H. Friedrich: *Erlernter Beruf: Keiner* (2006). SONDERFORMEN: W. Fritsch: *Cherubim* (1987), S. Kirsch: *Allerlei-Rauh. Eine Chronik* (1988), W. Kempowski: → *Das Echolot* (1993–2005). AUTOBIOGRAPHISCH GEPRÄGTE ERZÄHLPROSA: ein Großteil der Werke von H. Achternbusch, J. Améry, J. Becker, Th. Bernhard, A. Drach, I. Drewitz, P. Handke, P. Härtling, M. L. Kaschnitz, W. Kempowski, H. Lenz, H. Müller, P. Nizon, E. Plessen, M. Sperber, K. Struck, A. Surminski, Gr. Weil.

1979
Nicolas Born

Biogr.: → 1976

Die Fälschung

Roman.

Der erfolgreiche Reporter Georg Laschen soll in Beirut eine Reportage über den libanesischen Bürgerkrieg zwischen Christen und Palästinensern schreiben. Je länger er die sinnlose Zerstörung der Stadt und den moralischen Verfall beobachtet, desto mehr wird ihm klar, dass er weder als Journalist noch als ein durch persönliche Beziehungskonflikte mit Ehefrau und Freundin betroffener Mann diese falsch gewordene Wirklichkeit beschreiben kann: Die Reportage erscheint ihm in ihrer bloßen Abbildhaftigkeit ebenso als ›Fälschung‹, die an der Kriegswirklichkeit nichts ändert, wie sein Privatleben, das auf Täuschung und Selbsttäuschung beruht und nicht wirklich friedlich ist.

Mit der Verknüpfung von privatem und öffentlichem Bereich erreichte B. nicht einfach eine Verdoppelung der Problematik von Wirklichkeits- und Identitätsverlust, sondern eine Verflechtung: Töten ist brutale Lieblosigkeit, Liebe ist abgetötet und Friedlosigkeit überall. Doch dann kommt es zu einer (angedeuteten) Wende ins Ungewisse: Laschen kehrt zu seiner Frau zurück, kündigt seinen Beruf und nimmt sich vor: »Schreiben wollte er und hatte den Schreibberuf aufgegeben.« Damit, so Laschen(-Born?), wurde das Problem »nicht lösbar, aber furchtbar erträglich.«

R: V. Schlöndorff (1981).

Weiteres Werk: *Täterskizzen* (Erzählungen, postum 1983).

1979
Michael Ende

* 12.11.1929 in Garmisch-Partenkrichen. 1948–50 Schauspielerausbildung in München, 1954–62 Filmkritiker, danach Kinderbuch-Autor, ab 1970 freier Schriftsteller bei Rom, ab 1985 wieder in München. † 28.8.1995 in Stuttgart. Gedenkstätten: Garmisch-Partenkirchen (G), München (M).

Die unendliche Geschichte

Jugendbuch.

E. schrieb ein »Bildungsmärchen« (W. Kuckartz) für Kinder und Erwachsene: Ein Kind wird im Buch (durch Lektüre) erwachsen, Erwachsene werden beim Lesen wieder jung: Der junge Bastian hat es im wirklichen Leben wegen hänselnder Mitschüler und wegen seines melancholischen Vaters schwer. Er zieht sich mit dem in einem Antiquariat ›gestohlenen‹ Buch, *Die unendliche Geschichte*, auf den Dachboden der Schule zurück, versinkt beim

Lesen in den Text über das ferne Land Phantásien und tritt allmählich selbst aktiv in die Handlung ein, in der es um die Rettung der todkranken Kindlichen Kaiserin (d. i. die ›Poesie‹) geht. Nach vielen Abenteuern mit phantastischen Wesen, die immer auch Abenteuer auf dem Weg zu verschiedenen Möglichkeiten seines (besseren) Selbst sind, findet er – nachdem seine Mission durch eigenes Verschulden zu scheitern droht – den ›Wahren Willen‹, rettet Phantásien vor dem Nichts, kehrt in die Wirklichkeit zu seinem Vater zurück und es wird alles gut. Bastian ist durch die Begegnung mit der Phantasie für die Realität gereift, die gelungene Rückkehr zeigt, dass er beide Welten (im Text durch rote und grüne Druckschrift unterschieden) miteinander verbinden kann.

Das Buch ist, angesichts der sich ausbreitenden Medienkultur seit den 1970er Jahren, ein Plädoyer und ein Anschauungsbeispiel für die Möglichkeiten der guten alten Schrift- und Lesekultur und für die Rolle, die dabei der eigenen Phantasie zukommt. Insofern ist eine Verfilmung an sich absurd.

Rezeption: Der Roman war ein internationaler Bestseller (bis 2007: Übers.n in 40 Sprachen, Auflage weltweit: 20 Millionen). 🎭 R: H. K. Reinke (UA: 10.12.1983 in Berlin). 🎬 R: W. Petersen (1984), R: G. Miller (1990), R: P. McDonald (1994). 🎧 Universal Vertrieb (2007).

Weitere Kinder- und Jugendbücher: *Jim Knopf und Lukas der Lokomotivführer* (1960), *Momo* (1973).

1979

Günter Grass Biogr.: → 1959

Das Treffen in Telgte

UT: *Eine Erzählung*

Die Taschenbuchausgabe von 1981 wurde um 43 Barock-Gedichte erweitert.

Parallel zu den Friedensverhandlungen am Ende des Dreißigjährigen Krieges findet 1647 ein fiktives Treffen der berühmtesten Barockdichter (u. a. S. Dach. A. Gryphius, P. Gerhardt, Fr. Logau, J. Rist) im Dorf Telgte bei Münster statt (300 Jahre vor dem ersten Treffen der → ›*Gruppe 47*‹), zu dem Simon Dach eingeladen hat. Sein Ziel war es, im Chaos des verwüsteten Landes einen Weg zur Neuordnung nach einem möglichen Frieden zu zeigen, der für ihn nur über die Sprache und Literatur führen kann: »Wo alles wüst lag, glänzten einzig die Wörter.« Die versammelten Dichter und einige ihrer Verleger – vom fiktiven Erzähler G. (der vor Ort ist, aber sich nicht zu erkennen gibt) mit großem Sachverstand und ebenso großem Einfühlungsvermögen porträtiert – sind zwar politisch, konfessionell und in ihren Auffassungen über die Aufgabe der Literatur zerstritten, lassen sich aber vom allseits anerkannten S. Dach leiten. Dabei pflegen sie bereits das Vorlese- und Debattierritual der späteren ›Gruppe 47‹, deren wichtigste Vertreter in den einzelnen Barockdichtern wiederzuerkennen sind. Die sich abzeichnende Idee eines durch ›Nationalliteratur‹ getragenen Neuanfangs erweist sich als ebenso unrealistisch – hier zeigt sich die Skepsis des politisch engagierten Schriftstellers G. – wie die Hoffnung auf politische Einflussnahme. Entsprechend verbrennt der nach langer Diskussion unverbindlich gewordene Aufruf zum Frieden und zur Erneuerung der Gesellschaft am Ende: »So blieb denn ungesagt, was doch nicht gehört worden wäre.«

Rezeption: Die Erzählung dürfte das Werk von G. sein, das – seltenes Vorkommnis in der G.-Rezeption – uneingeschränkte Anerkennung gefunden hat. ↘ Steidl (2006).

Weitere Romane: *Die Rättin* (1986), *Unkenrufe* (Erzählung, 1992), → *Ein weites Feld* (1995).

1979
Peter Handke

Biogr.: → 1968

Langsame Heimkehr

Erzählung, die, zusammen mit dem Essay *Die Lehre der Sainte-Victoire* (1980), mit *Kindergeschichte* (1981) und *Über die Dörfer* (1981) seit1982 als Tetralogie u.d.T. *Langsame Heimkehr* erscheint. Zur Entstehung: *Die Geschichte des Bleistifts* (1982).

In *Langsame Heimkehr* variiert H. auf hohem Abstraktionsniveau thematisch den Prozess der Selbstergründung und Selbstfindung als Dichter. Der Geologe Sorger gewinnt vor seiner Heimkehr nach Europa in der weiten, geschichtslosen Landschaft Alaskas ein neues Verhältnis zur Natur und damit zu sich selbst: Er erlebt Alaska durch Einfühlung nicht mehr als reale Landschaft, sondern als einen ›Raum‹, als Teil seiner selbst: Ich und Landschaft verschmelzen zu einer Einheit. Die Verschmelzung gelingt erst, nachdem die den Dingen von jeher zugewiesene Bedeutung verschwunden ist und sie als das erfahren werden, was sie an sich sind. Diese Sichtweise, so H. in *Die Lehre der Sainte-Victoire*, hat P. Cézanne als Maler praktiziert (Darstellung durch Schattierungen der Farben), in der Dichtung bedarf es dazu einer vom konventionellen Gebrauch unbelasteten, radikal poetischen Sprache (wie H. sie zu verwenden versucht), durch die die Welt in ihrer wahren Wirklichkeit vermittelbar werde: Von dieser »verborgenen, sich immer wieder verbergenden [...] Welt« (H.) zu erzählen sei Aufgabe des Dichters.

Eine besondere Form der Selbstfindung beschreibt H. in *Kindergeschichte*, in der er über seine Erfahrungen mit seiner Tochter als alleinerziehender Vater berichtet. In *Über die Dörfer* schildert er in forciert pathetischem Stil die

Rückkehr eines anderen Protagonisten, Georg, in seine Heimat, die Schwierigkeiten bei Erbauseinandersetzungen und deren Lösung durch die einer Göttin gleichenden Nova, die visionär ein neues Zeitalter verkündet, in dem die Natur Vorbild und Maß ist und damit dem Menschen eine wirkliche ›Heimkehr‹ ermöglicht. H. bleibt bei seiner im Kern solipsistischen Lösung, Ich-Identität nur im Rückzug von der Welt erlangen zu können.

Rezeption: H.s sich mit dieser Erzählung verstärkende Tendenz zur Stilisierung (auch der Position des ›Dichters‹) löste Kontroversen aus, die zu polarisierenden Wertungen führten.

Weitere Erzähltexte: *Der Chinese des Schmerzes* (1983), *Die Wiederholung* (1986), → *Mein Jahr in der Niemandsbucht* (1994).

1979

Friederike Mayröcker

* 20.12.1924 in Wien. 1946–69 Engl.lehrerin in Wien, seitdem Schriftstellerin, lebt in Wien. 2001 Büchner-Preis.

Ausgewählte Gedichte 1944–1978

ED: 1979.

Mit ihrer Lyrik und Prosa gehört M., zusammen mit ihrem Lebensgefährten E. Jandl (→ *Laut und Luise*, 1966), zu den bedeutendsten Vertretern jenes → *sprachexperimentellen Schreibens nach 1970*, dessen Wurzeln bis in die → *Konkrete Poesie* der 1950/60er Jahre zurückreichen. Die zuvor in den Einzelsammlungen *metaphorisch* (1964), *Tod durch Musen* (1966), *Blaue Erleuchtungen* (1973), *In langsamen Blitzen* (1974) und *rot ist unten* (1977) publizierten Gedichte sind in ihrer artifiziellen, an Privatsprache grenzenden Schwierigkeit weit entfernt von Jandls populär gewordenen Texten: Es sind (oftmals lange) Texte, graphisch stark zerlegt, von vielen Satzzeichen strukturiert, durch Parenthesen aufgebrochen, in (fiktive) Rede und Dialog zerteilt und durch Wortassoziationen erweitert, die einem »Bewußtsein der Gleichzeitigkeit ungleichzeitiger Vorgänge« (G. Lindemann) Ausdruck geben. Diesen Stil übertrug M. ab den 1980er Jahren zunehmend auch in ihre Prosa, eine »neue[ ] experimentelle[ ] Romanform« (M.), deren absolut erzählfreier Gestus an die Grenze des Kommensurablen geht (z. B. *Die Abschiede*, 1980; *Reise durch die Nacht*, 1984; *Das Herzzerreißende der Dinge*, 1985; *Stilleben*, 1991; *Lection*, 1994).

Weitere Werke: *Fünf Mann Menschen* (Hörspiele, zusammen mit E. Jandl, 1971), *Gesammelte Prosa 1949–2001* (5 Bde., 2001), *Gesammelte Gedichte 1939–2003* (2004).

1979
Helga M. Novak

* 8.9.1935 in Berlin. 1954–57 Studium (Journalistik, Philosophie) in Leipzig, 1961–65 in Island (Heirat), 1965–66 Studium am Literaturinstitut in Leipzig, 1966 Aberkennung der DDR-Staatsbürgerschaft und Übersiedlung nach Frankfurt/Main; lebt nach mehreren Auslandsaufenthalten in Leipzig.

Die Eisheiligen

Autobiogr.

Zehn Jahre vor der Ausbürgerung W. Biermanns aus der DDR (1976) war die Ausbürgerung N.s noch wenig spektakulär: Sie hatte ihre schon 1958 entstandenen, stalinismuskritischen Gedichte, die illegal in der DDR zirkulierten, im Westen u.d.T. *Die Ballade von der reisenden Anna* 1965 erscheinen lassen. Mit ihrem Werk auch nach ihrer Übersiedlung blieb sie jedoch weitgehend unbekannt – unverdient, wenn man ihren kritischen Beitrag zur Aufarbeitung der DDR in Beziehung setzt zum Werk derer, die erst später gehen mussten bzw. bis 1989 im Land blieben.

Die Eisheiligen ist der 1. Teil von N.s Autobiographie, die sie mit *Vogel federlos* (1982) fortsetzte. Beide Werke schildern, ganz aus der Perspektive der Aufwachsenden, ihre Kindheit im Faschismus und in der Nachkriegszeit, streng zur Anpassung erzogen von gefühlskalten Adoptiveltern (die N. ›Eisheilige‹ nennt), von denen sich die Jugendliche befreit durch Renitenz, durch Zuflucht zum Dichten und schließlich durch Hinwendung zur SED, mit deren Hilfe sie in ein Internat kommt. Der 2. Teil der Autobiographie berichtet, wie die junge Kommunistin wegen der Bevormundung und ideologischen Gängelung mit der Partei – ihrer zweiten (Adoptiv-)Mutter – bricht: »frei sein heißt ab jetzt alleine sein, und nichts und niemand wird mich eines besseren belehren.« Sie will nicht länger der »Vogel federlos« (die Schneeflocke) sein, die von der »Frau« (die Sonne bzw. die Partei) im zitierten Rätselgedicht gefressen wird.

Rezeption: N. erreichte mit ihrer Autobiogr., die auch ein authentisches Bild der DDR zeichnet, erstmalig ein größeres Publikum.

Weitere Werke (Gedichtbände): *Grünheide Grünheide* (1983), *Silvatica* (1997), *Wo ich jetzt bin* (2005).

1979
Peter-Paul Zahl

* 14.3.1944 in Freiburg/Breisgau. Nach einer Druckerlehre ab 1964/67 als Drucker, Schriftsteller (Mitglied der ›Gruppe 61‹) und Kleinverleger in Berlin tätig, aktives Engagement für die APO. 1974 wegen versuchten (Polizisten-)Mordes verurteilt, Haft bis 1982; lebt seit 1985 in Long Bay (Jamaika).

Die Glücklichen

UT: *Schelmenroman*

Roman.

Z.s Biographie ist geprägt durch die drakonische Haftstrafe, in der ihm allein das Schreiben festen Halt gab. Das Gefangensein in gesellschaftlichen Verhältnissen (›Knast‹) thematisierten zunächst die Gedichtbände *Schutzimpfung* (1976) und *Alle Türen offen* (1978), ehe Z. mit *Die Glücklichen* ein Panorama der ›1968er‹-Zeit in Berlin zeichnete (→ *Literatur und ›1968‹*). Der Roman entwickelt am Beispiel einer Kreuzberger Ganovenfamilie, die mit Einbrüchen zu viel Geld kommt und damit glücklich wird, die »fröhliche Utopie einer kompromißlosen Asozialität« (R. Schnell).

Der radikale Blick von unten, verteilt auf mehrere Erzähler-Ichs, der Bruch mit den Konventionen bürgerlicher Moral, aber auch die anarchistische Kritik an der Entwicklung der Linken nach ›1968‹ zeigen den Autor Z. nicht zuletzt als einen singulären Schelm, der mit seinem barock wuchernden Erzählen den braven Leser verwirrt und sich am Ende in Gestalt der Hauptfigur Jörg (und seiner kleinen Tochter) mit einem Ballon aus der Wirklichkeit in die »Große Weite Welt« verabschiedet.

Rezeption: Die Aufmerksamkeit für Z.s Werk (bis 1982) war gespalten in das Interesse für den prominenten politischen Gefangenen in Isolationshaft und den politischen Schriftsteller. Z. erhielt 1980 für den Roman den Bremer Literaturpreis.

Weitere Werke: *Von einem der auszog, Geld zu verdienen* (Roman, 1970), *Johann Georg Elser* (Drama, 1982).

1979–1990
Gerhard Meier

* 20.6.1917 in Niederbipp bei Bern. Nach abgebrochenem Hochbaustudium in Biel Arbeiter, später technischer Leiter einer Lampenfabrik in Niederbipp; wo er seit 1971 als freier Schriftsteller lebt.

Baur und Bindschädler

Romantrilogie. Zunächst separat veröffentlicht: *Toteninsel* (1979), *Borodino* (1982), *Die Ballade vom Schneien* (1985); 1987 zur Trilogie *Baur und Bindschädler* zusammengefasst, der M. mit *Land der Winde* (1990) noch einen zusammenfassenden Bd. anhängte.

Eine nennenswerte Handlung, die im wesentlichen im Dorf Amrain (d. i. Niederbipp) stattfindet, gibt es nicht. Der Titel der Trilogie nennt die beiden Hauptfiguren, zusammen ein Alter Ego des Autors, deren Gespräche über Gott und die Welt, Kunst und Politik vom Ich-Erzähler Bindschädler aus der Erinnerung und zumeist in indirekter Rede wiedergegeben werden. Dabei tritt die Rede Baurs, der am Ende stirbt, mehr und mehr in den Vordergrund, so dass sich der Monolog Bindschädlers über den Dialog mit

Baur letztlich zu einem Monolog Baurs verwandelt. Dem entspricht, wie sich im Prozess dieses gesprochenen Bewusstseinsstroms Außenwelt und Innenwelt durchdringen und der reale (fiktive) Mikroort Amrain sich in die weite Welt der Imagination öffnet, die v. a. eine Welt der Literatur (mit den Bezugsautoren G. Keller, M. Proust, R. Walser, Cl. Simon) ist. Seine Weltsicht beschrieb M. so: »Was im Dorf geschieht, geschieht in der Welt, und was in der Welt geschieht, geschieht im Dorf. Ich glaube […], daß man Weltbürger nur wird über den Provinzler.«

Rezeption: M.s Romantrilogie, in der Schweiz hoch geschätzt, hat in Deutschland noch nicht die gebührende Beachtung gefunden.

Weitere Werke: *Signale und Windstöße* (Gedichte und Prosa, 1989), *Ob die Granatbäume blühen* (Prosa, 2005).

1980
Alfred Andersch

Biogr.: → 1952

Der Vater eines Mörders

UT: *Eine Schulgeschichte*

Erzählung.

Der Untertitel gemahnt an H. Manns → *Professor Unrat* (1905), denn auch diese Erzählung handelt von einem Schultyrannen und dem »Drama der deutschen autoritären Schule«, wie A. im Nachwort erklärt. Es geht um den Oberstudiendirektor Himmler, Leiter des angesehenen humanistischen Wittelsbacher Gymnasiums in München und – Vater des späteren SS-Führers Heinrich Himmler, der ab 1941 den Massenmord an den Juden organisierte. Eine einzige Griechisch-Stunde im Jahr 1928, in deren Verlauf der Direktor Himmler den Schüler Franz Kien (A.s ›anderes Ich‹) gnadenlos in griechischer Grammatik prüft, genügt, um ihn von der Schule zu relegieren. Die eine Stunde genügt aber auch A., um am Handeln und Denken des gutbürgerlichen Philologen die Frage aufzuwerfen, die er im Nachwort so formulierte: »Schützt Humanismus denn vor gar nichts? Die Frage ist geeignet, einen in Verzweiflung zu stürzen.«

Dass dieser Schultyrann der Vater eines Mörders wurde, mag Zufall gewesen sein und ist nicht entscheidend. A. lässt jedoch keinen Zweifel daran, dass die schulische Hinrichtung Kiens einen heimlichen Lehrplan enthüllt, der nicht nur als »Dementi von selbstbestimmter Individualität und sozial wirksamer Bildung« (R. Kolk) auftritt, sondern zur Einübung in Schlimmeres wurde.

Rezeption: A. starb einen Monat nach Beendigung des Nachworts und erlebte den gewaltigen Erfolg der Erzählung nicht mehr. 🎬R: C. Caspari (1987, TV).

1980
Christoph Meckel

* 12.6.1935 in Berlin. 1954–56 Grafikstudium in Freiburg und Berlin; lebt seitdem als Grafiker und freier Schriftsteller überwiegend in Berlin.

Suchbild

UT: *Über meinen Vater*

Autobiographische Prosa.

Ein ›Suchbild‹ ist ein auf den ersten Blick nicht erkennbares Bild (Gegenstand, Person, Tier) im Bild, das es zu entdecken gilt: Als M., Jahre nach dem Tod seines Vaters, dem Lyriker E. Meckel († 1960), dessen Kriegstagebücher fand, entdeckte er im Vater – wie in einem Suchbild – einen ihm bis dato verborgenen (Un-)Menschen, der als Schriftsteller und als Offizier im Krieg – obwohl weder Nazi noch Antisemit – ein williger Mitläufer gewesen war, was dieser nach 1945 verschwiegen hatte. Der Bericht, den M. daraufhin schrieb, ist zum einen eine Selbstaufklärung im Rückblick, zum anderen eine Abrechnung mit der (bildungsbürgerlichen) NS-Generation (→ *›Vergangenheitsbewältigung‹ nach 1945*) und den Folgen für die Erziehung ihrer Kinder.

M.s anklagender Bekennereifer – teils als Ehrlichkeit gelobt, teils als »ödipale Leichenschändung« (T. Moser) kritisiert – speist sich aus dem nach der ›1968er‹-Epoche verbreiteten Interesse am subjektiven Faktor (›Neue Subjektivität‹): M. war offensichtlich fixiert auf seine Rolle als Opfer eines autoritären Vaters, den er erst entlarvte, dann durch seine eigene Kunst übertraf und sich dadurch von ihm löste. Eine Fortsetzung folgte mit *Suchbild. Meine Mutter* (2002).

Rezeption : M. erhielt 1981 für *Suchbild* den Bremer Literaturpreis.

Weitere ›Väter-Texte‹: P. Henisch: *Die kleine Figur meines Vaters* (1975), E. Plessen: → *Mitteilung an den Adel* (1976), B. Vesper: → *Die Reise* (1977), P. Kersten: *Der alltägliche Tod meines Vaters* (1978), S. Gauch: *Vaterspuren* (1979), R. Rehmann: *Der Mann auf der Kanzel* (1979), P. Härtling: *Nachgetragene Liebe* (1980), J. Schutting: *Der Vater* (1980), Br. Schwaiger: *Lange Abwesenheit* (1980), B. Bronnen: *Die Töchter* (1980), L. Harig: → *Ordnung ist das ganze Leben* (1986), Herta Müller: *Überall, wo man den Tod gesehen hat* (1987), A. Hotschnig: *Aus* (1989), B. Vanderbeke: *Das Muschelessen* (1990), H.-J. Ortheil: → *Abschied von den Kriegsteilnehmern* (1992), J. Haslinger: *Das Vaterspiel* (2000), Th. Lehr: → *Frühling* (2001), D. Leupold: *Nach den Kriegen* (2004).

Weitere Werke: *Im Land der Umbranauten* (Erzählungen, 1961), *Die Messingstadt* (Roman, 1991).

1980
Grete Weil

⋆ 18.7.1906 als Margaret Elisabeth Jockisch in Rottach-Egern. Germanistikstudium in München, Frankfurt/Main und Berlin, 1933–36 Ausbildung zur Porträtfotografin, 1936 Emigration nach Amsterdam, wo sie als Fotografin arbeitete. 1942/43 Mitarbeit im ›Jüdischen Rat‹, 1943–45 in einem Versteck überlebend. 1947 Rückkehr nach Deutschland, Tätigkeit als Übersetzerin und Schriftstellerin. † 14.5.1999 in München (G in Rottach-Egern).

Meine Schwester Antigone

Roman.

»Meine Krankheit heißt Auschwitz, und das ist unheilbar.« Wer das (wie W.) über sich sagen musste und darüber schrieb, konnte im bundesdeutschen Literaturbetrieb nur schwer ankommen. Das gelang ihr erst mit dem Roman *Meine Schwester Antigone*, dem *Tramhalte Beethovenstraat* (1963) vorausging und noch zwei Romane folgten: *Generationen* (1983) und *Der Brautpreis* (1988). Stets geht es um die psychischen Probleme derer, die Auschwitz entkamen und in einer verständnislosen Gegenwart nicht vergessen können. Hier ist es eine alte Frau (Ich-Erzählerin und Schriftstellerin), die – in einem Frankfurter Hochhaus ihrem Tod entgegen lebend – Rückschau auf ihr Leben als jüdische Emigrantin hält (Flucht, Verfolgung, Verlust des deportierten Ehemanns, ›Kollaboration‹ im Judenrat, Versteck). Im Gespräch mit einer jungen Frau (vermutlich aus dem Umfeld der RAF), die sie für kurze Zeit beherbergt, verknüpfen (und verwirren) sich Erörterungen des Widerstandes, Selbstanklage und Kritik an der Gegenwart, in der die Vergangenheit nicht vergehen will. Der Titel spiegelt diese Doppeldeutigkeit: Einerseits ist Antigone, die sich gegen staatliches Unrecht auflehnte, ›Schwester‹ als erwünschtes Vorbild (was scheitert), andererseits sieht sich die Ich-Erzählerin auch als Ismene, die folgsame, unheldische Schwester Antigones.

Rezeption: W.s Werk wurde in den gängigen Literaturgeschichten bis in die 1990er Jahre nicht erwähnt, findet jetzt aber zunehmend Berücksichtigung.
Weiteres Werk: *Lebe ich denn, wenn andere leben* (Autobiogr., 1998).

Holocaust und Literatur

Zum Begriff: Bis in die 1970er Jahre war ›Auschwitz‹ die abkürzende Bezeichnung für die Ermordung der Juden im NS-Staat. Danach setzte sich der in den USA gebräuchliche Begriff ›Holocaust‹ (dt. ›Brandopfer‹) durch, obwohl der ebenfalls aus dem religiösen Bereich stammende und vereinzelt benutzte Name ›Shoah‹ die treffendere Bezeichnung ist. Er

nämlich bringt den Gesamtprozess der Vernichtung von den diskriminierenden Anfängen über die Ermordung bis hin zu den Nachwirkungen bei den Überlebenden und den Nachgeborenen zum Ausdruck. Welcher Begriff auch immer verwendet wird: Er bleibt ein unzureichender Name für ein Geschehen, das in seiner Singularität über die Benennbarkeit hinaus ein bleibendes Problem der Erinnerung und der Darstellbarkeit für Historiographie, Kunst und Literatur ist. Die Auseinandersetzung mit dem Holocaust (obwohl ein internationaler Prozess, da das europäische Judentum ausgerottet werden sollte) ist ein spezifisch DEUTSCHES PROBLEM mit einer besonderen Verantwortung, weil der Judenmord vom ›Deutschen Reich‹ verübt wurde. Sie verlief in den deutschsprachigen Staaten nach 1945 zeitlich verschoben und unterschiedlich intensiv: Die Bundesrepublik war als Rechtsnachfolger – nolens volens – am frühesten damit befasst, die Schweiz als ›neutrales Land‹, Österreich als ›Opfer‹ des ›Dritten Reiches‹ sahen sich weniger betroffen und die DDR als sozialistische Gegengründung zunächst gar nicht in der Verantwortung (→ *›Vergangenheitsbewältigung‹ nach 1945*). Doch auch wenn geklärt war, ob man sich (überhaupt und weiterhin) mit dem Holocaust auseinandersetzen sollte, blieb das Problem, wer dazu aufgerufen war und auf welche Weise es geschehen konnte.
Am Anfang ergriffen v. a. (jüdische) Überlebende das Wort – und wurden kaum gehört. Nicht wenige hatten Schwierigkeiten, in der ›Sprache der Mörder‹ zu schreiben – das Deutsche war ihnen zu einem »Sprachungut« (J. Améry) geworden. Die fiktionale Auseinandersetzung stand zudem lange Zeit unter dem (zumeist verkürzt) referierten ADORNO-DIKTUM, nach bzw. über Auschwitz sei Kunst nicht möglich (»barbarisch«). Doch dieses vermeintliche Darstellungsverbot war oft genug nur eine Ausrede, die das verbreitete Wegschweigen in den 1950er Jahren bemäntelte. Adornos These lautete vielmehr: Angesichts des zivilisatorischen Bruchs ›Auschwitz‹ sei ein künstlerisches Weitermachen wie bisher nicht möglich.
Ab den 1960er Jahren – die auslösenden Anstöße kamen durch den Frankfurter Auschwitz-Prozess (1963–65) – verstärkte sich das Gebot, den Opfern ihr Recht auf Ausdruck zu verschaffen (Th. W. Adorno) – und zwar über das bloße Zeugnis hinaus: THEATER, LITERATUR, FILM UND FERNSEHEN setzten sich zunehmend mit dem Thema auseinander und erreichten damit spätestens seit der TV-Serie *Holocaust* (1979) ein größeres Publikum. Einerseits drang die Darstellung hier bis zum Mordgeschehen in Lager und Gaskammer vor, andererseits erweiterte sich der Umkreis, indem gerade nicht nur der Judenmord, sondern auch die jüdische Lebenswelt vor und nach dem Holocaust thematisiert wurde. Es zeigte sich in diesem Kontext, dass Kunst und Literatur beim trauernden Überleben (auch nach 1945, auch bei den Nachgeborenen) in besonderer Weise halfen – und dass gleichwohl Sprache allein das durcharbeitende Bewältigen nicht leisten konnte. Es zeigte sich aber auch, dass der Glaube an eine

deutsch-jüdische Symbiose vor 1933 eine Illusion gewesen war, während für die Zeit nach 1945 eher von einer »NEGATIVEN SYMBIOSE« (D. Diner) zu sprechen ist, weil nichtjüdische und jüdische Deutsche, Deutsche und Juden – wenn auch auf gegensätzliche Weise – in ihrem Selbstverständnis auf das unauslöschliche Faktum ›Auschwitz‹ und seine Folgen bezogen bleiben.

Ein weiteres Problem stellt sich seit den 1990er Jahren durch die Tatsache, dass es bald keine lebendige Augenzeugenschaft mehr geben wird (trotz psychischer Spuren bis in die Enkelgeneration) und nur noch die dinglichen Überreste in den Museen verbleiben. Schließlich ist zu vermerken, dass die mühsam bewerkstelligte ÜBERWINDUNG DER SPRACHLOSIGKEIT gegenüber dem Holocaust im modernen Medienalltag inzwischen eine Art »Diskurswucherung« (Sv. Kramer) hervorgebracht hat, die vor Trivialisierung nicht zurückschreckt und der gegenüber die Literatur eine neue Funktion erinnernden Bewahrens erlangen könnte. Durchkreuzt wurden und werden diese Bemühungen von hartnäckigen WIDERSTÄNDEN: Sie reichen von der Täter-Leugnung der Judenermordung über das Aufrechnen deutscher (d. h. nicht-jüdischer) Opfer bis zur Forderung, einen Schlussstrich zu ziehen, und beinhalten auch Formen des literarischen Antisemitismus. Sie fassen sich in dem von jüdischer Seite sarkastisch formulierten Vorwurf der Schuldumkehr zusammen: »Die Deutschen werden uns Auschwitz nie verzeihen« (Zvi Rex). WERKE (Auswahl aus der kaum abgrenzbaren literarischen Auseinandersetzung mit dem Holocaust, die durch nicht-deutsche Literatur ergänzt ist):

BERICHTE VON ÜBERLEBENDEN/AUTOBIOGRAPHISCHE DOKUMENTE: R. Antelme: *Das Menschengeschlecht* (1947/90); Pr. Levi: *Ist das ein Mensch?* (1947/61), *Die Untergegangenen und die Geretteten* (1990); A. Frank: *Tagebuch der Anne Frank* (1949/50/88); E. Wiesel: *Die Nacht zu begraben, Elischa* (1956/62), *Alle Flüsse fließen ins Meer* (1994/95); J. Semprun: *Die große Reise* (1963/64); Ch. Delbo: *Trilogie* (1965/93); J. Améry: *Jenseits von Schuld und Sühne* (1966); I. Kertész: *Roman eines Schicksallosen* (1975/92); I. Deutschkron: *Ich trug den gelben Stern* (1978); F. Fénelon: *Das Mädchenorchester in Auschwitz* (1980); G. Perec: *W oder die Kindheitserinnerung* (1982); C. Edvardson: → *Gebranntes Kind sucht das Feuer* (1986); A. Tišma: *Der Kapo* (1987/97); G.-A. Goldschmidt: *Die Absonderung* (1991); R. Klüger: → *weiter leben* (1992); V. Klemperer: *Tagebücher 1918–59* (1995–99); Fr. Wander: *Das gute Leben* (1996); L. Brett: *Zu viele Männer* (2001).

ANTHOLOGIEN: B. Jentzsch (Hg.): *Der Tod ist ein Meister aus Deutschland* (1979), H. G. Adler u. a. (Hg.): *Auschwitz* (1984), D. Lamping: *Dein aschenes Haar Sulamtih* (1992).

LYRIK: J. Katzenelson: *Großer Gesang vom ausgerotteten jüdischen Volk* (1944/51/94), N. Sachs: → *In den Wohnungen des Todes* (1947), P. Celan: → *Mohn und Gedächtnis* (1952), R. Ausländer: *Ich spiele noch* (1987).

ERZÄHLPROSA: E. Sommer: → *Revolte der Heiligen* (1944); I. Aichinger: → *Die größere Hoffnung* (1948); R. Giordano: *Morris* (1948); T. Borowski: *Bei uns in Auschwitz* (1948/63); J. Lind: *Auferstehung* (1962); Gr. Weil: *Tramhalte Beethovenstraat* (1963), → *Meine Schwester Antigone* (1980); E. Hilsenrath: *Nacht* (1964/78), → *Der Nazi & der Frisör* (1977), *Das Märchen vom letzten Gedanken* (1989); S. Morgenstern: *Die Blutsäule* (1964/97; → 1935/–1996; 1964/1997); W. Hildesheimer: → *Tynset* (1965); P. Weiss: *Meine Ortschaft* (1965); A. Andersch: → *Efraim* (1967); J. Becker: → *Jakob der Lügner* (1969); Fr. Wander: *Der siebente Brunnen* (1971); P. O. Chotjewitz: *Saumlos* (1979); A. Duden: → *Das Judasschaf* (1985); B. Honigmann: *Doppeltes Grab* (1986); H. Bäcker: → *nachschrift* (1986/97); M. Biller: *Auschwitz sehen und sterben* (1987); W. G. Sebald: → *Die Ausgewanderten* (1992); R. Schindel: → *Gebürtig* (1992); K. Behrens: *Salomo und die anderen* (1993); B. Schlink: → *Der Vorleser* (1995); B. Wilkomirski: *Bruchstücke* (1995, angemaßte Überlebenden-Autobiographie).
DRAMA: M. Frisch: → *Andorra* (1961); P. Weiss: → *Die Ermittlung* (1965); G. Tabori: *Die Kannibalen* (1968/69), *Mutters Courage* (1979).
COMIC: A. Spiegelman: *MAUS* (1986/91), P. Croci: *Auschwitz* (2002/05).
FILME: *Die Todesmühlen* (Dokumentarfilm, R: H. Burger, 1945), *Nacht und Nebel* (R: A. Resnais, 1955), *Zeugin aus der Hölle* (R: Z. Mitrovic, 1965/67), *Holocaust* (TV-Serie, R: M. Chomsky, 1979), *Lagerstraße Auschwitz* (Dokumentarfilm, R: E. Demand, 1979), *Das letzte Loch* (R: H. Achternbusch, 1981), *Shoah* (R: Cl. Lanzmann, 1985), *Schindlers Liste* (R: St. Spielberg, 1993), *Das Leben ist schön* (R: R. Benigni, 1998), *Zug des Lebens* (R: R. Mihaileanu, 1998), *Ein Spezialist* (R: E. Sivan, 1998), *Der Pianist* (R: R. Polanski, 2002), *Babij jar* (R: A. Brauner, 2002). Vgl. auch: → *Deutschsprachige jüdische Literatur der Zweiten Generation.*

1980–1991
Gerhard Roth

* 24.6.1942 in Graz. Nach abgebrochenem Medizinstudium (bis 1966) EDV-Leiter im Grazer Rechenzentrum, lebt seit 1978 als freier Schriftsteller in Obergreith (Steiermark), seit 1985 auch in Wien.

Die Archive des Schweigens

Erzählzyklus. Gesamtausgabe u.d.T. *Die Archive des Schweigens* (2001).

Das erst nachträglich zum Zyklus gewordene Hauptwerk R.s besteht aus dem Bildtextband *Im tiefen Österreich* (1990), den ›Romanen‹ *Der stille Ozean* (1980), *Landläufiger Tod* (1984), *Am Abgrund* (1986), *Der Untersuchungsrichter* (1988), dem biographischen Bericht *Die Geschichte der Dunkelheit* (1991) und dem Essay *Reise in das Innere von Wien* (1991). Das die Gattungsgrenzen sprengende Werk ist der ambitionierte Versuch einer österreichischen Bewusstseinsgeschichte des 20. Jh., zentriert um die dörfliche Welt im steiermärkischen Obergreith sowie die Hauptstadt Wien. Die Protagonisten (ein stadtflüchtiger Arzt, der schizophrene Sohn eines Bienenzüchters, ein kaltblütiger Mörder, ein Untersuchungsrichter, ein Wiener Jude) demonstrieren durch die Art, wie sie leben (dem Psychiatrischen ebenso wie dem Kriminellen nahe), wie sie über sich (nicht) sprechen können bzw. wie die jeweiligen Erzähler sie in ihrem beredten Schweigen vorführen, den »offen daliegenden Wahnsinn der österreichischen Geschichte und den versteckten des österreichischen Alltags«, wie es im Text heißt.

Der stille Ozean (R: X. Schwarzenberger, 1983), *Landläufiger Tod* (R: M. Schottenberg, 1991).

Weitere Romane: *Der große Horizont* (1974), *Winterreise* (1978) sowie der (2007) noch nicht abgeschlossene Erzählzyklus *Der Orkus*: *Der See* (1995), *Der Plan* (1998), *Der Berg* (2000), *Der Strom* (2002), *Das Labyrinth* (2005).

1981
Thomas Hürlimann

* 21.12.1950 in Zug (Schweiz). 1971–74 Philosophiestudium in Zürich und Berlin (abgebrochen), 1978–80/85 Regieassistenz u. a. am Schiller-Theater in Berlin, seit 1980 freier Schriftsteller; wohnt seit 1984 in der Schweiz (Ebmatingen, seit 1989 in Willerzell bei Schwyz) und seit 2000 auch in Berlin.

Großvater und Halbbruder

Schauspiel. ED: 1981; UA: 15.10.1981 in Zürich. Hörspielfassung: 1982.

In 15 szenischen Bildern führt H. vor, wie ›neutral‹ sich die Schweiz im Zweiten Weltkrieg gegenüber deutschen Flüchtlingen und Asylsuchenden verhalten hat: In einem Schweizer Dorf am Bodensee biedern sich die Bewohner dem bis Kriegsbeginn als ›Saujud‹ ausgegrenzten Alois an, weil dieser – ein Flüchtling – sich aus Furcht vor der Ausweisung nun als Hitlers Halbbruder ausgibt, der die kommende Besetzung der Schweiz durch Hitler-Deutschland vorbereiten soll. Als der Krieg sich wendet, wird Alois und mit ihm der Großvater, der dem von den Dörflern diskriminierten Alois schon früher beigestanden hatte, als Nazi verfolgt.

H. klagt nicht laut an, sondern zeigt in lakonischer Drastik, dass Moral schwerlich bei denen zu finden ist, die sie für sich und ihr Tun reklamieren. Das Stück ist eine »exemplarische Fallstudie über den Zusammenhang von Konformitätsmechanismen und Aggression« (H.-R. Schwab).

Rezeption: Das Stück erregte großes Aufsehen. H. gehört zu den wichtigsten Schweizer Bühnenautoren der jüngeren Gegenwart.

Weitere Werke: *Die Tessinerin* (Erzählungen, 1981), *Stichtag* (Drama, 1984), *Das Gartenhaus* (Novelle, 1989), *Der große Kater* (Roman, 1998), *Fräulein Stark* (Novelle, 2001), *Vierzig Rosen* (Roman, 2006).

1981
Monika Maron

* 3.6.1941 in Berlin (DDR). 1959 Fräserin bei Dresden, ab 1960 Studium (Theaterwissenschaft) in Berlin und Regieassistentin, ab 1970 Reporterin; seit 1976 freie Schriftstellerin. 1988 Ausreise aus der DDR, bis 1992 in Hamburg, nun wieder in Berlin lebend.

Flugasche

Roman. Entst. 1978; ED: Frankfurt/Main 1981.

Die 30-jährige Journalistin Josefa Nadler schreibt im Auftrag ihrer Wochenzeitung einen Bericht über die Industriestadt B. (d. i. Bitterfeld) und deren Kraftwerk, dessen Flugasche den Ort zur »schmutzigsten Stadt Europas« macht. Da sie, betroffen vom Elend der Arbeits- und Lebenswelt in B., nicht bereit ist, aus ideologischen Gründen Abstriche am Wahrheitsgehalt der Reportage vorzunehmen, isoliert sie sich in ihrer Redaktion und in der Betriebsgruppe der SED. Der Roman ist aber nicht nur die Geschichte eines Zensurfalls, sondern ebenso die einer weiblichen Selbstsuche. Das Ende ist kompromisslos: Am selben Tag, da über Josefas Ausschluss beraten wird, beschließt der »Höchste Rat« der DDR das Kraftwerk »unter Berücksichtigung der Gesundheit der Bürger von B. und unter Nichtberücksichtigung kurzfristiger volkswirtschaftlicher Vorteile stillzulegen.«

M. legt, sehr realistisch und schonungsloser als vor ihr Chr. Wolf (→ *Nachdenken über Christa T.*, 1968), die Schwierigkeiten mit dem real existierenden Sozialismus dar, die Josefa als Frau (mit Kind), Journalistin (in einer linientreuen Redaktion) und Sozialistin (mit der Partei) hat und an denen sie, ohne eine Alternative entwickeln zu können, zerbricht. Ebenso deutlich und lange vor Chr. Wolfs *Störfall* (1987) behandelte sie erstmalig das Thema der Umweltzerstörung in der DDR.

Rezeption: Trotz verschiedener Ankündigungen erhielt der Roman keine Druckerlaubnis in der DDR, wurde aber heimlich gelesen.

Weitere Werke: *Die Überläuferin* (Roman, 1986), → *Stille Zeile sechs* (Roman, 1991).

1981
Paul Nizon

* 19.12.1929 in Bern. Nach dem Studium in Bern und München (Kunstgeschichte, Promotion 1957) Assistent im Historischen Museum in Bern; lebt seit 1962 als freier Schriftsteller an wechselnden Wohnorten, seit 1977 in Paris.

Das Jahr der Liebe

Roman.

N., ein Schweiz-Kritiker (vgl. den Essay *Diskurs der Enge*, 1970) und »Stadtnarr« (N.), hatte mit seinem Roman-Erstling *Canto* (1963) eine furiose Liebeserklärung an Rom abgeliefert, der er mit *Das Jahr der Liebe* eine weitere, diesmal an Paris gerichtet, folgen ließ: Der Erzähler hat Ehefrau und Geliebte verloren, streift leidend und suchend durch die Stadt, die ihm eine neue, unbekannte Frau ist, die er begehrt. Im 1. Teil schildert er seine Faszination für die pulsierende Metropole, im 2. Teil die Kehrseite, die den Fremden abstößt und alte Wunden aus seiner Kindheit aufreißt, und im 3. Teil, beflügelt durch eine neue Liebe, den Aufbruch zu einem neuen Anfang: Er wird, was er in Paris flanierend erlebt und ständig notiert hat, um Halt zu gewinnen, zu einem Buch zusammenfassen, das *Das Jahr der Liebe* heißen wird. Den autobiographischen Hintergrund liefert das Journal *Das Drehbuch der Liebe* (2004).

Rezeption: N.s Werk ist, anders als in Frankreich, im dt.sprachigen Raum fast unbekannt.

Weitere Romane: *Stolz* (1975), *Im Bauch des Wals* (Erzählungen, 1989), *Hund. Beichte am Mittag* (1998), *Das Fell der Forelle* (2005).

1981
Friederike Roth

* 6.4.1948 in Sindelfingen. 1968–78 Studium (Linguistik, Philosophie) in Stuttgart (Promotion 1975), bis 1979 Dozentin an der FH Esslingen, seit 1979 Hörspieldramaturgin beim SDR in Stuttgart.

Ritt auf die Wartburg

UT: *Theaterstück in fünf Teilen*

Drama. ED: 1981, Hörspielfassung: 19.12.1981; UA: 2.10.1982 in Stuttgart.

Vier bundesdeutsche Frauen mittleren Alters unternehmen – wie Kegelbrüder auf ihrem Ausflug – eine Kurzreise, und zwar in die DDR nach Eisenach: Sie wollen etwas erleben, das sie das triste Ehe- und Arbeitsleben vergessen lässt (z. B. Zugfahrt, Kirchgang, Tanzabend, Frisör, scheiternder Eselsritt zur Wartburg). Viel wird nicht daraus, die meisten ›Abenteuer‹ sind schal (Predigt, DDR-Männer), den Wünschen kann nicht abgeholfen werden.

R. diskreditiert mit ihrem Drama weder die Frauen, die es nicht besser können, noch die DDR, die jedoch aus Sicht der Frauen selbst schlecht wegkommt. Sie zeigt im Leerlauf der Sprechenden lediglich den Leerlauf von Geschlechterkampf, Emanzipationswünschen und tristem Alltag – hüben wie drüben.

Rezeption: *Ritt auf die Wartburg* wurde zum ›Stück des Jahres‹ 1983 gewählt.

Weitere Werke: *Ordnungsträume* (Prosa, 1979) sowie die Schauspiele *Krötenbrunnen* (1984), *Das Ganze ein Stück* (1986), *Erben und Sterben* (1992).

1982
Christoph Hein

* 8.4.1944 in Heinzendorf (Schlesien). Nach dem Abitur Tätigkeit in verschiedenen Berufen, 1967–71 Studium (Philosophie) in Leipzig und Berlin, danach Dramaturg; lebt seit 1979 als freier Schriftsteller in Berlin.

Der fremde Freund/Drachenblut

Novelle. ED: Berlin, Weimar 1982 u.d.T. *Der fremde Freund*; Darmstadt 1983 u.d.T. *Drachenblut*.

»Ich habe es geschafft. Mir geht es gut. Ende.« Ein Fazit, das die Ich-Erzählerin Claudia, 40-jährige Ärztin in einer Ostberliner Klinik, am Ende der Novelle zieht, nachdem sie rückblickend ihre Beziehung zu Henry nach dessen plötzlichem Tod geschildert hat: Nach einer gescheiterten Ehe hat sie in selbstauferlegter Isolation jede gefühlsmäßige Bindung gemieden und wollte damit ihre Unabhängigkeit bewahren: »Ich bin unverletzlich geworden. Ich habe in Drachenblut gebadet.«

Die Novelle entzieht sich einer eindeutigen Auslegung: Während im Westen in der Protagonistin das entfremdete Individuum in einer durchorganisierten (sozialistischen) Gesellschaft erkannt wurde, sahen Kritik und Leser in der DDR die Problematik einer Lebensform, die, allein auf Rationalität ausgerichtet (wie die gesellschaftliche Ordnung), das Versprechen einer Utopie und die Herausforderung durch etwas Neues ausschließe und sich damit um eine mögliche Bereicherung des Lebens bringe. Die emotionale Distanziertheit der Erzählerin ist künstlich und selbstbetrügerisch wie ihr Fazit: So, wie sie die Schuld am Schicksal einer einstigen Freundin nur verdrängen, aber nicht aufheben kann, vermeidet sie in ihrer scheinbaren Selbstsicherheit grundsätzliche Fragen zur Existenz, ohne diese abwehren zu können.

Rezeption: Die Novelle machte H. in beiden Teilen Deutschlands und im Ausland bekannt.

Weiteres Werk: → *Horns Ende; Der Tangospieler* (Romane, 1985; 1989).

1983
Katja Behrens

* 18.12.1942 in Berlin. Ab 1960 Übersetzerin, 1968–70 Aufenthalt in Israel, 1973–78 Verlagslektorin, seit 1978 freie Schriftstellerin; lebt in Nieder-Beerbach bei Darmstadt.

Die dreizehnte Fee

Roman.

Im *Dornröschen*-Märchen wünscht die nicht eingeladene 13. Fee dem Königskind den Tod, den die letzte der 12 guten Feen gerade noch in einen

100-jährigen Schlaf umwandeln kann. Diese eigentliche ›dreizehnte Fee‹ fehlt in B.s autobiographisch geprägtem Roman, wird aber gesucht: Erzählt wird die Geschichte dreier jüdischer Frauen zwischen den 1920er und 50er Jahren, deren gemeinsame Ahnin aus Lemberg stammt: Großmutter Miriam-Marie, Mutter Hanna, Tochter Anna. Die Frauen erleben jeweils als Töchter den mütterlichen Zwang zur Anpassung, weil ihr Judentum (symbolisiert in der langen Nase) sie immer wieder ausgrenzt und gefährdet. Als Ehefrauen nichtjüdischer Männer erleiden sie weitere Zwänge, denn ihre Männer fordern Assimilation und Unterwerfung, sie sind ›deutsch‹ und das heißt: national vor 1933, arisch nach 1933 und unfähig zu trauern nach 1945. Die junge Anna hat dieses Fremdsein ebenfalls schon erfahren und Angst, wie Mutter und Großmutter in der passiven Duldung zu enden. Ihre Suche nach der letzten Fee führt sie zu der Erkenntnis, dass diese Helferin nur in ihr selbst zu finden ist, d. h. in der zu erringenden Kraft, sich anzunehmen und ohne Märchenprinz aus dem Schlaf jüdischer Selbstverleugnung zu erwachen (→ *Deutschsprachige jüdische Literatur der Zweiten Generation*). Welche Probleme das in der bundesdeutschen Gesellschaft der 1980er/90er Jahre mit sich brachte, zeigt B.s weiteres erzählerisches Werk.

Rezeption: Die feministische Kritik monierte, trotz Anerkennung des literarischen Ranges, die zu geringe Akzentuierung weiblicher Emanzipation.

Weitere Romane: *Salomo und die anderen* (Geschichten, 1993), *Die Vagantin* (1997), *Hathaway Jones* (2002), *Roman von einem Feld* (2008).

1983
Elfriede Jelinek

* 20.10.1946 in Mürzzuschlag (Steiermark). Ab 1964 Studium (Theaterwissenschaft, Kunstgeschichte, abgebrochen) sowie am Konservatorium in Wien (Organistenprüfung 1971); lebt als freie Schriftstellerin in Wien und München. 1998 Büchner-Preis, 2004 Literatur-Nobelpreis.

Die Klavierspielerin

Roman.

Feministisch und (1974–91) marxistisch orientiert, an der nicht vergehenden NS-Vergangenheit und faschistoiden Gegenwart interessiert, radikal österreichhassend, sprachkritisch und zugleich schroff abwesend im Kulturbetrieb, der sie wegen dieser brisanten Mischung ständig thematisiert: Kaum eine Autorin, nun auch noch gekrönt mit der Bürde des Nobelpreises, spaltet die literarische Öffentlichkeit mehr als J. Ihr wiederkehrendes, aggressiv vorgetragenes Thema ist das Ineinander von gesellschaftlicher Gewalt und weiblicher Unterdrückung: In einer monströsen Männerwelt werden Frauen so zugerichtet, dass sie als verkrüppelte Wesen zum Ding werden und entweder gleich umkommen oder sich mit dem männlichen

Aggressor identifizieren. Letzteres geschieht in der *Klavierspielerin*, deren autobiographische Bezüge einen besonderen Furor entfesseln: Die Klavierlehrerin Erika Kohut wird von einer kleinbürgerlichen, gnadenlos autoritären Mutter auf eine Solistenkarriere gedrillt (was scheitert). Sie wird durch Bevormundung psychisch derart deformiert, dass sie (vergeblich) Entlastung in sadomasochistischen Praktiken sucht, dabei in ihrer einzigen Liebe eine Vergewaltigung erleidet und ohne Aussicht auf Befreiung im häuslichen Gefängnis weiterleben muss.

In ihren späteren Prosatexten wie z. B. *Oh Wildnis, oh Schutz vor ihr* (1985), *Lust* (1989), *Gier* (2000), *Neid* (2007f.) spitzte J. mit bösestem Blick die Thematik der Entfremdung so zu, dass die ihres Körpers enteigneten Figuren auch keine eigene Sprache mehr haben.

Rezeption: Der Roman wurde extrem unterschiedlich bewertet, wobei sehr ins Persönliche gehende Kritiken nicht selten waren. ■ *Die Pianistin* (R: M. Hanecke, 2000).

Weitere Romane: *Die Liebhaberinnen* (1975), *Die Ausgesperrten* (1980), *Clara S.* (Stück, 1982), *Krankheit oder moderne Frauen* (Stück, 1987), *Wolken.Heim* (Stück, 1988), → *Die Kinder der Toten* (1995).

1983

Sten Nadolny

* 29.7.1942 in Zehdenick (Havel). Nach dem Studium (Geschichte, Promotion 1978) in Göttingen, Tübingen und Berlin im Schuldienst und Aufnahmeleiter beim Film; lebt seit 1980 als freier Schriftsteller in Berlin.

Die Entdeckung der Langsamkeit

Roman.

Im Mittelpunkt des Romans steht der britische Seefahrer John Franklin (1786–1847), der beim dritten Versuch, die Nordwestpassage (die Verbindung zwischen Atlantik und Pazifik) zu entdecken, im Eis starb. N. schildert, gestützt auf biographische Fakten, den Lebensweg Franklins, ergänzte sein Wesen aber durch eine herausragende Eigenschaft – die Langsamkeit: Damit wird Franklin in der modernen Gesellschaft, in der Geschwindigkeit als Qualitätsmerkmal gilt, zum Außenseiter. Der Roman zeigt, wie Franklin gerade durch die mit dieser Eigenschaft verbundenen Fähigkeiten (Beharrlichkeit, Gründlichkeit, Ausdauer im Warten und Abwarten, Genauigkeit der Wahrnehmung) zu Erfolgen in seinem privaten und beruflichen Leben kommt. So führt sein Lebensprinzip dazu, in einer rational ausgerichteten, vorrangig auf Effektivität und technologischen Fortschritt ausgerichteten Gesellschaft Menschen in ihrer individuellen Besonderheit zu akzeptieren und auf diese Weise ihr friedliches Miteinanderleben zu ermöglichen.

Der auch ›langsam‹ erzählte Roman ist einerseits ein Plädoyer für Toleranz und Humanität, andererseits Erinnerung an ein Zeitmaß, das durch die »fatale Beschleunigung des Zeitalters« in Vergessenheit geratene Möglichkeiten des Wahrnehmens und Erlebens erlaubt.

Rezeption: Der Roman erreichte eine Gesamtauflage von mehr als 1 Million und wurde in alle Weltsprachen übersetzt. ↘ Mare Buchverlag (2004). ♫ G. Battistelli (Oper; UA: 9.4.1997).

Weitere Romane: *Netzkarte* (1981), *Selim oder Die Gabe der Rede* (1990), *Ein Gott der Frechheit* (1994), *Er oder ich* (1999), *Ullsteinroman* (2003).

1983
Christa Wolf

Biogr.: → 1963

Kassandra

Erzählung. ED: Darmstadt 1983, Leipzig 1984. Zur Entstehung: *Voraussetzungen einer Erzählung: Kassandra* (1983).

Die trojanische Königstochter Kassandra, wie sie W. darstellt, kann als Seherin den Untergang Trojas nicht verhindern, da man ihren Prophezeiungen keinen Glauben schenkt und sie für wahnsinnig hält. Sie erlebt die Brutalität des Krieges und flüchtet aus der Stadt in eine matriarchalische Höhlengesellschaft, wo sie bis zu deren Vernichtung durch die Griechen ein kurzes Glück erlebt. Von Agamemnon nach Griechenland verschleppt, blickt sie in einem Monolog – kurz vor ihrer Hinrichtung – zurück auf ihr Leben. Darin wird deutlich, wie die Welt von männlichem Machtstreben und Vernichtungswillen dominiert wird, während den Frauen als Beute der Sieger nur die Opferrolle als Sexualobjekt bleibt. Die in der weiblichen Höhlenwelt erfahrene selbstbestimmte Liebe und gewaltfreie Gemeinschaft wird in der patriarchalischen Welt nicht geduldet.

W. stellte im Rückgriff auf ein mögliches vorgeschichtliches Matriarchat eine Gegenwelt zu der von Männern beherrschten Welt (auch und gerade der gegenwärtigen) dar. Diese erscheint als utopisch überhöhtes, über die Misere der Gegenwart hinausführendes Modell einer Gesellschaft ohne einseitiges Vernunftdenken und Fremdbestimmung, in der Sinnlichkeit mehr gilt als Rationalität. Im erneuten Rekurs auf die griechische Mythologie nahm W. in *Medea. Stimmen* (Roman, 1996) die Thematik der Erzählung wieder auf und zeigt – diesmal eher resignativ – Ausgrenzung und Unterdrückung der Frau in einer nur an Macht interessierten patriarchalischen Gesellschaft.

Rezeption: Der Erfolg der Erzählung (mit einer Auflage von mehr als einer halben Million Exemplaren) übertraf den aller anderen Werke W.s.

Weitere Erzählungen: *Störfall* (1987), *Sommerstück* (1989), → *Was bleibt* (1990).

1983–1992
Erwin Strittmatter

Biogr.: → 1963

Der Laden

Romantrilogie. ED: Berlin, Weimar 1983 (Bd. 1), 1987 (Bd. 2), 1992 (Bd. 3).

Die autobiographisch geprägte Romantrilogie schildert das Schicksal der Familie Matt und ihres Sohnes Esau in dem Dorf Bossdom (d. i. Bohsdorf in der Niederlausitz) von 1919 bis zum Anfang der 1950er Jahre. Die ersten beiden Bände berichten (aus der Sicht Esaus) von den Schwierigkeiten der Geschäftseröffnung und -erhaltung auf dem Lande, dem Leben in der dörflichen Welt, deren Mittelpunkt der Laden ist, sowie von Esaus Kindheit und Schulzeit bis 1927. Der 3. Band setzt 1947 ein: Der Laden kann nicht mehr gehalten werden, wird dem volkseigenen Konsumgeschäft eingegliedert und endet als Poststelle. Esau kehrt ins Dorf zurück, heiratet, übernimmt gesellschaftliche Verantwortung im Sozialismus und beginnt mit ersten Schreibversuchen.

St. legte eine farbige Familien- und Zeitchronik vor, einen Rückblick ohne Nostalgie und doch heimatverbunden, wobei der 3. Band mit seiner (selbst-)kritischen Darstellung der frühen DDR besonders beeindruckt.

Rezeption: Der in der DDR sehr populäre Roman wurde in der Bundesrepublik erst durch die Verfilmung bekannt. Der 3. Bd. erreichte auf Anhieb eine Auflage von mehr als 100 000 Exemplaren. R: J. Baier (1998, TV). *Erwin Strittmatter liest aus ›Der Laden‹* (Der Audio Verlag, 2004).

1984
Erich Loest

* 24.2.1926 in Mittweida. 1944–45 Soldat, 1947 Eintritt in die SED, 1947–50 Zeitungsvolontariat in Leipzig, ab 1950 Schriftsteller. 1957–64 Haft wegen »konterrevolutionärer Gruppenbildung« (Urteilsaufhebung 1990), lebte danach bis 1981 in Leipzig. 1979 Austritt aus dem DDR-Schriftstellerverband, ab 1981 Wohnort in der Bundesrepublik, seit 1990 in Leipzig.

Völkerschlachtdenkmal

Roman. ED: Hamburg 1984, Leipzig 1990.

L. begann als (zunächst) linientreuer, rasch und viel produzierender Erzähler (teilweise unter Pseudonym), der sich mit dem Roman *Es geht seinen Gang oder Mühen in unserer Ebene* (1978) und der Autobiographie *Durch die Erde ein Riß* (1981) kritisch der DDR-Realität zuwandte, was ihm zunehmende Schwierigkeiten mit der Zensur einbrachte. Der Geschichts- und ›Heimat‹roman *Völkerschlachtdenkmal*, schon außerhalb der DDR verfasst, spitzt diese Tendenz zu: Alfred Linden, ein sächsischer Patriot, wegen versuchter Sprengung des 1913 im Gedenken an den Sieg über Napoleon (und das verbündete Sachsen) errichteten Triumphmals in die Psychiatrie eingeliefert, erzählt einem Stasi-Mann, warum er die Tat ausführen wollte. Der Ich-Erzähler breitet dabei mit viel Ironie und komischer Phantasie 170 Jahre sächsische Geschichte aus, schlüpft in das Ich anderer Figuren, die seit 1813 als Soldat, Landpächter, Maurer und Sprengmeister aus verschiedenen Anlässen mit dem Denkmal zu tun hatten, und versäumt es nicht, Kontinuitäten der (un)rühmlichen Landesgeschichte bis in die Ulbricht-Zeit der DDR zu ziehen. Dass die DDR die Leipziger Universitätskirche 1968 sprengen und das Kriegsdenkmal stehen ließ, sagte für L. offenbar alles.

R: P. Deutsch (1986, TV).

Weitere Romane: *Swallow, mein wackerer Mustang* (1980), *Der Zorn des Schafes* (autobiographischer Text, 1990), → *Nikolaikirche* (1995).

1985

Volker Braun Biogr.: → 1975

Hinze-Kunze-Roman

Roman. Entst. 1981; ED: Halle 1985, Frankfurt/Main 1985. Der Roman bezieht sich auf B.s Stück *Hinze und Kunze* (1968/73) sowie die Dialoge *Berichte von Hinze und Kunze* (1983).

Ein fiktiver Erzähler, Bruder im Geiste der Erzähler bei M. de Cervantes, L. Sterne und D. Diderot, schildert weitschweifig, aber scharfzüngig, ironisch, manchmal polemisch kommentierend, das Herr-Knecht-Verhältnis des DDR-Funktionärs Kunze und seines Fahrers Hinze im dienstlichen wie im privaten Bereich: Kunze neigt zu einem autoritären Führungsstil, Hinze folgt ihm, insgeheim zwar protestierend, aber sich nie von seinem Chef distanzierend oder aufbegehrend. Er ist der Knecht – und das, vom Erzähler witzig-ironisch dargestellt und kommentiert, in einem Staat, der sich auf dem Weg in die klassenlose Gesellschaft befindet.

B.s Kritik an den bestehenden Verhältnissen ist eindeutig: Die Zementierung aus vorsozialistischer Zeit übernommener Verhaltensweisen (z. B. im gesellschaftlichen Fortbestand eines Oben und Unten) lässt, so B. (der im Grundsatz stets zur DDR gestanden hat), keine Weiterentwicklung und keinen Fortschritt zu. Für die Überwindung von Alternativlosigkeit und Stagnation sieht Braun jedoch eine Chance, die er andeutet, aber nicht ausgestaltet: Es sind die Frauen, hier dargestellt in der Figur der Lisa Hinze, deren Kraft, Gefühl und Lebendigkeit eine Wende bewirken könnten.

Rezeption: Der Roman konnte erst nach jahrelangen internen Debatten die DDR-Zensur passieren. B. erhielt für ihn 1986 den Bremer Literaturpreis.

Weitere Werke: *Die Übergangsgesellschaft* (Komödie, 1989), *Böhmen am Meer* (Schauspiel, 1992), → *Das lyrische Werk* (1999).

1985
Anne Duden

* 1.1.1942 in Oldenburg. 1962–64 Buchhändlerlehre in Berlin, nach Studium ab 1964 (u. a. Germanistik, abgebrochen) verschiedene Tätigkeiten; 1973 Mitbegründerin des Rotbuch-Verlages und Verlagsmitarbeiterin, lebt seit 1978 als freie Schriftstellerin in Berlin und London.

Das Judasschaf

Prosatext.

»Mir tut alles weh. Aber da ist nichts.« Die das berichtet und erfährt, spricht nicht von persönlichem Schmerz, sondern von einem allgemeinen Leid, das in der Welt, der vergangenen Geschichte, der Gegenwart, in Traumszenen und in Darstellungen der Kunst vorhanden sei, aber für die ›normale‹ Wahrnehmung kein Befund ist. Das erzählende Ich gehört einer Frau, die einerseits von außen (›Person‹, ›sie‹), andererseits von innen als ›Ich‹ betrachtet wird, und so, wie dabei Identitäten entgrenzt werden, überschreitet der Text – eine »Prosasinfonie« (V. Hage) – in seinen dichten Wahrnehmungssequenzen, Montagen und Zitaten Grenzen von Raum (Venedig, Berlin, New York) und Zeit (Renaissance, NS-Zeit, Gegenwart) ebenso wie die Grenzen zwischen Literatur, Bildender Kunst und Musik (vgl. z. B. die Musik- und Gemäldebeschreibungen).

D. berichtet »als Nachfahrin der Tätergeneration« (A.-K. Reulecke), die – an die »negative Symbiose« (D. Diner) von Tätern und Opfern gemahnend (→ *Holocaust und Literatur*) – auf verstörende Weise Erinnerung nicht vergehen lassen kann und dabei selbst zu vergehen droht. Anknüpfungen an I. Bachmanns → *Malina* (1971) sind unverkennbar. Der Titel weckt die Assoziation: Schaf im Schlachthof, das die eintreffenden Herden zum Schlachthaus führt, selbst aber überlebt.

Rezeption: D.s anspruchsvolle Texte gelangten (mit Ausnahme von *Übergang*) kaum über germanistische Fachkreise hinaus.

Weitere Prosatexte: *Übergang* (1982), *Steinschlag* (1993), *Zungengewahrsam* (1999).

1985
Peter Härtling

* 13.11.1933 in Chemnitz. H. wuchs nach der Flucht aus Böhmen als Waise auf. 1952–67 Journalist und Redakteur, 1967–73 Cheflektor bzw. Geschäftsführer des S. Fischer-Verlages in Frankfurt/Main; lebt als freier Schriftsteller in Mörfelden-Walldorf.

Felix Guttmann

Roman.

H. ist als Schriftsteller stets dicht am Puls der Zeit gewesen, wie neben *Eine Frau* (1974) und *Hubert* (1978) insbesondere sein Beitrag zur sog. Väterliteratur (*Nachgetragene Liebe*, 1980) zeigt, doch wirklich erfolgreich war er nur mit seinen Kinderbüchern (z. B. *Das war der Hirbel*, 1973; *Ben liebt Anna*, 1979). Mit *Felix Guttmann* trat er gegen den Vorwurf an, nichtjüdische deutsche Autoren mieden jüdische Hauptfiguren: Dem Ich-Erzähler wird, in der Rückschau eines Gewährsmannes, die Lebensgeschichte des Juden Felix Guttmann aus assimiliertem Elternhaus erzählt. Felix erlebte sein Judentum zunächst sporadisch, im Laufe seines Jurastudiums am Ende der Weimarer Republik jedoch immer stärker als Ausgrenzung, so dass er 1937 nach Palästina floh, von wo er 1948 in US-Uniform nach Frankfurt zurückkehrte, problemlos als Rechtsanwalt tätig war und Deutscher wurde (indem er den Deutschen verzieh), heiratete und 1977 bei einem Verkehrsunfall starb.

H.s Roman spart den Holocaust und Palästina/Israel fast völlig aus und beschwichtigt durch Philosemitismus das Problem der ›negativen Symbiose‹ (→ *Holocaust und Literatur*). Er liefert damit – anders als z. B. A. Anderschs → *Efraim* (1967) – eines von vielen literarischen Beispielen für die ausbleibende bzw. schiefe »Bekundung von Anteilnahme an jüdischem Leiden« (G. Stern).

Weitere Romane: *Niembsch oder der Stillstand* (1964), *Zwettl* (1973), *Hölderlin* (1976), *Herzwand* (1990), *Leben lernen* (Erinnerungen, 2003).

Unterhaltungsliteratur seit 1950

Im 20. Jh. etablierte sich zwischen serieller Trivialliteratur und exklusiver Hochliteratur eine GEHOBENE, AMBITIONIERTE UNTERHALTUNGSLITERATUR, deren Grenzen nach beiden Seiten fließend sind (→ *Unterhaltungsliteratur 1918–1950*). Ab 1950 verließ diese Literatur ihre traditionellen Vertriebsorte (Leihbücherei, Illustrierte) und gelangte über Taschenbuchausgaben sowie die expandierenden Buchklubs zu ihrer Leserschaft diesseits und jenseits des Bildungsbürgertums. Ab den 1960er Jahren geben die seitdem üblichen Bestsellerlisten (z. B. in der *ZEIT* seit 1959, im *SPIEGEL* seit 1961) darüber beste Auskunft. Der Trend zur unterhaltenden Literatur verschaffte sich auch in der DDR – bei Beibehaltung der volkserzieherischen Zielsetzung – wachsende Geltung, wie z. B. die Erfolge des Dramatikers H. Baierl, des Erzählers E. Neutsch (→ *Spur der Steine*, 1964) sowie des sozialistischen Kriminalromans (z. B. E. Loest, Fr. Erpenbeck) zeigen.

Markant ist, dass die generelle Entwicklung zu einer ›Literatur light‹ für jedermann, die im Schaufenster der Buchhandlungen ganz vorne liegt, inzwischen auch bei der Literaturkritik immer mehr Zustimmung findet. Ablesbar ist das an dem wachsenden Prestige flott geschriebener Erfolgsbücher des Genres Politthriller, Kriminalroman, Geschichtsroman, Autobiographie sowie des Liebes- und Familienromans, wie sie von schon älteren Autor(innen) wie z. B. H. Hartung (*Ich denke oft an Piroschka*, 1954), H. H. Kirst (*08/15*, 1954ff.), J. M. Bauer (*So weit die Füße tragen*, 1956), H. Konsalik (*Der Arzt von Stalingrad*, 1957), J. M. Simmel (*Es muß nicht immer Kaviar sein*, 1960), W. Berthold, W. Heinrich, Chr. Brückner, M. L. Fischer, U. Danella, S. Paretti angestrebt wurden. Ihnen folgen in der jüngeren Generation Autoren wie z. B. H. Lind, Ch. Link, M. Suter, D. Dörrie, I. Noll, M. Werner, Fr. Schätzing u. a.

Spätestens im Zeichen der ›Postmoderne‹ der 1980er Jahre ließ sich das Ziel einer unterhaltenden Literatur auch ästhetisch als notwendige Aufhebung der Barrieren zwischen Text und Leser, Roman und Sachbuch bzw. Reportage, Papier- und Hörbuch begründen. Der vielgestaltige Begriff ›Postmoderne‹ meint hier: Abkehr vom Gebot fortschreitender ästhetischer Innovation, neue Erzählbarkeit von Geschichten und Geschichte, Ineinanderübergehen von Vergangenheit und Gegenwart bzw. Geschichte und Fiktion, intertextuelle Verknüpfungen, keine Scheu vor Unterhaltsamkeit. Autorstolze Abkapselung vom Massengeschmack (wie sie z. B. A. Schmidt extrem betrieb), aber auch eine weihevolle bis elitäre Alleinstellung gegen den Markt (z. B. von erfolgreichen Einzelgängern wie P. Handke oder B. Strauß gepflegt) bleiben bis heute die Ausnahme, stattdessen bildet sich immer erfolgreicher ein Autorentyp heraus, in dessen Werk die Grenzen zwischen sog. E- und U-Literatur (›ernste‹ versus ›unterhaltende‹ Literatur) aufgehoben zu sein scheinen. Das entsprechende Manifest schrieb schon 1969 der Amerikaner L. Fiedler: *Cross the Border – Close the Gap* (→ *Pop-Literatur*). Es legte den Grundstein für eine an populären Gattungen (z. B. Kriminal-, Abenteuer-, Fantasyroman, Comic) orientierte Literatur, die gleichwohl anspruchsvolles Sachwissen und Lehrreiches mit handwerklicher Raffinesse und Spannung verbindet und doch zugleich dem Mainstream nicht fern steht. An ihrem Anfang stand der Weltbestseller *Der Name der Rose* (1980) von U. Eco. Ihm folgten in Deutschland die Romane von St. Nadolny (→ *Das Ende der Langsamkeit*, 1983), P. Süskind (→ *Das Parfüm*, 1985), L. Moníková (→ *Die Fassade*, 1987) oder Chr. Ransmayr (→ *Die letzte Welt*, 1988) über U. Woelk (*Freigang*, 1990), R. Schneider (→ *Schlafes Bruder*, 1992), Th. Hettche, Kl. Modick, B. Morshäuser, H.-J. Ortheil bis zu M. Politycki (*Weiberroman*, 1997) und D. Kehlmann (→ *Die Vermessung der Welt*, 2005).

Komik und Humor: Auch die seit jeher vorhandenen, die Lachlust bedienenden Werke gehören zu jenem Bereich der Literatur, der im Bruch mit den Konventionen der ›E-Literatur‹ immer mehr an Boden gewinnt. Das Spektrum reicht hier von den Parodien, Satiren und Nonsense-Texten Loriots (V. v. Bülow), R. Gernhardts oder E. Henscheids und dem grotesken Humor I. v. Kieseritzkys oder L. Harigs über die Wortakrobatik R. Wolfs und satirische Polemik W. Drostes bis zu den Sprachimitationen und -gags M. Goldts oder H. Strunks, d. h. letztlich bis zur »ENTERTAINISIERUNG DER LITERATUR« (St. Porombka) in einer Erlebnisgesellschaft, die sich mit einem Buch in eine bestimmte Stimmung versetzen will – der Lese- oder Hörakt ist bloß der Einstieg dazu.

1985

Patrick Süskind

* 26.3.1949 in Ambach. Lebt nach dem Studium (Geschichte) 1968–74 in München und Aix-en-Provence als freier Schriftsteller in München und Frankreich.

Das Parfüm

UT: *Die Geschichte eines Mörders*

Roman.

Als »abscheuliches Genie« bezeichnet der Erzähler seinen fiktiven Protagonisten Jean-Baptiste Grenouille, der 1738 in elenden Verhältnissen in Paris zur Welt kommt. Von großer Hässlichkeit und selbst völlig geruchlos, auch deshalb ein vollkommener Außenseiter und ohne Moral und Gefühl, verfügt er über eine seltene Gabe – er besitzt den absoluten Geruchssinn. Nach einer Ausbildung als Parfumeur kann er daher Parfums herstellen, was ihn sozial akzeptierbar macht. Um jedoch auch geliebt zu werden, benötigt er das ›absolute‹ Parfum, das er nur aus dem Geruch junger Frauen gewinnen und konservieren kann, wenn er sie getötet hat. In Grasse (Provence) wird er nach seinem 25. Mord gefasst, entgeht aber dem Schafott, indem er durch sein Parfum die schaulustigen Massen betört. Bewirkt das Parfum hier Grenouilles größten Triumph und seine Rettung, so verursacht es in Paris sein Ende, als er von Clochards und Kriminellen, die der Duft seines Parfums in einen orgiastischen Liebes- und Besitzrausch versetzt, zerfleischt und verzehrt wird.

Zum Erfolg des Romans hat wesentlich S.s (kunst)handwerkliche Virtuosität beigetragen: Variation in der sprachlichen Gestaltung, farbige Darstellung des historischen Hintergrunds, Anschaulichkeit (besonders bei der Beschreibung von Gerüchen), intertextuelle Bezüge zu Stil- und Motivelementen anderer Autoren, besonders der ›schwarzen Romantik‹ (→ *Unterhaltungsliteratur seit 1950*). Unübersehbar ist jedoch, dass die Themen der Verführbarkeit der Masse und des mit seinen Erfolgen wachsenden Machtrausches des Verführers nur angedeutet werden.

Rezeption: Die Auflagenzahl erreichte bis 2004 4 Millionen Exemplare, das Buch wurde in mehr als 40 Sprachen übersetzt. 🎬 R: T. Tykwer (2006).

Weitere Werke: *Der Kontrabaß* (Einakter, UA: 22.9.1981 in München, BA: 1984), *Die Taube* (Erzählung, 1987), *Drei Geschichten* (1995); TV-Drehbücher: *Monaco Franze* (1983), *Kir Royal* (1986), *Rossini* (1997).

1985
Martin Walser

Biogr.: → 1957

Brandung

Roman.

Die Hauptfigur, Studienrat Halm, übernahm W. aus seiner Novelle → *Ein fliehendes Pferd* (1978). Halm ist gealtert (Mitte 50), aber immer noch derselbe »Unterlegenheitsspezialist« (W.), der den Herausforderungen des Lebens – trotz selbstironischen Reizschutzes – schwerlich gewachsen ist. Der Glücksfall eines Lehrauftrags an einer kalifornischen Campus-Universität konfrontiert ihn mit dem ›american way of life‹, dessen vitale Kraft in der Brandung des Pazifischen Ozeans symbolisiert ist: So wie Halm bei einem Badeversuch von den brandenden Wellen schmerzhaft ans Ufer zurückgeworfen wird, scheitern seine Liebesversuche mit der Studentin Fran ebenso wie sein Auftritt als Gastdozent. Es zeigt sich jedoch, dass es nicht die amerikanische Umgebung (als die äußere ›Brandung‹) ist, der Halm unterliegt, sondern v. a. die innere Brandung der unterdrückten Lebenswünsche und -defizite des in der Alterskrise Befindlichen. So kehrt er, belehrt und doch nicht befriedigt, nach Deutschland, in die Ehe und die nächste Krise zurück.

W. erzählt in der Er-Form, aber nicht auktorial, sondern allein aus der Sicht Halms, was dem Leser Deutungsarbeit aufgibt, die aber leicht zu bewältigen ist.

Rezeption: Der Roman kam sofort gut an und erreichte als Taschenbuch bis 2005 10 Auflagen.

Weitere Werke: *Dorle und Wolf* (Erzählung, 1987), → *Die Verteidigung der Kindheit* (1991).

1985
Wolfgang Beutin

* 2.4.1934 in Bremen. Nach dem Studium (Germanistik, Geschichte, Promotion 1963) in Hamburg und Saarbrücken seit 1963 Lehrtätigkeit an der Universität Hamburg; lebt in Köthel (Storman).

Das Jahr in Güstrow

Roman.

Der autobiographisch geprägte Roman schildert die Flucht Else Beelzows mit ihren beiden Kindern vor den Bomben der Westalliierten und der anrückenden Roten Armee. Sie endet in Güstrow, wo die Beelzows vom Herbst 1944 bis Herbst 1945 unterkommen. Die Flüchtlinge erleben – erzählt aus der Sicht des 10-jährigen Sohnes (Ich-Erzähler) – das Ende des Krieges, den ›Zusammenbruch‹ der Naziherrschaft und den Einmarsch der sowjetischen Soldaten. Daraus entsteht – trotz kindlicher Perspektive – ein detailreiches Bild des Alltags mit seinen Sorgen und Problemen, zugleich aber auch eine Nahaufnahme der Gedankenwelt am Kriegsende, in der sich Verharren in Nazi-Ideologie und Ansätze von Widerstand und Neuanfang auf widersprüchliche Weise mischen.

Mit *Knief* (2003) legte B. einen historischen Roman über die Zeit der Rätebewegung (1918/19) vor, dessen Schauplatz Bremen ist, wo es vom 10.1. bis zum 4.2.1919 zur ersten Räterepublik in Deutschland kam – ein Ereignis, deren Hauptfigur Johann Knief war und das in P. Weiss' → *Die Ästhetik des Widerstands* (1975–81) eine Randepisode ist. Der an den historischen Fakten geprüfte Roman ist – erzählt aus der Sicht der Freundin Kniefs – eine trauernde Liebeserklärung an den toten Revolutionär sowie an eine Revolution, die in Bremen nicht siegen konnte (wie auch wenig später nicht in München).

Rezeption: *Das Jahr in Güstrow* war, im Jahr der berühmt gewordenen Rede des damaligen Bundespräsidenten R. v. Weizsäcker zur 40. Wiederkehr des Kriegsendes (8. Mai 1945) und der daran anschließenden Debatte (Niederlage oder Befreiung?), ein eigenständiger literarischer Beitrag zum Thema und zugleich authentisches Zeugnis.

Weitere Romane: *Unwahns Papiere* (1978), *Der Wanderer im Wind* (1991).

1985; 1989
Christoph Hein

Biogr.: → 1982

Horns Ende; Der Tangospieler

Romane. (1): ED: Berlin (DDR) 1985, Darmstadt 1985. (2): ED: Berlin (DDR) 1989, Frankfurt/Main 1989.

1957 erhängt sich der Leipziger Historiker Horn, nach einem Parteiverfahren wegen angeblicher Westkontakte in die Provinz strafversetzt, um mit seinem Tod einem weiteren Verfahren zuvorzukommen. 20 Jahre später erinnern sich 5 Mitbürger in rechtfertigender Absicht (bis auf die behinderte Marlene) an ihn: Ihre Aussagen sind fragmentarisch, auch widersprüchlich (so dass der Leser sich veranlasst sieht, seine eigenen Schlüsse zu ziehen), ergeben aber insgesamt ein Bild der DDR-Gesellschaft während des Stalinismus, in der sich bestimmte Strukturen der vorangegangenen Hitler-Diktatur erhalten haben: Obrigkeitsdenken, Fremdenhass, Autoritätsgläubigkeit, staatlicher Zwang, Kollektivismus.

Nach H. gilt es, die Erinnerung wachzuhalten, damit in der Gegenwart der Weg in eine bessere Zukunft beschritten werden kann. Entsprechend ist die Aufforderung des toten Horn zu Beginn des Romans zu verstehen, die sich an den jüngsten Erzähler richtet: »Erinnere dich […], du kannst es nicht vergessen haben. Es war gestern.«

Zerstörung eines Individuums durch den Machtapparat des Staates ist auch das Thema des Romans *Der Tangospieler*, in dem ein Historiker nach dem Verlust seiner Stellung und Haft aus politischen Gründen (er sang einen angeblich staatskritischen Text in einem Kabarett zu einem Tango) erst Kellner an der Ostsee, dann aber wieder eingestellt wird, weil sich die politische Richtung geändert hat – was einst falsch war, ist nun richtig. H.s ironisches Fazit lautet: Man muss vergessen können. Der Glaube an eine Veränderung der DDR aus eigener Kraft hat sich verflüchtigt.

Rezeption: Während *Horns Ende* in der DDR erst nach zweijähriger Auseinandersetzung erscheinen konnte, kam *Der Tangospieler* ohne Verzögerung zum Druck. 🎬 *Der Tangospieler* (R: R. Gräf, 1991).

Weitere Werke: *Die Ritter der Tafelrunde* (Komödie, 1989), *Randow* (Komödie, 1994), *Von allem Anfang an* (Roman, 1997), *Willenbrock* (Roman, 2000), → *Landnahme* (Roman, 2004).

1986
Thomas Bernhard

Biogr.: → 1963

Auslöschung

UT: *Ein Zerfall*

Roman. Entst. 1981/82.

Die Hauptfigur, der in Rom lebende Privatlehrer für Literatur Franz-Josef Murau, ist durch den Unfalltod seiner Eltern und seines Bruders zum Erben des verhassten Familienschlosses Wolfsegg in Österreich geworden, in dem er aufgewachsen ist. Er reist zum Begräbnis und verschenkt danach den gesamten Besitz an die Israelitische Kultusgemeinde in Wien. Zurückgekehrt nach Rom, stirbt er wenig später. Der umfangreiche Roman (ca. 650 S.n) ist in der Er-Form erzählt: Ein anonymer Erzähler lässt Murau über sich und seine Gedanken während der kurzen Handlungszeit im Gespräch mit seinem Schüler Gambetti zu Wort kommen sowie in zitierenden Mitteilungen aus dessen geplantem Werk, das den bezeichnenden Titel ›Auslöschung‹ trägt. Murau will nicht nur kein Erbe sein, sondern (schon lange vor dem Begräbnis) seine gesamte Herkunft als »das Alte auflösen, um es am Ende ganz und gar auslöschen zu können für das Neue«, wie er Gambetti erläutert.

Wolfsegg ist der Ort einer gescheiterten Kindheit, zugleich aber auch der österreichische Kerker aus lastendem Katholizismus und Nazismus, Opportunismus und dumpfer Vergangenheitsverdrängung. Die ›Auslöschung‹ ist hier, so Murau, nichts anderes als »die lebenslängliche Befreiung von diesem österreichischen Ungeist«.

Rezeption: B.s letzter, wegen seiner Wiederholungen vielfach umstrittener Roman ist in dieser Form sein »einziges dezidiert politisches Buch« (U. Weinzierl) bzw. eine »Comédie humaine der österreichischen Geschichte« (H. Höller).

Weiteres Werk: → *Heldenplatz* (Drama, 1988).

1986
Cordelia Edvardson

* 1.1.1929 in München. Als Kind 1943–45 in die Konzentrationslager Theresienstadt und Auschwitz deportiert, danach Journalistin in Schweden; lebt seit 1974 als Journalistin in Israel.

Gebranntes Kind sucht das Feuer

Autobiographischer Bericht, ED: 1984 (schwed.), München 1986 (dt.).

Die unehelich geborene Cordelia, Tochter der Schriftstellerin E. Langgässer, von den NS-Machthabern wegen ihres jüdischen Vaters und Großvaters als »Dreivierteljüdin« eingestuft, ist deswegen gefährdet. Als 1943 ein Rettungsversuch scheitert, wird die wieder verheiratete Mutter mit Gefängnis bedroht, es sei denn, ihr Kind kommt ins KZ. Diese Entscheidung wird Cordelia überlassen: Das 14-jährige Kind ›entscheidet‹ sich für die Schonung der Mutter. Was folgt, endet zwar mit dem unerwarteten Überleben, aber es ist nicht wiedergutzumachen: Was die Deutschen den Juden antaten, geschieht dieser Cordelia – die sich im Rückblick als »A3709 Cordelia Maria Sara« bezeichnet – bereits in der eigenen Familie.

Das mit einem Abstand von über 40 Jahren geschriebene Buch ist die schmerzvolle, niemals anklagende und doch unauslöschliche, Differenz setzende Reflexion dieser Ausstoßung – ein literarisch herausragendes Dokument in der langen Geschichte der Holocaust-Verarbeitung (→ *Holocaust und Literatur*). Es ergreift durch die sensible Sprachgebung (deutsch von A.-L. Kornitzky), die ebenso ein Ringen um das Nicht-Darstellbare ist wie der Versuch, die durch das Geschehen irreparabel beschädigte Selbstachtung in der Erinnerungsarbeit zurückzugewinnen. Eine traurige Bestätigung lieferte E. die inakzeptable (Er-)Lösung, mit der ihre Mutter E. Langgässer das Problem in ihren Romanen → *Das unauslöschliche Siegel* (1946) und *Märkische Argonautenfahrt* (1950) als erfolgreiche Schriftstellerin bewältigte. E.: »Es wurde vom Feuer gesprochen, aber von der Asche geschwiegen.«

Rezeption: E. erhielt 1986 für den Roman den Geschwister-Scholl-Preis. 🎬 *Flickan från Auschwitz* (R: St. Jarl, 2005).

Weiterer autobiographischer Bericht: *Die Welt zusammenfügen* (dt. 1989).

1986
Ludwig Harig

* 18.7.1927 in Sulzbach (Saar). 1946–49 Besuch des Lehrerseminars in Blieskastel, danach bis 1970 Volksschullehrer; lebt seit 1974 als freier Schriftsteller in Sulzbach.

Ordnung ist das ganze Leben

UT: *Roman meines Vaters*

In diesem als ›Roman‹ bezeichneten Text porträtierte H. seinen Vater, gestützt auf dessen im hohen Alter verfasste autobiographische Aufzeichnungen sowie auf Zeitdokumente und Ergänzungen aus eigenen Erinnerungen, so dass ein mehrschichtig erzähltes Lebensbild entstand: Der porträtierte Vater, Handwerker im Saarland, ist ein Mensch des Maßhaltens, der seine Gefühle verbirgt, ein »Liebhaber punktueller Ordnung«, der als Kunst nur Marschmusik akzeptiert, Spalierobst schätzt und im Freien stets einen Hut trägt. Diese Verhaltensweisen sowie sein ganzes späteres Leben sind geprägt durch das im Ersten Weltkrieg vor Verdun und an der Somme erlittene Grauen, das er durch Schweigen aus seinem Leben hofft verdrängen zu können. Der Vater wird von H. »mit der moralischen Kraft seiner Lebenshaltung […] ernstgenommen« und »in der Würde und verborgenen Gefährdung seiner Existenz festgehalten« (M. Durzak).

Der Roman zählt zwar zur sog. Väterliteratur (→ Chr. Meckel: *Suchbild*, 1980), steht aber durch H.s erkennbare Liebe und den Respekt für seinen Vater im Gegensatz zu der dort vorherrschenden Abrechnungstendenz. *Ordnung ist das ganze Leben* ist der 1. Teil einer autobiographischen Romantrilogie, die H. 1990 mit *Weh dem, der aus der Reihe tanzt* (Beschreibung seiner Jugend im ›Dritten Reich‹) und 1996 mit *Wer mit den Wölfen heult, wird Wolf* (Darstellung seines Werdegangs bis in die 1950er Jahre des 20. Jh.) sowie dem Nachtrag *Und wenn sie nicht gestorben sind* (2002) – nicht ohne eine Tendenz zu versöhnlicher Glättung – fortsetzte.

Rezeption: H.s autobiographische Trilogie gilt als sein Hauptwerk und hat weithin große Anerkennung erfahren.

Weitere Werke: *Ein Blumenstück* (Hörspiel (1968), *Sprechstunden für die deutsch-französische Verständigung* (Roman, 1971), *Rousseau* (Roman, 1978), *Drei Männer im Feld* (Hörspiel, 1986), *Kalahari – ein wahrer Roman* (Roman, 2007).

1986
Wulf Kirsten

* 21.6.1934 in Klipphausen bei Meißen. Nach einer kaufmännischen Lehre 1960–64 Pädagogikstudium in Leipzig, 1965–87 Lektor im Aufbau-Verlag in Weimar, seit 1988 freier Schriftsteller, lebt in Weimar. H.-Mann-Preis 1989.

die erde bei Meißen

Gedichte. ED: Leipzig 1986, Frankfurt/Main 1987.

Seit 1964 veröffentlichte K. dem Umkreis der jüngeren Landschaftslyrik in der DDR (V. Braun, S. Kirsch, K. Mickel, H. Czechowski u. a.) zugehörende Gedichte, die zugleich an die Lyrik P. Huchels und J. Bobrowskis anknüpften. Wie bei diesen Lyrikern werden auch bei K. Natur und Landschaft auf ihre soziale Qualität befragt, d. h. auf die Art, wie Menschen mit ihr umgehen – und das war in der ökologie-resistenten DDR ein brisantes Thema. K.s eigener Ton entsteht aus seiner sächsisch-dörflichen Verwurzelung, der genauen Wahrnehmung des Details und dem fast ungebrochenen (»wortsüchtigen«) Zutrauen, mit dem poetischen Wort (das vom heimischen Dialekt bis zu artistischen Sprachgesten reicht) ausdrücken zu können, was das lyrische Ich bewegt.

K.s Gedichte ab den 1990er Jahren behalten diesen Ton bei, werden zwar schärfer in der Registrierung der gefährdeten Landschaft, verlieren jedoch nicht die für K. charakteristische ›Erdung‹.

Rezeption: Für den Bd. erhielt K. 1990 den Evangelischen Buchpreis.

Weitere Gedichtbände: *Stimmenschotter* (1993), *Wettersturz* (1999), *Erdlebenbilder* (2004).

1986
Helga Königsdorf

* 13.7.1938 in Gera. 1955–61 Studium (Mathematik) in Jena und Berlin (DDR), Promotion 1963, Habilitation 1972. Ab 1961 Mitarbeiterin, 1974–90 Professorin in der Akademie der Wissenschaften in Berlin; 1970–89 Mitglied der SED, 1985 H.-Mann-Preis. Seit 1990 freie Schriftstellerin in Berlin.

Respektloser Umgang

Erzählung. ED: Berlin (DDR) 1986, Darmstadt 1988.

Für die Autorin K. kamen in den 1980er Jahren drei »ungelegene Befunde« zusammen: eine wachsende Kritik an den Verhältnissen in der DDR, die Erkrankung an der Parkinson-Krankheit (in deren Folge sie ihren Beruf als Wissenschaftlerin aufgab) und die Erkenntnis, dass sie schon längst hätte als Schriftstellerin aktiv werden müssen. Diese Befunde gingen in die Erzählung ein: Eine namenlose Ich-Erzählerin (in der die Professorin K. unschwer zu erkennen ist) gerät aufgrund der krankheitsbedingten Halluzinationen in einen fiktiven Dialog mit der Atomphysikerin Lise Meitner, die 1938, kurz vor dem Erfolg ihrer wissenschaftlichen Arbeit, als Jüdin aus Nazi-Deutschland fliehen musste. Das ›Gespräch‹ wird zu einer kritischen Selbstbefragung, die Parallelen und Unterschiede zwischen beiden Frauen aufzeigt, wobei sich die private Seite (Herkunft, Frau, Familie, Krankheit) und die historische Seite (Atomkraft, Kalter Krieg, Leistungsgesellschaft) in der sensiblen Darstellung dicht verknüpfen. Am Ende steht (trotz bzw. gerade wegen der Krankheit) das Bekenntnis zum Leben, auch dem eigenen, »weil jeder Mensch etwas Einmaliges ist.«

Rezeption: K.s erzählerisches Werk ist (im Unterschied zu ihren Essays) noch zu entdecken.

Weitere Prosatexte: *Meine ungehörigen Träume* (1978), *Ungelegener Befund* (1990), *Adieu DDR* (1990), *Landschaften in wechselndem Licht* (Erinnerungen, 2002).

1986
Hans Joachim Schädlich

* 8.10.1935 in Reichenbach (Vogtland). Nach Germanistikstudium in Berlin und Leipzig (Promotion 1960) wissenschaftlicher Mitarbeiter an der Akademie der Wissenschaften in Berlin (DDR) 1959–76. Als Mitunterzeichner gegen die Biermann-Ausbürgerung entlassen, 1977 Ausreise nach Hamburg, lebt seit 1979 als freier Schriftsteller in Berlin.

Tallhover

Roman.

Der Roman mischt historische Wahrheit und Erfindung auf eine ungewöhnliche Weise, indem er die Lebensgeschichte des Geheimpolizisten Tallhover erzählt, der 1819 geboren wurde und 1955 starb. Die dichterische Freiheit, die die Titelfigur derart lange leben und wirken lässt, ermöglicht die Verdichtung einer historisch exakt belegten Faktenreihe, die die ununterbrochene, ewig gleiche Arbeit des Staatsschutzes vom Metternich-Deutschland bis zur DDR Ulbrichts zeigt. Doch es bleibt trotz dieser stabilen Kontinuität eine vergebliche Verfolgungsarbeit der Ordnungsmacht gegen die observierten ›Störer‹ (Demokraten im Vormärz, Sozialisten und Katholiken im Kaiserreich, Kommunisten, Juden und Intellektuelle im 20. Jh.), weil die Strategie der Polizei letztlich nicht zur herrschenden Politik wird. Tallhovers Versuch, diesen ›Fehler‹ zu beseitigen, endet mit seiner Versetzung ins Archiv und führt ihn zu der Einsicht, versagt zu haben. Die Ironie dieses »negativen Bildungsromans« (Th. Buck) legt jedoch auch die Umkehrung nahe: Die der Sache des Staates dienenden Tallhovers sterben nicht aus.

Rezeption: Die Figur des Tallhover nahm G. Grass, in knapp gekennzeichneter Anlehnung an Sch.s Buch, als Hoftaller in seinem Roman → *Ein weites Feld* (1995) auf. 🎧 1989.

Weitere Prosatexte: *Versuchte Nähe* (1977), *Ostwestberlin* (1987), *Schott* (1992), *Trivialroman* (1998), *Anders* (2003), *Vorbei* (Erzählungen, 2007).

1986/1997
Heimrad Bäcker

* 9.5.1925 in Kalksburg bei Wien. 1943 Eintritt in die NSDAP, führend in der Linzer HJ tätig. 1948–53 Studium in Wien (Philosophie, Germanistik u. a., Promotion 1953), ab 1955 Volkshochschultätigkeit in Linz , daneben Verleger (für experimentelle Literatur) und Schriftsteller. † 8.5.2003 in Linz (G).

nachschrift

Textmontagen. Korrigierte Neuauflage von *nachschrift 1*: 1993; *nachschrift 2*: 1997, jeweils herausgegeben von Fr. Achleitner.

Als ›Nachschrift‹ bezeichnete B. sein literarisches Verfahren, die Texte anderer ohne eigenen Zusatz in Form einer Montage zu zitieren. Es handelt sich dabei um eine dem → *sprachexperimentellen Schreiben nach 1970* nahestehende literarische Technik, die B. – hier wie in seinem übrigen Werk – dazu einsetzte, den nicht fassbaren Massenmord in den Konzentrationslagern sprachlich vor Augen zu führen (→ *Holocaust und Literatur*). B. verwendete dazu auf nicht unproblematische Weise unterschiedslos sowohl Texte der NS-Bürokratie (Listen, Protokolle, Aktenvermerke, Zahlen usw.), der Häftlinge (Briefe, Wandinschriften) als auch der Holocaust-Historiker, d. h. nichtfiktionale Texte der Täter, Opfer und der Forschung. Er wählt Passagen aus, konstruiert ihre graphische Anordnung und Gestalt (Kleinschreibung, ohne Interpunktion) und hebt so das Schockierende hervor, wenn er z. B. auf 19 Seiten Zahlen von Gaskammer-Ermordeten in Auschwitz bis 1945 aufreiht oder den Zugverkehr nach Treblinka und zurück jeweils nur mit Zugnummer und Ausgangsort und die Rückfahrt mit Zugnummer und »Leerfahrt« wiedergibt: Es ist der Schock über die aus dem Alltag bekannte »Organisationsmaschine, die die Shoah vollziehbar gemacht hat« (J. Nieraad), ohne die Stimme der Opfer (»mir viln nisht shtarbn!«) ganz auslöschen zu können.

Rezeption: B. hat seine Kollaboration mit der NSDAP früh öffentlich gemacht. Mit diesem Eingeständnis provozierte er nicht Wenige im Nachkriegs-Österreich. Sein Werk ist ein singuläres Dokument der → *›Vergangenheitsbewältigung‹ nach 1945*.
Weiteres Werk: *seestück* (1985).

1987
Libuše Moníková

* 30.8.1945 in Prag. 1963–68 Studium (Anglistik, Germanistik) in Prag, Promotion 1970, lebte ab 1971 in der Bundesrepublik als Lehrbeauftragte an den Universitäten Kassel (ab 1971) und Bremen (ab 1978); bis 1981 Lehrerin, danach freie Schriftstellerin in Bremen. † 12.1.1998 in Bremen.

Die Fassade

UT: *M.N.O.P.Q.*

Roman.

Der Roman besteht aus den zwei Teilen »Böhmische Dörfer« und »Potjemkinsche Dörfer« sowie einem Epilog. Vier Künstler (Maler und Bildhauer) renovieren in mühsamer Kleinarbeit die Fassade des böhmischen Schlosses Friedland (Litomysl), was ihnen Gelegenheit gibt, die wechselvolle tschechische Geschichte von den Hussiten bis zum August 1968 zu erörtern und zugleich kunstgeschichtliche Reflexionen anzustellen. Ihr Tun ist, im Gegensatz zum Reden, absurd, denn der Verfall, dem sie entgegenarbeiten, schreitet unablässig voran. Im 2. Teil unternehmen sie eine Reise nach Japan, die aber in Sibirien steckenbleibt und sie in abenteuerliche Begegnungen verwickelt, bis sie am Ende heimkehren können, um ihr Restaurierungswerk fortzusetzen.

Der Untertitel kann als Initialen-Reihe der Künstler gelesen werden, der ein fünfter (abgekürzter) Name eines sibirischen Bekannten hinzugefügt wurde.

Rezeption: Mit seiner vielfältig-fabulierenden Einbeziehung von Politik, Kunst und Wissenschaft gilt das Werk den einen als »postmoderner Roman«, anderen als »ein europäischer Roman, auf den die deutsche Literatur stolz sein kann« (F. C. Delius). M. erhielt für den Roman, der in 11 Sprachen übersetzt wurde, 1987 den Döblin-Preis.

Weitere Romane: *Pavane für eine verstorbene Infantin* (Erzählung, 1983), *Treibeis* (1992), *Der Taumel* (2000).

1987

George Tabori

* 24.05.1914 in Budapest als György T. Nach Ausbildung als Kellner (Dresden, Berlin 1932) Rückkehr nach Budapest, 1935 Emigration nach London und ab 1941 brit. Staatsbürger. Bis 1947 BBC-Auslandsreporter, 1947 Übersiedlung nach New York und als Film- und Romanautor tätig. 1971 Übersiedlung nach Berlin, später nach Wien und als Theaterautor, -regisseur und -leiter aktiv. 1992 Büchner-Preis. † 23.7.2007 in Berlin (G).

Mein Kampf

UT: *Farce*

Schauspiel. UA: 6.5.1987 in Wien. BA: 1994. Prosafassung: *Meine Kämpfe* (1986).

T., der sein gesamtes Werk auf Englisch schrieb (aber Deutsch sprach), erregte mit seinem KZ-Stück *Die Kannibalen* (1968/69) in Deutschland erstmalig Aufsehen als Dramatiker, ab den 1980er Jahren auch als Regisseur, und errang mit *Mein Kampf* seinen größten Theatererfolg. Die Handlung spielt 1910: In einem Wiener Männerheim, bewohnt von den beiden Juden

Lobkowitz und Herzl, tritt Hitler, von Braunau kommend, als neuer Mitbewohner auf. Aus Mitleid mit dem Provinzler helfen die Juden dem gescheiterten Kunstmaler, er selbst zu werden (d. h. als antisemitischer Demagoge »in die Politik« zu gehen). Hitler eignet sich Herzls Buch *Mein Kampf* an und begibt sich mit Frau Tod auf den Weg zur »Rettung der Welt«.
Der subversive Aberwitz der Fiktion, der Hintersinn der Dialoge (»Wie heißen Sie?« – »Hitler.« – »Komisch, Sie sehen gar nicht jüdisch aus«), das Paradox, dass ausgerechnet die gutmütigen Juden dem Braunauer helfen – das alles bildet das Unverwechselbare des T.-Theaters, »das auf die witzigste und weiseste, auf komische und traurige Weise Ernst macht mit dem Leben« (P. v. Becker) – und eben auch mit dem Tod.

Rezeption: Der Regisseur Cl. Peymann nannte T. »eine der letzten Jahrhundertgestalten des Theaters«. ☊ 1988. ✎ Wagenbach (2002).

Weitere Stücke: *Pinkville* (1971), *Mutters Courage* (1979), *Son of a bitch* (Erzählungen, 1981), *Jubiläum* (1983), *Die Goldberg-Variationen* (1991), *Requiem für einen Spion* (1993), *Die Ballade vom Wiener Schnitzel* (1996).

1987
Ror Wolf

* 29.6.1932 als Richard W. in Saalfeld (Thüringen). 1953 Übersiedlung in die Bundesrepublik, 1954–61 Studium (Germanistik u. a.) in Frankfurt/Main und Hamburg, 1961–63 Redakteur beim Hessischen Rundfunk in Frankfurt, seitdem freier Schriftsteller in Mainz.

Mehrere Männer

UT: *Zweiundachtzig ziemlich kurze Geschichten, zwölf Collagen und eine längere Reise*

›Kürzestgeschichten‹.

W.s literarische Wurzeln liegen im → *sprachexperimentellen Schreiben nach 1970* und er wurde, beginnend mit seinen sehr populär gewordenen Texten über die Fußballsprache (zusammengefasst in *Die heiße Luft der Spiele*, 1980), zu einem seiner markantesten Beiträger. Die Technik der wortakrobatischen Verfremdung des Alltagsjargons und ›O-Tons‹ arbeitete er in Hörspielen sowie in den unter dem Pseudonym Raoul Tranchirer veröffentlichten Prosacollagen ab 1983 aus, die 2002 zusammengefasst u.d.T. *Raoul Tranchirers Enzyklopädie für unerschrockene Leser* erschienen. In *Mehrere Männer* zeigt sich W. als Meister der lakonischen ›Kürzestgeschichte‹, wie sie vor ihm schon R. Lettau, H. Heißenbüttel u. a. geschrieben haben. Es sind Geschichten von wenigen Zeilen bis wenigen Seiten, die anekdotisch beginnen (»Ein Mann hatte/kam/usw.«) und dann die Erzählillusion aufbrechen (›cut-up‹-Technik): Sie zeigen in ihrem seriellen Charakter, dass es immer wieder nur das zu erzählen gibt, was der Autor dem Leser verweigert: eine Nicht-Geschichte (wie z. B. »Ein Mann hatte sich bei einem Spaziergang verlaufen. Man hat ihn niemals wieder gesehen«).

🎧 R: A. Vowinckel (2001/02).

Weitere Prosatexte: *Die Gefährlichkeit der großen Ebene* (1976/92), *Nachrichten aus der bewohnten Welt* (1991), *Zwei oder drei Jahre später* (2003), *Pfeifers Reisen* (Gedichte, 2007).

Tagebücher im 20. Jahrhundert

Seit etwa Anfang des 20. Jh. existiert das Tagebuch allgemein als eine anderen literarischen Genres gleichrangige Form. Es wurde vielfach als Möglichkeit dafür betrachtet, ohne formale Einengung all das festzuhalten, was den Verfasser betraf (Gedanken, Erfahrungen, Gefühle, Bewertungen), sowohl um sich selbst Rechenschaft abzulegen als auch um der Nachwelt zu überliefern, was den Schreiber persönlich bewegte.

Noch aus dem 19. Jh. sind hier v. a. zu nennen: Goethes Tagebücher von 1775–1832 (12 Bände der Sophien-Ausgabe), die *Tagebücher* von A. von Platen (ED: 1896/1900), Fr. Hebbel (ED: 1904–22), J. von Eichendorff (ED: 1908), Fr. Grillparzer (ED: 1914–1930) und E. T. A. Hoffmann (ED: 1915/71). Von zeitgeschichtlicher Bedeutung sind die *Tagebücher* von K. A. Varnhagen von Ense (ED: 1861–70). Bedeutende Tagebücher des 20. Jh. (jeweils in alphabetischer Folge):

POSTUME TAGEBÜCHER: B. Brecht: *Arbeitsjournal* (1973), G. Heym: *Tagebücher, Träume, Briefe* (1960), Fr. Kafka: *Tagebücher* (1937), J. Klepper: *Unter dem Schatten Deiner Flügel* (1956), O. Loerke: *Tagebücher 1903–1939* und *Reisetagebücher* (1960), Kl. Mann: *Tagebücher 1931–49* (1989–91), Th. Mann: *Tagebücher 1918–21, 1933–55* (1979–95), R. Musil: *Tagebücher, Aphorismen, Essays und Reden* (entst. 1898–1942; ED:1955), H. E. Nossack: *Tagebücher 1943–1977* (1997), Br. Reimann: *Ich bedaure nichts. Tagebücher 1955–1963* (1997) und *Alles schmeckt nach Abschied. Tagebücher 1964–1970* (1998), Fr. v. Reventlow: *Tagebücher 1885–1910* (1925), R. M. Rilke: *Tagebücher aus der Frühzeit* (1942), R. Schickele: *Tagebücher* (1953), A. (Ehefrau von Arno) Schmidt: *Tagebuch aus dem Jahr 1954* (2004), A. Schnitzler: *Tagebuch 1879–1931* (1981–2000), M. Wander: *Tagebücher und Briefe* (1979). TAGEBÜCHER, DIE SCHON ZU LEBZEITEN DER VERFASSER ERSCHIENEN UND ALS TEIL IHRES GESAMTWERKS GELTEN: J. R. Becher: *Auf andere Art so große Hoffnung* (1950); H. Böll: *Irisches Tagebuch* (1957); H. v. Doderer: *Tangenten. Tagebuch eines Schriftstellers 1940–1950* (1964), *Commentarii 1951–1956* (1976) und *1957–1966* (1986); M. Frisch: *Blätter aus dem Brotsack* (1940), *Tagebuch mit Marion* (1947), *Tagebuch 1946–1949* (1950) und *Tagebuch 1966–1971* (1972); H. Hesse: *Krisis. Ein Stück Tagebuch* (1928); E. Jünger: *Gärten und Straßen* (1942/50), *Strahlungen* (1949), *Jahre der Okkupation* (1958), *Siebzig Verweht I–V* (1980–97); E. Kästner: *Notabene 45* (1961); W. Kempowski: *Sirius. Eine Art Tagebuch* (1990), *Alkor. Tagebuch 1989* (2001), *Hamit. Tagebuch 1990* (2006); R. Kunze: *Am Sonnenhang. Tagebuch eines Jahres* (1993); W. Lehmann: *Bukolisches Tagebuch aus den Jahren 1927–1932* (1948); P. Nizon: *Die Erstausgaben der Gefühle. Journal 1961–1972* (2002), *Das Drehbuch der Liebe. Journal 1973–1979* (2004); L. Rinser: *Gefängnistagebuch* (1946); P. Rühmkorf: *Tabu I. Tagebücher 1989–1991* und *Tabu II Tagebücher 1971–1972* (2004); M. Walser: *Leben und Schreiben. Tagebücher 1951ff.* (2005ff.); P. Weiss: *Notizbücher 1971–1980* (1981); Chr. Wolf: → *Ein Tag im Jahr. 1960–2000* (2003); P. Wühr: *Der faule Strick* (1987). TAGEBÜCHER ALS DOKUMENTE DER ZEIT: G. Anders: *Die Schrift an der Wand. Tagebücher 1941–1966* (1967), A. Frank: *Tagebuch der Anne Frank* (1949/50/88), A. Kantorowicz: *Deutsches Tagebuch* (1959/61), U. v. Kardorff: *Berliner Aufzeichnungen. Aus den Jahren 1942–45* (1962), H. Graf Kessler: *Tagebücher 1918–1937* (1961), V. Klemperer: *Tagebücher 1918–59* (1995–99), H. Graf v. Lehndorff: *Ostpreußisches Tagebuch* (1961). SONDERFORMEN: Tagebuch-Roman (z. B. P. Handke, I. Drewitz), Reisetagebuch (z. B. St. Andres, L. Harig, H. Fichte, E. Jünger), Online-Tagebuch (z. B. R. Goetz).

1987–2006
Hubert Fichte — Biogr.: → 1968

Die Geschichte der Empfindlichkeit

Romanzyklus, entst. ab 1974. Von den projektierten 19 Bdn. hat F. die Bde. I-VII vollendet, die Bde. XV-XIX blieben Fragment. Anstelle der fehlenden Bde. VIII-XIV wurden 4 Bde. mit Paralipomena (Ergänzungen) herausgegeben, so dass insgesamt 16 Bde. postum erschienen sind.

F.s Romanzyklus ist – auch im Vergleich zu den anderen Großwerken der 1970er Jahre von A. Schmidt, U. Johnson und P. Weiss – einzigartig: Es geht um den Versuch, in immer neuen erzählerischen Schichtungen den Zusammenhang von autobiographischem Ich und auf Reisen erfahrener (Dritter) Welt sichtbar zu machen sowie im Prozess eigener (homosexueller) Identitätsfindung Verdrängtes sowie unter den Bedingungen politisch-kultureller Herrschaft Unterdrücktes bzw. Unterdrückendes an die Oberfläche zu bringen. Es ist zugleich der Versuch, dafür eine vernetzte Form der Darstellung zu finden, in der Roman, Tagebuch, Glosse, Reisebericht, Interview, Zitat und wissenschaftliche Untersuchung ineinander übergehen und die Einheit von Handlung, Ort und Zeit aufheben.

Die Tatsache, dass das ethnopoetische Projekt ein Torso blieb, verstärkt diesen Schreibansatz bzw. macht erst eigentlich deutlich, dass das ›Ganze‹ immer nur in Fragmenten vorstellbar ist. Seine Einheit wird durch den Titel bezeichnet: eine offene Geschichte, die gleichwohl die Summe von F.s Lebensstationen (von 1961 bis zum Anfang der 1980er Jahre) und seinen im Werk verarbeiteten Erfahrungen bildet, zentriert um die Thematik der ›Empfindlichkeit‹, mit der F. die Sensibilisierung für psychosoziale Wahrnehmungen jenseits einer bloß instrumentellen Vernunft meinte. Damit schließt das Werk an postmoderne Ansätze an, in denen davon ausgegangen wird, »daß Gefühle, Körpererfahrungen, mythische Denk- und Ausdrucksformen, die der Prozeß der abendländischen Zivilisation auszuschließen versuchte, auf Dauer nicht tabuisiert werden können« (Kl. Briegleb).

Rezeption: F.s Gesamtwerk (mehr als 40 Bücher, ca. 120 Radiosendungen, rund 200 Essays) ist ein massiver Block in der dt. Literaturgeschichte zwischen 1965 und 1986. Die Aufarbeitung dieses Werks ist noch lange nicht beendet.

1988
Thomas Bernhard

Biogr.: → 1963

Heldenplatz

Drama. UA: 4.11.1988 in Wien. BA: 1988.

Der jüdische Professor Josef Schuster, der 1938 wegen des ›Anschlusses‹ Österreichs an Hitler-Deutschland nach Oxford geflohen und dort geblieben ist, kehrt nach 50 Jahren in die Wiener Wohnung am Heldenplatz zurück. Dort, wo 1938 die Massen Hitler bei der Feier für den Anschluss zujubelten, hat sich Schuster aus Verzweiflung darüber, dass in Österreich Nationalsozialismus und Antisemitismus noch längst nicht vergangen sind, aus dem Fenster in den Tod gestürzt. Schusters Ehefrau, sein Bruder Robert und seine beiden Töchter erörtern am Begräbnistag das Geschehen, in dem sich politische und innerfamiliäre Konflikte überlagern: Einerseits wird durch den Bruder das restaurative ›Unglück‹ Österreich angeklagt, andererseits zeigt sich an Ehefrau und Töchtern, dass der Tote nicht nur ein depressiver ›Geistesmensch‹, sondern auch ein Familientyrann war, aus dessen Herrschaft es kein Entkommen gab.

Rezeption: Das sehr erfolgreiche Stück löste wegen seiner Österreich-Kritik heftigste Kontroversen aus, die B. so kommentierte: »Ja, mein Stück ist scheußlich. Aber das Stück, das jetzt drumherum aufgeführt wird, ist genauso scheußlich.« B. verfügte in seinem Testament, dass bis 2059 kein Werk von ihm in Österreich verlegt, aufgeführt oder vorgetragen werden darf.

1988
Christoph Ransmayr

* 20.3.1954 in Wels (Oberösterreich). Nach dem Studium (Philosophie, Ethnologie) 1972–78 in Wien Redakteur; ab 1982 freier Schriftsteller, lebt seit 1994 in Irland.

Die letzte Welt

Roman.

»In der deutschen Literatur der achtziger Jahre« stehe dieser Roman »wie ein Findling da«, befand H. M. Enzensberger 1990. Ungewöhnlich, wie aus ferner Zeit stammend, ein ›schwerer Brocken‹ für Leser und Interpreten ist das Werk, in dem Mythologie, reale und poetische Wirklichkeit ineinander übergehen: Cotta, ein Freund des vom römischen Kaiser Augustus lebenslang nach Tomi am Schwarzen Meer verbannten Autors Ovid (43 v. Chr. – 17/18 n. Chr.), sucht den Dichter in der entlegenen Welt. Er sucht v. a. aber nach Spuren der – so stellt es R. dar – verschwundenen *Metamorphosen*, Ovids Hauptwerk (entst. 2–8 n. Chr.). Dort angekommen, erweist sich Tomi als eine Stadt aus Eisen im Zustand des Verfalls, seine Bewohner sind misstrauisch und abweisend – aber alle Figuren stammen aus den *Metamorphosen*. Cotta findet Ovid (im Roman: Naso) nicht, nur Steine mit eingemeißelten Zitaten von ihm. Er habe, so wird ihm mitgeteilt, an einem Werk über das Ende der Welt gearbeitet. Gemäß dem Motto Ovids (»Keinem bleibt seine Gestalt«) befindet sich alles in dieser Welt im Zustand der Verwandlung, auch die Menschen in Tomi verwandeln sich in Tiere oder versteinern. So wie Ovid zu Stein wurde, geht am Ende auch Cotta in dieser mythischen Welt auf.

Entstand in Ovids *Metamorphosen* aus einem anarchischen Weltbeginn die geordnete Welt des Augustus, so versinkt die Realität bei R. auf die anorganische Stufe des Anfangs zurück, sie wird zur sinnentleerten ›letzten Welt‹.

Rezeption: Aufgrund seiner Intertextualität, seiner Referenzssysteme, seiner kunstvollen Konstruktion wurde der Roman über das verschwundene Autor-Subjekt als charakteristisches Werk der Postmoderne hoch gelobt. Der Roman erreichte bis 2007 14 Auflagen.

Weitere Romane: *Die Schrecken des Eises und der Finsternis* (1984), → *Morbus Kitahara* (1995).

1989
Hans Günther Adler

* 2.7.1910 in Prag. Nach dem Studium (Musik-, Literaturwissenschaft) in Prag (Promotion 1935) bis 1941 verschiedene Tätigkeiten im Prager Bildungsbereich, 1941 Zwangsarbeit, 1942 Deportation nach Theresienstadt, 1944 nach Auschwitz und in weitere Arbeitslager. 1945–47 Mitarbeiter des Prager Jüd. Museums, 1947 Emigration nach London, wo er als freier Schriftsteller lebte. † 21.8.1988 in London.

Die unsichtbare Wand

Roman; entst. 1954–61, postum erschienen.

A.s wissenschaftliches und literarisches Werk ist vollständig dem Holocaust gewidmet (→ *Holocaust und Literatur*), um »zu verstehen, was ihm widerfuhr« (F. Kettner). Daran arbeitete er in Dokumentationen (*Theresienstadt 1941–1945*, 1955), Studien (*Der verwaltete Mensch*, 1974), Gedichten und v. a. als Erzähler. Während in *Eine Reise* (1962) und *Panorama* (1968), durchaus eng an A.s Lebensweg angelehnt, die Zeit vor der Deportation und im Lager geschildert wird, setzt sich der Roman *Die unsichtbare Wand* am Beispiel des Prager Gelehrten Artur Landau (Ich-Erzähler) mit dem Überleben nach dem Überleben auseinander: »Überdauert hatte ich, nun mußte ich hindauern.« Landau ist es weder möglich, in Prag zu bleiben, noch findet er in England eine neue Heimat, weil zwischen ihm (dem eigentlich Gestorbenen) und den Menschen, die nichts mehr vom Holocaust wissen wollen, eine Wand steht. Diese Sperre, die auf beiden Seiten deformierend wirkt, überwindet, wie der Romanschluss andeutet, nur die Liebe – freilich nur eine, die auf diejenigen beschränkt bleibt, die dasselbe Schicksal erlitten.

Rezeption: A.s literarisches Werk fand, im Gegensatz zu seinen wissenschaftlichen Arbeiten, bisher kaum Beachtung.

1989
Erich Hackl

* 26.5.1954 in Steyr (Österreich). Nach dem Studium (Hispanistik, Germanistik) 1977–79 Lektor (Universität Madrid), 1979–83 Lehrer in Wien, seit 1983 freier Schriftsteller in Wien.

Abschied von Sidonie

Erzählung. Ein Materialienbuch zur Erzählung erschien 2000.

H.s Werk umfasst Hörspiele, Essays und Erzählungen, in denen es immer wieder um genau recherchierte, authentische Fälle von Unterdrückung geht, die im Zusammenhang mit der Zeit des Faschismus in Österreich und Deutschland sowie den Jahren autoritärer Regimes in Latein- und Südamerika stehen. Der schon klassisch gewordenen Schullektüre *Abschied von Sidonie* liegt der ›Fall‹ des Roma-Mädchens Sidonie zugrunde, das als Findelkind glücklich in einer Steyrer Arbeiterfamilie aufwächst und 1943 von der behördlich angeordneten Rückführung zu ihrer Mutter und damit letztlich von der Deportation nach Auschwitz bedroht wird. H. zeigt die »Bestialität des Anstands« (H.) derer, die Sidonie hätten retten können, während das Mädchen – trotz des Widerstandes der Pflegeeltern – in den Tod abtransportiert wird.

H.s chronikartiger Report, der die Fakten literarisch verdichtet, hält die Erinnerung an das allzu oft vergessene Schicksal der verfolgten ›Zigeuner‹ wach. Ein paralleles Werk schrieb W. Schnurre mit dem Prosatext *Zigeunerballade* (1988).

Rezeption: Die Erzählung hatte einen beispiellosen Erfolg und führte, wenn auch nach vielen Querelen, zu einer Gedenktafel in Steyr. R: K. Brandauer (1990, TV).

Weitere Werke: *Tode* (Hörspiel, 1982), *Blauer Winkel* (Hörspiel, 1985), *Sara und Simón* (Erzählung, 1995), *Die Hochzeit von Auschwitz* (Roman, 2002), *Ausprobieren eines Vaters* (Erzählung, 2004).

1990
Brigitte Kronauer

* 29.12.1940 in Essen. Nach Pädagogikstudium in Köln und Aachen bis 1971 Lehrerin in Aachen und Göttingen; lebt seit 1974 als freie Schriftstellerin in Hamburg. 2005 Büchner-Preis.

Die Frau in den Kissen

Roman.

Der Roman ist der letzte Teil einer Trilogie, die mit *Rita Münster* (1983) und *Berittener Bogenschütze* (1986) begann. Einmal mehr variierte K. hier die in ihrem Romanwerk durchgespielte Konfrontation einer (sensibel registrierenden) Beobachtungsfigur mit einer (scheinbar dominierenden) Alltagsperson. Heraus kam – trotz einer Fülle realistischer Details – kein Abbild von Wirklichkeit, sondern eine Möglichkeitsform von Realität, die von K. als »das grundsätzlich Fiktionale« literarischer Darstellung betrachtet wird. In *Die Frau in den Kissen* teilt sich die Alltagsgestalt in zwei einsame Frauen: Die eine ist eine sterbende alte Frau in einer Großstadtwohnung, die andere eine nicht mehr junge, florentinische Gräfin, die im Schlauchboot mit einem Begleiter in den Selbstmord treibt.

›In den Kissen‹ meint nicht nur einen physischen Zustand im Bett bzw. Boot, sondern steht metaphorisch für den »Segelflug zwischen Tag und Nacht«, den Bewusstseinszustand im Dämmern zwischen Wachsein und Schlaf, Rationalität und Entgrenzung, der auch für die Ich-Erzählerin und ihr Erzähltes gilt. K.s Text, im eigentlichen Sinne kein Roman, ist höchst artifiziell und nicht ohne Anstrengung zu lesen.

Rezeption: K.s Roman mit seiner »Mathematik des sprachlichen Stils« (U. Schweikert) blieb in der Kritik nicht ohne Widerspruch, erreichte aber eine hohe Aufmerksamkeit.

Weitere Romane: *Frau Mühlenbeck im Gehäus* (1980), *Schnurrer* (Geschichten, 1992), → *Teufelsbrück* (2000).

1990
Bodo Kirchhoff

* 6.7.1948 in Hamburg. Nach Studium (Pädagogik, Psychologie, Soziologie) in Frankfurt/Main und Promotion (1978) freier Schriftsteller, lebt in Frankfurt und am Gardasee.

Infanta

Roman.

Mit *Infanta* ging K., der in seinen frühen Prosatexten aus der Perspektive radikal narzisstischer und zugleich von Fremdbestimmung geprägter Ich-Erzähler emotionslos Bewusstseinsprozesse und erotische Körperreaktionen registriert hatte (z. B. *Ohne Eifer, ohne Zorn*, 1979; *Die Einsamkeit der Haut*, 1981; *Zwiefalten*, 1983), zu konventionellerem Erzählen über: In dem philippinischen Dorf Infanta führen fünf alte Priester dem Dressman Kurt Lukas das Dorfmädchen Mayla zu, um an deren ›Liebes‹geschichte eigene (vergangene) Liebeswünsche nachzuleben. Die Inszenierung misslingt, weil die Geschichte sich nicht so fügt, wie von den Priestern gewollt: Kurt verliebt sich wirklich in Mayla, kommt aber bei einem Autounfall ums Leben. Da es jedoch die Priester sind, die die Geschichte erzählen, bleibt auf raffinierte Weise offen, welcher der berichteten Vorgänge der wirkliche ist. Damit ist der Roman zugleich eine Reflexion über das Romanerzählen und die Demonstration, dass Romanerzählen (wieder) möglich ist.

Rezeption: Das Buch war ein internationaler Bestseller (Übers. in mehr als 40 Sprachen).

Weitere Romane: *Der Sandmann* (1992), *Parlando* (2001), *Schundroman* (2002).

1990
Christa Wolf

Biogr.: → 1963

Was bleibt

Erzählung. Begonnen 1979, überarbeitet 1989/90.

Die Ich-Erzählerin, eine Schriftstellerin, die W. stark ähnelt, berichtet von ihrer Überwachung durch den Staatssicherheitsdienst der DDR (Stasi): Zusammengefasst in den Geschehnissen eines einzigen Tages wird dargestellt, wie die Überwachung (Observation von außen, Post- und Telefonkontrolle, heimliche Wohnungsdurchsuchung) Angst und das Gefühl des Ausgeliefertseins auslöst. Die Verstörung führt zu Misstrauen gegenüber Freunden und Nachbarn und bedroht den Lebenswillen. Auf der anderen Seite deutet sich in der Begegnung mit jungen Menschen die Hoffnung an, dass eine jüngere Generation keine zwiespältige Angst vor der Staatsmacht mehr kennt und aus dem Gefühl solidarischen Zusammenstehens Mut zur Selbstbehauptung schöpfen kann.

Der Titel ist zugleich Feststellung und Frage nach dem, was von der sozialistischen Utopie übrig geblieben ist.

Rezeption: Die Erzählung erschien unmittelbar nach der ›Wende‹ und war – ohne Beachtung der literarischen Qualität – Anlass zu einer polemisch geführten Mediendebatte. Darin wurde der Autorin vorgeworfen, dass sie sich als einst preisgekrönte, besonders privilegierte ›Staatsdichterin‹ nun als Opfer der Stasi darstelle und es ihr außerdem an Mut gefehlt habe, sich von den inhumanen Praktiken des DDR-Regimes zu distanzieren. v. a. wurde Anstoß an der Überarbeitung der Aufzeichnungen von 1979 und dem zu späten Zeitpunkt der Veröffentlichung genommen. Der Streit weitete sich schließlich zu einer grundsätzlichen Abrechnung mit der DDR-Literatur und gleichzeitig mit dem größten Teil der westdt. Literatur der letzten drei Jahrzehnte aus: »Es geht nicht um Christa Wolf« (W. Biermann). Der einen wie der anderen Seite wurde ›Gesinnungsästhetik‹ vorgeworfen, d. h. die Vernachlässigung des ›Ästhetischen‹ zugunsten der jeweiligen politischen Tendenz, was – verglichen mit anderen europ. Literaturen – zu einem Qualitätsverlust geführt habe. Ungeklärt blieb letztlich die Frage: Wie politisch darf/soll Literatur sein?

Weitere Werke: *Auf dem Weg nach Tabou* (Prosa, 1994), *Leibhaftig* (Erzählung, 2002), → *Ein Tag im Jahr* (Tagebuch, 2003).

Schriftsteller und deutsche Einheit seit 1989

Bis in die 1960er Jahre hinein verstanden sich viele Schriftsteller als Vertreter eines ungeteilten Deutschland (→ *Schriftsteller und geteiltes Deutschland*) und 45 % der westdeutschen Bevölkerung hielten noch 1965 die deutsche Teilung für das wichtigste politische Problem des Landes. 1978 waren es nur noch 1 %, und auch unter den Schriftstellern dominierte die Ansicht, es sei »eine weise Sache, daß wir zwei Deutschlands haben« (Fr. X. Kroetz, 1986) – Ausnahmen in den 1980er Jahren waren z. B. M. Walser (Essays, Erzählungen), B. Strauß und St. Heym (Essay).

Die überraschende politische Wende 1989, der kurze Prozess der Eingliederung (›Beitritt‹) und der lange Prozess des ›Zusammenwachsens‹ schufen einen Orientierungsbedarf, an dem sich neben Politikern, Meinungsforschern und ehemaligen DDR-Spezialisten auch Schriftsteller abarbeiteten. Von den Schriftstellern, unter denen es nicht wenige gab, die (frei nach B. Brecht und M. Maron) vom ›Volk‹ enttäuscht waren, wurde sogar explizit der gültige ›Wenderoman‹ bzw. der ›deutsche Einheitsroman‹ gefordert – den aber bis heute niemand liefern konnte – (vgl. dazu die Satire *Fritzleben*, 1994, von L. Tilger: Pseudonym). Es gibt sogar die These, »daß ohne die deutsche Vereinigung nahezu die gleichen Texte geschrieben worden wären« (Kl.-M. Bogdal). Im Westen war den meisten Autoren offenbar die »Lust auf Gegenrede und kritisches Engagement« (H. L. Arnold) vergangen, im Osten war man mit sich selbst, dem »Landeskummer« (Th. Rosenlöcher) und dem »Überwachungsentzugssyndrom« (H. Königsdorf) beschäftigt, wofür der Begriff ›Post-DDR-Literatur‹ geprägt wurde.

Was thematisiert werden konnte, waren die anhaltenden PROBLEME, die die faktische Einheit nicht zu beseitigen vermochte bzw. erst schuf: Was ist von der ›alten‹ Bundesrepublik und der DDR geblieben? Wer kooperierte mit der Stasi? Gibt es noch immer eine ›innere Mauer‹: – ›Wessitum‹ versus ›Ostalgie‹? Entsteht eine (neue), durch Literatur beförderte ›Leitkultur‹ der Berliner Republik? Ist die deutsche Literatur seit 1989/90 im europäischen Kontext bedeutungsloser geworden? Wie diese offenen Fragen unterschiedlich beantwortet wurden, hat Kl. Pohl in seinem Stück → *Wartesaal Deutschland StimmenReich* (1995) dargestellt, bis hin zur Feststellung: »Im Grund hat sich nischt geändert. Bloß das gesellschaftliche System.«

WICHTIGE WERKE seit 1989, die sich mit dem Thema der deutschen Einheit befassen: PROSA: Chr. Hein: *Kein Seeweg nach Indien* (1990); St. Heym: *Auf Sand gebaut* (1990); Th. Rosenlöcher: *Die verkauften Pflastersteine. Dresdener Tagebuch* (1990), *Die Wiederentdeckung des Gehens beim Wandern* (1991); Chr. Wolf: → *Was bleibt* (1990); F. C. Delius: → *Die Birnen von Ribbeck* (1991); M. Maron: → *Stille Zeile sechs* (1991); K. Drawert: *Spiegelland* (1992); H. Königsdorf: *Im Schatten des Regenbogens* (1993); Br. Burmeister: → *Unter dem Namen Norma* (1994); Fr. R. Fries: *Die Nonnen von Bratislava* (1994); H. Kant: *Kormoran* (1994); I. Liebmann: *In Berlin* (1994); Th. Brussig: → *Helden wie wir* (1995), *Am kürzeren Ende der Sonnenallee* (1999), *Wie es leuchtet* (2004); V. Braun: *Der Wendehals* (1995); G. Grass: → *Ein weites Feld* (1995); Th. Hettche: *Nox* (1995); R. Jirgl: → *Abschied von den Feinden* (1995); E. Loest: → *Nikolaikirche* (1995), *Als wir in den Westen kamen* (1997); J. Sparschuh: *Der Zimmerspringbrunnen* (1995); Th. Becker: *Schönes Deutschland* (1996); M. Biskupek: *Der Quotensachse* (1996); I. Schramm: *Fitchers Blau* (1996); I. Schulze: → *Simple Storys* (1998); W. Hilbig: → *Das Provisorium* (1999); R. Kuczynski: *Mauerblume* (1999); J. Lottmann: *Deutsche Einheit* (1999); Chr. Hein: *Willenbrock* (2000). DRAMEN: H. Achternbusch: *Auf verlorenem Posten* (1991); Kl. Pohl: *Karate-Billi kehrt zurück* (1991), → *Wartesaal Deutschland StimmenReich* (1995); H. Mueller: *Doppeldeutsch* (1991); B. Strauß: *Schlußchor* (1991); V. Braun: *Iphigenie in Freiheit* (1992); R. Hochhuth: *Wessis in Weimar* (1993); R. Goetz: *1989* (1993); Chr. Hein: *Randow* (1994); Fr. X. Kroetz: *Ich bin das Volk* (1994); J. Becker: *Wir sind auch nur ein Volk* (Drehbuch zur TV-Serie, 1994/95). ESSAYS: W. Biermann: *Das wars* (1990); H. M. Enzensberger: *Gangarten* (1990); G. Grass: *Schreiben nach Auschwitz* (1990), *Ein Schnäppchen namens DDR* (1990); H. Königsdorf: *Adieu DDR* (1990); M. Walser: *Deutsche Sorgen* (1993); Chr. Wolf: *Auf dem Weg nach Tabou* (1994); Kl. Schlesinger: *Von der Schwierigkeit Westler zu werden* (1997).

1991
Friedrich Christian Delius

* 13.2.1943 in Rom. 1963–70 Studium (Germanistik) in Berlin, Promotion 1970, bis 1973 Lektor im Wagenbach-Verlag, 1973–78 im Rotbuch-Verlag, seitdem freier Schriftsteller; lebt in Berlin und Rom.

Die Birnen von Ribbeck

Erzählung.

Ribbeck: Das ist das Dorf aus Th. Fontanes Gedicht *Herr von Ribbeck auf Ribbeck im Havelland* (1889), in dem der gütige Gutsherr noch aus dem über dem Grab gewachsenen Birnbaum den Dorfkindern süße Birnen spendet. D. schildert, wie nach dem Fall der DDR westdeutsche Touristen das Dorf besetzen, lärmend die Wiedervereinigung feiern und eigenmächtig den Birnbaum neu pflanzen wollen. Dieser Vorfall bietet die Gelegenheit, eine kritische Rückschau auf die dörfliche (deutsche) Geschichte der ›Besetzungen‹ durch Adlige, Nazis, Kommunisten und nun Wessis zu halten.

Der Clou: Die Erzählung (79 S.n) besteht aus einem einzigen Satz (in vielen Absätzen), gesprochen von einem Ribbecker Dorfbewohner, der mit seiner Länge zugleich die ungebrochene Kontinuität von Herrschaft demonstriert, die der Einheitsseligkeit von 1990 widerspricht (→ *Schriftsteller und deutsche Einheit seit 1989*).

D. hat seit den 1960er Jahren als engagierter Autor eine literarische Zeitkritik der Bundesrepublik vorgelegt, die man an den Daten ›1968‹ (Protestbewegung), ›1977‹ (Innere Sicherheit) und ›1990‹ (deutsche Einheit) festschreiben kann, mit dem Anspruch: »Nicht die Moral treibt mich an den Schreibtisch, sondern die Leidenschaft für die Sprache.«

Rezeption: Die Erzählung gilt als einer der originellsten Beiträge zum Thema Wiedervereinigung und trug D. 2004 den Fontane-Preis ein. 🎧 UA: 3.10.1992.

Weitere Werke: *Himmelfahrt eines Staatsfeindes* (Roman, 1992), → *Der Sonntag, an dem ich Weltmeister wurde* (Erzählung, 1994).

1991
Monika Maron

Biogr.: → 1981

Stille Zeile sechs

Roman.

M. wusste wovon sie schrieb: Als Stieftochter des DDR-Innenministers Maron (1955–63) kennt sie den Blick von innen auf die Macht bzw. ins Innere der Macht. Ihr Roman spielt in der Mitte der 1980er Jahr in der DDR. Rosalind Polkowski (Ich-Erzählerin), eine Historikerin, die ihren Beruf aus Protest gegen ideologische Gängelung aufgegeben hat, arbeitet als Schreib-

kraft für den pensionierten Professor und Parteifunktionär Beerenbaum, der ihr in seiner Pankower Wohnung (Adresse: Stille Zeile 6) seine Memoiren diktiert. Beerenbaum hat nicht nur eine typisch kommunistische Vita (Arbeiterkind, verfolgter Antifaschist, linientreuer Kommunist in der stalinistischen DDR, der zum Verfolger wird), er denkt auch im Alter noch so wie zu Ulbrichts Zeiten. Die Erzählerin, die sich zunächst innerlich heraushalten will, sträubt sich daher immer mehr gegen ihre (Mit-)Arbeit, bespricht sich mit Freunden und gerät schließlich in eine heftige Auseinandersetzung mit Beerenbaum (in dem sie zudem ihren Vater wiedererkennt), die über eine Herzattacke letztlich zu dessen Tod führt.
Die Geschichte wird im Rückblick vom Tag der Beerdigung aus erzählt, einerseits geprägt von Schuldgefühlen Rosalinds, andererseits ist sie im Durcharbeiten des Geschehens auch eine Befreiung davon. In dieser sensiblen Verschränkung liegt die Leistung des Romans, der damit auch ein – wenn auch skeptischer – Beitrag zur Bewältigung der Wende von 1989/90 für die Menschen in der DDR ist.
Rezeption: Der Roman wurde 1992 mit dem Kleist-Preis ausgezeichnet.
Weitere Romane: *Animal triste* (1996), *Endmoränen* (2002), *Ach Glück* (2007).

1991
Martin Walser

Biogr.: → 1957

Die Verteidigung der Kindheit

Roman.
Der Luftangriff auf Dresden (13./14.2.1945) beendete abrupt eine glückliche Kindheit, die der Protagonist Alfred Dorn, geboren 1929, seitdem gegen ein unglückliches Weiterleben ›verteidigt‹. Aus politischen Gründen in der DDR gescheitert, im Westen trotz einigermaßen gelingender Karriere als Jurist nicht recht ankommend, fixiert auf die geschiedene Mutter, wird er im Laufe der Jahre zu einem Sonderling und Projektemacher, der 1987 Selbstmord begeht. Dorns nicht verwirklichtes Vorhaben, seine Kindheit durch Zusammentragen aller erhaltenen Dokumente wie in einem Museum zu bewahren, ist in seiner Vergeblichkeit für W. Ausdruck eines Leidens an deutscher Geschichte vor und nach 1945. Dorn wird dabei als wenig respektiertes Opfer gezeichnet: unschuldiges Kind im NS-Staat, traumatisierter Leidtragender des Bombenkrieges, »Identifikationsnotstand« (I. Scheitler) durch die deutsche Teilung, konfrontiert mit dem Schuldvorwurf ›Auschwitz‹.
W. setzte mit diesem Roman den mit *Dorle und Wolf* (1987) und *Jagd* (1988) sowie dem Essay *Über Deutschland reden* (1988) begonnenen Versuch einer nationalen Identitätskonstruktion (gegen deren ›Störung‹ durch den Holo-

caust) fort, indem er die Deutschen als Opfer ihrer eigenen Geschichte darstellte (→ *Schriftsteller und deutsche Einheit seit 1989*).

Rezeption: Der Roman stand 1992 auf der Bestsellerliste ganz oben und wurde von der Kritik – einhellig, wie selten bei W. – als meisterhafter Zeitroman gefeiert. ⦣ (Auszüge): Suhrkamp (1991).

Weitere Romane: *Ohne einander* (1993), *Finks Krieg* (1996), → *Ein springender Brunnen* (1998).

1992
Ruth Klüger

* 31.10.1931 in Wien. Nach Deportation (Theresienstadt 1942–44, Auschwitz 1944 und Christianstadt 1944/45) sowie Schulbesuch in Straubing (1945–47) Auswanderung nach New York; Studium (Bibliothekswissenschaft bis 1952; Germanistik in Berkeley, Promotion 1967), 1980–86 Professorin in Princeton, danach in Irvine (Kalifornien) sowie seit 1988 Gastprofessorin in Göttingen.

weiter leben

UT: *Eine Jugend*

Autobiogr. Die engl. Fassung *Still Alive* (2004) ist gegenüber der dt. eine Neufassung.

K.s Bericht gehört zu den erst ganz spät erschienenen Büchern von Überlebenden des Holocaust (→ *Holocaust und Literatur*). Geschildert wird nicht nur die Kindheit in Wien und das Überleben in den Lagern, sondern auch das Weiterleben in Deutschland bis 1947 und danach in den USA.

Die erzählerische Gestaltung dieser Autobiographie, die von Auschwitz gezeichnet bleibt, lässt den Text zu einem literarischen Dokument werden. Das Buch ist ein Bericht, der nach einem beinahe tödlichen Verkehrsunfall in Göttingen (1989) im Bewusstsein der seit 1945 vergangenen bzw. nicht vergangenen Geschichte geschrieben ist. Es ist insofern Ausdruck einer Differenz von Erzählzeit und erzählter Zeit, wobei die Konturen des zugleich unorthodox jüdischen und (wegen der immer noch nicht bewältigten Vergangenheit) deutschland-kritischen Gegenwartsbildes fast mehr betont werden als die Lagerzeit. So kommt es, dass K. »das Gespräch mit den Deutschen nicht durch das Vorgaukeln einer möglichen Symbiose sucht, sondern eine Annäherung einzig über Abgrenzung versucht« (I. Heidelberger-Leonhard). Nicht zuletzt ist der Bericht auch eine kritische Auseinandersetzung mit der vorhandenen Holocaust-Literatur und -Forschung aus feministischer Sicht. Auf heftigen Widerspruch stieß K.s These, dass es in den Frauenlagern »im Durchschnitt weniger brutal zuging« als in den Männerlagern.

Rezeption: Das Buch erreichte bis 2005 13 Auflagen (über 200 000 Exemplare) und wurde in viele Sprachen übersetzt. ⦣ *Weiter Leben – Eine Jugend* (Der Hörverlag, o.J.).

1992
Herta Müller

* 17.8.1953 in Nitzkydorf (Rumänien). 1973–76 Studium (Germanistik, Romanistik) in Temesvár, danach Lehrerin und Übersetzerin. 1987 Ausreise in die Bundesrepublik, lebt als freie Schriftstellerin in Berlin.

Der Fuchs war damals schon der Jäger

Roman.

1989, kurz vor dem Ende des Ceauçescu-Regimes in Rumänien, setzt das Romangeschehen ein, in dessen Mittelpunkt die Lehrerin Adina steht: Überwacht und bedroht vom Geheimdienst, findet sie nach jeder heimlichen Durchsuchung ihrer Wohnung ein Fuchsfell weiter zerschnitten vor – Demonstration der Macht des Staates nicht nur über den Einzelnen, sondern auch über eine Gruppe von Laienmusikern, der Adina angehört. Als der Geheimdienst immer brutaler vorgeht, flüchtet sie. Nach der erfolgreichen Revolution muss sie jedoch feststellen, dass die neuen Machthaber sich kaum von den alten unterscheiden: Der Fuchs bleibt der Jäger. Am Ende wirft Adina ihren Fuchs in den Fluss – Zeichen des Aufbruchs in eine, wie sie hofft, angstfreie Zukunft in einem anderen Land.

M.s Roman ist geschrieben aus der Erinnerung an die bedrückende Erfahrung von Gewalt, Angst und Todesgefahr durch das menschenverachtende Regime Ceauçescus und zugleich ein Plädoyer für ein selbstbestimmtes Leben ohne Bedrohung. M. zeigt zudem, wie schon zuvor in den Erzählungen *Niederungen* (1982), dass neben den Auswirkungen der Diktatur auch der starre Traditionalismus und die rigide Gruppenmoral der deutschen Minderheit an der Unterdrückung mitschuldig sind.

Rezeption: M. zählt, nach P. Celan, R. Ausländer, O. Pastior und Fr. Hodjak, die alle Rumänien verließen, zu den bedeutenden Vertretern der dt.-rum., der ›fünften dt. Literatur‹. Der Roman wurde in viele europ. Sprachen übersetzt. ■ *Der Fuchs der Jäger* (R: St. Gulea, 1992).

Weitere Romane: *Reisende auf einem Bein* (1989), *Herztier* (1994), *Heute wäre ich mir lieber nicht begegnet* (1997); *Die blassen Herren mit den Mokkatassen* (Gedichte/Collagen, 2005).

1992
Hanns-Josef Ortheil

* 5.11.1951 in Köln. Bis 1976 Studium (Musik- und Literaturwissenschaft, Promotion) in Mainz, 1976–88 Assistent an der Universität Mainz, seit 1988 freier Schriftsteller in Stuttgart, seit 2003 Professor für kreatives Schreiben (Universität Hildesheim).

Abschied von den Kriegsteilnehmern

Roman.

Nach der Wende von 1989/90 war viel von Abschied die Rede: Bei soviel Anfang sollte endlich verabschiedet werden, was schon öfter zuvor als beendet erklärt worden war – die Nachkriegszeit, nun auch ›alte Bundesrepublik‹ genannt. Wenn O. von ›Kriegsteilnehmern‹ spricht, meint er nicht nur die (deutschen) Soldaten, sondern alle (Zivilisten, Kinder, Juden und ausländische ›Kriegsteilnehmer‹), die der Krieg bis tief in den Nachkrieg hinein verletzte. Sein stark autobiographisch geprägter Abschied ist eine Auseinandersetzung mit dem toten Vater, der am Krieg im Osten nur als Soldat teilgenommen und weder von Auschwitz noch von Kriegsverbrechen etwas gehört haben wollte. Der Sohn löst sich von ihm ab, indem er eine Reise westwärts durch die USA unternimmt, sich auf der Rückreise in Key West auch von seiner literarischen Vaterfigur E. Hemingway verabschiedet und im Sommer 1989 gerade rechtzeitig in Prag eintrifft, wo sich mit der Flucht der DDR-Bürger das Ende der DDR abzeichnet. Wenn am Ende der Sohn in einer symbolischen Gebärde den Vater (und die im Krieg getöteten Brüder) gegen den Flüchtlingsstrom nach Osten schleppt, um sie dort zu begraben, ist die psychische Ablösung der Trauerarbeit vollzogen. Damit soll – in der Kritik nicht unwidersprochen – zugleich ein gesellschaftlicher Aufbruch symbolisiert werden.

Rezeption: Für sein Gesamtwerk erhielt O. 2002 den Th.-Mann-Preis.

Weitere Romane: *Hecke* (Erzählung, 1983), *Schwerenöter* (1987), *Blauer Weg* (Aufzeichnungen, 1996), *Die große Liebe* (2003), *Das Verlangen nach Liebe* (2007).

1992
Robert Schindel

* 4.4.1944 in Bad Hall. Sch. überlebte als Kind jüd. Kommunisten unter falschem Namen in einem NS-Kinderheim; nach abgebrochener Buchhandelslehre in der KPÖ aktiv, 1967–74 politisch engagiertes Studium (Philosophie) in Wien, danach Bibliothekar und Nachtredakteur, seit 1986 freier Schriftsteller in Wien.

Gebürtig

Roman.

Sch. gehört seit den 1980er Jahren zu jenen deutschsprachigen Autor(innen), die sich als Nachgeborene des Holocaust ausdrücklich zu ihrer jüdischen Identität bekannten und diese als Grundantrieb ihres Schreibens begriffen (→ *Deutschsprachige jüdische Literatur der Zweiten Generation*): Er sei Jude v. a. durch Hitler, »da kann ich noch so sehr Österreicher, besser gesagt, Wiener sein.« Als Lyriker, Filmemacher und Erzähler hat Sch. diesem besonderen ›Gebürtigsein‹ Ausdruck verliehen; in *Gebürtig* hat er es explizit zum Thema gemacht: Um die Hauptfigur, den Lektor Danny Demant (biographisch an Sch. angelehnter Ich-Erzähler), gruppieren sich, in verschachtelter Handlung (Roman im Roman) und aus mehreren Perspektiven erzählt, Lebensläufe verschiedener jüdischer und nicht-jüdischer Personen aus Deutschland und Österreich (KZ-Überlebende, Emigranten, Nachgeborene von Kommunisten und Nazis). Aus deren Berührung, eingebettet in die Wiener Kulturszene um 1986, geht letztlich die bittere Erkenntnis hervor, dass ihre Lebenswelten aufgrund von Hitler und Holocaust bis heute getrennt und sogar die Figuren, wie es im Roman heißt, »sich selbst fremd sind, jeder an seiner Statt.«

Rezeption: Der sehr erfolgreiche Roman wurde auch ins Engl., Hebr. und Poln. übersetzt. 🎬 *Gebirtig* (R: L. Stepanik, 2002). ✎ Skarabaeus (2005).

Weitere Werke: *Die Nacht der Harlekine* (Erzählungen, 1994), *Fremd bei mir selbst* (Gedichte, 2004).

1992
Robert Schneider

* 16.6.1961 in Bregenz. 1981–86 Studium (Komposition, Kunst- und Theaterwissenschaft, abgebrochen) in Wien, seit 1986 freier Schriftsteller; lebt in Meschach (Vorarlberg) und New York.

Schlafes Bruder

Roman.

Ein (allwissender) Chronist erzählt: Der 1803 geborene Bauernsohn Johannes Elias Adler im vorarlbergischen Dorf Eschbach besaß neben seinen gelben Augen ein ungewöhnliches Hörvermögen. Er konnte bis in die Tiefen der (an)organischen Natur hören und den Herzschlag der noch ungeborenen Cousine Elsbeth vernehmen, in die er sich verliebte. Sein musikalisches Talent ließ ihn zum Dorforganisten werden und schließlich siegte er in einem Wettbewerb mit einer Variation über Bachs Choral *Kömm, o Tod du Schlafes Bruder*. Um Gott zu zwingen, dass die inzwischen verheiratete Elsbeth endlich seine Liebe erwiderte, beschloss er, nicht mehr zu schlafen und starb am achten Tag.

Der sensationell erfolgreiche Roman, zunächst von mehr als 20 Verlagen abgelehnt, ist lesbar »als bäuerliche Dorfgeschichte, als Liebesgeschichte, als Geschichte eines verkannten Genies, als Schilderung eines Irrsinns, als biblische Paraphrase, als mystische Chronik, als christliches Märtyrerdrama oder als Parabel von der Macht der Musik« (H. Gehle). Er ist in dieser Mischung ein ›postmoderner‹ Roman (→ *Unterhaltungsliteratur seit 1950*). Diesem 1. Teil der sog. *Rheintalischen Trilogie* ließ Sch. *Die Luftgängerin* (1998) und *Die Unberührten* (2000) folgen.

Rezeption: Bis 2006 hatte der Roman eine Auflage von mehr als 1 Million erreicht und mehr als 20 Übers.n. ♫ H. Willi (Oper, UA: 29.4.1996). 🎬 R: J. Vilsmaier (1995).
Weitere Romane: *Dreck* (Schauspiel, 1993), *Schatten* (2002), *Kristus* (2004), *Die Offenbarung* (2007).

1992
Winfried Georg Sebald

* 18.5.1944 in Wertach (Allgäu). 1963–66 Studium (Germanistik, Promotion 1973) in Freiburg und der frz. Schweiz, 1966–70 Lektor an der University of Manchester, ab 1970 Dozent, ab 1988 Professor in Norwich. † 14.12.2001 in Norwich (Verkehrsunfall).

Die Ausgewanderten

Erzählungen.
In vier Berichten schildert ein Ich-Erzähler (der viele Ähnlichkeiten mit S. hat, ohne identisch mit ihm zu sein) Begegnungen mit Menschen, die ›Ausgewanderte‹ waren, d. h. mit Menschen, die ihre Heimat verlassen mussten und den Tod fanden. Die Erzählungen sind mit Abbildungen illustriert und haben jeweils ein (zunächst kryptisches) Motto. Das (an ein Hölderlin-Gedicht angelehnte) interpunktionslose Motto der ersten Erzählung (*Dr. Henry Selwyn*) kann in seiner Ambivalenz auch für den ganzen Band gelten: »Zerstöret das Letzte die Erinnerung nicht« – es kann als Gebot (Bewahrt die Erinnerung!), aber auch als Frage (Wird die Erinnerung am Ende nicht zerstört?) gelesen werden. Auf mehreren, in sich verschränkten Ebenen behandeln die vier Erzählungen diese Sorge: Dr. Selwyn verbarg mit der Auswanderung seine jüdische Identität, doch sie kehrt ebenso wieder, wie nach 72 Jahren die Leiche seines jugendlichen Freundes im Schweizer Gletscher. In *Paul Bereyter* lässt sich die in der ›Heimat‹ heimatlose Titelfigur (ein »Dreiviertelarier«), dessen Mutter und Freundin in Auschwitz ermordet wurden, von einer Eisenbahn überrollen, weil er die Verdrängung der Vergangenheit nicht mehr ertragen kann. Ähnlich ergeht es in *Ambros Adelwarth* dem jüdischen Großonkel, der als arrivierter Butler ausbricht und in eine Heilanstalt geht, um seine quälenden Erinnerungen auszulöschen. In *Max Aurach* leidet der Maler Aurach, der seine Porträts nicht vollenden kann, daran, dass er als Holocaust-Überlebender nicht vergessen kann und doch vergessen muss, um weiterleben zu können.
S.s Ich-Erzähler ist sich seiner indirekten Zugehörigkeit zum Täter-Kollektiv bewusst. Seine Aufdeckungsarbeit des Verdrängten ist zugleich eine Selbstaufklärung, die ein aufmerksames Lesen erfordert – aus Achtung vor der Opfer-Perspektive, der der Autor eine Stimme gibt (→ *Holocaust und Literatur*).

Rezeption: Mit diesem Erzählungsbd. begann S.s Aufstieg zum viel beachteten Gegenwartsautor. ☊ *Max Aurach* (UA: 20.5.1994). ✎ *Max Ferber oder Die Ausgewanderten* (o. Verlag, 2000).
Weitere Erzählprosa: *Nach der Natur* (Prosagedicht, 1988), *Schwindel. Gefühle* (1990), *Die Ringe des Saturn* (1995), → *Austerlitz* (2001).

1993
Adolf Muschg

Biogr.: → 1974

Der Rote Ritter

UT: *Eine Geschichte von Parzival*

Roman. Die Aufsatzslg. *Herr, was fehlt Euch* (1994) enthält Beobachtungen und Anmerkungen zu Wolframs *Parzival* und zum eigenen Roman.
M. legte seinem Roman die Geschichte des Gralsuchers Parzival zugrunde, ein Stoff aus dem Kreis der → *Artus-Epik*, der im Mittelalter von Chrétien de Troyes (1181–88) und Wolfram von Eschenbach im → *Parzival* (1200–10) gestaltet wurde. M. hielt sich an die Darstellung Wolframs und übernahm auch Elemente aus dessen *Titurel* (1210–20); der Roman bietet aber weder eine Nacherzählung noch eine in die Moderne übertragene Version. Er deutet die Geschichte Parzivals vielmehr in einer literarischen Form, die es erst seit dem Ende des 18. Jh. gibt: als Entwicklungsroman (→ *Bildungsroman*). Wechselnd zwischen Mittelalter und Neuzeit schildert er dazu Parzivals Weg zu Anfortas aus der Perspektive des heutigen Erzählers, der, oft ironisch, das Verhalten des Protagonisten und das Handlungsgeschehen kommentiert: Parzival entwächst der geschlossenen ritterlichen Welt und ihren Normen, die Artusrunde hat sich – darin, so M., nicht unähnlich den gegenwärtigen westlichen Gesellschaften – überholt. Der Gral wird damit zum Symbol einer neuen Sittlichkeit, die in der Bereitschaft zur Übernahme sozialer Verantwortung und Verpflichtung besteht: »Parzival wird zum Bürgerkönig« (M. Dierks).
Weitere Romane: *Sutters Glück* (2001), *Das gefangene Lächeln* (Erzählung, 2002), *Eikan, du bist spät* (2005).

1993
Uwe Timm

* 30.3.1940 in Hamburg. Nach einer Kürschnerlehre 1966–71 Studium (Philosophie, Germanistik, Promotion 1971) in München und Paris. 1972–82 Mithg. der *AutorenEdition*; lebt als freier Schriftsteller in München.

Die Entdeckung der Currywurst

Novelle.

T. lässt einen ungenannten Erzähler berichten, wie er die ehemalige Besitzerin eines Hamburger Imbissstandes, Lena Brücker, in einem Altersheim trifft. Diese berichtet ihm von ihrem Schicksal und ihrer ›Entdeckung der Currywurst‹: Am 1. Mai 1945 habe sie sich in den desertierten Soldaten Bremer verliebt, ihn versteckt, ihm zunächst das Kriegsende verheimlicht, ihn aber dennoch nicht zurückzuhalten vermocht, von ihm jedoch erfahren, was Curry ist. 1947 habe sie eine Imbissbude auf dem Großneumarkt eröffnet und durch einen Sturz auf der Treppe zufällig die Rezeptur für die Currywurst entdeckt.

T. gelingt es, Lebensbedingungen und Atmosphäre kurz vor Ende des Krieges und in der unmittelbaren Nachkriegszeit im zerstörten Hamburg anschaulich darzustellen. Die Novelle zeigt eine Frau, die es schafft, in schwieriger Zeit ihren Anspruch auf Selbstbestimmung und Glück zu verwirklichen. So ist der Erzähler am Ende beeindruckt von der Kraft, »die es diese Frau gekostet hatte, ihr Leben zu leben und dabei ihre Würde zu wahren.«

Rezeption: Die Novelle ist T.s bekanntestes Werk und wurde zu einer verbreiteten Schullektüre. ➘ Der Hörverlag (1996).

Weitere Romane: *Heißer Sommer* (1974), *Morenga* (1978), *Kerbels Flucht* (1980), *Am Beispiel meines Bruders* (Bericht, 2003), *Der Freund und der Fremde* (Erzählung, 2005).

1993–2005
Walter Kempowski

Biogr.: → 1971

Das Echolot

UT: *Ein kollektives Tagebuch. Januar und Februar 1943*

K. ergänzte das vorliegende Werk (4 Bde., 1.1.–28.2.1943) 1999 durch: *Das Echolot. Fuga furiosa. Ein kollektives Tagebuch. Winter 1945* (4 Bde., 12.1.–14.2.1945), 2002 durch *Das Echolot. Barbarossa '41. Ein kollektives Tagebuch* (1 Bd., Ende Juni/Juli, 3 Wochen im Dezember 1941) sowie 2005 durch *Abgesang '45* (1 Bd., 5 Tage im April/Mai 1945). Den Abschluss bildet: *Culpa. Notizen zum Echolot* (2005).

Das monumentale Werk, eine »Lebensarbeit« (K.), entstand aus der jahrzehntelangen Tätigkeit K.s als Sammler und Archivar von Tagebüchern, Briefen, Fotosammlungen, Lebensberichten (aufgehoben in dem für Deutschland einzigartigen, 1980 von K. gegründeten Archiv von Lebenszeugnissen). Es stellt eine »große, eine reiche, eine gedankenreiche Gedenkstätte« (J. Drews) der Epoche dar. K. veröffentlichte in allen Teilen private und öffentliche Dokumente, er zitierte für jeden Tag des angegebenen Zeitraums Politiker, Wissenschaftler, Militärs, Schriftsteller usw., v. a. aber ließ er in Erlebnisberichten, Tagebuchaufzeichnungen, Briefen und Notaten Soldaten, KZ-Insassen, Hausfrauen, Kinder und Kriegsgefangene zu

Wort kommen, weil er seine Aufgabe besonders darin sah, »die Stummen zum Reden zu bringen.« Dabei enthielt er sich jeden Kommentars; der Leser wird einzig durch Auswahl und Anordnung der (ungekürzten) Textteile der betreffenden Tage geführt, die durch »Zwischentexte« verbunden und durch ein Motto eingeleitet werden.

Der Krieg wirkt in diesen Zeugnissen wie eine elementare Katastrophe und erscheint in der Gesamtheit der zahllosen Stimmen von fern betrachtet wie A. Altendorfs Gemälde *Alexanderschlacht* von 1528/29 (auf das K. im Vorwort verweist). Aus den Nahberichten der Einzelzeugen entsteht jedoch der Eindruck eines »Ozeans der Tränen und Lügen, der Illusionen und Gemeinheiten, der Hoffnungen und Niederlagen« (W. Schütte).

Rezeption: Das monumentale Werk gilt als einzigartige Aufarbeitung des Zweiten Weltkriegs.

Weitere Werke: *Hundstage* (Roman, 1988), *Sirius* (Tagebuch, 1990), *Heile Welt* (Roman, 1998), *Alkor. Tagebuch 1989* (Tagebuch, 2001), *Letzte Grüße* (Roman, 2003), *Hamit. Tagebuch 1900* (2006), *Alles umsonst* (Roman, 2006).

1994
Brigitte Burmeister

* 25.9.1940 in Posen. 1959 Arbeit in einer Maschinenfabrik, 1960–65 Studium (Romanistik, Promotion 1973) in Leipzig. 1967–82 wissenschaftliche Mitarbeiterin an der Akademie der Wissenschaften in Berlin (DDR), seit 1983 freie Schriftstellerin, lebt in Berlin.

Unter dem Namen Norma

Roman.

Die 49-jährige Marianne Arends (Ich-Erzählerin) lebt 1992 als Übersetzerin in einem Ostberliner Hinterhof, faktisch getrennt von ihrem Mann, der im Westen sein berufliches Glück versucht. Während eines kurzen Besuchs bei ihm, der sie mit seiner raschen Anpassung an den neuen Lebensstil befremdet, bricht sie mit ihm, indem sie sich selbst (zu Unrecht) – unter dem Namen Norma – als frühere Informelle Mitarbeiterin (IM) der Staatsicherheit denunziert, was ihr Mann ihr aber glaubt. Sie empfindet ihre Lüge als eine ›Wahrheit‹, mit der sie die tiefsitzenden Vorurteile gegen Ostdeutsche aufdecken will. Zurückgekehrt nach Ostberlin spürt Marianne nun erst, wie sehr sie mit den Menschen in ihrem Viertel, ihren Verwicklungen in der DDR-Vergangenheit und ihren Hoffnungen nach der Wende verbunden ist. Sie schließt sich enger an ihre emanzipierte Freundin Norma und den jungen Liebhaber Max an, der in der Bürgerbewegung aktiv ist.

B. zeichnet ein genaues, nicht in ›Ostalgie‹ verfallendes Bild der komplizierten Bewusstseinslage im Osten nach der Wende, indem sie durch die Figurenperspektive einerseits Nähe, andererseits aber auch eine Distanz andeutet. Damit gibt sie dem Leser auf, die rätselhafte psychische Disposition der Protagonistin zu begreifen.

Rezeption: Der Roman machte B. im Westen der Bundesrepublik bekannt. Die Kritik begriff den Roman, der Perspektive der Protagonistin folgend, zumeist als negativen ›Wenderoman‹.

Weitere Werke: *Herbstfeste* (Erzählungen, 1995), *Pollok und die Attentäterin* (Roman, 1999).

1994
Friedrich Christian Delius

Biogr.: → 1991

Der Sonntag, an dem ich Weltmeister wurde

Erzählung.

Am Sonntag, dem 4. Juli 1954, wurde Deutschland zum ersten Mal Fußballweltmeister. D. beschreibt diesen einen Tag, den er als 11-jähriger Pfarrerssohn im hessischen Dorf Wehrda erlebte, als einen Wendepunkt in seinem Leben. Einerseits sind da die dröhnenden Glocken und der vom Herrgott predigende Vater, andererseits das Stadiongeschrei und der Radioreporter, der vom Fußballgott Turek spricht. Nicht die Wiederaufrichtung eines nationalen Selbstbewusstseins, die der überraschende Fußballsieg markierte, ist D.' Thema (wenngleich angedeutet), sondern die befreiende Ahnung des von strenger Erziehung eingeschüchterten Jungen vor dem Radio, dass es ein angstfreies Leben jenseits der von eisernen Regeln beherrschten Vaterwelt gibt. Mit dem fünfmaligen »Aus!« beim Spielschluss sieht der junge Weltmeister den »Schimmer eines Auswegs« und sich selbst »bereit, mich in jede Richtung zu wenden außer zurück zum Haus, aus dem ich gelaufen war.«

In der Erzählung *Amerikahaus und der Tanz um die Frauen* (1997) setzte D. die Schilderung seines schwierigen Emanzipationsprozesses vom protestantischen Pfarrhaus in der Gestalt des 1966 in Berlin studierenden Martin fort.

Weitere Geschichten über Fußball: L. Harig, R. Wolf, J. Fauser, Franzobel, J. Roth, Th. Brussig.

Weitere Erzählungen: *Der Spaziergang von Rostock nach Syrakus* (1995), *Die Flatterzunge* (1999), *Mein Jahr als Mörder* (Roman, 2004), *Bildnis der Mutter als junge Frau* (2006).

1994
Durs Grünbein

* 9.10.1962 in Dresden. 1984–87 Studium (Theaterwissenschaft, abgebrochen) in Berlin (DDR), seitdem freier Schriftsteller, lebt in Berlin. 1995 Büchner-Preis.

Von der üblen Seite

UT: *Gedichte 1988–1991*

ED: 1994.

G. war der erste Autor aus der DDR, der nach 1989 (durchaus überraschend) den Büchner-Preis erhielt – freilich war er in der DDR so gut wie unbekannt, da sein lyrisches Debüt (*Grauzone morgens*, 1988) nur im Westen erschienen war. Einer jüngeren Lyriker-Generation zugehörig, war er am aktuellen politischen Status der DDR kaum interessiert, sondern ein Kritiker jener ›Graulandschaft‹, als die sich ihm die erstarrende (post)moderne Gegenwart in Ost und West schlechthin darstellte. Diesem Ansatz, den die Sammlung *Von der üblen Seite* spiegelt, blieben auch die nachfolgenden Gedichtbände verpflichtet (*Schädelbasislektion*, 1991; *Falten und Fallen*, 1994). In ihnen verstärkt sich jedoch die antipolitische Tendenz, das lyrische Wort als ästhetische Gegenwelt aufzubauen, die sich ihrer seit der Antike andauernden Formgeschichte bewusst ist und dem Vergessen trotzt, wobei melancholische Töne zunehmen (z. B. *Nach den Satiren*, 1999; *Erklärte Nacht*, 2002).

Indem D. seine Poetik mit begleitenden Essays auch theoretisch zu begründen vermag, tritt er als ein scharfsinniger ›poeta doctus‹ auf, der »dem jungen Enzensberger vergleichbar […] gewagte Metaphern und Allegorien nicht scheuend, diskursive Argumentation in bildhaften Gedankenkomplexen vorführt« (H. Korte).

Rezeption: Neben vielen anderen Preisen erhielt G. den Berliner Literaturpreis für die »meisterhafte Sprach- und Versbehandlung seiner Lyrik«, die in mehrere Sprachen übersetzt wurde. ✎ *Das Ohr in der Uhr* (Der Hörverlag, 2001), *Lyrik Zwei* (zusammen mit T. Brunke, A. Strickland; Der Hörverlag, 2002), *Durs Grünbein liest in der Augusteerhalle der Herzog August Bibliothek* (Harrassowitz, 2005), *Strophen für übermorgen* (Der Hörverlag, 2008).

Weiteres Werk: *Vom Schnee oder Descartes in Deutschland* (Erzählgedicht, 2003), *Gedichte* (2006).

1994

Peter Handke

Biogr.: → 1968

Mein Jahr in der Niemandsbucht

UT: *Ein Märchen aus den neuen Zeiten*

Roman.

Gregor Keuschnig, Protagonist in H.s Roman *Die Stunde der wahren Empfindung* (1975), hier Alter Ego H.s, beschreibt ein Jahr seines Lebens als Schriftsteller in der ›Niemandsbucht‹, einem kleinen Ort nahe Paris. H. selbst bezeichnete den Roman als ›Märchen‹ (Keuschnig lebt im Jahr 1997, also 3 Jahre nach Erscheinen des Romans, in denen z. B. in Deutschland ein »Binnenblitzkrieg« und bei Paris ein Vulkanausbruch stattgefunden haben soll), um zu verdeutlichen, dass es ihm allein um Fiktion ging. Er will, wie er später feststellte, als Dichter »kein Realist« sein, sondern die Welt »erzählen, so wie ich sie sehe, fühle und vor allem träume.« Aus diesem Grund besteht der Roman aus Beobachtungen, Erinnerungen und aus Überlegungen zum dichterischen Erzählen (auch dieses Romans) und insofern ist er »die Geschichte, wie Peter Handke zum Dichter wurde« (J. Busche). Keuschnig geht es dabei »um das Erzählen von Vorgängen, die schon das Ganze [seien]: das Strömen eines Flusses, das Fallen des Regens, der Wind in den Kiefern.«

Auch H.s eigenes Erzählen zielt »auf eine Hinterwelt im besseren Sinne, wie eine Hinterglasmalerei«, eine Welt, die sich nicht »nacherzählen« lasse wie die reale Welt, sondern nur schreibend »vorerzählen«, d. h. eine »Gegenwelt, die nicht unbedingt der tagtäglichen widerspricht, aber sie beleuchtet« (H.). So steht im Zentrum des Romans H.s Suche nach dem wahren Erzählen – in der Kritik einerseits gedeutet als weiterer Beweis für seine Realitätsflucht, andererseits für seine Verbindung zur romantischen Idee der ›Universalpoesie‹.

Rezeption: Der Roman überraschte nicht nur wegen seiner Länge von mehr als 1000 S.n (Großdruck), sondern auch wegen der polarisierten Kritik: Die Urteile reichten von »miserable Literatur« (M. Reich-Ranicki) bis zu »Ein Meisterwerk« (V. Hage).

Weitere Werke: *In einer dunklen Nacht ging ich aus meinem stillen Haus* (Roman, 1997), *Gestern unterwegs. Aufzeichnungen November 1987 bis Juli 1990* (2005), *Kali* (Erzählung, 2007), *Die morawische Nacht* (2008).

1994
Botho Strauß

Biogr.: → 1976

Wohnen, Dämmern, Lügen

Prosatext.

Der Text enthält 37 Erzählsequenzen unterschiedlicher Länge und erzählerischer Durchformung (Bemerkung, essayistische Reflexion, Anekdote, Parabel, kurze Geschichte), wobei der Gesamttext demonstriert, dass sich für St. weder eine ›große‹ zusammenhängende Geschichte erzählen lässt noch es den einen, das ›Ganze‹ überblickenden Erzähler geben kann. Stattdessen bietet er Scherben eines ›Ganzen‹ und fiktive Stimmen eines Gemurmels. Der Titel bezeichnet einerseits konkrete Orte (›Wohnen‹), Zustände (›Dämmern‹) und Arten (›Lügen‹) gesellschaftlicher Kommunikation, andererseits einen Verfallsprozess, in dem die ›sekundäre‹ Bewusstseinswelt der modernen Gegenwart durch den Einbruch eines »dunklen, vorzeitlichen Verhaltens« (St.), das sowohl als etwas Atavistisches als auch als etwas

›Heiliges‹ gilt, aufgestört wird. Auf diese Weise imaginiert St. Alltagsfiguren (mit ihren Alltagsproblemen und in ihrem Missverhältnis zu sich selbst) als mythische Figuren und drückt diese Transformation in sprachlich artifizieller Weise (Metaphern, hoher Ton) aus.

Die letzte Sequenz, die Schimpfkanonade eines mit sich selbst entzweiten Mannes, wiederholt als Rollenprosa die ›Thesen‹, die St.' wegen seiner konservativen Aufklärungskritik höchst umstrittener Essay *Anschwellender Bocksgesang* (1993) formuliert hatte. Diese merkwürdige Doppelung zeigt einmal mehr, wie der Essayist-Erzähler St. seine sich wandelnden Ansichten, die er 1989 unter das Motto »Zurück ins Nicht-Verstehen« gestellt hatte, zugleich als Bekenntnis simulieren wie als Simulation bekennen kann: »Sie wollen sich indiskutabel« (A. Muschg).

Rezeption: Die Kritik reagierte äußerst zwiespältig: »verqueres Kunstwollen« (G. Seibt), »Marmor-Sprache« (I. Radisch), angemessene Wahl des »hohen Stils« (G. Ueding).

Weitere Werke: *Ithaka* (Schauspiel, 1996), → *Die Fehler des Kopisten* (Prosatext, 1997).

Digitale Literatur

Seit es den Mikrocomputer für den Privatgebrauch (ab Mitte der 1980er Jahre) und das für die Öffentlichkeit freigegebene Internet mit dem World Wide Web (WWW, seit Anfang der 1990er Jahre) gibt, hat sich eine spezielle Literatur entwickelt, die diese neuen technischen Voraussetzungen zur Grundlage hat. Sie wird – nach anfänglichen terminologischen Schwierigkeiten – mit dem Oberbegriff ›Digitale Literatur‹ bezeichnet und abgegrenzt gegen konventionelle Texte, deren übliche Präsentation der Druck auf Papier ist und die lediglich zum Zwecke des schnelleren Zugriffs digitalisiert und über digitale Medien (mobile Datenträger, Netz) verbreitet werden, obwohl sich schon diese ›digitalisierte Literatur‹ trotz ihrer Konventionalität inzwischen zu einem neuartigen Faktor im literarischen Leben entwickelt hat: Autoren verfügen über eine ›Homepage‹ (auf der sie sich selbst z. B. via Tagebuch präsentieren und Proben ihrer im Entstehen begriffenen Werke geben); Werke mit freiem Copyright (70 Jahre nach dem Tod des Verfassers) können aus dem Internet oder von Datenträgern abgerufen und auf neuartige Weise ›genutzt‹ werden; sog. E-Books (d. i. ein Leseapparat für Digitaltexte) und v. a. Hörbücher erlangen allmählich größere Marktanteile.

Dieser digitalisierten Literatur, oft verkürzt als ›Literatur im Netz‹ bezeichnet, wird eine spezifische ›Netzliteratur‹ gegenübergestellt, die von Anfang an digital codiert ist und nur im Netz mit entsprechender Hard- und Software funktioniert, d. h. auch die Produktion und Rezeption auf digi-

talen Datenträgern außerhalb des Netzes ausschließt. Das Spektrum dieser auf dem Bildschirm präsentierten Webliteratur ist groß und kaum auf einen Nenner zu bringen, wenn sie – nach R. Simanowski – alles umfasst, was im Netz, für das Netz, über das Netz und durch das Netz thematisiert wird. Ein wichtiges, netzspezifisches Kennzeichen ist das Angebot zur INTERAKTIVITÄT. So gibt es z. B. auf öffentlich zugänglichen Internet-Plattformen direkte Formen literarischer Kommunikation (Literaturcafés, Schreibwettbewerbe, Mitschreibprojekte, Wandertexte, Chats). Ein weiteres Kennzeichen digitaler Texte ist die Fähigkeit zur NICHT-LINEARITÄT (›Hypertext‹): Dabei geht es um die Möglichkeit, über Verweise (Links) verschiedene Textblöcke, aber auch andere Medien (Grafik, Ton, Animation usw.) intern oder extern miteinander zu vernetzen und damit INTERTEXTUALITÄT und MULTIMEDIALITÄT (›Hyperfiction‹, ›Hypermedia‹) zu erlangen, wie sie ein nicht-digitaler Text wegen seiner linearen Struktur nicht erreichen kann.
Diese Kennzeichen betreffen die auf dem Bildschirm sichtbare Seite digitaler Texte, die aber lediglich eine ›Übersetzung‹ jenes unsichtbaren binären ›Quelltextes‹ in der Sprache des Computers ist (z. B. HTML, JavaScript), den der Autor als expliziter Verfasser digitaler Literatur programmieren muss (›INSZENIERUNG‹). Der Doppeltext-Charakter digitaler Literatur hat neue Fragen aufgeworfen: Kann man noch (wie bisher) von einem ›AUTOR‹ als Urheber und Produzent von Bedeutung sprechen, gibt es einen neuen, eher stärkeren Autortyp (›Initiator‹, ›Designer‹, ›Editor‹) oder ist von einer »Verdopplung des Autorbegriffs« (S. Winko) auszugehen? Verändert sich der LESER von einem passiven Rezipienten zu einem Co-Autor bzw. ›Wreader‹ (›writer‹ & ›reader‹)? Reicht angesichts dieser Lage das überkommene Urheberrecht noch aus?
So klar es ist, dass die digitale Literatur bis jetzt noch kaum einen relevanten Status im Literaturbetrieb erlangt hat, weil die große Mehrzahl der Autoren den Übertritt in diese Textwelt nicht vollzieht, so ist doch kaum zu bestreiten, dass von ihrer Existenz fruchtbare Impulse für die ›Buchliteratur‹ ausgingen und weiterhin ausgehen werden. LITERARISCHE PROJEKTE, die im Internet entstanden sind (z.T. später aber auch gedruckt wurden): I. Trojanow: *Autopol* (1997), R. Goetz: → *Abfall für alle* (1998/99), Th. Hettche: *Null* (2000), G. Grigat: *23:40* (2001), E. Jelinek: *Neid* (2007f.). HYPERFICTIONS/-MEDIA: S. Berkenheger: *Zeit für die Bombe* (1997), Cl. Klinger: *Beim Bäcker* (1997), U. Hentschläger: *Fernwärme* (2001).

1995
Marcel Beyer

* 23.11.1965 in Tailfingen (Württemberg). Nach dem Studium (Germanistik, Anglistik) in Siegen Redakteur (1988–94) und freier Mitarbeiter; lebte bis 1996 in Köln, seitdem in Dresden.

Flughunde

Roman.

Der Roman hat zwei Ich-Erzähler. Der eine ist der Tontechniker Karnau, der im Zweiten Weltkrieg ein Spezialist für Lautsprecherübertragungen bei Führerreden war, dann Tonaufnahmen bei grausamen Menschenexperimenten zur Erforschung der ›arischen‹ Stimme durchführte und schließlich als Wachmann im Berliner Führerbunker 1945 die letzten Stunden der (namentlich nicht genannten) Familie Goebbels erlebte und in Tonaufnahmen mitschnitt. Die andere Stimme gehört Helga, der 8-jährigen Goebbels-Tochter. Beide Berichte sind streng perspektivisch: Der Technokrat Karnau offenbart in seiner emotionslosen Sachorientierung, wie der NS-Apparat glatt funktionieren konnte. Dass er nach 1945 untertauchen konnte und 1992 dabei ist, als die Aufnahmen aus dem Bunker wiederentdeckt werden, ist ein Hinweis auf die Fortexistenz solcher Handlanger. Helga dagegen, obwohl als Kind ohne Durchblick, ist hellwach und ahnt, dass der Familie Unheil bevorsteht.

Der Kontrast dieser ›privaten‹ Perspektiven, das ungewöhnliche Aussparen der Opfer-Perspektive und einer kommentierenden (politischen) Bewertung ex post (im Wissen des nachgeborenen Autors um textexterne Kenntnisse) sowie die Mischung aus genauer historischer Recherche und fiktionaler Ausformung lassen den Roman, der einen aktiven Leser erfordert, zu einer lakonischen Vergegenwärtigung der NS-Zeit werden. Der Titel stellt eine Analogie zwischen den sich akustisch orientierenden Fledermäusen und dem an Akustik (nicht aber an Inhalten) interessierten Nazi-Diener her.

Rezeption: Der sehr erfolgreiche Roman wurde in mehrere Sprachen übersetzt.
Weitere Werke: *Menschenfleisch* (Roman, 1991), *Falsches Futter* (Gedichte, 1997), *Spione* (Roman, 2000), *Erdkunde* (Gedichte, 2002), *Kaltenburg* (Roman, 2008).

1995
Thomas Brussig

* 19.12.1965 in Berlin (DDR). Nach verschiedenen Tätigkeiten 1990–95 Studium (Soziologie, Dramaturgie; abgebrochen) in Berlin; seitdem freier Schriftsteller, lebt in Berlin.

Helden wie wir

Roman.

In sieben Gesprächsaufnahmen schildert der Ich-Erzähler Klaus Uhlzscht einem US-Reporter sein Leben. Es ist die Geschichte einer sehr kleinen Leuchte in der DDR: dumpfes Elternhaus in Ostberlin, an seinem zu kleinen Penis leidender Jugendlicher, Versager und Aufschneider in einem, der bei der Stasi unterkommt und diese mit verrückten Ideen versorgt, Honecker mit einer Bluttransfusion das Leben rettet und zugleich lähmt, so dass dieser 1989 nichts gegen das protestierende Volk unternimmt. Am Ende, so behauptet Uhlzscht, habe er mit seinem durch eine Operation aufgeschwollenen Penis die verblüfften Grenzer dazu gebracht, die Grenztore zu öffnen: Er sei der Held gewesen, der die Mauer zu Fall gebracht habe.

Dieses groteske Schelmenroman ironisiert den Mythos vom heldenhaften Volk in der DDR und unterläuft mit seinem provozierenden Blick von ganz unten und dem gnadenlosen Verlachen von Idealen jegliche Einheitsduselei ebenso wie die nach 1990 aufkommende ›Ostalgie‹. Der Roman will nicht gerecht sein, sondern verlangt eine Wandlung, deren Voraussetzung Uhlzscht so formuliert: »Ich weiß, daß wir Ostdeutschen uns und der Welt noch eine Debatte schuldig sind.«

Rezeption: Der von der Kritik überaus positiv bewertete und recht erfolgreiche Roman wurde auch dramatisiert und verfilmt. R: P. Dehler (UA: 27.4.1996 in Berlin). R: S. Peterson (1999). ROOF MUSIC (2001).

Weitere Romane: *Am kürzeren Ende der Sonnenallee* (1999), *Wie es leuchtet* (2004).

1995
Günter Grass

Biogr.: → 1959

Ein weites Feld

Roman.

Im Mittelpunkt des handlungsarmen Romans, der von Dezember 1989 bis Oktober 1991 überwiegend in Berlin spielt, steht Theo Wuttke, eine Reinkarnation Fontanes, auf den schon der Romantitel verweist: eine gern verwendete, jedes Urteil vermeidende Wendung des alten Briest in → *Effi Briest* (1894/95). Fontane ist nicht nur das Idol Wuttkes – Wuttke ist ein mit dessen Lebensumständen und Werken vertrauter Wiedergänger Fontanes (im Roman Fonty genannt), wenn auch nicht als Schriftsteller, sondern als ehemaliger Archivar und Aktenbote in der DDR, später als Mitarbeiter der Treuhand. Ihm zur Seite steht eine weitere Kunstfigur, nämlich die Fortführung des ewigen Spitzels Hoftaller aus H. J. Schädlichs Roman → *Tallhover* (1986).

In der Wahrnehmung der politischen Gegenwart durch Fontane/Wuttke und Tallhover/Hoftaller, deren Erlebnis- und Erfahrungsbereich bis in die Vormärzzeit zurückreicht, bietet G. die Möglichkeit, in der Vermischung von Gegenwart und Vergangenheit (»Vergegenkunft«) auf 200 Jahre deutsche Geschichte zurückzublicken. Diese bestehe v. a. in der Wiederholung des bereits Erlebten, im Positiven wie im Negativen (z. B. Reichsgründung 1871/ Wiedervereinigung 1989/90). Damit ist das Buch alles andere als ein ›Wiedervereinigungsroman‹. Relativiert werden die Urteile über die ehemalige DDR und die Kritik an der Wende 1989/90 durch das Eingeständnis des ›Erzählerkollektivs‹, dass das protokollartige Erfassen der Gespräche Fontys und Hoftallers vielfach durch Annahmen und Vermutungen ergänzt wurde (»Die Wahrheit ist ein weites Feld«).

Rezeption: Trotz (oder auch wegen) scharfer Verrisse erreichte der Roman innerhalb eines Jahres eine Auflage von 320 000 Exemplaren. ✎ Steidl (2006).

Weitere Werke: *Mein Jahrhundert* (Geschichten, 1999), →*Im Krebsgang* (Novelle, 2002).

1995
Josef Haslinger

* 5.7.1955 in Zwettl (Niederösterreich). Nach dem Studium (Germanistik, Theaterwissenschaft u. a., Promotion 1980) in Wien ab 1980 Lehrbeauftragter an verschiedenen Universitäten und Essayist, seit 1996 Professor am dt. Literaturinstitut in Leipzig.

Opernball

Roman.

Der Roman schildert einen fiktiven Giftgasanschlag auf den Wiener Opernball, bei dem Hunderte von Menschen vor laufenden Kameras sterben. Der Aufnahmeleiter des übertragenden Privatsenders verliert bei dem Attentat seinen Sohn und beginnt nachzuforschen, wie und warum es zu dem terroristischen Anschlag kam. Sein Bericht, in dem er auch kritisch auf sein Leben als Kriegsreporter zurückblickt, ist verflochten mit Interviews von verschiedenen Zeugen, die jeweils ihre subjektive Sicht auf die Tat, die Attentäter und den Sohn mitteilen. Dabei entsteht ein polyperspektivisch differenziertes Bild einer modernen Großstadt und ihrer Menschen, deren Saturiertheit von Gewalt durchzogen ist: Gewalt in den privaten Beziehungen und in der korrupten Politik, strukturelle Gewalt, Polizei- und Mediengewalt sowie rechtsextreme terroristische Gewalt, die den Anschlag verübte.

Der Roman ist die Simulation einer Dokumentation, die (inzwischen) zeigt, dass die Wirklichkeit die Fiktion längst überholt hat.

Rezeption: Der Roman war ein Bestseller (bis 1998 200 000 Exemplare). 🎬 R: U. Egger (1997).

Weitere Werke: *Das Vaterspiel* (Roman, 2000), *Zugvögel* (Erzählungen, 2006).

1995
Elfriede Jelinek

Biogr.: → 1983

Die Kinder der Toten

Roman(essay).

Als eine »Gespenstergeschichte zur österreichischen Identität« und ihr »opus magnum« charakterisierte J. diesen Roman, der einmal mehr (vgl. den Roman *Die Ausgesperrten*, 1980, sowie die Stücke *Totenauberg*, 1991; *Stecken, Stab und Stangl*, 1997) wie in einer Summe die Folgen der hartnäckig verdrängten Nazi-Vergangenheit thematisiert. Die ›Kinder der Toten‹ aus der NS-Zeit sind nicht verwandte Nachgeborene des Holocaust, sondern (Un-)Tote der jelinesk gezeichneten österreichischen Gegenwart: Eine examensunfähige Philosophie-Studentin, ein zweitklassiger Skisportler und eine muttergeschädigte Sekretärin, versammelt in einer trauten Alpenpension, stehen mit ihren eigenen Versehrtheiten und weiteren, von ihnen figurierten Formen des Nicht-Leben-Könnens für eine Welt, die eigentlich tot ist: Sie spielt sich im Stile einer beschwichtigenden Unterhaltungskultur auf groteske Weise eine Trauer vor, die sie für die in Auschwitz Ermordeten gar nicht empfindet bzw. verleugnet. Dem entspricht J.s provozierende sprachliche Formgebung, die die Sprache zu einer ›Wiedergängerin‹ des herrschenden Jargons macht, in dem sie »aus vorhandenen Redematerialien das letzte Blut heraussaugt« (B. v. Matt). Trauer kommt auch nicht auf, als am Ende die Pension von einer gewaltigen Mure symbolkräftig verschüttet wird.

Rezeption: Thema Auschwitz, Autorin J. und 666 S.n Umfang: So viel Schwieriges vereint überforderte die literarische Tageskritik.
Weiteres Werk: → *Ein Sportstück* (Schauspiel, 1998).

1995
Reinhard Jirgl

* 16.1.1953 in Berlin (DDR). Nach einer Lehre als Elektromechaniker 1971–75 Studium (Elektronik) in Berlin, danach Ingenieur und 1978–96 Beleuchter an der Berliner Volksbühne; seit 1996 freier Schriftsteller, lebt in Berlin.

Abschied von den Feinden

Roman.

Zwei zerstrittene Brüder kämpfen um eine Frau, die aber einen anderen heiratet, der sie bald betrügt und sie in eine Heilanstalt abschieben will – sie endet als Prostituierte durch Selbstmord. Im Verlaufe des Romans zeigt sich, dass dieses Geschehen eine Wiederholung ist: Der Vater der Brüder, ein SS-Mann, hatte, um im Westen unterzutauchen, die Mutter nach 1945 im Osten zurückgelassen, wo diese in der Psychiatrie und die Brüder bei Adoptiveltern landeten.

J. spiegelt die Auflösung des ›Dritten Reichs‹ im Ende der DDR, den Vater im älteren Bruder, die Mutter in der Geliebten. Er sieht in der Geschichte eine düstere Wiederholung von Gewalt und Menschenverachtung, ohne Hoffnung und utopische Perspektive – auch nicht für den Prozess der deutschen Vereinigung. Erzähltechnisch ist der Roman von komplexer Struktur: Es dominiert die (einander widersprechende) Sicht der Brüder; die erzählte Wirklichkeit könnte auch eine imaginierte sein. Hinzu kommen eine eigenwillige, an A. Schmidt anknüpfende Orthographie (z. B. 4 Varianten für ›und‹: u, u:, &, +), eine Interpunktion mit festgelegter Spezialbedeutung sowie »Metapherngebirge« (G. Seibt). Insgesamt: ein schwieriger, ausgetüftelter Roman über von Grund auf beschädigte Verhältnisse, der seine Fortsetzung in *Hundsnächte* (1997) fand.

Rezeption: J. erhielt 1993 für den noch unveröffentlichten Roman den A.-Döblin-Preis.

Weitere Romane: *Die atlantische Mauer* (2000), *Die Unvollendeten* (2003), *Abtrünnig* (2005).

1995
Erich Loest

Biogr.: → 1984

Nikolaikirche

Roman.

Gestützt auf detaillierte Recherchen schrieb L., der bis 1981 in Leipzig gelebt hatte, mit diesem Roman die Geschichte der Wende, des Endes der DDR 1989, dargestellt am Beispiel einer Leipziger Familie und der aus den sog. Montagsdemonstrationen in der Leipziger Nikolaikirche hervorgegangenen Bewegung. Auf der einen Seite steht die sozialistische Tradition in Gestalt des übermächtigen, 1988 gestorbenen Vaters Albert und seines Sohnes Alexander, die als General der Volkspolizei bzw. Hauptmann der Staatssicherheit die Staatsmacht repräsentieren, auf der anderen Seite die Tochter Astrid, eine Stadtplanerin, die sich nach mehreren Konflikten vom System abkehrt und der Friedensbewegung anschließt.

L. zeichnete ein differenziertes, historisch fundiertes Bild des Zusammenbruchs, spannend und in den Alltagsszenen lebendig erzählt. Damit bewies er beispielhaft, dass Schriftsteller unverzichtbar für die Deutung jüngster Zeitgeschichte sind.

Rezeption: Der Roman war ein Bestseller. Die Stadt Leipzig ernannte L. zum Ehrenbürger. 🎬 R: Fr. Beyer (1995).

Weitere Romane: *Reichsgericht* (2001), *Sommergewitter* (2005).

1995
Robert Menasse

⋆ 21.6.1954 in Wien. Nach dem Studium (Germanistik, Philosophie, Politik) in Wien, Salzburg und Messina 1980 Promotion. 1981–89 Lektor an der Universität von São Paulo, seitdem freier Schriftsteller, lebt in Wien.

Schubumkehr

Roman.

Der Roman bildet den Abschluss der »Trilogie der Entgeisterung«, die mit *Sinnliche Gewißheit* (1988) und *Selige Zeiten, brüchige Welt* (1991) begann. Der Protagonist dieser Er-Erzählung, Roman genannt, ist seines Lebens in São Paulo überdrüssig und kehrt daher im Herbst 1989 zu seiner frisch wieder verheirateten Mutter auf einen niederösterreichischen Öko-Bauernhof zurück. Während er auch hier weiter ziellos herumhängt, entwickeln sich die – parallel erzählten – Dinge im Dorf wie in der Familie zum Schlimmen: Alle Maßnahmen zur Verbesserung der Verhältnisse erweisen sich als vergeblich. Am Ende fließt Blut und die ratlose Kriminalpolizei muss aufklären.

Die Erzählinstanz gibt kaum Aufschluss, sicher ist nur, dass nichts gewiss ist. Der Titel ist metaphorisch: So wie die Flugzeugturbinen zum Bremsen von Antrieb auf Schubumkehr gestellt werden, werden im Roman individuelle Identitätsbildung und gesellschaftlicher Fortschritt zum Stillstand gebracht.

Rezeption: Die Kritik lobte das Werk als »österreichischen Wenderoman« (A. Breitenstein). M. erhielt dafür 1999 den Grimmelshausen-Preis.

Weitere Romane: *Die Vertreibung aus der Hölle* (2002), *Don Juan de la Mancha* (2007).

1995
Klaus Pohl

⋆ 30.3.1952 in Rothenburg ob der Tauber. 1973–74 Schauspieler-Ausbildung in Berlin, danach Schauspieler (u. a. in Hamburg, Zürich, Köln) und Theaterautor; lebt in Wien und seit 1992 auch in New York.

Wartesaal Deutschland StimmenReich

UT: *Ein Heimatabend*. UT der BA: *Eine Studie über den Charakter der Deutschen*

Schauspiel. UA: 28. 10. 1995 in Berlin. BA: 1995.

Aus 23 Interviews, die P. 1994 mit Bürgern in Ost- und Westdeutschland zu ihrer Befindlichkeit im wiedervereinigten Deutschland gemacht und im *SPIEGEL* veröffentlicht hatte, formte er ein Theaterstück, in dem über 20 Personen (gespielt von 5 Schauspielern) in Monologen zu Wort kommen. Die Figuren haben zumeist keinen Namen, sondern stehen exemplarisch für verschiedene soziale Schichten und Milieus: Es entsteht ein ›stimmenreiches‹ Deutschlandbild im O-Ton, vom Autor nicht kommentiert, aber –

wie im → *Dokumentartheater* üblich – durch Auswahl und Montage strukturiert.

P.s Befund ist pessimistisch und gänzlich unpatriotisch, so wie es auch schon seine früheren Stücke, insbesondere die sehr erfolgreiche Deutschland-Trilogie (*Das Alte Land*, 1984; *Die schöne Fremde*, 1991; *Karate-Billi kehrt zurück*, 1991), waren. Das Geschick des Theaterautors P., mit seinen Themen immer auf der Höhe der Zeit zu sein, ist dabei zugleich sein Problem: Immer dem neuesten Skandal nachjagend, überarbeitet er seine Stücke ständig, die eigentlich ein einziges in aktuellen Variationen sind.

Rezeption: Die Stimmencollage verärgerte viele, die statt O-Ton ein Dichter-Wort erwarteten.

Weitere Schauspiele: *Das Deutschland-Gefühl* (1999), *Der Anatom* (2005).

1995
Christoph Ransmayr

Biogr.: → 1988

Morbus Kitahara

Roman.

Deutschland/Österreich im Jahre 1970 (nach dem Zweiten Weltkrieg von den Siegern als Strafe für ihre Verbrechen durch radikale Demontage der Industrie in einen steinzeitlichen Kulturzustand zurückversetzt): In dem Dorf Moor im Hochgebirge, unter den Nazis ein KZ, leben unter Aufsicht der amerikanischen Besatzer die drei Protagonisten des Romans: Ambras, ehemaliger KZ-Häftling, physisch und psychisch zerbrochen, jetzt Betriebsleiter des Steinbruchs und »Hundekönig«, da er wilde Hunde bezwingt, Bering, geboren in den letzten Kriegstagen, der die Sprache der Vögel versteht, und Lily, Tochter eines gelynchten ehemaligen KZ-Schergen, eine schießwütige Schwarzhändlerin. Alle drei sind gezeichnet durch das KZ und zeigen, dass »die Vergangenheit noch lange nicht vergangen« ist (R.). Den Folgen können sie auch durch Auswanderung nicht entgehen: Die beiden Männer kommen zu Tode, Lilys Schicksal bleibt ungewiss.

So stilisiert wie seine Sprache ist R.s Darstellung der Welt und der handelnden Personen: Es handelt sich um die extreme Gegenwelt zum real erfolgten Wiederaufbau und wiedererreichten Wohlstand in Mitteleuropa. Für die Menschen gibt es hier keine Hoffnung; die über sie verhängte Strafe der Rückversetzung ist ohne therapeutische Wirkung und die Zukunft so trübe, wie das Blickfeld des an Morbus Kitahara (Netzhauttrübung) Erkrankten. So bleibt nur die finstere Vision einer anderen, dem Bewusstsein verdeckten, nur durch den Mythos vermittelbaren Wirklichkeit oder eines vom Menschen selbst erzeugten Untergangs der Welt.

Rezeption: In der Kritik wurden Phantasie und ›Sprachmagie‹ R.s gelobt, aber auch auf seine Neigung zum Artifiziellen und seine Fasziniertheit durch das Dunkel-Morbide hingewiesen.
Weiterer Roman: *Der fliegende Berg* (2006).

1995
Bernhard Schlink

* 6.7.1944 in Großdornberg bei Bielefeld. Nach Jurastudium in Berlin und Heidelberg (bis 1968), Promotion (1975) und Habilitation (1981) Professor für Öffentliches Recht in Bonn (1982–91), seit 1992 in Berlin sowie Verfassungsrichter in Nordrhein-Westfalen (seit 1988).

Der Vorleser

Roman.
Der Erzähler, der 50-jährige Michael Berg, schildert rückblickend, wie er sich als 15-jähriger Gymnasiast in die 20 Jahre ältere Straßenbahnschaffnerin Hanna Schmitz verliebte. Vor der Liebe, darauf bestand sie, musste Michael ihr vorlesen. Eines Tages jedoch war sie spurlos verschwunden. Als 22-jähriger Jurastudent begegnete der Erzähler ihr dann 1966 in einem Prozess wieder, in dem sie als ehemalige KZ-Aufseherin angeklagt war. Aus der ungeschickten Art ihrer Verteidigung schloss Berg, dass sie Analphabetin war, was sie zeitlebens, auch im Prozess, aus Scham verborgen hatte. Er besuchte die zu lebenslanger Haft Verurteilte nicht, schickte ihr aber von ihm besprochene Tonbänder mit Werken der Weltliteratur zu. Nach 18 Jahren Haft begnadigt, hat Hanna sich einen Tag vor ihrer Entlassung das Leben genommen.
Dem Erzähler gelingt es zunächst nicht, die einstige Geliebte und die schuldbeladene ehemalige KZ-Wärterin miteinander zu vereinen. Er kann sie deswegen nicht, was er möchte, verurteilen, obwohl er sich durch seine einstige Liebesbeziehung selbst schuldig fühlt. So stellt erst der Roman die Reflexion über die »Entstehung von Schuld auf der einen und der Grenze von Schuld und Unschuld auf der anderen Seite« (M. Löhndorf) dar. Kritisiert wurde, dass Sch. durch die Darstellung Hannas (als Opfer) und das sie entlastende Motiv des Analphabetismus eine unangemessene ›Entsorgung‹ ihrer Schuld ermöglicht habe.
Rezeption: Der Roman ist neben G. Grass' → *Die Blechtrommel* (1959) der größte Bestseller der dt. Nachkriegsliteratur, v. a. im Ausland (übersetzt in 27 Sprachen). 🎬 R: St. Daldry (2008).
Weitere Werke: *Liebesfluchten* (Erzählungen, 2000), *Die Heimkehr* (Roman, 2006), *Das Wochenende* (Roman, 2008).

Pop-Literatur

Der NAME ›Pop-Literatur‹ ist eine Analogiebildung zu ›Pop-Musik‹ bzw. ›Pop-Art‹ – Begriffe, die sich auf ›popular art‹ beziehen und die – ausgehend von den USA (z. B. ›Beat-Generation‹, A. Warhol, T. Wolfe, Ch. Bukowski) – ab den 1960er Jahren gebräuchlich wurden. Pop-Literatur will nicht für Eliten da sein und bricht mit den Traditionen überlieferter Kunstproduktion und -rezeption (»Cross the Border – Close the Gap!«, L. Fiedler), richtet sich aber auch gegen die verbreiteten Formen von Trivialliteratur, obwohl sie an jene (sprachlichen) Formen anknüpft, die jedermann aus seinem Alltag kennt: die Sprache der Massenunterhaltung, der Werbung und des Kommerzes. Wie die neuere Unterhaltungsliteratur (→ *Unterhaltungsliteratur seit 1950*) passt sie daher nicht in das Schema von E- und U-Literatur.

Als ANTI-HOCHKUNST und GEGENKULTUR hat Pop-Literatur Wurzeln im → *Dadaismus* und Surrealismus, teilweise auch in der sprachexperimentellen Dichtung (→ *Konkrete Poesie*), verfügt heute jedoch über ein breiteres, in sich durchaus WIDERSPRÜCHLICHES SPEKTRUM: Sie strebt einerseits stärker nicht-provozierende Massenverständlichkeit an und nähert sich andererseits in ihrer Unangepasstheit dem Underground und Protest; sie synthetisiert, sampelt und parodiert Gattungs- und Stilformen von Musik, Film, Fotografie, Comic, Mode, Chat und Lifestyle zu einer ›Literatur light‹, kann aber aufgrund ihrer multimedialen Komplexität durchaus auch ›schwierig‹ sein; sie ist sowohl hermetisch (für Fans) als auch offen für jedermann. Letzteres gilt v. a. für die neuartige Form von Dichterlesungen, die seit 1986 (in den USA) und 1994 (in Deutschland) unter dem Namen ›POETRY SLAM‹ als öffentlicher Wettbewerb ausgetragen werden: Jeder kann mitmachen, kreative Performance ist angesagt, das Publikum ist die Jury.

Pop-Literatur war – wie v. a. auch die Pop-Musik – ursprünglich Teil einer JUGENDKULTUR im Protest gegen die Erwachsenenwelt, ist seit den 1980er/90er Jahren aber auch Ausdruck eines ANTI-PROTESTS bzw. ›TRENDIGEN‹ ZEITGEISTS, der sich »im wesentlichen über Produktionskonsum vermittel[t]« (St. Beuse) und sich deshalb alle 10 Jahre selbst überbieten muss, wobei mediale Selbstinszenierung immer wichtiger wird (z. B. P. Handke, 1966; R. Goetz, 1983; J. Bessing 1999). Auf diese Weise ist Pop-Literatur immer auch KULTLITERATUR für eine Durchgangsphase solcher Autoren wie Leser, die gern ›Gas geben‹ – daher immer wieder aktuell, in und out, sowohl affirmativ als auch subversiv durch Affirmation (D. Diederichsen).

WICHTIGE WERKE: P. Chotjewitz: *Die Insel* (Roman, 1968); R. D. Brinkmann: *ACID* (Anthologie, herausgegeben mit R.-R. Rygulla 1969), *westwärts 1 & 2* (Gedichte, 1975), *Rom, Blicke* (Prosa, 1979); P. Handke: *Die Innenwelt des Außenwelt der Innenwelt* (1969); W. Wondratschek: *Früher begann der Tag mit einer Schußwunde* (Prosa, 1969), *Chucks Zimmer* (Gedichte, 1974); E. Jelinek: *wir sind lockvögel, baby!* (Roman, 1970); B. Vesper: → *Die Reise* (Romanessay, 1977); J. Fauser: *Rohstoff* (Roman, 1984);

R. Goetz: *1989* (1993), *Rave* (Roman, 1998); Chr. Kracht: *Faserland* (Roman, 1995), *1979* (Roman, 2001); F. Zaimoglu: *Kanak Sprak* (Prosa, 1995); M. Hartges/A. Neumeister (Hg.): *Poetry! Slam* (Anthologie, 1996); E. Stahl (Hg.): *German Trash* (Anthologie , 1996), *Peewee rocks* (Roman, 1997); E. Naters: *Königinnen* (Roman, 1998); A. Neumeister: *Gut laut* (Roman, 1998); B. Stuckradt-Barre: *Soloalbum* (Roman, 1998), *Remix* (Prosa, 1999/2004); Th. Meinecke: *Tomboy* (Roman, 1998); J. Bessing (Hg.): *Tristesse Royal* (Roman, 1999; 2001 als Theaterstück); B. Lebert: *Crazy* (Roman, 1999); Wl. Kaminer: *Russendisko* (Erzählungen, 2000); K. Röggla: *Irres Wetter* (Prosa, 2000); M. Goldt: *Der Krapfen auf dem Sims* (Prosa, 2001).

1996
Heiner Müller

Biogr.: → 1957

Germania 3 Gespenster am Toten Mann

Szenenfolge. Entst. 1994/95; UA: 24.5.1996 in Bochum. BA: 1996.

In seinem letzten Stück wirft M. noch einmal die von ihm mehrfach dargestellte Frage nach dem möglichen Fehlgehen von Arbeiterbewegung und Sozialismus als Alternative zum Kapitalismus auf: »Was haben wir falsch gemacht«, fragt die Figur Thälmann die Figur Ulbricht, während beide Posten an der Berliner Mauer (»Mausoleum des deutschen Sozialismus«) stehen. Die Antwort gibt die Folge von 9 Szenen, von denen die 1. und 9. den Rahmen bilden, die 5. die Mittelachse ist und je 3 Szenen sich spiegelbildlich gegenüberstehen: Die Szenen 2–4 spielen im Zweiten Weltkrieg, parallelisieren auf dialektische Weise Stalin und Hitler, Gulag und KZ; die Szenen 6–8 spielen in der Nachkriegszeit und in der DDR bis 1956, als Chruschtschow Stalins Verbrechen enthüllte: Hier scheitert das Produkt von Stalins Sieg über Hitler, die DDR, an ihrem stalinistischen Erbteil, zugespitzt in der Einsargung Brechts und dem Selbstmord eines gläubigen Kommunisten. Das wiedervereinigte Deutschland (in der 5. und 9. Szene) bietet jedoch auch keine Perspektive, sondern ist nur noch das leere Schlachtfeld der liquidierten Vergangenheit.

Der nicht eindeutige Titel »Germania 3« könnte auf ein drittes Deutschland (nach Weimarer Republik und ›Drittem Reich‹) bezogen werden, das in M.s Sicht immer die DDR war: Sie sei zu ihren Lebzeiten von Gespenstern geprägt gewesen und nach ihrem Untergang zum Gespenst geworden, vergleichbar den im Ersten Weltkrieg gefallenen Soldaten an der Höhe 295 vor Verdun, die auch ›Toter Mann‹ genannt wurde.

🎧 1996. ✎ *Germania 3/Gespenster am toten Mann/Mommsens Block* (Der Audio Verlag GmbH, 1999).

1997
Jürgen Becker

Biogr.: → 1968

Der fehlende Rest

Erzählung. ED: Süddt. Zeitung (1997); BA: 1997.

Nachdem sich B. ab den 1970er Jahren stärker der Lyrik zugewandt hatte (z. B. *Das Ende der Landschaftsmalerei*, 1974; *Odenthals Küste*, 1986; *Das englische Fenster*, 1990), setzte er ab *Erzählen bis Ostende* (1981) seine Bestrebungen fort, in Geschichten von einer Wirklichkeit zu erzählen, die sich eigentlich nicht erzählen lässt. Ihre Protagonisten befinden sich auf einer Reise durch eine Landschaft mit tiefer historischer Dimension, ins Innere des Ich, in erinnerte Vergangenheit, die oft auch die Biographie des Autors ist. In *Der fehlende Rest* erzählt der Fotograf Jörn (Er-Erzähler) in einer Winternacht einem namenlosen Freund, der das Erzählte protokolliert und kommentiert, aus seinem Leben. Es sind Fragmente aus Krieg und Nachkriegszeit, der Kindheit in Thüringen, Reisen, Begegnungen mit Bildern und Künstlern, zugleich aber auch Reflexionen über die Schwierigkeiten des Erinnerns und die Unmöglichkeit, das gelebte (und ungelebte) Leben als ein Ganzes zu erfassen: eine »Verteidigung der Gefühle gegen die Wirklichkeit« (Chr. Linder). Am Ende heißt es: »Trotz aller Restaurierungskünste, da fehlt immer ein Rest.« In dem Roman *Aus der Geschichte der Trennungen* (1999) führte B. den Erinnerungsbericht weiter.

Rezeption: B.s sensibles Erinnerungsprotokoll wurde von der Kritik positiv als Fortschreibung seiner (Landschafts-)Lyrik aufgenommen.

Weitere Werke: *Schnee in den Ardennen* (Roman, 2003), *Dorfrand mit Tankstelle* (Gedichte, 2007).

1997
Robert Gernhardt

* 13.12.1937 in Reval (Estland). Nach dem Studium ab 1956 (Malerei, Germanistik) in Stuttgart und Berlin Cartoonist und Texter der Satire-Zeitschrift *Pardon* in Frankfurt/Main (1964–75), ab 1979 auch beim Satiremagazin *Titanic*. † 30.06.2006 in Frankfurt. Gedenkstätte: Frankfurt/Main (D, G).

Lichte Gedichte – Das lyrische Werk

G.s lyrisches Werk umfasst die Bände: *Besternte Ernte* (1976), *Wörtersee* (1981), *Körper in Cafés* (1987), *Reim und Zeit* (1990), *Weiche Ziele* (1994), *Lichte Gedichte* (1997), *Klappaltar* (1998), *Im Glück und anderswo* (2002), *Die K-Gedichte* (2004), zusammengefasst in *Gesammelte Gedichte* (2005).

G. ist einer vielseitigsten Schriftsteller der deutschen Literatur nach 1960: Zeichner und Schriftsteller, Satiriker und Parodist, Lyriker und Erzähler, Stückeschreiber und Hörspielautor, Essayist und Kinderbuchautor. Sein Metier ist die komische Konfrontation des literarischen hohen Tons mit dem Banalen, des wichtigtuerischen (politischen) Anspruchs mit dem privaten Allzumenschlichen – doch nicht der Gag ist sein Ziel, sondern der (selbst)ironische Stachel der Auflehnung, das Umkippen des Ernsten ins Lachhafte, das erst in den späten Texten zunehmend einem lapidaren, melancholisch-gelassenen Hinnehmen der Unzulänglichkeit weicht: »Nirgendwo sonst in der deutschsprachigen Gegenwartslyrik lässt sich so genau nachlesen, […] mit welchen Widersprüchen vor allem die (west-)deutschen Intellektuellen leben« (L. Hagestedt).

Rezeption: Die populärsten Gedichte G.s (z. B. *Ökumenischer Dialog*, *Am Abend*, *Siebenmal mein Körper*, *Dreißigwortegedicht*) reichen in ihrer Art an Texte von H. Heine, W. Busch, Chr. Morgenstern oder K. Tucholsky heran. ➘ *Reim und Zeit* (Der Hörverlag, 2002).

Weitere Werke: *Die Wahrheit über Arnold Hau* (Persiflage, zusammen mit F. W. Bernstein und F. K. Waechter, 1966), *Die Blusen des Böhmen* (Erzählungen, 1977), *Ich Ich Ich* (Roman, 1982), *Die Toscana-Therapie* (Schauspiel, 1986), *Kippfigur* (Erzählungen, 1986), *In Zungen reden* (Parodien, 2000).

1997
Sarah Kirsch

* 16.4.1935 in Limlingerode (Harz) als Ingrid Bernstein. Nach einem Biologiestudium in Halle 1963–65 Studium am Institut für Literatur in Leipzig; seit 1966 freie Schriftstellerin, ab 1968 in Berlin (DDR). 1977 wegen Protests gegen die Biermann-Ausbürgerung Ausreise in die Bundesrepublik mit Wohnort in West-Berlin, seit 1983 in Tielenhemme (Schleswig-Holstein). 1996 Büchner-Preis.

Luftspringerin – Gesammelte Gedichte

ED: 1997.

K.s lyrisches Werk umfasst rund 20 Gedichtbände, die ab 1965 entstanden sind. Der Auswahlband *Luftspringerin* versammelt die Gedichte (und Prosa) bis 1997. Obwohl K. schon seit 1977 in der Bundesrepublik lebt, wurde sie noch lange Zeit als DDR-Lyrikerin wahrgenommen – nach dem Ende der DDR erscheint sie jedoch immer mehr als eine Poetin, die niemals dort lebte. Diese Merkwürdigkeit könnte an der Art liegen, wie sie ihre wiederkehrenden Themen (Natur, Liebe) gestaltet, nämlich einerseits durch zeitkritische Abwandlung überkommener Naturlyrik, andererseits durch sensibles Festhalten am Prinzip einer Subjektlyrik, die sich sowohl den sprachlichen (Selbst-)Ausdruck noch zutraut als auch von Ich-Identität auszugehen vermag.

In den in der DDR publizierten Gedichtbänden (z. B. *Landaufenthalt*, 1967; *Zaubersprüche*, 1973; *Rückenwind*, 1976) war das Geltendmachen von (weiblicher) Subjektivität immer auch ein Einspruch gegen gesellschaftliche Kollektivierung, so wie die Hinwendung zur Natur eine der Zeit geschuldete Zuflucht war in dem Bewusstsein, »daß sie sich die Flucht nicht gelingen läßt« (V. Braun). Dieser defensive Protest – defensiver als z. B. die Lyrik von H. M. Novak – war in die Lyrik nach 1977 (z. B. *Drachensteigen*, 1979; *Schneewärme*, 1989; *Bodenlos*, 1996) durchaus übertragbar und spitzte sich noch zu, wobei die grundierenden Momente von Bedrohung, Trauer und Schrecken zunahmen, nur hin und wieder unterbrochen von Gestaltungen glücklicher Augenblicke.

Rezeption: K. ist mit ihrer lyrischen »Widerrede« (so ein Gedichttitel) nie laut, aber stets präsent – in Anthologien wie in Lesebüchern. ⇘ *Alles Spatzen und Gänseblümchen. Gedichte und Prosa* (SPV, 2004).

Weitere Werke: *Die Pantherfrau* (Erzählungen, 1973), *Schwanenliebe* (Gedichte, 2001), *Regenkatze* (Prosa, 2007).

1997

Oskar Pastior

* 20.10.1927 in Hermannstadt (Rumänien). 1945–49 Deportation (in ukrain. Arbeitslager), 1955–60 Studium (Germanistik) in Bukarest, 1960–68 Redakteur beim rumän. Rundfunk, lebte ab 1968 als freier Schriftsteller in Berlin. 2006 Büchner-Preis. † 4.10.2006 in Frankfurt/Main (G in Berlin).

Das Hören des Genitivs – Poetische Texte

P.s lyrisches Gesamtwerk umfasst rund 30 Einzelbände, deren bedeutendste sind: *Gedichtgedichte* (1973), *Höricht* (1975), *Der krimgotische Fächer* (1978), *Wechselbalg* (1980), *sonetburger* (1983), *Lesungen mit Tinnitus* (1986), *Kopfnuss Januskopf* (1990), *Eine kleine Kunstmaschine* (1994), *Das Hören des Genitivs* (1997), *Villanella & Pantum* (2000).

Die lange Serie von P.s Gedichten stellt eine einzige »Absage an den verbrauchten Mitteilungswert der Sprache« dar und ist zugleich ein »Bestehen auf dem ästhetischen Eigenwert von Klang und Rhythmus« (R. Schnell): In der Tradition des → *sprachexperimentellen Schreibens nach 1970* stehend, liefern sie – teils in Beibehaltung von Grammatik und Satzbau, teils zur Privatsprache tendierend – keinen ›Sinn‹, sondern folgen der Logik von Sprach-, Wort- und Lautspielen, mit denen P. zeigt, dass sich durch »den kleinen schiefen Schritt zur Seite« (P.) in sprachlichen Aussagen mehr sagen lässt als es der konventionelle Gebrauch erlaubt. Diese Gedichte, die den Formenschatz der Lyrik zitierend variieren und dabei komplizierteste Bauformen (Anagramme, Palindrome) mühelos bewältigen, sind auch ein exzellentes Hörvergnügen, wenn sie von ihrem Autor im siebenbürgischen Tonfall vorgetragen werden.

Rezeption: P.s Gedichte sind fester Bestandteil in Anthologien und in viele Sprachen übersetzt. ⇘ *ügel beg und ügel tal. Gedichte 1967–1997* (Urs Engeler Editor, 2001).

Weitere Werke: *Werkausgabe* (herausgegeben v. E. Wichner, 2003ff.).

1997
Botho Strauß

Biogr.: → 1976

Die Fehler des Kopisten

Prosatext.

Ein zentrales Grundmotiv in St.' Werk ist die »kaum noch bewußte Ahnung des Mythischen in einer mythosfernen Zeit« (Chr. Parry), dessen Wiederanschluss der Autor v. a. als Essayist und Erzähler seit den 1990er Jahren immer offensiver betreibt. Neben Mythos und Religion ist für ihn die (vergangene) Literatur eine wichtige sinnstiftende Orientierungsinstanz geworden: Ihr gegenüber werde der wahre Schriftsteller zum legitimierenden ›Kopisten‹ und der Leser zum Empfänger einer sakralen Hostie. Der Titel ist demnach ein positives Programm: Der ›Kopist‹ ist ein ›Schriftfortsetzer‹, indem er an der Tradition festhält – seine ›Fehler‹ sind produktive Abweichungen, die gehaltvoller sind als die pseudokreativen, defizitären Simulationen der (post)modernen Literatur. Dem Mönchischen dieser Poetik entspricht die asketische Haltung, die der (biographisch an St. angelehnte) Ich-Erzähler einnimmt: Er beschreibt, wie er mit seinem 5-jährigen Sohn, nachdem er Berlin verlassen hat, auf dem Lande wohnt, die Natur im Wechsel der Jahreszeiten und das Kind in seinem neugierigen Staunen als eine Wiederholung dessen erlebt, »was in Versen und Zeilen seit je geschrieben steht.«

Die Natur- und Literaturfrömmigkeit demonstrierende Geschichte soll positiv beweisen, was als ihr Gegenteil in einer Fülle kulturkritischer Bemerkungen am Fehlgehen moderner Medienkultur streng kritisiert wird.

Rezeption: St.' Werk ist (wie das Werk P. Handkes) seit den 1980/90er Jahren zunehmend umstritten: Dem begeisterten Lob als poetischer Einzelgänger von höchstem Format (»Strauß kandidiert für Größe«, P. Sloterdijk) steht schärfste, politisch wie ästhetisch begründete Kritik (»seriöser Schund«, J. Drews) gegenüber.

Weitere Werke: *Das Partikular* (Prosatext, 2000), *Unerwartete Rückkehr* (Schauspiel, 2002), *Mikado* (2006), *Die Unbeholfenen* (Prosa, 2007).

1998
Elfriede Jelinek

Biogr.: → 1983

Ein Sportstück

Schauspiel. UA: 23.1.1998 in Wien. BA: 1998.

J.s Stück ist ein Mammutwerk, das es in der Uraufführung auf über 100 Darsteller und in der Kurzfassung auf über 5 Stunden Länge brachte. Die Taschenbuchausgabe hat nur 188 Seiten. Das Thema ist das Massenphänomen Sport, von J. als moderne Form des Krieges gesehen: »Wie wollen Sie einem jungen Mann klarmachen, daß er in den Krieg ziehen soll, wenn er vorher keinen Sport getrieben hat« (J.). Körperliche Gewalt, Mediengewalt, Drill, Vergewaltigung, Fanatismus, Chauvinismus und Tod werden wortreich beschworen, um diese Gleichsetzung (hinter beiden Phänomenen lauern Faschismus und Männerherrschaft) zum Ausdruck zu bringen. Handlung? »Es gibt eh keine«, so die Autorin. Einzelne Figuren, die keine personale Identität haben, sprechen Sprachmüll-Textstücke und werden von einem Chor niedergeschrieen, der für ›Mannschaft‹, ›Fans‹, ›Masse‹, ›Feindmengen‹ steht: Der Götze Körper verachtet den Geist – das könnte die Botschaft sein, wäre da nicht eine selbstironische Destruktion, die J. mit der herumgeschubsten Figur Elfi-Elektra eingebaut hat.

J. setzte mit diesem Stück die schon in *Stecken, Stab und Stangl* (1997) begonnene Tendenz fort, allein mit Sprache dramatisches In-Szene-Setzen zu überwuchern.

Rezeption: *Ein Sportstück* ist J.s erfolgreichstes Theaterstück.

Weitere Werke: *Gier* (Roman, 2000), *Neid* (Roman, 2008).

1998
Ingo Schulze

* 15.12.1962 in Dresden. 1983–88 Studium (Klassische Philologie) in Jena, bis 1990 Dramaturg am Landestheater in Altenburg, seit 1993 freier Schriftsteller, lebt in Berlin.

Simple Storys

UT: *Ein Roman aus der ostdeutschen Provinz*

Roman.

In 29 Kurzgeschichten, zusammengehalten durch 14 als Ich-Erzähler auftretende und weitere 24 Figuren aus den Familien Meurer und Schubert sowie aus ihrem Umkreis, entwirft Sch. ein Kaleidoskop des Alltags im sächsischen Altenburg zu Anfang der 1990er Jahre. Es sind kühl und minimalistisch erzählte Episoden aus der Wendezeit, mit direkten Selbstaussagen, die wie mit dem Tonband mitgeschnitten sind und vom Autor nicht kommentiert werden. Die Geschichten blenden zurück in die untergegangene DDR, zeigen die Hoffnungen und Enttäuschungen beim Ankommen im Westen nach 1989, aber auch den Identitätsverlust und die Ratlosigkeit vor dem Neuen, das über die Menschen hereinbricht (D-Mark-Kapitalismus, Arbeitslosigkeit, Stasi-Enthüllungen, Warenwelt).

Sch.s ›Roman‹ ergänzt als Alltagsstudie zur ostdeutschen Wirklichkeit Th. Brussigs Roman → *Helden wie wir* (1995), beide sind Ausdruck einer ›Post-DDR-Literatur‹, die den kollektiven Identitätsumbruch verarbeitet (→ *Schriftsteller und deutsche Einheit seit 1989*).

Rezeption: Der Roman brachte dem jungen Autor einen riesigen, auch internationalen Erfolg (Auflage bis 2007: ca. 250 000 Exemplare).
Weitere Romane: *33 Augenblicke des Glücks* (1995), *Neue Leben* (2005), *Handy* (Erzählungen, 2007).

1998
Martin Walser

Biogr.: → 1957

Ein springender Brunnen

Autobiographischer Roman.
Gleich im ersten Absatz steht eine verklausulierte Erklärung, die zum Ende hin noch einmal bekräftigt wird und die das Erinnerungsbuch illustriert: Vergangenheit ist nie bloße ›Gewesenheit‹, sondern als Erinnerung von der jeweiligen Gegenwart geformt. W. belässt es jedoch nicht bei dieser von ihm bedauerten Feststellung, sondern setzt seine Erinnerungsarbeit als Schriftsteller scharf dagegen: Er will – gegen den üblichen ›Korrektheits‹-Trend der von Historikern und Medien geprägten ›Vergangenheitsbewältigung‹ – das Gewesene so wiedergeben, wie er es seinerzeit erlebte. Diese Art von unschuldiger Erinnerung soll, so W., »wie von selbst« fließen wie ein springender Brunnen bzw. sich als Sprache selbst schreiben.
In der atmosphärisch sehr dichten (Er-)Erzählung über W.s Alter Ego, den Gastwirtssohn Johann, zugespitzt auf die drei Jahre um 1932, um 1939 und 1945, kommt daher nur zur Sprache, was dieser damals wahrnahm: die ›Normalität‹ innerhalb des Nazitums und der Kriegszeit. Geschildert wird ein »Sechs- bis Achtzehnjähriger, der Auschwitz nicht bemerkt hat« (W.); Opfer, sofern sie nicht nicht-jüdische Deutsche sind, tauchen nicht auf: »Individuell erlebte Geschichte wird aufgrund ihrer unbestreitbaren Authentizität zum maßgeblichen Kriterium für Erinnerung aufgebaut, während ein von geschichtlichen Fakten bestimmtes öffentliches Gedenken demgegenüber abgewertet wird« (M. N. Lorenz). Höhepunkt dieser Schreibstrategie ist W.s höchst umstrittene Friedenspreisrede *Erfahrungen beim Verfassen einer Sonntagsrede* (1998).

Rezeption: Die Debatte um W.s Friedenspreisrede überlagerte rasch die Reaktionen auf den Roman, der erzählerisch darstellt, was die Rede als These vortrug. ⍀ Der Hörverlag (1998).
Weitere Romane: *Der Lebenslauf der Liebe* (2001), *Tod eines Kritikers* (2002), *Angstblüte* (2006), *Ein liebender Mann* (2008).

1998/1999
Rainald Goetz

* 24.5.1954 in München. 1974–82 Doppelstudium Geschichte (Promotion 1978, Paris), Medizin (Promotion 1982, München); lebt seither als freier Schriftsteller in München.

Abfall für alle

UT: *Roman eines Jahres*

Tagebuch-Roman. Das Buch erschien zuerst im Internet als Online-Version, die G. Tag für Tag (vom 4.2.1998 bis 10.1.1999) weiterschrieb. ED: 1999.

G. ist ein eigenwilliger Fanatiker der künstlerischen ›Wahrheit‹, die er durch Kunstkonventionen und v. a. den Kulturbetrieb bedroht sieht. In seiner Prosa (z. B. *Irre*, 1983; *Kontrolliert*, 1988) und seinen Theaterstücken (z. B. *Krieg*, 1986; *Festung*, 1993) praktiziert er eine »Ästhetik der obsessiven Lebensmitschrift« (R. Kühn), die G. auch als »das einfache wahre Abschreiben der Welt« bezeichnet hat. Dieses Mitgeschriebene ist jedoch ein Zerrbild von Welt, d. h. durch ›authentische‹ Protokollierung des medial geprägten, alltäglichen Leerlaufs entsteht eine Wirklichkeit des Wahns und des zerstörten Sinns.

Das mit *Abfall für alle* unternommene Experiment, online einen ›Roman‹ zu schreiben, war seinerzeit ungewöhnlich (→ *Digitale Literatur*). Es verblüffte, weil es mit dem öffentlich gemachten Fortschreiben nicht nur aktuell war und den Produktionsprozess öffnete, sondern auch die Leserreaktion einbezog und sie so ›mitschreiben‹ ließ. G. hat den ›Roman‹, der in der Druckfassung freilich nur noch Dokument ist, in einen neuen Werkkomplex (Titel: *Heute morgen*) eingeordnet, zu dem des Weiteren gehören: *Rave* (Erzählung, 1998), *Jeff Koons* (Stück, 1998), *Celebration* (Prosa, 1999), *Dekonspiratione* (Erzählung, 2000).

Rezeption: G. erhielt für den Roman 2000 den W.-Raabe-Preis.

Deutschsprachige jüdische Literatur der Zweiten Generation

Bis zur Mitte der 1980er Jahre gab es in Deutschland nur wenige Autor(innen), die sich explizit zu ihrer JÜDISCHEN IDENTITÄT bekannten und von dieser Position aus schrieben. Die Haltung der Vermeidung war kaum selbst gewählt, sondern – in Verarbeitung der Erfahrungen mit Exil, Holocaust und mangelnder Bereitschaft der Nachkriegsgesellschaft zur Auseinandersetzung mit der Vergangenheit (→ *›Vergangenheitsbewältigung‹ nach 1945*) – aufgezwungen. Zeugnis davon legen die nur zögernd rezipierten, literarischen Werke derer ab, die als ältere Überlebende aus dem Exil (mehr oder weniger) heimkehrten (z. B. J. Améry, R. Ausländer, E. Canetti, H. Domin, A. Drach, St. Heym, W. Hildesheimer,

H. Sahl, Gr. Weil, P. Weiss), bzw. derer, die als Kinder Exil und Shoah gerade noch erlebt hatten (z. B. J. Becker, C. Edvardson, R. Giordano, E. Hilsenrath, R. Klüger, J. Lind, R. Schindel). Konnten diese Autor(innen) ab den 1980er Jahren zunehmend zu Wort kommen und jüdischem Schicksal in der Zeit der Verfolgung durch den Holocaust literarische Gestalt geben (→ *Holocaust und Literatur nach 1945*), so blieben die komplexen Erfahrungen der nach 1945 geborenen Nachkommen von Holocaust-Überlebenden, der sog. Zweiten Generation, zunächst ohne Ausdruck (vgl. das Frühwerk von E. Jelinek, Th. Brasch). Hier brachten die gesellschafts- und erinnerungspolitischen Veränderungen der 1990er Jahre (z. B. deutsche Einheit, verstärkte jüdische Zuwanderung, vertiefte Auseinandersetzung mit Fragen deutscher, jüdischer und nationaler Identität) einen markanten Umschwung. In der Folge entstand eine deutschsprachige Literatur junger jüdischer Autor(innen), in der es v. a. um die folgenden Fragen geht: Inwiefern hat die Holocaust-Erfahrung der Eltern die Identitätsbildung der Nachgeborenen überschattet? Was heißt ›Jude sein‹ in der modernen bundesrepublikanischen Gesellschaft, in der auch Antisemitismus virulent ist? Welche Rolle spielt die Religion noch? Gibt es ein säkulares Judentum? Kann es eine deutsch-jüdische Symbiose geben? Das Problem der Sprache und: Wo ist Heimat – Deutschland, Israel, nirgends? Indem diese Fragen aufgeworfen werden, verknüpft sich die Literatur der ›Zweiten Generation‹ zunehmend mit Fragestellungen der → *Jüngeren deutschsprachigen Gegenwartsliteratur*.

Wichtige Autor(innen) und Werke (in alphabetischer Folge): M. Biller: *Wenn ich einmal reich und tot bin* (Erzählungen, 1990), *Land der Väter und Verräter* (Erzählungen, 1994), → *Die Tochter* (Roman, 2000); E. Dischereit: *Joëmis Tisch* (Erzählung, 1988), *Merryn* (Roman, 1992), *Als mir mein Golem öffnete* (Gedichte, 1996); D. Ganzfried: *Der Absender* (Roman, 1995); B. Honigmann: *Roman von einem Kinde* (Hörspiel, 1986), *Eine Liebe aus nichts* (Erzählung, 1991), *Soharas Reise* (Roman, 1996), *Alles, alles Liebe* (Roman, 2000); E. Jelinek: → *Die Kinder der Toten* (Roman, 1995); G. Lustiger: *Die Bestandsaufnahme* (Roman, 1995); R. Menasse: *Die Vertreibung aus der Hölle* (Roman, 2001); A. Mitgutsch: *Abschied von Jerusalem* (Roman, 1995), *Haus der Kindheit* (Roman, 2000); D. Rabinovici: *Papirnik* (Erzählungen, 1994), *Suche nach M.* (Roman, 1997); R. Seligmann: *Rubinsteins Versteigerung* (Roman, 1988), *Die jiddische Mamme* (Roman, 1990), *Der Musterjude* (Roman, 1997), *Der Milchmann* (Roman, 1999).

1999
Volker Braun Biogr.: → 1975

Tumulus – Das lyrische Werk

ED: 1999.

»Was ich niemals besaß, wird mir entrissen./ Was ich nicht lebte, werd ich ewig missen.« In diesem 1990 formulierten ›Leid‹-Satz aus dem Gedicht *Das Eigentum* fasste B. seine Situation zusammen, der er als einer der bedeutenden Lyriker in der DDR erst noch hoffend (bis 1976), dann trotzig und schon vor 1989 zunehmend melancholisch, aber immer gekonnt, poetischen Ausdruck gegeben hat. Im Bereich der Lyrik war diese charakteristische Mischung aus Bejahung des ›richtigen‹ und Kritik am ›realen‹ Sozialismus in der DDR möglich und B. hat dazu seinen Beitrag geleistet (*Wir und nicht sie*, 1970; *Gegen die symmetrische Welt*, 1974). Dabei eckte er an, wurde aber nie abgestraft, trotz solcher Verse wie »Mensch/ Plus Leuna mal drei durch Arbeit/ Gleich/ Leben«. Nach der Biermann-Ausbürgerung 1976 und dem Exodus vieler Schriftsteller war solche Kritik für die, die (wie B.) im Land blieben, jedoch nicht mehr möglich: B.s Lyrik (*Training des aufrechten Gangs*, 1979; *Langsamer knirschender Morgen*, 1987) wurde abstrakter, hin und her erwägend und begann »im Status eines bei sich selbst gefangenen Mehrfachbewußtseins« (W. Emmerich) zu verharren. Nach 1989 ging B., nach einer Phase hadernder Enttäuschung über Ost und West, in seiner Lyrik zu einer Position sarkastischer Distanz über (*Stoff zum Leben*, 1990; *Tumulus*, 1999; *Auf die schönen Possen*, 2005), weiterhin auf der Suche nach dem offenen Ende der Geschichte. Doch: »Er verzichtet[e] nun auf falsche Hoffnungen« (K. Köhler).

Rezeption: Mit dem Lyriker B. wird zweierlei verbunden bleiben, das nur schwer zusammenpasst: der junge DDR-Lyriker mit seiner kritischen Utopie des Sozialismus und der Lyriker seit den 1990er Jahren, dem diese Utopie abhanden gekommen ist. ↘ *Lyrik eins – gelesen von den Autoren – Volker Braun* (Der Hörverlag, 2002).
Weiteres Werk: *Das Mittagsmahl* (Erzählung, 2007)

1999
Dieter Forte

* 14.6.1935 in Düsseldorf. Nach kaufmännischer Lehre in verschiedenen Anstellungen tätig (Regieassistent, Lektor), 1971–75 Hausautor am Theater in Basel, lebt seitdem als freier Schriftsteller in Basel.

Das Haus auf meinen Schultern

Romantrilogie: *Das Muster* (1992), *Der Junge mit den blutigen Schuhen* (1995), *In der Erinnerung* (1998); als Trilogie 1999.

Die Trilogie schildert über einen Zeitraum von 800 Jahren die Geschichte der italienischen Seidenweber-Familie Fontana, die von Lucca über Lyon

nach Düsseldorf auswanderte, sowie der polnischen Bergarbeiterfamilie Lukacz, die im 19. Jh. ins Ruhrgebiet kam: Der 1. Band endet mit der Hochzeit von Friedrich Fontana und Maria Lukacz zu Beginn der 1930er Jahre. Der 2. Band erzählt die Geschichte der Familie Fontana in der Zeit von 1933 bis 1945, der 3. Teil thematisiert die Nachkriegszeit bis 1948. In dem ebenfalls autobiographisch geprägten Roman *Auf der anderen Seite der Welt* (2004) kommt es zur Fortsetzung bis in die 1950er Jahre.
Insbesondere die letzten beiden Bände der Trilogie sind ein dichter Zeitroman, der nicht nur über die (aus Sicht der Mutter und des Kindes) tief nachwirkenden Ereignisse (Verfolgung, Bombenkrieg, Tod, Heimatverlust, Trümmerzeit) berichtet, sondern auch immer wieder darüber reflektiert, wie das Vergangene, das einem mit seinen Schrecken die Sprache verschlägt, angemessen erzählt werden kann. Darin ist der Roman ein eindrucksvoller »Gegentext« (J. Garbe) zu M. Walsers → *Ein springender Brunnen* (1998), denn er kennt keine ›unschuldige‹ Erinnerung, wohl aber ein Gedenken an die vielen Opfer.

Rezeption: F. erhielt für *In der Erinnerung* 1999 den Bremer Literaturpreis.
Weitere Werke (Dramentrilogie): *Martin Luther & Thomas Müntzer* (1970), *Jean Henry Dunant* (1978), *Das Labyrinth der Träume* (1983).

1999
Norbert Gstrein

* 3.6.1961 in Mils (Tirol), lebt nach Mathematikstudium in Innsbruck (Promotion 1988) als freier Schriftsteller an wechselnden Orten (u. a. in London, Hamburg, Zürich).

Die englischen Jahre

Roman.
Die von dem Schriftsteller Max geschiedene Ich-Erzählerin, eine Ärztin, sucht in England den jüdischen Emigranten Gabriel Hirschfelder, der in den 1950er Jahren einen von Max hoch geschätzten Band mit Erzählungen veröffentlicht hat. Neben ihr kommen noch die Ehefrauen Hirschfelders – einander widersprechend – zu Wort. Aus deren Erzählungen, den Nachforschungen der Ärztin und einem übergeordneten Erzähler-Ich (das mit Hirschfelder spricht) ergibt sich, dass Hirschfelder während der englischen Internierung seine Identität mit einem nichtjüdischen, wenig integren Österreicher namens Harrasser getauscht hat und unter dessen Namen mit einem Schiff unterging, während Harrasser als Hirschfelder (mit dem Bonus des jüdischen Emigranten) weiterlebte.
Der Roman hat viele Facetten: Er provoziert mit seiner Demontage des jüdischen Opfers und der Überlebenden, er problematisiert die Zuverlässig-

keit historischen Erzählens und er verrätselt die Motive, warum der eine (s)eine Identität vorspiegelt (Harrasser) und die andere (die Ärztin) danach sucht. Alles bleibt offen, sogar die Frage, von wem der fiktive Roman *Die englischen Jahre* ist: von Harrasser oder von der Ehefrau Madeleine, von der Ärztin oder von Max?

Rezeption: G. erhielt für den Roman, der 2007 die 5. Auflage erreichte, 2001 den von G. Grass gestifteten A.-Döblin-Preis.

Weitere Erzählprosa: *Einer* (1988), *Das Register* (1992), *Das Handwerk des Tötens* (2003).

1999
Wolfgang Hilbig

* 31.8.1941 in Meuselwitz (Sachsen). Nach einer Lehre als Werkzeugmacher war H. Arbeiter und ab 1970 Heizer. Ab 1979 freier Schriftsteller, 1985 Ausreise in die Bundesrepublik, lebte in Berlin. 2002 Büchner-Preis. † 2.6.2007 in Berlin (G).

Das Provisorium

Roman.

Der autobiographisch geprägte Roman zeigt die Problematik einer Existenz zwischen den beiden deutschen Staaten noch vor der Wende: Der Schriftsteller C., im Besitz eines einjährigen Visums für die Bundesrepublik, lebt in verschiedenen Städten Westdeutschlands sowie in Leipzig, ohne sich irgendwo zu Hause zu fühlen, ohne arbeiten und ohne sich an eine von zwei Frauen binden zu können. DDR und Bundesrepublik sind ihm gleichermaßen verhasst: Die DDR, weil sie ihm seit seiner Kindheit jeden Anspruch auf persönliches Glück verwehrt hat – die Bundesrepublik, weil sie ihn in ihrer Leistungs- und Konsumorientiertheit abstößt. So lebt er in einem ›Provisorium‹, heimatlos, bindungslos, psychisch und physisch bedroht durch Alkoholabhängigkeit. Am Ende hat er seinen Roman *Das Visum* fertig – ein Bericht über das Erlebte und eine Überwindung seiner Schreibhemmung.

Der Roman beschreibt die Erfahrungen vieler Ostdeutscher nach der Eingliederung der DDR (1990), v. a. die Enttäuschung über die Nichtverwirklichung ihrer Illusionen und das Gefühl des Entwurzeltseins (→ *Schriftsteller und deutsche Einheit seit 1989*).

Im vorangegangenen Roman *Ich* (1993) schilderte H. den Zwiespalt eines Schriftstellers, der in der Endzeit der DDR bespitzelter Stasi-Spitzel ist. Mit dieser Figur zeichnete er ein Bild, das zugleich symptomatisch für den Zustand der DDR in den letzten Jahren ihrer Existenz war.

Rezeption: Der Roman erreichte bis 2001 3 Auflagen.

Weitere Werke: *Eine Übertragung* (Roman, 1989), *Der Schlaf der Gerechten* (Erzählungen, 2003).

1999
Arnold Stadler

* 5.4.1954 in Meßkirch (Baden). 1973–79 Studium (katholische Theologie, Germanistik, Promotion 1986) u. a. in München, Rom und Köln; lebt als freier Schriftsteller in Freiburg/Breisgau und Berlin. 1999 Büchner-Preis.

Ein hinreißender Schrotthändler

Roman

Ein frühpensionierter Geschichtslehrer, der Ich-Erzähler, lebt mit seiner Frau Gabi, einer Chirurgin, in einer spannungslosen Ehe. Bewegung kommt in ihr Leben, als der Schrotthändler Adrian, ein Asylbewerber, und Gabi ein Liebesverhältnis beginnen, das vom Erzähler geduldet wird. 1998 begeben sich alle drei auf eine Reise, um den 20. Hochzeitstag des Ehepaars zu begehen. Als der Erzähler zu einer Beerdigung in sein oberschwäbisches Heimatdorf reisen muss, trennen sich Adrian und Gabi von ihm. Enttäuscht von den Veränderungen im Dorf, in dem er vergeblich das einst Vertraute sucht, reist er nach Acapulco: seine »letzte Reise«, wie er hofft, nach seiner »letzten Ehe«.

Mehr noch als durch die Thematik der verlorenen Heimat unterscheidet sich der Roman durch seine Erzählweise von der modernen ›Heimatliteratur‹: Verzicht auf einen durchgängigen Handlungsstrang, polemische, satirische, aphoristisch zugespitzte Feststellungen, philosophische und gesellschaftskritische Aussagen schaffen Distanz zum Erzählten. Wortwitz und Sprachspiele verhindern das Abgleiten in allzu Gemüt- und Gefühlvolles, ohne indes den Schmerz über den Verlust und die Sehnsucht nach einer Heimat zu überdecken.

Rezeption: Die fast zeitgleiche Verleihung des Büchner-Preises bewirkte eine intensive Auseinandersetzung mit dem Roman.

Weitere Romane: Trilogie: *Ich war einmal* (1989), *Feuerland* (1992), *Mein Hund, meine Sau, mein Leben* (1994); *Der Tod und ich, wir zwei* (1996), *Eines Tages, vielleicht auch nachts* (2003), *Komm, gehen wir* (2007).

2000
Maxim Biller

* 25.8.1960 in Prag. 1970 Einwanderung mit den Eltern (russ. Juden) in die Bundesrepublik, 1979–83 Studium (Germanistik, Geschichte) in Hamburg und München, 1983–85 Ausbildung an der Dt. Journalistenschule in München, seit 1985 freier Schriftsteller und Kolumnist; lebt in Berlin.

Die Tochter

Roman.

Der junge Israeli Motti Wind, Sohn von Holocaust-Überlebenden und traumatisierter Soldat als Täter im Libanon-Krieg, sucht Vergessen in der

Hochzeit mit der Deutschen Sofie, die zum Judentum übertritt und mit der er nach München geht. Doch die Gegensätze zwischen jüdischer und deutscher Lebenswelt sind unüberbrückbar: Motti hält sie nicht aus; er klammert sich an seine Tochter Nurit, vergeht sich schließlich an ihr, will mit ihr fliehen und, als das scheitert, bringt er sie um. Zehn Jahre später glaubt er sie in einem Film als Pornodarstellerin wiederzuerkennen, doch er täuscht sich (und den Leser): Er ist ein innerlich zerstörter Mensch und ein unzuverlässiger Erzähler, der bitterste Erfahrungen mit dem durch und durch gestörten deutsch-jüdischen Verhältnis machen muss.
Die ›Täuschung‹ verdoppelt sich noch dadurch, dass Mottis Geschichte der Roman ist, den in der Rahmengeschichte ein jüdischer Ich-Erzähler, der Ähnlichkeiten mit B. hat, schreiben will, nachdem er sich von seiner Frau (die zum Judentum übertrat und ein Kind von einem anderen bekam) getrennt hat, um nach Israel auszuwandern. Die doppelte Brechung des Konflikts relativiert und verstärkt zugleich die Botschaft dieser Geschichte von der »nicht aufzuhebenden Differenz« (K. Remmler) zwischen Juden und nichtjüdischen Deutschen.

Rezeption: B.s Romandebüt polarisierte die Kritik.
Weitere Werke: *Wenn ich einmal reich und tot bin* (Erzählungen, 1990), *Land der Väter und Verräter* (Erzählungen, 1994), *Esra* (Roman, 2003).

2000
Alexander Kluge

Biogr.: → 1962

Chronik der Gefühle

Textslg. Bd. 1: *Basisgeschichten*, Bd. 2: *Lebensläufe* (→ 1962). Der Doppelbd. enthält neue, nach 1989 entst. Texte sowie die wichtigsten (überarbeiteten) Erzähltexte ab 1962: *Lebensläufe*, (*Schlachtbeschreibung* (1964), *Lernprozesse mit tödlichem Ausgang* (1973), *Massensterben in Venedig* (1973) und *Neue Geschichten* (1977).
»Unter den bekannten Schriftstellern ist Alexander Kluge der unbekannteste« (H. M. Enzensberger). Dieser 1978 formulierte Satz trifft leider auch weiterhin zu, weil K. unbeirrt an seinem anspruchsvollen Erzählverfahren festhält, den verborgenen Untergrund menschlicher Handlungsweisen in Beispiel-Geschichten freizulegen. Dabei geht es um Orientierungsmuster, die er selbst »Gefühle« nennt – Antriebe des Subjekts, die einen ›Eigensinn‹ und damit das Potential hätten, sich gegenüber geschichtlichen Überwältigungen zu behaupten. K.s Texte befragen dieses Potential der Selbstregulierung, forschen nach Ursachen seines Versagens und seinen Verläufen im Alltag wie in historischen Ereignissen (Revolution, Krieg, Wende). Sie gehen dabei – trotz zahlreicher Fotos und Dokumente – oft über die einfache Abbildung faktischer Handlungen hinaus, indem sie Mögliches imaginieren: das, was hätte geschehen können. Die ›Chronik‹ dieser ›Gefühle‹ ist da-

her auch keine lineare Herleitung eines Zeitablaufs, sondern eine »Chronik ohne Chronologie« (L. Müller). Sie folgt dem Prinzip einer ›subjektiven Orientierung‹: »Worauf kann ich vertrauen? Wie kann ich mich schützen? Was muß ich fürchten? Was hält freiwillige Taten zusammen?« (K.).
Der gewichtige Doppelband (mehr als 2000 S. mit rund 500 Geschichten) ist K.s schriftstellerisches Vermächtnis.

Rezeption: K. erhielt für *Chronik der Gefühle* 2001 den Bremer Literaturpreis. ✎ Hörbuch Hamburg (2001).

Weitere Prosatexte: *Die Lücke, die der Teufel läßt* (2003), *Tür an Tür mit einem anderen Leben* (2006).

2000
Brigitte Kronauer

Biogr.: → 1990

Teufelsbrück

Roman.

Maria Fraulob, die verlockungsbereite Erzählerin, lernt ein seltsames Paar kennen, das in einer Villa im Alten Land wohnt, das nur per Schiff vom Hamburger Anleger Teufelsbrück aus besucht werden darf. Sie verliebt sich in den Mann. Ein Verehrer Marias und ein Dienstmädchen vervollständigen die ménage à cinq, die v. a. aus unerfüllten Wünschen besteht. Am Ende geht die Geschichte (ein Märchen?) böse aus und es zeigt sich, dass es gar nicht darum geht, was und was nicht geschieht: »Nicht, was ein Mensch tut, sondern wie er die Welt sieht, ist das Thema«, das ist K.s narrative Maxime: Maria erzählt – nicht ohne Ironie – von einer Bewusstseinswelt, artistisch konstruiert und voller Anspielungen auf literarische Muster (Märchen, Spätromantik, H. v. Hofmannsthal).

Rezeption: Die nicht einfache Lektüre rief enthusiastisches Lob (»eines der ambitioniertesten und hochrangigsten Romanwerke der deutschsprachigen Gegenwartsliteratur«, U. März), aber auch heftigste Ablehnung (»Wortschmuckkunst«, Fr. Meyer-Gosau) hervor.

Weitere Romane: *Verlangen nach Musik und Gebirge* (2004), *Errötende Mörder* (2007).

2000
Michael Kumpfmüller

* 21.7.1961 in München. 1981–90 Studium (Germanistik, Geschichte) in Tübingen, Wien und Berlin, 1994 Promotion, 1996–98 Wissenschaftlicher Mitarbeiter an der FU Berlin, lebt seitdem als Journalist und freier Schriftsteller in Berlin.

Hampels Fluchten

Roman. ED: *FAZ* (2000), BA: 2000.

Hoch gelobt und viel gescholten erzählt dieser Roman die Lebensgeschichte des überaus durchschnittlichen Heinrich Hampel: Geboren 1931 in Jena, verbringt er seine Jugend mit der 1945 deportierten Familie in Russland, kommt 1951 in die DDR, flieht von dort in den Westen, geht nach Südafrika, kehrt zurück in die Bundesrepublik, wird Bettenverkäufer und verschuldet sich, flieht 1962 in die DDR, arrangiert sich dort, wird Spitzel IM Rosa, landet im Bautzener Gefängnis, kommt 1986 krank wieder heraus und stirbt 1988.

So verschlungen wie dieser Lebensweg ist, ist der Roman erzählt und damit ist er ein Abbild einer verwirrenden Zeit: Dieser Hampel, Frauenheld und Pechvogel, Schelm und Anti-Held, flieht vor der Wirklichkeit und vor sich selbst. In solchen Figuren, »die weniger Geschichte machen als sie erleiden, lebt [...] dem Untergang zum Trotz auch ein plebejischer Wille zum Weitermachen fort« (M. Hielscher).

Rezeption: Der Roman wurde in viele Sprachen übersetzt.

Weitere Romane: *Durst* (2003), *Nachricht an alle* (2008).

2000
Urs Widmer

* 21.5.1938 in Basel. Studium (Germanistik, Romanistik) u. a. in Basel und Paris, Promotion 1966, 1966–1984 Verlagslektor (u. a. beim Suhrkamp Verlag, Frankfurt/Main); lebt seitdem als freier Schriftsteller in Zürich.

Der Geliebte der Mutter

Roman.

Ein Sohn berichtet vom Leben seiner Mutter Clara, das bestimmt war von einer obsessiven Leidenschaft: Sie liebte ihr Leben lang Edwin, ohne von ihm wiedergeliebt zu werden, denn er liebte nur sich selbst und kannte nur eine Leidenschaft: die Musik. Sie lernte ihn als junge, reiche Frau kennen, förderte ihn, ließ ein Kind von ihm abtreiben. Edwin, auf dem Weg, ein berühmter Dirigent zu werden, wandte sich von ihr ab, als sie durch die Weltwirtschaftskrise ihren Vater und ihr Vermögen verloren hatte. Sie heiratete, bekam einen Sohn (den Erzähler) und führte ein Leben, das für sie leer und bedeutungslos war. Bis zu ihrem Selbstmord aus seelischem Schmerz blieb die einseitige, nie erfüllte Liebe der Mutter bestehen.

Der Roman ist ein »Requiem« (W.). Der Sohn erzählt sehr distanziert, fast lakonisch (der parataktische Satzbau überwiegt), zeigt keine Gefühle und wertet nicht, sondern lässt das Erzählte (das von unstillbarer Sehnsucht bestimmte, letztlich verfehlte Leben der Mutter) für sich sprechen. Clara trägt in dem Roman Züge der Mutter W.s, doch noch deutlicher wird der Bezug zum Vater, der als Figur in *Der Geliebte der Mutter* ausgespart bleibt, in dem ergänzenden Roman *Das Buch des Vaters* (2004). Auch in ihm geht es um eine Leidenschaft: Diese findet ihre Erfüllung aber nicht bei einem Menschen, sondern in der Literatur.

Rezeption: Die ungewöhnliche Erzählperspektive sowie die einfühlsame Darstellung begründeten den großen Erfolg des Romans. ✎ Dt. Grammophon (2000).
Weitere Werke: *Der blaue Siphon* (Erzählungen, 1992), *Im Kongo* (Roman, 1996), *Vor uns die Sintflut* (Geschichten, 1998).

2000
Rafik Schami

* 23.6.1946 als Suheil Fadél in Damaskaus. 1966–70 u. a. Redakteur einer Wandzeitung in Damaskus, 1971 Ausreise nach Deutschland; Chemiestudium (Promotion 1979), lebt seit 1982 als freier Schriftsteller in Mannheim.

Die Sehnsucht der Schwalbe

Roman.
Der Ich-Erzähler Lutfi Farah nimmt, von Deutschland kommend, an einer Hochzeitsfeier in einem syrischen Dorf teil. Das sich über eine Woche erstreckende Gelage langweilt ihn bald und so erzählt er dem Cousin der Braut, warum er so schnell wie möglich wieder zurück will. Heraus kommt eine ganze Lebensgeschichte: das abenteuerliche Schicksal des Vaters, die entbehrungsreiche Kindheit und Jugend in Damaskus, das trostlos-listige Leben als immer wieder ausgewiesener Illegaler in Frankfurt, die Welt des Flohmarkts und die Asyl-Szene in der Stadt, seine schwierige Liebe zu Molly.
Der Roman besteht aus locker erzählten, vom Gestus des Mündlichen geprägten Geschichten über die sehnsüchtige Suche nach Geborgenheit und einem Aufenthaltsort, den man früher ›Heimat‹ nannte. Er ist damit ein exemplarischer Beitrag derer, die in wachsender Zahl als Immigranten zu deutschsprachigen Schriftstellern wurden (→ *Deutschsprachige Literatur und Migration*).

Rezeption: Sch.s Werke wurden in 20 Sprachen übersetzt (ins Arabische nur in Deutschland).
Weitere Werke: *Die Sehnsucht fährt schwarz* (Erzählungen, 1988), *Erzähler der Nacht* (Roman, 1989), *Die dunkle Seite der Liebe* (Roman, 2004).

Deutschsprachige Literatur und Migration

Der Begriff ›Migration‹ ist der soziologische Oberbegriff für Wanderbewegungen in den (historischen und bis heute im Zeichen von Globalisierung, Armutsflucht und Kriegen aktuell gebliebenen) Formen von Ein- und Auswanderung, Exil und Asyl, Ex- und Repatriierung. Obwohl Migration in der deutschen Geschichte tiefe Spuren hinterlassen hat, gab es bis zum letzten Drittel des 20. Jh. kaum Anstrengungen, deren kulturelle

Auswirkungen näher zu betrachten: Zur deutschsprachigen Literatur gehörte, wer in deutscher Sprache schrieb – unabhängig davon, ob er im Lande oder außerhalb des Landes lebte (deutsche Auslandsliteratur, Exilliteratur) oder ob er im Land als Muttersprachler geboren oder in einer anderen Muttersprache aufgewachsen bzw. zweisprachig war. Herausragende Beispiele für den letzteren Fall sind z. B. A. v. Chamisso, Fr. Kafka, E. Canetti, P. Celan, R. Ausländer, G. Tabori, J. Becker.

Die seit den 1960er Jahren markante Zunahme von Arbeitsmigration, Asylsuche, Einwanderung und Repatriierung hat schließlich dazu geführt, dass neben der deutschsprachigen nicht nur eine polyphone Literatur mitgebrachter Muttersprachen entstanden ist (auf die hier nicht näher eingegangen wird), sondern nun auch die Literatur der immigrierten Autoren gesondert betrachtet wurde. Der zur Bezeichnung dieses literarischen Phänomens am häufigsten genannte Begriff ist ›MIGRATIONSLITERATUR‹ (auch: ›Literatur der Migration‹, ›Migrantenliteratur‹, seltener: ›Immigrantenliteratur‹). Definiert war diese ›Migrationsliteratur‹ ursprünglich durch zweierlei: durch ihre Autoren (Literatur von Immigranten oder von deren Kindern) sowie durch ihre Thematik (Migrationserfahrung). Doch weder der Status (Passbesitz) noch der Gegenstand (zumeist als ›Bereicherung‹ der deutschen Kultur gelobt) können in Wirklichkeit als zutreffende Kennzeichen von ›Migrantenliteratur‹ akzeptiert werden, auch wenn damit in den 1990er Jahren eine positive, zudem vom Buchhandel geförderte Konnotation (Überwindung des eher diskriminierenden Begriffs ›Gastarbeiterliteratur‹) verbunden war. Heute wird auch das Problematische einer letztlich ethnisch begründeten Sonderung in die Betrachtung mit einbezogen.

Im Zeichen der europäischen Einigung einerseits, andererseits aber auch im Zeichen von Normalität multi- bzw. inter- bzw. transkultureller Koexistenz, die die Chance bietet, sich »von den Zwängen einer zu eng gefaßten monokulturellen Selbstwahrnehmung zu befreien« (C. Chiellino), ist die Festlegung von Autoren auf den Aspekt der Migration eher eine Einengung als eine Befreiung – ganz abgesehen davon, dass die immer häufiger werdenden Fälle von ›Halb-Immigration‹ (über ein Elternteil) hier unberücksichtigt bleiben. Die nachfolgende Auflistung wichtiger Autor(innen) ist daher zum einen als Protokoll einer historischen Entwicklung zu sehen, zum anderen als eine aktuelle Bestandsaufnahme eines weitergehenden Prozesses. WICHTIGE AUTOREN SEIT 1980 (in alphabetischer Folge):

Jakob Arjouni,: *Happy Birthday, Türke* (Roman, 1987), *Magic Hoffmann* (Roman, 1996); Gino Chiellino: *Mein fremder Alltag* (Gedichte, 1984); Şinasi Dikmen: *Der andere Türke* (Erzählungen, 1986); Wladimir Kaminer,: *Russendisko* (Erzählungen, 2000), *Schönhauser Allee* (Erzählungen, 2001), *Militärmusik* (Roman, 2001); Terézia Mora: *Seltsame Materie* (Erzählungen, 1999), → *Alle Tage* (Roman, 2004); Herta Müller: → *Der Fuchs war damals schon der Jäger* (Roman, 1992), *Herztier* (Roman,

1994); Emine Sevgi Özdamar: *Das Leben ist eine Karawanserei* (Roman, 1992), *Die Brücke vom Goldenen Horn* (Roman, 1998), *Seltsame Sterne starren zur Erde* (Roman, 2003); Doron Rabinovici: *Papirnik* (Erzählungen, 1994), *Suche nach M.* (Roman, 1997), *Ohnehin* (Roman, 2004); SAID: *Wo ich sterbe ist meine Fremde* (Gedichte, 1983), *landschaften einer fernen mutter* (Prosa, 2001); Rafik Schami: *Die Sehnsucht fährt schwarz* (Erzählungen, 1988), → *Die Sehnsucht der Schwalbe* (Roman, 2000); Zafer Senocak: *Flammentropfen* (Gedichte, 1985), *Das senkrechte Meer* (Gedichte, 1991), *Fernwehanstalten* (Gedichte, 1994), *Übergang* (Gedichte, 2005); Saša Stanišic: *Wie der Soldat das Grammophon repariert* (Roman, 2006); Yoko Tawada: *Nur da wo du bist da ist nichts* (Gedichte, 1987), *Das nackte Auge* (Roman, 2004); Ilija Trojanow: *Die Welt ist groß und Rettung lauert überall* (Roman, 1996), *Der Weltensammler* (Roman, 2006); Galsan Tschinag: *Die neun Träume des Dschingis Khan* (Roman, 2007); Feridun Zaimoglu: *Kanak Sprak* (Prosa, 1995), *Abschaum* (Roman, 1997), *Leyla* (R, 2006). WEITERE AUTOREN: Cyrus Atabay, Maxim Biller (→ *Die Tochter*, 2000), Franco Biondi, Marica Bodrožič, Milo Dor, Jan Faktor, Sherko Fatah, Ota Filip, Zsuzsanna Gahse, Gabriel Laub, Libuše Moníková (→ *Die Fassade*, 1987), Andreas Okopenko, Aras Ören, Oskar Pastior (→ *Das Hören des Genitivs – Poetische Texte*, 1997), Gaston Salvatore, Richard Wagner.

2001
Thomas Lehr

* 22.11.1957 in Speyer. 1979–83 Studium (Mathematik, Physik) in Berlin, bis 1999 EDV-Spezialist (Bibliothek) an der FU Berlin, seitdem lebt er als freier Schriftsteller in Berlin.

Frühling

Novelle.

In 39 rückläufig nummerierten Kapiteln schildert der Ich-Erzähler Christian Rauch die letzten 39 Sekunden seines Lebens, das er mit einem Pistolenschuss beendet hat. Es handelt sich dabei um einen inneren Monolog, fast schon einen Bewusstseinsstrom, durch den der sprachliche Ausdruck – teilweise gegen die Regeln von Syntax und Interpunktion – fragmentiert wird. Aus den Bruchstücken ergibt sich allmählich ein Rückblick auf 40 Jahre eines missglückten Lebens, v. a. auf die Kindheit und den Bruder Robert, der als 17-Jähriger Selbstmord beging. Im Mittelpunkt steht eine dunkel erinnerte Szene, die den Grund andeutet: Ein ehemaliger KZ-Häftling ›stellt‹ den Vater, der SS-Arzt bei grausamen Menschenexperimenten war, im Garten, indem er anklagend wie zum Appell stramm steht. Was von den Eltern verschwiegen worden war, ist dadurch aufgebrochen und hat schließlich die Kinder gemordet: Robert forschte nach und brachte sich drei Jahre später um, Christian verdrängte zunächst (»ich bin immer nur weggelaufen«) und ist ihm schließlich doch nachgestorben. Das Titelwort ist das letzte Wort und ein Synonym für den ersehnten Tod.

Rezeption: L.s novellistische Erzählkunst (›unerhörte Begebenheit‹) wurde in der Kritik mit H. v. Kleist verglichen: »Lehr ist ein Wagnis eingegangen, und es ist ihm vollkommen gelungen« (I. Gleichauf).

Weitere Romane: *Nabokovs Katze* (1999), *'42* (2005).

2001
Winfried Georg Sebald

Biogr.: → 1992

Austerlitz

Roman.

Der Ich-Erzähler lernt 1967 in Belgien den pensionierten Architekturhistoriker Jacques Austerlitz kennen und begegnet ihm in der Folgezeit bis 1996 des Öfteren wieder. Im Fortgang dieser zufälligen Treffen, deren intensive Gespräche über Stadtarchitektur und Geschichte seit dem 19. Jh. referiert werden (»sagte Austerlitz«), enthüllt sich Austerlitz' tragische Lebensgeschichte: Er war als 4-jähriges jüdisches Findelkind 1938 von Prag nach England geschickt worden und hatte erst als 15-jähriger Jugendlicher seinen wahren Namen erfahren. Doch blieb er sich und dem Land fremd und mied zunächst die weiteren Fragen nach seiner Identität, die er nun im Alter umso stärker sucht. Über den berichtenden Ich-Erzähler, dessen eigene Auswanderung nach England 1970 sich indirekt mit Austerlitz' Biographie verknüpft, erfährt man, wie Austerlitz nach Prag und danach nach Paris reist, mithilfe seines Kindermädchens die Spuren seiner Mutter (die in Theresienstadt umkam) und seines Vaters (der aus Frankreich deportiert wurde) findet und damit ein wenig mehr weiß, wer er selbst ist.

Die melancholische Botschaft des am Schluss offenen Berichts lautet, dass die Anstrengung, die Toten nicht in Vergessenheit geraten zu lassen, vergeblich sein könnte angesichts der permanenten Zerstörungen im 20. Jh. S. verarbeitete für Austerlitz' Biographie – ohne Namensnennung – die Lebensgeschichte der Susi Bechhöfer, die 1938/39 mit einem jüdischen Kindertransport nach England kam und erst in den 1980er Jahren ihre wahre Identität erfuhr.

Rezeption: Das Buch (Bremer Literaturpreis 2002) brachte S. in Deutschland den großen Erfolg, den er in England schon mit seinem früheren Werk erreicht hatte. Der allzu frühe Tod beendete S.s Weg zu einem der bedeutendsten dt.sprachigen Schriftsteller der Gegenwart.

Weiteres Werk: *Campo Santo* (postum 2003).

2001
Peter Waterhouse

* 24.3.1956 in Berlin, als Sohn eines brit. Offiziers zweisprachig aufgewachsen. Nach dem Studium (Germanistik, Anglistik; Promotion 1984) in Wien seit 1979 freier Schriftsteller und Übersetzer; lebt in Wien und in Kärnten.

Prosperos Land

Gedichte.

W.s Lyrik (*MENZ*, 1984; *passim*, 1986) gehört in den Umkreis des → *sprachexperimentellen Schreibens nach 1970*, sucht aber zugleich den Ort poetischen Sprechens in der Spur P. Celans (→ *Das lyrische Werk*, 1971). Der ›Sinn‹ seiner Texte liegt jenseits der Bedeutung, die konventionelle Sprache fixiert; sie sind – so betrachtet – sinnlos und damit Ausdruck einer Umwandlung, durch die der poetische Satz offen wird, d. h. »durchflüstert von einem anderen Satz; auch durchflüstert von falscher Übersetzung« (W.). Und doch ist die Rede nicht unverständlich: So wie der Titel mit seiner Anspielung auf Shakespeares Schauspiel *Der Sturm* (entst. 1610/11) den Zusammenhang von Verbrechen, Zuflucht auf einer Insel und Sühne evoziert, sind die Texte Zeichen einer Wanderung von Kärnten über Slowenien ins Friaul – verknappte, zumeist dreizeilige Wegmarken, japanischen Haikus ähnlich, die zu keinem Ziel führen, sondern ein Ruhen von Zeit und Sein notieren: »Da träumt alterlos/ gesund schön groß rubindurchschimmert/ durchsichtig Licht schneeig und überall.«

Rezeption: W., dessen lyrisches Werk stetig an Resonanz gewinnt, erhielt 2004 den erstmals vergebenen H. C. Artmann-Preis.

Weitere Werke: *Sprache Tod Nacht Außen* (Gedicht-Roman, 1989), *(Krieg und Welt)* (Roman, 2006).

2002
Günter Grass

Biogr.: → 1959

Im Krebsgang

Novelle.

Am 30.1.1945 wurde das Flüchtlingstransportschiff »Wilhelm Gustloff« von russischen Torpedos in der Ostsee versenkt. An Bord befanden sich über 10 000 Menschen, von denen 1200 überlebten. Der Untergang des Schiffes ist der zentrale Bezugspunkt der Novelle: Der fiktive Erzähler, der Journalist Paul Pokriefke, geboren auf der »Wilhelm Gustloff« am Tag ihres Untergangs, wird von seiner Mutter »Tulla« Pokriefke (bekannt aus G.' Novelle → *Katz und Maus*, 1961, und seinem Roman → *Hundejahre*, 1963) sowie von einem »Alten« (hinter dem sich G. selbst verbirgt) dazu veranlasst, Geschichte und Untergang der »Gustloff« darzustellen. Paul erzählt

»schrägläufig der Zeit«, nach »Art des Krebses«, vom Namengeber des Schiffes, einem Naziführer in der Schweiz, sowie von dessen Mörder, dem jungen Juden David Frankfurter. Gustloff wird seit dem Mord 1936 als ›Blutzeuge‹ geehrt, damals von den Nationalsozialisten, heute von den Neonazis. Zu Letzteren gehört auch Pauls Sohn Konny, der aus Rache für Gustloffs Ermordung zum Mörder an seinem Chat-Partner David (Wolfgang) wird, der sich als Jude ausgegeben und Frankfurters Tat verteidigt hat. Konnys neonazistische ›Verirrung‹ und Wolfgangs philosemitischer ›Wahn‹ werden gleichgesetzt.

Der Untergang der »Gustloff« wird zum Sinnbild des Untergangs einer Epoche, in der in und von Deutschland ausgehend Verbrechen in bis dahin unvorstellbarem Ausmaß stattfanden. Der Geist dieser Zeit, der am Ende das Elend der deutschen Flüchtlinge hervorrief, ist nach G. keineswegs verschwunden: »Nie hört das auf.«

Rezeption: Die Novelle war der Jahresbestseller 2002. Sie gehört in den Kontext einer (nicht erst) seit den späten 1990er Jahren geführten Debatte über Leid und Schuld, in der die Deutschen als Opfer von Luftkrieg, Flucht und Vertreibung thematisiert wurden. Die Novelle erhielt große Zustimmung, G. wurde aber auch vorgeworfen, er habe die Deutschen von einem Täter- zu einem Opfervolk umstilisiert. ↘ Der Hörverlag (2002).

Weiteres Werk: *Beim Häuten der Zwiebel* (Autobiogr., 2006).

2003
Tanja Dückers

* 25.8.1968 in Berlin. 1988–96 Studium (Amerikanistik, Germanistik) in Berlin, ab 1995/97 Journalistin und freie Schriftstellerin; lebt in Berlin.

Himmelskörper

Roman.

Der Roman ist parallel zu G. Grass' Novelle → *Im Krebsgang* (2002) entstanden, unterscheidet sich aber beträchtlich von ihr: Die Ich-Erzählerin Freia, 1968 geboren, berichtet im Jahr 1999 von der Flucht ihrer Großmutter mit ihrer 1940 geborenen Tochter Renate (Freias Mutter) aus Gotenhafen (Gdynia), die per Schiff 1945 im letzten Augenblick glückte. Bei ihren Nachfragen zu den Erzählungen der Großeltern stellt sich heraus, dass diese überzeugte Nazis waren und der Kampf um die letzten Plätze auf dem rettenden Minensuchboot nur deswegen erfolgreich war, weil die kleine Renate eine andere Frau und deren Kind (die dann mit der »Gustloff« untergingen) denunziert und die Großmutter dazu geschwiegen hatte. Wegen dieser ›unschuldigen Schuld‹ brachte sich Renate, in heftiger Opposition zu ihren Eltern, später um. Freia selbst will weder mit einer Lebenslüge leben noch ihrer Mutter nachfolgen: Sie geht als Angehörige der Enkel-Generation anders mit der Vergangenheit um, denn sie will genau wissen, was war und inwiefern Leid mit Schuld vermischt war.

D. gelingt es, anders als Grass, dem keineswegs tabuierten Thema von Flucht und Vertreibung (→ *›Vergangenheitsbewältigung‹ nach 1945*) in seiner Verflechtung von Opferschicksal und Täterverantwortung gerecht zu werden, d. h. die »Trauer um den Verlust von Angehörigen und Heimat [...] mit der Reflexion der deutschen Schuld« (St. Braese) zu verbinden.

Rezeption: Der Roman erhielt vom meinungsführenden Feuilleton fast durchweg schlechte Kritiken – Urteile, die (auch im Vergleich zu G. Grass) noch nicht das letzte Wort gewesen sein dürften.

Weiterer Roman: *Der längste Tag des Jahres* (2006).

2003
Undine Gruenter

* 27.8.1952 in Köln. Nach dem Studium (Jura, Literaturwissenschaft, Philosophie) in Heidelberg, Bonn, Wuppertal lebte G. ab 1987 als freie Schriftstellerin in Paris. † 5.10.2002 in Paris.

Sommergäste in Trouville

Erzählungen.

Trouville, ein seit dem 19. Jh. v. a. bei Feriengästen aus Paris beliebtes Seebad in der Normandie, sowie seine nähere Umgebung sind Schauplatz der in den 15 Erzählungen von unterschiedlichen Erzählern geschilderten Ereignisse. Erzählzeit ist die Gegenwart um 2000, und zwar überwiegend die Zeit der Vor- oder Nachsaison. Alle Erzählungen sind handlungsarm: Es geht v. a. um die subtile Beschreibung von Zuständen, von Räumen (selten Landschaften) und seelischen Befindlichkeiten überwiegend gebildeter, wohlhabender Urlauber oder Residenten aus Paris. Die Texte sind durchzogen von einem Grundton leichter Schwermut und Melancholie, sie erwecken – trotz Zeitbezugs – den Eindruck von Zeitlosigkeit und vermitteln eine Realität, die sich häufig mit Phantasiewelten zu vermischen scheint. Trouville und sein Badeleben spielen keine Rolle, es geht um Vergangenes (nie um die Zukunft), das die Gegenwart prägt.

G. lässt – unbeschadet der zeitlichen Distanz – ein Lebensgefühl der Belle Epoque (→ *Fin de Siècle*) entstehen, das unterschwellig vom Bewusstsein der Vergänglichkeit und der Vergeblichkeit dauerhafter Liebesbindung bestimmt ist.

Rezeption: Thematik sowie eine dem Frz. angepasste Leichtigkeit der Erzählweise und sprachlichen Gestaltung waren zur Zeit der Veröffentlichung der Erzählungen im dt. Sprachraum ungewöhnlich und machten das Werk zum größten Erfolg der Autorin.

Weitere Erzählungen: *Das gläserne Café* (1991), *Der verschlossene Garten* (Roman, postum 2004).

2003
Stephan Wackwitz

* 20.11.1952 in Stuttgart. Nach dem Studium (Germanistik, Geschichte) in München und Stuttgart (Promotion 1982) bis 1984 Lektor am King's College in London, seit 1985 an verschiedenen Goethe-Instituten (Neu-Delhi, Tokio, München, Krakau; lebt in Krakau.

Ein unsichtbares Land

UT: *Familienroman*

Roman.

Eine 1939 konfiszierte, 1993 wiedererlangte Kamera lässt den Erzähler W. hoffen, auf dem alten Film Bilder seiner bewegten Familiengeschichte zu finden. Zwar ist der Film verdorben, doch der Prozess der Erinnerung, v. a. an den Großvater, ist trotzdem in Gang gesetzt. Das ›unsichtbare Land‹ ist dabei nicht nur die von diesem erlebte und beschriebene Vergangenheit, die ihn mehr oder weniger zufällig zum Augenzeugen historischer Brennpunkte und Personen machte (Leutnant im Ersten Weltkrieg, Teilnahme am Kapp-Putsch 1920, 1921–33 Pfarrer in der Nähe von Auschwitz, bis 1939 in Südwestafrika tätig, Internierung in Kanada, nach 1945 Superintendent in Luckenwalde, wo er den jungen R. Dutschke kannte); es ist v. a. eine Erkundung des eigenen (linksintellektuellen) Werdegangs, die der Enkel W. vornimmt in der fiktiven Befragung des Großvaters nach dem, was dieser konservative Patriot beharrlich verdrängte. Insofern hat W. nicht bloß als einen Familienroman geschrieben, sondern einen gegenläufigen Geschichtsroman über die 1. Hälfte des 20. Jh., kritisch betrachtet vom Ende der 2. Hälfte her. Eine (weniger kritische) Fortsetzung folgte mit *Neue Menschen* (2005).

Rezeption: Der Roman erhielt in der Kritik große Zustimmung.

Weitere Romane: *Walkers Gleichung* (1996), *Die Wahrheit über Sancho Pansa* (1999).

2003
Christa Wolf

Biogr.: → 1963

Ein Tag im Jahr

UT: *1960–2000*

Tagebuch.

W.s Tagebuchaufzeichnungen, jeweils am 27. September eines jeden Jahres über diesen Tag niedergeschrieben, umfassen mit ihren 41 Einträgen fast die gesamte 2. Hälfte des 20. Jh., die sie als Bürgerin der DDR und zuletzt des vereinten Deutschland erlebt hat: Sie nahm Anteil an der Entwicklung der DDR bis zu deren Ende, war – obwohl privilegiert – staatlichen Pressionen ausgesetzt, weil sie für einen humanen Sozialismus eintrat, der die Verwirklichung einer ›subjektiven Authentizität‹ ermöglichen sollte: »Ich bestehe auf menschliche Autonomie, die der einzelne nicht an eine übergeordnete Organisation mit ihrem Allmachtsanspruch abtreten darf, ohne seine Persönlichkeit zu zerstören.« Das war auch W.s dichterisches Projekt – ein Konzept, das zunehmend in die Krise geriet.

Das Tagebuch ist ein einzigartiges Dokument (nicht nur im Hinblick auf die politische Entwicklung W.s und der DDR), sondern weil W. hier auch über das Zusammenwirken von künstlerischer Produktion und Alltagsleben einer Schriftstellerin (als Ehefrau, Mutter, Hausfrau, Freundin und Beraterin vieler Menschen) berichtet. Der Leser wird damit Zeuge persönlicher Krisen, von Zweifeln an sich selbst und ihrem Werk. Der Neigung, Autobiographisches in ihr Werk einzubringen (Schreiben ist für sie immer auch Selbsterfahrung und Selbsterkundung) folgt W. hier in radikal offener Weise, so dass das ›Ich‹ »sich ungeschützt darstellt und ausliefert – auch jenen Blicken, die nicht von Verständnis und Sympathie geleitet sind« (W.).

Rezeption: Die Autobiogr. in Tagebuchform wurde wegen ihrer Authentizität als Lebensdokument einer dt. Schriftstellerin in der 2. Hälfte des 20. Jh. gewürdigt. ⍀ Random House Audio (2004).

Weiteres Werk: *Mit anderem Blick* (Erzählungen, 2005).

2004
John von Düffel

* 20.10.1966 in Göttingen. 1985–89 Studium (Philosophie, Promotion 1989) in Stirling (Schottland) und Freiburg/Breisgau, ab 1991 Dramaturg in Stendal, Oldenburg, Basel, Bonn und seit 1998 in Hamburg.

Houwelandt

Roman.

D. hat sich zunächst als Hörspielautor und dann v. a. als Dramatiker mit zeitnahen Stücken einen Namen gemacht (*Solingen*, 1996; *Born in the R.A.F.*, 1999; *Rinderwahnsinn*, 1999; *Elite I.1*, 2002). Als Prosaautor debütierte er mit dem Roman *Vom Wasser* (1998). *Houwelandt* ist die Geschichte einer Familie, deren drei Generationen in den vier Einzelgestalten Großvater Jorge, Ehefrau Esther, Sohn Thomas und Enkel Christian (jeweils in erlebter Rede) zu Wort kommen: Ausgehend von der Frage, ob und wie dem Familienpatriarchen ein Fest zum 80. Geburtstag bereitet werden soll, das die aus einander Fremden bestehende Familie wieder versöhnen soll, enthüllt D. die »Verlegen- und Verlogenheiten eines Wiedersehens, das in Wirklichkeit keines war« (D.). Das Spektrum der vier Innenansichten verdeutlicht die »Lähmungen der Leere« (D.), lässt aber am Schluss dieses (Problem-)Familienromans, wenn auch wenig überzeugend, Raum für die Hoffnung, dass

statt Härte, Schweigen und Verdrängen endlich auch Liebe füreinander gezeigt werden kann.
Weitere Romane: *Zeit des Verschwindens* (2000), *EGO* (2002), *Beste Jahre* (2007).

2004
Christoph Hein

Biogr.: → 1982

Landnahme

Roman.
Der 10-jährige Bernhard Haber kommt 1950 mit seinen aus Schlesien vertriebenen Eltern in die (fiktive) sächsische Kleinstadt Guldenberg. Sein Lebensweg in der DDR bis nach der Wende 1989 wird aus der Sicht von zwei Männern und drei Frauen, Wegbegleiter Habers, geschildert: Während seiner Schulzeit gilt er als Fremder, der lernen muss, sich zu wehren und sich durchzusetzen. Danach beginnt er eine Tischlerlehre und verdient später als heimlicher Fluchthelfer sein Geld, ohne von seinem Kompagnon verraten zu werden. Als Tischlermeister findet Haber Aufnahme im Kreis der Selbständigen des Ortes, die auch nach der Enteignung und nach der Wende entscheidenden Einfluss auf die Geschicke des Ortes haben.
Ablehnung und Ausgrenzung der zugewiesenen Vertriebenen aus dem Osten durch die heimische Bevölkerung (die Habers galten als ›Pollacken‹) war, zumal in der DDR, ein Tabu-Thema. H. zeigt, dass die Diskriminierung von Fremden ein vom politischen System unabhängiges und bis in die unmittelbare Gegenwart reichendes Phänomen ist: Der durch Anpassung zu Reichtum und Einfluss gelangte Vertriebene Haber erweist sich selbst als Fremdenfeind. Der Roman schildert in fünffacher Perspektive Habers Lebensgeschichte die schwierige ›Landnahme‹ in der neuen Heimat. Er liefert damit zugleich ein Bild von 40 Jahren Alltagsleben, in dem sich die Geschichte dieses Staates spiegelt: »eine bedeutende Chronik des Lebens in der DDR« (W. Emmerich).
Rezeption: In der Kritik wurde H. für die Behandlung eines lange verschwiegenen Themas (die nur widerwillige Aufnahme der Vertriebenen) gelobt.
Weitere Romane: *In seiner frühen Kindheit ein Garten* (2005), *Frau Paula Trousseau* (2007).

2004
Terézia Mora

* 5.2.1971 in Sopron (Ungarn). 1990 Übersiedlung nach Berlin, danach Studium (u. a. Theaterwissenschaft), 1997 Diplom der Film- und Fernseh-Akademie in Berlin; lebt seit 1998 als freie Schriftstellerin und Übersetzerin in Berlin.

Alle Tage

Roman.

Der Titel zitiert I. Bachmanns Gedicht *Alle Tage* (1953) und überträgt so in den gegenwärtigen Alltag, was dort für den Weltzustand formuliert worden war: »Der Krieg wird nicht mehr erklärt, sondern fortgesetzt.« M. schildert in ihrem sehr erfolgreichen Romandebüt, wie die Hauptfigur Abel Nema aus einem jugoslawischen Provinznest, vor Bürgerkrieg und privaten Katastrophen fliehend, gen Westen aufbricht, sich in der Großstadt B. (Berlin) mit viel Glück durchschlägt und dennoch scheitert: am immer noch vorhandenen Ost-West-Gegensatz, am Migrantenschicksal der Heimatlosigkeit, an seiner Liebes- und Lernunfähigkeit, die Abel vereinsamt und sprachlos macht, obwohl er zehn Sprachen beherrscht. M. erzählt ihren »Roman über das Fremde« (P. Jandl) kraftvoll, stilsicher und poetisch.

Rezeption: Der Roman wurde 2005 mit dem Preis der Leipziger Buchmesse ausgezeichnet.

Weiteres Werk: *Seltsame Materie* (Erzählungen, 1999).

2005
Daniel Kehlmann

* 13.1.1975 in München. 1993–99 Studium (Philosophie, Germanistik) in Wien, wo er bereits seit 1981 lebt.

Die Vermessung der Welt

Roman.

1828 treffen sich in Berlin der fast 60-jährige A. von Humboldt, weltberühmter Naturforscher und weitgereister Geograph, ein Universalgenie, und der etwas jüngere C. Fr. Gauß, der genialste Mathematiker und Astronom seiner Zeit. Es sind herausragende geistige Repräsentanten des späten 18. Jh., jeder auf seine Weise ein Genie, das sich um die ›Vermessung‹ der Welt verdient gemacht hat. K. entwirft ein literarisches Porträt der beiden, dem Fakten über Lebenslauf und Werk zugrunde liegen, die er aber durch Fiktion ergänzte und – in seinem Sinne – vervollständigte. So tritt Humboldt als ein von Forschungs- und Entdeckergeist Besessener auf, der keine Leiden und Opfer scheut. Sein Gegenbild ist Gauß, der die Welt nicht erleben, sondern nur berechnen will, den Göttinger Alltag und das Reisen hasst, die Ehe als Last empfindet und Lust im Bordell sucht.

Durch Einbeziehung des Menschlich-Allzumenschlichen (Spleens, charakterliche Absonderlichkeiten und in Anbetracht ihrer Größe lächerlich wirkende Schwächen) schafft der Roman – nicht ohne Ironie – Distanz zu diesen Ausnahmemenschen und vermeidet dabei jede Art von Heroisierung. Distanz schafft auch die durchgehende Verwendung der indirekten anstelle der direkten Rede. Deutlich wird in diesem »Alterswerk eines jungen Schriftstellers«: »Der Mensch, der die Natur vermessen will, bleibt eben immer auch Teil der Natur« (M. Lüdke).

Rezeption: Der Buch gehört zu den erfolgreichsten Romanen in der Bundesrepublik.

Weitere Romane: *Mahlers Zeit* (1999), *Ich und Kaminski* (2003).

2005
Jochen Missfeldt

* 26.1.1941 in Satrup bei Schleswig. Nach Fliegerausbildung bis 1982 Starfighter-Pilot bei der Bundeswehr, danach Studium (Musikwissenschaft, Philosophie, Volkskunde) in München und Kiel; lebt seit 1985 als freier Schriftsteller in Nordfriesland.

Steilküste

UT: *Ein See- und Nachtstück*

Roman.

Dem Roman liegt ein historisch belegter Vorgang zugrunde: die Fahnenflucht von zwei Marinesoldaten unmittelbar vor Kriegsende in Dänemark, ihre Festnahme, Verurteilung zum Tode und Erschießung am 10. Mai 1945 auf einem Schiff vor der Steilküste der Geltinger Bucht. M. versucht die Frage zu klären, wie es zu diesem unmenschlichen Urteil (das durchaus kein Einzelfall war) kommen konnte, mit dem das Leben von zwei Menschen, deren Lebensweg der Roman nachzeichnet, noch nach Kriegsende ausgelöscht wurde, obwohl Milde hätte walten können: Der Richter, der sich stets als Christ ausgab, war stolz auf seine ›Pflichterfüllung‹ bis über das Kriegsende hinaus und zeigte auch später kein Unrechtsbewusstsein.

M. schildert, ohne wertend ausdrücklich Stellung zu beziehen, unter welchen Bedingungen und wie leicht christliche, humanistische Überzeugungen mit menschenverachtender Ideologie vereinbart und die Ideale der Humanität aufgegeben werden können. Durch Wechsel der Erzählperspektive, chronologische Verschachtelung, Verwendung von Auszügen aus Briefen, Tagebüchern, Gerichtsprotokollen gelang ihm ein durch seine Sachlichkeit eindringliches und in der Verbindung von Dokumentation und Fiktion zugleich sehr poetisches Werk.

Rezeption: Der Roman erreichte in kurzer Zeit 3 Auflagen.

Weitere Romane: *Solsbüll* (1989), *Gespiegelter Himmel* (2001).

2005
Martin Mosebach

* 31.7.1951 in Frankfurt/Main. 1979 Abschluss des Jurastudiums, lebt seit 1980 als freier Schriftsteller in Frankfurt.

Das Beben

Roman.

Der Ich-Erzähler des Romans, ein Architekt, übernimmt einen Auftrag in Asien, um seine ihm untreu gewordene Geliebte Manon zu vergessen: In einer abgelegenen Provinz Indiens soll er, der Spezialist für Schlossumbau, einen Palast in ein Hotel verwandeln. Der Schlossherr ist ein aus einem jh.ealten Geschlecht stammender, völlig verarmter König, der an uralten Traditionen festhält und der Meinung ist, dass Erdbeben Folge der Demokratisierung sind. Plötzlich erscheint Manon auf der Bildfläche, der König verliebt sich in sie, doch ein Schlaganfall tötet ihn. Ich-Erzähler und Manon kehren daraufhin an den Ort zurück, an dem ihre schwierige Beziehung begann.

M. demonstriert, Romanhaftes und Essayistisches vermischend, ein umfassendes geistes- und kulturgeschichtliches Wissen. Bei ihm, dem Wertkonservativen, Anti-Utopisten und »katholischen Melancholiker« (W. Schütte), erscheinen die westliche Welt der Aufklärung, der Technik und des Fortschritts und die mit uralten Traditionen verbundene Kultur Indiens zwar weder als Gegen- noch als Komplementärwelten, doch der modernekritische Grundzug ist unverkennbar: M. erweist sich als ihr skeptischer, ironisch amüsierter Beobachter.

Rezeption: Seine Lesergemeinde verdankt M. seiner Neigung, allen Innovationen der ästhetischen Moderne zum Trotz, eine Erzählweise zu pflegen, die in der literarischen Tradition des 19. Jh. verankert ist, was von den einen als »altmodische Eleganz« (K. Maidt-Zinke) goutiert, von den anderen als »schön marmorierter Gips« (S. Löffler) kritisiert wird.

Weitere Romane: *Westend* (1992), *Die Türkin* (1999), *Eine lange Nacht* (2000), *Der Nebelfürst* (2001), *Der Mond und das Mädchen* (2007).

2006
Katharina Hacker

* 11.1.1967 in Frankfurt/M. 1986–90 Studium (Philosophie, Geschichte, Judaistik) in Freiburg, 1990–96 in Tel Aviv Weiterstudium, Tätigkeit als Dt.lehrerin. 1996 Rückkehr nach Deutschland, lebt als freie Schriftstellerin in Berlin.

Die Habenichtse

Roman.

Isabelle und Jakob, beide berufstätige Mittdreißiger, treffen sich 10 Jahre nach ihrem Studium am 11. September 2001 in Berlin wieder. Der Unglückstag ist (anscheinend) ihr Glückstag: Sie verlieben sich, heiraten, ziehen nach London und genießen ihr wohlsituiertes Leben. Doch was sich so perfekt anlässt, hat von Anfang an einen Sprung, der immer größer wird: Beide bleiben – trotz Ehe – Singles, sie sind ohne soziale Empathie und da-

her die eigentlichen ›Habenichtse‹ neben den deklassierten Wohnungsnachbarn, auf deren Elend (Drogen, Kindesmissbrauch, Gewalt) sie gleichgültig reagieren. Ihre innere Ziellosigkeit korrespondiert dabei mit vielfältigen Alltagsszenen aus dem Londoner Alltag, der geprägt ist von der Vorbereitung auf den Irak-Krieg.
Wie die beiden von all dem nichts begreifen, beschreibt K. auf multiperspektivische Weise, ohne explizite Wertung und mit offenem Schluss: ein (Golf-)Generationenporträt, das zugleich ein Porträt der ersten Dekade des neuen Jh. ist.

Rezeption: Für den Roman erhielt H. 2006 den Dt. Buchpreis.
Weitere Romane: *Der Bademeister* (2000), *Eine Art Liebe* (2003).

2006
Ernst-Wilhelm Händler

* 26.3.1953 in München. Nach dem Studium (Wirtschaftswissenschaften, Philosophie) in München 1980 Promotion, seitdem geschäftsführender Gesellschafter eines Familien-Industriebetriebes in Cham; lebt in Regensburg und München.

Die Frau des Schriftstellers

Roman.
Dass ein bundesdeutscher Schriftsteller zugleich Industrie-Unternehmer ist, dürfte ebenso ungewöhnlich sein wie der umgekehrte Fall. H. vereint beide Tätigkeiten und das macht ihn – wenigstens als Schriftsteller – zu einem Außenseiter: Er kennt die Innenwelt des Wirtschaftslebens ebenso wie die Außenwelt des Literaturbetriebs. Er ist also ein doppelter Produzent im Umgang mit Geld und mit Sprache, wie schon die beiden Romane *Fall* (1997) und *Wenn wir sterben* (2002) zeigten.
Mit *Die Frau des Schriftstellers* wechselte H. vom Machtkampf im Unternehmen zum Machtkampf in der Literaturbranche (in der die Frankfurter Verlagsszene unschwer zu entschlüsseln ist): So wie dort um Ressourcen und Marktanteile gerungen wird, tobt hier zwischen zwei Schriftstellern und einer Frau (die ebenfalls Schriftstellerin ist) ein intrigenreicher Kampf um die Ressource, aus der ein Autor schöpfen kann – seine Biographie und seine (literarische) Identität: Der Ich-Erzähler, der für viel Geld das Buch eines Konkurrenten weiterschreiben soll, entdeckt, dass dieses Buch sein eigenes Leben beschreibt und umdeutet, d. h. die beabsichtigte Aneignung des Anderen wird zur erlittenen Enteignung des Selbst. Wie das erzählerisch entfaltet wird, ist die Kunst des Autors H., die »in der Tradition der klassischen Moderne« (P. Michalzik) steht.

Rezeption: H. erhielt v. a. für diesen Roman 2006 den H.-E.-Nossack-Preis des Kulturkreises der dt. Wirtschaft.
Weitere Romane: *Kongress* (1996), *Sturm* (1999).

2006
Thomas Hettche

* 30.11.1964 in Treis bei Gießen. 1984–1991 Studium (Germanistik, Philosophie; Promotion 1999) in Frankfurt/Main, seit 1996 freier Schriftsteller; lebt in Frankfurt.

Woraus wir gemacht sind

Roman.

Der Schriftsteller Niklas Kalf fliegt 2002 mit seiner Frau Liz in die USA, um die Witwe des jüdischen Physikers Eugen Meerkaz zu treffen, die bei ihm eine Biographie ihres Mannes in Auftrag gegeben hat. Kaum in New York angekommen, wird Liz entführt und Kalf erpresst, bestimmtes Material über Meerkaz zu beschaffen, das mit dessen Raketenforschung sowie mit finsteren Sex-Ritualen zusammenhängt. Die Suche danach führt Kalf nicht nur quer durch die Staaten, sondern auch ins eigene Innere, dessen Widersprüche (Sex, Gewalt, Fremdheit) auf eigenartige Weise mit den im Irak-Vorkriegszustand befindlichen USA korrespondieren.

Der kalkuliert geschriebene Roman ist vieles: ein Thriller, eine road story, eine Film-Vorlage für Hollywood, ein postmoderner Unterhaltungsroman mit (Medien-)Zitaten, »ein Roman über die Bilder, die unsere Phantasie bestimmen« (V. Auffermann), vielleicht auch ein charakteristischer Gegenwartsroman – wenigstens ist er aus diesen Zutaten ›gemacht‹, wenn auch der Titel auf höhere Bedeutung zielt.

Rezeption: Der Roman stieß in der Kritik auf ein sehr geteiltes Echo.

Weitere Romane: *Ludwig muß sterben* (1989), *Nox* (1995), *Der Fall Arbogast* (Kriminalroman, 2001).

2006
Judith Kuckart

* 17.6.1957 in Schwelm (Westfalen). Nach dem Studium (Literatur- und Theaterwissenschaften) in Köln und Berlin Tanzausbildung in Düsseldorf. 1986–98 Leitung des Tanztheaters Skoronel in Berlin; lebt als Schriftstellerin und Regisseurin in Zürich und Berlin.

Kaiserstraße

Roman.

In einer Wohnung der Kaiserstraße in Frankfurt/Main wurde 1957 die prominente Edel-Prostituierte Rosemarie Nitribitt ermordet. In der Kaiserstraße in Barmen wohnte lange Zeit der Handelsvertreter Leo Böwe, dessen Lebensweg K. parallel zur Zeitgeschichte darstellt, konzentriert auf 5 Stichjahre, die für die Bundesrepublik wie für Böwe bedeutungsvoll waren: Neben dem Todesjahr der Nitribitt sind es 1967 (Beginn der Studentenbewegung), 1977 (Ermordung H. M. Schleyers durch die RAF), 1989 (Mauerfall), 1999 (Jt.wende). Böwe war beruflich und später auch politisch erfolgreich, aber letztlich ein provinzieller Spießer. Gleichwohl war sein Leben bestimmt durch seine Leidenschaft für die Nitribitt, deren Leben und Ermordung in der Adenauer-Ära als Inbegriff des Amoralischen skandalisiert wurde, die aber zugleich Zielpunkt einer unstillbaren Sehnsucht nach einem in der bundesdeutschen Gesellschaft unerreichbaren Glück war. K. schildert die Folgen dieser Sehnsucht, deren Ursache nicht benannt werden.

Rezeption: Der Roman fand wegen seiner an Filmtechnik erinnernden Erzählweise und der Kunst, anschaulich und detailreich wechselnde Atmosphäre und sich veränderndes Lebensgefühl in der Geschichte der Bundesrepublik darzustellen, eine insgesamt – wenn auch wegen stilistischer Probleme nicht unumstrittene – positive Beurteilung.

Weitere Romane: *Wahl der Waffen* (1990), *Der Bibliothekar* (1998), *Lenas Liebe* (2002), *Die Autorenwitwe* (Erzählungen, 2003).

2007
Julia Franck

* 20.2.1970 in Berlin (DDR). 1978 Ausreise in die Bundesrepublik. Nach dem Studium (Amerikanistik, Germanistik) in Berlin ab 1991 verschiedene Tätigkeiten; lebt als freie Schriftstellerin in Berlin.

Die Mittagsfrau

Roman.

Der »Prolog«, der den Roman eröffnet, ist eigentlich ein Epilog, denn über das, was er Unerhörtes mitteilt, versuchen die nachfolgenden 400 Seiten einen Aufschluss zu geben: Eine Mutter, 1945 auf der Flucht aus Stettin, lässt ihren 7-jährigen Sohn im Strom der Flüchtlinge im Stich – absichtlich. F. schildert in eigentümlicher Distanz ein Frauenleben von der Kindheit mit der geliebten Schwester im Ersten Weltkrieg in der Lausitz, der ersten Liebe als Krankenschwester im Berlin der 1920er Jahre und dem Unfalltod des Geliebten bis zur Vernunftehe 1936 mit einem Nazi-Mann, der sie und den Sohn Peter bald verließ, obwohl er ihr als (Halb-)Jüdin eine falsche arische Identität besorgt hatte, mit der sie die Kriegszeit überlebte. Helene – so ihr Name – hatte alle Anlagen zu einer selbständigen Frau voller Tatkraft und Liebe, doch die widrigen Umstände (Elternhaus), die Zeitläufe (Krieg, Armut, Verfolgung) und nicht zuletzt die sexistische Gewalt von Männern haben sie zum Opfer gemacht: Wie zuvor schon die Mutter ist sie »am Herzen erblindet«, aufgespalten in eine, die den Sohn nicht lieben kann, und eine, die sich gleichzeitig in ihrer Arbeit als Krankenschwester aufopfert. Sie ist eine ›Mittagsfrau‹, ein Wesen, das einer sorbischen Sage zufolge Böses und

Gutes bringt. Der »Epilog« erzählt nicht nur den 1955 scheiternden Versuch eines »Wiedersehens« zwischen Mutter und Sohn, sondern deutet voraus, dass auch Peter für sein restliches Leben gezeichnet bleiben wird.

Rezeption: Für den Roman (Auflage über 100 000 Exemplare) erhielt F. 2007 den Dt. Buchpreis. ⁍ (gekürzt): Der Hörverlag (2007).
Weitere Romane: *Liebediener* (1999), *Lagerfeuer* (2003).

2007
Peter Kurzeck

* 10.6.1943 in Tachau (Böhmen). Lebte bis 1977 in Staufenberg (Hessen, bis 1971 beschäftigt bei der US-Army), seitdem in Frankfurt/Main und Uzès (Frankreich).

Oktober und wer wir selbst sind

Roman.

Der Roman ist der 4. Teil eines auf 7 Bände angelegten autobiographischen Zyklus' über das Jahr 1984 in Frankfurt – doch das Jahr ist keine Reverenz an G. Orwells *1984* (1949), sondern ein privates Datum. Allerdings will K. keine Trennung des Persönlichen vom Gesellschaftlichen gelten lassen, und so schreibt er von sich, seinen Beobachtungen und Wahrnehmungen, ohne Absätze, ohne richtige Handlung und in oft unvollständigen Sätzen wie mit sich selbst sprechend, in obsessiver Akribie sich alles merkend, ein »Sisyphos der Erinnerung im Kampf mit der Zeit« (J. Magenau), deren Verrinnen er durch Schreiben stillstellen will. Die bereits publizierten Bände des Zyklus' sind: *Übers Eis* (1997), *Als Gast* (2003), *Ein Kirschkern im März* (2004).

Rezeption: Ein Satz aus einer Rezension sagt alles: »Er schreibt Prosa von seltener poetischer Qualität, aber bekannt ist er damit nicht geworden« (M. Meller).
Weitere Romane: *Der Nußbaum gegenüber vom Laden in dem du dein Brot kaufst* (1979), *Kein Frühling* (1987), *Keiner stirbt* (1990).

Jüngere deutschsprachige Gegenwartsliteratur

Als ›jüngere deutschsprachige Gegenwartsliteratur‹ wird hier die Literatur derer bezeichnet, die ab 1960 geboren und AB DEN 1990ER JAHREN mit markanten Werken hervorgetreten sind. Es sind Autor(innen), die – mit wenigen Ausnahmen – zwar noch keinen der großen Literaturpreise (Büchner-Preis, H.-Heine-Preis, Kleist-Preis, J.-Breitbach-Preis, Deutscher Buchpreis, Leipziger Buchpreis), jedoch schon öffentliche Aufmerksamkeit erlangt haben (vgl. auch: → *Digitale Literatur*, → *Pop-Literatur*, → *Deutschsprachige jüdische Literatur der Zweiten Generation*, → Deutschsprachige Literatur und Migration). WERKE (jeweils in alphabetischer Folge):

1995: M. Beyer: → *Flughunde* (Roman), Th. Brussig: → *Helden wie wir* (Roman), Th. Hettche: *Nox* (Roman), Chr. Kracht: *Faserland* (Roman), A. Krauß: *Die Überfliegerin* (Erzählung), M. Rinke: *Der graue Engel* (Drama), R. Schrott: *Finis terrae* (Roman).
1996: H. Krausser: *Thanatos* (Roman), I. Trojanow: *Die Welt ist groß und Rettung lauert überall* (Roman).
1997: Kl. Böldl: *Studie in Kristallbildung* (Roman), Z. Jenny: *Das Blütenstaubzimmer* (Roman), H. Krausser: *Der große Bagarozy* (Roman), D. Rabinovici: *Suche nach M.* (Roman).
1998: J. v. Düffel: *Vom Wasser* (Roman), J. Hermann: *Sommerhaus, später* (Erzählungen), R. Schneider: *Die Luftgängerin* (Roman), I. Schulze: → *Simple Storys* (Erzählungen), B. v. Stuckrad-Barre: *Soloalbum* (Roman).
1999: Th. Brussig: *Am kürzeren Ende der Sonnenallee* (Roman), B. Döring: *Schierling und Stern* (Gedichte), K. Duve: *Regenroman* (Roman), J. Franck: *Liebediener* (Roman), N. Gstrein: → *Die englischen Jahre* (Roman), B. Lebert: *Crazy* (Roman), T. Mora: *Seltsame Materie* (Erzählungen), I. Parei: *Die Schattenboxerin* (Roman), P. Stamm: *Blitzeis* (Roman).
2000: M. Biller: → *Die Tochter* (Roman), J. P. Bremer: *Feuersalamander* (Roman), B. Döring: *Little Alien* (Roman), J. Franck: *Bauchlandung* (Erzählungen), Franzobel: *Scala Santa* (Roman), W. Fritsch: *Aller Seelen* (Drama), M. Kumpfmüller: → *Hampels Fluchten* (Roman), A. Maier: *Wäldchestag* (Roman), K. Reschke: *Spielende* (Roman), K. Röggla: *Irres Wetter* (Roman).
2001: F. Hoppe: *Pigafetta* (Roman), Sv. Regener: *Herr Lehmann* (Roman), P. Stamm: *Ungefähre Landschaft* (Roman), J. Zeh: *Adler und Engel* (Roman).
2002: U. Draesner: *Mitgift* (Roman), A. Maier: *Klausen* (Roman), St. Kopetzky: *Grand Tour* (Roman), P. Weber: *Bahnhofsprosa* (Prosa), U. Woelk: *Die letzte Vorstellung* (Roman), F. Zaimoglu: *German Amok* (Roman).
2003: M. Biller: *Esra* (Roman), T. Dückers: → *Himmelskörper* (Roman), N. Gstrein: *Das Handwerk des Tötens* (Roman), J. Hensel: *Zonenkinder* (Roman), J. Hermann: *Nichts als Gespenster* (Erzählungen), D. Kehlmann: *Ich und Kaminski* (Roman), U. Peltzer: *Bryant Park* (Erzählung), R. Schrott: *Tristan da Cunha* (Erzählung).
2004: Th. Brussig: *Wie es leuchtet* (Roman), U. Draesner: *Hot dogs* (Erzählungen), J. v. Düffel: → *Houwelandt* (Roman), J. Erpenbeck: *Wörterbuch* (Roman), D. Leupold: *Nach den Kriegen* (Roman), T. Mora: → *Alle Tage* (Roman), S. Stanišic: *Wie der Soldat das Grammophon repariert* (Roman), A. R. Strubel: *Tupolew 134* (Roman), F. Zaimoglu: *Zwölf Gramm Glück* (Erzählungen), J. Zeh: *Spieltrieb* (Roman).
2005: U. Draesner: *Spiele* (Roman), K. Duve: *Die entführte Prinzessin* (Roman), A. Geiger: *Es geht uns gut* (Roman), D. Kehlmann: → *Die Vermessung der Welt* (Roman), E. Menasse: *Vienna* (Roman), S. Scheuermann:

Reiche Mädchen (Erzählungen), I. Schulze: *Neue Leben* (Roman), U. Tellkamp: *Der Eisvogel* (Roman), U. Woelk: *Die Einsamkeit des Astronomen* (Roman).

2006: T. Dückers: *Der längste Tag des Jahres* (Roman), K. Hacker: → *Die Habenichtse* (Roman), Th. Hettche: → *Woraus wir gemacht sind* (Roman), F. Hoppe: *Johanna* (Roman), H. Krausser: *Eros* (Roman), Th. Lang: *Am Seil* (Roman), P. Stamm: *An einem Tag wie diesem* (Roman), I. Trojanow: *Der Weltensammler* (Roman), F. Zaimoglu: *Leyla* (Roman).

2007: J. Franck: → *Die Mittagsfrau* (Roman), A. Geiger: *Anna nicht vergessen* (Erzählungen), Th. Glavinic: *Das bin doch ich* (Roman), M. Köhlmeier: *Abendland* (Roman), M. Lentz: *Pazifik Exil* (Roman), A. Osang: *Lennon ist tot* (Roman), A. Pehnt: *Mobbing* (Roman), S. Scheuermann: *Die Stunde zwischen Hund und Wolf* (Roman), I. Schulze: *Handy* (Erzählungen), A. Stadler: *Komm, gehen wir* (Roman), Th. v. Steinaecker: *Wallner beginnt zu fliegen* (Roman), A. R. Strubel: *Kältere Schichten der Luft* (Roman), J. Zeh: *Schilf* (Roman).

Zur jüngeren deutschsprachigen Gegenwartsliteratur (in einem erweiterten Sinne) kann man auch noch jene Autor(innen) zählen, die nach 1945/50 geboren sind und seit etwa 1975/80 literarische Werke veröffentlichten. Neben den zu dieser Gruppe Gehörenden, die im vorliegenden Buch bereits mit Einzelartikeln und Werkhinweisen vorgestellt wurden, sind hier folgende Schriftsteller(innen) (jeweils mit einem repräsentativen, mitunter auch älteren Werk) zu nennen:

H. Kinder: *Der Schleiftrog* (Roman, 1977), U. Krechel: *Zweite Natur* (Roman, 1981), Th. Strittmatter: *Viehjud Levi* (Drama, 1982), B. Morshäuser: *Berliner Simulation* (Erzählung, 1983), U. Berkéwicz: *Josef stirbt* (Roman, 1984), J. Winkler: *Das wilde Kärnten* (Roman-Trilogie, 1984), G. Köpf: *Die Strecke* (Roman, 1985), P. Rosei: *15000 Seelen* (Roman, 1985), Kl. Modick: *Das Grau der Karolinen* (Roman, 1986), I. Dische: *Fromme Lügen* (Erzählungen, 1989), Th. Kling: *geschmacksverstärker* (Gedichte, 1989), J. Laederach: *Emanuel* (Roman, 1990), W. Schwab: *Die Präsidentinnen* (Drama, 1990), U. Hahn: *Ein Mann im Haus* (Gedichte, 1991), R. Rothmann: *Stier* (Roman, 1991), K. Drawert: *Spiegelland* (Roman, 1992), P. Morsbach: *Plötzlich ist es Abend* (Roman, 1995), B. Vanderbeke: *Alberta empfängt einen Liebhaber* (Roman, 1997), M. Kleeberg: *Ein Garten im Norden* (Roman, 1998), Th. Meinecke: *Tomboy* (Roman, 1998), B. Döring: *Schierling und Stern* (Gedichte, 1999), M. Suter: *Die dunkle Seite des Mondes* (Roman, 2000), H.-U. Treichel: *Tristanakkord* (Roman, 2000), D. Leupold: *Eden Plaza* (Roman, 2002), S. Lewitscharoff: *Montgomery* (Roman, 2003), M. Werner: *Am Hang* (Roman, 2004), M. Streeruwitz: *Entfernung* (Roman, 2006), M. Köhlmeier: *Abendland* (Roman, 2007), K. Lange-Müller: *Böse Schafe* (Roman, 2007), U. Peltzer: *Teil der Lösung* (Roman, 2007).

Register der Kastentexte

Halbfette Zahlen = Anfangsseite des Kastentextes; enthalten sind auch Verweise auf Kastentexte.

Allegorisches Dichten im 14./15. Jh. 53, 60, 62, **63**, 64
Anfänge der deutschen Literatur **1**
Anfänge des Prosaromans 45, 75, 77, **79**, 82
Aphorismus (im 19. Jh.) 308, **377**
Artus-Epik 8, 16, 20, **30**, 31, 32, 34, 36, 43, 48, 51, 59, 65, 75, 87, 914
Aufklärung **166**, 171, 180, 190, 202, 214, 230, 243, 247, 262, 295, 300, 307
Autobiographien I (15./16. Jh.) **108**, 345
Autobiographien II (17./18. Jh.) 251, 260, 268, **317**, 345
Autobiographien III (19. Jh.) **476**, 492
Autobiographien IV (1914–50) **618**
Autobiographien V (ab 1950) **861**
Autorenfilm und Literaturverfilmung **814**

Ballade **289**
Barocke Dichtungstheorie und Sprachgesellschaften **118**, 119
Barocktheater und -drama 114, **136**, 143, 159
Berliner und Münchener Bohème **538**
Bildungsroman 205, 241, 249, 276, 311, 364, 369, **370**, 372, 391, 407, 414, 423, 448, 457, 467, 472, 475, 488, 516, 544, 605, 696, 830, 914
Bürgerliches Trauerspiel 187, 194, **195**, 219, 249, 253, 527

Dadaismus 577, 591, **592**, 800, 836, 846
DDR → Das Literatursystem in der DDR
Deutsche Literatur in Prag **582**
Deutschsprachige jüdische Literatur der Zweiten Generation 879, 911, **938**
Deutschsprachige Literatur und Migration **947**
Dialektdichtung 453, **454**
Dichterdenkmäler **467**
Dichtung im ›Dritten Reich‹ 666, **669**, 674, 680, 687, 692, 702, 712
Dietrich-Epik 28, **42**, 87
Digitale Literatur 836, **920**, 938
Dokumentarliteratur und -theater 790, 795, **797**, 806, 814, 844
Dorf- und Heimatliteratur 415, 425, **430**, 432, 456, 472, 480, 483, 488, 492, 522
Der Dreißigjährige Krieg in der Literatur **129**

Empfindsamkeit 175, 186, 190, **191**, 214, 225, 229, 249, 430
Exilliteratur 672, **680**, 693, 701, 702
Expressionismus 534, **564**, 574, 581, 584, 592, 596, 598, 846

Fabeln im 18. Jh. 184, **185**, 248
Facetten der Provinzliteratur 609, 614, **648**, 654, 802, 824
Vom Fastnachtsspiel zum Reformationsdrama 64, 86, **98**, 106
Faust-Dichtungen bis 1808 266, 331, **332**
Faust-Dichtungen nach Goethe **389**
Fin de Siècle 514, 521, 526, **529**, 535, 537, 540, 542, 548f., 561, 566
Formen des Theaters im 16./17. Jh. **112**, 114–116
Französische Revolution und deutsche Literatur **262**, 264, 268
Frau, Die neue → Die ›neue Frau‹ und die Frauenliteratur
Frauenliteratur nach 1968 779, **827**, 829, 833, 853
Frühmittelhochdeutsche Sammelhandschriften **12**

Geistliche Spiele (11.–15. Jh.) 11, 52, 63, **76**
Göttinger Hain 209, 214, **224**, 245
›Gruppe 47‹ 702, **709**, 711, 716, 734f., 806, 859, 864

Heiligenlieder **5**
Historischer Roman **358**, 377, 440, 474
Hörspiel **731**
Holocaust und Literatur 735, 774, 780, 795, 804, 812, 851, **871**, 884f., 891, 895, 901, 909, 913, 939
Humanität **236**, 241, 255, 276

Jedermann 88, **100**, 110

Juden und jüdisches Leben in der Literatur des 19. Jh. **486**
Jüngere deutschsprachige Gegenwartsliteratur 939, **963**
Jugendstil **549**
Junges Deutschland 379, 385, 396, 397, 400, 403, **404**, 405, 408, 420, 425, 430
Junges Wien – Wiener Moderne 520, 523, 528, 535, **537**, 549

Kinder- und Jugendliteratur im 18. Jh. **243**
Kinder- und Jugendliteratur im 19. Jh. 491, **492**
Kleinepik 51, **71**, 85
Konkrete Poesie 577, 593, **740**, 800, 816, 836
Kurzgeschichten nach 1945 **720**, 724, 736, 786, 859

Lateinische Literatur I (9.–11. Jh.) **6**
Lateinische Literatur II (12.–14. Jh.) 12, **52**
Lateinische Literatur III (15./16. Jh.) **80**
Lateinische Literatur IV (17./18. Jh.) **157**
Liederbücher des 16. Jh. 61, 73, **93**, 94
Literarische Geselligkeit und Salons **310**, 396, 401
Literarische und publizistische Auseinandersetzungen um die Reformation 80, **88**
Literarische Zeitschriften I (1730–70) **202**
Literarische Zeitschriften II (1770–1815) 223, **281**
Literarische Zeitschriften III (19. Jh.) **447**
Das Literatursystem in der DDR 726, 753, 769, 770, 784f., 787, 791, 799, **845**
Literatur und ›1968‹ 761, **806**, 807, 810, 830, 843f., 853, 868
Literatur und Arbeiterbewegung 504, 507, **512**
Literaturverhältnisse 1815–48 **385**, 420
Lyrik-Anthologien 1945–80 **751**

Mariendichtung (11.–15. Jh.) **19**
Meistersang 19, 56, 61, **105**, 106, 120
Minnesang (12.–13. Jh.) 14, 16, 17, 19, 22, **23**, 26, 41, 54, 56, 59, 61, 66
Mittelalterliche Heiligenlegenden und Legendare 11, **46**
Mittelhochdeutsche Fachprosa **35**
Mittelhochdeutsche Liederhandschriften 24, **61**, 73, 93
Moralische Wochenschriften **167**, 202
Münchner Dichterkreis **461**
Mystik 12, **56**, 135
Mythos Goethe **498**

Narrenliteratur und Grobianismus 69, 83, **85**, 87, 103, 107, 116, 123, 153, 156f., 164
Naturalismus 230, 446, 464, 503f., **506**, 509–511, 513, 517, 520, 522, 526, 529, 548, 564, 649
Die ›neue Frau‹ und die Frauenliteratur 610, **639**, 653, 827
Neue Sachlichkeit 566, 584, 604, **609**, 621, 628, 634, 636, 644f., 647, 651, 653, 704
Nullpunkt? Literarischer Neuanfang nach 1945 **701**, 709, 711

Patriotismus und Nationalismus in der Literatur 162, 224, 311, **325**, 327, 351, 420
Petrarkismus und Manierismus 120, **124**, 126, 155
Pietismus 170, **176**, 183, 190
Politische Lyrik im Vormärz 352f., 385, 386, 393, 404, **420**, 423, 429, 433, 436
Pop-Literatur 886, **930**
Presse- und Literaturzensur 260, 378, 392, 394, 404, **419**, 420, 436, 444

Realismus 432, **446**, 464, 529
Rokoko und Anakreontik **182**, 187, 196, 199, 208, 225
Roman in der Aufklärung **175**, 181, 188, 239
Romanliteratur im 17. Jh. **147**, 157f., 161f., 164
Romantik 291, 299, **301**, 312, 320, 339, 353, 356, 362, 364, 368, 404, 408

Sammlungen von Sprichwörtern und Fabeln **100**, 102, 185
Schäferdichtung (Bukolik) 120, 128, 130, **140**, 196, 430
Schriftsteller und deutsche Einheit seit 1989 769, **905**, 907, 909, 936, 942
Schriftsteller und Erster Weltkrieg **572**, 583, 587, 602
Schriftsteller und geteiltes Deutschland **768**, 846, 905
Schriftsteller und Nationalsozialismus bis 1933 601, 632, 655, **657**, 669, 680
Schriftsteller und Weimarer Republik **600**, 608
Spielmannsdichtung 14, **15**, 16, 40, 59
Sprachexperimentelles Schreiben nach 1970 593, 800, 804, 816, **836**, 847, 866, 895, 897, 934, 951
Sturm und Drang 196, 204, 213, **214**, 215, 218, 221, 225–229, 233, 235, 242, 250, 256, 267, 332

Tagebücher im 20. Jh. **898**

Theater und Neue Medien in der Weimarer Republik 580, 602, **628**
Theaterwesen im 18. Jh. **252**, 519
Theaterwesen im 19. Jh. 376, 427, 479, **519**
Totentanz **67**, 156, 743

Übersetzungen im 18. Jh. **231**, 247
Übersetzungen ins Althochdeutsche I (8.–9. Jh.) **4**
Übersetzungen ins Althochdeutsche II (10.–11. Jh.) **9**
Übersetzungen ins Frühneuhochdeutsche (14./15. Jh.) **71**, 79f.
Unterhaltungsliteratur 1815–1918 **412**, 485
Unterhaltungsliteratur 1918–50 **687**
Unterhaltungsliteratur seit 1950 821, 855, **885**, 887, 912, 930
Unterhaltungsromane um 1800 175, 258f., 279, **290**, 354f.

›Vergangenheitsbewältigung‹ nach 1945 701, 706, 709, 729, 766, 774, **780**, 794, 804, 810, 861, 870, 872, 895, 938, 953
Versepik im 19. Jh. **437**, 480
›Volksbücher‹ 70, 79, **111**, 326
Volks- und Kunstmärchen 244, **346**, 347

Weimarer Klassik und Klassisches Weimar 255, 269, **271**, 274f., 283, 285, 295, 339, 404, 498

Autoren- und Werkregister

Halbfette Zahlen verzeichnen unter ihren Autoren die mit einem eigenen Artikel vertretenen Werke. Die übrigen Seitenzahlen stehen für weitere Erwähnungen im Text.

Abraham a Sancta Clara
Merks Wienn **156**
Abrogans 4
Adler, Hans Günther
Die unsichtbare Wand **901**
Eine Reise 902
Panorama 902
Aichinger, Ilse
Die größere Hoffnung **715**
Spiegelgeschichte 716
Albrecht
Jüngerer Titurel **50**
Albrecht von Johansdorf
Lieder **24**
Alexander, Der Wilde
Lieder und Sangsprüche **53**
Alexis, Willibald
Die Hosen des Herrn von Bredow 359, **440**, 450
Isegrimm 450
Ruhe ist die erste Bürgerpflicht 359, **450**, 478, 489
Allmers, Hermann
Marschenbuch 431
Altdeutsche Genesis (Wiener Genesis) **9**
Altenberg, Peter
Wie ich es sehe **528**
Althochdeutscher Isidor 4
Altsächsische Genesis 3
Ambraser Heldenbuch 75, **87f.**
Andersch, Alfred
Der Vater eines Mörders **869**
Deutsche Literatur in der Entscheidung 702
Die Kirschen der Freiheit **734**
Die Rote 804
Efraim **803**, 885
Sansibar oder der letzte Grund **747**
Winterspelt **830**
Andersen, Hans Christian
Die kleine Meerjungfrau 341
Andres, Stefan
El Greco malt den Großinquisitor **673**
Wir sind Utopia **673**
Angelus Silesius
Cherubinischer Wandersmann **135**
Annolied **10**
Anton Ulrich von Braunschweig, Herzog
Aramena **150**
Die römische Octavia **154**
Anzengruber, Ludwig
Der Meineidbauer **479**
Dorfgänge 480
Apitz, Bruno
Nackt unter Wölfen **753**
Archipoeta 52
Arent, Wilhelm (Hg.)
Moderne Dichter-Charaktere 507, 511, 534
Arndt, Ernst Moritz
Geist der Zeit 326
Arnim, Achim von
Armut, Reichtum … Gräfin Dolores **336**
Der tolle Invalide … **361**
Die Kronenwächter 359, **360**
Isabella von Ägypten **345**
Arnim, Achim von/Clemens Brentano
Des Knaben Wunderhorn 131, 289, **324**, 326, 343
Arnim, Bettina von
Clemens Brentanos Frühlingskranz 428
Die Günderode 320, 428
Dies Buch gehört dem König **428**
Goethes Briefwechsel mit einem Kinde 428
Arouet, François-Marie → Voltaire
Artmann, H(ans) C(arl)
med oana schwoazzn dintn **753**
Auerbach, Berthold
Barfüßele 432
Schwarzwälder Dorfgeschichten 431, **432**
Augustin, Ernst
Der Kopf **771**
Augustinus
Confessiones 317
Ava, Frau → Frau Ava
Ayrer, Jacob
Dramatische Werke **113**

Bachmann, Ingeborg
Anrufung des Großen Bären **738**, 754
Das dreißigste Jahr 754
Der gute Gott von Manhattan **754**
Die gestundete Zeit **738**
Malina 754, **818**, 884

Undine geht 341
Bäcker, Heimrad
nachschrift **895**
Balde, Jacob
Epoden 127
Gedichte **126**
Silvae 127
Barlach, Ernst
Der arme Vetter **585**
Der tote Tag 585
Die Sündflut 585
Basler Alexander-Handschrift 13
Baum, Vicki
Menschen im Hotel **628**
Baumgarten, Alexander Gottlieb
Aesthetica 267
Bebel, Heinrich
Facetiae / Libri facetiarum 77, **81**, 92
Becher, Johannes R.
Abschied **689**
Becker, Jürgen
Aus der Geschichte der Trennungen 932
Der fehlende Rest **932**
Felder 804
Ränder **804**
Umgebungen 804
Becker, Jurek
Bronsteins Kinder 813
Der Boxer 813
Jakob der Lügner **812**
Becker, Thorsten
Die Bürgschaft 769
Beer, Johann
Das Narrenspital **156**, 165
Die kurtzweiligen Sommer-Täge 158
Teutsche Winternächte **158**
Beer-Hofmann, Richard
Der Tod Georgs 521, **535**, 537
Behrens, Katja
Die dreizehnte Fee **878**
Benn, Gottfried
Frühe Gedichte (bis 1917) **569**
Probleme der Lyrik 716
Statische Gedichte **716**
Benoît de Sainte-Maure
Roman de Troie 25
Bergengruen, Werner
Der Großtyrann und das Gericht **665**
Bernhard, Thomas
Auslöschung **890**
Der Präsident 831
Die Jagdgesellschaft **831**
Die Macht der Gewohnheit 831
Die Ursache **834**
Ein Fest für Boris 831
Frost **775**
Heldenplatz **900**
Holzfällen 835
Korrektur 835
Minetti 831
Vor dem Ruhestand 831
Beutin, Wolfgang
Das Jahr in Güstrow **888**
Knief 889
Beyer, Marcel
Flughunde **922**
Bichsel, Peter
Eigentlich möchte Frau Blum … **785**
Kindergeschichten **785**
Bidermann, Jakob
Cenodoxus **116**
Bienek, Horst
Gleiwitz **840**
Biermann, Wolf
Die Drahtharfe **793**
Biller, Maxim
Die Tochter **943**
Esra 673
Birken, Sigmund von
Prosa-Eklogen **128**
Birken, Sigmund von → Harsdörffer, Georg Philipp
Blanckenburg, Friedrich von
Versuch über den Roman 175
Bobrowski, Johannes
Levins Mühle **786**
Sarmatische Zeit **765**, 786
Schattenland Ströme 765
Wetterzeichen 765
Boccaccio, Giovanni
Il Decamerone 349, 460
Böll, Heinrich
Ansichten eines Clowns **776**
Billard um halbzehn **756**, 776
Der Zug war pünktlich 724
Die verlorene Ehre der Katharina Blum **832**
Gruppenbild mit Dame **819**
Wanderer, kommst du nach Spa… **724**
Wo warst du, Adam? 724
Börne, Ludwig
Briefe aus Paris 264, **391**, 417
Denkrede auf Jean Paul 366
Fragmente und Aphorismen 377
Bonaventura → Klingemann, E. A. F.
Boner, Ulrich
Der Edelstein **64**, 77
Borchert, Wolfgang
An diesem Dienstag **711**
Die Hundeblume **711**
Draußen vor der Tür 708, **711**, 731
Bordesholmer Marienklage 19

Born, Nicolas
Die erdabgewandte Seite der Geschichte **841**
Die Fälschung **863**
Bote, Hermann
Till Eulenspiegel 74, **83**, 254
Bräker, Ulrich
Der Arme Mann im Tockenburg 233, **260**
Bräunig, Werner
Rummelplatz 727, **785**
Brant, Sebastian
Das Narrenschiff **77**, 84f., 92, 103
Brasch, Thomas
Vor den Vätern sterben die Söhne **848**
Braun, Volker
Hinze-Kunze-Roman **883**
Tumulus – Das lyrische Werk **940**
Unvollendete Geschichte **835**
Braunschweig, Herzog Anton Ulrich → Anton Ulrich von Braunschweig
Braunschweig, Herzog Heinrich Julius → Heinrich Julius von Braunschweig
Brecht, Bertolt
Anmerkungen zum Volksstück 718
Aufstieg und Fall der Stadt Mahagonny 620
Baal **596**
Buckower Elegien **739**
Der gute Mensch von Sezuan **695**, 718
Der kaukasische Kreidekreis **717**
Die Dreigroschenoper **620**
Die Maßnahme **642**, 696
Furcht und Elend des Dritten Reiches **679**
Geschichten vom Herrn Keuner **641**
Hauspostille **614**, 739
Herr Puntila und sein Knecht Matti **718**
Kalendergeschichten 642
Leben des Galilei **698**, 772, 790
Me-ti 642
Mutter Courage und ihre Kinder 152, **691**, 696
Svendborger Gedichte **682**, 739
Trommeln in der Nacht 597
Bredel, Willi
Die Prüfung **660**
Rosenhofstraße 658
Brentano, Bernhard von
Theodor Chindler **671**
Brentano, Clemens
Geschichte vom braven Kasperl … **358**
Godwi 280, **308**
Ponce de Leon **313**
Brinkmann, Rolf Dieter
Keiner weiß mehr **805**
Broch, Hermann
Der Tod des Vergil **703**
Die Schlafwandler **650**
Brockes, Barthold Heinrich
Irdisches Vergnügen in Gott **168**
Brussig, Thomas
Helden wie wir **922**, 936
Bruyn, Günter de
Buridans Esel **812**
Bucholtz, Andreas Heinrich
Hercules 127
Herkuliskus 127
Büchner, Georg
Dantons Tod **402**, 445
Lenz **415**
Leonce und Lena **410**
Woyzeck 228, **409**
Büchner, Georg/Friedrich Ludwig Weidig
Der Hessische Landbote **398**, 403
Bürger, Gottfried August
Gedichte **235**
Münchhausen **253**
Burger, Hermann
Die künstliche Mutter 842
Schilten **842**
Burmeister, Brigitte
Unter dem Namen Norma **916**
Busch, Wilhelm
Eduards Traum 473
Max und Moritz **473**

Calderón de la Barca, Pedro
Das große Welttheater 562
Campe, Joachim Heinrich
Briefe aus Paris … **263**, 391
Robinson der Jüngere **238**
Canetti, Elias
Die Blendung **666**
Die gerettete Zunge **848**
Capote, Truman
Die Grasharfe 843
Carmina Burana 52
Catharina Regina von Greiffenberg
Geistliche Sonette, … **144**
Celan, Paul
Das lyrische Werk 792, **820**, 951
Mohn und Gedächtnis **735**
Celtis, Conrad
Quattuor libri Amorum 81
Cervantes de Saavedra, Miguel de
Don Quijote 201, 299
Chamisso, Adelbert von
Faust 333
Gedichte **386**
Peter Schlemihl **350**
Chanson de Roland 17
Chotjewitz, Peter O.
Die Herren des Morgengrauens **856**
Hommage à Frantek 856

Chrétien de Troyes
Erec et Enide 20
Le Conte del Graal/Perceval 31
Yvain 30
Claudius, Eduard
Menschen an unserer Seite **726**
Claudius, Matthias
Sämtliche Werke **223**
Clauren, Heinrich
Mimili **354**
Conradi, Hermann
Adam Mensch **511**
Czepko, Daniel
Sexcenta Monodisticha Sapientum 126

Dach, Simon
Gedichte **122**
Dante Alighieri
Die Göttliche Komödie 208, 714, 857
Dedekind, Friedrich
Grobianus 86, **102**
Defoe, Daniel
Robinson Crusoe 173, 175, 238
Delius, Friedrich Christian
Amerikahaus und der Tanz um die Frauen 917
Der Sonntag, an dem ich Weltmeister wurde **917**
Der Spaziergang von Rostock nach Syrakus 319
Die Birnen von Ribbeck **907**
Der Hessische Landbote → Büchner/Weidig
Der Wartburgkrieg **47**
Der Winsbeke 60
Des Knaben Wunderhorn → Arnim/Brentano
Dethleff, Sophie
De Fahrt na de Isenbahn 453
Diderot, Denis
Le Fils naturel 195
Le père de la famille 195
Diebold von Hanowe
Straßburger Heldenbuch 88
Die Schildbürger **116**, 220, 254
Dietmar von Aist
Lieder **14**
Dietrich-Epik 1, **42**, 87
Doderer, Heimito von
Die Dämonen 728
Die Strudlhofstiege **727**
Döblin, Alfred
Berlin Alexanderplatz **630**, 647
Die drei Sprünge des Wang-lun **579**
November 1918 **688**
Pardon wird nicht gegeben 688
Wallenstein 297
Dorst, Tankred
Goncourt oder Die Abschaffung des Todes 808
Toller 655, **807**
Drach, Albert
Das große Protokoll gegen Zwetschkenbaum **787**
Drewitz, Ingeborg
Gestern war Heute **857**
Droste-Hülshoff, Annette von
Das geistliche Jahr 433
Die Judenbuche **425**, 500
Gedichte **432**
Letzte Gaben 433
Duden, Anne
Das Judasschaf **884**
Dückers, Tanja
Himmelskörper **952**
Düffel, John von
Houwelandt **955**
Dürrenmatt, Friedrich
Das Versprechen 726
Der Besuch der alten Dame **744**
Der Richter und sein Henker 672, **725**
Der Verdacht 726
Die Physiker 745, **771**, 790
Dunkelmännerbriefe **87**, 90

Ebner-Eschenbach, Marie von
Aphorismen 377
Das Gemeindekind **501**
Eckhart, Meister (Eckhart von Hochheim)
Predigten und mystische Traktate **57**
Edda 4, 28
Edvardson, Cordelia
Gebranntes Kind sucht das Feuer 706, **891**
Eich, Günter
Abgelegene Gehöfte **719**
Geh nicht nach El Kuwehd! 731
Träume **730**, 732
Eichendorff, Joseph von
Ahnung und Gegenwart 309, **352**
Aus dem Leben eines Taugenichts 343, **374**, 378
Das Marmorbild **361**
Gedichte **408**
Eike von Repgow
Sachsenspiegel 36
Eilhart von Oberg
Tristrant und Isalde **16**, 32, 44
Einstein, Carl
Bebuquin **567**
Elsner, Gisela
Die Riesenzwerge **788**
Ende, Michael
Die unendliche Geschichte **863**

Engelische Comedien und Tragedien 113
Enzensberger, Hans Magnus
blindenschrift 751
Der Untergang der Titanic **857**
Die Furie des Verschwindens 858
Gedichte 1957–1964 **750**, 761
landessprache 751
Mausoleum 858
verteidigung der wölfe 751
Erasmus von Rotterdam
Lob der Torheit 87, 103
Querela Pacis 129
Euripides
Iphigenie bei den Taurern 254
Ewers, Hanns Heinz
Alraune 578
Ezzolied **8**

Fallada, Hans
Bauern, Bonzen und Bomben 651, 655
Kleiner Mann – was nun? **651**, 658
Wer einmal aus dem Blechnapf frißt **661**
Feuchtwanger, Lion
Die Geschwister Oppermann 631f.
Erfolg **631**, 658
Exil 631f.
Jud Süß **606**
Fichte, Hubert
Die Geschichte der Empfindlichkeit **899**
Die Palette **808**
Ibrahim Bassa 133
Versuch über die Pubertät 808
Fichte, Johann Gottlieb
Reden an die deutsche Nation 326
Fielding, Henry
Tom Jones 240
Fischart, Johann
Das Glückhafft Schiff von Zürich 108
Flöh Hatz / Weiber Tratz **108**
Geschichtklitterung **107**
Fleck, Konrad
Flore und Blanscheflur **37**, 62
Fleißer, Marieluise
Fegefeuer in Ingolstadt **613**
Pioniere in Ingolstadt **613**
Fleming, Paul
Gedichte **126**
Rubella 126
Folz, Hans
Fastnachtsspiele **74**
Fontane, Theodor
Der Stechlin **531**
Effi Briest 515, **525**, 923
Frau Jenny Treibel **517**
Gedichte **532**
Irrungen, Wirrungen **502**
L'Adultera **493**, 515
Schach von Wuthenow **495**
Stine 502
Unterm Birnbaum **499**
Unwiederbringlich **515**
Vor dem Sturm 359, **489**
Wanderungen durch die Mark Brandenburg **470**, 489
Forster, Georg
Parisische Umrisse 391
Forte, Dieter
Auf der anderen Seite der Welt 941
Das Haus auf meinen Schultern **940**
Fortunatus 80, **82**, 127
Franck, Julia
Die Mittagsfrau **962**
Franck, Sebastian
Kriegbüchlin des frides 102
Sprichwörter **102**
François, Louise von
Die letzte Reckenburgerin 360, **478**
Frank, Leonhard
Der Mensch ist gut 573, **580**
Die Räuberbande 580
Frankfurter, Philipp
Geschichten des Pfarrers vom Kalenberg **73**, 83, 85
Franzos, Karl Emil
Der Pojaz 488
Die Juden von Barnow **488**
Frau Ava
Heilsgeschichtliche Dichtungen **11**
Freidank
Bescheidenheit **38**, 60
Freiligrath, Ferdinand
Ça ira! 434
Ein Glaubensbekenntnis **433**
Freud, Sigmund
Die Traumdeutung 399, 537f.
Freytag, Gustav
Die Journalisten **451**
Soll und Haben 408, **457**, 472
Fried, Erich
und VIETNAM und **798**
Friedrich von Hausen
Lieder **17**
Fries, Fritz Rudolf
Der Weg nach Oobliadooh 768, **799**
Frisch, Max
Andorra 755, **765**
Biedermann und die Brandstifter **755**, 765
Biografie 789
Der Autor und das Theater 766
Homo faber **748**
Mein Name sei Gantenbein **788**

Montauk **837**
Stiller **742**, 748
Wilhelm Tell für die Schule 322
Frischlin, Nicodemus
Fraw Wendelgard 109, 114
Julius redivivus 81, **109**
Fröhlich, Hans Jürgen
Engels Kopf **821**
Fühmann, Franz
Das Judenauto **772**
Der Sturz des Engels 773
Fuetrer, Ulrich
Buch der Abenteuer **75**, 88

Gart, Thiebolt
Joseph **101**, 110
Gay, John
The Beggar's Opera 620
Geibel, Emanuel
Heroldsrufe 461
Gellert, Christian Fürchtegott
*Das Leben der schwedischen Gräfin von G**** **188**
Die zärtlichen Schwestern 178, **186**, 253
Fabeln und Erzählungen **184**
Geistliche Oden und Lieder **197**
Genazino, Wilhelm
Abschaffel **854**
Die Ausschweifung 854
Mittelmäßiges Heimweh 854
Gengenbach, Pamphilius
Die Totenfresser 98
Die zehn Alter dieser Welt **86**, 98
George, Stefan
Das Jahr der Seele 514
Das lyrische Werk **514**, 530
Das neue Reich 514
Der siebente Ring 514
Georgslied 6
Gerhardt, Paul
Geistliche Andachten **146**
Gernhardt, Robert
Lichte Gedichte – Das lyrische Werk **932**
Gerstäcker, Friedrich
Die Flußpiraten des Mississippi **442**, 459
Die Regulatoren in Arkansas 442
Gerstenberg, Heinrich Wilhelm von
Briefe über Merkwürdigkeiten der Litteratur 208
Ugolino **208**
Geßner, Salomon
Idyllen **196**
Gilgamesch-Epos 724
Glaser, Georg K.
Geheimnis und Gewalt **728**
Glaßbrenner, Adolf
Berlin wie es ist und – trinkt **393**
Neuer Reineke Fuchs 271, 394
Glauser, Friedrich
Wachtmeister Studer **672**, 676
Gleim, Johann Wilhelm Ludwig
Preußische Kriegslieder **198**
Versuch in scherzhaften Liedern **183**, 198
Glückel von Hameln
Memoiren **163**
Goering, Reinhard
Seeschlacht **581**
Görres, Joseph
Die teutschen Volksbücher **326**
Goethe, Johann Wolfgang von
Aus meinem Leben **344**, 356, 476, 498
Belagerung von Mainz 344
Campagne in Frankreich 344
Clavigo **219**
Der Bürgergeneral 270
Der Groß-Cophta 270
Dichtung und Wahrheit → Aus meinem Leben
Die Leiden des jungen Werthers 78, 197, 210, 215, **217**, 221, 226, 229, 825
Die natürliche Tochter 263, **314**
Die Wahlverwandtschaften 287, **333**, 336
Egmont **259**
Faust I **331**, 333, 384, 388, 665, 713
Faust II **388**, 665
Faust. Ein Fragment 333
Gedichte bis 1789 **222**
Götz von Berlichingen 195, **215**, 235, 259
Hans Sachsens poetische Sendung 107
Hermann und Dorothea **287**
Iphigenie auf Tauris 237, **254**
Italienische Reise 278, 318, 344, **356**
Literarischer Sansculottismus 271
Maximen und Reflexionen 377, 469
Novelle **381**
Reineke Fuchs **270**, 315
Römische Elegien **278**
Stella **219**, 240
Torquato Tasso **264**
Unterhaltungen deutscher Ausgewanderten 263, **273**
Venezianische Epigramme **278**
West-östlicher Divan **362**
Wilhelm Meisters Lehrjahre **276**, 299, 309, 311, 369, 407, 457
Wilhelm Meisters Wanderjahre **368**
Zweiter Römischer Aufenthalt 344
Goethe, Johann Wolfgang von/Friedrich Schiller
Balladen **288**, 289
Xenien **283**

Goll, Claire
Die Frauen erwachen 638
Gomringer, Eugen
konstellationen **740**
Gottfried von Neifen
Lieder **42**
Gottfried von Straßburg
Tristan und Isolde **32**, 44, 63
Gotthelf, Jeremias
Die schwarze Spinne **426**
Uli der Pächter **424**
Wie Uli der Knecht glücklich wird **424**
Gottsched, Johann Christoph
Die Deutsche Schaubühne 172
Sterbender Cato **172**
Versuch einer kritischen Dichtkunst 167, **171**, 172, 175, 178, 189
Gottsched, Luise Adelgunde
Die Pietisterey im Fischbein-Rock 172, **177**
Grab, Hermann
Der Stadtpark **662**
Grabbe, Christian Dietrich
Don Juan und Faust **384**, 390
Napoleon oder die hundert Tage **386**, 445
Scherz, Satire, Ironie … 292, **379**
Graf, Oskar Maria
Anton Sittinger 655
Wir sind Gefangene **618**, 655
Grass, Günter
Das Treffen in Telgte 122, **864**
Der Butt **849**
Die Blechtrommel **757**, 767
Die Plebejer proben den Aufstand 808
Ein weites Feld 894, **923**
Hundejahre 767, **776**, 951
Im Krebsgang **951**, 952
Katz und Maus **766**, 951
Griechenmüller → Müller, Wilhelm
Griepenkerl, Robert
Maximilian Robespierre **445**
Grillparzer, Franz
Das goldene Vließ 373
Der arme Spielmann **441**
Der Traum ein Leben **399**
Des Meeres und der Liebe Wellen **387**
Ein Bruderzwist in Habsburg 373, **481**
König Ottokars Glück und Ende **373**, 481
Sappho 373
Weh dem, der lügt! **415**
Grimm, Hans
Volk ohne Raum **611**
Grimm, Jacob/Wilhelm Grimm
Kinder- und Hausmärchen 244, 292, 324, 327, 346, **347**
Grimmelshausen, Hans Jacob Christoph von
Das wunderbarliche Vogel-Nest 152
Der seltzame Springinsfeld **151**
Die Landstörtzerin Courage **151**
Simplicissimus 123, 129, 148, **149**, 157
Trutz Simplex 151
Groth, Klaus
Quickborn **453**
Grün, Max von der
Irrlicht und Feuer **777**
Grünbein, Durs
Von der üblen Seite **918**
Gruenter, Undine
Sommergäste in Trouville **953**
Gryphius, Andreas
Cardenio und Celinde **138**, 195
Carolus Stuardus 133, **137**
Catharina von Georgien **133**
Die geliebte Dornrose **142**, 409
Herr Peter Squentz 106, **139**
Horribilicribrifax **145**, 165, 254
Leo Armenius **132**, 133, 137
Sonette **121**
Papinianus **139**
Verliebtes Gespenst **142**
Gstrein, Norbert
Die englischen Jahre **941**
Günderode, Karoline von
Gedichte und Phantasien **319**
Günther, Johann Christian
Gesammelte Gedichte **169**
Gutzkow, Karl
Die Ritter vom Geiste **448**, 451, 489
Wally, die Zweiflerin **405**

Hacker, Katharina
Die Habenichtse **959**
Hackl, Erich
Abschied von Sidonie **902**
Hacks, Peter
Die Schlacht bei Lobowitz 261
Die Sorgen und die Macht **758**
Moritz Tassow 758
Hadamar von Laber
Das Kloster der Minne 63
Die Jagd 63
Die Minneburg 63
Hadlaub, Johannes
Lieder **58**
Händler, Ernst-Wilhelm
Die Frau des Schriftstellers **960**
Härtling, Peter
Felix Guttmann **885**
Nachgetragene Liebe 885
Niembsch oder Der Stillstand 393
Hätzlerin, Clara
Liederbuch **73**

Hagedorn, Friedrich von
Fabeln und Erzählungen **178**, 187
Oden und Lieder **187**
Hahn-Hahn, Ida Gräfin von
Gräfin Faustine 390, **418**
Halbe, Max
Jugend **521**
Scholle und Schicksal 522
Haller, Albrecht von
Die Alpen 174
Versuch Schweizerischer Gedichten **174**
Handke, Peter
Das Mündel will Vormund sein 809
Der kurze Brief zum langen Abschied **823**
Der Ritt über den Bodensee 809
Die Stunde der wahren Empfindung 918
Kaspar **809**
Langsame Heimkehr **865**
Mein Jahr in der Niemandsbucht **918**
Publikumsbeschimpfung 809
Wunschloses Unglück 823
Happel, Eberhard Werner
Der Academische Roman **162**
Hardenberg, Friedrich von → Novalis
Harig, Ludwig
Ordnung ist das ganze Leben **892**
Und wenn sie nicht gestorben sind 892
Weh dem, der aus der Reihe tanzt 892
Wer mit den Wölfen heult, wird Wolf 892
Harsdörffer, Georg Philipp
Gesprächsspiele **124**
Harsdörffer, Georg Philipp/Johann Klaj/Sigmund von Birken
Pegnesisches Schäfergedicht 128, 141
Hartleben, Otto Erich
Hanna Jagert 511
Hartlieb, Johannes
Alexander **70**
Hartmann von Aue
Der arme Heinrich **26**
Erec **20**
Gregorius **24**
Iwein **30**
Lieder **21**
Hašek, Jaroslav
Die Abenteuer des braven Soldaten Schwejk 700
Hasenclever, Walter
Der Sohn **574**, 585
Haslinger, Josef
Opernball **924**
Hauff, Wilhelm
Der Mann im Monde 354
Lichtenstein 359, **376**
Märchen **374**
Hauptmann, Gerhart
Bahnwärter Thiel **503**, 507
Das Friedensfest 511
Der Biberpelz **522**
Der rote Hahn 522
Die Ratten 507, **563**
Die versunkene Glocke 341, 530, 554
Die Weber 454, 507, 511, **518**
Hanneles Himmelfahrt 530, 554
Rose Bernd 508, **547**
Und Pippa tanzt! 530, **553**
Vor Sonnenaufgang 507, **510**, 513, 652
Vor Sonnenuntergang **652**
Haushofer, Marlen
Die Wand **778**
Hausmann, Manfred
Lampioon küßt Mädchen und kleine Birken 633
Hebbel, Christian Friedrich
Agnes Bernauer **452**
Die Kuh 466
Die Nibelungen **468**
Gedichte **466**
Gyges und sein Ring **462**
Herodes und Mariamne **444**
Maria Magdalene 196, **434**, 548
Mutter und Kind 466
Hebel, Johann Peter
Alemannische Gedichte 342
Schatzkästlein des rheinischen Hausfreundes **342**, 786
Hein, Christoph
Der fremde Freund/Drachenblut **878**
Der Tangospieler **889**
Horns Ende **889**
Landnahme **956**
Heine, Heinrich
Atta Troll **429**
Aus den Memoiren des Herren von Schnabelewopski 444
Buch der Lieder **380**
Der Doktor Faust 390
Der Salon **396**
Deutschland. Ein Wintermärchen 429, 435, **436**
Die Harzreise 343
Die Romantische Schule 397
Lutezia 397
Neue Gedichte 429, **435**
Reisebilder **378**, 381, 383, 396
Romanzero **449**
Über Ludwig Börne 392, **416**
Zur Geschichte der Religion und Philosophie in Deutschland 397
Heinrich (der Glichesere)
Reinhart Fuchs **20**, 78

Heinrich der Teichner
Reimreden **65**
Heinrich Julius von Braunschweig
Vincentius Ladislaus **114**, 145, 165, 254
Heinrich von dem Türlin
Die Krone **36**
Heinrich von Meißen
Sangsprüche und Lieder **56**
Heinrich (von Melk?)
Erinnerung an den Tod **16**
Heinrich von Morungen
Lieder **22**
Heinrich von Mügeln
Der Meide Kranz 63
Heinrich von Neustadt
Apollonius von Tyrland **59**
Heinrich von Veldeke
Eneit **18**, 25
Lieder **18**
Heinse, Wilhelm
Ardinghello und die … **256**
Heißenbüttel, Helmut
D'Alemberts Ende 816
Das Textbuch **816**
Heliand **3**, 4f.
Henscheid, Eckhard
Trilogie des laufenden Schwachsinns **826**
Herbort von Fritzlar
Das Lied von Troja **25**, 54
Herburger, Günter
Lenau 393
Herder, Johann Gottfried
Briefe zur Beförderung der Humanität 237
Ideen zur Philosophie der Geschichte der Menschheit 236
Literaturkritische Schriften **204**
Stimmen der Völker in Liedern 232, **233**, 244, 289, 324
Von deutscher Art und Kunst 233
Hermann, Georg
Henriette Jacoby 558
Jettchen Gebert 558
Kubinke **558**
Hermann von Fritzlar
Der Heiligen Leben 47
Hermann von Sachsenheim
Die Möhrin 63
Hermes, Johann Timotheus
Sophiens Reise von Memel nach Sachsen **209**
Herwegh, Georg
Gedichte eines Lebendigen **423**, 434
Herzog Ernst **15**
Hesse, Hermann
Das Glasperlenspiel **696**
Demian **589**
Der Steppenwolf **615**, 618
Die Morgenlandfahrt 696
Narziß und Goldmund **632**
Peter Camenzind 530, **544**
Siddhartha **597**
Unterm Rad 544, 636
Der Hessische Landbote → Büchner/Weidig
Hessus, Eobanus
Bucolicon 81
Hettche, Thomas
Woraus wir gemacht sind **961**
Heun, Karl Gottlieb Samuel → Clauren, H.
Heym, Georg
Der ewige Tag **566**
Umbra vitae **566**
Heym, Stefan
Ahasver 824
Der König David Bericht **824**
Pargfrider 824
Heyse, Paul
L'Arrabbiata **460**
Hilbig, Wolfgang
Das Provisorium **942**
Hildebrandslied **1**
Hildegard von Bingen
Scivias – Wisse die Wege **12**
Hildesheimer, Wolfgang
Das Ende der Fiktionen 829
Lieblose Legenden **735**
Masante **829**
Tynset **793**
Hilsenrath, Edgar
Das Märchen vom letzten Gedanken 656
Der Nazi & der Frisör **850**
Jossel Wassermanns Heimkehr 850
Hippel, Theodor Gottlieb von
Lebensläufe nach aufsteigender … 202, **234**
Historia von D. Johann Fausten **111**
Hochhuth, Rolf
Der Stellvertreter **779**, 794
Hölderlin, Friedrich
Empedokles-Fragmente **297**
Gedichte 1797–1800 293, **294**
Gedichte nach 1803 **321**
Hymnen und Gedichte bis 1796 **282**
Hyperion **292**, 370
Hölty, Ludwig Christoph Heinrich
Gedichte **245**
Hoffmann, Ernst Theodor Amadeus
Das Fräulein von Scuderi 364
Das Majorat 357
Der goldene Topf 350
Der Sandmann **357**
Des Vetters Eckfenster **365**
Die Elixiere des Teufels **355**
Die Serapions-Brüder **363**
Don Juan 349

Fantasiestücke in Callot's Manier **349**
Klein Zaches, genannt Zinnober 365
Lebens-Ansichten des Katers Murr 292, **364**, 370
Letzte Erzählungen **365**
Meister Floh 365
Nachtstücke **357**
Prinzessin Brambilla 365
Ritter Gluck 349
Hoffmann, Heinrich
Der Struwwelpeter 473
Hoffmann von Hoffmannswaldau, Christian
Gedichte **155**
Herrn von Hoffmannswaldau ... ungedruckter Gedichte erster theil 155
Hofmannsthal, Hugo von
Ad me ipsum 523
Das Salzburger Große Welttheater 562
Das Spiel von der Menge 562
Der Rosenkavalier **561**
Der Schwierige **593**
Der Tor und der Tod 521, **523**, 530, 535
Der Turm **603**
Der Unbestechliche **603**
Ein Brief **541**, 552, 560, 593
Gestern 521
Jedermann **562**
Holz, Arno
Phantasus **534**
Socialaristokraten 539
Holz, Arno/Johannes Schlaf
Die Familie Selicke 507, **513**
Papa Hamlet 507, **509**
Horváth, Ödön von
Ein Kind unserer Zeit 675
Geschichten aus dem Wiener Wald 614, **643**
Italienische Nacht **637**, 658
Jugend ohne Gott **674**
Kasimir und Karoline 644
Hrotsvit von Gandersheim
Gesta Oddonis 7
Werke **6**
Huchel, Peter
Chausseen Chausseen **782**
Die neunte Stunde 783
Gezählte Tage 783
Hugo von Montfort
Reimreden und Gedichte **67**
Hürlimann, Thomas
Großvater und Halbbruder **875**
Hugo von Trimberg
Der Renner **60**, 77, 115
Hunold, Christian Friedrich
Die liebenswürdige Adalie **165**, 179
Hutten, Ulrich von
Gesprächbüchlein **90**
Immermann, Karl Leberecht
Der Oberhof 414
Die Epigonen **406**
Münchhausen **414**, 431
Inglin, Meinrad
Schweizerspiegel **676**
Ischyrius, Christianus
Homulus 100

Jacobi, Friedrich Heinrich
Eduard Allwills Papiere **221**, 279
Woldemar **239**
Jahn, Friedrich Ludwig
Deutsches Volksthum 326
Jahnn, Hans Henny
Fluß ohne Ufer **723**
Perrudja **631**
Jakobs, Karl-Heinz
Beschreibung eines Sommers 727, 791
Jandl, Ernst
Laut und Luise **800**
Jean Paul
Der Komet **366**
Die unsichtbare Loge **269**
Flegeljahre **323**
Hesperus 269, **274**
Leben des Quintus Fixlein **275**, 286
Leben des ... Schulmeisterlein Maria Wutz **269**, 286
Siebenkäs **286**
Titan 280, **306**, 366, 370
Jelinek, Elfriede
Die Kinder der Toten **925**
Die Klavierspielerin **879**
Ein Sportstück **935**
Gier 880
Lust 880
Neid 880
Oh Wildnis, oh Schutz vor ihr 880
Stecken, Stab und Stangl 936
Jirgl, Reinhard
Abschied von den Feinden **925**
Hundsnächte 926
Jochmann, Carl Gustav
Reliquien 377
Johann von Würzburg
Wilhelm von Österreich **62**
Johannes von Tepl
Der Ackermann (aus Böhmen) **68**
Johnson, Uwe
Das dritte Buch über Achim 759
Ingrid Babendererde **746**
Jahrestage **817**
Mutmaßungen über Jakob 746, **759**, 768
Zwei Ansichten 759, 768

Jünger, Ernst
Auf den Marmorklippen **683**
In Stahlgewittern 573, **594**, 622
Jung, Franz
Der Torpedokäfer 599
Die Eroberung der Maschinen **598**, 624
Jung(-Stilling), Johann Heinrich
Heinrich Stillings Leben **232**, 252, 261

Kästner, Erich
Fabian **644**, 658
Herz auf Taille 644
Kafka, Franz
Das Schloß **611**
Das Urteil **570**, 577
Der Proceß 595, **607**, 856
Der Verschollene **616**
Die Verwandlung **577**
Ein Landarzt **595**, 607
In der Strafkolonie **590**
Kaiser, Georg
Die Bürger von Calais **575**, 580
Die Koralle 588
Gas **588**
Von morgens bis mitternachts **579**, 596
Kaiserchronik **11**
Kant, Hermann
Die Aula 746, 768, **789**
Kant, Immanuel
Kritik der Urteilskraft 267
Zum ewigen Frieden 300
Karlmeinet **62**
Karschin, Anna Louisa
Auserlesene Gedichte **199**, 261
Karsunke, Yaak
Des Colhaas' letzte Nacht 338
Kasack, Hermann
Die Stadt hinter dem Strom **712**
Kaschnitz, Marie Luise
Lange Schatten **761**
Kehlmann, Daniel
Die Vermessung der Welt **957**
Keller, Gottfried
Das Sinngedicht 135, **494**
Der grüne Heinrich **457**, 472
Der Landvogt von Greifensee 197
Die Leute von Seldwyla **465**, 485
Gesammelte Gedichte **496**
Martin Salander **500**, 556
Züricher Novellen **485**
Kempowski, Walter
Das Echolot 781, 862, **915**
Deutsche Chronik 822
Tadellöser & Wolff **822**
Kerner, Justinus
Gedichte 343
Reiseschatten **343**
Kesten, Hermann
Die Zeit der Narren **800**
Keun, Irmgard
Das kunstseidene Mädchen 640, **652**
Nach Mitternacht **675**
Keyserling, Eduard Graf von
Abendliche Häuser 530, **575**
Kipphardt, Heinar
In der Sache J. Robert Oppenheimer **790**
Kirchhoff, Bodo
Infanta **904**
Kirsch, Sarah
Luftspringerin – Gesammelte Gedichte **933**
Kirsten, Wulf
die erde bei Meißen **893**
Kisch, Egon Erwin
Aus Prager Gassen und Nächten 604
Der rasende Reporter **604**
Kläber, Kurt
Barrikaden an der Ruhr 624
Klaj, Johann → Harsdörffer, Georg Philipp
Kleiner Lucidarius → *Seifried Helbling*
Kleist, Ewald Christian von
Der Frühling **192**
Kleist, Heinrich von
Amphitryon **327**
Das Bettelweib von Locarno 340
Das Erdbeben in Chili 340
Das Käthchen von Heilbronn 329, **337**
Der Findling 340
Der zerbrochene Krug **330**, 522
Der Zweikampf 340
Die Familie Schroffenstein **316**
Die Heilige Cäcilie oder Die Gewalt der Musik 340
Die Hermannsschlacht 325
Die Marquise von O... **328**, 339f., 835
Die Verlobung in St. Domingo 340
Erzählungen **339**
Michael Kohlhaas **338**, 340
Penthesilea **329**, 337, 339
Prinz Friedrich von Homburg 339, **367**
Über das Marionettentheater 337, **339**
Klemm, Wilhelm
Aufforderung **583**
Klingemann, Ernst August Friedrich
Faust 389
Nachtwachen **320**
Klinger, Friedrich Maximilian
Die Zwillinge **225**
Fausts Leben, ... **265**, 333
Sturm und Drang **226**
Klischnig, Karl Friedrich
Mein Freund Anton Reiser 252

Klopstock, Friedrich Gottlieb
Der Messias **190**
Oden **210**
Klüger, Ruth
weiter leben **909**
Kluge, Alexander
Chronik der Gefühle **944**
Lebensläufe **773**
Lernprozesse mit tödlichem Ausgang 774
Neue Geschichten 774
Schlachtbeschreibung 704, 774
Des Knaben Wunderhorn → Arnim/Brentano
König Rother **14**
Königsdorf, Helga
Respektloser Umgang **893**
Köppen, Edlef
Heeresbericht 509, 573, **633**
Koeppen, Wolfgang
Das Treibhaus 729, **736**
Der Tod in Rom 729, **743**
Tauben im Gras **729**, 736
Körner, Theodor
Leier und Schwert **351**, 423
Kolb, Annette
Die Schaukel **663**
Kolmar, Gertrud
Das Wort der Stummen **657**
Robespierre **657**
Konrad, Pfaffe
Rolandslied 11, **17**
Konrad von Megenberg
Buch der Natur 36, 63
Konrad von Würzburg
Der Schwanritter 50
Der Welt Lohn 49
Heinrich von Kempten 50
Herzmaere 49
Trojanerkrieg **54**
Verserzählungen **49**
Kortum, Karl Arnold
Die Jobsiade **248**
Kotzebue, August von
Der hyperboreeische Esel 303
Die deutschen Kleinstädter **313**
Menschenhaß und Reue 313
Kracauer, Siegfried
Ginster **621**
Kraus, Karl
Die demolirte Litteratur 538
Die letzten Tage der Menschheit 573, **588**
Dritte Walpurgisnacht **664**
Nestroy und die Nachwelt 427
Kretzer, Max
Meister Timpe **504**, 507
Kreuder, Ernst
Die Gesellschaft vom Dachboden **704**
Kroetz, Franz Xaver
Agnes Bernauer 452
Der Nusser 603
Geisterbahn 825
Stallerhof **824**
Krolow, Karl
Fremde Körper – Das lyrische Werk **760**
Kronauer, Brigitte
Die Frau in den Kissen **903**
Teufelsbrück **945**
Kubin, Alfred
Die andere Seite 578
Kuckart, Judith
Kaiserstraße **961**
Kudrun **40**
Kühn, Dieter
Das Heu, die Frau, das Messer 252
Trilogie des Mittelalters 70, **855**
Kürenberg, Der von
Lieder **13**, 14
Kürnberger, Ferdinand
Der Amerika-Müde 393, **458**
Kuhlmann, Quirinus
Der Kühlpsalter **160**
Kumpfmüller, Michael
Hampels Fluchten **945**
Kunert, Günter
Das lyrische Werk **796**
Kunze, Reiner
Die wunderbaren Jahre **842**
Kurz, Hermann
Der Sonnenwirt 259, 359, **456**, 500
Kurzeck, Peter
Oktober und wer wir selbst sind **963**

La Fontaine, Jean de
Fables 185
Lamprecht, Pfaffe
Alexanderlied **13**, 40
Lancelot 8, **45**
Langgässer, Elisabeth
Das unauslöschliche Siegel **705**, 891
Märkische Argonautenfahrt 706, 891
Langner, Ilse
Frau Emma kämpft im Hinterland 638
La Roche, Sophie von
Geschichte des Fräuleins von Sternheim **211**, 285
Lasker-Schüler, Else
Der Malik 638
Die gesammelten Gedichte **584**
Die Wupper 585
Hebräische Balladen 585
Mein blaues Klavier 585
Laube, Heinrich
Das junge Europa **395**

Laukhard, Friedrich Christian
Leben und Schicksale **268**
Lauremberg, Johann
Veer Schertz Gedichten 123
Lautensack, Heinrich
Die Pfarrhauskomödie 555
Le Fort, Gertrud von
Das Schweißtuch der Veronika **627**
Lehmann, Wilhelm
Der grüne Gott **692**
Überlebender Tag 692
Lehr, Thomas
Frühling **949**
Leisewitz, Johann Anton
Julius von Tarent **227**
Lenau, Nikolaus
Die Albigenser 393
Faust 390
Gedichte **392**
Lenz, Hermann
Verlassene Zimmer **801**
Lenz, Jakob Michael Reinhold
Anmerkungen übers Theater 218
Der Hofmeister **218**, 228
Die Höllenrichter 333
Die Soldaten **228**
Lenz, Siegfried
Deutschstunde **810**, 858
Heimatmuseum **858**
So zärtlich war Suleyken 858
Lernet-Holenia, Alexander
Die Standarte **663**
Lessing, Gotthold Ephraim
Briefe, die Neueste Litteratur betreffend 203f.
Der junge Gelehrte 178, **189**
Die Erziehung des Menschengeschlechts 236
Die Juden **189**
Emilia Galotti 195f., **212**, 435
Fabeln 189, **198**
Hamburgische Dramaturgie 194, 203, **207**, 253, 267
Laokoon 175, **203**, 204, 207, 256
Minna von Barnhelm 187, **206**, 522
Miss Sara Sampson **194**, 196, 219
Nathan der Weise 236, **237**, 486
Lewald, Fanny
Diogena 419
Gräfin Faustine 430
Jenny 406, **430**
Lewis, Matthew Gregory
The Monk 176
Lichtenberg, Georg Christoph
Ausführliche Erklärung der Hogarthischen Kupferstiche 308
Sudelbücher **307**
Liliencron, Detlev von
Adjutantenritte und andere Gedichte **497**
Lillo, George
The London Merchant 195
Lind, Jakov
Eine Seele aus Holz **774**
Liscow, Christian Ludwig
Die Vortrefflichkeit und Nothwendigkeit der elenden Scribenten 180
Satirische Schriften **180**, 193
Loen, Johann Michael von
Der redliche Mann am Hofe **181**
Loerke, Oskar
Der Steinpfad **677**
Loest, Erich
Durch die Erde ein Riß 882
Nikolaikirche **926**
Völkerschlachtdenkmal **882**
Logau, Friedrich von
Sinngedichte **134**
Lohengrin **58**
Lohenstein, Daniel Casper von
Agrippina **145**
Cleopatra **143**
Epicharis **145**
Großmütiger Feldherr Arminius **161**
Ibrahim Bassa **133**
Ibrahim Sultan **133**
Sophonisbe **143**
Lotichius, Petrus secundus
Elegiarum liber 81
Lucidiarius 36
Ludwig, Otto
Der Erbförster 463
Zwischen Himmel und Erde **463**
Ludwigslied **5**
Luther, Martin
Bibelübersetzung 72, **97**
Geistliche Lieder **94**, 147
Sendbrief vom Dolmetschen 97, 231
Summarien über die Psalmen … 97
Theologia Deutsch 57
Wider die räuberischen … Rotten der Bauern 95

Macropedius, Gregorius
Hecastus 100
Malbergische Glossen 4
Maler Müller → Müller, Friedrich
Manessische Handschrift 13, 21, 24, 27, 29, 54, 58, **60**, 61
Mann, Heinrich
Der Haß 680
Der Kopf 557, **608**
Der Untertan 550, **586**, 645
Die Göttinnen **542**

Die Jagd nach Liebe 521
Die kleine Stadt **557**
Ein Zeitalter wird besichtigt **706**
Geist und Tat 608
Haltlos 521
Henri Quatre **667**
Im Schlaraffenland **535**
In einer Familie 521
Professor Unrat **550**, 869
Zur Zeit von Winston Churchill 706
Mann, Klaus
Der Vulkan **684**
Der Wendepunkt **694**
Kind dieser Zeit 694
Mephisto **672**
Mann, Thomas
Bekenntnisse des Hochstaplers Felix Krull **743**
Betrachtungen eines Unpolitischen 573, **587**
Buddenbrooks **540**, 654
Der Erwählte 25, **730**
Der Tod in Venedig 530, 545, **568**, 605
Der Zauberberg 587, **605**, 608
Deutschland und die Deutschen 713
Die Entstehung des Doktor Faustus. Roman eines Romans 713
Doktor Faustus 499, **713**, 730, 744
Joseph und seine Brüder **659**, 730
Königliche Hoheit 536
Lotte in Weimar 498, **685**
Mario und der Zauberer **634**
Schwere Stunde 297, 546
Tonio Kröger **545**
Tristan **545**
Manuel, Niklas
Der Ablaßkrämer **95**
Vom papst und siner priesterschafft 95, 98
Marlitt, Eugenie
Im Hause des Kommerzienrates **484**
Marlowe, Christopher
The Tragicall History of … Doctor Faustus 332
Marner, Der
Sangsprüche **41**
Maron, Monika
Flugasche **876**
Stille Zeile sechs **907**
Maximilian I.
Theuerdank 63, **89**
May, Karl
Winnetou **524**
Mayröcker, Friederike
Ausgewählte Gedichte 1944–1978 **866**
Mechthild von Magdeburg
Das fließende Licht der Gottheit **48**
Meckel, Christoph
Suchbild 843, **870**, 892
Meier, Gerhard
Baur und Bindschädler **868**
Meister, Ernst
Gedichte 1932–1979 **792**
Melanchthon, Philipp
De utilitate fabularum 101
Menasse, Robert
Schubumkehr **927**
Menschheitsdämmerung → Pinthus, Kurt
Mentelin-Bibel 3, **72**
Merseburger Zaubersprüche **2**
Meyer, Conrad Ferdinand
Das Amulett **481**
Der Heilige 483
Die Versuchung des Pescara 483, **501**
Gedichte **496**
Huttens letzte Tage **480**
Jürg Jenatsch **482**
Meyern, Wilhelm Friedrich von
Dya-Na-Sore **258**
Meyrink, Gustav
Der Golem **578**, 583
Miller, Johann Martin
Siegwart **229**
Millstätter Handschrift 13
Milton, John
Paradise Lost 232
Missfeldt, Jochen
Steilküste **958**
Mönch von Salzburg
Lieder **66**
Mörike, Eduard
Gedichte **411**
Maler Nolten **390**
Mozart auf der Reise nach Prag **459**
Mon, Franz
artikulationen 740
Moníková, Libuše
Die Fassade **896**
Mora, Terézia
Alle Tage **957**
Morgenstern, Christian
Galgenlieder **551**
Morgenstern, Soma
Die Blutsäule **668**
Funken im Abgrund **668**
Morgner, Irmtraud
Amanda 833
Leben und Abenteuer … Trobadora Beatriz **833**
Moritz, Karl Philipp
Anton Reiser 233, **251**, 261, 268, 370
Moriz von Craûn **28**

Moscherosch, Johann Michael
Gesichte Philanders von Sittewald **123**, 129, 134
Mosebach, Martin
Das Beben **959**
Motte-Fouqué, Caroline
Die beiden Freunde 359, **372**
Edmund's Wege und Irrwege 372
Motte-Fouqué, Friedrich de la
Undine **341**
Müller, Friedrich
Fausts Leben dramatisiert 333
Situationen aus Fausts Leben 332
Müller, Heiner
Der Lohndrücker 727, **749**
Die Hamletmaschine **852**
Germania 3 Gespenster am Toten Mann **931**
Germania Tod in Berlin **851**
Mauser 643
Philoktet **794**
Müller, Herta
Der Fuchs war damals schon der Jäger **910**
Niederungen 910
Müller, Wilhelm
Die schöne Müllerin **368**
Die Winterreise **368**
Mundt, Theodor
Madonna 400
Moderne Lebenswirren **400**
Murbacher Hymnen 4
Murger, Henri
Scènes de la vie de bohème 538
Murner, Thomas
Narrenbeschwörung / Die Schelmenzunft **84**
Von dem großen lutherischen Narren **91**
Musäus, Johann Karl August
Volksmährchen der Deutschen **244**, 291, 346
Muschg, Adolf
Albissers Grund **833**
Der Rote Ritter **914**
Musil, Robert
Der Mann ohne Eigenschaften 537, **640**
Die Verwirrungen des Zöglings Törleß **553**, 636
Muspilli 2, **4**

Nadolny, Sten
Die Entdeckung der Langsamkeit **880**
Naogeorg, Thomas
Mercator 100
Pammachius **99**
Naubert, Benedikte
Neue Volksmährchen der Deutschen 245
Walther von Montbarry 359
Neidhart
Lieder **33**
Neidhart Fuchs 33, 83
Nestroy, Johann Nepomuk
Der Talisman **417**
Der Zerrissene 427
Einen Jux will er sich machen **427**
Freiheit in Krähwinkel 313, **442**
Lumpazivagabundus **394**
Neutsch, Erik
Spur der Steine 727, **791**
Nibelungenlied **28**, 40, 468
Nicolai, Friedrich
Das Leben und die Meinungen des … Sebaldus Nothanker 201, **216**
Freuden des jungen Werthers 218
Nietzsche, Friedrich
Gedichte und Sprüche **533**
Nizon, Paul
Canto 876
Das Jahr der Liebe **876**
Nossack, Hans Erich
Nach dem letzten Aufstand 714
Nekya **714**
No(t)ker
Memento mori **10**, 16
Notker III. von St. Gallen
Werke **7**
Novak, Helga M.
Die Eisheiligen **867**
Vogel federlos 867
Novalis
Die Christenheit oder Europa **300**
Fragmente 299, **300**, 303, 312, 377
Geistliche Lieder 304
Heinrich von Ofterdingen **311**, 360, 370
Hymnen an die Nacht **303**

Opitz, Martin
Buch von der Deutschen Poeterey 105, 118, **119**, 120, 122, 124, 134, 171, 231
Gedichte **120**
Schäfferey Von der Nimfen Hercinie 128, 141
Oppermann, Heinrich Albert
Hundert Jahre **478**
Ortheil, Hanns-Josef
Abschied von den Kriegsteilnehmern **911**
Osterspiel von Muri 76
Oswald von Wolkenstein
Lieder **69**
Otfrid von Weißenburg
Evangelienharmonie 3, 4, **5**
Ottwalt, Ernst
Denn sie wissen, was sie tun 626, **645**

Ovid
Metamorphosen 139, 901
Pastior, Oskar
Das Hören des Genitivs – Poetische Texte **934**
Pauli, Johannes
Schimpf und Ernst **92**, 104
Percy, Thomas
Reliques of Ancient English Poetry 289
Perutz, Leo
Zwischen neun und neun 578
Petruslied 6
Pfeffel, Gottlieb Konrad
Fabeln **248**
Physiologus 9, 36
Pinthus, Kurt (Hg.)
Menschheitsdämmerung 565, 572, 583
Platen, August von
Gedichte 379, **383**
Lebensregeln 377
Polenlieder 379, **383**
Platter, Thomas
Lebensbeschreibung 66
Pleier, Der
Garel von dem blühenden Tal 38
Plenzdorf, Ulrich
Die neuen Leiden des jungen W. **825**
Plessen, Elisabeth
Kohlhaas 338
Mitteilung an den Adel **843**
Plievier, Theodor
Stalingrad **704**
Pohl, Klaus
Wartesaal Deutschland StimmenReich 906, **927**
Polenz, Wilhelm von
Der Büttnerbauer 507
Pope, Alexander
The rape of the lock 200
Pückler-Muskau, Hermann Graf
Briefe eines Verstorbenen 424
Pustkuchen, Friedrich Wilhelm
Wilhelm Meisters Wanderjahre 369

Quevedo, Francisco de
Los Sueños 123

Raabe, Wilhelm
Abu Telfan **475**
Das Odfeld **505**
Der Hungerpastor **472**, 475
Der Schüdderump **475**
Die Akten des Vogelsangs **530**
Die Chronik der Sperlingsgasse **464**
Hastenbeck 197
Stopfkuchen **515**
Rabelais, François
Gargantua und Pantagruel 107
Rabener, Gottlieb Wilhelm
Satiren **193**
Raimund, Ferdinand Jacob
Der Alpenkönig und der Menschenfeind **382**
Der Bauer als Millionär **375**, 382
Der Verschwender **376**
Ransmayr, Christoph
Die letzte Welt **901**
Morbus Kitahara **928**
Ratpert, Mönch
Galluslied 6
Raupach, Ernst
Die Leibeigenen 409
Rebhuhn, Paul
Susanna **98**
Reger, Erik
Union der festen Hand **646**, 658
Reimann, Brigitte
Ankunft im Alltag 727, **770**
Die Geschwister 768
Franziska Linkerhand **770**
Reineke Fuchs **78**, 85, 115, 270
Reinmar von Zweter
Lieder 22
Sangsprüche **39**
Remarque, Erich Maria
Im Westen nichts Neues 573, 594, **622**, 623, 638
Renn, Ludwig
Krieg 573, **623**
Nachkrieg 623
Reuchlin, Johannes
Augenspiegel 87
Clarorum virorum epistolae 87
Henno 81
Reuter, Christian
Die ehrliche Frau zu Plißine 145, **163**
Schelmuffsky **164**, 254
Reuter, Fritz
Kein Hüsung 472
Ut mine Stromtid **471**
Reuter, Gabriele
Aus guter Familie **526**
Richardson, Samuel
Clarissa 211
Pamela 176, 211
Richter, Johann Paul Friedrich → Jean Paul
Riehl, Wilhelm Heinrich
Kulturgeschichtliche Erzählungen 456
Rilke, Rainer Maria
Das Stunden-Buch **551**
Die Aufzeichnungen des Malte Laurids Brigge **559**
Die Sonette an Orpheus 599, **600**

*Die Weise von Liebe und Tod des Cornets … * **548**
Duineser Elegien **599**, 600
Neue Gedichte **551**
Rinser, Luise
Jan Lobel aus Warschau **721**
Rist, Johann
Das Friedejauchtzende Teutschland 131
Das Friede wünschende Deutschland **130**
Irenaromachia 130
Rollenhagen, Georg
Froschmeuseler **115**
Roman de Renart 20
Rosegger, Peter
Die Schriften des Waldschulmeisters **483**
Rosenplüt, Hans
Der kluge Narr 85
Roth, Friederike
Ritt auf die Wartburg **877**
Roth, Gerhard
Die Archive des Schweigens **874**
Roth, Joseph
Das Spinnennetz 658
Die Kapuzinergruft 654
Hiob **635**
Radetzkymarsch 537, **653**
Rousseau, Jean-Jacques
Emile 370
Nouvelle Héloïse 240
Rudolf von Ems
Alexander 13, **40**, 51
Der gute Gerhard **38**
Weltchronik 38, **45**
Rückert, Friedrich
Die Weisheit des Brahmanen **402**
Geharnischte Sonette 402
Gesammelte Gedichte **402**
Kranz der Zeit 402
Rühmkorf, Peter
Das lyrische Weltbild der Nachkriegsdeutschen 761
Irdisches Vergnügen in g **760**
Kunststücke **760**
Rüte, Hans von
Faßtnachtspil … Bäbstlicher Abgöttereyen … 96
Ruodlieb **8**

Saar, Ferdinand von
Novellen aus Österreich **488**
Tragik des Lebens 489
Sachs, Hans
Die Wittenbergische Nachtigall **92**, 106
Disputation zwischen einem Chorherrn und Schuchmacher 92
Lucretia 96
Werke **106**
Sachs, Nelly
In den Wohnungen des Todes **715**
Sächsische Weltchronik 36
Salinger, Jerome D.
Der Fänger im Roggen 826
Sannazaro, Iacopo
Arcadia 140
Schädlich, Hans Joachim
Tallhover **894**, 923
Schami, Rafik
Die Sehnsucht der Schwalbe **947**
Scharrer, Adam
Maulwürfe **654**, 658
Vaterlandslose Gesellen 654
Schede, Paulus Melissus
Schediasmata poetica 81
Scheffel, Joseph Viktor von
Der Trompeter von Säckingen 462
Ekkehard 359, **462**
Scheffler, Johannes → Angelus Silesius
Schildbürger → Die Schildbürger
Schiller, Friedrich
Ästhetische Schriften 236, 261, 263, 273, 304, 310
Ästhetische Schriften I **267**
Ästhetische Schriften II **277**
Anthologie auf das Jahr 1782 261
Balladen → Goethe/Schiller
Briefe über Don Karlos 257
Das Lied von der Glocke 263, 280
Der Geisterseher **258**, 279
Der Verbrecher aus verlorener Ehre 259, 456, 500
Die Braut von Messina **315**, 227
Die Jungfrau von Orleans **310**
Die Räuber **242**, 259
Don Karlos **256**
Fiesco 227, **246**
Gedichte ab 1795 **280**
Gedichte bis 1789 **261**, 282
Kabale und Liebe 195, **249**, 435
Maria Stuart **304**
Wallenstein 268, **296**
Wilhelm Tell 305, **321**
Xenien → Goethe/Schiller
Schindel, Robert
Gebürtig **911**
Schlaf, Johannes → Holz, Arno
Schlegel, Dorothea
Florentin **309**
Schlegel, Friedrich
Fragmente **298**, 308, 377
Gespräch über die Poesie **298**
Lucinde 240, **302**, 309, 336

Schlegel, Johann Elias
Canut **184**
Hermann 184
Schleiermacher, Friedrich
Vertraute Briefe über Friedrich Schlegels Lucinde 303
Schlink, Bernhard
Der Vorleser **929**
Schmidt, Arno
Abend mit Goldrand **838**
Das steinerne Herz **745**, 768
Die Schule der Atheisten 838
Enthymesis 722
Gadir 722
Kaff auch Mare Crisium **762**, 817
Leviathan **722**
Nobodaddy's Kinder **733**
Sitara und der Weg dorthin 817
Zettels Traum 763, **816**
Schnabel, Johann Gottfried
Der im Irrgarten der Liebe herumtaumelnde Liebhaber **179**
Die Insel Felsenburg **173**, 181
Schneider, Peter
Der Mauerspringer 769
Lenz **830**
Schneider, Reinhold
Las Casas vor Karl V. **678**
Schneider, Robert
Schlafes Bruder **912**
Schnitzler, Arthur
Anatol **520**, 535
Der Weg ins Freie **554**
Fräulein Else 537
Liebelei **526**
Lieutenant Gustl **536**
Professor Bernhardi 555
Reigen **546**
Schnurre, Wolfdietrich
Der Schattenfotograf **859**
Zigeunerballade 902
Scholz, Hans
Am grünen Strand der Spree 768
Schopenhauer, Arthur
Aphorismen zur Lebensweisheit 378
Schottelius, Justus Georg
Ausführliche Arbeit Von der Teutschen HauptSprache 119
Teutsche Sprachkunst 119
Schubart, Christian Friedrich Daniel
Sämtliche Gedichte **250**
Schulze, Ingo
Simple Storys **936**
Schwitters, Kurt
Anna Blume **591**
Scott, Walter
Ivanhoe 359
Waverley 359
Sealsfield, Charles
Austria as it is 422
Das Kajütenbuch **422**, 459
Sebald, Winfried Georg
Austerlitz **950**
Die Ausgewanderten **913**
Seghers, Anna
Aufstand der Fischer von St. Barbara **624**
Das siebte Kreuz **693**, 753
Das Vertrauen 723
Der Ausflug der toten Mädchen **707**
Der Kopflohn 655, 658
Die Entscheidung 768
Die Toten bleiben jung **723**
Transit **700**
Seifried Helbling **55**
Seifrit
Alexander 52
Seume, Johann Gottfried
Apokryphen 377
Spaziergang nach Syrakus im Jahre 1802 **318**, 356
Seuse, Heinrich
Vita **65**
Shakespeare, William
Der Sturm 951
Ein Sommernachtstraum 241
Hamlet 852
Richard III. 184
Sommer, Ernst
Revolte der Heiligen **699**
Sophokles
König Ödipus 330
Sorge, Reinhard Johannes
Der Bettler 574
Spee (von Langenfeld), Friedrich
Trutznachtigall **131**
Sperber, Manès
Wie eine Träne im Ozean **767**
Sperr, Martin
Jagdszenen aus Niederbayern **802**
Landshuter Erzählungen 802
Münchener Freiheit 802
Spielhagen, Friedrich
Amboß und Hammer 470
Beiträge zur Theorie und Technik des Romans 470
Problematische Naturen **469**
Spyri, Johanna
Heidis Lehr- und Wanderjahre **491**
Stadler, Arnold
Ein hinreißender Schrotthändler **943**

Steinhöwel, Heinrich
Äsop **76**
Steinmar
Lieder **53**
Sterne, Lawrence
A Sentimental Journey 266
Tristram Shandy 235
Sternheim, Carl
1913 560
Bürger Schippel **571**
Der Snob 560
Die Hose **560**
Die Kassette **563**
Tabula Rasa 571
Stieler, Kaspar
Die Geharnischte Venus **141**
Stifter, Adalbert
Bunte Steine **455**, 474
Der Nachsommer **466**
Die Mappe meines Urgroßvaters **423**, 439
Studien **438**, 455
Witiko 360, **474**
Storm, Theodor
Aquis submersus **484**
Carsten Curator **490**
Der Schimmelreiter **505**
Gedichte **452**
Immensee **448**
Stramm, August
Gedichte **576**, 591
Straßburger Alexander-Handschrift 13
Strauß, Botho
Anschwellender Bocksgesang 920
Die Fehler des Kopisten **935**
Groß und klein **860**
Trilogie des Wiedersehens **844**
Wohnen, Dämmern, Lügen **919**
Stricker, Der
Daniel von dem blühenden Tal **37**
Der Pfaffe Amîs **43**, 74, 83
Karl 62
Stricker, Johannes
De düdesche Schlömer 100, **110**
Strindberg, August
Nach Damaskus 580
Strittmatter, Erwin
Der Laden **882**
Ole Bienkopp **783**
Struck, Karin
Die Mutter 829
Klassenliebe **828**
Lieben 829
St. Trudperter Hohes Lied 10
Sudermann, Hermann
Die Ehre **507**
Sue, Eugène
Les mystères de Paris 444
Süskind, Patrick
Das Parfüm **887**
Suttner, Bertha von
Die Waffen nieder! **508**
Swift, Jonathan
Gullivers Reisen 231

Tabori, George
Die Kannibalen 896
Mein Kampf **896**
Nathans Tod 238
Tannhäuser
Lieder und Leichs **41**
Tatians Evangelienharmonie **3**, 4f.
Tergit, Gabriele
Käsebier erobert den Kurfürstendamm 640, **647**
Tersteegen, Gerhard
Geistliches Blumen-Gärtlein … **170**
Des Teufels Netz 69, 85
Thelen, Albert Vigoleis
Die Insel des zweiten Gesichts **737**
Theokrit
Idyllen 140
Thidrekssaga 28
Thoma, Ludwig
Die Lokalbahn 556
Die Medaille 556
Magdalena 435
Moral **555**
Thomas, Adrienne
Die Katrin wird Soldat 573, **638**
Thomasin von Zerklaere
Der welsche Gast **34**, 60
Thümmel, Moritz August von
Reise in die mittäglichen Provinzen … **266**
Wilhelmine **200**, 216
Tieck, Ludwig
Anti-Faust oder Geschichte eines dummen Teufels 333
Der blonde Eckbert **291**
Der gestiefelte Kater 291, **292**
Der junge Tischlermeister **407**
Des Lebens Überfluß **412**
Franz Sternbalds Wanderungen **295**, 309, 351
Karl von Berneck 291
Phantasus 274, **348**, 363
Volksmärchen 244, **291**, 346
William Lovell **279**
Timm, Uwe
Die Entdeckung der Currywurst **915**
Toller, Ernst
Der entfesselte Wotan 658

Eine Jugend in Deutschland **655**
Hinkemann **602**
Hoppla, wir leben! 602
Masse-Mensch **596**
Torberg, Friedrich
Der Schüler Gerber hat absolviert **636**
Trakl, Georg
Gedichte **572**
Sebastian im Traum **572**
Traven, Bruno
Das Totenschiff **612**
Der Karren 613
Die Baumwollpflücker 613
Ein General kommt aus dem Dschungel 613
Trierer Theophilus 19
Tucholsky, Kurt
Mit 5 PS **624**
Rheinsberg 648
Schloß Gripsholm **648**

Uhland, Ludwig
Gedichte **353**
Ulrich von Etzenbach
Alexander 40, **51**
Ulrich von Lichtenstein
Frauendienst **48**
Ulrich von Türheim
Rennewart **44**
Tristan **44**
Ulrich von Winterstetten
Lieder und Leichs **54**
Ulrich von Zatzikhoven
Lanzelet **34**
Urfé, Honoré d'
Astrée 140

Varnhagen von Ense, Karl August
Rahel. Ein Buch … **401**
Varnhagen von Ense, Rahel → Varnhagen von Ense, Karl August
Vera
Eine für Viele **543**
Vergil
Eklogen 140
Vesper, Bernward
Die Reise **852**
Vischer, Friedrich Theodor
Auch Einer **491**
Faust. Der Tragödie dritter Teil 390
Vocabularius St. Galli 4
Völuspá-Lied 2
Voltaire
Candide 231
Vorauer Handschrift 13
Voß, Johann Heinrich
Luise **247**, 287
Voss, Julius von
Faust 389

Wackenroder, Wilhelm Heinrich
Herzensergießungen eines kunstliebenden … **284**, 295
Wackwitz, Stephan
Ein unsichtbares Land **954**
Neue Menschen 954
Wagner, Heinrich Leopold
Die Kindermörderin **229**
Wagner, Richard
Der Ring des Nibelungen 469
Die Meistersinger von Nürnberg 106f.
Waldis, Burkard
De Parabell vam vorlorn Szohn **96**
Wallraff, Günter
13 unerwünschte Reportagen **813**
Walpole, Horace
The Castle of Otranto 176
Walser, Martin
Brandung 861, **888**
Das Einhorn **764**
Der Sturz **764**
Die Verteidigung der Kindheit 769, **908**
Dorle und Wolf 769, 908
Ehen in Philippsburg **749**, 764
Ein fliehendes Pferd **860**, 888
Ein springender Brunnen **937**, 941
Erfahrungen beim Verfassen einer Sonntagsrede 937
Halbzeit **764**
Jagd 908
Über Deutschland reden 908
Walser, Robert
Aus dem Bleistiftgebiet 558
Der Gehülfe **556**
Jakob von Gunten **557**
Walther von der Vogelweide
Lieder **26**
Spruchdichtung **27**
Wander, Maxie
Guten Morgen, du Schöne **853**
Wartburgkrieg → *Der Wartburgkrieg*
Wassermann, Jakob
Das Gänsemännchen 626
Der Fall Maurizius **625**
Die Juden von Zirndorf 626
Waterhouse, Peter
Prosperos Land **951**
Weckherlin, Georg Rudolf
Oden und Gesänge/Geistliche und weltliche Gedichte **117**

Wedekind, Frank
Der Marquis von Keith **539**
Die Büchse der Pandora **527**
Erdgeist **527**
Frühlings Erwachen **516**, 521
Lulu **527**
Weerth, Georg
Leben und Taten des ... Ritters Schnapphahnski **443**
Wegener, Armin Theo
Der Knabe Hüssein 656
Im Hause der Glückseligkeit 656
Weil, Grete
Meine Schwester Antigone **871**
Weise, Christian
Die drei ärgsten Erz-Narren ... 85, **153**, 165
Masaniello **159**, 195
Weisenborn, Günther
Die Illegalen **708**, 711
Weiß, Ernst
Die Galeere 691
Ich – der Augenzeuge **690**
Weiss, Peter
Abschied von den Eltern **769**
Der Schatten des Körpers des Kutschers **763**
Die Ästhetik des Widerstands **839**, 858, 889
Die Ermittlung 794, **795**
Die Verfolgung und Ermordung ... Marats **791**
Fluchtpunkt **769**
Hölderlin 298, 808
Weiße, Christian Felix
Die verwandelten Weiber **193**
Wellershoff, Dieter
Die Schattengrenze 803
Einladung an alle 803
Ein schöner Tag **803**
Werfel, Franz
Das Lied von Bernadette 686
Der Abituriententag **626**, 636
Der veruntreute Himmel **685**
Die vierzig Tage des Musa Dagh **656**
Jacobowsky und der Oberst **699**
Werner, Zacharias
Der vierundzwanzigste Februar 316, **335**
Wernher, Priester
Drei Bücher von der Jungfrau **19**
Wernher der Gärtner
Helmbrecht **51**, 55, 409
Wessobrunner Gebet **2**
Wezel, Johann Carl
Belphegor 202, **230**, 234
Herrmann und Ulrike 175, **240**
Wickram, Jörg
Das Rollwagenbüchlein 92, **104**
Der Goldfaden **103**
Der jungen Knaben Spiegel **103**
Von guten und bösen Nachbarn **103**
Widmer, Urs
Das Buch des Vaters 946
Der Geliebte der Mutter **946**
Wiechert, Ernst
Das einfache Leben **686**, 688
Wieland, Christoph Martin
Aristipp **305**
Comische Erzählungen 208
Der goldene Spiegel **213**
Der neue Amadis 209
Die Abderiten **220**
Don Sylvio von Rosalva **201**
Geron der Adeliche 45
Geschichte des Agathon **205**, 251, 370
Geschichte des weisen Danischmend 214
Idris und Zenide 209
Musarion **208**
Oberon 209, **241**
Wiener Handschrift 12
Williram von Ebersberg
Hohes Lied 8, **9**
Willkomm, Ernst
Die Europamüden 458
Weiße Sklaven ... **439**
Wimpheling, Jakob
Stylpho 81
Winckelmann, Johann Joachim
Gedancken über die Nachahmung der griechischen Wercke 203, 221, 232
Winsbeke → Der Winsbeke
Wirnt von Grafenberg
Wigalois **32**
Wittenwiler, Heinrich
Der Ring **69**, 85
Wolf, Christa
Der geteilte Himmel 727, 768, **784**
Ein Tag im Jahr **954**
Kassandra **881**
Kein Ort. Nirgends 320
Kindheitsmuster **844**
Medea. Stimmen 881
Nachdenken über Christa T. **811**, 844, 876
Störfall 876
Was bleibt **904**
Wolf, Friedrich
Kreatur 624
Wolf, Ror
Die heiße Luft der Spiele 897
Mehrere Männer **897**
Raoul Tranchirers Enzyklopädie ... 897

Wolfram von Eschenbach
Lieder **29**
Parzival **31**, 50
Titurel 50, 914
Willehalm **35**, 44
Wolzogen, Caroline von
Agnes von Lilien **285**
Wühr, Paul
Das lyrische Werk **847**
Gegenmünchen 847
Salve res publica poetica 847
Venus im Pudel 847
Wyss, Johann David
Der Schweitzerische Robinson 239
Xenien → Goethe/Schiller

Zahl, Peter-Paul
Die Glücklichen **868**
Zesen, Philipp von
Adriatische Rosemund **127**
Assenat **152**
Ziegler und Kliphausen, Heinrich Anselm von
Die asiatische Banise **160**
Zinzendorf, Nikolaus Ludwig von
Teutsche Gedichte 170
Zschokke, Heinrich
Das Goldmacherdorf 371
Ein Narr des 19. Jahrhunderts **371**, 478
Jonathan Frock 372
Zuckmayer, Carl
Der fröhliche Weinberg **609**
Der Hauptmann von Köpenick **636**
Des Teufels General **708**, 711
Zweig, Arnold
Das Beil von Wandsbek **697**
Der Streit um den Sergeanten Grischa 573, **617**
Erziehung vor Verdun 617
Junge Frau von 1914 617
Zweig, Stefan
Schachnovelle **693**
Ungeduld des Herzens **678**